注释法典丛书
新五版·8

中华人民共和国
征收拆迁补偿
注释法典

中国法制出版社
CHINA LEGAL PUBLISHING HOUSE

我国的立法体系[1]

机关	立法权限
全国人民代表大会	修改宪法，制定和修改刑事、民事、国家机构的和其他的基本法律
全国人民代表大会常务委员会	制定和修改除应当由全国人民代表大会制定的法律以外的其他法律；在全国人民代表大会闭会期间，对全国人民代表大会制定的法律进行部分补充和修改；根据全国人民代表大会授权制定相关法律；解释法律。
国务院	根据宪法、法律和全国人民代表大会及其常务委员会的授权，制定行政法规。
省、自治区、直辖市的人民代表大会及其常务委员会	根据本行政区域的具体情况和实际需要，在不同宪法、法律、行政法规相抵触的前提下，制定地方性法规。
设区的市、自治州的人民代表大会及其常务委员会	在不同上位法相抵触的前提下，可对城乡建设与管理、生态文明建设、历史文化保护、基层治理等事项制定地方性法规。
经济特区所在地的省、市的人民代表大会及其常务委员会	根据全国人民代表大会的授权决定，制定法规，在经济特区范围内实施。
上海市人民代表大会及其常务委员会	根据全国人民代表大会常务委员会的授权决定，制定浦东新区法规，在浦东新区实施。
海南省人民代表大会及其常务委员会	根据法律规定，制定海南自由贸易港法规，在海南自由贸易港范围内实施。
民族自治地方的人民代表大会	依照当地民族的政治、经济和文化的特点，制定自治条例和单行条例。对法律和行政法规的规定作出变通的规定，但不得违背法律或者行政法规的基本原则，不得对宪法和民族区域自治法的规定以及其他有关法律、行政法规专门就民族自治地方所作的规定作出变通规定。
国务院各部、委员会、中国人民银行、审计署和具有行政管理职能的直属机构以及法律规定的机构	根据法律和国务院的行政法规、决定、命令，在本部门的权限范围内，制定规章。
省、自治区、直辖市和设区的市、自治州的人民政府	根据法律、行政法规和本省、自治区、直辖市的地方性法规，制定规章。设区的市、自治州人民政府制定的地方政府规章限于城乡建设与管理、生态文明建设、历史文化保护、基层治理等方面的事项。
中央军事委员会	根据宪法和法律制定军事法规，在武装力量内部实施。
中国人民解放军各战区、军兵种和中国人民武装警察部队	根据法律和中央军事委员会的军事法规、决定、命令，在其权限范围内制定军事规章，在武装力量内部实施。
国家监察委员会	根据宪法和法律、全国人民代表大会常务委员会的有关决定，制定监察法规。
最高人民法院、最高人民检察院	作出属于审判、检察工作中具体应用法律的解释。

---

[1] 本图表为编者根据《立法法》相关规定编辑整理，供参考。

■ 因为专业　所以卓越

出 版 说 明

"注释法典"丛书是我社集数年法规编撰经验，创新出版的大型实用法律工具书。本套工具书不仅全面反映我国立法成果与现状，全面收录相关领域重要法律文件，而且秉持权威、实用的理念，从条文【注释】、【实务问答】及【裁判规则】多角度阐释重要法律规定，相信能够成为广大读者理解、掌握、适用法律的首选工具书。

本套工具书以中国特色社会主义法律体系为主线，结合实践确定分册，独家打造七重法律价值：

一、内容全面

本分册涵盖征收拆迁补偿领域重要的法律、法规、部门规章、司法解释等文件，收录的文件均为现行有效文本，方便读者全面、及时掌握相关规定。

二、注释精炼

在重要法律文件前设【理解与适用】，介绍该法历史沿革、主要内容、适用注意事项；以【注释】形式对重难点条文进行详细阐释。注释内容在吸取全国人大常委会法制工作委员会、最高人民法院等权威解读的基础上，结合最新公布的相关规定及司法实践全新撰写，保证注释内容的准确性与时效性。另外，在重要条文注释中，提炼简明小标题，并予以加粗，帮助读者快速把握条文注释主要内容。

三、实务问答

在相关法条下设【实务问答】，内容来源于最高人民法院司法观点、相关函复等，解答法律适用中的重点与难点。

四、案例指导

在相关法条下设【案例】，案件主要来源于最高人民法院、最高人民检察院指导性案例及公报案例，整理【裁判规则】，展示解决法律问题的权威实例。

五、关联法规链接

在相关法条下以【链接】的方式索引关联条文，提供相关且有效的条文援引，全面体现相关法律规定。

六、层级清晰　检索便捷

（1）目录按照法律文件的效力等级分为法律及文件、行政法规及文件、部门规章及文件、司法解释及文件四个层级。（2）每一层级下法律文件大多按照公布或者最后一次修改时间排列，以方便读者快速定位目标文件，但为了方便读者对某一类问题进行集中查找，本书将一些联系紧密的文件进行了集中排版。

七、超值增值服务

为了使读者能够全面了解解决法律问题的实例，准确适用法律，同时及时充分了解我国立法的动态信息，凡是购买本书的读者，均可获得以下超值增值服务：（1）扫码添加书后"法规编辑部"公众号→点击菜单栏→进入资料下载栏→选择注释法典资料项→点击网址或扫码下载，即可获取最高人民法院、最高人民检察院指导性案例电子版；（2）通过"法规编辑部"公众号，及时了解最新立法信息，并可线上留言，编辑团队会就图书相关疑问进行动态解答。

能够为大家学习法律、解决法律难题提供实实在在的帮助，是我们全心努力的方向，衷心欢迎广大读者朋友反馈意见、建议。

中国法制出版社
2023 年 9 月

目 录*

一、综合

● **法律及文件**

中华人民共和国宪法（节录） ………………… 1
　　（2018 年 3 月 11 日）
中华人民共和国民法典（节录） ……………… 1
　　（2020 年 5 月 28 日）
中华人民共和国土地管理法 …………………… 17
　　（2019 年 8 月 26 日）
中华人民共和国城乡规划法 …………………… 41
　　（2019 年 4 月 23 日）
中华人民共和国建筑法 ………………………… 53
　　（2019 年 4 月 23 日）
中华人民共和国文物保护法（节录） ………… 59
　　（2017 年 11 月 4 日）
中华人民共和国招标投标法 …………………… 64
　　（2017 年 12 月 27 日）

● **行政法规及文件**

土地调查条例 …………………………………… 69
　　（2018 年 3 月 19 日）
中华人民共和国土地管理法实施条例 ………… 72
　　（2021 年 7 月 2 日）
不动产登记暂行条例 …………………………… 78
　　（2019 年 3 月 24 日）
中华人民共和国招标投标法实施条例 ………… 83
　　（2019 年 3 月 2 日）
中华人民共和国城镇国有土地使用权出
　让和转让暂行条例 …………………………… 91
　　（2020 年 11 月 29 日）
重大行政决策程序暂行条例 …………………… 94
　　（2019 年 4 月 20 日）
国务院关于深化改革严格土地管理的决定 … 98
　　（2004 年 10 月 21 日）

国务院关于授权和委托用地审批权的决定 … 102
　　（2020 年 3 月 1 日）

● **部门规章及文件**

土地调查条例实施办法 ………………………… 102
　　（2019 年 7 月 16 日）
确定土地所有权和使用权的若干规定 ………… 105
　　（2010 年 12 月 3 日）
土地权属争议调查处理办法 …………………… 109
　　（2010 年 11 月 30 日）
闲置土地处置办法 ……………………………… 111
　　（2012 年 6 月 1 日）
自然资源部办公厅关于政府原因闲置土
　地协议有偿收回相关政策的函 ……………… 115
　　（2018 年 12 月 18 日）
土地征收成片开发标准（试行） ……………… 115
　　（2020 年 11 月 5 日）
自然资源执法监督规定 ………………………… 116
　　（2020 年 3 月 20 日）
建设项目用地预审管理办法 …………………… 119
　　（2016 年 11 月 29 日）
建设用地审查报批管理办法 …………………… 120
　　（2016 年 11 月 29 日）
协议出让国有土地使用权规定 ………………… 123
　　（2003 年 6 月 11 日）
招标拍卖挂牌出让国有建设用地使用权
　规定 …………………………………………… 124
　　（2007 年 9 月 28 日）
工程建设项目施工招标投标办法 ……………… 127
　　（2013 年 3 月 11 日）

---

* 编者按：本目录中的时间为法律文件的公布时间或最后一次修正、修订公布时间。

工程建设项目招标投标活动投诉处理办法 ……………………………… 135
　　(2013年3月11日)
不动产登记暂行条例实施细则 …… 138
　　(2019年7月24日)
不动产登记操作规范(试行) ……… 149
　　(2021年6月7日)
不动产登记资料查询暂行办法 …… 189
　　(2019年7月24日)
● 司法解释及文件
最高人民法院关于适用《中华人民共和国民法典》物权编的解释(一) ………… 192
　　(2020年12月29日)
最高人民法院关于审理建筑物区分所有权纠纷案件适用法律若干问题的解释 …… 193
　　(2020年12月29日)
最高人民法院关于审理房屋登记案件若干问题的规定 …………………………… 195
　　(2010年11月5日)

二、国有土地上房屋征收与补偿

(一)综合

● 法律及文件
中华人民共和国城市房地产管理法 ……… 197
　　(2019年8月26日)
● 行政法规及文件
国有土地上房屋征收与补偿条例 ………… 204
　　(2011年1月21日)
城市房地产开发经营管理条例 …………… 213
　　(2020年11月29日)

(二)房屋估价

● 部门规章及文件
国有土地上房屋征收评估办法 …………… 216
　　(2011年6月3日)
房地产估价机构管理办法 ………………… 219
　　(2015年5月4日)
房地产估价规范 …………………………… 225
　　(2015年4月8日)
注册房地产估价师管理办法 ……………… 245
　　(2016年9月13日)
住房城乡建设部关于进一步规范房地产估价机构管理工作的通知 ……………… 249
　　(2013年10月24日)

(三)房产测量

● 部门规章及文件
房产测绘管理办法 ………………………… 250
　　(2000年12月28日)

建筑工程建筑面积计算规范 ……………… 252
　　(2013年12月19日)
关于房屋建筑面积计算与房屋权属登记有关问题的通知 ………………………… 255
　　(2002年3月27日)
商品房销售面积计算及公用建筑面积分摊规则(试行) …………………………… 255
　　(1995年9月8日)
● 司法解释及文件
最高人民法院关于审理商品房买卖合同纠纷案件适用法律若干问题的解释 …… 256
　　(2020年12月29日)
最高人民法院关于审理涉及国有土地使用权合同纠纷案件适用法律问题的解释 …… 259
　　(2020年12月29日)

(四)危旧房改造

● 部门规章及文件
城市危险房屋管理规定 …………………… 261
　　(2004年7月20日)

(五)住房保障与安置补偿

● 行政法规及文件
国务院关于解决城市低收入家庭住房困难的若干意见 …………………………… 262
　　(2007年8月7日)

● 部门规章及文件
经济适用住房管理办法 …………… 265
　（2007 年 11 月 19 日）
廉租住房保障办法 ………………… 269
　（2007 年 11 月 8 日）

● 司法解释及文件
最高人民法院关于征收国有土地上房屋时是否应当对被征收人未经登记的空地和院落予以补偿的答复 …………… 272
　（2013 年 5 月 15 日）

三、集体土地征收安置与补偿

● 法律及文件
中华人民共和国农村土地承包法 ……… 273
　（2018 年 12 月 29 日）
● 行政法规及文件
基本农田保护条例 ………………… 289
　（2011 年 1 月 8 日）
国务院办公厅关于引导农村产权流转交易市场健康发展的意见 …………… 292
　（2014 年 12 月 30 日）
● 部门规章及文件
农村土地经营权流转管理办法 …… 294
　（2021 年 1 月 26 日）
农村土地承包合同管理办法 ……… 297
　（2023 年 2 月 17 日）
农村土地承包经营权登记试点工作规程（试行） ……………………………… 300
　（2012 年 6 月 27 日）
土地承包经营权和土地经营权登记操作规范（试行） …………………………… 302
　（2022 年 11 月 8 日）
劳动和社会保障部、国土资源部关于切实做好被征地农民社会保障工作有关问题的通知 …………………………… 308
　（2007 年 4 月 28 日）
国土资源部、财政部、农业部关于加快推进农村集体土地确权登记发证工作的通知 ……………………………………… 309
　（2011 年 5 月 6 日）

自然资源部办公厅关于印发《宅基地和集体建设用地使用权确权登记工作问答》的函 ……………………………… 311
　（2020 年 7 月 22 日）
中央农村工作领导小组办公室、农业农村部关于进一步加强农村宅基地管理的通知 ……………………………… 322
　（2019 年 9 月 11 日）
农业农村部、自然资源部关于规范农村宅基地审批管理的通知 ……………… 324
　（2019 年 12 月 12 日）
自然资源部、农业农村部关于农村乱占耕地建房"八不准"的通知 ………… 325
　（2020 年 7 月 29 日）
● 司法解释及文件
最高人民法院关于审理涉及农村集体土地行政案件若干问题的规定 ……… 326
　（2011 年 8 月 7 日）
最高人民法院关于审理涉及农村土地承包纠纷案件适用法律问题的解释 …… 327
　（2020 年 12 月 29 日）
最高人民法院研究室关于人民法院对农村集体经济所得收益分配纠纷是否受理问题的答复 ……………………… 329
　（2001 年 7 月 9 日）

四、大型工程建设项目征地安置补偿

● 行政法规及文件

长江三峡工程建设移民条例 ………… 330
　（2011年1月8日）
大中型水利水电工程建设征地补偿和移
　民安置条例 ………………………… 334
　（2017年4月14日）

● 部门规章及文件

南水北调工程建设征地补偿和移民安置
　暂行办法 …………………………… 340
　（2005年1月27日）

五、法律救济

● 法律及文件

中华人民共和国民事诉讼法 ………… 343
　（2023年9月1日）
中华人民共和国行政强制法 ………… 369
　（2011年6月30日）
中华人民共和国行政许可法 ………… 376
　（2019年4月23日）
中华人民共和国行政复议法 ………… 384
　（2023年9月1日）
中华人民共和国行政诉讼法 ………… 393
　（2017年6月27日）
中华人民共和国国家赔偿法 ………… 402
　（2012年10月26日）
中华人民共和国刑法（节录） ………… 407
　（2020年12月26日）
中华人民共和国法律援助法 ………… 408
　（2021年8月20日）

● 行政法规及文件

中华人民共和国行政复议法实施条例 …… 413
　（2007年5月29日）
中华人民共和国政府信息公开条例 …… 418
　（2019年4月3日）

● 部门规章及文件

办理法律援助案件程序规定 ………… 423
　（2023年7月11日）
自然资源听证规定 …………………… 427
　（2020年3月20日）
自然资源行政复议规定 ……………… 430
　（2019年7月19日）

自然资源行政处罚办法 ……………… 434
　（2020年3月20日）
自然资源行政应诉规定 ……………… 438
　（2019年7月19日）
自然资源部政府信息公开工作规范 …… 441
　（2021年12月3日）
自然资源部行政许可事项办理程序规范 … 446
　（2021年11月26日）
自然资源违法行为立案查处工作规程
　（试行） …………………………… 448
　（2022年9月23日）
自然资源部挂牌督办和公开通报违法
　违规案件办法 ……………………… 466
　（2020年6月22日）
违反土地管理规定行为处分办法 …… 468
　（2008年5月9日）
查处土地违法行为立案标准 ………… 470
　（2005年8月31日）
住房和城乡建设行政处罚程序规定 …… 472
　（2022年3月10日）

● 司法解释及文件

最高人民法院关于审理政府信息公开行
　政案件若干问题的规定 …………… 477
　（2011年7月29日）
最高人民法院关于正确确定县级以上地
　方人民政府行政诉讼被告资格若干问
　题的规定 …………………………… 479
　（2021年3月25日）

最高人民法院关于适用《中华人民共和国行政诉讼法》的解释 …………… 480
（2018年2月6日）

最高人民法院关于适用《中华人民共和国国家赔偿法》若干问题的解释（一） … 496
（2011年2月28日）

最高人民法院关于国家赔偿监督程序若干问题的规定 ……………… 497
（2017年4月20日）

最高人民法院关于办理申请人民法院强制执行国有土地上房屋征收补偿决定案件若干问题的规定 ……………… 500
（2012年3月26日）

最高人民法院关于违法的建筑物、构筑物、设施等强制拆除问题的批复 ……… 501
（2013年3月27日）

一、综　合

中华人民共和国宪法（节录）

- 1982 年 12 月 4 日第五届全国人民代表大会第五次会议通过
- 1982 年 12 月 4 日全国人民代表大会公告公布施行
- 根据 1988 年 4 月 12 日第七届全国人民代表大会第一次会议通过的《中华人民共和国宪法修正案》、1993 年 3 月 29 日第八届全国人民代表大会第一次会议通过的《中华人民共和国宪法修正案》、1999 年 3 月 15 日第九届全国人民代表大会第二次会议通过的《中华人民共和国宪法修正案》、2004 年 3 月 14 日第十届全国人民代表大会第二次会议通过的《中华人民共和国宪法修正案》和 2018 年 3 月 11 日第十三届全国人民代表大会第一次会议通过的《中华人民共和国宪法修正案》修正

……

第九条　【自然资源】矿藏、水流、森林、山岭、草原、荒地、滩涂等自然资源，都属于国家所有，即全民所有；由法律规定属于集体所有的森林和山岭、草原、荒地、滩涂除外。

国家保障自然资源的合理利用，保护珍贵的动物和植物。禁止任何组织或者个人用任何手段侵占或者破坏自然资源。

第十条　【土地制度】城市的土地属于国家所有。

农村和城市郊区的土地，除由法律规定属于国家所有的以外，属于集体所有；宅基地和自留地、自留山，也属于集体所有。

国家为了公共利益的需要，可以依照法律规定对土地实行征收或者征用并给予补偿。

任何组织或者个人不得侵占、买卖或者以其他形式非法转让土地。土地的使用权可以依照法律的规定转让。

一切使用土地的组织和个人必须合理地利用土地。

……

第十三条　【保护私有财产】公民的合法的私有财产不受侵犯。

国家依照法律规定保护公民的私有财产权和继承权。

国家为了公共利益的需要，可以依照法律规定对公民的私有财产实行征收或者征用并给予补偿。

……

中华人民共和国民法典（节录）

- 2020 年 5 月 28 日第十三届全国人民代表大会第三次会议通过
- 2020 年 5 月 28 日中华人民共和国主席令第 45 号公布
- 自 2021 年 1 月 1 日起施行

第一编　总　　则

……

第五章　民事权利

第一百零九条　【一般人格权】自然人的人身自由、人格尊严受法律保护。

第一百一十条　【民事主体的人格权】自然人享有生命权、身体权、健康权、姓名权、肖像权、名誉权、荣誉权、隐私权、婚姻自主权等权利。

法人、非法人组织享有名称权、名誉权和荣誉权。

第一百一十一条　【个人信息受法律保护】自然人的个人信息受法律保护。任何组织或者个人需要获取他人个人信息的，应当依法取得并确保信息安全，不得非法收集、使用、加工、传输他人个人信息，不得非法买卖、提供或者公开他人个人信息。

第一百一十二条 【婚姻家庭关系等产生的人身权利】自然人因婚姻家庭关系等产生的人身权利受法律保护。

第一百一十三条 【财产权受法律平等保护】民事主体的财产权利受法律平等保护。

第一百一十四条 【物权的定义及类型】民事主体依法享有物权。

物权是权利人依法对特定的物享有直接支配和排他的权利,包括所有权、用益物权和担保物权。

第一百一十五条 【物权的客体】物包括不动产和动产。法律规定权利作为物权客体的,依照其规定。

第一百一十六条 【物权法定原则】物权的种类和内容,由法律规定。

第一百一十七条 【征收与征用】为了公共利益的需要,依照法律规定的权限和程序征收、征用不动产或者动产的,应当给予公平、合理的补偿。

第一百一十八条 【债的定义】民事主体依法享有债权。

债权是因合同、侵权行为、无因管理、不当得利以及法律的其他规定,权利人请求特定义务人为或者不为一定行为的权利。

第一百一十九条 【合同之债】依法成立的合同,对当事人具有法律约束力。

第一百二十条 【侵权之债】民事权益受到侵害的,被侵权人有权请求侵权人承担侵权责任。

第一百二十一条 【无因管理之债】没有法定的或者约定的义务,为避免他人利益受损失而进行管理的人,有权请求受益人偿还由此支出的必要费用。

第一百二十二条 【不当得利之债】因他人没有法律根据,取得不当利益,受损失的人有权请求其返还不当利益。

第一百二十三条 【知识产权及其客体】民事主体依法享有知识产权。

知识产权是权利人依法就下列客体享有的专有的权利:

(一)作品;

(二)发明、实用新型、外观设计;

(三)商标;

(四)地理标志;

(五)商业秘密;

(六)集成电路布图设计;

(七)植物新品种;

(八)法律规定的其他客体。

第一百二十四条 【继承权及其客体】自然人依法享有继承权。

自然人合法的私有财产,可以依法继承。

第一百二十五条 【投资性权利】民事主体依法享有股权和其他投资性权利。

第一百二十六条 【其他民事权益】民事主体享有法律规定的其他民事权利和利益。

第一百二十七条 【对数据和网络虚拟财产的保护】法律对数据、网络虚拟财产的保护有规定的,依照其规定。

第一百二十八条 【对弱势群体的特别保护】法律对未成年人、老年人、残疾人、妇女、消费者的民事权利保护有特别规定的,依照其规定。

第一百二十九条 【民事权利的取得方式】民事权利可以依据民事法律行为、事实行为、法律规定的事件或者法律规定的其他方式取得。

第一百三十条 【权利行使的自愿原则】民事主体按照自己的意愿依法行使民事权利,不受干涉。

第一百三十一条 【权利人的义务履行】民事主体行使权利时,应当履行法律规定的和当事人约定的义务。

第一百三十二条 【禁止权利滥用】民事主体不得滥用民事权利损害国家利益、社会公共利益或者他人合法权益。

……

第二编 物 权

第一分编 通 则

第一章 一般规定

第二百零五条 【物权编的调整范围】本编调整因物的归属和利用产生的民事关系。

注释 本条是对物权编调整范围的规定。物权法律关系,是因对物的归属和利用在民事主体之间产生的权利义务关系。物包括不动产和动产。法律规定权利作为物权客体的,依照其规定。物权是权利人依法对特定的物享有直接支配和排他的权利,包括所有权、用益物权和担保物权。

链接《民法典》第 2、114、115 条

第二百零六条　【我国基本经济制度与社会主义市场经济原则】国家坚持和完善公有制为主体、多种所有制经济共同发展，按劳分配为主体、多种分配方式并存，社会主义市场经济体制等社会主义基本经济制度。

国家巩固和发展公有制经济，鼓励、支持和引导非公有制经济的发展。

国家实行社会主义市场经济，保障一切市场主体的平等法律地位和发展权利。

链接《宪法》第6、11、15条

第二百零七条　【平等保护原则】国家、集体、私人的物权和其他权利人的物权受法律平等保护，任何组织或者个人不得侵犯。

注释本条是对物权平等保护原则的规定。物权平等保护原则表现为：（1）物权的主体平等，不得歧视非公有制的主体；（2）物权平等，无论是国家的、集体的、私人的还是其他权利人的物权，都是平等的物权，受法律规则的约束，不存在高低之分；（3）平等受到保护，当不同的所有权受到侵害时，在法律保护上一律平等，不得对私人的物权歧视对待。

链接《宪法》第12、13条；《民法典》第3、113条

第二百零八条　【物权公示原则】不动产物权的设立、变更、转让和消灭，应当依照法律规定登记。动产物权的设立和转让，应当依照法律规定交付。

注释物权公示，是指在物权变动时，必须将物权变动的事实通过一定的公示方法向社会公开，使第三人知道物权变动的情况，以避免第三人遭受损害并保护交易安全。

链接《城市房地产管理法》第60、61条；《不动产登记暂行条例》

第二章　物权的设立、变更、转让和消灭

第一节　不动产登记

第二百零九条　【不动产物权的登记生效原则及其例外】不动产物权的设立、变更、转让和消灭，经依法登记，发生效力；未经登记，不发生效力，但是法律另有规定的除外。

依法属于国家所有的自然资源，所有权可以不登记。

注释不动产物权的设立、变更、转让和消灭，统称为不动产物权变动。不动产物权变动必须依照法律规定进行登记，只有经过登记，才能够发生物权变动的效果，才具有发生物权变动的外部特征，才能取得不动产物权变动的公信力。除法律另有规定外，不动产物权变动未经登记，不发生物权变动的法律效果，法律不承认其物权已经发生变动，也不予以保护。

"法律另有规定的除外"，主要包括三方面的内容：（1）本条第2款所规定的，依法属于国家所有的自然资源，所有权可以不登记，至于在国家所有的土地、森林、海域等自然资源上设立用益物权、担保物权，则需要依法登记生效。（2）本章第三节规定的物权设立、变更、转让或者消灭的一些特殊情况，即主要是非依法律行为而发生的物权变动的情形：第一，因人民法院、仲裁机构的法律文书或者人民政府的征收决定等，导致物权设立、变更、转让或者消灭的，自法律文书或者征收决定等生效时发生效力；第二，因继承取得物权的，自继承开始时发生效力；第三，因合法建造、拆除房屋等事实行为设立和消灭物权的，自事实行为成就时发生效力。（3）考虑到现行法律的规定以及我国的实际情况尤其是农村的实际情况，本法并没有对不动产物权的设立、变更、转让和消灭一概规定必须经依法登记才发生效力。例如，在土地承包经营权一章中规定，"土地承包经营权互换、转让的，当事人可以向登记机构申请登记；未经登记，不得对抗善意第三人"。这里规定的是"未经登记，不得对抗善意第三人"，而不是"不发生效力"。在宅基地使用权一章，对宅基地使用权的变动，也并未规定必须登记，只是规定"已经登记的宅基地使用权转让或者消灭的，应当及时办理变更登记或者注销登记"。地役权一章规定，"地役权自地役权合同生效时设立。当事人要求登记的，可以向登记机构申请地役权登记；未经登记，不得对抗善意第三人"。

案例大连羽田钢管有限公司与大连保税区弘丰钢铁工贸有限公司、株式会社羽田钢管制造所、大连高新技术产业园区龙王塘街道办事处物权确认纠纷案（《最高人民法院公报》2012年第6期）

裁判规则：在物权确权纠纷案件中，根据物权变动的基本原则，对于当事人依据受让合同提出的确权请求应当视动产与不动产区别予以对待。人民法院对于已经交付的动产权属可以予以确认。对于权利人提出的登记于他人名下的不动产

物权归其所有的确权请求,人民法院不宜直接判决确认其权属,而应当判决他人向权利人办理登记过户。

链接《不动产登记暂行条例》;《不动产登记暂行条例实施细则》;《民法典》第374条;《森林法》第15条;《土地管理法》第12条;《草原法》第11条

第二百一十条 【不动产登记机构和不动产统一登记】不动产登记,由不动产所在地的登记机构办理。

国家对不动产实行统一登记制度。统一登记的范围、登记机构和登记办法,由法律、行政法规规定。

注释 不动产登记实行属地原则,即不动产登记由不动产所在地的登记机构专属管辖,不得在异地进行不动产物权变动登记。

链接《不动产登记暂行条例》;《不动产登记暂行条例实施细则》

第二百一十一条 【申请不动产登记应提供的必要材料】当事人申请登记,应当根据不同登记事项提供权属证明和不动产界址、面积等必要材料。

第二百一十二条 【不动产登记机构应当履行的职责】登记机构应当履行下列职责:

(一)查验申请人提供的权属证明和其他必要材料;

(二)就有关登记事项询问申请人;

(三)如实、及时登记有关事项;

(四)法律、行政法规规定的其他职责。

申请登记的不动产的有关情况需要进一步证明的,登记机构可以要求申请人补充材料,必要时可以实地查看。

第二百一十三条 【不动产登记机构的禁止行为】登记机构不得有下列行为:

(一)要求对不动产进行评估;

(二)以年检等名义进行重复登记;

(三)超出登记职责范围的其他行为。

第二百一十四条 【不动产物权变动的生效时间】不动产物权的设立、变更、转让和消灭,依照法律规定应当登记的,自记载于不动产登记簿时发生效力。

第二百一十五条 【合同效力和物权效力区分】当事人之间订立有关设立、变更、转让和消灭不动产物权的合同,除法律另有规定或者当事人另有约定外,自合同成立时生效;未办理物权登记的,不影响合同效力。

第二百一十六条 【不动产登记簿效力及管理机构】不动产登记簿是物权归属和内容的根据。

不动产登记簿由登记机构管理。

第二百一十七条 【不动产登记簿与不动产权属证书的关系】不动产权属证书是权利人享有该不动产物权的证明。不动产权属证书记载的事项,应当与不动产登记簿一致;记载不一致的,除有证据证明不动产登记簿确有错误外,以不动产登记簿为准。

第二百一十八条 【不动产登记资料的查询、复制】权利人、利害关系人可以申请查询、复制不动产登记资料,登记机构应当提供。

第二百一十九条 【利害关系人的非法利用不动产登记资料禁止义务】利害关系人不得公开、非法使用权利人的不动产登记资料。

第二百二十条 【更正登记和异议登记】权利人、利害关系人认为不动产登记簿记载的事项错误的,可以申请更正登记。不动产登记簿记载的权利人书面同意更正或者有证据证明登记确有错误的,登记机构应当予以更正。

不动产登记簿记载的权利人不同意更正的,利害关系人可以申请异议登记。登记机构予以异议登记,申请人自异议登记之日起十五日内不提起诉讼的,异议登记失效。异议登记不当,造成权利人损害的,权利人可以向申请人请求损害赔偿。

第二百二十一条 【预告登记】当事人签订买卖房屋的协议或者签订其他不动产物权的协议,为保障将来实现物权,按照约定可以向登记机构申请预告登记。预告登记后,未经预告登记的权利人同意,处分该不动产的,不发生物权效力。

预告登记后,债权消灭或者自能够进行不动产登记之日起九十日内未申请登记的,预告登记失效。

第二百二十二条 【不动产登记错误损害赔偿责任】当事人提供虚假材料申请登记,造成他人损害的,应当承担赔偿责任。

因登记错误,造成他人损害的,登记机构应当承担赔偿责任。登记机构赔偿后,可以向造成登记错误的人追偿。

第二百二十三条 【不动产登记收费标准的确定】不动产登记费按件收取,不得按照不动产的面积、体积或者价款的比例收取。

第二节 动产交付

第二百二十四条 【动产物权变动生效时间】 动产物权的设立和转让，自交付时发生效力，但是法律另有规定的除外。

注释 动产物权的设立和转让，主要是指当事人通过合同约定转让动产所有权和设立动产质权两种情况。交付，是指动产的直接占有的转移，即一方按照法律行为的要求，将动产转移给另一方直接占有。

法律另有规定的除外条款是指：(1)关于动产观念交付的法律规定，即《民法典》第226—228条的规定；(2)本章第229—231条关于依非法律行为而发生物权变动的规定；(3)本编担保物权分编对动产抵押权和留置权的规定。这些情形不适用本条的规定。

……

第三节 其他规定

第二百二十九条 【法律文书、征收决定导致物权变动效力发生时间】 因人民法院、仲裁机构的法律文书或者人民政府的征收决定等，导致物权设立、变更、转让或者消灭的，自法律文书或者征收决定等生效时发生效力。

注释 人民法院、仲裁机构在分割共有不动产或者动产等案件中作出并依法生效的改变原有物权关系的判决书、裁决书、调解书，以及人民法院在执行程序中作出的拍卖成交裁定书、以物抵债裁定书，应当认定为本条所称导致物权设立、变更、转让或者消灭的人民法院、仲裁机构的法律文书。

链接《最高人民法院关于适用〈中华人民共和国民法典〉物权编的解释（一）》（以下简称《物权编解释（一）》）第7、8条

第二百三十条 【因继承取得物权的生效时间】 因继承取得物权的，自继承开始时发生效力。

注释 根据《民法典》第1121条第1款的规定，继承从被继承人死亡时开始。无论在被继承人死亡之后多久才确定继承的结果，继承人取得被继承人的遗产物权都是在被继承人死亡之时。

链接《民法典》第1121条；《物权编解释（一）》第8条

第二百三十一条 【因事实行为设立或者消灭物权的生效时间】 因合法建造、拆除房屋等事实行为设立或者消灭物权的，自事实行为成就时发生效力。

注释 所谓事实行为是指不以意思表示为要素的能够产生民事法律后果的法律事实。如用钢筋、水泥、砖瓦、木石建造房屋或者用布料缝制衣服，用木料制作家具，将缝制好的衣物抛弃或者将制作好的家具烧毁等能引起物权设立或消灭的行为。首先，事实行为是人的行为，是人的一种有意识的活动，与自然事实有别；其次，事实行为是一种法律事实，即能够在人与人之间产生、变更或终止民事法律关系；最后，事实行为不以意思表示为要素，即行为人是否表达了某种心理状态，法律不予考虑，只要有某事实行为存在，法律便直接赋予其法律效果。本条即是对事实行为导致物权变动效力的规定。

第二百三十二条 【非依民事法律行为享有的不动产物权变动】 处分依照本节规定享有的不动产物权，依照法律规定需要办理登记的，未经登记，不发生物权效力。

第三章 物权的保护

第二百三十三条 【物权保护诉讼程序】 物权受到侵害的，权利人可以通过和解、调解、仲裁、诉讼等途径解决。

注释 和解是当事人之间私了。调解是通过第三人调停解决纠纷。仲裁是当事人协议选择仲裁机构，由仲裁机构裁决解决争端。诉讼包括民事、行政、刑事三大诉讼，物权保护的诉讼主要指提起民事诉讼。

链接《物权编解释（一）》第1条

第二百三十四条 【物权确认请求权】 因物权的归属、内容发生争议的，利害关系人可以请求确认权利。

注释 确认物权的归属必须向有关行政机关或者人民法院提出请求，而不能实行自力救济，即不能单纯以自身的力量维护或者恢复物权的圆满状态。在很多情形中，确认物权往往是行使返还原物请求权的前提，物权的归属如果没有得到确认，就无法行使返还原物请求权。

第二百三十五条 【返还原物请求权】 无权占有不动产或者动产的，权利人可以请求返还原物。

注释 本条是对返还原物请求权的规定。返还原物请求权，是指物权人对于无权占有标的物之人

的请求返还该物的权利。所有权人在其所有物被他人非法占有时,可以向非法占有人请求返还原物,或请求法院责令非法占有人返还原物。适用返还原物保护方法的前提,需原物仍然存在,如果原物已经灭失,只能请求赔偿损失。

财产所有权人只能向没有法律根据而侵占其所有物的人,即非法占有人请求返还。如果非所有权人对所有权人的财产的占有是合法占有,对合法占有人在合法占有期间,所有权人不能请求返还原物。由于返还原物的目的是追回脱离所有权人占有的财产,故要求返还的原物应当是特定物。如果被非法占有的是种类物,除非该种类物的原物仍存在,否则就不能要求返还原物,只能要求赔偿损失,或者要求返还同种类及同质量的物。所有权人要求返还财产时,对由原物所生的孳息可以同时要求返还。

第二百三十六条 【排除妨害、消除危险请求权】妨害物权或者可能妨害物权的,权利人可以请求排除妨害或者消除危险。

注释 排除妨害请求权,是指当物权的享有和行使受到占有以外的方式妨害时,物权人对妨害人享有请求排除妨害,使自己的权利恢复圆满状态的物权请求权。被排除的妨害需具有不法性,倘若物权人负有容忍义务,则无排除妨害请求权。排除妨害的费用应当由非法妨害人负担。

消除危险请求权,是指由于他人的非法行为足以使财产有遭受毁损、灭失的危险时,物权人有请求人民法院责令其消除危险,以免造成财产损失的物权请求权。采用消除危险这种保护方法时,应当查清事实,只有危险客观存在,且这种违法行为足以危及财产安全时,才能运用消除危险的方法来保护其所有权,其条件是根据社会一般观念确认危险有可能发生。危险的可能性主要是针对将来而言,只要将来有可能发生危险,所有人便可行使此项请求权。对消除危险的费用,由造成危险的行为人负担。

第二百三十七条 【修理、重作、更换或者恢复原状请求权】造成不动产或者动产毁损的,权利人可以依法请求修理、重作、更换或者恢复原状。

第二百三十八条 【物权损害赔偿请求权】侵害物权,造成权利人损害的,权利人可以依法请求损害赔偿,也可以依法请求承担其他民事责任。

第二百三十九条 【物权保护方式的单用和并用】本章规定的物权保护方式,可以单独适用,也可以根据权利被侵害的情形合并适用。

第二分编 所有权

第四章 一般规定

第二百四十条 【所有权的定义】所有权人对自己的不动产或者动产,依法享有占有、使用、收益和处分的权利。

注释 占有,就是对于财产的实际管领或控制,拥有一个物的一般前提就是占有,这是财产所有者直接行使所有权的表现。使用,是权利主体对财产的运用,发挥财产的使用价值。收益,是通过财产的占有、使用等方式取得经济效益。处分,是指财产所有人对其财产在事实上和法律上的最终处置。

第二百四十一条 【所有权人设立他物权】所有权人有权在自己的不动产或者动产上设立用益物权和担保物权。用益物权人、担保物权人行使权利,不得损害所有权人的权益。

注释 所有权人在自己的不动产或者动产上设立用益物权和担保物权,是所有权人行使其所有权的具体体现。由于用益物权与担保物权都是对他人的物享有的权利,因此统称为"他物权",与此相对应,所有权称为"自物权"。

他物权分为用益物权和担保物权。用益物权包括土地承包经营权、建设用地使用权、宅基地使用权、地役权、居住权;担保物权包括抵押权、质权和留置权,还包括所有权保留、优先权、让与担保等非典型担保物权。由于用益物权和担保物权都是在他人所有之物上设置的物权,因此,在行使用益物权和担保物权的时候,权利人不得损害所有权人的权益。

第二百四十二条 【国家专有】法律规定专属于国家所有的不动产和动产,任何组织或者个人不能取得所有权。

注释 国家专有是指只能为国家所有而不能为任何其他人所拥有。国家专有的财产由于不能为他人所拥有,因此不能通过交换或者赠与等任何流通手段转移所有权。

国家专有的不动产和动产的范围主要是:(1)国有土地;(2)海域;(3)水流;(4)矿产资源;(5)野生动物资源;(6)无线电频谱资源。

第二百四十三条 【征收】为了公共利益的需要,依照法律规定的权限和程序可以征收集体所有的土地和组织、个人的房屋以及其他不动产。

征收集体所有的土地,应当依法及时足额支付土地补偿费、安置补助费以及农村村民住宅、其他地上附着物和青苗等的补偿费用,并安排被征地农民的社会保障费用,保障被征地农民的生活,维护被征地农民的合法权益。

征收组织、个人的房屋以及其他不动产,应当依法给予征收补偿,维护被征收人的合法权益;征收个人住宅的,还应当保障被征收人的居住条件。

任何组织或者个人不得贪污、挪用、私分、截留、拖欠征收补偿费等费用。

第二百四十四条 【保护耕地与禁止违法征地】国家对耕地实行特殊保护,严格限制农用地转为建设用地,控制建设用地总量。不得违反法律规定的权限和程序征收集体所有的土地。

第二百四十五条 【征用】因抢险救灾、疫情防控等紧急需要,依照法律规定的权限和程序可以征用组织、个人的不动产或者动产。被征用的不动产或者动产使用后,应当返还被征用人。组织、个人的不动产或者动产被征用或者征用后毁损、灭失的,应当给予补偿。

第五章 国家所有权和集体所有权、私人所有权

第二百四十六条 【国家所有权】法律规定属于国家所有的财产,属于国家所有即全民所有。

国有财产由国务院代表国家行使所有权。法律另有规定的,依照其规定。

第二百四十七条 【矿藏、水流和海域的国家所有权】矿藏、水流、海域属于国家所有。

第二百四十八条 【无居民海岛的国家所有权】无居民海岛属于国家所有,国务院代表国家行使无居民海岛所有权。

注释 无居民海岛,是指不属于居民户籍管理的住址登记地的海岛。2010年3月1日,我国《海岛保护法》施行,明确规定无居民海岛属国家所有,由国务院代表国家行使无居民海岛所有权。

链接《海岛保护法》第4、5条

第二百四十九条 【国家所有土地的范围】城市的土地,属于国家所有。法律规定属于国家所有的农村和城市郊区的土地,属于国家所有。

第二百五十条 【国家所有的自然资源】森林、山岭、草原、荒地、滩涂等自然资源,属于国家所有,但是法律规定属于集体所有的除外。

第二百五十一条 【国家所有的野生动植物资源】法律规定属于国家所有的野生动植物资源,属于国家所有。

第二百五十二条 【无线电频谱资源的国家所有权】无线电频谱资源属于国家所有。

第二百五十三条 【国家所有的文物的范围】法律规定属于国家所有的文物,属于国家所有。

注释 中华人民共和国境内地下、内水和领海中遗存的一切文物,属于国家所有。古文化遗址、古墓葬、石窟寺属于国家所有。国家指定保护的纪念建筑物、古建筑、石刻、壁画、近代现代代表性建筑等不可移动文物,除国家另有规定的以外,属于国家所有。国有不可移动文物的所有权不因其所依附的土地所有权或者使用权的改变而改变。

下列可移动文物,属于国家所有:(1)中国境内出土的文物,国家另有规定的除外;(2)国有文物收藏单位以及其他国家机关、部队和国有企业、事业组织等收藏、保管的文物;(3)国家征集、购买的文物;(4)公民、法人和其他组织捐赠给国家的文物;(5)法律规定属于国家所有的其他文物。属于国家所有的可移动文物的所有权不因其保管、收藏单位的终止或者变更而改变。

链接《文物保护法》第5条

第二百五十四条 【国防资产、基础设施的国家所有权】国防资产属于国家所有。

铁路、公路、电力设施、电信设施和油气管道等基础设施,依照法律规定为国家所有的,属于国家所有。

第二百五十五条 【国家机关的物权】国家机关对其直接支配的不动产和动产,享有占有、使用以及依照法律和国务院的有关规定处分的权利。

第二百五十六条 【国家举办的事业单位的物权】国家举办的事业单位对其直接支配的不动产和动产,享有占有、使用以及依照法律和国务院的有关规定收益、处分的权利。

第二百五十七条 【国有企业出资人制度】国家出资的企业,由国务院、地方人民政府依照法律、行政法规规定分别代表国家履行出资人职责,享有出资人权益。

链接《公司法》第64-70条;《企业国有资产法》;

《企业国有资产监督管理暂行条例》

第二百五十八条 【国有财产的保护】国家所有的财产受法律保护,禁止任何组织或者个人侵占、哄抢、私分、截留、破坏。

第二百五十九条 【国有财产管理法律责任】履行国有财产管理、监督职责的机构及其工作人员,应当依法加强对国有财产的管理、监督,促进国有财产保值增值,防止国有财产损失;滥用职权,玩忽职守,造成国有财产损失的,应当依法承担法律责任。

违反国有财产管理规定,在企业改制、合并分立、关联交易等过程中,低价转让、合谋私分、擅自担保或者以其他方式造成国有财产损失的,应当依法承担法律责任。

第二百六十条 【集体财产范围】集体所有的不动产和动产包括:

(一)法律规定属于集体所有的土地和森林、山岭、草原、荒地、滩涂;

(二)集体所有的建筑物、生产设施、农田水利设施;

(三)集体所有的教育、科学、文化、卫生、体育等设施;

(四)集体所有的其他不动产和动产。

第二百六十一条 【农民集体所有财产归属及重大事项集体决定】农民集体所有的不动产和动产,属于本集体成员集体所有。

下列事项应当依照法定程序经本集体成员决定:

(一)土地承包方案以及将土地发包给本集体以外的组织或者个人承包;

(二)个别土地承包经营权人之间承包地的调整;

(三)土地补偿费等费用的使用、分配办法;

(四)集体出资的企业的所有权变动等事项;

(五)法律规定的其他事项。

链接《土地管理法》第9、10条;《农村土地承包法》第28、52条;《村民委员会组织法》第21—24条

第二百六十二条 【行使集体所有权的主体】对于集体所有的土地和山岭、草原、荒地、滩涂等,依照下列规定行使所有权:

(一)属于村农民集体所有的,由村集体经济组织或者村民委员会依法代表集体行使所有权;

(二)分别属于村内两个以上农民集体所有的,由村内各该集体经济组织或者村民小组依法代表集体行使所有权;

(三)属于乡镇农民集体所有的,由乡镇集体经济组织代表集体行使所有权。

注释 "村"是指行政村,即设立村民委员会的村,而非自然村。"分别属于村内两个以上农民集体所有"主要是指该农民集体所有的土地和其他财产在改革开放以前就分别属于两个以上的生产队,现在其土地和其他集体财产仍然分别属于相当于原生产队的各农村集体经济组织或者村民小组的农民集体所有。"村民小组"是指行政村内的由村民组成的自治组织。根据村民委员会组织法的规定,村民委员会可以根据居住地区划分若干个村民小组。如果村内有集体经济组织,就由村内的集体经济组织行使所有权;如果没有村内的集体经济组织,则由村民小组来行使所有权。

属于乡镇农民集体所有的,由乡镇集体经济组织代表集体行使所有权。这种情况包括:一是指改革开放以前,原来以人民公社为核算单位的土地,在公社改为乡镇以后仍然属于乡镇农民集体所有;二是在人民公社时期,公社一级掌握的集体所有的土地和其他财产仍然属于乡镇农民集体所有。上述两种情况下,由乡镇集体经济组织来行使所有权。

链接《土地管理法》第11条;《农村土地承包法》第13条

第二百六十三条 【城镇集体财产权利】城镇集体所有的不动产和动产,依照法律、行政法规的规定由本集体享有占有、使用、收益和处分的权利。

第二百六十四条 【集体财产状况的公布】农村集体经济组织或者村民委员会、村民小组应当依照法律、行政法规以及章程、村规民约向本集体成员公布集体财产的状况。集体成员有权查阅、复制相关资料。

第二百六十五条 【集体财产的保护】集体所有的财产受法律保护,禁止任何组织或者个人侵占、哄抢、私分、破坏。

农村集体经济组织、村民委员会或者其负责人作出的决定侵害集体成员合法权益的,受侵害的集体成员可以请求人民法院予以撤销。

注释 集体所有的财产,不论是农村集体所有的财产,还是城镇集体所有的财产,都平等地受到法律

保护，他人不得侵害。故本条规定禁止任何组织或者个人侵占、哄抢、私分、破坏集体所有的财产。

本条特别授予集体组织成员一项权利，即在农村集体经济组织、村民委员会或者其负责人作出的决定侵害集体成员合法权益的时候，受侵害的集体成员享有。本条中集体成员享有的撤销权原则上应当适用《民法典》第152条有关除斥期间为1年的规定。

第二百六十六条 【私人所有权】私人对其合法的收入、房屋、生活用品、生产工具、原材料等不动产和动产享有所有权。

注释 私人是和国家、集体相对应的物权主体，不但包括我国的公民，也包括在我国合法取得财产的外国人和无国籍人。

（1）收入。是指人们从事各种劳动获得的货币收入或者有价物。主要包括：工资，指定期支付给员工的劳动报酬，包括计时工资、计件工资、职务工资、级别工资、基础工资、工龄工资、奖金、津贴和补贴、加班加点工资和特殊情况下支付的报酬等；从事智力创造和提供劳务所取得的物质权利，如稿费、专利转让费、讲课费、咨询费、演出费等；因拥有债权、股权而取得的利息、股息、红利所得；出租建筑物、土地使用权、机器设备、车船以及其他财产所得；转让有价证券、股权、建筑物、土地使用权、机器设备、车船以及其他财产所得；得奖、中奖、中彩以及其他偶然所得；从事个体经营的劳动收入、从事承包土地所获得的收益等。

（2）房屋。包括依法购买的城镇住宅，还包括在农村宅基地上依法建造的住宅，也包括商铺、厂房等建筑物。根据土地管理法、城市房地产管理法以及本法的规定，房屋仅指在土地上的建筑物部分，不包括其占有的土地。

（3）生活用品。是指用于生活方面的物品，如家用电器、私人汽车、家具等。

（4）生产工具和原材料。生产工具是指人们在生产活动时所使用的器具，如机器设备、车辆、船舶等运输工具。原材料是指生产产品所需的物质基础材料，如矿石、木材、钢铁等。生产工具和原材料是重要的生产资料，是生产所必需的基础物质。

除上述外，私人财产还包括其他的不动产和动产，如图书、个人收藏品、牲畜和家禽等。

案例 汪秉诚等六人诉淮安市博物馆返还祖宅的埋藏文物纠纷案（《最高人民法院公报》2013年第5期）

裁判规则：《民法通则》第79条①规定：所有人不明的埋藏物，归国家所有；《文物保护法》第5条也将中华人民共和国境内地下遗存的文物一般推定为"属于国家所有"。但对于埋藏或隐藏于公民祖宅且能够基本证明属于其祖产的埋藏物，在无法律明文规定禁止其拥有的情况下，应判定属于公民私人财产。

链接《宪法》第13条；《刑法》第92条

第二百六十七条 【私有财产的保护】私人的合法财产受法律保护，禁止任何组织或者个人侵占、哄抢、破坏。

第二百六十八条 【企业出资人的权利】国家、集体和私人依法可以出资设立有限责任公司、股份有限公司或者其他企业。国家、集体和私人所有的不动产或者动产投到企业的，由出资人按照约定或者出资比例享有资产收益、重大决策以及选择经营管理者等权利并履行义务。

第二百六十九条 【法人财产权】营利法人对其不动产和动产依照法律、行政法规以及章程享有占有、使用、收益和处分的权利。

营利法人以外的法人，对其不动产和动产的权利，适用有关法律、行政法规以及章程的规定。

链接《民法典》第57、76条

第二百七十条 【社会团体法人、捐助法人合法财产的保护】社会团体法人、捐助法人依法所有的不动产和动产，受法律保护。

链接《民法典》第87、90、92条

第六章 业主的建筑物区分所有权

第二百七十一条 【建筑物区分所有权】业主对建筑物内的住宅、经营性用房等专有部分享有所有权，对专有部分以外的共有部分享有共有和共同管理的权利。

注释 建筑物区分所有权人，对建筑物内的住宅、商业用房等专有部分享有所有权，对专有部分以外的共有部分如电梯、过道、楼梯、水箱、外墙面、水电气的主管线等享有共有和共同管理的权利。业主可

---

① 对应于《民法典》第319条。

以自行管理建筑物及其附属设施,也可以委托物业服务企业或者其他管理人管理。业主可以设立业主大会,选举业委员会,制定或者修改业主大会议事规则和建筑物及其附属设施的管理规约,选举业主委员会和更换业主委员会成员,选聘和解聘物业服务企业或者其他管理人,筹集和使用建筑物及其附属设施的维修资金,改建和重建建筑物及其附属设施等。业主大会和业主委员会,对任意弃置垃圾、排放大气污染物或者噪声、违反规定饲养动物、违章搭建、侵占通道、拒付物业费等损害他人合法权益的行为,有权依照法律、法规以及管理规约,要求行为人停止侵害、消除危险、排除妨害、赔偿损失。

【案例】孙庆军诉南京市清江花苑小区业主委员会业主知情权纠纷案(《最高人民法院公报》2015年第12期)

裁判规则:业主作为建筑物区分所有人,享有知情权,享有了解本小区建筑区划内涉及业主共有权及共同管理权等相关事项的权利,业主委员会应全面、合理公开其掌握的情况和资料。对于业主行使知情权亦应加以合理限制,防止滥用权利,其范围应限于涉及业主合法权益的信息,并遵循简便的原则。

【链接】《物业管理条例》第6条;《最高人民法院关于审理建筑物区分所有权纠纷案件适用法律若干问题的解释》第1条

第二百七十二条 【业主对专有部分的专有权】业主对其建筑物专有部分享有占有、使用、收益和处分的权利。业主行使权利不得危及建筑物的安全,不得损害其他业主的合法权益。

【注释】建筑区划内符合下列条件的房屋,以及车位、摊位等特定空间,应当认定为专有部分:(1)具有构造上的独立性,能够明确区分;(2)具有利用上的独立性,可以排他使用;(3)能够登记成为特定业主所有权的客体。规划上专属于特定房屋,且建设单位销售时已经根据规划列入该特定房屋买卖合同中的露台等,应当认定为本章所称专有部分的组成部分。

对于建筑物区分所有权人对专有部分享有的权利,一方面,应明确其与一般所有权相同,具有绝对性、永久性、排他性。所有权人在法律限制范围内可以自由使用、收益、处分专有部分,并排除他人干涉。另一方面,也应注意到其与一般所有权的不同:业主的专有部分是建筑物的重要组成部分,与共有部分具有一体性、不可分离性,例如没有电梯、楼道、走廊,业主不可能出入自己的居室、经营性用房等专有部分;没有水箱,水、电等管线,业主无法使用自己的居室、经营性用房等专有部分。因此业主对专有部分行使所有权应受到一定限制。例如,业主对专有部分装修时,不得拆除房屋内的承重墙,不得在专有部分内储藏、存放易燃易爆的危险物品,危及整个建筑物的安全,损害其他业主的合法权益。

【链接】《最高人民法院关于审理建筑物区分所有权纠纷案件适用法律若干问题的解释》第2条

第二百七十三条 【业主对共有部分的共有权及义务】业主对建筑物专有部分以外的共有部分,享有权利,承担义务;不得以放弃权利为由不履行义务。

业主转让建筑物内的住宅、经营性用房,其对共有部分享有的共有和共同管理的权利一并转让。

【注释】关于业主对共有部分的权利,主要应注意,业主对专有部分以外的共有部分既享有权利,又承担义务。并且,业主不得以放弃权利为由不履行义务。例如,业主不得以不使用电梯为由,不缴纳电梯维修费用;在集中供暖的情况下,不得以冬季不在此住宅居住为由,不缴纳暖气费用。关于如何行使该项共有权利、承担义务还要依据本法及相关法律、法规和建筑区划管理规约的规定。

对于本条,值得强调的是第2款的规定,即业主对其建筑物专有部分的所有权不能单独转让,而必须与其共用部分持分权和成员权一同转让。业主的建筑物区分所有权是一个集合权,包括对专有部分享有的所有权、对建筑区划内的共有部分享有的共有权和共同管理的权利,这三种权利具有不可分离性。在这三种权利中,业主对专有部分的所有权占主导地位,是业主对专有部分以外的共有部分享有共有权以及对共有部分享有共同管理权的前提与基础。而且,区分所有权人所有的专有部分的大小,也决定了其对建筑物共有部分享有的共有和共同管理权利的份额大小。因此本条规定,业主转让建筑物内的住宅、经营性用房,其对共有部分享有的共有和共同管理的权利一并转让。

【案例】徐州西苑艺君花园(一期)业主委员会诉徐州中川房地产开发有限公司物业管理用房所有权确认纠纷案(《最高人民法院公报》2014年

第6期）

裁判规则：业主委员会依照《物权法》第75条第1款①规定成立，具有一定目的、名称、组织机构与场所，管理相应财产，是《民事诉讼法》第48条第1款②规定的"其他组织"。业主委员会依据业主共同或业主大会决议，在授权范围内，以业主委员会名义从事法律行为，具备诉讼主体资格。

物业管理用房依规划定点建造，为区分所有权建筑物管理人进行管理维护业务必需的场所，依照《物权法》第72条第1款③的规定，为业主共有。在建筑物竣工验收交付后，物业管理用房的分割、转移、调整或重新配置，应当由业主共同或业主大会决定。

链接《物业管理条例》第54条；《最高人民法院关于审理建筑物区分所有权纠纷案件适用法律若干问题的解释》第3、4条

第二百七十四条 【建筑区划内的道路、绿地等场所和设施属于业主共有财产】建筑区划内的道路，属于业主共有，但是属于城镇公共道路的除外。建筑区划内的绿地，属于业主共有，但是属于城镇公共绿地或者明示属于个人的除外。建筑区划内的其他公共场所、公用设施和物业服务用房，属于业主共有。

注释 本条是对建筑区划内设施的归属的规定。需要强调以下两点：一是本条规定的绿地、道路归业主所有，不是说绿地、道路的土地所有权归业主所有，而是说绿地、道路作为土地上的附着物归业主所有；二是业主对"建筑区划内的其他公共场所、公用设施和物业服务用房"的共有包括对这部分场所、公用设施和用房本身的所有权和对其地基的土地使用权。

案例 1. 长城宽带网络服务有限公司江苏分公司诉中国铁通集团有限公司南京分公司恢复原状纠纷案（《最高人民法院公报》2019年第12期）

裁判规则：小区内的通信管道在小区交付后属于全体业主共有。通信运营公司与小区房地产开发公司签订的小区内通信管线等通信设施由通信运营公司享有专有使用权的条款，侵犯了业主的共有权和选择电信服务的自由选择权，应属无效。

---

① 对应于《民法典》第277条第1款。
② 对应于现行《民事诉讼法》第51条第1款。
③ 对应于《民法典》第273条第1款。

2. 宜兴市新街街道海德名园业主委员会诉宜兴市恒兴置业有限公司、南京紫竹物业管理股份有限公司宜兴分公司物权确认纠纷、财产损害赔偿纠纷案（《最高人民法院公报》2018年第11期）

裁判规则：开发商与小区业主对开发商在小区内建造的房屋发生权属争议时，应由开发商承担举证责任。如开发商无充分证据证明该房屋系其所有，且其已将该房屋建设成本分摊到出售给业主的商品房中，则该房屋应当属于小区全体业主所有。开发商在没有明确取得业主同意的情况下，自行占有使用该房屋，不能视为业主默示同意由开发商无偿使用，应认定开发商构成侵权。业主参照自该房屋应当移交时起的使用费向开发商主张赔偿责任的，人民法院应予支持。

链接《物业管理条例》第37条；《最高人民法院关于审理建筑物区分所有权纠纷案件适用法律若干问题的解释》第3条

第二百七十五条 【车位、车库的归属规则】建筑区划内，规划用于停放汽车的车位、车库的归属，由当事人通过出售、附赠或者出租等方式约定。

占用业主共有的道路或者其他场地用于停放汽车的车位，属于业主共有。

注释 建筑区划内，规划用于停放汽车的车位和车库的权属应当依据合同确定。通过出售和附赠取得车库、车位的，所有权归属于业主；车库、车位出租的，所有权归属于开发商，业主享有使用权。确定出售和附赠车位、车库的所有权属于业主的，车库、车位的所有权和土地使用权也应当进行物权登记，在转移专有权时，车库、车位的所有权和土地使用权并不必然跟随建筑物的权属一并转移，须单独进行转让或者不转让。

链接《最高人民法院关于审理建筑物区分所有权纠纷案件适用法律若干问题的解释》第6条

……

第二百八十七条 【业主请求权】业主对建设单位、物业服务企业或者其他管理人以及其他业主侵害自己合法权益的行为，有权请求其承担民事责任。

注释 本条赋予业主以请求权,业主对建设单位、物业服务企业或者其他管理人以及其他业主侵害自己合法权益的行为,有权请求其承担民事责任,维护自己的合法权益。业主行使该请求权,可以直接向建设单位、物业服务企业和其他管理人请求,可以向有关行政主管部门投诉,也可以向人民法院起诉,由人民法院判决。

第七章 相邻关系

第二百八十八条 【处理相邻关系的原则】不动产的相邻权利人应当按照有利生产、方便生活、团结互助、公平合理的原则,正确处理相邻关系。

注释 相邻关系,是指相互毗邻的不动产权利人之间在行使所有权或者使用权时,因相互间给予便利或者接受限制所发生的权利义务关系。

相邻关系是法定的:不动产权利人对相邻不动产权利人有避免妨害的注意义务;不动产权利人在非使用邻地就不能对自己的不动产进行正常使用时,有权在对邻地损害最小的范围内使用邻地,邻地权利人不能阻拦。

本条规定的相邻权利人的范围,既包括相邻不动产的所有权人,也包括相邻不动产的用益物权人和占有人。

第二百八十九条 【处理相邻关系的依据】法律、法规对处理相邻关系有规定的,依照其规定;法律、法规没有规定的,可以按照当地习惯。

注释 处理相邻关系,首先是依照法律、法规的规定。当没有法律和行政法规的规定时,可以适用习惯作为处理相邻关系的依据。习惯,是指在长期的社会实践中逐渐形成的、被人们公认的行为准则,具有普遍性和认同性,一经国家认可,就具有法律效力,成为调整社会关系的行为规范。民间习惯虽然没有上升为法律,但它之所以存在,被人们普遍接受和遵从,有其社会根源、思想根源、文化根源和经济根源,只要不违反法律的规定和公序良俗,人民法院在规范民事裁判尺度时应当遵从。

链接《民法典》第10条
……

第八章 共 有

第二百九十七条 【共有及其形式】不动产或者动产可以由两个以上组织、个人共有。共有包括按份共有和共同共有。

注释 共有权,是指两个以上的民事主体对同一项财产共同享有的所有权。其特征是:(1)共有权的主体具有非单一性,须由两个或两个以上的自然人、法人或非法人组织构成。(2)共有物的所有权具有单一性,共有权的客体即共有物是同一项财产,共有权是一个所有权。(3)共有权的内容具有双重性,包括所有权人具有的与非所有权人构成的对世性的权利义务关系,以及内部共有人之间的权利义务关系。(4)共有权具有意志或目的的共同性,基于共同的生活、生产和经营目的,或者基于共同的意志发生共有关系。

共有权包括的类型有:(1)按份共有,即对同一项财产,数个所有人按照既定的份额,享有权利,负担义务。(2)共同共有,即对同一项财产,数个所有人不分份额地享有权利、承担义务。(3)准共有,即共有的权利不是所有权,而是所有权之外的他物权和知识产权。

第二百九十八条 【按份共有】按份共有人对共有的不动产或者动产按照其份额享有所有权。

注释 按份共有,又称分别共有,指数人按应有份额(部分)对共有物共同享有权利和分担义务的共有。

按份共有的法律特征有:第一,各个共有人对共有物按份额享有不同的权利。各个共有人的份额又称为应有份额,其数额一般由共有人事先约定,或按出资比例决定。如果各个共有人应有部分不明确,则应推定为均等。第二,各个共有人对共有财产享有权利和承担义务是根据其不同的份额确定的。份额不同,各个共有人对共同财产的权利和义务各不相同。第三,各个共有人的权利不是局限于共有财产某一具体部分,或就某一具体部分单独享有所有权,而是及于财产的全部。

第二百九十九条 【共同共有】共同共有人对共有的不动产或者动产共同享有所有权。

注释 共同共有是指两个或两个以上的民事主体,根据某种共同关系而对某项财产不分份额地共同享有权利和承担义务。

共同共有的特征是:第一,共同共有根据共同关系而产生,以共同关系的存在为前提,例如夫妻关系、家庭关系。第二,在共同共有关系存续期间内,共有财产不分份额,这是共同共有与按份共有的主要区别。第三,在共同共有中,各共有人平等地对共有物享受权利和承担义务,共同共有人的权利及于整个共有财产,行使全部共有权。第四,共同共有人对共有物享有连带权利、承担连带义务。基于共有物而设定的权利,每个共同共有人都是权利人,该权利为连带权利;基于共有关系而发生的债务,亦为连带债务,每个共同共有人都是连带债务人;基于共有关系发生的民事责任,为连带民事责任,每个共有人都是连带责任人。

……

第三百零八条 【共有关系不明时对共有关系性质的推定】共有人对共有的不动产或者动产没有约定为按份共有或者共同共有,或者约定不明确的,除共有人具有家庭关系等外,视为按份共有。

注释 共有人对共有的不动产或者动产没有约定为按份共有或者共同共有,或者约定不明确的,就是共有关系性质不明。在共有关系性质不明的情况下,确定的规则是,除共有人具有婚姻、家庭关系或者合伙关系之外,都视为按份共有,按照按份共有确定共有人的权利义务和对外关系。本条使用的是"视为",如果共有人之一能够推翻"视为"的推定,则应当按照证据认定共有的性质。

第三百零九条 【按份共有人份额不明时份额的确定】按份共有人对共有的不动产或者动产享有的份额,没有约定或者约定不明确的,按照出资额确定;不能确定出资额的,视为等额享有。

第三百一十条 【准共有】两个以上组织、个人共同享有用益物权、担保物权的,参照适用本章的有关规定。

第九章 所有权取得的特别规定

第三百一十一条 【善意取得】无处分权人将不动产或者动产转让给受让人的,所有权人有权追回;除法律另有规定外,符合下列情形的,受让人取得该不动产或者动产的所有权:

(一)受让人受让该不动产或者动产时是善意;

(二)以合理的价格转让;

(三)转让的不动产或者动产依照法律规定应当登记的已经登记,不需要登记的已经交付给受让人。

受让人依据前款规定取得不动产或者动产的所有权的,原所有权人有权向无处分权人请求损害赔偿。

当事人善意取得其他物权的,参照适用前两款规定。

……

第三分编 用益物权

第十章 一般规定

第三百二十三条 【用益物权的定义】用益物权人对他人所有的不动产或者动产,依法享有占有、使用和收益的权利。

注释 作为物权体系的重要组成部分,用益物权具备物权的一般特征,如以对物的实际占有为前提、以使用收益为目的,此外还有以下几个方面的特征:(1)用益物权是一种他物权,是在他人所有之物上设立一个新的物权。(2)用益物权是以使用和收益为内容的定限物权,目的就是对他人所有的不动产的使用和收益。(3)用益物权为独立物权,一旦依当事人约定或法律直接规定设立,用益物权人便能独立地享有对标的物的使用和收益,除了能有效地对抗第三人以外,也能对抗所有权人。

用益物权的基本内容,是对用益物权的标的享有占有、使用和收益的权利,是通过直接支配他人之物而占有、使用和收益。

第三百二十四条 【国家和集体所有的自然资源的使用规则】国家所有或者国家所有由集体使用以及法律规定属于集体所有的自然资源,组织、个人依法可以占有、使用和收益。

第三百二十五条 【自然资源有偿使用制度】国家实行自然资源有偿使用制度,但是法律另有规定的除外。

第三百二十六条 【用益物权的行使规范】用益物权人行使权利,应当遵守法律有关保护和合理开发利用资源、保护生态环境的规定。所有权人不得干涉用益物权人行使权利。

第三百二十七条 【被征收、征用时用益物权人的补偿请求权】因不动产或者动产被征收、征用致使用益物权消灭或者影响用益物权行使的,用益物权人有权依据本法第二百四十三条、第二百四十五条的规定获得相应补偿。

第三百二十八条 【海域使用权】依法取得的海域使用权受法律保护。

第三百二十九条　【特许物权依法保护】依法取得的探矿权、采矿权、取水权和使用水域、滩涂从事养殖、捕捞的权利受法律保护。

第十一章　土地承包经营权

第三百三十条　【农村土地承包经营】农村集体经济组织实行家庭承包经营为基础、统分结合的双层经营体制。

农民集体所有和国家所有由农民集体使用的耕地、林地、草地以及其他用于农业的土地,依法实行土地承包经营制度。

链接《农村土地承包法》第1-3条

第三百三十一条　【土地承包经营权内容】土地承包经营权人依法对其承包经营的耕地、林地、草地等享有占有、使用和收益的权利,有权从事种植业、林业、畜牧业等农业生产。

链接《土地管理法》第13条;《农村土地承包法》第8-11、17条

第三百三十二条　【土地的承包期限】耕地的承包期为三十年。草地的承包期为三十年至五十年。林地的承包期为三十年至七十年。

前款规定的承包期限届满,由土地承包经营权人依照农村土地承包的法律规定继续承包。

第三百三十三条　【土地承包经营权的设立与登记】土地承包经营权自土地承包经营权合同生效时设立。

登记机构应当向土地承包经营权人发放土地承包经营权证、林权证等证书,并登记造册,确认土地承包经营权。

第三百三十四条　【土地承包经营权的互换、转让】土地承包经营权人依照法律规定,有权将土地承包经营权互换、转让。未经依法批准,不得将承包地用于非农建设。

第三百三十五条　【土地承包经营权流转的登记对抗主义】土地承包经营权互换、转让的,当事人可以向登记机构申请登记;未经登记,不得对抗善意第三人。

第三百三十六条　【承包地的调整】承包期内发包人不得调整承包地。

因自然灾害严重毁损承包地等特殊情形,需要适当调整承包的耕地和草地的,应当依照农村土地承包的法律规定办理。

第三百三十七条　【承包地的收回】承包期内发包人不得收回承包地。法律另有规定的,依照其规定。

链接《农村土地承包法》第27条

第三百三十八条　【征收承包地的补偿规则】承包地被征收的,土地承包经营权人有权依据本法第二百四十三条的规定获得相应补偿。

链接《土地管理法》第47、48条;《农村土地承包法》第17条

第三百三十九条　【土地经营权的流转】土地承包经营权人可以自主决定依法采取出租、入股或者其他方式向他人流转土地经营权。

第三百四十条　【土地经营权人的基本权利】土地经营权人有权在合同约定的期限内占有农村土地,自主开展农业生产经营并取得收益。

第三百四十一条　【土地经营权的设立与登记】流转期限为五年以上的土地经营权,自流转合同生效时设立。当事人可以向登记机构申请土地经营权登记;未经登记,不得对抗善意第三人。

第三百四十二条　【以其他方式承包取得的土地经营权流转】通过招标、拍卖、公开协商等方式承包农村土地,经依法登记取得权属证书的,可以依法采取出租、入股、抵押或者其他方式流转土地经营权。

第三百四十三条　【国有农用地承包经营的法律适用】国家所有的农用地实行承包经营的,参照适用本编的有关规定。

第十二章　建设用地使用权

第三百四十四条　【建设用地使用权的概念】建设用地使用权人依法对国家所有的土地享有占有、使用和收益的权利,有权利用该土地建造建筑物、构筑物及其附属设施。

注释　建设用地包括住宅用地、公共设施用地、工矿用地、交通水利设施用地、旅游用地、军事设施用地等。本条中的建筑物主要是指住宅、写字楼、厂房等;构筑物主要是指不具有居住或者生产经营功能的人工建造物,比如道路、桥梁、隧道、水池、水塔、纪念碑等;附属设施主要是指附属于建筑物、构筑物的一些设施。

链接《城市房地产管理法》第二章

第三百四十五条　【建设用地使用权的分层设立】建设用地使用权可以在土地的地表、地上或者地下分别设立。

第三百四十六条 【建设用地使用权的设立原则】设立建设用地使用权,应当符合节约资源、保护生态环境的要求,遵守法律、行政法规关于土地用途的规定,不得损害已经设立的用益物权。

第三百四十七条 【建设用地使用权的出让方式】设立建设用地使用权,可以采取出让或者划拨等方式。

工业、商业、旅游、娱乐和商品住宅等经营性用地以及同一土地有两个以上意向用地者的,应当采取招标、拍卖等公开竞价的方式出让。

严格限制以划拨方式设立建设用地使用权。

注释 建设用地使用权设立的方式主要有两种:有偿出让和无偿划拨。有偿出让是建设用地使用权设立的主要方式,是指出让人将一定期限的建设用地使用权出让给建设用地使用权人使用,建设用地使用权人向出让人支付一定的出让金。有偿出让的方式主要包括拍卖、招标和协议等。划拨是无偿取得建设用地使用权的一种方式,是指县级以上人民政府依法批准,在建设用地使用权人缴纳补偿、安置等费用后将该幅土地交付其使用,或者将建设用地使用权无偿交付给建设用地使用权人使用的行为。划拨土地没有期限的规定。

链接 《土地管理法》第54条;《城市房地产管理法》第8、13、23、24条

第三百四十八条 【建设用地使用权出让合同】通过招标、拍卖、协议等出让方式设立建设用地使用权的,当事人应当采用书面形式订立建设用地使用权出让合同。

建设用地使用权出让合同一般包括下列条款:

(一)当事人的名称和住所;

(二)土地界址、面积等;

(三)建筑物、构筑物及其附属设施占用的空间;

(四)土地用途、规划条件;

(五)建设用地使用权期限;

(六)出让金等费用及其支付方式;

(七)解决争议的方法。

第三百四十九条 【建设用地使用权的登记】设立建设用地使用权的,应当向登记机构申请建设用地使用权登记。建设用地使用权自登记时设立。登记机构应当向建设用地使用权人发放权属证书。

第三百五十条 【土地用途限定规则】建设用地使用权人应当合理利用土地,不得改变土地用途;需要改变土地用途的,应当依法经有关行政主管部门批准。

第三百五十一条 【建设用地使用权人支付出让金等费用的义务】建设用地使用权人应当依照法律规定以及合同约定支付出让金等费用。

第三百五十二条 【建设用地使用权人建造的建筑物、构筑物及其附属设施的归属】建设用地使用权人建造的建筑物、构筑物及其附属设施的所有权属于建设用地使用权人,但是有相反证据证明的除外。

第三百五十三条 【建设用地使用权的流转方式】建设用地使用权人有权将建设用地使用权转让、互换、出资、赠与或者抵押,但是法律另有规定的除外。

第三百五十四条 【建设用地使用权流转的合同形式和期限】建设用地使用权转让、互换、出资、赠与或者抵押的,当事人应当采用书面形式订立相应的合同。使用期限由当事人约定,但是不得超过建设用地使用权的剩余期限。

第三百五十五条 【建设用地使用权流转登记】建设用地使用权转让、互换、出资或者赠与的,应当向登记机构申请变更登记。

第三百五十六条 【建设用地使用权流转之房随地走】建设用地使用权转让、互换、出资或者赠与的,附着于该土地上的建筑物、构筑物及其附属设施一并处分。

第三百五十七条 【建设用地使用权流转之地随房走】建筑物、构筑物及其附属设施转让、互换、出资或者赠与的,该建筑物、构筑物及其附属设施占用范围内的建设用地使用权一并处分。

第三百五十八条 【建设用地使用权的提前收回及其补偿】建设用地使用权期限届满前,因公共利益需要提前收回该土地的,应当依据本法第二百四十三条的规定对该土地上的房屋以及其他不动产给予补偿,并退还相应的出让金。

第三百五十九条 【建设用地使用权期限届满的处理规则】住宅建设用地使用权期限届满的,自动续期。续期费用的缴纳或者减免,依照法律、行政法规的规定办理。

非住宅建设用地使用权期限届满后的续期,依照法律规定办理。该土地上的房屋以及其他不动产的归属,有约定的,按照约定;没有约定或者

约定不明确的，依照法律、行政法规的规定办理。

注释 根据《城镇国有土地使用权出让和转让暂行条例》的规定，建设用地使用权出让的最高年限为：居住用地70年。本条对住宅建设用地使用权和非住宅建设用地使用权的续期分别作出了规定，明确规定住宅建设用地使用权期间届满的，自动续期。

第三百六十条【建设用地使用权注销登记】建设用地使用权消灭的，出让人应当及时办理注销登记。登记机构应当收回权属证书。

第三百六十一条【集体土地作为建设用地的法律适用】集体所有的土地作为建设用地的，应当依照土地管理的法律规定办理。

第十三章 宅基地使用权

第三百六十二条【宅基地使用权内容】宅基地使用权人依法对集体所有的土地享有占有和使用的权利，有权依法利用该土地建造住宅及其附属设施。

第三百六十三条【宅基地使用权的法律适用】宅基地使用权的取得、行使和转让，适用土地管理的法律和国家有关规定。

注释 农村村民一户只能拥有一处宅基地，其宅基地的面积不得超过省、自治区、直辖市规定的标准。人均土地少、不能保障一户拥有一处宅基地的地区，县级人民政府在充分尊重农村村民意愿的基础上，可以采取措施，按照省、自治区、直辖市规定的标准保障农村村民实现户有所居。

第三百六十四条【宅基地灭失后的重新分配】宅基地因自然灾害等原因灭失的，宅基地使用权消灭。对失去宅基地的村民，应当依法重新分配宅基地。

第三百六十五条【宅基地使用权的变更登记与注销登记】已经登记的宅基地使用权转让或者消灭的，应当及时办理变更登记或者注销登记。

第十四章 居 住 权

第三百六十六条【居住权的定义】居住权人有权按照合同约定，对他人的住宅享有占有、使用的用益物权，以满足生活居住的需要。

……

第十五章 地 役 权

第三百七十二条【地役权的定义】地役权人有权按照合同约定，利用他人的不动产，以提高自己的不动产的效益。

前款所称他人的不动产为供役地，自己的不动产为需役地。

注释 地役权是一种独立的物权，在性质上属于用益物权的范围，是按照合同约定利用他人的不动产，以提高自己不动产效益的权利。因使用他人不动产而获得便利的不动产为需役地，为他人不动产的便利而供使用的不动产为供役地。地役权的"役"，即"使用"的意思。

……

第四分编 担 保 物 权

第十六章 一 般 规 定

第三百八十六条【担保物权的定义】担保物权人在债务人不履行到期债务或者发生当事人约定的实现担保物权的情形，依法享有就担保财产优先受偿的权利，但是法律另有规定的除外。

注释 担保物权以确保债权人的债权得到完全清偿为目的。这是担保物权与其他物权的最大区别。

担保物权是在债务人或者第三人的财产上成立的权利。债务人既可以自己的财产，也可以第三人的财产为债权设立担保物权。

担保物权具有物上代位性。债权人设立担保物权并不以使用担保财产为目的，而是以取得该财产的交换价值为目的，因此，担保财产灭失、毁损，但代替该财产的交换价值还存在的，担保物权的效力仍存在，但此时担保物权的效力转移到了该代替物上。

……

第五分编 占 有

第二十章 占 有

第四百五十八条【有权占有法律适用】基于合同关系等产生的占有，有关不动产或者动产的使用、收益、违约责任等，按照合同约定；合同没有约定或者约定不明确的，依照有关法律规定。

注释 占有是指占有人对物具有事实上的管领和控制的状态。导致占有发生的法律关系多种多样：一种是有权占有，主要指基于合同等债的关系而产生的占有,如根据运输或者保管合同,承运人或者保管人对托运或者寄存货物发生的占有;一种是无权占有,主要发生在占有人对不动产或者动产的占有无正当法律关系,或者原法律关系被撤销或者无效时占有人对占有物的占有,包括误将他人之物认为己有或者借用他人之物到期不还等。

第四百五十九条 【恶意占有人的损害赔偿责任】占有人因使用占有的不动产或者动产,致使该不动产或者动产受到损害的,恶意占有人应当承担赔偿责任。

第四百六十条 【权利人的返还请求权和占有人的费用求偿权】不动产或者动产被占有人占有的,权利人可以请求返还原物及其孳息;但是,应当支付善意占有人因维护该不动产或者动产支出的必要费用。

注释 无论是善意占有人还是恶意占有人,对于权利人都负有返还原物及其孳息的义务;返还原物及其孳息之后,善意占有人对于因维护该不动产或者动产而支出的必要费用,可以要求权利人返还,而恶意占有人无此项请求权。值得注意的是,善意占有人求偿权的范围限于必要费用。必要费用是指因保存、管理占有物所需支出的费用。如占有物的维修费、饲养费等。

第四百六十一条 【占有物毁损或者灭失时占有人的责任】占有的不动产或者动产毁损、灭失,该不动产或者动产的权利人请求赔偿的,占有人应当将因毁损、灭失取得的保险金、赔偿金或者补偿金等返还给权利人;权利人的损害未得到足够弥补的,恶意占有人还应当赔偿损失。

注释 占有的不动产或者动产毁损、灭失,不论是不可抗力,还是被遗失或者盗窃,其责任规则是:(1)如果该不动产或者动产即占有物的权利人请求赔偿的,占有人应当将因毁损、灭失取得的保险金、赔偿金或者补偿金等代位物如数返还给权利人,对此,不论是善意占有人还是恶意占有人,均负此责任。(2)占有物因毁损、灭失取得的保险金、赔偿金或者补偿金全部返还权利人,权利人的损害未得到足够弥补的,恶意占有人应当承担赔偿损失的责任,善意占有人不负此责任。

第四百六十二条 【占有保护的方法】占有的不动产或者动产被侵占的,占有人有权请求返还原物;对妨害占有的行为,占有人有权请求排除妨害或者消除危险;因侵占或者妨害造成损害的,占有人有权依法请求损害赔偿。

占有人返还原物的请求权,自侵占发生之日起一年内未行使的,该请求权消灭。

……

中华人民共和国土地管理法

- 1986 年 6 月 25 日第六届全国人民代表大会常务委员会第十六次会议通过
- 根据 1988 年 12 月 29 日第七届全国人民代表大会常务委员会第五次会议《关于修改〈中华人民共和国土地管理法〉的决定》第一次修正
- 1998 年 8 月 29 日第九届全国人民代表大会常务委员会第四次会议修订
- 根据 2004 年 8 月 28 日第十届全国人民代表大会常务委员会第十一次会议《关于修改〈中华人民共和国土地管理法〉的决定》第二次修正
- 根据 2019 年 8 月 26 日第十三届全国人民代表大会常务委员会第十二次会议《关于修改〈中华人民共和国土地管理法〉、〈中华人民共和国城市房地产管理法〉的决定》第三次修正

理 解 与 适 用

土地是民生之本、发展之基,关系广大人民群众的切身利益。随着我国经济社会的快速发展,土地作为基本生产资料的地位和作用日益突出。

《土地管理法》于 1986 年 6 月 25 日由第六届全国人民代表大会常务委员会第十六次会议通过,至今共经历 1988 年、1998 年、2004 年及 2019 年四次变迁。《土地管理法》共 8 章 87 条,明确

了国有土地和集体所有土地在范围上的划分,确立了土地用途管制制度,对耕地实施特殊保护,详细规范了建设占用土地涉及农用地转为建设用地应当办理的审批手续,加大了各级自然资源主管部门对违反土地管理法律、法规行为的监督检查力度,强化了违法者的法律责任。2019年8月26日修改的《土地管理法》,继续坚持土地公有制不动摇,坚持农民利益不受损,坚持最严格的耕地保护制度和最严格的节约集约用地制度,并在充分总结农村土地制度改革试点成功经验的基础上,在土地征收制度、集体经营性建设用地入市、宅基地管理等方面作出多项重大突破,将多年来土地制度的改革成果上升为法律规定。《民法典》《土地管理法实施条例》《城镇国有土地使用权出让和转让暂行条例》《基本农田保护条例》和《违反土地管理规定行为处分办法》等法律法规和政策性文件的出台或修订,建立了耕地保护制度、建设用地管理制度、土地产权和交易制度、监督检查制度和法律责任制度。

《土地管理法》的主要内容包括:

(一)土地权属制度。我国实行土地公有制,分为全民所有和集体所有两种。其中国有土地的范围包括:城市市区的土地,依法属于国家所有的农村和城市郊区的土地,国家已征收的土地。土地所有权不得买卖或者以其他形式非法转让,但是土地使用权可以依法转让。

(二)农用地转建设用地。国家严格限制农用地转为建设用地,控制建设用地总量。建设占用土地,涉及农用地转为建设用地的,应当按照管理权限办理批转手续。(1)永久基本农田转为建设用地的,由国务院批准。(2)在土地利用总体规划确定的城市和村庄、集镇建设用地规模范围内,为实施该规划而将永久基本农田以外的农用地转为建设用地的,按土地利用年度计划分批次按国务院规定由原批准土地利用总体规划的机关或者其授权的机关批准。在已批准的农用地转用范围内,具体建设项目用地可以由市、县人民政府批准。(3)在土地利用总体规划确定的城市和村庄、集镇建设用地规模范围外,将永久基本农田以外的农用地转为建设用地的,由国务院或者国务院授权的省、自治区、直辖市人民政府批准。

(三)土地征收及征地补偿。国家为了公共利益的需要,可以依法对土地实行征收并给予补偿。征收土地应当依法及时足额支付土地补偿费、安置补助费以及农村村民住宅、其他地上附着物和青苗等的补偿费用,并安排被征地农民的社会保障费用。征地补偿的原则是应当保障被征地农民"原有生活水平不降低、长远生计有保障",具体计算方法是:(1)征收农用地的土地补偿费、安置补助费标准由省、自治区、直辖市通过制定公布区片综合地价确定。制定区片综合地价应当综合考虑土地原用途、土地资源条件、土地产值、土地区位、土地供求关系、人口以及经济社会发展水平等因素,并至少每三年调整或者重新公布一次。(2)地上附着物和青苗等的补偿标准,由省、自治区、直辖市制定。(3)农村村民住宅,应当按照先补偿后搬迁、居住条件有改善的原则,尊重农村村民意愿,采取重新安排宅基地建房、提供安置房或者货币补偿等方式给予公平、合理的补偿,并对因征收造成的搬迁、临时安置等费用予以补偿,保障农村村民居住的权利和合法的住房财产权益。(4)县级以上地方人民政府应当将被征地农民纳入相应的养老等社会保障体系。被征地农民的社会保障费用主要用于符合条件的被征地农民的养老保险等社会保险缴费补贴。

(四)国有土地使用权的出让和划拨。(1)取得的代价不同:经县级以上人民政府批准,以划拨方式获得国有土地使用权的,无须向国家缴纳土地使用权出让金,为无偿取得。但是如果该土地被划拨前存在拆迁、安置等情况的,以划拨方式取得土地使用权的单位应当承担补偿安置的费用。以出让方式取得国有土地使用权的,须向国家缴纳土地使用权出让金。(2)使用年限不同:以划拨方式取得国有土地使用权一般没有使用年限限制,以出让方式取得的土地使用权则有年限限制,如工业用地出让年限最高为50年,商业用地最高为40年,居住用地最高为70年。(3)经营活动的限制不同:划拨取得的土地使用权,限制自用,未经政府批准不得进行转让、出租、抵押等经营活动,出让方式取得土地使用权,可以进行转让、出租、抵押等经营活动。(4)依法收回土地使用权时补偿不同:划拨方式取得的土地使用权,市、县人民政府根据城市建设发展需要和城市规划的要求,可以无偿收回,根据实际情况对其地上建筑物、其他附着物给予适当补偿;出让方式取得的土地使用权,则根据土地使用者使用土地的实际年限和开发土地的实际情况给予相应的补偿。

第一章 总 则

第一条 【立法目的】为了加强土地管理,维护土地的社会主义公有制,保护、开发土地资源,合理利用土地,切实保护耕地,促进社会经济的可持续发展,根据宪法,制定本法。

注释 本条规定了《土地管理法》的立法宗旨和立法根据。《土地管理法》的立法宗旨是加强土地管理,维护社会主义公有制,保护、开发土地资源,合理利用土地,切实保护耕地,促进社会经济的可持续发展。立法根据是《宪法》,《宪法》是根本大法,规定了我国政治、经济、文化等领域的基本制度,与《土地管理法》相关的主要就是基本经济制度。

土地是与人类生存和发展息息相关的物质基础,包括耕地、林地、草地、河流、湖泊、城乡住宅和公共设施用地、工矿用地、交通水利设施用地、旅游用地、军事设施用地等,具有有限性、不可替代性、永久性、不可移动性等基本特征。

耕地,通常是指在较长的时期内专门用于种植各种农作物的土地。一般具有整体面积较大、人工培育时间较长、地力比较肥沃、主要用来种植各种农作物等特点。那些在短时期内临时用来种植农作物的零星土地,以及那些主要用于非种植农作物用途的其他土地,一般不包括在耕地的范畴内。

第二条 【基本土地制度】中华人民共和国实行土地的社会主义公有制,即全民所有制和劳动群众集体所有制。

全民所有,即国家所有土地的所有权由国务院代表国家行使。

任何单位和个人不得侵占、买卖或者以其他形式非法转让土地。土地使用权可以依法转让。

国家为了公共利益的需要,可以依法对土地实行征收或者征用并给予补偿。

国家依法实行国有土地有偿使用制度。但是,国家在法律规定的范围内划拨国有土地使用权的除外。

第三条 【土地基本国策】十分珍惜、合理利用土地和切实保护耕地是我国的基本国策。各级人民政府应当采取措施,全面规划,严格管理,保护、开发土地资源,制止非法占用土地的行为。

第四条 【土地用途管制制度】国家实行土地用途管制制度。

国家编制土地利用总体规划,规定土地用途,将土地分为农用地、建设用地和未利用地。严格限制农用地转为建设用地,控制建设用地总量,对耕地实行特殊保护。

前款所称农用地是指直接用于农业生产的土地,包括耕地、林地、草地、农田水利用地、养殖水面等;建设用地是指建造建筑物、构筑物的土地,包括城乡住宅和公共设施用地、工矿用地、交通水利设施用地、旅游用地、军事设施用地等;未利用地是指农用地和建设用地以外的土地。

使用土地的单位和个人必须严格按照土地利用总体规划确定的用途使用土地。

第五条 【土地管理体制】国务院自然资源主管部门统一负责全国土地的管理和监督工作。

县级以上地方人民政府自然资源主管部门的设置及其职责,由省、自治区、直辖市人民政府根据国务院有关规定确定。

第六条 【国家土地督察制度】国务院授权的机构对省、自治区、直辖市人民政府以及国务院确定的城市人民政府土地利用和土地管理情况进行督察。

第七条 【单位和个人的土地管理权利和义务】任何单位和个人都有遵守土地管理法律、法规的义务,并有权对违反土地管理法律、法规的行为提出检举和控告。

第八条 【奖励】在保护和开发土地资源、合理利用土地以及进行有关的科学研究等方面成绩显著的单位和个人,由人民政府给予奖励。

第二章 土地的所有权和使用权

第九条 【土地所有制】城市市区的土地属于国家所有。

农村和城市郊区的土地,除由法律规定属于国家所有的以外,属于农民集体所有;宅基地和自留地、自留山,属于农民集体所有。

第十条 【土地使用权】国有土地和农民集体所有的土地,可以依法确定给单位或者个人使用。

使用土地的单位和个人,有保护、管理和合理利用土地的义务。

第十一条 【集体所有土地的经营和管理】农民集体所有的土地依法属于村农民集体所有的,由村集体经济组织或者村民委员会经营、管理;已经分别属于村内两个以上农村集体经济组织的农民集体所有的,由村内各该农村集体经济组织或者村民小组经营、管理;已经属于乡(镇)农民集体所有的,由乡(镇)农村集体经济组织经营、管理。

第十二条 【土地所有权和使用权登记】土地的所有权和使用权的登记,依照有关不动产登记的法律、行政法规执行。

依法登记的土地的所有权和使用权受法律保护,任何单位和个人不得侵犯。

第十三条 【土地承包经营】农民集体所有和国家所有依法由农民集体使用的耕地、林地、草地,以及其他依法用于农业的土地,采取农村集体经济组织内部的家庭承包方式承包,不宜采取家庭承包方式的荒山、荒沟、荒丘、荒滩等,可以采取招标、拍卖、公开协商等方式承包,从事种植业、林业、畜牧业、渔业生产。家庭承包的耕地的承包期为三十年,草地的承包期为三十年至五十年,林地的承包期为三十年至七十年;耕地承包期届满后再延长三十年,草地、林地承包期届满后依法相应延长。

国家所有依法用于农业的土地可以由单位或者个人承包经营,从事种植业、林业、畜牧业、渔业生产。

发包方和承包方应当依法订立承包合同,约定双方的权利和义务。承包经营土地的单位和个人,有保护和按照承包合同约定的用途合理利用土地的义务。

第十四条 【土地所有权和使用权争议解决】土地所有权和使用权争议,由当事人协商解决;协商不成的,由人民政府处理。

单位之间的争议,由县级以上人民政府处理;个人之间、个人与单位之间的争议,由乡级人民政府或者县级以上人民政府处理。

当事人对有关人民政府的处理决定不服的,可以自接到处理决定通知之日起三十日内,向人民法院起诉。

在土地所有权和使用权争议解决前,任何一方不得改变土地利用现状。

注释 土地权属的争议既有可能是关于土地的所有权,也有可能是关于土地的使用权而发生的争议。在发生权属争议时,争议双方应当先行协商,将纠纷尽快以最低成本解决;若协商不成,再交由人民政府处理。

实务问答 1. 哪些案件不能作为土地权属争议案件受理?

根据《土地权属争议调查处理办法》第 14 条的规定,不作为土地权属争议案件受理的案件主要包括:土地侵权案件;行政区域边界争议案件;土地违法案件;农村土地承包经营权争议案件;等等。

2. 当事人协商解决土地权属争议时应注意哪些问题?

当事人采取协商方式解决土地权属争议时,必须把握以下几点:(1)协商必须是当事人自愿进行,而不得强迫进行;(2)不得损害第三方(包括国家)的合法利益,否则当事人之间达成的协议无效或部分无效;(3)要避免久拖不决,协商不成的,应及时申请人民政府处理。

3. 何谓人民政府的"处理",其性质是什么?

所谓人民政府的"处理",是指有关人民政府按照其职责和管辖范围,对土地所有权和使用权争议作出的行政裁决。解决土地权属争议属于国家行政管理职责的范围,人民政府对土地权属争议进行处理,属于国家行政机关运用国家行政权力解决实际纠纷的活动,是一种具体行政行为。

4. 当事人对人民政府的处理不服的,应该怎么办?

当事人对人民政府的处理不服的,可以在接到处理决定书之日起 60 天内,依照《行政复议法》申请行政复议,也可以在接到处理决定书之日起 60 天内,向人民法院起诉。根据《行政诉讼法》第 45 条的规定,公民、法人或其他组织不服复议决定的,可以在收到复议决定书之日起 15 日内向人民法院提起诉讼。复议机关逾期不作决定的,申请人可以在复议期满之日起 15 日内向人民法院提起诉讼。法律另有规定的除外。

5. 土地登记发证后提出的争议能否按权属争议处理?

根据《关于土地登记发证后提出的争议能否按权属争议处理问题的复函》(国土资厅函〔2007〕60 号)的规定,土地权属争议是指土地登记前,土地权利利害关系人因土地所有权和使用权的归属而发生的争议。土地登记发证后已经明确了土地的所有权和使用权，故土地登记发证后提出的争议不属于土地权属争议。土地所有权、使用权依法登记后第三人对其结果提出异议的，利害关系人可根据《土地登记规则》的规定向原登记机关申请更正登记，也可向原登记机关的上级主管机关提出行政复议或直接向法院提起行政诉讼。

链接《农村土地承包法》第4章；《土地权属争议调查处理办法》第14条；《自然资源行政复议规定》；《行政复议法》第2、20条；《行政诉讼法》第2、45、46条

第三章　土地利用总体规划

第十五条　【土地利用总体规划的编制依据和规划期限】各级人民政府应当依据国民经济和社会发展规划、国土整治和资源环境保护的要求、土地供给能力以及各项建设对土地的需求，组织编制土地利用总体规划。

土地利用总体规划的规划期限由国务院规定。

第十六条　【土地利用总体规划的编制要求】下级土地利用总体规划应当依据上一级土地利用总体规划编制。

地方各级人民政府编制的土地利用总体规划中的建设用地总量不得超过上一级土地利用总体规划确定的控制指标，耕地保有量不得低于上一级土地利用总体规划确定的控制指标。

省、自治区、直辖市人民政府编制的土地利用总体规划，应当确保本行政区域内耕地总量不减少。

第十七条　【土地利用总体规划的编制原则】土地利用总体规划按照下列原则编制：

（一）落实国土空间开发保护要求，严格土地用途管制；

（二）严格保护永久基本农田，严格控制非农业建设占用农用地；

（三）提高土地节约集约利用水平；

（四）统筹安排城乡生产、生活、生态用地，满足乡村产业和基础设施用地合理需求，促进城乡融合发展；

（五）保护和改善生态环境，保障土地的可持续利用；

（六）占用耕地与开发复垦耕地数量平衡、质量相当。

第十八条　【国土空间规划】国家建立国土空间规划体系。编制国土空间规划应当坚持生态优先、绿色、可持续发展，科学有序统筹安排生态、农业、城镇等功能空间，优化国土空间结构和布局，提升国土空间开发、保护的质量和效率。

经依法批准的国土空间规划是各类开发、保护、建设活动的基本依据。已经编制国土空间规划的，不再编制土地利用总体规划和城乡规划。

第十九条　【县、乡级土地利用总体规划的编制要求】县级土地利用总体规划应当划分土地利用区，明确土地用途。

乡（镇）土地利用总体规划应当划分土地利用区，根据土地使用条件，确定每一块土地的用途，并予以公告。

第二十条　【土地利用总体规划的审批】土地利用总体规划实行分级审批。

省、自治区、直辖市的土地利用总体规划，报国务院批准。

省、自治区人民政府所在地的市、人口在一百万以上的城市以及国务院指定的城市的土地利用总体规划，经省、自治区人民政府审查同意后，报国务院批准。

本条第二款、第三款规定以外的土地利用总体规划，逐级上报省、自治区、直辖市人民政府批准；其中，乡（镇）土地利用总体规划可以由省级人民政府授权的设区的市、自治州人民政府批准。

土地利用总体规划一经批准，必须严格执行。

第二十一条　【建设用地的要求】城市建设用地规模应当符合国家规定的标准，充分利用现有建设用地，不占或者尽量少占农用地。

城市总体规划、村庄和集镇规划，应当与土地利用总体规划相衔接，城市总体规划、村庄和集镇规划中建设用地规模不得超过土地利用总体规划确定的城市和村庄、集镇建设用地规模。

在城市规划区内、村庄和集镇规划区内，城市和村庄、集镇建设用地应当符合城市规划、村庄和集镇规划。

第二十二条　【相关规划与土地利用总体规划的衔接】江河、湖泊综合治理和开发利用规划，应当与土地利用总体规划相衔接。在江河、湖泊、水库的管理和保护范围以及蓄洪滞洪区内，土

利用应当符合江河、湖泊综合治理和开发利用规划,符合河道、湖泊行洪、蓄洪和输水的要求。

第二十三条 【土地利用年度计划】各级人民政府应当加强土地利用计划管理,实行建设用地总量控制。

土地利用年度计划,根据国民经济和社会发展计划、国家产业政策、土地利用总体规划以及建设用地和土地利用的实际状况编制。土地利用年度计划应当对本法第六十三条规定的集体经营性建设用地作出合理安排。土地利用年度计划的编制审批程序与土地利用总体规划的编制审批程序相同,一经审批下达,必须严格执行。

第二十四条 【土地利用年度计划执行情况报告】省、自治区、直辖市人民政府应当将土地利用年度计划的执行情况列为国民经济和社会发展计划执行情况的内容,向同级人民代表大会报告。

第二十五条 【土地利用总体规划的修改】经批准的土地利用总体规划的修改,须经原批准机关批准;未经批准,不得改变土地利用总体规划确定的土地用途。

经国务院批准的大型能源、交通、水利等基础设施建设用地,需要改变土地利用总体规划的,根据国务院的批准文件修改土地利用总体规划。

经省、自治区、直辖市人民政府批准的能源、交通、水利等基础设施建设用地,需要改变土地利用总体规划的,属于省级人民政府土地利用总体规划批准权限内的,根据省级人民政府的批准文件修改土地利用总体规划。

第二十六条 【土地调查】国家建立土地调查制度。

县级以上人民政府自然资源主管部门会同同级有关部门进行土地调查。土地所有者或者使用者应当配合调查,并提供有关资料。

注释 土地调查是县级以上人民政府自然资源主管部门会同有关部门,根据需要在一定时间和范围内,为查清土地的数量、质量、分布、利用和权属状况而采取的一项技术的、行政的和法律的措施。土地调查的目的,是全面查清土地资源和利用状况,掌握真实准确的土地基础数据,为科学规划、合理利用、有效保护土地资源,实施最严格的耕地保护制度,加强和改善宏观调控提供依据,促进经济社会全面协调可持续发展。

全国土地调查成果,报国务院批准后向社会公布。地方土地调查成果,经本级人民政府审核,报上一级人民政府批准后向社会公布。全国土地调查成果公布后,县级以上地方人民政府方可自上而下逐级依次公布本行政区域的土地调查成果。土地调查成果是编制国土空间规划以及自然资源管理、保护和利用的重要依据。土地调查技术规程由国务院自然资源主管部门会同有关部门制定。

实务问答 土地调查包括哪些内容?

土地调查包括下列内容:(1)土地权属以及变化情况,包括土地的所有权和使用权状况;(2)土地利用现状以及变化情况,包括地类、位置、面积、分布等状况;(3)土地条件,包括土地的自然条件、社会经济条件等状况。进行土地利用现状及变化情况调查时,应当重点调查基本农田现状及变化情况,包括基本农田的数量、分布和保护状况。

链接《土地管理法实施条例》第4条;《土地调查条例》;《土地调查条例实施办法》

第二十七条 【土地分等定级】县级以上人民政府自然资源主管部门会同同级有关部门根据土地调查成果、规划土地用途和国家制定的统一标准,评定土地等级。

第二十八条 【土地统计】国家建立土地统计制度。

县级以上人民政府统计机构和自然资源主管部门依法进行土地统计调查,定期发布土地统计资料。土地所有者或者使用者应当提供有关资料,不得拒报、迟报,不得提供不真实、不完整的资料。

统计机构和自然资源主管部门共同发布的土地面积统计资料是各级人民政府编制土地利用总体规划的依据。

第二十九条 【土地利用动态监测】国家建立全国土地管理信息系统,对土地利用状况进行动态监测。

第四章 耕地保护

第三十条 【占用耕地补偿制度】国家保护耕地,严格控制耕地转为非耕地。

国家实行占用耕地补偿制度。非农业建设经批准占用耕地的,按照"占多少,垦多少"的原则,由占用耕地的单位负责开垦与所占用耕地的数量和质量相当的耕地;没有条件开垦或者开垦的耕地不符合要求的,应当按照省、自治区、直辖市的规定缴纳耕地开垦费,专款用于开垦新的耕地。

省、自治区、直辖市人民政府应当制定开垦耕地计划,监督占用耕地的单位按照计划开垦耕地或者按照计划组织开垦耕地,并进行验收。

注释 本条规定了我国对耕地实行保护的制度、占用耕地补偿制度,以及占补平衡原则。国家为了遏制耕地每年大量减少的趋势,维持耕地总量的动态平衡,不仅实行严格的土地用途管制制度,还采取了占用耕地补偿制度作为救济措施。市、县人民政府、农村集体经济组织和建设单位,在国土空间规划确定的城市和村庄、集镇建设用地范围内,经依法批准占用耕地,以及在国土空间规划确定的城市和村庄、集镇建设用地范围外的能源、交通、水利、矿山、军事设施等建设项目经依法批准占用耕地,无论基于营利或非营利的原因,都要履行补偿义务,开垦与其占用耕地的数量和质量相当的新的耕地。

省、自治区、直辖市人民政府应当组织自然资源主管部门、农业农村主管部门对开垦的耕地进行验收,确保开垦的耕地落实到地块。划入永久基本农田的还应当纳入国家永久基本农田数据库严格管理。占用耕地补充情况应当按照国家有关规定向社会公布。

实务问答 1. 补充耕地的具体责任人如何确定?

补充耕地的责任人是占用耕地的单位,具体有以下三种情形:(1)城市建设用地范围内,由政府统一征收后再进行出让的,补充耕地的责任人是地方人民政府。(2)城市建设用地范围外,单独选址进行建设的,补充耕地的责任人是建设单位,市、县人民政府应当做好监管。(3)村庄、集镇建设占用耕地的,补充耕地责任人是农村集体经济组织,市、县人民政府应当做好监管。

2. 占用耕地的单位应当如何进行补偿?

补偿的方法有两个:(1)按照"占多少,垦多少"的原则,由占用耕地的单位负责开垦与所占用的耕地的数量和质量相当的耕地。其具体要求有:其一,耕地数量不能减少,新开垦的耕地要与其所占用的耕地数量相当。其二,对于没有荒地后备资源的地方,也可以采取改造中低产田,使之成为质量较好的耕地的办法达到补足数量的目的。如可以用大于其所占耕地面积的中低产田的面积来补足(以产量折算的方法)。其三,新开垦的耕地要与其所占用的耕地质量相当。(2)没有条件开

垦或者开垦的耕地不符合要求的,应当按照省、自治区、直辖市的规定缴纳耕地开垦费,专款用于开垦新的耕地。

链接《土地管理法实施条例》第8条;《中共中央、国务院关于加强耕地保护和改进占补平衡的意见》

第三十一条 【耕地耕作层土壤的保护】县级以上地方人民政府可以要求占用耕地的单位将所占用耕地耕作层的土壤用于新开垦耕地、劣质地或者其他耕地的土壤改良。

第三十二条 【省级政府耕地保护责任】省、自治区、直辖市人民政府应当严格执行土地利用总体规划和土地利用年度计划,采取措施,确保本行政区域内耕地总量不减少、质量不降低。耕地总量减少的,由国务院责令在规定期限内组织开垦与所减少耕地的数量与质量相当的耕地;耕地质量降低的,由国务院责令在规定期限内组织整治。新开垦和整治的耕地由国务院自然资源主管部门会同农业农村主管部门验收。

个别省、直辖市确因土地后备资源匮乏,新增建设用地后,新开垦耕地的数量不足以补偿所占用耕地的数量的,必须报经国务院批准减免本行政区域内开垦耕地的数量,易地开垦数量和质量相当的耕地。

第三十三条 【永久基本农田保护制度】国家实行永久基本农田保护制度。下列耕地应当根据土地利用总体规划划为永久基本农田,实行严格保护:

(一)经国务院农业农村主管部门或者县级以上地方人民政府批准确定的粮、棉、油、糖等重要农产品生产基地内的耕地;

(二)有良好的水利与水土保持设施的耕地,正在实施改造计划以及可以改造的中、低产田和已建成的高标准农田;

(三)蔬菜生产基地;

(四)农业科研、教学试验田;

(五)国务院规定应当划为永久基本农田的其他耕地。

各省、自治区、直辖市划定的永久基本农田一般应当占本行政区域内耕地的百分之八十以上,具体比例由国务院根据各省、自治区、直辖市耕地实际情况规定。

第三十四条 【永久基本农田划定】永久基本

农田划定以乡（镇）为单位进行，由县级人民政府自然资源主管部门会同同级农业农村主管部门组织实施。永久基本农田应当落实到地块，纳入国家永久基本农田数据库严格管理。

乡（镇）人民政府应当将永久基本农田的位置、范围向社会公告，并设立保护标志。

第三十五条 【永久基本农田的保护措施】 永久基本农田经依法划定后，任何单位和个人不得擅自占用或者改变其用途。国家能源、交通、水利、军事设施等重点建设项目选址确实难以避让永久基本农田，涉及农用地转用或者土地征收的，必须经国务院批准。

禁止通过擅自调整县级土地利用总体规划、乡（镇）土地利用总体规划等方式规避永久基本农田农用地转用或者土地征收的审批。

第三十六条 【耕地质量保护】 各级人民政府应当采取措施，引导因地制宜轮作休耕，改良土壤，提高地力，维护排灌工程设施，防止土地荒漠化、盐渍化、水土流失和土壤污染。

第三十七条 【非农业建设用地原则及禁止破坏耕地】 非农业建设必须节约使用土地，可以利用荒地的，不得占用耕地；可以利用劣地的，不得占用好地。

禁止占用耕地建窑、建坟或者擅自在耕地上建房、挖砂、采石、采矿、取土等。

禁止占用永久基本农田发展林果业和挖塘养鱼。

注释 国家对耕地实行特殊保护，严守耕地保护红线，严格控制耕地转为林地、草地、园地等其他农用地，并建立耕地保护补偿制度，具体办法和耕地保护补偿实施步骤由国务院自然资源主管部门会同有关部门规定。非农业建设必须节约使用土地，可以利用荒地的，不得占用耕地；可以利用劣地的，不得占用好地。禁止占用耕地建窑、建坟或者擅自在耕地上建房、挖砂、采石、采矿、取土等。禁止占用永久基本农田发展林果业和挖塘养鱼。耕地应当优先用于粮食和棉、油、糖、蔬菜等农产品生产。按照国家有关规定需要将耕地转为林地、草地、园地等其他农用地的，应当优先使用难以长期稳定利用的耕地。

实务问答 法律上是否一律禁止在耕地上建房、挖砂、采石、采矿、取土等行为？

根据本条第2款的规定，禁止在耕地上从事的活动，包括建房、挖砂、采石、采矿、取土等，这些行为不仅占用了耕地，还破坏了土壤，毁坏了耕作层，有可能造成水土流失、土地沙化，甚至土壤污染。但是，如果经过批准，并可以开垦耕地或者改善耕地质量的挖砂、采石、采矿、取土等，是允许开展的，但要以耕地保护和生态保护为前提。违反上述禁止性规定的，依照本法第75条的规定，追究其法律责任。

链接 《土地管理法实施条例》第12、51条

第三十八条 【非农业建设闲置耕地的处理】 禁止任何单位和个人闲置、荒芜耕地。已经办理审批手续的非农业建设占用耕地，一年内不用而又可以耕种并收获的，应当由原耕种该幅耕地的集体或者个人恢复耕种，也可以由用地单位组织耕种；一年以上未动工建设的，应当按照省、自治区、直辖市的规定缴纳闲置费；连续二年未使用的，经原批准机关批准，由县级以上人民政府无偿收回用地单位的土地使用权；该幅土地原为农民集体所有的，应当交由原农村集体经济组织恢复耕种。

在城市规划区范围内，以出让方式取得土地使用权进行房地产开发的闲置土地，依照《中华人民共和国城市房地产管理法》的有关规定办理。

注释 闲置土地，是指国有建设用地使用权人超过国有建设用地使用权有偿使用合同或者划拨决定书约定、规定的动工开发日期满一年未动工开发的国有建设用地。已动工开发但开发建设用地面积占应动工开发建设用地总面积不足三分之一或者已投资额占总投资额不足百分之二十五，中止开发建设满一年的国有建设用地，也可以认定为闲置土地。

链接 《农村土地承包法》第42、64条；《城市房地产管理法》第26条；《闲置土地处置办法》

第三十九条 【未利用地的开发】 国家鼓励单位和个人按照土地利用总体规划，在保护和改善生态环境、防止水土流失和土地荒漠化的前提下，开发未利用的土地；适宜开发为农用地的，应当优先开发成农用地。

国家依法保护开发者的合法权益。

注释 未利用的土地，是指农用地和建设用地以外的土地，也就是尚未有人类的劳动加以利用和改造的土地。开发未利用的土地，就是将可以开发的未利用土地经过人类劳动的投入，使其变为可

供利用的土地,补充农用地和建设用地。土地开发的对象是具有一定开发潜力和开发价值的未用土地。未利用的土地,不能随意开发,国家要对开发活动进行管理和限制。开发未利用的土地是投入大、效益比较低的活动,但这是对全社会乃至全人类都有巨大贡献的事业,为了调动各方面开发未利用土地的积极性,本条首先明确,国家鼓励单位和个人开发未利用的土地。

实务问答 开发未利用土地应遵循哪些要求?

(1)必须符合国土空间规划,在国土空间规划允许开发的区域内开发。国土空间规划是我国土地开发利用的基本依据,任何土地利用活动,包括开发未利用的土地,都必须依照国土空间规划的要求进行。(2)必须有利于保护和改善生态环境,在防止水土流失和土地荒漠化的前提下进行。土地是生态环境系统中最主要的环境要素之一,对土地的不适当利用,必然会对生态环境造成破坏。对未利用土地的开发,必须注意对生态环境的影响,如果开发后会造成对生态环境的破坏,导致水土流失和土地荒漠化的,就不应开发。《水土保持法》对开发土地中水土流失的预防和治理问题作了具体规定。(3)开发未利用的土地,适宜开发为农用地的,应当优先开发成农用地。农用地包括耕地、林地、草地、农田水利地、养殖水面等。这些农用地是我国目前迫切需要而后备资源又相对不足的。因此,农用地优先是未利用土地开发的一个重要原则。

第四十条 【未利用地开垦的要求】 开垦未利用的土地,必须经过科学论证和评估,在土地利用总体规划划定的可垦的区域内,经依法批准后进行。禁止毁坏森林、草原开垦耕地,禁止围湖造田和侵占江河滩地。

根据土地利用总体规划,对破坏生态环境开垦、围垦的土地,有计划有步骤地退耕还林、还牧、还湖。

注释 开发土地,是指人类通过劳力、技术和资金的投入,将土地由自然资源改造为经济资源;是对未利用的或者难以利用的土地进行改造,也可以是对利用不合理不充分的土地进行改造,以达到充分利用、有效发挥土地资源的优势与潜力的目的;开发后的土地可以是农用地,也可以是工业、交通、城镇建设用地。开垦土地,是指以垦殖为目的的开发,即开垦荒地为耕地用作农作物的种植。开垦土地是开发土地的一种具体行为。

实务问答 1.开垦未利用的土地有什么条件?

开垦未利用的土地,必须具备以下三个条件:(1)必须经过科学论证和评估;(2)必须在国土空间规划划定的可开垦的区域内进行;(3)必须经依法批准。对耕地的开垦、拓展不得毁坏森林、草原,禁止围湖造田和侵占江河滩地。

2.禁止开垦的情形有哪些?

本条第1款明确规定,禁止毁坏森林、草原开垦耕地,禁止围湖造田和侵占江河滩地。这是对《森林法》《草原法》《水法》《防洪法》有关规定内容的重申。(1)禁止毁坏森林、草原开垦耕地。森林作为土地上的天然植被,具有涵养水源、保持水土、调节气候、防止污染和减少自然灾害的作用。我国森林覆盖率本身就比较低,因此毁坏森林开垦耕地的行为必须禁止。草原也是土地的一个重要部分,是畜牧业的基本生产资料,是整个自然生态环境的重要组成部分,因此毁坏草原开垦耕地的行为同样也应禁止。实践证明,毁坏森林、草原开垦耕地,不仅不能解决粮食问题,反而造成了生态破坏。(2)禁止围湖造田和侵占江河滩地。所谓围湖造田,是指用堤坝等把湖海地围起来种植或者开垦;所谓江河滩地,是指江河、湖泊水深时淹没、水浅时露出的地方。盲目围湖造田或者侵占江河滩地,降低了天然水域的调蓄和宣泄能力,人为地增加洪涝灾害,因此必须予以禁止。

链接 《退耕还林条例》;《水土保持法》第14条;《防洪法》第22、23条;《土地管理法实施条例》第22条

第四十一条 【国有荒山、荒地、荒滩的开发】 开发未确定使用权的国有荒山、荒地、荒滩从事种植业、林业、畜牧业、渔业生产的,经县级以上人民政府依法批准,可以确定给开发单位或者个人长期使用。

注释 所谓未确定使用权,是指国有荒山、荒地、荒滩没有确定给具体的单位或者个人使用;所谓荒山,是指树木郁闭度小于10%,表层为土质,生长杂草的宜林山地;所谓荒地,是指尚未开垦种植或曾开垦而长期废弃的土地;所谓荒滩,是指河滩、海滩等浅滩。国有荒山、荒地、荒滩是国家重要的土地后备资源,对其进行开发从事种植业、林业、畜牧业、渔业生产,是增加农用地面积,促进后备资源开发的重要途径。

实务问答 一次性开发未确定土地使用权的国有荒山、荒地、荒滩的批准权限是如何划分的?

《土地管理法实施条例》第9条第2款规定,按照国土空间规划,开发未确定土地使用权的国有荒山、荒地、荒滩从事种植业、林业、畜牧业、渔业生产的,应当向土地所在地的县级以上地方人民政府自然资源主管部门提出申请,按照省、自治区、直辖市规定的权限,由县级以上地方人民政府批准。

链接 《土地管理法实施条例》第9条;《国务院办公厅关于进一步做好治理开发农村"四荒"资源工作的通知》

第四十二条 【土地整理】 国家鼓励土地整理。县、乡(镇)人民政府应当组织农村集体经济组织,按照土地利用总体规划,对田、水、路、林、村综合整治,提高耕地质量,增加有效耕地面积,改善农业生产条件和生态环境。

地方各级人民政府应当采取措施,改造中、低产田,整治闲散地和废弃地。

第四十三条 【土地复垦】 因挖损、塌陷、压占等造成土地破坏,用地单位和个人应当按照国家有关规定负责复垦;没有条件复垦或者复垦不符合要求的,应当缴纳土地复垦费,专项用于土地复垦。复垦的土地应当优先用于农业。

第五章 建设用地

第四十四条 【农用地转用】 建设占用土地,涉及农用地转为建设用地的,应当办理农用地转用审批手续。

永久基本农田转为建设用地的,由国务院批准。

在土地利用总体规划确定的城市和村庄、集镇建设用地规模范围内,为实施该规划而将永久基本农田以外的农用地转为建设用地的,按土地利用年度计划分批次按照国务院规定由原批准土地利用总体规划的机关或者其授权的机关批准。在已批准的农用地转用范围内,具体建设项目用地可以由市、县人民政府批准。

在土地利用总体规划确定的城市和村庄、集镇建设用地规模范围外,将永久基本农田以外的农用地转为建设用地的,由国务院或者国务院授权的省、自治区、直辖市人民政府批准。

注释 农用地转为建设用地,简称农用地转用,是指现状的农用地按照国土空间规划和国家规定的批准权限,经过审查批准后转为建设用地的行为。

在国土空间规划确定的城市和村庄、集镇建设用地范围内,为实施该规划而将农用地转为建设用地的,由市、县人民政府组织自然资源等部门拟订农用地转用方案,分批次报有批准权的人民政府批准。农用地转用方案应当重点对建设项目安排、是否符合国土空间规划和土地利用年度计划以及补充耕地情况作出说明。农用地转用方案经批准后,由市、县人民政府组织实施。

需要注意的是,本条对在国土空间规划确定的城市和村庄、集镇建设用地规模范围内的建设用地审批采用了农用地转用审批与具体建设项目用地审批相分离的制度,即农用地转用按土地利用年度计划分批次按照国务院规定由原批准国土空间规划的机关或者其授权的机关批准,而在已批准的农用地转用范围内,具体建设项目用地可以由市、县人民政府批准。

建设项目确需占用国土空间规划确定的城市和村庄、集镇建设用地范围外的农用地,涉及占用永久基本农田的,由国务院批准;不涉及占用永久基本农田的,由国务院或者国务院授权的省、自治区、直辖市人民政府批准。具体按照下列规定办理:(1)建设项目批准、核准前或者备案前后,由自然资源主管部门对建设项目用地事项进行审查,提出建设项目用地预审意见。建设项目需要申请核发选址意见书的,应当合并办理建设项目用地预审与选址意见书,核发建设项目用地预审与选址意见书。(2)建设单位持建设项目的批准、核准或者备案文件,向市、县人民政府提出建设用地申请。市、县人民政府组织自然资源等部门拟订农用地转用方案,报有批准权的人民政府批准;依法应当由国务院批准的,由省、自治区、直辖市人民政府审核后上报。农用地转用方案应当重点对是否符合国土空间规划和土地利用年度计划以及补充耕地情况作出说明,涉及占用永久基本农田的,还应当对占用永久基本农田的必要性、合理性和补划可行性作出说明。(3)农用地转用方案经批准后,由市、县人民政府组织实施。

建设项目需要使用土地的,建设单位原则上应当一次申请,办理建设用地审批手续,确需分期建设的项目,可以根据可行性研究报告确定的方案,分期申请建设用地,分期办理建设用地审批手续。建设过程中用地范围确需调整的,应当依法办理建设用地审批手续。农用地转用涉及征收土地的,还应当依法办理征收土地手续。

实务问答 1. 永久基本农田如何转为建设用地?

永久基本农田转为建设用地的,由国务院批准。只要建设项目用地涉及占用永久基本农田的,整个项目的农用地转用都需要报国务院审批。

2. 由国务院批准的农用地转用审批事项如何下放?

本法规定由国务院批准的农用地转用审批事项可以通过授权方式下放。《国务院关于授权和委托用地审批权的决定》(国发〔2020〕4号)规定:"将国务院可以授权的永久基本农田以外的农用地转为建设用地审批事项授权各省、自治区、直辖市人民政府批准。自本决定发布之日起,按照《中华人民共和国土地管理法》第四十四条第三款规定,对国务院批准土地利用总体规划的城市在建设用地规模范围内,按土地利用年度计划分批次将永久基本农田以外的农用地转为建设用地的,国务院授权各省、自治区、直辖市人民政府批准;按照《中华人民共和国土地管理法》第四十四条第四款规定,对在土地利用总体规划确定的城市和村庄、集镇建设用地规模范围外,将永久基本农田以外的农用地转为建设用地的,国务院授权各省、自治区、直辖市人民政府批准。"

链接 《土地管理法实施条例》第23—25条

第四十五条 【征地范围】为了公共利益的需要,有下列情形之一,确需征收农民集体所有的土地的,可以依法实施征收:

(一)军事和外交需要用地的;

(二)由政府组织实施的能源、交通、水利、通信、邮政等基础设施建设需要用地的;

(三)由政府组织实施的科技、教育、文化、卫生、体育、生态环境和资源保护、防灾减灾、文物保护、社区综合服务、社会福利、市政公用、优抚安置、英烈保护等公共事业需要用地的;

(四)由政府组织实施的扶贫搬迁、保障性安居工程建设需要用地的;

(五)在土地利用总体规划确定的城镇建设用地范围内,经省级以上人民政府批准由县级以上地方人民政府组织实施的成片开发建设需要用地的;

(六)法律规定为公共利益需要可以征收农民集体所有的土地的其他情形。

前款规定的建设活动,应当符合国民经济和社会发展规划、土地利用总体规划、城乡规划和专项规划;第(四)项、第(五)项规定的建设活动,还应当纳入国民经济和社会发展年度计划;第(五)项规定的成片开发并应当符合国务院自然资源主管部门规定的标准。

注释 《宪法》规定,国家为了公共利益的需要,可以依照法律规定对土地实行征收或者征用并给予补偿。《民法典》第243条第1款规定,"为了公共利益的需要,依照法律规定的权限和程序可以征收集体所有的土地和组织、个人的房屋以及其他不动产"。本条第1款采用列举式与概括式相结合的表述方式,列举了六种情形,对"公共利益"的范围进行了明确。其中,第6项为兜底条款,为"法律规定为公共利益需要可以征收农民集体所有的土地的其他情形",即只有法律才能规定公共利益的情形。这一规定对"公共利益"的范围进行了明确和严格限定,体现征地的公益性和强制性,回归征地本源。

实务问答 1. 保障性安居工程包括哪些?

由政府组织实施的保障性安居工程是保障居民居住权的重大民生工程,属于公共利益的范畴,根据国务院和有关部门印发的文件,保障性安居工程大致包括四类:第一类是城市和国有工矿棚户区改造,以及林区、垦区棚户区改造;第二类是廉租住房;第三类是经济适用住房、限价商品住房、公共租赁住房等;第四类是农村危房改造。政府实施上述住房保障类项目的,可以征地。

2. 如何理解"成片开发"?

政府按照法定程序组织的"成片开发"属于公共利益范畴,可以实施征地。从"成片开发"的内涵来看,主要是政府统一实施规划、统一开发,主要包括对危房较为集中、基础设施落后等地段进行统一的旧城区改建,以及对开发区、新区实施规模化开发等。将"成片开发"纳入征地范围主要考虑了以下几方面原因:一是从我国国情看,《宪法》规定"城市的土地属于国家所有"。长期以来,城市建设过程中征收了大量农村集体所有土地,这种做法既保障了经济社会的稳定发展,确保了城市建设需要,也为农民和社会所接受。在经济社会仍然快速发展的阶段,不宜作较大幅度调整。二是从国外实践情况看,成片开发实行统一征收,既符合国际通行做法,也可充分体现规划的公共利益属性,强化规划的科学性、合理性与可操作性。同时有利于在一定范围内,对各类市政基础设施实行统一规划、统一设计、统一建设,提高资金使用效率,降低社会运营成本。三是由政府进行成片开发有利于统筹城市建设,可以防止建设用地遍地开花、混乱无序。

成片开发由政府主导,征地规模大,涉及群众利益广,容易引发争议和纠纷,必须进行严格限制:一是批准和实施层级,必须经省级以上人民政府批准,由县级以上地方人民政府组织实施。二是区域限制,必须在国土空间规划确定的城镇建设用地范围内,体现了规划的严肃性。在编制规划时,必须为日后即将进行的成片开发预留空间。三是在该条最后一款规定成片开发建设还应当纳入国民经济和社会发展年度计划,既充分体现了人民民主决策,也大大提高了成片开发征地的预见性和透明度。

链接《宪法》第10条;《民法典》第243条

第四十六条 【征地审批权限】征收下列土地的,由国务院批准:

(一)永久基本农田;

(二)永久基本农田以外的耕地超过三十五公顷的;

(三)其他土地超过七十公顷的。

征收前款规定以外的土地的,由省、自治区、直辖市人民政府批准。

征收农用地的,应当依照本法第四十四条的规定先行办理农用地转用审批。其中,经国务院批准农用地转用的,同时办理征地审批手续,不再另行办理征地审批;经省、自治区、直辖市人民政府在征地批准权限内批准农用地转用的,同时办理征地审批手续,不再另行办理征地审批,超过征地批准权限的,应当依照本条第一款的规定另行办理征地审批。

实务问答 征地与农用地转用审批事项如何衔接?

一是经国务院批准农用地转用的,同时办理征地审批手续,不再另行办理征地审批。这样可以简化手续,提高办事效率,减轻基层政府和建设单位的负担。二是经省、自治区、直辖市人民政府在征地批准权限内批准农用地转用的,同时办理征地审批手续,不再另行办理征地审批,这主要是指农用地转用批准权和征收土地的批准权都属于省级人民政府的,由省级人民政府同时办理农用地转用和征收土地审批手续。三是超过征地批准权限的,应当依照本条第1款的规定另行办理征地审批,这主要是指由省级人民政府(包括国务院授权省级人民政府)批准农用地转用的情况,但是征地需要国务院批准的,需要先由省级人民政府办理农用地转用手续,再由国务院办理征地手续。

链接《土地管理法实施条例》第23、24条;《建设用地审查报批管理办法》第5-8、11-21条

第四十七条 【土地征收程序】国家征收土地的,依照法定程序批准后,由县级以上地方人民政府予以公告并组织实施。

县级以上地方人民政府拟申请征收土地的,应当开展拟征收土地现状调查和社会稳定风险评估,并将征收范围、土地现状、征收目的、补偿标准、安置方式和社会保障等在拟征收土地所在的乡(镇)和村、村民小组范围内公告至少三十日,听取被征地的农村集体经济组织及其成员、村民委员会和其他利害关系人的意见。

多数被征地的农村集体经济组织成员认为征地补偿安置方案不符合法律、法规规定的,县级以上地方人民政府应当组织召开听证会,并根据法律、法规的规定和听证会情况修改方案。

拟征收土地的所有权人、使用权人应当在公告规定期限内,持不动产权属证明材料办理补偿登记。县级以上地方人民政府应当组织有关部门测算并落实有关费用,保证足额到位,与拟征收土地的所有权人、使用权人就补偿、安置等签订协议;个别确实难以达成协议的,应当在申请征收土地时如实说明。

相关前期工作完成后,县级以上地方人民政府方可申请征收土地。

注释 为了保障被征收人的知情权、参与权、表达权、监督权,征地批准前需要履行调查、评估、公告、听证、登记、协议六步程序。

实务问答 1. 如何进行土地征收公告?

为保障被征地群众的合法知情权,征收范围、土地现状、征收目的、补偿标准、安置方式和社会保障等事关被征收土地群众的切身利益的事项必须在拟征收土地所在的乡(镇)和村、村民小组范围内进行公告。公告的时间不得少于30日。

其中,征收范围主要是精确的界址单位,土地现状主要是依土地现状调查获取的土地利用类

型、面积、分布和利用状况，征收目的主要是本法第45条中规定的具体的公益性目的，补偿标准、安置方式和社会保障主要是一些事关被征地群众日后生活保障的基本信息。上述信息在公示过程中必须听取被征地的农村集体经济组织及其成员、村民委员会和其他利害关系人的意见。"其他利害关系人"，实践中指土地承包经营权人、农业设施所有人等其他与被征地块有关的人员。

2. 如何进行补偿登记？

拟征收土地的所有权人、使用权人，如农村集体经济组织、土地的承包经营者、使用宅基地的农村村民等，应当在公告规定的期限内，持能证明其享有该土地法定权利的权属证书，如集体土地所有权证、集体土地使用权证、有偿使用合同或承包经营合同，办理征地补偿登记，获得补偿。补偿登记除对土地所有权、使用权进行登记外，还应当对被征用土地上的地上物进行清点，并依法进行登记，包括因征地而受到破坏的其他土地上的设施、青苗和其他附着物等，以便确定恢复或补偿的办法。

链接《土地管理法实施条例》第26-31条

第四十八条【土地征收补偿安置】征收土地应当给予公平、合理的补偿，保障被征地农民原有生活水平不降低、长远生计有保障。

征收土地应当依法及时足额支付土地补偿费、安置补助费以及农村村民住宅、其他地上附着物和青苗等的补偿费用，并安排被征地农民的社会保障费用。

征收农用地的土地补偿费、安置补助费标准由省、自治区、直辖市通过制定公布区片综合地价确定。制定区片综合地价应当综合考虑土地原用途、土地资源条件、土地产值、土地区位、土地供求关系、人口以及经济社会发展水平等因素，并至少每三年调整或者重新公布一次。

征收农用地以外的其他土地、地上附着物和青苗等的补偿标准，由省、自治区、直辖市制定。对其中的农村村民住宅，应当按照先补偿后搬迁、居住条件有改善的原则，尊重农村村民意愿，采取重新安排宅基地建房、提供安置房或者货币补偿等方式给予公平、合理的补偿，并对因征收造成的搬迁、临时安置等费用予以补偿，保障农村村民居住的权利和合法的住房财产权益。

县级以上地方人民政府应当将被征地农民纳入相应的养老等社会保障体系。被征地农民的社会保障费用主要用于符合条件的被征地农民的养老保险等社会保险缴费补贴。被征地农民社会保障费用的筹集、管理和使用办法，由省、自治区、直辖市制定。

注释 本条是关于土地征收补偿安置的规定，主要包括补偿原则、补偿内容、补偿标准、地上附着物和青苗补偿、农村村民居住权益和住房财产权保护、被征地农民的社会保障等内容。

与原《土地管理法》比较，新法第48条补偿内容明确农村村民住宅补偿，并在第4款有具体表述；土地补偿费和安置补助费由征地区片综合地价确定，这在本条第3款有具体规定；补偿内容增加社会保障费用，在本条第5款有规定。对补偿内容的调整体现了对公平公正以及"原有生活水平不降低、长远生计有保障"补偿原则的具体落实。

实务问答 1. 如何理解"区片综合地价"？

土地补偿费和安置补助费由征地区片综合地价确定，主要目的是使征地补偿标准符合社会主义市场经济发展形势，达到合理利用和保护土地资源，维护农民合法权益和社会安定的目的。

征收农用地的土地补偿费、安置补助费标准由省、自治区、直辖市通过制定公布区片综合地价确定。制定区片综合地价应当综合考虑土地原用途、土地资源条件、土地产值、土地区位、土地供求关系、人口以及经济社会发展水平等因素，并至少每三年调整或者重新公布一次。这一规定明确了区片综合地价的制定主体、制定依据以及调整周期。

与原法施行的年产值标准相比，区片综合地价的显著优点包括：一是征地区片综合地价是按照均值性区片确定的补偿标准，在一定区域内标准一致，体现"同地同价"；二是征地区片综合地价是针对土地确定的综合补偿标准，而不包括地上附着物和青苗补偿费，这种计算方式考虑了具体地块附着物的实际情况；三是征地区片综合地价是一种预设性标准，在征地没有发生时统一制订，刚性较强。区片综合地价应当至少每三年调整或者重新公布一次。

2. 农民住房安置保障如何实现？

对于农村村民住宅，应当坚持"先补偿后搬迁、居住条件有改善"原则，这与《国有土地上房屋收与补偿条例》中国有土地上房屋征收与补偿的原则一致，明确了搬迁必须以补偿到位为前提。对于住宅安置的标准、补偿方式方面，在充分尊重农民意愿的前提下，考虑到各地实际情况不同，预留了多种补偿方式。比如，建设用地指标比较充裕的地区，可以重新安排宅基地，土地资源紧张的地区，可以通过建设安置房进行集中安置，对于已经不需要提供住房的农民，可以通过货币化的方式进行补偿。同时，明确提出将"因征收造成的搬迁、临时安置等费用"列入补偿内容，周全考虑了农民经济利益的具体情况，体现了公平公正的原则。

3. 被征地农民的社会保障费用如何安排？

将被征地农民纳入社会保障体系，是确保"长远生计有保障"的重要措施手段。《社会保险法》第96条规定，征收农村集体所有的土地，应当足额安排被征地农民的社会保险费，按照国务院规定将被征地农民纳入相应的社会保险制度。实践中，各级政府已经逐渐将被征地农民纳入社保体系予以保障，但是各地保障方式不同，本法主要是作原则性规定，关于社保费用筹集、管理、使用的具体办法，授权各省级人民政府自行制定。

链接《土地管理法实施条例》第32条

第四十九条 【征地补偿费用的使用】被征地的农村集体经济组织应当将征收土地的补偿费用的收支状况向本集体经济组织的成员公布，接受监督。

禁止侵占、挪用被征收土地单位的征地补偿费用和其他有关费用。

注释 征地补偿费用属于农村集体经济组织所有，应当由农村集体经济组织或村民委员会负责管理，用于被征地单位的生产发展，安置被征地后的农民。县、乡政府直接管理和使用土地补偿费是不合法的。

实务问答 征地补偿费用由谁管理？如何发放？

安置补助费必须专款专用，不得挪作他用。需要安置的人员由农村集体经济组织安置的，安置补助费支付给农村集体经济组织，由农村集体经济组织管理和使用；由其他单位安置的，安置补助费支付给安置单位；不需要统一安置的，安置补助费发放给被安置人员个人或者征得被安置人员同意后用于支付被安置人员的保险费用。

链接《土地管理法实施条例》第32条

第五十条 【支持被征地农民就业】地方各级人民政府应当支持被征地的农村集体经济组织和农民从事开发经营，兴办企业。

第五十一条 【大中型水利、水电工程建设征地补偿和移民安置】大中型水利、水电工程建设征收土地的补偿费标准和移民安置办法，由国务院另行规定。

第五十二条 【建设项目用地审查】建设项目可行性研究论证时，自然资源主管部门可以根据土地利用总体规划、土地利用年度计划和建设用地标准，对建设用地有关事项进行审查，并提出意见。

注释 本条确立了用地预审制度。建设项目可行性研究论证时，由自然资源主管部门对建设项目用地有关事项进行审查，提出建设项目用地预审报告；可行性研究报告报批时，必须附具自然资源主管部门出具的建设项目用地预审报告。目前，建设项目用地实行分级预审制度，审查的内容包括拟建项目的基本情况、拟选址占地情况、拟用地是否符合国土空间规划、拟用地面积是否符合土地使用标准、拟用地是否符合供地政策等。在国土空间规划确定的城镇建设用地范围内使用已批准的建设用地进行建设的项目，不涉及新增建设用地，可以不进行建设项目用地预审。

实务问答 建设项目用地预审意见的有效期是多久？

根据《国土资源部办公厅关于建设项目用地预审意见有效期有关问题的复函》（2017年4月24日，国土资厅函〔2017〕641号）的规定，《国土资源部关于修改〈建设项目用地预审管理办法〉的决定》（第68号令，以下简称部令第68号）已将建设项目用地预审文件有效期由2年延长至3年，并于2017年1月1日起施行。对于2015年之后批复的建设项目用地预审文件，适用部令第68号规定，有效期自动延展为3年。今后，建设项目用地预审批复文件超出有效期的，均需重新提出建设项目用地预审的申请，不再办理延期手续。

链接《建设用地审查报批管理办法》第4条；《建设项目用地预审管理办法》

第五十三条 【建设项目使用国有土地的审批】经批准的建设项目需要使用国有建设用地的，建设单位应当持法律、行政法规规定的有关文件，向有批准权的县级以上人民政府自然资源主管部门提出建设用地申请，经自然资源主管部门审查，报本级人民政府批准。

注释 国有建设用地包括三种：一是已有的国有建设用地，包括城市市区内土地、城市规划区外现有铁路、公路、机场、水利设施、军事设施、工矿企业使用的国有土地；国营农场内的建设用地等。二是经本法规定的农转用、征地程序转为国有建设用地的土地，即依法征收、转用的原属于农民集体所有的建设用地、农民集体所有的农用地、未利用地以及国有农用地。三是国有未利用地。

《土地管理法实施条例》对具体项目建设用地审查以及与农转用、征收程序的衔接分别进行了规定。具体建设项目地均由建设单位提出，县级以上自然资源主管部门审查，报本级人民政府批准，其中涉及农转用、征收的，由县级以上自然资源主管部门在办理过程中按法定程序上报上级政府批准。上述程序完成后，由县级以上自然资源主管部门依法与用地人签订出让合同。"招拍挂"市场化出让取得国有土地的，不采取申请审批制，不适用本条规定。

第五十四条 【国有土地的取得方式】建设单位使用国有土地，应当以出让等有偿使用方式取得；但是，下列建设用地，经县级以上人民政府依法批准，可以以划拨方式取得：

（一）国家机关用地和军事用地；

（二）城市基础设施用地和公益事业用地；

（三）国家重点扶持的能源、交通、水利等基础设施用地；

（四）法律、行政法规规定的其他用地。

第五十五条 【国有土地有偿使用费】以出让等有偿使用方式取得国有土地使用权的建设单位，按照国务院规定的标准和办法，缴纳土地使用权出让金等土地有偿使用费和其他费用后，方可使用土地。

自本法施行之日起，新增建设用地的土地有偿使用费，百分之三十上缴中央财政，百分之七十留给有关地方人民政府。具体使用管理办法由国务院财政部门会同有关部门制定，并报国务院批准。

第五十六条 【国有土地的使用要求】建设单位使用国有土地的，应当按照土地使用权出让等有偿使用合同的约定或者土地使用权划拨批准文件的规定使用土地；确需改变该幅土地建设用途的，应当经有关人民政府自然资源主管部门同意，

报原批准用地的人民政府批准。其中，在城市规划区内改变土地用途的，在报批前，应当先经有关城市规划行政主管部门同意。

第五十七条 【建设项目临时用地】建设项目施工和地质勘查需要临时使用国有土地或者农民集体所有的土地的，由县级以上人民政府自然资源主管部门批准。其中，在城市规划区内的临时用地，在报批前，应当先经有关城市规划行政主管部门同意。土地使用者应当根据土地权属，与有关自然资源主管部门或者农村集体经济组织、村民委员会签订临时使用土地合同，并按照合同的约定支付临时使用土地补偿费。

临时使用土地的使用者应当按照临时使用土地合同约定的用途使用土地，并不得修建永久性建筑物。

临时使用土地期限一般不超过二年。

第五十八条 【收回国有土地使用权】有下列情形之一的，由有关人民政府自然资源主管部门报经原批准用地的人民政府或者有批准权的人民政府批准，可以收回国有土地使用权：

（一）为实施城市规划进行旧城区改建以及其他公共利益需要，确需使用土地的；

（二）土地出让等有偿使用合同约定的使用期限届满，土地使用者未申请续期或者申请续期未获批准的；

（三）因单位撤销、迁移等原因，停止使用原划拨的国有土地的；

（四）公路、铁路、机场、矿场等经核准报废的。

依照前款第（一）项的规定收回国有土地使用权的，对土地使用权人应当给予适当补偿。

第五十九条 【乡、村建设使用土地的要求】乡镇企业、乡（镇）村公共设施、公益事业、农村村民住宅等乡（镇）村建设，应当按照村庄和集镇规划，合理布局，综合开发，配套建设；建设用地，应当符合乡（镇）土地利用总体规划和土地利用年度计划，并依照本法第四十四条、第六十条、第六十一条、第六十二条的规定办理审批手续。

注释 乡镇企业、乡（镇）村公共设施、公益事业、农村村民住宅等乡（镇）村建设用地必须符合五项原则：一是应当符合乡（镇）国土空间规划确定的地块用途。二是符合土地利用年度计划，不能突破土地利用年度计划确定的控制指标。三是符合村庄和集镇规划，按照规划许可条件用地。四是坚

持合理布局,综合开发,配套建设,节约集约利用土地,服务乡村振兴战略。五是涉及农用地的依法办理农用地转用和用地审批。

第六十条 【村集体兴办企业使用土地】农村集体经济组织使用乡(镇)土地利用总体规划确定的建设用地兴办企业或者与其他单位、个人以土地使用权入股、联营等形式共同举办企业的,应当持有关批准文件,向县级以上地方人民政府自然资源主管部门提出申请,按照省、自治区、直辖市规定的批准权限,由县级以上地方人民政府批准;其中,涉及占用农用地的,依照本法第四十四条的规定办理审批手续。

按照前款规定兴办企业的建设用地,必须严格控制。省、自治区、直辖市可以按照乡镇企业的不同行业和经营规模,分别规定用地标准。

实务问答 1. 使用本集体所有土地兴办企业的形式有哪些?

主要有两种:一是农村集体经济组织利用本集体所有的土地直接兴办企业;二是农村集体经济组织利用本集体所有的土地与其他单位、个人以土地使用权入股、联营等形式共同举办企业。

2. 使用本集体所有土地兴办企业如何审批?

需要使用建设用地兴办企业的农村集体经济组织应当持有关批准文件,向县级以上地方人民政府土地行政主管部门提出申请,由县级以上地方人民政府批准;批准的权限由省、自治区、直辖市规定;涉及占用农用地的,与使用国有建设用地一样,也需要办理农用地转用审批。

第六十一条 【乡村公共设施、公益事业建设用地审批】乡(镇)村公共设施、公益事业建设,需要使用土地的,经乡(镇)人民政府审核,向县级以上地方人民政府自然资源主管部门提出申请,按照省、自治区、直辖市规定的批准权限,由县级以上地方人民政府批准;其中,涉及占用农用地的,依照本法第四十四条的规定办理审批手续。

注释 乡村公共设施、公益事业符合国土空间规划,经过批准可以使用农村集体的土地。乡(镇)村公共设施、公益事业建设需要用地,必须依法提出申请,并按规定的批准权限取得批准。乡村公共设施和公益事业主要指乡村行政办公、文化科学、医疗卫生、教育设施、生产服务和公用事业等用地。乡村公共设施、公益事业使用农民集体所有土地的批准权限由省、自治区、直辖市规定,并由县级以上地方人民政府负责审批。

第六十二条 【农村宅基地管理】农村村民一户只能拥有一处宅基地,其宅基地的面积不得超过省、自治区、直辖市规定的标准。

人均土地少、不能保障一户拥有一处宅基地的地区,县级人民政府在充分尊重农村村民意愿的基础上,可以采取措施,按照省、自治区、直辖市规定的标准保障农村村民实现户有所居。

农村村民建住宅,应当符合乡(镇)土地利用总体规划、村庄规划,不得占用永久基本农田,并尽量使用原有的宅基地和村内空闲地。编制乡(镇)土地利用总体规划、村庄规划应当统筹并合理安排宅基地用地,改善农村村民居住环境和条件。

农村村民住宅用地,由乡(镇)人民政府审核批准;其中,涉及占用农用地的,依照本法第四十四条的规定办理审批手续。

农村村民出卖、出租、赠与住宅后,再申请宅基地的,不予批准。

国家允许进城落户的农村村民依法自愿有偿退出宅基地,鼓励农村集体经济组织及其成员盘活利用闲置宅基地和闲置住宅。

国务院农业农村主管部门负责全国农村宅基地改革和管理有关工作。

实务问答 1. 什么是"一户一宅"?

宅基地是农村村民用于建造住宅及其附属设施的集体建设用地,包括住房、附属用房和庭院等用地。农村村民一户只能拥有一处宅基地,面积不得超过本省、自治区、直辖市规定的标准。农村村民申请宅基地的,应当以户为单位向农村集体经济组织提出申请;没有设立农村集体经济组织的,应当向所在的村民小组或者村民委员会提出申请。宅基地申请依法经农村村民集体讨论通过并在本集体范围内公示后,报乡(镇)人民政府审核批准。涉及占用农用地的,应当依法办理农用地转用审批手续。农村村民应严格按照批准面积和建房标准建设住宅,禁止未批先建、超面积占用宅基地。经批准易地建造住宅的,应严格按照"建新拆旧"要求,将原宅基地交还村集体。对历史形成的宅基地面积超标和"一户多宅"等问题,要按照有关政策规定分类进行认定和处置。人均土地少、不能保障一户拥有一处宅基地的地区,县级人民政府在充分尊重农民意愿的基础上,可以采取措施,按照省、自治区、直辖市规定的标准保障农村村民实现户有所居。比如,在国土空间规划确定的城镇建设用地规模范围内,通过建设新型农村社区、农民公寓和新型住宅小区保障农民"一户一房"。这里"户"的组成人员中必须有集体经济组织成员。

2. 宅基地使用权如何流转?

根据本条第5款规定,宅基地使用权的流转有出卖、出租、赠与三种方式。关于"出卖",可以在集体经济组织内部进行,但是必须符合一定的条件:一是转让人与受让人必须是同一集体经济组织内部的成员。二是受让人没有住房和宅基地,且符合宅基地使用权申请分配的条件。三是转让行为需征得本集体经济组织的同意。"赠与"的法律效果和"出卖"基本相同。但是,农村村民出卖、出租、赠与住宅后,再申请宅基地的,不予批准。另外,需要说明的一点是,因房产继承等合法原因形成的多处住宅及宅基地,原则上不作处理,农村村民可以通过出卖等方式处理,也可以维持原状,但房屋不得翻建,房屋损坏后,多余的宅基地应当退出。

3. 宅基地如何有偿使用?如何自愿有偿退出?

2015年2月27日,第十二届全国人民代表大会常务委员会第十三次会议通过《全国人民代表大会常务委员会关于授权国务院在北京市大兴区等三十三个试点县(市、区)行政区域暂时调整实施有关法律规定的决定》,开始进行农村土地改革试点。在改革试点过程中,各地对于自愿有偿退出宅基地、盘活利用闲置宅基地和闲置住宅的条件、方式、程序等进行了多种有益的探索。

2019年9月11日,中农办、农业农村部印发了《关于进一步加强农村宅基地管理的通知》,提出鼓励村集体和农民盘活利用闲置宅基地和闲置住宅,通过自主经营、合作经营、委托经营等方式,依法依规发展农家乐、民宿、乡村旅游等。城镇居民、工商资本等租赁农房居住或开展经营的,要严格遵守相关规定,租赁合同的期限不得超过20年。合同到期后,双方可以另行约定。在尊重农民意愿并符合规划的前提下,鼓励村集体积极稳妥开展闲置宅基地整治,整治出的土地优先用于满足农民新增宅基地需求、村庄建设和乡村产业发展。闲置宅基地盘活利用产生的土地增值收益要全部用于农业农村。在征得宅基地所有权人同意的前提下,鼓励农村村民在本集体经济组织内部向符合宅基地申请条件的农户转让宅基地。各地可探索通过制定宅基地转让示范合同等方式,引导规范转让行为。转让合同生效后,应及时办理宅基地使用权变更手续。国家允许进城落户的农村村民依法自愿有偿退出宅基地。乡(镇)人民政府和农村集体经济组织、村民委员会等应当将退出的宅基地优先用于保障该农村集体经济组织成员的宅基地需求。

依法取得的宅基地和宅基地上的农村村民住宅及其附属设施受法律保护。禁止违背农村村民意愿强制流转宅基地,禁止违法收回农村村民依法取得的宅基地,禁止以退出宅基地作为农村村民进城落户的条件,禁止强迫农村村民搬迁退出宅基地。

链接《民法典》第362-365条;《城乡规划法》;《全国人民代表大会常务委员会关于授权国务院在北京市大兴区等三十三个试点县(市、区)行政区域暂时调整实施有关法律规定的决定》;《国务院关于农村土地征收、集体经营性建设用地入市、宅基地制度改革试点情况的总结报告》;《关于进一步加强农村宅基地管理的通知》

第六十三条 【集体经营性建设用地入市】 土地利用总体规划、城乡规划确定为工业、商业等经营性用途,并经依法登记的集体经营性建设用地,土地所有权人可以通过出让、出租等方式交由单位或者个人使用,并应当签订书面合同,载明土地界址、面积、动工期限、使用期限、土地用途、规划条件和双方其他权利义务。

前款规定的集体经营性建设用地出让、出租等,应当经本集体经济组织成员的村民会议三分之二以上成员或者三分之二以上村民代表的同意。

通过出让等方式取得的集体经营性建设用地使用权可以转让、互换、出资、赠与或者抵押,但法律、行政法规另有规定或者土地所有权人、土地使用权人签订的书面合同另有约定的除外。

集体经营性建设用地的出租,集体建设用地使用权的出让及其最高年限、转让、互换、出资、赠与、抵押等,参照同类用途的国有建设用地执行。具体办法由国务院制定。

第六十四条 【集体建设用地的使用要求】 集

体建设用地的使用者应当严格按照土地利用总体规划、城乡规划确定的用途使用土地。

第六十五条 【不符合土地利用总体规划的建筑物的处理】在土地利用总体规划制定前已建的不符合土地利用总体规划确定的用途的建筑物、构筑物,不得重建、扩建。

注释 土地利用必须符合国土空间规划。根据"法不溯及既往"的原则,合法用地行为在先、规划制定在后的,不因为规划确定的新用途管制要求而责令既有土地用途立即改变。但是,重建、扩建行为,必须按照新用途执行。违反本条规定,对建筑物、构筑物进行重建、扩建的,由县级以上人民政府自然资源主管部门责令限期拆除;逾期不拆除的,由作出行政决定的机关依法申请人民法院强制执行。

链接《土地管理法实施条例》第53条

第六十六条 【集体建设用地使用权的收回】有下列情形之一的,农村集体经济组织报经原批准用地的人民政府批准,可以收回土地使用权:

(一)为乡(镇)村公共设施和公益事业建设,需要使用土地的;

(二)不按照批准的用途使用土地的;

(三)因撤销、迁移等原因而停止使用土地的。

依照前款第(一)项规定收回农民集体所有的土地,对土地使用权人应当给予适当补偿。

收回集体经营性建设用地使用权,依照双方签订的书面合同办理,法律、行政法规另有规定的除外。

第六章 监督检查

第六十七条 【监督检查职责】县级以上人民政府自然资源主管部门对违反土地管理法律、法规的行为进行监督检查。

县级以上人民政府农业农村主管部门对违反农村宅基地管理法律、法规的行为进行监督检查的,适用本法关于自然资源主管部门监督检查的规定。

土地管理监督检查人员应当熟悉土地管理法律、法规,忠于职守、秉公执法。

注释 根据本条第2款的规定,县级以上人民政府农业农村主管部门对违反农村宅基地管理法律、法规的行为进行监督检查的,适用本法关于自然资源主管部门监督检查的规定。根据本条规定,

县级以上人民政府农业农村主管部门是本法规定的对违反农村宅基地管理法律、法规的行为进行监督检查的主体;监督检查的内容是对违反农村宅基地管理法律、法规的行为进行监督检查。乡镇人民政府、基层农经站无权对违反农村宅基地管理法律、法规的行为行使监督检查权,发现有违反农村宅基地管理法律、法规的行为时,应当及时向县级人民政府农业农村主管部门报告,由县级以上人民政府农业农村主管部门核实并查处。

本条规定的"适用本法关于自然资源主管部门监督检查的规定",是指本法关于自然资源主管部门监督检查的规定,同样适用于农业农村主管部门,但限定在对违反农村宅基地管理法律、法规的行为的监督检查。如农业农村主管部门在履行监督检查职责时,有权采取的措施适用本法对自然资源主管部门的规定;本法对土地管理监督检查人员应当具备的条件的规定同样适用宅基地监督检查人员;农业农村主管部门在履行监督检查职责时,同样应当出示监督检查证件等。

实务问答 自然资源主管部门履行职权时应该遵循哪些原则?

县级以上人民政府自然资源主管部门实施本条规定的职权,必须遵循下列原则:

(1)监督检查的主体要合法。根据本条规定,县级以上人民政府自然资源主管部门是土地管理监督检查的主体,包括自然资源部和省(自治区、直辖市),设区的市、自治州,不设区的市、县级人民政府自然资源主管部门。非县级以上人民政府自然资源主管部门,如乡(镇)人民政府及基层土地管理所,都不是土地管理监督检查主体,不得行使本法赋予县级以上人民政府自然资源主管部门的监督检查权。乡(镇)人民政府及基层土地管理所,发现违反土地管理法律、法规的行为时,应当及时向县级以上人民政府自然资源主管部门报告,由县级以上人民政府自然资源主管部门依法核实并查处。

(2)监督检查的对象要合法。根据本条规定,监督检查的对象必须是县级以上人民政府自然资源主管部门在履行监督管理职责过程中发现的,或者被检举、控告有违反土地管理法律、法规行为的公民、法人和其他组织,各级政府及其有关部门、公务人员和自然资源主管部门自身的违法行为也包括在内。

(3) 监督检查的内容要合法。根据本条规定，监督检查的内容必须是土地管理法律、法规规定的，要求当事人遵守或者执行的规定，当事人采取作为或者不作为方式违反这些规范的行为。例如，关于土地登记管理规范，土地调查规范，土地评定等级规范，国土空间规划和年度计划编制、审批、执行规范，土地用途管制规范，农用地转用和征收审批规范，征收补偿安置规范，耕地保护规范，土地使用权出让、转让规范；等等。

(4) 监督检查的程序要合法。如土地管理监督检查人员履行监督检查职责时，应当出示统一制发的土地管理监督检查证件，并且不得少于2人。不依法出示土地管理监督检查证件的，被检查单位和个人有权拒绝接受检查。

(5) 监督检查采取的措施要合法。即只能采取土地管理法律、法规允许采取的措施，不得采取土地管理法律、法规未允许采取的措施。采取的措施超出土地管理法律、法规的范围，给当事人造成损失的，要依法赔偿；构成犯罪，要依法追究刑事责任。

由于土地违法情况复杂，经常牵涉一些地方政府、政府部门的违法行为，查处难度较大。为保障土地管理法律、法规的有效实施，县级以上人民政府自然资源主管部门在依法行使监督检查职权的同时，一是要注意调动一切社会监督力量，及时发现和检举违反土地管理法律、法规的行为；二是要加强与公安、司法、监察等机关的联系和配合，加大查处和打击违反土地管理法律、法规行为的力度；三是要主动向有关人民政府和人大机关报告监督检查情况，争取得到有关人民政府和人大的支持，使土地管理法律、法规落到实处。

链接《土地管理法实施条例》第5章；《自然资源执法监督规定》；《自然资源行政处罚办法》

第六十八条 【监督检查措施】县级以上人民政府自然资源主管部门履行监督检查职责时，有权采取下列措施：

（一）要求被检查的单位或者个人提供有关土地权利的文件和资料，进行查阅或者予以复制；

（二）要求被检查的单位或者个人就有关土地权利的问题作出说明；

（三）进入被检查单位或者个人非法占用的土地现场进行勘测；

（四）责令非法占用土地的单位或者个人停止违反土地管理法律、法规的行为。

注释 县级以上人民政府自然资源主管部门行使询问权时，应当按照法定程序进行。询问时，土地管理监督检查人员一般不得少于二人；询问证人应当个别进行，并告知被询问对象作虚假陈述应承担的法律后果。询问应当制作笔录，并经被询问人核对无误。询问人与被询问人都应当在询问笔录上签名或者盖章。被询问人拒绝签名、盖章的，应当在询问笔录上注明。

实务问答 自然资源主管部门、农业农村主管部门可以采取哪些监督检查措施？

根据《土地管理法实施条例》第48条，自然资源主管部门、农业农村主管部门按照职责分工进行监督检查时，可以采取下列措施：(1)询问违法案件涉及的单位或者个人；(2)进入被检查单位或者个人涉嫌土地违法的现场进行拍照、摄像；(3)责令当事人停止正在进行的土地违法行为；(4)对涉嫌土地违法的单位或者个人，在调查期间暂停办理与该违法案件相关的土地审批、登记等手续；(5)对可能被转移、销毁、隐匿或者篡改的文件、资料予以封存，责令涉嫌土地违法的单位或者个人在调查期间不得变卖、转移与案件有关的财物；(6)《土地管理法》第68条规定的其他监督检查措施。

链接《土地管理法实施条例》第48条

第六十九条 【出示监督检查证件】土地管理监督检查人员履行职责，需要进入现场进行勘测、要求有关单位或者个人提供文件、资料和作出说明的，应当出示土地管理监督检查证件。

注释 土地管理监督检查人员是县级以上人民政府自然资源主管部门依法任命的，代表国家对违反土地管理法律、法规的行为进行监督检查的行政执法人员；土地管理监督检查人员依法履行职责属于执行公务，受法律保护。土地管理监督检查人员依法履行职责时，与管理相对人的关系，是管理者与被管理者之间的行政管理关系，而不是平等的民事主体之间的关系。因此，出于对管理相对人合法权益的保护，土地管理监督检查人员履行职责，需要进入现场进行勘测、要求有关单位或者个人提供文件、资料和作出说明的，应当出示土地管理监督检查证件。不出示土地管理监督检查证件的，被检查单位或者个人有权拒绝接受检查，有权拒绝进行勘测、提供有关文件、资料和作出说明。

实务问答 如何取得行政执法证件？

根据《土地管理法实施条例》第47条的规定，土地管理监督检查人员应当经过培训，经考核合格，取得行政执法证件后，方可从事土地管理监督检查工作。

第七十条 【有关单位和个人对土地监督检查的配合义务】 有关单位和个人对县级以上人民政府自然资源主管部门就土地违法行为进行的监督检查应当支持与配合，并提供工作方便，不得拒绝与阻碍土地管理监督检查人员依法执行职务。

注释 本条规定的有关单位和个人，包括各级人民政府、政府部门、司法机关、社会团体、企事业单位和任何人。只要有违反土地管理法律、法规的行为，就必须依法接受县级以上人民政府自然资源主管部门的监督检查，不得拒绝与阻碍土地管理监督检查人员依法执行职务。

实务问答 被检查单位和个人有哪些义务？

土地监督检查人员依法履行监督检查职责，需要查阅或者复制有关文件或资料时，被检查单位或者个人必须提供；需要了解土地占用情况时，被检查单位或者个人必须就有关情况作出说明；需要进行现场勘测时，被检查单位或者个人必须为土地管理监督检查人员进入非法占用的土地现场进行勘测提供工作方便；当自然资源主管部门责令停止违反土地管理法律、法规的行为时，被检查单位或者个人必须服从自然资源主管部门的决定，停止违反土地管理法律、法规的行为。对于土地管理监督检查人员的以上要求，被检查单位或者个人不得以任何借口予以拒绝或者阻碍。拒绝或者阻碍土地管理监督检查人员依法执行职务，构成犯罪的，依法追究刑事责任；尚不构成犯罪的，由公安机关依法给予处罚。

链接 《土地管理法实施条例》第45条

第七十一条 【国家工作人员违法行为的处理】 县级以上人民政府自然资源主管部门在监督检查工作中发现国家工作人员的违法行为，依法应当给予处分的，应当依法予以处理；自己无权处理的，应当依法移送监察机关或者有关机关处理。

注释 县级以上人民政府自然资源主管部门在监督检查工作中发现的国家工作人员的违法行为，依法应当给予处分的情况有两种：

1.直接违反土地管理法律、法规的行为。根据本法第74条、第75条、第78条、第80条、第81条、第85条的规定，有下列违法行为之一尚不构成犯罪的，对其直接负责的主管人员和其他直接责任人员，应当给予处分：(1)买卖或者以其他形式非法转让土地的；(2)未经批准或者采取欺骗手段骗取批准，非法占用土地的；(3)超过批准的数量占用土地的；(4)无权批准征收、使用土地的单位或者个人非法批准占用土地的；(5)超越批准权限非法批准占用、征收土地的；(6)不按照国土空间规划确定的用途批准用地的；(7)违反法律规定的程序批准占用、征收土地的；(8)侵占、挪用被征收土地单位的征地补偿费用和其他有关费用的；(9)自然资源主管部门及其工作人员玩忽职守、滥用职权、徇私舞弊的。

2.以土地问题为起因引发的违反其他法律、法规的行为。如利用职权在审批土地或者办理土地权属登记等工作中索贿、受贿，尚不构成犯罪的等。这些违法行为虽未直接违反土地管理法律、法规，但是违反了公务员法等法律、法规的规定。

链接 《违反土地管理规定行为处分办法》；《公务员法》；《监察法》

第七十二条 【土地违法行为责任追究】 县级以上人民政府自然资源主管部门在监督检查工作中发现土地违法行为构成犯罪的，应当将案件移送有关机关，依法追究刑事责任；尚不构成犯罪的，应当依法给予行政处罚。

注释 县级以上人民政府自然资源主管部门就土地违法行为进行监督检查时，发现违法行为构成犯罪的，应当依法将该案件移送司法机关处理，不得以罚代刑。尚不构成犯罪的，依法给予行政处罚。主要的行政处罚包括：(1)罚款；(2)没收违法所得；(3)没收在非法转让或者占用的土地上新建的建筑物和其他设施；(4)责令限期改正或者治理；(5)责令缴纳复垦费；(6)责令退还或者交还非法占用的土地；(7)责令限期拆除在非法占用的土地上新建的建筑物和其他设施等。

实务问答 哪些土地违法案件依法应当移送司法机关处理？

县级以上人民政府自然资源主管部门在监督检查中发现土地违法行为构成犯罪的，应当移送司法机关，依法追究刑事责任。土地违法行为是否构成犯罪取决于：一是行为人是否具有权利能力和行为能力；二是行为人在主观上是否有犯罪的故意;三是行为人是否实施了违反土地管理法律、法规的行为;四是行为人的违法行为是否侵犯了国家的土地管理制度,并且在情节和对社会造成的危害后果上达到了《刑法》规定的定罪标准。根据本法第74条、第75条、第77条、第79条、第80条、第84条的规定,有下列违法行为之一,构成犯罪的,应当将案件移送司法机关,依法追究刑事责任:(1)买卖或者以其他形式非法转让土地的;(2)非法占用耕地建窑、建坟或者擅自在耕地上建房、挖砂、采石、采矿、取土等,破坏种植条件的;(3)因开发土地造成土地荒漠化、盐渍化的;(4)未经批准或者采取欺骗手段骗取批准,非法占用土地的;(5)超过批准的数量占用土地的;(6)无权批准征收、使用土地的单位或者个人非法批准占用土地的;(7)超越批准权限非法批准占用土地的;(8)不按照国土空间规划确定的用途批准用地的;(9)违反法律规定的程序批准占用、征收土地的;(10)侵占、挪用被征收土地单位的征地补偿费用和其他有关费用的;(11)自然资源主管部门的工作人员玩忽职守、滥用职权、徇私舞弊的。

注释《行政执法机关移送涉嫌犯罪案件的规定》

第七十三条 【不履行法定职责的处理】依照本法规定应当给予行政处罚,而有关自然资源主管部门不给予行政处罚的,上级人民政府自然资源主管部门有权责令有关自然资源主管部门作出行政处罚决定或者直接给予行政处罚,并给予有关自然资源主管部门的负责人处分。

实务问答 对于哪些违法行为,县级以上人民政府自然资源主管部门应依法给予行政处罚?

有下列土地违法行为之一,尚不构成犯罪的,由县级以上人民政府自然资源主管部门,依法给予行政处罚:(1)买卖或者以其他形式非法转让土地的;(2)非法占用耕地建窑、建坟或者擅自在耕地上建房、挖砂、采石、采矿、取土等,破坏种植条件的;(3)因开发土地造成土地荒漠化、盐渍化的;(4)违反本法规定,拒不履行土地复垦义务的;(5)未经批准或者采取欺骗手段骗取批准,非法占用土地的;(6)超过批准的数量或者规定的标准占用土地的;(7)无权批准征收、使用土地的单位或者个人非法批准占用土地的;(8)超越批准权限非法批准占用土地的;(9)不按照国土空间规划确定的用途批准用地的;(10)违反法律规定的程序批准占用、征收土地的;(11)依法被收回国有土地使用权当事人拒不交出土地的;(12)临时使用土地期满拒不归还的;(13)不按批准的用途使用国有土地的;(14)擅自将农民集体所有的土地的使用权出让、转让或者出租用于非农业建设的;(15)不依法办理土地变更登记的。

链接《土地管理法实施条例》第49条;《违反土地管理规定行为处分办法》

第七章 法 律 责 任

第七十四条 【非法转让土地的法律责任】买卖或者以其他形式非法转让土地的,由县级以上人民政府自然资源主管部门没收违法所得;对违反土地利用总体规划擅自将农用地改为建设用地的,限期拆除在非法转让的土地上新建的建筑物和其他设施,恢复土地原状,对符合土地利用总体规划的,没收在非法转让的土地上新建的建筑物和其他设施;可以并处罚款;对直接负责的主管人员和其他直接责任人员,依法给予处分;构成犯罪的,依法追究刑事责任。

注释 本条规定的买卖或者以其他形式非法转让土地的违法行为,依据其非法转让的土地权利内容的不同,概括起来,主要表现为以下三种情况:

1. 买卖、非法转让国有土地、农民集体所有土地所有权的行为。根据本法第二章关于土地的所有权和使用权的规定,我国的土地所有权依法由国家或农民集体所有。因此,任何单位或者个人,只能依法取得土地的使用权,而不得对其使用的土地进行买卖或者以其他形式转让土地所有权。

2. 非法转让国有土地使用权的行为。城市房地产管理法对国有土地使用权的转让作出了具体的规定。转让土地使用权,是指土地使用者将土地使用权再转移的行为,包括出售、交换和赠与等。以出让方式取得的土地使用权不得转让的情况包括:(1)未按照出让合同的约定支付全部土地使用权出让金,并取得土地使用权证书的;(2)司法机关和行政机关依法裁定、决定查封或者以其他形式限制房地产权利的;(3)依法收回土地使用权的;(4)共有房地产,未经其他共有人书面同意的;(5)未按照土地使用权出让合同规定的期限和条件投资开发、利用土地的;(6)土地权属有争议的;(7)未依法登记,领取权属证书的;(8)有关法律、行政法规规定的禁止转让的其他情形。以划拨方式取得的土地使用权不得转让的情况包括:(1)转让房地产时,未按照国务院的规定报有批准权的人民政府批准的;(2)有批准权的人民政府根据国务院的规定,决定可以不办理土地使用权出让手续,但转让方未按照国务院规定将转让房地产所获得的收益中的土地收益上缴国家或者作其他处理的。

3. 非法转让农民集体所有土地使用权的行为,系指违反本法第63条的规定,转让农民集体所有土地的使用权用于非农业建设的行为。

依照本条规定处以罚款的,罚款额为违法所得的10%以上50%以下。

链接《刑法》第228条;《土地管理法实施条例》第54、58条;《违反土地管理规定行为处分办法》;《最高人民法院关于审理破坏土地资源刑事案件具体应用法律若干问题的解释》

第七十五条 【破坏耕地的法律责任】违反本法规定,占用耕地建窑、建坟或者擅自在耕地上建房、挖砂、采石、采矿、取土等,破坏种植条件的,或者因开发土地造成土地荒漠化、盐渍化的,由县级以上人民政府自然资源主管部门、农业农村主管部门等按照职责责令限期改正或者治理,可以并处罚款;构成犯罪的,依法追究刑事责任。

实务问答 破坏耕地种植条件的行为有哪些?

破坏耕地种植条件的行为主要分两种情况:一是违法占用耕地的行为,主要包括违法占用耕地建窑、建坟等;二是违法破坏耕地的行为,主要包括擅自在耕地上建房、挖砂、采石、采矿、取土等。前一种情形是完全禁止的,即只要实施了在耕地上建窑、建坟的行为,就构成了违法行为。后一种情形是以"擅自"为前提,即在耕地上建房、挖砂、采石、采矿、取土等行为,如果符合有关法律规定的条件,经过法定程序来实施,则不构成违法行为。违反本法规定,破坏耕地种植条件,或者因开发土地造成土地荒漠化、盐渍化的,由县级以上人民政府自然资源主管部门、农业农村主管部门等按照职责责令限期改正或者治理,可以并处耕地开垦费的5倍以上10倍以下罚款,破坏黑土地等优质耕地的,从重处罚。构成犯罪的,依法根据《刑法》第342条追究刑事责任。

链接《刑法》第342条;《土地管理法实施条例》第55条;《最高人民法院关于审理破坏土地资源刑事案件具体应用法律若干问题的解释》第3条

第七十六条 【不履行复垦义务的法律责任】违反本法规定,拒不履行土地复垦义务的,由县级以上人民政府自然资源主管部门责令限期改正;逾期不改正的,责令缴纳复垦费,专项用于土地复垦,可以处以罚款。

第七十七条 【非法占用土地的法律责任】未经批准或者采取欺骗手段骗取批准,非法占用土地的,由县级以上人民政府自然资源主管部门责令退还非法占用的土地,对违反土地利用总体规划擅自将农用地改为建设用地的,限期拆除在非法占用的土地上新建的建筑物和其他设施,恢复土地原状,对符合土地利用总体规划的,没收在非法占用的土地上新建的建筑物和其他设施,可以并处罚款;对非法占用土地单位的直接负责的主管人员和其他直接责任人员,依法给予处分;构成犯罪的,依法追究刑事责任。

超过批准的数量占用土地,多占的土地以非法占用土地论处。

注释 未经合法批准占用土地的,如果非法占用后的土地仍符合国土空间规划,则应没收在非法占用的土地上新建的建筑物和其他设施;若非法占用并擅自将农用地改为建设用地,违反国土空间规划的,应限期拆除在非法占用的土地上新建的建筑物和其他设施,恢复土地原状。

实务问答 1. 未经批准或者采取欺骗手段骗取批准而非法占用土地的违法行为有哪些?

未经批准或者采取欺骗手段骗取批准,非法占用土地的违法行为主要包括两个方面:一是未经审批或者采取欺骗手段骗取用地审批而占用土地的。主要包括:(1)建设单位或者个人未经用地审批或者采取欺骗手段骗取批准而占用土地的;(2)举办乡镇企业未经批准使用农民集体所有的土地的;(3)乡(镇)、村公共设施和公益事业建设未经批准或者采取欺骗手段骗取批准,占用农民集体所有的土地进行建设的;(4)建设项目施工和地质勘查未经批准或者采取欺骗手段骗取批准,临时使用国有土地或者农民集体所有的土地的;(5)其他未经用地审批占用土地的行为。二是占用土地涉及农用地改为建设用地,未取得农用地转用审批或者采取欺骗手段骗取农用地转用审批的行为。此外,根据本条第2款规定,属于超过批准的数量占用土地的,多占的土地以非法占用土地论处。

2. 如何认定违法用地占用地类?

判定违法用地占用地类,应当将违法用地的界址范围或者勘测定界坐标数据套合到违法用地行为发生时最新或者上一年度土地利用现状图或者土地利用现状数据库及国家永久基本农田数据库上,对照标示的现状地类进行判定。违法用地发生时,该用地已经批准转为建设用地的,应当按照建设用地判定。

承办机构可以提请自然资源调查监测管理工作机构进行认定。

链接《刑法》第 342 条;《土地管理法实施条例》第 57、58 条;《违反土地管理规定行为处分办法》

第七十八条 【非法占用土地建住宅的法律责任】农村村民未经批准或者采取欺骗手段骗取批准,非法占用土地建住宅的,由县级以上人民政府农业农村主管部门责令退还非法占用的土地,限期拆除在非法占用的土地上新建的房屋。

超过省、自治区、直辖市规定的标准,多占的土地以非法占用土地论处。

注释 本条的违法主体仅限于农村村民,处罚的是违反农村宅基地管理方面规定的违法行为。对于非农村村民非法占用土地建住宅的,适用本法第 77 条非法占用土地的法律责任。

实务问答 农村村民非法占用土地建住宅的行为包括哪些情形?

农村村民非法占用土地建住宅的行为,主要包括以下几种情形:一是农村村民占用土地建住宅,未经乡(镇)人民政府审核批准,或者骗取批准的。二是农村村民占用土地建住宅,面积超过省、自治区、直辖市规定的标准的。三是农村村民占用基本农田建住宅的。四是农村村民出卖、出租、赠与住宅后,再占用土地建住宅的。五是农村村民占用土地建住宅,涉及农用地转用,未按照本法第 44 条办理农用地转用审批手续的。

第七十九条 【非法批准征收、使用土地的法律责任】无权批准征收、使用土地的单位或者个人非法批准占用土地的,超越批准权限非法批准占用土地的,不按照土地利用总体规划确定的用途批准用地的,或者违反法律规定的程序批准占用、征收土地的,其批准文件无效,对非法批准征收、使用土地的直接负责的主管人员和其他直接责任人员,依法给予处分;构成犯罪的,依法追究刑事责任。非法批准、使用的土地应当收回,有关当事人拒不归还的,以非法占用土地论处。

非法批准征收、使用土地,对当事人造成损失的,依法应当承担赔偿责任。

实务问答 非法批准征收、使用土地的行为主要包括哪些情况?

(1)无批准权而非法批准占用土地的行为。根据本法第 44 条的规定,建设占用土地,涉及农用地转为建设用地的,应当办理农用地转用审批手续。具体来讲,永久基本农田转为建设用地的,由国务院批准;在国土空间规划确定的城市和村庄、集镇建设用地规模范围内,为实施该规划而将永久基本农田以外的农用地转为建设用地的,按土地利用年度计划分批次按照国务院规定由原批准国土空间规划的机关或者其授权的机关批准。在已批准的农用地转用范围内,具体建设项目用地可以由市、县人民政府批准;在国土空间规划确定的城市和村庄、集镇建设用地规模范围外,将永久基本农田以外的农用地转为建设用地的,由国务院或者国务院授权的省、自治区、直辖市人民政府批准。违反上述规定,由其他有关各级政府批准用地的,即本条规定的无权批准而非法批准占用土地的行为。根据本法第 46 条的规定,征收永久基本农田,由国务院批准。地方各级人民政府批准征收永久基本农田的,即本条规定的无权批准而非法批准征收土地的行为。根据本法第 57 条的规定,临时用地应当由县级以上人民政府自然资源主管部门批准。因此,没有该批准权的乡(镇)人民政府批准临时用地的,也是本条规定的无权批准而非法批准占用土地的行为。此外,本法未授予有关土地征收、使用审批权限的各级人民政府的其他部门或者单位,无权批准占用土地,如果批地,也属于无权批准而非法批地的行为。

(2)超越批准权限非法批地的行为。这是指下级地方人民政府越权批准应当依法由上一级人民政府或者国务院审批的占用土地的行为。例如,根据本法第 46 条的规定,省、自治区、直辖市人民政府批准征收永久基本农田以外的其他耕地超过 35 公顷的,或者征收其他土地超过 70 公顷的,即为越权批准。

(3)依照本法规定,拥有有关土地批准权的各级人民政府不按照国土空间规划确定的土地用途批准用地的行为。例如,根据本法第 44 条的规定,市、县级人民政府批准的具体建设项目用地违反国土空间规划要求的用途的,即本条规定的不按照国土空间规划确定的土地用途批准用地的行为。

(4) 违反法律规定的程序批准占用、征收土地的行为。例如，违反本法第46条的规定，未依法先行办理农用地转用审批手续而批准征收农用地的；违反本法第57条的规定，在城市规划区内的临时用地，未经有关城市规划行政主管部门同意而批准的。

链接 《土地管理法》第44、46、57条；《刑法》第410条；《违反土地管理规定行为处分办法》；《最高人民法院关于审理破坏土地资源刑事案件具体应用法律若干问题的解释》第4、5条；《全国人民代表大会常务委员会关于〈中华人民共和国刑法〉第二百二十八条、第三百四十二条、第四百一十条的解释》

第八十条 【非法侵占、挪用征地补偿费的法律责任】 侵占、挪用被征收土地单位的征地补偿费用和其他有关费用，构成犯罪的，依法追究刑事责任；尚不构成犯罪的，依法给予处分。

实务问答 何为侵占、挪用？

所谓侵占，是指侵吞、盗窃、骗取或者以其他非法手段将公共财物占为己有的行为。所谓挪用，是指将公共财物挪作他用的行为。本条所规定的侵占、挪用的对象为被征收土地单位的征地补偿费用和其他有关费用。征地补偿费用包括征收农用地的土地补偿费、安置补助费以及征收农用地以外的其他土地、地上附着物和青苗等的补偿费。其他有关费用是指与征收集体土地有关的其他费用，例如征收农村村民住宅，对征收造成的搬迁、临时安置等给予的补偿费用。侵占、挪用征地补偿费可能构成贪污罪、挪用公款罪、侵占罪以及挪用公司、企业或者其他单位资金罪。

链接 《刑法》第271、272、382、384条；《土地管理法实施条例》第64条；《违反土地管理规定行为处分办法》

第八十一条 【拒不交还土地、不按照批准用途使用土地的法律责任】 依法收回国有土地使用权当事人拒不交出土地的，临时使用土地期满拒不归还的，或者不按照批准的用途使用国有土地的，由县级以上人民政府自然资源主管部门责令交还土地，处以罚款。

实务问答 什么情况下应该交还土地？

在下列三种情况下，当事人应当交还土地：(1) 依法收回国有土地使用权的，如因为公共利益的需要、旧城区改造或土地被闲置等原因；(2) 临时使用土地期满；(3) 不按照批准的用途使用国有土地的。若在上述情况发生时，当事人拒不交还土地，则应当受到相应的行政处罚，由县级以上人民政府自然资源主管部门责令交出土地，并处以罚款，罚款额为非法占用土地每平方米100元以上500元以下；拒不交出土地的，申请人民法院强制执行。

链接 《土地管理法实施条例》第59条

第八十二条 【擅自将集体土地用于非农业建设和集体经营性建设用地违法入市的法律责任】 擅自将农民集体所有的土地通过出让、转让使用权或者出租等方式用于非农业建设，或者违反本法规定，将集体经营性建设用地通过出让、出租等方式交由单位或者个人使用的，由县级以上人民政府自然资源主管部门责令限期改正，没收违法所得，并处罚款。

注释 擅自将农民集体所有的土地通过出让、转让使用权或者出租等方式用于非农业建设，是指没有法律依据或者未经法律规定的程序，通过出让、转让或者出租等方式将集体土地用于非农业建设。本法相关条款，如第60条、第61条、第62条等对农民集体所有土地使用权的出让、转让或者出租作出了规定。违反这些规定，未办理相关手续即将集体土地交给他人用于非农业建设的，对转让方给予本条规定的处罚。

实务问答 1. 集体经营性建设用地违法入市的行为包括哪些？

集体经营性建设用地违法入市的行为主要有以下几种：(1) 不符合国土空间规划、城乡规划规定的土地用途。(2) 未经依法登记。(3) 入市主体不符合法律规定。(4) 未签订书面合同明确权利义务。(5) 未经村集体民主决策。(6) 不符合土地利用年度计划。

2. 集体经营性建设用地违法入市应当承担哪些法律责任？

(1) 责令限期改正。对于上述违法行为，应当由县级以上人民政府自然资源主管部门责令限期改正，将违法行为恢复到合法状态，给其他主体造成损失的，应由有过错的一方依法承担民事责任。(2) 没收违法所得和罚款。根据本条的规定，没收违法所得和罚款的处罚必须同时适用。罚款额为非法所得的5%以上30%以下。

链接 《宪法》第10条；《土地管理法实施条例》第60条

第八十三条 【责令限期拆除的执行】依照本法规定,责令限期拆除在非法占用的土地上新建的建筑物和其他设施的,建设单位或者个人必须立即停止施工,自行拆除;对继续施工的,作出处罚决定的机关有权制止。建设单位或者个人对责令限期拆除的行政处罚决定不服,可以在接到责令限期拆除决定之日起十五日内,向人民法院起诉;期满不起诉又不自行拆除的,由作出处罚决定的机关依法申请人民法院强制执行,费用由违法者承担。

注释 当事人在接到责令限期拆除的处罚决定后,应当立即停止施工,自行拆除建筑物和其他设施。如果当事人不服该行政处罚决定,在停止施工的同时,可以向作出处罚决定的机关说明情况,要求其撤销处罚决定,也可以依法申请行政复议,或者在规定的期限内向人民法院提起行政诉讼。

实务问答 1. 提起行政诉讼有无时限要求?

被处罚的建设单位或者个人对责令限期拆除的行政处罚决定不服的,可以在接到处罚决定之日起15日内,向人民法院提起行政诉讼。本条规定的提起行政诉讼的期间为接到责令限期拆除决定之日起15日内,是特殊的提起行政诉讼的期间,而不是行政诉讼法规定的从当事人知道行政机关作出具体行政行为之日起的6个月。超过上述期限提起行政诉讼的,人民法院可以不予受理。

2. 当事人拒不执行时,如何处理?

本法未赋予行政机关强制执行的权力,如果当事人拒不执行其行政处罚决定,作出行政处罚的机关可以向人民法院提出申请,由人民法院强制执行。根据本条的规定,强制执行的费用由违法者承担。

链接 《土地管理法》第74、77、78条;《行政诉讼法》第97条

第八十四条 【自然资源主管部门、农业农村主管部门工作人员违法的法律责任】自然资源主管部门、农业农村主管部门的工作人员玩忽职守、滥用职权、徇私舞弊,构成犯罪的,依法追究刑事责任;尚不构成犯罪的,依法给予处分。

实务问答 本条所称的"玩忽职守""滥用职权""徇私舞弊"是什么意思?

所谓玩忽职守,是指自然资源主管部门、农业农村主管部门的工作人员不履行、不正确履行或者放弃履行职责的行为。所谓滥用职权,是指自然资源主管部门、农业农村主管部门的工作人员违反法律规定的权限和程序,滥用职权或者超越职权的行为。所谓徇私舞弊,是指自然资源主管部门、农业农村主管部门的工作人员为徇个人私利或者亲友私情而玩忽职守、滥用职权的行为。对于自然资源主管部门、农业农村主管部门工作人员的上述违法行为,任何单位和个人都有权检举和控告,有关部门应当严肃查处,并依法追究其法律责任。

链接 《刑法》第397、402、410条;《土地管理法实施条例》第65条;《违反土地管理规定行为处分办法》;《最高人民法院关于审理破坏土地资源刑事案件具体应用法律若干问题的解释》第6、7条;《监察部、人力资源和社会保障部、国土资源部关于适用〈违反土地管理规定行为处分办法〉第三条有关问题的通知》;《监察法》

第八章 附 则

第八十五条 【外商投资企业使用土地的法律适用】外商投资企业使用土地的,适用本法;法律另有规定的,从其规定。

第八十六条 【过渡期间有关规划的适用】在根据本法第十八条的规定编制国土空间规划前,经依法批准的土地利用总体规划和城乡规划继续执行。

第八十七条 【施行时间】本法自1999年1月1日起施行。

中华人民共和国城乡规划法

- 2007年10月28日第十届全国人民代表大会常务委员会第三十次会议通过
- 根据2015年4月24日第十二届全国人民代表大会常务委员会第十四次会议《关于修改〈中华人民共和国港口法〉等七部法律的决定》第一次修正
- 根据2019年4月23日第十三届全国人民代表大会常务委员会第十次会议《关于修改〈中华人民共和国建筑法〉等八部法律的决定》第二次修正

第一章 总 则

第一条 【立法宗旨】为了加强城乡规划管

理,协调城乡空间布局,改善人居环境,促进城乡经济社会全面协调可持续发展,制定本法。

第二条 【城乡规划的制定和实施】制定和实施城乡规划,在规划区内进行建设活动,必须遵守本法。

本法所称城乡规划,包括城镇体系规划、城市规划、镇规划、乡规划和村庄规划。城市规划、镇规划分为总体规划和详细规划。详细规划分为控制性详细规划和修建性详细规划。

本法所称规划区,是指城市、镇和村庄的建成区以及因城乡建设和发展需要,必须实行规划控制的区域。规划区的具体范围由有关人民政府在组织编制的城市总体规划、镇总体规划、乡规划和村庄规划中,根据城乡经济社会发展水平和统筹城乡发展的需要划定。

第三条 【城乡建设活动与制定城乡规划关系】城市和镇应当依照本法制定城市规划和镇规划。城市、镇规划区内的建设活动应当符合规划要求。

县级以上地方人民政府根据本地农村经济社会发展水平,按照因地制宜、切实可行的原则,确定应当制定乡规划、村庄规划的区域。在确定区域内的乡、村庄,应当依照本法制定规划,规划区内的乡、村庄建设应当符合规划要求。

县级以上地方人民政府鼓励、指导前款规定以外的区域的乡、村庄制定和实施乡规划、村庄规划。

第四条 【城乡规划制定、实施原则】制定和实施城乡规划,应当遵循城乡统筹、合理布局、节约土地、集约发展和先规划后建设的原则,改善生态环境,促进资源、能源节约和综合利用,保护耕地等自然资源和历史文化遗产,保持地方特色、民族特色和传统风貌,防止污染和其他公害,并符合区域人口发展、国防建设、防灾减灾和公共卫生、公共安全的需要。

在规划区内进行建设活动,应当遵守土地管理、自然资源和环境保护等法律、法规的规定。

县级以上地方人民政府应当根据当地经济社会发展的实际,在城市总体规划、镇总体规划中合理确定城市、镇的发展规模、步骤和建设标准。

注释 编制城市规划,要妥善处理城乡关系,引导城镇化健康发展,体现布局合理、资源节约、环境友好的原则,保护自然与文化资源、体现城市特色,考虑城市安全和国防建设需要。编制城市规划,对涉及城市发展长期保障的资源利用和环境保护、区域协调发展、风景名胜资源管理、自然与文化遗产保护、公共安全和公众利益等方面的内容,应当确定为必须严格执行的强制性内容。

编制城市总体规划,应当以全国城镇体系规划、省域城镇体系规划以及其它上层次法定规划为依据,从区域经济社会发展的角度研究城市定位和发展战略,按照人口与产业、就业岗位的协调发展要求,控制人口规模、提高人口素质,按照有效配置公共资源、改善人居环境的要求,充分发挥中心城市的区域辐射和带动作用,合理确定城乡空间布局,促进区域经济社会全面、协调和可持续发展。

链接《城市规划编制办法》第18-21条

第五条 【城乡规划与国民经济和社会发展规划、土地利用总体规划衔接】城市总体规划、镇总体规划以及乡规划和村庄规划的编制,应当依据国民经济和社会发展规划,并与土地利用总体规划相衔接。

注释 城市建设用地规模应当符合国家规定的标准,充分利用现有建设用地,不占或者尽量少占农用地。城市总体规划、村庄和集镇规划,应当与国土空间规划相衔接,城市总体规划、村庄和集镇规划中建设用地规模不得超过土地利用总体规划确定的城市和村庄、集镇建设用地规模。在城市规划区内、村庄和集镇规划区内,城市和村庄、集镇建设用地应当符合城市规划、村庄和集镇规划。

链接《土地管理法》第21条

第六条 【城乡规划经费保障】各级人民政府应当将城乡规划的编制和管理经费纳入本级财政预算。

第七条 【城乡规划修改】经依法批准的城乡规划,是城乡建设和规划管理的依据,未经法定程序不得修改。

第八条 【城乡规划公开公布】城乡规划组织编制机关应当及时公布经依法批准的城乡规划。但是,法律、行政法规规定不得公开的内容除外。

第九条 【单位和个人的权利义务】任何单位和个人都应当遵守经依法批准并公布的城乡规划,服从规划管理,并有权就涉及其利害关系的建设活动是否符合规划的要求向城乡规划主管部门查询。

任何单位和个人都有权向城乡规划主管部门或者其他有关部门举报或者控告违反城乡规划的行为。城乡规划主管部门或者其他有关部门对举报或者控告，应当及时受理并组织核查、处理。

第十条　【采用先进科学技术】国家鼓励采用先进的科学技术，增强城乡规划的科学性，提高城乡规划实施及监督管理的效能。

第十一条　【城乡规划管理体制】国务院城乡规划主管部门负责全国的城乡规划管理工作。

县级以上地方人民政府城乡规划主管部门负责本行政区域内的城乡规划管理工作。

第二章　城乡规划的制定

第十二条　【全国城镇体系规划制定】国务院城乡规划主管部门会同国务院有关部门组织编制全国城镇体系规划，用于指导省域城镇体系规划、城市总体规划的编制。

全国城镇体系规划由国务院城乡规划主管部门报国务院审批。

第十三条　【省域城镇体系规划制定】省、自治区人民政府组织编制省域城镇体系规划，报国务院审批。

省域城镇体系规划的内容应当包括：城镇空间布局和规模控制，重大基础设施的布局，为保护生态环境、资源等需要严格控制的区域。

注释　省域城镇体系规划的审批

省、自治区人民政府负责组织编制省域城镇体系规划。省、自治区人民政府城乡规划主管部门负责省域城镇体系规划组织编制的具体工作。省、自治区人民政府城乡规划主管部门应当委托具有城乡规划甲级资质证书的单位承担省域城镇体系规划的具体编制工作。国务院城乡规划主管部门应当加强对省域城镇体系规划编制工作的指导。在规划纲要编制和规划成果编制阶段，国务院城乡规划主管部门应当分别组织对规划纲要和规划成果进行审查，并出具审查意见。省域城镇体系规划报送审批前，省、自治区人民政府应当将规划成果予以公告，并征求专家和公众的意见。公告时间不得少于30日。上报国务院的规划成果应附具省域城镇体系规划说明书、规划编制工作的说明、征求意见和意见采纳的情况、人大常委会组成人员的审议意见和根据审议意见修改规划的情况等。省域范围内的区域性专项规划和跨下一级行政单元的规划，报省、自治区人民政府审批。

省域城镇体系规划的内容

省域城镇体系规划编制工作一般分为编制省域城镇体系规划纲要（以下简称规划纲要）和编制省域城镇体系规划成果（以下简称规划成果）两个阶段。编制规划纲要的目的是综合评价省、自治区城镇化发展条件及对城乡空间布局的基本要求，分析研究省域相关规划和重大项目布局对城乡空间的影响，明确规划编制的原则和重点，研究提出城镇化目标和拟采取的对策和措施，为编制规划成果提供基础。编制规划纲要时，应当对影响本省、自治区城镇化和城镇发展的重大问题进行专题研究。省、自治区人民政府城乡规划主管部门应当对规划纲要和规划成果进行充分论证，并征求同级人民政府有关部门和下一级人民政府的意见。

链接《省域城镇体系规划编制审批办法》第二、三章

第十四条　【城市总体规划编制】城市人民政府组织编制城市总体规划。

直辖市的城市总体规划由直辖市人民政府报国务院审批。省、自治区人民政府所在地的城市以及国务院确定的城市的总体规划，由省、自治区人民政府审查同意后，报国务院审批。其他城市的总体规划，由城市人民政府报省、自治区人民政府审批。

第十五条　【镇总体规划编制】县人民政府组织编制县人民政府所在地镇的总体规划，报上一级人民政府审批。其他镇的总体规划由镇人民政府组织编制，报上一级人民政府审批。

注释　在县级以上地方人民政府城市规划行政主管部门指导下，建制镇规划由建制镇人民政府负责组织编制。建制镇在设市城市规划区内的，其规划应服从设市城市的总体规划。建制镇的总体规划报县级人民政府审批，详细规划报建制镇人民政府审批。

链接《建制镇规划建设管理办法》第9、10条

第十六条　【各级人大常委会参与规划制定】省、自治区人民政府组织编制的省域城镇体系规划，城市、县人民政府组织编制的总体规划，在报上一级人民政府审批前，应当先经本级人民代表大会常务委员会审议，常务委员会组成人员的审

议意见交由本级人民政府研究处理。

镇人民政府组织编制的镇总体规划,在报上一级人民政府审批前,应当先经镇人民代表大会审议,代表的审议意见交由本级人民政府研究处理。

规划的组织编制机关报送审批省域城镇体系规划、城市总体规划或者镇总体规划,应当将本级人民代表大会常务委员会组成人员或者镇人民代表大会代表的审议意见和根据审议意见修改规划的情况一并报送。

第十七条 【城市、镇总体规划内容和期限】城市总体规划、镇总体规划的内容应当包括:城市、镇的发展布局,功能分区,用地布局,综合交通体系,禁止、限制和适宜建设的地域范围,各类专项规划等。

规划区范围、规划区内建设用地规模、基础设施和公共服务设施用地、水源地和水系、基本农田和绿化用地、环境保护、自然与历史文化遗产保护以及防灾减灾等内容,应当作为城市总体规划、镇总体规划的强制性内容。

城市总体规划、镇总体规划的规划期限一般为二十年。城市总体规划还应当对城市更长远的发展作出预测性安排。

注释 城市总体规划的强制性内容

城市总体规划的强制性内容包括:(1)城市规划区范围。(2)市域内应当控制开发的地域。包括:基本农田保护区、风景名胜区、湿地、水源保护区等生态敏感区,地下矿资源分布地区。(3)城市建设用地。包括:规划期限内城市建设用地的发展规模,土地使用强度管制区划和相应的控制指标(建设用地面积、容积率、人口容量等);城市各类绿地的具体布局;城市地下空间开发布局。(4)城市基础设施和公共服务设施。包括:城市干道系统网络、城市轨道交通网络、交通枢纽布局;城市水源地及其保护区范围和其他重大市政基础设施;文化、教育、卫生、体育等方面主要公共服务设施的布局。(5)城市历史文化遗产保护。包括:历史文化保护的具体控制指标和规定;历史文化街区、历史建筑、重要地下文物埋藏区的具体位置和界线。(6)生态环境保护与建设目标,污染控制与治理措施。(7)城市防灾工程。包括:城市防洪标准、防洪堤走向;城市抗震与消防疏散通道;城市人防设施布局;地质灾害防护规定。

城市总体规划应当明确综合交通、环境保护、商业网点、医疗卫生、绿地系统、河湖水系、历史文化名城保护、地下空间、基础设施、综合防灾等专项规划的原则。

链接《城市规划编制办法》第32、34条;《国务院关于加强城乡规划监督管理的通知》二

第十八条 【乡规划和村庄规划的内容】乡规划、村庄规划应当从农村实际出发,尊重村民意愿,体现地方和农村特色。

乡规划、村庄规划的内容应当包括:规划区范围,住宅、道路、供水、排水、供电、垃圾收集、畜禽养殖场所等农村生产、生活服务设施、公益事业等各项建设的用地布局、建设要求,以及对耕地等自然资源和历史文化遗产保护、防灾减灾等的具体安排。乡规划还应当包括本行政区域内的村庄发展布局。

注释 村庄、集镇规划的编制,应当以县域规划、农业区划、土地利用总体规划为依据,并同有关部门的专业规划相协调。县级人民政府组织编制的县域规划,应当包括村庄、集镇建设体系规划。编制村庄、集镇规划,一般分为村庄、集镇总体规划和村庄、集镇建设规划两个阶段。

村庄、集镇建设规划,应当在村庄、集镇总体规划指导下,具体安排村庄、集镇的各项建设。集镇建设规划的主要内容包括:住宅、乡(镇)村企业、乡(镇)村公共设施、公益事业等各项建设的用地布局、用地规模,有关的技术经济指标,近期建设工程以及重点地段建设具体安排。村庄建设规划的主要内容,可以根据本地区经济发展水平,参照集镇建设规划的编制内容,主要对住宅和供水、供电、道路、绿化、环境卫生以及生产配套设施作出具体安排。村庄、集镇总体规划和集镇建设规划,须经乡级人民代表大会审查同意,由乡级人民政府报县级人民政府批准。

前述所称村庄,是指农村村民居住和从事各种生产的聚居点。集镇,是指乡、民族乡人民政府所在地和经县级人民政府确认由集市发展而成的作为农村一定区域经济、文化和生活服务中心的非建制镇。村庄、集镇规划区,是指村庄、集镇建成区和因村庄、集镇建设及发展需要实行规划控制的区域。村庄、集镇规划区的具体范围,在村庄、集镇总体规划中划定。

链接《村庄和集镇规划建设管理条例》第3、9-13条

第十九条 【城市控制性详细规划】城市人民政府城乡规划主管部门根据城市总体规划的要求,组织编制城市的控制性详细规划,经本级人民政府批准后,报本级人民代表大会常务委员会和上一级人民政府备案。

注释 城市控制性详细规划的内容

城市控制性详细规划应当包括下列内容:(1)确定规划范围内不同使用性质用地的界限,确定各类用地内适建、不适建或者有条件地允许建设的建筑类型。(2)确定各地块建筑高度、建筑密度、容积率、绿地率等控制指标;确定公共设施配套要求、交通出入口方位、停车泊位、建筑后退红线距离等要求。(3)提出各地块的建筑体量、体型、色彩等城市设计指导原则。(4)根据交通需求分析,确定地块出入口位置、停车泊位、公共交通场站用地范围和站点位置、步行交通以及其它交通设施。规定各级道路的红线、断面、交叉口形式及渠化措施、控制点坐标和标高。(5)根据规划建设容量,确定市政工程管线位置、管径和工程设施的用地界线,进行管线综合。确定地下空间开发利用具体要求。(6)制定相应的土地使用与建筑管理规定。控制性详细规划成果应当包括规划文本、图件和附件。图件由图纸和图则两部分组成,规划说明、基础资料和研究报告收入附件。

城市控制性详细规划中的强制性内容

控制性详细规划确定的各地块的主要用途、建筑密度、建筑高度、容积率、绿地率、基础设施和公共服务设施配套规定应当作为强制性内容。

链接 《城市规划编制办法》第24、41、44条;《国务院关于加强城乡规划监督管理的通知》二

第二十条 【镇控制性详细规划】镇人民政府根据镇总体规划的要求,组织编制镇的控制性详细规划,报上一级人民政府审批。县人民政府所在地镇的控制性详细规划,由县人民政府城乡规划主管部门根据镇总体规划的要求组织编制,经县人民政府批准后,报本级人民代表大会常务委员会和上一级人民政府备案。

注释 镇控制性详细规划的编制依据

编制镇控制性详细规划的依据是镇总体规划,不得在控制性详细规划中改变或变相改变镇总体规划的内容。

镇控制性详细规划的审批机关

无论编制主体是镇人民政府还是县城乡规划主管部门,镇控制性详细规划的审批机关都是县级人民政府。需要区别的是,镇人民政府组织编制镇控制性详细规划的,报上一级人民政府审批,上一级人民政府可能是县人民政府,也可能是不设区的市人民政府,还可能是区人民政府;县城乡规划主管部门组织编制镇控制性详细规划的,审批机关一定是县人民政府。

第二十一条 【修建性详细规划】城市、县人民政府城乡规划主管部门和镇人民政府可以组织编制重要地块的修建性详细规划。修建性详细规划应当符合控制性详细规划。

注释 修建性详细规划主要是用以指导各项建筑和工程设施和施工的规划设计,它一般针对的是某一具体地块,能够直接应用于指导建筑和工程施工,应当包括以下内容:(1)建设条件分析及综合技术经济论证;(2)建筑、道路和绿地等的空间布局和景观规划设计,布置总平面图;(3)对住宅、医院、学校和托幼等建筑进行日照分析;(4)根据交通影响分析,提出交通组织方案和设计;(5)市政工程管线规划设计和管线综合;(6)竖向规划设计;(7)估算工程量、拆迁量和总造价,分析投资效益。编制城市修建性详细规划,应当依据已经依法批准的控制性详细规划,对所在地块的建设提出具体的安排和设计。修建性详细规划成果应当包括规划说明书、图纸。

链接 《城市规划编制办法》第24、43、44条

第二十二条 【乡、村庄规划编制】乡、镇人民政府组织编制乡规划、村庄规划,报上一级人民政府审批。村庄规划在报送审批前,应当经村民会议或者村民代表会议讨论同意。

第二十三条 【首都总体规划和详细规划】首都的总体规划、详细规划应当统筹考虑中央国家机关用地布局和空间安排的需要。

第二十四条 【城乡规划编制单位】城乡规划组织编制机关应当委托具有相应资质等级的单位承担城乡规划的具体编制工作。

从事城乡规划编制工作应当具备下列条件,并经国务院城乡规划主管部门或者省、自治区、直辖市人民政府城乡规划主管部门依法审查合格,取得相应等级的资质证书后,方可在资质等级许可的范围内从事城乡规划编制工作:

(一)有法人资格;

(二)有规定数量的经相关行业协会注册的规

划师；

（三）有规定数量的相关专业技术人员；

（四）有相应的技术装备；

（五）有健全的技术、质量、财务管理制度。

编制城乡规划必须遵守国家有关标准。

第二十五条 【城乡规划基础资料】编制城乡规划，应当具备国家规定的勘察、测绘、气象、地震、水文、环境等基础资料。

县级以上地方人民政府有关主管部门应当根据编制城乡规划的需要，及时提供有关基础资料。

第二十六条 【公众参与城乡规划编制】城乡规划报送审批前，组织编制机关应当依法将城乡规划草案予以公告，并采取论证会、听证会或者其他方式征求专家和公众的意见。公告的时间不得少于三十日。

组织编制机关应当充分考虑专家和公众的意见，并在报送审批的材料中附具意见采纳情况及理由。

第二十七条 【专家和有关部门参与城镇规划审批】省域城镇体系规划、城市总体规划、镇总体规划批准前，审批机关应当组织专家和有关部门进行审查。

第三章 城乡规划的实施

第二十八条 【政府实施城乡规划】地方各级人民政府应当根据当地经济社会发展水平，量力而行，尊重群众意愿，有计划、分步骤地组织实施城乡规划。

第二十九条 【城市、镇和乡、村庄建设和发展实施城乡规划】城市的建设和发展，应当优先安排基础设施以及公共服务设施的建设，妥善处理新区开发与旧区改建的关系，统筹兼顾进城务工人员生活和周边农村经济社会发展、村民生产与生活的需要。

镇的建设和发展，应当结合农村经济社会发展和产业结构调整，优先安排供水、排水、供电、供气、道路、通信、广播电视等基础设施和学校、卫生院、文化站、幼儿园、福利院等公共服务设施的建设，为周边农村提供服务。

乡、村庄的建设和发展，应当因地制宜、节约用地，发挥村民自治组织的作用，引导村民合理进行建设，改善农村生产、生活条件。

注释 城市基础设施

城市基础设施，一般是指城市生存和发展所必须具备的工程性基础设施和社会性基础设施的总称。比如，城市的供水、排水、道路、交通、供热、供电、供气、园林、绿化、环卫、防洪等都属于城市基础设施。

公共服务设施

公共服务设施，是指与城市居住人口规模相对应配建的、为居民服务和使用的各类设施，包括托儿所、幼儿园、小学、中学、粮店、菜店、副食店、服务站、储蓄所、邮政所、居委会、派出所等。

新区开发

新区开发，即城市新区开发，是指按照城市总体规划的部署和要求，在城市建成区之外的一定区域，进行集中的成片的、综合配套的开发建设活动。

旧区改建

旧区改建，是对城市中旧区改善和更新基础设施、调整城市结构、优化城市用地布局、保护城市历史风貌等的建设活动。

第三十条 【城市新区开发和建设实施城乡规划】城市新区的开发和建设，应当合理确定建设规模和时序，充分利用现有市政基础设施和公共服务设施，严格保护自然资源和生态环境，体现地方特色。

在城市总体规划、镇总体规划确定的建设用地范围以外，不得设立各类开发区和城市新区。

第三十一条 【旧城区改造实施城乡规划】旧城区的改建，应当保护历史文化遗产和传统风貌，合理确定拆迁和建设规模，有计划地对危房集中、基础设施落后等地段进行改建。

历史文化名城、名镇、名村的保护以及受保护建筑物的维护和使用，应当遵守有关法律、行政法规和国务院的规定。

注释 历史文化遗产保护

各地要按照文化遗产保护优先的原则，切实做好城市文化遗产的保护工作。历史文化保护区保护规划一经批准，应当报同级人民代表大会常务委员会备案。在历史文化保护区内的建设活动，必须就其必要性进行论证；其中拆除旧建筑和建设新建筑的，应当进行公示，听取公众意见，按程序审批，批准后报历史文化名城批准机关备案。

国有土地上房屋征收

对危房集中、基础设施落后等地段进行旧区改建而确需征收房屋的各项建设活动，应当符合国民经济和社会发展规划、国土空间规划,城乡规划和专项规划。

历史文化名城保护

历史文化名城保护规划,要在充分研究城市发展历史和传统风貌基础上,正确处理现代化建设与历史文化保护的关系,明确保护原则和工作重点,划定历史街区和文物古迹保护范围及建设控制地带,制定严格的保护措施和控制要求,并纳入城市总体规划。

〔链接〕《国有土地上房屋征收与补偿条例》第8、9条

第三十二条 【城乡建设和发展实施城乡规划】 城乡建设和发展,应当依法保护和合理利用风景名胜资源,统筹安排风景名胜区及周边乡、镇、村庄的建设。

风景名胜区的规划、建设和管理,应当遵守有关法律、行政法规和国务院的规定。

第三十三条 【城市地下空间的开发和利用遵循的原则】 城市地下空间的开发和利用,应当与经济和技术发展水平相适应,遵循统筹安排、综合开发、合理利用的原则,充分考虑防灾减灾、人民防空和通信等需要,并符合城市规划,履行规划审批手续。

第三十四条 【城市、县、镇人民政府制定近期建设规划】 城市、县、镇人民政府应当根据城市总体规划、镇总体规划、土地利用总体规划和年度计划以及国民经济和社会发展规划,制定近期建设规划,报总体规划审批机关备案。

近期建设规划应当以重要基础设施、公共服务设施和中低收入居民住房建设以及生态环境保护为重点内容,明确近期建设的时序、发展方向和空间布局。近期建设规划的规划期限为五年。

〔注释〕**城市近期建设规划**

近期建设规划的期限原则上应当与城市国民经济和社会发展规划的年限一致,并不得违背城市总体规划的强制性内容。近期建设规划到期时,应当依据城市总体规划组织编制新的近期建设规划。

近期建设规划的内容应当包括:(1)确定近期人口和建设用地规模,确定近期建设用地范围和布局;(2)确定近期交通发展策略,确定主要对外交通设施和主要道路交通设施布局;(3)确定各项基础设施、公共服务和公益设施的建设规模和选址;(4)确定近期居住用地安排和布局;(5)确定历史文化名城、历史文化街区、风景名胜区等的保护措施,城市河湖水系、绿化、环境等保护、整治和建设措施;(6)确定控制和引导城市近期发展的原则和措施。

近期建设规划的成果应当包括规划文本、图纸,以及包括相应说明的附件。在规划文本中应当明确表达规划的强制性内容。

〔链接〕《城市规划编制办法》第35-37条

第三十五条 【禁止擅自改变城乡规划确定的重要用地用途】 城乡规划确定的铁路、公路、港口、机场、道路、绿地、输配电设施及输电线路走廊、通信设施、广播电视设施、管道设施、河道、水库、水源地、自然保护区、防汛通道、消防通道、核电站、垃圾填埋场及焚烧厂、污水处理厂和公共服务设施的用地以及其他需要依法保护的用地,禁止擅自改变用途。

第三十六条 【申请核发选址意见书】 按照国家规定需要有关部门批准或者核准的建设项目,以划拨方式提供国有土地使用权的,建设单位在报送有关部门批准或者核准前,应当向城乡规划主管部门申请核发选址意见书。

前款规定以外的建设项目不需要申请选址意见书。

〔注释〕**建设项目选址意见书的内容**

建设项目选址意见书应当包括下列内容:(1)建设项目的基本情况。主要是建设项目名称、性质,用地与建设规模,供水与能源的需求量,采取的运输方式与运输量,以及废水、废气、废渣的排放方式和排放量。(2)建设项目规划选址的主要依据。①经批准的项目建议书;②建设项目与城市规划布局的协调;③建设项目与城市交通、通讯、能源、市政、防灾规划的衔接与协调;④建设项目配套的生活设施与城市生活居住及公共设施规划的衔接与协调;⑤建设项目对于城市环境可能造成的污染影响,以及与城市环境保护规划和风景名胜、文物古迹保护规划的协调。(3)建设项目选址、用地范围和具体规划要求。

建设项目选址意见书的管理

建设项目选址意见书,按建设项目计划审批权限实行分级规划管理。县人民政府计划行政主管部门审批的建设项目,由县人民政府城市规划行政主管部门核发选址意见书;地级、县级市人民

政府计划行政主管部门审批的建设项目，由该市人民政府城市规划行政主管部门核发选址意见书；直辖市、计划单列市人民政府计划行政主管部门审批的建设项目，由直辖市、计划单列市人民政府城市规划行政主管部门核发选址意见书；省、自治区人民政府计划行政主管部门审批的建设项目，由项目所在地县、市人民政府城市规划行政主管部门提出审查意见，报省、自治区人民政府城市规划行政主管部门核发选址意见书；中央各部门、公司审批的小型和限额以下的建设项目，由项目所在地县、市人民政府城市规划行政主管部门核发选址意见书；国家审批的大中型和限额以上的建设项目，由项目所在地县、市人民政府城市规划行政主管部门提出审查意见，报省、自治区、直辖市、计划单列市人民政府城市规划行政主管部门核发选址意见书，并报国务院城市规划行政主管部门备案。

链接《建设项目选址规划管理办法》第6、7条

第三十七条 【划拨建设用地程序】在城市、镇规划区内以划拨方式提供国有土地使用权的建设项目，经有关部门批准、核准、备案后，建设单位应当向城市、县人民政府城乡规划主管部门提出建设用地规划许可申请，由城市、县人民政府城乡规划主管部门依据控制性详细规划核定建设用地的位置、面积、允许建设的范围，核发建设用地规划许可证。

建设单位在取得建设用地规划许可证后，方可向县级以上地方人民政府土地主管部门申请用地，经县级以上人民政府审批后，由土地主管部门划拨土地。

注释 划拨用地申请程序

建设项目可行性研究论证时，土地行政主管部门可以根据国土空间规划、土地利用年度计划和建设用地标准，对建设用地有关事项进行审查，并提出意见。经批准的建设项目需要使用国有建设用地的，建设单位应当持法律、行政法规规定的有关文件，向有批准权的县级以上人民政府土地行政主管部门提出建设用地申请，经土地行政主管部门审查，报本级人民政府批准。

划拨用地的范围

下列建设用地的土地使用权，经县级以上人民政府依法批准，可以以划拨方式取得：(1)国家机关用地和军事用地；(2)城市基础设施用地和公益事业用地；(3)国家重点扶持的能源、交通、水利等项目用地；(4)法律、行政法规规定的其他用地。

链接《城市房地产管理法》第23、24条；《土地管理法》第52-54条

第三十八条 【国有土地使用权出让合同】在城市、镇规划区内以出让方式提供国有土地使用权的，在国有土地使用权出让前，城市、县人民政府城乡规划主管部门应当依据控制性详细规划，提出出让地块的位置、使用性质、开发强度等规划条件，作为国有土地使用权出让合同的组成部分。未确定规划条件的地块，不得出让国有土地使用权。

以出让方式取得国有土地使用权的建设项目，建设单位在取得建设项目的批准、核准、备案文件和签订国有土地使用权出让合同后，向城市、县人民政府城乡规划主管部门领取建设用地规划许可证。

城市、县人民政府城乡规划主管部门不得在建设用地规划许可证中，擅自改变作为国有土地使用权出让合同组成部分的规划条件。

第三十九条 【规划条件未纳入出让合同的法律后果】规划条件未纳入国有土地使用权出让合同的，该国有土地使用权出让合同无效；对未取得建设用地规划许可证的建设单位批准用地的，由县级以上人民政府撤销有关批准文件；占用土地的，应当及时退回；给当事人造成损失的，应当依法给予赔偿。

第四十条 【建设单位和个人领取建设工程规划许可证】在城市、镇规划区内进行建筑物、构筑物、道路、管线和其他工程建设的，建设单位或者个人应当向城市、县人民政府城乡规划主管部门或者省、自治区、直辖市人民政府确定的镇人民政府申请办理建设工程规划许可证。

申请办理建设工程规划许可证，应当提交使用土地的有关证明文件、建设工程设计方案等材料。需要建设单位编制修建性详细规划的建设项目，还应当提交修建性详细规划。对符合控制性详细规划和规划条件的，由城市、县人民政府城乡规划主管部门或者省、自治区、直辖市人民政府确定的镇人民政府核发建设工程规划许可证。

城市、县人民政府城乡规划主管部门或者省、自治区、直辖市人民政府确定的镇人民政府应当依法将经审定的修建性详细规划、建设工程设计

方案的总平面图予以公布。

第四十一条 【乡村建设规划许可证】在乡、村庄规划区内进行乡镇企业、乡村公共设施和公益事业建设的，建设单位或者个人应当向乡、镇人民政府提出申请，由乡、镇人民政府报城市、县人民政府城乡规划主管部门核发乡村建设规划许可证。

在乡、村庄规划区内使用原有宅基地进行农村村民住宅建设的规划管理办法，由省、自治区、直辖市制定。

在乡、村庄规划区内进行乡镇企业、乡村公共设施和公益事业建设以及农村村民住宅建设，不得占用农用地；确需占用农用地的，应当依照《中华人民共和国土地管理法》有关规定办理农用地转用审批手续后，由城市、县人民政府城乡规划主管部门核发乡村建设规划许可证。

建设单位或者个人在取得乡村建设规划许可证后，方可办理用地审批手续。

第四十二条 【不得超出范围作出规划许可】城乡规划主管部门不得在城乡规划确定的建设用地范围以外作出规划许可。

第四十三条 【建设单位按照规划条件建设】建设单位应当按照规划条件进行建设；确需变更的，必须向城市、县人民政府城乡规划主管部门提出申请。变更内容不符合控制性详细规划的，城乡规划主管部门不得批准。城市、县人民政府城乡规划主管部门应当及时将依法变更后的规划条件通报同级土地主管部门并公示。

建设单位应当及时将依法变更后的规划条件报有关人民政府土地主管部门备案。

注释 建设单位使用国有土地的，应当按照土地使用权出让等有偿使用合同的约定或者土地使用权划拨批准文件的规定使用土地；确需改变该幅土地建设用途的，应当经有关人民政府自然资源主管部门同意，报原批准用地的人民政府批准。其中，在城市规划区内改变土地用途的，在报批前，应当先经有关城市规划行政主管部门同意。

链接《土地管理法》第56条

第四十四条 【临时建设】在城市、镇规划区内进行临时建设的，应当经城市、县人民政府城乡规划主管部门批准。临时建设影响近期建设规划或者控制性详细规划的实施以及交通、市容、安全等的，不得批准。

临时建设应当在批准的使用期限内自行拆除。

临时建设和临时用地规划管理的具体办法，由省、自治区、直辖市人民政府制定。

注释 临时建设

本条所称的临时建设，是指城市规划主管部门批准的在城市、镇规划区内建设的临时性使用并在限期内拆除的建筑物、构筑物及其他设施。

临时用地

本条所指的临时用地，是指在城市、镇规划区内进行临时建设时施工堆料、堆物或其他情况需要临时使用并按期收回的土地。在城市规划区内的临时用地，在报批前，应当先经有关城市规划行政主管部门同意。土地使用者应当根据土地权属，与有关自然资源主管部门或者农村集体经济组织、村民委员会签订临时使用土地合同，并按照合同的约定支付临时使用土地补偿费。临时使用土地的使用者应当按照临时使用土地合同约定的用途使用土地，并不得修建永久性建筑物。临时使用土地期限一般不超过2年。

链接《土地管理法》第57条；《建制镇规划建设管理办法》第17条

第四十五条 【城乡规划主管部门核实符合规划条件情况】县级以上地方人民政府城乡规划主管部门按照国务院规定对建设工程是否符合规划条件予以核实。未经核实或者经核实不符合规划条件的，建设单位不得组织竣工验收。

建设单位应当在竣工验收后六个月内向城乡规划主管部门报送有关竣工验收资料。

第四章　城乡规划的修改

第四十六条 【规划实施情况评估】省域城镇体系规划、城市总体规划、镇总体规划的组织编制机关，应当组织有关部门和专家定期对规划实施情况进行评估，并采取论证会、听证会或者其他方式征求公众意见。组织编制机关应当向本级人民代表大会常务委员会、镇人民代表大会和原审批机关提出评估报告并附具征求意见的情况。

注释 城市人民政府提出编制城市总体规划前，应当对现行城市总体规划以及各专项规划的实施情况进行总结，对基础设施的支撑能力和建设条件做出评价；针对存在问题和出现的新情况，从土地、水、能源和环境等城市长期的发展保障出发，依据全国城镇体系规划和省域城镇体系规划,着眼区域统筹和城乡统筹,对城市的定位、发展目标、城市功能和空间布局等战略问题进行前瞻性研究,作为城市总体规划编制的工作基础。

链接《城市规划编制办法》第 12 条

第四十七条 【规划修改条件和程序】有下列情形之一的,组织编制机关方可按照规定的权限和程序修改省域城镇体系规划、城市总体规划、镇总体规划:

(一)上级人民政府制定的城乡规划发生变更,提出修改规划要求的;

(二)行政区划调整确需修改规划的;

(三)因国务院批准重大建设工程确需修改规划的;

(四)经评估确需修改规划的;

(五)城乡规划的审批机关认为应当修改规划的其他情形。

修改省域城镇体系规划、城市总体规划、镇总体规划前,组织编制机关应当对原规划的实施情况进行总结,并向原审批机关报告;修改涉及城市总体规划、镇总体规划强制性内容的,应当先向原审批机关提出专题报告,经同意后,方可编制修改方案。

修改后的省域城镇体系规划、城市总体规划、镇总体规划,应当依照本法第十三条、第十四条、第十五条和第十六条规定的审批程序报批。

第四十八条 【修改程序性规划以及乡规划、村庄规划】修改控制性详细规划的,组织编制机关应当对修改的必要性进行论证,征求规划地段内利害关系人的意见,并向原审批机关提出专题报告,经原审批机关同意后,方可编制修改方案。修改后的控制性详细规划,应当依照本法第十九条、第二十条规定的审批程序报批。控制性详细规划修改涉及城市总体规划、镇总体规划的强制性内容的,应当先修改总体规划。

修改乡规划、村庄规划的,应当依照本法第二十二条规定的审批程序报批。

第四十九条 【修改近期建设规划报送备案】城市、县、镇人民政府修改近期建设规划的,应当将修改后的近期建设规划报总体规划审批机关备案。

第五十条 【修改规划或总平面图造成损失补偿】在选址意见书、建设用地规划许可证、建设工程规划许可证或者乡村建设规划许可证发放后,因依法修改城乡规划给被许可人合法权益造成损失的,应当依法给予补偿。

经依法审定的修建性详细规划、建设工程设计方案的总平面图不得随意修改;确需修改的,城乡规划主管部门应当采取听证会等形式,听取利害关系人的意见;因修改给利害关系人合法权益造成损失的,应当依法给予补偿。

链接《行政许可法》第 46-48 条

第五章 监督检查

第五十一条 【政府及城乡规划主管部门加强监督检查】县级以上人民政府及其城乡规划主管部门应当加强对城乡规划编制、审批、实施、修改的监督检查。

第五十二条 【政府向人大报告城乡规划实施情况】地方各级人民政府应当向本级人民代表大会常务委员会或者乡、镇人民代表大会报告城乡规划的实施情况,并接受监督。

第五十三条 【城乡规划主管部门检查职权和行为规范】县级以上人民政府城乡规划主管部门对城乡规划的实施情况进行监督检查,有权采取以下措施:

(一)要求有关单位和人员提供与监督事项有关的文件、资料,并进行复制;

(二)要求有关单位和人员就监督事项涉及的问题作出解释和说明,并根据需要进入现场进行勘测;

(三)责令有关单位和人员停止违反有关城乡规划的法律、法规的行为。

城乡规划主管部门的工作人员履行前款规定的监督检查职责,应当出示执法证件。被监督检查的单位和人员应当予以配合,不得妨碍和阻挠依法进行的监督检查活动。

第五十四条 【公开监督检查情况和处理结果】监督检查情况和处理结果应当依法公开,供公众查阅和监督。

注释 有关政府及其主管部门应当重点公开下列政府信息:国民经济和社会发展规划、专项规划、区域规划及相关政策;行政许可的事项、依据、条件、数量、程序、期限以及申请行政许可需要提交的全部材料目录及办理情况;乡镇国土空间规划、宅基地使用的审核情况等。行政机关应当将主动公开的政府信息,通过政府公报、政府网站、新闻发布会以及报刊、广播、电视等便于公众知晓的方式公开。

第五十五条　【城乡规划主管部门提出处分建议】 城乡规划主管部门在查处违反本法规定的行为时,发现国家机关工作人员依法应当给予行政处分的,应当向其任免机关或者监察机关提出处分建议。

第五十六条　【上级城乡规划主管部门的建议处罚权】 依照本法规定应当给予行政处罚,而有关城乡规划主管部门不给予行政处罚的,上级人民政府城乡规划主管部门有权责令其作出行政处罚决定或者建议有关人民政府责令其给予行政处罚。

第五十七条　【上级城乡规划主管部门责令撤销许可、赔偿损失权】 城乡规划主管部门违反本法规定作出行政许可的,上级人民政府城乡规划主管部门有权责令其撤销或者直接撤销该行政许可。因撤销行政许可给当事人合法权益造成损失的,应当依法给予赔偿。

注释 撤销行政许可的情形

根据《行政许可法》第69条规定,有下列情形之一的,作出行政许可决定的行政机关或者其上级行政机关,根据利害关系人的请求或者依据职权,可以撤销行政许可:(1)行政机关工作人员滥用职权、玩忽职守作出准予行政许可决定的;(2)超越法定职权作出准予行政许可决定的;(3)违反法定程序作出准予行政许可决定的;(4)对不具备申请资格或者不符合法定条件的申请人准予行政许可的;(5)依法可以撤销行政许可的其他情形。被许可人以欺骗、贿赂等不正当手段取得行政许可的,应当予以撤销。依照前述规定撤销行政许可,可能对公共利益造成重大损害的,不予撤销。

链接《行政许可法》第69、71、76条

第六章　法　律　责　任

第五十八条　【编制、审批、修改城乡规划玩忽职守的法律责任】 对依法应当编制城乡规划而未组织编制,或者未按法定程序编制、审批、修改城乡规划的,由上级人民政府责令改正,通报批评;对有关人民政府负责人和其他直接责任人员依法给予处分。

第五十九条　【委托不合格单位编制城乡规划的法律责任】 城乡规划组织编制机关委托不具有相应资质等级的单位编制城乡规划的,由上级人民政府责令改正,通报批评;对有关人民政府负责人和其他直接责任人员依法给予处分。

第六十条　【城乡规划主管部门违法行为的法律责任】 镇人民政府或者县级以上人民政府城乡规划主管部门有下列行为之一的,由本级人民政府、上级人民政府城乡规划主管部门或者监察机关依据职权责令改正,通报批评;对直接负责的主管人员和其他直接责任人员依法给予处分:

(一)未依法组织编制城市的控制性详细规划、县人民政府所在地镇的控制性详细规划的;

(二)超越职权或者对不符合法定条件的申请人核发选址意见书、建设用地规划许可证、建设工程规划许可证、乡村建设规划许可证的;

(三)对符合法定条件的申请人未在法定期限内核发选址意见书、建设用地规划许可证、建设工程规划许可证、乡村建设规划许可证的;

(四)未依法对经审定的修建性详细规划、建设工程设计方案的总平面图予以公布的;

(五)同意修改修建性详细规划、建设工程设计方案的总平面图前未采取听证会等形式听取利害关系人的意见的;

(六)发现未依法取得规划许可或者违反规划许可的规定在规划区内进行建设的行为,而不予查处或者接到举报后不依法处理的。

第六十一条　【县级以上人民政府有关部门的法律责任】 县级以上人民政府有关部门有下列行为之一的,由本级人民政府或者上级人民政府有关部门责令改正,通报批评;对直接负责的主管人员和其他直接责任人员依法给予处分:

(一)对未依法取得选址意见书的建设项目核发建设项目批准文件的;

(二)未依法在国有土地使用权出让合同中确定规划条件或者改变国有土地使用权出让合同中依法确定的规划条件的;

(三)对未依法取得建设用地规划许可证的建设单位划拨国有土地使用权的。

第六十二条　【城乡规划编制单位违法的法律责任】 城乡规划编制单位有下列行为之一的,由所在地城市、县人民政府城乡规划主管部门责令限期改正,处合同约定的规划编制费一倍以上二倍以下的罚款;情节严重的,责令停业整顿,由原

发证机关降低资质等级或者吊销资质证书;造成损失的,依法承担赔偿责任:

(一)超越资质等级许可的范围承揽城乡规划编制工作的;

(二)违反国家有关标准编制城乡规划的。

未依法取得资质证书承揽城乡规划编制工作的,由县级以上地方人民政府城乡规划主管部门责令停止违法行为,依照前款规定处以罚款;造成损失的,依法承担赔偿责任。

以欺骗手段取得资质证书承揽城乡规划编制工作的,由原发证机关吊销资质证书,依照本条第一款规定处以罚款;造成损失的,依法承担赔偿责任。

第六十三条 【城乡规划编制单位不符合资质的处理】城乡规划编制单位取得资质证书后,不再符合相应的资质条件的,由原发证机关责令限期改正;逾期不改正的,降低资质等级或者吊销资质证书。

第六十四条 【违规建设的法律责任】未取得建设工程规划许可证或者未按照建设工程规划许可证的规定进行建设的,由县级以上地方人民政府城乡规划主管部门责令停止建设;尚可采取改正措施消除对规划实施的影响的,限期改正,处建设工程造价百分之五以上百分之十以下的罚款;无法采取改正措施消除影响的,限期拆除,不能拆除的,没收实物或者违法收入,可以并处建设工程造价百分之十以下的罚款。

注释 违规建设

所谓违规建设,是指建设单位或者个人未取得建设工程规划许可证或者未按照建设工程规划许可证的规定进行建设的行为。

案例 叶汉祥诉湖南省株洲市规划局、株洲市石峰区人民政府不履行拆除违法建筑法定职责案(2014年8月30日最高人民法院公布人民法院征收拆迁十大案例)

裁判规则:针对各地违法建设数量庞大,局部地区有所蔓延的态势,虽然《城乡规划法》规定了县级以上人民政府对违反城市规划、乡镇人民政府对违反乡村规划的违法建设有权强制拆除,但实际情况不甚理想。违法建设侵犯相邻权人合法权益难以救济成为一种普遍现象和薄弱环节,本案判决在这一问题上表明法院应有态度:即使行政机关对违建采取过一定的查处措施,但如果履行不到位仍构成不完全履行法定职责,法院有权要求行政机关进一步履行到位。

第六十五条 【违规进行乡村建设的法律责任】在乡、村庄规划区内未依法取得乡村建设规划许可证或者未按照乡村建设规划许可证的规定进行建设的,由乡、镇人民政府责令停止建设、限期改正;逾期不改正的,可以拆除。

第六十六条 【违规进行临时建设的法律责任】建设单位或者个人有下列行为之一的,由所在地城市、县人民政府城乡规划主管部门责令限期拆除,可以并处临时建设工程造价一倍以下的罚款:

(一)未经批准进行临时建设的;

(二)未按照批准内容进行临时建设的;

(三)临时建筑物、构筑物超过批准期限不拆除的。

第六十七条 【建设单位竣工未报送验收材料的法律责任】建设单位未在建设工程竣工验收后六个月内向城乡规划主管部门报送有关竣工验收资料的,由所在地城市、县人民政府城乡规划主管部门责令限期补报;逾期不补报的,处一万元以上五万元以下的罚款。

第六十八条 【查封施工现场、强制拆除措施】城乡规划主管部门作出责令停止建设或者限期拆除的决定后,当事人不停止建设或者逾期不拆除的,建设工程所在地县级以上地方人民政府可以责成有关部门采取查封施工现场、强制拆除等措施。

案例 彭某诉深圳市南山区规划土地监察大队行政不作为案(2015年1月15日最高人民法院发布人民法院关于行政不作为十大案例)

裁判规则:根据《城乡规划法》第68条规定,城乡规划主管部门作出责令停止建设或者限期拆除的决定后,当事人不停止建设或者逾期不拆除的,建设工程所在地县级以上地方人民政府可以责成有关部门采取查封施工现场、强制拆除等措施。由此可知,城乡规划主管部门对做出责令停止建设或者限期拆除的具体行政行为后,对违法行为人不履行的情形,城乡规划主管部门还应负有向县级以上地方人民政府报告的职责,由县人民政府责成有关部门对违法行为采取强制措施。

当然,由于行政管理的多样性,法律法规一般不会规定作出处罚决定后行政机关强制拆除的期限,但仍需要在合理期限内履行。本案中,人民法院认定区监察大队在作出《行政处罚决定书》长达一年多的时间里一直未强制执行,已明显超过合理期限,属于怠于履行法定职责,在判决方式上责令其继续处理,既符合法律规定精神,也有利于尽可能通过教育说服而不是强制手段保证处罚决定的实施,具有一定示范意义。

第六十九条 【刑事责任】违反本法规定,构成犯罪的,依法追究刑事责任。

链接《刑法》第三、九章

第七章 附 则

第七十条 【实施日期】本法自 2008 年 1 月 1 日起施行。《中华人民共和国城市规划法》同时废止。

中华人民共和国建筑法

- 1997 年 11 月 1 日第八届全国人民代表大会常务委员会第二十八次会议通过
- 根据 2011 年 4 月 22 日第十一届全国人民代表大会常务委员会第二十次会议《关于修改〈中华人民共和国建筑法〉的决定》第一次修正
- 根据 2019 年 4 月 23 日第十三届全国人民代表大会常务委员会第十次会议《关于修改〈中华人民共和国建筑法〉等八部法律的决定》第二次修正

第一章 总 则

第一条 为了加强对建筑活动的监督管理,维护建筑市场秩序,保证建筑工程的质量和安全,促进建筑业健康发展,制定本法。

第二条 在中华人民共和国境内从事建筑活动,实施对建筑活动的监督管理,应当遵守本法。

本法所称建筑活动,是指各类房屋建筑及其附属设施的建造和与其配套的线路、管道、设备的安装活动。

第三条 建筑活动应当确保建筑工程质量和安全,符合国家的建筑工程安全标准。

第四条 国家扶持建筑业的发展,支持建筑科学技术研究,提高房屋建筑设计水平,鼓励节约能源和保护环境,提倡采用先进技术、先进设备、先进工艺、新型建筑材料和现代管理方式。

第五条 从事建筑活动应当遵守法律、法规,不得损害社会公共利益和他人的合法权益。

任何单位和个人都不得妨碍和阻挠依法进行的建筑活动。

第六条 国务院建设行政主管部门对全国的建筑活动实施统一监督管理。

第二章 建筑许可

第一节 建筑工程施工许可

第七条 建筑工程开工前,建设单位应当按照国家有关规定向工程所在地县级以上人民政府建设行政主管部门申请领取施工许可证;但是,国务院建设行政主管部门确定的限额以下的小型工程除外。

按照国务院规定的权限和程序批准开工报告的建筑工程,不再领取施工许可证。

第八条 申请领取施工许可证,应当具备下列条件:

(一)已经办理该建筑工程用地批准手续;

(二)依法应当办理建设工程规划许可证的,已经取得建设工程规划许可证;

(三)需要拆迁的,其拆迁进度符合施工要求;

(四)已经确定建筑施工企业;

(五)有满足施工需要的资金安排、施工图纸及技术资料;

(六)有保证工程质量和安全的具体措施。

建设行政主管部门应当自收到申请之日起七日内,对符合条件的申请颁发施工许可证。

第九条 建设单位应当自领取施工许可证之日起三个月内开工。因故不能按期开工的,应当向发证机关申请延期;延期以两次为限,每次不超过三个月。既不开工又不申请延期或者超过延期时限的,施工许可证自行废止。

第十条 在建的建筑工程因故中止施工的,建设单位应当自中止施工之日起一个月内,向发证机关报告,并按照规定做好建筑工程的维护管理工作。

建筑工程恢复施工时,应当向发证机关报告;中止施工满一年的工程恢复施工前,建设单位应当报发证机关核验施工许可证。

第十一条 按照国务院有关规定批准开工报

告的建筑工程，因故不能按期开工或者中止施工的，应当及时向批准机关报告情况。因故不能按期开工超过六个月的，应当重新办理开工报告的批准手续。

第二节　从业资格

第十二条　从事建筑活动的建筑施工企业、勘察单位、设计单位和工程监理单位，应当具备下列条件：

（一）有符合国家规定的注册资本；

（二）有与其从事的建筑活动相适应的具有法定执业资格的专业技术人员；

（三）有从事相关建筑活动所应有的技术装备；

（四）法律、行政法规规定的其他条件。

第十三条　从事建筑活动的建筑施工企业、勘察单位、设计单位和工程监理单位，按照其拥有的注册资本、专业技术人员、技术装备和已完成的建筑工程业绩等资质条件，划分为不同的资质等级，经资质审查合格，取得相应等级的资质证书后，方可在其资质等级许可的范围内从事建筑活动。

第十四条　从事建筑活动的专业技术人员，应当依法取得相应的执业资格证书，并在执业资格证书许可的范围内从事建筑活动。

第三章　建筑工程发包与承包

第一节　一般规定

第十五条　建筑工程的发包单位与承包单位应当依法订立书面合同，明确双方的权利和义务。

发包单位和承包单位应当全面履行合同约定的义务。不按照合同约定履行义务的，依法承担违约责任。

第十六条　建筑工程发包与承包的招标投标活动，应当遵循公开、公正、平等竞争的原则，择优选择承包单位。

建筑工程的招标投标，本法没有规定的，适用有关招标投标法律的规定。

第十七条　发包单位及其工作人员在建筑工程发包中不得收受贿赂、回扣或者索取其他好处。

承包单位及其工作人员不得利用向发包单位及其工作人员行贿、提供回扣或者给予其他好处等不正当手段承揽工程。

第十八条　建筑工程造价应当按照国家有关规定，由发包单位与承包单位在合同中约定。公开招标发包的，其造价的约定，须遵守招标投标法律的规定。

发包单位应当按照合同的约定，及时拨付工程款项。

第二节　发　包

第十九条　建筑工程依法实行招标发包，对不适于招标发包的可以直接发包。

第二十条　建筑工程实行公开招标的，发包单位应当依照法定程序和方式，发布招标公告，提供载有招标工程的主要技术要求、主要的合同条款、评标的标准和方法以及开标、评标、定标的程序等内容的招标文件。

开标应当在招标文件规定的时间、地点公开进行。开标后应当按照招标文件规定的评标标准和程序对标书进行评价、比较，在具备相应资质条件的投标者中，择优选定中标者。

第二十一条　建筑工程招标的开标、评标、定标由建设单位依法组织实施，并接受有关行政主管部门的监督。

第二十二条　建筑工程实行招标发包的，发包单位应当将建筑工程发包给依法中标的承包单位。建筑工程实行直接发包的，发包单位应当将建筑工程发包给具有相应资质条件的承包单位。

第二十三条　政府及其所属部门不得滥用行政权力，限定发包单位将招标发包的建筑工程发包给指定的承包单位。

第二十四条　提倡对建筑工程实行总承包，禁止将建筑工程肢解发包。

建筑工程的发包单位可以将建筑工程的勘察、设计、施工、设备采购一并发包给一个工程总承包单位，也可以将建筑工程勘察、设计、施工、设备采购的一项或者多项发包给一个工程总承包单位；但是，不得将应当由一个承包单位完成的建筑工程肢解成若干部分发包给几个承包单位。

第二十五条　按照合同约定，建筑材料、建筑构配件和设备由工程承包单位采购的，发包单位不得指定承包单位购入用于工程的建筑材料、建筑构配件和设备或者指定生产厂、供应商。

第三节 承 包

第二十六条 承包建筑工程的单位应当持有依法取得的资质证书,并在其资质等级许可的业务范围内承揽工程。

禁止建筑施工企业超越本企业资质等级许可的业务范围或者以任何形式用其他建筑施工企业的名义承揽工程。禁止建筑施工企业以任何形式允许其他单位或者个人使用本企业的资质证书、营业执照,以本企业的名义承揽工程。

第二十七条 大型建筑工程或者结构复杂的建筑工程,可以由两个以上的承包单位联合共同承包。共同承包的各方对承包合同的履行承担连带责任。

两个以上不同资质等级的单位实行联合共同承包的,应当按照资质等级低的单位的业务许可范围承揽工程。

第二十八条 禁止承包单位将其承包的全部建筑工程转包给他人,禁止承包单位将其承包的全部建筑工程肢解以后以分包的名义分别转包给他人。

第二十九条 建筑工程总承包单位可以将承包工程中的部分工程发包给具有相应资质条件的分包单位;但是,除总承包合同中约定的分包外,必须经建设单位认可。施工总承包的,建筑工程主体结构的施工必须由总承包单位自行完成。

建筑工程总承包单位按照总承包合同的约定对建设单位负责;分包单位按照分包合同的约定对总承包单位负责。总承包单位和分包单位就分包工程对建设单位承担连带责任。

禁止总承包单位将工程分包给不具备相应资质条件的单位。禁止分包单位将其承包的工程再分包。

第四章 建筑工程监理

第三十条 国家推行建筑工程监理制度。

国务院可以规定实行强制监理的建筑工程的范围。

第三十一条 实行监理的建筑工程,由建设单位委托具有相应资质条件的工程监理单位监理。建设单位与其委托的工程监理单位应当订立书面委托监理合同。

第三十二条 建筑工程监理应当依照法律、行政法规及有关的技术标准、设计文件和建筑工程承包合同,对承包单位在施工质量、建设工期和建设资金使用等方面,代表建设单位实施监督。

工程监理人员认为工程施工不符合工程设计要求、施工技术标准和合同约定的,有权要求建筑施工企业改正。

工程监理人员发现工程设计不符合建筑工程质量标准或者合同约定的质量要求的,应当报告建设单位要求设计单位改正。

第三十三条 实施建筑工程监理前,建设单位应当将委托的工程监理单位、监理的内容及监理权限,书面通知被监理的建筑施工企业。

第三十四条 工程监理单位应当在其资质等级许可的监理范围内,承担工程监理业务。

工程监理单位应当根据建设单位的委托,客观、公正地执行监理任务。

工程监理单位与被监理工程的承包单位以及建筑材料、建筑构配件和设备供应单位不得有隶属关系或者其他利害关系。

工程监理单位不得转让工程监理业务。

第三十五条 工程监理单位不按照委托监理合同的约定履行监理义务,对应当监督检查的项目不检查或者不按照规定检查,给建设单位造成损失的,应当承担相应的赔偿责任。

工程监理单位与承包单位串通,为承包单位谋取非法利益,给建设单位造成损失的,应当与承包单位承担连带赔偿责任。

第五章 建筑安全生产管理

第三十六条 建筑工程安全生产管理必须坚持安全第一、预防为主的方针,建立健全安全生产的责任制度和群防群治制度。

第三十七条 建筑工程设计应当符合按照国家规定制定的建筑安全规程和技术规范,保证工程的安全性能。

第三十八条 建筑施工企业在编制施工组织设计时,应当根据建筑工程的特点制定相应的安全技术措施;对专业性较强的工程项目,应当编制专项安全施工组织设计,并采取安全技术措施。

第三十九条 建筑施工企业应当在施工现场采取维护安全、防范危险、预防火灾等措施;有条件的,应当对施工现场实行封闭管理。

施工现场对毗邻的建筑物、构筑物和特殊作

业环境可能造成损害的,建筑施工企业应当采取安全防护措施。

第四十条 建设单位应当向建筑施工企业提供与施工现场相关的地下管线资料,建筑施工企业应当采取措施加以保护。

第四十一条 建筑施工企业应当遵守有关环境保护和安全生产的法律、法规的规定,采取控制和处理施工现场的各种粉尘、废气、废水、固体废物以及噪声、振动对环境的污染和危害的措施。

第四十二条 有下列情形之一的,建设单位应当按照国家有关规定办理申请批准手续:

(一)需要临时占用规划批准范围以外场地的;

(二)可能损坏道路、管线、电力、邮电通讯等公共设施的;

(三)需要临时停水、停电、中断道路交通的;

(四)需要进行爆破作业的;

(五)法律、法规规定需要办理报批手续的其他情形。

第四十三条 建设行政主管部门负责建筑安全生产的管理,并依法接受劳动行政主管部门对建筑安全生产的指导和监督。

第四十四条 建筑施工企业必须依法加强对建筑安全生产的管理,执行安全生产责任制度,采取有效措施,防止伤亡和其他安全生产事故的发生。

建筑施工企业的法定代表人对本企业的安全生产负责。

第四十五条 施工现场安全由建筑施工企业负责。实行施工总承包的,由总承包单位负责。分包单位向总承包单位负责,服从总承包单位对施工现场的安全生产管理。

第四十六条 建筑施工企业应当建立健全劳动安全生产教育培训制度,加强对职工安全生产的教育培训;未经安全生产教育培训的人员,不得上岗作业。

第四十七条 建筑施工企业和作业人员在施工过程中,应当遵守有关安全生产的法律、法规和建筑行业安全规章、规程,不得违章指挥或者违章作业。作业人员有权对影响人身健康的作业程序和作业条件提出改进意见,有权获得安全生产所需的防护用品。作业人员对危及生命和人身健康的行为有权提出批评、检举和控告。

第四十八条 建筑施工企业应当依法为职工参加工伤保险缴纳工伤保险费。鼓励企业为从事危险作业的职工办理意外伤害保险,支付保险费。

第四十九条 涉及建筑主体和承重结构变动的装修工程,建设单位应当在施工前委托原设计单位或者具有相应资质条件的设计单位提出设计方案;没有设计方案的,不得施工。

第五十条 房屋拆除应当由具备保证安全条件的建筑施工单位承担,由建筑施工单位负责人对安全负责。

第五十一条 施工中发生事故时,建筑施工企业应当采取紧急措施减少人员伤亡和事故损失,并按照国家有关规定及时向有关部门报告。

第六章 建筑工程质量管理

第五十二条 建筑工程勘察、设计、施工的质量必须符合国家有关建筑工程安全标准的要求,具体管理办法由国务院规定。

有关建筑工程安全的国家标准不能适应确保建筑安全的要求时,应当及时修订。

第五十三条 国家对从事建筑活动的单位推行质量体系认证制度。从事建筑活动的单位根据自愿原则可以向国务院产品质量监督管理部门或者国务院产品质量监督管理部门授权的部门认可的认证机构申请质量体系认证。经认证合格的,由认证机构颁发质量体系认证证书。

第五十四条 建设单位不得以任何理由,要求建筑设计单位或者建筑施工企业在工程设计或者施工作业中,违反法律、行政法规和建筑工程质量、安全标准,降低工程质量。

建筑设计单位和建筑施工企业对建设单位违反前款规定提出的降低工程质量的要求,应当予以拒绝。

第五十五条 建筑工程实行总承包的,工程质量由工程总承包单位负责,总承包单位将建筑工程分包给其他单位的,应当对分包工程的质量与分包单位承担连带责任。分包单位应当接受总承包单位的质量管理。

第五十六条 建筑工程的勘察、设计单位必须对其勘察、设计的质量负责。勘察、设计文件应当符合有关法律、行政法规的规定和建筑工程质量、安全标准、建筑工程勘察、设计技术规范以及合同的约定。设计文件选用的建筑材料、建筑构配件和设备,应当注明其规格、型号、性能等技术指标,其质量要求必须符合国家规定的标准。

第五十七条 建筑设计单位对设计文件选用的建筑材料、建筑构配件和设备,不得指定生产厂、供应商。

第五十八条 建筑施工企业对工程的施工质量负责。

建筑施工企业必须按照工程设计图纸和施工技术标准施工,不得偷工减料。工程设计的修改由原设计单位负责,建筑施工企业不得擅自修改工程设计。

第五十九条 建筑施工企业必须按照工程设计要求、施工技术标准和合同的约定,对建筑材料、建筑构配件和设备进行检验,不合格的不得使用。

第六十条 建筑物在合理使用寿命内,必须确保地基基础工程和主体结构的质量。

建筑工程竣工时,屋顶、墙面不得留有渗漏、开裂等质量缺陷;对已发现的质量缺陷,建筑施工企业应当修复。

第六十一条 交付竣工验收的建筑工程,必须符合规定的建筑工程质量标准,有完整的工程技术经济资料和经签署的工程保修书,并具备国家规定的其他竣工条件。

建筑工程竣工经验收合格后,方可交付使用;未经验收或者验收不合格的,不得交付使用。

第六十二条 建筑工程实行质量保修制度。

建筑工程的保修范围应当包括地基基础工程、主体结构工程、屋面防水工程和其他土建工程,以及电气管线、上下水管线的安装工程,供热、供冷系统工程等项目;保修的期限应当按照保证建筑物合理寿命年限内正常使用,维护使用者合法权益的原则确定。具体的保修范围和最低保修期限由国务院规定。

第六十三条 任何单位和个人对建筑工程的质量事故、质量缺陷都有权向建设行政主管部门或者其他有关部门进行检举、控告、投诉。

第七章 法律责任

第六十四条 违反本法规定,未取得施工许可证或者开工报告未经批准擅自施工的,责令改正,对不符合开工条件的责令停止施工,可以处以罚款。

第六十五条 发包单位将工程发包给不具有相应资质条件的承包单位的,或者违反本法规定将建筑工程肢解发包的,责令改正,处以罚款。

超越本单位资质等级承揽工程的,责令停止违法行为,处以罚款,可以责令停业整顿,降低资质等级;情节严重的,吊销资质证书;有违法所得的,予以没收。

未取得资质证书承揽工程的,予以取缔,并处罚款;有违法所得的,予以没收。

以欺骗手段取得资质证书的,吊销资质证书,处以罚款;构成犯罪的,依法追究刑事责任。

第六十六条 建筑施工企业转让、出借资质证书或者以其他方式允许他人以本企业的名义承揽工程的,责令改正,没收违法所得,并处罚款,可以责令停业整顿,降低资质等级;情节严重的,吊销资质证书。对因该项承揽工程不符合规定的质量标准造成的损失,建筑施工企业与使用本企业名义的单位或者个人承担连带赔偿责任。

第六十七条 承包单位将承包的工程转包的,或者违反本法规定进行分包的,责令改正,没收违法所得,并处罚款,可以责令停业整顿,降低资质等级;情节严重的,吊销资质证书。

承包单位有前款规定的违法行为的,对因转包工程或者违法分包的工程不符合规定的质量标准造成的损失,与接受转包或者分包的单位承担连带赔偿责任。

第六十八条 在工程发包与承包中索贿、受贿、行贿,构成犯罪的,依法追究刑事责任;不构成犯罪的,分别处以罚款,没收贿赂的财物,对直接负责的主管人员和其他直接责任人员给予处分。

对在工程承包中行贿的承包单位,除依照前款规定处罚外,可以责令停业整顿,降低资质等级或者吊销资质证书。

第六十九条 工程监理单位与建设单位或者建筑施工企业串通,弄虚作假、降低工程质量的,责令改正,处以罚款,降低资质等级或者吊销资质证书;有违法所得的,予以没收;造成损失的,承担连带赔偿责任;构成犯罪的,依法追究刑事责任。

工程监理单位转让监理业务的,责令改正,没收违法所得,可以责令停业整顿,降低资质等级;情节严重的,吊销资质证书。

第七十条 违反本法规定,涉及建筑主体或者承重结构变动的装修工程擅自施工的,责令改正,处以罚款;造成损失的,承担赔偿责任;构成犯罪的,依法追究刑事责任。

第七十一条 建筑施工企业违反本法规定,对建筑安全事故隐患不采取措施予以消除的,责令改正,可以处以罚款;情节严重的,责令停业整顿,降低资质等级或者吊销资质证书;构成犯罪的,依法追究刑事责任。

建筑施工企业的管理人员违章指挥、强令职工冒险作业,因而发生重大伤亡事故或者造成其他严重后果的,依法追究刑事责任。

第七十二条 建设单位违反本法规定,要求建筑设计单位或者建筑施工企业违反建筑工程质量、安全标准,降低工程质量的,责令改正,可以处以罚款;构成犯罪的,依法追究刑事责任。

第七十三条 建筑设计单位不按照建筑工程质量、安全标准进行设计的,责令改正,处以罚款;造成工程质量事故的,责令停业整顿,降低资质等级或者吊销资质证书,没收违法所得,并处罚款;造成损失的,承担赔偿责任;构成犯罪的,依法追究刑事责任。

第七十四条 建筑施工企业在施工中偷工减料的,使用不合格的建筑材料、建筑构配件和设备的,或者有其他不按照工程设计图纸或者施工技术标准施工的行为的,责令改正,处以罚款;情节严重的,责令停业整顿,降低资质等级或者吊销资质证书;造成建筑工程质量不符合规定的质量标准的,负责返工、修理,并赔偿因此造成的损失;构成犯罪的,依法追究刑事责任。

第七十五条 建筑施工企业违反本法规定,不履行保修义务或者拖延履行保修义务的,责令改正,可以处以罚款,并对在保修期内因屋顶、墙面渗漏、开裂等质量缺陷造成的损失,承担赔偿责任。

第七十六条 本法规定的责令停业整顿、降低资质等级和吊销资质证书的行政处罚,由颁发资质证书的机关决定;其他行政处罚,由建设行政主管部门或者有关部门依照法律和国务院规定的职权范围决定。

依照本法规定被吊销资质证书的,由工商行政管理部门吊销其营业执照。

第七十七条 违反本法规定,对不具备相应资质等级条件的单位颁发该等级资质证书的,由其上级机关责令收回所发的资质证书,对直接负责的主管人员和其他直接责任人员给予行政处分;构成犯罪的,依法追究刑事责任。

第七十八条 政府及其所属部门的工作人员违反本法规定,限定发包单位将招标发包的工程发包给指定的承包单位的,由上级机关责令改正;构成犯罪的,依法追究刑事责任。

第七十九条 负责颁发建筑工程施工许可证的部门及其工作人员对不符合施工条件的建筑工程颁发施工许可证的,负责工程质量监督检查或者竣工验收的部门及其工作人员对不合格的建筑工程出具质量合格文件或者按合格工程验收的,由上级机关责令改正,对责任人员给予行政处分;构成犯罪的,依法追究刑事责任;造成损失的,由该部门承担相应的赔偿责任。

第八十条 在建筑物的合理使用寿命内,因建筑工程质量不合格受到损害的,有权向责任者要求赔偿。

第八章 附 则

第八十一条 本法关于施工许可、建筑施工企业资质审查和建筑工程发包、承包、禁止转包,以及建筑工程监理、建筑工程安全和质量管理的规定,适用于其他专业建筑工程的建筑活动,具体办法由国务院规定。

第八十二条 建设行政主管部门和其他有关部门在对建筑活动实施监督管理中,除按照国务院有关规定收取费用外,不得收取其他费用。

第八十三条 省、自治区、直辖市人民政府确定的小型房屋建筑工程的建筑活动,参照本法执行。

依法核定作为文物保护的纪念建筑物和古建筑等的修缮,依照文物保护的有关法律规定执行。

抢险救灾及其他临时性房屋建筑和农民自建低层住宅的建筑活动,不适用本法。

第八十四条 军用房屋建筑工程建筑活动的具体管理办法,由国务院、中央军事委员会依据本法制定。

第八十五条 本法自1998年3月1日起施行。

中华人民共和国文物保护法（节录）

- 1982年11月19日第五届全国人民代表大会常务委员会第二十五次会议通过
- 根据1991年6月29日第七届全国人民代表大会常务委员会第二十次会议《关于修改〈中华人民共和国文物保护法〉第三十条、第三十一条的决定》第一次修正
- 2002年10月28日第九届全国人民代表大会常务委员会第三十次会议修订
- 根据2007年12月29日第十届全国人民代表大会常务委员会第三十一次会议《关于修改〈中华人民共和国文物保护法〉的决定》第二次修正
- 根据2013年6月29日第十二届全国人民代表大会常务委员会第三次会议《关于修改〈中华人民共和国文物保护法〉等十二部法律的决定》第三次修正
- 根据2015年4月24日第十二届全国人民代表大会常务委员会第十四次会议《关于修改〈中华人民共和国文物保护法〉的决定》第四次修正
- 根据2017年11月4日第十二届全国人民代表大会常务委员会第三十次会议《关于修改〈中华人民共和国会计法〉等十一部法律的决定》第五次修正

第一章 总 则

第一条 为了加强对文物的保护，继承中华民族优秀的历史文化遗产，促进科学研究工作，进行爱国主义和革命传统教育，建设社会主义精神文明和物质文明，根据宪法，制定本法。

第二条 在中华人民共和国境内，下列文物受国家保护：

（一）具有历史、艺术、科学价值的古文化遗址、古墓葬、古建筑、石窟寺和石刻、壁画；

（二）与重大历史事件、革命运动或者著名人物有关的以及具有重要纪念意义、教育意义或者史料价值的近代现代重要史迹、实物、代表性建筑；

（三）历史上各时代珍贵的艺术品、工艺美术品；

（四）历史上各时代重要的文献资料以及具有历史、艺术、科学价值的手稿和图书资料等；

（五）反映历史上各时代、各民族社会制度、社会生产、社会生活的代表性实物。

文物认定的标准和办法由国务院文物行政部门制定，并报国务院批准。

具有科学价值的古脊椎动物化石和古人类化石同文物一样受国家保护。

第三条 古文化遗址、古墓葬、古建筑、石窟寺、石刻、壁画、近代现代重要史迹和代表性建筑等不可移动文物，根据它们的历史、艺术、科学价值，可以分别确定为全国重点文物保护单位，省级文物保护单位，市、县级文物保护单位。

历史上各时代重要实物、艺术品、文献、手稿、图书资料、代表性实物等可移动文物，分为珍贵文物和一般文物；珍贵文物分为一级文物、二级文物、三级文物。

第四条 文物工作贯彻保护为主、抢救第一、合理利用、加强管理的方针。

第五条 中华人民共和国境内地下、内水和领海中遗存的一切文物，属于国家所有。

古文化遗址、古墓葬、石窟寺属于国家所有。国家指定保护的纪念建筑物、古建筑、石刻、壁画、近代现代代表性建筑等不可移动文物，除国家另有规定的以外，属于国家所有。

国有不可移动文物的所有权不因其所依附的土地所有权或者使用权的改变而改变。

下列可移动文物，属于国家所有：

（一）中国境内出土的文物，国家另有规定的除外；

（二）国有文物收藏单位以及其他国家机关、部队和国有企业、事业组织等收藏、保管的文物；

（三）国家征集、购买的文物；

（四）公民、法人和其他组织捐赠给国家的文物；

（五）法律规定属于国家所有的其他文物。

属于国家所有的可移动文物的所有权不因其保管、收藏单位的终止或者变更而改变。

国有文物所有权受法律保护，不容侵犯。

第六条 属于集体所有和私人所有的纪念建筑物、古建筑和祖传文物以及依法取得的其他文物，其所有权受法律保护。文物的所有者必须遵守国家有关文物保护的法律、法规的规定。

第七条 一切机关、组织和个人都有依法保

护文物的义务。

第八条 国务院文物行政部门主管全国文物保护工作。

地方各级人民政府负责本行政区域内的文物保护工作。县级以上地方人民政府承担文物保护工作的部门对本行政区域内的文物保护实施监督管理。

县级以上人民政府有关行政部门在各自的职责范围内,负责有关的文物保护工作。

第九条 各级人民政府应当重视文物保护,正确处理经济建设、社会发展与文物保护的关系,确保文物安全。

基本建设、旅游发展必须遵守文物保护工作的方针,其活动不得对文物造成损害。

公安机关、工商行政管理部门、海关、城乡建设规划部门和其他有关国家机关,应当依法认真履行所承担的保护文物的职责,维护文物管理秩序。

第十条 国家发展文物保护事业。县级以上人民政府应当将文物保护事业纳入本级国民经济和社会发展规划,所需经费列入本级财政预算。

国家用于文物保护的财政拨款随着财政收入增长而增加。

国有博物馆、纪念馆、文物保护单位等的事业性收入,专门用于文物保护,任何单位或者个人不得侵占、挪用。

国家鼓励通过捐赠等方式设立文物保护社会基金,专门用于文物保护,任何单位或者个人不得侵占、挪用。

第十一条 文物是不可再生的文化资源。国家加强文物保护的宣传教育,增强全民文物保护的意识,鼓励文物保护的科学研究,提高文物保护的科学技术水平。

第十二条 有下列事迹的单位或者个人,由国家给予精神鼓励或者物质奖励:

(一)认真执行文物保护法律、法规,保护文物成绩显著的;

(二)为保护文物与违法犯罪行为作坚决斗争的;

(三)将个人收藏的重要文物捐献给国家或者为文物保护事业作出捐赠的;

(四)发现文物及时上报或者上交,使文物得到保护的;

(五)在考古发掘工作中作出重大贡献的;

(六)在文物保护科学技术方面有重要发明创造或者其他重要贡献的;

(七)在文物面临破坏危险时,抢救文物有功的;

(八)长期从事文物工作,作出显著成绩的。

第二章 不可移动文物

第十三条 国务院文物行政部门在省级、市、县级文物保护单位中,选择具有重大历史、艺术、科学价值的确定为全国重点文物保护单位,或者直接确定为全国重点文物保护单位,报国务院核定公布。

省级文物保护单位,由省、自治区、直辖市人民政府核定公布,并报国务院备案。

市级和县级文物保护单位,分别由设区的市、自治州和县级人民政府核定公布,并报省、自治区、直辖市人民政府备案。

尚未核定公布为文物保护单位的不可移动文物,由县级人民政府文物行政部门予以登记并公布。

第十四条 保存文物特别丰富并且具有重大历史价值或者革命纪念意义的城市,由国务院核定公布为历史文化名城。

保存文物特别丰富并且具有重大历史价值或者革命纪念意义的城镇、街道、村庄,由省、自治区、直辖市人民政府核定公布为历史文化街区、村镇,并报国务院备案。

历史文化名城和历史文化街区、村镇所在地的县级以上地方人民政府应当组织编制专门的历史文化名城和历史文化街区、村镇保护规划,并纳入城市总体规划。

历史文化名城和历史文化街区、村镇的保护办法,由国务院制定。

第十五条 各级文物保护单位,分别由省、自治区、直辖市人民政府和市、县级人民政府划定必要的保护范围,作出标志说明,建立记录档案,并区别情况分别设置专门机构或者专人负责管理。全国重点文物保护单位的保护范围和记录档案,由省、自治区、直辖市人民政府文物行政部门报国务院文物行政部门备案。

县级以上地方人民政府文物行政部门应当根据不同文物的保护需要,制定文物保护单位和未核定为文物保护单位的不可移动文物的具体保护措施,并公告施行。

第十六条 各级人民政府制定城乡建设规划,应当根据文物保护的需要,事先由城乡建设规划部门会同文物行政部门商定对本行政区域内各级文物保护单位的保护措施,并纳入规划。

第十七条 文物保护单位的保护范围内不得进行其他建设工程或者爆破、钻探、挖掘等作业。但是,因特殊情况需要在文物保护单位的保护范围内进行其他建设工程或者爆破、钻探、挖掘等作业的,必须保证文物保护单位的安全,并经核定公布该文物保护单位的人民政府批准,在批准前应当征得上一级人民政府文物行政部门同意;在全国重点文物保护单位的保护范围内进行其他建设工程或者爆破、钻探、挖掘等作业的,必须经省、自治区、直辖市人民政府批准,在批准前应当征得国务院文物行政部门同意。

第十八条 根据保护文物的实际需要,经省、自治区、直辖市人民政府批准,可以在文物保护单位的周围划出一定的建设控制地带,并予以公布。

在文物保护单位的建设控制地带内进行建设工程,不得破坏文物保护单位的历史风貌;工程设计方案应当根据文物保护单位的级别,经相应的文物行政部门同意后,报城乡建设规划部门批准。

第十九条 在文物保护单位的保护范围和建设控制地带内,不得建设污染文物保护单位及其环境的设施,不得进行可能影响文物保护单位安全及其环境的活动。对已有的污染文物保护单位及其环境的设施,应当限期治理。

第二十条 建设工程选址,应当尽可能避开不可移动文物;因特殊情况不能避开的,对文物保护单位应当尽可能实施原址保护。

实施原址保护的,建设单位应当事先确定保护措施,根据文物保护单位的级别报相应的文物行政部门批准;未经批准的,不得开工建设。

无法实施原址保护,必须迁移异地保护或者拆除的,应当报省、自治区、直辖市人民政府批准;迁移或者拆除省级文物保护单位的,批准前须征得国务院文物行政部门同意。全国重点文物保护单位不得拆除;需要迁移的,须由省、自治区、直辖市人民政府报国务院批准。

依照前款规定拆除的国有不可移动文物中具有收藏价值的壁画、雕塑、建筑构件等,由文物行政部门指定的文物收藏单位收藏。

本条规定的原址保护、迁移、拆除所需费用,由建设单位列入建设工程预算。

第二十一条 国有不可移动文物由使用人负责修缮、保养;非国有不可移动文物由所有人负责修缮、保养。非国有不可移动文物有损毁危险,所有人不具备修缮能力的,当地人民政府应当给予帮助;所有人具备修缮能力而拒不依法履行修缮义务的,县级以上人民政府可以给予抢救修缮,所需费用由所有人负担。

对文物保护单位进行修缮,应当根据文物保护单位的级别报相应的文物行政部门批准;对未核定为文物保护单位的不可移动文物进行修缮,应当报登记的县级人民政府文物行政部门批准。

文物保护单位的修缮、迁移、重建,由取得文物保护工程资质证书的单位承担。

对不可移动文物进行修缮、保养、迁移,必须遵守不改变文物原状的原则。

第二十二条 不可移动文物已经全部毁坏的,应当实施遗址保护,不得在原址重建。但是,因特殊情况需要在原址重建的,由省、自治区、直辖市人民政府文物行政部门报省、自治区、直辖市人民政府批准;全国重点文物保护单位需要在原址重建的,由省、自治区、直辖市人民政府报国务院批准。

第二十三条 核定为文物保护单位的属于国家所有的纪念建筑物或者古建筑,除可以建立博物馆、保管所或者辟为参观游览场所外,作其他用途的,市、县级文物保护单位应当经核定公布该文物保护单位的人民政府文物行政部门征得上一级文物行政部门同意后,报核定公布该文物保护单位的人民政府批准;省级文物保护单位应当经核定公布该文物保护单位的省级人民政府的文物行政部门审核同意后,报该省级人民政府批准;全国重点文物保护单位作其他用途的,应当由省、自治区、直辖市人民政府报国务院批准。国有未核定为文物保护单位的不可移动文物作其他用途的,应当报告县级人民政府文物行政部门。

第二十四条 国有不可移动文物不得转让、抵押。建立博物馆、保管所或者辟为参观游览场所的国有文物保护单位,不得作为企业资产经营。

第二十五条 非国有不可移动文物不得转让、抵押给外国人。

非国有不可移动文物转让、抵押或者改变用途的,应当根据其级别报相应的文物行政部门备案。

第二十六条　使用不可移动文物,必须遵守不改变文物原状的原则,负责保护建筑物及其附属文物的安全,不得损毁、改建、添建或者拆除不可移动文物。

对危害文物保护单位安全、破坏文物保护单位历史风貌的建筑物、构筑物,当地人民政府应当及时调查处理,必要时,对该建筑物、构筑物予以拆迁。

……

第七章　法律责任

第六十四条　违反本法规定,有下列行为之一,构成犯罪的,依法追究刑事责任:

(一)盗掘古文化遗址、古墓葬的;

(二)故意或者过失损毁国家保护的珍贵文物的;

(三)擅自将国有馆藏文物出售或者私自送给非国有单位或者个人的;

(四)将国家禁止出境的珍贵文物私自出售或者送给外国人的;

(五)以牟利为目的倒卖国家禁止经营的文物的;

(六)走私文物的;

(七)盗窃、哄抢、私分或者非法侵占国有文物的;

(八)应当追究刑事责任的其他妨害文物管理行为。

第六十五条　违反本法规定,造成文物灭失、损毁的,依法承担民事责任。

违反本法规定,构成违反治安管理行为的,由公安机关依法给予治安管理处罚。

违反本法规定,构成走私行为,尚不构成犯罪的,由海关依照有关法律、行政法规的规定给予处罚。

第六十六条　有下列行为之一,尚不构成犯罪的,由县级以上人民政府文物主管部门责令改正,造成严重后果的,处五万元以上五十万元以下的罚款;情节严重的,由原发证机关吊销资质证书:

(一)擅自在文物保护单位的保护范围内进行建设工程或者爆破、钻探、挖掘等作业的;

(二)在文物保护单位的建设控制地带内进行建设工程,其工程设计方案未经文物行政部门同意、报城乡建设规划部门批准,对文物保护单位的历史风貌造成破坏的;

(三)擅自迁移、拆除不可移动文物的;

(四)擅自修缮不可移动文物,明显改变文物原状的;

(五)擅自在原址重建已全部毁坏的不可移动文物,造成文物破坏的;

(六)施工单位未取得文物保护工程资质证书,擅自从事文物修缮、迁移、重建的。

刻划、涂污或者损坏文物尚不严重的,或者损毁依照本法第十五条第一款规定设立的文物保护单位标志的,由公安机关或者文物所在单位给予警告,可以并处罚款。

第六十七条　在文物保护单位的保护范围内或者建设控制地带内建设污染文物保护单位及其环境的设施的,或者对已有的污染文物保护单位及其环境的设施未在规定的期限内完成治理的,由环境保护行政部门依照有关法律、法规的规定给予处罚。

第六十八条　有下列行为之一的,由县级以上人民政府文物主管部门责令改正,没收违法所得,违法所得一万元以上的,并处违法所得二倍以上五倍以下的罚款;违法所得不足一万元的,并处五千元以上二万元以下的罚款:

(一)转让或者抵押国有不可移动文物,或者将国有不可移动文物作为企业资产经营的;

(二)将非国有不可移动文物转让或者抵押给外国人的;

(三)擅自改变国有文物保护单位的用途的。

第六十九条　历史文化名城的布局、环境、历史风貌等遭到严重破坏的,由国务院撤销其历史文化名城称号;历史文化名镇、街道、村庄的布局、环境、历史风貌等遭到严重破坏的,由省、自治区、直辖市人民政府撤销其历史文化街区、村镇称号;对负有责任的主管人员和其他直接责任人员依法给予行政处分。

第七十条　有下列行为之一,尚不构成犯罪的,由县级以上人民政府文物主管部门责令改正,可以并处二万元以下的罚款,有违法所得的,没收违法所得:

（一）文物收藏单位未按照国家有关规定配备防火、防盗、防自然损坏的设施的；

（二）国有文物收藏单位法定代表人离任时未按照馆藏文物档案移交馆藏文物，或者所移交的馆藏文物与馆藏文物档案不符的；

（三）将国有馆藏文物赠与、出租或者出售给其他单位、个人的；

（四）违反本法第四十条、第四十一条、第四十五条规定处置国有馆藏文物的；

（五）违反本法第四十三条规定挪用或者侵占依法调拨、交换、出借文物所得补偿费用的。

第七十一条　买卖国家禁止买卖的文物或者将禁止出境的文物转让、出租、质押给外国人，尚不构成犯罪的，由县级以上人民政府文物主管部门责令改正，没收违法所得，违法经营额一万元以上的，并处违法经营额二倍以上五倍以下的罚款；违法经营额不足一万元的，并处五千元以上二万元以下的罚款。

文物商店、拍卖企业有前款规定的违法行为的，由县级以上人民政府文物主管部门没收违法所得、非法经营的文物，违法经营额五万元以上的，并处违法经营额一倍以上三倍以下的罚款；违法经营额不足五万元的，并处五千元以上五万元以下的罚款；情节严重的，由原发证机关吊销许可证书。

第七十二条　未经许可，擅自设立文物商店、经营文物拍卖的拍卖企业，或者擅自从事文物的商业经营活动，尚不构成犯罪的，由工商行政管理部门依法予以制止，没收违法所得、非法经营的文物，违法经营额五万元以上的，并处违法经营额二倍以上五倍以下的罚款；违法经营额不足五万元的，并处二万元以上十万元以下的罚款。

第七十三条　有下列情形之一的，由工商行政管理部门没收违法所得、非法经营的文物，违法经营额五万元以上的，并处违法经营额一倍以上三倍以下的罚款；违法经营额不足五万元的，并处五千元以上五万元以下的罚款；情节严重的，由原发证机关吊销许可证书：

（一）文物商店从事文物拍卖经营活动的；

（二）经营文物拍卖的拍卖企业从事文物购销经营活动的；

（三）拍卖企业拍卖的文物，未经审核的；

（四）文物收藏单位从事文物的商业经营活动的。

第七十四条　有下列行为之一，尚不构成犯罪的，由县级以上人民政府文物主管部门会同公安机关追缴文物；情节严重的，处五千元以上五万元以下的罚款：

（一）发现文物隐匿不报或者拒不上交的；

（二）未按照规定移交拣选文物的。

第七十五条　有下列行为之一的，由县级以上人民政府文物主管部门责令改正：

（一）改变国有未核定为文物保护单位的不可移动文物的用途，未依照本法规定报告的；

（二）转让、抵押非国有不可移动文物或者改变其用途，未依照本法规定备案的；

（三）国有不可移动文物的使用人拒不依法履行修缮义务的；

（四）考古发掘单位未经批准擅自进行考古发掘，或者不如实报告考古发掘结果的；

（五）文物收藏单位未按照国家有关规定建立馆藏文物档案、管理制度，或者未将馆藏文物档案、管理制度备案的；

（六）违反本法第三十八条规定，未经批准擅自调取馆藏文物的；

（七）馆藏文物损毁未报文物行政部门核查处理，或者馆藏文物被盗、被抢或者丢失，文物收藏单位未及时向公安机关或者文物行政部门报告的；

（八）文物商店销售文物或者拍卖企业拍卖文物，未按照国家有关规定作出记录或者未将所作记录报文物行政部门备案的。

第七十六条　文物行政部门、文物收藏单位、文物商店、经营文物拍卖的拍卖企业的工作人员，有下列行为之一的，依法给予行政处分，情节严重的，依法开除公职或者吊销其从业资格；构成犯罪的，依法追究刑事责任：

（一）文物行政部门的工作人员违反本法规定，滥用审批权限、不履行职责或者发现违法行为不予查处，造成严重后果的；

（二）文物行政部门和国有文物收藏单位的工作人员借用或者非法侵占国有文物的；

（三）文物行政部门的工作人员举办或者参与举办文物商店或者经营文物拍卖的拍卖企业的；

（四）因不负责任造成文物保护单位、珍贵文物损毁或者流失的；

（五）贪污、挪用文物保护经费的。

前款被开除公职或者被吊销从业资格的人员，自被开除公职或者被吊销从业资格之日起十年内不得担任文物管理人员或者从事文物经营活动。

第七十七条 有本法第六十六条、第六十八条、第七十条、第七十一条、第七十四条、第七十五条规定所列行为之一的，负有责任的主管人员和其他直接责任人员是国家工作人员的，依法给予行政处分。

第七十八条 公安机关、工商行政管理部门、海关、城乡建设规划部门和其他国家机关，违反本法规定滥用职权、玩忽职守、徇私舞弊，造成国家保护的珍贵文物损毁或者流失的，对负有责任的主管人员和其他直接责任人员依法给予行政处分；构成犯罪的，依法追究刑事责任。

第七十九条 人民法院、人民检察院、公安机关、海关和工商行政管理部门依法没收的文物应当登记造册，妥善保管，结案后无偿移交文物行政部门，由文物行政部门指定的国有文物收藏单位收藏。

……

中华人民共和国招标投标法

- 1999年8月30日第九届全国人民代表大会常务委员会第十一次会议通过
- 根据2017年12月27日第十二届全国人民代表大会常务委员会第三十一次会议《关于修改〈中华人民共和国招标投标法〉、〈中华人民共和国计量法〉的决定》修正

第一章 总 则

第一条 【立法目的】为了规范招标投标活动，保护国家利益、社会公共利益和招标投标活动当事人的合法权益，提高经济效益，保证项目质量，制定本法。

第二条 【适用范围】在中华人民共和国境内进行招标投标活动，适用本法。

第三条 【必须进行招标的工程建设项目】在中华人民共和国境内进行下列工程建设项目包括项目的勘察、设计、施工、监理以及与工程建设有关的重要设备、材料等的采购，必须进行招标：

（一）大型基础设施、公用事业等关系社会公共利益、公众安全的项目；

（二）全部或者部分使用国有资金投资或者国家融资的项目；

（三）使用国际组织或者外国政府贷款、援助资金的项目。

前款所列项目的具体范围和规模标准，由国务院发展计划部门会同国务院有关部门制订，报国务院批准。

法律或者国务院对必须进行招标的其他项目的范围有规定的，依照其规定。

第四条 【禁止规避招标】任何单位和个人不得将依法必须进行招标的项目化整为零或者以其他任何方式规避招标。

第五条 【招投标活动的原则】招标投标活动应当遵循公开、公平、公正和诚实信用的原则。

第六条 【招投标活动不受地区或部门的限制】依法必须进行招标的项目，其招标投标活动不受地区或者部门的限制。任何单位和个人不得违法限制或者排斥本地区、本系统以外的法人或者其他组织参加投标，不得以任何方式非法干涉招标投标活动。

第七条 【对招投标活动的监督】招标投标活动及其当事人应当接受依法实施的监督。

有关行政监督部门依法对招标投标活动实施监督，依法查处招标投标活动中的违法行为。

对招标投标活动的行政监督及有关部门的具体职权划分，由国务院规定。

第二章 招 标

第八条 【招标人】招标人是依照本法规定提出招标项目、进行招标的法人或者其他组织。

第九条 【招标项目应具备的主要条件】招标项目按照国家有关规定需要履行项目审批手续的，应当先履行审批手续，取得批准。

招标人应当有进行招标项目的相应资金或者资金来源已经落实，并应当在招标文件中如实载明。

第十条 【公开招标和邀请招标】招标分为公开招标和邀请招标。

公开招标，是指招标人以招标公告的方式邀请不特定的法人或者其他组织投标。

邀请招标，是指招标人以投标邀请书的方式邀请特定的法人或者其他组织投标。

第十一条 【适用邀请招标的情形】国务院发展计划部门确定的国家重点项目和省、自治区、直辖市人民政府确定的地方重点项目不适宜公开招标的，经国务院发展计划部门或者省、自治区、直辖市人民政府批准，可以进行邀请招标。

第十二条 【代理招标和自行招标】招标人有权自行选择招标代理机构，委托其办理招标事宜。任何单位和个人不得以任何方式为招标人指定招标代理机构。

招标人具有编制招标文件和组织评标能力的，可以自行办理招标事宜。任何单位和个人不得强制其委托招标代理机构办理招标事宜。

依法必须进行招标的项目，招标人自行办理招标事宜的，应当向有关行政监督部门备案。

第十三条 【招标代理机构及条件】招标代理机构是依法设立、从事招标代理业务并提供相关服务的社会中介组织。

招标代理机构应当具备下列条件：

（一）有从事招标代理业务的营业场所和相应资金；

（二）有能够编制招标文件和组织评标的相应专业力量。

第十四条 【招标代理机构的资格认定】招标代理机构与行政机关和其他国家机关不得存在隶属关系或者其他利益关系。

第十五条 【招标代理机构的代理范围】招标代理机构应当在招标人委托的范围内办理招标事宜，并遵守本法关于招标人的规定。

第十六条 【招标公告】招标人采用公开招标方式的，应当发布招标公告。依法必须进行招标的项目的招标公告，应当通过国家指定的报刊、信息网络或者其他媒介发布。

招标公告应当载明招标人的名称和地址、招标项目的性质、数量、实施地点和时间以及获取招标文件的办法等事项。

第十七条 【投标邀请书】招标人采用邀请招标方式的，应当向3个以上具备承担招标项目的能力、资信良好的特定的法人或者其他组织发出投标邀请书。

投标邀请书应当载明本法第十六条第二款规定的事项。

第十八条 【对潜在投标人的资格审查】招标人可以根据招标项目本身的要求，在招标公告或者投标邀请书中，要求潜在投标人提供有关资质证明文件和业绩情况，并对潜在投标人进行资格审查；国家对投标人的资格条件有规定的，依照其规定。

招标人不得以不合理的条件限制或者排斥潜在投标人，不得对潜在投标人实行歧视待遇。

第十九条 【招标文件】招标人应当根据招标项目的特点和需要编制招标文件。招标文件应当包括招标项目的技术要求、对投标人资格审查的标准、投标报价要求和评标标准等所有实质性要求和条件以及拟签订合同的主要条款。

国家对招标项目的技术、标准有规定的，招标人应当按照其规定在招标文件中提出相应要求。

招标项目需要划分标段、确定工期的，招标人应当合理划分标段、确定工期，并在招标文件中载明。

第二十条 【招标文件的限制】招标文件不得要求或者标明特定的生产供应者以及含有倾向或者排斥潜在投标人的其他内容。

第二十一条 【潜在投标人对项目现场的踏勘】招标人根据招标项目的具体情况，可以组织潜在投标人踏勘项目现场。

第二十二条 【招标人的保密义务】招标人不得向他人透露已获取招标文件的潜在投标人的名称、数量以及可能影响公平竞争的有关招标投标的其他情况。

招标人设有标底的，标底必须保密。

第二十三条 【招标文件的澄清或修改】招标人对已发出的招标文件进行必要的澄清或者修改的，应当在招标文件要求提交投标文件截止时间至少15日前，以书面形式通知所有招标文件收受人。该澄清或者修改的内容为招标文件的组成部分。

第二十四条 【编制投标文件的时间】招标人应当确定投标人编制投标文件所需要的合理时间；但是，依法必须进行招标的项目，自招标文件开始发出之日起至投标人提交投标文件截止之日止，最短不得少于20日。

第三章 投 标

第二十五条 【投标人】投标人是响应招标、

参加投标竞争的法人或者其他组织。

依法招标的科研项目允许个人参加投标的,投标的个人适用本法有关投标人的规定。

第二十六条　【投标人的资格条件】投标人应当具备承担招标项目的能力;国家有关规定对投标人资格条件或者招标文件对投标人资格条件有规定的,投标人应当具备规定的资格条件。

第二十七条　【投标文件的编制】投标人应当按照招标文件的要求编制投标文件。投标文件应当对招标文件提出的实质性要求和条件作出响应。

招标项目属于建设施工的,投标文件的内容应当包括拟派出的项目负责人与主要技术人员的简历、业绩和拟用于完成招标项目的机械设备等。

第二十八条　【投标文件的送达】投标人应当在招标文件要求提交投标文件的截止时间前,将投标文件送达投标地点。招标人收到投标文件后,应当签收保存,不得开启。投标人少于3个的,招标人应当依照本法重新招标。

在招标文件要求提交投标文件的截止时间后送达的投标文件,招标人应当拒收。

第二十九条　【投标文件的补充、修改、撤回】投标人在招标文件要求提交投标文件的截止时间前,可以补充、修改或者撤回已提交的投标文件,并书面通知招标人。补充、修改的内容为投标文件的组成部分。

第三十条　【投标文件对拟分包情况的说明】投标人根据招标文件载明的项目实际情况,拟在中标后将中标项目的部分非主体、非关键性工作进行分包的,应当在投标文件中载明。

第三十一条　【联合体投标】两个以上法人或者其他组织可以组成一个联合体,以一个投标人的身份共同投标。

联合体各方均应当具备承担招标项目的相应能力;国家有关规定或者招标文件对投标人资格条件有规定的,联合体各方均应当具备规定的相应资格条件。由同一专业的单位组成的联合体,按照资质等级较低的单位确定资质等级。

联合体各方应当签订共同投标协议,明确约定各方拟承担的工作和责任,并将共同投标协议连同投标文件一并提交招标人。联合体中标的,联合体各方应当共同与招标人签订合同,就中标项目向招标人承担连带责任。

招标人不得强制投标人组成联合体共同投标,不得限制投标人之间的竞争。

第三十二条　【串通投标的禁止】投标人不得相互串通投标报价,不得排挤其他投标人的公平竞争,损害招标人或者其他投标人的合法权益。

投标人不得与招标人串通投标,损害国家利益、社会公共利益或者他人的合法权益。

禁止投标人以向招标人或者评标委员会成员行贿的手段谋取中标。

第三十三条　【低于成本的报价竞标与骗取中标的禁止】投标人不得以低于成本的报价竞标,也不得以他人名义投标或者以其他方式弄虚作假,骗取中标。

第四章　开标、评标和中标

第三十四条　【开标的时间与地点】开标应当在招标文件确定的提交投标文件截止时间的同一时间公开进行;开标地点应当为招标文件中预先确定的地点。

第三十五条　【开标参加人】开标由招标人主持,邀请所有投标人参加。

第三十六条　【开标方式】开标时,由投标人或者其推选的代表检查投标文件的密封情况,也可以由招标人委托的公证机构检查并公证;经确认无误后,由工作人员当众拆封,宣读投标人名称、投标价格和投标文件的其他主要内容。

招标人在招标文件要求提交投标文件的截止时间前收到的所有投标文件,开标时都应当众予以拆封、宣读。

开标过程应当记录,并存档备查。

第三十七条　【评标委员会】评标由招标人依法组建的评标委员会负责。

依法必须进行招标的项目,其评标委员会由招标人的代表和有关技术、经济等方面的专家组成,成员人数为5人以上单数,其中技术、经济等方面的专家不得少于成员总数的2/3。

前款专家应当从事相关领域工作满8年并具有高级职称或者具有同等专业水平,由招标人从国务院有关部门或者省、自治区、直辖市人民政府有关部门提供的专家名册或者招标代理机构的专家库内的相关专业的专家名单中确定;一般招标项目可以采取随机抽取方式,特殊招标项目可以由招标人直接确定。

与投标人有利害关系的人不得进入相关项目的评标委员会;已经进入的应当更换。

评标委员会成员的名单在中标结果确定前应当保密。

第三十八条 【评标的保密】招标人应当采取必要的措施,保证评标在严格保密的情况下进行。

任何单位和个人不得非法干预、影响评标的过程和结果。

第三十九条 【投标人对投标文件的澄清或说明】评标委员会可以要求投标人对投标文件中含义不明确的内容作必要的澄清或者说明,但是澄清或者说明不得超出投标文件的范围或者改变投标文件的实质性内容。

第四十条 【评标】评标委员会应当按照招标文件确定的评标标准和方法,对投标文件进行评审和比较;设有标底的,应当参考标底。评标委员会完成评标后,应当向招标人提出书面评标报告,并推荐合格的中标候选人。

招标人根据评标委员会提出的书面评标报告和推荐的中标候选人确定中标人。招标人也可以授权评标委员会直接确定中标人。

国务院对特定招标项目的评标有特别规定的,从其规定。

第四十一条 【中标条件】中标人的投标应当符合下列条件之一:

(一)能够最大限度地满足招标文件中规定的各项综合评价标准;

(二)能够满足招标文件的实质性要求,并且经评审的投标价格最低;但是投标价格低于成本的除外。

第四十二条 【否决所有投标和重新招标】评标委员会经评审,认为所有投标都不符合招标文件要求的,可以否决所有投标。

依法必须进行招标的项目的所有投标被否决的,招标人应当依照本法重新招标。

第四十三条 【禁止与投标人进行实质性谈判】在确定中标人前,招标人不得与投标人就投标价格、投标方案等实质性内容进行谈判。

第四十四条 【评标委员会成员的义务】评标委员会成员应当客观、公正地履行职务,遵守职业道德,对所提出的评审意见承担个人责任。

评标委员会成员不得私下接触投标人,不得收受投标人的财物或者其他好处。

评标委员会成员和参与评标的有关工作人员不得透露对投标文件的评审和比较、中标候选人的推荐情况以及与评标有关的其他情况。

第四十五条 【中标通知书的发出】中标人确定后,招标人应当向中标人发出中标通知书,并同时将中标结果通知所有未中标的投标人。

中标通知书对招标人和中标人具有法律效力。中标通知书发出后,招标人改变中标结果的,或者中标人放弃中标项目的,应当依法承担法律责任。

第四十六条 【订立书面合同和提交履约保证金】招标人和中标人应当自中标通知书发出之日起30日内,按照招标文件和中标人的投标文件订立书面合同。招标人和中标人不得再行订立背离合同实质性内容的其他协议。

招标文件要求中标人提交履约保证金的,中标人应当提交。

第四十七条 【招投标情况的报告】依法必须进行招标的项目,招标人应当自确定中标人之日起15日内,向有关行政监督部门提交招标投标情况的书面报告。

第四十八条 【禁止转包和有条件分包】中标人应当按照合同约定履行义务,完成中标项目。中标人不得向他人转让中标项目,也不得将中标项目肢解后分别向他人转让。

中标人按照合同约定或者经招标人同意,可以将中标项目的部分非主体、非关键性工作分包给他人完成。接受分包的人应当具备相应的资格条件,并不得再次分包。

中标人应当就分包项目向招标人负责,接受分包的人就分包项目承担连带责任。

第五章 法律责任

第四十九条 【必须进行招标的项目不招标的责任】违反本法规定,必须进行招标的项目而不招标的,将必须进行招标的项目化整为零或者以其他任何方式规避招标的,责令限期改正,可以处项目合同金额5‰以上10‰以下的罚款;对全部或者部分使用国有资金的项目,可以暂停项目执行或者暂停资金拨付;对单位直接负责的主管人员和其他直接责任人员依法给予处分。

第五十条 【招标代理机构的责任】招标代理机构违反本法规定,泄露应当保密的与招标投标活动有关的情况和资料的，或者与招标人、投标人串通损害国家利益、社会公共利益或者他人合法权益的，处5万元以上25万元以下的罚款；对单位直接负责的主管人员和其他直接责任人员处单位罚款数额5%以上10%以下的罚款；有违法所得的，并处没收违法所得；情节严重的，禁止其一年至二年内代理依法必须进行招标的项目并予以公告，直至由工商行政管理机关吊销营业执照；构成犯罪的，依法追究刑事责任。给他人造成损失的，依法承担赔偿责任。

前款所列行为影响中标结果的，中标无效。

第五十一条 【限制或排斥潜在投标人的责任】招标人以不合理的条件限制或者排斥潜在投标人的，对潜在投标人实行歧视待遇的，强制要求投标人组成联合体共同投标的，或者限制投标人之间竞争的，责令改正，可以处1万元以上5万元以下的罚款。

第五十二条 【泄露招投标活动有关秘密的责任】依法必须进行招标的项目的招标人向他人透露已获取招标文件的潜在投标人的名称、数量或者可能影响公平竞争的有关招标投标的其他情况的，或者泄露标底的，给予警告，可以并处1万元以上10万元以下的罚款；对单位直接负责的主管人员和其他直接责任人员依法给予处分；构成犯罪的，依法追究刑事责任。

前款所列行为影响中标结果的，中标无效。

第五十三条 【串通投标的责任】投标人相互串通投标或者与招标人串通投标的，投标人以向招标人或者评标委员会成员行贿的手段谋取中标的，中标无效，处中标项目金额5‰以上10‰以下的罚款，对单位直接负责的主管人员和其他直接责任人员处单位罚款数额5%以上10%以下的罚款；有违法所得的，并处没收违法所得；情节严重的，取消其1年至2年内参加依法必须进行招标的项目的投标资格并予以公告，直至由工商行政管理机关吊销营业执照；构成犯罪的，依法追究刑事责任。给他人造成损失的，依法承担赔偿责任。

第五十四条 【骗取中标的责任】投标人以他人名义投标或者以其他方式弄虚作假，骗取中标的，中标无效，给招标人造成损失的，依法承担赔偿责任；构成犯罪的，依法追究刑事责任。

依法必须进行招标的项目的投标人有前款所列行为尚未构成犯罪的，处中标项目金额5‰以上10‰以下的罚款，对单位直接负责的主管人员和其他直接责任人员处单位罚款数额5%以上10%以下的罚款；有违法所得的，并处没收违法所得；情节严重的，取消其1年至3年内参加依法必须进行招标的项目的投标资格并予以公告，直至由工商行政管理机关吊销营业执照。

第五十五条 【招标人违规谈判的责任】依法必须进行招标的项目，招标人违反本法规定，与投标人就投标价格、投标方案等实质性内容进行谈判的，给予警告，对单位直接负责的主管人员和其他直接责任人员依法给予处分。

前款所列行为影响中标结果的，中标无效。

第五十六条 【评标委员会成员违法行为的责任】评标委员会成员收受投标人的财物或者其他好处的，评标委员会成员或者参加评标的有关工作人员向他人透露对投标文件的评审和比较、中标候选人的推荐以及与评标有关的其他情况的，给予警告，没收收受的财物，可以并处3000元以上5万元以下的罚款，对有所列违法行为的评标委员会成员取消担任评标委员会成员的资格，不得再参加任何依法必须进行招标的项目的评标；构成犯罪的，依法追究刑事责任。

第五十七条 【招标人在中标候选人之外确定中标人的责任】招标人在评标委员会依法推荐的中标候选人以外确定中标人的，依法必须进行招标的项目在所有投标被评标委员会否决后自行确定中标人的，中标无效，责令改正，可以处中标项目金额5‰以上10‰以下的罚款；对单位直接负责的主管人员和其他直接责任人员依法给予处分。

第五十八条 【中标人违法转包、分包的责任】中标人将中标项目转让给他人的，将中标项目肢解后分别转让给他人的，违反本法规定将中标项目的部分主体、关键性工作分包给他人的，或者分包人再次分包的，转让、分包无效，处转让、分包项目金额5‰以上10‰以下的罚款；有违法所得的，并处没收违法所得；可以责令停业整顿；情节严重的，由工商行政管理机关吊销营业执照。

第五十九条 【不按招投标文件订立合同的责任】招标人与中标人不按照招标文件和中标人的投标文件订立合同的，或者招标人、中标人订立背离合同实质性内容的协议的，责令改正；可以处中标项目金额5‰以上10‰以下的罚款。

第六十条 【中标人不履行合同或不按合同履行义务的责任】中标人不履行与招标人订立的合同的,履约保证金不予退还,给招标人造成的损失超过履约保证金数额的,还应当对超过部分予以赔偿;没有提交履约保证金的,应当对招标人的损失承担赔偿责任。

中标人不按照与招标人订立的合同履行义务,情节严重的,取消其2年至5年内参加依法必须进行招标的项目的投标资格并予以公告,直至由工商行政管理机关吊销营业执照。

因不可抗力不能履行合同的,不适用前两款规定。

第六十一条 【行政处罚的决定】本章规定的行政处罚,由国务院规定的有关行政监督部门决定。本法已对实施行政处罚的机关作出规定的除外。

第六十二条 【干涉招投标活动的责任】任何单位违反本法规定,限制或者排斥本地区、本系统以外的法人或者其他组织参加投标的,为招标人指定招标代理机构的,强制招标人委托招标代理机构办理招标事宜的,或者以其他方式干涉招标投标活动的,责令改正;对单位直接负责的主管人员和其他直接责任人员依法给予警告、记过、记大过的处分,情节较重的,依法给予降级、撤职、开除的处分。

个人利用职权进行前款违法行为的,依照前款规定追究责任。

第六十三条 【行政监督机关工作人员的责任】对招标投标活动依法负有行政监督职责的国家机关工作人员徇私舞弊、滥用职权或者玩忽职守,构成犯罪的,依法追究刑事责任;不构成犯罪的,依法给予行政处分。

第六十四条 【中标无效的处理】依法必须进行招标的项目违反本法规定,中标无效的,应当依照本法规定的中标条件从其余投标人中重新确定中标人或者依照本法重新进行招标。

第六章 附 则

第六十五条 【异议或投诉】投标人和其他利害关系人认为招标投标活动不符本法有关规定的,有权向招标人提出异议或者依法向有关行政监督部门投诉。

第六十六条 【不进行招标的项目】涉及国家安全、国家秘密、抢险救灾或者属于利用扶贫资金实行以工代赈、需要使用农民工等特殊情况,不适宜进行招标的项目,按照国家有关规定可以不进行招标。

第六十七条 【适用除外】使用国际组织或者外国政府贷款、援助资金的项目进行招标,贷款方、资金提供方对招标投标的具体条件和程序有不同规定的,可以适用其规定,但违背中华人民共和国的社会公共利益的除外。

第六十八条 【施行日期】本法自2000年1月1日起施行。

土地调查条例

- 2008年2月7日中华人民共和国国务院令第518号公布
- 根据2016年2月6日《国务院关于修改部分行政法规的决定》第一次修订
- 根据2018年3月19日《国务院关于修改和废止部分行政法规的决定》第二次修订

第一章 总 则

第一条 为了科学、有效地组织实施土地调查,保障土地调查数据的真实性、准确性和及时性,根据《中华人民共和国土地管理法》和《中华人民共和国统计法》,制定本条例。

第二条 土地调查的目的,是全面查清土地资源和利用状况,掌握真实准确的土地基础数据,为科学规划、合理利用、有效保护土地资源,实施最严格的耕地保护制度,加强和改善宏观调控提供依据,促进经济社会全面协调可持续发展。

第三条 土地调查工作按照全国统一领导、部门分工协作、地方分级负责、各方共同参与的原则组织实施。

第四条 土地调查所需经费,由中央和地方各级人民政府共同负担,列入相应年度的财政预算,按时拨付,确保足额到位。

土地调查经费应当统一管理、专款专用、从严控制支出。

第五条 报刊、广播、电视和互联网等新闻媒体,应当及时开展土地调查工作的宣传报道。

第二章 土地调查的内容和方法

第六条 国家根据国民经济和社会发展需要，每10年进行一次全国土地调查；根据土地管理工作的需要，每年进行土地变更调查。

第七条 土地调查包括下列内容：

（一）土地利用现状及变化情况，包括地类、位置、面积、分布等状况；

（二）土地权属及变化情况，包括土地的所有权和使用权状况；

（三）土地条件，包括土地的自然条件、社会经济条件等状况。

进行土地利用现状及变化情况调查时，应当重点调查基本农田现状及变化情况，包括基本农田的数量、分布和保护状况。

第八条 土地调查采用全面调查的方法，综合运用实地调查统计、遥感监测等手段。

第九条 土地调查采用《土地利用现状分类》国家标准、统一的技术规程和按照国家统一标准制作的调查基础图件。

土地调查技术规程，由国务院国土资源主管部门会同国务院有关部门制定。

第三章 土地调查的组织实施

第十条 县级以上人民政府国土资源主管部门会同同级有关部门进行土地调查。

乡（镇）人民政府、街道办事处和村（居）民委员会应当广泛动员和组织社会力量积极参与土地调查工作。

第十一条 县级以上人民政府有关部门应当积极参与和密切配合土地调查工作，依法提供土地调查需要的相关资料。

社会团体以及与土地调查有关的单位和个人应当依照本条例的规定，配合土地调查工作。

第十二条 全国土地调查总体方案由国务院国土资源主管部门会同国务院有关部门拟订，报国务院批准。县级以上地方人民政府国土资源主管部门会同同级有关部门按照国家统一要求，根据本行政区域的土地利用特点，编制地方土地调查实施方案，报上一级人民政府国土资源主管部门备案。

第十三条 在土地调查中，需要面向社会选择专业调查队伍承担土地调查任务的，应当通过招标投标方式组织实施。

承担土地调查任务的单位应当具备以下条件：

（一）具有法人资格；

（二）有与土地调查相关的工作业绩；

（三）有完备的技术和质量管理制度；

（四）有经过培训且考核合格的专业技术人员。

国务院国土资源主管部门应当会同国务院有关部门加强对承担土地调查任务单位的监管和服务。

第十四条 土地调查人员应当坚持实事求是，恪守职业道德，具有执行调查任务所需要的专业知识。

土地调查人员应当接受业务培训，经考核合格领取全国统一的土地调查员工作证。

第十五条 土地调查人员应当严格执行全国土地调查总体方案和地方土地调查实施方案、《土地利用现状分类》国家标准和统一的技术规程，不得伪造、篡改调查资料，不得强令、授意调查对象提供虚假的调查资料。

土地调查人员应当对其登记、审核、录入的调查资料与现场调查资料的一致性负责。

第十六条 土地调查人员依法独立行使调查、报告、监督和检查职权，有权根据工作需要进行现场调查，并按照技术规程进行现场作业。

土地调查人员有权就与调查有关的问题询问有关单位和个人，要求有关单位和个人如实提供相关资料。

土地调查人员进行现场调查、现场作业以及询问有关单位和个人时，应当出示土地调查员工作证。

第十七条 接受调查的有关单位和个人应当如实回答询问，履行现场指界义务，按照要求提供相关资料，不得转移、隐匿、篡改、毁弃原始记录和土地登记簿等相关资料。

第十八条 各地方、各部门、各单位的负责人不得擅自修改土地调查资料、数据，不得强令或者授意土地调查人员篡改调查资料、数据或者编造虚假数据，不得对拒绝、抵制篡改调查资料、数据或者编造虚假数据的土地调查人员打击报复。

第四章 调查成果处理和质量控制

第十九条 土地调查形成下列调查成果：

（一）数据成果；
（二）图件成果；
（三）文字成果；
（四）数据库成果。

第二十条 土地调查成果实行逐级汇交、汇总统计制度。

土地调查数据的处理和上报应当按照全国土地调查总体方案和有关标准进行。

第二十一条 县级以上地方人民政府对本行政区域的土地调查成果质量负总责，主要负责人是第一责任人。

县级以上人民政府国土资源主管部门会同同级有关部门对调查的各个环节实行质量控制，建立土地调查成果质量控制岗位责任制，切实保证调查的数据、图件和被调查土地实际状况三者一致，并对其加工、整理、汇总的调查成果的准确性负责。

第二十二条 国务院国土资源主管部门会同国务院有关部门统一组织土地调查成果质量的抽查工作。抽查结果作为评价土地调查成果质量的重要依据。

第二十三条 土地调查成果实行分阶段、分级检查验收制度。前一阶段土地调查成果经检查验收合格后，方可开展下一阶段的调查工作。

土地调查成果检查验收办法，由国务院国土资源主管部门会同国务院有关部门制定。

第五章 调查成果公布和应用

第二十四条 国家建立土地调查成果公布制度。

土地调查成果应当向社会公布，并接受公开查询，但依法应当保密的除外。

第二十五条 全国土地调查成果，报国务院批准后公布。

地方土地调查成果，经本级人民政府审核，报上一级人民政府批准后公布。

全国土地调查成果公布后，县级以上地方人民政府方可逐级依次公布本行政区域的土地调查成果。

第二十六条 县级以上人民政府国土资源主管部门会同同级有关部门做好土地调查成果的保存、管理、开发、应用和为社会公众提供服务等工作。

国家通过土地调查，建立互联共享的土地调查数据库，并做好维护、更新工作。

第二十七条 土地调查成果是编制国民经济和社会发展规划以及从事国土资源规划、管理、保护和利用的重要依据。

第二十八条 土地调查成果应当严格管理和规范使用，不作为依照其他法律、行政法规对调查对象实施行政处罚的依据，不作为划分部门职责分工和管理范围的依据。

第六章 表彰和处罚

第二十九条 对在土地调查工作中做出突出贡献的单位和个人，应当按照国家有关规定给予表彰或者奖励。

第三十条 地方、部门、单位的负责人有下列行为之一的，依法给予处分；构成犯罪的，依法追究刑事责任：

（一）擅自修改调查资料、数据的；
（二）强令、授意土地调查人员篡改调查资料、数据或者编造虚假数据的；
（三）对拒绝、抵制篡改调查资料、数据或者编造虚假数据的土地调查人员打击报复的。

第三十一条 土地调查人员不执行全国土地调查总体方案和地方土地调查实施方案、《土地利用现状分类》国家标准和统一的技术规程，或者伪造、篡改调查资料，或者强令、授意接受调查的有关单位和个人提供虚假调查资料的，依法给予处分，并由县级以上人民政府国土资源主管部门、统计机构予以通报批评。

第三十二条 接受调查的单位和个人有下列行为之一的，由县级以上人民政府国土资源主管部门责令限期改正，可以处5万元以下的罚款；构成违反治安管理行为的，由公安机关依法给予治安管理处罚；构成犯罪的，依法追究刑事责任：

（一）拒绝或者阻挠土地调查人员依法进行调查的；
（二）提供虚假调查资料的；
（三）拒绝提供调查资料的；
（四）转移、隐匿、篡改、毁弃原始记录、土地登记簿等相关资料的。

第三十三条 县级以上地方人民政府有下列行为之一的，由上级人民政府予以通报批评；情节严重的，对直接负责的主管人员和其他直接责任人员依法给予处分：

（一）未按期完成土地调查工作，被责令限期完成，逾期仍未完成的；

（二）提供的土地调查数据失真，被责令限期改正，逾期仍未改正的。

第七章 附 则

第三十四条 军用土地调查，由国务院国土资源主管部门会同军队有关部门按照国家统一规定和要求制定具体办法。

中央单位使用土地的调查数据汇总内容的确定和成果的应用管理，由国务院国土资源主管部门会同国务院管理机关事务工作的机构负责。

第三十五条 县级以上人民政府可以按照全国土地调查总体方案和地方土地调查实施方案成立土地调查领导小组，组织和领导土地调查工作。必要时，可以设立土地调查领导小组办公室负责土地调查日常工作。

第三十六条 本条例自公布之日起施行。

中华人民共和国土地管理法实施条例

- 1998年12月27日中华人民共和国国务院令第256号公布
- 根据2011年1月8日《国务院关于废止和修改部分行政法规的决定》第一次修订
- 根据2014年7月29日《国务院关于修改部分行政法规的决定》第二次修订
- 2021年7月2日中华人民共和国国务院令第743号第三次修订

第一章 总 则

第一条 根据《中华人民共和国土地管理法》（以下简称《土地管理法》），制定本条例。

第二章 国土空间规划

第二条 国家建立国土空间规划体系。

土地开发、保护、建设活动应当坚持规划先行。经依法批准的国土空间规划是各类开发、保护、建设活动的基本依据。

已经编制国土空间规划的，不再编制土地利用总体规划和城乡规划。在编制国土空间规划前，经依法批准的土地利用总体规划和城乡规划继续执行。

第三条 国土空间规划应当细化落实国家发展规划提出的国土空间开发保护要求，统筹布局农业、生态、城镇等功能空间，划定落实永久基本农田、生态保护红线和城镇开发边界。

国土空间规划应当包括国土空间开发保护格局和规划用地布局、结构、用途管制要求等内容，明确耕地保有量、建设用地规模、禁止开垦的范围等要求，统筹基础设施和公共设施用地布局，综合利用地上地下空间，合理确定并严格控制新增建设用地规模，提高土地节约集约利用水平，保障土地的可持续利用。

第四条 土地调查应当包括下列内容：

（一）土地权属以及变化情况；

（二）土地利用现状以及变化情况；

（三）土地条件。

全国土地调查成果，报国务院批准后向社会公布。地方土地调查成果，经本级人民政府审核，报上一级人民政府批准后向社会公布。全国土地调查成果公布后，县级以上地方人民政府方可自上而下逐级依次公布本行政区域的土地调查成果。

土地调查成果是编制国土空间规划以及自然资源管理、保护和利用的重要依据。

土地调查技术规程由国务院自然资源主管部门会同有关部门制定。

第五条 国务院自然资源主管部门会同有关部门制定土地等级评定标准。

县级以上人民政府自然资源主管部门应当会同有关部门根据土地等级评定标准，对土地等级进行评定。地方土地等级评定结果经本级人民政府审核，报上一级人民政府自然资源主管部门批准后向社会公布。

根据国民经济和社会发展状况，土地等级每五年重新评定一次。

第六条 县级以上人民政府自然资源主管部门应当加强信息化建设，建立统一的国土空间基础信息平台，实行土地管理全流程信息化管理，对土地利用状况进行动态监测，与发展改革、住房和城乡建设等有关部门建立土地管理信息共享机制，依法公开土地管理信息。

第七条 县级以上人民政府自然资源主管部

门应当加强地籍管理,建立健全地籍数据库。

第三章 耕地保护

第八条 国家实行占用耕地补偿制度。在国土空间规划确定的城市和村庄、集镇建设用地范围内经依法批准占用耕地,以及在国土空间规划确定的城市和村庄、集镇建设用地范围外的能源、交通、水利、矿山、军事设施等建设项目经依法批准占用耕地的,分别由县级人民政府、农村集体经济组织和建设单位负责开垦与所占用耕地的数量和质量相当的耕地;没有条件开垦或者开垦的耕地不符合要求的,应当按照省、自治区、直辖市的规定缴纳耕地开垦费,专款用于开垦新的耕地。

省、自治区、直辖市人民政府应当组织自然资源主管部门、农业农村主管部门对开垦的耕地进行验收,确保开垦的耕地落实到地块。划入永久基本农田的还应当纳入国家永久基本农田数据库严格管理。占用耕地补充情况应当按照国家有关规定向社会公布。

个别省、直辖市需要易地开垦耕地的,依照《土地管理法》第三十二条的规定执行。

第九条 禁止任何单位和个人在国土空间规划确定的禁止开垦的范围内从事土地开发活动。

按照国土空间规划,开发未确定土地使用权的国有荒山、荒地、荒滩从事种植业、林业、畜牧业、渔业生产的,应当向土地所在地的县级以上地方人民政府自然资源主管部门提出申请,按照省、自治区、直辖市规定的权限,由县级以上地方人民政府批准。

第十条 县级人民政府应当按照国土空间规划关于统筹布局农业、生态、城镇等功能空间的要求,制定土地整理方案,促进耕地保护和土地节约集约利用。

县、乡(镇)人民政府应当组织农村集体经济组织,实施土地整理方案,对闲散地和废弃地有计划地整治、改造。土地整理新增耕地,可以用作建设所占用耕地的补充。

鼓励社会主体依法参与土地整理。

第十一条 县级以上地方人民政府应当采取措施,预防和治理耕地土壤流失、污染,有计划地改造中低产田,建设高标准农田,提高耕地质量,保护黑土地等优质耕地,并依法对建设所占用耕地耕作层的土壤利用作出合理安排。

非农业建设依法占用永久基本农田的,建设单位应当按照省、自治区、直辖市的规定,将所占用耕地耕作层的土壤用于新开垦耕地、劣质地或者其他耕地的土壤改良。

县级以上地方人民政府应当加强对农业结构调整的引导和管理,防止破坏耕地耕作层;设施农业用地不再使用的,应当及时组织恢复种植条件。

第十二条 国家对耕地实行特殊保护,严守耕地保护红线,严格控制耕地转为林地、草地、园地等其他农用地,并建立耕地保护补偿制度,具体办法和耕地保护补偿实施步骤由国务院自然资源主管部门会同有关部门规定。

非农业建设必须节约使用土地,可以利用荒地的,不得占用耕地;可以利用劣地的,不得占用好地。禁止占用耕地建窑、建坟或者擅自在耕地上建房、挖砂、采石、采矿、取土等。禁止占用永久基本农田发展林果业和挖塘养鱼。

耕地应当优先用于粮食和棉、油、糖、蔬菜等农产品生产。按照国家有关规定需要将耕地转为林地、草地、园地等其他农用地的,应当优先使用难以长期稳定利用的耕地。

第十三条 省、自治区、直辖市人民政府对本行政区域耕地保护负总责,其主要负责人是本行政区域耕地保护的第一责任人。

省、自治区、直辖市人民政府应当将国务院确定的耕地保有量和永久基本农田保护任务分解下达,落实到具体地块。

国务院对省、自治区、直辖市人民政府耕地保护责任目标落实情况进行考核。

第四章 建设用地

第一节 一般规定

第十四条 建设项目需要使用土地的,应当符合国土空间规划、土地利用年度计划和用途管制以及节约资源、保护生态环境的要求,并严格执行建设用地标准,优先使用存量建设用地,提高建设用地使用效率。

从事土地开发利用活动,应当采取有效措施,防止、减少土壤污染,并确保建设用地符合土壤环境质量要求。

第十五条 各级人民政府应当依据国民经济和社会发展规划及年度计划、国土空间规划、国家产业政策以及城乡建设、土地利用的实际状况等，加强土地利用计划管理，实行建设用地总量控制，推动城乡存量建设用地开发利用，引导城镇低效用地再开发，落实建设用地标准控制制度，开展节约集约用地评价，推广应用节地技术和节地模式。

第十六条 县级以上地方人民政府自然资源主管部门应当将本级人民政府确定的年度建设用地供应总量、结构、时序、地块、用途等在政府网站上向社会公布，供社会公众查阅。

第十七条 建设单位使用国有土地，应当以有偿使用方式取得；但是，法律、行政法规规定可以以划拨方式取得的除外。

国有土地有偿使用的方式包括：

（一）国有土地使用权出让；

（二）国有土地租赁；

（三）国有土地使用权作价出资或者入股。

第十八条 国有土地使用权出让、国有土地租赁等应当依照国家有关规定通过公开的交易平台进行交易，并纳入统一的公共资源交易平台体系。除依法可以采取协议方式外，应当采取招标、拍卖、挂牌等竞争性方式确定土地使用者。

第十九条 《土地管理法》第五十五条规定的新增建设用地的土地有偿使用费，是指国家在新增建设用地中应取得的平均土地纯收益。

第二十条 建设项目施工、地质勘查需要临时使用土地的，应当尽量不占或者少占耕地。

临时用地由县级以上人民政府自然资源主管部门批准，期限一般不超过二年；建设周期较长的能源、交通、水利等基础设施建设使用的临时用地，期限不超过四年；法律、行政法规另有规定的除外。

土地使用者应当自临时用地期满之日起一年内完成土地复垦，使其达到可供利用状态，其中占用耕地的应当恢复种植条件。

第二十一条 抢险救灾、疫情防控等应急使用土地的，可以先行使用土地。其中，属于临时用地的，用后应当恢复原状并交还原土地使用者使用，不再办理用地审批手续；属于永久性建设用地的，建设单位应当在不晚于应急处置工作结束六个月内申请补办建设用地审批手续。

第二十二条 具有重要生态功能的未利用地应当依法划入生态保护红线，实施严格保护。

建设项目占用国土空间规划确定的未利用地的，按照省、自治区、直辖市的规定办理。

第二节 农用地转用

第二十三条 在国土空间规划确定的城市和村庄、集镇建设用地范围内，为实施该规划而将农用地转为建设用地的，由市、县人民政府组织自然资源等部门拟订农用地转用方案，分批次报有批准权的人民政府批准。

农用地转用方案应当重点对建设项目安排、是否符合国土空间规划和土地利用年度计划以及补充耕地情况作出说明。

农用地转用方案经批准后，由市、县人民政府组织实施。

第二十四条 建设项目确需占用国土空间规划确定的城市和村庄、集镇建设用地范围外的农用地，涉及占用永久基本农田的，由国务院批准；不涉及占用永久基本农田的，由国务院或者国务院授权的省、自治区、直辖市人民政府批准。具体按照下列规定办理：

（一）建设项目批准、核准前或者备案前后，由自然资源主管部门对建设项目用地事项进行审查，提出建设项目用地预审意见。建设项目需要申请核发选址意见书的，应当合并办理建设项目用地预审与选址意见书，核发建设项目用地预审与选址意见书。

（二）建设单位持建设项目的批准、核准或者备案文件，向市、县人民政府提出建设用地申请。市、县人民政府组织自然资源等部门拟订农用地转用方案，报有批准权的人民政府批准；依法应当由国务院批准的，由省、自治区、直辖市人民政府审核后上报。农用地转用方案应当重点对是否符合国土空间规划和土地利用年度计划以及补充耕地情况作出说明，涉及占用永久基本农田的，还应当对占用永久基本农田的必要性、合理性和补划可行性作出说明。

（三）农用地转用方案经批准后，由市、县人民政府组织实施。

第二十五条 建设项目需要使用土地的，建设单位原则上应当一次申请，办理建设用地审批手续，确需分期建设的项目，可以根据可行性研究报告确定的方案，分期申请建设用地，分期办理建设用地审批手续。建设过程中用地范围确需调整的，应当依法办理建设用地审批手续。

农用地转用涉及征收土地的，还应当依法办理征收土地手续。

第三节　土地征收

第二十六条　需要征收土地，县级以上地方人民政府认为符合《土地管理法》第四十五条规定的，应当发布征收土地预公告，并开展拟征收土地现状调查和社会稳定风险评估。

征收土地预公告应当包括征收范围、征收目的、开展土地现状调查的安排等内容。征收土地预公告应当采用有利于社会公众知晓的方式，在拟征收土地所在的乡（镇）和村、村民小组范围内发布，预公告时间不少于十个工作日。自征收土地预公告发布之日起，任何单位和个人不得在拟征收范围内抢栽抢建；违反规定抢栽抢建的，对抢栽抢建部分不予补偿。

土地现状调查应当查明土地的位置、权属、地类、面积，以及农村村民住宅、其他地上附着物和青苗等的权属、种类、数量等情况。

社会稳定风险评估应当对征收土地的社会稳定风险状况进行综合研判，确定风险点，提出风险防范措施和处置预案。社会稳定风险评估应当有被征地的农村集体经济组织及其成员、村民委员会和其他利害关系人参加，评估结果是申请征收土地的重要依据。

第二十七条　县级以上地方人民政府应当依据社会稳定风险评估结果，结合土地现状调查情况，组织自然资源、财政、农业农村、人力资源和社会保障等有关部门拟定征地补偿安置方案。

征地补偿安置方案应当包括征收范围、土地现状、征收目的、补偿方式和标准、安置对象、安置方式、社会保障等内容。

第二十八条　征地补偿安置方案拟定后，县级以上地方人民政府应当在拟征收土地所在的乡（镇）和村、村民小组范围内公告，公告时间不少于三十日。

征地补偿安置公告应当同时载明办理补偿登记的方式和期限、异议反馈渠道等内容。

多数被征地的农村集体经济组织成员认为拟定的征地补偿安置方案不符合法律、法规规定的，县级以上地方人民政府应当组织听证。

第二十九条　县级以上地方人民政府根据法律、法规规定和听证会等情况确定征地补偿安置方案后，应当组织有关部门与拟征收土地的所有权人、使用权人签订征地补偿安置协议。征地补偿安置协议示范文本由省、自治区、直辖市人民政府制定。

对个别确实难以达成征地补偿安置协议的，县级以上地方人民政府应当在申请征收土地时如实说明。

第三十条　县级以上地方人民政府完成本条例规定的征地前期工作后，方可提出征收土地申请，依照《土地管理法》第四十六条的规定报有批准权的人民政府批准。

有批准权的人民政府应当对征收土地的必要性、合理性、是否符合《土地管理法》第四十五条规定的为了公共利益确需征收土地的情形以及是否符合法定程序进行审查。

第三十一条　征收土地申请经依法批准后，县级以上地方人民政府应当自收到批准文件之日起十五个工作日内在拟征收土地所在的乡（镇）和村、村民小组范围内发布征收土地公告，公布征收范围、征收时间等具体工作安排，对个别未达成征地补偿安置协议的应当作出征地补偿安置决定，并依法组织实施。

第三十二条　省、自治区、直辖市应当制定公布区片综合地价，确定征收农用地的土地补偿费、安置补助费标准，并制定土地补偿费、安置补助费分配办法。

地上附着物和青苗等的补偿费用，归其所有权人所有。

社会保障费用主要用于符合条件的被征地农民的养老保险等社会保险缴费补贴，按照省、自治区、直辖市的规定单独列支。

申请征收土地的县级以上地方人民政府应当及时落实土地补偿费、安置补助费、农村村民住宅以及其他地上附着物和青苗等的补偿费用、社会保障费用等，并保证足额到位，专款专用。有关费用未足额到位的，不得批准征收土地。

第四节　宅基地管理

第三十三条　农村居民点布局和建设用地规模应当遵循节约集约、因地制宜的原则合理规划。县级以上地方人民政府应当按照国家规定安排建设用地指标，合理保障本行政区域农村村民宅基地需求。

乡(镇)、县、市国土空间规划和村庄规划应当统筹考虑农村村民生产、生活需求,突出节约集约用地导向,科学划定宅基地范围。

第三十四条　农村村民申请宅基地的,应当以户为单位向农村集体经济组织提出申请;没有设立农村集体经济组织的,应当向所在的村民小组或者村民委员会提出申请。宅基地申请依法经农村村民集体讨论通过并在本集体范围内公示后,报乡(镇)人民政府审核批准。

涉及占用农用地的,应当依法办理农用地转用审批手续。

第三十五条　国家允许进城落户的农村村民依法自愿有偿退出宅基地。乡(镇)人民政府和农村集体经济组织、村民委员会等应当将退出的宅基地优先用于保障该农村集体经济组织成员的宅基地需求。

第三十六条　依法取得的宅基地和宅基地上的农村村民住宅及其附属设施受法律保护。

禁止违背农村村民意愿强制流转宅基地,禁止违法收回农村村民依法取得的宅基地,禁止以退出宅基地作为农村村民进城落户的条件,禁止强迫农村村民搬迁退出宅基地。

第五节　集体经营性建设用地管理

第三十七条　国土空间规划应当统筹并合理安排集体经营性建设用地布局和用途,依法控制集体经营性建设用地规模,促进集体经营性建设用地的节约集约利用。

鼓励乡村重点产业和项目使用集体经营性建设用地。

第三十八条　国土空间规划确定为工业、商业等经营性用途,且已依法办理土地所有权登记的集体经营性建设用地,土地所有权人可以通过出让、出租等方式交由单位或者个人在一定年限内有偿使用。

第三十九条　土地所有权人拟出让、出租集体经营性建设用地的,市、县人民政府自然资源主管部门应当依据国土空间规划提出拟出让、出租的集体经营性建设用地的规划条件,明确土地界址、面积、用途和开发建设强度等。

市、县人民政府自然资源主管部门应当会同有关部门提出产业准入和生态环境保护要求。

第四十条　土地所有权人应当依据规划条件、产业准入和生态环境保护要求等,编制集体经营性建设用地出让、出租等方案,并依照《土地管理法》第六十三条的规定,由本集体经济组织形成书面意见,在出让、出租前不少于十个工作日报市、县人民政府。市、县人民政府认为该方案不符合规划条件或者产业准入和生态环境保护要求等的,应当在收到方案后五个工作日内提出修改意见。土地所有权人应当按照市、县人民政府的意见进行修改。

集体经营性建设用地出让、出租等方案应当载明宗地的土地界址、面积、用途、规划条件、产业准入和生态环境保护要求、使用期限、交易方式、入市价格、集体收益分配安排等内容。

第四十一条　土地所有权人应当依据集体经营性建设用地出让、出租等方案,以招标、拍卖、挂牌或者协议等方式确定土地使用者,双方应当签订书面合同,载明土地界址、面积、用途、规划条件、使用期限、交易价款支付、交地时间和开工竣工期限、产业准入和生态环境保护要求,约定提前收回的条件、补偿方式、土地使用权届满续期和地上建筑物、构筑物等附着物处理方式,以及违约责任和解决争议的方法等,并报市、县人民政府自然资源主管部门备案。未依法将规划条件、产业准入和生态环境保护要求纳入合同的,合同无效;造成损失的,依法承担民事责任。合同示范文本由国务院自然资源主管部门制定。

第四十二条　集体经营性建设用地使用者应当按照约定及时支付集体经营性建设用地价款,并依法缴纳相关税费,对集体经营性建设用地使用权以及依法利用集体经营性建设用地建造的建筑物、构筑物及其附属设施的所有权,依法申请办理不动产登记。

第四十三条　通过出让等方式取得的集体经营性建设用地使用权依法转让、互换、出资、赠与或者抵押的,双方应当签订书面合同,并书面通知土地所有权人。

集体经营性建设用地的出租,集体建设用地使用权的出让及其最高年限、转让、互换、出资、赠与、抵押等,参照同类用途的国有建设用地执行,法律、行政法规另有规定的除外。

第五章　监督检查

第四十四条　国家自然资源督察机构根据授

权对省、自治区、直辖市人民政府以及国务院确定的城市人民政府下列土地利用和土地管理情况进行督察：

（一）耕地保护情况；

（二）土地节约集约利用情况；

（三）国土空间规划编制和实施情况；

（四）国家有关土地管理重大决策落实情况；

（五）土地管理法律、行政法规执行情况；

（六）其他土地利用和土地管理情况。

第四十五条 国家自然资源督察机构进行督察时，有权向有关单位和个人了解督察事项有关情况，有关单位和个人应当支持、协助督察机构工作，如实反映情况，并提供有关材料。

第四十六条 被督察的地方人民政府违反土地管理法律、行政法规，或者落实国家有关土地管理重大决策不力的，国家自然资源督察机构可以向被督察的地方人民政府下达督察意见书，地方人民政府应当认真组织整改，并及时报告整改情况；国家自然资源督察机构可以约谈被督察的地方人民政府有关负责人，并可以依法向监察机关、任免机关等有关机关提出追究相关责任人责任的建议。

第四十七条 土地管理监督检查人员应当经过培训，经考核合格，取得行政执法证件后，方可从事土地管理监督检查工作。

第四十八条 自然资源主管部门、农业农村主管部门按照职责分工进行监督检查时，可以采取下列措施：

（一）询问违法案件涉及的单位或者个人；

（二）进入被检查单位或者个人涉嫌土地违法的现场进行拍照、摄像；

（三）责令当事人停止正在进行的土地违法行为；

（四）对涉嫌土地违法的单位或者个人，在调查期间暂停办理与该违法案件相关的土地审批、登记等手续；

（五）对可能被转移、销毁、隐匿或者篡改的文件、资料予以封存，责令涉嫌土地违法的单位或者个人在调查期间不得变卖、转移与案件有关的财物；

（六）《土地管理法》第六十八条规定的其他监督检查措施。

第四十九条 依照《土地管理法》第七十三条的规定给予处分的，应当按照管理权限由责令作出行政处罚决定或者直接给予行政处罚的上级人民政府自然资源主管部门或者其他任免机关、单位作出。

第五十条 县级以上人民政府自然资源主管部门应当会同有关部门建立信用监管、动态巡查等机制，加强对建设用地供应交易和供后开发利用的监管，对建设用地市场重大失信行为依法实施惩戒，并依法公开相关信息。

第六章　法律责任

第五十一条 违反《土地管理法》第三十七条的规定，非法占用永久基本农田发展林果业或者挖塘养鱼的，由县级以上人民政府自然资源主管部门责令限期改正；逾期不改正的，按占用面积处耕地开垦费2倍以上5倍以下的罚款；破坏种植条件的，依照《土地管理法》第七十五条的规定处罚。

第五十二条 违反《土地管理法》第五十七条的规定，在临时使用的土地上修建永久性建筑物的，由县级以上人民政府自然资源主管部门责令限期拆除，按占用面积处土地复垦费5倍以上10倍以下的罚款；逾期不拆除的，由作出行政决定的机关依法申请人民法院强制执行。

第五十三条 违反《土地管理法》第六十五条的规定，对建筑物、构筑物进行重建、扩建的，由县级以上人民政府自然资源主管部门责令限期拆除；逾期不拆除的，由作出行政决定的机关依法申请人民法院强制执行。

第五十四条 依照《土地管理法》第七十四条的规定处以罚款的，罚款额为违法所得的10%以上50%以下。

第五十五条 依照《土地管理法》第七十五条的规定处以罚款的，罚款额为耕地开垦费的5倍以上10倍以下；破坏黑土地等优质耕地的，从重处罚。

第五十六条 依照《土地管理法》第七十六条的规定处以罚款的，罚款额为土地复垦费的2倍以上5倍以下。

违反本条例规定，临时用地期满之日起一年内未完成复垦或者未恢复种植条件的，由县级以上人民政府自然资源主管部门责令限期改正，依照《土地管理法》第七十六条的规定处罚，并由县级以上人民政府自然资源主管部门会同农业农村主管部门代为完成复垦或者恢复种植条件。

第五十七条 依照《土地管理法》第七十七条的规定处以罚款的，罚款额为非法占用土地每平方米100元以上1000元以下。

违反本条例规定，在国土空间规划确定的禁止开垦的范围内从事土地开发活动的，由县级以上人民政府自然资源主管部门责令限期改正，并依照《土地管理法》第七十七条的规定处罚。

第五十八条 依照《土地管理法》第七十四条、第七十七条的规定，县级以上人民政府自然资源主管部门没收在非法转让或者非法占用的土地上新建的建筑物和其他设施的，应当于九十日内交由本级人民政府或者其指定的部门依法管理和处置。

第五十九条 依照《土地管理法》第八十一条的规定处以罚款的，罚款额为非法占用土地每平方米100元以上500元以下。

第六十条 依照《土地管理法》第八十二条的规定处以罚款的，罚款额为违法所得的10%以上30%以下。

第六十一条 阻碍自然资源主管部门、农业农村主管部门的工作人员依法执行职务，构成违反治安管理行为的，依法给予治安管理处罚。

第六十二条 违反土地管理法律、法规规定，阻挠国家建设征收土地的，由县级以上地方人民政府责令交出土地；拒不交出土地的，依法申请人民法院强制执行。

第六十三条 违反本条例规定，侵犯农村村民依法取得的宅基地权益的，责令限期改正，对有关责任单位通报批评、给予警告；造成损失的，依法承担赔偿责任；对直接负责的主管人员和其他直接责任人员，依法给予处分。

第六十四条 贪污、侵占、挪用、私分、截留、拖欠征地补偿安置费用和其他有关费用的，责令改正，追回有关款项，限期退还违法所得，对有关责任单位通报批评、给予警告；造成损失的，依法承担赔偿责任；对直接负责的主管人员和其他直接责任人员，依法给予处分。

第六十五条 各级人民政府及自然资源主管部门、农业农村主管部门工作人员玩忽职守、滥用职权、徇私舞弊的，依法给予处分。

第六十六条 违反本条例规定，构成犯罪的，依法追究刑事责任。

第七章 附 则

第六十七条 本条例自2021年9月1日起施行。

不动产登记暂行条例

· 2014年11月24日中华人民共和国国务院令第656号公布
· 根据2019年3月24日《国务院关于修改部分行政法规的决定》修订

第一章 总 则

第一条 为整合不动产登记职责，规范登记行为，方便群众申请登记，保护权利人合法权益，根据《中华人民共和国物权法》等法律，制定本条例。

第二条 本条例所称不动产登记，是指不动产登记机构依法将不动产权利归属和其他法定事项记载于不动产登记簿的行为。

本条例所称不动产，是指土地、海域以及房屋、林木等定着物。

第三条 不动产首次登记、变更登记、转移登记、注销登记、更正登记、异议登记、预告登记、查封登记等，适用本条例。

第四条 国家实行不动产统一登记制度。

不动产登记遵循严格管理、稳定连续、方便群众的原则。

不动产权利人已经依法享有的不动产权利，不因登记机构和登记程序的改变而受到影响。

第五条 下列不动产权利，依照本条例的规定办理登记：

（一）集体土地所有权；
（二）房屋等建筑物、构筑物所有权；
（三）森林、林木所有权；
（四）耕地、林地、草地等土地承包经营权；
（五）建设用地使用权；
（六）宅基地使用权；
（七）海域使用权；
（八）地役权；
（九）抵押权；
（十）法律规定需要登记的其他不动产权利。

第六条 国务院国土资源主管部门负责指导、监督全国不动产登记工作。

县级以上地方人民政府应当确定一个部门为本行政区域的不动产登记机构，负责不动产登记工作，并接受上级人民政府不动产登记主管部门的指导、监督。

第七条 不动产登记由不动产所在地的县级人民政府不动产登记机构办理；直辖市、设区的市人民政府可以确定本级不动产登记机构统一办理所属各区的不动产登记。

跨县级行政区域的不动产登记，由所跨县级行政区域的不动产登记机构分别办理。不能分别办理的，由所跨县级行政区域的不动产登记机构协商办理；协商不成的，由共同的上一级人民政府不动产登记主管部门指定办理。

国务院确定的重点国有林区的森林、林木和林地，国务院批准项目用海、用岛，中央国家机关使用的国有土地等不动产登记，由国务院国土资源主管部门会同有关部门规定。

第二章　不动产登记簿

第八条 不动产以不动产单元为基本单位进行登记。不动产单元具有唯一编码。

不动产登记机构应当按照国务院国土资源主管部门的规定设立统一的不动产登记簿。

不动产登记簿应当记载以下事项：

（一）不动产的坐落、界址、空间界限、面积、用途等自然状况；

（二）不动产权利的主体、类型、内容、来源、期限、权利变化等权属状况；

（三）涉及不动产权利限制、提示的事项；

（四）其他相关事项。

注释 不动产登记应当以不动产单元为基本单位进行登记。不动产单元是指权属界线封闭且具有独立使用价值的空间。独立使用价值的空间应当足以实现相应的用途，并可以独立利用。

1. 没有房屋等建筑物、构筑物以及森林、林木定着物的，以土地、海域权属界线封闭的空间为不动产单元。

2. 有房屋等建筑物以及森林、林木定着物的，以该房屋等建筑物以及森林、林木定着物与土地、海域权属界线封闭的空间为不动产单元。

3. 有地下车库、商铺等具有独立使用价值的特定空间或者码头、油库、隧道、桥梁等构筑物的，以该特定空间或者构筑物与土地、海域权属界线封闭的空间为不动产单元。

不动产单元应当按照《不动产单元设定与代码编制规则（试行）》的规定进行设定与编码。不动产登记机构负责本辖区范围内的不动产单元代码编制、变更与管理工作，确保不动产单元编码的唯一性。

本条第3款规定了不动产登记簿的主要记载事项：一是不动产的自然状况。坐落是指宗地所在地的名称；界址主要是通过地籍编号和图号体现；面积是指宗地的大小；用途是指土地的使用类型，具体包括水田、果园、天然牧草地、住宿餐饮用地等，按照《土地利用现状分类》的规定予以记载，对于房屋而言，还包括房屋的楼层等信息。二是不动产的权属状况。权利人是指土地使用权人或所有权人；类型是指集体土地所有权、国有建设用地使用权等类型；内容是指房屋容积率等限制内容；来源是指继承、转让、赠与等权利取得土地权利的方式；期限是指土地使用权的期限；权利变化情况是指不动产权利的转移、延续、注销等情况。三是不动产限制提示事项。这主要是针对异议登记、预告登记、查封登记等登记类型而规定的。在异议登记的情况下，登记簿记载的是他人对登记簿记载提出异议这一客观事实；在预告登记的情况下，登记簿记载的是他人享有将来发生物权变动请求权这一事实；在查封登记的情况下，登记簿记载的是司法机关查封的事实。上述情况下都未发生权属的实际变动，记载只是一种风险的提示和权利的限制。

实务问答 什么是不动产权籍调查？

不动产登记申请前，需要进行不动产权籍调查的，应当依据不动产权籍调查相关技术规定开展不动产权籍调查。不动产权籍调查包括不动产权属调查和不动产测量。

（1）申请人申请不动产首次登记前，应当以宗地、宗海为基础，以不动产单元为基本单位，开展不动产权籍调查。其中，政府组织开展的集体土地所有权、宅基地使用权、集体建设用地使用权、土地承包经营权的首次登记所需的不动产权籍调查成果，由人民政府有关部门组织获取。

（2）申请人申请不动产变更、转移等登记，不动产界址未发生变化的，可以沿用原不动产权籍调查成果;不动产界址发生变化,或界址无变化但未进行过权籍调查或无法提供不动产权籍调查成果,应当补充或重新开展不动产权籍调查。

(3)前期行业管理中已经产生或部分产生,并经行业主管部门或其授权机构确认的,符合不动产登记要求的不动产权籍调查成果,可继续沿用。

不动产登记机构应当加强不动产权籍调查成果确认工作,结合日常登记实时更新权籍调查数据库,确保不动产权籍调查数据的现势、有效和安全。

链接《物权编解释(一)》第2、15条;《不动产登记暂行条例实施细则》第5、6条;《国土资源部办公厅关于规范不动产权籍调查有关工作的通知》

第九条 不动产登记簿应当采用电子介质,暂不具备条件的,可以采用纸质介质。不动产登记机构应当明确不动产登记簿唯一、合法的介质形式。

不动产登记簿采用电子介质的,应当定期进行异地备份,并具有唯一、确定的纸质转化形式。

第十条 不动产登记机构应当依法将各类登记事项准确、完整、清晰地记载于不动产登记簿。任何人不得损毁不动产登记簿,除依法予以更正外不得修改登记事项。

第十一条 不动产登记工作人员应当具备与不动产登记工作相适应的专业知识和业务能力。

不动产登记机构应当加强对不动产登记工作人员的管理和专业技术培训。

第十二条 不动产登记机构应当指定专人负责不动产登记簿的保管,并建立健全相应的安全责任制度。

采用纸质介质不动产登记簿的,应当配备必要的防盗、防火、防潮、防有害生物等安全保护设施。

采用电子介质不动产登记簿的,应当配备专门的存储设施,并采取信息网络安全防护措施。

第十三条 不动产登记簿由不动产登记机构永久保存。不动产登记簿损毁、灭失的,不动产登记机构应当依据原有登记资料予以重建。

行政区域变更或者不动产登记机构职能调整的,应当及时将不动产登记簿移交相应的不动产登记机构。

第三章 登记程序

第十四条 因买卖、设定抵押权等申请不动产登记的,应当由当事人双方共同申请。

属于下列情形之一的,可以由当事人单方申请:

(一)尚未登记的不动产首次申请登记的;

(二)继承、接受遗赠取得不动产权利的;

(三)人民法院、仲裁委员会生效的法律文书或者人民政府生效的决定等设立、变更、转让、消灭不动产权利的;

(四)权利人姓名、名称或者自然状况发生变化,申请变更登记的;

(五)不动产灭失或者权利人放弃不动产权利,申请注销登记的;

(六)申请更正登记或者异议登记的;

(七)法律、行政法规规定可以由当事人单方申请的其他情形。

实务问答 登记的一般程序有哪些?

(1)依申请登记程序

依申请的不动产登记应当按下列程序进行:申请;受理;审核;登簿。

不动产登记机构完成登记后,应当依据法律、行政法规规定向申请人发放不动产权属证书或者不动产登记证明。

(2)依嘱托登记程序

依据人民法院、人民检察院等国家有权机关出具的相关嘱托文件办理不动产登记的,按下列程序进行:嘱托;接受嘱托;审核;登簿。

(3)依职权登记程序

不动产登记机构依职权办理不动产登记事项的,按下列程序进行:启动;审核;登簿。

链接《民法典》第232条;《不动产登记暂行条例实施细则》第14-16条

第十五条 当事人或者其代理人应当向不动产登记机构申请不动产登记。

不动产登记机构将申请登记事项记载于不动产登记簿前,申请人可以撤回登记申请。

第十六条 申请人应当提交下列材料,并对申请材料的真实性负责:

(一)登记申请书;

(二)申请人、代理人身份证明材料、授权委托书;

(三)相关的不动产权属来源证明材料、登记原因证明文件、不动产权属证书;

(四)不动产界址、空间界限、面积等材料;

（五）与他人利害关系的说明材料；

（六）法律、行政法规以及本条例实施细则规定的其他材料。

不动产登记机构应当在办公场所和门户网站公开申请登记所需材料目录和示范文本等信息。

第十七条 不动产登记机构收到不动产登记申请材料，应当分别按照下列情况办理：

（一）属于登记职责范围，申请材料齐全、符合法定形式，或者申请人按照要求提交全部补正申请材料的，应当受理并书面告知申请人；

（二）申请材料存在可以当场更正的错误的，应当告知申请人当场更正，申请人当场更正后，应当受理并书面告知申请人；

（三）申请材料不齐全或者不符合法定形式的，应当当场书面告知申请人不予受理并一次性告知需要补正的全部内容；

（四）申请登记的不动产不属于本机构登记范围的，应当当场书面告知申请人不予受理并告知申请人向有登记权的机构申请。

不动产登记机构未当场书面告知申请人不予受理的，视为受理。

第十八条 不动产登记机构受理不动产登记申请的，应当按照下列要求进行查验：

（一）不动产界址、空间界限、面积等材料与申请登记的不动产状况是否一致；

（二）有关证明材料、文件与申请登记的内容是否一致；

（三）登记申请是否违反法律、行政法规规定。

第十九条 属于下列情形之一的，不动产登记机构可以对申请登记的不动产进行实地查看：

（一）房屋等建筑物、构筑物所有权首次登记；

（二）在建建筑物抵押权登记；

（三）因不动产灭失导致的注销登记；

（四）不动产登记机构认为需要实地查看的其他情形。

对可能存在权属争议，或者可能涉及他人利害关系的登记申请，不动产登记机构可以向申请人、利害关系人或者有关单位进行调查。

不动产登记机构进行实地查看或者调查时，申请人、被调查人应当予以配合。

第二十条 不动产登记机构应当自受理登记申请之日起30个工作日内办结不动产登记手续，法律另有规定的除外。

第二十一条 登记事项自记载于不动产登记簿时完成登记。

不动产登记机构完成登记，应当依法向申请人核发不动产权属证书或者登记证明。

实务问答 不动产权属证书和不动产登记证明如何换发、补发、注销？

不动产权属证书和不动产登记证明换发、补发、注销的，原证号废止。换发、补发的新不动产权属证书或不动产登记证明应当更换号码，并在不动产权属证书或者不动产登记证明上注明"换发""补发"字样。

不动产权属证书或者不动产登记证明破损、污损、填制错误的，当事人可以向不动产登记机构申请换发。符合换发条件的，不动产登记机构应当收回并注销原不动产权属证书或者不动产登记证明，并将有关事项记载于不动产登记簿后，向申请人换发新的不动产权属证书或者不动产登记证明，并注明"换发"字样。

不动产权属证书或者不动产登记证明遗失、灭失，不动产权利人申请补发的，由不动产登记机构在其门户网站上刊发不动产权利人的遗失、灭失声明，15个工作日后，打印一份遗失、灭失声明页面存档，并将有关事项记载于不动产登记簿，向申请人补发新的不动产权属证书或者不动产登记证明，并注明"补发"字样。

不动产被查封、抵押或存在异议登记、预告登记的，不影响不动产权属证书和不动产登记证明的换发或补发。

第二十二条 登记申请有下列情形之一的，不动产登记机构应当不予登记，并书面告知申请人：

（一）违反法律、行政法规规定的；

（二）存在尚未解决的权属争议的；

（三）申请登记的不动产权利超过规定期限的；

（四）法律、行政法规规定不予登记的其他情形。

第四章 登记信息共享与保护

第二十三条 国务院国土资源主管部门应当会同有关部门建立统一的不动产登记信息管理基础平台。

各级不动产登记机构登记的信息应当纳入统

一的不动产登记信息管理基础平台,确保国家、省、市、县四级登记信息的实时共享。

第二十四条 不动产登记有关信息与住房城乡建设、农业、林业、海洋等部门审批信息、交易信息等应当实时互通共享。

不动产登记机构能够通过实时互通共享取得的信息,不得要求不动产登记申请人重复提交。

第二十五条 国土资源、公安、民政、财政、税务、工商、金融、审计、统计等部门应当加强不动产登记有关信息互通共享。

第二十六条 不动产登记机构、不动产登记信息共享单位及其工作人员应当对不动产登记信息保密;涉及国家秘密的不动产登记信息,应当依法采取必要的安全保密措施。

第二十七条 权利人、利害关系人可以依法查询、复制不动产登记资料,不动产登记机构应当提供。

有关国家机关可以依照法律、行政法规的规定查询、复制与调查处理事项有关的不动产登记资料。

第二十八条 查询不动产登记资料的单位、个人应当向不动产登记机构说明查询目的,不得将查询获得的不动产登记资料用于其他目的;未经权利人同意,不得泄露查询获得的不动产登记资料。

第五章 法律责任

第二十九条 不动产登记机构登记错误给他人造成损害,或者当事人提供虚假材料申请登记给他人造成损害的,依照《中华人民共和国物权法》的规定承担赔偿责任。

[注释] 首先,不动产登记机构的赔偿责任属于无过错责任,无论是否存在过错,都需先承担赔偿责任。登记错误的受害人处于相对弱势的地位,这样规定,是为了对受害人提供更加充分的保护。登记机构赔偿后,可以向造成登记错误的人追偿,包括提供虚假材料的登记申请人、存在故意或重大过失的登记机构的工作人员等。其次,登记机构的赔偿属于国家赔偿。根据《国家赔偿法》第2条的规定,不动产登记机构作为国家机关,在行使登记职权过程中,给公民、法人的合法权益造成损害的,应当承担国家赔偿责任。

[链接]《民法典》第222条;《国家赔偿法》第2条

第三十条 不动产登记机构工作人员进行虚假登记,损毁、伪造不动产登记簿,擅自修改登记事项,或者有其他滥用职权、玩忽职守行为的,依法给予处分;给他人造成损害的,依法承担赔偿责任;构成犯罪的,依法追究刑事责任。

[注释] 不动产登记簿记载了不动产的权利现状和其他事项,是不动产物权的归属和内容的根据。不动产登记机构工作人员的渎职行为会造成登记簿记载与实际情况不符,权利人难以据此主张权利,其利益会受到严重威胁或损害,同时影响不动产交易活动的安全性,给相关利害关系人带来损失,也损害了不动产登记簿的可信赖性和权威性。

本条规定这4类渎职行为应当承担的民事责任、行政责任和刑事责任。由于渎职行为给他人造成损害的,依法承担民事赔偿责任;不动产登记机构工作人员有本条规定的渎职行为的,依法给予行政处分;登记机构工作人员的渎职行为对相应社会关系造成严重侵害后果的,应当依法追究其刑事责任。

[链接]《公务员法》第61条;《违反土地管理规定行为处分办法》第7条第1项;《刑法》第397条;《最高人民检察院关于渎职侵权犯罪案件立案标准的规定》

第三十一条 伪造、变造不动产权属证书、不动产登记证明,或者买卖、使用伪造、变造的不动产权属证书、不动产登记证明的,由不动产登记机构或者公安机关依法予以收缴;有违法所得的,没收违法所得;给他人造成损害的,依法承担赔偿责任;构成违反治安管理行为的,依法给予治安管理处罚;构成犯罪的,依法追究刑事责任。

[注释] 不动产权属证书和不动产登记证明是不动产登记簿所记载内容的外在表现形式。在社会生活和交易过程中,不动产权利人为了证明自己的权利状况,可以出示权属证书。任何单位和个人不能伪造、变造不动产权属证书、不动产登记证明,也不能买卖、使用伪造、变造的不动产权属证书、不动产登记证明,否则会造成不动产权利归属与实际情况不符,严重扰乱不动产交易秩序,会给相关利害关系人带来重大损失。

[链接]《治安管理处罚法》第52条;《刑法》第280条

第三十二条 不动产登记机构、不动产登记信息共享单位及其工作人员,查询不动产登记资料的单位或者个人违反国家规定,泄露不动产登记资料、登记信息，或者利用不动产登记资料、登记信息进行不正当活动，给他人造成损害的，依法承担赔偿责任；对有关责任人员依法给予处分；有关责任人员构成犯罪的，依法追究刑事责任。

第六章 附 则

第三十三条 本条例施行前依法颁发的各类不动产权属证书和制作的不动产登记簿继续有效。

不动产统一登记过渡期内，农村土地承包经营权的登记按照国家有关规定执行。

第三十四条 本条例实施细则由国务院国土资源主管部门会同有关部门制定。

第三十五条 本条例自2015年3月1日起施行。本条例施行前公布的行政法规有关不动产登记的规定与本条例规定不一致的，以本条例规定为准。

中华人民共和国招标投标法实施条例

- 2011年12月20日中华人民共和国国务院令第613号公布
- 根据2017年3月1日《国务院关于修改和废止部分行政法规的决定》第一次修订
- 根据2018年3月19日《国务院关于修改和废止部分行政法规的决定》第二次修订
- 根据2019年3月2日《国务院关于修改部分行政法规的决定》第三次修订

第一章 总 则

第一条 为了规范招标投标活动，根据《中华人民共和国招标投标法》（以下简称招标投标法），制定本条例。

第二条 招标投标法第三条所称工程建设项目，是指工程以及与工程建设有关的货物、服务。

前款所称工程，是指建设工程，包括建筑物和构筑物的新建、改建、扩建及其相关的装修、拆除、修缮等；所称与工程建设有关的货物，是指构成工程不可分割的组成部分，且为实现工程基本功能所必需的设备、材料等；所称与工程建设有关的服务，是指为完成工程所需的勘察、设计、监理等服务。

第三条 依法必须进行招标的工程建设项目的具体范围和规模标准，由国务院发展改革部门会同国务院有关部门制订，报国务院批准后公布施行。

第四条 国务院发展改革部门指导和协调全国招标投标工作，对国家重大建设项目的工程招标投标活动实施监督检查。国务院工业和信息化、住房城乡建设、交通运输、铁道、水利、商务等部门，按照规定的职责分工对有关招标投标活动实施监督。

县级以上地方人民政府发展改革部门指导和协调本行政区域的招标投标工作。县级以上地方人民政府有关部门按照规定的职责分工，对招标投标活动实施监督，依法查处招标投标活动中的违法行为。县级以上地方人民政府对其所属部门有关招标投标活动的监督职责分工另有规定的，从其规定。

财政部门依法对实行招标投标的政府采购工程建设项目的政府采购政策执行情况实施监督。

监察机关依法对与招标投标活动有关的监察对象实施监察。

第五条 设区的市级以上地方人民政府可以根据实际需要，建立统一规范的招标投标交易场所，为招标投标活动提供服务。招标投标交易场所不得与行政监督部门存在隶属关系，不得以营利为目的。

国家鼓励利用信息网络进行电子招标投标。

第六条 禁止国家工作人员以任何方式非法干涉招标投标活动。

第二章 招 标

第七条 按照国家有关规定需要履行项目审批、核准手续的依法必须进行招标的项目，其招标范围、招标方式、招标组织形式应当报项目审批、核准部门审批、核准。项目审批、核准部门应当及时将审批、核准确定的招标范围、招标方式、招标组织形式通报有关行政监督部门。

第八条 国有资金占控股或者主导地位的依法必须进行招标的项目，应当公开招标；但有下列情形之一的，可以邀请招标：

（一）技术复杂、有特殊要求或者受自然环境限制，只有少量潜在投标人可供选择；

（二）采用公开招标方式的费用占项目合同金

额的比例过大。

有前款第二项所列情形，属于本条例第七条规定的项目，由项目审批、核准部门在审批、核准项目时作出认定；其他项目由招标人申请有关行政监督部门作出认定。

第九条 除招标投标法第六十六条规定的可以不进行招标的特殊情况外，有下列情形之一的，可以不进行招标：

（一）需要采用不可替代的专利或者专有技术；

（二）采购人依法能够自行建设、生产或者提供；

（三）已通过招标方式选定的特许经营项目投资人依法能够自行建设、生产或者提供；

（四）需要向原中标人采购工程、货物或者服务，否则将影响施工或者功能配套要求；

（五）国家规定的其他特殊情形。

招标人为适用前款规定弄虚作假的，属于招标投标法第四条规定的规避招标。

第十条 招标投标法第十二条第二款规定的招标人具有编制招标文件和组织评标能力，是指招标人具有与招标项目规模和复杂程度相适应的技术、经济等方面的专业人员。

第十一条 国务院住房城乡建设、商务、发展改革、工业和信息化等部门，按照规定的职责分工对招标代理机构依法实施监督管理。

第十二条 招标代理机构应当拥有一定数量的具备编制招标文件、组织评标等相应能力的专业人员。

第十三条 招标代理机构在招标人委托的范围内开展招标代理业务，任何单位和个人不得非法干涉。

招标代理机构代理招标业务，应当遵守招标投标法和本条例关于招标人的规定。招标代理机构不得在所代理的招标项目中投标或者代理投标，也不得为所代理的招标项目的投标人提供咨询。

第十四条 招标人应当与被委托的招标代理机构签订书面委托合同，合同约定的收费标准应当符合国家有关规定。

第十五条 公开招标的项目，应当依照招标投标法和本条例的规定发布招标公告、编制招标文件。

招标人采用资格预审办法对潜在投标人进行资格审查的，应当发布资格预审公告、编制资格预审文件。

依法必须进行招标的项目的资格预审公告和招标公告，应当在国务院发展改革部门依法指定的媒介发布。在不同媒介发布的同一招标项目的资格预审公告或者招标公告的内容应当一致。指定媒介发布依法必须进行招标的项目的境内资格预审公告、招标公告，不得收取费用。

编制依法必须进行招标的项目的资格预审文件和招标文件，应当使用国务院发展改革部门会同有关行政监督部门制定的标准文本。

第十六条 招标人应当按照资格预审公告、招标公告或者投标邀请书规定的时间、地点发售资格预审文件或者招标文件。资格预审文件或者招标文件的发售期不得少于5日。

招标人发售资格预审文件、招标文件收取的费用应当限于补偿印刷、邮寄的成本支出，不得以营利为目的。

第十七条 招标人应当合理确定提交资格预审申请文件的时间。依法必须进行招标的项目提交资格预审申请文件的时间，自资格预审文件停止发售之日起不得少于5日。

第十八条 资格预审应当按照资格预审文件载明的标准和方法进行。

国有资金占控股或者主导地位的依法必须进行招标的项目，招标人应当组建资格审查委员会审查资格预审申请文件。资格审查委员会及其成员应当遵守招标投标法和本条例有关评标委员会及其成员的规定。

第十九条 资格预审结束后，招标人应当及时向资格预审申请人发出资格预审结果通知书。未通过资格预审的申请人不具有投标资格。

通过资格预审的申请人少于3个的，应当重新招标。

第二十条 招标人采用资格后审办法对投标人进行资格审查的，应当在开标后由评标委员会按照招标文件规定的标准和方法对投标人的资格进行审查。

第二十一条 招标人可以对已发出的资格预审文件或者招标文件进行必要的澄清或者修改。澄清或者修改的内容可能影响资格预审申请文件或者投标文件编制的，招标人应当在提交资格预审申请文件截止时间至少 3 日前,或者投标截止时间至少 15 日前,以书面形式通知所有获取资格预审文件或者招标文件的潜在投标人;不足 3 日或者 15 日的,招标人应当顺延提交资格预审申请文件或者投标文件的截止时间。

第二十二条　潜在投标人或者其他利害关系人对资格预审文件有异议的,应当在提交资格预审申请文件截止时间 2 日前提出;对招标文件有异议的,应当在投标截止时间 10 日前提出。招标人应当自收到异议之日起 3 日内作出答复;作出答复前,应当暂停招标投标活动。

第二十三条　招标人编制的资格预审文件、招标文件的内容违反法律、行政法规的强制性规定,违反公开、公平、公正和诚实信用原则,影响资格预审结果或者潜在投标人投标的,依法必须进行招标的项目的招标人应当在修改资格预审文件或者招标文件后重新招标。

第二十四条　招标人对招标项目划分标段的,应当遵守招标投标法的有关规定,不得利用划分标段限制或者排斥潜在投标人。依法必须进行招标的项目的招标人不得利用划分标段规避招标。

第二十五条　招标人应当在招标文件中载明投标有效期。投标有效期从提交投标文件的截止之日起算。

第二十六条　招标人在招标文件中要求投标人提交投标保证金的,投标保证金不得超过招标项目估算价的 2%。投标保证金有效期应当与投标有效期一致。

依法必须进行招标的项目的境内投标单位,以现金或者支票形式提交的投标保证金应当从其基本账户转出。

招标人不得挪用投标保证金。

第二十七条　招标人可以自行决定是否编制标底。一个招标项目只能有一个标底。标底必须保密。

接受委托编制标底的中介机构不得参加受托编制标底项目的投标,也不得为该项目的投标人编制投标文件或者提供咨询。

招标人设有最高投标限价的,应当在招标文件中明确最高投标限价或者最高投标限价的计算方法。招标人不得规定最低投标限价。

第二十八条　招标人不得组织单个或者部分潜在投标人踏勘项目现场。

第二十九条　招标人可以依法对工程以及与工程建设有关的货物、服务全部或者部分实行总承包招标。以暂估价形式包括在总承包范围内的工程、货物、服务属于依法必须进行招标的项目范围且达到国家规定规模标准的,应当依法进行招标。

前款所称暂估价,是指总承包招标时不能确定价格而由招标人在招标文件中暂时估定的工程、货物、服务的金额。

第三十条　对技术复杂或者无法精确拟定技术规格的项目,招标人可以分两阶段进行招标。

第一阶段,投标人按照招标公告或者投标邀请书的要求提交不带报价的技术建议,招标人根据投标人提交的技术建议确定技术标准和要求,编制招标文件。

第二阶段,招标人向在第一阶段提交技术建议的投标人提供招标文件,投标人按照招标文件的要求提交包括最终技术方案和投标报价的投标文件。

招标人要求投标人提交投标保证金的,应当在第二阶段提出。

第三十一条　招标人终止招标的,应当及时发布公告,或者以书面形式通知被邀请的或者已经获取资格预审文件、招标文件的潜在投标人。已经发售资格预审文件、招标文件或者已经收取投标保证金的,招标人应当及时退还所收取的资格预审文件、招标文件的费用,以及所收取的投标保证金及银行同期存款利息。

第三十二条　招标人不得以不合理的条件限制、排斥潜在投标人或者投标人。

招标人有下列行为之一的,属于以不合理条件限制、排斥潜在投标人或者投标人:

(一)就同一招标项目向潜在投标人或者投标人提供有差别的项目信息;

(二)设定的资格、技术、商务条件与招标项目的具体特点和实际需要不相适应或者与合同履行无关;

(三)依法必须进行招标的项目以特定行政区域或者特定行业的业绩、奖项作为加分条件或者中标条件;

(四)对潜在投标人或者投标人采取不同的资格审查或者评标标准;

（五）限定或者指定特定的专利、商标、品牌、原产地或者供应商；

（六）依法必须进行招标的项目非法限定潜在投标人或者投标人的所有制形式或者组织形式；

（七）以其他不合理条件限制、排斥潜在投标人或者投标人。

第三章 投　标

第三十三条　投标人参加依法必须进行招标的项目的投标，不受地区或者部门的限制，任何单位和个人不得非法干涉。

第三十四条　与招标人存在利害关系可能影响招标公正性的法人、其他组织或者个人，不得参加投标。

单位负责人为同一人或者存在控股、管理关系的不同单位，不得参加同一标段投标或者未划分标段的同一招标项目投标。

违反前两款规定的，相关投标均无效。

第三十五条　投标人撤回已提交的投标文件，应当在投标截止时间前书面通知招标人。招标人已收取投标保证金的，应当自收到投标人书面撤回通知之日起5日内退还。

投标截止后投标人撤销投标文件的，招标人可以不退还投标保证金。

第三十六条　未通过资格预审的申请人提交的投标文件，以及逾期送达或者不按照招标文件要求密封的投标文件，招标人应当拒收。

招标人应当如实记载投标文件的送达时间和密封情况，并存档备查。

第三十七条　招标人应当在资格预审公告、招标公告或者投标邀请书中载明是否接受联合体投标。

招标人接受联合体投标并进行资格预审的，联合体应当在提交资格预审申请文件前组成。资格预审后联合体增减、更换成员的，其投标无效。

联合体各方在同一招标项目中以自己名义单独投标或者参加其他联合体投标的，相关投标均无效。

第三十八条　投标人发生合并、分立、破产等重大变化的，应当及时书面告知招标人。投标人不再具备资格预审文件、招标文件规定的资格条件或者其投标影响招标公正性的，其投标无效。

第三十九条　禁止投标人相互串通投标。

有下列情形之一的，属于投标人相互串通投标：

（一）投标人之间协商投标报价等投标文件的实质性内容；

（二）投标人之间约定中标人；

（三）投标人之间约定部分投标人放弃投标或者中标；

（四）属于同一集团、协会、商会等组织成员的投标人按照该组织要求协同投标；

（五）投标人之间为谋取中标或者排斥特定投标人而采取的其他联合行动。

第四十条　有下列情形之一的，视为投标人相互串通投标：

（一）不同投标人的投标文件由同一单位或者个人编制；

（二）不同投标人委托同一单位或者个人办理投标事宜；

（三）不同投标人的投标文件载明的项目管理成员为同一人；

（四）不同投标人的投标文件异常一致或者投标报价呈规律性差异；

（五）不同投标人的投标文件相互混装；

（六）不同投标人的投标保证金从同一单位或者个人的账户转出。

第四十一条　禁止招标人与投标人串通投标。

有下列情形之一的，属于招标人与投标人串通投标：

（一）招标人在开标前开启投标文件并将有关信息泄露给其他投标人；

（二）招标人直接或者间接向投标人泄露标底、评标委员会成员等信息；

（三）招标人明示或者暗示投标人压低或者抬高投标报价；

（四）招标人授意投标人撤换、修改投标文件；

（五）招标人明示或者暗示投标人为特定投标人中标提供方便；

（六）招标人与投标人为谋求特定投标人中标而采取的其他串通行为。

第四十二条　使用通过受让或者租借等方式获取的资格、资质证书投标的，属于招标投标法第三十三条规定的以他人名义投标。

投标人有下列情形之一的，属于招标投标法

第三十三条规定的以其他方式弄虚作假的行为：

（一）使用伪造、变造的许可证件；

（二）提供虚假的财务状况或者业绩；

（三）提供虚假的项目负责人或者主要技术人员简历、劳动关系证明；

（四）提供虚假的信用状况；

（五）其他弄虚作假的行为。

第四十三条 提交资格预审申请文件的申请人应当遵守招标投标法和本条例有关投标人的规定。

第四章 开标、评标和中标

第四十四条 招标人应当按照招标文件规定的时间、地点开标。

投标人少于3个的，不得开标；招标人应当重新招标。

投标人对开标有异议的，应当在开标现场提出，招标人应当当场作出答复，并制作记录。

第四十五条 国家实行统一的评标专家专业分类标准和管理办法。具体标准和办法由国务院发展改革部门会同国务院有关部门制定。

省级人民政府和国务院有关部门应当组建综合评标专家库。

第四十六条 除招标投标法第三十七条第三款规定的特殊招标项目外，依法必须进行招标的项目，其评标委员会的专家成员应当从评标专家库内相关专业的专家名单中以随机抽取方式确定。任何单位和个人不得以明示、暗示等任何方式指定或者变相指定参加评标委员会的专家成员。

依法必须进行招标的项目的招标人非因招标投标法和本条例规定的事由，不得更换依法确定的评标委员会成员。更换评标委员会的专家成员应当依照前款规定进行。

评标委员会成员与投标人有利害关系的，应当主动回避。

有关行政监督部门应当按照规定的职责分工，对评标委员会成员的确定方式、评标专家的抽取和评标活动进行监督。行政监督部门的工作人员不得担任本部门负责监督项目的评标委员会成员。

第四十七条 招标投标法第三十七条第三款所称特殊招标项目，是指技术复杂、专业性强或者国家有特殊要求，采取随机抽取方式确定的专家难以保证胜任评标工作的项目。

第四十八条 招标人应当向评标委员会提供评标所必需的信息，但不得明示或者暗示其倾向或者排斥特定投标人。

招标人应当根据项目规模和技术复杂程度等因素合理确定评标时间。超过三分之一的评标委员会成员认为评标时间不够的，招标人应当适当延长。

评标过程中，评标委员会成员有回避事由、擅离职守或者因健康等原因不能继续评标的，应当及时更换。被更换的评标委员会成员作出的评审结论无效，由更换后的评标委员会成员重新进行评审。

第四十九条 评标委员会成员应当依照招标投标法和本条例的规定，按照招标文件规定的评标标准和方法，客观、公正地对投标文件提出评审意见。招标文件没有规定的评标标准和方法不得作为评标的依据。

评标委员会成员不得私下接触投标人，不得收受投标人给予的财物或者其他好处，不得向招标人征询确定中标人的意向，不得接受任何单位或者个人明示或者暗示提出的倾向或者排斥特定投标人的要求，不得有其他不客观、不公正履行职务的行为。

第五十条 招标项目设有标底的，招标人应当在开标时公布。标底只能作为评标的参考，不得以投标报价是否接近标底作为中标条件，也不得以投标报价超过标底上下浮动范围作为否决投标的条件。

第五十一条 有下列情形之一的，评标委员会应当否决其投标：

（一）投标文件未经投标单位盖章和单位负责人签字；

（二）投标联合体没有提交共同投标协议；

（三）投标人不符合国家或者招标文件规定的资格条件；

（四）同一投标人提交两个以上不同的投标文件或者投标报价，但招标文件要求提交备选投标的除外；

（五）投标报价低于成本或者高于招标文件设定的最高投标限价；

（六）投标文件没有对招标文件的实质性要求

和条件作出响应；

（七）投标人有串通投标、弄虚作假、行贿等违法行为。

第五十二条 投标文件中有含义不明确的内容、明显文字或者计算错误，评标委员会认为需要投标人作出必要澄清、说明的，应当书面通知该投标人。投标人的澄清、说明应当采用书面形式，并不得超出投标文件的范围或者改变投标文件的实质性内容。

评标委员会不得暗示或者诱导投标人作出澄清、说明，不得接受投标人主动提出的澄清、说明。

第五十三条 评标完成后，评标委员会应当向招标人提交书面评标报告和中标候选人名单。中标候选人应当不超过3个，并标明排序。

评标报告应当由评标委员会全体成员签字。对评标结果有不同意见的评标委员会成员应当以书面形式说明其不同意见和理由，评标报告应当注明该不同意见。评标委员会成员拒绝在评标报告上签字又不书面说明其不同意见和理由的，视为同意评标结果。

第五十四条 依法必须进行招标的项目，招标人应当自收到评标报告之日起3日内公示中标候选人，公示期不得少于3日。

投标人或者其他利害关系人对依法必须进行招标的项目的评标结果有异议的，应当在中标候选人公示期间提出。招标人应当自收到异议之日起3日内作出答复；作出答复前，应当暂停招标投标活动。

第五十五条 国有资金占控股或者主导地位的依法必须进行招标的项目，招标人应当确定排名第一的中标候选人为中标人。排名第一的中标候选人放弃中标、因不可抗力不能履行合同、不按照招标文件要求提交履约保证金，或者被查实存在影响中标结果的违法行为等情形，不符合中标条件的，招标人可以按照评标委员会提出的中标候选人名单排序依次确定其他中标候选人为中标人，也可以重新招标。

第五十六条 中标候选人的经营、财务状况发生较大变化或者存在违法行为，招标人认为可能影响其履约能力的，应当在发出中标通知书前由原评标委员会按照招标文件规定的标准和方法审查确认。

第五十七条 招标人和中标人应当依照招标投标法和本条例的规定签订书面合同，合同的标的、价款、质量、履行期限等主要条款应当与招标文件和中标人的投标文件的内容一致。招标人和中标人不得再行订立背离合同实质性内容的其他协议。

招标人最迟应当在书面合同签订后5日内向中标人和未中标的投标人退还投标保证金及银行同期存款利息。

第五十八条 招标文件要求中标人提交履约保证金的，中标人应当按照招标文件的要求提交。履约保证金不得超过中标合同金额的10%。

第五十九条 中标人应当按照合同约定履行义务，完成中标项目。中标人不得向他人转让中标项目，也不得将中标项目肢解后分别向他人转让。

中标人按照合同约定或者经招标人同意，可以将中标项目的部分非主体、非关键性工作分包给他人完成。接受分包的人应当具备相应的资格条件，并不得再次分包。

中标人应当就分包项目向招标人负责，接受分包的人就分包项目承担连带责任。

第五章 投诉与处理

第六十条 投标人或者其他利害关系人认为招标投标活动不符合法律、行政法规规定的，可以自知道或者应当知道之日起10日内向有关行政监督部门投诉。投诉应当有明确的请求和必要的证明材料。

就本条例第二十二条、第四十四条、第五十四条规定事项投诉的，应当先向招标人提出异议，异议答复期间不计算在前款规定的期限内。

第六十一条 投诉人就同一事项向两个以上有权受理的行政监督部门投诉的，由最先收到投诉的行政监督部门负责处理。

行政监督部门应当自收到投诉之日起3个工作日内决定是否受理投诉，并自受理投诉之日起30个工作日内作出书面处理决定；需要检验、检测、鉴定、专家评审的，所需时间不计算在内。

投诉人捏造事实、伪造材料或者以非法手段取得证明材料进行投诉的，行政监督部门应当予以驳回。

第六十二条 行政监督部门处理投诉，有权查阅、复制有关文件、资料，调查有关情况，相关单位和人员应当予以配合。必要时,行政监督部门可以责令暂停招标投标活动。

行政监督部门的工作人员对监督检查过程中知悉的国家秘密、商业秘密,应当依法予以保密。

第六章 法律责任

第六十三条 招标人有下列限制或者排斥潜在投标人行为之一的,由有关行政监督部门依照招标投标法第五十一条的规定处罚:

(一)依法应当公开招标的项目不按照规定在指定媒介发布资格预审公告或者招标公告;

(二)在不同媒介发布的同一招标项目的资格预审公告或者招标公告的内容不一致,影响潜在投标人申请资格预审或者投标。

依法必须进行招标的项目的招标人不按照规定发布资格预审公告或者招标公告,构成规避招标的,依照招标投标法第四十九条的规定处罚。

第六十四条 招标人有下列情形之一的,由有关行政监督部门责令改正,可以处10万元以下的罚款:

(一)依法应当公开招标而采用邀请招标;

(二)招标文件、资格预审文件的发售、澄清、修改的时限,或者确定的提交资格预审申请文件、投标文件的时限不符合招标投标法和本条例规定;

(三)接受未通过资格预审的单位或者个人参加投标;

(四)接受应当拒收的投标文件。

招标人有前款第一项、第三项、第四项所列行为之一的,对单位直接负责的主管人员和其他直接责任人员依法给予处分。

第六十五条 招标代理机构在所代理的招标项目中投标、代理投标或者向该项目投标人提供咨询的,接受委托编制标底的中介机构参加受托编制标底项目的投标或者为该项目的投标人编制投标文件、提供咨询的,依照招标投标法第五十条的规定追究法律责任。

第六十六条 招标人超过本条例规定的比例收取投标保证金、履约保证金或者不按照规定退还投标保证金及银行同期存款利息的,由有关行政监督部门责令改正,可以处5万元以下的罚款;给他人造成损失的,依法承担赔偿责任。

第六十七条 投标人相互串通投标或者与招标人串通投标的,投标人向招标人或者评标委员会成员行贿谋取中标的,中标无效;构成犯罪的,依法追究刑事责任;尚不构成犯罪的,依照招标投标法第五十三条的规定处罚。投标人未中标的,对单位的罚款金额按照招标项目合同金额依照招标投标法规定的比例计算。

投标人有下列行为之一的,属于招标投标法第五十三条规定的情节严重行为,由有关行政监督部门取消其1年至2年内参加依法必须进行招标的项目的投标资格:

(一)以行贿谋取中标;

(二)3年内2次以上串通投标;

(三)串通投标行为损害招标人、其他投标人或者国家、集体、公民的合法利益,造成直接经济损失30万元以上;

(四)其他串通投标情节严重的行为。

投标人自本条第二款规定的处罚执行期限届满之日起3年内又有该款所列违法行为之一的,或者串通投标、以行贿谋取中标情节特别严重的,由工商行政管理机关吊销营业执照。

法律、行政法规对串通投标报价行为的处罚另有规定的,从其规定。

第六十八条 投标人以他人名义投标或者以其他方式弄虚作假骗取中标的,中标无效;构成犯罪的,依法追究刑事责任;尚不构成犯罪的,依照招标投标法第五十四条的规定处罚。依法必须进行招标的项目的投标人未中标的,对单位的罚款金额按照招标项目合同金额依照招标投标法规定的比例计算。

投标人有下列行为之一的,属于招标投标法第五十四条规定的情节严重行为,由有关行政监督部门取消其1年至3年内参加依法必须进行招标的项目的投标资格:

(一)伪造、变造资格、资质证书或者其他许可证件骗取中标;

(二)3年内2次以上使用他人名义投标;

(三)弄虚作假骗取中标给招标人造成直接经济损失30万元以上;

(四)其他弄虚作假骗取中标情节严重的行为。

投标人自本条第二款规定的处罚执行期限届满之日起3年内又有该款所列违法行为之一的,或者弄虚作假骗取中标情节特别严重的,由工商行政管理机关吊销营业执照。

第六十九条 出让或者出租资格、资质证书供他人投标的，依照法律、行政法规的规定给予行政处罚；构成犯罪的，依法追究刑事责任。

第七十条 依法必须进行招标的项目的招标人不按照规定组建评标委员会，或者确定、更换评标委员会成员违反招标投标法和本条例规定的，由有关行政监督部门责令改正，可以处10万元以下的罚款，对单位直接负责的主管人员和其他直接责任人员依法给予处分；违法确定或者更换的评标委员会成员作出的评审结论无效，依法重新进行评审。

国家工作人员以任何方式非法干涉选取评标委员会成员的，依照本条例第八十条的规定追究法律责任。

第七十一条 评标委员会成员有下列行为之一的，由有关行政监督部门责令改正；情节严重的，禁止其在一定期限内参加依法必须进行招标的项目的评标；情节特别严重的，取消其担任评标委员会成员的资格：

（一）应当回避而不回避；

（二）擅离职守；

（三）不按照招标文件规定的评标标准和方法评标；

（四）私下接触投标人；

（五）向招标人征询确定中标人的意向或者接受任何单位或者个人明示或者暗示提出的倾向或者排斥特定投标人的要求；

（六）对依法应当否决的投标不提出否决意见；

（七）暗示或者诱导投标人作出澄清、说明或者接受投标人主动提出的澄清、说明；

（八）其他不客观、不公正履行职务的行为。

第七十二条 评标委员会成员收受投标人的财物或者其他好处的，没收收受的财物，处3000元以上5万元以下的罚款，取消担任评标委员会成员的资格，不得再参加依法必须进行招标的项目的评标；构成犯罪的，依法追究刑事责任。

第七十三条 依法必须进行招标的项目的招标人有下列情形之一的，由有关行政监督部门责令改正，可以处中标项目金额10‰以下的罚款；给他人造成损失的，依法承担赔偿责任；对单位直接负责的主管人员和其他直接责任人员依法给予处分：

（一）无正当理由不发出中标通知书；

（二）不按照规定确定中标人；

（三）中标通知书发出后无正当理由改变中标结果；

（四）无正当理由不与中标人订立合同；

（五）在订立合同时向中标人提出附加条件。

第七十四条 中标人无正当理由不与招标人订立合同，在签订合同时向招标人提出附加条件，或者不按照招标文件要求提交履约保证金的，取消其中标资格，投标保证金不予退还。对依法必须进行招标的项目的中标人，由有关行政监督部门责令改正，可以处中标项目金额10‰以下的罚款。

第七十五条 招标人和中标人不按照招标文件和中标人的投标文件订立合同，合同的主要条款与招标文件、中标人的投标文件的内容不一致，或者招标人、中标人订立背离合同实质性内容的协议的，由有关行政监督部门责令改正，可以处中标项目金额5‰以上10‰以下的罚款。

第七十六条 中标人将中标项目转让给他人的，将中标项目肢解后分别转让给他人的，违反招标投标法和本条例规定将中标项目的部分主体、关键性工作分包给他人的，或者分包人再次分包的，转让、分包无效，处转让、分包项目金额5‰以上10‰以下的罚款；有违法所得的，并处没收违法所得；可以责令停业整顿；情节严重的，由工商行政管理机关吊销营业执照。

第七十七条 投标人或者其他利害关系人捏造事实、伪造材料或者以非法手段取得证明材料进行投诉，给他人造成损失的，依法承担赔偿责任。

招标人不按照规定对异议作出答复，继续进行招标投标活动的，由有关行政监督部门责令改正，拒不改正或者不能改正并影响中标结果的，依照本条例第八十一条的规定处理。

第七十八条 国家建立招标投标信用制度。有关行政监督部门应当依法公告对招标人、招标代理机构、投标人、评标委员会成员等当事人违法行为的行政处理决定。

第七十九条 项目审批、核准部门不依法审批、核准项目招标范围、招标方式、招标组织形式的，对单位直接负责的主管人员和其他直接责任人员依法给予处分。

有关行政监督部门不依法履行职责，对违反招标投标法和本条例规定的行为不依法查处，或者不按照规定处理投诉、不依法公告对招标投标当事人违法行为的行政处理决定的，对直接负责的主管人员和其他直接责任人员依法给予处分。

项目审批、核准部门和有关行政监督部门的工作人员徇私舞弊、滥用职权、玩忽职守，构成犯罪的，依法追究刑事责任。

第八十条 国家工作人员利用职务便利，以直接或者间接、明示或者暗示等任何方式非法干涉招标投标活动，有下列情形之一的，依法给予记过或者记大过处分；情节严重的，依法给予降级或者撤职处分；情节特别严重的，依法给予开除处分；构成犯罪的，依法追究刑事责任：

（一）要求对依法必须进行招标的项目不招标，或者要求对依法应当公开招标的项目不公开招标；

（二）要求评标委员会成员或者招标人以其指定的投标人作为中标候选人或者中标人，或者以其他方式非法干涉评标活动，影响中标结果；

（三）以其他方式非法干涉招标投标活动。

第八十一条 依法必须进行招标的项目的招标投标活动违反招标投标法和本条例的规定，对中标结果造成实质性影响，且不能采取补救措施予以纠正的，招标、投标、中标无效，应当依法重新招标或者评标。

第七章 附 则

第八十二条 招标投标协会按照依法制定的章程开展活动，加强行业自律和服务。

第八十三条 政府采购的法律、行政法规对政府采购货物、服务的招标投标另有规定的，从其规定。

第八十四条 本条例自2012年2月1日起施行。

中华人民共和国城镇国有土地使用权出让和转让暂行条例

· 1990年5月19日中华人民共和国国务院令第55号发布

· 根据2020年11月29日《国务院关于修改和废止部分行政法规的决定》修订

第一章 总 则

第一条 为了改革城镇国有土地使用制度，合理开发、利用、经营土地，加强土地管理，促进城市建设和经济发展，制定本条例。

第二条 国家按照所有权与使用权分离的原则，实行城镇国有土地使用权出让、转让制度，但地下资源、埋藏物和市政公用设施除外。

前款所称城镇国有土地是指市、县城、建制镇、工矿区范围内属于全民所有的土地（以下简称土地）。

第三条 中华人民共和国境内外的公司、企业、其他组织和个人，除法律另有规定者外，均可依照本条例的规定取得土地使用权，进行土地开发、利用、经营。

第四条 依照本条例的规定取得土地使用权的土地使用者，其使用权在使用年限内可以转让、出租、抵押或者用于其他经济活动，合法权益受国家法律保护。

第五条 土地使用者开发、利用、经营土地的活动，应当遵守国家法律、法规的规定，并不得损害社会公共利益。

第六条 县级以上人民政府土地管理部门依法对土地使用权的出让、转让、出租、抵押、终止进行监督检查。

第七条 土地使用权出让、转让、出租、抵押、终止及有关的地上建筑物、其他附着物的登记，由政府土地管理部门、房产管理部门依照法律和国务院的有关规定办理。

登记文件可以公开查阅。

第二章 土地使用权出让

第八条 土地使用权出让是指国家以土地所有者的身份将土地使用权在一定年限内让与土地

使用者，并由土地使用者向国家支付土地使用权出让金的行为。

土地使用权出让应当签订出让合同。

第九条 土地使用权的出让，由市、县人民政府负责，有计划、有步骤地进行。

第十条 土地使用权出让的地块、用途、年限和其他条件，由市、县人民政府土地管理部门会同城市规划和建设管理部门、房产管理部门共同拟定方案，按照国务院规定的批准权限报经批准后，由土地管理部门实施。

第十一条 土地使用权出让合同应当按照平等、自愿、有偿的原则，由市、县人民政府土地管理部门（以下简称出让方）与土地使用者签订。

第十二条 土地使用权出让最高年限按下列用途确定：

（一）居住用地七十年；

（二）工业用地五十年；

（三）教育、科技、文化、卫生、体育用地五十年；

（四）商业、旅游、娱乐用地四十年；

（五）综合或者其他用地五十年。

第十三条 土地使用权出让可以采取下列方式：

（一）协议；

（二）招标；

（三）拍卖。

依照前款规定方式出让土地使用权的具体程序和步骤，由省、自治区、直辖市人民政府规定。

第十四条 土地使用者应当在签订土地使用权出让合同后六十日内，支付全部土地使用权出让金。逾期未全部支付的，出让方有权解除合同，并可请求违约赔偿。

第十五条 出让方应当按照合同规定，提供出让的土地使用权。未按合同规定提供土地使用权的，土地使用者有权解除合同，并可请求违约赔偿。

第十六条 土地使用者在支付全部土地使用权出让金后，应当依照规定办理登记，领取土地使用证，取得土地使用权。

第十七条 土地使用者应当按照土地使用权出让合同的规定和城市规划的要求，开发、利用、经营土地。

未按合同规定的期限和条件开发、利用土地的，市、县人民政府土地管理部门应当予以纠正，并根据情节可以给予警告、罚款直至无偿收回土地使用权的处罚。

第十八条 土地使用者需要改变土地使用权出让合同规定的土地用途的，应当征得出让方同意并经土地管理部门和城市规划部门批准，依照本章的有关规定重新签订土地使用权出让合同，调整土地使用权出让金，并办理登记。

第三章 土地使用权转让

第十九条 土地使用权转让是指土地使用者将土地使用权再转移的行为，包括出售、交换和赠与。

未按土地使用权出让合同规定的期限和条件投资开发、利用土地的，土地使用权不得转让。

第二十条 土地使用权转让应当签订转让合同。

第二十一条 土地使用权转让时，土地使用权出让合同和登记文件中所载明的权利、义务随之转移。

第二十二条 土地使用者通过转让方式取得的土地使用权，其使用年限为土地使用权出让合同规定的使用年限减去原土地使用者已使用年限后的剩余年限。

第二十三条 土地使用权转让时，其地上建筑物、其他附着物所有权随之转让。

第二十四条 地上建筑物、其他附着物的所有人或者共有人，享有该建筑物、附着物使用范围内的土地使用权。

土地使用者转让地上建筑物、其他附着物所有权时，其使用范围内的土地使用权随之转让，但地上建筑物、其他附着物作为动产转让的除外。

第二十五条 土地使用权和地上建筑物、其他附着物所有权转让，应当依照规定办理过户登记。

土地使用权和地上建筑物、其他附着物所有权分割转让的，应当经市、县人民政府土地管理部门和房产管理部门批准，并依照规定办理过户登记。

第二十六条 土地使用权转让价格明显低于市场价格的，市、县人民政府有优先购买权。

土地使用权转让的市场价格不合理上涨时，市、县人民政府可以采取必要的措施。

第二十七条　土地使用权转让后，需要改变土地使用权出让合同规定的土地用途的，依照本条例第十八条的规定办理。

第四章　土地使用权出租

第二十八条　土地使用权出租是指土地使用者作为出租人将土地使用权随同地上建筑物、其他附着物租赁给承租人使用，由承租人向出租人支付租金的行为。

未按土地使用权出让合同规定的期限和条件投资开发、利用土地的，土地使用权不得出租。

第二十九条　土地使用权出租，出租人与承租人应当签订租赁合同。

租赁合同不得违背国家法律、法规和土地使用权出让合同的规定。

第三十条　土地使用权出租后，出租人必须继续履行土地使用权出让合同。

第三十一条　土地使用权和地上建筑物、其他附着物出租，出租人应当依照规定办理登记。

第五章　土地使用权抵押

第三十二条　土地使用权可以抵押。

第三十三条　土地使用权抵押时，其地上建筑物、其他附着物随之抵押。

地上建筑物、其他附着物抵押时，其使用范围内的土地使用权随之抵押。

第三十四条　土地使用权抵押，抵押人与抵押权人应当签订抵押合同。

抵押合同不得违背国家法律、法规和土地使用权出让合同的规定。

第三十五条　土地使用权和地上建筑物、其他附着物抵押，应当依照规定办理抵押登记。

第三十六条　抵押人到期未能履行债务或者在抵押合同期间宣告解散、破产的，抵押权人有权依照国家法律、法规和合同的规定处分抵押财产。

因处分抵押财产而取得土地使用权和地上建筑物、其他附着物所有权的，应当依照规定办理过户登记。

第三十七条　处分抵押财产所得，抵押权人有优先受偿权。

第三十八条　抵押权因债务清偿或者其他原因而消灭的，应当依照规定办理注销抵押登记。

第六章　土地使用权终止

第三十九条　土地使用权因土地使用权出让合同规定的使用年限届满、提前收回及土地灭失等原因而终止。

第四十条　土地使用权期满，土地使用权及其地上建筑物、其他附着物所有权由国家无偿取得。土地使用者应当交还土地使用证，并依照规定办理注销登记。

第四十一条　土地使用权期满，土地使用者可以申请续期。需要续期的，应当依照本条例第二章的规定重新签订合同，支付土地使用权出让金，并办理登记。

第四十二条　国家对土地使用者依法取得的土地使用权不提前收回。在特殊情况下，根据社会公共利益的需要，国家可以依照法律程序提前收回，并根据土地使用者已使用的年限和开发、利用土地的实际情况给予相应的补偿。

第七章　划拨土地使用权

第四十三条　划拨土地使用权是指土地使用者通过各种方式依法无偿取得的土地使用权。

前款土地使用者应当依照《中华人民共和国城镇土地使用税暂行条例》的规定缴纳土地使用税。

第四十四条　划拨土地使用权，除本条例第四十五条规定的情况外，不得转让、出租、抵押。

第四十五条　符合下列条件的，经市、县人民政府土地管理部门和房产管理部门批准，其划拨土地使用权和地上建筑物、其他附着物所有权可以转让、出租、抵押：

（一）土地使用者为公司、企业、其他经济组织和个人；

（二）领有国有土地使用证；

（三）具有地上建筑物、其他附着物合法的产权证明；

（四）依照本条例第二章的规定签订土地使用权出让合同，向当地市、县人民政府补交土地使用权出让金或者以转让、出租、抵押所获收益抵交土地使用权出让金。

转让、出租、抵押前款划拨土地使用权的，分别依照本条例第三章、第四章和第五章的规定办理。

第四十六条 对未经批准擅自转让、出租、抵押划拨土地使用权的单位和个人,市、县人民政府土地管理部门应当没收其非法收入,并根据情节处以罚款。

第四十七条 无偿取得划拨土地使用权的土地使用者,因迁移、解散、撤销、破产或者其他原因而停止使用土地的,市、县人民政府应当无偿收回其划拨土地使用权,并可依照本条例的规定予以出让。

对划拨土地使用权,市、县人民政府根据城市建设发展需要和城市规划的要求,可以无偿收回,并可依照本条例的规定予以出让。

无偿收回划拨土地使用权时,对其地上建筑物、其他附着物,市、县人民政府应当根据实际情况给予适当补偿。

第八章 附 则

第四十八条 依照本条例的规定取得土地使用权的个人,其土地使用权可以继承。

第四十九条 土地使用者应当依照国家税收法规的规定纳税。

第五十条 依照本条例收取的土地使用权出让金列入财政预算,作为专项基金管理,主要用于城市建设和土地开发。具体使用管理办法,由财政部另行制定。

第五十一条 各省、自治区、直辖市人民政府应当根据本条例的规定和当地的实际情况选择部分条件比较成熟的城镇先行试点。

第五十二条 本条例由国家土地管理局负责解释;实施办法由省、自治区、直辖市人民政府制定。

第五十三条 本条例自发布之日起施行。

重大行政决策程序暂行条例

- 2019年4月20日中华人民共和国国务院令第713号公布
- 自2019年9月1日起施行

第一章 总 则

第一条 为了健全科学、民主、依法决策机制,规范重大行政决策程序,提高决策质量和效率,明确决策责任,根据宪法、地方各级人民代表大会和地方各级人民政府组织法等规定,制定本条例。

第二条 县级以上地方人民政府(以下称决策机关)重大行政决策的作出和调整程序,适用本条例。

第三条 本条例所称重大行政决策事项(以下简称决策事项)包括:

(一)制定有关公共服务、市场监管、社会管理、环境保护等方面的重大公共政策和措施;

(二)制定经济和社会发展等方面的重要规划;

(三)制定开发利用、保护重要自然资源和文化资源的重大公共政策和措施;

(四)决定在本行政区域实施的重大公共建设项目;

(五)决定对经济社会发展有重大影响、涉及重大公共利益或者社会公众切身利益的其他重大事项。

法律、行政法规对本条第一款规定事项的决策程序另有规定的,依照其规定。财政政策、货币政策等宏观调控决策,政府立法决策以及突发事件应急处置决策不适用本条例。

决策机关可以根据本条第一款的规定,结合职责权限和本地实际,确定决策事项目录、标准,经同级党委同意后向社会公布,并根据实际情况调整。

第四条 重大行政决策必须坚持和加强党的全面领导,全面贯彻党的路线方针政策和决策部署,发挥党的领导核心作用,把党的领导贯彻到重大行政决策全过程。

第五条 作出重大行政决策应当遵循科学决策原则,贯彻创新、协调、绿色、开放、共享的发展理念,坚持从实际出发,运用科学技术和方法,尊重客观规律,适应经济社会发展和全面深化改革要求。

第六条 作出重大行政决策应当遵循民主决策原则,充分听取各方面意见,保障人民群众通过多种途径和形式参与决策。

第七条 作出重大行政决策应当遵循依法决策原则,严格遵守法定权限,依法履行法定程序,保证决策内容符合法律、法规和规章等规定。

第八条 重大行政决策依法接受本级人民代

表大会及其常务委员会的监督,根据法律、法规规定属于本级人民代表大会及其常务委员会讨论决定的重大事项范围或者应当在出台前向本级人民代表大会常务委员会报告的,按照有关规定办理。

上级行政机关应当加强对下级行政机关重大行政决策的监督。审计机关按照规定对重大行政决策进行监督。

第九条 重大行政决策情况应当作为考核评价决策机关及其领导人员的重要内容。

第二章 决策草案的形成

第一节 决策启动

第十条 对各方面提出的决策事项建议,按照下列规定进行研究论证后,报请决策机关决定是否启动决策程序:

(一)决策机关领导人员提出决策事项建议的,交有关单位研究论证;

(二)决策机关所属部门或者下一级人民政府提出决策事项建议的,应当论证拟解决的主要问题、建议理由和依据、解决问题的初步方案及其必要性、可行性等;

(三)人大代表、政协委员等通过建议、提案等方式提出决策事项建议,以及公民、法人或者其他组织提出书面决策事项建议的,交有关单位研究论证。

第十一条 决策机关决定启动决策程序的,应当明确决策事项的承办单位(以下简称决策承办单位),由决策承办单位负责重大行政决策草案的拟订等工作。决策事项需要两个以上单位承办的,应当明确牵头的决策承办单位。

第十二条 决策承办单位应当在广泛深入开展调查研究、全面准确掌握有关信息、充分协商协调的基础上,拟订决策草案。

决策承办单位应当全面梳理与决策事项有关的法律、法规、规章和政策,使决策草案合法合规、与有关政策相衔接。

决策承办单位根据需要对决策事项涉及的人财物投入、资源消耗、环境影响等成本和经济、社会、环境效益进行分析预测。

有关方面对决策事项存在较大分歧的,决策承办单位可以提出两个以上方案。

第十三条 决策事项涉及决策机关所属部门、下一级人民政府等单位的职责,或者与其关系紧密的,决策承办单位应当与其充分协商;不能取得一致意见的,应当向决策机关说明争议的主要问题,有关单位的意见,决策承办单位的意见、理由和依据。

第二节 公众参与

第十四条 决策承办单位应当采取便于社会公众参与的方式充分听取意见,依法不予公开的决策事项除外。

听取意见可以采取座谈会、听证会、实地走访、书面征求意见、向社会公开征求意见、问卷调查、民意调查等多种方式。

决策事项涉及特定群体利益的,决策承办单位应当与相关人民团体、社会组织以及群众代表进行沟通协商,充分听取相关群体的意见建议。

第十五条 决策事项向社会公开征求意见的,决策承办单位应当通过政府网站、政务新媒体以及报刊、广播、电视等便于社会公众知晓的途径,公布决策草案及其说明等材料,明确提出意见的方式和期限。公开征求意见的期限一般不少于30日;因情况紧急等原因需要缩短期限的,公开征求意见时应当予以说明。

对社会公众普遍关心或者专业性、技术性较强的问题,决策承办单位可以通过专家访谈等方式进行解释说明。

第十六条 决策事项直接涉及公民、法人、其他组织切身利益或者存在较大分歧的,可以召开听证会。法律、法规、规章对召开听证会另有规定的,依照其规定。

决策承办单位或者组织听证会的其他单位应当提前公布决策草案及其说明等材料,明确听证时间、地点等信息。

需要遴选听证参加人的,决策承办单位或者组织听证会的其他单位应当提前公布听证参加人遴选办法,公平公开组织遴选,保证相关各方都有代表参加听证会。听证参加人名单应当提前向社会公布。听证会材料应当于召开听证会7日前送达听证参加人。

第十七条 听证会应当按照下列程序公开举行:

(一)决策承办单位介绍决策草案、依据和有关情况;

（二）听证参加人陈述意见，进行询问、质证和辩论，必要时可以由决策承办单位或者有关专家进行解释说明；

（三）听证参加人确认听证会记录并签字。

第十八条 决策承办单位应当对社会各方面提出的意见进行归纳整理、研究论证，充分采纳合理意见，完善决策草案。

第三节 专家论证

第十九条 对专业性、技术性较强的决策事项，决策承办单位应当组织专家、专业机构论证其必要性、可行性、科学性等，并提供必要保障。

专家、专业机构应当独立开展论证工作，客观、公正、科学地提出论证意见，并对所知悉的国家秘密、商业秘密、个人隐私依法履行保密义务；提供书面论证意见的，应当署名、盖章。

第二十条 决策承办单位组织专家论证，可以采取论证会、书面咨询、委托咨询论证等方式。选择专家、专业机构参与论证，应当坚持专业性、代表性和中立性，注重选择持不同意见的专家、专业机构，不得选择与决策事项有直接利害关系的专家、专业机构。

第二十一条 省、自治区、直辖市人民政府应当建立决策咨询论证专家库，规范专家库运行管理制度，健全专家诚信考核和退出机制。

市、县级人民政府可以根据需要建立决策咨询论证专家库。

决策机关没有建立决策咨询论证专家库的，可以使用上级行政机关的专家库。

第四节 风险评估

第二十二条 重大行政决策的实施可能对社会稳定、公共安全等方面造成不利影响的，决策承办单位或者负责风险评估工作的其他单位应当组织评估决策草案的风险可控性。

按照有关规定已对有关风险进行评价、评估的，不作重复评估。

第二十三条 开展风险评估，可以通过舆情跟踪、重点走访、会商分析等方式，运用定性分析与定量分析等方法，对决策实施的风险进行科学预测、综合研判。

开展风险评估，应当听取有关部门的意见，形成风险评估报告，明确风险点，提出风险防范措施和处置预案。

开展风险评估，可以委托专业机构、社会组织等第三方进行。

第二十四条 风险评估结果应当作为重大行政决策的重要依据。决策机关认为风险可控的，可以作出决策；认为风险不可控的，在采取调整决策草案等措施确保风险可控后，可以作出决策。

第三章 合法性审查和集体讨论决定

第一节 合法性审查

第二十五条 决策草案提交决策机关讨论前，应当由负责合法性审查的部门进行合法性审查。不得以征求意见等方式代替合法性审查。

决策草案未经合法性审查或者经审查不合法的，不得提交决策机关讨论。对国家尚无明确规定的探索性改革决策事项，可以明示法律风险，提交决策机关讨论。

第二十六条 送请合法性审查，应当提供决策草案及相关材料，包括有关法律、法规、规章等依据和履行决策法定程序的说明等。提供的材料不符合要求的，负责合法性审查的部门可以退回，或者要求补充。

送请合法性审查，应当保证必要的审查时间，一般不少于7个工作日。

第二十七条 合法性审查的内容包括：

（一）决策事项是否符合法定权限；

（二）决策草案的形成是否履行相关法定程序；

（三）决策草案内容是否符合有关法律、法规、规章和国家政策的规定。

第二十八条 负责合法性审查的部门应当及时提出合法性审查意见，并对合法性审查意见负责。在合法性审查过程中，应当组织法律顾问、公职律师提出法律意见。决策承办单位根据合法性审查意见进行必要的调整或者补充。

第二节 集体讨论决定和决策公布

第二十九条 决策承办单位提交决策机关讨论决策草案，应当报送下列材料：

（一）决策草案及相关材料，决策草案涉及市场主体经济活动的，应当包含公平竞争审查的有关情况；

（二）履行公众参与程序的，同时报送社会公众提出的主要意见的研究采纳情况；

（三）履行专家论证程序的，同时报送专家论证意见的研究采纳情况；

（四）履行风险评估程序的，同时报送风险评估报告等有关材料；

（五）合法性审查意见；

（六）需要报送的其他材料。

第三十条　决策草案应当经决策机关常务会议或者全体会议讨论。决策机关行政首长在集体讨论的基础上作出决定。

讨论决策草案，会议组成人员应当充分发表意见，行政首长最后发表意见。行政首长拟作出的决定与会议组成人员多数人的意见不一致的，应当在会上说明理由。

集体讨论决定情况应当如实记录，不同意见应当如实载明。

第三十一条　重大行政决策出台前应当按照规定向同级党委请示报告。

第三十二条　决策机关应当通过本级人民政府公报和政府网站以及在本行政区域内发行的报纸等途径及时公布重大行政决策。对社会公众普遍关心或者专业性、技术性较强的重大行政决策，应当说明公众意见、专家论证意见的采纳情况，通过新闻发布会、接受访谈等方式进行宣传解读。依法不予公开的除外。

第三十三条　决策机关应当建立重大行政决策过程记录和材料归档制度，由有关单位将履行决策程序形成的记录、材料及时完整归档。

第四章　决策执行和调整

第三十四条　决策机关应当明确负责重大行政决策执行工作的单位（以下简称决策执行单位），并对决策执行情况进行督促检查。决策执行单位应当依法全面、及时、正确执行重大行政决策，并向决策机关报告决策执行情况。

第三十五条　决策执行单位发现重大行政决策存在问题、客观情况发生重大变化，或者决策执行中发生不可抗力等严重影响决策目标实现的，应当及时向决策机关报告。

公民、法人或者其他组织认为重大行政决策及其实施存在问题的，可以通过信件、电话、电子邮件等方式向决策机关或者决策执行单位提出意见建议。

第三十六条　有下列情形之一的，决策机关可以组织决策后评估，并确定承担评估具体工作的单位：

（一）重大行政决策实施后明显未达到预期效果；

（二）公民、法人或者其他组织提出较多意见；

（三）决策机关认为有必要。

开展决策后评估，可以委托专业机构、社会组织等第三方进行，决策作出前承担主要论证评估工作的单位除外。

开展决策后评估，应当注重听取社会公众的意见，吸收人大代表、政协委员、人民团体、基层组织、社会组织参与评估。

决策后评估结果应当作为调整重大行政决策的重要依据。

第三十七条　依法作出的重大行政决策，未经法定程序不得随意变更或者停止执行；执行中出现本条例第三十五条规定的情形、情况紧急的，决策机关行政首长可以先决定中止执行；需要作出重大调整的，应当依照本条例履行相关法定程序。

第五章　法律责任

第三十八条　决策机关违反本条例规定的，由上一级行政机关责令改正，对决策机关行政首长、负有责任的其他领导人员和直接责任人员依法追究责任。

决策机关违反本条例规定造成决策严重失误，或者依法应当及时作出决策而久拖不决，造成重大损失、恶劣影响的，应当倒查责任，实行终身责任追究，对决策机关行政首长、负有责任的其他领导人员和直接责任人员依法追究责任。

决策机关集体讨论决策草案时，有关人员对严重失误的决策表示不同意见的，按照规定减免责任。

第三十九条　决策承办单位或者承担决策有关工作的单位未按照本条例规定履行决策程序或者履行决策程序时失职渎职、弄虚作假的，由决策机关责令改正，对负有责任的领导人员和直接责任人员依法追究责任。

第四十条　决策执行单位拒不执行、推诿执行、拖延执行重大行政决策，或者对执行中发现的重大问题瞒报、谎报或者漏报的，由决策机关责令改正，对负有责任的领导人员和直接责任人员依法追究责任。

第四十一条 承担论证评估工作的专家、专业机构、社会组织等违反职业道德和本条例规定的，予以通报批评、责令限期整改；造成严重后果的，取消评估资格、承担相应责任。

第六章 附 则

第四十二条 县级以上人民政府部门和乡级人民政府重大行政决策的作出和调整程序，参照本条例规定执行。

第四十三条 省、自治区、直辖市人民政府根据本条例制定本行政区域重大行政决策程序的具体制度。

国务院有关部门参照本条例规定，制定本部门重大行政决策程序的具体制度。

第四十四条 本条例自2019年9月1日起施行。

国务院关于深化改革严格土地管理的决定

- 2004年10月21日
- 国发〔2004〕28号

各省、自治区、直辖市人民政府，国务院各部委、各直属机构：

实行最严格的土地管理制度，是由我国人多地少的国情决定的，也是贯彻落实科学发展观，保证经济社会可持续发展的必然要求。去年以来，各地区、各部门认真贯彻党中央、国务院部署，全面清理各类开发区，切实落实暂停审批农用地转用的决定，土地市场治理整顿取得了积极进展，有力地促进了宏观调控政策的落实。但是，土地市场治理整顿的成效还是初步的、阶段性的，盲目投资、低水平重复建设，圈占土地、乱占滥用耕地等问题尚未根本解决。因此，必须正确处理保障经济社会发展与保护土地资源的关系，严格控制建设用地增量，努力盘活土地存量，强化节约利用土地，深化改革，健全法制，统筹兼顾，标本兼治，进一步完善符合我国国情的最严格的土地管理制度。现决定如下：

一、严格执行土地管理法律法规

（一）牢固树立遵守土地法律法规的意识。各地区、各有关部门要深入持久地开展土地法律法规的学习教育活动，深刻认识我国国情和保护耕地的极端重要性，本着对人民、对历史负责的精神，严格依法管理土地，积极推进经济增长方式的转变，实现土地利用方式的转变，走符合中国国情的新型工业化、城市化道路。进一步提高依法管地用地的意识，要在法律法规允许的范围内合理用地。对违反法律法规批地、占地的，必须承担法律责任。

（二）严格依照法定权限审批土地。农用地转用和土地征收的审批权在国务院和省、自治区、直辖市人民政府，各省、自治区、直辖市人民政府不得违反法律和行政法规的规定下放土地审批权。严禁规避法定审批权限，将单个建设项目用地拆分审批。

（三）严格执行占用耕地补偿制度。各类非农业建设经批准占用耕地的，建设单位必须补充数量、质量相当的耕地，补充耕地的数量、质量实行按等级折算，防止占多补少、占优补劣。不能自行补充的，必须按照各省、自治区、直辖市的规定缴纳耕地开垦费。耕地开垦费要列入专户管理，不得减免和挪作他用。政府投资的建设项目也必须将补充耕地费用列入工程概算。

（四）禁止非法压低地价招商。省、自治区、直辖市人民政府要依照基准地价制定并公布协议出让土地最低价标准。协议出让土地除必须严格执行规定程序外，出让价格不得低于最低价标准。违反规定出让土地造成国有土地资产流失的，要依法追究责任；情节严重的，依照《中华人民共和国刑法》的规定，以非法低价出让国有土地使用权罪追究刑事责任。

（五）严格依法查处违反土地管理法律法规的行为。当前要着重解决有法不依、执法不严、违法不究和滥用行政权力侵犯农民合法权益的问题。要加大土地管理执法力度，严肃查处非法批地、占地等违法案件。建立国土资源与监察等部门联合办案和案件移送制度，既查处土地违法行为，又查处违法责任人。典型案件，要公开处理。对非法批准占用土地、征收土地和非法低价出让国有土地使用权的国家机关工作人员，依照《监察部 国土资源部关于违反土地管理规定行为行政处分暂行办法》给予行政处分；构成犯罪的，依照《中华人民共和国刑法》、《中华人民共和国土地管理法》、《最高人民法院关于审理破坏土地资源刑事案件具体应用法律若干问题的解释》和最高人民检察院关于渎职犯罪案件立案标准的规定，追究刑事责任。对非法批准征收、使用土地，给当事人造成损失的，还必须依法承担赔偿责任。

二、加强土地利用总体规划、城市总体规划、村庄和集镇规划实施管理

（六）严格土地利用总体规划、城市总体规划、村庄和集镇规划修改的管理。在土地利用总体规划和城市总体规划确定的建设用地范围外，不得设立各类开发区（园区）和城市新区（小区）。对清理后拟保留的开发区，必须依据土地利用总体规划和城市总体规划，按照布局集中、用地集约和产业集聚的原则严格审核。严格土地利用总体规划的修改，凡涉及改变土地利用方向、规模、重大布局等原则性修改，必须报原批准机关批准。城市总体规划、村庄和集镇规划也不得擅自修改。

（七）加强土地利用计划管理。农用地转用的年度计划实行指令性管理，跨年度结转使用计划指标必须严格规范。改进农用地转用年度计划下达和考核办法，对国家批准的能源、交通、水利、矿山、军事设施等重点建设项目用地和城、镇、村的建设用地实行分类下达，并按照定额指标、利用效益等分别考核。

（八）从严从紧控制农用地转为建设用地的总量和速度。加强农用地转用审批的规划和计划审查，强化土地利用总体规划和土地利用年度计划对农用地转用的控制和引导，凡不符合规划、没有农用地转用年度计划指标的，不得批准用地。为巩固土地市场治理整顿成果，2004年农用地转用计划指标不再追加；对过去拖欠农民的征地补偿安置费在2004年年底前不能足额偿还的地方，暂缓下达该地区2005年农用地转用计划。

（九）加强建设项目用地预审管理。凡不符合土地利用总体规划、没有农用地转用计划指标的建设项目，不得通过项目用地预审。发展改革等部门要通过适当方式告知项目单位开展前期工作，项目单位提出用地预审申请后，国土资源部门要依法对建设项目用地进行审查。项目建设单位向发展改革等部门申报核准或审批建设项目时，必须附国土资源部门预审意见；没有预审意见或预审未通过的，不得核准或批准建设项目。

（十）加强村镇建设用地的管理。要按照控制总量、合理布局、节约用地、保护耕地的原则，编制乡（镇）土地利用总体规划、村庄和集镇规划，明确小城镇和农村居民点的数量、布局和规模。鼓励农村建设用地整理，城镇建设用地增加要与农村建设用地减少相挂钩。农村集体建设用地，必须符合土地利用总体规划、村庄和集镇规划，并纳入土地利用年度计划，凡占用农用地的必须依法办理审批手续。禁止擅自通过"村改居"等方式将农民集体所有土地转为国有土地。禁止农村集体经济组织非法出让、出租集体土地用于非农业建设。改革和完善宅基地审批制度，加强农村宅基地管理，禁止城镇居民在农村购置宅基地。引导新办乡村工业向建制镇和规划确定的小城镇集中。在符合规划的前提下，村庄、集镇、建制镇中的农民集体所有建设用地使用权可以依法流转。

（十一）严格保护基本农田。基本农田是确保国家粮食安全的基础。土地利用总体规划修编，必须保证现有基本农田总量不减少，质量不降低。基本农田要落实到地块和农户，并在土地所有权证书和农村土地承包经营权证书中注明。基本农田保护图件备案工作，应在新一轮土地利用总体规划修编后三个月内完成。基本农田一经划定，任何单位和个人不得擅自占用，或者擅自改变用途，这是不可逾越的"红线"。符合法定条件，确需改变和占用基本农田的，必须报国务院批准；经批准占用基本农田的，征地补偿按法定最高标准执行，对以缴纳耕地开垦费方式补充耕地的，缴纳标准按当地最高标准执行。禁止占用基本农田挖鱼塘、种树和其他破坏耕作层的活动，禁止以建设"现代农业园区"或者"设施农业"等任何名义，占用基本农田变相从事房地产开发。

三、完善征地补偿和安置制度

（十二）完善征地补偿办法。县级以上地方人民政府要采取切实措施，使被征地农民生活水平不因征地而降低。要保证依法足额和及时支付土地补偿费、安置补助费以及地上附着物和青苗补偿费。依照现行法律规定支付土地补偿费和安置补助费，尚不能使被征地农民保持原有生活水平的，不足以支付因征地而导致无地农民社会保障费用的，省、自治区、直辖市人民政府应当批准增加安置补助费。土地补偿费和安置补助费的总和

达到法定上限,尚不足以使被征地农民保持原有生活水平的,当地人民政府可以用国有土地有偿使用收入予以补贴。省、自治区、直辖市人民政府要制订并公布各市县征地的统一年产值标准或区片综合地价,征地补偿做到同地同价,国家重点建设项目必须将征地费用足额列入概算。大中型水利、水电工程建设征地的补偿费标准和移民安置办法,由国务院另行规定。

(十三)妥善安置被征地农民。县级以上地方人民政府应当制定具体办法,使被征地农民的长远生计有保障。对有稳定收益的项目,农民可以经依法批准的建设用地土地使用权入股。在城市规划区内,当地人民政府应当将因征地而导致无地的农民,纳入城镇就业体系,并建立社会保障制度;在城市规划区外,征收农民集体所有土地时,当地人民政府要在本行政区域内为被征地农民留有必要的耕作土地或安排相应的工作岗位;对不具备基本生产生活条件的无地农民,应当异地移民安置。劳动和社会保障部门要会同有关部门尽快提出建立被征地农民的就业培训和社会保障制度的指导性意见。

(十四)健全征地程序。在征地过程中,要维护农民集体土地所有权和农民土地承包经营权的权益。在征地依法报批前,要将拟征地的用途、位置、补偿标准、安置途径告知被征地农民;对拟征土地现状的调查结果须经被征地农村集体经济组织和农户确认;确有必要的,国土资源部门应当依照有关规定组织听证。要将被征地农民知情、确认的有关材料作为征地报批的必备材料。要加快建立和完善征地补偿安置争议的协调和裁决机制,维护被征地农民和用地者的合法权益。经批准的征地事项,除特殊情况外,应予以公示。

(十五)加强对征地实施过程监管。征地补偿安置不落实的,不得强行使用被征土地。省、自治区、直辖市人民政府应当根据土地补偿费主要用于被征地农户的原则,制订土地补偿费在农村集体经济组织内部的分配办法。被征地的农村集体经济组织应当将征地补偿费用的收支和分配情况,向本集体经济组织成员公布,接受监督。农业、民政等部门要加强对农村集体经济组织内部征地补偿费用分配和使用的监督。

四、健全土地节约利用和收益分配机制

(十六)实行强化节约和集约用地政策。建设用地要严格控制增量,积极盘活存量,把节约用地放在首位,重点在盘活存量上下功夫。新上建设项目首先要利用现有建设用地,严格控制建设占用耕地、林地、草原和湿地。开展对存量建设用地资源的普查,研究制定鼓励盘活存量的政策措施。各地区、各有关部门要按照集约用地的原则,调整有关厂区绿化率的规定,不得圈占土地搞"花园式工厂"。在开发区(园区)推广多层标准厂房。对工业用地在符合规划、不改变原用途的前提下,提高土地利用率和增加容积率的,原则上不再收取或调整土地有偿使用费。基础设施和公益性建设项目,也要节约合理用地。今后,供地时要将土地用途、容积率等使用条件的约定写入土地使用合同。对工业项目用地必须有投资强度、开发进度等控制性要求。土地使用权人不按照约定条件使用土地的,要承担相应的违约责任。在加强耕地占用税、城镇土地使用税、土地增值税征收管理的同时,进一步调整和完善相关税制,加大对建设用地取得和保有环节的税收调节力度。

(十七)推进土地资源的市场化配置。严格控制划拨用地范围,经营性基础设施用地要逐步实行有偿使用。运用价格机制抑制多占、滥占和浪费土地。除按现行规定必须实行招标、拍卖、挂牌出让的用地外,工业用地也要创造条件逐步实行招标、拍卖、挂牌出让。经依法批准利用原有划拨土地进行经营性开发建设的,应当按照市场价补缴土地出让金。经依法批准转让原划拨土地使用权的,应当在土地有形市场公开交易,按照市场价补缴土地出让金;低于市场价交易的,政府应当行使优先购买权。

(十八)制订和实施新的土地使用标准。依照国家产业政策,国土资源部门对淘汰类、限制类项目分别实行禁止和限制用地,并会同有关部门制订工程项目建设用地定额标准,省、自治区、直辖市人民政府可以根据实际情况制订具体实施办法。继续停止高档别墅类房地产、高尔夫球场等用地的审批。

(十九)严禁闲置土地。农用地转用批准后,满两年未实施具体征地或用地行为的,批准文件自动失效;已实施征地,满两年未供地的,在下达下一年度的农用地转用计划时扣减相应指标,对具备耕作条件的土地,应当交原土地使用者继续耕种,也可以由当地人民政府组织耕种。对用地单位闲置的土地，严格依照《中华人民共和国土地管理法》的有关规定处理。

（二十）完善新增建设用地土地有偿使用费收缴办法。新增建设用地土地有偿使用费实行先缴后分，按规定的标准就地全额缴入国库，不得减免，并由国库按规定的比例就地分成划缴。审计部门要加强对新增建设用地土地有偿使用费征收和使用的监督检查。对减免和欠缴的，要依法追缴。财政部、国土资源部要适时调整新增建设用地土地有偿使用费收取标准。新增建设用地土地有偿使用费要严格按法定用途使用，由中央支配的部分，要向粮食主产区倾斜。探索建立国有土地收益基金，遏制片面追求土地收益的短期行为。

五、建立完善耕地保护和土地管理的责任制度

（二十一）明确土地管理的权力和责任。调控新增建设用地总量的权力和责任在中央，盘活存量建设用地的权力和利益在地方，保护和合理利用土地的责任在地方各级人民政府，省、自治区、直辖市人民政府应负主要责任。在确保严格实施土地利用总体规划，不突破土地利用年度计划的前提下，省、自治区、直辖市人民政府可以统筹本行政区域内的用地安排，依照法定权限对农用地转用和土地征收进行审批，按规定用途决定新增建设用地土地有偿使用费地方分成部分的分配和使用，组织本行政区域内耕地占补平衡，并对土地管理法律法规执行情况进行监督检查。地方各级人民政府要对土地利用总体规划确定的本行政区域内的耕地保有量和基本农田保护面积负责，政府主要领导是第一责任人。地方各级人民政府都要建立相应的工作制度，采取多种形式，确保耕地保护目标落实到基层。

（二十二）建立耕地保护责任的考核体系。国务院定期向各省、自治区、直辖市下达耕地保护责任考核目标。各省、自治区、直辖市人民政府每年要向国务院报告耕地保护责任目标的履行情况。实行耕地保护责任考核的动态监测和预警制度。国土资源部会同农业部、监察部、审计署、统计局等部门定期对各省、自治区、直辖市耕地保护责任目标履行情况进行检查和考核，并向国务院报告。对认真履行责任目标，成效突出的，要给予表彰，并在安排中央支配的新增建设用地土地有偿使用费予以倾斜。对没有达到责任目标的，要在全国通报，并责令限期补充耕地和补划基本农田。对土地开发整理补充耕地的情况也要定期考核。

（二十三）严格土地管理责任追究制。对违反法律规定擅自修改土地利用总体规划的、发生非法占用基本农田的、未完成耕地保护责任考核目标的、征地侵害农民合法权益引发群体性事件且未能及时解决的、减免和欠缴新增建设用地土地有偿使用费的、未按期完成基本农田图件备案工作的，要严肃追究责任，对有关责任人员由上级主管部门或监察机关依法定权限给予行政处分。同时，上级政府要责令限期整改，整改期间暂停农用地转用和征地审批。具体办法由国土资源部会同有关部门另行制订。实行补充耕地监督的责任追究制，国土资源部门和农业部门负责对补充耕地的数量和质量进行验收，并对验收结果承担责任。省、自治区、直辖市国土资源部门和农业部门要加强监督检查。

（二十四）强化对土地执法行为的监督。建立公开的土地违法立案标准。对有案不查、执法不严的，上级国土资源部门要责令其作出行政处罚决定或直接给予行政处罚。坚决纠正违法用地只通过罚款就补办合法手续的行为。对违法用地及其建筑物和其他设施，按法律规定应当拆除或没收的，不得以罚款、补办手续取代；确需补办手续的，依法处罚后，从新从高进行征地补偿和收取土地出让金及有关规费。完善土地执法监察体制，建立国家土地督察制度，设立国家土地总督察，向地方派驻土地督察专员，监督土地执法行为。

（二十五）加强土地管理行政能力建设。2004年年底以前要完成省级以下国土资源管理体制改革，理顺领导干部管理体制、工作机制和加强基层队伍建设。市、县人民政府要保证基层国土资源管理所机构、编制、经费到位，切实发挥基层国土资源管理所在土地管理执法中的作用。国土资源部要会同有关部门抓紧建立和完善统一的土地分类、调查、登记和统计制度，启动新一轮土地调查，保证土地数据的真实性。组织实施"金土工程"。充分利用现代高新技术加强土地利用动态监测，建立土地利用总体规划实施、耕地保护、土地市场的动态监测网络。

各地区、各有关部门要以"三个代表"重要思想为指导，牢固树立科学发展观和正确的政绩观，把落实好最严格的土地管理制度作为对执政能力和依法行政能力的检验。高度重视土地的保护和合理利用，认真总结经验，积极推进土地管理体制改革，不断完善土地法制，建立严格、科学、有效的土地管理制度，维护好广大人民群众的根本利益，确保经济社会的可持续发展。

国务院关于授权和委托用地审批权的决定

- 2020年3月1日
- 国发〔2020〕4号

各省、自治区、直辖市人民政府，国务院各部委、各直属机构：

为贯彻落实党的十九届四中全会和中央经济工作会议精神，根据《中华人民共和国土地管理法》相关规定，在严格保护耕地、节约集约用地的前提下，进一步深化"放管服"改革，改革土地管理制度，赋予省级人民政府更大用地自主权，现决定如下：

一、将国务院可以授权的永久基本农田以外的农用地转为建设用地审批事项授权各省、自治区、直辖市人民政府批准。自本决定发布之日起，按照《中华人民共和国土地管理法》第四十四条第三款规定，对国务院批准土地利用总体规划的城市在建设用地规模范围内，按土地利用年度计划分批次将永久基本农田以外的农用地转为建设用地的，国务院授权各省、自治区、直辖市人民政府批准；按照《中华人民共和国土地管理法》第四十四条第四款规定，对在土地利用总体规划确定的城市和村庄、集镇建设用地规模范围外，将永久基本农田以外的农用地转为建设用地的，国务院授权各省、自治区、直辖市人民政府批准。

二、试点将永久基本农田转为建设用地和国务院批准土地征收审批事项委托部分省、自治区、直辖市人民政府批准。自本决定发布之日起，对《中华人民共和国土地管理法》第四十四条第二款规定的永久基本农田转为建设用地审批事项，以及第四十六条第一款规定的永久基本农田、永久基本农田以外的耕地超过三十五公顷的、其他土地超过七十公顷的土地征收审批事项，国务院委托部分试点省、自治区、直辖市人民政府批准。首批试点省份为北京、天津、上海、江苏、浙江、安徽、广东、重庆，试点期限1年，具体实施方案由试点省份人民政府制订并报自然资源部备案。国务院将建立健全省级人民政府用地审批工作评价机制，根据各省、自治区、直辖市的土地管理水平综合评估结果，对试点省份进行动态调整，对连续排名靠后或考核不合格的试点省份，国务院将收回委托。

三、有关要求。各省、自治区、直辖市人民政府要按照法律、行政法规和有关政策规定，严格审查把关，特别要严格审查涉及占用永久基本农田、生态保护红线、自然保护区的用地，切实保护耕地，节约集约用地，盘活存量土地，维护被征地农民合法权益，确保相关用地审批权"放得下、接得住、管得好"。各省、自治区、直辖市人民政府不得将承接的用地审批权进一步授权或委托。

自然资源部要加强对各省、自治区、直辖市人民政府用地审批工作的指导和服务，明确审批要求和标准，切实提高审批质量和效率；要采取"双随机、一公开"等方式，加强对用地审批情况的监督检查，发现违规问题及时督促纠正，重大问题及时向国务院报告。

土地调查条例实施办法

- 2009年6月17日国土资源部第45号令公布
- 根据2016年1月5日《国土资源部关于修改和废止部分部门规章的决定》第一次修订
- 根据2019年7月16日《自然资源部关于第一批废止和修改的部门规章的决定》第二次修订

第一章 总 则

第一条 为保证土地调查的有效实施，根据《土地调查条例》（以下简称条例），制定本办法。

第二条 土地调查是指对土地的地类、位置、面积、分布等自然属性和土地权属等社会属性及其变化情况，以及永久基本农田状况进行的调查、监测、统计、分析的活动。

第三条 土地调查包括全国土地调查、土地变更调查和土地专项调查。

全国土地调查，是指国家根据国民经济和社会发展需要，对全国城乡各类土地进行的全面调查。

土地变更调查,是指在全国土地调查的基础上,根据城乡土地利用现状及权属变化情况,随时进行城镇和村庄地籍变更调查和土地利用变更调查,并定期进行汇总统计。

土地专项调查,是指根据自然资源管理需要,在特定范围、特定时间内对特定对象进行的专门调查,包括耕地后备资源调查、土地利用动态遥感监测和勘测定界等。

第四条 全国土地调查,由国务院全国土地调查领导小组统一组织,县级以上人民政府土地调查领导小组遵照要求实施。

土地变更调查,由自然资源部会同有关部门组织,县级以上自然资源主管部门会同有关部门实施。

土地专项调查,由县级以上自然资源主管部门组织实施。

第五条 县级以上地方自然资源主管部门应当配合同级财政部门,根据条例规定落实地方人民政府土地调查所需经费。必要时,可以与同级财政部门共同制定土地调查经费从新增建设用地土地有偿使用费、国有土地使用权有偿出让收入等土地收益中列支的管理办法。

第六条 在土地调查工作中作出突出贡献的单位和个人,由有关自然资源主管部门按照国家规定给予表彰或者奖励。

第二章 土地调查机构及人员

第七条 国务院全国土地调查领导小组办公室设在自然资源部,县级以上地方人民政府土地调查领导小组办公室设在同级自然资源主管部门。

县级以上自然资源主管部门应当明确专门机构和人员,具体负责土地变更调查和土地专项调查等工作。

第八条 土地调查人员包括县级以上自然资源政主管部门和相关部门的工作人员,有关事业单位的人员以及承担土地调查任务单位的人员。

第九条 土地调查人员应当经过省级以上自然资源主管部门组织的业务培训,通过全国统一的土地调查人员考核,领取土地调查员工作证。

已取得自然资源部、人力资源和社会保障部联合颁发的土地登记代理人资格证书的人员,可以直接申请取得土地调查员工作证。

土地调查员工作证由自然资源部统一制发,按照规定统一编号管理。

第十条 承担国家级土地调查任务的单位,应当具备以下条件:

(一)近三年内有累计合同额1000万元以上,经县级以上自然资源主管部门验收合格的土地调查项目;

(二)有专门的质量检验机构和专职质量检验人员,有完善有效的土地调查成果质量保证制度;

(三)近三年内无土地调查成果质量不良记录,并未被列入失信名单;

(四)取得土地调查员工作证的技术人员不少于20名;

(五)自然资源部规章、规范性文件规定的其他条件。

第三章 土地调查的组织实施

第十一条 开展全国土地调查,由自然资源部会同有关部门在开始前一年度拟订全国土地调查总体方案,报国务院批准后实施。

全国土地调查总体方案应当包括调查的主要任务、时间安排、经费落实、数据要求、成果公布等内容。

第十二条 县级以上地方自然资源主管部门应当会同同级有关部门,根据全国土地调查总体方案和上级土地调查实施方案的要求,拟定本行政区域的土地调查实施方案,报上一级人民政府自然资源主管部门备案。

第十三条 土地变更调查由自然资源部统一部署,以县级行政区为单位组织实施。

县级以上自然资源主管部门应当按照国家统一要求,组织实施土地变更调查,保持调查成果的现势性和准确性。

第十四条 土地变更调查中的城镇和村庄地籍变更调查,应当根据土地权属等变化情况,以宗地为单位,随时调查,及时变更地籍图件和数据库。

第十五条 土地变更调查中的土地利用变更调查,应当以全国土地调查和上一年度土地变更调查结果为基础,全面查清本年度本行政区域内土地利用状况变化情况,更新土地利用现状图件和土地利用数据库,逐级汇总上报各类土地利用变化数据。

土地利用变更调查的统一时点为每年12月31日。

第十六条　土地变更调查，包括下列内容：

（一）行政和权属界线变化状况；

（二）土地所有权和使用权变化情况；

（三）地类变化情况；

（四）永久基本农田位置、数量变化情况；

（五）自然资源部规定的其他内容。

第十七条　土地专项调查由县级以上自然资源主管部门组织实施，专项调查成果报上一级自然资源主管部门备案。

全国性的土地专项调查，由自然资源部组织实施。

第十八条　土地调查应当执行国家统一的土地利用现状分类标准、技术规程和自然资源部的有关规定，保证土地调查数据的统一性和准确性。

第十九条　上级自然资源主管部门应当加强对下级自然资源主管部门土地调查工作的指导，并定期组织人员进行监督检查，及时掌握土地调查进度，研究解决土地调查中的问题。

第二十条　县级以上自然资源主管部门应当建立土地调查进度的动态通报制度。

上级自然资源主管部门应当根据全国土地调查、土地变更调查和土地专项调查确定的工作时限，定期通报各地工作的完成情况，对工作进度缓慢的地区，进行重点督导和检查。

第二十一条　从事土地调查的单位和个人，应当遵守国家有关保密的法律法规和规定。

第四章　调查成果的公布和应用

第二十二条　土地调查成果包括数据成果、图件成果、文字成果和数据库成果。

土地调查数据成果，包括各类土地分类面积数据、不同权属性质面积数据、基本农田面积数据和耕地坡度分级面积数据等。

土地调查图件成果，包括土地利用现状图、地籍图、宗地图、永久基本农田分布图、耕地坡度分级专题图等。

土地调查文字成果，包括土地调查工作报告、技术报告、成果分析报告和其他专题报告等。

土地调查数据库成果，包括土地利用数据库和地籍数据库等。

第二十三条　县级以上自然资源主管部门应当按照要求和有关标准完成数据处理、文字报告编写等成果汇总统计工作。

第二十四条　土地调查成果实行逐级汇交制度。

县级以上地方自然资源主管部门应当将土地调查形成的数据成果、图件成果、文字成果和数据库成果汇交上一级自然资源主管部门汇总。

土地调查成果汇总的内容主要包括数据汇总、图件编制、文字报告编写和成果分析等。

第二十五条　全国土地调查成果的检查验收，由各级土地调查领导小组办公室按照下列程序进行：

（一）县级组织调查单位和相关部门，对调查成果进行全面自检，形成自检报告，报市（地）级复查；

（二）市（地）级复查合格后，向省级提出预检申请；

（三）省级对调查成果进行全面检查，验收合格后上报；

（四）全国土地调查领导小组办公室对成果进行核查，根据需要对重点区域、重点地类进行抽查，形成确认意见。

第二十六条　全国土地调查成果的公布，依照条例第二十五条规定进行。

土地变更调查成果，由各级自然资源主管部门报本级人民政府批准后，按照国家、省、市、县的顺序依次公布。

土地专项调查成果，由有关自然资源主管部门公布。

第二十七条　土地调查上报的成果质量实行分级负责制。县级以上自然资源主管部门应当对本级上报的调查成果认真核查，确保调查成果的真实、准确。

上级自然资源主管部门应当定期对下级自然资源主管部门的土地调查成果质量进行监督。

第二十八条　经依法公布的土地调查成果，是编制国民经济和社会发展规划、有关专项规划以及自然资源管理的基础和依据。

建设用地报批、土地整治项目立项以及其他需要使用土地基础数据与图件资料的活动，应当以国家确认的土地调查成果为基础依据。

各级土地利用总体规划修编，应当以经国家

确定的土地调查成果为依据,校核规划修编基数。

第五章 法律责任

第二十九条 接受土地调查的单位和个人违反条例第十七条的规定,无正当理由不履行现场指界义务的,由县级以上人民政府自然资源主管部门责令限期改正,逾期不改正的,依照条例第三十二条的规定进行处罚。

第三十条 承担土地调查任务的单位有下列情形之一的,县级以上自然资源主管部门应当责令限期改正,逾期不改正的,终止土地调查任务,并将该单位报送国家信用平台:

(一)在土地调查工作中弄虚作假的;

(二)无正当理由,未按期完成土地调查任务的;

(三)土地调查成果有质量问题,造成严重后果的。

第三十一条 承担土地调查任务的单位不符合条例第十三条和本办法第十条规定的相关条件,弄虚作假,骗取土地调查任务的,县级以上自然资源主管部门应当终止该单位承担的土地调查任务,并不再将该单位列入土地调查单位名录。

第三十二条 土地调查人员违反条例第三十一条规定的,由自然资源部注销土地调查员工作证,不得再次参加土地调查人员考核。

第三十三条 自然资源主管部门工作人员在土地调查工作中玩忽职守、滥用职权、徇私舞弊,构成犯罪的,依法追究刑事责任;尚不构成犯罪的,依法给予处分。

第六章 附 则

第三十四条 本办法自公布之日起施行。

确定土地所有权和使用权的若干规定

- 1995年3月11日〔1995〕国土〔籍〕字第26号公布
- 根据2010年12月3日《国土资源部关于修改部分规范性文件的决定》修订

第一章 总 则

第一条 为了确定土地所有权和使用权,依法进行土地登记,根据有关的法律、法规和政策,制订本规定。

第二条 土地所有权和使用权由县级以上人民政府确定,土地管理部门具体承办。

土地权属争议,由土地管理部门提出处理意见,报人民政府下达处理决定或报人民政府批准后由土地管理部门下达处理决定。

第二章 国家土地所有权

第三条 城市市区范围内的土地属于国家所有。

第四条 依据1950年《中华人民共和国土地改革法》及有关规定,凡当时没有将土地所有权分配给农民的土地属于国家所有;实施1962年《农村人民公社工作条例修正草案》(以下简称《六十条》)未划入农民集体范围内的土地属于国家所有。

第五条 国家建设征收的土地,属于国家所有。

第六条 开发利用国有土地,开发利用者依法享有土地使用权,土地所有权仍属国家。

第七条 国有铁路线路、车站、货场用地以及依法留用的其他铁路用地属于国家所有。土改时已分配给农民所有的原铁路用地和新建铁路两侧未经征收的农民集体所有土地属于农民集体所有。

第八条 县级以上(含县级)公路线路用地属于国家所有。公路两侧保护用地和公路其他用地凡未经征收的农民集体所有的土地仍属于农民集体所有。

第九条 国有电力、通讯设施用地属于国家所有。但国有电力通讯杆塔占用农民集体所有的土地,未办理征收手续的,土地仍属于农民集体所有,对电力通讯经营单位可确定为他项权利。

第十条 军队接收的敌伪地产及解放后经人民政府批准征收、划拨的军事用地属于国家所有。

第十一条 河道堤防内的土地和堤防外的护堤地,无堤防河道历史最高洪水位或者设计洪水位以下的土地,除土改时已将所有权分配给农民,国家未征收,且迄今仍归农民集体使用的外,属于国家所有。

第十二条 县级以上(含县级)水利部门直接管理的水库、渠道等水利工程用地属于国家所有。

水利工程管理和保护范围内未经征收的农民集体土地仍属于农民集体所有。

第十三条　国家建设对农民集体全部进行移民安置并调剂土地后,迁移农民集体原有土地转为国家所有。但移民后原集体仍继续使用的集体所有土地,国家未进行征收的,其所有权不变。

第十四条　因国家建设征收土地,农民集体建制被撤销或其人口全部转为非农业人口,其未经征收的土地,归国家所有。继续使用原有土地的原农民集体及其成员享有国有土地使用权。

第十五条　全民所有制单位和城镇集体所有制单位兼并农民集体企业的,办理有关手续后,被兼并的原农民集体企业使用的集体所有土地转为国家所有。乡(镇)企业依照国家建设征收土地的审批程序和补偿标准使用的非本乡(镇)村农民集体所有的土地,转为国家所有。

第十六条　1962年9月《六十条》公布以前,全民所有制单位、城市集体所有制单位和集体所有制的华侨农场使用的原农民集体所有的土地(含合作化之前的个人土地),迄今没有退给农民集体的,属于国家所有。

《六十条》公布时起至1982年5月《国家建设征用土地条例》公布时止,全民所有制单位、城市集体所有制单位使用的原农民集体所有的土地,有下列情形之一的,属于国家所有:

1. 签订过土地转移等有关协议的;
2. 经县级以上人民政府批准使用的;
3. 进行过一定补偿或安置劳动力的;
4. 接受农民集体馈赠的;
5. 已购买原集体所有的建筑物的;
6. 农民集体所有制企事业单位转为全民所有制或者城市集体所有制单位的。

1982年5月《国家建设征用土地条例》公布时起至1987年《土地管理法》开始施行时止,全民所有制单位、城市集体所有制单位违反规定使用的农民集体土地,依照有关规定进行了清查处理后仍由全民所有制单位、城市集体所有制单位使用的,确定为国家所有。

凡属上述情况以外未办理征地手续使用的农民集体土地,由县级以上地方人民政府根据具体情况,按当时规定补办征地手续,或退还农民集体。1987年《土地管理法》施行后违法占用的农民集体土地,必须依法处理后,再确定土地所有权。

第十七条　1986年3月中共中央、国务院《关于加强土地管理、制止乱占耕地的通知》发布之前,全民所有制单位、城市集体所有制单位租用民集体所有的土地,按照有关规定处理后,能够恢复耕种的,退还农民集体耕种,所有权仍属于农民集体;已建成永久性建筑物的,由用地单位按租用时的规定,补办手续,土地归国家所有。凡已经按照有关规定处理了的,可按处理决定确定所有权和使用权。

第十八条　土地所有权有争议,不能依法证明争议土地属于农民集体所有的,属于国家所有。

第三章　集体土地所有权

第十九条　土地改革时分给农民并颁发了土地所有证的土地,属于农民集体所有;实施《六十条》时确定为集体所有的土地,属农民集体所有。依照第二章规定属于国家所有的除外。

第二十条　村农民集体所有的土地,按目前该村农民集体实际使用的本集体土地所有权界线确定所有权。

根据《六十条》确定的农民集体土地所有权,由于下列原因发生变更的,按变更后的现状确定集体土地所有权。

(一)由于村、队、社、场合并或分割等管理体制的变化引起土地所有权变更的;

(二)由于土地开发、国家征地、集体兴办企业或者自然灾害等原因进行过土地调整的;

(三)由于农田基本建设和行政区划变动等原因重新划定土地所有权界线的。行政区划变动未涉及土地权属变更的,原土地权属不变。

第二十一条[①]　农民集体连续使用其他农民集体所有的土地已满20年的,应视为现使用者所有;连续使用不满20年,或者虽满20年但在20年期满之前所有者曾向现使用者或有关部门提出归

[①]《国土资源部办公厅关于对农民集体土地确权有关问题的复函》(2005年1月17日　国土资厅函〔2005〕58号),第二十一条中的"农民集体"是指乡(镇)农民集体、村农民集体和村内两个以上农业集体经济组织的农民集体,包括由原基本核算单位的生产队延续下来的农民集体经济组织。

第二十一条中的"使用"是指土地使用人直接占用土地,并加以利用的行为,但不包括租用、借用和承包他人土地等形式。

还的,由县级以上人民政府根据具体情况确定土地所有权。

第二十二条 乡(镇)或村在集体所有的土地上修建并管理的道路、水利设施用地,分别属于乡(镇)或村农民集体所有。

第二十三条 乡(镇)或村办企事业单位使用的集体土地,《六十条》公布以前使用的,分别属于该乡(镇)或村农民集体所有;《六十条》公布时起至1982年国务院《村镇建房用地管理条例》发布时止使用的,有下列情况之一的,分别属于该乡(镇)或村农民集体所有:

1. 签订过用地协议的(不含租借);
2. 经县、乡(公社)、村(大队)批准或同意,并进行了适当的土地调整或者经过一定补偿的;
3. 通过购买房屋取得的;
4. 原集体企事业单位体制经批准变更的。

1982年国务院《村镇建房用地管理条例》发布时起至1987年《土地管理法》开始施行时止,乡(镇)、村办企事业单位违反规定使用的集体土地按照有关规定清查处理后,乡(镇)、村集体单位继续使用的,可确定为该乡(镇)或村集体所有。

乡(镇)、村办企事业单位采用上述以外的方式占用的集体土地,或虽采用上述方式,但目前土地利用不合理的,如荒废、闲置等,应将其全部或部分土地退还原村或乡农民集体,或按有关规定进行处理。1987年《土地管理法》施行后违法占用的土地,须依法处理后再确定所有权。

第二十四条 乡(镇)企业使用本乡(镇)、村集体所有的土地,依照有关规定进行补偿和安置的,土地所有权转为乡(镇)农民集体所有。经依法批准的乡(镇)、村公共设施、公益事业使用的农民集体土地,分别属于乡(镇)、村农民集体所有。

第二十五条 农民集体经依法批准以土地使用权作为联营条件与其他单位或个人举办联营企业的,或者农民集体经依法批准以集体所有的土地的使用权作价入股,举办外商投资企业和内联乡镇企业的,集体土地所有权不变。

第四章 国有土地使用权

第二十六条 土地使用权确定给直接使用土地的具有法人资格的单位或个人。但法律、法规、政策和本规定另有规定的除外。

第二十七条 土地使用者经国家依法划拨、出让或解放初期接收、沿用,或通过依法转让、继承、接受地上建筑物等方式使用国有土地的,可确定其国有土地使用权。

第二十八条 土地公有制之前,通过购买房屋或土地及租赁土地方式使用私有的土地,土地转为国有后迄今仍继续使用的,可确定现使用者国有土地使用权。

第二十九条 因原房屋拆除、改建或自然坍塌等原因,已经变更了实际土地使用者的,经依法审核批准,可将土地使用权确定给实际土地使用者;空地及房屋坍塌或拆除后两年以上仍未恢复使用的土地,由当地县级以上人民政府收回土地使用权。

第三十条 原宗教团体、寺观教堂宗教活动用地,被其他单位占用,原使用单位因恢复宗教活动需要退还使用的,应按有关规定予以退还。确属无法退还或土地使用权有争议的,经协商、处理后确定土地使用权。

第三十一条 军事设施用地(含靶场、试验场、训练场)依照解放初土地接收文件和人民政府批准征收或划拨土地的文件确定土地使用权。土地使用权有争议的,按照国务院、中央军委有关文件规定处理后,再确定土地使用权。

国家确定的保留或地方代管的军事设施用地的土地使用权确定给军队,现由其他单位使用的,可依照有关规定确定为他项权利。

经国家批准撤销的军事设施,其土地使用权依照有关规定由当地县级以上人民政府收回并重新确定使用权。

第三十二条 依法接收、征收、划拨的铁路线路用地及其他铁路设施用地,现仍由铁路单位使用的,其使用权确定给铁路单位。铁路线路路基两侧依法取得使用权的保护用地,使用权确定给铁路单位。

第三十三条 国家水利、公路设施用地依照征收、划拨文件和有关法律、法规划定用地界线。

第三十四条 驻机关、企事业单位内的行政管理和服务性单位,经政府批准使用的土地,可以由土地管理部门商被驻单位规定土地的用途和其他限制条件后分别确定实际土地使用者的土地使用权。但租用房屋的除外。

第三十五条 原由铁路、公路、水利、电力、军队及其他单位和个人使用的土地,1982年5月《国家建设征用土地条例》公布之前,已经转由其他单位或个人使用的,除按照国家法律和政策应当退还的外,其国有土地使用权可确定给实际土地使用者,但严重影响上述部门的设施安全和正常使用的,暂不确定土地使用权,按照有关规定处理后,再确定土地使用权。1982年5月以后非法转让的,经依法处理后再确定使用权。

第三十六条　农民集体使用的国有土地,其使用权按县级以上人民政府主管部门审批、划拨文件确定;没有审批、划拨文件的,依照当时规定补办手续后,按使用现状确定;过去未明确划定使用界线的,由县级以上人民政府参照土地实际使用情况确定。

第三十七条　未按规定用途使用的国有土地,由县级以上人民政府收回重新安排使用,或者按有关规定处理后确定使用权。

第三十八条　1987年1月《土地管理法》施行之前重复划拨或重复征收的土地,可按目前实际使用情况或者根据最后一次划拨或征收文件确定使用权。

第三十九条　以土地使用权为条件与其他单位或个人合建房屋的,根据批准文件、合建协议或者投资数额确定土地使用权,但1982年《国家建设征用土地条例》公布后合建的,应依法办理土地转让手续后再确定土地使用权。

第四十条　以出让方式取得的土地使用权或以划拨方式取得的土地使用权补办出让手续后作为资产入股的,土地使用权确定给股份制企业。

国家以土地使用权作价入股的,土地使用权确定给股份制企业。

国家将土地使用权租赁给股份制企业的,土地使用权确定给股份制企业。企业以出让方式取得的土地使用权或以划拨方式取得的土地使用权补办出让手续后,出租给股份制企业的,土地使用权不变。

第四十一条　企业以出让方式取得的土地使用权,企业破产后,经依法处置,确定给新的受让人;企业通过划拨方式取得的土地使用权,企业破产时,其土地使用权由县级以上人民政府收回后,根据有关规定进行处置。

第四十二条　法人之间合并,依法属于应当以有偿方式取得土地使用权的,原土地使用权应当办理有关手续,有偿取得土地使用权;依法可以以划拨形式取得土地使用权的,可以办理划拨土地权属变更登记,取得土地使用权。

第五章　集体土地建设用地使用权

第四十三条　乡(镇)村办企业事业单位和个人依法使用农民集体土地进行非农业建设的,可依法确定使用者集体土地建设用地使用权。对多占少用、占而不用的,其闲置部分不予确定使用权,并退还农民集体,另行安排使用。

第四十四条　依照本规定第二十五条规定的农民集体土地,集体土地建设用地使用权确定给联营或股份企业。

第四十五条　1982年2月国务院发布《村镇建房用地管理条例》之前农村居民建房占用的宅基地,超过当地政府规定的面积,在《村镇建房用地管理条例》施行后未经拆迁、改建、翻建的,可以暂按现有实际使用面积确定集体土地建设用地使用权。

第四十六条　1982年2月《村镇建房用地管理条例》发布时起至1987年1月《土地管理法》开始施行时止,农村居民建房占用的宅基地,其面积超过当地政府规定标准的,超过部分按1986年3月中共中央、国务院《关于加强土地管理、制止乱占耕地的通知》及地方人民政府的有关规定处理后,按处理后实际使用面积确定集体土地建设用地使用权。

第四十七条　符合当地政府分户建房规定而尚未分户的农村居民,其现有的宅基地没有超过分户建房用地合计面积标准的,可按现有宅基地面积确定集体土地建设用地使用权。

第四十八条　非农业户口居民(含华侨)原在农村的宅基地,房屋产权没有变化的,可依法确定其集体土地建设用地使用权。房屋拆除后没有批准重建的,土地使用权由集体收回。

第四十九条　接受转让、购买房屋取得的宅基地,与原有宅基地合计面积超过当地政府规定标准,按照有关规定处理后允许继续使用的,可暂确定其集体土地建设用地使用权。继承房屋取得的宅基地,可确定集体土地建设用地使用权。

第五十条　农村专业户宅基地以外的非农业建设用地与宅基地分别确定集体土地建设用地使用权。

第五十一条　按照本规定第四十五条至第四

十九条的规定确定农村居民宅基地集体土地建设用地使用权时,其面积超过当地政府规定标准的,可在土地登记卡和土地证书内注明超过标准面积的数量。以后分户建房或现有房屋拆迁、改建、翻建或政府依法实施规划重新建设时,按当地政府规定的面积标准重新确定使用权,其超过部分退还集体。

第五十二条 空闲或房屋坍塌、拆除两年以上未恢复使用的宅基地,不确定土地使用权。已经确定使用权的,由集体报经县级人民政府批准,注销其土地登记,土地由集体收回。

第六章 附 则

第五十三条 一宗地由两个以上单位或个人共同使用的,可确定为共有土地使用权。共有土地使用权面积可以在共有使用人之间分摊。

第五十四条 地面与空中、地面与地下立体交叉使用土地的(楼房除外),土地使用权确定给地面使用者,空中和地下可确定为他项权利。

平面交叉使用土地的,可以确定为共有土地使用权;也可以将土地使用权确定给主要用途或优先使用单位,次要和服从使用单位可确定为他项权利。

上述两款中的交叉用地,如属合法批准征收、划拨的,可按批准文件确定使用权,其他用地单位确定为他项权利。

第五十五条 依法划定的铁路、公路、河道、水利工程、军事设施、危险品生产和储存地、风景区等区域的管理和保护范围内的土地,其土地的所有权和使用权依照土地管理有关法规确定。但对上述范围内的土地的用途,可以根据有关的规定增加适当的限制条件。

第五十六条 土地所有权或使用权证明文件上的四至界线与实地一致,但实地面积与批准面积不一致的,按实地四至界线计算土地面积,确定土地的所有权或使用权。

第五十七条 他项权利依照法律或当事人约定设定。他项权利可以与土地所有权或使用权同时确定,也可在土地所有权或使用权确定之后增设。

第五十八条 各级人民政府或人民法院已依法处理的土地权属争议,按处理决定确定土地所有权或使用权。

第五十九条 本规定由国家土地管理局负责解释。

第六十条 本规定自1995年5月1日起施行。1989年7月5日国家土地管理局印发的《关于确定土地权属问题的若干意见》同时停止执行。

土地权属争议调查处理办法

· 2003年1月3日国土资源部令第17号公布
· 根据2010年11月30日《国土资源部关于修改部分规章的决定》修订

第一条 为依法、公正、及时地做好土地权属争议的调查处理工作,保护当事人的合法权益,维护土地的社会主义公有制,根据《中华人民共和国土地管理法》,制定本办法。

第二条 本办法所称土地权属争议,是指土地所有权或者使用权归属争议。

第三条 调查处理土地权属争议,应当以法律、法规和土地管理规章为依据。从实际出发,尊重历史,面对现实。

第四条 县级以上国土资源行政主管部门负责土地权属争议案件(以下简称争议案件)的调查和调解工作;对需要依法作出处理决定的,拟定处理意见,报同级人民政府作出处理决定。

县级以上国土资源行政主管部门可以指定专门机构或者人员负责办理争议案件有关事宜。

第五条 个人之间、个人与单位之间、单位与单位之间发生的争议案件,由争议土地所在地的县级国土资源行政主管部门调查处理。

前款规定的个人之间、个人与单位之间发生的争议案件,可以根据当事人的申请,由乡级人民政府受理和处理。

第六条 设区的市、自治州国土资源行政主管部门调查处理下列争议案件:

(一)跨县级行政区域的;

(二)同级人民政府、上级国土资源行政主管部门交办或者有关部门转送的。

第七条 省、自治区、直辖市国土资源行政主管部门调查处理下列争议案件:

(一)跨设区的市、自治州行政区域的;

(二)争议一方为中央国家机关或者其直属单

位,且涉及土地面积较大的;

(三)争议一方为军队,且涉及土地面积较大的;

(四)在本行政区域内有较大影响的;

(五)同级人民政府、国土资源部交办或者有关部门转送的。

第八条 国土资源部调查处理下列争议案件:

(一)国务院交办的;

(二)在全国范围内有重大影响的。

第九条 当事人发生土地权属争议,经协商不能解决的,可以依法向县级以上人民政府或者乡级人民政府提出处理申请,也可以依照本办法第五、六、七、八条的规定,向有关的国土资源行政主管部门提出调查处理申请。

第十条 申请调查处理土地权属争议的,应当符合下列条件:

(一)申请人与争议的土地有直接利害关系;

(二)有明确的请求处理对象、具体的处理请求和事实根据。

第十一条 当事人申请调查处理土地权属争议,应当提交书面申请书和有关证据材料,并按照被申请人数提交副本。

申请书应当载明以下事项:

(一)申请人和被申请人的姓名或者名称、地址、邮政编码、法定代表人姓名和职务;

(二)请求的事项、事实和理由;

(三)证人的姓名、工作单位、住址、邮政编码。

第十二条 当事人可以委托代理人代为申请土地权属争议的调查处理。委托代理人申请的,应当提交授权委托书。授权委托书应当写明委托事项和权限。

第十三条 对申请人提出的土地权属争议调查处理的申请,国土资源行政主管部门应当依照本办法第十条的规定进行审查,并在收到申请书之日起7个工作日内提出是否受理的意见。

认为应当受理的,在决定受理之日起5个工作日内将申请书副本发送被申请人。被申请人应当在接到申请书副本之日起30日内提交答辩书和有关证据材料。逾期不提交答辩书的,不影响案件的处理。

认为不应当受理的,应当及时拟定不予受理建议书,报同级人民政府作出不予受理决定。

当事人对不予受理决定不服的,可以依法申请行政复议或者提起行政诉讼。

同级人民政府、上级国土资源行政主管部门交办或者有关部门转办的争议案件,按照本条有关规定审查处理。

第十四条 下列案件不作为争议案件受理:

(一)土地侵权案件;

(二)行政区域边界争议案件;

(三)土地违法案件;

(四)农村土地承包经营权争议案件;

(五)其他不作为土地权属争议的案件。

第十五条 国土资源行政主管部门决定受理后,应当及时指定承办人,对当事人争议的事实情况进行调查。

第十六条 承办人与争议案件有利害关系的,应当申请回避;当事人认为承办人与争议案件有利害关系的,有权请求该承办人回避。承办人是否回避,由受理案件的国土资源行政主管部门决定。

第十七条 承办人在调查处理土地权属争议过程中,可以向有关单位或者个人调查取证。被调查的单位或者个人应当协助,并如实提供有关证明材料。

第十八条 在调查处理土地权属争议过程中,国土资源行政主管部门认为有必要对争议的土地进行实地调查的,应当通知当事人及有关人员到现场。必要时,可以邀请有关部门派人协助调查。

第十九条 土地权属争议双方当事人对各自提出的事实和理由负有举证责任,应当及时向负责调查处理的国土资源行政主管部门提供有关证据材料。

第二十条 国土资源行政主管部门在调查处理争议案件时,应当审查双方当事人提供的下列证据材料:

(一)人民政府颁发的确定土地权属的凭证;

(二)人民政府或者主管部门批准征收、划拨、出让土地或者以其他方式批准使用土地的文件;

(三)争议双方当事人依法达成的书面协议;

(四)人民政府或者司法机关处理争议的文件或者附图;

(五)其他有关证明文件。

第二十一条 对当事人提供的证据材料,国土资源行政主管部门应当查证属实,方可作为认定事实的根据。

第二十二条 在土地所有权和使用权争议解决之前,任何一方不得改变土地利用的现状。

第二十三条 国土资源行政主管部门对受理的争议案件,应当在查清事实、分清权属关系的基础上先行调解,促使当事人以协商方式达成协议。调解应当坚持自愿、合法的原则。

第二十四条 调解达成协议的,应当制作调解书。调解书应当载明以下内容:

(一)当事人的姓名或者名称、法定代表人姓名、职务;

(二)争议的主要事实;

(三)协议内容及其他有关事项。

第二十五条 调解书经双方当事人签名或者盖章,由承办人署名并加盖国土资源行政主管部门的印章后生效。

生效的调解书具有法律效力,是土地登记的依据。

第二十六条 国土资源行政主管部门应当在调解书生效之日起15日内,依照民事诉讼法的有关规定,将调解书送达当事人,并同时抄报上一级国土资源行政主管部门。

第二十七条 调解未达成协议的,国土资源行政主管部门应当及时提出调查处理意见,报同级人民政府作出处理决定。

第二十八条 国土资源行政主管部门应当自受理土地权属争议之日起6个月内提出调查处理意见。因情况复杂,在规定时间内不能提出调查处理意见的,经该国土资源行政主管部门的主要负责人批准,可以适当延长。

第二十九条 调查处理意见应当包括以下内容:

(一)当事人的姓名或者名称、地址、法定代表人的姓名、职务;

(二)争议的事实、理由和要求;

(三)认定的事实和适用的法律、法规等依据;

(四)拟定的处理结论。

第三十条 国土资源行政主管部门提出调查处理意见后,应当在5个工作日内报送同级人民政府,由人民政府下达处理决定。

国土资源行政主管部门的调查处理意见在报同级人民政府的同时,抄报上一级国土资源行政主管部门。

第三十一条 当事人对人民政府作出的处理决定不服的,可以依法申请行政复议或者提起行政诉讼。

在规定的时间内,当事人既不申请行政复议,也不提起行政诉讼,处理决定即发生法律效力。

生效的处理决定是土地登记的依据。

第三十二条 在土地权属争议调查处理过程中,国土资源行政主管部门的工作人员玩忽职守、滥用职权、徇私舞弊,构成犯罪的,依法追究刑事责任;不构成犯罪的,由其所在单位或者其上级机关依法给予行政处分。

第三十三条 乡级人民政府处理土地权属争议,参照本办法执行。

第三十四条 调查处理争议案件的文书格式,由国土资源部统一制定。

第三十五条 调查处理争议案件的费用,依照国家有关规定执行。

第三十六条 本办法自2003年3月1日起施行。1995年12月18日原国家土地管理局发布的《土地权属争议处理暂行办法》同时废止。

闲置土地处置办法

· 2012年6月1日国土资源部令第53号公布
· 自2012年7月1日起施行

第一章 总 则

第一条 为有效处置和充分利用闲置土地,规范土地市场行为,促进节约集约用地,根据《中华人民共和国土地管理法》、《中华人民共和国城市房地产管理法》及有关法律、行政法规,制定本办法。

第二条 本办法所称闲置土地,是指国有建设用地使用权人超过国有建设用地使用权有偿使用合同或者划拨决定书约定、规定的动工开发日期满一年未动工开发的国有建设用地。

已动工开发但开发建设用地面积占应动工开发建设用地总面积不足三分之一或者已投资额占总投资额不足百分之二十五,中止开发建设满一年的国有建设用地,也可以认定为闲置土地。

第三条 闲置土地处置应当符合土地利用总

体规划和城乡规划,遵循依法依规、促进利用、保障权益、信息公开的原则。

第四条　市、县国土资源主管部门负责本行政区域内闲置土地的调查认定和处置工作的组织实施。

上级国土资源主管部门对下级国土资源主管部门调查认定和处置闲置土地工作进行监督管理。

第二章　调查和认定

第五条　市、县国土资源主管部门发现有涉嫌构成本办法第二条规定的闲置土地的,应当在三十日内开展调查核实,向国有建设用地使用权人发出《闲置土地调查通知书》。

国有建设用地使用权人应当在接到《闲置土地调查通知书》之日起三十日内,按照要求提供土地开发利用情况、闲置原因以及相关说明等材料。

第六条　《闲置土地调查通知书》应当包括下列内容：

（一）国有建设用地使用权人的姓名或者名称、地址；

（二）涉嫌闲置土地的基本情况；

（三）涉嫌闲置土地的事实和依据；

（四）调查的主要内容及提交材料的期限；

（五）国有建设用地使用权人的权利和义务；

（六）其他需要调查的事项。

第七条　市、县国土资源主管部门履行闲置土地调查职责,可以采取下列措施：

（一）询问当事人及其他证人；

（二）现场勘测、拍照、摄像；

（三）查阅、复制与被调查人有关的土地资料；

（四）要求被调查人就有关土地权利及使用问题作出说明。

第八条　有下列情形之一,属于政府、政府有关部门的行为造成动工开发延迟的,国有建设用地使用权人应当向市、县国土资源主管部门提供土地闲置原因说明材料,经审核属实的,依照本办法第十二条和第十三条规定处置：

（一）因未按照国有建设用地使用权有偿使用合同或者划拨决定书约定、规定的期限、条件将土地交付给国有建设用地使用权人,致使项目不具备动工开发条件的；

（二）因土地利用总体规划、城乡规划依法修改,造成国有建设用地使用权人不能按照国有建设用地使用权有偿使用合同或者划拨决定书约定、规定的用途、规划和建设条件开发的；

（三）因国家出台相关政策,需要对约定、规定的规划和建设条件进行修改的；

（四）因处置土地上相关群众信访事项等无法动工开发的；

（五）因军事管制、文物保护等无法动工开发的；

（六）政府、政府有关部门的其他行为。

因自然灾害等不可抗力导致土地闲置的,依照前款规定办理。

第九条　经调查核实,符合本办法第二条规定条件,构成闲置土地的,市、县国土资源主管部门应当向国有建设用地使用权人下达《闲置土地认定书》。

第十条　《闲置土地认定书》应当载明下列事项：

（一）国有建设用地使用权人的姓名或者名称、地址；

（二）闲置土地的基本情况；

（三）认定土地闲置的事实、依据；

（四）闲置原因及认定结论；

（五）其他需要说明的事项。

第十一条　《闲置土地认定书》下达后,市、县国土资源主管部门应当通过门户网站等形式向社会公开闲置土地的位置、国有建设用地使用权人名称、闲置时间等信息；属于政府或者政府有关部门的行为导致土地闲置的,应当同时公开闲置原因,并书面告知有关政府或者政府部门。

上级国土资源主管部门应当及时汇总下级国土资源主管部门上报的闲置土地信息,并在门户网站上公开。

闲置土地在没有处置完毕前,相关信息应当长期公开。闲置土地处置完毕后,应当及时撤销相关信息。

第三章　处置和利用

第十二条　因本办法第八条规定情形造成土地闲置的,市、县国土资源主管部门应当与国有建设用地使用权人协商,选择下列方式处置：

（一）延长动工开发期限。签订补充协议,重新约定动工开发、竣工期限和违约责任。从补充

协议约定的动工开发日期起,延长动工开发期限最长不得超过一年;

(二)调整土地用途、规划条件。按照新用途或者新规划条件重新办理相关用地手续,并按照新用途或者新规划条件核算、收缴或者退还土地价款。改变用途后的土地利用必须符合土地利用总体规划和城乡规划;

(三)由政府安排临时使用。待原项目具备开发建设条件,国有建设用地使用权人重新开发建设。从安排临时使用之日起,临时使用期限最长不得超过两年;

(四)协议有偿收回国有建设用地使用权;

(五)置换土地。对已缴清土地价款、落实项目资金,且因规划依法修改造成闲置的,可以为国有建设用地使用权人置换其他价值相当、用途相同的国有建设用地进行开发建设。涉及出让土地的,应当重新签订土地出让合同,并在合同中注明为置换土地;

(六)市、县国土资源主管部门还可以根据实际情况规定其他处置方式。

除前款第四项规定外,动工开发时间按照新约定、规定的时间重新起算。

符合本办法第二条第二款规定情形的闲置土地,依照本条规定的方式处置。

第十三条 市、县国土资源主管部门与国有建设用地使用权人协商一致后,应当拟订闲置土地处置方案,报本级人民政府批准后实施。

闲置土地设有抵押权的,市、县国土资源主管部门在拟订闲置土地处置方案时,应当书面通知相关抵押权人。

第十四条 除本办法第八条规定情形外,闲置土地按照下列方式处理:

(一)未动工开发满一年的,由市、县国土资源主管部门报经本级人民政府批准后,向国有建设用地使用权人下达《征缴土地闲置费决定书》,按照土地出让或者划拨价款的百分之二十征缴土地闲置费。土地闲置费不得列入生产成本;

(二)未动工开发满两年的,由市、县国土资源主管部门按照《中华人民共和国土地管理法》第三十七条和《中华人民共和国城市房地产管理法》第二十六条的规定,报经有批准权的人民政府批准后,向国有建设用地使用权人下达《收回国有建设用地使用权决定书》,无偿收回国有建设用地使用权。闲置土地设有抵押权的,同时抄送相关土地抵押权人。

第十五条 市、县国土资源主管部门在依照本办法第十四条规定作出征缴土地闲置费、收回国有建设用地使用权决定前,应当书面告知国有建设用地使用权人有申请听证的权利。国有建设用地使用权人要求举行听证的,市、县国土资源主管部门应当依照《国土资源听证规定》依法组织听证。

第十六条 《征缴土地闲置费决定书》和《收回国有建设用地使用权决定书》应当包括下列内容:

(一)国有建设用地使用权人的姓名或者名称、地址;

(二)违反法律、法规或者规章的事实和证据;

(三)决定的种类和依据;

(四)决定的履行方式和期限;

(五)申请行政复议或者提起行政诉讼的途径和期限;

(六)作出决定的行政机关名称和作出决定的日期;

(七)其他需要说明的事项。

第十七条 国有建设用地使用权人应当自《征缴土地闲置费决定书》送达之日起三十日内,按照规定缴纳土地闲置费;自《收回国有建设用地使用权决定书》送达之日起三十日内,到市、县国土资源主管部门办理国有建设用地使用权注销登记,交回土地权利证书。

国有建设用地使用权人对《征缴土地闲置费决定书》和《收回国有建设用地使用权决定书》不服的,可以依法申请行政复议或者提起行政诉讼。

第十八条 国有建设用地使用权人逾期不申请行政复议、不提起行政诉讼,也不履行相关义务的,市、县国土资源主管部门可以采取下列措施:

(一)逾期不办理国有建设用地使用权注销登记,不交回土地权利证书的,直接公告注销国有建设用地使用权登记和土地权利证书;

(二)申请人民法院强制执行。

第十九条 对依法收回的闲置土地,市、县国土资源主管部门可以采取下列方式利用:

(一)依据国家土地供应政策,确定新的国有建设用地使用权人开发利用;

(二)纳入政府土地储备;

（三）对耕作条件未被破坏且近期无法安排建设项目的，由市、县国土资源主管部门委托有关农村集体经济组织、单位或者个人组织恢复耕种。

第二十条　闲置土地依法处置后土地权属和土地用途发生变化的，应当依据实地现状在当年土地变更调查中进行变更，并依照有关规定办理土地变更登记。

第四章　预防和监管

第二十一条　市、县国土资源主管部门供应土地应当符合下列要求，防止因政府、政府有关部门的行为造成土地闲置：

（一）土地权利清晰；

（二）安置补偿落实到位；

（三）没有法律经济纠纷；

（四）地块位置、使用性质、容积率等规划条件明确；

（五）具备动工开发所必需的其他基本条件。

第二十二条　国有建设用地使用权有偿使用合同或者划拨决定书应当就项目动工开发、竣工时间和违约责任等作出明确约定、规定。约定、规定动工开发时间应当综合考虑办理动工开发所需相关手续的时限规定和实际情况，为动工开发预留合理时间。

因特殊情况，未约定、规定动工开发日期，或者约定、规定不明确的，以实际交付土地之日起一年为动工开发日期。实际交付土地日期以交地确认书确定的时间为准。

第二十三条　国有建设用地使用权人应当在项目开发建设期间，及时向市、县国土资源主管部门报告项目动工开发、开发进度、竣工等情况。

国有建设用地使用权人应当在施工现场设立建设项目公示牌，公布建设用地使用权人、建设单位、项目动工开发、竣工时间和土地开发利用标准等。

第二十四条　国有建设用地使用权人违反法律法规规定和合同约定、划拨决定书规定恶意囤地、炒地的，依照本办法规定处理完毕前，市、县国土资源主管部门不得受理该国有建设用地使用权人新的用地申请，不得办理被认定为闲置土地的转让、出租、抵押和变更登记。

第二十五条　市、县国土资源主管部门应当将本行政区域内的闲置土地信息按宗录入土地市场动态监测与监管系统备案。闲置土地按照规定处置完毕后，市、县国土资源主管部门应当及时更新该宗土地相关信息。

闲置土地未按照规定备案的，不得采取本办法第十二条规定的方式处置。

第二十六条　市、县国土资源主管部门应当将国有建设用地使用权人闲置土地的信息抄送金融监管等部门。

第二十七条　省级以上国土资源主管部门可以根据情况，对闲置土地情况严重的地区，在土地利用总体规划、土地利用年度计划、建设用地审批、土地供应等方面采取限制新增建设用地、促进闲置土地开发利用的措施。

第五章　法律责任

第二十八条　市、县国土资源主管部门未按照国有建设用地使用权有偿使用合同或者划拨决定书约定、规定的期限、条件将土地交付给国有建设用地使用权人，致使项目不具备动工开发条件的，应当依法承担违约责任。

第二十九条　县级以上国土资源主管部门及其工作人员违反本办法规定，有下列情形之一的，依法给予处分；构成犯罪的，依法追究刑事责任：

（一）违反本办法第二十一条的规定供应土地的；

（二）违反本办法第二十四条的规定受理用地申请和办理土地登记的；

（三）违反本办法第二十五条的规定处置闲置土地的；

（四）不依法履行闲置土地监督检查职责，在闲置土地调查、认定和处置工作中徇私舞弊、滥用职权、玩忽职守的。

第六章　附　则

第三十条　本办法中下列用语的含义：

动工开发：依法取得施工许可证后，需挖深基坑的项目，基坑开挖完毕；使用桩基的项目，打入所有基础桩；其他项目，地基施工完成三分之一。

已投资额、总投资额：均不含国有建设用地使用权出让价款、划拨价款和向国家缴纳的相关税费。

第三十一条　集体所有建设用地闲置的调查、认定和处置，参照本办法有关规定执行。

第三十二条　本办法自2012年7月1日起施行。

自然资源部办公厅关于政府原因闲置土地协议有偿收回相关政策的函

- 2018年12月18日
- 自然资办函〔2018〕1903号

海南省自然资源和规划厅：

《海南省国土资源厅关于请求给予闲置土地有偿收回政策支持的请示》（琼国土资〔2018〕142号）收悉。现就因政府原因闲置土地协议有偿收回相关政策函复如下：

《城市房地产管理法》规定，土地使用权人必须按照土地使用权出让合同约定的土地用途、动工开发期限开发土地，超过出让合同约定的动工开发日期满二年未动工开发的可以无偿收回土地使用权，但是因不可抗力或者政府、政府有关部门的行为或者动工开发必需的前期工作造成动工开发迟延的除外。《闲置土地处置办法》（国土资源部令第53号）第十二条规定，属于政府、政府有关部门的行为以及因不可抗力造成动工开发延迟，可以协议有偿收回国有建设用地使用权。

在土地供应和闲置土地处置工作中，要严格落实履约责任，营造诚实守信的营商环境。一是要严格执行"净地"供应的有关规定。供地前要处理好土地的产权、补偿安置等经济法律关系，完成必要的通水、通电、通路、土地平整等前期开发。二是对于"净地"供应政策出台前已供应的"毛地"，应当按照合同或划拨决定书约定、规定的条款，由具体责任方实施拆迁安置和前期开发，确保履约到位。三是处置因政府原因造成的闲置土地，要区分具体情况：对于因政府未按约定履行拆迁安置、前期开发、及时交地等义务而导致土地闲置的，政府应积极主动解决问题，与土地使用权人签订补充协议，重新约定"净地"交付期限，为项目动工创造必要条件；在约定的期限内仍未能达到"净地"标准，要明确造成闲置的政府及有关部门责任并依法处理后，方可采取协议有偿收回的方式处置。对于因政府修改规划或规划建设条件、军事管制、文物保护以及不可抗力等原因，造成土地确实无法按原规划建设条件动工建设的，在土地使用权人同意协商的情况下，可以采取协议有偿收回的方式处置。

需要协议收回闲置土地使用权的，应当遵循协商一致和合理补偿的原则。市、县自然资源主管部门应当按照《闲置土地处置办法》的规定，在调查认定的基础上，及时告知土地使用权人有偿收回相关事宜，与当事人就收回范围、补偿标准、收回方式等进行协商。有偿收回的补偿金额应不低于土地使用权人取得土地的成本，综合考虑其合理的直接损失，参考市场价格，由双方共同协商确定。经协商达成一致的，市、县自然资源主管部门拟定闲置土地处置方案，报本级人民政府批准后，正式签订有偿收回协议并执行。

土地征收成片开发标准（试行）

- 2020年11月5日
- 自然资规〔2020〕5号

一、根据《土地管理法》第45条的规定，制定本标准。

本标准所称成片开发，是指在国土空间规划确定的城镇开发边界内的集中建设区，由县级以上地方人民政府组织的对一定范围的土地进行的综合性开发建设活动。

二、土地征收成片开发应当坚持新发展理念，以人民为中心，注重保护耕地，注重维护农民合法权益，注重节约集约用地，注重生态环境保护，促进当地经济社会可持续发展。

三、县级以上地方人民政府应当按照《土地管理法》第45条规定，依据当地国民经济和社会发展规划、国土空间规划，组织编制土地征收成片开发方案，纳入当地国民经济和社会发展年度计划，并报省级人民政府批准。

土地征收成片开发方案应当包括下列内容：

（一）成片开发的位置、面积、范围和基础设施条件等基本情况；

（二）成片开发的必要性、主要用途和实现的功能；

（三）成片开发拟安排的建设项目、开发时序和年度实施计划；

（四）依据国土空间规划确定的一个完整的土地征收成片开发范围内基础设施、公共服务设施以及其他公益性用地比例；

（五）成片开发的土地利用效益以及经济、社会、生态效益评估。

前款第（四）项规定的比例一般不低于40%，各市县的具体比例由省级人民政府根据各地情况差异确定。

县级以上地方人民政府编制土地征收成片开发方案时，应当充分听取人大代表、政协委员、社会公众和有关专家学者的意见。

四、土地征收成片开发方案应当充分征求成片开发范围内农村集体经济组织和农民的意见，并经集体经济组织成员的村民会议三分之二以上成员或者三分之二以上村民代表同意。未经集体经济组织的村民会议三分之二以上成员或者三分之二以上村民代表同意，不得申请土地征收成片开发。

五、省级人民政府应当组织人大代表、政协委员和土地、规划、经济、法律、环保、产业等方面的专家组成专家委员会，对土地征收成片开发方案的科学性、必要性进行论证。论证结论应当作为批准土地征收成片开发方案的重要依据。

国家自然资源督察机构、自然资源部、省级人民政府应当加强对土地征收成片开发工作的监管。

六、有下列情形之一的，不得批准土地征收成片开发方案：

（一）涉及占用永久基本农田的；

（二）市县区域内存在大量批而未供或者闲置土地的；

（三）各类开发区、城市新区土地利用效率低下的；

（四）已批准实施的土地征收成片开发连续两年未完成方案安排的年度实施计划的。

七、本标准自公布之日施行，有效期三年。

自然资源执法监督规定

·2017年12月27日国土资源部令第79号公布
·根据2020年3月20日《自然资源部关于第二批废止和修改的部门规章的决定》修订

第一条 为了规范自然资源执法监督行为，依法履行自然资源执法监督职责，切实保护自然资源，维护公民、法人和其他组织的合法权益，根据《中华人民共和国土地管理法》《中华人民共和国矿产资源法》等法律法规，制定本规定。

第二条 本规定所称自然资源执法监督，是指县级以上自然资源主管部门依照法定职权和程序，对公民、法人和其他组织违反自然资源法律法规的行为进行检查、制止和查处的行政执法活动。

第三条 自然资源执法监督，遵循依法、规范、严格、公正、文明的原则。

第四条 县级以上自然资源主管部门应当强化遥感监测、视频监控等科技和信息化手段的应用，明确执法工作技术支撑机构。可以通过购买社会服务等方式提升执法监督效能。

第五条 对在执法监督工作中认真履行职责，依法执行公务成绩显著的自然资源主管部门及其执法人员，由上级自然资源主管部门给予通报表扬。

第六条 任何单位和个人发现自然资源违法行为，有权向县级以上自然资源主管部门举报。接到举报的自然资源主管部门应当依法依规处理。

第七条 县级以上自然资源主管部门依照法律法规规定，履行下列执法监督职责：

（一）对执行和遵守自然资源法律法规的情况进行检查；

（二）对发现的违反自然资源法律法规的行为进行制止，责令限期改正；

（三）对涉嫌违反自然资源法律法规的行为进行调查；

（四）对违反自然资源法律法规的行为依法实施行政处罚和行政处理；

（五）对违反自然资源法律法规依法应当追究国家工作人员责任的，依照有关规定移送监察机关或者有关机关处理；

（六）对违反自然资源法律法规涉嫌犯罪的，将案件移送有关机关；

（七）法律法规规定的其他职责。

第八条 县级以上地方自然资源主管部门根据工作需要，可以委托自然资源执法监督队伍行使执法监督职权。具体职权范围由委托机关决定。

上级自然资源主管部门应当加强对下级自然

资源主管部门行政执法行为的监督和指导。

第九条 县级以上地方自然资源主管部门应当加强与人民法院、人民检察院和公安机关的沟通和协作,依法配合有关机关查处涉嫌自然资源犯罪的行为。

第十条 从事自然资源执法监督的工作人员应当具备下列条件:

(一)具有较高的政治素质,忠于职守、秉公执法、清正廉明;

(二)熟悉自然资源法律法规和相关专业知识;

(三)取得执法证件。

第十一条 自然资源执法人员依法履行执法监督职责时,应当主动出示执法证件,并且不得少于2人。

第十二条 县级以上自然资源主管部门可以组织特邀自然资源监察专员参与自然资源执法监督活动,为自然资源执法监督工作提供意见和建议。

第十三条 市、县自然资源主管部门可以根据工作需要,聘任信息员、协管员,收集自然资源违法行为信息,协助及时发现自然资源违法行为。

第十四条 县级以上自然资源主管部门履行执法监督职责,依法可以采取下列措施:

(一)要求被检查的单位或者个人提供有关文件和资料,进行查阅或者予以复制;

(二)要求被检查的单位或者个人就有关问题作出说明,询问违法案件的当事人、嫌疑人和证人;

(三)进入被检查单位或者个人违法现场进行勘测、拍照、录音和摄像等;

(四)责令当事人停止正在实施的违法行为,限期改正;

(五)对当事人拒不停止违法行为的,应当将违法事实书面报告本级人民政府和上一级自然资源主管部门,也可以提请本级人民政府协调有关部门和单位采取相关措施;

(六)对涉嫌违反自然资源法律法规的单位和个人,依法暂停办理其与该行为有关的审批或者登记证手续;

(七)对执法监督中发现有严重违反自然资源法律法规,自然资源管理秩序混乱,未积极采取措施消除违法状态的地区,其上级自然资源主管部门可以建议本级人民政府约谈该地区人民政府主要负责人;

(八)执法监督中发现有地区存在违反自然资源法律法规的苗头性或者倾向性问题,可以向该地区的人民政府或者自然资源主管部门进行反馈,提出执法监督建议;

(九)法律法规规定的其他措施。

第十五条 县级以上地方自然资源主管部门应当按照有关规定保障自然资源执法监督工作的经费、车辆、装备等必要条件,并为执法人员提供人身意外伤害保险等职业风险保障。

第十六条 市、县自然资源主管部门应当建立执法巡查、抽查制度,组织开展巡查、抽查活动,发现、报告和依法制止自然资源违法行为。

第十七条 自然资源部在全国部署开展自然资源卫片执法监督。

省级自然资源主管部门按照自然资源部的统一部署,组织所辖行政区域内的市、县自然资源主管部门开展自然资源卫片执法监督,并向自然资源部报告结果。

第十八条 省级以上自然资源主管部门实行自然资源违法案件挂牌督办和公开通报制度。

第十九条 对上级自然资源主管部门交办的自然资源违法案件,下级自然资源主管部门拖延办理的,上级自然资源主管部门可以发出督办通知,责令限期办理;必要时,可以派员督办或者挂牌督办。

第二十条 县级以上自然资源主管部门实行行政执法全过程记录制度。根据情况可以采取下列记录方式,实现全过程留痕和可回溯管理:

(一)将行政执法文书作为全过程记录的基本形式;

(二)对现场检查、随机抽查、调查取证、听证、行政强制、送达等容易引发争议的行政执法过程,进行音像记录;

(三)对直接涉及重大财产权益的现场执法活动和执法场所,进行音像记录;

(四)对重大、复杂、疑难的行政执法案件,进行音像记录;

(五)其他对当事人权利义务有重大影响的,进行音像记录。

第二十一条 县级以上自然资源主管部门实行重大行政执法决定法制审核制度。在作出重大行政处罚决定前，由该部门的法制工作机构对拟作出决定的合法性、适当性进行审核。未经法制审核或者审核未通过的，不得作出决定。

重大行政处罚决定，包括没收违法采出的矿产品，没收违法所得，没收违法建筑物，限期拆除违法建筑物，吊销勘查许可证或者采矿许可证，地质灾害防治单位资质、测绘资质等。

第二十二条 县级以上自然资源主管部门的执法监督机构提请法制审核的，应当提交以下材料：

（一）拟作出的处罚决定情况说明；

（二）案件调查报告；

（三）法律法规规章依据；

（四）相关的证据材料；

（五）需要提供的其他相关材料。

第二十三条 法制审核原则上采取书面审核的方式，审核以下内容：

（一）执法主体是否合法；

（二）是否超越本机关执法权限；

（三）违法定性是否准确；

（四）法律适用是否正确；

（五）程序是否合法；

（六）行政裁量权行使是否适当；

（七）行政执法文书是否完备规范；

（八）违法行为是否涉嫌犯罪、需要移送司法机关等；

（九）其他需要审核的内容。

第二十四条 县级以上自然资源主管部门的法制工作机构自收到送审材料之日起5个工作日内完成审核。情况复杂需要进一步调查研究的，可以适当延长，但延长期限不超过10个工作日。

经过审核，对拟作出的重大行政处罚决定符合本规定第二十八条的，法制工作机构出具通过法制审核的书面意见；对不符合规定的，不予通过法制审核。

第二十五条 县级以上自然资源主管部门实行行政执法公示制度。县级以上自然资源主管部门建立行政执法公示平台，依法及时向社会公开下列信息，接受社会公众监督：

（一）本部门执法查处的法律依据、管辖范围、工作流程、救济方式等相关规定；

（二）本部门自然资源执法证件持有人姓名、编号等信息；

（三）本部门作出的生效行政处罚决定和行政处理决定；

（四）本部门公开挂牌督办案件处理结果；

（五）本部门认为需要公开的其他执法监督事项。

第二十六条 有下列情形之一的，县级以上自然资源主管部门及其执法人员，应当采取相应处置措施，履行执法监督职责：

（一）对于下达《责令停止违法行为通知书》后制止无效的，及时报告本级人民政府和上一级自然资源主管部门；

（二）依法没收建筑物或者其他设施，没收后应当及时向有关部门移交；

（三）发现违法线索需要追究刑事责任的，应当依法向有关部门移送违法犯罪线索"

（四）依法申请人民法院强制执行，人民法院不予受理的，应当作出明确记录。

第二十七条 上级自然资源主管部门应当通过检查、抽查等方式，评议考核下级自然资源主管部门执法监督工作。

评议考核结果应当在适当范围内予以通报，并作为年度责任目标考核、评优、奖惩的重要依据，以及干部任用的重要参考。

评议考核不合格的，上级自然资源主管部门可以对其主要负责人进行约谈，责令限期整改。

第二十八条 县级以上自然资源主管部门实行错案责任追究制度。自然资源执法人员在查办自然资源违法案件过程中，因过错造成损害后果的，所在的自然资源主管部门应当予以纠正，并依照有关规定追究相关人员的过错责任。

第二十九条 县级以上自然资源主管部门及其执法人员有下列情形之一，致使公共利益或者公民、法人和其他组织的合法权益遭受重大损害的，应当依法给予处分：

（一）对发现的自然资源违法行为未依法制止的；

（二）应当依法立案查处，无正当理由，未依法立案查处的；

（三）已经立案查处，依法应当申请强制执行、移送有关机关追究责任，无正当理由，未依法申请强制执行、移送有关机关的。

第三十条 县级以上自然资源主管部门及其执法人员有下列情形之一的，应当依法给予处分：

构成犯罪的,依法追究刑事责任：

（一）伪造、销毁、藏匿证据,造成严重后果的；

（二）篡改案件材料,造成严重后果的；

（三）不依法履行职责,致使案件调查、审核出现重大失误的；

（四）违反保密规定,向案件当事人泄露案情,造成严重后果的；

（五）越权干预案件调查处理,造成严重后果的；

（六）有其他徇私舞弊、玩忽职守、滥用职权行为的。

第三十一条 阻碍自然资源主管部门依法履行执法监督职责,对自然资源执法人员进行威胁、侮辱、殴打或者故意伤害,构成违反治安管理行为的,依法给予治安管理处罚；构成犯罪的,依法追究刑事责任。

第三十二条 本规定自2018年3月1日起施行。原国家土地管理局1995年6月12日发布的《土地监察暂行规定》同时废止。

建设项目用地预审管理办法

· 2001年7月25日国土资源部令第7号公布
· 2004年10月29日修订
· 2008年11月12日第一次修正
· 根据2016年11月29日《国土资源部关于修改〈建设项目用地预审管理办法〉的决定》第二次修正

第一条 为保证土地利用总体规划的实施,充分发挥土地供应的宏观调控作用,控制建设用地总量,根据《中华人民共和国土地管理法》、《中华人民共和国土地管理法实施条例》和《国务院关于深化改革严格土地管理的决定》,制定本办法。

第二条 本办法所称建设项目用地预审,是指国土资源主管部门在建设项目审批、核准、备案阶段,依法对建设项目涉及的土地利用事项进行的审查。

第三条 预审应当遵循下列原则：

（一）符合土地利用总体规划；

（二）保护耕地,特别是基本农田；

（三）合理和集约节约利用土地；

（四）符合国家供地政策。

第四条 建设项目用地实行分级预审。

需人民政府或有批准权的人民政府发展和改革等部门审批的建设项目,由该人民政府的国土资源主管部门预审。

需核准和备案的建设项目,由与核准、备案机关同级的国土资源主管部门预审。

第五条 需审批的建设项目在可行性研究阶段,由建设用地单位提出预审申请。

需核准的建设项目在项目申请报告核准前,由建设单位提出用地预审申请。

需备案的建设项目在办理备案手续后,由建设单位提出用地预审申请。

第六条 依照本办法第四条规定应当由国土资源部预审的建设项目,国土资源部委托项目所在地的省级国土资源主管部门受理,但建设项目占用规划确定的城市建设用地范围内土地的,委托市级国土资源主管部门受理。受理后,提出初审意见,转报国土资源部。

涉密军事项目和国务院批准的特殊建设项目用地,建设用地单位可直接向国土资源部提出预审申请。

应当由国土资源部负责预审的输电线塔基、钻探井位、通讯基站等小面积零星分散建设项目用地,由省级国土资源主管部门预审,并报国土资源部备案。

第七条 申请用地预审的项目建设单位,应当提交下列材料：

（一）建设项目用地预审申请表；

（二）建设项目用地预审申请报告,内容包括拟建项目的基本情况、拟选址占地情况、拟用地是否符合土地利用总体规划、拟用地面积是否符合土地使用标准、拟用地是否符合供地政策等；

（三）审批项目建议书的建设项目提供项目建议书批复文件,直接审批可行性研究报告或者需核准的建设项目提供建设项目列入相关规划或者产业政策的文件。

前款规定的用地预审申请表样式由国土资源部制定。

第八条 建设单位应当对单独选址建设项目是否位于地质灾害易发区、是否压覆重要矿产资源进行查询核实；位于地质灾害易发区或者压覆重要矿产资源的,应当依据相关法律法规的规定,在办理用地预审手续后,完成地质灾害危险性评估、压覆矿产资源登记等。

第九条 负责初审的国土资源主管部门在转报用地预审申请时,应当提供下列材料:

(一)依据本办法第十一条有关规定,对申报材料作出的初步审查意见;

(二)标注项目用地范围的土地利用总体规划图、土地利用现状图及其他相关图件;

(三)属于《土地管理法》第二十六条规定情形,建设项目用地需修改土地利用总体规划的,应当出具规划修改方案。

第十条 符合本办法第七条规定的预审申请和第九条规定的初审转报件,国土资源主管部门应当受理和接收。不符合的,应当场或在五日内书面通知申请人和转报人,逾期不通知的,视为受理和接收。

受国土资源部委托负责初审的国土资源主管部门应当自受理之日起二十日内完成初审工作,并转报国土资源部。

第十一条 预审应当审查以下内容:

(一)建设项目用地是否符合国家供地政策和土地管理法律、法规规定的条件;

(二)建设项目选址是否符合土地利用总体规划,属《土地管理法》第二十六条规定情形,建设项目用地需修改土地利用总体规划的,规划修改方案是否符合法律、法规的规定;

(三)建设项目用地规模是否符合有关土地使用标准的规定;对国家和地方尚未颁布土地使用标准和建设标准的建设项目,以及确需突破土地使用标准确定的规模和功能分区的建设项目,是否已组织建设项目节地评价并出具评审论证意见。

占用基本农田或者其他耕地规模较大的建设项目,还应当审查是否已经组织踏勘论证。

第十二条 国土资源主管部门应当自受理预审申请或者收到转报材料之日起二十日内,完成审查工作,并出具预审意见。二十日内不能出具预审意见的,经负责预审的国土资源主管部门负责人批准,可以延长十日。

第十三条 预审意见应当包括对本办法第十一条规定内容的结论性意见和对建设用地单位的具体要求。

第十四条 预审意见是有关部门审批项目可行性研究报告、核准项目申请报告的必备文件。

第十五条 建设项目用地预审文件有效期为三年,自批准之日起计算。已经预审的项目,如需对土地用途、建设项目选址等进行重大调整的,应当重新申请预审。

未经预审或者预审未通过的,不得批复可行性研究报告、核准项目申请报告;不得批准农用地转用、土地征收,不得办理供地手续。预审审查的相关内容在建设用地报批时,未发生重大变化的,不再重复审查。

第十六条 本办法自2009年1月1日起施行。

建设用地审查报批管理办法

· 1999年3月2日国土资源部令第3号发布
· 根据2010年11月30日《国土资源部关于修改部分规章的决定》第一次修订
· 根据2016年11月29日《国土资源部关于修改〈建设用地审查报批管理办法〉的决定》第二次修订

第一条 为加强土地管理,规范建设用地审查报批工作,根据《中华人民共和国土地管理法》(以下简称《土地管理法》)、《中华人民共和国土地管理法实施条例》(以下简称《土地管理法实施条例》),制定本办法。

第二条 依法应当报国务院和省、自治区、直辖市人民政府批准的建设用地的申请、审查、报批和实施,适用本办法。

第三条 县级以上国土资源主管部门负责建设用地的申请受理、审查、报批工作。

第四条 在建设项目审批、核准、备案阶段,建设单位应当向建设项目批准机关的同级国土资源主管部门提出建设项目用地预审申请。

受理预审申请的国土资源主管部门应当依据土地利用总体规划、土地使用标准和国家土地供应政策,对建设项目的有关事项进行预审,出具建设项目用地预审意见。

第五条 在土地利用总体规划确定的城市建设用地范围外单独选址的建设项目使用土地的,建设单位应当向土地所在地的市、县国土资源主管部门提出用地申请。

建设单位提出用地申请时,应当填写《建设用地申请表》,并附具下列材料:

(一)建设项目用地预审意见;

(二)建设项目批准、核准或者备案文件;

(三)建设项目初步设计批准或者审核文件。

建设项目拟占用耕地的,还应当提出补充耕地方案;建设项目位于地质灾害易发区的,还应当提供地质灾害危险性评估报告。

第六条 国家重点建设项目中的控制工期的单体工程和因工期紧或者受季节影响急需动工建设的其他工程,可以由省、自治区、直辖市国土资源主管部门向国土资源部申请先行用地。

申请先行用地,应当提交下列材料:

(一)省、自治区、直辖市国土资源主管部门先行用地申请;

(二)建设项目用地预审意见;

(三)建设项目批准、核准或者备案文件;

(四)建设项目初步设计批准文件、审核文件或者有关部门确认工程建设的文件;

(五)国土资源部规定的其他材料。

经批准先行用地的,应当在规定期限内完成用地报批手续。

第七条 市、县国土资源主管部门对材料齐全、符合条件的建设用地申请,应当受理,并在收到申请之日起30日内拟订农用地转用方案、补充耕地方案、征收土地方案和供地方案,编制建设项目用地呈报说明书,经同级人民政府审核同意后,报上一级国土资源主管部门审查。

第八条 在土地利用总体规划确定的城市建设用地范围内,为实施城市规划占用土地的,由市、县国土资源主管部门拟订农用地转用方案、补充耕地方案和征收土地方案,编制建设项目用地呈报说明书,经同级人民政府审核同意后,报上一级国土资源主管部门审查。

在土地利用总体规划确定的村庄和集镇建设用地范围内,为实施村庄和集镇规划占用土地的,由市、县国土资源主管部门拟订农用地转用方案、补充耕地方案,编制建设项目用地呈报说明书,经同级人民政府审核同意后,报上一级国土资源主管部门审查。

报国务院批准的城市建设用地,农用地转用方案、补充耕地方案和征收土地方案可以合并编

制,一年申报一次;国务院批准城市建设用地后,由省、自治区、直辖市人民政府对设区的市人民政府分期分批申报的农用地转用和征收土地实施方案进行审核并回复。

第九条 建设只占用国有农用地的,市、县国土资源主管部门只需拟订农用地转用方案、补充耕地方案和供地方案。

建设只占用农民集体所有建设用地的,市、县国土资源主管部门只需拟订征收土地方案和供地方案。

建设只占用国有未利用地,按照《土地管理法实施条例》第二十四条规定应由国务院批准的,市、县国土资源主管部门只需拟订供地方案;其他建设项目使用国有未利用地的,按照省、自治区、直辖市的规定办理。

第十条 建设项目用地呈报说明书应当包括用地安排情况、拟使用土地情况等,并应附具下列材料:

(一)经批准的市、县土地利用总体规划图和分幅土地利用现状图,占用基本农田的,同时提供乡级土地利用总体规划图;

(二)有资格的单位出具的勘测定界图及勘测定界技术报告书;

(三)地籍资料或者其他土地权属证明材料;

(四)为实施城市规划和村庄、集镇规划占用土地的,提供城市规划图和村庄、集镇规划图。

第十一条 农用地转用方案,应当包括占用农用地的种类、面积、质量等,以及符合规划计划、基本农田占用补划等情况。

补充耕地方案,应当包括补充耕地的位置、面积、质量,补充的期限,资金落实情况等,以及补充耕地项目备案信息。

征收土地方案,应当包括征收土地的范围、种类、面积、权属,土地补偿费和安置补助费标准,需要安置人员的安置途径等。

供地方案,应当包括供地方式、面积、用途等。

第十二条 有关国土资源主管部门收到上报的建设项目用地呈报说明书和有关方案后,对材料齐全、符合条件的,应当在5日内报经同级人民政府审核。同级人民政府审核同意后,逐级上报有批准权的人民政府,并将审查所需的材料及时送该级国土资源主管部门审查。

对依法应由国务院批准的建设项目用地呈报

说明书和有关方案,省、自治区、直辖市人民政府必须提出明确的审查意见,并对报送材料的真实性、合法性负责。

省、自治区、直辖市人民政府批准农用地转用、国务院批准征收土地的,省、自治区、直辖市人民政府批准农用地转用方案后,应当将批准文件和下级国土资源主管部门上报的材料一并上报。

第十三条 有批准权的国土资源主管部门应当自收到上报的农用地转用方案、补充耕地方案、征收土地方案和供地方案并按规定征求有关方面意见后30日内审查完毕。

建设用地审查应当实行国土资源主管部门内部会审制度。

第十四条 农用地转用方案和补充耕地方案符合下列条件的,国土资源主管部门方可报人民政府批准:

(一)符合土地利用总体规划;

(二)确属必需占用农用地且符合土地利用年度计划确定的控制指标;

(三)占用耕地的,补充耕地方案符合土地整理开发专项规划且面积、质量符合规定要求;

(四)单独办理农用地转用的,必须符合单独选址条件。

第十五条 征收土地方案符合下列条件的,国土资源主管部门方可报人民政府批准:

(一)被征收土地界址、地类、面积清楚,权属无争议的;

(二)被征收土地的补偿标准符合法律、法规规定的;

(三)被征收土地上需要安置人员的安置途径切实可行。

建设项目施工和地质勘查需要临时使用农民集体所有的土地的,依法签订临时使用土地合同并支付临时使用土地补偿费,不得办理土地征收。

第十六条 供地方案符合下列条件的,国土资源主管部门方可报人民政府批准:

(一)符合国家的土地供应政策;

(二)申请用地面积符合建设用地标准和集约用地的要求;

(三)只占用国有未利用地的,符合规划、界址清楚、面积准确。

第十七条 农用地转用方案、补充耕地方案、征收土地方案和供地方案经有批准权的人民政府批准后,同级国土资源主管部门应当在收到批件后5日内将批复发出。

未按规定缴纳新增建设用地土地有偿使用费的,不予批复建设用地。其中,报国务院批准的城市建设用地,省、自治区、直辖市人民政府在设区的市人民政府按照有关规定缴纳新增建设用地土地有偿使用费后办理回复文件。

第十八条 经批准的农用地转用方案、补充耕地方案、征收土地方案和供地方案,由土地所在地的市、县人民政府组织实施。

第十九条 建设项目补充耕地方案经批准下达后,在土地利用总体规划确定的城市建设用地范围外单独选址的建设项目,由市、县国土资源主管部门负责监督落实;在土地利用总体规划确定的城市和村庄、集镇建设用地范围内,为实施城市规划和村庄、集镇规划占用土地的,由省、自治区、直辖市国土资源主管部门负责监督落实。

第二十条 征收土地公告和征地补偿、安置方案公告,按照《征收土地公告办法》的有关规定执行。

征地补偿、安置方案确定后,市、县国土资源主管部门应当依照征地补偿、安置方案向被征收土地的农村集体经济组织和农民支付土地补偿费、地上附着物和青苗补偿费,并落实需要安置农业人口的安置途径。

第二十一条 在土地利用总体规划确定的城市建设用地范围内,为实施城市规划占用土地的,经依法批准后,市、县国土资源主管部门应当公布规划要求,设定使用条件,确定使用方式,并组织实施。

第二十二条 以有偿使用方式提供国有土地使用权的,由市、县国土资源主管部门与土地使用者签订土地有偿使用合同,并向建设单位颁发《建设用地批准书》。土地使用者缴纳土地有偿使用费后,依照规定办理土地登记。

以划拨方式提供国有土地使用权的,由市、县国土资源主管部门向建设单位颁发《国有土地划拨决定书》和《建设用地批准书》,依照规定办理土地登记。《国有土地划拨决定书》应当包括划拨土地面积、土地用途、土地使用条件等内容。

建设项目施工期间,建设单位应当将《建设用地批准书》公示于施工现场。

市、县国土资源主管部门应当将提供国有土

地的情况定期予以公布。

第二十三条　各级国土资源主管部门应当对建设用地进行跟踪检查。

对违反本办法批准建设用地或者未经批准非法占用土地的,应当依法予以处罚。

第二十四条　本办法自发布之日起施行。

协议出让国有土地使用权规定

· 2003年6月11日国土资源部令第21号公布
· 自2003年8月1日起施行

第一条　为加强国有土地资产管理,优化土地资源配置,规范协议出让国有土地使用权行为,根据《中华人民共和国城市房地产管理法》、《中华人民共和国土地管理法》和《中华人民共和国土地管理法实施条例》,制定本规定。

第二条　在中华人民共和国境内以协议方式出让国有土地使用权的,适用本规定。

本规定所称协议出让国有土地使用权,是指国家以协议方式将国有土地使用权在一定年限内出让给土地使用者,由土地使用者向国家支付土地使用权出让金的行为。

第三条　出让国有土地使用权,除依照法律、法规和规章的规定应当采用招标、拍卖或者挂牌方式外,方可采取协议方式。

第四条　协议出让国有土地使用权,应当遵循公开、公平、公正和诚实信用的原则。

以协议方式出让国有土地使用权的出让金不得低于按国家规定所确定的最低价。

第五条　协议出让最低价不得低于新增建设用地的土地有偿使用费、征地(拆迁)补偿费用以及按照国家规定应当缴纳的有关税费之和有基准地价的地区,协议出让最低价不得低于出让地块所在级别基准地价的70%。

低于最低价时国有土地使用权不得出让。

第六条　省、自治区、直辖市人民政府国土资源行政主管部门应当依据本规定第五条的规定拟定协议出让最低价,报同级人民政府批准后公布,由市、县人民政府国土资源行政主管部门实施。

第七条　市、县人民政府国土资源行政主管部门应当根据经济社会发展计划、国家产业政策、土地利用总体规划、土地利用年度计划、城市规划和土地市场状况,编制国有土地使用权出让计划,报同级人民政府批准后组织实施。

国有土地使用权出让计划经批准后,市、县人民政府国土资源行政主管部门应当在土地有形市场等指定场所,或者通过报纸、互联网等媒介向社会公布。

因特殊原因,需要对国有土地使用权出让计划进行调整的,应当报原批准机关批准,并按照前款规定及时向社会公布。

国有土地使用权出让计划应当包括年度土地供应总量、不同用途土地供应面积、地段以及供地时间等内容。

第八条　国有土地使用权出让计划公布后,需要使用土地的单位和个人可以根据国有土地使用权出让计划,在市、县人民政府国土资源行政主管部门公布的时限内,向市、县人民政府国土资源行政主管部门提出意向用地申请。

市、县人民政府国土资源行政主管部门公布计划接受申请的时间不得少于30日。

第九条　在公布的地段上,同一地块只有一个意向用地者的,市、县人民政府国土资源行政主管部门方可按照本规定采取协议方式出让;但商业、旅游、娱乐和商品住宅等经营性用地除外。

同一地块有两个或者两个以上意向用地者的,市、县人民政府国土资源行政主管部门应当按照《招标拍卖挂牌出让国有土地使用权规定》,采取招标、拍卖或者挂牌方式出让。

第十条　对符合协议出让条件的,市、县人民政府国土资源行政主管部门会同城市规划等有关部门,依据国有土地使用权出让计划、城市规划和意向用地者申请的用地项目类型、规模等,制定协议出让土地方案。

协议出让土地方案应当包括拟出让地块的具体位置、界址、用途、面积、年限、土地使用条件、规划设计条件、供地时间等。

第十一条　市、县人民政府国土资源行政主管部门应当根据国家产业政策和拟出让地块的情况,按照《城镇土地估价规程》的规定,对拟出让地块的土地价格进行评估,经市、县人民政府国土资源行政主管部门集体决策合理确定协议出让底价。

协议出让底价不得低于协议出让最低价。

协议出让底价确定后应当保密,任何单位和个人不得泄露。

第十二条 协议出让土地方案和底价经有批准权的人民政府批准后,市、县人民政府国土资源行政主管部门应当与意向用地者就土地出让价格等进行充分协商,协商一致且议定的出让价格不低于出让底价的,方可达成协议。

第十三条 市、县人民政府国土资源行政主管部门应当根据协议结果,与意向用地者签订《国有土地使用权出让合同》。

第十四条 《国有土地使用权出让合同》签订后7日内,市、县人民政府国土资源行政主管部门应当将协议出让结果在土地有形市场等指定场所,或者通过报纸、互联网等媒介向社会公布,接受社会监督。

公布协议出让结果的时间不得少于15日。

第十五条 土地使用者按照《国有土地使用权出让合同》的约定,付清土地使用权出让金、依法办理土地登记手续后,取得国有土地使用权。

第十六条 以协议出让方式取得国有土地使用权的土地使用者,需要将土地使用权出让合同约定的土地用途改变为商业、旅游、娱乐和商品住宅等经营性用途的,应当取得出让方和市、县人民政府城市规划部门的同意,签订土地使用权出让合同变更协议或者重新签订土地使用权出让合同,按变更后的土地用途,以变更时的土地市场价格补交相应的土地使用权出让金,并依法办理土地使用权变更登记手续。

第十七条 违反本规定,有下列行为之一的,对直接负责的主管人员和其他直接责任人员依法给予行政处分:

(一)不按照规定公布国有土地使用权出让计划或者协议出让结果的;

(二)确定出让底价时未经集体决策的;

(三)泄露出让底价的;

(四)低于协议出让最低价出让国有土地使用权的;

(五)减免国有土地使用权出让金的。

违反前款有关规定,情节严重构成犯罪的,依法追究刑事责任。

第十八条 国土资源行政主管部门工作人员在协议出让国有土地使用权活动中玩忽职守、滥用职权、徇私舞弊的,依法给行政处分;构成犯罪的,依法追究刑事责任。

第十九条 采用协议方式租赁国有土地使用权的,参照本规定执行。

第二十条 本规定自2003年8月1日起施行。原国家土地管理局1995年6月28日发布的《协议出让国有土地使用权最低价确定办法》同时废止。

招标拍卖挂牌出让
国有建设用地使用权规定

·2007年9月28日国土资源部令第39号公布
·自2007年11月1日起施行

第一条 为规范国有建设用地使用权出让行为,优化土地资源配置,建立公开、公平、公正的土地使用制度,根据《中华人民共和国物权法》、《中华人民共和国土地管理法》、《中华人民共和国城市房地产管理法》和《中华人民共和国土地管理法实施条例》,制定本规定。

第二条 在中华人民共和国境内以招标、拍卖或者挂牌出让方式在土地的地表、地上或者地下设立国有建设用地使用权的,适用本规定。

本规定所称招标出让国有建设用地使用权,是指市、县人民政府国土资源行政主管部门(以下简称出让人)发布招标公告,邀请特定或者不特定的自然人、法人和其他组织参加国有建设用地使用权投标,根据投标结果确定国有建设用地使用权人的行为。

本规定所称拍卖出让国有建设用地使用权,是指出让人发布拍卖公告,由竞买人在指定时间、地点进行公开竞价,根据出价结果确定国有建设用地使用权人的行为。

本规定所称挂牌出让国有建设用地使用权,是指出让人发布挂牌公告,按公告规定的期限将拟出让宗地的交易条件在指定的土地交易场所挂牌公布,接受竞买人的报价申请并更新挂牌价格,根据挂牌期限截止时的出价结果或者现场竞价结果确定国有建设用地使用权人的行为。

第三条 招标、拍卖或者挂牌出让国有建设用地使用权,应当遵循公开、公平、公正和诚信的原则。

第四条　工业、商业、旅游、娱乐和商品住宅等经营性用地以及同一宗地有两个以上意向用地者的,应当以招标、拍卖或者挂牌方式出让。

前款规定的工业用地包括仓储用地,但不包括采矿用地。

第五条　国有建设用地使用权招标、拍卖或者挂牌出让活动,应当有计划地进行。

市、县人民政府国土资源行政主管部门根据经济社会发展计划、产业政策、土地利用总体规划、土地利用年度计划、城市规划和土地市场状况,编制国有建设用地使用权出让年度计划,报经同级人民政府批准后,及时向社会公开发布。

第六条　市、县人民政府国土资源行政主管部门应当按照出让年度计划,会同城市规划等有关部门共同拟订拟招标拍卖挂牌出让地块的出让方案,报经市、县人民政府批准后,由市、县人民政府国土资源行政主管部门组织实施。

前款规定的出让方案应当包括出让地块的空间范围、用途、年限、出让方式、时间和其他条件等。

第七条　出让人应当根据招标拍卖挂牌出让地块的情况,编制招标拍卖挂牌出让文件。

招标拍卖挂牌出让文件应当包括出让公告、投标或者竞买须知、土地使用条件、标书或者竞买申请书、报价单、中标通知书或者成交确认书、国有建设用地使用权出让合同文本。

第八条　出让人应当至少在投标、拍卖或者挂牌开始日前20日,在土地有形市场或者指定的场所、媒介发布招标、拍卖或者挂牌公告,公布招标拍卖挂牌出让宗地的基本情况和招标拍卖挂牌的时间、地点。

第九条　招标拍卖挂牌公告应当包括下列内容:

(一)出让人的名称和地址;

(二)出让宗地的面积、界址、空间范围、现状、使用年期、用途、规划指标要求;

(三)投标人、竞买人的资格要求以及申请取得投标、竞买资格的办法;

(四)索取招标拍卖挂牌出让文件的时间、地点和方式;

(五)招标拍卖挂牌时间、地点、投标挂牌期限、投标和竞价方式等;

(六)确定中标人、竞得人的标准和方法;

(七)投标、竞买保证金;

(八)其他需要公告的事项。

第十条　市、县人民政府国土资源行政主管部门应当根据土地估价结果和政府产业政策综合确定标底或者底价。标底或者底价不得低于国家规定的最低价标准。

确定招标标底,拍卖和挂牌的起叫价、起始价、底价,投标、竞买保证金,应当实行集体决策。

招标标底和拍卖挂牌的底价,在招标开标前和拍卖挂牌出让活动结束之前应当保密。

第十一条　中华人民共和国境内外的自然人、法人和其他组织,除法律、法规另有规定外,均可申请参加国有建设用地使用权招标拍卖挂牌出让活动。

出让人在招标拍卖挂牌出让公告中不得设定影响公平、公正竞争的限制条件。挂牌出让的,出让公告中规定的申请截止时间,应当为挂牌出让结束日前2天。对符合招标拍卖挂牌公告规定条件的申请人,出让人应当通知其参加招标拍卖挂牌活动。

第十二条　市、县人民政府国土资源行政主管部门应当为投标人、竞买人查询拟出让土地的有关情况提供便利。

第十三条　投标、开标依照下列程序进行:

(一)投标人在投标截止时间前将标书投入标箱。招标公告允许邮寄标书的,投标人可以邮寄,但出让人在投标截止时间前收到的方为有效。

标书投入标箱后,不可撤回。投标人应当对标书和有关书面承诺承担责任。

(二)出让人按照招标公告规定的时间、地点开标,邀请所有投标人参加。由投标人或者其推选的代表检查标箱的密封情况,当众开启标箱,点算标书。投标人少于三人的,出让人应当终止招标活动。投标人不少于三人的,应当逐一宣布投标人名称、投标价格和投标文件的主要内容。

(三)评标小组进行评标。评标小组由出让人代表、有关专家组成,成员人数为五人以上的单数。

评标小组可以要求投标人对投标文件作出必要的澄清或者说明,但是澄清或者说明不得超出投标文件的范围或者改变投标文件的实质性内容。

评标小组应当按照招标文件确定的评标标准

和方法,对投标文件进行评审。

(四)招标人根据评标结果,确定中标人。

按照价高者得的原则确定中标人的,可以不成立评标小组,由招标主持人根据开标结果,确定中标人。

第十四条 对能够最大限度地满足招标文件中规定的各项综合评价标准,或者能够满足招标文件的实质性要求且价格最高的投标人,应当确定为中标人。

第十五条 拍卖会依照下列程序进行:

(一)主持人点算竞买人;

(二)主持人介绍拍卖宗地的面积、界址、空间范围、现状、用途、使用年期、规划指标要求、开工和竣工时间以及其他有关事项;

(三)主持人宣布起叫价和增价规则及增价幅度。没有底价的,应当明确提示;

(四)主持人报出起叫价;

(五)竞买人举牌应价或者报价;

(六)主持人确认该应价或者报价后继续竞价;

(七)主持人连续三次宣布同一应价或者报价而没有再应价或者报价的,主持人落槌表示拍卖成交;

(八)主持人宣布最高应价或者报价者为竞得人。

第十六条 竞买人的最高应价或者报价未达到底价时,主持人应当终止拍卖。

拍卖主持人在拍卖中可以根据竞买人竞价情况调整拍卖增价幅度。

第十七条 挂牌依照以下程序进行:

(一)在挂牌公告规定的挂牌起始日,出让人将挂牌宗地的面积、界址、空间范围、现状、用途、使用年期、规划指标要求、开工时间和竣工时间、起始价、增价规则及增价幅度等,在挂牌公告规定的土地交易场所挂牌公布;

(二)符合条件的竞买人填写报价单报价;

(三)挂牌主持人确认该报价后,更新显示挂牌价格;

(四)挂牌主持人在挂牌公告规定的挂牌截止时间确定竞得人。

第十八条 挂牌时间不得少于 10 日。挂牌期间可根据竞买人竞价情况调整增价幅度。

第十九条 挂牌截止应当由挂牌主持人主持确定。挂牌期限届满,挂牌主持人现场宣布最高报价及其报价者,并询问竞买人是否愿意继续竞价。有竞买人表示愿意继续竞价的,挂牌出让转入现场竞价,通过现场竞价确定竞得人。挂牌主持人连续三次报出最高挂牌价格,没有竞买人表示愿意继续竞价的,按照下列规定确定是否成交:

(一)在挂牌期限内只有一个竞买人报价,且报价不低于底价,并符合其他条件的,挂牌成交;

(二)在挂牌期限内有两个或者两个以上的竞买人报价的,出价最高者为竞得人;报价相同的,先提交报价单者为竞得人,但报价低于底价者除外;

(三)在挂牌期限内无应价者或者竞买人的报价均低于底价或者均不符合其他条件的,挂牌不成交。

第二十条 以招标、拍卖或者挂牌方式确定中标人、竞得人后,中标人、竞得人支付的投标、竞买保证金,转作受让地块的定金。出让人应当向中标人发出中标通知书或者与竞得人签订成交确认书。

中标通知书或者成交确认书应当包括出让人和中标人或者竞得人的名称、出让标的、成交时间、地点、价款以及签订国有建设用地使用权出让合同的时间、地点等内容。

中标通知书或者成交确认书对出让人和中标人或者竞得人具有法律效力。出让人改变竞得结果,或者中标人、竞得人放弃中标宗地、竞得宗地的,应当依法承担责任。

第二十一条 中标人、竞得人应当按照中标通知书或者成交确认书约定的时间,与出让人签订国有建设用地使用权出让合同。中标人、竞得人支付的投标、竞买保证金抵作土地出让价款;其他投标人、竞买人支付的投标、竞买保证金,出让人必须在招标拍卖挂牌活动结束后 5 个工作日内予以退还,不计利息。

第二十二条 招标拍卖挂牌活动结束后,出让人应在 10 个工作日内将招标拍卖挂牌出让结果在土地有形市场或者指定的场所、媒介公布。

出让人公布出让结果,不得向受让人收取费用。

第二十三条 受让人依照国有建设用地使用权出让合同的约定付清全部土地出让价款后,方可申请办理土地登记,领取国有建设用地使用权证书。

未按出让合同约定缴清全部土地出让价款的,不得发放国有建设用地使用权证书,也不得按出让价款缴纳比例分割发放国有建设用地使用权证书。

第二十四条 应当以招标拍卖挂牌方式出让国有建设用地使用权而擅自采用协议方式出让的,对直接负责的主管人员和其他直接责任人员依法给予处分;构成犯罪的,依法追究刑事责任。

第二十五条 中标人、竞得人有下列行为之一的,中标、竞得结果无效;造成损失的,应当依法承担赔偿责任:

(一)提供虚假文件隐瞒事实的;
(二)采取行贿、恶意串通等非法手段中标或者竞得的。

第二十六条 国土资源行政主管部门的工作人员在招标拍卖挂牌出让活动中玩忽职守、滥用职权、徇私舞弊的,依法给予处分;构成犯罪的,依法追究刑事责任。

第二十七条 以招标拍卖挂牌方式租赁国有建设用地使用权的,参照本规定执行。

第二十八条 本规定自2007年11月1日起施行。

工程建设项目施工招标投标办法

· 2003年3月8日国家发展计划委员会、建设部、铁道部、交通部、信息产业部、水利部、中国民用航空总局第30号令发布
· 根据2013年3月11日国家发展和改革委员会、工业和信息化部、财政部、住房和城乡建设部、交通运输部、铁道部、水利部、国家广播电影电视总局、中国民用航空局《关于废止和修改部分招标投标规章和规范性文件的决定》修订

第一章 总 则

第一条 为规范工程建设项目施工(以下简称工程施工)招标投标活动,根据《中华人民共和国招标投标法》、《中华人民共和国招标投标法实施条例》和国务院有关部门的职责分工,制定本办法。

第二条 在中华人民共和国境内进行工程施工招标投标活动,适用本办法。

第三条 工程建设项目符合《工程建设项目招标范围和规模标准规定》(国家计委令第3号)规定的范围和标准的,必须通过招标选择施工单位。

任何单位和个人不得将依法必须进行招标的项目化整为零或者以其他任何方式规避招标。

第四条 工程施工招标投标活动应当遵循公开、公平、公正和诚实信用的原则。

第五条 工程施工招标投标活动,依法由招标人负责。任何单位和个人不得以任何方式非法干涉工程施工招标投标活动。

施工招标投标活动不受地区或者部门的限制。

第六条 各级发展改革、工业和信息化、住房城乡建设、交通运输、铁道、水利、商务、民航等部门依照《国务院办公厅印发国务院有关部门实施招标投标活动行政监督的职责分工意见的通知》(国办发[2000]34号)和各地规定的职责分工,对工程施工招标投标活动实施监督,依法查处工程施工招标投标活动中的违法行为。

第二章 招 标

第七条 工程施工招标人是依法提出施工招标项目、进行招标的法人或者其他组织。

第八条 依法必须招标的工程建设项目,应当具备下列条件才能进行施工招标:

(一)招标人已经依法成立;
(二)初步设计及概算应当履行审批手续的,已经批准;
(三)有相应资金或资金来源已经落实;
(四)有招标所需的设计图纸及技术资料。

第九条 工程施工招标分为公开招标和邀请招标。

第十条 按照国家有关规定需要履行项目审批、核准手续的依法必须进行施工招标的工程建设项目,其招标范围、招标方式、招标组织形式应当报项目审批部门审批、核准。项目审批、核准部门应当及时将审批、核准确定的招标内容通报有关行政监督部门。

第十一条 依法必须进行公开招标的项目,有下列情形之一的,可以邀请招标:

(一)项目技术复杂或有特殊要求,或者受自

然地域环境限制,只有少量潜在投标人可供选择;

(二)涉及国家安全、国家秘密或者抢险救灾,适宜招标但不宜公开招标;

(三)采用公开招标方式的费用占项目合同金额的比例过大。

有前款第二项所列情形,属于本办法第十条规定的项目,由项目审批、核准部门在审批、核准项目时作出认定;其他项目由招标人申请有关行政监督部门作出认定。

全部使用国有资金投资或者国有资金投资占控股或者主导地位的并需要审批的工程建设项目的邀请招标,应当经项目审批部门批准,但项目审批部门只审批立项的,由有关行政监督部门批准。

第十二条 依法必须进行施工招标的工程建设项目有下列情形之一的,可以不进行施工招标:

(一)涉及国家安全、国家秘密、抢险救灾或者属于利用扶贫资金实行以工代赈需要使用农民工等特殊情况,不适宜进行招标;

(二)施工主要技术采用不可替代的专利或者专有技术;

(三)已通过招标方式选定的特许经营项目投资人依法能够自行建设;

(四)采购人依法能够自行建设;

(五)在建工程追加的附属小型工程或者主体加层工程,原中标人仍具备承包能力,并且其他人承担将影响施工或者功能配套要求;

(六)国家规定的其他情形。

第十三条 采用公开招标方式的,招标人应当发布招标公告,邀请不特定的法人或者其他组织投标。依法必须进行施工招标项目的招标公告,应当在国家指定的报刊和信息网络上发布。

采用邀请招标方式的,招标人应当向三家以上具备承担施工招标项目的能力、资信良好的特定的法人或者其他组织发出投标邀请书。

第十四条 招标公告或者投标邀请书应当至少载明下列内容:

(一)招标人的名称和地址;

(二)招标项目的内容、规模、资金来源;

(三)招标项目的实施地点和工期;

(四)获取招标文件或者资格预审文件的地点和时间;

(五)对招标文件或者资格预审文件收取的费用;

(六)对投标人的资质等级的要求。

第十五条 招标人应当按招标公告或者投标邀请书规定的时间、地点出售招标文件或资格预审文件。自招标文件或者资格预审文件出售之日起至停止出售之日止,最短不得少于五日。

招标人可以通过信息网络或者其他媒介发布招标文件,通过信息网络或者其他媒介发布的招标文件与书面招标文件具有同等法律效力,出现不一致时以书面招标文件为准,国家另有规定的除外。

对招标文件或者资格预审文件的收费应当限于补偿印刷、邮寄的成本支出,不得以营利为目的。对于所附的设计文件,招标人可以向投标人酌收押金;对于开标后投标人退还设计文件的,招标人应当向投标人退还押金。

招标文件或者资格预审文件售出后,不予退还。除不可抗力原因外,招标人在发布招标公告、发出投标邀请书后或者售出招标文件或资格预审文件后不得终止招标。

第十六条 招标人可以根据招标项目本身的特点和需要,要求潜在投标人或者投标人提供满足其资格要求的文件,对潜在投标人或者投标人进行资格审查;国家对潜在投标人或者投标人的资格条件有规定的,依照其规定。

第十七条 资格审查分为资格预审和资格后审。

资格预审,是指在投标前对潜在投标人进行的资格审查。

资格后审,是指在开标后对投标人进行的资格审查。

进行资格预审的,一般不再进行资格后审,但招标文件另有规定的除外。

第十八条 采取资格预审的,招标人应当发布资格预审公告。资格预审公告适用本办法第十三条、第十四条有关招标公告的规定。

采取资格预审的,招标人应当在资格预审文件中载明资格预审的条件、标准和方法;采取资格后审的,招标人应当在招标文件中载明对投标人资格要求的条件、标准和方法。

招标人不得改变载明的资格条件或者以没有载明的资格条件对潜在投标人或者投标人进行资格审查。

第十九条 经资格预审后,招标人应当向资格预审合格的潜在投标人发出资格预审合格通知书,告知获取招标文件的时间、地点和方法,并同时向资格预审不合格的潜在投标人告知资格预审结果。资格预审不合格的潜在投标人不得参加投标。

经资格后审不合格的投标人的投标应予否决。

第二十条 资格审查应主要审查潜在投标人或者投标人是否符合下列条件:

(一)具有独立订立合同的权利;

(二)具有履行合同的能力,包括专业、技术资格和能力,资金、设备和其他物质设施状况,管理能力,经验、信誉和相应的从业人员;

(三)没有处于被责令停业,投标资格被取消,财产被接管、冻结、破产状态;

(四)在最近三年内没有骗取中标和严重违约及重大工程质量问题;

(五)国家规定的其他资格条件。

资格审查时,招标人不得以不合理的条件限制、排斥潜在投标人或者投标人,不得对潜在投标人或者投标人实行歧视待遇。任何单位和个人不得以行政手段或者其他不合理方式限制投标人的数量。

第二十一条 招标人符合法律规定的自行招标条件的,可以自行办理招标事宜。任何单位和个人不得强制其委托招标代理机构办理招标事宜。

第二十二条 招标代理机构应当在招标人委托的范围内承担招标事宜。招标代理机构可以在其资格等级范围内承担下列招标事宜:

(一)拟订招标方案,编制和出售招标文件、资格预审文件;

(二)审查投标人资格;

(三)编制标底;

(四)组织投标人踏勘现场;

(五)组织开标、评标,协助招标人定标;

(六)草拟合同;

(七)招标人委托的其他事项。

招标代理机构不得无权代理、越权代理,不得明知委托事项违法而进行代理。

招标代理机构不得在所代理的招标项目中投标或者代理投标,也不得为所代理的招标项目的投标人提供咨询;未经招标人同意,不得转让招标代理业务。

第二十三条 工程招标代理机构与招标人应当签订书面委托合同,并按双方约定的标准收取代理费;国家对收费标准有规定的,依照其规定。

第二十四条 招标人根据施工招标项目的特点和需要编制招标文件。招标文件一般包括下列内容:

(一)招标公告或投标邀请书;

(二)投标人须知;

(三)合同主要条款;

(四)投标文件格式;

(五)采用工程量清单招标的,应当提供工程量清单;

(六)技术条款;

(七)设计图纸;

(八)评标标准和方法;

(九)投标辅助材料。

招标人应当在招标文件中规定实质性要求和条件,并用醒目的方式标明。

第二十五条 招标人可以要求投标人在提交符合招标文件规定要求的投标文件外,提交备选投标方案,但应当在招标文件中作出说明,并提出相应的评审和比较办法。

第二十六条 招标文件规定的各项技术标准应符合国家强制性标准。

招标文件中规定的各项技术标准均不得要求或标明某一特定的专利、商标、名称、设计、原产地或生产供应者,不得含有倾向或者排斥潜在投标人的其他内容。如果必须引用某一生产供应者的技术标准才能准确或清楚地说明拟招标项目的技术标准时,则应当在参照后面加上"或相当于"的字样。

第二十七条 施工招标项目需要划分标段、确定工期的,招标人应当合理划分标段、确定工期,并在招标文件中载明。对工程技术上紧密相联、不可分割的单位工程不得分割标段。

招标人不得以不合理的标段或工期限制或者排斥潜在投标人或者投标人。依法必须进行施工招标的项目的招标人不得利用划分标段规避招标。

第二十八条 招标文件应当明确规定所有评标因素,以及如何将这些因素量化或者据以进行评估。

在评标过程中,不得改变招标文件中规定的评标标准、方法和中标条件。

第二十九条 招标文件应当规定一个适当的投标有效期,以保证招标人有足够的时间完成评标和与中标人签订合同。投标有效期从投标人提交投标文件截止之日起计算。

在原投标有效期结束前,出现特殊情况的,招标人可以书面形式要求所有投标人延长投标有效期。投标人同意延长的,不得要求或被允许修改其投标文件的实质性内容,但应当相应延长其投标保证金的有效期;投标人拒绝延长的,其投标失效,但投标人有权收回其投标保证金。因延长投标有效期造成投标人损失的,招标人应当给予补偿,但因不可抗力需要延长投标有效期的除外。

第三十条 施工招标项目工期较长的,招标文件中可以规定工程造价指数体系、价格调整因素和调整方法。

第三十一条 招标人应当确定投标人编制投标文件所需要的合理时间;但是,依法必须进行招标的项目,自招标文件开始发出之日起至投标人提交投标文件截止之日止,最短不得少于20日。

第三十二条 招标人根据招标项目的具体情况,可以组织潜在投标人踏勘项目现场,向其介绍工程场地和相关环境的有关情况。潜在投标人依据招标人介绍情况作出的判断和决策,由投标人自行负责。

招标人不得单独或者分别组织任何一个投标人进行现场踏勘。

第三十三条 对于潜在投标人在阅读招标文件和现场踏勘中提出的疑问,招标人可以书面形式或召开投标预备会的方式解答,但需同时将解答以书面方式通知所有购买招标文件的潜在投标人。该解答的内容为招标文件的组成部分。

第三十四条 招标人可根据项目特点决定是否编制标底。编制标底的,标底编制过程和标底在开标前必须保密。

招标项目编制标底的,应根据批准的初步设计、投资概算,依据有关计价办法,参照有关工程定额,结合市场供求状况,综合考虑投资、工期和质量等方面的因素合理确定。

标底由招标人自行编制或委托中介机构编制。一个工程只能编制一个标底。

任何单位和个人不得强制招标人编制或报审标底,或干预其确定标底。

招标项目可以不设标底,进行无标底招标。

招标人设有最高投标限价的,应当在招标文件中明确最高投标限价或者最高投标限价的计算方法。招标人不得规定最低投标限价。

第三章 投 标

第三十五条 投标人是响应招标、参加投标竞争的法人或者其他组织。招标人的任何不具独立法人资格的附属机构(单位),或者为招标项目的前期准备或者监理工作提供设计、咨询服务的任何法人及其任何附属机构(单位),都无资格参加该招标项目的投标。

第三十六条 投标人应当按照招标文件的要求编制投标文件。投标文件应当对招标文件提出的实质性要求和条件作出响应。

投标文件一般包括下列内容:

(一)投标函;

(二)投标报价;

(三)施工组织设计;

(四)商务和技术偏差表。

投标人根据招标文件载明的项目实际情况,拟在中标后将中标项目的部分非主体、非关键性工作进行分包的,应当在投标文件中载明。

第三十七条 招标人可以在招标文件中要求投标人提交投标保证金。投标保证金除现金外,可以是银行出具的银行保函、保兑支票、银行汇票或现金支票。

投标保证金不得超过项目估算价的百分之二,但最高不得超过八十万元人民币。投标保证金有效期应当与投标有效期一致。

招标人或其委托的招标代理机构应当按照招标文件要求的方式和金额,将投标保证金随投标文件提交给招标人。

依法必须进行施工招标的项目的境内投标单位,以现金或者支票形式提交的投标保证金应当从其基本账户转出。

第三十八条 投标人应当在招标文件要求提交投标文件的截止时间前,将投标文件密封送达投标地点。招标人收到投标文件后,应当向投标人出具标明签收人和签收时间的凭证,在开标前任何单位和个人不得开启投标文件。

在招标文件要求提交投标文件的截止时间后

送达的投标文件，招标人应当拒收。

依法必须进行施工招标的项目提交投标文件的投标人少于三个的，招标人在分析招标失败的原因并采取相应措施后，应当依法重新招标。重新招标后投标人仍少于三个的，属于必须审批、核准的工程建设项目，报经原审批、核准部门审批、核准后可以不再进行招标；其他工程建设项目，招标人可自行决定不再进行招标。

第三十九条 投标人在招标文件要求提交投标文件的截止时间前，可以补充、修改、替代或者撤回已提交的投标文件，并书面通知招标人。补充、修改的内容为投标文件的组成部分。

第四十条 在提交投标文件截止时间后到招标文件规定的投标有效期终止之前，投标人不得撤销其投标文件，否则招标人可以不退还其投标保证金。

第四十一条 在开标前，招标人应妥善保管好已接收的投标文件、修改或撤回通知、备选投标方案等投标资料。

第四十二条 两个以上法人或者其他组织可以组成一个联合体，以一个投标人的身份共同投标。

联合体各方签订共同投标协议后，不得再以自己名义单独投标，也不得组成新的联合体或参加其他联合体在同一项目中投标。

第四十三条 招标人接受联合体投标并进行资格预审的，联合体应当在提交资格预审申请文件前组成。资格预审后联合体增减、更换成员的，其投标无效。

第四十四条 联合体各方应当指定牵头人，授权其代表所有联合体成员负责投标和合同实施阶段的主办、协调工作，并应当向招标人提交由所有联合体成员法定代表人签署的授权书。

第四十五条 联合体投标的，应当以联合体各方或者联合体中牵头人的名义提交投标保证金。以联合体中牵头人名义提交的投标保证金，对联合体各成员具有约束力。

第四十六条 下列行为均属投标人串通投标报价：

（一）投标人之间相互约定抬高或压低投标报价；

（二）投标人之间相互约定，在招标项目中分别以高、中、低价位报价；

（三）投标人之间先进行内部竞价，内定中标人，然后再参加投标；

（四）投标人之间其他串通投标报价的行为。

第四十七条 下列行为均属招标人与投标人串通投标：

（一）招标人在开标前开启投标文件并将有关信息泄露给其他投标人，或者授意投标人撤换、修改投标文件；

（二）招标人向投标人泄露标底、评标委员会成员等信息；

（三）招标人明示或者暗示投标人压低或抬高投标报价；

（四）招标人明示或者暗示投标人为特定投标人中标提供方便；

（五）招标人与投标人为谋求特定中标人中标而采取的其他串通行为。

第四十八条 投标人不得以他人名义投标。

前款所称以他人名义投标，指投标人挂靠其他施工单位，或从其他单位通过受让或租借的方式获取资格或资质证书，或者由其他单位及其法定代表人在自己编制的投标文件上加盖印章和签字等行为。

第四章 开标、评标和定标

第四十九条 开标应当在招标文件确定的提交投标文件截止时间的同一时间公开进行；开标地点应当为招标文件中确定的地点。

投标人对开标有异议的，应当在开标现场提出，招标人应当当场作出答复，并制作记录。

第五十条 投标文件有下列情形之一的，招标人应当拒收：

（一）逾期送达；

（二）未按招标文件要求密封。

有下列情形之一的，评标委员会应当否决其投标：

（一）投标文件未经投标单位盖章和单位负责人签字；

（二）投标联合体没有提交共同投标协议；

（三）投标人不符合国家或者招标文件规定的资格条件；

（四）同一投标人提交两个以上不同的投标文件或者投标报价，但招标文件要求提交备选投标的除外；

（五）投标报价低于成本或者高于招标文件设定的最高投标限价；

（六）投标文件没有对招标文件的实质性要求和条件作出响应；

（七）投标人有串通投标、弄虚作假、行贿等违法行为。

第五十一条 评标委员会可以书面方式要求投标人对投标文件中含义不明确、对同类问题表述不一致或者有明显文字和计算错误的内容作必要的澄清、说明或补正。评标委员会不得向投标人提出带有暗示性或诱导性的问题，或向其明确投标文件中的遗漏和错误。

第五十二条 投标文件不响应招标文件的实质性要求和条件的，评标委员会不得允许投标人通过修正或撤销其不符合要求的差异或保留，使之成为具有响应性的投标。

第五十三条 评标委员会在对实质上响应招标文件要求的投标进行报价评估时，除招标文件另有约定外，应当按下述原则进行修正：

（一）用数字表示的数额与用文字表示的数额不一致时，以文字数额为准；

（二）单价与工程量的乘积与总价之间不一致时，以单价为准。若单价有明显的小数点错位，应以总价为准，并修改单价。

按前款规定调整后的报价经投标人确认后产生约束力。

投标文件中没有列入的价格和优惠条件在评标时不予考虑。

第五十四条 对于投标人提交的优越于招标文件中技术标准的备选投标方案所产生的附加收益，不得考虑进评标价中。符合招标文件的基本技术要求且评标价最低或综合评分最高的投标人，其所提交的备选方案方可予以考虑。

第五十五条 招标人设有标底的，标底在评标中应当作为参考，但不得作为评标的唯一依据。

第五十六条 评标委员会完成评标后，应向招标人提出书面评标报告。评标报告由评标委员会全体成员签字。

依法必须进行招标的项目，招标人应当自收到评标报告之日起三日内公示中标候选人，公示期不得少于三日。

中标通知书由招标人发出。

第五十七条 评标委员会推荐的中标候选人应当限定在一至三人，并标明排列顺序。招标人应当接受评标委员会推荐的中标候选人，不得在评标委员会推荐的中标候选人之外确定中标人。

第五十八条 国有资金占控股或者主导地位的依法必须进行招标的项目，招标人应当确定排名第一的中标候选人为中标人。排名第一的中标候选人放弃中标、因不可抗力提出不能履行合同、不按照招标文件的要求提交履约保证金，或者被查实存在影响中标结果的违法行为等情形，不符合中标条件的，招标人可以按照评标委员会提出的中标候选人名单排序依次确定其他中标候选人为中标人。依次确定其他中标候选人与招标人预期差距较大，或者对招标人明显不利的，招标人可以重新招标。

招标人可以授权评标委员会直接确定中标人。

国务院对中标人的确定另有规定的，从其规定。

第五十九条 招标人不得向中标人提出压低报价、增加工作量、缩短工期或其他违背中标人意愿的要求，以此作为发出中标通知书和签订合同的条件。

第六十条 中标通知书对招标人和中标人具有法律效力。中标通知书发出后，招标人改变中标结果的，或者中标人放弃中标项目的，应当依法承担法律责任。

第六十一条 招标人全部或者部分使用非中标单位投标文件中的技术成果或技术方案时，需征得其书面同意，并给予一定的经济补偿。

第六十二条 招标人和中标人应当在投标有效期内并在自中标通知书发出之日起30日内，按照招标文件和中标人的投标文件订立书面合同。招标人和中标人不得再行订立背离合同实质性内容的其他协议。

招标人要求中标人提供履约保证金或其他形式履约担保的，招标人应当同时向中标人提供工程款支付担保。

招标人不得擅自提高履约保证金，不得强制要求中标人垫付中标项目建设资金。

第六十三条 招标人最迟应当在与中标人签订合同后五日内，向中标人和未中标的投标人退还投标保证金及银行同期存款利息。

第六十四条 合同中确定的建设规模、建设标准、建设内容、合同价格应当控制在批准的初步设计及概算文件范围内；确需超出规定范围的，应当在中标合同签订前，报原项目审批部门审查同意。凡应报经审查而未报的，在初步设计及概算调整时，原项目审批部门一律不予承认。

第六十五条　依法必须进行施工招标的项目，招标人应当自发出中标通知书之日起15日内，向有关行政监督部门提交招标投标情况的书面报告。

前款所称书面报告至少应包括下列内容：

（一）招标范围；

（二）招标方式和发布招标公告的媒介；

（三）招标文件中投标人须知、技术条款、评标标准和方法、合同主要条款等内容；

（四）评标委员会的组成和评标报告；

（五）中标结果。

第六十六条　招标人不得直接指定分包人。

第六十七条　对于不具备分包条件或者不符合分包规定的，招标人有权在签订合同或者中标人提出分包要求时予以拒绝。发现中标人转包或违法分包时，可要求其改正；拒不改正的，可终止合同，并报请有关行政监督部门查处。

监理人员和有关行政部门发现中标人违反合同约定进行转包或违法分包的，应当要求中标人改正，或者告知招标人要求其改正；对于拒不改正的，应当报请有关行政监督部门查处。

第五章　法律责任

第六十八条　依法必须进行招标的项目而不招标的，将必须进行招标的项目化整为零或者以其他任何方式规避招标的，有关行政监督部门责令限期改正，可以处项目合同金额5‰以上10‰以下的罚款；对全部或者部分使用国有资金的项目，项目审批部门可以暂停项目执行或者暂停资金拨付；对单位直接负责的主管人员和其他直接责任人员依法给予处分。

第六十九条　招标代理机构违法泄露应当保密的与招标投标活动有关的情况和资料的，或者与招标人、投标人串通损害国家利益、社会公共利益或者他人合法权益的，有关行政监督部门处5万元以上25万元以下罚款，对单位直接负责的主管人员和其他直接责任人员处单位罚款数额5%以上10%以下罚款；有违法所得的，并处没收违法

所得；情节严重的，有关行政监督部门可停止其一定时期内参与相关领域的招标代理业务，资格认定部门可暂停直至取消招标代理资格；构成犯罪的，由司法部门依法追究刑事责任。给他人造成损失的，依法承担赔偿责任。

前款所列行为影响中标结果的，中标无效。

第七十条　招标人以不合理的条件限制或者排斥潜在投标人的，对潜在投标人实行歧视待遇的，强制要求投标人组成联合体共同投标的，或者限制投标人之间竞争的，有关行政监督部门责令改正，可处1万元以上5万元以下罚款。

第七十一条　依法必须进行招标项目的招标人向他人透露已获取招标文件的潜在投标人的名称、数量或者可能影响公平竞争的有关招标投标的其他情况的，或者泄露标底的，有关行政监督部门给予警告，可以并处1万元以上10万元以下的罚款；对单位直接负责的主管人员和其他直接责任人员依法给予处分；构成犯罪的，依法追究刑事责任。

前款所列行为影响中标结果的，中标无效。

第七十二条　招标人在发布招标公告、发出投标邀请书或者售出招标文件或资格预审文件后终止招标的，应当及时退还所收取的资格预审文件、招标文件的费用，以及所收取的投标保证金及银行同期存款利息。给潜在投标人或者投标人造成损失的，应当赔偿损失。

第七十三条　招标人有下列限制或者排斥潜在投标人行为之一的，由有关行政监督部门依照招标投标法第五十一条的规定处罚；其中，构成依法必须进行施工招标的项目的招标人规避招标的，依照招标投标法第四十九条的规定处罚：

（一）依法应当公开招标的项目不按照规定在指定媒介发布资格预审公告或者招标公告；

（二）在不同媒介发布的同一招标项目的资格预审公告或者招标公告的内容不一致，影响潜在投标人申请资格预审或者投标。

招标人有下列情形之一的，由有关行政监督部门责令改正，可以处10万元以下的罚款：

（一）依法应当公开招标而采用邀请招标；

（二）招标文件、资格预审文件的发售、澄清、修改的时限，或者确定的提交资格预审申请文件、投标文件的时限不符合招标投标法和招标投标法实施条例规定；

（三）接受未通过资格预审的单位或者个人参加投标；

（四）接受应当拒收的投标文件。

招标人有前款第一项、第三项、第四项所列行为之一的，对单位直接负责的主管人员和其他直接责任人员依法给予处分。

第七十四条 投标人相互串通投标或者与招标人串通投标的，投标人以向招标人或者评标委员会成员行贿的手段谋取中标的，中标无效，由有关行政监督部门处中标项目金额5‰以上10‰以下的罚款，对单位直接负责的主管人员和其他直接责任人员处单位罚款数额5%以上10%以下的罚款；有违法所得的，并处没收违法所得；情节严重的，取消其一至二年的投标资格，并予以公告，直至由工商行政管理机关吊销营业执照；构成犯罪的，依法追究刑事责任。给他人造成损失的，依法承担赔偿责任。投标人未中标的，对单位的罚款金额按照招标项目合同金额依照招标投标法规定的比例计算。

第七十五条 投标人以他人名义投标或者以其他方式弄虚作假，骗取中标的，中标无效，给招标人造成损失的，依法承担赔偿责任；构成犯罪的，依法追究刑事责任。

依法必须进行招标项目的投标人有前款所列行为尚未构成犯罪的，有关行政监督部门处中标项目金额5‰以上10‰以下的罚款，对单位直接负责的主管人员和其他直接责任人员处单位罚款数额5%以上10%以下的罚款；有违法所得的，并处没收违法所得；情节严重的，取消其一至三年投标资格，并予以公告，直至由工商行政管理机关吊销营业执照。投标人未中标的，对单位的罚款金额按照招标项目合同金额依照招标投标法规定的比例计算。

第七十六条 依法必须进行招标的项目，招标人违法与投标人就投标价格、投标方案等实质性内容进行谈判的，有关行政监督部门给予警告，对单位直接负责的主管人员和其他直接责任人员依法给予处分。

前款所列行为影响中标结果的，中标无效。

第七十七条 评标委员会成员收受投标人的财物或者其他好处的，没收收受的财物，可以并处3000元以上5万元以下的罚款，取消担任评标委员会成员的资格并予以公告，不得再参加依法必须进行招标的项目的评标；构成犯罪的，依法追究刑事责任。

第七十八条 评标委员会成员应当回避而不回避、擅离职守、不按照招标文件规定的评标标准和方法评标，私下接触投标人，向招标人征询确定中标人的意向或者接受任何单位或者个人明示或者暗示提出的倾向或者排斥特定投标人的要求，对依法应当否决的投标不提出否决意见，暗示或者诱导投标人作出澄清、说明或者接受投标人主动提出的澄清、说明，或者有其他不能客观公正地履行职责行为的，有关行政监督部门责令改正；情节严重的，禁止其在一定期限内参加依法必须进行招标的项目的评标；情节特别严重的，取消其担任评标委员会成员的资格。

第七十九条 依法必须进行招标的项目的招标人不按照规定组建评标委员会，或者确定、更换评标委员会成员违反招标投标法和招标投标法实施条例规定的，由有关行政监督部门责令改正，可以处10万元以下的罚款，对单位直接负责的主管人员和其他直接责任人员依法给予处分；违法确定或者更换的评标委员会成员作出的评审决定无效，依法重新进行评审。

第八十条 依法必须进行招标的项目的招标人有下列情形之一的，由有关行政监督部门责令改正，可以处中标项目金额千分之十以下的罚款；给他人造成损失的，依法承担赔偿责任；对单位直接负责的主管人员和其他直接责任人员依法给予处分：

（一）无正当理由不发出中标通知书；

（二）不按照规定确定中标人；

（三）中标通知书发出后无正当理由改变中标结果；

（四）无正当理由不与中标人订立合同；

（五）在订立合同时向中标人提出附加条件。

第八十一条 中标通知书发出后，中标人放弃中标项目的，无正当理由不与招标人签订合同的，在签订合同时向招标人提出附加条件或者更改合同实质性内容的，或者拒不提交所要求的履约保证金的，取消其中标资格，投标保证金不予退还；给招标人的损失超过投标保证金数额的，中标人应当对超过部分予以赔偿；没有提交投标保证金的，应当对招标人的损失承担赔偿责任。对依法必须进行施工招标的项目的中标人，由有关行政监督部门责令改正,可以处中标金额千分之十以下罚款。

第八十二条 中标人将中标项目转让给他人的,将中标项目肢解后分别转让给他人的,违法将中标项目的部分主体、关键性工作分包给他人的,或者分包人再次分包的,转让、分包无效,有关行政监督部门处转让、分包项目金额5‰以上10‰以下的罚款;有违法所得的,并处没收违法所得;可以责令停业整顿;情节严重的,由工商行政管理机关吊销营业执照。

第八十三条 招标人与中标人不按照招标文件和中标人的投标文件订立合同的,合同的主要条款与招标文件、中标人的投标文件的内容不一致,或者招标人、中标人订立背离合同实质性内容的协议的,有关行政监督部门责令改正;可以处中标项目金额5‰以上10‰以下的罚款。

第八十四条 中标人不履行与招标人订立的合同的,履约保证金不予退还,给招标人造成的损失超过履约保证金数额的,还应当对超过部分予以赔偿;没有提交履约保证金的,应当对招标人的损失承担赔偿责任。

中标人不按照与招标人订立的合同履行义务,情节严重的,有关行政监督部门取消其2至5年参加招标项目的投标资格并予以公告,直至由工商行政管理机关吊销营业执照。

因不可抗力不能履行合同的,不适用前两款规定。

第八十五条 招标人不履行与中标人订立的合同的,应当返还中标人的履约保证金,并承担相应的赔偿责任;没有提交履约保证金的,应当对中标人的损失承担赔偿责任。

因不可抗力不能履行合同的,不适用前款规定。

第八十六条 依法必须进行施工招标的项目违反法律规定,中标无效的,应当依照法律规定的中标条件从其余投标人中重新确定中标人或者依法重新进行招标。

中标无效的,发出的中标通知书和签订的合同自始没有法律约束力,但不影响合同中独立存在的有关解决争议方法的条款的效力。

第八十七条 任何单位违法限制或者排斥本地区、本系统以外的法人或者其他组织参加投标的,为招标人指定招标代理机构的,强制招标人委托招标代理机构办理招标事宜的,或者以其他方式干涉招标投标活动的,有关行政监督部门责令改正;对单位直接负责的主管人员和其他直接责任人员依法给予警告、记过、记大过的处分,情节较重的,依法给予降级、撤职、开除的处分。

个人利用职权进行前款违法行为的,依照前款规定追究责任。

第八十八条 对招标投标活动依法负有行政监督职责的国家机关工作人员徇私舞弊、滥用职权或者玩忽职守,构成犯罪的,依法追究刑事责任;不构成犯罪的,依法给予行政处分。

第八十九条 投标人或者其他利害关系人认为工程建设项目施工招标投标活动不符合国家规定的,可以自知道或者应当知道之日起10日内向有关行政监督部门投诉。投诉应当有明确的请求和必要的证明材料。

第六章 附 则

第九十条 使用国际组织或者外国政府贷款、援助资金的项目进行招标,贷款方、资金提供方对工程施工招标投标活动的条件和程序有不同规定的,可以适用其规定,但违背中华人民共和国社会公共利益的除外。

第九十一条 本办法由国家发展改革委会同有关部门负责解释。

第九十二条 本办法自2003年5月1日起施行。

工程建设项目招标投标活动投诉处理办法

- 2004年6月21日国家发展和改革委员会、建设部、铁道部、交通部、信息产业部、水利部、中国民用航空总局令第11号发布
- 根据2013年3月11日国家发展和改革委员会、工业和信息化部、财政部、住房和城乡建设部、交通运输部、铁道部、水利部、国家广播电影电视总局、中国民用航空局《关于废止和修改部分招标投标规章和规范性文件的决定》修订

第一条 为保护国家利益、社会公共利益和招标投标当事人的合法权益,建立公平、高效的工

程建设项目招标投标活动投诉处理机制，根据《中华人民共和国招标投标法》、《中华人民共和国招标投标法实施条例》，制定本办法。

第二条 本办法适用于工程建设项目招标投标活动的投诉及其处理活动。

前款所称招标投标活动，包括招标、投标、开标、评标、中标以及签订合同等各阶段。

第三条 投标人或者其他利害关系人认为招标投标活动不符合法律、法规和规章规定的，有权依法向有关行政监督部门投诉。

前款所称其他利害关系人是指投标人以外的、与招标项目或者招标活动有直接和间接利益关系的法人、其他组织和自然人。

第四条 各级发展改革、工业和信息化、住房城乡建设、水利、交通运输、铁道、商务、民航等招标投标活动行政监督部门，依照《国务院办公厅印发国务院有关部门实施招标投标活动行政监督的职责分工的意见的通知》（国办发〔2000〕34号）和地方各级人民政府规定的职责分工，受理投诉并依法做出处理决定。

对国家重大建设项目（含工业项目）招标投标活动的投诉，由国家发展改革委受理并依法做出处理决定。对国家重大建设项目招标投标活动的投诉，有关行业行政监督部门已经收到的，应当通报国家发展改革委，国家发展改革委不再受理。

第五条 行政监督部门处理投诉时，应当坚持公平、公正、高效原则，维护国家利益、社会公共利益和招标投标当事人的合法权益。

第六条 行政监督部门应当确定本部门内部负责受理投诉的机构及其电话、传真、电子信箱和通讯地址，并向社会公布。

第七条 投诉人投诉时，应当提交投诉书。投诉书应当包括下列内容：

（一）投诉人的名称、地址及有效联系方式；

（二）被投诉人的名称、地址及有效联系方式；

（三）投诉事项的基本事实；

（四）相关请求及主张；

（五）有效线索和相关证明材料。

对招标投标法实施条例规定应先提出异议的事项进行投诉的，应当附提出异议的证明文件。已向有关行政监督部门投诉的，应当一并说明。

投诉人是法人的，投诉书必须由其法定代表人或者授权代表签字并盖章；其他组织或者自然人投诉的，投诉书必须由其主要负责人或者投诉人本人签字，并附有效身份证明复印件。

投诉书有关材料是外文的，投诉人应当同时提供其中文译本。

第八条 投诉人不得以投诉为名排挤竞争对手，不得进行虚假、恶意投诉，阻碍招标投标活动的正常进行。

第九条 投诉人认为招标投标活动不符合法律行政法规规定的，可以在知道或者应当知道之日起十日内提出书面投诉。依照有关行政法规提出异议的，异议答复期间不计算在内。

第十条 投诉人可以自己直接投诉，也可以委托代理人办理投诉事务。代理人办理投诉事务时，应将授权委托书连同投诉书一并提交给行政监督部门。授权委托书应当明确有关委托代理权限和事项。

第十一条 行政监督部门收到投诉书后，应当在三个工作日内进行审查，视情况分别做出以下处理决定：

（一）不符合投诉处理条件的，决定不予受理，并将不予受理的理由书面告知投诉人；

（二）对符合投诉处理条件，但不属于本部门受理的投诉，书面告知投诉人向其他行政监督部门提出投诉；

对于符合投诉处理条件并决定受理的，收到投诉书之日即为正式受理。

第十二条 有下列情形之一的投诉，不予受理：

（一）投诉人不是所投诉招标投标活动的参与者，或者与投诉项目无任何利害关系；

（二）投诉事项不具体，且未提供有效线索，难以查证的；

（三）投诉书未署具投诉人真实姓名、签字和有效联系方式的；以法人名义投诉的，投诉书未经法定代表人签字并加盖公章的；

（四）超过投诉时效的；

（五）已经作出处理决定，并且投诉人没有提出新的证据的；

（六）投诉事项应先提出异议没有提出异议、已进入行政复议或行政诉讼程序的。

第十三条 行政监督部门负责投诉处理的工作人员，有下列情形之一的，应当主动回避：

（一）近亲属是被投诉人、投诉人，或者是被投诉人、投诉人的主要负责人；

（二）在近三年内本人曾经在被投诉人单位担任高级管理职务；

（三）与被投诉人、投诉人有其他利害关系，可能影响对投诉事项公正处理的。

第十四条　行政监督部门受理投诉后，应当调取、查阅有关文件，调查、核实有关情况。

对情况复杂、涉及面广的重大投诉事项，有权受理投诉的行政监督部门可以会同其他有关的行政监督部门进行联合调查，共同研究后由受理部门做出处理决定。

第十五条　行政监督部门调查取证时，应当由两名以上行政执法人员进行，并做笔录，交被调查人签字确认。

第十六条　在投诉处理过程中，行政监督部门应当听取被投诉人的陈述和申辩，必要时可通知投诉人和被投诉人进行质证。

第十七条　行政监督部门负责处理投诉的人员应当严格遵守保密规定，对于在投诉处理过程中所接触到的国家秘密、商业秘密应当予以保密，也不得将投诉事项透露给与投诉无关的其他单位和个人。

第十八条　行政监督部门处理投诉，有权查阅、复制有关文件、资料，调查有关情况，相关单位和人员应当予以配合。必要时，行政监督部门可以责令暂停招标投标活动。

对行政监督部门依法进行的调查，投诉人、被投诉人以及评标委员会成员等与投诉事项有关的当事人应当予以配合，如实提供有关资料及情况，不得拒绝、隐匿或者伪报。

第十九条　投诉处理决定做出前，投诉人要求撤回投诉的，应当以书面形式提出并说明理由，由行政监督部门视以下情况，决定是否准予撤回：

（一）已经查实有明显违法行为的，应当不准撤回，并继续调查直至做出处理决定；

（二）撤回投诉不损害国家利益、社会公共利益或者其他当事人合法权益的，应当准予撤回，投诉处理过程终止。投诉人不得以同一事实和理由再提出投诉。

第二十条　行政监督部门应当根据调查和取证情况，对投诉事项进行审查，按照下列规定做出处理决定：

（一）投诉缺乏事实根据或者法律依据的，或者投诉人捏造事实、伪造材料或者以非法手段取得证明材料进行投诉的，驳回投诉；

（二）投诉情况属实，招标投标活动确实存在违法行为的，依据《中华人民共和国招标投标法》、《中华人民共和国招标投标法实施条例》及其他有关法规、规章做出处罚。

第二十一条　负责受理投诉的行政监督部门应当自受理投诉之日起三十个工作日内，对投诉事项做出处理决定，并以书面形式通知投诉人、被投诉人和其他与投诉处理结果有关的当事人。需要检验、检测、鉴定、专家评审的，所需时间不计算在内。

第二十二条　投诉处理决定应当包括下列主要内容：

（一）投诉人和被投诉人的名称、住址；

（二）投诉人的投诉事项及主张；

（三）被投诉人的答辩及请求；

（四）调查认定的基本事实；

（五）行政监督部门的处理意见及依据。

第二十三条　行政监督部门应当建立投诉处理档案，并做好保存和管理工作，接受有关方面的监督检查。

第二十四条　行政监督部门在处理投诉过程中，发现被投诉人单位直接负责的主管人员和其他直接责任人员有违法、违规或者违纪行为的，应当建议其行政主管机关、纪检监察部门给予处分；情节严重构成犯罪的，移送司法机关处理。

对招标代理机构有违法行为，且情节严重的，依法暂停直至取消招标代理资格。

第二十五条　当事人对行政监督部门的投诉处理决定不服或者行政监督部门逾期未做处理的，可以依法申请行政复议或者向人民法院提起行政诉讼。

第二十六条　投诉人故意捏造事实、伪造证明材料或者以非法手段取得证明材料进行投诉，给他人造成损失的，依法承担赔偿责任。

第二十七条　行政监督部门工作人员在处理投诉过程中徇私舞弊、滥用职权或者玩忽职守，对投诉人打击报复的，依法给予行政处分；构成犯罪的，依法追究刑事责任。

第二十八条　行政监督部门在处理投诉过程中，不得向投诉人和被投诉人收取任何费用。

第二十九条　对于性质恶劣、情节严重的投

诉事项,行政监督部门可以将投诉处理结果在有关媒体上公布,接受舆论和公众监督。

第三十条 本办法由国家发展改革委会同国务院有关部门解释。

第三十一条 本办法自2004年8月1日起施行。

不动产登记暂行条例实施细则

· 2016年1月1日国土资源部令第63号公布
· 根据2019年7月24日《自然资源部关于废止和修改的第一批部门规章的决定》修订

第一章 总 则

第一条 为规范不动产登记行为,细化不动产统一登记制度,方便人民群众办理不动产登记,保护权利人合法权益,根据《不动产登记暂行条例》(以下简称《条例》),制定本实施细则。

第二条 不动产登记应当依照当事人的申请进行,但法律、行政法规以及本实施细则另有规定的除外。

房屋等建筑物、构筑物和森林、林木等定着物应当与其所依附的土地、海域一并登记,保持权利主体一致。

第三条 不动产登记机构依照《条例》第七条第二款的规定,协商办理或者接受指定办理跨县级行政区域不动产登记的,应当在登记完毕后将不动产登记簿记载的不动产权利人以及不动产坐落、界址、面积、用途、权利类型等登记结果告知不动产所跨区域的其他不动产登记机构。

第四条 国务院确定的重点国有林区的森林、林木和林地,由自然资源部受理并会同有关部门办理,依法向权利人核发不动产权属证书。

国务院批准的项目用海、用岛的登记,由自然资源部受理,依法向权利人核发不动产权属证书。

第二章 不动产登记簿

第五条 《条例》第八条规定的不动产单元,是指权属界线封闭且具有独立使用价值的空间。

没有房屋等建筑物、构筑物以及森林、林木定着物的,以土地、海域权属界线封闭的空间为不动产单元。

有房屋等建筑物、构筑物以及森林、林木定着物的,以该房屋等建筑物、构筑物以及森林、林木定着物与土地、海域权属界线封闭的空间为不动产单元。

前款所称房屋,包括独立成幢、权属界线封闭的空间,以及区分套、层、间等可以独立使用、权属界线封闭的空间。

第六条 不动产登记簿以宗地或者宗海为单位编成,一宗地或者一宗海范围内的全部不动产单元编入一个不动产登记簿。

第七条 不动产登记机构应当配备专门的不动产登记电子存储设施,采取信息网络安全防护措施,保证电子数据安全。

任何单位和个人不得擅自复制或者篡改不动产登记簿信息。

第八条 承担不动产登记审核、登簿的不动产登记工作人员应当熟悉相关法律法规,具备与其岗位相适应的不动产登记等方面的专业知识。

自然资源部会同有关部门组织开展对承担不动产登记审核、登簿的不动产登记工作人员的考核培训。

第三章 登记程序

第九条 申请不动产登记的,申请人应当填写登记申请书,并提交身份证明以及相关申请材料。

申请材料应当提供原件。因特殊情况不能提供原件的,可以提供复印件,复印件应当与原件保持一致。

第十条 处分共有不动产申请登记的,应当经占份额三分之二以上的按份共有人或者全体共同共有人共同申请,但共有人另有约定的除外。

按份共有人转让其享有的不动产份额,应当与受让人共同申请转移登记。

建筑区划内依法属于全体业主共有的不动产申请登记,依照本实施细则第三十六条的规定办理。

第十一条 无民事行为能力人、限制民事行为能力人申请不动产登记的,应当由其监护人代为申请。

监护人代为申请登记的,应当提供监护人与被监护人的身份证或者户口簿、有关监护关系等材料;因处分不动产而申请登记的,还应当提供为被监护人利益的书面保证。

父母之外的监护人处分未成年人不动产的,有关监护关系材料可以是人民法院指定监护的法律文书、经过公证的对被监护人享有监护权的材料或者其他材料。

第十二条 当事人可以委托他人代为申请不动产登记。

代理申请不动产登记的,代理人应当向不动产登记机构提供被代理人签字或者盖章的授权委托书。

自然人处分不动产,委托代理人申请登记的,应当与代理人共同到不动产登记机构现场签订授权委托书,但授权委托书经公证的除外。

境外申请人委托他人办理处分不动产登记的,其授权委托书应当按照国家有关规定办理认证或者公证。

第十三条 申请登记的事项记载于不动产登记簿前,全体申请人提出撤回登记申请的,登记机构应当将登记申请书以及相关材料退还申请人。

第十四条 因继承、受遗赠取得不动产,当事人申请登记的,应当提交死亡证明材料、遗嘱或者全部法定继承人关于不动产分配的协议以及与被继承人的亲属关系材料等,也可以提交经公证的材料或者生效的法律文书。

第十五条 不动产登记机构受理不动产登记申请后,还应当对下列内容进行查验:

(一)申请人、委托代理人身份证明材料以及授权委托书与申请主体是否一致;

(二)权属来源材料或者登记原因文件与申请登记的内容是否一致;

(三)不动产界址、空间界限、面积等权籍调查成果是否完备,权属是否清楚、界址是否清晰、面积是否准确;

(四)法律、行政法规规定的完税或者缴费凭证是否齐全。

第十六条 不动产登记机构进行实地查看,重点查看下列情况:

(一)房屋等建筑物、构筑物所有权首次登记,查看房屋坐落及其建造完成等情况;

(二)在建建筑物抵押权登记,查看抵押的在建建筑物坐落及其建造等情况;

(三)因不动产灭失导致的注销登记,查看不动产灭失等情况。

第十七条 有下列情形之一的,不动产登记机构应当在登记事项记载于登记簿前进行公告,但涉及国家秘密的除外:

(一)政府组织的集体土地所有权登记;

(二)宅基地使用权及房屋所有权,集体建设用地使用权及建筑物、构筑物所有权,土地承包经营权等不动产权利的首次登记;

(三)依职权更正登记;

(四)依职权注销登记;

(五)法律、行政法规规定的其他情形。

公告应当在不动产登记机构门户网站以及不动产所在地等指定场所进行,公告期不少于15个工作日。公告所需时间不计算在登记办理期限内。公告期满无异议或者异议不成立的,应当及时记载于不动产登记簿。

第十八条 不动产登记公告的主要内容包括:

(一)拟予登记的不动产权利人的姓名或者名称;

(二)拟予登记的不动产坐落、面积、用途、权利类型等;

(三)提出异议的期限、方式和受理机构;

(四)需要公告的其他事项。

第十九条 当事人可以持人民法院、仲裁委员会的生效法律文书或者人民政府的生效决定单方申请不动产登记。

有下列情形之一的,不动产登记机构直接办理不动产登记:

(一)人民法院持生效法律文书和协助执行通知书要求不动产登记机构办理登记的;

(二)人民检察院、公安机关依据法律规定持协助查封通知书要求办理查封登记的;

(三)人民政府依法做出征收或者收回不动产权利决定生效后,要求不动产登记机构办理注销登记的;

(四)法律、行政法规规定的其他情形。

不动产登记机构认为登记事项存在异议的,应当依法向有关机关提出审查建议。

第二十条 不动产登记机构应当根据不动产登记簿,填写并核发不动产权属证书或者不动产登记证明。

除办理抵押权登记、地役权登记和预告登记、异议登记,向申请人核发不动产登记证明外,不动产登记机构应当依法向权利人核发不动产权属证书。

不动产权属证书和不动产登记证明，应当加盖不动产登记机构登记专用章。

不动产权属证书和不动产登记证明样式，由自然资源部统一规定。

第二十一条　申请共有不动产登记的，不动产登记机构向全体共有人合并发放一本不动产权属证书；共有人申请分别持证的，可以为共有人分别发放不动产权属证书。

共有不动产权属证书应当注明共有情况，并列明全体共有人。

第二十二条　不动产权属证书或者不动产登记证明污损、破损的，当事人可以向不动产登记机构申请换发。符合换发条件的，不动产登记机构应当予以换发，并收回原不动产权属证书或者不动产登记证明。

不动产权属证书或者不动产登记证明遗失、灭失，不动产权利人申请补发的，由不动产登记机构在其门户网站上刊发不动产权利人的遗失、灭失声明15个工作日后，予以补发。

不动产登记机构补发不动产权属证书或者不动产登记证明的，应当将补发不动产权属证书或者不动产登记证明的事项记载于不动产登记簿，并在不动产权属证书或者不动产登记证明上注明"补发"字样。

第二十三条　因不动产权利灭失等情形，不动产登记机构需要收回不动产权属证书或者不动产登记证明的，应当在不动产登记簿上将收回不动产权属证书或者不动产登记证明的事项予以注明；确实无法收回的，应当在不动产登记机构门户网站或者当地公开发行的报刊上公告作废。

第四章　不动产权利登记

第一节　一般规定

第二十四条　不动产首次登记，是指不动产权利第一次登记。

未办理不动产首次登记的，不得办理不动产其他类型登记，但法律、行政法规另有规定的除外。

第二十五条　市、县人民政府可以根据情况对本行政区域内未登记的不动产，组织开展集体土地所有权、宅基地使用权、集体建设用地使用权、土地承包经营权的首次登记。

依照前款规定办理首次登记所需的权属来源、调查等登记材料，由人民政府有关部门组织获取。

第二十六条　下列情形之一的，不动产权利人可以向不动产登记机构申请变更登记：

（一）权利人的姓名、名称、身份证明类型或者身份证明号码发生变更的；

（二）不动产的坐落、界址、用途、面积等状况变更的；

（三）不动产权利期限、来源等状况发生变化的；

（四）同一权利人分割或者合并不动产的；

（五）抵押担保的范围、主债权数额、债务履行期限、抵押权顺位发生变化的；

（六）最高额抵押担保的债权范围、最高债权额、债权确定期间等发生变化的；

（七）地役权的利用目的、方法等发生变化的；

（八）共有性质发生变更的；

（九）法律、行政法规规定的其他不涉及不动产权利转移的变更情形。

第二十七条　因下列情形导致不动产权利转移的，当事人可以向不动产登记机构申请转移登记：

（一）买卖、互换、赠与不动产的；

（二）以不动产作价出资（入股）的；

（三）法人或者其他组织因合并、分立等原因致使不动产权利发生转移的；

（四）不动产分割、合并导致权利发生转移的；

（五）继承、受遗赠导致权利发生转移的；

（六）共有人增加或者减少以及共有不动产份额变化的；

（七）因人民法院、仲裁委员会的生效法律文书导致不动产权利发生转移的；

（八）因主债权转移引起不动产抵押权转移的；

（九）因需役地不动产权利转移引起地役权转移的；

（十）法律、行政法规规定的其他不动产权利转移情形。

第二十八条　有下列情形之一的，当事人可以申请办理注销登记：

（一）不动产灭失的；
（二）权利人放弃不动产权利的；
（三）不动产被依法没收、征收或者收回的；
（四）人民法院、仲裁委员会的生效法律文书导致不动产权利消灭的；
（五）法律、行政法规规定的其他情形。

不动产上已经设立抵押权、地役权或者已经办理预告登记，所有权人、使用权人因放弃权利申请注销登记的，申请人应当提供抵押权人、地役权人、预告登记权利人同意的书面材料。

第二节 集体土地所有权登记

第二十九条 集体土地所有权登记，依照下列规定提出申请：

（一）土地属于村农民集体所有的，由村集体经济组织代为申请，没有集体经济组织的，由村民委员会代为申请；
（二）土地分别属于村内两个以上农民集体所有的，由村内各集体经济组织代为申请，没有集体经济组织的，由村民小组代为申请；
（三）土地属于乡（镇）农民集体所有的，由乡（镇）集体经济组织代为申请。

第三十条 申请集体土地所有权首次登记的，应当提交下列材料：

（一）土地权属来源材料；
（二）权籍调查表、宗地图以及宗地界址点坐标；
（三）其他必要材料。

第三十一条 农民集体因互换、土地调整等原因导致集体土地所有权转移，申请集体土地所有权转移登记的，应当提交下列材料：

（一）不动产权属证书；
（二）互换、调整协议等集体土地所有权转移的材料；
（三）本集体经济组织三分之二以上成员或者三分之二以上村民代表同意的材料；
（四）其他必要材料。

第三十二条 申请集体土地所有权变更、注销登记的，应当提交下列材料：

（一）不动产权属证书；
（二）集体土地所有权变更、消灭的材料；
（三）其他必要材料。

第三节 国有建设用地使用权及房屋所有权登记

第三十三条 依法取得国有建设用地使用权，可以单独申请国有建设用地使用权登记。

依法利用国有建设用地建造房屋的，可以申请国有建设用地使用权及房屋所有权登记。

第三十四条 申请国有建设用地使用权首次登记，应当提交下列材料：

（一）土地权属来源材料；
（二）权籍调查表、宗地图以及宗地界址点坐标；
（三）土地出让价款、土地租金、相关税费等缴纳凭证；
（四）其他必要材料。

前款规定的土地权属来源材料，根据权利取得方式的不同，包括国有建设用地划拨决定书、国有建设用地使用权出让合同、国有建设用地使用权租赁合同以及国有建设用地使用权作价出资（入股）、授权经营批准文件。

申请在地上或者地下单独设立国有建设用地使用权登记的，按照本条规定办理。

第三十五条 申请国有建设用地使用权及房屋所有权首次登记的，应当提交下列材料：

（一）不动产权属证书或者土地权属来源材料；
（二）建设工程符合规划的材料；
（三）房屋已经竣工的材料；
（四）房地产调查或者测绘报告；
（五）相关税费缴纳凭证；
（六）其他必要材料。

第三十六条 办理房屋所有权首次登记时，申请人应当将建筑区划内依法属于业主共有的道路、绿地、其他公共场所、公用设施和物业服务用房及其占用范围内的建设用地使用权一并申请登记为业主共有。业主转让房屋所有权的，其对共有部分享有的权利依法一并转让。

第三十七条 申请国有建设用地使用权及房屋所有权变更登记的，应当根据不同情况，提交下列材料：

（一）不动产权属证书；
（二）发生变更的材料；
（三）有批准权的人民政府或者主管部门的批

准文件；

（四）国有建设用地使用权出让合同或者补充协议；

（五）国有建设用地使用权出让价款、税费等缴纳凭证；

（六）其他必要材料。

第三十八条 申请国有建设用地使用权及房屋所有权转移登记的，应当根据不同情况，提交下列材料：

（一）不动产权属证书；

（二）买卖、互换、赠与合同；

（三）继承或者受遗赠的材料；

（四）分割、合并协议；

（五）人民法院或者仲裁委员会生效的法律文书；

（六）有批准权的人民政府或者主管部门的批准文件；

（七）相关税费缴纳凭证；

（八）其他必要材料。

不动产买卖合同依法应当备案的，申请人申请登记时须提交经备案的买卖合同。

第三十九条 具有独立利用价值的特定空间以及码头、油库等其他建筑物、构筑物所有权的登记，按照本实施细则中房屋所有权登记有关规定办理。

第四节 宅基地使用权及房屋所有权登记

第四十条 依法取得宅基地使用权，可以单独申请宅基地使用权登记。

依法利用宅基地建造住房及其附属设施的，可以申请宅基地使用权及房屋所有权登记。

第四十一条 申请宅基地使用权及房屋所有权首次登记的，应当根据不同情况，提交下列材料：

（一）申请人身份证和户口簿；

（二）不动产权属证书或者有批准权的人民政府批准用地的文件等权属来源材料；

（三）房屋符合规划或者建设的相关材料；

（四）权籍调查表、宗地图、房屋平面图以及宗地界址点坐标等有关不动产界址、面积等材料；

（五）其他必要材料。

第四十二条 因依法继承、分家析产、集体经济组织内部互换房屋等导致宅基地使用权及房屋所有权发生转移申请登记的，申请人应当根据不同情况，提交下列材料：

（一）不动产权属证书或者其他权属来源材料；

（二）依法继承的材料；

（三）分家析产的协议或者材料；

（四）集体经济组织内部互换房屋的协议；

（五）其他必要材料。

第四十三条 申请宅基地等集体土地上的建筑物区分所有权登记的，参照国有建设用地使用权及建筑物区分所有权的规定办理登记。

第五节 集体建设用地使用权及建筑物、构筑物所有权登记

第四十四条 依法取得集体建设用地使用权，可以单独申请集体建设用地使用权登记。

依法利用集体建设用地兴办企业，建设公共设施，从事公益事业等的，可以申请集体建设用地使用权及地上建筑物、构筑物所有权登记。

第四十五条 申请集体建设用地使用权及建筑物、构筑物所有权首次登记的，申请人应当根据不同情况，提交下列材料：

（一）有批准权的人民政府批准用地的文件等土地权属来源材料；

（二）建设工程符合规划的材料；

（三）权籍调查表、宗地图、房屋平面图以及宗地界址点坐标等有关不动产界址、面积等材料；

（四）建设工程已竣工的材料；

（五）其他必要材料。

集体建设用地使用权首次登记完成后，申请人申请建筑物、构筑物所有权首次登记的，应当提交享有集体建设用地使用权的不动产权属证书。

第四十六条 申请集体建设用地使用权及建筑物、构筑物所有权变更登记、转移登记、注销登记的，申请人应当根据不同情况，提交下列材料：

（一）不动产权属证书；

（二）集体建设用地使用权及建筑物、构筑物所有权变更、转移、消灭的材料；

（三）其他必要材料。

因企业兼并、破产等原因致使集体建设用地使用权及建筑物、构筑物所有权发生转移的，申请人应当持相关协议及有关部门的批准文件等相关材料，申请不动产转移登记。

第六节 土地承包经营权登记

第四十七条 承包农民集体所有的耕地、林地、草地、水域、滩涂以及荒山、荒沟、荒丘、荒滩等农用地，或者国家所有依法由农民集体使用的农用地从事种植业、林业、畜牧业、渔业等农业生产的，可以申请土地承包经营权登记；地上有森林、林木的，应当在申请土地承包经营权登记时一并申请登记。

第四十八条 依法以承包方式在土地上从事种植业或者养殖业生产活动的，可以申请土地承包经营权的首次登记。

以家庭承包方式取得的土地承包经营权的首次登记，由发包方持土地承包经营合同等材料申请。

以招标、拍卖、公开协商等方式承包农村土地的，由承包方持土地承包经营合同申请土地承包经营权首次登记。

第四十九条 已经登记的土地承包经营权有下列情形之一的，承包方应当持原不动产权属证书以及其他证实发生变更事实的材料，申请土地承包经营权变更登记：

（一）权利人的姓名或者名称等事项发生变化的；

（二）承包土地的坐落、名称、面积发生变化的；

（三）承包期限依法变更的；

（四）承包期限届满，土地承包经营权人按照国家有关规定继续承包的；

（五）退耕还林、退耕还湖、退耕还草导致土地用途改变的；

（六）森林、林木的种类等发生变化的；

（七）法律、行政法规规定的其他情形。

第五十条 已经登记的土地承包经营权发生下列情形之一的，当事人双方应当持互换协议、转让合同等材料，申请土地承包经营权的转移登记：

（一）互换；

（二）转让；

（三）因家庭关系、婚姻关系变化等原因导致土地承包经营权分割或者合并的；

（四）依法导致土地承包经营权转移的其他情形。

以家庭承包方式取得的土地承包经营权，采取转让方式流转的，还应当提供发包方同意的材料。

第五十一条 已经登记的土地承包经营权发生下列情形之一的，承包方应当持不动产权属证书、证实灭失的材料等，申请注销登记：

（一）承包经营的土地灭失的；

（二）承包经营的土地被依法转为建设用地的；

（三）承包经营权人丧失承包经营资格或者放弃承包经营权的；

（四）法律、行政法规规定的其他情形。

第五十二条 以承包经营以外的合法方式使用国有农用地的国有农场、草场，以及使用国家所有的水域、滩涂等农用地进行农业生产，申请国有农用地的使用权登记的，参照本实施细则有关规定办理。

国有农场、草场申请国有未利用地登记的，依照前款规定办理。

第五十三条 国有林地使用权登记，应当提交有批准权的人民政府或者主管部门的批准文件，地上森林、林木一并登记。

第七节 海域使用权登记

第五十四条 依法取得海域使用权，可以单独申请海域使用权登记。

依法使用海域，在海域上建造建筑物、构筑物的，应当申请海域使用权及建筑物、构筑物所有权登记。

申请无居民海岛登记的，参照海域使用权登记有关规定办理。

第五十五条 申请海域使用权首次登记的，应当提交下列材料：

（一）项目用海批准文件或者海域使用权出让合同；

（二）宗海图以及界址点坐标；

（三）海域使用金缴纳或者减免凭证；

（四）其他必要材料。

第五十六条 有下列情形之一的，申请人应当持不动产权属证书、海域使用权变更的文件等材料，申请海域使用权变更登记：

（一）海域使用权人姓名或者名称改变的；

（二）海域坐落、名称发生变化的；

（三）改变海域使用位置、面积或者期限的；

（四）海域使用权续期的；
（五）共有性质变更的；
（六）法律、行政法规规定的其他情形。

第五十七条 有下列情形之一的，申请人可以申请海域使用权转移登记：
（一）因企业合并、分立或者与他人合资、合作经营、作价入股导致海域使用权转移的；
（二）依法转让、赠与、继承、受遗赠海域使用权的；
（三）因人民法院、仲裁委员会生效法律文书导致海域使用权转移的；
（四）法律、行政法规规定的其他情形。

第五十八条 申请海域使用权转移登记的，申请人应当提交下列材料：
（一）不动产权属证书；
（二）海域使用权转让合同、继承材料、生效法律文书等材料；
（三）转让批准取得的海域使用权，应当提交原批准用海的海洋行政主管部门批准转让的文件；
（四）依法需要补交海域使用金的，应当提交海域使用金缴纳的凭证；
（五）其他必要材料。

第五十九条 申请海域使用权注销登记的，申请人应当提交下列材料：
（一）原不动产权属证书；
（二）海域使用权消灭的材料；
（三）其他必要材料。

因围填海造地等导致海域灭失的，申请人应当在围填海造地等工程竣工后，依照本实施细则规定申请国有土地使用权登记，并办理海域使用权注销登记。

第八节 地役权登记

第六十条 按照约定设定地役权，当事人可以持需役地和供役地的不动产权属证书、地役权合同以及其他必要文件，申请地役权首次登记。

第六十一条 经依法登记的地役权发生下列情形之一的，当事人应当持地役权合同、不动产权证明和证实变更的材料等必要材料，申请地役权变更登记：
（一）地役权当事人的姓名或者名称等发生变化；
（二）共有性质变更的；
（三）需役地或者供役地自然状况发生变化；
（四）地役权内容变更的；
（五）法律、行政法规规定的其他情形。

供役地分割转让办理登记，转让部分涉及地役权，应当由受让人与地役权人一并申请地役权变更登记。

第六十二条 已经登记的地役权因土地承包经营权、建设用地使用权转让发生转移的，当事人应当持不动产登记证明、地役权转移合同等必要材料，申请地役权转移登记。

申请需役地转移登记的，或者需役地分割转让，转让部分涉及已登记的地役权的，当事人应当一并申请地役权转移登记，但当事人另有约定的除外。当事人拒绝一并申请地役权转移登记的，应当出具书面材料。不动产登记机构办理转移登记时，应当同时办理地役权注销登记。

第六十三条 已经登记的地役权，有下列情形之一的，当事人可以持不动产登记证明、证实地役权发生消灭的材料等必要材料，申请地役权注销登记：
（一）地役权期限届满；
（二）供役地、需役地归于同一人；
（三）供役地或者需役地灭失；
（四）人民法院、仲裁委员会的生效法律文书导致地役权消灭；
（五）依法解除地役权合同；
（六）其他导致地役权消灭的事由。

第六十四条 地役权登记，不动产登记机构应当将登记事项分别记载于需役地和供役地登记簿。

供役地、需役地分属不同不动产登记机构管辖的，当事人应当向供役地所在地的不动产登记机构申请地役权登记。供役地所在地不动产登记机构完成登记后，应当将相关事项通知需役地所在地不动产登记机构，并由其记载于需役地登记簿。

地役权设立后，办理首次登记前发生变更、转移的，当事人应当提交相关材料，就已经变更或者转移的地役权，直接申请首次登记。

第九节 抵押权登记

第六十五条 对下列财产进行抵押的，可以申请办理不动产抵押登记：

（一）建设用地使用权；

（二）建筑物和其他土地附着物；

（三）海域使用权；

（四）以招标、拍卖、公开协商等方式取得的荒地等土地承包经营权；

（五）正在建造的建筑物；

（六）法律、行政法规未禁止抵押的其他不动产。

以建设用地使用权、海域使用权抵押的，该土地、海域上的建筑物、构筑物一并抵押；以建筑物、构筑物抵押的，该建筑物、构筑物占用范围内的建设用地使用权、海域使用权一并抵押。

第六十六条 自然人、法人或者其他组织为保障其债权的实现，依法以不动产设定抵押的，可以由当事人持不动产权属证书、抵押合同与主债权合同等必要材料，共同申请办理抵押登记。

抵押合同可以是单独订立的书面合同，也可以是主债权合同中的抵押条款。

第六十七条 同一不动产上设立多个抵押权的，不动产登记机构应当按照受理时间的先后顺序依次办理登记，并记载于不动产登记簿。当事人对抵押权顺位另有约定的，从其规定办理登记。

第六十八条 有下列情形之一的，当事人应当持不动产权属证书、不动产登记证明、抵押权变更等必要材料，申请抵押权变更登记：

（一）抵押人、抵押权人的姓名或者名称变更的；

（二）被担保的主债权数额变更的；

（三）债务履行期限变更的；

（四）抵押权顺位变更的；

（五）法律、行政法规规定的其他情形。

因被担保债权主债权的种类及数额、担保范围、债务履行期限、抵押权顺位发生变更申请抵押权变更登记时，如果该抵押权的变更将对其他抵押权人产生不利影响的，还应当提交其他抵押权人书面同意的材料与身份证或者户口簿等材料。

第六十九条 因主债权转让导致抵押权转让的，当事人可以持不动产权属证书、不动产登记证明、被担保主债权的转让协议、债权人已经通知债务人的材料等相关材料，申请抵押权的转移登记。

第七十条 有下列情形之一的，当事人可以持不动产登记证明、抵押权消灭的材料等必要材料，申请抵押权注销登记：

（一）主债权消灭；

（二）抵押权已经实现；

（三）抵押权人放弃抵押权；

（四）法律、行政法规规定抵押权消灭的其他情形。

第七十一条 设立最高额抵押权的，当事人应当持不动产权属证书、最高额抵押合同与一定期间内将要连续发生的债权的合同或者其他登记原因材料等必要材料，申请最高额抵押权首次登记。

当事人申请最高额抵押权首次登记时，同意将最高额抵押权设立前已经存在的债权转入最高额抵押担保的债权范围的，还应当提交已存在债权的合同以及当事人同意将该债权纳入最高额抵押权担保范围的书面材料。

第七十二条 有下列情形之一的，当事人应当持不动产登记证明、最高额抵押权发生变更的材料等必要材料，申请最高额抵押权变更登记：

（一）抵押人、抵押权人的姓名或者名称变更的；

（二）债权范围变更的；

（三）最高债权额变更的；

（四）债权确定的期间变更的；

（五）抵押权顺位变更的；

（六）法律、行政法规规定的其他情形。

因最高债权额、债权范围、债务履行期限、债权确定的期间发生变更申请最高额抵押权变更登记时，如果该变更将对其他抵押权人产生不利影响的，当事人还应当提交其他抵押权人的书面同意文件与身份证或者户口簿等。

第七十三条 当发生导致最高额抵押权担保的债权被确定的事由，从而使最高额抵押权转变为一般抵押权时，当事人应当持不动产登记证明、最高额抵押权担保的债权已确定的材料等必要材料，申请办理确定最高额抵押权的登记。

第七十四条 最高额抵押权发生转移的，应当持不动产登记证明、部分债权转移的材料、当事人约定最高额抵押权随同部分债权的转让而转移的材料等必要材料，申请办理最高额抵押权转移登记。

债权人转让部分债权，当事人约定最高额抵押权随同部分债权的转让而转移的，应当分别申请下列登记：

（一）当事人约定原抵押权人与受让人共同享有最高额抵押权的，应当申请最高额抵押权的转移登记；

（二）当事人约定受让人享有一般抵押权、原抵押权人就扣减已转移的债权数额后继续享有最高额抵押权的，应当申请一般抵押权的首次登记以及最高额抵押权的变更登记；

（三）当事人约定原抵押权人不再享有最高额抵押权的，应当一并申请最高额抵押权确定登记以及一般抵押权转移登记。

最高额抵押权担保的债权确定前，债权人转让部分债权的，除当事人另有约定外，不动产登记机构不得办理最高额抵押权转移登记。

第七十五条 以建设用地使用权以及全部或者部分在建建筑物设定抵押的，应当一并申请建设用地使用权以及在建建筑物抵押权的首次登记。

当事人申请在建建筑物抵押权首次登记时，抵押财产不包括已经办理预告登记的预购商品房和已经办理预售备案的商品房。

前款规定的在建建筑物，是指正在建造、尚未办理所有权首次登记的房屋等建筑物。

第七十六条 申请在建建筑物抵押权首次登记的，当事人应当提交下列材料：

（一）抵押合同与主债权合同；

（二）享有建设用地使用权的不动产权属证书；

（三）建设工程规划许可证；

（四）其他必要材料。

第七十七条 在建建筑物抵押权变更、转移或者消灭的，当事人应当提交下列材料，申请变更登记、转移登记、注销登记：

（一）不动产登记证明；

（二）在建建筑物抵押权发生变更、转移或者消灭的材料；

（三）其他必要材料。

在建建筑物竣工，办理建筑物所有权首次登记时，当事人应当申请将在建建筑物抵押权登记转为建筑物抵押权登记。

第七十八条 申请预购商品房抵押登记的，应当提交下列材料：

（一）抵押合同与主债权合同；

（二）预购商品房预告登记材料；

（三）其他必要材料。

预购商品房办理房屋所有权登记后，当事人应当申请将预购商品房抵押预告登记转为商品房抵押权首次登记。

第五章 其他登记

第一节 更正登记

第七十九条 权利人、利害关系人认为不动产登记簿记载的事项有错误，可以申请更正登记。

权利人申请更正登记的，应当提交下列材料：

（一）不动产权属证书；

（二）证实登记确有错误的材料；

（三）其他必要材料。

利害关系人申请更正登记的，应当提交利害关系材料、证实不动产登记簿记载错误的材料以及其他必要材料。

第八十条 不动产权利人或者利害关系人申请更正登记，不动产登记机构认为不动产登记簿记载确有错误的，应当予以更正；但在错误登记之后已经办理了涉及不动产权利处分的登记、预告登记和查封登记的除外。

不动产权属证书或者不动产登记证明填制错误以及不动产登记机构在办理更正登记中，需要更正不动产权属证书或者不动产登记证明内容的，应当书面通知权利人换发，并把换发不动产权属证书或者不动产登记证明的事项记载于登记簿。

不动产登记簿记载无误的，不动产登记机构不予更正，并书面通知申请人。

第八十一条 不动产登记机构发现不动产登记簿记载的事项错误，应当通知当事人在30个工作日内办理更正登记。当事人逾期不办理的，不动产登记机构应当在公告15个工作日后，依法予以更正；但在错误登记之后已经办理了涉及不动产权利处分的登记、预告登记和查封登记的除外。

第二节 异议登记

第八十二条 利害关系人认为不动产登记簿记载的事项错误，权利人不同意更正的，利害关系人可以申请异议登记。

利害关系人申请异议登记的，应当提交下列

材料：

（一）证实对登记的不动产权利有利害关系的材料；

（二）证实不动产登记簿记载的事项错误的材料；

（三）其他必要材料。

第八十三条 不动产登记机构受理异议登记申请的，应当将异议事项记载于不动产登记簿，并向申请人出具异议登记证明。

异议登记申请人应当在异议登记之日起15日内，提交人民法院受理通知书、仲裁委员会受理通知书等提起诉讼、申请仲裁的材料；逾期不提交的，异议登记失效。

异议登记失效后，申请人就同一事项以同一理由再次申请异议登记的，不动产登记机构不予受理。

第八十四条 异议登记期间，不动产登记簿上记载的权利人以及第三人因处分权利申请登记的，不动产登记机构应当书面告知申请人该权利已经存在异议登记的有关事项。申请人申请继续办理的，应当予以办理，但申请人应当提供知悉异议登记存在并自担风险的书面承诺。

第三节 预告登记

第八十五条 有下列情形之一的，当事人可以按照约定申请不动产预告登记：

（一）商品房等不动产预售的；

（二）不动产买卖、抵押的；

（三）以预购商品房设定抵押权的；

（四）法律、行政法规规定的其他情形。

预告登记生效期间，未经预告登记的权利人书面同意，处分该不动产权利申请登记的，不动产登记机构应当不予办理。

预告登记后，债权未消灭且自能够进行相应的不动产登记之日起3个月内，当事人申请不动产登记的，不动产登记机构应当按照预告登记事项办理相应的登记。

第八十六条 申请预购商品房的预告登记的，应当提交下列材料：

（一）已备案的商品房预售合同；

（二）当事人关于预告登记的约定；

（三）其他必要材料。

预售人和预购人订立商品房买卖合同后，预售人未按照约定与预购人申请预告登记，预购人可以单方申请预告登记。

预购人单方申请预购商品房预告登记，预售人与预购人在商品房预售合同中对预告登记附有条件和期限的，预购人应当提交相应材料。

申请预告登记的商品房已经办理在建建筑物抵押权首次登记的，当事人应当一并申请在建建筑物抵押权注销登记，并提交不动产权属转移材料、不动产登记证明。不动产登记机构应当先办理在建建筑物抵押权注销登记，再办理预告登记。

第八十七条 申请不动产转移预告登记的，当事人应当提交下列材料：

（一）不动产转让合同；

（二）转让方的不动产权属证书；

（三）当事人关于预告登记的约定；

（四）其他必要材料。

第八十八条 抵押不动产，申请预告登记的，当事人应当提交下列材料：

（一）抵押合同与主债权合同；

（二）不动产权属证书；

（三）当事人关于预告登记的约定；

（四）其他必要材料。

第八十九条 预告登记未到期，有下列情形之一的，当事人可以持不动产登记证明、债权消灭或者权利人放弃预告登记的材料，以及法律、行政法规规定的其他必要材料申请注销预告登记：

（一）预告登记的权利人放弃预告登记的；

（二）债权消灭的；

（三）法律、行政法规规定的其他情形。

第四节 查封登记

第九十条 人民法院要求不动产登记机构办理查封登记的，应当提交下列材料：

（一）人民法院工作人员的工作证；

（二）协助执行通知书；

（三）其他必要材料。

第九十一条 两个以上人民法院查封同一不动产的，不动产登记机构应当为先送达协助执行通知书的人民法院办理查封登记，对后送达协助执行通知书的人民法院办理轮候查封登记。

轮候查封登记的顺序按照人民法院协助执行通知书送达不动产登记机构的时间先后进行排列。

第九十二条 查封期间,人民法院解除查封的,不动产登记机构应当及时根据人民法院协助执行通知书注销查封登记。

不动产查封期限届满,人民法院未续封的,查封登记失效。

第九十三条 人民检察院等其他国家有权机关依法要求不动产登记机构办理查封登记的,参照本节规定办理。

第六章 不动产登记资料的查询、保护和利用

第九十四条 不动产登记资料包括:

(一)不动产登记簿等不动产登记结果;

(二)不动产登记原始资料,包括不动产登记申请书、申请人身份材料、不动产权属来源、登记原因、不动产权籍调查成果等材料以及不动产登记机构审核材料。

不动产登记资料由不动产登记机构管理。不动产登记机构应当建立不动产登记资料管理制度以及信息安全保密制度,建设符合不动产登记资料安全保护标准的不动产登记资料存放场所。

不动产登记资料中属于归档范围的,按照相关法律、行政法规的规定进行归档管理,具体办法由自然资源部会同国家档案主管部门另行制定。

第九十五条 不动产登记机构应当加强不动产登记信息化建设,按照统一的不动产登记信息管理基础平台建设要求和技术标准,做好数据整合、系统建设和信息服务等工作,加强不动产登记信息产品开发和技术创新,提高不动产登记的社会综合效益。

各级不动产登记机构应当采取措施保障不动产登记信息安全。任何单位和个人不得泄露不动产登记信息。

第九十六条 不动产登记机构、不动产交易机构建立不动产登记信息与交易信息互联共享机制,确保不动产登记与交易有序衔接。

不动产交易机构应当将不动产交易信息及时提供给不动产登记机构。不动产登记机构完成登记后,应当将登记信息及时提供给不动产交易机构。

第九十七条 国家实行不动产登记资料依法查询制度。

权利人、利害关系人按照《条例》第二十七条规定依法查询、复制不动产登记资料的,应当到具体办理不动产登记的不动产登记机构申请。

权利人可以查询、复制其不动产登记资料。

因不动产交易、继承、诉讼等涉及的利害关系人可以查询、复制不动产自然状况、权利人及其不动产查封、抵押、预告登记、异议登记等状况。

人民法院、人民检察院、国家安全机关、监察机关等可以依法查询、复制与调查和处理事项有关的不动产登记资料。

其他有关国家机关执行公务依法查询、复制不动产登记资料的,依照本条规定办理。

涉及国家秘密的不动产登记资料的查询,按照保守国家秘密法的有关规定执行。

第九十八条 权利人、利害关系人申请查询、复制不动产登记资料应当提交下列材料:

(一)查询申请书;

(二)查询目的的说明;

(三)申请人的身份材料;

(四)利害关系人查询的,提交证实存在利害关系的材料。

权利人、利害关系人委托他人代为查询的,还应当提交代理人的身份证明材料、授权委托书。权利人查询其不动产登记资料无需提供查询目的的说明。

有关国家机关查询的,应当提供本单位出具的协助查询材料、工作人员的工作证。

第九十九条 有下列情形之一的,不动产登记机构不予查询,并书面告知理由:

(一)申请查询的不动产不属于不动产登记机构管辖范围的;

(二)查询人提交的申请材料不符合规定的;

(三)申请查询的主体或者查询事项不符合规定的;

(四)申请查询的目的不合法的;

(五)法律、行政法规规定的其他情形。

第一百条 对符合本实施细则规定的查询申请,不动产登记机构应当当场提供查询;因情况特殊,不能当场提供查询的,应当在5个工作日内提供查询。

第一百零一条 查询人查询不动产登记资料,应当在不动产登记机构设定的场所进行。

不动产登记原始资料不得带离设定的场所。

查询人在查询时应当保持不动产登记资料的

完好,严禁遗失、拆散、调换、抽取、污损登记资料,也不得损坏查询设备。

第一百零二条 查询人可以查阅、抄录不动产登记资料。查询人要求复制不动产登记资料的,不动产登记机构应当提供复制。

查询人要求出具查询结果证明的,不动产登记机构应当出具查询结果证明。查询结果证明应注明查询目的及日期,并加盖不动产登记机构查询专用章。

第七章 法律责任

第一百零三条 不动产登记机构工作人员违反本实施细则规定,有下列行为之一,依法给予处分;构成犯罪的,依法追究刑事责任:

(一)对符合登记条件的登记申请不予登记,对不符合登记条件的登记申请予以登记;

(二)擅自复制、篡改、毁损、伪造不动产登记簿;

(三)泄露不动产登记资料、登记信息;

(四)无正当理由拒绝申请人查询、复制登记资料;

(五)强制要求权利人更换新的权属证书。

第一百零四条 当事人违反本实施细则规定,有下列行为之一,构成违反治安管理行为的,依法给予治安管理处罚;给他人造成损失的,依法承担赔偿责任;构成犯罪的,依法追究刑事责任:

(一)采用提供虚假材料等欺骗手段申请登记;

(二)采用欺骗手段申请查询、复制登记资料;

(三)违反国家规定,泄露不动产登记资料、登记信息;

(四)查询人遗失、拆散、调换、抽取、污损登记资料的;

(五)擅自将不动产登记资料带离查询场所、损坏查询设备的。

第八章 附 则

第一百零五条 本实施细则施行前,依法核发的各类不动产权属证书继续有效。不动产权利未发生变更、转移的,不动产登记机构不得强制要求不动产权利人更换不动产权属证书。

不动产登记过渡期内,农业部会同自然资源部等部门负责指导农村土地承包经营权的统一登记工作,按照农业部有关规定办理耕地的土地承包经营权登记。不动产登记过渡期后,由自然资源部负责指导农村土地承包经营权登记工作。

第一百零六条 不动产信托依法需要登记的,由自然资源部会同有关部门另行规定。

第一百零七条 军队不动产登记,其申请材料经军队不动产主管部门审核后,按照本实施细则规定办理。

第一百零八条 自然资源部委托北京市规划和自然资源委员会直接办理在京中央国家机关的不动产登记。

在京中央国家机关申请不动产登记时,应当提交《不动产登记暂行条例》及本实施细则规定的材料和有关机关事务管理局出具的不动产审核意见。不动产权属资料不齐全的,还应当提交由有关机关事务管理局确认盖章的不动产权属来源说明函。不动产权籍调查由有关机关事务管理局会同北京市规划和自然资源委员会组织进行的,还应当提交申请登记不动产单元的不动产权籍调查资料。

北京市规划和自然资源委员会办理在京中央国家机关不动产登记时,应当使用自然资源部制发的"自然资源部不动产登记专用章"。

第一百零九条 本实施细则自公布之日起施行。

不动产登记操作规范(试行)

- 2021年6月7日
- 自然资函〔2021〕242号

总 则

1 一般规定

1.1 总体要求

1.1.1 为规范不动产登记行为,保护不动产权利人合法权益,根据《不动产登记暂行条例》(简称《条例》)《不动产登记暂行条例实施细则》(简称《实施细则》),制定本规范。

1.1.2 不动产登记机构应严格贯彻落实《民法典》《条例》以及《实施细则》的规定,依法确定申请人申请登记所需材料的种类和范围,并将所需材料目录在不动产登记机构办公场所和门户网站公布。不动产登记机构不得随意扩大登记申请材料的种类和范围,法律、行政法规以及《实施细则》没有规定的材料,不得作为登记申请材料。

1.1.3 申请人的申请材料应当依法提供原件,不动产登记机构可以依据实时互通共享取得的信息,对申请材料进行核对。能够通过部门间实时共享取得相关材料原件的,不得要求申请人重复提交。

1.1.4 不动产登记机构应严格按照法律、行政法规要求,规范不动产登记申请、受理、审核、登簿、发证等环节,严禁随意拆分登记职责,确保不动产登记流程和登记职责的完整性。

没有法律、行政法规以及《实施细则》依据而设置的前置条件,不动产登记机构不得将其纳入不动产登记的业务流程。

1.1.5 土地承包经营权登记、国有农用地使用权登记和森林、林木所有权登记,按照《条例》《实施细则》的有关规定办理。

1.2 登记原则

1.2.1 依申请登记原则

不动产登记应当依照当事人的申请进行,但下列情形除外:

1 不动产登记机构依据人民法院、人民检察院等国家有权机关依法作出的嘱托文件直接办理登记的;

2 不动产登记机构依据法律、行政法规或者《实施细则》的规定依职权直接登记的。

1.2.2 一体登记原则

房屋等建筑物、构筑物所有权和森林、林木等定着物所有权登记应当与其所附着的土地、海域一并登记,保持权利主体一致。

土地使用权、海域使用权首次登记、转移登记、抵押登记、查封登记的,该土地、海域范围内符合登记条件的房屋等建筑物、构筑物所有权和森林、林木等定着物所有权应当一并登记。

房屋等建筑物、构筑物所有权和森林、林木等定着物所有权首次登记、转移登记、抵押登记、查封登记的,该房屋等建筑物、构筑物和森林、林木等定着物占用范围内的土地使用权、海域使用权应当一并登记。

1.2.3 连续登记原则

未办理不动产首次登记的,不得办理不动产其他类型登记,但下列情形除外:

1 预购商品房预告登记、预购商品房抵押预告登记的;

2 在建建筑物抵押权登记的;

3 预查封登记的;

4 法律、行政法规规定的其他情形。

1.2.4 属地登记原则

1 不动产登记由不动产所在地的县级人民政府不动产登记机构办理,直辖市、设区的市人民政府可以确定本级不动产登记机构统一办理所属各区的不动产登记。

跨行政区域的不动产登记,由所跨行政区域的不动产登记机构分别办理。

不动产单元跨行政区域且无法分别办理的,由所跨行政区域的不动产登记机构协商办理;协商不成的,由先受理登记申请的不动产登记机构向共同的上一级人民政府不动产登记主管部门提出指定办理申请。

不动产登记机构经协商确定或者依指定办理跨行政区域不动产登记的,应当在登记完毕后将不动产登记簿记载的不动产权利人以及不动产坐落、界址、总面积、跨区域面积、用途、权利类型等登记结果书面告知不动产所跨区域的其他不动产登记机构;

2 国务院确定的重点国有林区的森林、林木和林地的登记,由自然资源部受理并会同有关部门办理,依法向权利人核发不动产权属证书。

3 国务院批准的项目用海、用岛的登记,由自然资源部受理,依法向权利人核发不动产权属证书。

4 在京中央国家机关使用的国有土地等不动产登记,依照自然资源部《在京中央和国家机关不动产登记办法》等规定办理。

1.3 不动产单元

1.3.1 不动产单元

不动产登记应当以不动产单元为基本单位进行登记。不动产单元是指权属界线封闭且具有独立使用价值的空间。独立使用价值的空间应当足以实现相应的用途,并可以独立利用。

1 没有房屋等建筑物、构筑物以及森林、林木定着物的,以土地、海域权属界线封闭的空间为不动产单元。

2 有房屋等建筑物以及森林、林木定着物的,以该房屋等建筑物以及森林、林木定着物与土地、海域权属界线封闭的空间为不动产单元。

3 有地下车库、商铺等具有独立使用价值的特定空间或者码头、油库、隧道、桥梁等构筑物的，以该特定空间或者构筑物与土地、海域权属界线封闭的空间为不动产单元。

1.3.2 不动产单元编码

不动产单元应当按照《不动产单元设定与代码编制规则》(试行)的规定进行设定与编码。不动产登记机构(自然资源主管部门)负责本辖区范围内的不动产单元代码编制、变更与管理工作，确保不动产单元编码的唯一性。

1.4 不动产权籍调查

1.4.1 不动产登记申请前，需要进行不动产权籍调查的，应当依据不动产权籍调查相关技术规定开展不动产权籍调查。不动产权籍调查包括不动产权属调查和不动产测量。

1 申请人申请不动产首次登记前，应当以宗地、宗海为基础，以不动产单元为基本单位，开展不动产权籍调查。其中，政府组织开展的集体土地所有权、宅基地使用权、集体建设用地使用权、土地承包经营权的首次登记所需的不动产权籍调查成果，由人民政府有关部门组织获取。

2 申请人申请不动产变更、转移等登记，不动产界址未发生变化的，可以沿用原不动产权籍调查成果；不动产界址发生变化，或界址无变化但未进行过权籍调查或无法提供不动产权籍调查成果的，应当补充或重新开展不动产权籍调查。

3 前期行业管理中已经产生或部分产生，并经行业主管部门或其授权机构确认的，符合不动产登记要求的不动产权籍调查成果，可继续沿用。

1.4.2 不动产登记机构(自然资源主管部门)应当加强不动产权籍调查成果确认工作，结合日常登记实时更新权籍调查数据库，确保不动产权籍调查数据的现势、有效和安全。

1.5 不动产登记簿

1.5.1 不动产登记簿介质

不动产登记簿应当采取电子介质，并具有唯一、确定的纸质转化形式。暂不具备条件的，可以采用纸质介质。

不动产登记机构应当配备专门的不动产登记电子存储设施，采取信息网络安全防护措施，保证电子数据安全，并定期进行异地备份。

1.5.2 建立不动产登记簿

不动产登记簿由不动产登记机构建立。不动产登记簿应当以宗地、宗海为单位编制，一宗地或者一宗海范围内的全部不动产编入一个不动产登记簿。宗地或宗海权属界线发生变化的，应当重新建簿，并实现与原不动产登记簿关联。

1 一个不动产单元有两个以上不动产权利或事项的，在不动产登记簿中分别按照一个权利类型或事项设置一个登记簿页；

2 一个登记簿页按登簿时间的先后依次记载该权利或事项的相关内容。

1.5.3 更正不动产登记簿

不动产登记机构应当依法对不动产登记簿进行记载、保存和重建，不得随意更改。有证据证实不动产登记簿记载的事项确实存在错误的，应当依法进行更正登记。

1.5.4 管理和保存不动产登记簿

不动产登记簿由不动产登记机构负责管理，并永久保存。

1.6 不动产权证书和不动产登记证明

1.6.1 不动产权证书和不动产登记证明的格式

不动产权证书和不动产登记证明由自然资源部统一制定样式、统一监制、统一编号规则。不动产权证书和不动产登记证明的印制、发行、管理和质量监督工作由省级自然资源主管部门负责。

不动产权证书和不动产登记证明应当一证一号，更换证书和证明应当更换号码。

有条件的地区，不动产登记机构可以采用印制二维码等防伪手段。

1.6.2 不动产权证书的版式

不动产权证书分单一版和集成版两个版式。不动产登记原则上按一个不动产单元核发一本不动产权证书，采用单一版版本。农村集体经济组织拥有多个建设用地使用权或一户拥有多个土地承包经营权的，可以将其集中记载在一本集成版的不动产权证书，一本证书可以记载一个权利人在同一登记辖区内享有的多个不动产单元上的不动产权利。

1.6.3 不动产权证书和不动产登记证明的换发、补发、注销

不动产权证书和不动产登记证明换发、补发、注销的，原证号废止。换发、补发的新不动产权证书或不动产登记证明应当更换号码，并在不动

权证书或者不动产登记证明上注明"换发""补发"字样。

不动产权证书或者不动产登记证明破损、污损、填制错误的，当事人可以向不动产登记机构申请换发。符合换发条件的，不动产登记机构应当收回并注销原不动产权证书或者不动产登记证明，并将有关事项记载于不动产登记簿后，向申请人换发新的不动产权证书或者不动产登记证明，并注明"换发"字样。

不动产权证书或者不动产登记证明遗失、灭失，不动产权利人申请补发的，由不动产登记机构在其门户网站上刊发不动产权利人的遗失、灭失声明，15个工作日后，打印一份遗失、灭失声明页面存档，并将有关事项记载于不动产登记簿，向申请人补发新的不动产权证书或者不动产登记证明，并注明"补发"字样。

不动产被查封、抵押或存在异议登记、预告登记的，不影响不动产权证书和不动产登记证明的换发或补发。

1.6.4　不动产权证书和不动产登记证明的生效

不动产权证书和不动产登记证明应当按照不动产登记簿缮写，在加盖不动产登记机构不动产登记专用章后生效。

1.6.5　不动产权证书和不动产登记证明的管理

不动产登记机构应当加强对不动产权证书和不动产登记证明的管理，建立不动产权证书和不动产登记证明管理台账，采取有效措施防止空白、作废的不动产权证书和不动产登记证明外流、遗失。

1.7　登记的一般程序

1.7.1　依申请登记程序

依申请的不动产登记应当按下列程序进行：

（一）申请；

（二）受理；

（三）审核；

（四）登簿。

不动产登记机构完成登记后，应当依据法律、行政法规规定向申请人发放不动产权证书或者不动产登记证明。

1.7.2　依嘱托登记程序

依据人民法院、人民检察院等国家有权机关出具的相关嘱托文件办理不动产登记的，按下列程序进行：

（一）嘱托；

（二）接受嘱托；

（三）审核；

（四）登簿。

1.7.3　依职权登记程序

不动产登记机构依职权办理不动产登记事项的，按下列程序进行：

（一）启动；

（二）审核；

（三）登簿。

1.8　登记申请材料的一般要求

1.8.1　申请材料应当齐全，符合要求，申请人应当对申请材料的真实性负责，并做出书面承诺。

1.8.2　申请材料格式

1.8.2.1　申请材料应当提供原件。因特殊情况不能提供原件的，可以提交该材料的出具机构或职权继受机构确认与原件一致的复印件。

不动产登记机构留存复印件的，应经不动产登记机构工作人员比对后，由不动产登记机构工作人员签字并加盖原件相符章。

1.8.2.2　申请材料形式应当为纸质介质，申请书纸张和尺寸宜符合下列规定：

1　采用韧性大、耐久性强、可长期保存的纸质介质；

2　幅面尺寸为国际标准297mm×210mm（A4纸）。

1.8.2.3　填写申请材料应使用黑色钢笔或签字笔，不得使用圆珠笔、铅笔。因申请人填写错误确需涂改的，需由申请人在涂改处签字（或盖章）确认。

1.8.2.4　申请材料所使用文字应符合下列规定：

1　申请材料应使用汉字文本。少数民族自治区域内，可选用本民族或本自治区域内通用文字；

2　少数民族文字文本的申请材料在非少数民族聚居或者多民族共同居住地区使用，应同时附汉字文本；

3　外文文本的申请材料应当翻译成汉字译本，当事人应签字确认，并对汉字译本的真实性负责。

1.8.2.5 申请材料中的申请人（代理人）姓名或名称应符合下列规定：

1 申请人（代理人）应使用身份证明材料上的汉字姓名或名称。

2 当使用汉字译名时，应在申请材料中附记其身份证明记载的姓名或名称。

1.8.2.6 申请材料中涉及数量、日期、编号的，宜使用阿拉伯数字。涉及数量有计量单位的，应当填写与计量单位口径一致的数值。

1.8.2.7 当申请材料超过一页时，应按1、2、3……顺序排序，并宜在每页标注页码。

1.8.2.8 申请材料传递过程中，可将其合于左上角封牢。补充申请材料应按同种方式另行排序封卷，不得拆开此前已封卷的资料直接添加。

1.8.3 不动产登记申请书

1.8.3.1 申请人申请不动产登记，应当如实、准确填写不动产登记机构制定的不动产登记申请书。申请人为自然人的，申请人应当在不动产登记申请书上签字；申请人为法人或非法人组织的，申请人应当在不动产登记申请书上盖章。自然人委托他人申请不动产登记的，代理人应在不动产登记申请书上签字；法人或非法人组织委托他人申请不动产登记的，代理人应在不动产登记申请书上签字，并加盖法人或非法人组织的公章。

1.8.3.2 共有的不动产，申请人应当在不动产登记申请书中注明共有性质。按份共有不动产的，应明确相应具体份额，共有份额宜采取分数或百分数表示。

1.8.3.3 申请不动产登记的，申请人或者其代理人应当向不动产登记机构提供有效的联系方式。申请人或者其代理人的联系方式发生变动的，应当书面告知不动产登记机构。

1.8.4 身份证明材料

1.8.4.1 申请人申请不动产登记，提交下列相应的身份证明材料：

1 境内自然人：提交居民身份证或军官证、士官证；身份证遗失的，应提交临时身份证。未成年人可以提交居民身份证或户口簿；

2 香港、澳门特别行政区自然人：提交香港、澳门特别行政区居民身份证、护照，或者来往内地通行证；

3 台湾地区自然人：提交台湾居民来往大陆通行证；

4 华侨：提交中华人民共和国护照和国外长期居留身份证件；

5 外籍自然人：中国政府主管机关签发的居留证件，或者其所在国护照；

6 境内法人或非法人组织：营业执照，或者组织机构代码证，或者其他身份登记证明；

7 香港特别行政区、澳门特别行政区、台湾地区的法人或非法人组织：提交其在境内设立分支机构或代表机构的批准文件和注册证明；

8 境外法人或非法人组织：提交其在境内设立分支机构或代表机构的批准文件和注册证明。

1.8.4.2 已经登记的不动产，因其权利人的名称、身份证明类型或者身份证明号码等内容发生变更的，申请人申请办理该不动产的登记事项时，应当提供能够证实其身份变更的材料。

1.8.5 法律文书

申请人提交的人民法院裁判文书、仲裁委员会裁决书应当为已生效的法律文书。提交一审人民法院裁判文书的，应当同时提交人民法院出具的裁判文书已经生效的证明文件等相关材料，即时生效的裁定书、经双方当事人签字的调解书除外。

香港特别行政区、澳门特别行政区、台湾地区形成的司法文书，应经境内不动产所在地中级人民法院裁定予以承认或执行。香港特别行政区形成的具有债权款项支付的民商事案件除外。

外国司法文书应经境内不动产所在地中级人民法院按国际司法协助的方式裁定予以承认或执行。

需要协助执行的生效法律文书应当由该法律文书作出机关的工作人员送达，送达时应当提供工作证件和执行公务的证明文件。人民法院直接送达法律文书有困难的，可以委托其他法院代为送达。

香港特别行政区、澳门特别行政区、台湾地区的公证文书以及与我国有外交关系的国家出具的公证文书按照司法部等国家有关规定进行认证与转递。

1.8.6 继承、受遗赠的不动产登记

因继承、受遗赠取得不动产申请登记的，申请人提交经公证的材料或者生效的法律文书的，按

《条例》《实施细则》的相关规定办理登记。申请人不提交经公证的材料或者生效的法律文书，可以按照下列程序办理：

1.8.6.1 申请人提交的申请材料包括：

1 所有继承人或受遗赠人的身份证、户口簿或其他身份证明；

2 被继承人或遗赠人的死亡证明，包括医疗机构出具的死亡证明；公安机关出具的死亡证明或者注明了死亡日期的注销户口证明；人民法院宣告死亡的判决书；其他能够证明被继承人或受遗赠人死亡的材料等；

3 所有继承人或受遗赠人与被继承人或遗赠人之间的亲属关系证明，包括户口簿、婚姻证明、收养证明、出生医学证明，公安机关以及村委会、居委会、被继承人或继承人单位出具的证明材料，其他能够证明相关亲属关系的材料等；

4 放弃继承的，应当在不动产登记机构办公场所，在不动产登记机构人员的见证下，签署放弃继承权的声明；

5 继承人已死亡的，代位继承人或转继承人可参照上述材料提供；

6 被继承人或遗赠人享有不动产权利的材料；

7 被继承人或遗赠人生前有遗嘱或者遗赠扶养协议的，提交其全部遗嘱或遗赠扶养协议；

8 被继承人或遗赠人生前与配偶有夫妻财产约定的，提交书面约定协议。

受理登记前应由全部法定继承人或受遗赠人共同到不动产所在地的不动产登记机构进行继承材料查验。不动产登记机构应重点查验当事人的身份是否属实、当事人与被继承人或遗赠人的亲属关系是否属实、被继承人或遗赠人有无其他继承人、被继承人或遗赠人和已经死亡的继承人或受遗赠人的死亡事实是否属实、被继承人或遗赠人生前有无遗嘱或遗赠扶养协议、申请继承的遗产是否属于被继承人或遗赠人个人所有等，并要求申请人签署继承（受遗赠）不动产登记具结书。不动产登记机构可以就继承人或受遗赠人是否齐全、是否愿意接受或放弃继承、就不动产继承协议或遗嘱内容及真实性是否有异议、所提交的资料是否真实等内容进行询问，并做好记录，由全部相关人员签字确认。

经查验或询问，符合本规范3.5.1规定的受理条件的，不动产登记机构应当予以受理。

受理后，不动产登记机构应按照本规范第4章的审核规则进行审核。认为需要进一步核实情况的，可以发函给出具证明材料的单位、被继承人或遗赠人原所在单位或居住地的村委会、居委会核实相关情况。

对拟登记的不动产登记事项在不动产登记机构门户网站进行公示，公示期不少于15个工作日。公示期满无异议的，将申请登记事项记载于不动产登记簿。

1.9 代理

1.9.1 受托人代为申请

申请人委托代理人申请不动产登记的，代理人应当向不动产登记机构提交申请人身份证明、授权委托书及代理人的身份证明。授权委托书中应当载明代理人的姓名或者名称、代理事项、权限和期间，并由委托人签名或者盖章。

1 自然人处分不动产的，可以提交经公证的授权委托书；授权委托书未经公证的，申请人应当在申请登记时，与代理人共同到不动产登记机构现场签订授权委托书；

2 境外申请人处分不动产的，其授权委托书应当经公证或者认证；

3 代理人为两人或者两人以上，代为处分不动产的，全部代理人应当共同代为申请，但另有授权的除外。

1.9.2 监护人代为申请

无民事行为能力人、限制民事行为能力人申请不动产登记的，应当由其监护人代为申请。监护人应当向不动产登记机构提交申请人身份证明、监护关系证明及监护人的身份证明，以及被监护人为无民事行为能力人、限制民事行为能力人的证明材料。处分被监护人不动产申请登记的，还应当出具为被监护人利益而处分不动产的书面保证。

监护关系证明材料可以是户口簿、监护关系公证书、出生医学证明，或者民政部门、居民委员会、村民委员会或人民法院指定监护人的证明材料，或者遗嘱指定监护、协议确定监护、意定监护的材料。父母之外的监护人处分未成年人不动产的，有关监护关系材料可以是人民法院指定监护的法律文书、监护人对被监护人享有监护权的公证材料或者其他材料。

1.10 其他

1.10.1 一并申请

符合以下情形之一的,申请人可以一并申请。申请人一并申请的,不动产登记机构应当一并受理,就不同的登记事项依次分别记载于不动产登记簿的相应簿页。

1 预购商品房预告登记与预购商品房抵押预告登记;

2 预购商品房预告登记转房屋所有权登记与预购商品房抵押预告登记转抵押权登记;

3 建筑物所有权首次登记与在建建筑物抵押权登记转建筑物抵押登记;

4 不动产变更登记导致抵押权变更的,不动产变更登记与抵押权变更登记;

5 不动产变更、转移登记致使地役权变更、转移的,不动产变更登记、转移登记与地役权变更、转移登记;

6 不动产坐落位置等自然状况发生变化的,可以与前述情形发生后申请办理的登记一并办理;

7 本规范规定以及不动产登记机构认为可以合并办理的其他情形。

已办理首次登记的不动产,申请人因继承、受遗赠,或者人民法院、仲裁委员会的生效法律文书取得该不动产但尚未办理转移登记,又因继承、受遗赠,或者人民法院、仲裁委员会的生效法律文书导致不动产权利转移的,不动产登记机构办理后续登记时,应当将之前转移登记的事实在不动产登记簿的附记栏中记载。

1.10.2 撤回申请

申请登记事项在记载于不动产登记簿之前,全体登记申请人可共同申请撤回登记申请;部分登记申请人申请撤回登记申请的,不动产登记机构不予受理。

1.10.2.1 申请人申请撤回登记申请,应当向不动产登记机构提交下列材料:

1 不动产登记申请书;

2 申请人身份证明;

3 原登记申请受理凭证。

不动产登记机构应当在收到撤回申请时查阅不动产登记簿,当事人申请撤回的登记事项已经在不动产登记簿记载的,不予撤回;未在不动产登记簿上记载的,应当准予撤回,原登记申请材料在作出准予撤回的3个工作日内通知当事人取回申请材料。

1.10.3 申请材料退回

1 不动产登记机构准予撤回登记申请的,申请人应及时取回原登记申请材料,取回材料的清单应当由申请人签字确认。撤回登记申请的材料、取回材料的清单应一并归档保留。

2 不动产登记机构决定不予登记的,不动产登记机构应当制作不予登记告知书、退回登记申请材料清单,由申请人签字确认后,将登记申请材料退还申请人。不动产登记机构应当留存申请材料复印件、退回登记申请材料清单、相关告知书的签收文件。

申请人应当自接到不予登记书面告知之日起30个工作日内取回申请材料。取回申请材料自申请人收到上述书面告知之日起,最长不得超过6个月。在取回申请材料期限内,不动产登记机构应当妥善保管该申请材料;逾期不取回的,不动产登记机构不负保管义务。

1.10.4 不动产登记机构内部管理机制

不动产登记机构应当建立与不动产登记风险相适宜的内部管理机制。

1.10.4.1 不动产登记机构应当依据登记程序和管理需要合理设置登记岗位。

1 不动产登记的审核、登簿应当由与其岗位相适应的不动产登记工作人员负责。

2 不动产登记机构宜建立不动产登记风险管理制度,设置登记质量管理岗位负责登记质量检查、监督和登记风险评估、控制工作。

不动产登记机构可以建立不动产登记会审制度,会审管辖范围内的不动产登记重大疑难事项。

不动产登记机构宜根据相关业务规则,通过信息化手段对相互冲突的业务进行限制或者提醒,以降低登记风险。

不动产登记机构宜通过以下方式对登记业务中发现的已失效的查封登记和异议登记进行有效管理:采用电子登记簿的,查封登记或者异议登记失效后,宜在信息系统中及时解除相应的控制或者提醒,注明相应的法律依据;采用纸质登记簿的,查封登记或者异议登记失效后,宜在不动产登记簿附记中注明相应的法律依据。

2 申请

2.1.1 申请是指申请人根据不同的申请登

记事项,向不动产登记机构提交登记申请材料办理不动产登记的行为。

2.1.2 单方申请

属于下列情形之一的,可以由当事人单方申请:

1 尚未登记的不动产申请首次登记的;

2 继承、受遗赠取得不动产权利的;

3 人民法院、仲裁委员会生效的法律文书或者人民政府生效的决定等设立、变更、转让、消灭不动产权利的;

4 下列不涉及不动产权利归属的变更登记:

(1)不动产权利人姓名、名称、身份证明类型或者身份证明号码发生变更的;

(2)不动产坐落、界址、用途、面积等状况发生变化的;

(3)同一权利人分割或者合并不动产的;

(4)土地、海域使用权期限变更的。

5 不动产灭失、不动产权利消灭或者权利人放弃不动产权利,权利人申请注销登记的;

6 异议登记;

7 更正登记;

8 预售人未按约定与预购人申请预购商品房预告登记,预购人申请预告登记的;

9 法律、行政法规规定的其他情形。

2.1.3 共同申请

共有不动产的登记,应当由全体共有人共同申请。

按份共有人转让、抵押其享有的不动产份额,应当与受让人或者抵押权人共同申请。受让人是共有人以外的人的,还应当提交其他共有人同意的书面材料。

属于下列情形之一的,可以由部分共有人申请:

1 处分按份共有的不动产,可以由占份额三分之二以上的按份共有人共同申请,但不动产登记簿记载共有人另有约定的除外;

2 共有的不动产因共有人姓名、名称发生变化申请变更登记的,可以由姓名、名称发生变化的权利人申请;

3 不动产的坐落、界址、用途、面积等自然状况发生变化的,可以由共有人中的一人或多人申请。

2.1.4 业主共有的不动产

建筑区划内依法属于业主共有的道路、绿地、其他公共场所、公用设施和物业服务用房及其占用范围内的建设用地使用权,在办理国有建设用地使用权及房屋所有权首次登记时由登记申请人一并申请登记为业主共有。

2.1.5 到场申请

申请不动产登记,申请人本人或者其代理人应当到不动产登记机构办公场所提交申请材料并接受不动产登记机构工作人员的询问。

具备技术条件的不动产登记机构,应当留存当事人到场申请的照片;具备条件的,也可以按照当事人申请留存当事人指纹或设定密码。

3 受理

受理是指不动产登记机构依法查验申请主体、申请材料,询问登记事项、录入相关信息、出具受理结果等工作的过程。

3.1 查验登记范围

不动产登记机构应查验申请登记的不动产是否属于本不动产登记机构的管辖范围;不动产权利是否属于《条例》《实施细则》规定的不动产权利;申请登记的类型是否属于《条例》《实施细则》规定的登记类型。

3.2 查验申请主体

3.2.1 不动产登记机构应当查验申请事项应当由双方共同申请还是可以单方申请,应当由全体共有人申请还是可以由部分共有人申请。

3.2.2 查验身份证明

申请人与其提交的身份证明指向的主体是否一致:

1 通过身份证识别器查验身份证是否真实;

2 护照、港澳通行证、台湾居民来往大陆通行证等其他身份证明类型是否符合要求;

3 非自然人申请材料上的名称、印章是否与身份证明材料上的名称、印章一致。

3.2.3 查验申请材料形式

3.2.3.1 不动产登记机构应当查验申请人的身份证明材料规格是否符合本规范第1.7节的要求;

3.2.3.2 自然人处分不动产,委托代理人代为申请登记,其授权委托书未经公证的,不动产登记机构工作人员应当按下列要求进行见证:

1 授权委托书的内容是否明确,本登记事项是否在其委托范围内;

2 按本规范3.2.2的要求核验当事人双方的身份证明；

3 由委托人在授权委托书上签字；

4 不动产登记机构工作人员在授权委托书上签字见证。

具备技术条件的不动产登记机构应当留存见证过程的照片。

3.3 查验书面申请材料

3.3.1 查验申请材料是否齐全

不动产登记机构应当查验当事人提交的申请材料是否齐全，相互之间是否一致；不齐全或不一致的，应当要求申请人进一步提交材料。

3.3.2 查验申请材料是否符合法定形式

不动产登记机构应当查验申请人的其他申请材料规格是否符合本规范第1.8节的要求；有关材料是否由有权部门出具，是否在规定的有效期限内，签字和盖章是否符合规定。

不动产登记机构应当查验不动产权证书或者不动产登记证明是否真实、有效。对提交伪造、变造、无效的不动产权证书或不动产登记证明的，不动产登记机构应当依法予以收缴。属于伪造、变造的，不动产登记机构还应及时通知公安部门。

3.3.3 申请材料确认

申请人应当采取下列方式对不动产登记申请书、询问记录及有关申请材料进行确认：

1 自然人签名或摁留指纹。无民事行为能力人或者限制民事行为能力人由监护人签名或摁留指纹；没有听写能力的，摁留指纹确认。

2 法人或者非法人组织加盖法人或者非法人组织的印章。

3.4 询问

3.4.1 询问内容

不动产登记机构工作人员应根据不同的申请登记事项询问申请人以下内容，并制作询问记录，以进一步了解有关情况：

1 申请登记的事项是否是申请人的真实意思表示；

2 申请登记的不动产是否存在共有人；

3 存在异议登记的，申请人是否知悉存在异议登记的情况；

4 不动产登记机构需要了解的其他与登记有关的内容。

3.4.2 询问记录

询问记录应当由询问人、被询问人签名确认。

1 因处分不动产申请登记且存在异议登记的，受让方应当签署已知悉存在异议登记并自行承担风险的书面承诺；

2 不动产登记机构应当核对询问记录与申请人提交的申请登记材料、申请登记事项之间是否一致。

3.5 受理结果

3.5.1 受理条件

经查验或询问，符合下列条件的，不动产登记机构应当予以受理：

1 申请登记事项在本不动产登记机构的登记职责范围内；

2 申请材料形式符合要求；

3 申请人与依法应当提交的申请材料记载的主体一致；

4 申请登记的不动产权利与登记原因文件记载的不动产权利一致；

5 申请内容与询问记录不冲突；

6 法律、行政法规等规定的其他条件。

不动产登记机构对不符合受理条件的，应当场书面告知不予受理的理由，并将申请材料退回申请人。

3.5.2 受理凭证

不动产登记机构予以受理的，应当即时制作受理凭证，并交予申请人作为领取不动产权证书或不动产登记证明的凭证。受理凭证上记载的日期为登记申请受理日。

不符合受理条件的，不动产登记机构应当当场向申请人出具不予受理告知书。告知书一式二份，一份交申请人，一份由不动产登记机构留存。

3.5.3 材料补正

申请人提交的申请材料不齐全或者不符合法定形式的，不动产登记机构应当当场书面告知申请人不予受理并一次性告知需要补正的全部内容。告知书一式二份，经申请人签字确认后一份交当事人，一份由不动产登记机构留存。

4 审核

4.1 适用

审核是指不动产登记机构受理申请人的申请后，根据申请登记事项，按照有关法律、行政法规对申请事项及申请材料做进一步审查，并决定是否予以登记的过程。

不动产登记机构应进一步审核上述受理环节是否按照本规范的要求对相关事项进行了查验、询问等。对于在登记审核中发现需要进一步补充材料的，不动产登记机构应当要求申请人补全材料，补全材料所需时间不计算在登记办理期限内。

4.2 书面材料审核

4.2.1 进一步审核申请材料，必要时应当要求申请人进一步提交佐证材料或向有关部门核查有关情况。

1 申请人提交的人民法院、仲裁委员会的法律文书，具备条件的，不动产登记机构可以通过相关技术手段查验法律文书编号、人民法院以及仲裁委员会的名称等是否一致，查询结果需打印、签字及存档；不一致或无法核查的，可进一步向出具法律文书的人民法院或者仲裁委员会进行核实或要求申请人提交其他具有法定证明力的文件。

2 对已实现信息共享的其他申请材料，不动产登记机构可根据共享信息对申请材料进行核验；尚未实现信息共享的，应当审核其内容和形式是否符合要求。必要时，可进一步向相关机关或机构进行核实，或要求申请人提交其他具有法定证明力的文件。

4.2.2 法律、行政法规规定的完税或者缴费凭证是否齐全。对已实现信息共享的，不动产登记机构应当通过相关方式对完税或者缴费凭证进行核验。必要时，可进一步向税务机关或者出具缴费凭证的相关机关进行核实，或者要求申请人提交其他具有法定证明力的文件。

4.2.3 不动产登记机构应当查验不动产界址、空间界限、面积等不动产权籍调查成果是否完备，权属是否清楚、界址是否清晰、面积是否准确。

4.2.4 不动产存在异议登记或者设有抵押权、地役权或被查封的，因权利人姓名或名称、身份证明类型及号码、不动产坐落发生变化而申请的变更登记，可以办理。因通过协议改变不动产的面积、用途、权利期限等内容申请变更登记，对抵押权人、地役权人产生不利影响的，应当出具抵押权人、地役权人同意变更的书面材料。

4.3 查阅不动产登记簿

除尚未登记的不动产首次申请登记的，不动产登记机构应当通过查阅不动产登记簿的记载信息，审核申请登记事项与不动产登记簿记载的内容是否一致。

1 申请人与不动产登记簿记载的权利人是否一致；

2 申请人提交的登记原因文件与登记事项是否一致；

3 申请人申请登记的不动产与不动产登记簿的记载是否一致；

4 申请登记事项与不动产登记簿记载的内容是否一致；

5 不动产是否存在抵押、异议登记、预告登记、预查封、查封等情形。

不动产登记簿采用电子介质的，查阅不动产登记簿时以已经形成的电子登记簿为依据。

4.4 查阅登记原始资料

经查阅不动产登记簿，不动产登记机构认为仍然需要查阅原始资料确认申请登记事项的，应当查阅不动产登记原始资料，并决定是否予以继续办理。

4.5 实地查看

4.5.1 适用情形和查看内容

属于下列情形之一的，不动产登记机构可以对申请登记的不动产进行实地查看：

1 房屋等建筑物、构筑物所有权首次登记，查看房屋坐落及其建造完成等情况；

2 在建建筑物抵押权登记，查看抵押的在建建筑物坐落及其建造等情况；

3 因不动产灭失申请的注销登记，查看不动产灭失等情况；

4 不动产登记机构认为需要实地查看的其他情形。

4.5.2 查看要求

实地查看应由不动产登记机构工作人员参加，查看人员应对查看对象拍照，填写实地查看记录。现场照片及查看记录应归档。

4.6 调查

对可能存在权属争议，或者可能涉及他人利害关系的登记申请，不动产登记机构可以向申请人、利害关系人或者有关单位进行调查。不动产登记机构进行调查时，申请人、被调查人应当予以配合。

4.7 公告

4.7.1 不动产首次登记公告

除涉及国家秘密外，政府组织的集体土地所有权登记，以及宅基地使用权及房屋所有权、集体建设用地使用权及建筑物、构筑物所有权,土地承包经营权等不动产权利的首次登记,不动产登记机构应当在记载于不动产登记簿前进行公告。公告主要内容包括:申请人的姓名或者名称;不动产坐落、面积、用途、权利类型等;提出异议的期限、方式和受理机构;需要公告的其他事项。

不动产首次登记公告由不动产登记机构在其门户网站以及不动产所在地等指定场所进行,公告期不少于15个工作日。

公告期满无异议的,不动产登记机构应当将登记事项及时记载于不动产登记簿。公告期间,当事人对公告有异议的,应当在提出异议的期限内以书面方式到不动产登记机构的办公场所提出异议,并提供相关材料,不动产登记机构应当按下列程序处理:

(一)根据现有材料异议不成立的,不动产登记机构应当将登记事项及时记载于不动产登记簿。

(二)异议人有明确的权利主张,提供了相应的证据材料,不动产登记机构应当不予登记,并告知当事人通过诉讼、仲裁等解决权属争议。

4.7.2　依职权登记公告

不动产登记机构依职权办理登记的,不动产登记机构应当在记载于不动产登记簿前在其门户网站以及不动产所在地等指定场所进行公告,公告期不少于15个工作日。公告期满无异议或者异议不成立的,不动产登记机构应当将登记事项及时记载于不动产登记簿。

4.7.3　不动产权证书或者不动产登记证明作废公告

因不动产权利灭失等情形,无法收回不动产权证书或者不动产登记证明的,在登记完成后,不动产登记机构应当在其门户网站或者当地公开发行的报刊上公告作废。

4.8　审核结果

4.8.1　审核后,审核人员应当做出予以登记或不予登记的明确意见。

4.8.2　经审核,符合登记条件的,不动产登记机构应当予以登记。有下列情形之一的,不动产登记机构不予登记并书面通知申请人:

1　申请人未按照不动产登记机构要求进一步补充材料的;

2　申请人、委托代理人身份证明材料以及授权委托书与申请人不一致的;

3　申请登记的不动产不符合不动产单元设定条件的;

4　申请登记的事项与权属来源材料或者登记原因文件不一致的;

5　申请登记的事项与不动产登记簿的记载相冲突的;

6　不动产存在权属争议的,但申请异议登记除外;

7　未依法缴纳土地出让价款、土地租金、海域使用金或者相关税费的;

8　申请登记的不动产权利超过规定期限的;

9　不动产被依法查封期间,权利人处分该不动产申请登记的;

10　未经预告登记权利人书面同意,当事人处分该不动产申请登记的;

11　法律、行政法规规定的其他情形。

5　登簿

5.1.1　经审核符合登记条件的,应当将申请登记事项记载于不动产登记簿。

1　记载于不动产登记簿的时点应当按下列方式确定:使用电子登记簿的,以登簿人员将登记事项在不动产登记簿上记载完成之时为准;使用纸质登记簿的,应当以登簿人员将登记事项在不动产登记簿上记载完毕并签名(章)之时为准;

2　不动产登记簿已建册的,登簿完成后应当归册。

5.1.2　不动产登记机构合并受理的,应将合并受理的登记事项依次分别记载于不动产登记簿的相应簿页。

6　核发不动产权证书或者不动产登记证明

6.1.1　登记事项记载于不动产登记簿后,不动产登记机构应当根据不动产登记簿,如实、准确填写并核发不动产权证书或者不动产登记证明,属本规范第6.1.2条规定情形的除外。

1　集体土地所有权,房屋等建筑物、构筑物所有权,森林、林木所有权,土地承包经营权,建设用地使用权,宅基地使用权,海域使用权等不动产权利登记,核发不动产权证书;

2　抵押权登记、地役权登记和预告登记、异议登记,核发不动产登记证明。

已经发放的不动产权证书或者不动产登记证明记载事项与不动产登记簿不一致的,除有证据证实不动产登记簿确有错误外,以不动产登记簿为准。

6.1.2 属以下情形的,登记事项只记载于不动产登记簿,不核发不动产权证书或者不动产登记证明:

1 建筑区划内依法属于业主共有的道路、绿地、其他公共场所、公用设施和物业服务用房等及其占用范围内的建设用地使用权;

2 查封登记、预查封登记。

6.1.3 共有的不动产,不动产登记机构向全体共有人合并发放一本不动产权证书;共有人申请分别持证的,可以为共有人分别发放不动产权证书。共有不动产权证书应当注明共有情况,并列明全体共有人。

6.1.4 发放不动产权证书或不动产登记证明时,不动产登记机构应当核对申请人(代理人)的身份证明,收回受理凭证。

6.1.5 发放不动产权证书或不动产登记证明后,不动产登记机构应当按规范将登记资料归档。

分 则

7 集体土地所有权登记

7.1 首次登记

7.1.1 适用

尚未登记的集体土地所有权,权利人可以申请集体土地所有权首次登记。

7.1.2 申请主体

集体土地所有权首次登记,依照下列规定提出申请:

1 土地属于村农民集体所有的,由村集体经济组织代为申请,没有集体经济组织的,由村民委员会代为申请;

2 土地分别属于村内两个以上农民集体所有的,由村内各集体经济组织代为申请,没有集体经济组织的,由村民小组代为申请;

3 土地属于乡(镇)农民集体所有的,由乡(镇)集体经济组织代为申请。

7.1.3 申请材料

申请集体土地所有权首次登记,提交的材料包括:

1 不动产登记申请书;

2 申请人身份证明;

3 土地权属来源材料;

4 不动产权籍调查表、宗地图以及宗地界址点坐标;

5 法律、行政法规以及《实施细则》规定的其他材料。

7.1.4 审查要点

不动产登记机构在审核过程中应注意以下要点:

1 申请集体土地所有权首次登记的土地权属来源材料是否齐全、规范;

2 不动产登记申请书、权属来源材料等记载的主体是否一致;

3 不动产权籍调查成果资料是否齐全、规范,权籍调查表记载的权利人、权利类型及其性质等是否准确,宗地图、界址坐标、面积等是否符合要求;

4 权属来源材料与申请登记的内容是否一致;

5 公告是否无异议;

6 本规范第4章要求的其他审查事项。

不存在本规范第4.8.2条不予登记情形的,不动产登记机构在记载不动产登记簿后,向申请人核发不动产权属证书。

7.2 变更登记

7.2.1 适用

已经登记的集体土地所有权,因下列情形发生变更的,当事人可以申请变更登记:

1 农民集体名称发生变化的;

2 土地坐落、界址、面积等状况发生变化的;

3 法律、行政法规规定的其他情形。

7.2.2 申请主体

按本规范第7.1.2条的规定,由相关集体经济组织、村民委员会或村民小组代为申请。

7.2.3 申请材料

申请集体土地所有权变更登记,提交的材料包括:

1 不动产登记申请书;

2 申请人身份证明;

3 不动产权属证书;

4 集体土地所有权变更的材料;

5 法律、行政法规以及《实施细则》规定的其他材料。

7.2.4 审查要点

不动产登记机构在审核过程中应注意以下要点：

1 申请材料上的权利主体是否与不动产登记簿记载的农民集体一致；

2 集体土地所有权变更的材料是否齐全、有效；

3 申请变更事项与变更登记材料记载的变更事实是否一致；

4 土地面积、界址范围变更的，不动产权籍调查表、宗地图、宗地界址点坐标等是否齐全、规范，申请材料与不动产权籍调查成果是否一致；

5 申请登记事项是否与不动产登记簿的记载冲突；

6 本规范第4章要求的其他审查事项。

不存在本规范第4.8.2条不予登记情形的，将登记事项记载于不动产登记簿。

7.3 转移登记

7.3.1 适用

已经登记的集体土地所有权，因下列情形导致权属发生转移的，当事人可以申请转移登记：

1 农民集体之间互换土地的；

2 土地调整的；

3 法律、行政法规规定的其他情形。

7.3.2 申请主体

按本规范第7.1.2条的规定，由转让方和受让方所在的集体经济组织、村民委员会或村民小组代为申请。

7.3.3 申请材料

申请集体土地所有权转移登记，提交的材料包括：

1 不动产登记申请书；

2 申请人身份证明；

3 不动产权属证书；

4 集体土地所有权转移的材料，除应提交本集体经济组织三分之二以上成员或者三分之二以上村民代表同意的材料外，还应提交：

（1）农民集体互换土地的，提交互换土地的协议；

（2）集体土地调整的，提交土地调整文件；

（3）依法需要批准的，提交有关批准文件；

5 法律、行政法规以及《实施细则》规定的其他材料。

7.3.4 审查要点

不动产登记机构在审核过程中应注意以下要点：

1 转让方是否与不动产登记簿记载的农民集体一致；受让方是否为农民集体；

2 申请事项是否属于因农民集体互换、土地调整等原因导致权属转移；

3 集体土地所有权转移的登记原因文件是否齐全、有效；

4 申请登记事项是否与不动产登记簿的记载冲突；

5 有异议登记的，受让方是否已签署知悉存在异议登记并自担风险的书面承诺；

6 本规范第4章要求的其他审查事项。

不存在本规范第4.8.2条不予登记情形的，将登记事项记载于不动产登记簿，并向权利人核发不动产权属证书。

7.4 注销登记

7.4.1 适用

已经登记的集体土地所有权，有下列情形之一的，当事人可以申请办理注销登记：

1 集体土地灭失的；

2 集体土地被依法征收的；

3 法律、行政法规规定的其他情形。

7.4.2 申请主体

按本规范第7.1.2条的规定，由相关集体经济组织、村民委员会或村民小组代为申请。

7.4.3 申请材料

申请集体土地所有权注销登记，提交的材料包括：

1 不动产登记申请书；

2 申请人身份证明；

3 不动产权属证书；

4 集体土地所有权消灭的材料，包括：

（1）集体土地灭失的，提交证实土地灭失的材料；

（2）依法征收集体土地的，提交有批准权的人民政府征收决定书；

5 法律、行政法规以及《实施细则》规定的其他材料。

7.4.4 审查要点

不动产登记机构在审核过程中应注意以下要点：

1 申请材料上的权利主体是否与不动产登

记簿记载的农民集体相一致；

2 集体土地所有权消灭的材料是否齐全、有效；

3 土地灭失的，是否已按规定进行实地查看；

4 申请登记事项是否与不动产登记簿的记载冲突；

5 本规范第4章要求的其他审查事项。

不存在本规范第4.8.2条不予登记情形的，将登记事项以及不动产权属证明或者不动产登记证明收回、作废等内容记载于不动产登记簿。

8 国有建设用地使用权登记

8.1 首次登记

8.1.1 适用

依法取得国有建设用地使用权，可以单独申请国有建设用地使用权首次登记。

8.1.2 申请主体

国有建设用地使用权首次登记的申请主体应当为土地权属来源材料上记载的国有建设用地使用权人。

8.1.3 申请材料

申请国有建设用地使用权首次登记，提交的材料包括：

1 不动产登记申请书；

2 申请人身份证明；

3 土地权属来源材料，包括：

（1）以出让方式取得的，应当提交出让合同和缴清土地出让价款凭证等相关材料；

（2）以划拨方式取得的，应当提交县级以上人民政府的批准用地文件和国有建设用地使用权划拨决定书等相关材料；

（3）以租赁方式取得的，应当提交土地租赁合同和土地租金缴纳凭证等相关材料；

（4）以作价出资或者入股方式取得的，应当提交作价出资或者入股批准文件和其他相关材料；

（5）以授权经营方式取得的，应当提交土地资产授权经营批准文件和其他相关材料。

4 不动产权籍调查表、宗地图、宗地界址点坐标等不动产权籍调查成果；

5 依法应当纳税的，应提交完税凭证；

6 法律、行政法规以及《实施细则》规定的其他材料。

8.1.4 审查要点

不动产登记机构在审核过程中应注意以下要点：

1 不动产登记申请书、权属来源材料等记载的主体是否一致；

2 不动产权籍调查成果资料是否齐全、规范，权籍调查表记载的权利人、权利类型及其性质等是否准确，宗地图、界址坐标、面积等是否符合要求；

3 以出让方式取得的，是否已签订出让合同，是否已提交缴清土地出让价款凭证；以划拨、作价入股、出租、授权经营等方式取得的，是否已经有权部门批准或者授权；

4 权属来源材料与申请登记的内容是否一致；

5 国有建设用地使用权被预查封，权利人与被执行人一致的，不影响办理国有建设用地使用权首次登记；

6 依法应当缴纳土地价款的，是否已缴清土地价款；依法应当纳税的，是否已完税；

7 本规范第4章要求的其他审查事项。

不存在本规范第4.8.2条不予登记情形的，记载不动产登记簿后向申请人核发不动产权属证书。

8.2 变更登记

8.2.1 适用

已经登记的国有建设用地使用权，因下列情形发生变更的，当事人可以申请变更登记：

1 权利人姓名或者名称、身份证明类型或者身份证明号码发生变化的；

2 土地坐落、界址、用途、面积等状况发生变化的；

3 国有建设用地使用权的权利期限发生变化的；

4 同一权利人分割或者合并国有建设用地的；

5 共有性质变更的；

6 法律、行政法规规定的其他情形。

8.2.2 申请主体

国有建设用地使用权变更登记的申请主体应当为不动产登记簿记载的权利人。共有的国有建设用地使用权，因共有人的姓名、名称发生变化的，可以由发生变化的权利人申请；因土地面积、用途等自然状况发生变化的，可以由共有人一人或多人申请。

8.2.3 申请材料

申请国有建设用地使用权变更登记，提交的材料包括：

1 不动产登记申请书；
2 申请人身份证明；
3 不动产权属证书；
4 国有建设用地使用权变更材料，包括：

（1）权利人姓名或者名称、身份证明类型或者身份证明号码发生变化的，提交能够证实其身份变更的材料；

（2）土地面积、界址范围变更的，除应提交变更后的不动产权籍调查表、宗地图、宗地界址点坐标等不动产权籍调查成果外，还应提交：①以出让方式取得的，提交出让补充合同；②因自然灾害导致部分土地灭失的，提交证实土地灭失的材料；

（3）土地用途变更的，提交自然资源主管部门出具的批准文件和土地出让合同补充协议。依法需要补交土地出让价款的，还应当提交缴清土地出让价款的凭证；

（4）国有建设用地使用权的权利期限发生变化的，提交自然资源主管部门出具的批准文件、出让合同补充协议。依法需要补交土地出让价款的，还应当提交缴清土地出让价款的凭证；

（5）同一权利人分割或者合并国有建设用地的，提交自然资源主管部门同意分割或合并的批准文件以及变更后的不动产权籍调查表、宗地图以及宗地界址点坐标等不动产权籍调查成果；

（6）共有人共有性质变更的，提交共有性质变更合同书或生效法律文书。夫妻共有财产共有性质变更的，还应提交婚姻关系证明；

5 依法应当纳税的，应提交完税凭证；
6 法律、行政法规以及《实施细则》规定的其他材料。

8.2.4 审查要点

不动产登记机构在审核过程中应注意以下要点：

1 申请变更登记的国有建设用地使用权是否已经登记；
2 申请人是否为不动产登记簿记载的权利人；
3 国有建设用地使用权变更的材料是否齐全、有效；

4 申请变更事项与变更材料记载的变更事实是否一致。土地面积、界址范围变更的，不动产权籍调查表、宗地图、宗地界址点坐标等是否齐全、规范，申请材料与不动产权籍调查成果是否一致；

5 申请登记事项与不动产登记簿的记载是否冲突；

6 依法应当缴纳土地价款、纳税的，是否已缴清土地价款、已完税；

7 本规范第4章要求的其他审查事项。

不存在本规范第4.8.2条不予登记情形的，将登记事项记载于不动产登记簿。

8.3 转移登记

8.3.1 适用

已经登记的国有建设用地使用权，因下列情形导致权属发生转移的，当事人可以申请转移登记：

1 转让、互换或赠与的；
2 继承或受遗赠的；
3 作价出资（入股）的；
4 法人或非法人组织合并、分立导致权属发生转移的；
5 共有人增加或者减少导致共有份额变化的；
6 分割、合并导致权属发生转移的；
7 因人民法院、仲裁委员会的生效法律文书等导致权属发生变化的；
8 法律、行政法规规定的其他情形。

8.3.2 申请主体

国有建设用地使用权转移登记应当由双方共同申请，转让方应当为不动产登记簿记载的权利人。属本规范第8.3.1条第2、7项情形的，可以由单方申请。

8.3.3 申请材料

国有建设用地使用权转移登记，提交的材料包括：

1 不动产登记申请书；
2 申请人身份证明；
3 不动产权属证书；
4 国有建设用地使用权转移的材料，包括：

（1）买卖的，提交买卖合同；互换的，提交互换合同；赠与的，提交赠与合同；

（2）因继承、受遗赠取得的，按照本规范1.8.6

条的规定提交材料；

（3）作价出资（入股）的，提交作价出资（入股）协议；

（4）法人或非法人组织合并、分立导致权属发生转移的，提交法人或非法人组织合并、分立的材料以及不动产权属转移的材料；

（5）共有人增加或者减少的，提交共有人增加或者减少的协议；共有份额变化的，提交份额转移协议；

（6）分割、合并导致权属发生转移的，提交分割或合并协议书，或者记载有关分割或合并内容的生效法律文书。实体分割或合并的，还应提交自然资源主管部门同意实体分割或合并的批准文件以及分割或合并后的不动产权籍调查表、宗地图、宗地界址点坐标等不动产权籍调查成果；

（7）因人民法院、仲裁委员会的生效法律文书等导致权属发生变化的，提交人民法院、仲裁委员会的生效法律文书等材料。

5　申请划拨取得国有建设用地使用权转移登记的，应当提交有批准权的人民政府的批准文件；

6　依法需要补交土地出让价款、缴纳税费的，应当提交缴清土地出让价款凭证、税费缴纳凭证；

7　法律、行政法规以及《实施细则》规定的其他材料。

8.3.4　审查要点

不动产登记机构在审核过程中应注意以下要点：

1　国有建设用地使用权转移的登记原因文件是否齐全；

2　申请转移的国有建设用地使用权与登记原因文件记载的是否一致；

3　国有建设用地使用权被查封的，不予办理转移登记；

4　有异议登记的，受让方是否已签署知悉存在异议登记并自担风险的书面承诺；

5　申请登记事项与不动产登记簿的记载是否冲突；

6　申请登记事项是否与土地出让合同相关条款冲突；

7　依法应当缴纳土地价款、纳税的，是否已缴清土地价款、已完税；

8　本规范第4章要求的其他审查事项。

不存在本规范第4.8.2条不予登记情形的，将登记事项记载于不动产登记簿，并向权利人核发不动产权属证书。

8.4　注销登记

8.4.1　适用

已经登记的国有建设用地使用权，有下列情形之一的，当事人可以申请办理注销登记：

1　土地灭失的；

2　权利人放弃国有建设用地使用权的；

3　依法没收、收回国有建设用地使用权的；

4　因人民法院、仲裁委员会的生效法律文书致使国有建设用地使用权消灭的；

5　法律、行政法规规定的其他情形。

8.4.2　申请主体

国有建设用地使用权注销登记的申请主体应当是不动产登记簿记载的权利人。

8.4.3　申请材料

申请国有建设用地使用权注销登记，提交的材料包括：

1　不动产登记申请书；

2　申请人身份证明；

3　不动产权属证书；

4　国有建设用地使用权消灭的材料，包括：

（1）国有建设用地灭失的，提交其灭失的材料；

（2）权利人放弃国有建设用地使用权的，提交权利人放弃国有建设用地使用权的书面文件。被放弃的国有建设用地上设有抵押权、地役权或已经办理预告登记、查封登记的，需提交抵押权人、地役权人、预告登记权利人或查封机关同意注销的书面文件；

（3）依法没收、收回国有建设用地使用权的，提交人民政府的生效决定书；

（4）因人民法院或者仲裁委员会生效法律文书导致权利消灭的，提交人民法院或者仲裁委员会生效法律文书。

5　法律、行政法规以及《实施细则》规定的其他材料。

8.4.4　审查要点

不动产登记机构在审核过程中应注意以下要点：

1　申请注销的国有建设用地使用权是否已

经登记；

2　国有建设用地使用权注销的材料是否齐全、有效；

3　国有建设用地已设立抵押权、地役权或者已经办理预告登记、查封登记的，使用权人放弃权利申请注销登记的，是否已经提供抵押权人、地役权人、预告登记权利人、查封机关书面同意；

4　土地灭失的，是否已按规定进行实地查看；

5　申请登记事项与不动产登记簿的记载是否冲突；

6　本规范第4章要求的其他审查事项。

不存在本规范第4.8.2条不予登记情形的，将登记事项以及不动产权证书或者不动产登记证明收回、作废等内容记载于不动产登记簿。

9　国有建设用地使用权及房屋所有权登记

9.1　首次登记

9.1.1　适用

依法利用国有建设用地建造房屋的，可以申请国有建设用地使用权及房屋所有权首次登记。

9.1.2　申请主体

国有建设用地使用权及房屋所有权首次登记的申请主体应当为不动产登记簿或土地权属来源材料记载的国有建设用地使用权人。

9.1.3　申请材料

申请国有建设用地使用权及房屋所有权首次登记，提交的材料包括：

1　不动产登记申请书；

2　申请人身份证明；

3　不动产权属证书或者土地权属来源材料；

4　建设工程符合规划的材料；

5　房屋已经竣工的材料；

6　房地产调查或者测绘报告；

7　建筑物区分所有的，确认建筑区划内属于业主共有的道路、绿地、其他公共场所、公用设施和物业服务用房等材料；

8　相关税费缴纳凭证；

9　法律、行政法规以及《实施细则》规定的其他材料。

9.1.4　审查要点

不动产登记机构在审核过程中应注意以下要点：

1　国有建设用地使用权是否已登记。已登记的，建设工程符合规划、房屋竣工验收等材料记载的主体是否与不动产登记簿记载的权利主体一致；未登记的，建设工程符合规划、房屋竣工验收等材料记载的主体是否与土地权属来源材料记载的主体一致；

2　不动产权籍调查成果资料是否齐全、规范，权籍调查表记载的权利人、权利类型及其性质等是否准确，宗地图和房屋平面图、界址坐标、面积等是否符合要求；

3　建筑物区分所有的，申请材料是否已明确建筑区划内属于业主共有的道路、绿地、其他公共场所、公用设施和物业服务用房等的权利归属；

4　存在查封或者预查封登记的：

（1）国有建设用地使用权被查封或者预查封的，申请人与查封被执行人一致的，不影响办理国有建设用地使用权及房屋所有权首次登记；

（2）商品房被预查封的，不影响办理国有建设用地使用权及房屋所有权首次登记以及预购商品房预告登记转国有建设用地使用权及房屋所有权转移登记。

5　是否已按规定进行实地查看；

6　本规范第4章要求的其他审查事项。

不存在本规范第4.8.2条不予登记情形的，记载不动产登记簿后向权利人核发不动产权属证书。

9.2　变更登记

9.2.1　适用

已经登记的国有建设用地使用权及房屋所有权，因下列情形发生变更的，当事人可以申请变更登记：

1　权利人姓名或者名称、身份证明类型或者身份证明号码发生变化的；

2　不动产坐落、界址、用途、面积等状况发生变化的；

3　国有建设用地使用权的权利期限发生变化的；

4　同一权利人名下的不动产分割或者合并的；

5　法律、行政法规规定的其他情形。

9.2.2　申请主体

国有建设用地使用权及房屋所有权变更登记的申请主体应当为不动产登记簿记载的权利人。因共有人的姓名、名称发生变化的，可以由发生变更的权利人申请;面积、用途等自然状况发生变化的,可以由共有人一人或多人申请。

9.2.3 申请材料

申请房屋所有权变更登记,提交的材料包括:

1 不动产登记申请书;

2 申请人身份证明;

3 不动产权属证书;

4 国有建设用地使用权及房屋所有权变更的材料,包括:

(1)权利人姓名或者名称、身份证明类型或者身份证明号码发生变化的,提交能够证实其身份变更的材料;

(2)房屋面积、界址范围发生变化的,除应提交变更后的不动产权籍调查表、宗地图、宗地界址点坐标等不动产权籍调查成果外,还需提交:①属部分土地收回引起房屋面积、界址变更的,提交人民政府收回决定书;②改建、扩建引起房屋面积、界址变更的,提交规划验收文件和房屋竣工验收文件;③因自然灾害导致部分房屋灭失的,提交部分房屋灭失的材料;④其他面积、界址变更情形的,提交有权机关出具的批准文件。依法需要补交土地出让价款的,还应当提交土地出让合同补充协议和土地价款缴纳凭证;

(3)用途发生变化的,提交城市规划部门出具的批准文件、与自然资源主管部门签订的土地出让合同补充协议。依法需要补交土地出让价款的,还应当提交土地价款以及相关税费缴纳凭证;

(4)国有建设用地使用权的权利期限发生变化的,提交自然资源主管部门出具的批准文件和出让合同补充协议。依法需要补交土地出让价款的,还应当提交土地价款缴纳凭证;

(5)同一权利人分割或者合并不动产的,应当按有关规定提交相关部门同意分割或合并的批准文件;

(6)共有性质变更的,提交共有性质变更协议书或生效法律文书。

5 法律、行政法规以及《实施细则》规定的其他材料。

9.2.4 审查要点

不动产登记机构在审核过程中应注意以下要点:

1 国有建设用地使用权及房屋所有权的变更材料是否齐全、有效;

2 申请变更事项与变更材料记载的变更内容是否一致;

3 不动产权籍调查成果资料是否齐全、规范,权籍调查表记载的权利人、权利类型及其性质等是否准确,宗地图和房屋平面图、界址坐标、面积等是否符合要求;

4 存在预告登记的,不影响不动产登记簿记载的权利人申请补发换发不动产权属证书以及其他不涉及权属的变更登记;

5 申请登记事项与不动产登记簿的记载是否冲突;

6 依法应当补交土地价款的,是否已提交补交土地价款凭证;

7 本规范第4章要求的其他审查事项。

不存在本规范第4.8.2条不予登记情形的,将登记事项记载于不动产登记簿。

9.3 转移登记

9.3.1 适用

已经登记的国有建设用地使用权及房屋所有权,因下列情形导致权属发生转移的,当事人可以申请转移登记。国有建设用地使用权转移的,其范围内的房屋所有权一并转移;房屋所有权转移,其范围内的国有建设用地使用权一并转移。

1 买卖、互换、赠与的;

2 继承或受遗赠的;

3 作价出资(入股)的;

4 法人或非法人组织合并、分立等导致权属发生转移的;

5 共有人增加或者减少以及共有份额变化的;

6 分割、合并导致权属发生转移的;

7 因人民法院、仲裁委员会的生效法律文书等导致国有建设用地使用权及房屋所有权发生转移的;

8 法律、行政法规规定的其他情形。

9.3.2 申请主体

国有建设用地使用权及房屋所有权转移登记应当由当事人双方共同申请。属本规范第9.3.1条第2、7项情形的,可以由单方申请。

9.3.3 申请材料

国有建设用地使用权及房屋所有权转移登记,提交的材料包括:

1 不动产登记申请书;

2　申请人身份证明；
3　不动产权属证书；
4　国有建设用地使用权及房屋所有权转移的材料，包括：
（1）买卖的，提交买卖合同；互换的，提交互换协议；赠与的，提交赠与合同；
（2）因继承、受遗赠取得的，按照本规范1.8.6的规定提交材料；
（3）作价出资（入股）的，提交作价出资（入股）协议；
（4）法人或非法人组织合并、分立导致权属发生转移的，提交法人或非法人组织合并、分立的材料以及不动产权属转移的材料；
（5）共有人增加或者减少的，提交共有人增加或者减少的协议；共有份额变化的，提交份额转移协议；
（6）不动产分割、合并导致权属发生转移的，提交分割或合并协议书，或者记载有关分割或合并内容的生效法律文书。实体分割或合并的，还应提交有权部门同意实体分割或合并的批准文件以及分割或合并后的不动产权籍调查表、宗地图、宗地界址点坐标等不动产权籍调查成果；
（7）因人民法院、仲裁委员会的生效法律文书等导致权属发生变化的，提交人民法院、仲裁委员会的生效法律文书等材料；
5　已经办理预告登记的，提交不动产登记证明；
6　划拨国有建设用地使用权及房屋所有权转移的，还应当提交有批准权的人民政府的批准文件；
7　依法需要补交土地出让价款、缴纳税费的，应当提交土地出让价款缴纳凭证、税费缴纳凭证；
8　法律、行政法规以及《实施细则》规定的其他材料。

9.3.4　审查要点
不动产登记机构在审核过程中应注意以下要点：
1　国有建设用地使用权与房屋所有权转移的登记原因文件是否齐全、有效；
2　申请转移的国有建设用地使用权与房屋所有权与登记原因文件记载是否一致；
3　国有建设用地使用权与房屋所有权被查封的，不予办理转移登记；
4　涉及买卖房屋等不动产，已经办理预告登记的，受让人与预告登记权利人是否一致；
5　设有抵押权的，是否记载"是否存在禁止或者限制抵押不动产转让的约定"；
6　有异议登记的，受让方是否已签署知悉存在异议登记并自担风险的书面承诺；
7　依法应当缴纳土地价款、纳税的，是否已提交土地价款和税费缴纳凭证；
8　申请登记事项与不动产登记簿的记载是否冲突；
9　本规范第4章要求的其他审查事项。
不存在本规范第4.8.2条不予登记情形的，将登记事项记载于不动产登记簿，并向权利人核发不动产权属证书。

9.4　注销登记
9.4.1　适用
已经登记的国有建设用地使用权及房屋所有权，有下列情形之一的，当事人可以申请办理注销登记：
1　不动产灭失的；
2　权利人放弃权利的；
3　因依法被没收、征收、收回导致不动产权利消灭的；
4　因人民法院、仲裁委员会的生效法律文书致使国有建设用地使用权及房屋所有权消灭的；
5　法律、行政法规规定的其他情形。

9.4.2　申请主体
申请国有建设用地使用权及房屋所有权注销登记的主体应当是不动产登记簿记载的权利人或者其他依法享有不动产权利的权利人。

9.4.3　申请材料
申请国有建设用地使用权及房屋所有权注销登记，提交的材料包括：
1　不动产登记申请书；
2　申请人身份证明；
3　不动产权属证书；
4　国有建设用地使用权及房屋所有权消灭的材料，包括：
（1）不动产灭失的，提交其灭失的材料；
（2）权利人放弃国有建设用地使用权及房屋所有权的，提交权利人放弃权利的书面文件。设有抵押权、地役权或已经办理预告登记、查封登记

的,需提交抵押权人、地役权人、预告登记权利人、查封机关同意注销的书面材料;

(3)依法没收、征收、收回不动产的,提交人民政府生效决定书;

(4)因人民法院或者仲裁委员会生效法律文书导致国有建设用地使用权及房屋所有权消灭的,提交人民法院或者仲裁委员会生效法律文书。

5 法律、行政法规以及《实施细则》规定的其他材料。

9.4.4 审查要点

不动产登记机构在审核过程中应注意以下要点:

1 国有建设用地使用权及房屋所有权的注销材料是否齐全、有效;

2 不动产灭失的,是否已按规定进行实地查看;

3 国有建设用地及房屋已设立抵押权、地役权或者已经办理预告登记、查封登记的,权利人放弃权利申请注销登记的,是否已经提供抵押人、地役权人、预告登记权利人、查封机关书面同意;

4 申请登记事项与不动产登记簿的记载是否冲突;

5 本规范第4章要求的其他审查事项。

不存在本规范第4.8.2条不予登记情形的,将登记事项以及不动产权属证明或者不动产登记证明收回、作废等内容记载于不动产登记簿。

10 宅基地使用权及房屋所有权登记

10.1 首次登记

10.1.1 适用

依法取得宅基地使用权,可以单独申请宅基地使用权登记。

依法利用宅基地建造住房及其附属设施的,可以申请宅基地使用权及房屋所有权登记。

10.1.2 申请主体

申请宅基地使用权登记的主体为用地批准文件记载的宅基地使用权人。

申请宅基地使用权及房屋所有权登记的主体为用地批准文件记载的宅基地使用权人。

10.1.3 申请材料

申请宅基地使用权首次登记,提交的材料包括:

1 不动产登记申请书;

2 申请人身份证明;

3 有批准权的人民政府批准用地的文件等权属来源材料;

4 不动产权籍调查表、宗地图、宗地界址点坐标等有关不动产界址、面积等材料;

5 法律、行政法规以及《实施细则》规定的其他材料。

申请宅基地使用权及房屋所有权首次登记,提交的材料包括:

1 不动产登记申请书;

2 申请人身份证明;

3 不动产权属证书或者土地权属来源材料;

4 房屋符合规划或建设的相关材料;

5 不动产权籍调查表、宗地图、房屋平面图以及宗地界址点坐标等有关不动产界址、面积等材料;

6 法律、行政法规以及《实施细则》规定的其他材料。

10.1.4 审查要点

不动产登记机构在审核过程中应注意以下要点:

申请宅基地使用权首次登记的:

1 是否有合法权属来源材料;

2 不动产登记申请书、权属来源材料等记载的主体是否一致;

3 不动产权籍调查成果资料是否齐全、规范,权籍调查表记载的权利人、权利类型及其性质等是否准确,宗地图、界址坐标、面积等是否符合要求;

4 是否已在不动产登记机构门户网站以及宅基地所在地进行公告;

5 本规范第4章要求的其他审查事项。

申请宅基地使用权及房屋所有权首次登记的:

1 宅基地使用权是否已登记。已登记的,审核不动产登记簿记载的权利主体与房屋符合规划或者建设的相关材料等记载的权利主体是否一致;未登记的,房屋符合规划或者建设的相关材料等记载的主体是否与土地权属来源材料记载的主体一致;

2 房屋等建筑物、构筑物是否符合规划或建设的相关要求;

3 不动产权籍调查成果资料是否齐全、规范,权籍调查表记载的权利人、权利类型及其性质等是否准确，宗地图和房屋平面图、界址坐标、面积等是否符合要求；

4　是否已按规定进行实地查看；

5　是否已按规定进行公告；

6　本规范第4章要求的其他审查事项。

不存在本规范第4.8.2条不予登记情形的，记载不动产登记簿后向权利人核发不动产权属证书。

10.2　变更登记

10.2.1　适用

已经登记的宅基地使用权及房屋所有权，有下列情形之一的，当事人可以申请变更登记：

1　权利人姓名或者名称、身份证明类型或者身份证明号码发生变化的；

2　不动产坐落、界址、用途、面积等状况发生变化的；

3　法律、行政法规规定的其他情形。

10.2.2　申请主体

宅基地使用权及房屋所有权变更登记的申请主体应当为不动产登记簿记载的权利人。

10.2.3　申请材料

申请宅基地使用权及房屋所有权变更登记，提交的材料包括：

1　不动产登记申请书；

2　申请人身份证明；

3　不动产权属证书；

4　宅基地使用权及房屋所有权变更的材料，包括：

（1）权利人姓名或者名称、身份证明类型或者身份证明号码发生变化的，提交能够证实其身份变更的材料；

（2）宅基地或房屋面积、界址范围变更的，提交有批准权的人民政府或其主管部门的批准文件以及变更后的不动产权籍调查表、宗地图、宗地界址点坐标等有关不动产界址、面积等材料。

5　法律、行政法规以及《实施细则》规定的其他材料。

10.2.4　审查要点

不动产登记机构在审核过程中应注意以下要点：

1　宅基地使用权及房屋所有权的变更材料是否齐全；

2　申请变更事项与变更登记文件记载的变更事实是否一致；

3　申请登记事项与不动产登记簿的记载是否冲突；

4　本规范第4章要求的其他审查事项。

不存在本规范第4.8.2条不予登记情形的，将登记事项记载于不动产登记簿。

10.3　转移登记

10.3.1　适用

已经登记的宅基地使用权及房屋所有权，有下列情形之一的，当事人可以申请转移登记：

1　依法继承；

2　分家析产；

3　集体经济组织内部互换房屋；

4　因人民法院、仲裁委员会的生效法律文书等导致权属发生变化的；

5　法律、行政法规规定的其他情形。

10.3.2　申请主体

宅基地使用权及房屋所有权转移登记应当由双方共同申请。因继承房屋以及人民法院、仲裁委员会生效法律文书等取得宅基地使用权及房屋所有权的，可由权利人单方申请。

10.3.3　申请材料

申请宅基地使用权及房屋所有权转移登记，提交的材料包括：

1　不动产登记申请书；

2　申请人身份证明；

3　不动产权属证书；

4　宅基地使用权及房屋所有权转移的材料，包括：

（1）依法继承的，按照本规范1.8.6的规定提交材料；

（2）分家析产的协议或者材料；

（3）集体经济组织内部互换房屋的，提交互换协议书。同时，还应提交互换双方为本集体经济组织成员的材料；

（4）因人民法院或者仲裁委员会生效法律文书导致权属发生转移的，提交人民法院或者仲裁委员会生效法律文书；

5　法律、行政法规以及《实施细则》规定的其他材料。

10.3.4　审查要点

不动产登记机构在审核过程中应注意以下要点：

1 受让方为本集体经济组织的成员且符合宅基地申请条件,但因继承房屋以及人民法院、仲裁委员会的生效法律文书等导致宅基地使用权及房屋所有权发生转移的除外;

2 宅基地使用权及房屋所有权转移材料是否齐全、有效;

3 申请转移的宅基地使用权及房屋所有权与登记原因文件记载是否一致;

4 有异议登记的,受让方是否已签署知悉存在异议登记并自担风险的书面承诺;

5 申请登记事项与不动产登记簿的记载是否冲突;

6 本规范第4章要求的其他审查事项。

不存在本规范第4.8.2条不予登记情形的,将登记事项记载于不动产登记簿,并向权利人核发不动产权属证书。

10.3.5 已拥有一处宅基地的本集体经济组织成员、非集体经济组织成员的农村或城镇居民,因继承取得宅基地使用权及房屋所有权的,在不动产权属证书附记栏记载该权利人为本农民集体原成员住宅的合法继承人。

10.4 注销登记

10.4.1 适用

已经登记的宅基地使用权及房屋所有权,有下列情形之一的,当事人可以申请办理注销登记:

1 不动产灭失的;

2 权利人放弃宅基地使用权及房屋所有权的;

3 依法没收、征收、收回宅基地使用权及房屋所有权的;

4 因人民法院、仲裁委员会的生效法律文书导致宅基地使用权及房屋所有权消灭的;

5 法律、行政法规规定的其他情形。

10.4.2 申请主体

宅基地使用权及房屋所有权注销登记的申请主体应当为不动产登记簿记载的权利人。

10.4.3 申请材料

申请宅基地使用权及房屋所有权注销登记,提交的材料包括:

1 不动产登记申请书;

2 申请人身份证明;

3 不动产权属证书;

4 宅基地使用权及房屋所有权消灭的材料,包括:

(1)宅基地、房屋灭失的,提交其灭失的材料;

(2)权利人放弃宅基地使用权及房屋所有权的,提交权利人放弃权利的书面文件。被放弃的宅基地、房屋设有地役权的,需提交地役权人同意注销的书面材料;

(3)依法没收、征收、收回宅基地使用权或者房屋所有权的,提交人民政府做出的生效决定书;

(4)因人民法院或者仲裁委员会生效法律文书导致权利消灭的,提交人民法院或者仲裁委员会生效法律文书;

5 法律、行政法规以及《实施细则》规定的其他材料。

10.4.4 审查要点

不动产登记机构在审核过程中应注意以下要点:

1 宅基地使用权及房屋所有权的注销材料是否齐全、有效;

2 宅基地、房屋灭失的,是否已按规定进行实地查看;

3 放弃的宅基地使用权及房屋所有权是否设有地役权;设有地役权的,应经地役权人同意;

4 本规范第4章要求的其他审查事项。

不存在本规范第4.8.2条不予登记情形的,将登记事项以及不动产权属证明或者不动产登记证明收回、作废等内容记载于不动产登记簿。

11 集体建设用地使用权及建筑物、构筑物所有权登记

11.1 首次登记

11.1.1 适用

依法取得集体建设用地使用权,可以单独申请集体建设用地使用权登记。

依法使用集体建设用地兴办企业,建设公共设施,从事公益事业等的,应当申请集体建设用地使用权及建筑物、构筑物所有权登记。

11.1.2 申请主体

申请集体建设用地使用权登记的主体为用地批准文件记载的集体建设用地使用权人。

申请集体建设用地使用权及建筑物、构筑物所有权登记的主体为用地批准文件记载的集体建设用地使用权人。

11.1.3 申请材料

申请集体建设用地使用权首次登记,提交的

材料包括：
1 不动产登记申请书；
2 申请人身份证明；
3 有批准权的人民政府批准用地的文件等权属来源材料；
4 不动产权籍调查表、宗地图以及宗地界址点坐标等有关不动产界址、面积等材料；
5 法律、行政法规以及《实施细则》规定的其他材料。

申请集体建设用地使用权及建筑物、构筑物所有权首次登记，提交的材料包括：
1 不动产登记申请书；
2 申请人身份证明；
3 不动产权属证书；
4 建设工程符合规划的材料；
5 不动产权籍调查表、宗地图、房屋平面图以及宗地界址点坐标等有关不动产界址、面积等材料；
6 建设工程已竣工的材料；
7 法律、行政法规以及《实施细则》规定的其他材料。

11.1.4 审查要点
不动产登记机构在审核过程中应注意以下要点：
申请集体建设用地使用权首次登记的：
1 是否已依法取得集体建设用地使用权；
2 不动产登记申请书、权属来源材料等记载的主体是否一致；
3 不动产权籍调查成果资料是否齐全、规范，权籍调查表记载的权利人、权利类型及其性质等是否准确，宗地图、界址坐标、面积等是否符合要求；
4 是否已按规定进行公告；
5 本规范第4章要求的其他审查事项。

申请集体建设用地使用权及建筑物、构筑物所有权首次登记的：
1 集体建设用地使用权是否已登记。已登记的，不动产登记簿记载的权利主体与建设工程符合规划的材料、建设工程竣工材料等记载的权利主体是否一致；未登记的，建设工程符合规划的材料、建设工程竣工材料等记载的主体是否与土地权属来源材料记载的主体一致；
2 房屋等建筑物、构筑物是否提交了符合规划、已竣工的材料；
3 不动产权籍调查成果资料是否齐全、规范，权籍调查表记载的权利人、权利类型及其性质等是否准确，宗地图和房屋平面图、界址坐标、面积等是否符合要求；
4 集体建设用地使用权被查封，申请人与被执行人一致的，不影响集体建设用地使用权及建筑物、构筑物所有权首次登记；
5 是否已按规定进行实地查看；
6 是否已按规定进行公告；
7 本规范第4章要求的其他审查事项。

不存在本规范第4.8.2条不予登记情形的，记载不动产登记簿后向申请人核发不动产权属证书。

11.2 变更登记
11.2.1 适用
已经登记的集体建设用地使用权及建筑物、构筑物所有权，有下列情形之一的，当事人可以申请变更登记：
1 权利人姓名或者名称、身份证明类型或者身份证明号码发生变化的；
2 不动产坐落、界址、用途、面积等状况发生变化的；
3 同一权利人名下的集体建设用地或者建筑物、构筑物分割或者合并的；
4 法律、行政法规规定的其他情形。

11.2.2 申请主体
集体建设用地使用权及建筑物、构筑物所有权变更登记的申请主体应当为不动产登记簿记载的权利人。因共有人的姓名、名称发生变化的，可以由姓名、名称发生变化的权利人申请；因土地或建筑物、构筑物自然状况变化的，可以由共有人一人或多人申请；夫妻共有财产变更的，应当由夫妻双方凭婚姻关系证明共同申请。

11.2.3 申请材料
申请集体建设用地使用权及建筑物、构筑物所有权变更登记，提交的材料包括：
1 不动产登记申请书；
2 申请人身份证明；
3 不动产权属证书；
4 集体建设用地使用权及建筑物、构筑物所有权变更的材料，包括：
（1）权利人姓名或者名称、身份证明类型或者

身份证明号码发生变化的,提交能够证实其身份变更的材料;

（2）土地或建筑物、构筑物面积、界址范围变更的,提交有批准权的人民政府或其主管部门的批准文件以及变更后的不动产权籍调查表、宗地图、房屋平面图以及宗地界址点坐标等有关不动产界址、面积等材料;

（3）土地或建筑物、构筑物用途变更的,提交有批准权的人民政府或者主管部门的批准文件;

（4）同一权利人分割或者合并建筑物、构筑物的,提交有批准权限部门同意分割或者合并的批准文件以及分割或者合并后的不动产权籍调查表、宗地图、房屋平面图以及宗地界址点坐标等有关不动产界址、面积等材料;

5　法律、行政法规以及《实施细则》规定的其他材料。

11.2.4　审查要点

不动产登记机构在审核过程中应注意以下要点:

1　集体建设用地使用权及建筑物、构筑物所有权的变更材料是否齐全、有效;

2　申请变更事项与变更材料记载的变更事实是否一致;

3　申请登记事项与不动产登记簿的记载是否冲突;

4　本规范第4章要求的其他审查事项。

不存在本规范第4.8.2条不予登记情形的,将登记事项记载于不动产登记簿。

11.3　转移登记

11.3.1　适用

已经登记的集体建设用地使用权及建筑物、构筑物所有权,因下列情形之一导致权属发生转移的,当事人可以申请转移登记:

1　作价出资（入股）的;

2　因企业合并、分立、破产、兼并等情形,导致建筑物、构筑物所有权发生转移的;

3　因人民法院、仲裁委员会的生效法律文书等导致权属转移的;

4　法律、行政法规规定的其他情形。

11.3.2　申请主体

集体建设用地使用权及建筑物、构筑物所有权转移登记应当由双方共同申请。因人民法院、仲裁委员会的生效法律文书等导致权属转移的,可由单方申请。

11.3.3　申请材料

集体建设用地使用权及建筑物、构筑物所有权转移登记,提交的材料包括:

1　不动产登记申请书;

2　申请人身份证明;

3　不动产权属证书;

4　集体建设用地使用权及建筑物、构筑物所有权转移的材料,包括:

（1）作价出资（入股）的,提交作价出资（入股）协议;

（2）因企业合并、分立、兼并、破产等情形导致权属发生转移的,提交企业合并、分立、兼并、破产的材料、集体建设用地使用权及建筑物、构筑物所有权权属转移材料、有权部门的批准文件;

（3）因人民法院、仲裁委员会的生效法律文书导致权属转移的,提交人民法院、仲裁委员会的生效法律文书;

5　依法需要缴纳税费的,应当提交税费缴纳凭证;

6　本集体经济组织三分之二以上成员或者三分之二以上村民代表同意的材料;

7　法律、行政法规以及《实施细则》规定的其他材料。

11.3.4　审查要点

不动产登记机构在审核过程中应注意以下要点:

1　集体建设用地使用权及建筑物、构筑物所有权转移的登记原因文件是否齐全、有效;

2　申请转移的集体建设用地使用权及建筑物、构筑物所有权与登记原因文件记载是否一致;

3　集体建设用地使用权及建筑物、构筑物所有权被查封的,不予办理转移登记;

4　有异议登记的,受让方是否已签署知悉存在异议登记并自担风险的书面承诺;

5　申请登记事项与不动产登记簿的记载是否冲突;

6　本规范第4章要求的其他审查事项。

不存在本规范第4.8.2条不予登记情形的,将登记事项记载于不动产登记簿,并向权利人核发不动产权属证书。

11.4　注销登记

11.4.1　适用

已经登记的集体建设用地使用权及建筑物、构筑物所有权,有下列情形之一的,当事人可以申请办理注销登记:

1　不动产灭失的;

2　权利人放弃集体建设用地使用权及建筑物、构筑物所有权的;

3　依法没收、征收、收回集体建设用地使用权及建筑物、构筑物所有权的;

4　因人民法院、仲裁委员会的生效法律文书等致使集体建设用地使用权及建筑物、构筑物所有权消灭的;

5　法律、行政法规规定的其他情形。

11.4.2　申请主体

集体建设用地使用权及建筑物、构筑物所有权注销登记的申请主体应当是不动产登记簿记载的权利人。

11.4.3　申请材料

申请集体建设用地使用权及建筑物、构筑物所有权注销登记,提交的材料包括:

1　不动产登记申请书;

2　申请人身份证明;

3　不动产权属证书;

4　集体建设用地使用权及建筑物、构筑物所有权消灭的材料,包括:

(1)土地或建筑物、构筑物灭失的,提交灭失的材料;

(2)权利人放弃集体建设用地使用权及建筑物、构筑物所有权的,提交权利人放弃权利的书面文件。设有抵押权、地役权或被查封的,需提交抵押人、地役权人或查封机关同意注销的书面材料;

(3)依法没收、征收、收回集体建设用地使用权及建筑物、构筑物所有权的,提交人民政府的生效决定书;

(4)因人民法院或者仲裁委员会生效法律文书等导致集体建设用地使用权及建筑物、构筑物所有权消灭的,提交人民法院或者仲裁委员会生效法律文书等材料。

5　法律、行政法规以及《实施细则》规定的其他材料。

11.4.4　审查要点

不动产登记机构在审核过程中应注意以下要点:

1　集体建设用地使用权及建筑物、构筑物所有权的注销材料是否齐全、有效;

2　土地或建筑物、构筑物灭失的,是否已按规定进行实地查看;

3　集体建设用地及建筑物、构筑物已设立抵押权、地役权或者已经办理查封登记的,权利人放弃权利申请注销登记的,是否已经提供抵押权人、地役权人、查封机关书面同意的材料;

4　申请登记事项与不动产登记簿的记载是否冲突;

5　本规范第4章要求的其他审查事项。

不存在本规范第4.8.2条不予登记情形的,将登记事项以及不动产权属证明或者不动产登记证明收回、作废等内容记载于不动产登记簿。

12　海域使用权及建筑物、构筑物所有权登记

12.1　首次登记

12.1.1　适用

依法取得海域使用权,可以单独申请海域使用权登记。

依法使用海域,在海域上建造建筑物、构筑物的,应当申请海域使用权及建筑物、构筑物所有权登记。

12.1.2　申请主体

海域使用权及建筑物、构筑物所有权首次登记的申请主体应当为海域权属来源材料记载的海域使用权人。

12.1.3　申请材料

申请海域使用权首次登记,提交的材料包括:

1　不动产登记申请书;

2　申请人身份证明;

3　项目用海批准文件或者海域使用权出让合同;

4　宗海图(宗海位置图、界址图)以及界址点坐标;

5　海域使用金缴纳或者减免凭证;

6　法律、行政法规以及《实施细则》规定的其他材料。

申请海域使用权及建筑物、构筑物所有权首次登记,提交的材料包括:

1　不动产登记申请书;

2　申请人身份证明;

3　不动产权属证书或不动产权属来源材料;

4 宗海图(宗海位置图、界址图)以及界址点坐标;
5 建筑物、构筑物符合规划的材料;
6 建筑物、构筑物已经竣工的材料;
7 海域使用金缴纳或者减免凭证;
8 法律、行政法规以及《实施细则》规定的其他材料。

12.1.4 审查要点

不动产登记机构在审核过程中应注意以下要点:

申请海域使用权首次登记的:

1 是否已依法取得海域使用权;
2 不动产登记申请书、权属来源材料等记载的主体是否一致;
3 申请材料中已有相应的调查成果,则审核调查成果资料是否齐全、规范,申请登记的项目名称、用海面积、类型、方式、期限等与批准文件或出让合同是否一致,宗海图(宗海位置图、界址图)以及界址坐标、面积等是否符合要求;
4 海域使用金是否按规定缴纳;
5 本规范第4章要求的其他审查事项。

申请海域使用权及建筑物、构筑物所有权登记的:

1 海域使用权是否已登记。已登记的,不动产登记簿记载的权利主体与建筑物、构筑物符合规划材料和建筑物、构筑物竣工材料等记载的权利主体是否一致;未登记的,建筑物、构筑物符合规划和建筑物、构筑物竣工材料等记载的主体是否与不动产权属来源材料记载的主体一致;
2 不动产权籍调查成果资料是否齐全、规范,权利人、权利类型及其性质等是否准确,宗海图(宗海位置图、界址图)及界址坐标、面积等是否符合要求;
3 是否已按规定进行实地查看;
4 本规范第4章要求的其他审查事项。

不存在本规范第4.8.2条不予登记情形的,记载不动产登记簿后向申请人核发不动产权属证书。

12.2 变更登记

12.2.1 适用

已经登记的海域使用权以及建筑物、构筑物所有权,因下列情形之一发生变更,当事人可以申请变更登记:

1 权利人姓名或者名称、身份证明类型或者身份证明号码发生变化的;
2 海域坐落、名称发生变化的;
3 改变海域使用位置、面积或者期限的;
4 海域使用权续期的;
5 共有性质变更的;
6 法律、行政法规规定的其他情形。

12.2.2 申请主体

海域使用权以及建筑物、构筑物所有权变更登记的申请主体应当为不动产登记簿记载的权利人。因共有人的姓名、名称发生变化的,可以由发生变化的权利人申请;海域使用面积、用途等自然状况发生变化的,可以由共有人一人或多人申请。

12.2.3 申请材料

申请海域使用权以及建筑物、构筑物所有权变更登记,提交的材料包括:

1 不动产登记申请书;
2 申请人身份证明;
3 不动产权属证书;
4 海域使用权以及建筑物、构筑物所有权变更的材料,包括:

(1)权利人姓名或者名称、身份证明类型或者身份证明号码发生变化的,提交能够证实其身份变更的材料;

(2)海域或建筑物、构筑物面积、界址范围发生变化的,提交有批准权的人民政府或者主管部门的批准文件、海域使用权出让合同补充协议以及变更后的宗海图(宗海位置图、界址图)以及界址点坐标等成果。依法需要补交海域使用金的,还应当提交相关的缴纳凭证;

(3)海域或建筑物、构筑物用途发生变化的,提交有批准权的人民政府或其主管部门的批准文件、海域使用权出让合同补充协议。依法需要补交海域使用金的,还应当提交相关的缴纳凭证;

(4)海域使用期限发生变化或续期的,提交有批准权的人民政府或其主管部门的批准文件或者海域使用权出让合同补充协议。依法需要补交海域使用金的,还应当提交相关的缴纳凭证;

(5)共有性质变更的,应提交共有性质变更协议书或生效法律文书.

5 法律、行政法规以及《实施细则》规定的其他材料。

12.2.4 审查要点

不动产登记机构在审核过程中应注意以下要点：

1 申请变更登记的海域使用权以及建筑物、构筑物所有权是否已经登记；

2 海域使用权以及建筑物、构筑物所有权的变更材料是否齐全、有效；

3 申请变更事项与变更登记文件记载的变更事实是否一致；

4 依法应当缴纳海域使用金的，是否已按规定缴纳相应价款；

5 申请登记事项与不动产登记簿的记载是否冲突；

6 本规范第4章要求的其他审查事项。

不存在本规范第4.8.2条不予登记情形的，将登记事项记载于不动产登记簿。

12.3 转移登记

12.3.1 适用

已经登记的海域使用权以及建筑物、构筑物所有权，因下列情形之一导致权属发生转移的，当事人可以申请转移登记：

1 企业合并、分立或者与他人合资、合作经营、作价入股的；

2 依法转让、赠与的；

3 继承、受遗赠取得的；

4 人民法院、仲裁委员会生效法律文书导致权属转移的；

5 法律、行政法规规定的其他情形。

12.3.2 申请主体

海域使用权以及建筑物、构筑物所有权转移登记应当由双方共同申请。属本规范第12.3.1条第3、4项情形的，可由单方申请。

12.3.3 申请材料

海域使用权以及建筑物、构筑物所有权转移登记，提交的材料包括：

1 不动产登记申请书；

2 申请人身份证明；

3 不动产权属证书；

4 海域使用权以及建筑物、构筑物所有权转移的材料，包括：

（1）法人或非法人组织合并、分立或者与他人合资、合作经营，导致权属发生转移的，提交法人或非法人组织合并、分立的材料以及不动产权属转移的材料；

（2）作价出资（入股）的，提交作价出资（入股）协议；

（3）买卖的，提交买卖合同；赠与的，提交赠与合同；

（4）因继承、受遗赠取得的，按照本规范1.8.6的规定提交材料；

（5）因人民法院、仲裁委员会的生效法律文书等导致权属发生变化的，提交人民法院、仲裁委员会的生效法律文书等材料。

（6）转让批准取得的海域使用权，提交原批准用海的海洋行政主管部门批准转让的文件。

5 依法需要补交海域使用金、缴纳税费的，应当提交缴纳海域使用金缴款凭证、税费缴纳凭证；

6 法律、行政法规以及《实施细则》规定的其他材料。

12.3.4 审查要点

不动产登记机构在审核过程中应注意以下要点：

1 海域使用权以及建筑物、构筑物所有权转移的登记原因文件是否齐全、有效；

2 申请转移的海域使用权以及建筑物、构筑物所有权与登记原因文件记载是否一致；

3 海域使用权以及建筑物、构筑物所有权被查封的，不予办理转移登记；

4 有异议登记的，受让方是否已签署知悉存在异议登记并自担风险的书面承诺；

5 申请登记事项与不动产登记簿的记载是否冲突；

6 依法应当缴纳海域使用金、纳税的，是否已缴纳海域使用金和有关税费；

7 本规范第4章要求的其他审查事项。

不存在本规范第4.8.2条不予登记情形的，将登记事项记载于不动产登记簿，并向权利人核发不动产权属证书。

12.4 注销登记

12.4.1 适用

已经登记的海域使用权以及建筑物、构筑物所有权，有下列情形之一的，当事人可以申请办理注销登记：

1 不动产灭失的；

2 权利人放弃海域使用权以及建筑物、构筑物所有权的；

3 因人民法院、仲裁委员会的生效法律文书等导致海域使用权以及建筑物、构筑物所有权消灭的；

4 法律、行政法规规定的其他情形。

12.4.2 申请主体

海域使用权以及建筑物、构筑物所有权注销登记的申请主体应当为不动产登记簿记载的权利人。

12.4.3 申请材料

申请海域使用权以及建筑物、构筑物所有权注销登记，提交的材料包括：

1 不动产登记申请书；

2 申请人身份证明；

3 不动产权属证书；

4 海域使用权以及建筑物、构筑物所有权消灭的材料，包括：

（1）不动产灭失的，提交证实灭失的材料；

（2）权利人放弃海域使用权以及建筑物、构筑物所有权的，提交权利人放弃权利的书面文件。设立抵押权、地役权或者已经办理预告登记、查封登记的，需提交抵押权人、地役权人、预告登记权利人、查封机关同意注销的书面材料；

（3）因人民法院或者仲裁委员会生效法律文书等导致海域使用权以及建筑物、构筑物所有权消灭的，提交人民法院或者仲裁委员会生效法律文书等材料；

5 法律、行政法规以及《实施细则》规定的其他材料。

12.4.4 审查要点

不动产登记机构在审核过程中应注意以下要点：

1 申请注销的海域使用权以及建筑物、构筑物所有权是否已经登记；

2 海域使用权以及建筑物、构筑物所有权的注销材料是否齐全、有效；

3 不动产灭失的，是否已实地查看；

4 海域使用权以及建筑物、构筑物所有权已设立抵押权、地役权或者已经办理预告登记、查封登记的，权利人放弃权利申请注销登记的，是否提供抵押权人、地役权人、预告登记权利人、查封机关书面同意；

5 申请登记事项与不动产登记簿的记载是否冲突；

6 本规范第4章要求的其他审查事项。

不存在本规范第4.8.2条不予登记情形的，将登记事项以及不动产权证书或者不动产登记证明收回、作废等内容记载于不动产登记簿。

申请无居民海岛登记的，参照海域使用权及建筑物、构筑物所有权登记的有关规定办理。

13 地役权登记

13.1 首次登记

13.1.1 适用

按照约定设定地役权利用他人不动产，有下列情形之一的，当事人可以申请地役权首次登记。地役权设立后，办理首次登记前发生变更、转移的，当事人应当就已经变更或转移的地役权，申请首次登记。

1 因用水、排水、通行利用他人不动产的；

2 因铺设电线、电缆、水管、输油管线、暖气和燃气管线等利用他人不动产的；

3 因架设铁塔、基站、广告牌等利用他人不动产的；

4 因采光、通风、保持视野等限制他人不动产利用的；

5 其他为提高自己不动产效益，按照约定利用他人不动产的情形。

13.1.2 申请主体

地役权首次登记应当由地役权合同中载明的需役地权利人和供役地权利人共同申请。

13.1.3 申请材料

申请地役权首次登记，提交的材料包括：

1 不动产登记申请书；

2 申请人身份证明；

3 需役地和供役地的不动产权属证书；

4 地役权合同；

5 地役权设立后，办理首次登记前发生变更、转移的，还应提交相关材料；

6 法律、行政法规以及《实施细则》规定的其他材料。

13.1.4 审查要点

不动产登记机构在审核过程中应注意以下要点：

1 供役地、需役地是否已经登记；

2 不动产登记申请书、不动产权属证书、地役权合同等材料记载的主体是否一致；

3 是否为利用他人不动产而设定地役权

4 当事人约定的利用方法是否属于其他物权的内容；

5 地役权内容是否违反法律、行政法规的强制性规定；

6 供役地被抵押的，是否已经抵押权人书面同意；

7 本规范第4章要求的其他审查事项。

不存在本规范第4.8.2条不予登记情形的，记载不动产登记簿后向权利人核发不动产登记证明。地役权首次登记，不动产登记机构应当将登记事项分别记载于需役地和供役地不动产登记簿。

13.2 变更登记

13.2.1 适用

已经登记的地役权，因下列变更情形之一的，当事人应当申请变更登记：

1 需役地或者供役地权利人姓名或者名称、身份证明类型或者身份证明号码发生变化的；

2 共有性质变更的；

3 需役地或者供役地自然状况发生变化；

4 地役权内容变更的；

5 法律、行政法规规定的其他情形。

13.2.2 申请主体

地役权变更登记的申请主体应当为需役地权利人和供役地权利人。因共有人的姓名、名称发生变化的，可以由姓名、名称发生变化的权利人申请；因不动产自然状况变化申请变更登记的，可以由共有人一人或多人申请。

13.2.3 申请材料

申请地役权变更登记，提交的材料包括：

1 不动产登记申请书；

2 申请人身份证明；

3 不动产登记证明；

4 地役权变更的材料，包括：

（1）权利人姓名或者名称、身份证明类型或者身份证明号码发生变化的，提交能够证实其身份变更的材料；

（2）需役地或者供役地的面积发生变化的，提交有批准权的人民政府或其主管部门的批准文件以及变更后的权籍调查表、宗地图和宗地界址坐标等不动产权籍调查成果；

（3）共有性质变更的，提交共有性质变更协议；

（4）地役权内容发生变化的，提交地役权内容变更的协议；

5 法律、行政法规以及《实施细则》规定的其他材料。

13.2.4 审查要点

不动产登记机构在审核过程中应注意以下要点：

1 申请变更登记的地役权是否已经登记；

2 地役权的变更材料是否齐全、有效；

3 申请变更事项与变更登记文件记载的变更事实是否一致；

4 本规范第4章要求的其他审查事项。

不存在本规范第4.8.2条不予登记情形的，将登记事项记载于不动产登记簿。地役权变更登记，不动产登记机构应当将登记事项分别记载于需役地和供役地的不动产登记簿。

13.3 转移登记

13.3.1 适用

已经登记的地役权不得单独转让、抵押。因土地承包经营权、建设用地使用权等转让发生转移的，当事人应当一并申请地役权转移登记。申请需役地转移登记，需役地权利人拒绝一并申请地役权转移登记的，还应当提供相关的书面材料。

13.3.2 申请主体

地役权转移登记应当由双方共同申请。

13.3.3 申请材料

地役权转移登记与不动产转移登记合并办理，提交的材料包括：

1 不动产登记申请书；

2 申请人身份证明；

3 不动产登记证明；

4 地役权转移合同；

5 法律、行政法规以及《实施细则》规定的其他材料。

13.3.4 审查要点

不动产登记机构在审核过程中应注意以下要点：

1 申请转移登记的地役权是否已经登记；

2 地役权转移的登记原因文件是否齐全、有效；

3 地役权是否为单独转让；

4 按本规范第4章的要求的其他审查事项。

不存在本规范第4.8.2条不予登记情形的，将登记事项记载于不动产登记簿,并向权利人核发不动产登记证明。单独申请地役权转移登记的,不予办理。地役权转移登记,不动产登记机构应当将登记事项分别记载于需役地和供役地不动产登记簿。

13.4 注销登记

13.4.1 适用

已经登记的地役权,有下列情形之一的,当事人可以申请地役权注销登记:

1 地役权期限届满的;
2 供役地、需役地归于同一人的;
3 供役地或者需役地灭失的;
4 人民法院、仲裁委员会的生效法律文书等导致地役权消灭的;
5 依法解除地役权合同的;
6 其他导致地役权消灭的事由。

13.4.2 申请主体

当事人依法解除地役权合同的,应当由供役地、需役地双方共同申请,其他情形可由当事人单方申请。

13.4.3 申请材料

申请地役权注销登记,提交的材料包括:

1 不动产登记申请书;
2 申请人身份证明;
3 不动产登记证明;
4 地役权消灭的材料,包括:

（1）地役权期限届满的,提交地役权期限届满的材料;

（2）供役地、需役地归于同一人的,提交供役地、需役地归于同一人的材料;

（3）供役地或者需役地灭失的,提交供役地或者需役地灭失的材料;

（4）人民法院、仲裁委员会效法律文书等导致地役权消灭的,提交人民法院、仲裁委员会的生效法律文书等材料;

（5）依法解除地役权合同的,提交当事人解除地役权合同的协议。

5 法律、行政法规以及《实施细则》规定的其他材料。

13.4.4 审查要点

不动产登记机构在审核过程中应注意以下要点:

1 注销的地役权是否已经登记;

2 地役权消灭的材料是否齐全、有效;

3 供役地或者需役地灭失的,是否已按规定进行实地查看;

4 本规范第4章要求的其他审查事项。

不存在本规范第4.8.2条不予登记情形的,将登记事项以及不动产登记证明收回、作废等内容记载于不动产登记簿。地役权注销登记,不动产登记机构应当将登记事项分别记载于需役地和供役地不动产登记簿。

14 抵押权登记

14.1 首次登记

14.1.1 适用

在借贷、买卖等民事活动中,自然人、法人或非法人组织为保障其债权实现,依法设立不动产抵押权的,可以由抵押人和抵押权人共同申请办理不动产抵押登记。以建设用地使用权、海域使用权抵押的,该土地、海域上的建筑物、构筑物一并抵押;以建筑物、构筑物抵押的,该建筑物、构筑物占用范围内的建设用地使用权、海域使用权一并抵押。

1 为担保债务的履行,债务人或者第三人不转移不动产的占有,将该不动产抵押给债权人的,当事人可以申请一般抵押权首次登记;

2 为担保债务的履行,债务人或者第三人对一定期间内将要连续发生的债权提供担保不动产的,当事人可以申请最高额抵押权首次登记;

3 以正在建造的建筑物设定抵押的,当事人可以申请建设用地使用权及在建建筑物抵押权首次登记。

14.1.2 抵押财产范围

以下列财产进行抵押的,可以申请办理不动产抵押登记:

1 建设用地使用权;
2 建筑物和其他土地附着物;
3 海域使用权;
4 土地经营权;
5 正在建造的建筑物;
6 法律、行政法规未禁止抵押的其他不动产。

14.1.3 不得办理抵押登记的财产范围

对于法律禁止抵押的下列财产,不动产登记机构不得办理不动产抵押登记:

1 土地所有权、海域所有权;

2　宅基地、自留地、自留山等集体所有的土地使用权，但是法律规定可以抵押的除外；

3　学校、幼儿园、医疗机构、养老机构等为公益目的成立的非营利法人的教育设施、医疗卫生设施、养老设施和其他社会公益设施；

4　所有权、使用权不明或者有争议的不动产；

5　依法被查封的不动产；

6　法律、行政法规规定不得抵押的其他不动产。

14.1.4　申请主体

抵押权首次登记应当由抵押人和抵押权人共同申请。

14.1.5　申请材料

申请抵押权首次登记，提交的材料包括：

1　不动产登记申请书；

2　申请人身份证明；

3　不动产权属证书。

4　主债权合同。最高额抵押的，应当提交一定期间内将要连续发生债权的合同或者其他登记原因文件等必要材料；

5　抵押合同。主债权合同中包含抵押条款的，可以不提交单独的抵押合同书。最高额抵押的，应当提交最高额抵押合同。

6　下列情形还应当提交以下材料：

（1）同意将最高额抵押权设立前已经存在的债权转入最高额抵押担保的债权范围的，应当提交已存在债权的合同以及当事人同意将该债权纳入最高额抵押权担保范围的书面材料；

（2）在建建筑物抵押的，应当提交建设工程规划许可证；

7　法律、行政法规以及《实施细则》规定的其他材料。

14.1.6　审查要点

不动产登记机构在审核过程中应注意以下要点：

1　抵押财产是否已经办理不动产登记；

2　抵押财产是否属于法律、行政法规禁止抵押的不动产；

3　抵押合同上记载的抵押人、抵押权人、被担保主债权的数额或种类、担保范围、债务履行期限、抵押不动产是否明确；最高额抵押登记的，最高债权额限度、债权确定的期间是否明确；

4　申请人与不动产权证书或不动产登记证明、主债权合同、抵押合同、最高额抵押合同等记载的主体是否一致；

5　在建建筑物抵押的，抵押财产不包括已经办理预告登记的预购商品房和已办理预售合同登记备案的商品房；

6　在建建筑物抵押，应当实地查看的，是否已实地查看；

7　有查封登记的，不予办理抵押登记，但在商品房抵押预告登记后办理的预查封登记，不影响商品房抵押预告登记转抵押权首次登记；

8　办理抵押预告登记转抵押权首次登记，抵押人与抵押预告登记权利人是否一致；

9　同一不动产上设有多个抵押权的，应当按照受理时间的先后顺序依次办理登记；

10　登记申请是否违反法律、行政法规的规定；

11　本规范第4章要求的其他审查事项。

不存在本规范第4.8.2条不予登记情形的，记载不动产登记簿后向抵押权人核发不动产登记证明。

14.2　变更登记

14.2.1　适用

已经登记的抵押权，因下列情形发生变更的，当事人可以申请抵押权变更登记：

1　权利人姓名或者名称、身份证明类型或者身份证明号码发生变化的；

2　担保范围发生变化的；

3　抵押权顺位发生变更的；

4　被担保的主债权种类或者数额发生变化的；

5　债务履行期限发生变化的；

6　最高债权额发生变化的；

7　最高额抵押权债权确定的期间发生变化的；

8　法律、行政法规规定的其他情形。

14.2.2　申请主体

申请抵押权变更登记，应当由抵押人和抵押权人共同申请。因抵押人或抵押权人姓名、名称发生变化的，可由发生变化的当事人单方申请；不动产坐落、名称发生变化的，可由抵押人单方申请。

14.2.3　申请材料

申请抵押权变更登记,提交的材料包括:
1 不动产登记申请书;
2 申请人身份证明;
3 不动产权证书和不动产登记证明;
4 抵押权变更的材料,包括:
(1)抵押权人或者抵押人姓名、名称变更的,提交能够证实其身份变更的材料;
(2)担保范围、抵押权顺位、被担保债权种类或者数额、债务履行期限、最高债权额、债权确定期间等发生变更的,提交抵押人与抵押权人约定相关变更内容的协议;
5 因抵押权顺位、被担保债权数额、最高债权额、担保范围、债务履行期限发生变更等,对其他抵押权人产生不利影响的,还应当提交其他抵押权人的书面同意文件和身份证明文件;
6 法律、行政法规以及《实施细则》规定的其他材料。

14.2.4 审查要点
不动产登记机构在审核过程中应注意以下要点:
1 申请变更登记的抵押权是否已经登记;
2 抵押权变更的材料是否齐全、有效;
3 申请变更的事项与变更登记文件记载的变更事实是否一致;
4 抵押权变更影响其他抵押权人利益的,是否已经其他抵押权人书面同意;
5 本规范第4章要求的其他审查事项。
不存在本规范第4.8.2条不予登记情形的,将登记事项记载于不动产登记簿。

14.3 转移登记
14.3.1 适用
因主债权转让导致抵押权转让的,当事人可以申请抵押权转移登记。
最高额抵押权担保的债权确定前,债权人转让部分债权的,除当事人另有约定外,不得办理最高额抵押权转移登记。债权人转让部分债权,当事人约定最高额抵押权随同部分债权的转让而转移的,应当分别申请下列登记:
1 当事人约定原抵押权人与受让人共同享有最高额抵押权的,应当申请最高额抵押权转移登记和最高额抵押权变更登记;
2 当事人约定受让人享有一般抵押权、原抵押权人就扣减已转移的债权数额后继续享有最高额抵押权的,应当一并申请一般抵押权转移登记和最高额抵押权变更登记;
3 当事人约定原抵押权人不再享有最高额抵押权的,应当一并申请最高额抵押权确定登记和一般抵押权转移登记。

14.3.2 申请主体
抵押权转移登记应当由不动产登记簿记载的抵押权人和债权受让人共同申请。

14.3.3 申请材料
申请抵押权转移登记,提交的材料包括:
1 不动产登记申请书;
2 申请人身份证明;
3 不动产权证书和不动产登记证明;
4 抵押权转移的材料,包括:
(1)申请一般抵押权转移登记的,还应当提交被担保主债权的转让协议;
(2)申请最高额抵押权转移登记的,还应当提交部分债权转移的材料、当事人约定最高额抵押权随同部分债权的转让而转移的材料;
(3)债权人已经通知债务人的材料。
5 法律、行政法规以及《实施细则》规定的其他材料。

14.3.4 审查要点
不动产登记机构在审核过程中应注意以下要点:
1 申请转移登记的抵押权是否已经登记;
2 申请转移登记的材料是否齐全、有效;
3 申请转移的抵押权与抵押权转移登记申请材料的记载是否一致;
4 本规范第4章要求的其他审查事项。
不存在本规范第4.8.2条不予登记情形的,将登记事项记载于不动产登记簿,并向权利人核发不动产登记证明。

14.4 注销登记
14.4.1 适用
已经登记的抵押权,发生下列情形之一的,当事人可以申请抵押权注销登记:
1 主债权消灭的;
2 抵押权已经实现的;
3 抵押权人放弃抵押权的;
4 因人民法院、仲裁委员会的生效法律文书致使抵押权消灭的;
5 法律、行政法规规定抵押权消灭的其他

情形。

14.4.2 申请主体

不动产登记簿记载的抵押权人与抵押人可以共同申请抵押权的注销登记。

债权消灭或抵押权人放弃抵押权的，抵押人可以单方申请抵押权的注销登记。

人民法院、仲裁委员会生效法律文书确认抵押权消灭的，抵押人等当事人可以单方申请抵押权的注销登记。

14.4.3 申请材料

申请抵押权注销登记，提交的材料包括：

1 不动产登记申请书；

2 申请人身份证明；

3 抵押权消灭的材料；

4 抵押权人与抵押人共同申请注销登记的，提交不动产权证书和不动产登记证明；抵押权人单方申请注销登记的，提交不动产登记证明；抵押人等当事人单方申请注销登记的，提交证实抵押权已消灭的人民法院、仲裁委员会作出的生效法律文书；

5 法律、行政法规以及《实施细则》规定的其他材料。

14.4.4 审查要点

不动产登记机构在审核过程中应注意以下要点：

1 申请注销的抵押权是否已经登记；

2 申请抵押权注销登记的材料是否齐全、有效；

3 申请注销的抵押权与抵押权注销登记申请材料的记载是否一致；

4 本规范第4章要求的其他审查事项。

不存在本规范第4.8.2条不予登记情形的，将登记事项以及不动产登记证明收回、作废等内容记载于不动产登记簿。

15 预告登记

15.1 预告登记的设立

15.1.1 适用

有下列情形之一的，当事人可以按照约定申请不动产预告登记：

1 商品房等不动产预售的；

2 不动产买卖、抵押的；

3 以预购商品房设定抵押权的；

4 法律、行政法规规定的其他情形。

15.1.2 申请主体

预告登记的申请主体应当为买卖房屋或者其他不动产物权的协议的双方当事人。预购商品房的预售人和预购人订立商品房买卖合同后，预售人未按照约定与预购人申请预告登记时，预购人可以单方申请预告登记。

15.1.3 申请材料

申请预告登记，申请人提交的材料包括：

1 不动产登记申请书；

2 申请人身份证明；

3 当事人关于预告登记的约定；

4 属于下列情形的，还应当提交下列材料：

（1）预购商品房的，提交已备案的商品房预售合同。依法应当备案的商品房预售合同，经县级以上人民政府房产管理部门或土地管理部门备案，作为登记的申请材料。

（2）以预购商品房等不动产设定抵押权的，提交不动产登记证明以及不动产抵押合同、主债权合同；

（3）不动产转移的，提交不动产权属证书、不动产转让合同；

（4）不动产抵押的，提交不动产权属证书、不动产抵押合同和主债权合同。

5 预售人与预购人在商品房预售合同中对预告登记附有条件和期限的，预购人应当提交相应材料。

6 法律、行政法规以及《实施细则》规定的其他材料。

买卖房屋或者其他不动产物权的协议中包括预告登记的约定或对预告登记附有条件和期限的约定，可以不单独提交相应材料。

15.1.4 审查要点

不动产登记机构在审核过程中应注意以下要点：

1 申请预购商品房预告登记的，其预售合同是否已经备案；申请预购商品房抵押预告登记的，是否经已办理预购商品房预告登记；申请其他预告登记的，不动产物权是否已经登记；

2 申请人与申请材料记载的主体是否一致；

3 申请登记的内容与登记原因文件或者权属来源材料是否一致；

4 不动产买卖、抵押的，预告登记内容是否与不动产登记簿记载的有关内容冲突；

5　不动产被查封的,不予办理;
6　本规范第4章要求的其他审查事项。

不存在本规范第4.8.2条不予登记情形的,记载不动产登记簿后向申请人核发不动产登记证明。

15.2　预告登记的变更
15.2.1　适用
因当事人的姓名、名称、身份证明类型或者身份证明号码等发生变更的,当事人可申请预告登记的变更。

15.2.2　申请主体
预告登记变更可以由不动产登记簿记载的当事人单方申请。

15.2.3　申请材料
申请预告登记的变更,申请人提交的材料包括:

1　不动产登记申请书;
2　申请人身份证明;
3　预告登记内容发生变更的材料;
4　法律、行政法规以及《实施细则》规定的其他材料。

15.2.4　审查要点
不动产登记机构在审核过程中应注意以下要点:

1　申请变更登记的材料是否齐全、有效;
2　申请人与申请材料记载的主体是否一致;
3　变更登记的事项与申请变更登记的材料记载的内容是否一致;
4　申请登记事项与不动产登记簿的记载是否冲突;
5　本规范第4章要求的其他审查事项。

不存在本规范第4.8.2条不予登记情形的,将登记事项记载于不动产登记簿。

15.3　预告登记的转移
15.3.1　适用
有下列情形之一的,当事人可申请预告登记的转移:

1　因继承、受遗赠导致不动产预告登记转移的;
2　因人民法院、仲裁委员会生效法律文书导致不动产预告登记转移的;
3　因主债权转移导致预购商品房抵押预告登记转移的;
4　因主债权转移导致不动产抵押预告登记转移的;
5　法律、行政法规规定的其他情形。

15.3.2　申请主体
预告登记转移的申请人由不动产登记簿记载的预告登记权利人和该预告登记转移的受让人共同申请。因继承、受遗赠、人民法院、仲裁委员会生效法律文书导致不动产预告登记转移的可以单方申请。

15.3.3　申请材料
申请预告登记的转移,申请人提交的材料包括:

1　不动产登记申请书;
2　申请人身份证明;
3　按照不同情形,提交下列材料:
(1)继承、受遗赠的,按照本规范1.8.6的规定提交材料;
(2)人民法院、仲裁委员会生效法律文书;
(3)主债权转让的合同和已经通知债务人的材料;
4　法律、行政法规以及《实施细则》规定的其他材料。

15.3.4　审查要点
不动产登记机构在审核过程中应注意以下要点:

1　预告登记转移的登记原因文件是否齐全、有效;
2　申请转移的预告登记与登记申请材料的记载是否一致;
3　申请登记事项与不动产登记簿记载的事项是否冲突;
4　本规范第4章要求的其他审查事项。

不存在本规范第4.8.2条不予登记情形的,将登记事项记载于不动产登记簿,并向权利人核发不动产登记证明。

15.4　预告登记的注销
15.4.1　适用
有下列情形之一的,当事人可申请注销预告登记:

1　买卖不动产物权的协议被认定无效、被撤销、被解除等导致债权消灭的;
2　预告登记的权利人放弃预告登记的;
3　法律、行政法规规定的其他情形。

15.4.2 申请主体

申请人为不动产登记簿记载的预告登记权利人或生效法律文书记载的当事人。预告当事人协议注销预告登记的，申请人应当为买卖房屋或者其他不动产物权的协议的双方当事人。

15.4.3 申请材料

申请注销预告登记，申请人提交的材料包括：

1 不动产登记申请书；
2 申请人身份证明；
3 不动产登记证明；
4 债权消灭或者权利人放弃预告登记的材料；
5 法律、行政法规以及《实施细则》规定的其他材料。

15.4.4 审查要点

不动产登记机构在审核过程中应注意以下要点：

1 预告登记的注销材料是否齐全、有效；
2 不动产作为预告登记权利人的财产被预查封的，不予办理；
3 本规范第4章要求的其他审查事项。

不存在本规范第4.8.2条不予登记情形的，将登记事项以及不动产登记证明收回、作废等内容记载于不动产登记簿。

16 更正登记

16.1 依申请更正登记

16.1.1 适用

权利人、利害关系人认为不动产登记簿记载的事项有错误，或者人民法院、仲裁委员会生效法律文书等确定的不动产权利归属、内容与不动产登记簿记载的权利状况不一致的，当事人可以申请更正登记。

16.1.2 申请主体

依申请更正登记的申请人应当是不动产的权利人或利害关系人。利害关系人与申请更正的不动产登记簿记载的事项存在利害关系。

16.1.3 申请材料

申请更正登记提交的材料包括：

1 不动产登记申请书；
2 申请人身份证明；
3 证实不动产登记簿记载事项错误的材料，但不动产登记机构书面通知相关权利人申请更正登记的除外；

4 申请人为不动产权利人的，提交不动产权属证书；申请人为利害关系人的，证实与不动产登记簿记载的不动产权利存在利害关系的材料；
5 法律、行政法规以及《实施细则》规定的其他材料。

16.1.4 审查要点

不动产登记机构在审核过程中应注意以下要点：

1 申请人是否是不动产的权利人或利害关系人；利害关系人申请更正的，利害关系材料是否能够证实申请人与被更正的不动产有利害关系；
2 申请更正的登记事项是否已在不动产登记簿记载；错误登记之后是否已经办理了该不动产转移登记，或者办理了抵押权或地役权首次登记、预告登记和查封登记且未注销的；
3 权利人同意更正的，在权利人出具的书面材料中，是否已明确同意更正的意思表示，并且申请人是否提交了证明不动产登记簿确有错误的证明材料；更正事项由人民法院、仲裁委员会法律文书等确认的，法律文书等材料是否已明确不动产权利归属，是否已经发生法律效力；
4 本规范第4章要求的其他审查事项。

不存在本规范第4.8.2条不予登记情形的，将更正事项记载不动产登记簿，涉及不动产权证书或者不动产登记证明记载内容的，向权利人换发不动产权证书或者不动产登记证明。

16.2 依职权更正登记

16.2.1 适用

不动产登记机构发现不动产登记簿记载的事项有错误，不动产登记机构应书面通知当事人在30个工作日内申请办理更正登记，当事人逾期不办理的，不动产登记机构应当在公告15个工作日后，依法予以更正；但在错误登记之后已经办理了涉及不动产权利处分的登记、预告登记和查封登记的除外。

16.2.2 登记材料

不动产登记机构依职权更正登记应当具备下列材料：

1 证实不动产登记簿记载事项错误的材料；
2 通知权利人在规定期限内办理更正登记的材料和送达凭证；
3 法律、行政法规以及《实施细则》规定的其他材料。

16.2.3 审查要点

不动产登记机构启动更正登记程序后，还应该按照以下要点进行审核：

1 不动产登记机构是否已书面通知相关权利人在规定期限内申请办理更正登记，而当事人无正当理由逾期不申请办理；

2 查阅不动产登记资料，审查登记材料或者有效的法律文件是否能证实不动产登记簿记载错误；

3 在错误登记之后是否已经办理了涉及不动产权利处分的登记、预告登记和查封登记；

4 书面通知的送达对象、期限及时间是否符合规定；

5 更正登记事项是否已按规定进行公告；

6 本规范第 4 章要求的其他审查事项。

17 异议登记

17.1 异议登记

17.1.1 适用

利害关系人认为不动产登记簿记载的事项有错误，权利人不同意更正的，利害关系人可以申请异议登记。

17.1.2 申请主体

异议登记申请人应当是利害关系人。

17.1.3 申请材料

申请异议登记需提交下列材料：

1 不动产登记申请书；

2 申请人身份证明；

3 证实对登记的不动产权利有利害关系的材料；

4 证实不动产登记簿记载的事项错误的材料；

5 法律、行政法规以及《实施细则》规定的其他材料。

17.1.4 审查要点

不动产登记机构在审核过程中应注意以下要点：

1 利害关系材料是否能够证实申请人与被异议的不动产权利有利害关系；

2 异议登记事项的内容是否已经记载于不动产登记簿；

3 同一申请人是否就同一异议事项提出过异议登记申请；

4 不动产被查封、抵押或设有地役权的，不影响该不动产的异议登记；

5 本规范第 4 章要求的其他审查事项。

不存在本规范第 4.8.2 条不予登记情形的，不动产登记机构应即时办理。在记载不动产登记簿后，向申请人核发不动产登记证明。

17.2 注销异议登记

17.2.1 适用

1 异议登记期间，异议登记申请人可以申请注销异议登记；

2 异议登记申请人自异议登记之日起 15 日内，未提交人民法院受理通知书、仲裁委员会受理通知书等提起诉讼、申请仲裁的，异议登记失效。

17.2.2 申请主体

注销异议登记申请人是异议登记申请人。

17.2.3 申请材料

申请注销异议登记提交的材料包括：

1 不动产登记申请书；

2 申请人身份证明；

3 异议登记申请人申请注销登记的，提交不动产登记证明；或者异议登记申请人的起诉被人民法院裁定不予受理或者予以驳回诉讼请求的材料；

4 法律、行政法规以及《实施细则》规定的其他材料。

17.2.4 审查要点

不动产登记机构在审核过程中应注意以下要点：

1 申请注销异议登记的材料是否齐全、有效；

2 本规范第 4 章要求的其他审查事项。

不存在本规范第 4.8.2 条不予登记情形的，不动产登记机构应即时办理，将登记事项内容记载于不动产登记簿。

18 查封登记

18.1 查封登记

18.1.1 适用

不动产登记机构依据国家有权机关的嘱托文件依法办理查封登记的，适用查封登记。

18.2 嘱托查封主体

嘱托查封的主体应当为人民法院、人民检察院或公安机关等国家有权机关。

18.2.1 嘱托材料

办理查封登记需提交下列材料：

1　人民法院、人民检察院或公安机关等国家有权机关送达人的工作证和执行公务的证明文件。委托其他法院送达的,应当提交委托送达函。

　　2　人民法院查封的,应提交查封或者预查封的协助执行通知书;人民检察院查封的,应提交查封函;公安等国家有权机关查封的,应提交协助查封的有关文件。

18.2.2　审查要点

不动产登记机构接收嘱托文件后,应当要求送达人签名,并审查以下内容:

　　1　查看嘱托机关送达人的工作证和执行公务的证明文件,并与嘱托查封单位进行核实。委托送达的,委托送达函是否已加盖委托机关公章,是否注明委托事项、受委托机关等;

　　2　嘱托文件是否齐全、是否符合规定;

　　3　嘱托文件所述查封事项是否清晰,是否注明被查封的不动产的坐落名称、权利人及有效的不动产权属证书号。被查封不动产的内容与不动产登记簿的记载是否一致;

　　4　本规范第4章要求的其他审查事项。

不动产登记机构不对查封机关送达的嘱托文件进行实体审查。不动产登记机构认为登记事项存在异议的,不动产登记机构应当办理查封登记,并向嘱托机关提出审查建议。不动产登记机构审查后符合登记条件的,应即时将查封登记事项记载于不动产登记簿。

18.2.3　因两个或以上嘱托事项查封同一不动产的,不动产登记机构应当为先送达查封通知书的嘱托机关办理查封登记,对后送达的嘱托机关办理轮候查封登记。轮候查封登记的顺序按照嘱托机关嘱托文书依法送达不动产登记机构的时间先后进行排列。

不动产在预查封期间登记在被执行人名下的,预查封登记自动转为查封登记,预查封转为正式查封后,查封期限从预查封之日起计算。

18.3　注销查封登记

18.3.1　适用

　　1　查封期间,查封机关解除查封的,不动产登记机构应当根据其嘱托文件办理注销查封登记。

　　2　不动产查封、预查封期限届满,查封机关未嘱托解除查封、解除预查封或续封的,查封登记失效。

18.3.2　登记材料

办理注销查封登记需提交下列材料:

　　1　人民法院、人民检察院或公安机关等国家有权机关送达人的工作证和执行公务的证明文件。委托其他法院送达的,应提交委托送达函;

　　2　人民法院解除查封的,提交解除查封或解除预查封的协助执行通知书;公安机关等人民政府有权机关解除查封的,提交协助解除查封通知书;人民检察院解除查封的,提交解除查封函。

　　3　法律、行政法规以及《实施细则》规定的其他材料。

18.3.3　审查要点

不动产登记机构接收嘱托文件时,应当要求送达人签名,并审查以下内容:

　　1　查看嘱托机关送达人的工作证和执行公务的证明文件。委托其他法院送达的,委托送达函是否已加盖委托机关公章,是否注明委托事项、受委托机关等;

　　2　嘱托文件是否齐全、是否符合规定;

　　3　嘱托文件所述解除查封事项是否清晰,包括是否注明了解封不动产的名称、权利人及有效的不动产权属证书号。解除查封不动产的内容与不动产登记簿的记载是否一致;

　　4　本规范第4章要求的其他审查事项。

不动产登记机构审查后符合登记条件的,应将解除查封登记事项记载于不动产登记簿。

19　登记资料管理

19.1　一般规定

19.1.1　登记资料的范围

不动产登记资料包括:

　　1　不动产登记簿等不动产登记结果;

　　2　不动产登记原始资料,包括不动产登记申请书、申请人身份证明、不动产权属来源材料、登记原因文件、不动产权籍调查表等申请材料;不动产登记机构查验、询问、实地查看或调查、公告等形成的审核材料;其他有关机关出具的复函、意见以及不动产登记过程中产生的其他依法应当保存的材料等。

不动产登记资料应当由不动产登记机构管理。不动产登记资料中属于归档范围的,应当按照法律、行政法规的规定进行归档管理。

19.1.2　登记资料管理

不动产登记资料由不动产登记机构管理。不

动产登记机构应按照以下要求确保不动产登记信息的绝对安全：

1　不动产登记簿等不动产登记结果及权籍图应当永久保存；不动产权籍图包括宗地图、宗海图（宗海位置图、界址图）和房屋平面图等；

2　不动产登记原始资料应当按照规定整理后归档保存和管理；

3　不动产登记资料应当逐步电子化，不动产登记电子登记资料应当通过统一的不动产登记信息管理基础平台进行管理、开发和利用；

4　任何单位和个人不得随意损毁登记资料、不得泄露登记信息；

5　不动产登记机构应当建立符合防火、防盗、防溃、防有害生物等安全保护要求的专门场所，存放不动产登记簿和权籍图等；

6　除法律、行政法规另有规定或者因紧急情况为避免不动产登记簿毁损、灭失外，任何单位或个人不得将不动产登记簿携出不动产登记机构。

19.2　纸质资料管理

19.2.1　保管

不动产登记机构应妥善保管登记资料，防止登记资料污损、遗失，确保登记资料齐全、完整。

19.2.2　移交

登记事项登簿后，不动产登记人员应整理登记资料，填写统一制式的移交清单，将不动产登记原始资料和具有保存价值的其他材料收集、整理，并及时、完整地移交至资料管理部门。

19.2.3　接收

资料管理部门应比对移交清单对移交材料进行检查验收，对符合要求的，资料管理部门应予接收。

19.2.4　立卷

资料立卷宜采用1件1卷的原则，即每办理1件登记所形成的材料立1个卷。资料的立卷应包括：卷内材料的排列与编号、卷内目录和备考表的编制、卷皮和资料盒或资料袋的编写工作，并应符合下列规定：

1　卷内材料应按下列顺序排列：

（1）目录；

（2）结论性审核材料；

（3）过程性审核材料；

（4）当事人提供的登记申请材料；

（5）图纸；

（6）其他；

（7）备考表。

2　卷内材料应每1页材料编写1个页号。单面书写的材料应在右上角编写页号；双面书写的材料，应在正面右上角、背面左上角编写页号。图表、照片可编在与此相应位置的空白处或其背面。卷内目录、备考表可不编页号。编写页号应使用阿拉伯数字，起始号码从"1"开始。

3　卷内目录编制应符合下列规定：

（1）顺序号应按卷内材料的排列顺序，每份材料应编1个顺序号，不得重复、遗漏；

（2）材料题名应为材料自身的标题，不得随意更改和省略。如材料没有标题，应根据材料内容拟写一个标题；

（3）页次应填写该材料所在的起始页，最后页应填起止页号；

（4）备注应填写需注明的内容。

4　备考表的编制应符合下列规定：

（1）立卷人应为负责归档材料立卷装订的人员；

（2）检查人应为负责检查归档材料立卷装订质量的人员；

（3）日期应为归档材料立卷装订完毕的日期。

5　卷皮与资料盒或资料袋项目的填写可采计算机打印或手工填写。手工填写时应使用黑色墨水或墨汁填写，字体工整，不得涂改。

19.2.5　编号

资料编号可采用归档流水号统一制定编号规则。

19.2.6　装订

资料装订应符合下列规定：

1　材料上的金属物应全部剔除干净，操作时不得损坏材料，不得对材料进行剪裁；

2　破损的或幅面过小的材料应采用A4白衬纸托裱，1页白衬纸应托裱1张材料，不得托裱2张及以上材料；字迹扩散的应复制并与原件一起存档，原件在前，复制件在后；

3　幅面大于A4的材料，应按A4大小折叠整齐，并预留出装订边际；

4　卷内目录题名与卷内材料题名、卷皮姓名或名称与卷内材料姓名或名称应保持一致。姓名或名称不得用同音字或随意简化字代替；

5　卷内材料应向左下角对齐，装订孔中心线距材料左边际应为12.5mm；

6 应在材料左侧采用线绳装订；

7 材料折叠后过厚的，应在装订线位置加入垫片保持其平整；

8 卷内材料与卷皮装订在一起的，应整齐美观，不得压字、掉页，不得妨碍翻阅。

19.2.7 入库

纸质资料整理装订完毕，宜消毒除尘后入库。

19.2.8 上架

纸质资料入库后，宜及时上架，以备查验和利用。

19.2.9 保管

不动产登记资料保管，应符合下列规定：

1 资料库房应安装温湿度记录仪、配备空调及去湿、增湿设备，并应定期进行检修、保养；库房的温度应控制在14℃~24℃，相对湿度应控制在45%~60%；

2 资料库房应配备消防器材，并应按要求定期进行检查和更换；应安全使用电器设备，并应定期检查电器线路；库房内严禁明火装置和使用电炉及存放易燃易爆物品；库房内应安装防火及防盗自动报警装置，并应定期检查；

3 资料库房人工照明光源宜选用白炽灯，照度不宜超过100Lx；当采用荧光灯时，应对紫外线进行过滤；不宜采用自然光源，当有外窗时应采取遮阳措施，资料在任何情况下均应避免阳光直射；

4 资料密集架应与地面保持80mm以上距离，其排列应便于通风降湿；

5 应检查虫霉、鼠害。当发现虫霉、鼠害时，应及时投放药剂，灭菌杀虫；

6 应配备吸尘器，加装密封门。有条件的可设置空气过滤装置。

19.3 电子资料管理

19.3.1 一般规定

电子资料的范围应包括电子资料目录、电子登记簿和纸质资料的数字化加工处理成果。

1 电子资料应以1次登记为1件，按件建立电子资料目录；

2 电子登记簿应按宗地（宗海）为单位建立并应与电子资料目录形成关联；

3 不动产登记纸质资料宜进行数字化处理。

19.3.2 纸质资料数字化处理

数字化处理基本流程应包括案卷整理、资料扫描、图像处理、图像存储、数据挂接、数据关联、数据验收、数据备份与异地保存。

数字化扫描处理应符合下列规定：

1 扫描应根据资料幅面的大小选择相应规格的扫描设备，大幅面资料可采用大幅面扫描仪，也可采用小幅面扫描后的图像拼接方式处理；

2 对页面为黑白二色且字迹清晰、不带插图的资料，可采用黑白二值模式进行扫描；对页面为黑白二色，但字迹清晰度差或带有插图的资料，以及页面为多色文字的资料，可采用灰度模式扫描；对页面中有红头、印章或插有黑白照片、彩色照片、彩色插图的资料，可采用彩色模式进行扫描；

3 当采用黑白二值、灰度、彩色等模式对资料进行扫描时，其分辨率宜选择大于或等于100dpi；在文字偏小、密集、清晰度较差等特殊情况下，可适当提高分辨率；

4 对粘贴折页，可采用大幅面扫描仪扫描，或先分部扫描后拼接；对部分字体很小、字迹密集的情况，可适当提高扫描分辨率，选择灰度扫描或彩色扫描，采用局部深化技术解决；对字迹与表格颜色深度不同的，采用局部淡化技术解决；对页面中有黑白或彩色照片的材料，可采用JPEG、TIF等格式储存，应确保照片清晰度。

数字化图像处理应符合下列规定：

1 对出现偏斜的图像应进行纠偏处理；对方向不正确的图像应进行旋转还原；

2 对图像页面中出现的影响图像质量的杂质，应进行去污处理。处理过程中应遵循在不影响可懂度的前提下展现资料原貌的原则；

3 对大幅面资料进行分区扫描形成的多幅图像，应进行拼接处理，合并为一个完整的图像；

4 彩色模式扫描的图像应进行裁边处理，去除多余的白边。

数字化图像存储应符合下列规定：

1 采用黑白二值模式扫描的图像材料，宜采用TIF格式存储；采用灰度模式和彩色模式扫描的材料，宜采用JPEG格式存储。存储时的压缩率的选择，应以保证扫描的图像清晰可读为前提。提供网络查询的扫描图像，也可存储为CEB、PDF或其他格式；

2 图像材料的命名应确保其唯一性，并应与电子资料目录形成对应。

数字化成果汇总应当符合下列规定：

资料数字化转换过程中形成的电子资料目录与数字化图像,应通过网络及时加载到数据服务器端汇总、验收,并应实现目录数据对相关联的数字图像的自动搜索,数字图像的排列顺序与纸质资料相符。

19.3.3 电子资料数据验收

电子资料数据验收应符合下列规定:

1 对录入的目录数据和不动产登记簿数据应进行抽查,抽查率不得低于10%,错误率不得高于3%;

2 对纸质材料扫描后形成的图像材料应进行清晰度、污渍、黑边、偏斜等图像质量问题的控制;

3 对图像和目录数据挂接应进行抽查,抽查率不得低于10%,错误率不得高于3%。

19.3.4 电子资料备份和异地保存

电子资料备份和异地保存应符合下列规定:

1 电子资料目录、电子登记簿以及纸质资料的数字化加工处理成果均应进行备份;

2 可选择在线增量备份、定时完全备份以及异地容灾备份的备份方式;

3 应至少每天1次做好增量数据和材料备份;

4 应至少每周1次定时做好完全备份,并应根据自身条件,应至少每年1次离线存放。存放地点应符合防火、防盗、防高温、防尘、防光、防潮、防有害气体和防有害生物的要求,还应采用专用的防磁柜存放;

5 应建立异地容灾体系,应对可能的灾害事故。异地容灾的数据存放地点与源数据存放地点距离不得小于20km,在地震灾害频发地区,间隔距离不宜小于800km;

6 备份数据应定期进行检验。备份数据检验的主要内容宜包括备份数据正常打开、数据信息完整、材料数量准确等;

7 数据与灾备机房的设计应符合现行国家标准《电子信息系统机房设计规范》GB50174的规定。

20 登记资料查询

20.1 查询主体

下列情形可以依法查询不动产登记资料:

1 权利人可以查询、复制其全部的不动产登记资料;

2 因不动产交易、继承、诉讼等涉及的利害关系人可以查询、复制不动产自然状况、权利人及其不动产查封、抵押、预告登记、异议登记等状况;

3 人民法院、人民检察院、国家安全机关、监察机关以及其他因执行公务需要的国家机关可以依法查询、复制与调查和处理事项有关的不动产登记资料;

4 法律、行政法规规定的其他情形。

查询不动产登记资料的单位和个人应当向不动产登记机构说明查询目的,不得将查询获得的不动产登记资料用于其他目的;未经权利人同意,不得泄露查询获得的不动产登记信息。

20.2 申请材料

申请人申请查询不动产登记资料,应当填写不动产登记机构制定的不动产登记资料查询申请书,并应当向不动产登记机构提出申请。查询不动产登记资料提交的材料包括:

1 查询申请书;

2 申请人身份证明材料。委托查询的,应当提交授权委托书和代理人的身份证明材料,境外委托人的授权委托书还需经公证或者认证;

3 利害关系人查询的,提交存在利害关系的材料;

4 人民法院、人民检察院、国家安全机关、监察机关以及其他因执行公务需要的国家机关查询的,应当提供本单位出具的协助查询材料和工作人员的工作证和执行公务的证明文件;

5 法律、行政法规规定的其他材料。

不动产登记簿上记载的权利人通过设置在具体办理不动产登记的不动产登记机构的终端自助系统查询登记结果的,可以不提交上述材料。

20.3 查询条件

符合下列条件的,不动产登记机构应当予以查询或复制不动产登记资料:

1 查询主体到不动产登记机构来查询的;

2 查询的不动产属于本不动产登记机构的管辖范围;

3 查询申请材料齐全,且符合形式要求;

4 查询主体及其内容符合本规范第20.1条的规定;

5 查询目的明确且不违反法律、行政法规规定;

6 法律、行政法规规定的其他条件。

20.4 出具查询结果

查询人要求出具查询结果证明的，不动产登记机构应当审查申请人的查询目的是否明确，审查是否符合本规范第20.3条规定的查询条件。经审查符合查询条件的，按下列程序办理：

1 申请人签字确认申请材料，并承诺查询结果的使用目的和使用范围；

2 向申请人出具查询结果，并在查询结果或者登记资料复印材料上加盖登记资料查询专用章。

20.5 办理时限

符合查询条件的，不动产登记机构应当当场向申请人提供查询结果。因情况特殊，不能当场提供的，应当在5个工作日内向申请人提供查询结果。

附录（略）

不动产登记资料查询暂行办法

· 2018年3月2日国土资源部令第80号公布
· 根据2019年7月24日《自然资源部关于废止和修改的第一批部门规章的决定》修订

第一章 总 则

第一条 为了规范不动产登记资料查询活动，加强不动产登记资料管理、保护和利用，维护不动产交易安全，保护不动产权利人的合法权益，根据《中华人民共和国物权法》《不动产登记暂行条例》等法律法规，制定本办法。

第二条 本办法所称不动产登记资料，包括：

（一）不动产登记簿等不动产登记结果；

（二）不动产登记原始资料，包括不动产申请书、申请人身份材料、不动产权属来源、登记原因、不动产权籍调查成果等材料以及不动产登记机构审核材料。

不动产登记资料由不动产登记机构负责保存和管理。

第三条 县级以上人民政府不动产登记机构负责不动产登记资料查询管理工作。

第四条 不动产权利人、利害关系人可以依照本办法的规定，查询、复制不动产登记资料。

不动产权利人、利害关系人可以委托律师或者其他代理人查询、复制不动产登记资料。

第五条 不动产登记资料查询，遵循依法、便民、高效的原则。

第六条 不动产登记机构应当加强不动产登记信息化建设，以不动产登记信息管理基础平台为基础，通过运用互联网技术、设置自助查询终端、在相关场所设置登记信息查询端口等方式，为查询人提供便利。

第二章 一般规定

第七条 查询不动产登记资料，应当在不动产所在地的市、县人民政府不动产登记机构进行，但法律法规另有规定的除外。

查询人到非不动产所在地的不动产登记机构申请查询的，该机构应当告知其到相应的机构查询。

不动产登记机构应当提供必要的查询场地，并安排专门人员负责不动产登记资料的查询、复制和出具查询结果证明等工作。

申请查询不动产登记原始资料，应当优先调取数字化成果，确有需求和必要，可以调取纸质不动产登记原始资料。

第八条 不动产权利人、利害关系人申请查询不动产登记资料，应当提交查询申请书以及不动产权利人、利害关系人的身份证明材料。

查询申请书应当包括下列内容：

（一）查询主体；

（二）查询目的；

（三）查询内容；

（四）查询结果要求；

（五）提交的申请材料清单。

第九条 不动产权利人、利害关系人委托代理人代为申请查询不动产登记资料的，被委托人应当提交双方身份证明原件和授权委托书。

授权委托书中应当注明双方姓名或者名称、公民身份号码或者统一社会信用代码、委托事项、委托时限、法律义务、委托日期等内容，双方签字或者盖章。

代理人受委托查询、复制不动产登记资料的，其查询、复制范围由授权委托书确定。

第十条 符合查询条件，查询人需要出具不动产登记资料查询结果证明或者复制不动产登记资料的，不动产登记机构应当当场提供。因特殊原因不能当场提供的,应当在5个工作日内向查询人提供。

查询结果证明应当注明出具的时间,并加盖不动产登记机构查询专用章。

第十一条 有下列情形之一的,不动产登记机构不予查询,并出具不予查询告知书:

(一)查询人提交的申请材料不符合本办法规定的;

(二)申请查询的主体或者查询事项不符合本办法规定的;

(三)申请查询的目的不符合法律法规规定的;

(四)法律、行政法规规定的其他情形。

查询人对不动产登记机构出具的不予查询告知书不服,可以依法申请行政复议或者提起行政诉讼。

第十二条 申请查询的不动产登记资料涉及国家秘密的,不动产登记机构应当按照保守国家秘密法等有关规定执行。

第十三条 不动产登记机构应当建立查询记录簿,做好查询记录工作,记录查询人、查询目的或者用途、查询时间以及复制不动产登记资料的种类、出具的查询结果证明情况等。

第三章 权利人查询

第十四条 不动产登记簿上记载的权利人可以查询本不动产登记结果和本不动产登记原始资料。

第十五条 不动产权利人可以申请以下列索引信息查询不动产登记资料,但法律法规另有规定的除外:

(一)权利人的姓名或者名称、公民身份号码或者统一社会信用代码等特定主体身份信息;

(二)不动产具体坐落位置信息;

(三)不动产权属证书号;

(四)不动产单元号。

第十六条 不动产登记机构可以设置自助查询终端,为不动产权利人提供不动产登记结果查询服务。

自助查询终端应当具备验证相关身份证明以及出具查询结果证明的功能。

第十七条 继承人、受遗赠人因继承和受遗赠得不动产权利的,适用本章关于不动产权利人查询的规定。

前款规定的继承人、受遗赠人查询不动产登记资料的,除提交本办法第八条规定的材料外,还应当提交被继承人或者遗赠人死亡证明、遗嘱或者遗赠抚养协议等可以证明继承或者遗赠行为发生的材料。

第十八条 清算组、破产管理人、财产代管人、监护人等依法有权管理和处分不动产权利的主体,参照本章规定查询相关不动产权利人的不动产登记资料。

依照本条规定查询不动产登记资料的,除提交本办法第八条规定的材料,还应当提交依法有权处分该不动产的材料。

第四章 利害关系人查询

第十九条 符合下列条件的利害关系人可以申请查询有利害关系的不动产登记结果:

(一)因买卖、互换、赠与、租赁、抵押不动产构成利害关系的;

(二)因不动产存在民事纠纷且已经提起诉讼、仲裁而构成利害关系的;

(三)法律法规规定的其他情形。

第二十条 不动产的利害关系人申请查询不动产登记结果的,除提交本办法第八条规定的材料外,还应当提交下列利害关系证明材料:

(一)因买卖、互换、赠与、租赁、抵押不动产构成利害关系的,提交买卖合同、互换合同、赠与合同、租赁合同、抵押合同;

(二)因不动产存在相关民事纠纷且已经提起诉讼或者仲裁而构成利害关系的,提交受理案件通知书、仲裁受理通知书。

第二十一条 有买卖、租赁、抵押不动产意向,或者拟就不动产提起诉讼或者仲裁等,但不能提供本办法第二十条规定的利害关系证明材料的,可以提交本办法第八条规定材料,查询相关不动产登记簿记载的下列信息:

(一)不动产的自然状况;

(二)不动产是否存在共有情形;

(三)不动产是否存在抵押权登记、预告登记或者异议登记情形;

(四)不动产是否存在查封登记或者其他限制处分的情形。

第二十二条 受本办法第二十一条规定的当

事人委托的律师，还可以申请查询相关不动产登记簿记载的下列信息：

（一）申请验证所提供的被查询不动产权利主体名称与登记簿的记载是否一致；

（二）不动产的共有形式；

（三）要求办理查封登记或者限制处分机关的名称。

第二十三条 律师受当事人委托申请查询不动产登记资料的，除提交本办法第八条、第九条规定的材料外，还应当提交律师证和律师事务所出具的证明材料。

律师持人民法院的调查令申请查询不动产登记资料的，除提交本办法第八条规定的材料外，还应当提交律师证、律师事务所出具的证明材料以及人民法院的调查令。

第二十四条 不动产的利害关系人可以申请以下列索引信息查询不动产登记资料：

（一）不动产具体坐落位置；

（二）不动产权属证书号；

（三）不动产单元号。

每份申请书只能申请查询一个不动产登记单元。

第二十五条 不动产利害关系人及其委托代理人，按照本办法申请查询的，应当承诺不将查询获得的不动产登记资料、登记信息用于其他目的，不泄露查询获得的不动产登记资料、登记信息，并承担由此产生的法律后果。

第五章 登记资料保护

第二十六条 查询人查询、复制不动产登记资料的，不得将不动产登记资料带离指定场所，不得拆散、调换、抽取、撕毁、污损不动产登记资料，也不得损坏查询设备。

查询人有前款行为的，不动产登记机构有权禁止该查询人继续查询不动产登记资料，并可以拒绝为其出具查询结果证明。

第二十七条 已有电子介质，且符合下列情形之一的纸质不动产登记原始资料可以销毁：

（一）抵押权登记、地役权登记已经注销且自注销之日起满五年的；

（二）查封登记、预告登记、异议登记已经注销且自注销之日起满五年的。

第二十八条 符合本办法第二十七条规定销毁条件的不动产登记资料应当在不动产登记机构指定的场所销毁。

不动产登记机构应当建立纸质不动产登记资料销毁清册，详细记录被销毁的纸质不动产登记资料的名称、数量、时间、地点，负责销毁以及监督销毁的人员应当在清册上签名。

第六章 罚 则

第二十九条 不动产登记机构及其工作人员违反本办法规定，有下列行为之一，对有关责任人员依法给予处分；涉嫌构成犯罪的，移送有关机关依法追究刑事责任：

（一）对符合查询、复制不动产登记资料条件的申请不予查询、复制，对不符合查询、复制不动产登记资料条件的申请予以查询、复制的；

（二）擅自查询、复制不动产登记资料或者出具查询结果证明的；

（三）泄露不动产登记资料、登记信息的；

（四）利用不动产登记资料进行不正当活动的；

（五）未履行对不动产登记资料的安全保护义务，导致不动产登记资料、登记信息毁损、灭失或者被他人篡改，造成严重后果的。

第三十条 查询人违反本办法规定，有下列行为之一，构成违反治安管理行为的，移送公安机关依法给予治安管理处罚；涉嫌构成犯罪的，移送有关机关依法追究刑事责任：

（一）采用提供虚假材料等欺骗手段申请查询、复制不动产登记资料的；

（二）泄露不动产登记资料、登记信息的；

（三）遗失、拆散、调换、抽取、污损、撕毁不动产登记资料的；

（四）擅自将不动产登记资料带离查询场所、损坏查询设备的；

（五）因扰乱查询、复制秩序导致不动产登记机构受损失的；

（六）滥用查询结果证明的。

第七章 附 则

第三十一条 有关国家机关查询复制不动产登记资料以及国家机关之间共享不动产登记信息的具体办法另行规定。

第三十二条 《不动产登记暂行条例》实施前

已经形成的土地、房屋、森林、林木、海域等登记资料，属于不动产登记资料。不动产登记机构应当依照本办法的规定提供查询。

第三十三条 公民、法人或者其他组织依据《中华人民共和国政府信息公开条例》，以申请政府信息公开的方式申请查询不动产登记资料的，有关自然资源主管部门应当告知其按照本办法的规定申请不动产登记资料查询。

第三十四条 本办法自公布之日起施行。2002年12月4日国土资源部公布的《土地登记资料公开查询办法》（国土资源部令第14号）同时废止。

最高人民法院关于适用《中华人民共和国民法典》物权编的解释（一）

- 2020年12月25日最高人民法院审判委员会第1825次会议通过
- 2020年12月29日最高人民法院公告公布
- 自2021年1月1日起施行
- 法释〔2020〕24号

为正确审理物权纠纷案件，根据《中华人民共和国民法典》等相关法律规定，结合审判实践，制定本解释。

第一条 因不动产物权的归属，以及作为不动产物权登记基础的买卖、赠与、抵押等产生争议，当事人提起民事诉讼的，应当依法受理。当事人已经在行政诉讼中申请一并解决上述民事争议，且人民法院一并审理的除外。

第二条 当事人有证据证明不动产登记簿的记载与真实权利状态不符，其为该不动产物权的真实权利人，请求确认其享有物权的，应予支持。

第三条 异议登记因民法典第二百二十条第二款规定的事由失效后，当事人提起民事诉讼，请求确认物权归属的，应当依法受理。异议登记失效不影响人民法院对案件的实体审理。

第四条 未经预告登记的权利人同意，转让不动产所有权等物权，或者设立建设用地使用权、居住权、地役权、抵押权等其他物权的，应当依照民法典第二百二十一条第一款的规定，认定其不发生物权效力。

第五条 预告登记的买卖不动产物权的协议被认定无效、被撤销，或者预告登记的权利人放弃债权的，应当认定为民法典第二百二十一条第二款所称的"债权消灭"。

第六条 转让人转让船舶、航空器和机动车等所有权，受让人已经支付合理价款并取得占有，虽未经登记，但转让人的债权人主张其为民法典第二百二十五条所称的"善意第三人"的，不予支持，法律另有规定的除外。

第七条 人民法院、仲裁机构在分割共有不动产或者动产等案件中作出并依法生效的改变原有物权关系的判决书、裁决书、调解书，以及人民法院在执行程序中作出的拍卖成交裁定书、变卖成交裁定书、以物抵债裁定书，应当认定为民法典第二百二十九条所称导致物权设立、变更、转让或者消灭的人民法院、仲裁机构的法律文书。

第八条 依据民法典第二百二十九条至第二百三十一条规定享有物权，但尚未完成动产交付或者不动产登记的权利人，依据民法典第二百三十五条至第二百三十八条的规定，请求保护其物权的，应予支持。

第九条 共有份额的权利主体因继承、遗赠等原因发生变化时，其他按份共有人主张优先购买的，不予支持，但按份共有人之间另有约定的除外。

第十条 民法典第三百零五条所称的"同等条件"，应当综合共有份额的转让价格、价款履行方式及期限等因素确定。

第十一条 优先购买权的行使期间，按份共有人之间有约定的，按照约定处理；没有约定或者约定不明的，按照下列情形确定：

（一）转让人向其他按份共有人发出的包含同等条件内容的通知中载明行使期间的，以该期间为准；

（二）通知中未载明行使期间，或者载明的期间短于通知送达之日起十五日的，为十五日；

（三）转让人未通知的，为其他按份共有人知道或者应当知道最终确定的同等条件之日起十五日；

（四）转让人未通知，且无法确定其他按份共有人知道或者应当知道最终确定的同等条件的，为共有份额权属转移之日起六个月。

第十二条　按份共有人向共有人之外的人转让其份额，其他按份共有人根据法律、司法解释规定，请求按照同等条件优先购买该共有份额的，应予支持。其他按份共有人的请求具有下列情形之一的，不予支持：

（一）未在本解释第十一条规定的期间内主张优先购买，或者虽主张优先购买，但提出减少转让价款、增加转让人负担等实质性变更要求；

（二）以其优先购买权受到侵害为由，仅请求撤销共有份额转让合同或者认定该合同无效。

第十三条　按份共有人之间转让共有份额，其他按份共有人主张依据民法典第三百零五条规定优先购买的，不予支持，但按份共有人之间另有约定的除外。

第十四条　受让人受让不动产或者动产时，不知道转让人无处分权，且无重大过失的，应当认定受让人为善意。

真实权利人主张受让人不构成善意的，应当承担举证证明责任。

第十五条　具有下列情形之一的，应当认定不动产受让人知道转让人无处分权：

（一）登记簿上存在有效的异议登记；

（二）预告登记有效期内，未经预告登记的权利人同意；

（三）登记簿上已经记载司法机关或者行政机关依法裁定、决定查封或者以其他形式限制不动产权利的有关事项；

（四）受让人知道登记簿上记载的权利主体错误；

（五）受让人知道他人已经依法享有不动产物权。

真实权利人有证据证明不动产受让人应当知道转让人无处分权的，应当认定受让人具有重大过失。

第十六条　受让人受让动产时，交易的对象、场所或者时机等不符合交易习惯的，应当认定受让人具有重大过失。

第十七条　民法典第三百一十一条第一款第一项所称的"受让人受让该不动产或者动产时"，是指依法完成不动产物权转移登记或者动产交付之时。

当事人以民法典第二百二十六条规定的方式交付动产的，转让动产民事法律行为生效时为动产交付之时；当事人以民法典第二百二十七条规定的方式交付动产的，转让人与受让人之间有关转让返还原物请求权的协议生效时为动产交付之时。

法律对不动产、动产物权的设立另有规定的，应当按法律规定的时间认定权利人是否为善意。

第十八条　民法典第三百一十一条第一款第二项所称"合理的价格"，应当根据转让标的物的性质、数量以及付款方式等具体情况，参考转让时交易地市场价格以及交易习惯等因素综合认定。

第十九条　转让人将民法典第二百二十五条规定的船舶、航空器和机动车等交付给受让人的，应当认定符合民法典第三百一十一条第一款第三项规定的善意取得的条件。

第二十条　具有下列情形之一，受让人主张依据民法典第三百一十一条规定取得所有权的，不予支持：

（一）转让合同被认定无效；

（二）转让合同被撤销。

第二十一条　本解释自2021年1月1日起施行。

最高人民法院关于审理建筑物区分所有权纠纷案件适用法律若干问题的解释

- 2009年3月23日最高人民法院审判委员会第1464次会议通过
- 根据2020年12月23日最高人民法院审判委员会第1823次会议通过的《最高人民法院关于修改〈最高人民法院关于在民事审判工作中适用〈中华人民共和国工会法〉若干问题的解释〉等二十七件民事类司法解释的决定》修正
- 2020年12月29日最高人民法院公告公布
- 自2021年1月1日起施行
- 法释〔2020〕17号

为正确审理建筑物区分所有权纠纷案件，依法保护当事人的合法权益，根据《中华人民共和国民法典》等法律的规定，结合民事审判实践，制定本解释。

第一条　依法登记取得或者依据民法典第二百二十九条至第二百三十一条规定取得建筑物专有部分所有权的人，应当认定为民法典第二编第六章所称的业主。

基于与建设单位之间的商品房买卖民事法律行为，已经合法占有建筑物专有部分，但尚未依法办理所有权登记的人，可以认定为民法典第二编第六章所称的业主。

第二条　建筑区划内符合下列条件的房屋，以及车位、摊位等特定空间，应当认定为民法典第二编第六章所称的专有部分：

（一）具有构造上的独立性，能够明确区分；

（二）具有利用上的独立性，可以排他使用；

（三）能够登记成为特定业主所有权的客体。

规划上专属于特定房屋，且建设单位销售时已经根据规划列入该特定房屋买卖合同中的露台等，应当认定为前款所称的专有部分的组成部分。

本条第一款所称房屋，包括整栋建筑物。

第三条　除法律、行政法规规定的共有部分外，建筑区划内的以下部分，也应当认定为民法典第二编第六章所称的共有部分：

（一）建筑物的基础、承重结构、外墙、屋顶等基本结构部分，通道、楼梯、大堂等公共通行部分，消防、公共照明等附属设施、设备，避难层、设备层或者设备间等结构部分；

（二）其他不属于业主专有部分，也不属于市政公用部分或者其他权利人所有的场所及设施等。

建筑区划内的土地，依法由业主共同享有建设用地使用权，但属于业主专有的整栋建筑物的规划占地或者城镇公共道路、绿地占地除外。

第四条　业主基于对住宅、经营性用房等专有部分特定使用功能的合理需要，无偿利用屋顶以及与其专有部分相对应的外墙面等共有部分的，不应认定为侵权。但违反法律、法规、管理规约，损害他人合法权益的除外。

第五条　建设单位按照配置比例将车位、车库，以出售、附赠或者出租等方式处分给业主的，应当认定其行为符合民法典第二百七十六条有关"应当首先满足业主的需要"的规定。

前款所称配置比例是指规划确定的建筑区划内规划用于停放汽车的车位、车库与房屋套数的比例。

第六条　建筑区划内在规划用于停放汽车的车位之外，占用业主共有道路或者其他场地增设的车位，应当认定为民法典第二百七十五条第二款所称的车位。

第七条　处分共有部分，以及业主大会依法决定或者管理规约依法确定应由业主共同决定的事项，应当认定为民法典第二百七十八条第一款第（九）项规定的有关共有和共同管理权利的"其他重大事项"。

第八条　民法典第二百七十八条第二款和第二百八十三条规定的专有部分面积可以按照不动产登记簿记载的面积计算；尚未进行物权登记的，暂按测绘机构的实测面积计算；尚未进行实测的，暂按房屋买卖合同记载的面积计算。

第九条　民法典第二百七十八条第二款规定的业主人数可以按照专有部分的数量计算，一个专有部分按一人计算。但建设单位尚未出售和虽已出售但尚未交付的部分，以及同一买受人拥有一个以上专有部分的，按一人计算。

第十条　业主将住宅改变为经营性用房，未依据民法典第二百七十九条的规定经有利害关系的业主一致同意，有利害关系的业主请求排除妨害、消除危险、恢复原状或者赔偿损失的，人民法院应予支持。

将住宅改变为经营性用房的业主以多数有利害关系的业主同意其行为进行抗辩的，人民法院不予支持。

第十一条　业主将住宅改变为经营性用房，本栋建筑物内的其他业主，应当认定为民法典第二百七十九条所称"有利害关系的业主"。建筑区划内，本栋建筑物之外的业主，主张与自己有利害关系的，应证明其房屋价值、生活质量受到或者可能受到不利影响。

第十二条　业主以业主大会或者业主委员会作出的决定侵害其合法权益或者违反了法律规定的程序为由，依据民法典第二百八十条第二款的规定请求人民法院撤销该决定的，应当在知道或者应当知道业主大会或者业主委员会作出决定之日起一年内行使。

第十三条　业主请求公布、查阅下列应当向业主公开的情况和资料的，人民法院应予支持：

（一）建筑物及其附属设施的维修资金的筹集、使用情况；

（二）管理规约、业主大会议事规则，以及业主大会或者业主委员会的决定及会议记录；

（三）物业服务合同、共有部分的使用和收益情况；

（四）建筑区划内规划用于停放汽车的车位、车库的处分情况；

（五）其他应当向业主公开的情况和资料。

第十四条 建设单位、物业服务企业或者其他管理人等擅自占用、处分业主共有部分、改变其使用功能或者进行经营性活动，权利人请求排除妨害、恢复原状、确认处分行为无效或者赔偿损失的，人民法院应予支持。

属于前款所称擅自进行经营性活动的情形，权利人请求建设单位、物业服务企业或者其他管理人等将扣除合理成本之后的收益用于补充专项维修资金或者业主共同决定的其他用途的，人民法院应予支持。行为人对成本的支出及其合理性承担举证责任。

第十五条 业主或者其他行为人违反法律、法规、国家相关强制性标准、管理规约，或者违反业主大会、业主委员会依法作出的决定，实施下列行为的，可以认定为民法典第二百八十六条第二款所称的其他"损害他人合法权益的行为"：

（一）损害房屋承重结构，损害或者违章使用电力、燃气、消防设施，在建筑物内放置危险、放射性物品等危及建筑物安全或者妨碍建筑物正常使用；

（二）违反规定破坏、改变建筑物外墙面的形状、颜色等损害建筑物外观；

（三）违反规定进行房屋装饰装修；

（四）违章加建、改建，侵占、挖掘公共通道、道路、场地或者其他共有部分。

第十六条 建筑物区分所有权纠纷涉及专有部分的承租人、借用人等物业使用人的，参照本解释处理。

专有部分的承租人、借用人等物业使用人，根据法律、法规、管理规约、业主大会或者业主委员会依法作出的决定，以及其与业主的约定，享有相应权利，承担相应义务。

第十七条 本解释所称建设单位，包括包销期满，按照包销合同约定的包销价格购买尚未销售的物业后，以自己名义对外销售的包销人。

第十八条 人民法院审理建筑物区分所有权案件中，涉及有关物权归属争议的，应当以法律、行政法规为依据。

第十九条 本解释自2009年10月1日起施行。

因物权法施行后实施的行为引起的建筑物区分所有权纠纷案件，适用本解释。

本解释施行前已经终审，本解释施行后当事人申请再审或者按照审判监督程序决定再审的案件，不适用本解释。

最高人民法院关于审理房屋登记案件若干问题的规定

- 2010年8月2日最高人民法院审判委员会第1491次会议通过
- 2010年11月5日最高人民法院公告公布
- 自2010年11月18日起施行
- 法释〔2010〕15号

为正确审理房屋登记案件，根据《中华人民共和国物权法》、《中华人民共和国城市房地产管理法》、《中华人民共和国行政诉讼法》等有关法律规定，结合行政审判实际，制定本规定。

第一条 公民、法人或者其他组织对房屋登记机构的房屋登记行为以及与查询、复制登记资料等事项相关的行政行为或者相应的不作为不服，提起行政诉讼的，人民法院应当依法受理。

第二条 房屋登记机构根据人民法院、仲裁委员会的法律文书或者有权机关的协助执行通知书以及人民政府的征收决定办理的房屋登记行为，公民、法人或者其他组织不服提起行政诉讼的，人民法院不予受理，但公民、法人或者其他组织认为登记与有关文书内容不一致的除外。

房屋登记机构作出未改变登记内容的换发、补发权属证书、登记证明或者更新登记簿的行为，公民、法人或者其他组织不服提起行政诉讼的，人民法院不予受理。

房屋登记机构在行政诉讼法施行前作出的房屋登记行为，公民、法人或者其他组织不服提起行政诉讼的，人民法院不予受理。

第三条 公民、法人或者其他组织对房屋登记行为不服提起行政诉讼的，不受下列情形的影响：

（一）房屋灭失；

（二）房屋登记行为已被登记机构改变；

（三）生效法律文书将房屋权属证书、房屋登记簿或者房屋登记证明作为定案证据采用。

第四条 房屋登记机构为债务人办理房屋转移登记，债权人不服提起诉讼，符合下列情形之一的，人民法院应当依法受理：

（一）以房屋为标的物的债权已办理预告登记的；

（二）债权人为抵押权人且房屋转让未经其同意的；

（三）人民法院依债权人申请对房屋采取强制执行措施并已通知房屋登记机构的；

（四）房屋登记机构工作人员与债务人恶意串通的。

第五条 同一房屋多次转移登记，原房屋权利人、原利害关系人对首次转移登记行为提起行政诉讼的，人民法院应当依法受理。

原房屋权利人、原利害关系人对首次转移登记行为及后续转移登记行为一并提起行政诉讼的，人民法院应当依法受理；人民法院判决驳回原告就在先转移登记行为提出的诉讼请求，或者因保护善意第三人确认在先房屋登记行为违法的，应当裁定驳回原告对后续转移登记行为的起诉。

原房屋权利人、原利害关系人未就首次转移登记行为提起行政诉讼，对后续转移登记行为提起行政诉讼的，人民法院不予受理。

第六条 人民法院受理房屋登记行政案件后，应当通知没有起诉的下列利害关系人作为第三人参加行政诉讼：

（一）房屋登记簿上载明的权利人；

（二）被诉异议登记、更正登记、预告登记的权利人；

（三）人民法院能够确认的其他利害关系人。

第七条 房屋登记行政案件由房屋所在地人民法院管辖，但有下列情形之一的也可由被告所在地人民法院管辖：

（一）请求房屋登记机构履行房屋转移登记、查询、复制登记资料等职责的；

（二）对房屋登记机构收缴房产证行为提起行政诉讼的；

（三）对行政复议改变房屋登记行为提起行政诉讼的。

第八条 当事人以作为房屋登记行为基础的买卖、共有、赠与、抵押、婚姻、继承等民事法律关系无效或者应当撤销为由，对房屋登记行为提起行政诉讼的，人民法院应当告知当事人先行解决民事争议，民事争议处理期间不计算在行政诉讼起诉期限内；已经受理的，裁定中止诉讼。

第九条 被告对被诉房屋登记行为的合法性负举证责任。被告保管证据原件的，应当在法庭上出示。被告不保管原件的，应当提交与原件核对一致的复印件、复制件并作出说明。当事人对被告提交的上述证据提出异议的，应当提供相应的证据。

第十条 被诉房屋登记行为合法的，人民法院应当判决驳回原告的诉讼请求。

第十一条 被诉房屋登记行为涉及多个权利主体或者房屋可分，其中部分主体或者房屋的登记违法应予撤销的，可以判决部分撤销。

被诉房屋登记行为违法，但该行为已被登记机构改变的，判决确认被诉行为违法。

被诉房屋登记行为违法，但判决撤销将给公共利益造成重大损失或者房屋已为第三人善意取得的，判决确认被诉行为违法，不撤销登记行为。

第十二条 申请人提供虚假材料办理房屋登记，给原告造成损害，房屋登记机构未尽合理审慎职责的，应当根据其过错程度及其在损害发生中所起作用承担相应的赔偿责任。

第十三条 房屋登记机构工作人员与第三人恶意串通违法登记，侵犯原告合法权益的，房屋登记机构与第三人承担连带赔偿责任。

第十四条 最高人民法院以前所作的相关的司法解释，凡与本规定不一致的，以本规定为准。

农村集体土地上的房屋登记行政案件参照本规定。

二、国有土地上房屋征收与补偿

（一）综合

中华人民共和国城市房地产管理法

- 1994年7月5日第八届全国人民代表大会常务委员会第八次会议通过
- 根据2007年8月30日第十届全国人民代表大会常务委员会第二十九次会议《关于修改〈中华人民共和国城市房地产管理法〉的决定》第一次修正
- 根据2009年8月27日第十一届全国人民代表大会常务委员会第十次会议《关于修改部分法律的决定》第二次修正
- 根据2019年8月26日第十三届全国人民代表大会常务委员会第十二次会议《关于修改〈中华人民共和国土地管理法〉、〈中华人民共和国城市房地产管理法〉的决定》第三次修正

目　录

第一章　总　则
第二章　房地产开发用地
　第一节　土地使用权出让
　第二节　土地使用权划拨
第三章　房地产开发
第四章　房地产交易
　第一节　一般规定
　第二节　房地产转让
　第三节　房地产抵押
　第四节　房屋租赁
　第五节　中介服务机构
第五章　房地产权属登记管理
第六章　法律责任
第七章　附　则

第一章　总　则

第一条　【立法宗旨】 为了加强对城市房地产的管理，维护房地产市场秩序，保障房地产权利人的合法权益，促进房地产业的健康发展，制定本法。

第二条　【适用范围】 在中华人民共和国城市规划区国有土地（以下简称国有土地）范围内取得房地产开发用地的土地使用权，从事房地产开发、房地产交易，实施房地产管理，应当遵守本法。

本法所称房屋，是指土地上的房屋等建筑物及构筑物。

本法所称房地产开发，是指在依据本法取得国有土地使用权的土地上进行基础设施、房屋建设的行为。

本法所称房地产交易，包括房地产转让、房地产抵押和房屋租赁。

第三条　【国有土地有偿、有限期使用制度】 国家依法实行国有土地有偿、有限期使用制度。但是，国家在本法规定的范围内划拨国有土地使用权的除外。

第四条　【国家扶持居民住宅建设】 国家根据社会、经济发展水平，扶持发展居民住宅建设，逐步改善居民的居住条件。

第五条　【房地产权利人的义务和权益】 房地产权利人应当遵守法律和行政法规，依法纳税。房地产权利人的合法权益受法律保护，任何单位和个人不得侵犯。

第六条　【房屋征收】 为了公共利益的需要，国家可以征收国有土地上单位和个人的房屋，并依法给予拆迁补偿，维护被征收人的合法权益；征收个人住宅的，还应当保障被征收人的居住条件。具体办法由国务院规定。

第七条　【房地产管理机构设置】 国务院建设行政主管部门、土地管理部门依照国务院规定的职权划分，各司其职，密切配合，管理全国房地产工作。

县级以上地方人民政府房产管理、土地管理部门的机构设置及其职权由省、自治区、直辖市人民政府确定。

第二章 房地产开发用地

第一节 土地使用权出让

第八条 【土地使用权出让的定义】 土地使用权出让，是指国家将国有土地使用权（以下简称土地使用权）在一定年限内出让给土地使用者，由土地使用者向国家支付土地使用权出让金的行为。

注释 建设占用土地，涉及农用地转为建设用地的，应当办理农用地转用审批手续。省、自治区、直辖市人民政府批准的道路、管线工程和大型基础设施建设项目、国务院批准的建设项目占用土地，涉及农用地转为建设用地的，由国务院批准。在国土空间规划确定的城市和村庄、集镇建设用地规模范围内，为实施该规划而将农用地转为建设用地的，按土地利用年度计划分批次由原批准国土空间规划的机关批准。在已批准的农用地转用范围内，具体建设项目用地可以由市、县人民政府批准。前述规定以外的建设项目占用土地，涉及农用地转为建设用地的，由省、自治区、直辖市人民政府批准。

链接 《土地管理法》第44-49条

第九条 【集体所有土地征收与出让】 城市规划区内的集体所有的土地，经依法征收转为国有土地后，该幅国有土地的使用权方可有偿出让，但法律另有规定的除外。

第十条 【土地使用权出让宏观管理】 土地使用权出让，必须符合土地利用总体规划、城市规划和年度建设用地计划。

注释 在城市、镇规划区内以出让方式提供国有土地使用权的，在国有土地使用权出让前，城市、县人民政府城乡规划主管部门应当依据控制性详细规划，提出出让地块的位置、使用性质、开发强度等规划条件，作为国有土地使用权出让合同的组成部分。未确定规划条件的地块，不得出让国有土地使用权。

以出让方式取得国有土地使用权的建设项目，建设单位在取得建设项目的批准、核准、备案文件和签订国有土地使用权出让合同后，向城市、县人民政府城乡规划主管部门领取建设用地规划许可证。

城市、县人民政府城乡规划主管部门不得在建设用地规划许可证中，擅自改变作为国有土地使用权出让合同组成部分的规划条件。

规划条件未纳入国有土地使用权出让合同的，该国有土地使用权出让合同无效；对未取得建设用地规划许可证的建设单位批准用地的，由县级以上人民政府撤销有关批准文件；占用土地的，应当及时退回；给当事人造成损失的，应当依法给予赔偿。

土地使用权出让的地块、用途、年限和其他条件，由市、县人民政府土地管理部门会同城市规划和建设管理部门、房产管理部门共同拟定方案，按照国务院规定的批准权限报经批准后，由土地管理部门实施。

链接 《城乡规划法》第38、39条

第十一条 【年度出让土地使用权总量控制】 县级以上地方人民政府出让土地使用权用于房地产开发的，须根据省级以上人民政府下达的控制指标拟订年度出让土地使用权总面积方案，按照国务院规定，报国务院或者省级人民政府批准。

第十二条 【土地使用权出让主体】 土地使用权出让，由市、县人民政府有计划、有步骤地进行。出让的每幅地块、用途、年限和其他条件，由市、县人民政府土地管理部门会同城市规划、建设、房产管理部门共同拟定方案，按照国务院规定，报经有批准权的人民政府批准后，由市、县人民政府土地管理部门实施。

直辖市的县人民政府及其有关部门行使前款规定的权限，由直辖市人民政府规定。

注释 土地使用权出让

土地使用权出让是指国家以土地所有者的身份将土地使用权在一定年限内让与土地使用者，并由土地使用者向国家支付土地使用权出让金的行为。

土地使用权出让规划

在城市规划区内城市国有土地使用权出让、转让必须符合城市规划，有利于城市经济社会的发展。国务院城市规划行政主管部门负责全国城市国有土地使用权出让、转让规划管理的指导工作。省、自治区、直辖市人民政府城市规划行政主管部门负责本省、自治区、直辖市行政区域内城市国有土地使用权出让、转让规划管理的指导工作。直辖市、市和县人民政府城市规划行政主管部门负责城市规划区内城市国有土地使用权出让、转让的规划管理工作。城市国有土地使用权出让的投放量应当与城市土地资源、经济社会发展和市场需求相适应。土地使用权出让、转让应当与建设项目相结合。城市规划行政主管部门和有关部门要根据城市规划实施的步骤和要求，编制城市国有土地使用权出让规划和计划，包括地块数量、用地面积、地块位置、出让步骤等，保证城市国有土地使用权的出让有规划、有步骤、有计划地进行。

第十三条　【土地使用权出让方式】土地使用权出让，可以采取拍卖、招标或者双方协议的方式。

商业、旅游、娱乐和豪华住宅用地，有条件的，必须采取拍卖、招标方式；没有条件，不能采取拍卖、招标方式的，可以采取双方协议的方式。

采取双方协议方式出让土地使用权的出让金不得低于按国家规定所确定的最低价。

注释　拍卖出让国有建设用地使用权

拍卖出让国有建设用地使用权，是指出让人发布拍卖公告，由竞买人在指定时间、地点进行公开竞价，根据出价结果确定国有建设用地使用权人的行为。

招标出让国有建设用地使用权

招标出让国有建设用地使用权，是指市、县人民政府国土资源行政主管部门发布招标公告，邀请特定或者不特定的自然人、法人和其他组织参加国有建设用地使用权投标，根据投标结果确定国有建设用地使用权人的行为。

挂牌出让国有建设用地使用权

挂牌出让国有建设用地使用权，是指出让人发布挂牌公告，按公告规定的期限将拟出让宗地的交易条件在指定的土地交易场所挂牌公布，接受竞买人的报价申请并更新挂牌价格，根据挂牌期限截止时的出价结果或者现场竞价结果确定国有建设用地使用权人的行为。

第十四条　【土地使用权出让最高年限】土地使用权出让最高年限由国务院规定。

第十五条　【土地使用权出让合同】土地使用权出让，应当签订书面出让合同。

土地使用权出让合同由市、县人民政府土地管理部门与土地使用者签订。

第十六条　【支付出让金】土地使用者必须按照出让合同约定，支付土地使用权出让金；未按照出让合同约定支付土地使用权出让金的，土地管理部门有权解除合同，并可以请求违约赔偿。

第十七条　【提供出让土地】土地使用者按照出让合同约定支付土地使用权出让金的，市、县人民政府土地管理部门必须按照出让合同约定，提供出让的土地；未按照出让合同约定提供出让的土地的，土地使用者有权解除合同，由土地管理部门返还土地使用权出让金，土地使用者并可以请求违约赔偿。

第十八条　【土地用途的变更】土地使用者需要改变土地使用权出让合同约定的土地用途的，必须取得出让方和市、县人民政府城市规划行政主管部门的同意，签订土地使用权出让合同变更协议或者重新签订土地使用权出让合同，相应调整土地使用权出让金。

第十九条　【土地使用权出让金的管理】土地使用权出让金应当全部上缴财政，列入预算，用于城市基础设施建设和土地开发。土地使用权出让金上缴和使用的具体办法由国务院规定。

第二十条　【出让土地使用权的提前收回】国家对土地使用者依法取得的土地使用权，在出让合同约定的使用年限届满前不收回；在特殊情况下，根据社会公共利益的需要，可以依照法律程序提前收回，并根据土地使用者使用土地的实际年限和开发土地的实际情况给予相应的补偿。

第二十一条　【土地使用权终止】土地使用权因土地灭失而终止。

第二十二条　【土地使用权出让年限届满】土地使用权出让合同约定的使用年限届满，土地使用者需要继续使用土地的，应当至迟于届满前一年申请续期，除根据社会公共利益需要收回该幅土地的，应当予以批准。经批准准予续期的，应当重新签订土地使用权出让合同，依照规定支付土地使用权出让金。

土地使用权出让合同约定的使用年限届满，土地使用者未申请续期或者虽申请续期但依照前款规定未获批准的，土地使用权由国家无偿收回。

第二节　土地使用权划拨

第二十三条　【土地使用权划拨的定义】土地使用权划拨，是指县级以上人民政府依法批准，在土地使用者缴纳补偿、安置等费用后将该幅土地交付其使用，或者将土地使用权无偿交付给土地使用者使用的行为。

依照本法规定以划拨方式取得土地使用权的，除法律、行政法规另有规定外，没有使用期限的限制。

第二十四条 【土地使用权划拨范围】下列建设用地的土地使用权，确属必需的，可以由县级以上人民政府依法批准划拨：

（一）国家机关用地和军事用地；

（二）城市基础设施用地和公益事业用地；

（三）国家重点扶持的能源、交通、水利等项目用地；

（四）法律、行政法规规定的其他用地。

第三章 房地产开发

第二十五条 【房地产开发基本原则】房地产开发必须严格执行城市规划，按照经济效益、社会效益、环境效益相统一的原则，实行全面规划、合理布局、综合开发、配套建设。

第二十六条 【开发土地期限】以出让方式取得土地使用权进行房地产开发的，必须按照土地使用权出让合同约定的土地用途、动工开发期限开发土地。超过出让合同约定的动工开发日期满一年未动工开发的，可以征收相当于土地使用权出让金百分之二十以下的土地闲置费；满二年未动工开发的，可以无偿收回土地使用权；但是，因不可抗力或者政府、政府有关部门的行为或者动工开发必需的前期工作造成动工开发迟延的除外。

第二十七条 【房地产开发项目设计、施工和竣工】房地产开发项目的设计、施工，必须符合国家的有关标准和规范。

房地产开发项目竣工，经验收合格后，方可交付使用。

第二十八条 【土地使用权作价】依法取得的土地使用权，可以依照本法和有关法律、行政法规的规定，作价入股，合资、合作开发经营房地产。

第二十九条 【开发居民住宅的鼓励和扶持】国家采取税收等方面的优惠措施鼓励和扶持房地产开发企业开发建设居民住宅。

第三十条 【房地产开发企业的设立】房地产开发企业是以营利为目的，从事房地产开发和经营的企业。设立房地产开发企业，应当具备下列条件：

（一）有自己的名称和组织机构；

（二）有固定的经营场所；

（三）有符合国务院规定的注册资本；

（四）有足够的专业技术人员；

（五）法律、行政法规规定的其他条件。

设立房地产开发企业，应当向工商行政管理部门申请设立登记。工商行政管理部门对符合本法规定条件的，应当予以登记，发给营业执照；对不符合本法规定条件的，不予登记。

设立有限责任公司、股份有限公司，从事房地产开发经营的，还应当执行公司法的有关规定。

房地产开发企业在领取营业执照后的一个月内，应当到登记机关所在地的县级以上地方人民政府规定的部门备案。

第三十一条 【房地产开发企业注册资本与投资总额的比例】房地产开发企业的注册资本与投资总额的比例应当符合国家有关规定。

房地产开发企业分期开发房地产的，分期投资额应当与项目规模相适应，并按照土地使用权出让合同的约定，按期投入资金，用于项目建设。

第四章 房地产交易

第一节 一般规定

第三十二条 【房地产权利主体一致原则】房地产转让、抵押时，房屋的所有权和该房屋占用范围内的土地使用权同时转让、抵押。

第三十三条 【房地产价格管理】基准地价、标定地价和各类房屋的重置价格应当定期确定并公布。具体办法由国务院规定。

第三十四条 【房地产价格评估】国家实行房地产价格评估制度。

房地产价格评估，应当遵循公正、公平、公开的原则，按照国家规定的技术标准和评估程序，以基准地价、标定地价和各类房屋的重置价格为基础，参照当地的市场价格进行评估。

第三十五条 【房地产成交价格申报】国家实行房地产成交价格申报制度。

房地产权利人转让房地产，应当向县级以上地方人民政府规定的部门如实申报成交价，不得瞒报或者作不实的申报。

第三十六条 【房地产权属登记】房地产转让、抵押，当事人应当依照本法第五章的规定办理权属登记。

第二节 房地产转让

第三十七条 【房地产转让的定义】房地产转让,是指房地产权利人通过买卖、赠与或者其他合法方式将其房地产转移给他人的行为。

注释 其他合法方式

其他合法方式,主要包括下列行为:(1)以房地产作价入股,与他人成立企业法人,房地产权属发生变更的;(2)一方提供土地使用权,另一方或者多方提供资金,合资、合作开发经营房地产,而使房地产权属发生变更的;(3)因企业被收购、兼并或合并,房地产权属随之转移的;(4)以房地产抵债的;(5)法律、法规规定的其他情形。

第三十八条 【房地产不得转让的情形】下列房地产,不得转让:

(一)以出让方式取得土地使用权的,不符合本法第三十九条规定的条件的;

(二)司法机关和行政机关依法裁定、决定查封或者以其他形式限制房地产权利的;

(三)依法收回土地使用权的;

(四)共有房地产,未经其他共有人书面同意的;

(五)权属有争议的;

(六)未依法登记领取权属证书的;

(七)法律、行政法规规定禁止转让的其他情形。

第三十九条 【以出让方式取得土地使用权的房地产转让】以出让方式取得土地使用权的,转让房地产时,应当符合下列条件:

(一)按照出让合同约定已经支付全部土地使用权出让金,并取得土地使用权证书;

(二)按照出让合同约定进行投资开发,属于房屋建设工程的,完成开发投资总额的百分之二十五以上,属于成片开发土地的,形成工业用地或者其他建设用地条件。

转让房地产时房屋已经建成的,还应当持有房屋所有权证书。

第四十条 【以划拨方式取得土地使用权的房地产转让】以划拨方式取得土地使用权的,转让房地产时,应当按照国务院规定,报有批准权的人民政府审批。有批准权的人民政府准予转让的,应当由受让方办理土地使用权出让手续,并依照国家有关规定缴纳土地使用权出让金。

以划拨方式取得土地使用权的,转让房地产报批时,有批准权的人民政府按照国务院规定决定可以不办理土地使用权出让手续的,转让方应当按照国务院规定将转让房地产所获收益中的土地收益上缴国家或者作其他处理。

第四十一条 【房地产转让合同】房地产转让,应当签订书面转让合同,合同中应当载明土地使用权取得的方式。

注释 房地产转让合同应当载明下列主要内容:(1)双方当事人的姓名或者名称、住所;(2)房地产权属证书名称和编号;(3)房地产坐落位置、面积、四至界限;(4)土地宗地号、土地使用权取得的方式及年限;(5)房地产的用途或使用性质;(6)成交价格及支付方式;(7)房地产交付使用的时间;(8)违约责任;(9)双方约定的其他事项。

第四十二条 【房地产转让合同与土地使用权出让合同的关系】房地产转让时,土地使用权出让合同载明的权利、义务随之转移。

第四十三条 【房地产转让后土地使用权的使用年限】以出让方式取得土地使用权的,转让房地产后,其土地使用权的使用年限为原土地使用权出让合同约定的使用年限减去原土地使用者已经使用年限后的剩余年限。

第四十四条 【房地产转让后土地用途变更】以出让方式取得土地使用权的,转让房地产后,受让人改变原土地使用权出让合同约定的土地用途的,必须取得原出让方和市、县人民政府城市规划行政主管部门的同意,签订土地使用权出让合同变更协议或者重新签订土地使用权出让合同,相应调整土地使用权出让金。

第四十五条 【商品房预售的条件】商品房预售,应当符合下列条件:

(一)已交付全部土地使用权出让金,取得土地使用权证书;

(二)持有建设工程规划许可证;

(三)按提供预售的商品房计算,投入开发建设的资金达到工程建设总投资的百分之二十五以上,并已经确定施工进度和竣工交付日期;

(四)向县级以上人民政府房产管理部门办理预售登记,取得商品房预售许可证明。

商品房预售人应当按照国家有关规定将预售合同报县级以上人民政府房产管理部门和土地管理部门登记备案。

商品房预售所得款项,必须用于有关的工程建设。

第四十六条 【商品房预售后的再行转让】商品房预售的,商品房预购人将购买的未竣工的预售商品房再行转让的问题,由国务院规定。

第三节 房地产抵押

第四十七条 【房地产抵押的定义】房地产抵押,是指抵押人以其合法的房地产以不转移占有的方式向抵押权人提供债务履行担保的行为。债务人不履行债务时,抵押权人有权依法以抵押的房地产拍卖所得的价款优先受偿。

第四十八条 【房地产抵押物的范围】依法取得的房屋所有权连同该房屋占用范围内的土地使用权,可以设定抵押权。

以出让方式取得的土地使用权,可以设定抵押权。

第四十九条 【抵押办理凭证】房地产抵押,应当凭土地使用权证书、房屋所有权证书办理。

第五十条 【房地产抵押合同】房地产抵押,抵押人和抵押权人应当签订书面抵押合同。

第五十一条 【以划拨土地使用权设定的房地产抵押权的实现】设定房地产抵押权的土地使用权是以划拨方式取得的,依法拍卖该房地产后,应当从拍卖所得的价款中缴纳相当于应缴纳的土地使用权出让金的款额后,抵押权人方可优先受偿。

第五十二条 【房地产抵押后土地上的新增房屋问题】房地产抵押合同签订后,土地上新增的房屋不属于抵押财产。需要拍卖该抵押的房地产时,可以依法将土地上新增的房屋与抵押财产一同拍卖,但对拍卖新增房屋所得,抵押权人无权优先受偿。

第四节 房屋租赁

第五十三条 【房屋租赁的定义】房屋租赁,是指房屋所有权人作为出租人将其房屋出租给承租人使用,由承租人向出租人支付租金的行为。

第五十四条 【房屋租赁合同的签订】房屋租赁,出租人和承租人应当签订书面租赁合同,约定租赁期限、租赁用途、租赁价格、修缮责任等条款,以及双方的其他权利和义务,并向房产管理部门登记备案。

第五十五条 【住宅用房和非住宅用房的租赁】住宅用房的租赁,应当执行国家和房屋所在城市人民政府规定的租赁政策。租用房屋从事生产、经营活动的,由租赁双方协商议定租金和其他租赁条款。

第五十六条 【以划拨方式取得的国有土地上的房屋出租的特别规定】以营利为目的,房屋所有权人将以划拨方式取得使用权的国有土地上建成的房屋出租的,应当将租金中所含土地收益上缴国家。具体办法由国务院规定。

第五节 中介服务机构

第五十七条 【房地产中介服务机构】房地产中介服务机构包括房地产咨询机构、房地产价格评估机构、房地产经纪机构等。

第五十八条 【房地产中介服务机构的设立】房地产中介服务机构应当具备下列条件:

(一)有自己的名称和组织机构;

(二)有固定的服务场所;

(三)有必要的财产和经费;

(四)有足够数量的专业人员;

(五)法律、行政法规规定的其他条件。

设立房地产中介服务机构,应当向工商行政管理部门申请设立登记,领取营业执照后,方可开业。

第五十九条 【房地产估价人员资格认证】国家实行房地产价格评估人员资格认证制度。

第五章 房地产权属登记管理

第六十条 【房地产登记发证制度】国家实行土地使用权和房屋所有权登记发证制度。

第六十一条 【房地产权属登记】以出让或者划拨方式取得土地使用权,应当向县级以上地方人民政府土地管理部门申请登记,经县级以上地方人民政府土地管理部门核实,由同级人民政府颁发土地使用权证书。

在依法取得的房地产开发用地上建成房屋的,应当凭土地使用权证书向县级以上地方人民政府房产管理部门申请登记,由县级以上地方人民政府房产管理部门核实并颁发房屋所有权证书。

房地产转让或者变更时,应当向县级以上地方人民政府房产管理部门申请房产变更登记,并凭变更后的房屋所有权证书向同级人民政府土地管理部门申请土地使用权变更登记，经同级人民政府土地管理部门核实，由同级人民政府更换或者更改土地使用权证书。

法律另有规定的，依照有关法律的规定办理。

注释 不动产物权的设立、变更、转让和消灭，经依法登记，发生效力；未经登记，不发生效力。

转让房地产开发项目，转让人和受让人应当自土地使用权变更登记手续办理完毕之日起30日内，持房地产开发项目转让合同到房地产开发主管部门备案。

因合法建造房屋申请房屋所有权初始登记的，应当提交下列材料：(1)登记申请书；(2)申请人身份证明；(3)建设用地使用权证明；(4)建设工程符合规划的证明；(5)房屋已竣工的证明；(6)房屋测绘报告；(7)其他必要材料。房地产开发企业申请房屋所有权初始登记时，应当对建筑区划内依法属于全体业主共有的公共场所、公用设施和物业服务用房等房屋一并申请登记，由房屋登记机构在房屋登记簿上予以记载，不颁发房屋权属证书。

发生下列情形之一的，当事人应当在有关法律文件生效或者事实发生后申请房屋所有权转移登记：(1)买卖；(2)互换；(3)赠与；(4)继承、受遗赠；(5)房屋分割、合并，导致所有权发生转移的；(6)以房屋出资入股；(7)法人或者其他组织分立、合并，导致房屋所有权发生转移的；(8)法律、法规规定的其他情形。申请房屋所有权转移登记，应当提交下列材料：(1)登记申请书；(2)申请人身份证明；(3)房屋所有权证书或者房地产权证书；(4)证明房屋所有权发生转移的材料；(5)其他必要材料。前述第(4)项材料，可以是买卖合同、互换合同、赠与合同、受遗赠证明、继承证明、分割协议、合并协议、人民法院或者仲裁委员会生效的法律文书，或者其他证明房屋所有权发生转移的材料。

链接 《民法典》第209—223、349条；《城市房地产开发经营管理条例》第21条

第六十二条 【房地产抵押登记】房地产抵押时，应当向县级以上地方人民政府规定的部门办理抵押登记。

因处分抵押房地产而取得土地使用权和房屋所有权的，应当依照本章规定办理过户登记。

第六十三条 【房地产权属证书】经省、自治区、直辖市人民政府确定，县级以上地方人民政府由一个部门统一负责房产管理和土地管理工作的，可以制作、颁发统一的房地产权证书，依照本法第六十一条的规定，将房屋的所有权和该房屋占用范围内的土地使用权的确认和变更，分别载入房地产权证书。

第六章 法律责任

第六十四条 【擅自出让或擅自批准出让土地使用权用于房地产开发的法律责任】违反本法第十一条、第十二条的规定，擅自批准出让或者擅自出让土地使用权用于房地产开发的，由上级机关或者所在单位给予有关责任人员行政处分。

第六十五条 【擅自从事房地产开发的法律责任】违反本法第三十条的规定，未取得营业执照擅自从事房地产开发业务的，由县级以上人民政府工商行政管理部门责令停止房地产开发业务活动，没收违法所得，可以并处罚款。

第六十六条 【非法转让土地使用权的法律责任】违反本法第三十九条第一款的规定转让土地使用权的，由县级以上人民政府土地管理部门没收违法所得，可以并处罚款。

第六十七条 【非法转让划拨土地使用权的房地产的法律责任】违反本法第四十条第一款的规定转让房地产的，由县级以上人民政府土地管理部门责令缴纳土地使用权出让金，没收违法所得，可以并处罚款。

第六十八条 【非法预售商品房的法律责任】违反本法第四十五条第一款的规定预售商品房的，由县级以上人民政府房产管理部门责令停止预售活动，没收违法所得，可以并处罚款。

第六十九条 【擅自从事房地产中介服务业务的法律责任】违反本法第五十八条的规定，未取得营业执照擅自从事房地产中介服务业务的，由县级以上人民政府工商行政管理部门责令停止房地产中介服务业务活动，没收违法所得，可以并处罚款。

第七十条 【向房地产开发企业非法收费的法律责任】没有法律、法规的依据，向房地产开发企业收费的，上级机关应当责令退回所收取的钱款；情节严重的，由上级机关或者所在单位给予直接责任人员行政处分。

第七十一条 【管理部门工作人员玩忽职守、

滥用职权、索贿、受贿的法律责任】房产管理部门、土地管理部门工作人员玩忽职守、滥用职权,构成犯罪的,依法追究刑事责任;不构成犯罪的,给予行政处分。

房产管理部门、土地管理部门工作人员利用职务上的便利,索取他人财物,或者非法收受他人财物为他人谋取利益,构成犯罪的,依法追究刑事责任;不构成犯罪的,给予行政处分。

第七章 附 则

第七十二条 【参照本法适用的情形】在城市规划区外的国有土地范围内取得房地产开发用地的土地使用权,从事房地产开发、交易活动以及实施房地产管理,参照本法执行。

第七十三条 【施行时间】本法自1995年1月1日起施行。

国有土地上房屋征收与补偿条例

· 2011年1月19日国务院第141次常务会议通过
· 2011年1月21日中华人民共和国国务院令第590号公布
· 自公布之日起施行

理解与适用

2011年1月19日国务院第141次常务会议通过《国有土地上房屋征收与补偿条例》,该条例于2011年1月21日公布,并自公布之日起施行,《城市房屋拆迁管理条例》同时废止。

与国务院2001年公布的《城市房屋拆迁管理条例》(以下称原拆迁条例)相比,本条例突出了"维护公共利益,保障被征收房屋所有权人的合法权益"的立法目的与宗旨:一是规定了只有为了公共利益的需要,才能征收单位、个人的房屋,并且强调应当对被征收人给予公平补偿(第2条)。二是明确了房屋征收与补偿的原则,用于指导整个房屋征收与补偿工作,这是新增的内容,原拆迁条例对此未作规定(第3条)。三是规定了房屋征收与补偿的主体是政府,改变了原来由取得拆迁许可证的单位作为拆迁主体实施拆迁的做法。主体的变化导致法律关系也发生了相应的变化,根据原拆迁条例的规定,拆迁法律关系产生于拆迁人和被拆迁人之间,政府的房屋拆迁管理部门作为主管部门,对本行政区域内的城市房屋拆迁工作实施监督管理,并可以作为中立的第三方对拆迁人与被拆迁人或者拆迁人、被拆迁人与房屋承租人之间的争议作出行政裁决;而根据本条例的规定,征收法律关系产生于政府和被征收人之间,政府作为当事人一方,不再作为中立的第三方,因而也不具有行政裁决权(第4条)。四是规定了房屋征收部门可以委托实施单位承担房屋征收与补偿的具体工作,但接受委托的房屋征收实施单位不得以营利为目的。(第5条)。

按照统筹兼顾工业化、城镇化需要和房屋被征收群众利益,把公共利益同被征收人个人利益统一起来的总体要求,《国有土地上房屋征收与补偿条例》主要内容包括以下方面:一是对被征收人的补偿包括被征收房屋价值的补偿、搬迁与临时安置补偿、停产停业损失补偿和补助、奖励。对被征收房屋价值的补偿不得低于类似房地产的市场价格。对符合住房保障条件的被征收人除给予补偿外,政府还要优先给予住房保障。二是征收范围。确需征收房屋的各项建设活动应当符合国民经济和社会发展规划、土地利用总体规划、城乡规划和专项规划,保障性安居工程建设和旧城区改建还应当纳入市、县级国民经济和社会发展年度计划。三是征收程序。扩大公众参与程度,征收补偿方案要征求公众意见,因旧城区改建需要征收房屋,多数被征收人认为征收补偿方案不符合本条例规定的,还要组织听证会并修改方案。政府作出房屋征收决定前,应当进行社会稳定风险评估。四是政府是房屋征收与补偿的主体。禁止建设单位参与搬迁,承担房屋征收与补偿具体工作的单位不得以营利为目的。五是取消行政强制拆迁。被征收人超过规定期限不搬迁的,由政府依法申请人民法院强制执行。此外,还对违反本条例的行为设定了严格的法律责任。

第一章 总 则

第一条 【立法目的】 为了规范国有土地上房屋征收与补偿活动,维护公共利益,保障被征收房屋所有权人的合法权益,制定本条例。

注释 房屋征收是政府行为,主体是政府。但房屋征收与补偿又不仅涉及政府,也涉及房屋被征收群众和各种社会组织,并且征收活动历时长、范围广、法律关系复杂,因此,有必要通过立法,对政府的征收行为,各方的权利义务等予以规范,从而保证房屋征收与补偿工作依法、有序地进行。

链接《宪法》第10、13条

第二条 【适用范围】 为了公共利益的需要,征收国有土地上单位、个人的房屋,应当对被征收房屋所有权人(以下称被征收人)给予公平补偿。

注释 征收房屋的前提

本条明确规定,征收国有土地上单位、个人的房屋只能是为了公共利益的需要。这就明确了实施房屋征收的前提。该规定的主要依据:一是《宪法》第13条第3款规定,国家为了公共利益的需要,可以依照法律规定对公民的私有财产实行征收或者征用并给予补偿。二是《民法典》第243条第1款规定,为了公共利益的需要,依照法律规定的权限和程序可以征收集体所有的土地和组织、个人的房屋以及其他不动产。三是《城市房地产管理法》第6条规定,为了公共利益的需要,国家可以征收国有土地上单位和个人的房屋,并依法给予拆迁补偿,维护被征收人的合法权益;征收个人住宅的,还应当保障被征收人的居住条件。具体办法由国务院规定。

适用范围

本条例只适用于征收国有土地上单位、个人的房屋,不适用于集体土地征收。

从法律上讲,本条例应当只适用于被征收房屋所有权人,但这并不意味着对因历史原因形成的公房承租人的合法权益有所忽视,而是要区分不同情况,既依法维护好其合法权益,又符合法律的基本精神。因此,本条例虽然没有对承租人的补偿作出规定,对公房承租人的补偿问题,各地可以自行制定办法,对私房承租人的问题,则应依据相关的法律规范来解决。

链接《民法典》第243条;《城市房地产管理法》第6条

第三条 【基本原则】 房屋征收与补偿应当遵循决策民主、程序正当、结果公开的原则。

第四条 【行政管辖】 市、县级人民政府负责本行政区域的房屋征收与补偿工作。

市、县级人民政府确定的房屋征收部门(以下称房屋征收部门)组织实施本行政区域的房屋征收与补偿工作。

市、县级人民政府有关部门应当依照本条例的规定和本级人民政府规定的职责分工,互相配合,保障房屋征收与补偿工作的顺利进行。

注释 本条的规定包括三层含义:一是房屋征收与补偿的主体是市、县级人民政府;二是房屋征收与补偿工作由市、县级人民政府确定的房屋征收部门组织实施;三是市、县级人民政府有关部门应当按照职责分工,互相配合,保障房屋征收与补偿工作的顺利进行。

市、县级人民政府的职责主要有:组织有关部门论证和公布征收补偿方案,征求公众意见;对征收补偿方案的征求意见情况和修改情况进行公布,以及因旧城区改建需要征收房屋,多数人不同意情况下举行听证会;对房屋征收进行社会稳定风险评估;依法作出房屋征收决定并公布;制定房屋征收的补助和奖励办法;组织有关部门对征收范围内未经登记的建筑进行调查、认证和处理;依法作出房屋征收补偿决定等。

房屋征收部门的设置可以有以下两种形式:一是市、县级人民政府设立专门的房屋征收部门;二是在现有的部门(如房地产管理部门、建设主管部门)中,确定一个部门作为房屋征收部门。房屋征收部门的职责主要有:委托房屋征收实施单位承担房屋征收与补偿的具体工作,并对委托实施的房屋征收与补偿行为负责监督;拟定征收补偿方案,并报市、县级人民政府;组织对征收范围内房屋的权属、区位、用途、建筑面积等情况进行调查登记,并公布调查结果;书面通知有关部门暂停办理房屋征收范围内的新建、扩建、改建房屋和改变房屋用途等相关手续;与被征收人签订补偿协议;与被征收人在征收补偿方案确定的签约期限内达不成补偿协议或者被征收房屋所有权人不明确的,报请作出征收决定的市、县级人民政府作出补偿决定;依法建立房屋征收补偿档案,并将分户补偿情况在房屋征收范围内向被征收人公布等。

第五条 【房屋征收实施单位】房屋征收部门可以委托房屋征收实施单位,承担房屋征收与补偿的具体工作。房屋征收实施单位不得以营利为目的。

房屋征收部门对房屋征收实施单位在委托范围内实施的房屋征收与补偿行为负责监督,并对其行为后果承担法律责任。

注释 房屋征收部门可以委托房屋征收实施单位承担房屋征收与补偿的具体工作。委托的事项一般包括:协助进行调查、登记,协助编制征收补偿方案,协助进行房屋征收与补偿政策的宣传、解释,就征收补偿的具体问题与被征收人协商,协助组织征求意见、听证、论证、公示以及组织对被征收房屋的拆除等。

承担房屋征收与补偿工作的实施单位,应当是不以营利为目的的,其所需工作经费应当由政府财政予以保障。

第六条 【主管部门】上级人民政府应当加强对下级人民政府房屋征收与补偿工作的监督。

国务院住房城乡建设主管部门和省、自治区、直辖市人民政府住房城乡建设主管部门应当会同同级财政、国土资源、发展改革等有关部门,加强对房屋征收与补偿实施工作的指导。

第七条 【举报与监察】任何组织和个人对违反本条例规定的行为,都有权向有关人民政府、房屋征收部门和其他有关部门举报。接到举报的有关人民政府、房屋征收部门和其他有关部门对举报应当及时核实、处理。

监察机关应当加强对参与房屋征收与补偿工作的政府和有关部门或者单位及其工作人员的监察。

注释 举报的主体既包括被征收人和利害关系人,例如,被征收人的亲属、被征收房屋的抵押权人、被征收人所负债务的债权人等,也包括与征收活动没有利害关系的任何组织和个人。举报的内容既包括人民政府、人民政府工作部门及其工作人员的行为,例如,违反规定作出房屋征收决定、违反规定给予补偿,政府工作人员不履行职责、滥用职权、玩忽职守、徇私舞弊、贪污、挪用、私分、截留、拖欠征收补偿费用等;也包括参与房屋征收与补偿活动的有关组织及其工作人员的行为,例如,采取非法方式迫使被征收人搬迁、出具虚假或者有重大差错的评估报告等,还包括被征收人的行为,例如,在房屋征收范围确定后在房屋征收范围内实施新建、扩建、改建房屋和改变房屋用途等不当增加补偿费用的行为等。负责接受举报的主体主要包括作出征收决定的市、县级人民政府及其房屋征收部门和财政等有关部门,上级人民政府及其房屋征收部门和财政等有关部门,以及作出征收决定的市、县级人民政府及上级人民政府监察、审计等部门。

第二章 征收决定

第八条 【征收情形】为了保障国家安全、促进国民经济和社会发展等公共利益的需要,有下列情形之一,确需征收房屋的,由市、县级人民政府作出房屋征收决定:

(一)国防和外交的需要;

(二)由政府组织实施的能源、交通、水利等基础设施建设的需要;

(三)由政府组织实施的科技、教育、文化、卫生、体育、环境和资源保护、防灾减灾、文物保护、社会福利、市政公用等公共事业的需要;

(四)由政府组织实施的保障性安居工程建设的需要;

(五)由政府依照城乡规划法有关规定组织实施的对危房集中、基础设施落后等地段进行旧城区改建的需要;

(六)法律、行政法规规定的其他公共利益的需要。

注释 本条例明确将因国防和外交的需要,由政府组织实施的能源、交通、水利、教科文卫体、资源环保、防灾减灾、文物保护、社会福利、市政公用等公共事业以及保障性安居工程建设、旧城区改建等纳入公共利益范畴。

(1)国防和外交的需要。根据《国防法》的有关规定,国防是指国家为防备和抵抗侵略,制止武装颠覆和分裂,保卫国家主权、统一、领土完整、安全和发展利益所进行的军事活动,以及与军事有关的政治、经济、外交、科技、教育等方面的活动,是国家生存与发展的安全保障。本条所称国防的需要主要是指国防设施建设的需要;外交是一个国家在国际关系方面的活动,本条所称外交的需要主要是指使领馆建设的需要。

（2）由政府组织实施的能源、交通、水利等基础设施建设的需要。基础设施是指为社会生产和居民生活提供公共服务的工程设施，是用于保证国家或地区社会经济活动正常进行的公共服务系统。根据《划拨用地目录》，能源、交通、水利等基础设施包括石油天然气设施、煤炭设施、电力设施、水利设施、铁路交通设施、公路交通设施、水路交通设施、民用机场设施等。由政府组织实施的项目并不限于政府直接实施或者独立投资的项目，也包括了政府主导、市场化运作的项目。

（3）由政府组织实施的科技、教育、文化、卫生、体育、环境和资源保护、防灾减灾、文物保护、社会福利、市政公用等公共事业的需要。公共事业是指面向社会，以满足社会公共需要为基本目标、直接或者间接提供公共服务的社会活动。

（4）由政府组织实施的保障性安居工程建设的需要。依照《国务院办公厅关于促进房地产市场平稳健康发展的通知》的规定，保障性安居工程大致包括三类：第一类是城市和国有工矿棚户区改造，以及林区、垦区棚户区改造；第二类是廉租住房、经济适用住房、限价商品住房、公共租赁住房；第三类是农村危房改造。国有土地上房屋征收一般只涉及前两类。

（5）由政府依照《城乡规划法》有关规定组织实施的对危房集中、基础设施落后等地段进行旧城区改建的需要。《城乡规划法》第31条规定，旧城区的改建，应当保护历史文化遗产和传统风貌，合理确定拆迁和建设规模，有计划地对危房集中、基础设施落后等地段进行改建。

（6）法律、行政法规规定的其他公共利益的需要。该项是兜底条款，有利于弥补前5项规定未尽的事宜。

链接《宪法》第13条；《民法典》243条；《城市房地产管理法》第6条

第九条 【征收相关建设的要求】依照本条例第八条规定，确需征收房屋的各项建设活动，应当符合国民经济和社会发展规划、土地利用总体规划、城乡规划和专项规划。保障性安居工程建设、旧城区改建，应当纳入市、县级国民经济和社会发展年度计划。

制定国民经济和社会发展规划、土地利用总体规划、城乡规划和专项规划，应当广泛征求社会公众意见，经过科学论证。

链接《城乡规划法》第9、31条

第十条 【征收补偿方案】房屋征收部门拟定征收补偿方案，报市、县级人民政府。

市、县级人民政府应当组织有关部门对征收补偿方案进行论证并予以公布，征求公众意见。征求意见期限不得少于30日。

注释 房屋征收部门拟定的征收补偿方案，应当满足以下条件：一是合法，即征收补偿方案的内容应当符合本条例规定，比如，补偿方式、征收评估、保障被征收人居住条件等。二是合理，即征收补偿方案的内容应当是大多数人都能够接受的，征收范围大小合适，补偿标准公正公平，设定的奖励应当科学。三是可行，征收补偿方案的内容，除符合法律法规规定外，还应当因地制宜，符合当地的实际情况，比如考虑当地的气候条件、风俗习惯、宗教信仰等因素。

征收补偿方案的内容，本条未作具体规定。一般情况下，应当包括房屋征收范围、实施时间、补偿方式、补偿金额、补助和奖励、安置用房面积和安置地点、搬迁期限、搬迁过渡方式和过渡期限等事项。

第十一条 【旧城区改建】市、县级人民政府应当将征求意见情况和根据公众意见修改的情况及时公布。

因旧城区改建需要征收房屋，多数被征收人认为征收补偿方案不符合本条例规定的，市、县级人民政府应当组织由被征收人和公众代表参加的听证会，并根据听证会情况修改方案。

注释 这里的"多数"应当理解为半数以上。旧城区改造既涉及被征收人的个人利益，又涉及城市发展的公共利益，参加听证会的代表应当包括被征收人代表和社会各界公众代表。市、县级人民政府应当听取公众意见，就房屋征收补偿方案等群众关心的问题进行说明。

链接《城乡规划法》第31条

第十二条 【社会稳定风险评估】市、县级人民政府作出房屋征收决定前，应当按照有关规定进行社会稳定风险评估；房屋征收决定涉及被征收人数量较多的，应当经政府常务会议讨论决定。

作出房屋征收决定前，征收补偿费用应当足额到位、专户存储、专款专用。

注释 社会稳定风险评估，是指在国家机关系统范围内与人民群众利益密切相关的重大决策、重要政策、重大改革措施、重大工程建设项目、与社会公共秩序相关的重大活动或重大事项在制定出台、组织实施或审批核准前，对可能影响社会稳定的因素开展系统的调查，科学的预测、分析和评估，制定风险应对策略和预案。

把社会稳定风险评估作为作出房屋征收决定的必经程序，通过风险评估及早发现征收项目中存在影响社会稳定的隐患，并采取有效措施予以化解，是从源头上预防和减少征收矛盾纠纷，把问题解决在基层、解决在萌芽状态的重要举措。征收补偿费用的足额到位，是保障房屋征收实施工作顺利进行的前提条件，也是保护被征收人利益的重要前提。专户存储、专款专用是保证补偿费用不被挤占、挪用的重要措施。

第十三条 【征收公告】 市、县级人民政府作出房屋征收决定后应当及时公告。公告应当载明征收补偿方案和行政复议、行政诉讼权利等事项。

市、县级人民政府及房屋征收部门应当做好房屋征收与补偿的宣传、解释工作。

房屋被依法征收的，国有土地使用权同时收回。

注释 房屋征收决定公告由市、县级人民政府发布，一般张贴于征收范围内及其周围较为醒目、易于为公众查看的地点，也可通过报纸、电视等新闻媒体予以公布。公告的内容包括征收补偿方案和行政复议、行政诉讼等权利事项。若被征收人对市、县级人民政府作出的房屋征收决定不服，可以依法向作出房屋征收决定的市、县人民政府的上一级人民政府申请行政复议；或者依法向人民法院提起行政诉讼。

第十四条 【征收复议与诉讼】 被征收人对市、县级人民政府作出的房屋征收决定不服，可以依法申请行政复议，也可以依法提起行政诉讼。

第十五条 【征收调查登记】 房屋征收部门应当对房屋征收范围内房屋的权属、区位、用途、建筑面积等情况组织调查登记，被征收人应当予以配合。调查结果应当在房屋征收范围内向被征收人公布。

实务问答 1. 对被征收房屋进行调查登记由哪个部门进行？

对被征收房屋进行调查登记，房屋征收部门既可以独立完成，也可以委托房屋征收实施单位开展，一般情况下还应当有房地产价格评估机构参加。为提高调查登记的效率，减少阻力，房屋征收部门应当争取人民政府协调房屋征收范围内街道办事处、居委会配合进行相关调查工作。

2. 被征收房屋的调查登记如何进行？

调查登记，一般应当在房屋征收决定前进行。现场房屋调查登记时，房屋调查登记的工作人员，包括房屋征收部门工作人员、受委托的房屋征收实施单位工作人员一般应当对现场房屋及附属物分单元和类别进行拍照、录像、编号，建立档案，做到一户一档。房屋征收部门、被征收人及其他参与调查登记的单位应当对调查结果签字认可。

第十六条 【房屋征收范围确定】 房屋征收范围确定后，不得在房屋征收范围内实施新建、扩建、改建房屋和改变房屋用途等不当增加补偿费用的行为；违反规定实施的，不予补偿。

房屋征收部门应当将前款所列事项书面通知有关部门暂停办理相关手续。暂停办理相关手续的书面通知应当载明暂停期限。暂停期限最长不得超过1年。

注释 本条是关于征收范围确定后，在房屋征收范围内禁止活动的规定。

一是新建、扩建、改建房屋。本条例第17条、第19条规定，对被征收人给予的补偿包括被征收房屋价值的补偿，而且被征收房屋补偿是征收补偿的主要方面。征收补偿主要根据被征收房屋的建筑结构、新旧程度、建筑面积等因素以及装修和原有设备的拆装损失等确定，新建、扩建、改建房屋会直接影响征收房屋的评估结果，从而增加征收人即作出房屋征收决定的市、县级人民政府的补偿费用，提高实现公共利益需要的成本。二是改变房屋用途。被征收房屋的区位、用途、建筑面积等是影响房屋征收评估的重要因素，房屋的用途对补偿价格的确定有重要影响。按照本条例第17条、第23条规定，给予被征收人的补偿应当包括因征收房屋造成的停产停业损失的补偿，那么一套为经营性用房，另一套为住宅的被征收房屋，即使两者同区位、同面积，补偿金额也会有较大差异。如果在征收房屋确定后，允许被征收人临时改变房屋用途，将住宅改变为经营性用房，会大大增加征收补偿成本。三是不当增加补偿费用的其他行为。考虑到新建、扩建、改建房屋和改变房用途是不当增加补偿费用的主要形式,除此之外还有其他一些情形,如违反规定迁入户口或分户等也会造成征收成本的增加,影响公共利益的实现。

第三章 补 偿

第十七条 【征收补偿范围】 作出房屋征收决定的市、县级人民政府对被征收人给予的补偿包括:

(一)被征收房屋价值的补偿;

(二)因征收房屋造成的搬迁、临时安置的补偿;

(三)因征收房屋造成的停产停业损失的补偿。

市、县级人民政府应当制定补助和奖励办法,对被征收人给予补助和奖励。

注释 征收补偿

本条第1款规定的补偿包括三项:一是对被征收人房屋价值的补偿。包括被征收房屋及其占用范围内的土地使用权的补偿,以及房屋室内装饰装修价值的补偿。被征收人房屋包括被征收的房屋及其附属物。所谓"附属物"是指与房屋主体建筑有关的附属建筑或构筑物。被征收人对自己的房屋进行的装饰装修,在征收时也应当给予补偿。对被征收人房屋价值的补偿是房屋征收补偿中最主要的部分。二是因征收房屋造成的搬迁、临时安置的补偿。因征收房屋造成搬迁的,房屋征收部门应当向被征收人支付搬迁费;搬迁补偿是针对所有被征收人的。对于选择房屋产权调换的,产权调换房屋交付前,房屋征收部门应当向被征收人支付临时安置费或者提供周转用房;若房屋征收部门向被征收人提供了周转用房,则不必支付临时安置补偿。三是因征收房屋造成的停产停业损失的补偿。

补助和奖励

本条第2款规定的市、县级人民政府给予被征收人的补助和奖励,不是普惠的。比如,市、县级人民政府规定的奖励是针对按期搬迁的被征收人的;如果被征收人未按期搬迁,就不能够享受政府给予的奖励。市、县级人民政府规定的补助也是如此,一般是针对生活困难救助、重大疾病救助以及住房困难家庭的。

第十八条 【涉及住房保障情形的征收】 征收个人住宅,被征收人符合住房保障条件的,作出房屋征收决定的市、县级人民政府应当优先给予住房保障。具体办法由省、自治区、直辖市制定。

注释 本条是关于涉及征收个人住宅的情形,保障被征收人居住条件的规定。要获得优先住房保障,需要同时满足两个条件:(1)个人住宅被征收。优先住房保障是为了满足被征收人基本的居住需求,因为被征收人基于公共利益的需要而遭受了特别牺牲,特别是其居住权被剥夺,如此,需要为其提供住房保障。相反,如果被征收人的居住权未受侵害,如征收的是非住宅项目,那么就不应为被征收人优先提供住房保障。(2)被征收人符合住房保障条件。保障性住房是政府为中低收入住房困难家庭所提供的限定标准、限定价格或租金的住房,主要包括廉租住房、经济适用住房和政策性租赁住房。

第十九条 【被征收房屋价值的补偿】 对被征收房屋价值的补偿,不得低于房屋征收决定公告之日被征收房屋类似房地产的市场价格。被征收房屋的价值,由具有相应资质的房地产价格评估机构按照房屋征收评估办法评估确定。

对评估确定的被征收房屋价值有异议的,可以向房地产价格评估机构申请复核评估。对复核结果有异议的,可以向房地产价格评估专家委员会申请鉴定。

房屋征收评估办法由国务院住房城乡建设主管部门制定,制定过程中,应当向社会公开征求意见。

注释 类似房地产

类似房地产是指与被征收房屋的区位、用途、权利性质、档次、新旧程度、规模、建筑结构等相同或者相似的房地产;类似房地产的市场价格,是指在评估时点与被征收房屋类似的房地产的市场价格。评估时点为房屋征收决定公告之日。类似房地产的市场价格,既包括了被征收房屋的价值,也包括了房屋占用范围内土地使用权的价值。确定类似房地产的市场价格,可以通过搜集实际成交案例,剔除偶然的和不正常的因素后得到。

房屋征收评估

房屋征收评估涉及征收当事人的切身权益,应当尽量选用社会信誉好、综合实力强、资质等级高的房地产价格评估机构进行征收评估。

第二十条 【房地产价格评估机构】 房地产价格评估机构由被征收人协商选定;协商不成的,通过多数决定、随机选定等方式确定，具体办法由省、自治区、直辖市制定。

房地产价格评估机构应当独立、客观、公正地开展房屋征收评估工作，任何单位和个人不得干预。

注释 本条是关于房地产价格评估机构的选择和房地产价格评估机构评估原则的规定。房地产价格评估机构由被征收人协商决定，若协商未果，可以通过投票、抽签、摇号、招投标等多数决定和随机选定的方式确定，具体办法由省、自治区、直辖市按照当地情况制定。房地产价格评估机构评估原则为独立、客观和公正，为了保证被征收房屋价值评估结果公平和客观，任何单位和个人不得干预房屋征收评估活动。

第二十一条 【产权调换】被征收人可以选择货币补偿，也可以选择房屋产权调换。

被征收人选择房屋产权调换的，市、县级人民政府应当提供用于产权调换的房屋，并与被征收人计算、结清被征收房屋价值与用于产权调换房屋价值的差价。

因旧城区改建征收个人住宅，被征收人选择在改建地段进行房屋产权调换的，作出房屋征收决定的市、县级人民政府应当提供改建地段或者就近地段的房屋。

注释 补偿方式

所谓"货币补偿"是指在房屋征收补偿中，以市场评估价为标准，对被征收房屋的所有权人进行货币形式的补偿。所谓"产权调换"是指房屋征收部门提供用于产权调换的房屋与被征收房屋进行调换，计算价格后，结清差价。

旧城区改建征收个人住宅

一是只适用于因旧城区改建需要，征收个人住宅的情况；二是只有被征收人选择在改建地段进行房屋产权调换的情况下才适用，若被征收人不选择在改建地段进行房屋产权调换，则不适用；三是在同时满足上述两个前提的情况下，作出房屋征收决定的市、县级人民政府应当提供改建地段或者就近地段的房屋。

这里的"改建地段"应当是指同一项目，分期建设的，在各期中安置均应符合本条规定。这里的"就近地段"，由于城市规模、居民生活习惯不同，难以确定全国的统一标准，由各地在制定细则时确定。

第二十二条 【搬迁与临时安置】因征收房屋造成搬迁的，房屋征收部门应当向被征收人支付搬迁费；选择房屋产权调换的，产权调换房屋交付前，房屋征收部门应当向被征收人支付临时安置费或者提供周转用房。

注释 对于选择房屋产权调换的，在产权调换房屋交付前，房屋征收部门应当向被征收人支付临时安置费或者提供周转用房。被征收人自行过渡的，征收部门应对被征收人支付临时安置费。房屋征收部门向被征收人提供周转用房的，房屋征收部门已经履行了为被征收人承担临时安置的责任，不必付给被征收人临时安置费。考虑到各地经济水平和实际情况不同，搬迁费和临时安置费的具体标准由地方规定。

第二十三条 【停产停业损失的补偿】对因征收房屋造成停产停业损失的补偿，根据房屋被征收前的效益、停产停业期限等因素确定。具体办法由省、自治区、直辖市制定。

注释 停产停业损失，一般以实际发生的直接损失为主，根据房屋征收前被征收房屋的实际使用效益和实际停产、停业期限等确定。

停产停业损失补偿中涉及非住宅房屋的认定。认定为非住宅房屋，应当满足以下两个条件：第一，房屋为非住宅房屋，即是营业性用房；第二，经营行为合法，不能是违法经营。

第二十四条 【临时建筑】市、县级人民政府及其有关部门应当依法加强对建设活动的监督管理，对违反城乡规划进行建设的，依法予以处理。

市、县级人民政府作出房屋征收决定前，应当组织有关部门依法对征收范围内未经登记的建筑进行调查、认定和处理。对认定为合法建筑和未超过批准期限的临时建筑的，应当给予补偿；对认定为违法建筑和超过批准期限的临时建筑的，不予补偿。

实务问答 1. 什么是违法建筑？对违法建筑该如何处理？

根据城乡规划管理法律法规的规定，所谓违法建筑，是指在城市规划区内，未取得建设工程规划许可证件或者违反建设工程规划许可证的规定建设，严重影响城市规划的建筑。一般包括四种情形：(1)未申请或申请未获得批准，未取得建设用地规划许可证和建设工程规划许可证而建成的建筑；(2)擅自改变建设工程规划许可证的规定建成的建筑；(3)擅自改变了使用性质建成的建筑；(4)擅自将临时建筑建设成为永久性的建筑。

对违法建筑的处理，根据城乡规划管理法律法规的规定，分为两种情况：第一种情况，对于严重影响城市规划的，限期拆除或者没收；第二种情况，对于一般影响城市规划，尚可采取改正措施的，责令限期改正并处罚款。对于后一种情况，如果已经按照城乡规划法律法规的规定补办了相关手续并缴纳了罚款的，在征收时可以视为合法建筑进行补偿。

2. 对于未超过批准期限的临时建筑应如何给予补偿？

根据城乡规划管理法律法规的规定，在城市规划区内进行临时建设，必须在批准的使用期限内拆除。因此，对于超过了批准期限的临时建筑，应当由建设者在限期内拆除，在征收时不予补偿。未超过批准期限的临时建筑，也是合法建筑，未到批准使用期限拆除，会给临时建筑所有人带来一定的经济损失。因此，拆除未超过批准期限的临时建筑，应当给予适当补偿。对未超过批准使用期限的临时建筑的补偿，应按已使用期限的剩余价值参考剩余使用期限确定。

链接《城乡规划法》第 44 条

第二十五条　【补偿协议】房屋征收部门与被征收人依照本条例的规定，就补偿方式、补偿金额和支付期限、用于产权调换房屋的地点和面积、搬迁费、临时安置费或者周转用房、停产停业损失、搬迁期限、过渡方式和过渡期限等事项，订立补偿协议。

补偿协议订立后，一方当事人不履行补偿协议约定的义务的，另一方当事人可以依法提起诉讼。

注释　本条是关于补偿协议的订立和当事人不履行补偿协议情形的规定。补偿协议的内容包括：补偿方式、补偿金额及支付期限、用于产权调换房屋的地点和面积、搬迁费、临时安置费或周转用房、停业停产损失、搬迁期限、过渡方式和过渡期限。在订立补偿协议后，一方不履行的，另一方当事人可以向人民法院提起诉讼，要求对方承担继续履行、采取补救措施或者赔偿损失等违约责任。

第二十六条　【补偿决定】房屋征收部门与被征收人在征收补偿方案确定的签约期限内达不成补偿协议，或者被征收房屋所有权人不明确的，由房屋征收部门报请作出房屋征收决定的市、县级人民政府依照本条例的规定，按照征收补偿方案作出补偿决定，并在房屋征收范围内予以公告。

补偿决定应当公平，包括本条例第二十五条第一款规定的有关补偿协议的事项。

被征收人对补偿决定不服的，可以依法申请行政复议，也可以依法提起行政诉讼。

注释　市、县级人民政府作出补偿决定的情形有两种：

（1）在征收补偿方案确定的签约期限内达不成补偿协议。房屋征收中，当事人可能由于对补偿方式和补偿金额、安置用房面积和安置地点、搬迁期限、搬迁过渡方式和过渡期限等事项持有不同看法，从而导致补偿协议一时无法达成。为避免房屋征收当事人各执己见、相互扯皮，久拖不决，本条规定在征收补偿方案确定的签约期限内达不成补偿协议，由房屋征收部门报请作出房屋征收决定的市、县级人民政府作出补偿决定。房屋征收部门报请作出补偿决定的时间，应当是在征收补偿方案确定的签约期限之后。在征收补偿方案确定的签约期限内达不成协议，还有一层潜在的含义，就是政府认为有关补偿方式与金额、安置用房面积和地区、搬迁期限、搬迁过渡方式与过渡期限等事项合乎法律规定，有关当事人的合法权益得到了补偿，超过签约期限仍不签订协议，这时才可以作出补偿决定。

（2）房屋所有权人不明确。被征收房屋所有权人不明确是指无产权关系证明、产权人下落不明、暂时无法考证产权的合法所有人或因产权关系正在诉讼等情形。由于房屋所有权人不明确，补偿的对象也就不确定，往往难以进行补偿。在此情况下，不能因此就降低补偿或不对此类房屋进行补偿，也不能因此久拖不决影响整个征收补偿工作。

第二十七条　【先补偿后搬迁】实施房屋征收应当先补偿、后搬迁。

作出房屋征收决定的市、县级人民政府对被征收人给予补偿后，被征收人应当在补偿协议约定或者补偿决定确定的搬迁期限内完成搬迁。

任何单位和个人不得采取暴力、威胁或者违反规定中断供水、供热、供气、供电和道路通行等非法方式迫使被征收人搬迁。禁止建设单位参与搬迁活动。

注释　先补偿、后搬迁

包含两种情况：一是房屋征收当事人就房屋

征收补偿达成一致，签订协议，双方已按协议履行了相关的给付义务；二是征收当事人未达成补偿协议，市、县级人民政府已经依法作出补偿决定，货币补偿已经专户存储、产权调换房屋和周转用房的地点和面积已经明确。符合这两种情况都属于先行予以补偿。补偿方式不同，具体情况也会有所不同。如实行货币补偿的，货币补偿已经专户存储、被征收人可以随时支取即可视为对被征收人进行了补偿；实行现房产权调换的，征收人可以确定安置房源，待被征收人搬迁完毕后再实际办理交付手续；实行期房产权调换的，征收人则可以在协议确定安置房源后要求被征收人搬迁，待安置房竣工后再按约定交付房屋。

暴力等非法行为的禁止

这里需要强调的是禁止的是违反规定中断供水、供热、供气、供电和道路通行等非法行为。市、县级人民政府规范管理征收搬迁时，既要严格遵守国家有关规定，又要从采取措施的目的、是否符合程序、安全需要以及是否对未搬迁住户产生实际影响等方面出发去具体考量。至于本条规定的暴力、威胁方式，不论何种目的和具体行为方式，都属于非法行为，为法规所禁止，并坚决予以严厉打击。

第二十八条　【依法申请法院强制执行】被征收人在法定期限内不申请行政复议或者不提起行政诉讼，在补偿决定规定的期限内又不搬迁的，由作出房屋征收决定的市、县级人民政府依法申请人民法院强制执行。

强制执行申请书应当附具补偿金额和专户存储账号、产权调换房屋和周转用房的地点和面积等材料。

注释　关于本条规定的强制执行措施，注意：

（1）强制执行以补偿决定为前提。在实际操作中，被征收人不搬迁主要存在两种情况，第一，达成了补偿协议，又反悔不搬迁的；第二，作了补偿决定，在决定规定的搬迁期限内未搬迁的。第一种情况，可以由房屋征收部门按照违约之诉向法院提起诉讼并申请执行。第二种情况，则可以根据本条的规定申请法院强制执行。

（2）本条对申请法院强制执行的条件予以了严格规定。规定强制执行申请必须以被征收人在法定期间内不申请行政复议或者不提起行政诉讼，又不在补偿决定规定的期限内搬迁为前提。补偿决定一经作出，即具有拘束力和执行力。被征收人对补偿决定不服的，可以依法申请行政复议，也可以依法向人民法院提起行政诉讼。

（3）申请法院强制执行的主体是作出房屋征收决定的市、县级人民政府。由于征收决定的主体、征收补偿的主体以及补偿决定的主体都是市、县级人民政府，是一系列行政行为的主体，依据《行政诉讼法》第97条规定，当被征收人在法定期限内不提起诉讼又不履行行政行为的，只能由作出行政行为的行政机关申请人民法院强制执行。因此申请法院强制执行的主体是作出征收决定的市、县级人民政府。申请的法院根据《行政诉讼法》的规定，一般为不动产所在地的基层人民法院。

第二十九条　【征收补偿档案与审计监督】房屋征收部门应当依法建立房屋征收补偿档案，并将分户补偿情况在房屋征收范围内向被征收人公布。

审计机关应当加强对征收补偿费用管理和使用情况的监督，并公布审计结果。

实务问答　房屋征收补偿档案包括哪些资料？

房屋征收补偿档案资料包括：征收决定发布前的相关会议纪要；征收决定发布所依据的相关规划、立项资料；征收决定发布前的群众听证和征求意见等资料；征收补偿方案；征收决定及公告；委托征收实施单位的合同；委托价格评估机构的合同；整体评估报告和分户评估报告；通知有关部门停止办理相关手续的书面通知；分户补偿资料；补偿协议；达不成补偿协议的，由市、县级人民政府作出的补偿决定及有关资料；申请人民法院强制执行的材料；监察、审计部门对征收工作进行监督检查、审计的材料；其他与征收有关的档案资料。

第四章　法律责任

第三十条　【玩忽职守等法律责任】市、县级人民政府及房屋征收部门的工作人员在房屋征收与补偿工作中不履行本条例规定的职责，或者滥用职权、玩忽职守、徇私舞弊的，由上级人民政府或者本级人民政府责令改正，通报批评；造成损失的，依法承担赔偿责任；对直接负责的主管人员和其他直接责任人员，依法给予处分；构成犯罪的，依法追究刑事责任。

注释　本条针对有关工作人员不履行本条例规定的职责以及滥用职权、玩忽职守、徇私舞弊的行为规定了相应的法律责任。本条规定的违法行为主体是市、县级人民政府及房屋征收部门的工作人员。

链接 《刑法》第397条

第三十一条 【暴力等非法搬迁法律责任】采取暴力、威胁或者违反规定中断供水、供热、供气、供电和道路通行等非法方式迫使被征收人搬迁，造成损失的，依法承担赔偿责任；对直接负责的主管人员和其他直接责任人员，构成犯罪的，依法追究刑事责任；尚不构成犯罪的，依法给予处分；构成违反治安管理行为的，依法给予治安管理处罚。

注释 本条是关于采取暴力、威胁或者违反规定中断供水、供热、供气、供电和道路通行等非法方式迫使被征收人搬迁的法律责任的规定。本条对部分禁止性行为进行了列举，但是并不局限于所列举的这些行为，如果实施征收搬迁工作的单位或者个人采用其他非法方式强迫被征收人搬迁的，也同样应当给予相应的处罚。

第三十二条 【非法阻碍征收与补偿工作法律责任】采取暴力、威胁等方法阻碍依法进行的房屋征收与补偿工作，构成犯罪的，依法追究刑事责任；构成违反治安管理行为的，依法给予治安管理处罚。

注释 本条规定了若采取暴力、威胁等方法阻碍国家机关工作人员依法进行房屋征收和补偿工作，构成犯罪的，应当依照《刑法》的规定予以处罚；若被征收人或者其他有关人员的违法行为尚不构成犯罪，而是违反了治安管理行为的，应当依据《治安管理处罚法》的规定给予治安管理处罚。尽管对被征收人或者其他有关人员采取暴力、威胁等方法阻碍依法进行的房屋征收与补偿工作的行为应当予以处罚，但仍然应当依照条例的规定支付房屋征收补偿费用、提供用于产权调换的房屋和周转用房等，不能因此不支付、少支付或者拖延支付对被征收人的征收补偿。

第三十三条 【贪污、挪用等法律责任】贪污、挪用、私分、截留、拖欠征收补偿费用的，责令改正，追回有关款项，限期退还违法所得，对有关责任单位通报批评、给予警告；造成损失的，依法承担赔偿责任；对直接负责的主管人员和其他直接责任人员，构成犯罪的，依法追究刑事责任；尚不构成犯罪的，依法给予处分。

链接 《刑法》第382—384、386条

第三十四条 【违法评估法律责任】房地产价格评估机构或者房地产估价师出具虚假或者有重大差错的评估报告的，由发证机关责令限期改正，给予警告，对房地产价格评估机构并处5万元以上20万元以下罚款，对房地产估价师并处1万元以上3万元以下罚款，并记入信用档案；情节严重的，吊销资质证书、注册证书；造成损失的，依法承担赔偿责任；构成犯罪的，依法追究刑事责任。

注释 本条是关于房地产价格评估机构或者房地产估价师出具虚假或者有重大差错的评估报告的法律责任的规定。本条区分单位和个人这两类主体分别设定了不同的罚款额度，这主要是出于不同主体经济实力不同的考虑。对房地产价格评估机构并处5万元以上20万元以下罚款，对房地产估价师并处1万元以上3万元以下罚款，应当根据违法行为情节轻重，在法定的幅度内给予罚款。

链接 《刑法》第229条

第五章 附 则

第三十五条 【施行日期】本条例自公布之日起施行。2001年6月13日国务院公布的《城市房屋拆迁管理条例》同时废止。本条例施行前已依法取得房屋拆迁许可证的项目，继续沿用原有的规定办理，但政府不得责成有关部门强制拆迁。

城市房地产开发经营管理条例

- 1998年7月20日中华人民共和国国务院令第248号发布
- 根据2011年1月8日《国务院关于废止和修改部分行政法规的决定》第一次修订
- 根据2018年3月19日《国务院关于修改和废止部分行政法规的决定》第二次修订
- 根据2019年3月24日《国务院关于修改部分行政法规的决定》第三次修订
- 根据2020年3月27日《国务院关于修改和废止部分行政法规的决定》第四次修订
- 根据2020年11月29日《国务院关于修改和废止部分行政法规的决定》第五次修订

第一章 总 则

第一条 为了规范房地产开发经营行为，加强对城市房地产开发经营活动的监督管理，促进

和保障房地产业的健康发展,根据《中华人民共和国城市房地产管理法》的有关规定,制定本条例。

第二条 本条例所称房地产开发经营,是指房地产开发企业在城市规划区内国有土地上进行基础设施建设、房屋建设,并转让房地产开发项目或者销售、出租商品房的行为。

第三条 房地产开发经营应当按照经济效益、社会效益、环境效益相统一的原则,实行全面规划、合理布局、综合开发、配套建设。

第四条 国务院建设行政主管部门负责全国房地产开发经营活动的监督管理工作。

县级以上地方人民政府房地产开发主管部门负责本行政区域内房地产开发经营活动的监督管理工作。

县级以上人民政府负责土地管理工作的部门依照有关法律、行政法规的规定,负责与房地产开发经营有关的土地管理工作。

第二章 房地产开发企业

第五条 设立房地产开发企业,除应当符合有关法律、行政法规规定的企业设立条件外,还应当具备下列条件:

(一)有100万元以上的注册资本;

(二)有4名以上持有资格证书的房地产专业、建筑工程专业的专职技术人员,2名以上持有资格证书的专职会计人员。

省、自治区、直辖市人民政府可以根据本地方的实际情况,对设立房地产开发企业的注册资本和专业技术人员的条件作出高于前款的规定。

第六条 外商投资设立房地产开发企业的,除应当符合本条例第五条的规定外,还应当符合外商投资法律、行政法规的规定。

第七条 设立房地产开发企业,应当向县级以上人民政府工商行政管理部门申请登记。工商行政管理部门对符合本条例第五条规定条件的,应当自收到申请之日起30日内予以登记;对不符合条件不予登记的,应当说明理由。

工商行政管理部门在对设立房地产开发企业申请登记进行审查时,应当听取同级房地产开发主管部门的意见。

第八条 房地产开发企业应当自领取营业执照之日起30日内,提交下列纸质或者电子材料,向登记机关所在地的房地产开发主管部门备案:

(一)营业执照复印件;

(二)企业章程;

(三)专业技术人员的资格证书和聘用合同。

第九条 房地产开发主管部门应当根据房地产开发企业的资产、专业技术人员和开发经营业绩等,对备案的房地产开发企业核定资质等级。房地产开发企业应当按照核定的资质等级,承担相应的房地产开发项目。具体办法由国务院建设行政主管部门制定。

第三章 房地产开发建设

第十条 确定房地产开发项目,应当符合土地利用总体规划、年度建设用地计划和城市规划、房地产开发年度计划的要求;按照国家有关规定需要经计划主管部门批准的,还应当报计划主管部门批准,并纳入年度固定资产投资计划。

第十一条 确定房地产开发项目,应当坚持旧区改建和新区建设相结合的原则,注重开发基础设施薄弱、交通拥挤、环境污染严重以及危旧房屋集中的区域,保护和改善城市生态环境,保护历史文化遗产。

第十二条 房地产开发用地应当以出让方式取得;但是,法律和国务院规定可以采用划拨方式的除外。

土地使用权出让或者划拨前,县级以上地方人民政府城市规划行政主管部门和房地产开发主管部门应当对下列事项提出书面意见,作为土地使用权出让或者划拨的依据之一:

(一)房地产开发项目的性质、规模和开发期限;

(二)城市规划设计条件;

(三)基础设施和公共设施的建设要求;

(四)基础设施建成后的产权界定;

(五)项目拆迁补偿、安置要求。

第十三条 房地产开发项目应当建立资本金制度,资本金占项目总投资的比例不得低于20%。

第十四条 房地产开发项目的开发建设应当统筹安排配套基础设施,并根据先地下、后地上的原则实施。

第十五条 房地产开发企业应当按照土地使用权出让合同约定的土地用途、动工开发期限进行项目开发建设。出让合同约定的动工开发期限满1年未动工开发的,可以征收相当于土地使用权出让金20%以下的土地闲置费;满2年未动工开发的,可以无偿收回土地使用权。但是,因不可抗力或者政府、政府有关部门的行为或者动工开发必需的前期工作造成动工迟延的除外。

第十六条 房地产开发企业开发建设的房地产项目,应当符合有关法律、法规的规定和建筑工程质量、安全标准、建筑工程勘察、设计、施工的技术规范以及合同的约定。

房地产开发企业应当对其开发建设的房地产开发项目的质量承担责任。

勘察、设计、施工、监理等单位应当依照有关法律、法规的规定或者合同的约定,承担相应的责任。

第十七条 房地产开发项目竣工,依照《建设工程质量管理条例》的规定验收合格后,方可交付使用。

第十八条 房地产开发企业应当将房地产开发项目建设过程中的主要事项记录在房地产开发项目手册中,并定期送房地产开发主管部门备案。

第四章 房地产经营

第十九条 转让房地产开发项目,应当符合《中华人民共和国城市房地产管理法》第三十九条、第四十条规定的条件。

第二十条 转让房地产开发项目,转让人和受让人应当自土地使用权变更登记手续办理完毕之日起30日内,持房地产开发项目转让合同到房地产开发主管部门备案。

第二十一条 房地产开发企业转让房地产开发项目时,尚未完成拆迁补偿安置的,原拆迁补偿安置合同中有关的权利、义务随之转移给受让人。项目转让人应当书面通知被拆迁人。

第二十二条 房地产开发企业预售商品房,应当符合下列条件:

(一)已交付全部土地使用权出让金,取得土地使用权证书;

(二)持有建设工程规划许可证和施工许可证;

(三)按提供的预售商品房计算,投入开发建设的资金达到工程建设总投资的25%以上,并已确定施工进度和竣工交付日期;

(四)已办理预售登记,取得商品房预售许可证明。

第二十三条 房地产开发企业申请办理商品房预售登记,应当提交下列文件:

(一)本条例第二十二条第(一)项至第(三)项规定的证明材料;

(二)营业执照和资质等级证书;

(三)工程施工合同;

(四)预售商品房分层平面图;

(五)商品房预售方案。

第二十四条 房地产开发主管部门应当自收到商品房预售申请之日起10日内,作出同意预售或者不同意预售的答复。同意预售的,应当核发商品房预售许可证明;不同意预售的,应当说明理由。

第二十五条 房地产开发企业不得进行虚假广告宣传,商品房预售广告中应当载明商品房预售许可证明的文号。

第二十六条 房地产开发企业预售商品房时,应当向预购人出示商品房预售许可证明。

房地产开发企业应当自商品房预售合同签订之日起30日内,到商品房所在地的县级以上人民政府房地产开发主管部门和负责土地管理工作的部门备案。

第二十七条 商品房销售,当事人双方应当签订书面合同。合同应当载明商品房的建筑面积和使用面积、价格、交付日期、质量要求、物业管理方式以及双方的违约责任。

第二十八条 房地产开发企业委托中介机构代理销售商品房的,应当向中介机构出具委托书。中介机构销售商品房时,应当向商品房购买人出示商品房的有关证明文件和商品房销售委托书。

第二十九条 房地产开发项目转让和商品房销售价格,由当事人协商议定;但是,享受国家优惠政策的居民住宅价格,应当实行政府指导价或者政府定价。

第三十条 房地产开发企业应当在商品房交付使用时,向购买人提供住宅质量保证书和住宅使用说明书。

住宅质量保证书应当列明工程质量监督单位核验的质量等级、保修范围、保修期和保修单位等内容。房地产开发企业应当按照住宅质量保证书的约定,承担商品房保修责任。

保修期内,因房地产开发企业对商品房进行维修,致使房屋原使用功能受到影响,给购买人造成损失的,应当依法承担赔偿责任。

第三十一条 商品房交付使用后,购买人认为主体结构质量不合格的,可以向工程质量监督单位申请重新核验。经核验,确属主体结构质量不合格的,购买人有权退房;给购买人造成损失的,房地产开发企业应当依法承担赔偿责任。

第三十二条 预售商品房的购买人应当自商品房交付使用之日起90日内,办理土地使用权变更和房屋所有权登记手续;现售商品房的购买人应当自销售合同签订之日起90日内,办理土地使用权变更和房屋所有权登记手续。房地产开发企业应当协助商品房购买人办理土地使用权变更和房屋所有权登记手续,并提供必要的证明文件。

第五章 法律责任

第三十三条 违反本条例规定,未取得营业执照,擅自从事房地产开发经营的,由县级以上人民政府工商行政管理部门责令停止房地产开发经营活动,没收违法所得,可以并处违法所得5倍以下的罚款。

第三十四条 违反本条例规定,未取得资质等级证书或者超越资质等级从事房地产开发经营的,由县级以上人民政府房地产开发主管部门责令限期改正,处5万元以上10万元以下的罚款;逾期不改正的,由工商行政管理部门吊销营业执照。

第三十五条 违反本条例规定,擅自转让房地产开发项目的,由县级以上人民政府负责土地管理工作的部门责令停止违法行为,没收违法所得,可以并处违法所得5倍以下的罚款。

第三十六条 违反本条例规定,擅自预售商品房的,由县级以上人民政府房地产开发主管部门责令停止违法行为,没收违法所得,可以并处已收取的预付款1%以下的罚款。

第三十七条 国家机关工作人员在房地产开发经营监督管理工作中玩忽职守、徇私舞弊、滥用职权,构成犯罪的,依法追究刑事责任;尚不构成犯罪的,依法给予行政处分。

第六章 附 则

第三十八条 在城市规划区外国有土地上从事房地产开发经营,实施房地产开发经营监督管理,参照本条例执行。

第三十九条 城市规划区内集体所有的土地,经依法征收转为国有土地后,方可用于房地产开发经营。

第四十条 本条例自发布之日起施行。

(二)房屋估价

国有土地上房屋征收评估办法

· 2011年6月3日
· 建房〔2011〕77号

第一条 为规范国有土地上房屋征收评估活动,保证房屋征收评估结果客观公平,根据《国有土地上房屋征收与补偿条例》,制定本办法。

第二条 评估国有土地上被征收房屋和用于产权调换房屋的价值,测算被征收房屋类似房地产的市场价格,以及对相关评估结果进行复核评估和鉴定,适用本办法。

第三条 房地产价格评估机构、房地产估价师、房地产价格评估专家委员会(以下称评估专家委员会)成员应当独立、客观、公正地开展房屋征收评估、鉴定工作,并对出具的评估、鉴定意见负责。

任何单位和个人不得干预房屋征收评估、鉴定活动。与房屋征收当事人有利害关系的,应当回避。

第四条 房地产价格评估机构由被征收人在规定时间内协商选定;在规定时间内协商不成的,由房屋征收部门通过组织被征收人按照少数服从多数的原则投票决定,或者采取摇号、抽签等随机方式确定。具体办法由省、自治区、直辖市制定。

房地产价格评估机构不得采取迎合征收人不当要求、虚假宣传、恶意低收费等不正当手段承揽房屋征收评估业务。

第五条 同一征收项目的房屋征收评估工作,原则上由一家房地产价格评估机构承担。房屋征收范围较大的,可以由两家以上房地产价格评估机构共同承担。

两家以上房地产价格评估机构承担的,应当共同协商确定一家房地产价格评估机构为牵头单位;牵头单位应当组织相关房地产价格评估机构就评估对象、评估时点、价值内涵、评估依据、评估假设、评估原则、评估技术路线、评估方法、重要参数选取、评估结果确定方式等进行沟通，统一标准。

第六条 房地产价格评估机构选定或者确定后，一般由房屋征收部门作为委托人，向房地产价格评估机构出具房屋征收评估委托书，并与其签订房屋征收评估委托合同。

房屋征收评估委托书应当载明委托人的名称、委托的房地产价格评估机构的名称、评估目的、评估对象范围、评估要求以及委托日期等内容。

房屋征收评估委托合同应当载明下列事项：

（一）委托人和房地产价格评估机构的基本情况；

（二）负责本评估项目的注册房地产估价师；

（三）评估目的、评估对象、评估时点等评估基本事项；

（四）委托人应提供的评估所需资料；

（五）评估过程中双方的权利和义务；

（六）评估费用及收取方式；

（七）评估报告交付时间、方式；

（八）违约责任；

（九）解决争议的方法；

（十）其他需要载明的事项。

第七条 房地产价格评估机构应当指派与房屋征收评估项目工作量相适应的足够数量的注册房地产估价师开展评估工作。

房地产价格评估机构不得转让或者变相转让受托的房屋征收评估业务。

第八条 被征收房屋价值评估目的应当表述为"为房屋征收部门与被征收人确定被征收房屋价值的补偿提供依据，评估被征收房屋的价值"。

用于产权调换房屋价值评估目的应当表述为"为房屋征收部门与被征收人计算被征收房屋价值与用于产权调换房屋价值的差价提供依据，评估用于产权调换房屋的价值"。

第九条 房屋征收评估前，房屋征收部门应当组织有关单位对被征收房屋情况进行调查，明确评估对象。评估对象应当全面、客观，不得遗漏、虚构。

房屋征收部门应当向受托的房地产价格评估机构提供征收范围内房屋情况，包括已经登记的房屋情况和未经登记建筑的认定、处理结果情况。调查结果应当在房屋征收范围内向被征收人公布。

对于已经登记的房屋，其性质、用途和建筑面积，一般以房屋权属证书和房屋登记簿的记载为准；房屋权属证书与房屋登记簿的记载不一致的，除有证据证明房屋登记簿确有错误外，以房屋登记簿为准。对于未经登记的建筑，应当按照市、县级人民政府的认定、处理结果进行评估。

第十条 被征收房屋价值评估时点为房屋征收决定公告之日。

用于产权调换房屋价值评估时点应当与被征收房屋价值评估时点一致。

第十一条 被征收房屋价值是指被征收房屋及其占用范围内的土地使用权在正常交易情况下，由熟悉情况的交易双方以公平交易方式在评估时点自愿进行交易的金额，但不考虑被征收房屋租赁、抵押、查封等因素的影响。

前款所述不考虑租赁因素的影响，是指评估被征收房屋无租约限制的价值；不考虑抵押、查封因素的影响，是指评估价值中不扣除被征收房屋已抵押担保的债权数额、拖欠的建设工程价款和其他法定优先受偿款。

第十二条 房地产价格评估机构应当安排注册房地产估价师对被征收房屋进行实地查勘，调查被征收房屋状况，拍摄反映被征收房屋内外部状况的照片等影像资料，做好实地查勘记录，并妥善保管。

被征收人应当协助注册房地产估价师对被征收房屋进行实地查勘，提供或者协助搜集被征收房屋价值评估所必需的情况和资料。

房屋征收部门、被征收人和注册房地产估价师应当在实地查勘记录上签字或者盖章确认。被征收人拒绝在实地查勘记录上签字或者盖章的，应当由房屋征收部门、注册房地产估价师和无利害关系的第三人见证，有关情况应当在评估报告中说明。

第十三条 注册房地产估价师应当根据评估对象和当地房地产市场状况，对市场法、收益法、成本法、假设开发法等评估方法进行适用性分析后，选用其中一种或者多种方法对被征收房屋价值进行评估。

被征收房屋的类似房地产有交易的，应当选用市场法评估；被征收房屋或者其类似房地产有经济收益的，应当选用收益法评估；被征收房屋是在建工程的，应当选用假设开发法评估。

可以同时选用两种以上评估方法评估的，应当选用两种以上评估方法评估，并对各种评估方法的测算结果进行校核和比较分析后，合理确定评估结果。

第十四条　被征收房屋价值评估应当考虑被征收房屋的区位、用途、建筑结构、新旧程度、建筑面积以及占地面积、土地使用权等影响被征收房屋价值的因素。

被征收房屋室内装饰装修价值，机器设备、物资等搬迁费用，以及停产停业损失等补偿，由征收当事人协商确定；协商不成的，可以委托房地产价格评估机构通过评估确定。

第十五条　房屋征收评估价值应当以人民币为计价的货币单位，精确到元。

第十六条　房地产价格评估机构应当按照房屋征收评估委托书或者委托合同的约定，向房屋征收部门提供分户的初步评估结果。分户的初步评估结果应当包括评估对象的构成及其基本情况和评估价值。房屋征收部门应当将分户的初步评估结果在征收范围内向被征收人公示。

公示期间，房地产价格评估机构应当安排注册房地产估价师对分户的初步评估结果进行现场说明解释。存在错误的，房地产价格评估机构应当修正。

第十七条　分户初步评估结果公示期满后，房地产价格评估机构应当向房屋征收部门提供委托评估范围内被征收房屋的整体评估报告和分户评估报告。房屋征收部门应当向被征收人转交分户评估报告。

整体评估报告和分户评估报告应当由负责房屋征收评估项目的两名以上注册房地产估价师签字，并加盖房地产价格评估机构公章。不得以印章代替签字。

第十八条　房屋征收评估业务完成后，房地产价格评估机构应当将评估报告及相关资料立卷、归档保管。

第十九条　被征收人或者房屋征收部门对评估报告有疑问的，出具评估报告的房地产价格评估机构应当向其作出解释和说明。

第二十条　被征收人或者房屋征收部门对评估结果有异议的，应当自收到评估报告之日起10日内，向房地产价格评估机构申请复核评估。

申请复核评估的，应当向原房地产价格评估机构提出书面复核评估申请，并指出评估报告存在的问题。

第二十一条　原房地产价格评估机构应当自收到书面复核评估申请之日起10日内对评估结果进行复核。复核后，改变原评估结果的，应当重新出具评估报告；评估结果没有改变的，应当书面告知复核评估申请人。

第二十二条　被征收人或者房屋征收部门对原房地产价格评估机构的复核结果有异议的，应当自收到复核结果之日起10日内，向被征收房屋所在地评估专家委员会申请鉴定。被征收人对补偿仍有异议的，按照《国有土地上房屋征收与补偿条例》第二十六条规定处理。

第二十三条　各省、自治区住房城乡建设主管部门和设区城市的房地产管理部门应当组织成立评估专家委员会，对房地产价格评估机构做出的复核结果进行鉴定。

评估专家委员会由房地产估价师以及价格、房地产、土地、城市规划、法律等方面的专家组成。

第二十四条　评估专家委员会应当选派成员组成专家组，对复核结果进行鉴定。专家组成员为3人以上单数，其中房地产估价师不得少于二分之一。

第二十五条　评估专家委员会应当自收到鉴定申请之日起10日内，对申请鉴定评估报告的评估程序、评估依据、评估假设、评估技术路线、评估方法选用、参数选取、评估结果确定方式等评估技术问题进行审核，出具书面鉴定意见。

经评估专家委员会鉴定，评估报告不存在技术问题的，应当维持评估报告；评估报告存在技术问题的，出具评估报告的房地产价格评估机构应当改正错误，重新出具评估报告。

第二十六条　房屋征收评估鉴定过程中，房地产价格评估机构应当按照评估专家委员会要求，就鉴定涉及的评估相关事宜进行说明。需要对被征收房屋进行实地查勘和调查的，有关单位和个人应当协助。

第二十七条　因房屋征收评估、复核评估、鉴定工作需要查询被征收房屋和用于产权调换房权属以及相关房地产交易信息的，房地产管理部门及其他相关部门应当提供便利。

第二十八条　在房屋征收评估过程中,房屋征收部门或者被征收人不配合、不提供相关资料的,房地产价格评估机构应当在评估报告中说明有关情况。

第二十九条　除政府对用于产权调换房屋价格有特别规定外,应当以评估方式确定用于产权调换房屋的市场价值。

第三十条　被征收房屋的类似房地产是指与被征收房屋的区位、用途、权利性质、档次、新旧程度、规模、建筑结构等相同或者相似的房地产。

被征收房屋类似房地产的市场价格是指被征收房屋的类似房地产在评估时点的平均交易价格。确定被征收房屋类似房地产的市场价格,应当剔除偶然的和不正常的因素。

第三十一条　房屋征收评估、鉴定费用由委托人承担。但鉴定改变原评估结果的,鉴定费用由原房地产价格评估机构承担。复核评估费用由原房地产价格评估机构承担。房屋征收评估、鉴定费用按照政府价格主管部门规定的收费标准执行。

第三十二条　在房屋征收评估活动中,房地产价格评估机构和房地产估价师的违法违规行为,按照《国有土地上房屋征收与补偿条例》《房地产估价机构管理办法》《注册房地产估价师管理办法》等规定处罚。违反规定收费的,由政府价格主管部门依照《中华人民共和国价格法》规定处罚。

第三十三条　本办法自公布之日起施行。2003年12月1日原建设部发布的《城市房屋拆迁估价指导意见》同时废止。但《国有土地上房屋征收与补偿条例》施行前已依法取得房屋拆迁许可证的项目,继续沿用原有规定。

房地产估价机构管理办法

· 2005年10月12日建设部令第142号发布
· 根据2013年10月16日《住房和城乡建设部关于修改〈房地产估价机构管理办法〉的决定》第一次修订
· 根据2015年5月4日《住房和城乡建设部关于修改〈房地产开发企业资质管理规定〉等部门规章的决定》第二次修订

第一章　总　则

第一条　为了规范房地产估价机构行为,维护房地产估价市场秩序,保障房地产估价活动当事人合法权益,根据《中华人民共和国城市房地产管理法》、《中华人民共和国行政许可法》和《国务院对确需保留的行政审批项目设定行政许可的决定》等法律、行政法规,制定本办法。

第二条　在中华人民共和国境内申请房地产估价机构资质,从事房地产估价活动,对房地产估价机构实施监督管理,适用本办法。

第三条　本办法所称房地产估价机构,是指依法设立并取得房地产估价机构资质,从事房地产估价活动的中介服务机构。

本办法所称房地产估价活动,包括土地、建筑物、构筑物、在建工程、以房地产为主的企业整体资产、企业整体资产中的房地产等各类房地产评估,以及因转让、抵押、房屋征收、司法鉴定、课税、公司上市、企业改制、企业清算、资产重组、资产处置等需要进行的房地产评估。

第四条　房地产估价机构从事房地产估价活动,应当坚持独立、客观、公正的原则,执行房地产估价规范和标准。

房地产估价机构依法从事房地产估价活动,不受行政区域、行业限制。任何组织或者个人不得非法干预房地产估价活动和估价结果。

第五条　国务院住房城乡建设主管部门负责全国房地产估价机构的监督管理工作。

省、自治区人民政府住房城乡建设主管部门、直辖市人民政府房地产主管部门负责本行政区域内房地产估价机构的监督管理工作。

市、县人民政府房地产主管部门负责本行政区域内房地产估价机构的监督管理工作。

第六条　房地产估价行业组织应当加强房地产估价行业自律管理。

鼓励房地产估价机构加入房地产估价行业组织。

第七条　国家建立全国统一的房地产估价行业管理信息平台,实现房地产估价机构资质核准、人员注册、信用档案管理等信息关联共享。

第二章　估价机构资质核准

第八条　房地产估价机构资质等级分为一、二、三级。

省、自治区人民政府住房城乡建设主管部门、直辖市人民政府房地产主管部门负责房地估机构资质许可。

省、自治区人民政府住房城乡建设主管部门、直辖市人民政府房地产主管部门应当执行国家统一的资质许可条件，加强房地产估价机构资质许可管理，营造公平竞争的市场环境。

国务院住房城乡建设主管部门应当加强对省、自治区人民政府住房城乡建设主管部门、直辖市人民政府房地产主管部门资质许可工作的指导和监督检查，及时纠正资质许可中的违法行为。

第九条 房地产估价机构应当由自然人出资，以有限责任公司或者合伙企业形式设立。

第十条 各资质等级房地产估价机构的条件如下：

（一）一级资质

1. 机构名称有房地产估价或者房地产评估字样；

2. 从事房地产估价活动连续 6 年以上，且取得二级房地产估价机构资质 3 年以上；

3. 有 15 名以上专职注册房地产估价师；

4. 在申请核定资质等级之日前 3 年平均每年完成估价标的物建筑面积 50 万平方米以上或者土地面积 25 万平方米以上；

5. 法定代表人或者执行合伙人是注册后从事房地产估价工作 3 年以上的专职注册房地产估价师；

6. 有限责任公司的股东中有 3 名以上、合伙企业的合伙人中有 2 名以上专职注册房地产估价师，股东或者合伙人中有一半以上是注册后从事房地产估价工作 3 年以上的专职注册房地产估价师；

7. 有限责任公司的股份或者合伙企业的出资额中专职注册房地产估价师的股份或者出资额合计不低于 60%；

8. 有固定的经营服务场所；

9. 估价质量管理、估价档案管理、财务管理等各项企业内部管理制度健全；

10. 随机抽查的 1 份房地产估价报告符合《房地产估价规范》的要求；

11. 在申请核定资质等级之日前 3 年内无本办法第三十三条禁止的行为。

（二）二级资质

1. 机构名称有房地产估价或者房地产评估字样；

2. 取得三级房地产估价机构资质后从事房地产估价活动连续 4 年以上；

3. 有 8 名以上专职注册房地产估价师；

4. 在申请核定资质等级之日前 3 年平均每年完成估价标的物建筑面积 30 万平方米以上或者土地面积 15 万平方米以上；

5. 法定代表人或者执行合伙人是注册后从事房地产估价工作 3 年以上的专职注册房地产估价师；

6. 有限责任公司的股东中有 3 名以上、合伙企业的合伙人中有 2 名以上专职注册房地产估价师，股东或者合伙人中有一半以上是注册后从事房地产估价工作 3 年以上的专职注册房地产估价师；

7. 有限责任公司的股份或者合伙企业的出资额中专职注册房地产估价师的股份或者出资额合计不低于 60%；

8. 有固定的经营服务场所；

9. 估价质量管理、估价档案管理、财务管理等各项企业内部管理制度健全；

10. 随机抽查的 1 份房地产估价报告符合《房地产估价规范》的要求；

11. 在申请核定资质等级之日前 3 年内无本办法第三十三条禁止的行为。

（三）三级资质

1. 机构名称有房地产估价或者房地产评估字样；

2. 有 3 名以上专职注册房地产估价师；

3. 在暂定期内完成估价标的物建筑面积 8 万平方米以上或者土地面积 3 万平方米以上；

4. 法定代表人或者执行合伙人是注册后从事房地产估价工作 3 年以上的专职注册房地产估价师；

5. 有限责任公司的股东中有 2 名以上、合伙企业的合伙人中有 2 名以上专职注册房地产估价师，股东或者合伙人中有一半以上是注册后从事房地产估价工作 3 年以上的专职注册房地产估价师；

6. 有限责任公司的股份或者合伙企业的出资额中专职注册房地产估价师的股份或者出资额合计不低于 60%；

7. 有固定的经营服务场所；

8. 估价质量管理、估价档案管理、财务管理等

各项企业内部管理制度健全;

9. 随机抽查的1份房地产估价报告符合《房地产估价规范》的要求;

10. 在申请核定资质等级之日前3年内无本办法第三十三条禁止的行为。

第十一条 申请核定房地产估价机构资质等级,应当如实向资质许可机关提交下列材料:

(一)房地产估价机构资质等级申请表(一式二份,加盖申报机构公章);

(二)房地产估价机构原资质证书正本复印件、副本原件;

(三)营业执照正、副本复印件(加盖申报机构公章);

(四)法定代表人或者执行合伙人的任职文件复印件(加盖申报机构公章);

(五)专职注册房地产估价师证明;

(六)固定经营服务场所的证明;

(七)经工商行政管理部门备案的公司章程或者合伙协议复印件(加盖申报机构公章)及有关估价质量管理、估价档案管理、财务管理等企业内部管理制度的文件、申报机构信用档案信息;

(八)随机抽查的在申请核定资质等级之日前3年内申报机构所完成的1份房地产估价报告复印件(一式二份,加盖申报机构公章)。

申请人应当对其提交的申请材料实质内容的真实性负责。

第十二条 新设立的中介服务机构申请房地产估价机构资质的,应当提供第十一条第(一)项、第(三)项至第(八)项材料。

新设立中介服务机构的房地产估价机构资质等级应当核定为三级资质,设1年的暂定期。

第十三条 房地产估价机构资质核准中的房地产估价报告抽查,应当执行全国统一的标准。

第十四条 申请核定房地产估价机构资质的,应当向设区的市人民政府房地产主管部门提出申请,并提交本办法第十一条规定的材料。

设区的市人民政府房地产主管部门应当自受理申请之日起20日内审查完毕,并将初审意见和全部申请材料报省、自治区人民政府住房城乡建设主管部门、直辖市人民政府房地产主管部门。

省、自治区人民政府住房城乡建设主管部门、直辖市人民政府房地产主管部门应当自受理申请材料之日起20日内作出决定。

省、自治区人民政府住房城乡建设主管部门、直辖市人民政府房地产主管部门应当在作出资质许可决定之日起10日内,将准予资质许可的决定报国务院住房城乡建设主管部门备案。

第十五条 房地产估价机构资质证书分为正本和副本,由国务院住房城乡建设主管部门统一印制,正、副本具有同等法律效力。

房地产估价机构遗失资质证书的,应当在公众媒体上声明作废后,申请补办。

第十六条 房地产估价机构资质有效期为3年。

资质有效期届满,房地产估价机构需要继续从事房地产估价活动的,应当在资质有效期届满30日前向资质许可机关提出资质延续申请。资质许可机关应当根据申请作出是否准予延续的决定。准予延续的,有效期延续3年。

在资质有效期内遵守有关房地产估价的法律、法规、规章、技术标准和职业道德的房地产估价机构,经原资质许可机关同意,不再审查,有效期延续3年。

第十七条 房地产估价机构的名称、法定代表人或者执行合伙人、组织形式、住所等事项发生变更的,应当在工商行政管理部门办理变更手续后30日内,到资质许可机关办理资质证书变更手续。

第十八条 房地产估价机构合并的,合并后存续或者新设立的房地产估价机构可以承继合并前各方中较高的资质等级,但应当符合相应的资质等级条件。

房地产估价机构分立的,只能由分立后的一方房地产估价机构承继原房地产估价机构资质,但应当符合原房地产估价机构资质等级条件。承继原房地产估价机构资质的一方由各方协商确定;其他各方按照新设立的中介服务机构申请房地产估价机构资质。

第十九条 房地产估价机构的工商登记注销后,其资质证书失效。

第三章 分支机构的设立

第二十条 一级资质房地产估价机构可以按照本办法第二十一条的规定设立分支机构。二、三级资质房地产估价机构不得设立分支机构。

分支机构应当以设立该分支机构的房地产估

价机构的名义出具估价报告,并加盖该房地产估价机构公章。

第二十一条 分支机构应当具备下列条件:

(一)名称采用"房地产估价机构名称+分支机构所在地行政区划名+分公司(分所)"的形式;

(二)分支机构负责人应当是注册后从事房地产估价工作3年以上并无不良执业记录的专职注册房地产估价师;

(三)在分支机构所在地有3名以上专职注册房地产估价师;

(四)有固定的经营服务场所;

(五)估价质量管理、估价档案管理、财务管理等各项内部管理制度健全。

注册于分支机构的专职注册房地产估价师,不计入设立分支机构的房地产估价机构的专职注册房地产估价师人数。

第二十二条 新设立的分支机构,应当自领取分支机构营业执照之日起30日内,到分支机构工商注册所在地的省、自治区人民政府住房城乡建设主管部门、直辖市人民政府房地产主管部门备案。

省、自治区人民政府住房城乡建设主管部门、直辖市人民政府房地产主管部门应当在接受备案后10日内,告知分支机构工商注册所在地的市、县人民政府房地产主管部门,并报国务院住房城乡建设主管部门备案。

第二十三条 分支机构备案,应当提交下列材料:

(一)分支机构的营业执照复印件;

(二)房地产估价机构资质证书正本复印件;

(三)分支机构及设立该分支机构的房地产估价机构负责人的身份证明;

(四)拟在分支机构执业的专职注册房地产估价师注册证书复印件。

第二十四条 分支机构变更名称、负责人、住所等事项或房地产估价机构撤销分支机构,应当在工商行政管理部门办理变更或者注销登记手续后30日内,报原备案机关备案。

第四章 估价管理

第二十五条 从事房地产估价活动的机构,应当依法取得房地产估价机构资质,并在其资质等级许可范围内从事估价业务。

一级资质房地产估价机构可以从事各类房地产估价业务。

二级资质房地产估价机构可以从事除公司上市、企业清算以外的房地产估价业务。

三级资质房地产估价机构可以从事除公司上市、企业清算、司法鉴定以外的房地产估价业务。

暂定期内的三级资质房地产估价机构可以从事除公司上市、企业清算、司法鉴定、房屋征收、在建工程抵押以外的房地产估价业务。

第二十六条 房地产估价业务应当由房地产估价机构统一接受委托,统一收取费用。

房地产估价师不得以个人名义承揽估价业务,分支机构应当以设立该分支机构的房地产估价机构名义承揽估价业务。

第二十七条 房地产估价机构及执行房地产估价业务的估价人员与委托人或者估价业务相对人有利害关系的,应当回避。

第二十八条 房地产估价机构承揽房地产估价业务,应当与委托人签订书面估价委托合同。

估价委托合同应当包括下列内容:

(一)委托人的名称或者姓名和住所;

(二)估价机构的名称和住所;

(三)估价对象;

(四)估价目的;

(五)价值时点;

(六)委托人的协助义务;

(七)估价服务费及其支付方式;

(八)估价报告交付的日期和方式;

(九)违约责任;

(十)解决争议的方法。

第二十九条 房地产估价机构未经委托人书面同意,不得转让受托的估价业务。

经委托人书面同意,房地产估价机构可以与其他房地产估价机构合作完成估价业务,以合作双方的名义共同出具估价报告。

第三十条 委托人及相关当事人应当协助房地产估价机构进行实地查勘,如实向房地产估价机构提供估价所必需的资料,并对其所提供资料的真实性负责。

第三十一条 房地产估价机构和注册房地产估价师因估价需要向房地产主管部门查询房地产交易、登记信息时,房地产主管部门应当提供查询服务,但涉及国家秘密、商业秘密和个人隐私的内容除外。

第三十二条 房地产估价报告应当由房地产估价机构出具,加盖房地产估价机构公章,并有至少2名专职注册房地产估价师签字。

第三十三条 房地产估价机构不得有下列行为：

（一）涂改、倒卖、出租、出借或者以其他形式非法转让资质证书；

（二）超越资质等级业务范围承接房地产估价业务；

（三）以迎合高估或者低估要求、给予回扣、恶意压低收费等方式进行不正当竞争；

（四）违反房地产估价规范和标准；

（五）出具有虚假记载、误导性陈述或者重大遗漏的估价报告；

（六）擅自设立分支机构；

（七）未经委托人书面同意,擅自转让受托的估价业务；

（八）法律、法规禁止的其他行为。

第三十四条 房地产估价机构应当妥善保管房地产估价报告及相关资料。

房地产估价报告及相关资料的保管期限自估价报告出具之日起不得少于10年。保管期限届满而估价服务的行为尚未结束的,应当保管到估价服务的行为结束为止。

第三十五条 除法律、法规另有规定外,未经委托人书面同意,房地产估价机构不得对外提供估价过程中获知的当事人的商业秘密和业务资料。

第三十六条 房地产估价机构应当加强对执业人员的职业道德教育和业务培训,为本机构的房地产估价师参加继续教育提供必要的条件。

第三十七条 县级以上人民政府房地产主管部门应当依照有关法律、法规和本办法的规定,对房地产估价机构和分支机构的设立、估价业务及执行房地产估价规范和标准的情况实施监督检查。

第三十八条 县级以上人民政府房地产主管部门履行监督检查职责时,有权采取下列措施：

（一）要求被检查单位提供房地产估价机构资质证书、房地产估价师注册证书,有关房地产估价业务的文档,有关估价质量管理、估价档案管理、财务管理等企业内部管理制度的文件；

（二）进入被检查单位进行检查,查阅房地产估价报告以及估价委托合同、实地查勘记录等估价相关资料；

（三）纠正违反有关法律、法规和本办法及房地产估价规范和标准的行为。

县级以上人民政府房地产主管部门应当将监督检查的处理结果向社会公布。

第三十九条 县级以上人民政府房地产主管部门进行监督检查时,应当有两名以上监督检查人员参加,并出示执法证件,不得妨碍被检查单位的正常经营活动,不得索取或者收受财物,谋取其他利益。

有关单位和个人对依法进行的监督检查应当协助与配合,不得拒绝或者阻挠。

第四十条 房地产估价机构违法从事房地产估价活动的,违法行为发生地的县级以上地方人民政府房地产主管部门应当依法查处,并将违法事实、处理结果及处理建议及时报告该估价机构资质的许可机关。

第四十一条 有下列情形之一的,资质许可机关或者其上级机关,根据利害关系人的请求或者依据职权,可以撤销房地产估价机构资质：

（一）资质许可机关工作人员滥用职权、玩忽职守作出准予房地产估价机构资质许可的；

（二）超越法定职权作出准予房地产估价机构资质许可的；

（三）违反法定程序作出准予房地产估价机构资质许可的；

（四）对不符合许可条件的申请人作出准予房地产估价机构资质许可的；

（五）依法可以撤销房地产估价机构资质的其他情形。

房地产估价机构以欺骗、贿赂等不正当手段取得房地产估价机构资质的,应当予以撤销。

第四十二条 房地产估价机构取得房地产估价机构资质后,不再符合相应资质条件的,资质许可机关根据利害关系人的请求或者依据职权,可以责令其限期改正；逾期不改的,可以撤回其资质。

第四十三条 有下列情形之一的,资质许可机关应当依法注销房地产估价机构资质：

（一）房地产估价机构资质有效期届满未延续的；

（二）房地产估价机构依法终止的；

（三）房地产估价机构资质被撤销、撤回，或者房地产估价资质证书依法被吊销的；

（四）法律、法规规定的应当注销房地产估价机构资质的其他情形。

第四十四条 资质许可机关或者房地产估价行业组织应当建立房地产估价机构信用档案。

房地产估价机构应当按照要求提供真实、准确、完整的房地产估价信用档案信息。

房地产估价机构信用档案应当包括房地产估价机构的基本情况、业绩、良好行为、不良行为等内容。违法行为、被投诉举报处理、行政处罚等情况应当作为房地产估价机构的不良记录记入其信用档案。

房地产估价机构的不良行为应当作为该机构法定代表人或者执行合伙人的不良行为记入其信用档案。

任何单位和个人有权查阅信用档案。

第五章 法律责任

第四十五条 申请人隐瞒有关情况或者提供虚假材料申请房地产估价机构资质的，资质许可机关不予受理或者不予行政许可，并给予警告，申请人在1年内不得再次申请房地产估价机构资质。

第四十六条 以欺骗、贿赂等不正当手段取得房地产估价机构资质的，由资质许可机关给予警告，并处1万元以上3万元以下的罚款，申请人3年内不得再次申请房地产估价机构资质。

第四十七条 未取得房地产估价机构资质从事房地产估价活动或者超越资质等级承揽估价业务的，出具的估价报告无效，由县级以上地方人民政府房地产主管部门给予警告，责令限期改正，并处1万元以上3万元以下的罚款；造成当事人损失的，依法承担赔偿责任。

第四十八条 违反本办法第十七条规定，房地产估价机构不及时办理资质证书变更手续的，由资质许可机关责令限期办理；逾期不办理的，可处1万元以下的罚款。

第四十九条 有下列行为之一的，由县级以上地方人民政府房地产主管部门给予警告，责令限期改正，并可处1万元以上2万元以下的罚款：

（一）违反本办法第二十条第一款规定设立分支机构的；

（二）违反本办法第二十一条规定设立分支机构的；

（三）违反本办法第二十二条第一款规定，新设立的分支机构不备案的。

第五十条 有下列行为之一的，由县级以上地方人民政府房地产主管部门给予警告，责令限期改正；逾期未改正的，可处5千元以上2万元以下的罚款；给当事人造成损失的，依法承担赔偿责任：

（一）违反本办法第二十六条规定承揽业务的；

（二）违反本办法第二十九条第一款规定，擅自转让受托的估价业务的；

（三）违反本办法第二十条第二款、第二十九条第二款、第三十二条规定出具估价报告的。

第五十一条 违反本办法第二十七条规定，房地产估价机构及其估价人员应当回避未回避的，由县级以上地方人民政府房地产主管部门给予警告，责令限期改正，并可处1万元以下的罚款；给当事人造成损失的，依法承担赔偿责任。

第五十二条 违反本办法第三十一条规定，房地产主管部门拒绝提供房地产交易、登记信息查询服务的，由其上级房地产主管部门责令改正。

第五十三条 房地产估价机构有本办法第三十三条行为之一的，由县级以上地方人民政府房地产主管部门给予警告，责令限期改正，并处1万元以上3万元以下的罚款；给当事人造成损失的，依法承担赔偿责任；构成犯罪的，依法追究刑事责任。

第五十四条 违反本办法第三十五条规定，房地产估价机构擅自对外提供估价过程中获知的当事人的商业秘密和业务资料，给当事人造成损失的，依法承担赔偿责任；构成犯罪的，依法追究刑事责任。

第五十五条 资质许可机关有下列情形之一的，由其上级主管部门或者监察机关责令改正，对直接负责的主管人员和其他直接责任人员依法给予处分；构成犯罪的，依法追究刑事责任：

（一）对不符合法定条件的申请人准予房地产估价机构资质许可或者超越职权作出准予房地产估价机构资质许可决定的；

（二）对符合法定条件的申请人不予房地产估价机构资质许可或者不在法定期限内作出准予房

地产估价机构资质许可决定的；

（三）利用职务上的便利，收受他人财物或者其他利益的；

（四）不履行监督管理职责，或者发现违法行为不予查处的。

第六章 附 则

第五十六条 本办法自 2005 年 12 月 1 日起施行。1997 年 1 月 9 日建设部颁布的《关于房地产价格评估机构资格等级管理的若干规定》（建房〔1997〕12 号）同时废止。

本办法施行前建设部发布的规章的规定与本办法的规定不一致的，以本办法为准。

房地产估价规范

· 2015 年 4 月 8 日住房和城乡建设部公告第 797 号公布
· 自 2015 年 12 月 1 日起施行

1 总 则

1.0.1 为规范房地产估价活动，统一房地产估价程序和方法，保证房地产估价质量，制定本规范。

1.0.2 本规范适用于房地产估价活动。

1.0.3 房地产估价除应符合本规范外，尚应符合国家现行有关标准的规定。

2 估 价 原 则

2.0.1 房地产的市场价值评估，应遵循下列原则：

1 独立、客观、公正原则；
2 合法原则；
3 价值时点原则；
4 替代原则；
5 最高最佳利用原则。

2.0.2 房地产的抵押价值和抵押净值评估，除应遵循市场价值评估的原则外，还应遵循谨慎原则。

2.0.3 房地产的投资价值、现状价值等其他价值和价格评估，应根据估价目的和价值类型，从市场价值评估的原则中选择适用的原则，并可增加其他适用的原则。

2.0.4 遵循不同估价原则的评估价值，应符合下列规定：

1 遵循独立、客观、公正原则，评估价值应为对各方估价利害关系人均为公平合理的价值或价格；

2 遵循合法原则，评估价值应为在依法判定的估价对象状况下的价值或价格；

3 遵循价值时点原则，评估价值应为在根据估价目的确定的某一特定时间的价值或价格；

4 遵循替代原则，评估价值与估价对象的类似房地产在同等条件下的价值或价格偏差应在合理范围内；

5 遵循最高最佳利用原则，评估价值应为在估价对象最高最佳利用状况下的价值或价格；

6 遵循谨慎原则，评估价值应为在充分考虑导致估价对象价值或价格偏低的因素，慎重考虑导致估价对象价值或价格偏高的因素下的价值或价格。

2.0.5 估价对象的最高最佳利用状况包括最佳的用途、规模和档次，应按法律上允许、技术上可能、财务上可行、价值最大化的次序进行分析、筛选或判断确定，并应符合下列规定：

1 当估价对象的权利人和意向取得者对估价对象依法享有的开发利用权利不相同时，应先根据估价目的确定从估价对象的权利人角度或意向取得者角度进行估价，再根据其对估价对象依法享有的开发利用权利，确定估价对象的最高最佳利用状况；

2 当估价对象已为某种利用时，应在调查及分析其利用现状的基础上，对其最高最佳利用和相应的估价前提作出下列判断和选择，并应在估价报告中说明：

1) 维持现状、继续利用最为合理的，应选择维持现状前提进行估价；

2) 更新改造再予以利用最为合理的，应选择更新改造前提进行估价；

3) 改变用途再予以利用最为合理的，应选择改变用途前提进行估价；

4) 改变规模再予以利用最为合理的，应选择改变规模前提进行估价；

5) 重新开发再予以利用最为合理的，应选择重新开发前进行估价；

6) 上述前提的某种组合或其他特殊利用最为合理的，应选择上述前提的某种组合或其他特殊利用前提进行估价。

2.0.6 当估价对象的实际用途、登记用途、规划用途之间不一致时，应按下列规定确定估价所依据的用途，并应作为估价假设中的不相一致假设在估价报告中说明及对估价报告和估价结果的使用作出相应限制：

1 政府或其有关部门对估价对象的用途有认定或处理的，应按其认定或处理结果进行估价；

2 政府或其有关部门对估价对象的用途没有认定或处理的，应按下列规定执行：

1) 登记用途、规划用途之间不一致的，可根据估价目的或最高最佳利用原则选择其中一种用途；

2) 实际用途与登记用途、规划用途均不一致的，应根据估价目的确定估价所依据的用途。

3 估价程序

3.0.1 房地产估价工作应按下列程序进行：

1 受理估价委托；
2 确定估价基本事项；
3 编制估价作业方案；
4 搜集估价所需资料；
5 实地查勘估价对象；
6 选用估价方法进行测算；
7 确定估价结果；
8 撰写估价报告；
9 审核估价报告；
10 交付估价报告；
11 保存估价资料。

3.0.2 估价委托应由房地产估价机构统一受理，并应符合下列规定：

1 在接受估价委托时，应要求估价委托人出具估价委托书；

2 决定受理估价委托的，应与估价委托人订立书面估价委托合同；

3 受理估价委托后，应根据估价项目的规模、难度和完成时间确定参加估价的注册房地产估价师数量，并至少选派两名能胜任该估价工作的注册房地产估价师共同进行估价，且应明确其中一人为项目负责人；

4 除应采用批量估价的项目外，每个估价项目应至少有一名注册房地产估价师全程参与受理估价委托、实地查勘估价对象、撰写估价报告等估价工作。

3.0.3 估价基本事项包括估价目的、价值时点、估价对象和价值类型，应在与估价委托人进行沟通及调查有关情况和规定的基础上确定，并应符合下列规定：

1 估价目的应根据估价委托人真实、具体的估价需要及估价报告的预期用途或预期使用者确定，对其表述应具体、准确、简洁；

2 价值时点应根据估价目的的确定，采用公历表示，宜具体到日。回顾性估价和预测性估价的价值时点在难以具体到日且能满足估价目的的需要的情况下，可到周或旬、月、季、半年、年等。

3 估价对象应在估价委托人指定及提供有关情况和资料的基础上，根据估价目的依法确定，并应明确界定其财产范围和空间范围，不得遗漏或虚构。法律、行政法规规定不得买卖、租赁、抵押、作为出资或进行其他活动的房地产，或征收不予补偿的房地产，不应作为相应估价目的的估价对象。对作为估价对象的，应在估价报告中根据估价目的分析、说明其进行相应买卖或租赁、抵押、作为出资等活动的合法性。

4 价值类型应根据估价目的的确定，并应包括价值或价格的名称、定义或内涵。

3.0.4 估价作业方案应在对估价项目进行分析的基础上编制，并应包括下列内容：

1 估价工作的主要内容及质量要求，应包括拟采用的估价方法和估价技术路线，拟搜集的估价所需资料及其来源渠道等；

2 估价工作的具体步骤及时间进度；

3 估价工作的人员安排等。

3.0.5 估价所需资料应针对估价项目进行搜集，并应包括下列资料：

1 反映估价对象区位、实物和权益状况的资料；

2 估价对象及其同类房地产的交易、收益、成本等资料；

3 对估价对象所在地区的房地产价值和价格有影响的资料；

4 对房地产价值和价格有普遍影响的资料。

3.0.6 对搜集的估价所需资料应进行检查。当估价委托人是估价对象权利人时,应查看估价对象的权属证明原件,并应将复印件与原件核对,不得仅凭复印件判断或假定估价对象的权属状况。

3.0.7 估价对象的实地查勘应符合下列规定:

1 应观察、询问、检查、核对估价对象的区位状况、实物状况和权益状况;

2 应拍摄反映估价对象内部状况、外部状况和周围环境状况的照片等影像资料,并应补充搜集估价所需的关于估价对象的其他资料;

3 应制作实地查勘记录,并应记载实地查勘的对象、内容、结果、时间和人员及其签名,记载的内容应真实、客观、准确、完整、清晰。

3.0.8 当无法进入估价对象内部进行实地查勘时,应对估价对象的外部状况和区位状况进行实地查勘,并应在估价报告中说明未进入估价对象内部进行实地查勘及其具体原因。对未进行实地查勘的估价对象内部状况,应作为估价假设中的依据不足假设在估价报告中说明。

3.0.9 在估价中遇有难以解决的复杂、疑难、特殊的估价技术问题时,应寻求相关估价专家或单位提供专业帮助,并应在估价报告中说明。

3.0.10 对估价对象的房屋安全、质量缺陷、环境污染、建筑面积、财务状况等估价专业以外的专业问题,经实地查勘、查阅现有资料或向相关专业领域的专家咨询后,仍难以作出常规判断和相应假设的,应建议估价委托人聘请具有相应资质资格的专业机构或专家先行鉴定或检测、测量、审计等,再以专业机构或专家出具的专业意见为依据进行估价,并应在估价报告中说明。

3.0.11 估价报告在交付估价委托人前,应对其内容和形式等进行审查核定,并应形成审核记录,记载审核的意见、结论、日期和人员及其签名。

3.0.12 估价报告经审核合格后,应由不少于两名参加估价的注册房地产估价师签名及加盖房地产估价机构公章,并应按有关规定和估价委托合同约定交付估价委托人。

3.0.13 估价报告交付估价委托人后,不得擅自改动、更换、删除或销毁下列估价资料:

1 估价报告;

2 估价委托书和估价委托合同;

3 估价所依据的估价委托人提供的资料;

4 估价项目来源和沟通情况记录;

5 估价对象实地查勘记录;

6 估价报告内部审核记录;

7 估价中的不同意见记录;

8 外部专业帮助的专业意见。

3.0.14 房地产估价机构应及时整理和保存估价资料,并应保存到估价服务的行为结束且不得少于10年。保存期限应自估价报告出具之日起计算。

4 估价方法

4.1 估价方法选用

4.1.1 选用估价方法时,应根据估价对象及其所在地的房地产市场状况等客观条件,对比较法、收益法、成本法、假设开发法等估价方法进行适用性分析。

4.1.2 估价方法的选用,应符合下列规定:

1 估价对象的同类房地产有较多交易的,应选用比较法。

2 估价对象或其同类房地产通常有租金等经济收入的,应选用收益法。

3 估价对象可假定为独立的开发建设项目进行重新开发建设的,宜选用成本法;当估价对象的同类房地产没有交易或交易很少,且估价对象或其同类房地产没有租金等经济收入时,应选用成本法。

4 估价对象具有开发或再开发潜力且开发完成后的价值可采用除成本法以外的方法测算的,应选用假设开发法。

4.1.3 当估价对象仅适用一种估价方法进行估价时,可只选用一种估价方法进行估价。当估价对象适用两种或两种以上估价方法进行估价时,宜同时选用所有适用的估价方法进行估价,不得随意取舍;当必须取舍时,应在估价报告中说明并陈述理由。

4.2 比较法

4.2.1 运用比较法进行房地产估价时,应按下列步骤进行:

1 搜集交易实例;

2 选取可比实例;

3 建立比较基础;

4　进行交易情况修正；
　　5　进行市场状况调整；
　　6　进行房地产状况调整；
　　7　计算比较价值。
　　4.2.2　搜集的交易实例信息应满足比较法运用的需要，宜包括下列内容：
　　1　交易对象基本状况；
　　2　交易双方基本情况；
　　3　交易方式；
　　4　成交日期；
　　5　成交价格、付款方式、融资条件、交易税费负担情况；
　　6　交易目的等。
　　4.2.3　可比实例的选取应符合下列规定：
　　1　可比实例应从交易实例中选取且不得少于三个；
　　2　可比实例的交易方式应适合估价目的；
　　3　可比实例房地产应与估价对象房地产相似；
　　4　可比实例的成交日期应接近价值时点，与价值时点相差不宜超过一年，且不得超过两年；
　　5　可比实例的成交价格应为正常价格或可修正为正常价格；
　　6　在同等条件下，应将位置与估价对象较近、成交日期与价值时点较近的交易实例选为可比实例。
　　4.2.4　下列特殊交易情况下的交易实例，不宜选为可比实例：
　　1　利害关系人之间的交易；
　　2　对交易对象或市场行情缺乏了解的交易；
　　3　被迫出售或被迫购买的交易；
　　4　人为哄抬价格的交易；
　　5　对交易对象有特殊偏好的交易；
　　6　相邻房地产合并的交易；
　　7　受迷信影响的交易。
　　4.2.5　可比实例及其有关信息应真实、可靠，不得虚构。应对可比实例的外部状况和区位状况进行实地查勘，并应在估价报告中说明可比实例的名称、位置及附位置图和外观照片。
　　4.2.6　选取可比实例后，应建立比较基础，对可比实例的成交价格进行标准化处理。标准化处理应包括统一财产范围、统一付款方式、统一融资条件、统一税费负担和统一计价单位，并应符合下列规定：
　　1　统一财产范围应对可比实例与估价对象的财产范围进行对比，并应消除因财产范围不同造成的价格差异；
　　2　统一付款方式应将可比实例不是成交日期或一次性付清的价格，调整为成交日期且一次性付清的价格；
　　3　统一融资条件应将可比实例在非常规融资条件下的价格，调整为在常规融资条件下的价格；
　　4　统一税费负担应将可比实例在交易税费非正常负担下的价格，调整为在交易税费正常负担下的价格；
　　5　统一计价单位应包括统一为总价或单价、楼面地价，统一币种和货币单位，统一面积或体积内涵及计量单位等。不同币种之间的换算宜按国务院金融主管部门公布的成交日期的市场汇率中间价计算。
　　4.2.7　当满足本规范第4.2.3条要求的交易实例少于三个时，在掌握特殊交易情况且能量化其对成交价格影响的情况下，可将特殊交易情况下的交易实例选为可比实例，但应对其进行交易情况修正。修正时，应消除特殊交易情况造成的可比实例成交价格偏差，将可比实例的非正常成交价格修正为正常价格。
　　4.2.8　进行市场状况调整时，应消除成交日期的市场状况与价值时点的市场状况不同造成的价格差异，将可比实例在其成交日期的价格调整为在价值时点的价格，并应在调查及分析可比实例所在地同类房地产价格变动情况的基础上，采用可比实例所在地同类房地产的价格变动率或价格指数进行调整，且价格变动率或价格指数的来源应真实、可靠。
　　4.2.9　房地产状况调整应消除可比实例状况与估价对象状况不同造成的价格差异，包括区位状况调整、实物状况调整和权益状况调整。
　　4.2.10　进行区位状况调整时，应将可比实例在自身区位状况下的价格调整为在估价对象区位状况下的价格，且调整的内容应包括位置、交通、外部配套设施、周围环境等，单套住宅的调整内容还应包括所处楼幢、楼层和朝向。
　　4.2.11　进行实物状况调整时，应将可比实例在自身实物状况下的价格调整为在估价对象实物状况下的价格。土地实物状况调整的内容应包括土地的面积、形状、地形、地势、地质、土壤、开发程度等;建筑物实物状况调整的内容应包括建筑规模、建筑结构、设施设备、装饰装修、空间布局、建筑功能、外观、新旧程度等。

4.2.12 进行权益状况调整时,应将可比实例在自身权益状况下的价格调整为在估价对象权益状况下的价格,且调整的内容应包括规划条件、土地使用期限、共有情况、用益物权设立情况、担保物权设立情况、租赁或占用情况、拖欠税费情况、查封等形式限制权利情况、权属清晰情况等。

4.2.13 进行区位、实物和权益状况调整时,应将可比实例与估价对象的区位、实物和权益状况因素逐项进行比较,找出它们之间的差异,量化状况差异造成的价格差异,对可比实例的价格进行相应调整。调整的具体内容和比较因素,应根据估价对象的用途等情况确定。

4.2.14 交易情况修正、市场状况调整和房地产状况调整,可根据具体情况,基于总价或单价,采用金额、百分比或回归分析法,通过直接比较或间接比较,对可比实例成交价格进行处理。

4.2.15 进行交易情况修正、市场状况调整、区位状况调整、实物状况调整、权益状况调整时,应符合下列规定:

1 分别对可比实例成交价格的修正或调整幅度不宜超过20%,共同对可比实例成交价格的修正和调整幅度不宜超过30%;

2 经修正和调整后的各个可比实例价格中,最高价与最低价的比值不宜大于1.2;

3 当幅度或比值超出本条规定时,宜更换可比实例;

4 当因估价对象或市场状况特殊,无更合适的可比实例替换时,应在估价报告中说明并陈述理由。

4.2.16 对经修正和调整后的各个可比实例价格,应根据它们之间的差异程度、可比实例房地产与估价对象房地产的相似程度、可比实例资料的可靠程度等情况,选用简单算术平均、加权算术平均等方法计算出比较价值。

4.2.17 比较法的原理和技术,可用于其他估价方法中有关估价数据的求得。

4.3 收 益 法

4.3.1 运用收益法进行房地产估价时,应按下列步骤进行:

1 选择具体估价方法;
2 测算收益期或持有期;
3 测算未来收益;
4 确定报酬率或资本化率、收益乘数;
5 计算收益价值。

4.3.2 收益法估价时,应区分报酬资本化法和直接资本化法,并应优先选用报酬资本化法。报酬资本化法估价时,应区分全剩余寿命模式和持有加转售模式。当收益期较长、难以预测该期限内各年净收益时,宜选用持有加转售模式。

4.3.3 选用全剩余寿命模式进行估价时,收益价值应按下式计算:

$$V = \sum_{i=1}^{n} \frac{A_i}{(1+Y_i)^i} \quad (4.3.3)$$

式中:V——收益价值(元或元/m²);
A_i——未来第i年的净收益(元或元/m²);
Y_i——未来第i年的报酬率(%);
n——收益期(年)。

4.3.4 选用持有加转售模式进行估价时,收益价值应按下式计算:

$$V = \sum_{i=1}^{t} \frac{A_i}{(1+Y_i)^i} + \frac{V_t}{(1+Y_t)^t} \quad (4.3.4)$$

式中:V——收益价值(元或元/m²);
A_i——期间收益(元或元/m²);
V_t——期末转售收益(元或元/m²);
Y_i——未来第i年的报酬率(%);
Y_t——期末报酬率(%);
t——持有期(年)。

4.3.5 选用直接资本化法进行估价时,收益价值应按下式计算:

$$V = \frac{NOI}{R} \quad (4.3.5)$$

式中:V——收益价值(元或元/m²);
NOI——未来第一年的净收益(元或元/m²);
R——资本化率(%)。

4.3.6 收益期应根据土地使用权剩余期限和建筑物剩余经济寿命进行测算,并应符合下列规定:

1 土地使用权剩余期限和建筑物剩余经济寿命同时结束的,收益期应为土地使用权剩余期限或建筑物剩余经济寿命;

2 土地使用权剩余期限和建筑物剩余经济

寿命不同时结束的,应选取其中较短者为收益期,并应对超出收益期的土地使用权或建筑物按本规范第4.3.16条的规定处理;

3 评估承租人权益价值的,收益期应为剩余租赁期限。

4.3.7 持有期应根据市场上投资者对同类房地产的典型持有时间及能预测期间收益的一般期限来确定,并宜为5年~10年。

4.3.8 净收益可通过租赁收入测算的,应优先通过租赁收入测算,并应符合下列规定:

1 应根据租赁合同和租赁市场资料测算净收益,且净收益应为有效毛收入减去由出租人负担的运营费用;

2 有效毛收入应为潜在毛租金收入减去空置和收租损失,再加租赁保证金或押金的利息等各种其他收入,或为租金收入加其他收入;

3 运营费用应包括房地产税、房屋保险费、物业服务费、管理费用、维修费、水电费等维持房地产正常使用或营业的必要支出,并应根据合同租金的内涵决定取舍,其中由承租人负担的部分不应计入;

4 评估承租人权益价值的,净收益应为市场租金减去合同租金。

4.3.9 净收益不可直接通过租赁收入测算的,应根据估价对象的用途等情况,选择下列方式之一测算:

1 商服经营型房地产,应根据经营资料测算净收益,且净收益应为经营收入减去经营成本、经营费用、经营税金及附加、管理费用、财务费用及应归属于商服经营者的利润;

2 生产型房地产,应根据产品市场价格和原材料、人工费用等资料测算净收益,且净收益应为产品销售收入减去生产成本、销售费用、销售税金及附加、管理费用、财务费用及应归属于生产者的利润;

3 自用或尚未使用的房地产,可比照有收益的类似房地产的有关资料按相应方式测算净收益,或通过直接比较调整得出净收益。

4.3.10 收益法估价中收入、费用或净收益的取值,应符合下列规定:

1 除有租约限制且评估出租人权益价值或承租人权益价值中的租金收入外,都应采用正常客观的数据;

2 有租约限制且评估出租人权益价值的,已出租部分在租赁期间应按合同租金确定租金收入,未出租部分和已出租部分在租赁期间届满后应按市场租金确定租金收入;

3 评估出租人权益价值或承租人权益价值时,合同租金明显高于或明显低于市场租金的,应调查租赁合同的真实性,分析解除租赁合同的可能性及其对收益价值的影响。

4.3.11 测算净收益时,价值时点为现在的,应调查估价对象至少最近三年的各年实际收入、费用或净收益等情况。利用估价对象的资料得出的收入、费用或净收益等数据,应与类似房地产在正常情况下的收入、费用或净收益等数据进行比较。当与正常客观的数据有差异时,应进行分析并予以修正。

4.3.12 期末转售收益应为持有期末的房地产转售价格减去转售成本。持有期末的房地产转售价格可采用直接资本化法、比较法等方法来测算。持有期末的转售成本应为转让人负担的销售费用、销售税费等费用和税金。

4.3.13 测算净收益时,应根据净收益过去、现在和未来的变动情况,判断确定未来净收益流量及其类型和对应的收益法公式,并应在估价报告中说明判断确定的结果及理由。

4.3.14 报酬率宜选用下列方法确定:

1 市场提取法:选取不少于三个可比实例,利用其价格、净收益等数据,选用相应的收益法公式,测算报酬率。

2 累加法:以安全利率加风险调整值作为报酬率。安全利率可选用国务院金融主管部门公布的同一时期一年定期存款年利率或一年期国债年利率;风险调整值应为承担额外风险所要求的补偿,并应根据估价对象及其所在地区、行业、市场等存在的风险来确定。

3 投资收益率排序插入法:找出有关不同类型的投资及其收益率、风险程度,按风险大小排序,将估价对象与这些投资的风险程度进行比较,判断、确定报酬率。

4.3.15 资本化率宜采用市场提取法确定。其中的综合资本化率还可根据具体情况,选用下列方法确定:

1 根据房地产的购买资金构成,将抵押贷款资本化率与权益资金资本化率的加权平均数作为

综合资本化率,按下式计算:

$$R_0 = M \cdot R_M + (1-M) \cdot R_E \quad (4.3.15-1)$$

式中:R_0——综合资本化率(%);
  M——贷款价值比(%);
  R_M——抵押贷款资本率(%);
  R_E——权益资金资本化率(%)。

  2 根据房地产中土地和建筑物的价值构成,将土地资本化率与建筑物资本化率的加权平均数作为综合资本化率,按下式计算:

$$R_0 = L \cdot R_L + B \cdot R_B \quad (4.3.15-2)$$

式中:R_0——综合资本化率(%);
  L——土地价值占房地价值的比率(%);
  R_L——土地资本化率(%);
  B——建筑物价值占房地价值的比率(%);
  R_B——建筑物资本化率(%)。

4.3.16 收益价值的计算,应符合下列规定:

  1 对土地使用权剩余期限超过建筑物剩余经济寿命的房地产,收益价值应为按收益期计算的价值,加自收益期结束时起计算的剩余期限土地使用权在价值时点的价值。

  2 对建筑物剩余经济寿命超过土地使用权剩余期限,且出让合同等约定土地使用权期间届满后无偿收回土地使用权及地上建筑物的非住宅房地产,收益价值应为按收益期计算的价值。

  3 对建筑物剩余经济寿命超过土地使用权剩余期限,且出让合同等未约定土地使用权期间届满后无偿收回土地使用权及地上建筑物的房地产,收益价值应为按收益期计算的价值,加建筑物在收益期结束时的价值折现到价值时点的价值。

  4 利用土地和建筑物共同产生的净收益计算土地价值时,可按下式计算:

$$V_L = \frac{A_0 - V_B \cdot R_B}{R_L} \quad (4.3.16-1)$$

式中:V_L——土地价值(元或元/m²);
  A_0——土地和建筑物共同产生的净收益(元或元/m²);
  V_B——建筑物价值(元或元/m²)。

  5 利用土地和建筑物共同产生的净收益计算建筑物价值时,可按下式计算:

$$V_B = \frac{A_0 - V_L \cdot R_L}{R_B} \quad (4.3.16-2)$$

4.3.17 自收益期结束时起计算的剩余期限土地使用权在价值时点的价值,可根据具体情况,选用下列方法计算:

  1 先分别测算自价值时点起计算的剩余期限土地使用权和以收益期为使用期限的土地使用权在价值时点的价值,再将两者相减。

  2 先预测自收益期结束时起计算的剩余期限土地使用权在收益期结束时的价值,再将其折现到价值时点。

4.4 成本法

4.4.1 运用成本法进行房地产估价时,应按下列步骤进行:

  1 选择具体估价路径;
  2 测算重置成本或重建成本;
  3 测算折旧;
  4 计算成本价值。

4.4.2 成本法估价时,对包含土地和建筑物的估价对象,应选择具体估价路径,并应符合下列规定:

  1 应根据估价对象状况和土地市场状况,选择房地合估路径或房地分估路径,并应优先选择房地合估路径;

  2 当选择房地合估路径时,应把土地当作原材料,模拟房地产开发建设过程,测算房地产重置成本或重建成本;

  3 当选择房地分估路径时,应把土地和建筑物当作各自独立的物,分别测算土地重置成本、建筑物重置成本或重建成本。

4.4.3 测算房地产重置成本或重建成本,应符合下列规定:

  1 重置成本和重建成本应为在价值时点重新开发建设全新状况的房地产的必要支出及应得利润;

  2 房地产的必要支出及应得利润应包括土地成本、建设成本、管理费用、销售费用、投资利息、销售税费和开发利润。

4.4.4 测算土地成本和土地重置成本,可采用比较法、成本法、基准地价修正法等方法,并应符合下列规定:

  1 土地成本和土地重置成本应为在价值时点重新购置土地的必要支出,或重新开发土地的必要支出及应得利润;

  2 重新购置土地的必要支出应包括土地购置价款和相关税费,重新开发土地的必要支出及

应得利润应包括待开发土地成本、土地开发成本、管理费用、销售费用、投资利息、销售税费和开发利润;

3 除估价对象状况相对于价值时点应为历史状况或未来状况外,土地状况应为土地在价值时点的状况,土地使用期限应为自价值时点起计算的土地使用权剩余期限。

4.4.5 测算建筑物重置成本或重建成本,可采用单位比较法、分部分项法、工料测量法等方法,或利用政府或其有关部门公布的房屋重置价格扣除其中包含的土地价值且进行适当调整,并应符合下列规定:

1 对一般的建筑物,或因年代久远、已缺少与旧建筑物相同的建筑材料、建筑构配件和设备,或因建筑技术、工艺改变等使得旧建筑物复原建造有困难的建筑物,宜测算重置成本;

2 对具有历史、艺术、科学价值或代表性的建筑物,宜测算重建成本;

3 建筑物重置成本和重建成本应为在价值时点重新建造全新建筑物的必要支出及应得利润;

4 建筑物的必要支出及应得利润应包括建筑物建设成本、管理费用、销售费用、投资利息、销售税费和开发利润;

5 利用政府或其有关部门公布的房屋重置价格扣除其中包含的土地价值且进行适当调整测算建筑物重置成本或重建成本的,应了解该房屋重置价格的内涵。

4.4.6 各项必要支出及应得利润的测算,应符合下列规定:

1 各项必要支出及应得利润应为正常客观的支出和利润;

2 销售税费和开发利润不应作为投资利息的计算基数;

3 作为投资利息计算基数的各项必要支出的计息期,应分别自其发生时起至建设期结束时止;

4 开发利润应在明确其计算基数和相应开发利润率的基础上,为其计算基数乘以开发建设类似房地产的相应开发利润率。

4.4.7 建筑物折旧应为各种原因造成的建筑物价值减损,并应等于建筑物在价值时点的重置成本或重建成本减去建筑物在价值时点的市场价值,包括物质折旧、功能折旧和外部折旧。

4.4.8 测算建筑物折旧,可选用年龄-寿命法、市场提取法、分解法。

4.4.9 采用年龄-寿命法测算建筑物折旧后价值时,可选用下列方法:

1 直线法:

$$V = C - (C - S) \cdot \frac{t}{N} \qquad (4.4.9-1)$$

2 成新折扣法:

$$V = C \cdot q \qquad (4.4.9-2)$$

式中:V——建筑物折旧后价值(元或元/m²);

C——建筑物重置成本或重建成本(元或元/m²);

S——建筑物预计净残值(元或元/m²);

t——建筑物有效年龄(年);

N——建筑物经济寿命(年);

q——建筑物成新率(%)。

4.4.10 建筑物有效年龄应根据建筑物的施工、使用、维护和更新改造等状况,在建筑物实际年龄的基础上进行适当加减调整得出。

4.4.11 建筑物经济寿命应自建筑物竣工时起计算,可在建筑物设计使用年限的基础上,根据建筑物的施工、使用、维护、更新改造等状况及周围环境、房地产市场状况等进行综合分析判断后确定。非住宅建筑物经济寿命晚于土地使用期限结束,且出让合同等约定土地使用权期间届满后无偿收回土地使用权及地上建筑物的,测算建筑物折旧时,应将建筑物经济寿命替换为自建筑物竣工时起至土地使用权期间届满之日止的时间。

4.4.12 采用市场提取法测算建筑物折旧时,应先从交易实例中选取不少于三个含有与估价对象中的建筑物具有类似折旧状况的建筑物作为可比实例,再通过这些可比实例的成交价格减去土地重置成本得到建筑物折旧后价值,然后将建筑物重置成本或重建成本减去建筑物折旧后价值得到建筑物折旧。

4.4.13 采用分解法测算建筑物折旧时,应先把建筑物折旧分成物质折旧、功能折旧、外部折旧等各个组成部分,并应分为可修复折旧和不可修复折旧两类,再分别测算出各个组成部分,然后相加得到建筑物折旧。修复成本小于或等于修复所能带来的房地产价值增加额的,应作为可修复折旧;否则,应作为不可修复折旧。对可修复旧,应测算修复成本并将其作为折旧额。

4.4.14 测算建筑物折旧时,应到估价对象现场,观察、判断建筑物的实际新旧程度,并应根据建筑物的建成时间和使用、维护、更新改造等情况确定折旧额或成新率。

4.4.15 成本价值的计算,应符合下列规定:

1 对估价对象为包含土地和建筑物的房地产的,房地合估路径的成本价值应为房地产重置成本或重建成本减去建筑物折旧,房地分估路径的成本价值应为土地重置成本加建筑物重置成本或重建成本减去建筑物折旧;

2 对估价对象为土地的,成本价值应为重新开发土地的必要支出及应得利润;

3 对估价对象为建筑物的,成本价值应为建筑物重置成本或重建成本减去建筑物折旧。

4.4.16 在建工程和新近开发完成的房地产,采用成本法估价时可不扣除折旧,但对存在减价因素的,应予以相应的减价调整。

4.4.17 成本法测算出的价值,宜为房屋所有权和土地使用权且不存在租赁、抵押、查封等情况下的价值。当估价对象的权益状况与此不相同时,应对成本法测算出的价值进行相应调整。

4.5 假设开发法

4.5.1 运用假设开发法进行房地产估价时,应按下列步骤进行:

1 选择具体估价方法;
2 选择估价前提;
3 选择最佳开发经营方式;
4 测算后续开发经营期;
5 测算后续开发的必要支出;
6 测算开发完成后的价值;
7 确定折现率或测算后续开发的应得利润;
8 计算开发价值。

4.5.2 假设开发法估价时,应选择具体估价方法,并应符合下列规定:

1 应根据估价对象所处开发建设阶段等情况,选择动态分析法或静态分析法,并应优先选用动态分析法;

2 动态分析法应对后续开发的必要支出和开发完成后的价值进行折现现金流量分析,且不另外测算后续开发的投资利息和应得利润;

3 静态分析法应另外测算后续开发的投资利息和应得利润。

4.5.3 假设开发法的估价前提应根据估价目的、估价对象所处开发建设状态等情况,并应经过分析,选择下列前提之一:

1 业主自行开发前提;
2 自愿转让开发前提;
3 被迫转让开发前提。

4.5.4 选择最佳开发经营方式时,应先调查估价对象状况、估价对象所在地的房地产市场状况等情况,再据此确定未来开发完成后的房地产状况及其经营方式。

4.5.5 后续开发经营期应根据估价对象状况、未来开发完成后的房地产状况、未来开发完成后的房地产经营方式、类似房地产开发项目相应的一般期限、估价前提、估价对象所处开发建设状态、未来房地产市场状况等进行测算。

4.5.6 后续开发的必要支出应根据估价对象状况、未来开发完成后的房地产状况、未来开发完成后的房地产经营方式、估价前提、估价对象所处开发建设状态等来确定,并应符合下列规定:

1 后续开发的必要支出应为将估价对象开发成未来开发完成后的房地产所必须付出的各项成本、费用和税金,动态分析法的构成项目包括后续开发的建设成本、管理费用、销售费用、销售税费等,静态分析法的构成项目还包括后续开发的投资利息。当估价前提为自愿转让开发和被迫转让开发时,构成项目还应包括估价对象取得税费。

2 动态分析法中折现前后续开发的必要支出应为预计其在未来发生时的金额,静态分析法中后续开发的必要支出可为假设其在价值时点发生时的金额。

4.5.7 开发完成后的价值测算,应符合下列规定:

1 不应采用成本法测算;

2 当采用比较法测算时,应先测算开发完成后的房地产单价,再将该单价乘以未来开发完成后的房地产面积或体积等得出开发完成后的房地产总价值;当未来开发完成后的房地产中有不同用途或档次等较大差别时,应分别测算不同部分的单价,再将它们乘以相应的面积或体积等后相加得出开发完成后的房地产总价值。

4.5.8 动态分析法中折现前开发完成后的价值测算,应符合下列规定:

1 应为未来开发完成后的房地产在其开发完成时的价值,但当能预计未来开发完成后的房地产预售或延迟销售时,应为在预售或延迟销售时的价值;

2 应根据类似房地产未来市场价格变动趋势进行预测。

4.5.9 静态分析法中开发完成后的价值,可为假设未来开发完成后的房地产在价值时点的价值。

4.5.10 动态分析法中的折现率,应为类似房地产开发项目所要求的收益率。

4.5.11 静态分析法中后续开发的投资利息的计算基数,应包括估价对象价值或价格和后续开发的建设成本、管理费用、销售费用。当估价前提为自愿转让开发和被迫转让开发时,计算基数还应包括估价对象取得税费。各项计算基数的计息期,应分别自其发生时起至建设期结束时止。

4.5.12 静态分析法中后续开发的应得利润,应在明确其计算基数和相应开发利润率的基础上,为其计算基数乘以类似房地产开发项目的相应开发利润率。

4.5.13 动态分析法的开发价值,应为开发完成后的价值和后续开发的必要支出分别折现到价值时点后相减;静态分析法的开发价值,应为开发完成后的价值减去后续开发的必要支出及应得利润。

4.6 其他估价方法

4.6.1 房地产估价除可选用比较法、收益法、成本法、假设开发法外,还可根据估价目的和估价对象等情况,选用表 4.6.1 中的其他估价方法。

表 4.6.1 其他估价方法

序号	估价方法	适用范围
1	基准地价修正法	政府或其有关部门已公布基准地价地区的土地估价
2	路线价法	城镇临街商业用地批量估价
3	标准房调整法	大量相似的房地产批量估价
4	多元回归分析法	大量相似的房地产批量估价
5	修复成本法	可修复的房地产价值减损评估
6	损失资本化法	不可修复的房地产价值减损评估
7	价差法	不可修复的房地产价值减损评估,房地产价值增加评估

4.6.2 运用基准地价修正法进行宗地估价时,应按下列步骤进行:

1 搜集有关基准地价的资料;
2 查找估价对象宗地所在位置的基准地价;
3 对基准地价进行市场状况调整;
4 对基准地价进行土地状况调整;
5 计算估价对象宗地价值或价格。

4.6.3 基准地价修正法估价时,应符合下列规定:

1 在将基准地价调整为宗地价值或价格前,应了解基准地价的内涵;

2 对基准地价进行市场状况调整时,应将基准地价在其基准日期的值调整为在价值时点的值,调整的方法与比较法中市场状况调整的方法相同;

3 对基准地价进行土地状况调整时,应将估价对象宗地状况与基准地价对应的土地状况进行比较,根据它们之间的差异对基准地价进行相应调整;

4 运用基准地价修正法评估宗地价值或价格,宜按估价对象所在地对基准地价的有关规定执行。

4.6.4 运用路线价法进行土地估价时,应先在城镇街道上划分路线价区段并设定标准临街深度,再在每个路线价区段内选定一定数量的标准临街宗地并测算其平均单价或楼面地价,然后利用有关调整系数将该平均单价或楼面地价调整为各宗临街土地的价值或价格。

4.6.5 运用标准房调整法进行房地产估价时,应先确定估价范围,对估价范围内的所有被估价房地产进行分组,使同一组内的房地产具有相似性,再在每组内设定标准房地产并测算其价值或价格,然后利用楼幢、楼层、朝向等调整系数,将标准房地产价值或价格调整为各宗被估价房地产的价值或价格。

4.6.6 运用多元回归分析法进行房地产估价时,应先确定估价范围,对估价范围内的所有被估价房地产进行分组,使同一组内的房地产具有相似性,再在每组内把房地产价值或价格作为因变量,把影响房地产价值或价格的若干因素作为自变量,设定多元回归模型,搜集大量房地产成交价格及其影响因素数据,经过试算优化和分析检验,确定多元回归模型,然后利用该模型计算出各宗被估价房地产的价值或价格。

4.6.7 运用修复成本法进行房地产价值减损评估时,应测算修复的必要支出及应得利润,将其作为房地产的价值减损额。

4.6.8 运用损失资本化法进行房地产价值减损评估时,应先预测未来各年的净收益减少额或收入减少额、运营费用增加额,再计算其现值之和作为房地产的价值减损额。

4.6.9 运用价差法进行房地产价值减损或价值增加评估时,应先分别评估房地产在改变之前状况下的价值和在改变之后状况下的价值,再将两者之差作为房地产的价值减损额或价值增加额。

5 不同估价目的下的估价

5.1 房地产抵押估价

5.1.1 房地产抵押估价,应区分抵押贷款前估价和抵押贷款后重估。

5.1.2 房地产抵押贷款前估价,应包括下列内容:

1 评估抵押房地产假定未设立法定优先受偿权下的价值;

2 调查抵押房地产法定优先受偿权设立情况及相应的法定优先受偿款;

3 计算抵押房地产的抵押价值或抵押净值;

4 分析抵押房地产的变现能力并作出风险提示。

5.1.3 抵押价值和抵押净值评估应遵循谨慎原则,不得高估假定未设立法定优先受偿权下的价值,不得低估法定优先受偿款及预期实现抵押权的费用和税金。

5.1.4 评估待开发房地产假定未设立法定优先受偿权下的价值采用假设开发法的,应选择被迫转让开发前提进行估价。

5.1.5 抵押房地产已出租的,其假定未设立法定优先受偿权下的价值应符合下列规定:

1 合同租金低于市场租金的,应为出租人权益价值;

2 合同租金高于市场租金的,应为无租约限制价值。

5.1.6 抵押房地产的建设用地使用权为划拨方式取得的,应选择下列方式之一评估其假定未设立法定优先受偿权下的价值:

1 直接评估在划拨建设用地使用权下的假定未设立法定优先受偿权下的价值;

2 先评估在出让建设用地使用权下的假定未设立法定优先受偿权下的价值,且该出让建设用地使用权的使用期限应设定为自价值时点起计算的相应用途法定出让最高年限,再减去由划拨建设用地使用权转变为出让建设用地使用权需要缴纳的出让金等费用。

5.1.7 由划拨建设用地使用权转变为出让建设用地使用权需要缴纳的出让金等费用,应按估价对象所在地规定的标准进行测算;估价对象所在地没有规定的,可按同类房地产已缴纳的标准进行估算。

5.1.8 抵押房地产为按份共有的,抵押价值或抵押净值应为抵押人在共有房地产中享有的份额的抵押价值或抵押净值;为共同共有的,抵押价值或抵押净值应为共有房地产的抵押价值或抵押净值。

5.1.9 抵押房地产为享受国家优惠政策购买的,抵押价值或抵押净值应为房地产权利人可处分和收益的份额的抵押价值或抵押净值。

5.1.10 房地产抵押估价用于设立最高额抵押权,且最高额抵押权设立前已存在的债权经当事人同意转入最高额抵押担保的债权范围的,抵押价值或抵押净值可不减去相应的已抵押担保的债权数额,但应在估价报告中说明并对估价报告和估价结果的使用作出相应限制。

5.1.11 在进行续贷房地产抵押估价时,应调查及在估价报告中说明抵押房地产状况和房地产市场状况发生的变化,并应根据已发生的变化情况进行估价。对同一抵押权人的续贷房地产抵押估价,抵押价值、抵押净值可不减去续贷对应的已抵押担保的债权数额,但应在估价报告中说明并对估价报告和估价结果的使用作出相应限制。

5.1.12 房地产抵押贷款后重估,应根据监测抵押房地产市场价格变化、掌握抵押价值或抵押净值变化情况及有关信息披露等的需要,定期或在房地产市场价格变化较快、抵押房地产状况发生较大改变时,对抵押房地产的市场价格或市场价值、抵押价值、抵押净值等进行重新评估,并应为抵押权人提供相关风险提示。

5.1.13 重新评估大量相似的抵押房地产在

同一价值时点的市场价格或市场价值、抵押价值、抵押净值,可采用批量估价的方法。

5.2 房地产税收估价

5.2.1 房地产税收估价,应区分房地产持有环节税收估价、房地产交易环节税收估价和房地产开发环节税收估价,并应按相应税种为核定其计税依据进行估价。

5.2.2 房地产税收估价,应兼顾公平、精准、效率和成本。对同类房地产数量较多、相互间具有可比性的房地产,宜优先选用批量估价的方法进行估价。对同类房地产数量较少、相互间可比性差、难以采用批量估价的方法进行估价的房地产,应采用个案估价的方法进行估价。

5.2.3 房地产持有环节税收估价,各宗房地产的价值时点应相同。房地产交易环节税收估价,各宗房地产的价值时点应为各自的成交日期。

5.3 房地产征收、征用估价

5.3.1 房地产征收估价,应区分国有土地上房屋征收评估和集体土地征收评估。

5.3.2 国有土地上房屋征收评估,应区分被征收房屋价值评估、被征收房屋室内装饰装修价值评估、被征收房屋类似房地产市场价格测算、用于产权调换房屋价值评估、因征收房屋造成的搬迁费用评估、因征收房屋造成的临时安置费用评估、因征收房屋造成的停产停业损失评估等。

5.3.3 被征收房屋价值评估,应符合下列规定:

1 被征收房屋价值应包括被征收房屋及其占用范围内的土地使用权和属于被征收人的其他不动产的价值;

2 当被征收房屋室内装饰装修价值由征收当事人协商确定或房地产估价机构另行评估确定时,所评估的被征收房屋价值不应包括被征收房屋室内装饰装修价值,并应在被征收房屋价值评估报告中作出特别说明;

3 被征收房屋价值应为在正常交易情况下,由熟悉情况的交易双方以公平交易方式在房屋征收决定公告之日自愿进行交易的金额,且假定被征收房屋没有租赁、抵押、查封等情况;

4 当被征收房地产为正常开发建设的待开发房地产或因征收已停建、缓建的未完工程且采用假设开发法估价时,应选择业主自行开发前提进行估价;

5 当被征收房地产为非征收原因已停建、缓建的未完工程且采用假设开发法估价时,应选择自愿转让开发前提进行估价。

5.3.4 用于产权调换房屋价值评估,应符合下列规定:

1 用于产权调换房屋价值应包括用于产权调换房屋及其占用范围内的土地使用权和用于产权调换的其他不动产的价值;

2 用于产权调换房屋价值应是在房屋征收决定公告之日的市场价值,当政府或其有关部门对用于产权调换房屋价格有规定的,应按其规定执行。

5.3.5 房地产征用估价,应评估被征用房地产的市场租金,为给予使用上的补偿提供参考依据。并可评估因征用造成的搬迁费用、临时安置费用、停产停业损失;当房地产被征用或征用后毁损的,还可评估被征用房地产的价值减损额;当房地产被征用或征用后灭失的,还可评估被征用房地产的市场价值,为相关补偿提供参考依据。

5.4 房地产拍卖、变卖估价

5.4.1 房地产拍卖估价,应区分司法拍卖估价和普通拍卖估价。

5.4.2 房地产司法拍卖估价,应符合下列规定:

1 应根据最高人民法院的有关规定和人民法院的委托要求,评估拍卖房地产的市场价值或市场价格、其他特定价值或价格;

2 评估价值的影响因素应包括拍卖房地产的瑕疵,但不应包括拍卖房地产被查封及拍卖房地产上原有的担保物权和其他优先受偿权;

3 人民法院书面说明依法将拍卖房地产上原有的租赁权和用益物权除去后进行拍卖的,评估价值的影响因素不应包括拍卖房地产上原有的租赁权和用益物权,并应在估价报告中作出特别说明;

4 当拍卖房地产为待开发房地产且采用假设开发法估价时,应选择被迫转让开发前提进行估价。

5.4.3 房地产普通拍卖估价,可根据估价委托人的需要,评估市场价值或市场价格、快速变现价值,为确定拍卖标的的保留价提供参考依据。快速变现价值可根据变现时限短于正常销售期的时间长短,在市场价值或市场价格的基础上进行适当减价确定。

5.4.4 房地产变卖估价,宜评估市场价值。

5.5 房地产分割、合并估价

5.5.1 房地产分割、合并估价,应分别以房地产的实物分割、合并为前提,并应分析实物分割、合并对房地产价值或价格的影响。

5.5.2 房地产分割估价,不应简单地将分割前的整体房地产价值或价格按建筑面积或土地面积、体积等进行分摊得出分割后的各部分房地产价值或价格,应对分割后的各部分房地产分别进行估价,并应分析因分割造成的房地产价值或价格增减。

5.5.3 房地产合并估价,不应简单地将合并前的各部分房地产价值或价格相加作为合并后的整体房地产价值或价格,应对合并后的整体房地产进行估价,并应分析因合并造成的房地产价值或价格增减。

5.6 房地产损害赔偿估价

5.6.1 房地产损害赔偿估价,应区分被损害房地产价值减损评估、因房地产损害造成的其他财产损失评估、因房地产损害造成的搬迁费用评估、因房地产损害造成的临时安置费用评估、因房地产损害造成的停产停业损失评估等。

5.6.2 被损害房地产价值减损评估,应符合下列规定:

1 应调查并在估价报告中说明被损害房地产在损害发生前后的状况;

2 应区分并分析、测算、判断可修复和不可修复的被损害房地产价值减损及房地产损害中可修复和不可修复的部分;

3 对可修复的被损害房地产价值减损和房地产损害中可修复的部分,宜采用修复成本法测算其修复成本作为价值减损额;

4 对不可修复的被损害房地产价值减损,应根据估价对象及其所在地的房地产市场状况,分析损失资本化法、价差法等方法的适用性,从中选用适用的方法进行评估。

5.7 房地产保险估价

5.7.1 房地产保险估价,应区分房地产投保时的保险价值评估和保险事故发生后的财产损失评估。

5.7.2 房地产投保时的保险价值评估,宜评估假定在价值时点因保险事故发生而可能遭受损失的房地产的重置成本或重建成本,可选用成本法、比较法。

5.7.3 保险事故发生后的财产损失评估,应调查保险标的在投保时和保险事故发生后的状况,评估因保险事故发生造成的财产损失,可选用修复成本法、价差法、损失资本化法等方法。对其中可修复的部分,宜采用修复成本法测算其修复成本作为财产损失额。

5.8 房地产转让估价

5.8.1 房地产转让估价,应区分转让人需要的估价和受让人需要的估价,并应根据估价委托人的具体需要,评估市场价值或投资价值、卖方要价、买方出价、买卖双方协议价等。

5.8.2 房地产转让估价应调查转让人、受让人对转让对象状况、转让价款支付方式、转让税费负担等转让条件的设定或约定,并应符合下列规定:

1 当转让人、受让人对转让条件有书面设定或约定时,宜评估在其书面设定或约定的转让条件下的价值或价格;

2 当转让人、受让人对转让条件无书面设定、约定或书面设定、约定不明确时,应评估转让对象在价值时点的状况、转让价款在价值时点一次性付清、转让税费正常负担下的价值或价格。

5.8.3 已出租的房地产转让估价,应评估出租人权益价值;转让人书面设定或转让人与受让人书面约定依法将原有的租赁关系解除后进行转让的,可另行评估无租约限制价值,并应在估价报告中同时说明出租人权益价值和无租约限制价值及其使用条件。

5.8.4 以划拨方式取得建设用地使用权的房地产转让估价,估价对象应符合法律、法规规定的转让条件,并应根据国家和估价对象所在地的土地收益处理规定,给出需要缴纳的出让金等费用或转让价格中所含的土地收益。

5.8.5 保障性住房销售价格评估,应根据分享产权、独享产权等产权享有方式,评估市场价值或其他特定价值、价格。对采取分享产权的,宜评估市场价值;对采取独享产权的,宜根据类似商品住房的市场价格、保障性住房的成本价格、保障性住房供应对象的支付能力、政府补贴水平及每套住房所处楼幢、楼层、朝向等保障性住房价格影响因素,测算公平合理的销售价格水平。但国家和保障性住房所在地对保障性住房销售价格确定有特别规定的,应按其规定执行。

5.9 房地产租赁估价

5.9.1 房地产租赁估价,应区分出租人需要的估价和承租人需要的估价,并应根据估价委托人的具体需要,评估市场租金或其他特定租金、承租人权益价值等。

5.9.2 以营利为目的出租划拨建设用地使用权上的房屋租赁估价,应根据国家和估价对象所在地的土地收益处理规定,给出租金中所含的土地收益。

5.9.3 保障性住房租赁价格评估,应根据货币补贴、实物补贴等租金补贴方式,评估市场租金或其他特定租金。对采取货币补贴的,宜评估市场租金;对采取实物补贴的,宜根据类似商品住房的市场租金、保障性住房的成本租金、保障性住房供应对象的支付能力、政府补贴水平及每套住房所处楼幢、楼层、朝向等保障性住房租金影响因素,测算公平合理的租金水平。但国家和保障性住房所在地对保障性住房租赁价格确定有特别规定的,应按其规定执行。

5.10 建设用地使用权出让估价

5.10.1 建设用地使用权出让估价,应区分出让人需要的估价和意向用地者需要的估价。

5.10.2 出让人需要的建设用地使用权出让估价,应根据招标、拍卖、挂牌、协议等出让方式和出让人的具体需要,评估市场价值或相应出让方式的底价。

5.10.3 意向用地者需要的建设用地使用权出让估价,应根据招标、拍卖、挂牌、协议等出让方式和意向用地者的具体需要,评估市场价值或投资价值、相应出让方式的最高报价、最高出价、竞争对手的可能出价等。

5.10.4 建设用地使用权出让估价应调查出让人对交付的土地状况、出让金等费用的支付方式等出让条件的规定,并应符合下列规定:

1 当出让人对出让条件有明文规定时,应评估在其明文规定的出让条件下的价值或价格;

2 当出让人对出让条件无明文规定或规定不明确时,宜评估在价值时点的土地状况、出让金等费用在价值时点一次性付清等条件下的价值或价格。

5.10.5 当出让人需要的建设用地使用权出让估价采用假设开发法时,宜选择自愿转让开发前提进行估价。

5.10.6 当意向用地者需要的建设用地使用权出让估价采用假设开发法时,应符合下列规定:

1 当土地未被任何意向用地者占有时,应选择自愿转让开发前提进行估价;

2 当土地已被该意向用地者占有时,应选择介于业主自行开发与自愿转让开发之间的某种前提进行估价;

3 当土地已被其他意向用地者占有时,应选择介于自愿转让开发与被迫转让开发之间的某种前提进行估价。

5.11 房地产投资基金物业估价

5.11.1 房地产投资基金物业估价,应区分房地产投资信托基金物业评估、其他房地产投资基金物业估价。

5.11.2 房地产投资信托基金物业评估,根据房地产投资信托基金发行上市、运营管理、退出市场及相关信息披露等的需要,可包括下列全部或部分内容:

1 信托物业状况评价;

2 信托物业市场调研;

3 信托物业价值评估。

5.11.3 信托物业价值评估,应符合下列规定:

1 应对信托物业的市场价值或其他价值、价格进行分析、测算和判断,并提供相关专业意见;

2 宜采用报酬资本化法中的持有加转售模式;

3 应遵循一致性原则,当为同一估价目的对同一房地产投资信托基金的同类物业在同一价值时点的价值或价格进行评估时,应采用相同的估价方法；

4 应遵循一贯性原则，当为同一估价目的对同一房地产投资信托基金的同一物业在不同价值时点的价值或价格进行评估时，应采用相同的估价方法；

5 当未遵循一致性原则或一贯性原则而采用不同的估价方法时，应在估价报告中说明并陈述理由。

5.11.4 已出租的信托物业价值评估，应进行租赁状况调查和分析，查看估价对象的租赁合同原件，并应与执行财务、法律尽职调查的专业人员进行沟通，从不同的信息来源交叉检查估价委托人提供的租赁信息的真实性和客观性。

5.11.5 信托物业状况评价，应对信托物业的实物状况、权益状况和区位状况进行调查、描述、分析和评定，并提供相关专业意见。

5.11.6 信托物业市场调研，应对信托物业所在地区的经济社会发展状况、房地产市场状况及信托物业自身有关市场状况进行调查、描述、分析和预测，并提供相关专业意见。

5.11.7 其他房地产投资基金物业估价，应根据具体情况，按相应估价目的的房地产估价进行。

5.12 为财务报告服务的房地产估价

5.12.1 为财务报告服务的房地产估价，应区分投资性房地产公允价值评估，作为存货的房地产可变现净值评估，存在减值迹象的房地产可回收金额评估，受赠、合并对价分摊等涉及的房地产入账价值评估，境外上市公司的固定资产重估等。

5.12.2 从事为财务报告服务的房地产估价业务时，应与估价委托人及执行审计业务的注册会计师进行沟通，熟悉相关会计准则、会计制度，了解相关会计确认、计量和报告的要求，理解公允价值、现值、可变现净值、重置成本、历史成本等会计计量属性及其与房地产估价相关价值、价格的联系和区别。

5.12.3 为财务报告服务的房地产估价，应根据相关要求，选择相应的资产负债表日、减值测试日、购买日、转换当日、首次执行日等某一特定日期为价值时点。

5.12.4 为财务报告服务的房地产估价，应根据相应的公允价值、现值、可变现净值、重置成本、历史成本等会计计量属性，选用比较法、收益法、假设开发法、成本法等方法评估相应的价值或价格。对采用公允价值计量的，应评估市场价值。

5.13 企业各种经济活动涉及的房地产估价

5.13.1 企业各种经济活动涉及的房地产估价，应区分用房地产作价出资设立企业，企业改制、上市、资产重组、资产置换、收购资产、出售资产、产权转让、对外投资、合资、合作、租赁、合并、分立、清算、抵债等经济活动涉及的房地产估价。

5.13.2 企业各种经济活动涉及的房地产估价，应在界定房地产和其他资产范围的基础上，明确估价对象的财产范围。

5.13.3 企业各种经济活动涉及的房地产估价，应根据企业经济活动的类型，按相应估价目的的房地产估价进行。对房地产权属发生转移的，应按相应的房地产转让行为进行估价。

5.13.4 企业各种经济活动涉及的房地产估价，应调查估价对象合法改变用途的可能性，并应分析、判断以"维持现状前提"或"改变用途前提"进行估价。

5.13.5 企业破产清算等强制处分涉及的房地产估价，评估价值的影响因素应包括估价对象的通用性、可分割转让性，改变用途、更新改造等的合法性和可能性及变现时限、对潜在购买者范围的限制等。

5.14 房地产纠纷估价

5.14.1 房地产纠纷估价，应对有争议的房地产评估价值、赔偿金额、补偿金额、交易价格、市场价格、租金、成本、费用分摊、价值分配等进行鉴别和判断，提出客观、公平、合理的鉴定意见，为和解、调解、仲裁、行政裁决、行政复议、诉讼等方式解决纠纷提供参考依据或证据。

5.14.2 房地产纠纷估价，应根据纠纷的类型，按相应估价目的的房地产估价进行。

5.14.3 房地产纠纷估价，应了解纠纷双方的利益诉求，估价结果应平衡纠纷双方的利益，有利于化解纠纷。

5.15 其他目的的房地产估价

5.15.1 其他目的的房地产估价，应区分分家析产估价，为出境提供财产证明的估价，为行政机关处理、纪律检查部门查处、检察机关立案等服务的估价，改变土地使用条件补地价评估，国有土地上房屋征收预评估等。

5.15.2 分家析产估价，应符合下列规定：

1　应区分财产分割的分家析产估价和财产不分割的分家析产估价；

2　财产分割的分家析产估价，应按本规范对房地产分割估价的规定执行；

3　财产不分割的分家析产估价，宜评估财产的市场价值。

5.15.3 为出境提供财产证明的估价，应评估财产的市场价值。

5.15.4 为行政机关处理、纪律检查部门查处、检察机关立案等服务的估价，应慎重确定价值时点等估价基本事项。

5.15.5 改变土地使用条件补地价评估，应调查变更土地用途、调整容积率、延长土地使用期限等改变土地使用条件需要补缴地价的原因，明确需要补缴的地价的内涵，以相关部门同意补缴地价的日期为价值时点，评估新土地使用条件下的总地价和原土地使用条件下的总地价，以该两者的差额作为评估出的需要补缴的地价。但国家和需要补缴地价的建设用地使用权所在地对需要补缴的地价确定有特别规定的，应按其规定执行。

5.15.6 国有土地上房屋征收预评估，应为编制征收补偿方案、确定征收补偿费用或政府作出房屋征收决定等服务，可按本规范对国有土地上房屋征收评估的规定进行，但不得替代国有土地上房屋征收评估。

6 估价结果

6.0.1 估价结果应包括评估价值和相关专业意见。

6.0.2 在确定评估价值前，应对所选用的估价方法的测算结果进行校核。同时选用两种或两种以上估价方法进行估价的，还应对不同估价方法的测算结果进行比较分析。

6.0.3 在对测算结果进行校核和比较分析时，应做下列检查，找出测算结果存在的差错和造成各个测算结果之间差异的原因，并应改正错误，消除不合理的差异：

1　估价计算的正确性；

2　估价基础数据的正确性；

3　估价参数的合理性；

4　估价计算公式的恰当性；

5　不同估价方法的估价对象财产范围的一致性；

6　不同估价方法的估价前提的一致性；

7　估价方法的适用性；

8　估价假设的合理性；

9　估价依据的正确性；

10　估价原则的正确性；

11　房地产市场状况的特殊性。

6.0.4 估价基础数据和估价参数的来源或确定的依据或方法应在估价报告中说明。估价参数应优先选用房地产估价行业组织公布的估价参数；不选用的，应在估价报告中陈述理由。

6.0.5 综合测算结果的确定，应符合下列规定：

1　对同时选用两种或两种以上估价方法进行估价的，应在确认各个测算结果无差错及其之间差异的合理性后，根据估价目的及不同估价方法的适用程度、数据可靠程度、测算结果之间差异程度等情况，选用简单算术平均、加权算术平均等方法得出综合测算结果，并应在估价报告中说明得出综合测算结果的方法和理由；

2　对选用一种估价方法进行估价的，应在确认测算结果无差错后，将其作为综合测算结果。

6.0.6 最终评估价值的确定，应符合下列规定：

1　应根据未能在综合测算结果中反映的价值或价格影响因素，对综合测算结果进行适当调整后确定最终评估价值，并应在估价报告中陈述调整的理由；

2　当确认不存在未能在综合测算结果中反映的价值或价格影响因素时，可直接将综合测算结果确定为最终评估价值；

3　最终评估价值的精度应满足估价目的需要的精度，并应将其误差控制在合理范围内。

7 估 价 报 告

7.0.1 估价报告应采取书面形式，并应真实、客观、准确、完整、清晰、规范。

7.0.2 叙述式估价报告应包括下列部分：

1　封面；

2 致估价委托人函;
3 目录;
4 估价师声明;
5 估价假设和限制条件;
6 估价结果报告;
7 估价技术报告;
8 附件。

7.0.3 房地产抵押贷款前估价报告,应包括估价对象变现能力分析与风险提示。

7.0.4 根据估价委托人的需要或有关要求,可在完整的估价报告的基础上形成估价报告摘要。

7.0.5 估价技术报告可按估价委托合同约定不向估价委托人提供。

7.0.6 封面应包括下列内容:
1 估价报告名称,宜为房地产估价报告,也可结合估价对象和估价目的给估价报告命名;
2 估价报告编号,应反映估价机构简称、估价报告出具年份,并应按顺序编号数,不得重复、遗漏、跳号;
3 估价项目名称,应根据估价对象的名称或位置和估价目的,提炼出简洁的名称;
4 估价委托人,当为单位时,应写明其名称;当为个人时,应写明其姓名;
5 房地产估价机构,应写明其名称;
6 注册房地产估价师,应写明所有参加估价的注册房地产估价师的姓名和注册号;
7 估价报告出具日期,应与致估价委托人函中的致函日期一致。

7.0.7 致估价委托人函应包括下列内容:
1 致函对象,应写明估价委托人的名称或姓名;
2 估价目的,应写明估价委托人对估价报告的预期用途,或估价是为了满足估价委托人的何种需要;
3 估价对象,应写明估价对象的财产范围及名称、坐落、规模、用途、权属等基本状况;
4 价值时点,应写明所评估的估价对象价值或价格对应的时间;
5 价值类型,应写明所评估的估价对象价值或价格的名称。当所评估的估价对象价值或价格无规范的名称时,应写明其定义或内涵;
6 估价方法,应写明所采用的估价方法的名称;
7 估价结果,应写明最终评估价值的总价,并应注明其大写金额;除估价对象无法用单价表示外,还应写明最终评估价值的单价;
8 特别提示,应写明与评估价值和使用估价报告、估价结果有关的引起估价委托人和估价报告使用者注意的事项;
9 致函日期,应注明致函的年、月、日。

7.0.8 致估价委托人函应加盖房地产估价机构公章,不得以其他印章代替;法定代表人或执行事务合伙人宜在其上签名或盖章。

7.0.9 目录应按前后次序列出下列估价报告各个组成部分的名称及对应的页码:
1 估价师声明;
2 估价假设和限制条件;
3 估价结果报告;
4 估价技术报告;
5 附件。

7.0.10 估价结果报告、估价技术报告和附件的各个组成部分,应在估价报告的目录中按前后次序列出其名称及对应的页码。

7.0.11 当按估价委托合同约定不向估价委托人提供估价技术报告时,估价报告的目录中可不列出估价技术报告及其各个组成部分,但在估价技术报告中应有单独的目录,且该目录中应按前后次序列出估价技术报告各个组成部分的名称及对应的页码。

7.0.12 估价师声明应写明所有参加估价的注册房地产估价师对其估价职业道德、专业胜任能力和勤勉尽责估价的承诺和保证。不得将估价师声明的内容与估价假设和限制条件的内容相混淆,或把估价师声明变成注册房地产估价师和房地产估价机构的免责声明。

7.0.13 鉴证性估价报告的估价师声明应包括下列内容:
1 注册房地产估价师在估价报告中对事实的说明是真实和准确的,没有虚假记载、误导性陈述和重大遗漏;
2 估价报告中的分析、意见和结论是注册房地产估价师独立、客观、公正的专业分析、意见和结论,但受到估价报告中已说明的估价假设和限制条件的限制;
3 注册房地产估价师与估价报告中的估价

对象没有现实或潜在的利益,与估价委托人及估价利害关系人没有利害关系,也对估价对象、估价委托人及估价利害关系人没有偏见;

4 注册房地产估价师是按照有关房地产估价标准的规定进行估价工作,撰写估价报告。

7.0.14 非鉴证性估价报告的估价师声明的内容,可根据实际情况对鉴证性估价报告的估价师声明的内容进行适当增减。

7.0.15 估价假设应针对估价对象状况等估价前提,作出必要、合理且有依据的假定,不得为了规避应尽的检查资料、调查情况等勤勉尽责估价义务或为了高估、低估估价对象的价值或价格而滥用估价假设。

7.0.16 估价假设和限制条件应说明下列内容:

1 一般假设,应说明对估价所依据的估价对象的权属、面积、用途等资料进行了检查,在无理由怀疑其合法性、真实性、准确性和完整性且未予以核实的情况下,对其合法、真实、准确和完整的合理假定;对房屋安全、环境污染等影响估价对象价值或价格的重大因素给予了关注,在无理由怀疑估价对象存在安全隐患且无相应的专业机构进行鉴定、检测的情况下,对其安全的合理假定等。

2 未定事项假设,应说明对估价所必需的尚未明确或不够明确的土地用途、容积率等事项所做的合理的、最可能的假定。当估价对象无未定事项时,应无未定事项假设。

3 背离事实假设,应说明因估价目的的特殊需要、交易条件设定或约定,对估价对象状况所做的与估价对象的实际状况不一致的合理假定。当估价设定的估价对象状况与估价对象的实际状况无不一致时,应无背离事实假设。

4 不相一致假设,应说明在估价对象的实际用途、登记用途、规划用途等用途之间不一致,或不同权属证明上的权利人之间不一致,估价对象的名称或地址不一致等情况下,对估价所依据的用途或权利人、名称、地址等的合理假定。当估价对象状况之间无不一致时,应无不相一致假设。

5 依据不足假设,应说明在估价委托人无法提供估价所必需的反映估价对象状况的资料及注册房地产估价师进行了尽职调查仍然难以取得该资料的情况下,缺少该资料及对相应的估价对象状况的合理假定。当无依据不足时,应无依据不足假设。

6 估价报告使用限制,应说明估价报告和估价结果的用途、使用者、使用期限等使用范围及在使用估价报告和估价结果时需要注意的其他事项。其中的估价报告使用期限应自估价报告出具之日起计算,根据估价目的和预计估价对象的市场价格变化程度确定,不宜超过一年。

7.0.17 估价结果报告应包括下列内容:

1 估价委托人,当为单位时,应写明其名称、住所和法定代表人姓名;当为个人时,应写明其姓名和住址。

2 房地产估价机构,应写明房地产估价机构的名称、住所、法定代表人或执行事务合伙人姓名、资质等级和资质证书编号。

3 估价目的,应说明估价委托人对估价报告的预期用途,或估价是为了满足估价委托人的何种需要。

4 估价对象,应概要说明估价对象的财产范围及名称、坐落、规模、用途、权属等基本状况;对土地基本状况的说明,还应包括四至、形状、开发程度、土地使用期限;对建筑物基本状况的说明,还应包括建筑结构、设施设备、装饰装修、新旧程度。

5 价值时点,应说明所评估的估价对象价值或价格对应的时间及其确定的简要理由。

6 价值类型,应说明所评估的估价对象价值或价格的名称、定义或内涵。

7 估价原则,应说明所遵循的估价原则的名称、定义或内涵。

8 估价依据,应说明估价所依据的有关法律、法规和政策,有关估价标准,估价委托书、估价委托合同、估价委托人提供的估价所需资料,房地产估价机构、注册房地产估价师掌握和搜集的估价所需资料。

9 估价方法,应说明所采用的估价方法的名称和定义。当按估价委托合同约定不向估价委托人提供估价技术报告时,还应说明估价测算的简要内容。

10 估价结果,应符合下列要求:

1)除房地产抵押估价外,当估价对象为单宗房地产时,可按表 7.0.17-1 说明不同估价方法的测算结果和最终评估价值;

表 7.0.17-1 估价结果汇总表

币种：

相关结果	估价方法			
测算结果	总价（元或万元）			
	单价（元/m²）			
评估价值	总价（元或万元）			
	单价（元/m²）			

2）除房地产抵押估价外，当估价对象为多宗房地产时，可按表 7.0.17-2 说明不同估价方法的测算结果和最终评估价值；

表 7.0.17-2 估价结果汇总表

币种：

估价对象及结果	估价方法及结果	测算结果		结果
估价对象1	总价（元或万元）			
	单价（元/m²）			
估价对象2	总价（元或万元）			
	单价（元/m²）			
估价对象3	总价（元或万元）			
	平均单价（元/m²）			
……	总价（元或万元）			
	单价（元/m²）			
汇总评估价值	总价（元或万元）			
	平均单价（元/m²）			

3）房地产抵押估价中假定未设立法定优先受偿权下的价值，可按表 7.0.17-1 或表 7.0.17-2 说明不同估价方法的测算结果和最终评估价值；

4）房地产抵押价值评估结果，可按表 7.0.17-3 说明最终评估价值；

表 7.0.17-3 房地产抵押价值评估结果汇总表

币种：

项目及结果	评估对象	估价对象1	估价对象2	估价对象3	……
1. 假定未设立法定优先受偿权下的价值	总价（元或万元）				
	单价（元/m²）				
2. 估价师知悉的法定优先受偿款	总额（元或万元）				
2.1 已抵押担保的债权数额	总额（元或万元）				
2.2 拖欠的建设工程价款	总额（元或万元）				
2.3 其他法定优先受偿款	总额（元或万元）				
3. 抵押价值	总价（元或万元）				
	单价（元/m²）				

5）当估价对象无法用单价表示时，最终评估价值可不注明单价，除此之外的最终评估价值均注明单价和总价，且总价应注明大写金额；

6）当最终评估价值的币种为外币时，应说明国务院金融主管部门公布的价值时点的人民币市场汇率中间价，并应注明最终评估价值的单价和总价所折合的人民币价值。

11 注册房地产估价师，应按表 7.0.17-4 写明所有参加估价的注册房地产估价师的姓名和注册号，并应由本人签名及注明签名日期，不得以个人印章代替签名。

表 7.0.17-4 参加估价的注册房地产估价师

姓 名	注册号	签 名	签名日期
			年 月 日
			年 月 日
			年 月 日

12 实地查勘期，应说明实地查勘估价对象的起止日期，具体为自进入估价对象现场之日起至完成实地查勘之日止。

13 估价作业期，应说明估价工作的起止日期，具体为自受理估价委托之日起至估价报告出具之日止。

7.0.18 估价技术报告应包括下列内容：

1 估价对象描述与分析，应有针对性地较详细说明、分析估价对象的区位、实物和权益状况。区位状况应包括位置、交通、外部配套设施、周围环境等状况，单套住宅的区位状况还应包括所处楼幢、楼层和朝向。土地实物状况应包括土地的面积、形状、地形、地势、地质、土壤、开发程度等；建筑物实物状况应包括建筑规模、建筑结构、设施设备、装饰装修、空间布局、建筑功能、外观、新旧程度等。权益状况应包括用途、规划条件、所有权、土地使用权、共有情况、用益物权设立情况、担保物权设立情况、租赁或占用情况、拖欠税费情况、查封等形式限制权利情况、权属清晰情况等。

2 市场背景描述与分析，应简要说明估价对象所在地区的经济社会发展状况和房地产市场总体状况，并应有针对性地较详细说明、分析过去、现在和可预见的未来同类房地产的市场状况。

3 估价对象最高最佳利用分析，应说明以估价对象的最高最佳利用状况为估价前提，并应有针对性地较详细分析、说明估价对象的最高最佳利用状况。当估价对象已为某种利用时，应从维持现状、更新改造、改变用途、改变规模、重新开发及它们的某种组合或其他特殊利用中分析、判断何种利用为最高最佳利用。当根据估价目的不以最高最佳利用状况为估价前提时，可不进行估价对象最高最佳利用分析。

4 估价方法适用性分析，应逐一分析比较法、收益法、成本法、假设开发法等估价方法对估价对象的适用性。对理论上不适用而不选用的，应简述不选用的理由；对理论上适用但客观条件不具备而不选用的,应充分陈述不选用的理由;对选用的估价方法,应简述选用的理由并说明其估价技术路线。

5 估价测算过程,应详细说明所选用的估价方法的测算步骤、计算公式和计算过程及其中的估价基础数据和估价参数的来源或确定依据等。

6 估价结果确定,应说明不同估价方法的测算结果和最终评估价值,并应详细说明最终评估价值确定的方法和理由。

7.0.19 附件应包括下列内容:
1 估价委托书复印件。
2 估价对象位置图。
3 估价对象实地查勘情况和相关照片,应说明对估价对象进行了实地查勘及进行实地查勘的注册房地产估价师。因本规范第3.0.8条规定的情形未能进入估价对象内部进行实地查勘的,应说明未进入估价对象内部进行实地查勘及其具体原因。相关照片应包括估价对象的内部状况、外部状况和周围环境状况的照片。因本规范第3.0.8条规定的情形未能进入估价对象内部进行实地查勘的,可不包括估价对象的内部状况照片。
4 估价对象权属证明复印件。当估价委托人不是估价对象权利人且估价报告为非鉴证性估价报告时,可不包括估价对象权属证明复印件,但应说明无估价对象权属证明复印件的具体原因,并将估价对象权属状况作为估价假设中的依据不足假设在估价报告中说明。
5 估价对象法定优先受偿款调查情况,应说明对估价对象法定优先受偿权设立情况及相应的法定优先受偿款进行了调查,并应提供反映估价对象法定优先受偿款的资料。当不是房地产抵押估价报告时,可不包括该情况。
6 可比实例位置图和外观照片。当未采用比较法进行估价时,可不包括该图和照片。
7 专业帮助情况和相关专业意见,应符合下列规定:
　　1)当有本规范第3.0.9条规定的情形时,应说明有专业帮助,并应说明专业帮助的内容及提供专业帮助的专家或单位的姓名或名称,相关资格、职称或资质;
　　2)当有本规范第3.0.10条规定的情形时,应提供相关专业意见复印件,并应说明出具相关专业意见的专业机构或

专家的名称或姓名,相关资质或资格、职称;
　　3)当没有专业帮助或未依据相关专业意见时,应说明没有专业帮助或未依据相关专业意见。
8 估价所依据的其他文件资料。
9 房地产估价机构营业执照和估价资质证书复印件。
10 注册房地产估价师估价资格证书复印件。

7.0.20 估价对象变现能力分析与风险提示,应较详细分析、说明估价对象的通用性、独立使用性、可分割转让性、区位、开发程度、价值大小及房地产市场状况等影响估价对象变现能力的因素及其对变现能力的影响,假定估价对象在价值时点拍卖或变卖时最可能实现的价格与其市场价值或市场价格的差异程度,变现的时间长短及费用、税金的种类和清偿顺序;预期可能导致估价对象抵押价值或抵押净值下跌的因素及其对估价对象抵押价值或抵押净值的影响,未来可能产生的房地产信贷风险关注点等。当不是房地产抵押估价报告时,可不包括估价对象变现能力分析与风险提示。

7.0.21 当为成套住宅抵押估价或基于同一估价目的的大量相似的房地产批量估价时,估价报告可采取表格形式。

7.0.22 估价报告应做到图文并茂。纸质估价报告应装订成册,纸张大小宜采用尺寸为210mm×297mm的A4纸规格。

8 估价职业道德

8.0.1 房地产估价师和房地产估价机构应回避与自己、近亲属、关联方及其他利害关系人有利害关系或与估价对象有利益关系的估价业务。

8.0.2 房地产估价师和房地产估价机构不得承接超出自己专业胜任能力和本机构业务范围的估价业务,对部分超出自己专业胜任能力的工作,应聘请具有相应专业胜任能力的专家或单位提供专业帮助。

8.0.3 房地产估价师和房地产估价机构应正直诚实,不得作任何虚假的估价,不得按估价委托人或其他个人、单位的高估或低估要求进行估价,且不得按预先设定的价值或价格进行估价。

8.0.4 房地产估价师和房地产估价机构应勤勉尽责，应搜集合法、真实、准确、完整的估价所需资料，且应对搜集的估价所需资料进行检查，并应对估价对象进行实地查勘。

8.0.5 房地产估价师和房地产估价机构在估价假设等重大估价事项上，应向估价委托人清楚说明，使估价委托人了解估价的限制条件及估价报告、估价结果的使用限制。

8.0.6 房地产估价师和房地产估价机构应保守在执业活动中知悉的国家秘密、商业秘密，不得泄露个人隐私；应妥善保管估价委托人提供的资料，未经估价委托人同意，不得擅自将其提供给其他个人和单位。

8.0.7 房地产估价师和房地产估价机构应维护自己的良好社会形象及房地产估价行业声誉，不得采取迎合估价委托人或估价利害关系人不当要求、恶性压价、支付回扣、贬低同行、虚假宣传等不正当手段招揽估价业务，不得索贿、受贿或利用开展估价业务之便谋取不正当利益。

8.0.8 房地产估价师和房地产估价机构不得允许其他个人和单位以自己的名义从事估价业务，不得以估价者身份在非自己估价的估价报告上签名、盖章，不得以其他房地产估价师、房地产估价机构的名义从事估价业务。

本规范用词说明

1 为便于在执行本规范条文时区别对待，对要求严格程度不同的用词说明如下：

1）表示很严格，非这样做不可的：
正面词采用"必须"，反面词采用"严禁"；

2）表示严格，在正常情况下均应这样做的：
正面词采用"应"，反面词采用"不应"或"不得"；

3）表示允许稍有选择，在条件许可时首先应这样做的：
正面词采用"宜"，反面词采用"不宜"；

4）表示有选择，在一定条件下可以这样做的，采用"可"。

2 条文中指明应按其他有关标准执行时的写法为："应符合……的规定"或"应按……执行"。

注册房地产估价师管理办法

· 2006年12月25日建设部令第151号公布
· 根据2016年9月13日《住房城乡建设部关于修改〈勘察设计注册工程师管理规定〉等11个部门规章的决定》修订

第一章 总 则

第一条 为了加强对注册房地产估价师的管理，完善房地产价格评估制度和房地产价格评估人员资格认证制度，规范注册房地产估价师行为，维护公共利益和房地产估价市场秩序，根据《中华人民共和国城市房地产管理法》、《中华人民共和国行政许可法》等有关法律、行政法规，制定本办法。

第二条 中华人民共和国境内注册房地产估价师的注册、执业、继续教育和监督管理，适用本办法。

第三条 本办法所称注册房地产估价师，是指通过全国房地产估价师执业资格考试或者资格认定、资格互认，取得中华人民共和国房地产估价师执业资格（以下简称执业资格），并按照本办法注册，取得中华人民共和国房地产估价师注册证书（以下简称注册证书），从事房地产估价活动的人员。

第四条 注册房地产估价师实行注册执业管理制度。

取得执业资格的人员，经过注册方能以注册房地产估价师的名义执业。

第五条 国务院住房城乡建设主管部门对全国注册房地产估价师注册、执业活动实施统一监督管理。

省、自治区、直辖市人民政府住房城乡建设（房地产）主管部门对本行政区域内注册房地产估价师的执业活动实施监督管理。

市、县、市辖区人民政府建设（房地产）主管部门对本行政区域内注册房地产估价师的执业活动实施监督管理。

第六条 房地产估价行业组织应当加强注册房地产估价师自律管理。

鼓励注册房地产估价师加入房地产估价行业

组织。

第二章 注 册

第七条 注册房地产估价师的注册条件为：

（一）取得执业资格；

（二）达到继续教育合格标准；

（三）受聘于具有资质的房地产估价机构；

（四）无本办法第十四条规定不予注册的情形。

第八条 申请注册的，应当向国务院住房城乡建设主管部门提出注册申请。

对申请初始注册、变更注册、延续注册和注销注册，国务院住房城乡建设主管部门应当自受理之日起15日内作出决定。

注册房地产估价师的初始注册、变更注册、延续注册和注销注册，逐步实行网上申报、受理和审批。

第九条 注册证书是注册房地产估价师的执业凭证。注册有效期为3年。

第十条 申请初始注册，应当提交下列材料：

（一）初始注册申请表；

（二）执业资格证件和身份证件复印件；

（三）与聘用单位签订的劳动合同复印件；

（四）取得执业资格超过3年申请初始注册的，应当提供达到继续教育合格标准的证明材料；

（五）聘用单位委托人才服务中心托管人事档案的证明和社会保险缴纳凭证复印件；或者劳动、人事部门颁发的离退休证复印件；或者外国人就业证书、台港澳人员就业证书复印件。

第十一条 注册有效期满需继续执业的，应当在注册有效期满30日前，按照本办法第八条规定的程序申请延续注册；延续注册的，注册有效期为3年。

延续注册需要提交下列材料：

（一）延续注册申请表；

（二）与聘用单位签订的劳动合同复印件；

（三）申请人注册有效期内达到继续教育合格标准的证明材料。

第十二条 注册房地产估价师变更执业单位，应当与原聘用单位解除劳动合同，并按本办法第八条规定的程序办理变更注册手续，变更注册后延续原注册有效期。

变更注册需要提交下列材料：

（一）变更注册申请表；

（二）与新聘用单位签订的劳动合同复印件；

（三）与原聘用单位解除劳动合同的证明文件；

（四）聘用单位委托人才服务中心托管人事档案的证明和社会保险缴纳凭证复印件；或者劳动、人事部门颁发的离退休证复印件；或者外国人就业证书、台港澳人员就业证书复印件。

第十三条 取得执业资格的人员，申请在新设立房地产估价机构、分支机构执业的，应当在申报房地产估价机构资质或者分支机构备案的同时，办理注册手续。

第十四条 申请人有下列情形之一的，不予注册：

（一）不具有完全民事行为能力的；

（二）刑事处罚尚未执行完毕的；

（三）因房地产估价及相关业务活动受刑事处罚，自刑事处罚执行完毕之日起至申请注册之日止不满5年的；

（四）因前项规定以外原因受刑事处罚，自刑事处罚执行完毕之日起至申请注册之日止不满3年的；

（五）被吊销注册证书，自被处罚之日起至申请注册之日止不满3年的；

（六）以欺骗、贿赂等不正当手段获准的房地产估价师注册被撤销，自被撤销注册之日起至申请注册之日止不满3年的；

（七）申请在2个或者2个以上房地产估价机构执业的；

（八）为现职公务员的；

（九）年龄超过65周岁的；

（十）法律、行政法规规定不予注册的其他情形。

第十五条 注册房地产估价师有下列情形之一的，其注册证书失效：

（一）聘用单位破产的；

（二）聘用单位被吊销营业执照的；

（三）聘用单位被吊销或者撤回房地产估价机构资质证书的；

（四）已与聘用单位解除劳动合同且未被其他房地产估价机构聘用的；

（五）注册有效期满且未延续注册的；

（六）年龄超过65周岁的；

（七）死亡或者不具有完全民事行为能力的；
（八）其他导致注册失效的情形。

第十六条 有下列情形之一的，注册房地产估价师应当及时向国务院住房城乡建设主管部门提出注销注册的申请，交回注册证书，国务院住房城乡建设主管部门应当办理注销手续，公告其注册证书作废：

（一）有本办法第十五条所列情形发生的；
（二）依法被撤销注册的；
（三）依法被吊销注册证书的；
（四）受到刑事处罚的；
（五）法律、法规规定应当注销注册的其他情形。

注册房地产估价师有前款所列情形之一的，有关单位和个人有权向国务院住房城乡建设主管部门举报；县级以上地方人民政府建设（房地产）主管部门应当及时报告国务院住房城乡建设主管部门。

第十七条 被注销注册者或者不予注册者，在具备注册条件后，可以按照本办法第八条第一款、第二款规定的程序申请注册。

第十八条 注册房地产估价师遗失注册证书的，应当在公众媒体上声明后，按照本办法第八条第一款、第三款规定的程序申请补发。

第三章 执 业

第十九条 取得执业资格的人员，应当受聘于一个具有房地产估价机构资质的单位，经注册后方可从事房地产估价执业活动。

第二十条 注册房地产估价师可以在全国范围内开展与其聘用单位业务范围相符的房地产估价活动。

第二十一条 注册房地产估价师从事执业活动，由聘用单位接受委托并统一收费。

第二十二条 在房地产估价过程中给当事人造成经济损失，聘用单位依法应当承担赔偿责任的，可依法向负有过错的注册房地产估价师追偿。

第二十三条 注册房地产估价师在每一注册有效期内应当达到国务院住房城乡建设主管部门规定的继续教育要求。

注册房地产估价师继续教育分为必修课和选修课，每一注册有效期各为60学时。经继续教育达到合格标准的，颁发继续教育合格证书。

注册房地产估价师继续教育，由中国房地产估价师与房地产经纪人学会负责组织。

第二十四条 注册房地产估价师享有下列权利：

（一）使用注册房地产估价师名称；
（二）在规定范围内执行房地产估价及相关业务；
（三）签署房地产估价报告；
（四）发起设立房地产估价机构；
（五）保管和使用本人的注册证书；
（六）对本人执业活动进行解释和辩护；
（七）参加继续教育；
（八）获得相应的劳动报酬；
（九）对侵犯本人权利的行为进行申诉。

第二十五条 注册房地产估价师应当履行下列义务：

（一）遵守法律、法规、行业管理规定和职业道德规范；
（二）执行房地产估价技术规范和标准；
（三）保证估价结果的客观公正，并承担相应责任；
（四）保守在执业中知悉的国家秘密和他人的商业、技术秘密；
（五）与当事人有利害关系的，应当主动回避；
（六）接受继续教育，努力提高执业水准；
（七）协助注册管理机构完成相关工作。

第二十六条 注册房地产估价师不得有下列行为：

（一）不履行注册房地产估价师义务；
（二）在执业过程中，索贿、受贿或者谋取合同约定费用外的其他利益；
（三）在执业过程中实施商业贿赂；
（四）签署有虚假记载、误导性陈述或者重大遗漏的估价报告；
（五）在估价报告中隐瞒或者歪曲事实；
（六）允许他人以自己的名义从事房地产估价业务；
（七）同时在2个或者2个以上房地产估价机构执业；
（八）以个人名义承揽房地产估价业务；
（九）涂改、出租、出借或者以其他形式非法转让注册证书；
（十）超出聘用单位业务范围从事房地产估

活动；

（十一）严重损害他人利益、名誉的行为；

（十二）法律、法规禁止的其他行为。

第四章 监督管理

第二十七条 县级以上人民政府建设（房地产）主管部门，应当依照有关法律、法规和本办法的规定，对注册房地产估价师的执业和继续教育情况实施监督检查。

第二十八条 国务院住房城乡建设主管部门应当将注册房地产估价师注册信息告知省、自治区、直辖市建设（房地产）主管部门。

省、自治区人民政府建设（房地产）主管部门应当将注册房地产估价师注册信息告知本行政区域内市、县人民政府建设（房地产）主管部门。直辖市人民政府建设（房地产）主管部门应当将注册房地产估价师注册信息告知本行政区域内市、县、市辖区人民政府建设（房地产）主管部门。

第二十九条 县级以上人民政府建设（房地产）主管部门履行监督检查职责时，有权采取下列措施：

（一）要求被检查人员出示注册证书；

（二）要求被检查人员所在聘用单位提供有关人员签署的估价报告及相关业务文档；

（三）就有关问题询问签署估价报告的人员；

（四）纠正违反有关法律、法规和本办法及房地产估价规范和标准的行为。

第三十条 注册房地产估价师违法从事房地产估价活动的，违法行为发生地直辖市、市、县、市辖区人民政府建设（房地产）主管部门应当依法查处，并将违法事实、处理结果告知注册房地产估价师注册所在地的省、自治区、直辖市建设（房地产）主管部门；依法需撤销注册的，应当将违法事实、处理建议及有关材料报国务院住房城乡建设主管部门。

第三十一条 有下列情形之一的，国务院住房城乡建设主管部门依据职权或者根据利害关系人的请求，可以撤销房地产估价师注册：

（一）注册机关工作人员滥用职权、玩忽职守作出准予房地产估价师注册行政许可的；

（二）超越法定职权作出准予房地产估价师注册许可的；

（三）违反法定程序作出准予房地产估价师注册许可的；

（四）对不符合法定条件的申请人作出准予房地产估价师注册许可的；

（五）依法可以撤销房地产估价师注册的其他情形。

申请人以欺骗、贿赂等不正当手段获准房地产估价师注册许可的，应当予以撤销。

第三十二条 注册房地产估价师及其聘用单位应当按照要求，向注册机关提供真实、准确、完整的注册房地产估价师信用档案信息。

注册房地产估价师信用档案应当包括注册房地产估价师的基本情况、业绩、良好行为、不良行为等内容。违法违规行为、被投诉举报处理、行政处罚等情况应当作为注册房地产估价师的不良行为记入其信用档案。

注册房地产估价师信用档案信息按照有关规定向社会公示。

第五章 法律责任

第三十三条 隐瞒有关情况或者提供虚假材料申请房地产估价师注册的，建设（房地产）主管部门不予受理或者不予行政许可，并给予警告，在1年内不得再次申请房地产估价师注册。

第三十四条 聘用单位为申请人提供虚假注册材料的，由省、自治区、直辖市人民政府建设（房地产）主管部门给予警告，并可处以1万元以上3万元以下的罚款。

第三十五条 以欺骗、贿赂等不正当手段取得注册证书的，由国务院住房城乡建设主管部门撤销其注册，3年内不得再次申请注册，并由县级以上地方人民政府建设（房地产）主管部门处以罚款，其中没有违法所得的，处以1万元以下罚款，有违法所得的，处以违法所得3倍以下且不超过3万元的罚款；构成犯罪的，依法追究刑事责任。

第三十六条 违反本办法规定，未经注册，擅自以注册房地产估价师名义从事房地产估价活动的，所签署的估价报告无效，由县级以上地方人民政府建设（房地产）主管部门给予警告，责令停止违法活动，并可处以1万元以上3万元以下的罚款；造成损失的，依法承担赔偿责任。

第三十七条 违反本办法规定，未办理变更注册仍执业的，由县级以上地方人民政府建设（房地产）主管部门责令限期改正；逾期不改正的，可处以5000元以下的罚款。

第三十八条 注册房地产估价师有本办法第二十六条行为之一的，由县级以上地方人民政府建设（房地产）主管部门给予警告，责令其改正，没有违法所得的，处以1万元以下罚款，有违法所得的，处以违法所得3倍以下且不超过3万元的罚款；造成损失的，依法承担赔偿责任；构成犯罪的，依法追究刑事责任。

第三十九条 违反本办法规定，注册房地产估价师或者其聘用单位未按照要求提供房地产估价师信用档案信息的，由县级以上地方人民政府建设（房地产）主管部门责令限期改正；逾期未改正的，可处以1000元以上1万元以下的罚款。

第四十条 县级以上地方人民政府建设（房地产）主管部门依法给予注册房地产估价师或其聘用单位行政处罚的，应当将行政处罚决定以及给予行政处罚的事实、理由和依据，报国务院住房城乡建设主管部门备案。

第四十一条 县级以上人民政府建设（房地产）主管部门，在房地产估价师注册管理工作中，有下列情形之一的，由其上级行政机关或者监察机关责令改正，对直接负责的主管人员和其他直接责任人员依法给予处分；构成犯罪的，依法追究刑事责任：

（一）对不符合本办法规定条件的申请人准予房地产估价师注册的；

（二）对符合本办法规定条件的申请人不予房地产估价师注册或者不在法定期限内作出准予注册决定的；

（三）对符合法定条件的申请不予受理或者未在法定期限内初审完毕的；

（四）利用职务上的便利，收受他人财物或者其他好处的；

（五）不依法履行监督管理职责或者监督不力，造成严重后果的。

第六章 附 则

第四十二条 大专院校、科研院所从事房地产教学、研究的人员取得执业资格的，经所在单位同意，可以参照本办法注册，但不得担任房地产估价机构法定代表人或者执行合伙人。

第四十三条 本办法自2007年3月1日起施行。1998年8月20日发布的《房地产估价师注册管理办法》（建设部令第64号）、2001年8月15日发布的《建设部关于修改〈房地产估价师注册管理办法〉的决定》（建设部令第100号）同时废止。

住房城乡建设部关于进一步规范房地产估价机构管理工作的通知

· 2013年10月24日
· 建房〔2013〕151号

各省、自治区住房和城乡建设厅，直辖市房地局（建委）：

按照《住房和城乡建设部关于修改〈房地产估价机构管理办法〉的决定》（住房和城乡建设部令第14号）有关要求，为深化行政审批制度改革，提高行政效能，经研究，决定转变一级房地产估价机构资质管理方式，进一步规范房地产估价机构管理工作。现就有关问题通知如下：

一、明确一级房地产估价机构资质核准管理职责

住房城乡建设部负责指导和监督房地产估价机构资质核准工作，制定房地产估价机构资质等级条件，指导全国房地产估价行业管理信息平台建设，制定房地产估价机构资质证书式样，不再承担一级房地产估价机构资质核准工作。省、自治区、直辖市住房城乡建设（房地产）管理部门负责本行政区域内的一级房地产估价机构资质核准工作。

二、建立全国统一的房地产估价行业管理信息平台

为规范房地产估价行业管理，有效促进全国房地产估价市场的统一开放、公平诚信、竞争有序，将房地产估价机构资质核准、房地产估价师注册、房地产估价信用档案等信息系统进行整合，建立全国统一的房地产估价行业管理信息平台，实现资质核准、人员注册、信用档案管理等信息关联共享，进一步发挥信息平台在行业准入、从业行为监管、估价报告管理、信用体系建设的作用，全面提升房地产估价行业管理水平。全国房地产估价行业管理信息平台建设的具体工作和房地产估价报告评审标准的制定，由中国房地产估价师与房地产经纪人学会承担。

三、规范房地产估价机构资质核准管理

房地产估价机构资质核准部门应当通过全国房地产估价行业管理信息平台开展资质核准及行业信息发布等工作。各级房地产估价机构资质等级条件按照《房地产估价机构管理办法》(原建设部令第142号)规定执行。资质核准中的房地产估价报告评审，应当执行全国统一的房地产估价报告评审标准，房地产估价报告应当从全国房地产估价信用档案的估价报告名录中随机选取；房地产估价机构业绩认定，应当以全国房地产估价信用档案记载的业绩为准。其中：一级房地产估价机构资质核准，应当从全国房地产估价报告评审专家库中抽取专家对估价报告进行评审。

四、加强房地产估价行业监督管理

各级住房城乡建设(房地产)管理部门应当加强对房地产估价行业的监督管理。建立健全房地产估价机构和注册房地产估价师信用档案，及时更新信用档案信息。要严格按照资质等级条件，统一标准，加强房地产估价机构资质核准管理，强化审批事后监管。要努力营造公平竞争、打破分割、优胜劣汰的市场环境，促进形成统一的全国性房地产估价市场，不得利用资质核准管理、设定限制性条件等手段阻碍或排斥外地机构进入本地市场；也不得以变相降低本地房地产估价机构资质核准条件、选择性执法等方式保护本地机构。强化行业自律管理，充分发挥房地产估价行业组织的作用，尚未建立房地产估价行业组织的地区，要尽快组建。我部将加强对房地产估价行业的监督指导，定期对各地的资质核准情况、行业管理情况进行抽检，纠正资质管理中的违法行为。

省级住房城乡建设(房地产)管理部门要按照本通知要求，做好相关衔接工作。资质核准工作中遇到的问题，可以与我部房地产市场监管司联系。

自2013年10月16日起，我部不再受理一级房地产估价机构资质行政审批事项；此前我部已经受理的一级房地产估价机构资质行政审批事项，继续由我部办理。

（三）房产测量

房产测绘管理办法

- 2000年12月28日建设部、国家测绘局令第83号公布
- 自2001年5月1日起施行

第一章 总 则

第一条 为加强房产测绘管理，规范房产测绘行为，保护房屋权利人的合法权益，根据《中华人民共和国测绘法》和《中华人民共和国城市房地产管理法》，制定本办法。

第二条 在中华人民共和国境内从事房产测绘活动，实施房产测绘管理，应当遵守本办法。

第三条 房产测绘单位应当严格遵守国家有关法律、法规，执行国家房产测量规范和有关技术标准、规定，对其完成的房产测绘成果质量负责。

房产测绘单位应当采用先进技术和设备，提高测绘技术水平，接受房地产行政主管部门和测绘行政主管部门的技术指导和业务监督。

第四条 房产测绘从业人员应当保证测绘成果的完整、准确，不得违规测绘、弄虚作假，不得损害国家利益、社会公共利益和他人合法权益。

第五条 国务院测绘行政主管部门和国务院建设行政主管部门根据国务院确定的职责分工负责房产测绘及成果应用的监督管理。

省、自治区、直辖市人民政府测绘行政主管部门(以下简称省级测绘行政主管部门)和省、自治区人民政府建设行政主管部门、直辖市人民政府房地产行政主管部门(以下简称省级房地产行政主管部门)根据省、自治区、直辖市人民政府确定的职责分工负责房产测绘及成果应用的监督管理。

第二章 房产测绘的委托

第六条 有下列情形之一的，房屋权利申请人、房屋权利人或者其他利害关系人应当委托房产测绘单位进行房产测绘：

（一）申请产权初始登记的房屋；

（二）自然状况发生变化的房屋；

（三）房屋权利人或者其他利害关系人要求测绘的房屋。

房产管理中需要的房产测绘，由房地产行政主管部门委托房产测绘单位进行。

第七条 房产测绘成果资料应当与房产自然状况保持一致。房产自然状况发生变化时，应当及时实施房产变更测量。

第八条 委托房产测绘的，委托人与房产测绘单位应当签订书面房产测绘合同。

第九条 房产测绘单位应当是独立的经济实体，与委托人不得有利害关系。

第十条 房产测绘所需费用由委托人支付。

房产测绘收费标准按照国家有关规定执行。

第三章 资格管理

第十一条 国家实行房产测绘单位资格审查认证制度。

第十二条 房产测绘单位应当依照《中华人民共和国测绘法》和本办法的规定，取得省级以上人民政府测绘行政主管部门颁发的载明房产测绘业务的《测绘资格证书》。

第十三条 除本办法另有规定外、房产测绘资格审查、分级标准、作业限额、年度检验等按照国家有关规定执行。

第十四条 申请房产测绘资格的单位应当向所在地省级测绘行政主管部门提出书面申请，并按照测绘资格审查管理的要求提交有关材料。

省级测绘行政主管部门在决定受理之日起 5 日内，转省级房地产行政主管部门初审。省级房地产行政主管部门应当在 15 日内，提出书面初审意见，并反馈省级测绘行政主管部门；其中，对申请甲级房产测绘资格的初审意见应当同时报国务院建设行政主管部门备案。

申请甲级房产测绘资格的，由省级测绘行政主管部门报国务院测绘行政主管部门审批发证；申请乙级以下房产测绘资格的，由省级测绘行政主管部门审批发证。

取得甲级房产测绘资格的单位，由国务院测绘行政主管部门和国务院建设行政主管部门联合向社会公告。取得乙级以下房产测绘资格的单位，由省级测绘行政主管部门和省级房地产行政主管部门联合向社会公告。

第十五条 《测绘资格证书》有效期为 5 年，期满 3 个月前，由持证单位提请复审，发证机关负责审查和换证。对有房产测绘项目的，发证机关在审查和换证时，应当征求同级房地产行政主管部门的意见。

在《测绘资格证书》有效期内，房产测绘资格由测绘行政主管部门进行年检。年检时，测绘行政主管部门应当征求同级房地产行政主管部门的意见。对年检中被降级或者取消房产测绘资格的单位，由年检的测绘行政主管部门和同级房地产行政主管部门联合向社会公告。

在《测绘资格证书》有效期内申请房产测绘资格升级的，依照本办法第十四条的规定重新办理资格审查手续。

第四章 成果管理

第十六条 房产测绘成果包括：房产簿册、房产数据和房产图集等。

第十七条 当事人对房产测绘成果有异议的，可以委托国家认定的房产测绘成果鉴定机构鉴定。

第十八条 用于房屋权属登记等房产管理的房产测绘成果，房地产行政主管部门应当对施测单位的资格、测绘成果的适用性、界址点准确性、面积测算依据与方法等内容进行审核。审核后的房产测绘成果纳入房产档案统一管理。

第十九条 向国（境）外团体和个人提供、赠送、出售未公开的房产测绘成果资料，委托国（境）外机构印制房产测绘图件，应当按照《中华人民共和国测绘法》和《中华人民共和国测绘成果管理规定》以及国家安全、保密等有关规定办理。

第五章 法律责任

第二十条 未取得载明房产测绘业务的《测绘资格证书》从事房产测绘业务以及承担房产测绘任务超出《测绘资格证书》所规定的房产测绘业务范围、作业限额的，依照《中华人民共和国测绘法》和《测绘资格审查认证管理规定》的规定处罚。

第二十一条 房产测绘单位有下列情形之一的，由县级以上人民政府房地产行政主管部门给予警告并责令限期改正，并可处以 1 万元以上 3 万元以下的罚款；情节严重的，由发证机关予以降级或者取消其房产测绘资格：

（一）在房产面积测算中不执行国家标准、规

范和规定的;

(二)在房产面积测算中弄虚作假、欺骗房屋权利人的;

(三)房产面积测算失误,造成重大损失的。

第二十二条 违反本办法第十九条规定的,根据《中华人民共和国测绘法》、《中华人民共和国测绘成果管理规定》及国家安全、保密法律法规的规定处理。

第二十三条 房产测绘管理人员、工作人员在工作中玩忽职守、滥用职权、徇私舞弊的,给予行政处分;构成犯罪,依法追究刑事责任。

第六章 附 则

第二十四条 省级房地产行政主管部门和测绘行政主管部门可以根据本办法制定实施细则。

第二十五条 本办法由国务院建设行政主管部门和国务院测绘行政主管部门共同解释。

第二十六条 本办法自2001年5月1日起施行。

建筑工程建筑面积计算规范

· 2013年12月19日住房和城乡建设部公告第269号公布
· 自2014年7月1日起施行

1 总 则

1.0.1 为规范工业与民用建筑工程建设全过程的建筑面积计算,统一计算方法,制定本规范。

1.0.2 本规范适用于新建、扩建、改建的工业与民用建筑工程建设全过程的建筑面积计算。

1.0.3 建筑工程的建筑面积计算,除应符合本规范外,尚应符合国家现行有关标准的规定。

2 术 语

2.0.1 建筑面积 construction area
建筑物(包括墙体)所形成的楼地面面积。

2.0.2 自然层 floor
按楼地面结构分层的楼层。

2.0.3 结构层高 structure story height
楼面或地面结构层上表面至上部结构层上表面之间的垂直距离。

2.0.4 围护结构 building enclosure
围合建筑空间的墙体、门、窗。

2.0.5 建筑空间 space
以建筑界面限定的、供人们生活和活动的场所。

2.0.6 结构净高 structure net height
楼面或地面结构层上表面至上部结构层下表面之间的垂直距离。

2.0.7 围护设施 enclosure facilities
为保障安全而设置的栏杆、栏板等围挡。

2.0.8 地下室 basement
室内地平面低于室外地平面的高度超过室内净高的1/2的房间。

2.0.9 半地下室 semi-basement
室内地平面低于室外地平面的高度超过室内净高的1/3,且不超过1/2的房间。

2.0.10 架空层 stilt floor
仅有结构支撑而无外围护结构的开敞空间层。

2.0.11 走廊 corridor
建筑物中的水平交通空间。

2.0.12 架空走廊 elevated corridor
专门设置在建筑物的二层或二层以上,作为不同建筑物之间水平交通的空间。

2.0.13 结构层 structure layer
整体结构体系中承重的楼板层。

2.0.14 落地橱窗 french window
突出外墙面且根基落地的橱窗。

2.0.15 凸窗(飘窗) bay window
凸出建筑物外墙面的窗户。

2.0.16 檐廊 eaves gallery
建筑物挑檐下的水平交通空间。

2.0.17 挑廊 overhanging corridor
挑出建筑物外墙的水平交通空间。

2.0.18 门斗 air lock
建筑物入口处两道门之间的空间。

2.0.19 雨篷 canopy
建筑出入口上方为遮挡雨水而设置的部件。

2.0.20 门廊 porch
建筑物入口前有顶棚的半围合空间。

2.0.21 楼梯 stairs

由连续行走的梯级、休息平台和维护安全的栏杆（或栏板）、扶手以及相应的支托结构组成的作为楼层之间垂直交通使用的建筑部件。

2.0.22 阳台 balcony

附设于建筑物外墙，设有栏杆或栏板，可供人活动的室外空间。

2.0.23 主体结构 major structure

接受、承担和传递建设工程所有上部荷载，维持上部结构整体性、稳定性和安全性的有机联系的构造。

2.0.24 变形缝 deformation joint

防止建筑物在某些因素作用下引起开裂甚至破坏而预留的构造缝。

2.0.25 骑楼 overhang

建筑底层沿街面后退且留出公共人行空间的建筑物。

2.0.26 过街楼 overhead building

跨越道路上空并与两边建筑相连接的建筑物。

2.0.27 建筑物通道 passage

为穿过建筑物而设置的空间。

2.0.28 露台 terrace

设置在屋面、首层地面或雨篷上的供人室外活动的有围护设施的平台。

2.0.29 勒脚 plinth

在房屋外墙接近地面部位设置的饰面保护构造。

2.0.30 台阶 step

联系室内外地坪或同楼层不同标高而设置的阶梯形踏步。

3 计算建筑面积的规定

3.0.1 建筑物的建筑面积应按自然层外墙结构外围水平面积之和计算。结构层高在2.20m及以上的，应计算全面积；结构层高在2.20m以下的，应计算1/2面积。

3.0.2 建筑物内设有局部楼层时，对于局部楼层的二层及以上楼层，有围护结构的应按其围护结构外围水平面积计算，无围护结构的应按其结构底板水平面积计算。结构层高在2.20m及以上的，应计算全面积；结构层高在2.20m以下的，应计算1/2面积。

3.0.3 形成建筑空间的坡屋顶，结构净高在2.10m及以上的部位应计算全面积；结构净高在1.20m及以上至2.10m以下的部位应计算1/2面积；结构净高在1.20m以下的部位不应计算建筑面积。

3.0.4 场馆看台下的建筑空间，结构净高在2.10m及以上的部位应计算全面积；结构净高在1.20m及以上至2.10m以下的部位应计算1/2面积；结构净高在1.20m以下的部位不应计算建筑面积。室内单独设置的有围护设施的悬挑看台，应按看台结构底板水平投影面积计算建筑面积。有顶盖无围护结构的场馆看台应按其顶盖水平投影面积的1/2计算面积。

3.0.5 地下室、半地下室应按其结构外围水平面积计算。结构层高在2.20m及以上的，应计算全面积；结构层高在2.20m以下的，应计算1/2面积。

3.0.6 出入口外墙外侧坡道有顶盖的部位，应按其外墙结构外围水平面积的1/2计算面积。

3.0.7 建筑物架空层及坡地建筑物吊脚架空层，应按其顶板水平投影计算建筑面积。结构层高在2.20m及以上的，应计算全面积；结构层高在2.20m以下的，应计算1/2面积。

3.0.8 建筑物的门厅、大厅应按一层计算建筑面积，门厅、大厅内设置的走廊应按走廊结构底板水平投影面积计算建筑面积。结构层高在2.20m及以上的，应计算全面积；结构层高在2.20m以下的，应计算1/2面积。

3.0.9 建筑物间的架空走廊，有顶盖和围护结构的，应按其围护结构外围水平面积计算全面积；无围护结构、有围护设施的，应按其结构底板水平投影面积计算1/2面积。

3.0.10 立体书库、立体仓库、立体车库，有围护结构的，应按其围护结构外围水平面积计算建筑面积；无围护结构、有围护设施的，应按其结构底板水平投影面积计算建筑面积。无结构层的应按一层计算，有结构层的应按其结构层面积分别计算。结构层高在2.20m及以上的，应计算全面积；结构层高在2.20m以下的，应计算1/2面积。

3.0.11 有围护结构的舞台灯光控制室，应按其围护结构外围水平面积计算。结构层高在2.20m及以上的，应计算全面积；结构层高在2.20m以下的，应计算1/2面积。

3.0.12 附属在建筑物外墙的落地橱窗,应按其围护结构外围水平面积计算。结构层高在2.20m及以上的,应计算全面积;结构层高在2.20m以下的,应计算1/2面积。

3.0.13 窗台与室内楼地面高差在0.45m以下且结构净高在2.10m及以上的凸(飘)窗,应按其围护结构外围水平面积计算1/2面积。

3.0.14 有围护设施的室外走廊(挑廊),应按其结构底板水平投影面积计算1/2面积;有围护设施(或柱)的檐廊,应按其围护设施(或柱)外围水平面积计算1/2面积。

3.0.15 门斗应按其围护结构外围水平面积计算建筑面积。结构层高在2.20m及以上的,应计算全面积;结构层高在2.20m以下的,应计算1/2面积。

3.0.16 门廊应按其顶板水平投影面积的1/2计算建筑面积;有柱雨篷应按其结构板水平投影面积的1/2计算建筑面积;无柱雨篷的结构外边线至外墙结构外边线的宽度在2.10m及以上的,应按雨篷结构板的水平投影面积的1/2计算建筑面积。

3.0.17 设在建筑物顶部的、有围护结构的楼梯间、水箱间、电梯机房等,结构层高在2.20m及以上的应计算全面积;结构层高在2.20m以下的,应计算1/2面积。

3.0.18 围护结构不垂直于水平面的楼层,应按其底板面的外墙外围水平面积计算。结构净高在2.10m及以上的部位,应计算全面积;结构净高在1.20m及以上至2.10m以下的部位,应计算1/2面积;结构净高在1.20m以下的部位,不应计算建筑面积。

3.0.19 建筑物的室内楼梯、电梯井、提物井、管道井、通风排气竖井、烟道,应并入建筑物的自然层计算建筑面积。有顶盖的采光井应按一层计算面积,结构净高在2.10m及以上的,应计算全面积;结构净高在2.10m以下的,应计算1/2面积。

3.0.20 室外楼梯应并入所依附建筑物自然层,并应按其水平投影面积的1/2计算建筑面积。

3.0.21 在主体结构内的阳台,应按其结构外围水平面积计算全面积;在主体结构外的阳台,应按其结构底板水平投影面积计算1/2面积。

3.0.22 有顶盖无围护结构的车棚、货棚、站台、加油站、收费站等,应按其顶盖水平投影面积的1/2计算建筑面积。

3.0.23 以幕墙作为围护结构的建筑物,应按幕墙外边线计算建筑面积。

3.0.24 建筑物的外墙外保温层,应按其保温材料的水平截面积计算,并计入自然层建筑面积。

3.0.25 与室内相通的变形缝,应按其自然层合并在建筑物建筑面积内计算。对于高低联跨的建筑物,当高低跨内部连通时,其变形缝应计算在低跨面积内。

3.0.26 对于建筑物内的设备层、管道层、避难层等有结构层的楼层,结构层高在2.20m及以上的,应计算全面积;结构层高在2.20m以下的,应计算1/2面积。

3.0.27 下列项目不应计算建筑面积:

1 与建筑物内不相连通的建筑部件;

2 骑楼、过街楼底层的开放公共空间和建筑物通道;

3 舞台及后台悬挂幕布和布景的天桥、挑台等;

4 露台、露天游泳池、花架、屋顶的水箱及装饰性结构构件;

5 建筑物内的操作平台、上料平台、安装箱和罐体的平台;

6 勒脚、附墙柱、垛、台阶、墙面抹灰、装饰面、镶贴块料面层、装饰性幕墙,主体结构外的空调室外机搁板(箱)、构件、配件,挑出宽度在2.10m以下的无柱雨篷和顶盖高度达到或超过两个楼层的无柱雨篷;

7 窗台与室内地面高差在0.45m以下且结构净高在2.10m以下的凸(飘)窗,窗台与室内地面高差在0.45m及以上的凸(飘)窗;

8 室外爬梯、室外专用消防钢楼梯;

9 无围护结构的观光电梯;

10 建筑物以外的地下人防通道,独立的烟囱、烟道、地沟、油(水)罐、气柜、水塔、贮油(水)池、贮仓、栈桥等构筑物。

本规范用词说明

1 为便于在执行本规范条文时区别对待,对要求严格程度不同的用词说明如下:

1)表示很严格,非这样做不可的:

正面词采用"必须",反面词采用"严禁";

2）表示严格，在正常情况下均应这样做的：
正面词采用"应"，反面词采用"不应"或"不得"；

3）表示允许稍有选择，在条件许可时首先应这样做的：
正面词采用"宜"，反面词采用"不宜"；

4）表示有选择，在一定条件下可以这样做的，采用"可"。

2 条文中指明应按其他有关标准执行的写法为："应符合……的规定"或"应按……执行"。

关于房屋建筑面积计算与房屋权属登记有关问题的通知

- 2002年3月27日
- 建住房〔2002〕74号

各省、自治区建设厅，直辖市建委及有关部门：
　　为了切实做好房屋面积计算和房屋权属登记工作，保护当事人合法权益，现就有关问题通知如下：
　　一、在房屋权属证书附图中应注明施测的房产测绘单位名称、房屋套内建筑面积（在图上标注尺寸）和房屋分摊的共有建筑面积。
　　二、根据《房产测绘管理办法》的有关规定，由房产测绘单位对其完成的房产测绘成果的质量负责。
　　三、房屋权属登记涉及的有关房屋建筑面积计算问题，《房产测量规范》未作规定或规定不明确的，暂按下列规定执行：
　　（一）房屋层高
　　计算建筑面积的房屋，层高（高度）均应在2.20米以上（含2.20米，以下同）。
　　（二）外墙墙体
　　同一楼层外墙，既有主墙，又有玻璃幕墙的，以主墙为准计算建筑面积，墙厚按主墙体厚度计算。
　　各楼层墙体厚度不同时，分层分别计算。
　　金属幕墙及其他材料幕墙，参照玻璃幕墙的有关规定处理。
　　（三）斜面结构屋顶
　　房屋屋顶为斜面结构（坡屋顶）的，层高（高度）2.20米以上的部位计算建筑面积。

　　（四）不规则围护物
　　阳台、挑廊、架空通廊的外围水平投影超过其底板外沿的，以底板水平投影计算建筑面积。
　　（五）变形缝
　　与室内任意一边相通，具备房屋的一般条件，并能正常利用的伸缩缝、沉降缝应计算建筑面积。
　　（六）非垂直墙体
　　对倾斜、弧状等非垂直墙体的房屋，层高（高度）2.20米以上的部位计算建筑面积。
　　房屋墙体向外倾斜，超出底板外沿的，以底板投影计算建筑面积。
　　（七）楼梯下方空间
　　楼梯已计算建筑面积的，其下方空间不论是否利用均不再计算建筑面积。
　　（八）公共通道
　　临街楼房、挑廊下的底层作为公共道路街巷通行的，不论其是否有柱，是否有维护结构，均不计算建筑面积。
　　（九）二层及二层以上的房屋建筑面积均按《房产测量规范》中多层房屋计算建筑面积的有关规定执行。
　　（十）与室内不相通的类似于阳台、挑廊、檐廊的建筑，不计算建筑面积。
　　（十一）室外楼梯的建筑面积，按其在各楼层水平投影面积之和计算。
　　四、房屋套内具有使用功能但层高（高度）低于2.20米的部分，在房屋权属登记中应明确其相应权利的归属。
　　五、本通知自2002年5月1日起执行。

商品房销售面积计算及公用建筑面积分摊规则（试行）

- 1995年9月8日
- 建房〔1995〕517号

　　第一条　根据国家有关技术标准，制定《商品房销售面积计算及公用建筑面积分摊规则》（试行）。
　　第二条　本规则适用于商品房的销售和产权登记。
　　第三条　商品房销售以建筑面积为面积计算

单位。建筑面积应按国家现行《建筑面积计算规则》进行计算。

第四条 商品房整栋销售，商品房的销售面积即为整栋商品房的建筑面积（地下室作为人防工程的，应从整栋商品房的建筑面积中扣除）。

第五条 商品房按"套"或"单元"出售，商品房的销售面积即为购房者所购买的套内或单元内建筑面积（以下简称套内建筑面积）与应分摊的公用建筑面积之和。

商品房销售面积＝套内建筑面积＋分摊的公用建筑面积

第六条 套内建筑面积由以下三部分组成：

1. 套（单元）内的使用面积；
2. 套内墙体面积；
3. 阳台建筑面积。

第七条 套内建筑面积各部分的计算原则如下：

1. 套（单元）内的使用面积

住宅按《住宅建筑设计规范》（GBJ96—86）规定的方法计算。其他建筑，按照专用建筑设计规范规定的方法或参照《住宅建筑设计规范》计算。

2. 套内墙体面积

商品房各套（单元）内使用空间周围的维护或承重墙体，有共用墙及非共用墙两种。

商品房各套（单元）之间的分隔墙、套（单元）与公用建筑空间之间的分隔墙以及外墙（包括山墙）均为共用墙，共用墙墙体水平投影面积的一半计入套内墙体面积。

非共用墙墙体水平投影面积全部计入套内墙体面积。

3. 阳台建筑面积

按国家现行《建筑面积计算规则》进行计算。

4. 套内建筑面积的计算

套内建筑面积＝套内使用面积＋套内墙体面积＋阳台建筑面积

第八条 公用建筑面积由以下两部分组成：

1. 电梯井、楼梯间、垃圾道、变电室、设备间、公共门厅和过道、地下室、值班警卫室以及其他功能上为整栋建筑服务的公共用房和管理用房建筑面积；

2. 套（单元）与公用建筑空间之间的分隔墙以及外墙（包括山墙）墙体水平投影面积的一半。

第九条 公用建筑面积计算原则

凡已作为独立使用空间销售或出租的地下室、车棚等，不应计入公用建筑面积部分。作为人防工程的地下室也不计入公用建筑面积。

公用建筑面积按以下方法计算：

整栋建筑物的建筑面积扣除整栋建筑物各套（单元）套内建筑面积之和，并扣除已作为独立使用空间销售或出租的地下室、车棚及人防工程等建筑面积，即为整栋建筑物的公用建筑面积。

第十条 公用建筑面积分摊系数计算

将整栋建筑物的公用建筑面积除以整栋建筑物的各套套内建筑面积之和，得到建筑物的公用建筑面积分摊系数。

公用建筑面积分摊系数＝公用建筑面积／套内建筑面积之和

第十一条 公用建筑面积分摊计算

各套（单元）的套内建筑面积乘以公用建筑面积分摊系数，得到购房者应合理分摊的公用建筑面积。

分摊的公用建筑面积＝公用建筑面积分摊系数＊套内建筑面积

第十二条 其他房屋的买卖和房地产权属登记，可参照本规则执行。

第十三条 本规则由建设部解释。

第十四条 本规则自1995年12月1日起施行。

最高人民法院关于审理商品房买卖合同纠纷案件适用法律若干问题的解释

- 2003年3月24日最高人民法院审判委员会第1267次会议通过
- 根据2020年12月23日最高人民法院审判委员会第1823次会议通过的《最高人民法院关于修改〈最高人民法院关于在民事审判工作中适用《中华人民共和国工会法》若干问题的解释〉等二十七件民事类司法解释的决定》修正
- 2020年12月29日最高人民法院公告公布
- 自2021年1月1日起施行
- 法释〔2020〕17号

为正确、及时审理商品房买卖合同纠纷案件，根据《中华人民共和国民法典》《中华人民共和国

《城市房地产管理法》等相关法律,结合民事审判实践,制定本解释。

第一条 本解释所称的商品房买卖合同,是指房地产开发企业(以下统称为出卖人)将尚未建成或者已竣工的房屋向社会销售并转移房屋所有权于买受人,买受人支付价款的合同。

第二条 出卖人未取得商品房预售许可证明,与买受人订立的商品房预售合同,应当认定无效,但是在起诉前取得商品房预售许可证明的,可以认定有效。

第三条 商品房的销售广告和宣传资料为要约邀请,但是出卖人就商品房开发规划范围内的房屋及相关设施所作的说明和允诺具体确定,并对商品房买卖合同的订立以及房屋价格的确定有重大影响的,构成要约。该说明和允诺即使未载入商品房买卖合同,亦应当为合同内容,当事人违反的,应当承担违约责任。

第四条 出卖人通过认购、订购、预订等方式向买受人收受定金作为订立商品房买卖合同担保的,如果因当事人一方原因未能订立商品房买卖合同,应当按照法律关于定金的规定处理;因不可归责于当事人双方的事由,导致商品房买卖合同未能订立的,出卖人应当将定金返还买受人。

第五条 商品房的认购、订购、预订等协议具备《商品房销售管理办法》第十六条规定的商品房买卖合同的主要内容,并且出卖人已经按照约定收受购房款的,该协议应当认定为商品房买卖合同。

第六条 当事人以商品房预售合同未按照法律、行政法规规定办理登记备案手续为由,请求确认合同无效的,不予支持。

当事人约定以办理登记备案手续为商品房预售合同生效条件的,从其约定,但当事人一方已经履行主要义务,对方接受的除外。

第七条 买受人以出卖人与第三人恶意串通,另行订立商品房买卖合同并将房屋交付使用,导致其无法取得房屋为由,请求确认出卖人与第三人订立的商品房买卖合同无效的,应予支持。

第八条 对房屋的转移占有,视为房屋的交付使用,但当事人另有约定的除外。

房屋毁损、灭失的风险,在交付使用前由出卖人承担,交付使用后由买受人承担;买受人接到出卖人的书面交房通知,无正当理由拒绝接收的,房屋毁损、灭失的风险自书面交房通知确定的交付使用之日起由买受人承担,但法律另有规定或者当事人另有约定的除外。

第九条 因房屋主体结构质量不合格不能交付使用,或者房屋交付使用后,房屋主体结构质量经核验确属不合格,买受人请求解除合同和赔偿损失的,应予支持。

第十条 因房屋质量问题严重影响正常居住使用,买受人请求解除合同和赔偿损失的,应予支持。

交付使用的房屋存在质量问题,在保修期内,出卖人应当承担修复责任;出卖人拒绝修复或者在合理期限内拖延修复的,买受人可以自行或者委托他人修复。修复费用及修复期间造成的其他损失由出卖人承担。

第十一条 根据民法典第五百六十三条的规定,出卖人迟延交付房屋或者买受人迟延支付购房款,经催告后在三个月的合理期限内仍未履行,解除权人请求解除合同的,应予支持,但当事人另有约定的除外。

法律没有规定或者当事人没有约定,经对方当事人催告后,解除权行使的合理期限为三个月。对方当事人没有催告的,解除权人自知道或者应当知道解除事由之日起一年内行使。逾期不行使的,解除权消灭。

第十二条 当事人以约定的违约金过高为由请求减少的,应当以违约金超过造成的损失 30% 为标准适当减少;当事人以约定的违约金低于造成的损失为由请求增加的,应当以违约造成的损失确定违约金数额。

第十三条 商品房买卖合同没有约定违约金数额或者损失赔偿额计算方法,违约金数额或者损失赔偿额可以参照以下标准确定:

逾期付款的,按照未付购房款总额,参照中国人民银行规定的金融机构计收逾期贷款利息的标准计算。

逾期交付使用房屋的,按照逾期交付使用房屋期间有关主管部门公布或者有资格的房地产评估机构评定的同地段同类房屋租金标准确定。

第十四条 由于出卖人的原因,买受人在下列期限届满未能取得不动产权属证书的,除当事人有特殊约定外,出卖人应当承担违约责任:

(一)商品房买卖合同约定的办理不动产登记

的期限；

（二）商品房买卖合同的标的物为尚未建成房屋的，自房屋交付使用之日起90日；

（三）商品房买卖合同的标的物为已竣工房屋的，自合同订立之日起90日。

合同没有约定违约金或者损失数额难以确定的，可以按照已付购房款总额，参照中国人民银行规定的金融机构计收逾期贷款利息的标准计算。

第十五条　商品房买卖合同约定或者城市房地产开发经营管理条例第三十二条规定的办理不动产登记的期限届满后超过一年，由于出卖人的原因，导致买受人无法办理不动产登记，买受人请求解除合同和赔偿损失的，应予支持。

第十六条　出卖人与包销人订立商品房包销合同，约定出卖人将其开发建设的房屋交由包销人以出卖人的名义销售，包销期满未销售的房屋，由包销人按照合同约定的包销价格购买，但当事人另有约定的除外。

第十七条　出卖人自行销售已经约定由包销人包销的房屋，包销人请求出卖人赔偿损失的，应予支持，但当事人另有约定的除外。

第十八条　对于买受人因商品房买卖合同与出卖人发生的纠纷，人民法院应当通知包销人参加诉讼；出卖人、包销人和买受人对各自的权利义务有明确约定的，按照约定的内容确定各方的诉讼地位。

第十九条　商品房买卖合同约定，买受人以担保贷款方式付款，因当事人一方原因未能订立商品房担保贷款合同并导致商品房买卖合同不能继续履行的，对方当事人可以请求解除合同和赔偿损失。因不可归责于当事人双方的事由未能订立商品房担保贷款合同并导致商品房买卖合同不能继续履行的，当事人可以请求解除合同，出卖人应当将收受的购房款本金及其利息或者定金返还买受人。

第二十条　因商品房买卖合同被确认无效或者被撤销、解除，致使商品房担保贷款合同的目的无法实现，当事人请求解除商品房担保贷款合同的，应予支持。

第二十一条　以担保贷款为付款方式的商品房买卖合同的当事人一方请求确认商品房买卖合同无效或者撤销、解除合同的，如果担保权人作为有独立请求权第三人提出诉讼请求，应当与商品房担保贷款合同纠纷合并审理；未提出诉讼请求的，仅处理商品房买卖合同纠纷。担保权人就商品房担保贷款合同纠纷另行起诉的，可以与商品房买卖合同纠纷合并审理。

商品房买卖合同被确认无效或者被撤销、解除后，商品房担保贷款合同也被解除的，出卖人应当将收受的购房贷款和购房款的本金及利息分别返还担保权人和买受人。

第二十二条　买受人未按照商品房担保贷款合同的约定偿还贷款，亦未与担保权人办理不动产抵押登记手续，担保权人起诉买受人，请求处分商品房买卖合同项下买受人合同权利的，应当通知出卖人参加诉讼；担保权人同时起诉出卖人时，如果出卖人为商品房担保贷款合同提供保证的，应当列为共同被告。

第二十三条　买受人未按照商品房担保贷款合同的约定偿还贷款，但是已经取得不动产权属证书并与担保权人办理了不动产抵押登记手续，抵押权人请求买受人偿还贷款或者就抵押的房屋优先受偿的，不应当追加出卖人为当事人，但出卖人提供保证的除外。

第二十四条　本解释自2003年6月1日起施行。

城市房地产管理法施行后订立的商品房买卖合同发生的纠纷案件，本解释公布施行后尚在一审、二审阶段的，适用本解释。

城市房地产管理法施行后订立的商品房买卖合同发生的纠纷案件，在本解释公布施行前已经终审，当事人申请再审或者按照审判监督程序决定再审的，不适用本解释。

城市房地产管理法施行前发生的商品房买卖行为，适用当时的法律、法规和《最高人民法院〈关于审理房地产管理法施行前房地产开发经营案件若干问题的解答〉》。

最高人民法院关于审理涉及国有土地使用权合同纠纷案件适用法律问题的解释

- 2004年11月23日最高人民法院审判委员会第1334次会议通过
- 根据2020年12月23日最高人民法院审判委员会第1823次会议通过的《最高人民法院关于修改〈最高人民法院关于在民事审判工作中适用《中华人民共和国工会法》若干问题的解释〉等二十七件民事类司法解释的决定》修正
- 2020年12月29日最高人民法院公告公布
- 自2021年1月1日起施行
- 法释〔2020〕17号

为正确审理国有土地使用权合同纠纷案件，依法保护当事人的合法权益，根据《中华人民共和国民法典》《中华人民共和国土地管理法》《中华人民共和国城市房地产管理法》等法律规定，结合民事审判实践，制定本解释。

一、土地使用权出让合同纠纷

第一条 本解释所称的土地使用权出让合同，是指市、县人民政府自然资源主管部门作为出让方将国有土地使用权在一定年限内让与受让方，受让方支付土地使用权出让金的合同。

第二条 开发区管理委员会作为出让方与受让方订立的土地使用权出让合同，应当认定无效。

本解释实施前，开发区管理委员会作为出让方与受让方订立的土地使用权出让合同，起诉前经市、县人民政府自然资源主管部门追认的，可以认定合同有效。

第三条 经市、县人民政府批准同意以协议方式出让的土地使用权，土地使用权出让金低于订立合同时当地政府按照国家规定确定的最低价的，应当认定土地使用权出让合同约定的价格条款无效。

当事人请求按照订立合同时的市场评估价格交纳土地使用权出让金的，应予支持；受让方不同意按照市场评估价格补足，请求解除合同的，应予支持。因此造成的损失，由当事人按照过错承担责任。

第四条 土地使用权出让合同的出让方因未办理土地使用权出让批准手续而不能交付土地，受让方请求解除合同的，应予支持。

第五条 受让方经出让方和市、县人民政府城市规划行政主管部门同意，改变土地使用权出让合同约定的土地用途，当事人请求按照起诉时同种用途的土地出让金标准调整土地出让金的，应予支持。

第六条 受让方擅自改变土地使用权出让合同约定的土地用途，出让方请求解除合同的，应予支持。

二、土地使用权转让合同纠纷

第七条 本解释所称的土地使用权转让合同，是指土地使用权人作为转让方将出让土地使用权转让于受让方，受让方支付价款的合同。

第八条 土地使用权人作为转让方与受让方订立土地使用权转让合同后，当事人一方以双方之间未办理土地使用权变更登记手续为由，请求确认合同无效的，不予支持。

第九条 土地使用权人作为转让方就同一出让土地使用权订立数个转让合同，在转让合同有效的情况下，受让方均要求履行合同的，按照以下情形分别处理：

（一）已经办理土地使用权变更登记手续的受让方，请求转让方履行交付土地等合同义务的，应予支持；

（二）均未办理土地使用权变更登记手续，已先行合法占有投资开发土地的受让方请求转让方履行土地使用权变更登记等合同义务的，应予支持；

（三）均未办理土地使用权变更登记手续，又未合法占有投资开发土地，先行支付土地转让款的受让方请求转让方履行交付土地和办理土地使用权变更登记等合同义务的，应予支持；

（四）合同均未履行，依法成立在先的合同受让方请求履行合同的，应予支持。

未能取得土地使用权的受让方请求解除合同、赔偿损失的，依照民法典的有关规定处理。

第十条 土地使用权人与受让方订立合同转让划拨土地使用权，起诉前经有批准权的人民政府同意转让，并由受让方办理土地使用权出让手续的，土地使用权人与受让方订立的合同可以按照补偿性质的合同处理。

第十一条 土地使用权人与受让方订立合同转让划拨土地使用权，起诉前经有批准权的人民政府决定不办理土地使用权出让手续，并将该划拨土地使用权直接划拨给受让方使用的，土地使用权人与受让方订立的合同可以按照补偿性质的合同处理。

三、合作开发房地产合同纠纷

第十二条 本解释所称的合作开发房地产合同，是指当事人订立的以提供出让土地使用权、资金等作为共同投资，共享利润、共担风险合作开发房地产为基本内容的合同。

第十三条 合作开发房地产合同的当事人一方具备房地产开发经营资质的，应当认定合同有效。

当事人双方均不具备房地产开发经营资质的，应当认定合同无效。但起诉前当事人一方已经取得房地产开发经营资质或者已依法合作成立具有房地产开发经营资质的房地产开发企业的，应当认定合同有效。

第十四条 投资数额超出合作开发房地产合同的约定，对增加的投资数额的承担比例，当事人协商不成的，按照当事人的违约情况确定；因不可归责于当事人的事由或者当事人的违约情况无法确定的，按照约定的投资比例确定；没有约定投资比例的，按照约定的利润分配比例确定。

第十五条 房屋实际建筑面积少于合作开发房地产合同的约定，对房屋实际建筑面积的分配比例，当事人协商不成的，按照当事人的违约情况确定；因不可归责于当事人的事由或者当事人违约情况无法确定的，按照约定的利润分配比例确定。

第十六条 在下列情形下，合作开发房地产合同的当事人请求分配房地产项目利益的，不予受理；已经受理的，驳回起诉：

（一）依法需经批准的房地产建设项目未经有批准权的人民政府主管部门批准；

（二）房地产建设项目未取得建设工程规划许可证；

（三）擅自变更建设工程规划。

因当事人隐瞒建设工程规划变更的事实所造成的损失，由当事人按照过错承担。

第十七条 房屋实际建筑面积超出规划建筑面积，经有批准权的人民政府主管部门批准后，当事人对超出部分的房屋分配比例协商不成的，按照约定的利润分配比例确定。对增加的投资数额的承担比例，当事人协商不成的，按照约定的投资比例确定；没有约定投资比例的，按照约定的利润分配比例确定。

第十八条 当事人违反规划开发建设的房屋，被有批准权的人民政府主管部门认定为违法建筑责令拆除，当事人对损失承担协商不成的，按照当事人过错确定责任；过错无法确定的，按照约定的投资比例确定责任；没有约定投资比例的，按照约定的利润分配比例确定责任。

第十九条 合作开发房地产合同约定仅以投资数额确定利润分配比例，当事人未足额交纳出资的，按照当事人的实际投资比例分配利润。

第二十条 合作开发房地产合同的当事人要求将房屋预售款充抵投资参与利润分配的，不予支持。

第二十一条 合作开发房地产合同约定提供土地使用权的当事人不承担经营风险，只收取固定利益的，应当认定为土地使用权转让合同。

第二十二条 合作开发房地产合同约定提供资金的当事人不承担经营风险，只分配固定数量房屋的，应当认定为房屋买卖合同。

第二十三条 合作开发房地产合同约定提供资金的当事人不承担经营风险，只收取固定数额货币的，应当认定为借款合同。

第二十四条 合作开发房地产合同约定提供资金的当事人不承担经营风险，只以租赁或者其他形式使用房屋的，应当认定为房屋租赁合同。

四、其它

第二十五条 本解释自 2005 年 8 月 1 日起施行；施行后受理的第一审案件适用本解释。

本解释施行前最高人民法院发布的司法解释与本解释不一致的，以本解释为准。

（四）危旧房改造

城市危险房屋管理规定

- 1989年11月21日建设部令第4号发布
- 根据2004年7月20日《建设部关于修改〈城市危险房屋管理规定〉的决定》修订

第一章 总 则

第一条 为加强城市危险房屋管理，保障居住和使用安全，促进房屋有效利用，制定本规定。

第二条 本规定适用于城市（指直辖市、市、建制镇，下同）内各种所有制的房屋。

本规定所称危险房屋，系指结构已严重损坏或承重构件已属危险构件，随时可能丧失结构稳定和承载能力，不能保证居住和使用安全的房屋。

第三条 房屋所有人、使用人，均应遵守本规定。

第四条 房屋所有人和使用人，应当爱护和正确使用房屋。

第五条 建设部负责全国的城市危险房屋管理工作。

县级以上地方人民政府房地产行政主管部门负责本辖区的城市危险房屋管理工作。

第二章 鉴 定

第六条 市、县人民政府房地产行政主管部门应设立房屋安全鉴定机构（以下简称鉴定机构），负责房屋的安全鉴定，并统一启用"房屋安全鉴定专用章"。

第七条 房屋所有人或使用人向当地鉴定机构提供鉴定申请时，必须持有证明其具备相关民事权利的合法证件。

鉴定机构接到鉴定申请后，应及时进行鉴定。

第八条 鉴定机构进行房屋安全鉴定应按下列程序进行：

（一）受理申请；

（二）初始调查，摸清房屋的历史和现状；

（三）现场查勘、测试、记录各种损坏数据和状况；

（四）检测验算，整理技术资料；

（五）全面分析，论证定性，作出综合判断，提出处理建议；

（六）签发鉴定文书。

第九条 对被鉴定为危险房屋的，一般可分为以下四类进行处理：

（一）观察使用。适用于采取适当安全技术措施后，尚能短期使用，但需继续观察的房屋。

（二）处理使用。适用于采取适当技术措施后，可解除危险的房屋。

（三）停止使用。适用于已无修缮价值，暂时不便拆除，又不危及相邻建筑和影响他人安全的房屋。

（四）整体拆除。适用于整幢危险且无修缮价值，需立即拆除的房屋。

第十条 进行安全鉴定，必须有两名以上鉴定人员参加。对特殊复杂的鉴定项目，鉴定机构可另外聘请专业人员或邀请有关部门派员参与鉴定。

第十一条 房屋安全鉴定应使用统一术语，填写鉴定文书，提出处理意见。

经鉴定属危险房屋的，鉴定机构必须及时发出危险房屋通知书；属于非危险房屋的，应在鉴定文书上注明在正常使用条件下的有效时限，一般不超过一年。

第十二条 房屋经安全鉴定后，鉴定机构可以收取鉴定费。鉴定费的收取标准，可根据当地情况，由鉴定机构提出，经市、县人民政府房地产行政主管部门会同物价部门批准后执行。

房屋所有人和使用人都可提出鉴定申请。经鉴定为危险房屋的，鉴定费由所有人承担；经鉴定为非危险房屋的，鉴定费由申请人承担。

第十三条 受理涉及危险房屋纠纷案件的仲裁或审判机关，可指定纠纷案件的当事人申请房屋安全鉴定；必要时，亦可直接提出房屋安全鉴定的要求。

第十四条 鉴定危险房屋执行部颁《危险房屋鉴定标准》（CJ13—86）。对工业建筑、公共建筑、高层建筑及文物保护建筑等的鉴定，还应参照有关专业技术标准、规范和规程进行。

第三章 治 理

第十五条 房屋所有人应定期对其房屋进行

安全检查。在暴风、雨雪季节，房屋所有人应做好排险解危的各项准备；市、县人民政府房地产行政主管部门要加强监督检查，并在当地政府统一领导下，做好抢险救灾工作。

第十六条　房屋所有人对危险房屋能解危的，要及时解危；解危暂时有困难的，应采取安全措施。

第十七条　房屋所有人对经鉴定的危险房屋，必须按照鉴定机构的处理建议，及时加固或修缮治理；如房屋所有人拒不按照处理建议修缮治理，或使用人有阻碍行为的，房地产行政主管部门有权指定有关部门代修，或采取其他强制措施。发生的费用由责任人承担。

第十八条　房屋所有人进行抢险解危需要办理各项手续时，各有关部门应给予支持，及时办理，以免延误时间发生事故。

第十九条　治理私有危险房屋，房屋所有人确有经济困难无力治理时，其所在单位可给予借贷；如系出租房屋，可以和承租人合资治理，承租人付出的修缮费用可以抵扣租金或由出租人分期偿还。

第二十条　经鉴定机构鉴定为危险房屋，并需要拆除重建时，有关部门应酌情给予政策优惠。

第二十一条　异产毗连危险房屋的各所有人，应按照国家对异产毗连房屋的有关规定，共同履行治理责任。拒不承担责任的，由房屋所在地房地产行政主管部门调处；当事人不服的，可向当地人民法院起诉。

第四章　法律责任

第二十二条　因下列原因造成事故的，房屋所有人应承担民事或行政责任：

（一）有险不查或损坏不修；

（二）经鉴定机构鉴定为危险房屋而未采取有效的解危措施。

第二十三条　因下列原因造成事故的，使用人、行为人应承担民事责任：

（一）使用人擅自改变房屋结构、构件、设备或使用性质；

（二）使用人阻碍房屋所有人对危险房屋采取解危措施；

（三）行为人由于施工、堆物、碰撞等行为危及房屋。

第二十四条　有下列情况的，鉴定机构应承担民事或行政责任：

（一）因故意把非危险房屋鉴定为危险房屋而造成损失；

（二）因过失把危险房屋鉴定为非危险房屋，并在有效时限内发生事故；

（三）因拖延鉴定时间而发生事故。

第二十五条　有本章第二十二、二十三、二十四条所列行为，给他人造成生命财产损失，已构成犯罪的，由司法机关依法追究刑事责任。

第五章　附　则

第二十六条　县级以上地方人民政府房地产行政主管部门可依据本规定，结合当地情况，制定实施细则，经同级人民政府批准后，报上一级主管部门备案。

第二十七条　未设镇建制的工矿区可参照本规定执行。

第二十八条　本规定由建设部负责解释。

第二十九条　本规定自一九九〇年一月一日起施行。

（五）住房保障与安置补偿

国务院关于解决城市低收入家庭住房困难的若干意见

· 2007年8月7日
· 国发〔2007〕24号

住房问题是重要的民生问题。党中央、国务院高度重视解决城市居民住房问题，始终把改善群众居住条件作为城市住房制度改革和房地产业发展的根本目的。20多年来，我国住房制度改革不断深化，城市住宅建设持续快速发展，城市居民住房条件总体上有了较大改善。但也要看到，城市廉租住房制度建设相对滞后，经济适用住房制度不够完善，政策措施还不配套，部分城市低收入家庭住房还比较困难。为切实加大解决城市低收入家庭住房困难工作力度，现提出以下意见：

一、明确指导思想、总体要求和基本原则

（一）指导思想。以邓小平理论和"三个代表"

重要思想为指导,深入贯彻落实科学发展观,按照全面建设小康社会和构建社会主义和谐社会的目标要求,把解决城市(包括县城,下同)低收入家庭住房困难作为维护群众利益的重要工作和住房制度改革的重要内容,作为政府公共服务的一项重要职责,加快建立健全以廉租住房制度为重点、多渠道解决城市低收入家庭住房困难的政策体系。

(二)总体要求。以城市低收入家庭为对象,进一步建立健全城市廉租住房制度,改进和规范经济适用住房制度,加大棚户区、旧式宅区改造力度,力争到"十一五"期末,使低收入家庭住房条件得到明显改善,农民工等其他城市住房困难群体的居住条件得到逐步改善。

(三)基本原则。解决低收入家庭住房困难,要坚持立足国情,满足基本住房需要;统筹规划,分步解决;政府主导,社会参与;统一政策,因地制宜;省级负总责,市县抓落实。

二、进一步建立健全城市廉租住房制度

(四)逐步扩大廉租住房制度的保障范围。城市廉租住房制度是解决低收入家庭住房困难的主要途径。2007年底前,所有设区的城市要对符合规定住房困难条件、申请廉租住房租赁补贴的城市低保家庭基本做到应保尽保;2008年底前,所有县城要基本做到应保尽保。"十一五"期末,全国廉租住房制度保障范围要由城市最低收入住房困难家庭扩大到低收入住房困难家庭;2008年底前,东部地区和其他有条件的地区要将保障范围扩大到低收入住房困难家庭。

(五)合理确定廉租住房保障对象和保障标准。廉租住房保障对象的家庭收入标准和住房困难标准,由城市人民政府按照当地统计部门公布的家庭人均可支配收入和人均住房水平的一定比例,结合城市经济发展水平和住房价格水平确定。廉租住房保障面积标准,由城市人民政府根据当地家庭平均住房水平及财政承受能力等因素统筹研究确定。廉租住房保障对象的家庭收入标准、住房困难标准和保障面积标准实行动态管理,由城市人民政府每年向社会公布一次。

(六)健全廉租住房保障方式。城市廉租住房保障实行货币补贴和实物配租等方式相结合,主要通过发放租赁补贴,增强低收入家庭在市场上承租房的能力。每平方米租赁补贴标准由城市人民政府根据当地经济发展水平、市场平均租金、保障对象的经济承受能力等因素确定。其中,对符合条件的城市低保家庭,可按当地的廉租住房保障面积标准和市场平均租金给予补贴。

(七)多渠道增加廉租住房房源。要采取政府新建、收购、改建以及鼓励社会捐赠等方式增加廉租住房供应。小户型租赁住房短缺和住房租金较高的地方,城市人民政府要加大廉租住房建设力度。新建廉租住房套型建筑面积控制在50平方米以内,主要在经济适用住房以及普通商品住房小区中配建,并在用地规划和土地出让条件中明确规定建成后由政府收回或回购;也可以考虑相对集中建设。积极发展住房租赁市场,鼓励房地产开发企业开发建设中小户型住房面向社会出租。

(八)确保廉租住房保障资金来源。地方各级人民政府要根据廉租住房工作的年度计划,切实落实廉租住房保障资金:一是地方财政要将廉租住房保障资金纳入年度预算安排。二是住房公积金增值收益在提取贷款风险准备金和管理费用之后全部用于廉租住房建设。三是土地出让净收益用于廉租住房保障资金的比例不得低于10%,各地还可根据实际情况进一步适当提高比例。四是廉租住房租金收入实行收支两条线管理,专项用于廉租住房的维护和管理。对中西部财政困难地区,通过中央预算内投资补助和中央财政廉租住房保障专项补助资金等方式给予支持。

三、改进和规范经济适用住房制度

(九)规范经济适用住房供应对象。经济适用住房供应对象为城市低收入住房困难家庭,并与廉租住房保障对象衔接。经济适用住房供应对象的家庭收入标准和住房困难标准,由城市人民政府确定,实行动态管理,每年向社会公布一次。低收入住房困难家庭要求购买经济适用住房的,由该家庭提出申请,有关单位按规定的程序进行审查,对符合标准的,纳入经济适用住房供应对象范围。过去享受过福利分房或购买过经济适用住房的家庭不得再购买经济适用住房。已经购买了经济适用住房的家庭又购买其他住房的,原经济适用住房由政府按规定回购。

(十)合理确定经济适用住房标准。经济适用住房套型标准根据经济发展水平和群众生活水平,建筑面积控制在60平方米左右。各地要根据实际情况,每年安排建设一定规模的经济适用住房。房价较高、住房结构性矛盾突出的城市,要增

加经济适用住房供应。

（十一）严格经济适用住房上市交易管理。经济适用住房属于政策性住房，购房人拥有有限产权。购买经济适用住房不满5年，不得直接上市交易，购房人因各种原因确需转让经济适用住房的，由政府按照原价格并考虑折旧和物价水平等因素进行回购。购买经济适用住房满5年，购房人可转让经济适用住房，但应按照届时同地段普通商品住房与经济适用住房差价的一定比例向政府交纳土地收益等价款，具体交纳比例由城市人民政府确定，政府可优先回购；购房人向政府交纳土地收益等价款后，也可以取得完全产权。上述规定应在经济适用住房购房合同中予以明确。政府回购的经济适用住房，继续向符合条件的低收入住房困难家庭出售。

（十二）加强单位集资合作建房管理。单位集资合作建房只能由距离城区较远的独立工矿企业和住房困难户较多的企业，在符合城市规划前提下，经城市人民政府批准，并利用自用土地组织实施。单位集资合作建房纳入当地经济适用住房供应计划，其建设标准、供应对象、产权关系等均按照经济适用住房的有关规定执行。在优先满足本单位住房困难职工购买基础上房源仍有多余的，由城市人民政府统一向符合经济适用住房购买条件的家庭出售，或以成本价收购后用作廉租住房。各级国家机关一律不得搞单位集资合作建房；任何单位不得新征用或新购买土地搞集资合作建房；单位集资合作建房不得向非经济适用住房供应对象出售。

四、逐步改善其他住房困难群体的居住条件

（十三）加快集中成片棚户区的改造。对集中成片的棚户区，城市人民政府要制定改造计划，因地制宜进行改造。棚户区改造要符合以下要求：困难住户的住房得到妥善解决；住房质量、小区环境、配套设施明显改善；困难家庭的负担控制在合理水平。

（十四）积极推进旧住宅区综合整治。对可整治的旧住宅区要力戒大拆大建。要以改善低收入家庭居住环境和保护历史文化街区为宗旨，遵循政府组织、居民参与的原则，积极进行房屋维修养护、配套设施完善、环境整治和建筑节能改造。

（十五）多渠道改善农民工居住条件。用工单位要向农民工提供符合基本卫生和安全条件的居住场所。农民工集中的开发区和工业园区，应按照集约用地的原则，集中建设向农民工出租的集体宿舍，但不得按商品住房出售。城中村改造时，要考虑农民工的居住需要，在符合城市规划和土地利用总体规划的前提下，集中建设向农民工出租的集体宿舍。有条件的地方，可比照经济适用住房建设的相关优惠政策，政府引导，市场运作，建设符合农民工特点的住房，以农民工可承受的合理租金向农民工出租。

五、完善配套政策和工作机制

（十六）落实解决城市低收入家庭住房困难的经济政策和建房用地。一是廉租住房和经济适用住房建设、棚户区改造、旧住宅区整治一律免收城市基础设施配套费等各种行政事业性收费和政府性基金。二是廉租住房和经济适用住房建设用地实行行政划拨方式供应。三是对廉租住房和经济适用住房建设用地，各地要切实保证供应。要根据住房建设规划，在土地供应计划中予以优先安排，并在申报年度用地指标时单独列出。四是社会各界向政府捐赠廉租住房房源的，执行公益性捐赠税收扣除的有关政策。五是社会机构投资廉租住房或经济适用住房建设、棚户区改造、旧住宅区整治的，可同时给予相关的政策支持。

（十七）确保住房质量和使用功能。廉租住房和经济适用住房建设、棚户区改造以及旧住宅区整治，要坚持经济、适用的原则。要提高规划设计水平，在较小的户型内实现基本的使用功能。要按照发展节能省地环保型住宅的要求，推广新材料、新技术、新工艺。要切实加强施工管理，确保施工质量。有关住房质量和使用功能等方面的要求，应在建设合同中予以明确。

（十八）健全工作机制。城市人民政府要抓紧开展低收入家庭住房状况调查，于2007年底之前建立低收入住房困难家庭住房档案，制订解决城市低收入家庭住房困难的工作目标、发展规划和年度计划，纳入当地经济社会发展规划和住房建设规划，并向社会公布。要按照解决城市低收入家庭住房困难的年度计划，确保廉租住房保障的各项资金落实到位；确保廉租住房、经济适用住房建设用地落实到位，并合理确定区位布局。要规范廉租住房保障和经济适用住房供应的管理，建立健全申请、审核和公示办法，并于2007年9月底之前向社会公布；要严格做好申请人家庭收入、住房状况的调查审核，完善轮候制度，特别是强化廉租住房的年度复核工作，健全退出机制。要严肃纪律，坚决查处弄虚作假等违纪违规行为和有关责任人员，确保各项政策得以公开、公平、公正实施。

（十九）落实工作责任。省级人民政府对本地区解决城市低收入家庭住房困难工作负总责，要对所属城市人民政府实行目标责任制管理，加强监督指导。有关工作情况，纳入对城市人民政府的政绩考核之中。解决城市低收入家庭住房困难是城市人民政府的重要责任。城市人民政府要把解决城市低收入家庭住房困难摆上重要议事日程，加强领导，落实相应的管理工作机构和具体实施机构，切实抓好各项工作；要接受人民群众的监督，每年在向人民代表大会所作的《政府工作报告》中报告解决城市低收入家庭住房困难年度计划的完成情况。

房地产市场宏观调控部际联席会议负责研究提出解决城市低收入家庭住房困难的有关政策，协调解决工作实施中的重大问题。国务院有关部门要按照各自职责，加强对各地工作的指导，抓好督促落实。建设部会同发展改革委、财政部、国土资源部等有关部门抓紧完善廉租住房管理办法和经济适用住房管理办法。民政部会同有关部门抓紧制定城市低收入家庭资格认定办法。财政部会同建设部、民政部等有关部门抓紧制定廉租住房保障专项补助资金的实施办法。发展改革委会同建设部抓紧制定中央预算内投资对中西部财政困难地区新建廉租住房项目的支持办法。财政部、税务总局抓紧研究制定廉租住房建设、经济适用住房建设和住房租赁的税收支持政策。人民银行会同建设部、财政部等有关部门抓紧研究提出对廉租住房和经济适用住房建设的金融支持意见。

（二十）加强监督检查。2007年底前，直辖市、计划单列市和省会（首府）城市要把解决城市低收入家庭住房困难的发展规划和年度计划报建设部备案，其他城市报省（区、市）建设主管部门备案。建设部会同监察部等有关部门负责本意见执行情况的监督检查，对工作不落实、措施不到位的地区，要通报批评，限期整改，并追究有关领导责任。对在解决城市低收入家庭住房困难工作中以权谋私、玩忽职守的，要依法依规追究有关责任人的行政和法律责任。

（二十一）继续抓好国务院关于房地产市场各项调控政策措施的落实。各地区、各有关部门要在认真解决城市低收入家庭住房困难的同时，进一步贯彻落实国务院关于房地产市场各项宏观调控政策措施。要加大住房供应结构调整力度，认真落实《国务院办公厅转发建设部等部门关于调整住房供应结构稳定住房价格意见的通知》（国办发〔2006〕37号），重点发展中低价位、中小套型普通商品住房，增加住房有效供应。城市新审批、新开工的住房建设，套型建筑面积90平方米以下住房面积所占比重，必须达到开发建设总面积的70%以上。廉租住房、经济适用住房和中低价位、中小套型普通商品住房建设用地的年度供应量不得低于居住用地供应总量的70%。要加大住房需求调节力度，引导合理的住房消费，建立符合国情的住房建设和消费模式。要加强市场监管，坚决整治房地产开发、交易、中介服务、物业管理及房屋拆迁中的违法违规行为，维护群众合法权益。要加强房地产价格的监管，抑制房地产价格过快上涨，保持合理的价格水平，引导房地产市场健康发展。

（二十二）凡过去文件规定与本意见不一致的，以本意见为准。

经济适用住房管理办法

· 2007年11月19日
· 建住房〔2007〕258号

第一章 总 则

第一条 为改进和规范经济适用住房制度，保护当事人合法权益，制定本办法。

第二条 本办法所称经济适用住房，是指政府提供政策优惠，限定套型面积和销售价格，按照合理标准建设，面向城市低收入住房困难家庭供应，具有保障性质的政策性住房。

本办法所称城市低收入住房困难家庭，是指城市和县人民政府所在地镇的范围内，家庭收入、住房状况等符合市、县人民政府规定条件的家庭。

第三条 经济适用住房制度是解决城市低收入家庭住房困难政策体系的组成部分。经济适用住房供应对象要与廉租住房保障对象相衔接。经济适用住房的建设、供应、使用及监督管理，应当遵守本办法。

第四条 发展经济适用住房应当在国家统一政策指导下,各地区因地制宜,政府主导、社会参与。市、县人民政府要根据当地经济社会发展水平、居民住房状况和收入水平等因素,合理确定经济适用住房的政策目标、建设标准、供应范围和供应对象等,并组织实施。省、自治区、直辖市人民政府对本行政区域经济适用住房工作负总责,对所辖市、县人民政府实行目标责任制管理。

第五条 国务院建设行政主管部门负责对全国经济适用住房工作的指导和实施监督。县级以上地方人民政府建设或房地产行政主管部门(以下简称"经济适用住房主管部门")负责本行政区域内经济适用住房管理工作。

县级以上人民政府发展改革(价格)、监察、财政、国土资源、税务及金融管理等部门根据职责分工,负责经济适用住房有关工作。

第六条 市、县人民政府应当在解决城市低收入家庭住房困难发展规划和年度计划中,明确经济适用住房建设规模、项目布局和用地安排等内容,并纳入本级国民经济与社会发展规划和住房建设规划,及时向社会公布。

第二章 优惠和支持政策

第七条 经济适用住房建设用地以划拨方式供应。经济适用住房建设用地应纳入当地年度土地供应计划,在申报年度用地指标时单独列出,确保优先供应。

第八条 经济适用住房建设项目免收城市基础设施配套费等各种行政事业性收费和政府性基金。经济适用住房项目外基础设施建设费用,由政府负担。经济适用住房建设单位可以以在建项目作抵押向商业银行申请住房开发贷款。

第九条 购买经济适用住房的个人向商业银行申请贷款,除符合《个人住房贷款管理办法》规定外,还应当出具市、县人民政府经济适用住房主管部门准予购房的核准通知。

购买经济适用住房可提取个人住房公积金和优先办理住房公积金贷款。

第十条 经济适用住房的贷款利率按有关规定执行。

第十一条 经济适用住房的建设和供应要严格执行国家规定的各项税费优惠政策。

第十二条 严禁以经济适用住房名义取得划拨土地后,以补交土地出让金等方式,变相进行商品房开发。

第三章 建设管理

第十三条 经济适用住房要统筹规划、合理布局、配套建设,充分考虑城市低收入住房困难家庭对交通等基础设施条件的要求,合理安排区位布局。

第十四条 在商品住房小区中配套建设经济适用住房的,应当在项目出让条件中,明确配套建设的经济适用住房的建设总面积、单套建筑面积、套数、套型比例、建设标准以及建成后移交或者回购等事项,并以合同方式约定。

第十五条 经济适用住房单套的建筑面积控制在60平方米左右。市、县人民政府应当根据当地经济发展水平、群众生活水平、住房状况、家庭结构和人口等因素,合理确定经济适用住房建设规模和各种套型的比例,并进行严格管理。

第十六条 经济适用住房建设按照政府组织协调、市场运作的原则,可以采取项目法人招标的方式,选择具有相应资质和良好社会责任的房地产开发企业实施;也可以由市、县人民政府确定的经济适用住房管理实施机构直接组织建设。在经济适用住房建设中,应注重发挥国有大型骨干建筑企业的积极作用。

第十七条 经济适用住房的规划设计和建设必须按照发展节能省地环保型住宅的要求,严格执行《住宅建筑规范》等国家有关住房建设的强制性标准,采取竞标方式优选规划设计方案,做到在较小的套型内实现基本的使用功能。积极推广应用先进、成熟、适用、安全的新技术、新工艺、新材料、新设备。

第十八条 经济适用住房建设单位对其建设的经济适用住房工程质量负最终责任,向买受人出具《住宅质量保证书》和《住宅使用说明书》,并承担保修责任,确保工程质量和使用安全。有关住房质量和性能等方面的要求,应在建设合同中予以明确。

经济适用住房的施工和监理,应当采取招标方式,选择具有资质和良好社会责任的建筑企业和监理公司实施。

第十九条 经济适用住房项目可采取招标方

式选择物业服务企业实施前期物业服务,也可以在社区居委会等机构的指导下,由居民自我管理,提供符合居住区居民基本生活需要的物业服务。

第四章 价格管理

第二十条 确定经济适用住房的价格应当以保本微利为原则。其销售基准价格及浮动幅度,由有定价权的价格主管部门会同经济适用住房主管部门,依据经济适用住房价格管理的有关规定,在综合考虑建设、管理成本和利润的基础上确定并向社会公布。房地产开发企业实施的经济适用住房项目利润率按不高于3%核定;市、县人民政府直接组织建设的经济适用住房只能按成本价销售,不得有利润。

第二十一条 经济适用住房销售应当实行明码标价,销售价格不得高于基准价格及上浮幅度,不得在标价之外收取任何未予标明的费用。经济适用住房价格确定后应当向社会公布。价格主管部门应依法进行监督管理。

第二十二条 经济适用住房实行收费卡制度,各有关部门收取费用时,必须填写价格主管部门核发的交费登记卡。任何单位不得以押金、保证金等名义,变相向经济适用住房建设单位收取费用。

第二十三条 价格主管部门要加强成本监审,全面掌握经济适用住房成本及利润变动情况,确保经济适用住房做到质价相符。

第五章 准入和退出管理

第二十四条 经济适用住房管理应建立严格的准入和退出机制。经济适用住房由市、县人民政府按限定的价格,统一组织向符合购房条件的低收入家庭出售。经济适用住房供应实行申请、审核、公示和轮候制度。市、县人民政府应当制定经济适用住房申请、审核、公示和轮候的具体办法,并向社会公布。

第二十五条 城市低收入家庭申请购买经济适用住房应同时符合下列条件:

(一)具有当地城镇户口;

(二)家庭收入符合市、县人民政府划定的低收入家庭收入标准;

(三)无房或现住房面积低于市、县人民政府规定的住房困难标准。

经济适用住房供应对象的家庭收入标准和住房困难标准,由市、县人民政府根据当地商品住房价格、居民家庭可支配收入、居住水平和家庭人口结构等因素确定,实行动态管理,每年向社会公布一次。

第二十六条 经济适用住房资格申请采取街道办事处(镇人民政府)、市(区)、县人民政府逐级审核并公示的方式认定。审核单位应当通过入户调查、邻里访问以及信函索证等方式对申请人的家庭收入和住房状况等情况进行核实。申请人及有关单位、组织或者个人应当予以配合,如实提供有关情况。

第二十七条 经审核公示通过的家庭,由市、县人民政府经济适用住房主管部门发放准予购买经济适用住房的核准通知,注明可以购买的面积标准。然后按照收入水平、住房困难程度和申请顺序等因素进行轮候。

第二十八条 符合条件的家庭,可以持核准通知购买一套与核准面积相对应的经济适用住房。购买面积原则上不得超过核准面积。购买面积在核准面积以内的,按核准的价格购买;超过核准面积的部分,不得享受政府优惠,由购房人按照同地段同类普通商品住房的价格补交差价。

第二十九条 居民个人购买经济适用住房后,应当按照规定办理权属登记。房屋、土地登记部门在办理权属登记时,应当分别注明经济适用住房、划拨土地。

第三十条 经济适用住房购房人拥有有限产权。

购买经济适用住房不满5年,不得直接上市交易,购房人因特殊原因确需转让经济适用住房的,由政府按照原价格并考虑折旧和物价水平等因素进行回购。

购买经济适用住房满5年,购房人上市转让经济适用住房的,应按照届时同地段普通商品住房与经济适用住房差价的一定比例向政府交纳土地收益等相关价款,具体交纳比例由市、县人民政府确定,政府可优先回购;购房人也可以按照政府所定的标准向政府交纳土地收益等相关价款后,取得完全产权。

上述规定应在经济适用住房购买合同中予以载明,并明确相关违约责任。

第三十一条 已经购买经济适用住房的家庭

又购买其他住房的,原经济适用住房由政府按规定及合同约定回购。政府回购的经济适用住房,仍应用于解决低收入家庭的住房困难。

第三十二条 已参加福利分房的家庭在退回所分房屋前不得购买经济适用住房,已购买经济适用住房的家庭不得再购买经济适用住房。

第三十三条 个人购买的经济适用住房在取得完全产权以前不得用于出租经营。

第六章 单位集资合作建房

第三十四条 距离城区较远的独立工矿企业和住房困难户较多的企业,在符合土地利用总体规划、城市规划、住房建设规划的前提下,经市、县人民政府批准,可以利用单位自用土地进行集资合作建房。参加单位集资合作建房的对象,必须限定在本单位符合市、县人民政府规定的低收入住房困难家庭。

第三十五条 单位集资合作建房是经济适用住房的组成部分,其建设标准、优惠政策、供应对象、产权关系等均按照经济适用住房的有关规定严格执行。单位集资合作建房应当纳入当地经济适用住房建设计划和用地计划管理。

第三十六条 任何单位不得利用新征用或新购买土地组织集资合作建房;各级国家机关一律不得搞单位集资合作建房。单位集资合作建房不得向不符合经济适用住房供应条件的家庭出售。

第三十七条 单位集资合作建房在满足本单位低收入住房困难家庭购买后,房源仍有少量剩余的,由市、县人民政府统一组织向符合经济适用住房购房条件的家庭出售,或由市、县人民政府以成本价收购后用作廉租住房。

第三十八条 向职工收取的单位集资合作建房款项实行专款管理、专项使用,并接受当地财政和经济适用住房主管部门的监督。

第三十九条 已参加福利分房、购买经济适用住房或参加单位集资合作建房的人员,不得再次参加单位集资合作建房。严禁任何单位借集资合作建房名义,变相实施住房实物分配或商品房开发。

第四十条 单位集资合作建房原则上不收取管理费用,不得有利润。

第七章 监督管理

第四十一条 市、县人民政府要加强对已购经济适用住房的后续管理,经济适用住房主管部门要切实履行职责,对已购经济适用住房家庭的居住人员、房屋的使用等情况进行定期检查,发现违规行为及时纠正。

第四十二条 市、县人民政府及其有关部门应当加强对经济适用住房建设、交易中违纪违法行为的查处。

(一)擅自改变经济适用住房或集资合作建房用地性质的,由国土资源主管部门按有关规定处罚。

(二)擅自提高经济适用住房或集资合作建房销售价格等价格违法行为的,由价格主管部门依法进行处罚。

(三)未取得资格的家庭购买经济适用住房或参加集资合作建房的,其所购买或集资建设的住房由经济适用住房主管部门限期按原价格并考虑折旧等因素作价收购;不能收购的,由经济适用住房主管部门责成其补缴经济适用住房或单位集资合作建房与同地段同类普通商品住房价格差,并对相关责任单位和责任人依法予以处罚。

第四十三条 对弄虚作假、隐瞒家庭收入和住房条件,骗购经济适用住房或单位集资合作建房的个人,由市、县人民政府经济适用住房主管部门限期按原价格并考虑折旧等因素作价收回所购住房,并依法和有关规定追究责任。对出具虚假证明的,依法追究相关责任人的责任。

第四十四条 国家机关工作人员在经济适用住房建设、管理过程中滥用职权、玩忽职守、徇私舞弊的,依法依纪追究责任;涉嫌犯罪的,移送司法机关处理。

第四十五条 任何单位和个人有权对违反本办法规定的行为进行检举和控告。

第八章 附 则

第四十六条 省、自治区、直辖市人民政府经济适用住房主管部门会同发展改革(价格)、监察、财政、国土资源、金融管理、税务主管部门根据本办法,可以制定具体实施办法。

第四十七条 本办法由建设部会同发展改革委、监察部、财政部、国土资源部、人民银行、税务总局负责解释。

第四十八条 本办法下发后尚未销售的经济适用住房,执行本办法有关准入和退出管理、价格管理、监督管理等规定;已销售的经济适用住房仍按原有规定执行。此前已审批但尚未开工的经济适用住房项目,凡不符合本办法规定内容的事项,应按本办法做相应调整。

第四十九条 建设部、发展改革委、国土资源部、人民银行《关于印发〈经济适用住房管理办法〉的通知》(建住房〔2004〕77号)同时废止。

廉租住房保障办法

- 2007年11月8日建设部、国家发展和改革委员会、监察部、民政部、财政部、国土资源部、中国人民银行、国家税务总局、国家统计局令第162号公布
- 自2007年12月1日起施行

第一章 总 则

第一条 为促进廉租住房制度建设,逐步解决城市低收入家庭的住房困难,制定本办法。

第二条 城市低收入住房困难家庭的廉租房保障及其监督管理,适用本办法。

本办法所称城市低收入住房困难家庭,是指城市和县人民政府所在地的镇范围内,家庭收入、住房状况等符合市、县人民政府规定条件的家庭。

第三条 市、县人民政府应当在解决城市低收入家庭住房困难的发展规划及年度计划中,明确廉租住房保障工作目标、措施,并纳入本级国民经济与社会发展规划和住房建设规划。

第四条 国务院建设主管部门指导和监督全国廉租住房保障工作。县级以上地方人民政府建设(住房保障)主管部门负责本行政区域内廉租住房保障管理工作。廉租住房保障的具体工作可以由市、县人民政府确定的实施机构承担。

县级以上人民政府发展改革(价格)、监察、民政、财政、国土资源、金融管理、税务、统计等部门按照职责分工,负责廉租住房保障的相关工作。

第二章 保障方式

第五条 廉租住房保障方式实行货币补贴和实物配租相结合。货币补贴是指县级以上地方人民政府向申请廉租住房保障的城市低收入住房困难家庭发放租赁住房补贴,由其自行承租住房。

实物配租是指县级以上地方人民政府向申请廉租住房保障的城市低收入住房困难家庭提供住房,并按照规定标准收取租金。

实施廉租住房保障,主要通过发放租赁补贴,增强城市低收入住房困难家庭承租住房的能力。廉租住房紧缺的城市,应当通过新建和收购等方式,增加廉租住房实物配租的房源。

第六条 市、县人民政府应当根据当地家庭平均住房水平、财政承受能力以及城市低收入住房困难家庭的人口数量、结构等因素,以户为单位确定廉租住房保障面积标准。

第七条 采取货币补贴方式的,补贴额度按照城市低收入住房困难家庭现住房面积与保障面积标准的差额、每平方米租赁住房补贴标准确定。

每平方米租赁住房补贴标准由市、县人民政府根据当地经济发展水平、市场平均租金、城市低收入住房困难家庭的经济承受能力等因素确定。其中对城市居民最低生活保障家庭,可以按照当地市场平均租金确定租赁住房补贴标准;对其他城市低收入住房困难家庭,可以根据收入情况等分类确定租赁住房补贴标准。

第八条 采取实物配租方式的,配租面积为城市低收入住房困难家庭现住房面积与保障面积标准的差额。

实物配租的住房租金标准实行政府定价。实物配租住房的租金,按照配租面积和市、县人民政府规定的租金标准确定。有条件的地区,对城市居民最低生活保障家庭,可以免收实物配租住房中住房保障面积标准内的租金。

第三章 保障资金及房屋来源

第九条 廉租住房保障资金采取多种渠道筹措。

廉租住房保障资金来源包括:

(一)年度财政预算安排的廉租住房保障资金;

(二)提取贷款风险准备金和管理费用后的住房公积金增值收益余额;

(三)土地出让净收益中安排的廉租住房保障资金;

(四)政府的廉租住房租金收入;

(五)社会捐赠及其他方式筹集的资金。

第十条 提取贷款风险准备金和管理费用

的住房公积金增值收益余额,应当全部用于廉租住房建设。

土地出让净收益用于廉租住房保障资金的比例,不得低于10%。

政府的廉租住房租金收入应当按照国家财政预算支出和财务制度的有关规定,实行收支两条线管理,专项用于廉租住房的维护和管理。

第十一条 对中西部财政困难地区,按照中央预算内投资补助和中央财政廉租住房保障专项补助资金的有关规定给予支持。

第十二条 实物配租的廉租住房来源主要包括:

(一)政府新建、收购的住房;

(二)腾退的公有住房;

(三)社会捐赠的住房;

(四)其他渠道筹集的住房。

第十三条 廉租住房建设用地,应当在土地供应计划中优先安排,并在申报年度用地指标时单独列出,采取划拨方式,保证供应。

廉租住房建设用地的规划布局,应当考虑城市低收入住房困难家庭居住和就业的便利。

廉租住房建设应当坚持经济、适用原则,提高规划设计水平,满足基本使用功能,应当按照发展节能省地环保型住宅的要求,推广新材料、新技术、新工艺。廉租住房应当符合国家质量安全标准。

第十四条 新建廉租住房,应当采取配套建设与相对集中建设相结合的方式,主要在经济适用住房、普通商品住房项目中配套建设。

新建廉租住房,应当将单套的建筑面积控制在50平方米以内,并根据城市低收入住房困难家庭的居住需要,合理确定套型结构。

配套建设廉租住房的经济适用住房或者普通商品住房项目,应当在用地规划、国有土地划拨决定书或者国有土地使用权出让合同中,明确配套建设的廉租住房总建筑面积、套数、布局、套型以及建成后的移交或回购等事项。

第十五条 廉租住房建设免征行政事业性收费和政府性基金。

鼓励社会捐赠住房作为廉租住房房源或捐赠用于廉租住房的资金。

政府或经政府认定的单位新建、购买、改建住房作为廉租住房,社会捐赠廉租住房房源、资金,按照国家规定的有关税收政策执行。

第四章 申请与核准

第十六条 申请廉租住房保障,应当提供下列材料:

(一)家庭收入情况的证明材料;

(二)家庭住房状况的证明材料;

(三)家庭成员身份证和户口簿;

(四)市、县人民政府规定的其他证明材料。

第十七条 申请廉租住房保障,按照下列程序办理:

(一)申请廉租住房保障的家庭,应当由户主向户口所在地街道办事处或者镇人民政府提出书面申请;

(二)街道办事处或者镇人民政府应当自受理申请之日起30日内,就申请人的家庭收入、家庭住房状况是否符合规定条件进行审核,提出初审意见并张榜公布,将初审意见和申请材料一并报送市(区)、县人民政府建设(住房保障)主管部门;

(三)建设(住房保障)主管部门应当自收到申请材料之日起15日内,就申请人的家庭住房状况是否符合规定条件提出审核意见,并将符合条件的申请人的申请材料转同级民政部门;

(四)民政部门应当自收到申请材料之日起15日内,就申请人的家庭收入是否符合规定条件提出审核意见,并反馈同级建设(住房保障)主管部门;

(五)经审核,家庭收入、家庭住房状况符合规定条件的,由建设(住房保障)主管部门予以公示,公示期限为15日;对经公示无异议或者异议不成立的,作为廉租住房保障对象予以登记,书面通知申请人,并向社会公开登记结果。

经审核,不符合规定条件的,建设(住房保障)主管部门应当书面通知申请人,说明理由。申请人对审核结果有异议的,可以向建设(住房保障)主管部门申诉。

第十八条 建设(住房保障)主管部门、民政等有关部门以及街道办事处、镇人民政府,可以通过入户调查、邻里访问以及信函索证等方式对申请人的家庭收入和住房状况等进行核实。申请人及有关单位和个人应当予以配合,如实提供有关情况。

第十九条 建设(住房保障)主管部门应当综

合考虑登记的城市低收入住房困难家庭的收入水平、住房困难程度和申请顺序以及个人申请的保障方式等，确定相应的保障方式及轮候顺序，并向社会公开。

对已经登记为廉租住房保障对象的城市居民最低生活保障家庭，凡申请租赁住房货币补贴的，要优先安排发放补贴，基本做到应保尽保。

实物配租应当优先面向已经登记为廉租住房保障对象的孤、老、病、残等特殊困难家庭，城市居民最低生活保障家庭以及其他急需救助的家庭。

第二十条 对轮候到位的城市低收入住房困难家庭，建设（住房保障）主管部门或者具体实施机构应当按照已确定的保障方式，与其签订租赁住房补贴协议或者廉租住房租赁合同，予以发放租赁住房补贴或者配租廉租住房。

发放租赁住房补贴和配租廉租住房的结果，应当予以公布。

第二十一条 租赁住房补贴协议应当明确租赁住房补贴额度、停止发放租赁住房补贴的情形等内容。

廉租住房租赁合同应当明确下列内容：

（一）房屋的位置、朝向、面积、结构、附属设施和设备状况；

（二）租金及其支付方式；

（三）房屋用途和使用要求；

（四）租赁期限；

（五）房屋维修责任；

（六）停止实物配租的情形，包括承租人已不符合规定条件的，将所承租的廉租住房转借、转租或者改变用途，无正当理由连续6个月以上未在所承租的廉租住房居住或者未交纳廉租住房租金等；

（七）违约责任及争议解决办法，包括退回廉租住房、调整租金、依照有关法律法规规定处理等；

（八）其他约定。

第五章 监督管理

第二十二条 国务院建设主管部门、省级建设（住房保障）主管部门应当会同有关部门，加强对廉租住房保障工作的监督检查，并公布监督检查结果。

市、县人民政府应当定期向社会公布城市低收入住房困难家庭廉租住房保障情况。

第二十三条 市（区）、县人民政府建设（住房保障）主管部门应当按户建立廉租住房档案，并采取定期走访、抽查等方式，及时掌握城市低收入住房困难家庭的人口、收入及住房变动等有关情况。

第二十四条 已领取租赁住房补贴或者配租廉租住房的城市低收入住房困难家庭，应当按年度向所在地街道办事处或者镇人民政府如实申报家庭人口、收入及住房等变动情况。

街道办事处或者镇人民政府可以对申报情况进行核实、张榜公布，并将申报情况及核实结果报建设（住房保障）主管部门。

建设（住房保障）主管部门应当根据城市低收入住房困难家庭人口、收入、住房等变化情况，调整租赁住房补贴额度或实物配租面积、租金等；对不再符合规定条件的，应当停止发放租赁住房补贴，或者由承租人按照合同约定退回廉租住房。

第二十五条 城市低收入住房困难家庭不得将所承租的廉租住房转借、转租或者改变用途。

城市低收入住房困难家庭违反前款规定或者有下列行为之一的，应当按照合同约定退回廉租住房：

（一）无正当理由连续6个月以上未在所承租的廉租住房居住的；

（二）无正当理由累计6个月以上未交纳廉租住房租金的。

第二十六条 城市低收入住房困难家庭未按照合同约定退回廉租住房的，建设（住房保障）主管部门应当责令其限期退回；逾期未退回的，可以按照合同约定，采取调整租金等方式处理。

城市低收入住房困难家庭拒绝接受前款规定的处理方式的，由建设（住房保障）主管部门或者具体实施机构依照有关法律法规规定处理。

第二十七条 城市低收入住房困难家庭的收入标准、住房困难标准等以及住房保障面积标准，实行动态管理，由市、县人民政府每年向社会公布一次。

第二十八条 任何单位和个人有权对违反本办法规定的行为进行检举和控告。

第六章 法律责任

第二十九条 城市低收入住房困难家庭隐瞒有关情况或者提供虚假材料申请廉租住房保障

的,建设(住房保障)主管部门不予受理,并给予警告。

第三十条 对以欺骗等不正当手段,取得审核同意或者获得廉租住房保障的,由建设(住房保障)主管部门给予警告;对已经登记但尚未获得廉租住房保障的,取消其登记;对已经获得廉租住房保障的,责令其退还已领取的租赁住房补贴,或者退出实物配租的住房并按市场价格补交以前房租。

第三十一条 廉租住房保障实施机构违反本办法规定,不执行政府规定的廉租住房租金标准的,由价格主管部门依法查处。

第三十二条 违反本办法规定,建设(住房保障)主管部门及有关部门的工作人员或者市、县人民政府确定的实施机构的工作人员,在廉租住房保障工作中滥用职权、玩忽职守、徇私舞弊的,依法给予处分;构成犯罪的,依法追究刑事责任。

第七章 附 则

第三十三条 对承租直管公房的城市低收入家庭,可以参照本办法有关规定,对住房保障面积标准范围内的租金予以适当减免。

第三十四条 本办法自2007年12月1日起施行。2003年12月31日发布的《城镇最低收入家庭廉租住房管理办法》(建设部、财政部、民政部、国土资源部、国家税务总局令第120号)同时废止。

最高人民法院关于征收国有土地上房屋时是否应当对被征收人未经登记的空地和院落予以补偿的答复

· 2013年5月15日
· 〔2012〕行他字第16号

山东省高级人民法院:
　　你院《关于征收国有土地上房屋时是否应当对被征收人未确权登记的空地和院落单独予以补偿的请示》收悉,经研究,答复如下:
　　对土地公有制之前,通过购买房屋方式使用私有的土地,土地转为国有后迄今仍继续使用的,未经确权登记,亦应确定现使用者的国有土地使用权。
　　国有土地上房屋征收补偿中,应将当事人合法享有国有土地使用权的院落、空地面积纳入评估范围,按照征收时的房地产市场价格,一并予以征收补偿。
　　此复。

三、集体土地征收安置与补偿

中华人民共和国农村土地承包法

- 2002年8月29日第九届全国人民代表大会常务委员会第二十九次会议通过
- 根据2009年8月27日第十一届全国人民代表大会常务委员会第十次会议《关于修改部分法律的决定》第一次修正
- 根据2018年12月29日第十三届全国人民代表大会常务委员会第七次会议《关于修改〈中华人民共和国农村土地承包法〉的决定》第二次修正

第一章 总 则

第一条 【立法目的】为了巩固和完善以家庭承包经营为基础、统分结合的双层经营体制,保持农村土地承包关系稳定并长久不变,维护农村土地承包经营当事人的合法权益,促进农业、农村经济发展和农村社会和谐稳定,根据宪法,制定本法。

第二条 【农村土地范围】本法所称农村土地,是指农民集体所有和国家所有依法由农民集体使用的耕地、林地、草地,以及其他依法用于农业的土地。

注释 根据本条的规定,本法所称的农村土地,主要包括以下几种类型:

一是农民集体所有的耕地、林地、草地。农民集体所有的耕地、林地、草地是指所有权归集体的耕地、林地、草地。这些农村土地,多采用人人有份的家庭承包方式,集体经济组织成员都有承包的权利。

二是国家所有依法由农民集体使用的耕地、林地、草地。国家所有依法由农民集体使用的耕地、林地、草地与农民集体所有的耕地、林地、草地的区别在于,前者的所有权属于国家,但依法由农民集体使用。

三是其他依法用于农业的土地。用于农业的土地,主要有耕地、林地和草地,还有一些其他依法用于农业的土地,如养殖水面、"四荒地"等。养殖水面主要是指用于养殖水产品的水面,养殖水面属于农村土地不可分割的一部分,也是用于农业生产的,所以也包括在本条所称的农村土地的范围之中。此外,还有荒山、荒丘、荒沟、荒滩等"四荒地","四荒地"依法是需要用于农业的,也属于本条所称的农村土地。

链接 《宪法》第9、10条;《民法典》第330、343条;《土地管理法》第2、4条;《草原法》第9、10条;《渔业法》第11条

第三条 【农村土地承包经营制度】国家实行农村土地承包经营制度。

农村土地承包采取农村集体经济组织内部的家庭承包方式,不宜采取家庭承包方式的荒山、荒沟、荒丘、荒滩等农村土地,可以采取招标、拍卖、公开协商等方式承包。

链接 《民法典》第330、331条

第四条 【农村土地承包后土地所有权性质不变】农村土地承包后,土地的所有权性质不变。承包地不得买卖。

注释 根据本条的规定,第一,农民对土地承包不是私有化,农民对所承包的土地不具有独立的土地所有权,土地所有权承包前属于农民集体所有的仍属于农民集体所有,承包前属于国家所有的仍属于国家所有,土地所有权的性质不会因为土地承包而发生改变。第二,农民对其所承包的土地不得买卖,只能依照本法的规定互换、转让土地承包经营权或者流转土地经营权。

链接 《民法典》第331条

第五条 【承包权的主体及对承包权的保护】农村集体经济组织成员有权依法承包由本集体经济组织发包的农村土地。

任何组织和个人不得剥夺和非法限制农村集体经济组织成员承包土地的权利。

链接 《宪法》第6、8条;《行政诉讼法》第12条

第六条 【土地承包经营权男女平等】农村土地承包,妇女与男子享有平等的权利。承包中应当保护妇女的合法权益,任何组织和个人不得剥

夺、侵害妇女应当享有的土地承包经营权。

注释 农村妇女在农村土地承包中的权利，主要体现在以下几个方面：一是作为农村集体经济组织的成员，妇女同男子一样有权承包本集体经济组织发包的土地。不能因为是妇女而不许其承包土地，也不能因为是妇女而不分配给其应有的承包地份额。二是妇女结婚的，其承包土地的权利受法律保护。三是在妇女离婚或者丧偶的情况下，仍在原居住地生活，或者不在原居住地生活但在新居住地未取得承包地的，原集体经济组织不得收回该妇女已经取得的原承包地。

第七条【公开、公平、公正原则】农村土地承包应当坚持公开、公平、公正的原则，正确处理国家、集体、个人三者的利益关系。

注释 在进行农村土地家庭承包中，"公开"是指以下几个方面：一是进行承包活动的信息要公开。二是进行承包的程序要公开。三是承包方案和承包结果公开。

在进行农村土地家庭承包中，"公平"主要是指本集体经济组织成员依法平等地享有、行使承包本集体经济组织土地的权利。在确定承包方案时，应当民主协商，公平合理地确定发包方、承包方权利义务。

在进行农村土地家庭承包中，"公正"主要是指在承包过程中，要严格按照法定的条件和程序办事，同等地对待每一个承包方，不得暗箱操作，也不得厚此薄彼，亲亲疏疏。

第八条【集体土地所有者和承包方合法权益的保护】国家保护集体土地所有者的合法权益，保护承包方的土地承包经营权，任何组织和个人不得侵犯。

注释 国家保护集体土地所有者的合法权益主要表现在以下几个方面：(1)对集体所有的土地，依法确认所有权。(2)保护农村集体经济组织依法对土地的经营管理权。(3)对侵犯集体土地的行为，给予法律制裁。

国家保护承包方的土地承包经营权主要表现在以下几个方面：(1)本法明确规定，农村集体经济组织成员有权依法承包由本集体经济组织发包的土地。(2)承包期内，发包方不得收回承包地。(3)承包期内，发包方不得调整承包地。(4)承包期内，承包方可以自愿将承包地交回发包方。(5)承包方应得的承包收益，依照《民法典》继承编的

规定继承。林地承包的承包方死亡，其继承人可以在承包期内继续承包。通过招标、拍卖、公开协商等方式取得土地经营权的，该承包人死亡，其应得的承包收益，依照《民法典》继承编的规定继承；在承包期内，其继承人可以继续承包。需要说明的是，土地承包是以农户家庭为单位，承包人是指承包土地的农户家庭，而不是指家庭中的某个成员。承包人死亡是指承包户家庭的人均已死亡的情况。承包耕地、草地的家庭中某一个人死亡，其他成员还在，不发生继承问题，仍由其他成员承包；家庭成员均已死亡的，其承包经营权终止，承包经营权不再由该承包户以外的其他亲属继承。由于林地的承包具有收益慢、周期长、风险大等特点，因此林地的承包人死亡，承包户以外的继承人可以在承包期内继续承包。(6)家庭承包中的承包方承包土地后，享有土地承包经营权，可以自己经营，也可以保留土地承包权，流转其承包地的土地经营权，由他人经营。(7)发包方违反承包合同，给承包方造成损失的，承包方有权要求发包方承担赔偿损失等违约责任。(8)任何组织和个人侵害土地承包经营权的，都应当承担法律责任。

第九条【"三权"分置】承包方承包土地后，享有土地承包经营权，可以自己经营，也可以保留土地承包权，流转其承包地的土地经营权，由他人经营。

第十条【土地经营权流转的保护】国家保护承包方依法、自愿、有偿流转土地经营权，保护土地经营权人的合法权益，任何组织和个人不得侵犯。

注释 保护土地经营权人的合法权益，可以从两个方面来理解：一方面，土地经营权流转的受让方与承包方签订了流转合同，作为合同当事人，土地经营权人的权利受到《民法典》等相关法律的保护。另一方面，受让方通过签订流转合同，合同生效后，即依法取得了土地经营权。

第十一条【土地资源的保护】农村土地承包经营应当遵守法律、法规，保护土地资源的合理开发和可持续利用。未经依法批准不得将承包地用于非农建设。

国家鼓励增加对土地的投入，培肥地力，提高农业生产能力。

注释 根据本法和其他相关法律、法规规定，保护土地资源的合理开发和可持续利用，各级人民政

府应当依法采取措施,全面规划、严格管理、保护、开发土地资源,制止非法占用土地的行为:(1)依据国民经济和社会发展规划、国土整治和资源环境保护的要求,土地供给能力以及各项建设对土地的需求,组织编制国土空间规划。通过编制国土空间规划,将土地分为农用地、建设用地和未利用地。严格限制农用地转为建设用地,控制建设用地总量,对耕地实行特殊保护。确保本行政区域内耕地总量不减少。(2)实行基本农田保护制度。各省、自治区、直辖市划定的基本农田应当占本行政区域内耕地的80%以上。征用基本农田必须经国务院批准,地方各级人民政府无权批准征用基本农田。(3)按照国土空间规划,应当采取措施,改造中、低产田,整治闲散地和废弃地。(4)应当采取有效措施鼓励增加对土地的投入,培肥地力,提高农业生产能力。

作为集体土地的所有人和土地承包的当事人,发包方应当:(1)监督承包方依照承包合同约定的用途合理利用和保护土地,制止承包方损害承包地和农业资源的行为,如占用基本农田发展林果业和挖塘养鱼等。如果承包方给承包地造成永久损害的,发包方有权制止,并有权要求承包方赔偿由此造成的损失。同时,发包方还应当监督土地经营权人损害承包地和农业资源的行为,如果土地经营权人擅自改变土地的农业用途、弃耕抛荒连续两年以上、给土地造成严重损害或者严重破坏土地生态环境,承包方在合理期限内不解除土地经营权流转合同的,发包方有权要求终止土地经营权流转合同。(2)执行县、乡(镇)国土空间规划,组织本集体经济组织内的农业基础设施建设,对田、水、路、林、村综合整治,提高耕地质量,增加有效耕地面积,改善农业生产条件和生态环境。维护排灌工程设施,改良土壤,提高地力,防止土地荒漠化、盐渍化、水土流失和污染土地。(3)切实履行承包合同,保证承包方对土地的投入,培肥地力,提高农业生产能力的积极性。如耕地的承包期为30年,在承包期内,发包方不得违法收回、调整承包地;在承包期内,承包方交回承包地时,发包方对其承包地上投入而提高土地生产能力的,发包方应当给予补偿。

承包方应当:(1)按照承包合同中确定的土地用途使用土地。承包土地的目的就是从事种植等农业生产,禁止改变农用地的用途,不得将其用于非农业建设。如不得在耕地上建窑、建坟或者擅自在耕地上建房、挖砂、采石、采矿、取土等。从保护耕地的角度,承包方不得占有基本农田发展林果业和挖塘养鱼。承包方违法将承包地用于非农建设的,由县级以上人民政府有关部门予以处罚。(2)增加土地的投入,禁止掠夺性开发。承包方应当合理地增肥地力,这样一方面提高土地生产力,发挥土地最大效益,从而提高农作物的产量,增加自己的收入;另一方面,提高土地质量,保证农业生产的可持续发展,造福子孙后代。(3)合理利用土地,不得给土地造成永久性损害。如为了片面追求短期内的生产效益,有的承包方在承包地上大量施用化肥和农药,结果导致土壤污染,生产能力下降;有的承包方擅自改变农用地的用途,如在耕地上建房、窑等建筑物,对耕地造成难以恢复的损害。承包方给土地造成永久性损害的,应当承担赔偿损失等法律责任。

土地经营权人应当:(1)按照土地经营权流转合同中确定的土地用途使用土地。土地经营权人有权占有农村土地,自主开展农业生产经营并取得收益,但不得改变土地的农业用途。土地经营权人违法将承包地用于非农建设的,由县级以上地方人民政府有关主管部门依法予以处罚。(2)增加土地的投入,禁止掠夺性开发。土地经营权人可以依法投资改良土壤,增肥地力,建设农业生产附属、配套设施等,并按照合同约定对其投资部分获得合理补偿。(3)合理利用土地,不得破坏农业综合生产能力和农业生态环境。如果土地经营权人擅自改变土地的农业用途、弃耕抛荒连续两年以上、给土地造成严重损害或者严重破坏土地生态环境,承包方可以解除土地经营权流转合同,承包方在合理期限内不解除土地经营权流转合同的,发包方有权要求终止土地经营权流转合同。土地经营权人对土地和土地生态环境造成的损害应当予以赔偿。

链接 《土地管理法》第3、4条;《土地管理法实施条例》第14条;《草原法》第3、4、6、7条

第十二条 【土地承包管理部门】国务院农业农村、林业和草原主管部门分别依照国务院规定的职责负责全国农村土地承包经营及承包经营合同管理的指导。

县级以上地方人民政府农业农村、林业和草原等主管部门分别依照各自职责,负责本行政区

域内农村土地承包经营及承包经营合同管理。

乡(镇)人民政府负责本行政区域内农村土地承包经营及承包经营合同管理。

第二章 家庭承包

第一节 发包方和承包方的权利和义务

第十三条 【发包主体】农民集体所有的土地依法属于村农民集体所有的,由村集体经济组织或者村民委员会发包;已经分别属于村内两个以上农村集体经济组织的农民集体所有的,由村内各该农村集体经济组织或者村民小组发包。村集体经济组织或者村民委员会发包的,不得改变村内各集体经济组织农民集体所有的土地的所有权。

国家所有依法由农民集体使用的农村土地,由使用该土地的农村集体经济组织、村民委员会或者村民小组发包。

注释 农民集体所有的土地发包方的确定有两种情况:

(1)农民集体所有的土地,依法属于村农民集体所有的,由村集体经济组织或者村民委员会发包。这里的"村"指行政村,即设立村民委员会的村,而不是指自然村。农民集体所有的土地,依法属于村农民集体所有是指属于行政村农民集体所有。农民集体所有的土地,由村集体经济组织或者村民委员会发包。

(2)已经分别属于村内两个以上农村集体经济组织的农民集体所有的,由村内各该农村集体经济组织或者村民小组发包。这里的村民小组是指行政村内由村民组成的组织,它是村民自治共同体内部的一种组织形式,相当于原生产队的层次。本条规定"已经分别属于村内两个以上农村集体经济组织的农民集体所有的"土地是指,该土地原先分别属于两个以上的生产队,现在其土地仍然分别属于相当于原生产队的各该农村集体经济组织或者村民小组的农民集体所有。已经分别属于村内两个以上农村集体经济组织的农民集体所有的,由村内各该农村集体经济组织或者村民小组发包。

村集体经济组织或者村民委员会发包的,不得改变村内各集体经济组织农民集体所有的土地的所有权。这里的"村内各集体经济组织农民集体所有的土地",指的是前面提到的"已经分别属于村内两个以上农村集体经济组织的农民集体所有的"土地。按照谁所有谁发包的原则,应当由村内各该农村集体经济组织或者村民小组发包。但是,许多村民小组也不具备发包的条件,或者由其发包不方便,实践中由村集体经济组织或者村民委员会代为发包。虽然由村集体经济组织或者村民委员会代为发包,但并不能因此改变所有权关系。

国家所有依法由农民集体使用的农村土地,由农村集体经济组织、村民委员会或者村民小组发包。具体由谁发包,应当根据该土地的具体使用情况而定。由村农民集体使用的,由村集体经济组织发包,村集体经济组织未设立的,由村民委员会发包。由村内两个以上集体经济组织的农民集体使用的,由村内各集体经济组织发包,村内各集体经济组织未设立的,由村民小组发包。村内各集体经济组织或者村民小组发包有困难或者不方便的,也可以由村集体经济组织或者村民委员会代为发包。

第十四条 【发包方的权利】发包方享有下列权利:

(一)发包本集体所有的或者国家所有依法由本集体使用的农村土地;

(二)监督承包方依照承包合同约定的用途合理利用和保护土地;

(三)制止承包方损害承包地和农业资源的行为;

(四)法律、行政法规规定的其他权利。

注释 本条规定的这几项权利分别说明如下:(1)发包本集体所有的或者国家所有依法由本集体使用的农村土地的权利。这是发包方的发包权,是享有其他权利的前提。发包方可以发包的土地有两类:一类是本集体所有的农村土地,另一类是国家所有依法由本集体使用的农村土地。第二类土地发包人虽然不是所有人,也享有法律赋予的发包权。(2)监督承包方依照承包合同约定的用途合理利用和保护土地的权利。(3)制止承包方损害承包地和农业资源的行为的权利。(4)法律、行政法规规定的其他权利。这是一项兜底的规定。例如,本法第45条第2款规定:"工商企业等社会资本通过流转取得土地经营权的,本集体经济组织可以收取适量管理费用。"

第十五条 【发包方的义务】发包方承担下列义务:

(一)维护承包方的土地承包经营权,不得非法变更、解除承包合同;

(二)尊重承包方的生产经营自主权,不得干涉承包方依法进行正常的生产经营活动;

(三)依照承包合同约定为承包方提供生产、技术、信息等服务;

(四)执行县、乡(镇)土地利用总体规划,组织本集体经济组织内的农业基础设施建设;

(五)法律、行政法规规定的其他义务。

链接 《民法典》第336、337条

第十六条 【承包主体和家庭成员平等享有权益】家庭承包的承包方是本集体经济组织的农户。

农户内家庭成员依法平等享有承包土地的各项权益。

注释 农村土地家庭承包的承包方是本集体经济组织的农户。需要说明的是:第一,农村集体经济组织的每一个成员都有承包土地的权利,家庭承包中,是按人有份分配承包地,按户组成一个生产经营单位作为承包方。第二,强调承包方是本集体经济组织的农户主要是针对农村集体的耕地、草地和林地等适宜家庭承包的土地的承包。根据本法第三章规定,不宜采取家庭承包方式的荒山、荒沟、荒滩等农村土地可以通过招标、拍卖、公开协商等方式承包给农户,也可承包给单位或个人,这里的单位或个人可以来自本集体经济组织外。

第十七条 【承包方的权利】承包方享有下列权利:

(一)依法享有承包地使用、收益的权利,有权自主组织生产经营和处置产品;

(二)依法互换、转让土地承包经营权;

(三)依法流转土地经营权;

(四)承包地被依法征收、征用、占用的,有权依法获得相应的补偿;

(五)法律、行政法规规定的其他权利。

注释 根据本条的规定,承包方享有以下权利:

1. 依法享有承包地使用、收益的权利,有权自主组织生产经营和处置产品。

这项权利主要包括以下几个方面的内容:(1)依法对承包地享有使用的权利。对承包土地的使用不仅表现为进行传统意义上的耕作、种植等,因进行农业生产而修建的必要的附属设施,如建造沟渠、修建水井等构筑物,也应是对承包土地的一种使用。所修建的附属设施的所有权应当归承包人享有。(2)依法获取承包地收益的权利。收益权就是承包方有获取承包地上产生的收益的权利,这种收益主要是从承包地上种植的农作物以及养殖畜牧中所获得的利益,如果树产生的果实,粮田里产出的粮食。(3)自主组织生产经营和处置产品的权利。自主组织生产经营是指农户可以在法律规定的范围内决定如何在土地上进行生产经营,如选择种植的时间、品种等;产品处置权是指农户可以自由决定农产品是否卖,如何卖,卖给谁等。

2. 依法互换、转让土地承包经营权。

承包方承包土地后,可以行使承包经营权自己经营;也可以将承包地依法互换、转让。

3. 依法流转土地经营权。

承包方对土地经营权依法进行流转有利于农村经济结构的调整,也有利于维护农村土地承包关系的长期稳定。"三权分置"改革的核心问题是家庭承包的承包户在经营方式上发生转变,即由农户自己经营,转变为保留土地承包权,将承包地流转给他人经营,实现土地承包经营权和土地经营权的分离。

4. 承包地被依法征收、征用、占用的,有权依法获得相应的补偿。

征收土地是国家为了社会公共利益的需要,将集体所有的土地转变为国有土地的一项制度。根据《民法典》第243条第2款的规定,征收集体所有的土地,应当依法及时足额支付土地补偿费、安置补助费以及农村村民住宅、其他地上附着物和青苗等的补偿费用,并安排被征地农民的社会保障费用,保障被征地农民的生活,维护被征地农民的合法权益。征用是国家强制使用单位、个人的财产。对于征用,根据《民法典》第245条规定,因抢险救灾等紧急需要,依照法律规定的权限和程序可以征用组织、个人的不动产或者动产。被征用的不动产或者动产使用后,应当返还被征用人。组织、个人的不动产或者动产被征用或者征用后毁损、灭失的,应当给予补偿。占用是指兴办乡镇企业和村民建设住宅经依法批准使用本集体经济组织农民集体所有的土地或者乡(镇)村公共设施和公益事业建设经依法批准使用农民集体所有土地的行为。

链接 《民法典》第331条；《土地管理法》第30-43条

第十八条 【承包方的义务】 承包方承担下列义务：

（一）维持土地的农业用途，未经依法批准不得用于非农建设；

（二）依法保护和合理利用土地，不得给土地造成永久性损害；

（三）法律、行政法规规定的其他义务。

注释 本条规定承包方应当承担以下义务：

（1）维持土地的农业用途，未经批准不得用于非农建设。这里的"农业用途"是指将土地直接用于农业生产，从事种植业、林业、畜牧业、渔业生产。"非农建设"是指将土地用于农业生产目的以外的建设活动，如在土地上建造房屋、建造工厂等。需要强调的是，要求承包方维护土地的农业用途，不得用于非农建设，并不是对承包方土地承包经营权的不合理限制。承包方在农业用途的范围内可以自由决定种什么，怎么种，如承包方可以在承包土地上种蔬菜，种粮食，还可以种其他经济作物。

（2）依法保护和合理利用土地，不得给土地造成永久性损害。这里所讲的依法保护土地，是指作为土地使用人的承包方对土地生产能力进行保护，保证土地生态环境的良好性能和质量。合理利用土地是指承包方在使用土地的过程中，通过科学使用土地，使土地的利用与其自然的、社会的特性相适应，充分发挥土地要素在生产活动中的作用，以获得最佳的经济、生产、生态的综合效益。具体来说，要做到保护耕地、保护土地生态环境、提高土地利用率、防止水土流失和盐碱化。"永久性损害"是指使土地不再具有生产能力、不能再被利用的损害，如在土地上过度使用化肥或向土地长期排污，使土地不能被利用。

链接 《民法典》第334条；《土地管理法》第38条

第二节 承包的原则和程序

第十九条 【土地承包的原则】 土地承包应当遵循以下原则：

（一）按照规定统一组织承包时，本集体经济组织成员依法平等地行使承包土地的权利，也可以自愿放弃承包土地的权利；

（二）民主协商，公平合理；

（三）承包方案应当按照本法第十三条的规定，依法经本集体经济组织成员的村民会议三分之二以上成员或者三分之二以上村民代表的同意；

（四）承包程序合法。

注释 根据本条的规定，土地承包应当遵循以下四个原则：

（1）按照规定统一组织承包时，本集体经济组织成员依法平等地行使承包土地的权利，也可以自愿放弃承包土地的权利。这里的"平等"主要体现在两个方面：一是本集体经济组织的成员都平等地享有承包本集体经济组织土地的权利，无论男女老少、体弱病残。二是本集体经济组织成员在承包过程中都平等地行使承包本集体经济组织土地的权利，发包方应当平等地对待每一个本集体经济组织成员承包土地的权利。这主要体现在承包过程中，发包方不能厚此薄彼，不能对本集体经济组织成员实行差别对待。

本集体经济组织成员对土地承包的权利一方面体现在依法平等地享有和行使承包土地的权利，另一方面体现在自愿放弃承包土地的权利。

（2）民主协商，公平合理。"民主协商"要求在集思广益的基础上完成承包，发包方在发包过程中应当与作为承包方的本集体经济组织成员民主协商，应当充分听取和征求本集体经济组织成员的意见，不得搞"暗箱操作"，不得搞"一言堂"强迫本集体经济组织成员接受承包方案。这里的"公平合理"要求本集体经济组织成员之间所承包的土地在土质的好坏、离居住地距离的远近、离水源的远近等方面不能有太大的差别。

（3）承包方案应当按照本法第13条的规定，依法经本集体经济组织成员的村民会议三分之二以上成员或者三分之二以上村民代表的同意。"村民会议"是村民集体讨论决定涉及全村村民利益问题的一种组织形式。根据村民委员会组织法的规定，村民会议由本村十八周岁以上的村民组成。

（4）承包程序合法。承包中，承包程序应当符合法律的规定，违反法律规定的承包程序进行的承包是无效的。

第二十条 【土地承包的程序】 土地承包应当按照以下程序进行：

（一）本集体经济组织成员的村民会议选举产生承包工作小组；

（二）承包工作小组依照法律、法规的规定拟订并公布承包方案；

（三）依法召开本集体经济组织成员的村民会议，讨论通过承包方案；

（四）公开组织实施承包方案；

（五）签订承包合同。

注释 根据本条的规定，土地承包应当依照以下程序进行：

（1）本集体经济组织成员的村民会议选举产生承包工作小组。（2）承包工作小组依照法律、法规的规定拟订并公布承包方案。（3）依法召开本集体经济组织成员的村民会议，讨论通过承包方案。根据本法第19条第3项的规定，承包方案应当按照本法第13条的规定，依法经本集体经济组织的村民会议三分之二以上成员或者三分之二以上村民代表同意。（4）公开组织实施承包方案。（5）签订承包合同。

根据本法第22条的规定，承包合同一般包括以下条款：（1）发包方、承包方的名称，发包方负责人和承包方代表的姓名、住所；（2）承包土地的名称、坐落、面积、质量等级；（3）承包期限和起止日期；（4）承包土地的用途；（5）发包方和承包方的权利义务；（6）违约责任。承包合同自成立之日起生效，承包方自承包合同生效时取得土地承包经营权。

第三节 承包期限和承包合同

第二十一条 【承包期限】 耕地的承包期为三十年。草地的承包期为三十年至五十年。林地的承包期为三十年至七十年。

前款规定的耕地承包期届满后再延长三十年，草地、林地承包期届满后依照前款规定相应延长。

注释 承包期限是指农村土地承包经营权存续的期间，在此期间内，承包方享有土地承包经营权，依照法律的规定和合同的约定，行使权利，承担义务。

我国对土地实行用途管理制度。土地管理法按照土地的用途，将土地划分为农用地、建设用地和未利用地，其中，农用地又包括耕地、林地、草地、农田水利用地和养殖水面等。本条第1款根据我国农村土地家庭承包的实际情况，对不同用途的土地的承包期作出规定。（1）耕地。耕地是指种植农作物的土地，包括灌溉水田、望天田（又称天水田）、水浇地、旱地和菜地。我国农村实行土地承包经营制度的土地主要是耕地。（2）草地、林地。草地是指以生长草本植物为主，用于畜牧业的土地，包括天然草地、改良草地和人工草地。草原是草地的主体。林地是指生长乔木、竹类、灌木、沿海红树林的土地，包括有林地、灌木林地、疏林地、未成林造林地以及迹地和苗圃等。

根据本条第2款的规定，草地、林地的承包期届满后，比照耕地承包期届满后再延长三十年的规定，作相应延长。例如，如果草地、林地的现承包期为四十年，该承包期届满后再延长四十年；如果草地、林地的现承包期为五十年，该承包期届满后再延长五十年。

第二十二条 【承包合同】 发包方应当与承包方签订书面承包合同。

承包合同一般包括以下条款：

（一）发包方、承包方的名称，发包方负责人和承包方代表的姓名、住所；

（二）承包土地的名称、坐落、面积、质量等级；

（三）承包期限和起止日期；

（四）承包土地的用途；

（五）发包方和承包方的权利和义务；

（六）违约责任。

注释 土地承包合同是发包方与承包方之间达成的，关于农村土地承包权利义务关系的协议。根据本法的规定，土地承包合同具有以下特征：

（1）合同的主体是法定的。发包方是与农民集体所有土地范围相一致的农村集体经济组织、村委会或者村民小组。即土地依法属于村农民集体所有的，由村集体经济组织或者村民委员会发包；已经分别属于村内两个以上农村集体经济组织的农民集体所有的，由村内各该农村集体经济组织或者村民小组发包。国家所有依法由农民集体使用的农村土地，由使用该土地的农村集体经济组织、村民委员会或者村民小组发包。承包方是本集体经济组织的农户。

（2）合同内容受到法律规定的约束，有些内容不允许当事人自由约定。例如，对于耕地的承包期，本法明确规定为三十年，并且耕地承包期届满后再延长三十年。再如，对于承包地的收回等，法律都有明确规定。这些内容都不允许当事人自由约定。

（3）土地承包合同是双务合同。发包方应当尊重承包方的生产经营自主权，为承包方提供生产、技术、信息等服务，有权对承包方进行监督等；承包方对承包地享有占有、使用、收益和流转的权利，其应维持土地的农业用途，保护和合理利用土地等。

（4）合同属于要式合同。双方当事人签订承包合同应当采用书面形式。

链接《民法典》第333条第1款

第二十三条 【承包合同的生效】承包合同自成立之日起生效。承包方自承包合同生效时取得土地承包经营权。

注释 合同的成立是指订约当事人就合同的主要内容形成合意。合同的生效是指合同产生法律约束力。本条主要明确了承包合同的生效时间。同时，考虑到我国农村土地承包的实际情况，明确了承包经营权的取得以合同生效为前提，不以登记为生效的要件。

此外，本条主要是从承包合同生效时间的角度予以规定，但承包合同要实际产生法律约束力，还不能有法律规定的合同无效等事由。对此，《民法典》作出了明确规定。《民法典》第155条规定，无效的或者被撤销的民事法律行为自始没有法律约束力。对合同在哪些情形下可以认定无效或者可以被撤销，《民法典》作出了详细规定，这些规定也适用于土地承包合同。《民法典》第143条规定，具备下列条件的民事法律行为有效：（1）行为人具有相应的民事行为能力；（2）意思表示真实；（3）不违反法律、行政法规的强制性规定，不违背公序良俗。

第二十四条 【土地承包经营权登记】国家对耕地、林地和草地等实行统一登记，登记机构应当向承包方颁发土地承包经营权证或者林权证等证书，并登记造册，确认土地承包经营权。

土地承包经营权证或者林权证等证书应当将具有土地承包经营权的全部家庭成员列入。

登记机构除按规定收取证书工本费外，不得收取其他费用。

注释 对于本条第1款需要从以下几个方面予以把握：一是关于土地承包经营权登记制度与土地承包经营权设立的关系。土地承包经营权的设立，没有采用登记生效主义，即不以登记为生效的要件。二是国家实行土地承包经营权统一登记制度，由统一的登记机构对耕地、林地、草地等进行登记。三是关于颁发证书、登记造册。土地承包经营权证、林权证等证书，是承包方享有土地承包经营权的法律凭证。承包方签订承包合同，取得土地承包经营权后，登记机构应当颁发土地承包经营权证或者林权证等证书，并登记造册，将土地的使用权属、用途、面积等情况登记在专门的簿册上，以确认土地承包经营权。

链接《民法典》第333条第2款

第二十五条 【承包合同的稳定性】承包合同生效后，发包方不得因承办人或者负责人的变动而变更或者解除，也不得因集体经济组织的分立或者合并而变更或者解除。

注释 发包方不得因承办人或者负责人的变动而变更或者解除承包合同。根据本法的规定，发包方是集体经济组织、村委会或者村民小组。承包合同是发包方与承包方签订的。承办人或者负责人只是发包方的法定代表人或者代理人，并不等同于发包方。承办人或者负责人的变动并不构成对发包方的实质性变更，如果因此而变更或者解除合同，则损害了承包方的合法权益。

发包方不得因集体经济组织的分立或者合并而变更或者解除承包合同。分立是指一个集体经济组织被分为两个以上新的组织，原组织的权利义务由新的集体经济组织承担。合并一般是指两种情况，一是指两个以上组织合并成为一个新的组织，由新的组织承担被合并的组织的权利义务。另一种情况是指一个组织被撤销后，将其权利义务一并转让给另一个组织。在土地承包中，无论发包方分立或者合并是由于何种原因，其权利义务都应当按照法律的规定和合同的约定享有和承担。

第二十六条 【严禁国家机关及其工作人员利用职权干涉农村土地承包或者变更、解除承包合同】国家机关及其工作人员不得利用职权干涉农村土地承包或者变更、解除承包合同。

注释 本条规定的违法行为的主体是国家机关及其工作人员。国家机关是指国家的权力机关、监察机关、行政机关、司法机关以及军事机关。包括各级人大及其常委会，各级监察委员会，各级人民政府，各级法院、检察院等。国家机关工作人员是指在国家机关中从事公务的人员,即在国家机关中行使一定职权、履行一定职务的人员。

对于国家机关及其工作人员干涉土地承包,变更、解除承包合同应当承担的法律责任,依照本法"争议的解决和法律责任"一章第65条的规定,国家机关及其工作人员有利用职权干涉农村土地承包,变更、解除承包合同,给承包方造成损失的,应当承担损害赔偿等责任;情节严重的,由上级机关或者所在单位给予直接责任人员处分;构成犯罪的,依法追究刑事责任。

第四节 土地承包经营权的保护和互换、转让

第二十七条 【承包期内承包地的交回和收回】承包期内,发包方不得收回承包地。

国家保护进城农户的土地承包经营权。不得以退出土地承包经营权作为农户进城落户的条件。

承包期内,承包农户进城落户的,引导支持其按照自愿有偿原则依法在本集体经济组织内转让土地承包经营权或者将承包地交回发包方,也可以鼓励其流转土地经营权。

承包期内,承包方交回承包地或者发包方依法收回承包地时,承包方对其在承包地上投入而提高土地生产能力的,有权获得相应的补偿。

注释 根据本条第1款的规定,除法律对承包地的收回有特别规定外,在承包期内,无论承包方发生什么样的变化,只要作为承包方的家庭还存在,发包方都不得收回承包地。例如,承包方家庭中的一人或者数人死亡的;子女升学、参军或者在城市就业的;妇女结婚,在新居住地未取得承包地的;承包方在农村从事各种非农产业的等,只要作为承包方的农户家庭没有消亡,发包方都不得收回其承包地。

根据本条第2、3款的规定,承包农户即使全家都进城落户,不管是否纳入城镇住房和社会保障体系,也不管是否丧失农村集体经济组织成员身份,其进城落户前所取得的农村土地承包经营权仍然受国家保护。农户进城落户后,其所取得的土地承包经营权不受任何影响。农户既可以根据自己的意愿,并按照农业生产季节回来耕作;也可以根据本法第34条的规定按照自愿有偿原则依法在本集体经济组织内转让土地承包经营权;还可以根据本法第二章第五节的规定向他人流转

土地经营权;当然,如果农户自愿将承包地交回发包方,也是允许的。

本条第4款规定,承包期内,承包方交回承包地或者发包方依法收回承包地时,承包方对其在承包地上投入而提高土地生产能力的,有权获得相应的补偿。例如,承包方对盐碱度较高的土地或者荒漠化的土地进行治理,使其成为较为肥沃的土地,在交回承包地时,发包方应当对承包方因治理土地而付出的投入给予相应的经济补偿。

链接《土地管理法》第38条

第二十八条 【承包期内承包地的调整】承包期内,发包方不得调整承包地。

承包期内,因自然灾害严重毁损承包地等特殊情形对个别农户之间承包的耕地和草地需要适当调整的,必须经本集体经济组织成员的村民会议三分之二以上成员或者三分之二以上村民代表的同意,并报乡(镇)人民政府和县级人民政府农业农村、林业和草原等主管部门批准。承包合同中约定不得调整的,按照其约定。

第二十九条 【用于调整承包土地或者承包给新增人口的土地】下列土地应当用于调整承包土地或者承包给新增人口:

(一)集体经济组织依法预留的机动地;

(二)通过依法开垦等方式增加的;

(三)发包方依法收回和承包方依法、自愿交回的。

注释 本条规定的应当用于调整承包土地或者承包给新增人口的土地包括:

(1)集体经济组织依法预留的机动地。机动地是发包方在发包土地时,预先留出的不作为承包地的少量土地,用于解决承包期内的人地矛盾问题。(2)通过依法开垦等方式增加的土地。主要指通过开垦未利用地,如开垦荒地而增加的土地。(3)发包方依法收回和承包方依法、自愿交回的土地。本法第27条、第30条、第31条等条文对发包方依法收回承包地和承包方依法、自愿交回承包地等作了明确规定。

第三十条 【承包期内承包方自愿将承包地交回发包方的处理】承包期内,承包方可以自愿将承包地交回发包方。承包方自愿交回承包地的,可以获得合理补偿,但是应当提前半年以书面形式通知发包方。承包方在承包期内交回承包地的,在承包期内不得再要求承包土地。

第三十一条 【妇女婚姻关系变动对土地承包的影响】承包期内,妇女结婚,在新居住地未取得承包地的,发包方不得收回其原承包地;妇女离婚或者丧偶,仍在原居住地生活或者不在原居住地生活但在新居住地未取得承包地的,发包方不得收回其原承包地。

注释 本条规定主要包括以下内容:(1)承包期内,妇女结婚的,妇女嫁入方所在村应当尽量解决其土地承包问题。如果当地既没有富余的土地,也不进行小调整,而是实行"增人不增地,减人不减地"的办法,则出嫁妇女原籍所在地的发包方不得收回其原承包地。(2)妇女离婚或者丧偶,仍在原居住地生活的,其已取得的承包地应当由离婚或者丧偶妇女继续承包,发包方不得收回;不在原居住地生活的,新居住地的集体经济组织应当尽量为其解决承包土地问题,如可以在依法进行小调整时分给离婚或者丧偶妇女一份承包地,离婚或者丧偶妇女在新居住地未取得承包地的,原居住地的发包方不得收回其原承包地。

第三十二条 【承包收益和林地承包权的继承】承包人应得的承包收益,依照继承法的规定继承。

林地承包的承包人死亡,其继承人可以在承包期内继续承包。

注释 关于土地承包经营权能否继承的问题,首先应当明确的是,家庭承包的承包方是本集体经济组织的农户。家庭中部分成员死亡的,由于作为承包方的户还存在,因此不发生继承的问题,由家庭中的其他成员继续承包。只有在因家庭成员全部死亡而导致承包方消亡的情况下,才存在是否允许继承的问题。对家庭成员全部死亡而导致承包方消亡的,其承包地不允许继承,应当由集体经济组织收回,并严格用于解决人地矛盾。

承包地虽然不允许继承,但承包人应得的承包收益,如已收获的粮食、未收割的农作物等,作为承包人的个人财产,则应当依照《民法典》继承编的规定继承。继承人可以是本集体经济组织的成员,也可以不是本集体经济组织的成员。承包人应得的承包收益,自承包人死亡时开始继承,而不必等到承包经营的家庭消亡时才开始继承。

上述继承的问题,主要指耕地和草地,关于林地能否继承的问题,本条第2款规定:"林地承包的承包人死亡,其继承人可以在承包期内继续承包。"

第三十三条 【土地承包经营权的互换】承包方之间为方便耕种或者各自需要,可以对属于同一集体经济组织的土地的土地承包经营权进行互换,并向发包方备案。

注释 土地承包经营权互换,是土地承包经营权人将自己的土地承包经营权交换给他人行使,自己行使从他人处换来的土地承包经营权。权利交换后,原有的发包方与承包方的关系,变为发包方与互换后的承包方的关系,双方的权利义务同时做出相应的调整。

需要注意的是:第一,土地承包经营权互换只是土地承包经营权人改变,不是土地用途及承包义务的改变,互换后的土地承包经营权人仍然要按照发包时确定的该土地的用途使用土地,履行该地块原来负担的义务。例如,发包时确定某地块用于种植粮食作物,承包经营权互换后不能用于开挖鱼塘。第二,家庭承包的土地,不仅涉及不同集体经济组织的土地权属,也关系农户的生存保障。因此,承包方只能与属于同一集体经济组织的农户互换土地承包经营权,不能与其他集体经济组织的农户互换土地承包经营权。

第三十四条 【土地承包经营权的转让】经发包方同意,承包方可以将全部或者部分的土地承包经营权转让给本集体经济组织的其他农户,由该农户同发包方确立新的承包关系,原承包方与发包方在该土地上的承包关系即行终止。

注释 土地承包经营权转让指土地承包经营权人将其拥有的未到期的土地承包经营权以一定的方式和条件移转给他人的行为。土地承包经营权的受让对象只能是本集体经济组织的成员。

土地承包经营权转让不同于土地承包经营权互换。互换土地承包经营权,承包方与发包方的关系虽有变化,但互换土地承包经营权的双方只不过是对土地承包经营权进行了置换,并未丧失该权利。而转让土地承包经营权,承包方与发包方的土地承包关系即行终止,转让方也不再享有土地承包经营权。

链接《民法典》第334条

第三十五条 【土地承包经营权互换、转让的登记】土地承包经营权互换、转让的,当事人可以向登记机构申请登记。未经登记,不得对抗善意第三人。

注释 本条对于土地承包经营权的互换、转让采用登记对抗主义。也就是说,当事人签订土地承包经营权的互换、转让合同,并经发包方备案或者同意后,该合同即发生法律效力,不强制当事人登记。

未经登记,不能对抗善意第三人。也就是说,不登记将产生不利于土地承包经营权受让人的法律后果。例如,承包户A将某块土地的承包经营权转让给B,但没有办理变更登记。之后,A又将同一块地的承包经营权转让给C,同时办理了变更登记。如果B与C就该块土地的承包经营权发生纠纷,由于C取得土地承包经营权并进行了登记,他的权利将受到保护。B将不能取得该地块的土地承包经营权。

第五节 土地经营权

第三十六条 【土地经营权设立】 承包方可以自主决定依法采取出租(转包)、入股或者其他方式向他人流转土地经营权,并向发包方备案。

注释 土地经营权设立的主体

设立土地经营权的主体就是承包方和受让方,双方经过协商一致以合同方式设立土地经营权。由于家庭承包是以户为单位的,绝大多数承包户的家庭成员都是有数人的。因此,土地经营权设立的出让方就是承包方,而不是承包农户的个别家庭成员。但在具体设立过程中,代表出让方的可能是承包家庭成员代表。

土地经营权流转的受让方范围很广泛,既可以是本集体经济组织的成员,也可以是非本集体经济组织的成员;既可以是个人,也可以是公司等组织;既可以是法人,也可以是非法人组织。

土地经营权设立的客体

土地经营权的客体就是农村土地。根据本法第2条的规定,农村土地是指农民集体所有和国家所有依法由农民集体使用的耕地、林地、草地,以及其他依法用于农业的土地。

土地经营权设立的原则

设立土地经营权的原则就是应当由承包方自主决定、依法设立。所谓自主决定,是指承包方是否设立土地经营权应当由其自己决定,自愿参与土地经营权的流转。所谓依法设立,就是承包方设立土地经营权应当根据本法和相关法律规定的程序、实体要求设立,不能违反法律的强制性要求。

土地经营权设立的方式

根据本条的规定,承包方可以采取出租(转包)、入股或者其他方式向他人流转土地经营权。具体而言,土地经营权设立的方式可以分为三类:

(1)出租(转包)。出租就是承包方以与非本集体经济组织成员的受让方签订租赁合同的方式设立土地经营权,由受让方在合同期限内占有、使用承包地,并按照约定向承包方支付租金。转包就是承包方向本集体经济组织成员签订转包合同设立土地经营权,受让方向承包方支付转包费。

(2)入股。入股就是承包方将土地经营权作为出资方式,投入农业公司等,并按照出资协议约定取得分红。承包方以土地经营权入股后,即成为公司的股东,享有法律规定的公司股东的权利,可以参与公司的经营管理,与其他成员、股东共担风险、共享收益。

(3)其他方式。其他方式就是出租、入股之外的方式,如根据本法第47条的规定,承包方可以用承包地的土地经营权向金融机构融资担保。这也是一种设立土地经营权的方式。在当事人以土地经营权设定担保物权时,一旦债务人未能偿还到期债务,担保物权人有权就土地经营权优先受偿。

土地经营权设立的程序要求

根据本条的规定,土地经营权的设立应当向发包方备案。所谓备案就是以书面形式告知集体经济组织土地经营权设立的事实。备案的义务主体是承包方,即设立土地经营权的农户,而不是受让方。接受备案的一方是发包方。根据本法第13条的规定,农民集体所有的土地依法属于村农民集体所有的,由村集体经济组织或者村民委员会发包;已经分别属于村内两个以上农村集体经济组织的农民集体所有的,由村内各该农村集体经济组织或者村民小组发包。因此,承包方应当根据承包时的实际情况,依法向相应的发包方备案:由本村集体经济组织发包的,就应当向本村集体经济组织备案;由本小组集体经济组织发包的,则应当向本小组集体经济组织备案;由村民委员会代为发包的,就应当报村民委员会备案。

第三十七条 【土地经营权人的基本权利】 土地经营权人有权在合同约定的期限内占有农村土地,自主开展农业生产经营并取得收益。

注释 土地经营权是受让方根据流转合同的约定对

承包方承包的农村土地依法占有,并利用其开展农业生产经营并取得收益的权利。

（1）权利的主体。土地经营权的权利主体就是根据土地经营权流转合同取得土地经营权的自然人或者组织。（2）权利的客体。土地经营权的客体就是农村土地。（3）权利的取得。土地经营权是由承包方通过一定的民事法律行为设立的,这种民事法律行为就是与受让方签订土地经营权流转合同。（4）权利的期限。土地承包经营权是一种用益物权,而且是有期限物权。根据本法的规定,土地经营权流转的期限不得超过承包期的剩余期限。这里的不得超过就是当事人可以根据合同约定土地经营权的最长期限,可以是一年、二年、三年、五年或者十年等,只要不超过承包期的剩余期限即可。（5）权利的消灭。土地经营权是有期限的权利,因此一旦双方约定的流转期限届满,土地经营权人的权利自然因到期而消灭。土地经营权也可能因为土地经营权流转合同的解除、被撤销或者宣告无效等事由而解除。

第三十八条 【土地经营权流转的原则】 土地经营权流转应当遵循以下原则：

（一）依法、自愿、有偿,任何组织和个人不得强迫或者阻碍土地经营权流转；

（二）不得改变土地所有权的性质和土地的农业用途,不得破坏农业综合生产能力和农业生态环境；

（三）流转期限不得超过承包期的剩余期限；

（四）受让方须有农业经营能力或者资质；

（五）在同等条件下,本集体经济组织成员享有优先权。

注释 "土地经营权的流转不得改变土地所有权的性质"进一步明确了土地经营权流转的性质不是买卖土地,土地经营权人获得的仅是经营土地的权利,而非土地所有权。土地经营权人只能依法占有、使用承包地并获取收益,不得擅自处分承包地。

农业综合生产能力是指一定地区、一定时期和一定社会经济技术条件下,通过具体生产过程的组织和土地、劳力、资金、科技、管理等农业生产诸要素综合投入所形成的,并可以相对稳定地实现的农业综合产出水平,包括农业生产要素投入能力、农业生产产出能力、农田设施保障和抗御自然灾害能力等。不得破坏农业综合生产能力,就是

在利用承包地开展农业生产经营获取收益时,必须确保土地、水等自然资源的可持续利用,确保农产品的实际产量不降低,确保农业设施能够抵抗自然灾害等。

第三十九条 【土地经营权流转价款】 土地经营权流转的价款,应当由当事人双方协商确定。流转的收益归承包方所有,任何组织和个人不得擅自截留、扣缴。

第四十条 【土地经营权流转合同】 土地经营权流转,当事人双方应当签订书面流转合同。

土地经营权流转合同一般包括以下条款：

（一）双方当事人的姓名、住所；

（二）流转土地的名称、坐落、面积、质量等级；

（三）流转期限和起止日期；

（四）流转土地的用途；

（五）双方当事人的权利和义务；

（六）流转价款及支付方式；

（七）土地被依法征收、征用、占用时有关补偿费的归属；

（八）违约责任。

承包方将土地交由他人代耕不超过一年的,可以不签订书面合同。

注释 需要注意的是,本条第3款规定,承包方将土地交由他人代耕不超过一年的,可以不签订书面合同。代耕就是将承包方承包地交由自己的亲朋好友代为耕种。承包方这样做一般是为避免土地撂荒,而且不少是无偿的。但是,考虑到有的代耕期限较长,为了避免纠纷,明确双方的权利义务关系,代耕超过一年的,还是应当签订书面合同。

第四十一条 【土地经营权流转的登记】 土地经营权流转期限为五年以上的,当事人可以向登记机构申请土地经营权登记。未经登记,不得对抗善意第三人。

第四十二条 【土地经营权流转合同单方解除权】 承包方不得单方解除土地经营权流转合同,但受让方有下列情形之一的除外：

（一）擅自改变土地的农业用途；

（二）弃耕抛荒连续两年以上；

（三）给土地造成严重损害或者严重破坏土地生态环境；

（四）其他严重违约行为。

注释 本条没有规定承包方行使单方解除权的具体方式和程序要求。因此,承包方要解除土地经

营权流转合同,还应当遵守《民法典》合同编有关解除权的规定。一方面,解除权应当在法定或者约定的期限内行使。另一方面,行使解除权还应按照一定的方式。本条规定,当事人根据约定解除权和法定解除权主张解除合同的,应当通知对方。合同自通知到达对方时解除。

土地经营权流转合同解除后,尚未履行的,终止履行;已经履行的,根据履行情况和合同性质,当事人可以要求恢复原状、采取其他补救措施,并有权要求赔偿损失。

第四十三条 【土地经营权受让方依法投资并获得补偿】 经承包方同意,受让方可以依法投资改良土壤,建设农业生产附属、配套设施,并按照合同约定对其投资部分获得合理补偿。

注释 理解本条规定,应把握以下几个方面:第一,受让方投资改良土壤以及建设农业生产附属、配套设施,必须经承包方同意。第二,受让方投资改良土壤,建设农业生产附属、配套设施必须依法进行。第三,受让方就改良土壤、建设农业生产附属、配套设施进行投资的,可与承包方约定合理补偿。关于合理补偿的标准,要综合考虑投资年限、有关设施的使用折旧程度等加以确定。

第四十四条 【承包方流转土地经营权后与发包方承包关系不变】 承包方流转土地经营权的,其与发包方的承包关系不变。

注释 根据本条的规定,承包方流转土地经营权的,其与发包方的承包关系不变。理解这一规定,可以从以下三个方面予以把握:

(1)承包方流转土地经营权可以采取出租(转包)、入股或者其他方式,但无论采取何种方式,其与受让方形成何种性质的法律关系,均不影响其与发包方之前形成的承包关系。承包方依然属于承包合同关系的一方当事人。

(2)承包方与受让土地经营权的受让方形成的是土地经营权流转合同,承包方与发包方形成的是承包合同,两个合同关系虽然相互独立,但也有一定的联系,主要体现在,流转合同的期限不得超过承包合同的剩余期限、受让方从事经营同样应当遵循农地利用规划及保护生态等要求。

(3)发包方尽管不是流转合同的当事人,但其作为土地发包的主体,在特定情形下,依然享有终止流转合同并要求受让方赔偿损害的权利。根据本法第64条的规定,土地经营权人擅自改变土地的农业用途、弃耕抛荒连续两年以上、给土地造成严重损害或者严重破坏土地生态环境,承包方在合理期限内不解除土地经营权流转合同的,发包方有权要求终止土地经营权流转合同。土地经营权人对土地和土地生态环境造成的损害应当予以赔偿。

第四十五条 【建立社会资本取得土地经营权的资格审查等制度】 县级以上地方人民政府应当建立工商企业等社会资本通过流转取得土地经营权的资格审查、项目审核和风险防范制度。

工商企业等社会资本通过流转取得土地经营权的,本集体经济组织可以收取适量管理费用。

具体办法由国务院农业农村、林业和草原主管部门规定。

注释 根据本条第1款的规定,县级以上地方人民政府应当建立工商企业等社会资本通过流转取得土地经营权的资格审查、项目审核和风险防范制度。理解本款规定,需要掌握以下几点:

(1)对工商企业等社会资本流转土地经营权进行风险控制的主体是县级以上地方人民政府。县级人民政府对其行政区域内工商企业等社会资本流转土地经营权建立统一的资格审查、项目审核和风险防范制度。

(2)要准确理解资格审查、项目审核和风险防范制度的含义。"资格审查"是指对流转取得土地经营权的工商企业等社会资本是否具备农业经营能力或者相应资质进行审查,确保其在流转取得土地经营权后能够作为适格主体进行开发经营,实现土地利用效益的最大化。"项目审核"是指对工商企业流转土地经营权后的具体开发项目要予以把关审核,特别是要确保项目开发不得改变土地的农业用途,不得破坏农业综合生产能力和农业生态环境。"风险防范"是指在整个工商企业等社会资本通过流转取得土地经营权并用于实际开发的过程中,政府有关部门应当始终强调事前、事中、事后监管,切实防范因经营主体违约或者经营不善等损害农民权益的事项发生。

第四十六条 【土地经营权的再流转】 经承包方书面同意,并向本集体经济组织备案,受让方可以再流转土地经营权。

注释 根据本条的规定,通过流转取得土地经营权的受让方,如果再次流转土地经营权,需要注意把握:第一,土地经营权的再次流转需要经过"同意加备案"的程序。具体而言，受让方再次流转土地经营权，需要征得承包方的书面同意，同时还应向作为发包方的集体经济组织履行备案手续。第二，受让方再次流转土地经营权的方式。根据本法第36条的规定，承包方可以自主决定依法采取出租(转包)、入股或者其他方式向他人流转土地经营权。

第四十七条 【土地经营权融资担保】承包方可以用承包地的土地经营权向金融机构融资担保，并向发包方备案。受让方通过流转取得的土地经营权，经承包方书面同意并向发包方备案，可以向金融机构融资担保。

担保物权自融资担保合同生效时设立。当事人可以向登记机构申请登记；未经登记，不得对抗善意第三人。

实现担保物权时，担保物权人有权就土地经营权优先受偿。

土地经营权融资担保办法由国务院有关部门规定。

注释 本条第1款规定，承包方可以用承包地的土地经营权向金融机构融资担保，并向发包方备案。本款包含两种情况：(1)承包方利用其所承包的承包地的土地经营权向金融机构融资担保。此种情况下，由于承包方并未将承包地的土地经营权向外流转，承包方的土地承包权与土地经营权没有分离，因此作为担保物的土地经营权实际上未现实存在，承包方是用将来的土地经营权融资担保，到需要实现担保物权时，土地经营权才从土地承包经营权中分离出来，作为优先受偿的财产出现。(2)承包方将承包地的土地经营权流转后，受让土地经营权的受让方利用土地经营权向金融机构融资担保。在这种情况下，承包方自己不实际经营土地，而是流转给受让方，受让方将流转取得的承包地的土地经营权向金融机构融资担保。

本条第2款规定了担保物权的成立及登记的效力。根据本款的规定，担保物权自融资担保合同生效时设立。当事人可以向登记机构申请登记；未经登记，不得对抗善意第三人。

第三章 其他方式的承包

第四十八条 【其他承包方式】不宜采取家庭承包方式的荒山、荒沟、荒丘、荒滩等农村土地，通过招标、拍卖、公开协商等方式承包的，适用本章规定。

注释 招标投标多为大宗货物的买卖、工程建设项目的发包与承包、服务项目的采购与提供等所采用，但不局限于此，农村荒山、荒沟、荒丘、荒滩等土地资源的承包也可以采取招标投标的方式。拍卖是指以公开竞价的形式，将特定物的财产权利转让给最高应价的买卖方式。

第四十九条 【以其他方式承包农村土地时承包合同的签订】以其他方式承包农村土地的，应当签订承包合同，承包方取得土地经营权。当事人的权利和义务、承包期限等，由双方协商确定。以招标、拍卖方式承包的，承包费通过公开竞标、竞价确定；以公开协商等方式承包的，承包费由双方议定。

第五十条 【荒山、荒沟、荒丘、荒滩等的承包经营方式】荒山、荒沟、荒丘、荒滩等可以直接通过招标、拍卖、公开协商等方式实行承包经营，也可以将土地经营权折股分给本集体经济组织成员后，再实行承包经营或者股份合作经营。

承包荒山、荒沟、荒丘、荒滩的，应当遵守有关法律、行政法规的规定，防止水土流失，保护生态环境。

注释 根据本条的规定，对荒山、荒沟、荒丘、荒滩等土地的承包经营方式灵活多样，既可以直接通过向社会公开招标、拍卖、公开协商等方式进行，也可以在本集体经济组织内部，将土地经营权折股分给本集体经济组织成员后，再实行承包经营或者股份合作经营。

第五十一条 【本集体经济组织成员有权优先承包】以其他方式承包农村土地，在同等条件下，本集体经济组织成员有权优先承包。

注释 不能简单地认为在以其他方式承包土地的情况下，本集体经济组织内部成员一定有权优先承包，这里的优先是以"同等条件"为前提的。在与本集体经济组织外的单位或个人竞争土地承包时，本集体经济组织内部成员与外部竞争者具有同等的竞争条件的，发包方才可将土地优先承包给本集体经济组织内部成员。

第五十二条 【将农村土地发包给本集体经济组织以外的单位或者个人承包的程序】发包方将农村土地发包给本集体经济组织以外的单位或个人承包，应当事先经本集体经济组织成员的村民会议三分之二以上成员或者三分之二以上村民代表的同意,并报乡(镇)人民政府批准。

由本集体经济组织以外的单位或者个人承包的,应当对承包方的资信情况和经营能力进行审查后,再签订承包合同。

第五十三条 【以其他方式承包农村土地后,土地经营权的流转】通过招标、拍卖、公开协商等方式承包农村土地,经依法登记取得权属证书的,可以依法采取出租、入股、抵押或者其他方式流转土地经营权。

注释依据本法第3条的规定,我国的农村土地承包制度包括"农村集体经济组织内部的家庭承包方式"和"其他方式的承包"。通过家庭方式的承包取得土地承包经营权后,登记机构应当向承包方颁发土地承包经营权证或者林权证等证书,并登记造册,确认土地承包经营权。承包方在此基础上,可以直接向他人流转土地经营权。

要注意的是,通过其他方式的承包所取得的土地经营权是通过市场化的行为并支付一定的对价获得的,其流转无须向发包人备案或经发包人同意。流转对受让方也没有特别限制,接受流转的一方可以是本集体经济组织以外的个人、农业公司等。

链接《民法典》第342条

第五十四条 【以其他方式取得的土地承包经营权的继承】依照本章规定通过招标、拍卖、公开协商等方式取得土地经营权的,该承包人死亡,其应得的承包收益,依照继承法的规定继承;在承包期内,其继承人可以继续承包。

注释关于家庭承包中的继承问题已在本法第32条作了规定,本条对以其他方式的承包的继承问题作出规定。家庭承包和其他方式的承包引发的继承问题共同之处在于,两种方式的承包中承包人死亡后其应得的承包收益,都可以依照《民法典》继承编的规定继承。差别主要体现在:

(1)在家庭承包的方式中,土地承包经营权是农村集体经济组织内部人人有份的,是农村集体经济组织成员的一项权利。而成为非农业人口的继承人能否继承土地承包经营权?应当说成为非农业人口的继承人已经不是农村集体经济组织的成员了,也不享有对土地承包经营权的继承权。而在其他方式的承包中,则不存在这个问题。例如,一个农户对本村荒山的承包,这个承包并不是在本村内人人有份的,而是通过招标、拍卖或者公开协商等方式进行承包取得的土地经营权。这种承包是有偿取得的,期限较长,投入很大,应当允许继承,而且允许成为非农业人口的继承人继承。

(2)在家庭承包的方式中,由于是以户为生产经营单位,因此部分家庭成员死亡的,不发生土地承包经营权本身的继承问题,而是由该承包户内的其他成员继续承包。如果全部承包人死亡,承包方的家庭消亡后,土地承包经营权由发包方收回,其他继承人只能继承土地承包的收益,并要求发包方对被继承人在土地上的投入做一定的补偿。而在其他方式的承包中,则有所不同。例如,承包本村荒山的承包人,在其死后,荒山可以由其继承人继续承包。如果所有的继承人都不愿意承包经营,还可以通过出租、入股、抵押或者其他方式流转土地经营权,将流转获得的收益作为遗产处理。

(3)在家庭承包方式中,林地承包的承包人死亡,其继承人可以在承包期内继续承包。本条规定的其他方式的承包的继承与林地承包是相似的,即以其他方式的承包人死亡后,其所承包的"四荒地"在承包期内由继承人继续承包。

第四章 争议的解决和法律责任

第五十五条 【土地承包经营纠纷的解决方式】因土地承包经营发生纠纷的,双方当事人可以通过协商解决,也可以请求村民委员会、乡(镇)人民政府等调解解决。

当事人不愿协商、调解或者协商、调解不成的,可以向农村土地承包仲裁机构申请仲裁,也可以直接向人民法院起诉。

注释土地承包经营纠纷,主要是指在土地承包过程中发包方与承包方发生的纠纷,承包方与受让方发生的纠纷,也包括土地承包经营当事人与第三人发生的纠纷。

调解,是指在村民委员会、乡(镇)人民政府等第三方的主持下,在双方当事人自愿的基础上,通过宣传法律、法规、规章和政策,劝导当事人化解矛盾,自愿就争议事项达成协议,使农村土地承包经营纠纷及时得到解决的一种活动。当事人可以将纠纷通过调解解决,但调解不是仲裁或诉讼的必经程序。调解人可以是个人,也可以是人民政府及其有关部门,还可以是其他社会团体、组织。

本条规定了几种主要的调解单位。例如,对

于村民小组或者村内的集体经济组织发包的,发生纠纷后,可以请求村民委员会调解;对于村集体经济组织或者村民委员会发包的,发生纠纷后,可以请求乡(镇)人民政府调解。其他调解部门可以是政府的农业农村、林业和草原等行政主管部门,也可以是政府设立的负责农业承包管理工作的农村集体经济管理部门,还可以是农村土地承包仲裁委员会。

第五十六条【侵害土地承包经营权、土地经营权应当承担民事责任】任何组织和个人侵害土地承包经营权、土地经营权的,应当承担民事责任。

注释 根据《民法典》第179条的规定,承担民事责任的方式主要有:(1)停止侵害;(2)排除妨碍;(3)消除危险;(4)返还财产;(5)恢复原状;(6)修理、重作、更换;(7)继续履行;(8)赔偿损失;(9)支付违约金;(10)消除影响、恢复名誉;(11)赔礼道歉。

本条有一点需要明确,即对于国家机关及其工作人员利用职权干涉和侵害农村土地承包经营权的行为如何处理?本法第65条列举了相关侵权行为,如利用职权干涉农村土地承包经营,变更、解除承包经营合同,干涉承包经营当事人依法享有的生产经营自主权,强迫、阻碍承包经营当事人进行土地承包经营权互换、转让或者土地经营权流转等行为。

链接《农村土地承包经营纠纷调解仲裁法》

第五十七条【发包方的民事责任】发包方有下列行为之一的,应当承担停止侵害、排除妨碍、消除危险、返还财产、恢复原状、赔偿损失等民事责任:

(一)干涉承包方依法享有的生产经营自主权;

(二)违反本法规定收回、调整承包地;

(三)强迫或者阻碍承包方进行土地承包经营权的互换、转让或土地经营权流转;

(四)假借少数服从多数强迫承包方放弃或者变更土地承包经营权;

(五)以划分"口粮田"和"责任田"等为由收回承包地搞招标承包;

(六)将承包地收回抵顶欠款;

(七)剥夺、侵害妇女依法享有的土地承包经营权;

(八)其他侵害土地承包经营权的行为。

注释 承担民事责任的方式,就发包方而言,是发包方因违法侵害承包方合法权益承担民事责任的形式。

(1)停止侵害。停止侵害是指发包方正在实施侵害承包方享有的土地承包经营权时,承包方为了维护自己的合法权益,防止损害后果的扩大,有权制止正在实施的不法行为,要求其停止侵害。

(2)排除妨碍。排除妨碍是指将妨害他人权利的障碍予以排除,如发包方在承包地边堆放建筑用沙石,妨害承包方收割机械的进入,影响其生产。

(3)消除危险。消除危险是指因行为人实施的行为或者设置的物件等有造成他人损害或再次造成他人损害的危险时,受害人有权请求行为人将危险排除。这里所说的危险是现实存在的,而不是一种潜在的可能。

(4)返还财产。返还财产从民法理论上来说是指一方当事人将非法占有的他人财产返还给对方当事人。被他人非法占有的可能是物,或者其他财产。所返还财产可能是原物,也可能不是原物。

(5)恢复原状。按字面意思理解,恢复原状是指将损坏的东西重新修复,引申下去,可以指回复权利至未被侵害时的状态。

(6)赔偿损失。赔偿损失是违法行为人对违法行为造成的损害所承担的补偿对方损失的民事法律责任方式,是适用范围最为广泛的一种责任形式。赔偿损失的方式包括实物赔偿和金钱赔偿两种。

第五十八条【承包合同中无效的约定】承包合同中违背承包方意愿或者违反法律、行政法规有关不得收回、调整承包地等强制性规定的约定无效。

第五十九条【违约责任】当事人一方不履行合同义务或者履行义务不符合约定的,应当依法承担违约责任。

第六十条【无效的土地承包经营权互换、转让或土地经营权流转】任何组织和个人强迫进行土地承包经营权互换、转让或者土地经营权流转的,该互换、转让或者流转无效。

第六十一条【擅自截留、扣缴土地承包经营权互换、转让或土地经营权流转收益的处理】任何组织和个人擅自截留、扣缴土地承包经营权互换、转让或者土地经营权流转收益的,应当退还。

第六十二条【非法征收、征用、占用土地或者贪污、挪用土地征收、征用补偿费用的法律责任】违反土地管理法规，非法征收、征用、占用土地或者贪污、挪用土地征收、征用补偿费用，构成犯罪的，依法追究刑事责任；造成他人损害的，应当承担损害赔偿等责任。

第六十三条 【违法将承包地用于非农建设或者给承包地造成永久性损害的法律责任】承包方、土地经营权人违法将承包地用于非农建设的，由县级以上地方人民政府有关主管部门依法予以处罚。

承包方给承包地造成永久性损害的，发包方有权制止，并有权要求赔偿由此造成的损失。

第六十四条 【土地经营权人的民事责任】土地经营权人擅自改变土地的农业用途、弃耕抛荒连续两年以上、给土地造成严重损害或者严重破坏土地生态环境，承包方在合理期限内不解除土地经营权流转合同的，发包方有权要求终止土地经营权流转合同。土地经营权人对土地和土地生态环境造成的损害应当予以赔偿。

第六十五条 【国家机关及其工作人员利用职权侵害土地承包经营权、土地经营权行为的法律责任】国家机关及其工作人员有利用职权干涉农村土地承包经营，变更、解除承包经营合同，干涉承包经营当事人依法享有的生产经营自主权，强迫、阻碍承包经营当事人进行土地承包经营权互换、转让或者土地经营权流转等侵害土地承包经营权、土地经营权的行为，给承包经营当事人造成损失的，应当承担损害赔偿责任；情节严重的，由上级机关或者所在单位给予直接责任人员处分；构成犯罪的，依法追究刑事责任。

第五章 附 则

第六十六条 【本法实施前的农村土地承包继续有效】本法实施前已经按照国家有关农村土地承包的规定承包，包括承包期限长于本法规定的，本法实施后继续有效，不得重新承包土地。未向承包方颁发土地承包经营权证或者林权证等证书的，应当补发证书。

第六十七条 【机动地的预留】本法实施前已经预留机动地的，机动地面积不得超过本集体经济组织耕地总面积的百分之五。不足百分之五的，不得再增加机动地。

本法实施前未留机动地的，本法实施后不得再留机动地。

第六十八条 【实施办法的制定】各省、自治区、直辖市人民代表大会常务委员会可以根据本法，结合本行政区域的实际情况，制定实施办法。

第六十九条 【农村集体经济组织成员身份的确认】确认农村集体经济组织成员身份的原则、程序等，由法律、法规规定。

第七十条 【施行时间】本法自 2003 年 3 月 1 日起施行。

基本农田保护条例

· 1998 年 12 月 27 日中华人民共和国国务院令第 257 号公布
· 根据 2011 年 1 月 8 日《国务院关于废止和修改部分行政法规的决定》修订

第一章 总 则

第一条 为了对基本农田实行特殊保护，促进农业生产和社会经济的可持续发展，根据《中华人民共和国农业法》和《中华人民共和国土地管理法》，制定本条例。

第二条 国家实行基本农田保护制度。

本条例所称基本农田，是指按照一定时期人口和社会经济发展对农产品的需求，依据土地利用总体规划确定的不得占用的耕地。

本条例所称基本农田保护区，是指为对基本农田实行特殊保护而依据土地利用总体规划和依照法定程序确定的特定保护区域。

第三条 基本农田保护实行全面规划、合理利用、用养结合、严格保护的方针。

第四条 县级以上地方各级人民政府应当将基本农田保护工作纳入国民经济和社会发展计划，作为政府领导任期目标责任制的一项内容，并由上一级人民政府监督实施。

第五条 任何单位和个人都有保护基本农田的义务，并有权检举、控告侵占、破坏基本农田和其他违反本条例的行为。

第六条 国务院土地行政主管部门和农业行政主管部门按照国务院规定的职责分工，依照本条例负责全国的基本农田保护管理工作。

县级以上地方各级人民政府土地行政主管部

门和农业行政主管部门按照本级人民政府规定的职责分工，依照本条例负责本行政区域内的基本农田保护管理工作。

乡（镇）人民政府负责本行政区域内的基本农田保护管理工作。

第七条 国家对在基本农田保护工作中取得显著成绩的单位和个人，给予奖励。

第二章 划 定

第八条 各级人民政府在编制土地利用总体规划时，应当将基本农田保护作为规划的一项内容，明确基本农田保护的布局安排、数量指标和质量要求。

县级和乡（镇）土地利用总体规划应当确定基本农田保护区。

第九条 省、自治区、直辖市划定的基本农田应当占本行政区域内耕地总面积的80%以上，具体数量指标根据全国土地利用总体规划逐级分解下达。

第十条 下列耕地应当划入基本农田保护区，严格管理：

（一）经国务院有关主管部门或者县级以上地方人民政府批准确定的粮、棉、油生产基地内的耕地；

（二）有良好的水利与水土保持设施的耕地，正在实施改造计划以及可以改造的中、低产田；

（三）蔬菜生产基地；

（四）农业科研、教学试验田。

根据土地利用总体规划，铁路、公路等交通沿线、城市和村庄、集镇建设用地区周边的耕地，应当优先划入基本农田保护区；需要退耕还林、还牧、还湖的耕地，不应当划入基本农田保护区。

第十一条 基本农田保护区以乡（镇）为单位划区定界，由县级人民政府土地行政主管部门会同同级农业行政主管部门组织实施。

划定的基本农田保护区，由县级人民政府设立保护标志，予以公告，由县级人民政府土地行政主管部门建立档案，并抄送同级农业行政主管部门。任何单位和个人不得破坏或者擅自改变基本农田保护区的保护标志。

基本农田划区定界后，由省、自治区、直辖市人民政府组织土地行政主管部门和农业行政主管部门验收确认，或者由省、自治区人民政府授权设区的市、自治州人民政府组织土地行政主管部门和农业行政主管部门验收确认。

第十二条 划定基本农田保护区时，不得改变土地承包者的承包经营权。

第十三条 划定基本农田保护区的技术规程，由国务院土地行政主管部门会同国务院农业行政主管部门制定。

第三章 保 护

第十四条 地方各级人民政府应当采取措施，确保土地利用总体规划确定的本行政区域内基本农田的数量不减少。

第十五条 基本农田保护区经依法划定后，任何单位和个人不得改变或者占用。国家能源、交通、水利、军事设施等重点建设项目选址确实无法避开基本农田保护区，需要占用基本农田，涉及农用地转用或者征收土地的，必须经国务院批准。

第十六条 经国务院批准占用基本农田的，当地人民政府应当按照国务院的批准文件修改土地利用总体规划，并补充划入数量和质量相当的基本农田。占用单位应当按照占多少、垦多少的原则，负责开垦与所占基本农田的数量与质量相当的耕地；没有条件开垦或者开垦的耕地不符合要求的，应当按照省、自治区、直辖市的规定缴纳耕地开垦费，专款用于开垦新的耕地。

占用基本农田的单位应当按照县级以上地方人民政府的要求，将所占用基本农田耕作层的土壤用于新开垦耕地、劣质地或者其他耕地的土壤改良。

第十七条 禁止任何单位和个人在基本农田保护区内建窑、建房、建坟、挖砂、采石、采矿、取土、堆放固体废弃物或者进行其他破坏基本农田的活动。

禁止任何单位和个人占用基本农田发展林果业和挖塘养鱼。

第十八条 禁止任何单位和个人闲置、荒芜基本农田。经国务院批准的重点建设项目占用基本农田的，满1年不使用而又可以耕种并收获的，应当由原耕种该幅基本农田的集体或者个人恢复耕种，也可以由用地单位组织耕种；1年以上未动工建设的，应当按照省、自治区、直辖市的规定缴纳闲置费；连续2年未使用的，经国务院批准，由县级以上人民政府无偿收回用地单位的土地使用权；该幅土地原为农民集体所有的，应当交由原农村集体经济组织恢复耕种,重新划入基本农田保护区。

承包经营基本农田的单位或者个人连续2年弃耕抛荒的,原发包单位应当终止承包合同,收回发包的基本农田。

第十九条 国家提倡和鼓励农业生产者对其经营的基本农田施用有机肥料,合理施用化肥和农药。利用基本农田从事农业生产的单位和个人应当保持和培肥地力。

第二十条 县级人民政府应当根据当地实际情况制定基本农田地力分等定级办法,由农业行政主管部门会同土地行政主管部门组织实施,对基本农田地力分等定级,并建立档案。

第二十一条 农村集体经济组织或者村民委员会应当定期评定基本农田地力等级。

第二十二条 县级以上地方各级人民政府农业行政主管部门应当逐步建立基本农田地力与施肥效益长期定位监测网点,定期向本级人民政府提出基本农田地力变化状况报告以及相应的地力保护措施,并为农业生产者提供施肥指导服务。

第二十三条 县级以上人民政府农业行政主管部门应当会同同级环境保护行政主管部门对基本农田环境污染进行监测和评价,并定期向本级人民政府提出环境质量与发展趋势的报告。

第二十四条 经国务院批准占用基本农田兴建国家重点建设项目的,必须遵守国家有关建设项目环境保护管理的规定。在建设项目环境影响报告书中,应当有基本农田环境保护方案。

第二十五条 向基本农田保护区提供肥料和作为肥料的城市垃圾、污泥的,应当符合国家有关标准。

第二十六条 因发生事故或者其他突然性事件,造成或者可能造成基本农田环境污染事故的,当事人必须立即采取措施处理,并向当地环境保护行政主管部门和农业行政主管部门报告,接受调查处理。

第四章 监督管理

第二十七条 在建立基本农田保护区的地方,县级以上地方人民政府应当与下一级人民政府签订基本农田保护责任书;乡(镇)人民政府应当根据与县级人民政府签订的基本农田保护责任书的要求,与农村集体经济组织或者村民委员会签订基本农田保护责任书。

基本农田保护责任书应当包括下列内容:
(一)基本农田的范围、面积、地块;
(二)基本农田的地力等级;
(三)保护措施;
(四)当事人的权利与义务;
(五)奖励与处罚。

第二十八条 县级以上地方人民政府应当建立基本农田保护监督检查制度,定期组织土地行政主管部门、农业行政主管部门以及其他有关部门对基本农田保护情况进行检查,将检查情况书面报告上一级人民政府。被检查的单位和个人应当如实提供有关情况和资料,不得拒绝。

第二十九条 县级以上地方人民政府土地行政主管部门、农业行政主管部门对本行政区域内发生的破坏基本农田的行为,有权责令纠正。

第五章 法律责任

第三十条 违反本条例规定,有下列行为之一的,依照《中华人民共和国土地管理法》和《中华人民共和国土地管理法实施条例》的有关规定,从重给予处罚:
(一)未经批准或者采取欺骗手段骗取批准,非法占用基本农田的;
(二)超过批准数量,非法占用基本农田的;
(三)非法批准占用基本农田的;
(四)买卖或者以其他形式非法转让基本农田的。

第三十一条 违反本条例规定,应当将耕地划入基本农田保护区而不划入的,由上一级人民政府责令限期改正;拒不改正的,对直接负责的主管人员和其他直接责任人员依法给予行政处分或者纪律处分。

第三十二条 违反本条例规定,破坏或者擅自改变基本农田保护区标志的,由县级以上地方人民政府土地行政主管部门或者农业行政主管部门责令恢复原状,可以处1000元以下罚款。

第三十三条 违反本条例规定,占用基本农田建窑、建房、建坟、挖砂、采石、采矿、取土、堆放固体废弃物或者从事其他活动破坏基本农田,毁坏种植条件的,由县级以上人民政府土地行政主管部门责令改正或者治理,恢复原种植条件,处占用基本农田的耕地开垦费1倍以上2倍以下的罚款;构成犯罪的,依法追究刑事责任。

第三十四条 侵占、挪用基本农田的耕地开垦费,构成犯罪的,依法追究刑事责任;尚不构成犯罪的,依法给予行政处分或者纪律处分。

第六章 附 则

第三十五条 省、自治区、直辖市人民政府可以根据当地实际情况,将其他农业生产用地划为保护区。保护区内的其他农业生产用地的保护和管理,可以参照本条例执行。

第三十六条 本条例自1999年1月1日起施行。1994年8月18日国务院发布的《基本农田保护条例》同时废止。

国务院办公厅关于引导农村产权流转交易市场健康发展的意见

- 2014年12月30日
- 国办发〔2014〕71号

近年来,随着农村劳动力持续转移和农村改革不断深化,农户承包土地经营权、林权等各类农村产权流转交易需求明显增长,许多地方建立了多种形式的农村产权流转交易市场和服务平台,为农村产权流转交易提供了有效服务。但是,各地农村产权流转交易市场发展不平衡,其设立、运行、监管有待规范。引导农村产权流转交易市场健康发展,事关农村改革发展稳定大局,有利于保障农民和农村集体经济组织的财产权益,有利于提高农村要素资源配置和利用效率,有利于加快推进农业现代化。为此,经国务院同意,现提出以下意见。

一、总体要求

(一)指导思想。以邓小平理论、"三个代表"重要思想、科学发展观为指导,深入贯彻习近平总书记系列重要讲话精神,全面落实党的十八大和十八届三中、四中全会精神,按照党中央、国务院决策部署,以坚持和完善农村基本经营制度为前提,以保障农民和农村集体经济组织的财产权益为根本,以规范流转交易行为和完善服务功能为重点,扎实做好农村产权流转交易市场建设工作。

(二)基本原则。

——坚持公益性为主。必须坚持为农服务宗旨,突出公益性,不以盈利为目的,引导、规范和扶持农村产权流转交易市场发展,充分发挥其服务农村改革发展的重要作用。

——坚持公开公正规范。必须坚持公开透明、自主交易、公平竞争、规范有序,逐步探索形成符合农村实际和农村产权流转交易特点的市场形式、交易规则、服务方式和监管办法。

——坚持因地制宜。是否设立市场、设立什么样的市场、覆盖多大范围等,都要从各地实际出发,统筹规划、合理布局,不能搞强迫命令,不能搞行政瞎指挥。

——坚持稳步推进。充分利用和完善现有农村产权流转交易市场,在有需求、有条件的地方积极探索新的市场形式,稳妥慎重、循序渐进,不急于求成,不片面追求速度和规模。

二、定位和形式

(三)性质。农村产权流转交易市场是为各类农村产权依法流转交易提供服务的平台,包括现有的农村土地承包经营权流转服务中心、农村集体资产管理交易中心、林权管理服务中心和林业产权交易所,以及各地探索建立的其他形式农村产权流转交易市场。现阶段通过市场流转交易的农村产权包括承包到户的和农村集体统一经营管理的资源性资产、经营性资产等,以农户承包土地经营权、集体林地经营权为主,不涉及农村集体土地所有权和依法以家庭承包方式承包的集体土地承包权,具有明显的资产使用权租赁市场的特征。流转交易以服务农户、农民合作社、农村集体经济组织为主,流转交易目的以从事农业生产经营为主,具有显著的农业农村特色。流转交易行为主要发生在县、乡范围内,区域差异较大,具有鲜明的地域特点。

(四)功能。农村产权流转交易市场既要发挥信息传递、价格发现、交易中介的基本功能,又要注意发挥贴近"三农",为农户、农民合作社、农村集体经济组织等主体流转交易产权提供便利和制度保障的特殊功能。适应交易主体、目的和方式多样化的需求,不断拓展服务功能,逐步发展成集信息发布、产权交易、法律咨询、资产评估、抵押融资等为一体的为农服务综合平台。

(五)设立。农村产权流转交易市场是政府主导、服务"三农"的非盈利性机构,可以是事业法人,也可以是企业法人。设立农村产权流转交易市场，要经过科学论证，由当地政府审批。当地政府要成立由相关部门组成的农村产权流转交易监督管理委员会，承担组织协调、政策制定等方面职责，负责对市场运行进行指导和监管。

（六）构成。县、乡农村土地承包经营权和林权等流转服务平台，是现阶段农村产权流转交易市场的主要形式和重要组成部分。利用好现有的各类农村产权流转服务平台，充分发挥其植根农村、贴近农户、熟悉农情的优势，做好县、乡范围内的农村产权流转交易服务工作。现阶段市场建设应以县域为主。确有需要的地方，可以设立覆盖地（市）乃至省（区、市）地域范围的市场，承担更大范围的信息整合发布和大额流转交易。各地要加强统筹协调，理顺县、乡农村产权流转服务平台与更高层级农村产权流转交易市场的关系，可以采取多种形式合作共建，也可以实行一体化运营，推动实现资源共享、优势互补、协同发展。

（七）形式。鼓励各地探索符合农村产权流转交易实际需要的多种市场形式，既要搞好交易所式的市场建设，也要有效利用电子交易网络平台。鼓励有条件的地方整合各类流转服务平台，建立提供综合服务的市场。农村产权流转交易市场可以是独立的交易场所，也可以利用政务服务大厅等场所，形成"一个屋顶之下、多个服务窗口、多品种产权交易"的综合平台。

三、运行和监管

（八）交易品种。农村产权类别较多，权属关系复杂，承载功能多样，适用规则不同，应实行分类指导。法律没有限制的品种均可以入市流转交易，流转交易的方式、期限和流转交易后的开发利用要遵循相关法律、法规和政策。现阶段的交易品种主要包括：

1. 农户承包土地经营权。是指以家庭承包方式承包的耕地、草地、养殖水面等经营权，可以采取出租、入股等方式流转交易，流转期限由流转双方在法律规定范围内协商确定。

2. 林权。是指集体林地经营权和林木所有权、使用权，可以采取出租、转让、入股、作价出资或合作等方式流转交易，流转期限不能超过法定期限。

3. "四荒"使用权。是指农村集体所有的荒山、荒沟、荒丘、荒滩使用权。采取家庭承包方式取得的，按照农户承包土地经营权有关规定进行流转交

易。以其他方式承包的，其承包经营权可以采取转让、出租、入股、抵押等方式进行流转交易。

4. 农村集体经营性资产。是指由农村集体统一经营管理的经营性资产（不含土地）的所有权或使用权，可以采取承包、租赁、出让、入股、合资、合作等方式流转交易。

5. 农业生产设施设备。是指农户、农民合作组织、农村集体和涉农企业等拥有的农业生产设施设备，可以采取转让、租赁、拍卖等方式流转交易。

6. 小型水利设施使用权。是指农户、农民合作组织、农村集体和涉农企业等拥有的小型水利设施使用权，可以采取承包、租赁、转让、抵押、股份合作等方式流转交易。

7. 农业类知识产权。是指涉农专利、商标、版权、新品种、新技术等，可以采取转让、出租、股份合作等方式流转交易。

8. 其他。农村建设项目招标、产业项目招商和转让等。

（九）交易主体。凡是法律、法规和政策没有限制的法人和自然人均可以进入市场参与流转交易，具体准入条件按照相关法律、法规和政策执行。现阶段市场流转交易主体主要有农户、农民合作社、农村集体经济组织、涉农企业和其他投资者。农户拥有的产权是否入市流转交易由农户自主决定。任何组织和个人不得强迫或妨碍自主交易。一定标的额以上的农村集体资产流转必须进入市场公开交易，防止暗箱操作。农村产权流转交易市场要依法对各类市场主体的资格进行审查核实、登记备案。产权流转交易的出让方必须是产权权利人，或者受产权权利人委托的受托人。除农户宅基地使用权、农民住房财产权、农户持有的集体资产股权之外，流转交易的受让方原则上没有资格限制（外资企业和境外投资者按照有关法律、法规执行）。对工商企业进入市场流转交易，要依据相关法律、法规和政策，加强准入监管和风险防范。

（十）服务内容。农村产权流转交易市场都应提供发布交易信息、受理交易咨询和申请、协助产权查询、组织交易、出具产权流转交易鉴证书、协助办理产权变更登记和资金结算手续等基本服务；可以根据自身条件，开展资产评估、法律服务、产权经纪、项目推介、抵押融资等配套服务，还可以引入财会、法律、资产评估等中介服务组织以及

银行、保险等金融机构和担保公司,为农村产权流转交易提供专业化服务。

（十一）管理制度。农村产权流转交易市场要建立健全规范的市场管理制度和交易规则,对市场运行、服务规范、中介行为、纠纷调处、收费标准等作出具体规定。实行统一规范的业务受理、信息发布、交易签约、交易中(终)止、交易(合同)鉴证、档案管理等制度,流转交易的产权应无争议,发布信息应真实、准确、完整,交易品种和方式应符合相应法律、法规和政策,交易过程应公开公正,交易服务应方便农民群众。

（十二）监督管理。农村产权流转交易监督管理委员会和市场主管部门要强化监督管理,加强定期检查和动态监测,促进交易公平,防范交易风险,确保市场规范运行。及时查处各类违法违规交易行为,严禁隐瞒信息、暗箱操作、操纵交易。耕地、林地、草地、水利设施等产权流转交易后的开发利用,不能改变用途,不能破坏农业综合生产能力,不能破坏生态功能,有关部门要加强监管。

（十三）行业自律。探索建立农村产权流转交易市场行业协会,充分发挥其推动行业发展和行业自律的积极作用。协会要推进行业规范、交易制度和服务标准建设,加强经验交流、政策咨询、人员培训等服务;增强行业自律意识,自觉维护行业形象,提升市场公信力。

四、保障措施

（十四）扶持政策。各地要稳步推进农村集体产权制度改革,扎实做好土地承包经营权、集体建设用地使用权、农户宅基地使用权、林权等确权登记颁证工作。实行市场建设和运营财政补贴等优惠政策,通过采取购买社会化服务或公益性岗位等措施,支持充分利用现代信息技术建立农村产权流转交易和管理信息网络平台,完善服务功能和手段。组织从业人员开展业务培训,积极培育市场中介服务组织,逐步提高专业化水平。

（十五）组织领导。各地要加强领导,健全工作机制,严格执行相关法律、法规和政策;从本地实际出发,根据农村产权流转交易需要,制定管理办法和实施方案。农村工作综合部门和科技、财政、国土资源、住房城乡建设、农业、水利、林业、金融等部门要密切配合,加强指导,及时研究解决工作中的困难和问题。

农村土地经营权流转管理办法

· 2021年1月26日农业农村部令2021年第1号公布
· 自2021年3月1日起施行

第一章 总 则

第一条 为了规范农村土地经营权(以下简称土地经营权)流转行为,保障流转当事人合法权益,加快农业农村现代化,维护农村社会和谐稳定,根据《中华人民共和国农村土地承包法》等法律及有关规定,制定本办法。

第二条 土地经营权流转应当坚持农村土地农民集体所有、农户家庭承包经营的基本制度,保持农村土地承包关系稳定并长久不变,遵循依法、自愿、有偿原则,任何组织和个人不得强迫或者阻碍承包方流转土地经营权。

第三条 土地经营权流转不得损害农村集体经济组织和利害关系人的合法权益,不得破坏农业综合生产能力和农业生态环境,不得改变承包土地的所有权性质及其农业用途,确保农地农用,优先用于粮食生产,制止耕地"非农化"、防止耕地"非粮化"。

第四条 土地经营权流转应当因地制宜、循序渐进,把握好流转、集中、规模经营的度,流转规模应当与城镇化进程和农村劳动力转移规模相适应,与农业科技进步和生产手段改进程度相适应,与农业社会化服务水平提高相适应,鼓励各地建立多种形式的土地经营权流转风险防范和保障机制。

第五条 农业农村部负责全国土地经营权流转及流转合同管理的指导。

县级以上地方人民政府农业农村主管(农村经营管理)部门依照职责,负责本行政区域内土地经营权流转及流转合同管理。

乡(镇)人民政府负责本行政区域内土地经营权流转及流转合同管理。

第二章 流转当事人

第六条 承包方在承包期限内有权依法自主决定土地经营权是否流转,以及流转对象、方式、期限等。

第七条 土地经营权流转收益归承包方所有，任何组织和个人不得擅自截留、扣缴。

第八条 承包方自愿委托发包方、中介组织或者他人流转其土地经营权的，应当由承包方出具流转委托书。委托书应当载明委托的事项、权限和期限等，并由委托人和受托人签字或者盖章。

没有承包方的书面委托，任何组织和个人无权以任何方式决定流转承包方的土地经营权。

第九条 土地经营权流转的受让方应当为具有农业经营能力或者资质的组织和个人。在同等条件下，本集体经济组织成员享有优先权。

第十条 土地经营权流转的方式、期限、价款和具体条件，由流转双方平等协商确定。流转期限届满后，受让方享有以同等条件优先续约的权利。

第十一条 受让方应当依照有关法律法规保护土地，禁止改变土地的农业用途。禁止闲置、荒芜耕地，禁止占用耕地建窑、建坟或者擅自在耕地上建房、挖砂、采石、采矿、取土等。禁止占用永久基本农田发展林果业和挖塘养鱼。

第十二条 受让方将流转取得的土地经营权再流转以及向金融机构融资担保的，应当事先取得承包方书面同意，并向发包方备案。

第十三条 经承包方同意，受让方依法投资改良土壤，建设农业生产附属、配套设施，及农业生产中直接用于作物种植和畜禽水产养殖设施的，土地经营权流转合同到期或者未到期由承包方依法提前收回承包土地时，受让方有权获得合理补偿。具体补偿办法可在土地经营权流转合同中约定或者由双方协商确定。

第三章 流转方式

第十四条 承包方可以采取出租（转包）、入股或者其他符合有关法律和国家政策规定的方式流转土地经营权。

出租（转包），是指承包方将部分或者全部土地经营权，租赁给他人从事农业生产经营。

入股，是指承包方将部分或者全部土地经营权作价出资，成为公司、合作经济组织等股东或者成员，并用于农业生产经营。

第十五条 承包方依法采取出租（转包）、入股或者其他方式将土地经营权部分或者全部流转

的，承包方与发包方的承包关系不变，双方享有的权利和承担的义务不变。

第十六条 承包方自愿将土地经营权入股公司发展农业产业化经营的，可以采取优先股等方式降低承包方风险。公司解散时入股土地应当退回原承包方。

第四章 流转合同

第十七条 承包方流转土地经营权，应当与受让方在协商一致的基础上签订书面流转合同，并向发包方备案。

承包方将土地交由他人代耕不超过一年的，可以不签订书面合同。

第十八条 承包方委托发包方、中介组织或者他人流转土地经营权的，流转合同应当由承包方或者其书面委托的受托人签订。

第十九条 土地经营权流转合同一般包括以下内容：

（一）双方当事人的姓名或者名称、住所、联系方式等；

（二）流转土地的名称、四至、面积、质量等级、土地类型、地块代码等；

（三）流转的期限和起止日期；

（四）流转方式；

（五）流转土地的用途；

（六）双方当事人的权利和义务；

（七）流转价款或者股份分红，以及支付方式和支付时间；

（八）合同到期后地上附着物及相关设施的处理；

（九）土地被依法征收、征用、占用时有关补偿费的归属；

（十）违约责任。

土地经营权流转合同示范文本由农业农村部制定。

第二十条 承包方不得单方解除土地经营权流转合同，但受让方有下列情形之一的除外：

（一）擅自改变土地的农业用途；

（二）弃耕抛荒连续两年以上；

（三）给土地造成严重损害或者严重破坏土地生态环境；

（四）其他严重违约行为。

有以上情形，承包方在合理期限内不解除土

地经营权流转合同的,发包方有权要求终止土地经营权流转合同。

受让方对土地和土地生态环境造成的损害应当依法予以赔偿。

第五章 流转管理

第二十一条 发包方对承包方流转土地经营权、受让方再流转土地经营权以及承包方、受让方利用土地经营权融资担保的,应当办理备案,并报告乡(镇)人民政府农村土地承包管理部门。

第二十二条 乡(镇)人民政府农村土地承包管理部门应当向达成流转意向的双方提供统一文本格式的流转合同,并指导签订。流转合同中有违反法律法规的,应当及时予以纠正。

第二十三条 乡(镇)人民政府农村土地承包管理部门应当建立土地经营权流转台账,及时准确记载流转情况。

第二十四条 乡(镇)人民政府农村土地承包管理部门应当对土地经营权流转有关文件、资料及流转合同等进行归档并妥善保管。

第二十五条 鼓励各地建立土地经营权流转市场或者农村产权交易市场。县级以上地方人民政府农业农村主管(农村经营管理)部门应当加强业务指导,督促其建立健全运行规则,规范开展土地经营权流转政策咨询、信息发布、合同签订、交易鉴证、权益评估、融资担保、档案管理等服务。

第二十六条 县级以上地方人民政府农业农村主管(农村经营管理)部门应当按照统一标准和技术规范建立国家、省、市、县等互联互通的农村土地承包信息应用平台,健全土地经营权流转合同网签制度,提升土地经营权流转规范化、信息化管理水平。

第二十七条 县级以上地方人民政府农业农村主管(农村经营管理)部门应当加强对乡(镇)人民政府农村土地承包管理部门工作的指导。乡(镇)人民政府农村土地承包管理部门应当依法开展土地经营权流转的指导和管理工作。

第二十八条 县级以上地方人民政府农业农村主管(农村经营管理)部门应当加强服务,鼓励受让方发展粮食生产;鼓励和引导工商企业等社会资本(包括法人、非法人组织或者自然人等)发展适合企业化经营的现代种养业。

县级以上地方人民政府农业农村主管(农村经营管理)部门应当根据自然经济条件、农村劳动力转移情况、农业机械化水平等因素,引导受让方发展适度规模经营,防止垒大户。

第二十九条 县级以上地方人民政府对工商企业等社会资本流转土地经营权,依法建立分级资格审查和项目审核制度。审查审核的一般程序如下:

(一)受让主体与承包方就流转面积、期限、价款等进行协商并签订流转意向协议书。涉及未承包到户集体土地等集体资源的,应当按照法定程序经本集体经济组织成员的村民会议三分之二以上成员或者三分之二以上村民代表的同意,并与集体经济组织签订流转意向协议书。

(二)受让主体按照分级审查审核规定,分别向乡(镇)人民政府农村土地承包管理部门或者县级以上地方人民政府农业农村主管(农村经营管理)部门提出申请,并提交流转意向协议书、农业经营能力或者资质证明、流转项目规划等相关材料。

(三)县级以上地方人民政府或者乡(镇)人民政府应当依法组织相关职能部门、农村集体经济组织代表、农民代表、专家等就土地用途、受让主体农业经营能力,以及经营项目是否符合粮食生产等产业规划等进行审查审核,并于受理之日起20个工作日内作出审查审核意见。

(四)审查审核通过的,受让主体与承包方签订土地经营权流转合同。未按规定提交审查审核申请或者审查审核未通过的,不得开展土地经营权流转活动。

第三十条 县级以上地方人民政府依法建立工商企业等社会资本通过流转取得土地经营权的风险防范制度,加强事中事后监管,及时查处纠正违法违规行为。

鼓励承包方和受让方在土地经营权流转市场或者农村产权交易市场公开交易。

对整村(组)土地经营权流转面积较大、涉及农户较多、经营风险较高的项目,流转双方可以协商设立风险保障金。

鼓励保险机构为土地经营权流转提供流转履约保证保险等多种形式保险服务。

第三十一条 农村集体经济组织为工商企业等社会资本流转土地经营权提供服务的,可以收取适量管理费用。收取管理费用的金额和方式应当由农村集体经济组织、承包方和工商企业等社会资本三方协商确定。管理费用应当纳入农村集体经济组织会计核算和财务管理,主要用于农田基本建设或者其他公益性支出。

第三十二条　县级以上地方人民政府可以根据本办法,结合本行政区域实际,制定工商企业等社会资本通过流转取得土地经营权的资格审查、项目审核和风险防范实施细则。

第三十三条　土地经营权流转发生争议或者纠纷的,当事人可以协商解决,也可以请求村民委员会、乡(镇)人民政府等进行调解。

当事人不愿意协商、调解或者协商、调解不成的,可以向农村土地承包仲裁机构申请仲裁,也可以直接向人民法院提起诉讼。

第六章　附　则

第三十四条　本办法所称农村土地,是指除林地、草地以外的,农民集体所有和国家所有依法由农民集体使用的耕地和其他用于农业的土地。

本办法所称农村土地经营权流转,是指在承包方与发包方承包关系保持不变的前提下,承包方依法在一定期限内将土地经营权部分或者全部交由他人自主开展农业生产经营的行为。

第三十五条　通过招标、拍卖和公开协商等方式承包荒山、荒沟、荒丘、荒滩等农村土地,经依法登记取得权属证书的,可以流转土地经营权,其流转管理参照本办法执行。

第三十六条　本办法自2021年3月1日起施行。农业部2005年1月19日发布的《农村土地承包经营权流转管理办法》(农业部令第47号)同时废止。

农村土地承包合同管理办法

- 2023年2月17日农业农村部令2023年第1号公布
- 自2023年5月1日起施行

第一章　总　则

第一条　为了规范农村土地承包合同的管理,维护承包合同当事人的合法权益,维护农村社会和谐稳定,根据《中华人民共和国农村土地承包法》等法律及有关规定,制定本办法。

第二条　农村土地承包经营应当巩固和完善以家庭承包经营为基础、统分结合的双层经营体制,保持农村土地承包关系稳定并长久不变。农村土地承包经营,不得改变土地的所有权性质。

第三条　农村土地承包经营应当依法签订承包合同。土地承包经营权自承包合同生效时设立。

承包合同订立、变更和终止的,应当开展土地承包经营权调查。

第四条　农村土地承包合同管理应当遵守法律、法规,保护土地资源的合理开发和可持续利用,依法落实耕地利用优先序。发包方和承包方应当依法履行保护农村土地的义务。

第五条　农村土地承包合同管理应当充分维护农民的财产权益,任何组织和个人不得剥夺和非法限制农村集体经济组织成员承包土地的权利。妇女与男子享有平等的承包农村土地的权利。

承包方承包土地后,享有土地承包经营权,可以自己经营,也可以保留土地承包权,流转其承包地的土地经营权,由他人经营。

第六条　农业农村部负责全国农村土地承包合同管理的指导。

县级以上地方人民政府农业农村主管(农村经营管理)部门负责本行政区域内农村土地承包合同管理。

乡(镇)人民政府负责本行政区域内农村土地承包合同管理。

第二章　承包方案

第七条　本集体经济组织成员的村民会议依法选举产生的承包工作小组,应当依照法律、法规的规定拟订承包方案,并在本集体经济组织范围内公示不少于十五日。

承包方案应当依法经本集体经济组织成员的村民会议三分之二以上成员或者三分之二以上村民代表的同意。

承包方案由承包工作小组公开组织实施。

第八条　承包方案应当符合下列要求:
(一)内容合法;
(二)程序规范;
(三)保障农村集体经济组织成员合法权益;

(四)不得违法收回、调整承包地;
(五)法律、法规和规章规定的其他要求。

第九条 县级以上地方人民政府农业农村主管(农村经营管理)部门、乡(镇)人民政府农村土地承包管理部门应当指导制定承包方案,并对承包方案的实施进行监督,发现问题的,应当及时予以纠正。

第三章 承包合同的订立、变更和终止

第十条 承包合同应当符合下列要求:
(一)文本规范;
(二)内容合法;
(三)双方当事人签名、盖章或者按指印;
(四)法律、法规和规章规定的其他要求。

县级以上地方人民政府农业农村主管(农村经营管理)部门、乡(镇)人民政府农村土地承包管理部门应当依法指导发包方和承包方订立、变更或者终止承包合同,并对承包合同实施监督,发现不符合前款要求的,应当及时通知发包方更正。

第十一条 发包方和承包方应当采取书面形式签订承包合同。

承包合同一般包括以下条款:
(一)发包方、承包方的名称,发包方负责人和承包方代表的姓名、住所;
(二)承包土地的名称、坐落、面积、质量等级;
(三)承包方家庭成员信息;
(四)承包期限及起止日期;
(五)承包土地的用途;
(六)发包方和承包方的权利和义务;
(七)违约责任。

承包合同示范文本由农业农村部制定。

第十二条 承包合同自双方当事人签名、盖章或者按指印时成立。

第十三条 承包期内,出现下列情形之一的,承包合同变更:
(一)承包方依法分立或者合并的;
(二)发包方依法调整承包地的;
(三)承包方自愿交回部分承包地的;
(四)土地承包经营权互换的;
(五)土地承包经营权部分转让的;
(六)承包地被部分征收的;
(七)法律、法规和规章规定的其他情形。

承包合同变更的,变更后的承包期限不得超过承包期的剩余期限。

第十四条 承包期内,出现下列情形之一的,承包合同终止:
(一)承包方消亡的;
(二)承包方自愿交回全部承包地的;
(三)土地承包经营权全部转让的;
(四)承包地被全部征收的;
(五)法律、法规和规章规定的其他情形。

第十五条 承包地被征收、发包方依法调整承包地或者承包方消亡的,发包方应当变更或者终止承包合同。

除前款规定的情形外,承包合同变更、终止的,承包方向发包方提出申请,并提交以下材料:
(一)变更、终止承包合同的书面申请;
(二)原承包合同;
(三)承包方分立或者合并的协议,交回承包地的书面通知或者协议,土地承包经营权互换合同、转让合同等其他相关证明材料;
(四)具有土地承包经营权的全部家庭成员同意变更、终止承包合同的书面材料;
(五)法律、法规和规章规定的其他材料。

第十六条 省级人民政府农业农村主管部门可以根据本行政区域实际依法制定承包方分立、合并、消亡而导致承包合同变更、终止的具体规定。

第十七条 承包期内,因自然灾害严重毁损承包地等特殊情形对个别农户之间承包地需要适当调整的,发包方应当制定承包地调整方案,并应当经本集体经济组织成员的村民会议三分之二以上成员或者三分之二以上村民代表的同意。承包合同中约定不得调整的,按照其约定。

调整方案通过之日起二十个工作日内,发包方应当将调整方案报乡(镇)人民政府和县级人民政府农业农村主管(农村经营管理)部门批准。

乡(镇)人民政府应当于二十个工作日内完成调整方案的审批,并报县级人民政府农业农村主管(农村经营管理)部门;县级人民政府农业农村主管(农村经营管理)部门应当于二十个工作日内完成调整方案的审批。乡(镇)人民政府、县级人民政府农业农村主管(农村经营管理)部门对违反法律、法规和规章规定的调整方案,应当及时通知发包方予以更正,并重新申请批准。

调整方案未经乡(镇)人民政府和县级人民政

府农业农村主管(农村经营管理)部门批准的,发包方不得调整承包地。

第十八条　承包方自愿将部分或者全部承包地交回发包方的,承包方与发包方在该土地上的承包关系终止,承包期内其土地承包经营权部分或者全部消灭,并不得再要求承包土地。

承包方自愿交回承包地的,应当提前半年以书面形式通知发包方。承包方对其在承包地上投入而提高土地生产能力的,有权获得相应的补偿。交回承包地的其他补偿,由发包方和承包方协商确定。

第十九条　为了方便耕种或者各自需要,承包方之间可以互换属于同一集体经济组织的不同承包地块的土地承包经营权。

土地承包经营权互换的,应当签订书面合同,并向发包方备案。

承包方提交备案的互换合同,应当符合下列要求:

(一)互换双方是属于同一集体经济组织的农户;

(二)互换后的承包期限不超过承包期的剩余期限;

(三)法律、法规和规章规定的其他事项。

互换合同备案后,互换双方应当与发包方变更承包合同。

第二十条　经承包方申请和发包方同意,承包方可以将部分或者全部土地承包经营权转让给本集体经济组织的其他农户。

承包方转让土地承包经营权的,应当以书面形式向发包方提交申请。发包方同意转让的,承包方与受让方应当签订书面合同;发包方不同意转让的,应当于七日内向承包方书面说明理由。发包方无法定理由的,不得拒绝同意承包方的转让申请。未经发包方同意的,土地承包经营权转让合同无效。

土地承包经营权转让合同,应当符合下列要求:

(一)受让方是本集体经济组织的农户;

(二)转让后的承包期限不超过承包期的剩余期限;

(三)法律、法规和规章规定的其他事项。

土地承包经营权转让后,受让方应当与发包方签订承包合同。原承包方与发包方在该土地上的承包关系终止,承包期内其土地承包经营权部分或者全部消灭,并不得再要求承包土地。

第四章　承包档案和信息管理

第二十一条　承包合同管理工作中形成的,对国家、社会和个人有保存价值的文字、图表、声像、数据等各种形式和载体的材料,应当纳入农村土地承包档案管理。

县级以上地方人民政府农业农村主管(农村经营管理)部门、乡(镇)人民政府农村土地承包管理部门应当制定工作方案、健全档案工作管理制度、落实专项经费、指定工作人员、配备必要设施设备,确保农村土地承包档案完整与安全。

发包方应当将农村土地承包档案纳入村级档案管理。

第二十二条　承包合同管理工作中产生、使用和保管的数据,包括承包地权属数据、地理信息数据和其他相关数据等,应当纳入农村土地承包数据管理。

县级以上地方人民政府农业农村主管(农村经营管理)部门负责本行政区域内农村土地承包数据的管理,组织开展数据采集、使用、更新、保管和保密等工作,并向上级业务主管部门提交数据。

鼓励县级以上地方人民政府农业农村主管(农村经营管理)部门通过数据交换接口、数据抄送等方式与相关部门和机构实现承包合同数据互通共享,并明确使用、保管和保密责任。

第二十三条　县级以上地方人民政府农业农村主管(农村经营管理)部门应当加强农村土地承包合同管理信息化建设,按照统一标准和技术规范建立国家、省、市、县等互联互通的农村土地承包信息应用平台。

第二十四条　县级以上地方人民政府农业农村主管(农村经营管理)部门、乡(镇)人民政府农村土地承包管理部门应当利用农村土地承包信息应用平台,组织开展承包合同网签。

第二十五条　承包方、利害关系人有权依法查询、复制农村土地承包档案和农村土地承包数据的相关资料,发包方、乡(镇)人民政府农村土地承包管理部门、县级以上地方人民政府农业农村主管(农村经营管理)部门应当依法提供。

第五章　土地承包经营权调查

第二十六条　土地承包经营权调查,应当查

清发包方、承包方的名称,发包方负责人和承包方代表的姓名、身份证号码、住所,承包方家庭成员、承包地块的名称、坐落、面积、质量等级、土地用途等信息。

第二十七条　土地承包经营权调查应当按照农村土地承包经营权调查规程实施,一般包括准备工作、权属调查、地块测量、审核公示、勘误修正、结果确认、信息入库、成果归档等。

农村土地承包经营权调查规程由农业农村部制定。

第二十八条　土地承包经营权调查的成果,应当符合农村土地承包经营权调查规程的质量要求,并纳入农村土地承包信息应用平台统一管理。

第二十九条　县级以上地方人民政府农业农村主管(农村经营管理)部门、乡(镇)人民政府农村土地承包管理部门依法组织开展本行政区域内的土地承包经营权调查。

土地承包经营权调查可以依法聘请具有相应资质的单位开展。

第六章　法律责任

第三十条　国家机关及其工作人员利用职权干涉承包合同的订立、变更、终止,给承包方造成损失的,应当依法承担损害赔偿等责任;情节严重的,由上级机关或者所在单位给予直接责任人员处分;构成犯罪的,依法追究刑事责任。

第三十一条　土地承包经营权调查、农村土地承包档案管理、农村土地承包数据管理和使用过程中发生的违法行为,根据相关法律法规的规定予以处罚;构成犯罪的,依法追究刑事责任。

第七章　附　则

第三十二条　本办法所称农村土地,是指除林地、草地以外的,农民集体所有和国家所有依法由农民集体使用的耕地和其他依法用于农业的土地。

本办法所称承包合同,是指在家庭承包方式中,发包方和承包方依法签订的土地承包经营权合同。

第三十三条　本办法施行以前依法签订的承包合同继续有效。

第三十四条　本办法自2023年5月1日起施行。农业部2003年11月14日发布的《中华人民共和国农村土地承包经营权证管理办法》(农业部令第33号)同时废止。

农村土地承包经营权登记试点工作规程(试行)

· 2012年6月27日
· 农办经〔2012〕19号

为指导各地区做好农村土地承包经营权登记试点工作,根据《物权法》、《农村土地承包法》和农业部等六部门《关于开展农村土地承包经营权登记试点工作的意见》(农经发〔2011〕2号)等法律政策,制定本工作规程。

一、基本原则

(一)保持稳定。在保持现有农村土地承包关系稳定前提下,以已经签订的土地承包合同和已经颁发的土地承包经营权证书为基础,严禁借机违法调整和收回农户承包地。

(二)依法依规。严格执行《物权法》、《农村土地承包法》有关土地承包经营权登记的规定,参照《农村土地承包经营权证管理办法》规定的登记内容和程序开展土地承包经营权登记。

(三)因地制宜。按照试点地区的土地承包现状,缺什么补什么,探索建立土地承包经营权登记制度,妥善解决遗留问题。

(四)民主协商。充分动员农民群众,充分尊重农民意愿,试点中的重大事项均应经本集体经济组织成员民主讨论决定。

(五)注重实效。充分利用现代空间信息技术,明确承包土地的面积、空间位置和权属等,将农户承包地成图、登记、造册,建立健全农村土地承包管理信息系统。

(六)地方负责。试点工作实行部省统筹安排,县级组织实施,强化部门协作,形成整体合力,确保试点任务顺利完成。

二、基本类型及其操作流程

(一)家庭承包方式登记
1. 准备前期资料
收集整理承包合同、土地台账、登记簿、农户信息等资料,形成农户承包地登记基本信息表。

处理国土"二调"或航空航天影像数据,形成用于调查和实测的基础工作底图。

2. 入户权属调查

根据基础工作底图和农户承包地登记基本信息表,入户实地进行承包地块权属调查,由农户进行确认。对存在争议的地块,待争议解决后再登记。

3. 测量地块成图

按照农村承包土地调查技术规范(见附件1)对承包地块进行测量和绘图,并标注地块编码(见附件2)和面积,形成承包土地地籍草图。

4. 公示审核

由村、组土地承包经营权登记工作组审核地籍草图后,在村、组公示。

对公示中农户提出的异议,及时进行核实、修正,并再次公示。

公示无异议的,由农户签字确认后作为承包土地地籍图,由村组上报乡(镇)人民政府。乡(镇)人民政府汇总并核对后上报县级人民政府。

5. 建立登记簿

根据乡镇上报的登记资料,由县级农村土地承包管理部门按照统一格式(见附件3)建立土地承包经营权登记簿。

土地承包经营权登记簿应当采用纸质和电子介质。为避免因系统故障而导致登记资料遗失破坏,应当进行异地备份。有条件的地方,应当采取多种方式多地备份。

6. 完善承包经营权证书

各地根据实际,依照土地承包经营权登记簿记载内容,适时对承包经营权证书进行完善(见附件3)。

7. 建立农村土地承包管理信息系统

县级农村土地承包管理部门应当根据登记过程中形成的影像、图表和文字等材料,按照统一标准建立农村土地承包信息数据库和农村土地承包管理信息系统,实现农村土地承包管理信息化。

8. 资料归档

按照2010年农业部、国家档案局颁发的《关于加强农村土地承包档案管理工作的意见》(农经发〔2010〕12号),由县乡农村土地承包管理部门整理登记相关资料进行归档。

(二)其他承包方式登记

采取招标、拍卖、公开协商等方式,依法承包农村土地的,当事人申请土地承包经营权登记,按照《农村土地承包经营权证管理办法》有关规定办理登记。对境外企业、组织和个人租赁农村集体土地,暂不予登记。开展其他承包方式登记参照家庭承包方式登记的相关程序。

(三)变更登记、注销登记

承包期内,因下列情形导致土地承包经营权发生变动或者灭失,根据当事人申请,县级农村土地承包管理部门依法办理变更、注销登记,并记载于土地承包经营权登记簿:

1. 因集体土地所有权变化的;
2. 因承包地被征收导致承包地块或者面积发生变化的;
3. 因承包农户分户等导致土地承包经营权分割的;
4. 因土地承包经营权采取转让、互换方式流转的;
5. 因结婚等原因导致土地承包经营权合并的;
6. 承包地块、面积与实际不符的;
7. 承包地灭失或者承包农户消亡的;
8. 承包地被发包方依法调整或者收回的;
9. 其他需要依法变更、注销的情形。

开展变更登记、注销登记参照家庭承包方式登记的相关程序。

三、工作要求

(一)明确机构职责

县级人民政府建立工作领导小组,由政府主要领导担任组长,农业(农经)、国土、财政、法制、档案等相关部门领导任成员,负责制定试点工作方案,明确职责分工。领导小组办公室设在农村土地承包管理部门,负责登记工作的日常组织和具体协调。乡(镇)成立相应的工作机构,负责组织登记工作的具体实施。本集体经济组织成员的村民会议选举产生村或组土地承包经营权登记工作组,承担部分调查、汇总、审核等具体工作,负责调解出现的矛盾和纠纷,将登记工作中出现的重大事项提交集体经济组织成员大会或成员代表大会依法决策。

(二)加强宣传培训

按照登记工作方案,召开政策培训会和宣传动员会,充分调动基层干部和农民群众参与登记的积极性,并对登记工作人员和村组干部进行培训。

(三)严格保密制度

对土地承包经营权登记相关资料,特别是地籍信息资料,要严格按照《测绘管理工作国家秘密范围的规定》(见附件4)进行保管,确保不失密、不泄密。

(四)准确把握政策

严格执行农村土地承包法律政策规定,对试点工作中遇到的问题按照保持稳定、尊重历史、照顾现实、分类处置的原则依法妥善解决。法律政策有明确规定的,要严格执行;没有明确规定的,要依照法律政策基本精神,结合当地实际作出具体规定。

各省(区、市)可根据地方实际情况,对本规程进行补充完善后制定适合本地的具体工作规范。

附件1:农村承包土地调查技术规范(略)

附件2:农村土地承包经营权证书(承包合同)和承包地块编码规则(略)

附件3:农村土地承包经营权登记簿(样本)(略)

附件4:测绘管理工作国家秘密范围的规定(略)

土地承包经营权和土地经营权登记操作规范(试行)

- 2022年11月8日
- 自然资发〔2022〕198号

一、土地承包经营权登记

(一)首次登记

1. 适用

依法以家庭承包方式承包农民集体所有或者国家所有依法由农民集体使用的耕地、水域、滩涂等农村土地从事种植业、畜牧业、渔业等农业生产的,可申请土地承包经营权首次登记。

2. 申请主体

以家庭承包方式取得的土地承包经营权首次登记,应由发包方申请。

3. 申请材料

申请土地承包经营权首次登记的材料包括:

(1)不动产登记申请书;

(2)申请人身份证明;

(3)土地承包经营权合同(土地承包合同);

(4)地籍调查表、宗地图、宗地界址点坐标等地籍调查成果。

4. 审查要点

不动产登记机构在审核过程中应注意以下要点:

(1)土地承包经营权合同(土地承包合同)等土地权属来源材料是否齐全、有效;

(2)申请人、承包方与土地权属来源材料记载的主体是否一致;

(3)地籍调查成果资料是否齐全、规范,地籍调查表记载的权利人、权利类型及其性质等是否准确,宗地图、界址坐标、面积是否符合要求;

(4)《不动产登记操作规范(试行)》等要求的其他审查事项。

不存在《不动产登记操作规范(试行)》等规定不予登记情形的,将登记事项记载于不动产登记簿后,向承包方核发封皮标注"土地承包经营权"字样的不动产权证书。

(二)变更登记

1. 适用

已经登记的土地承包经营权,因下列情形之一发生变更的,当事人可申请土地承包经营权变更登记:

(1)承包方代表姓名或者身份证号码、家庭成员情况发生变化的;

(2)承包土地的地块名称、坐落、界址、面积等发生变化的;

(3)承包期限届满,承包方按照国家有关规定继续承包的;

(4)同一权利人分割或者合并承包土地的;

(5)法律、行政法规规定的其他情形。

2. 申请主体

土地承包经营权变更登记应由不动产登记簿上记载的权利人申请。

3. 申请材料

申请土地承包经营权变更登记的材料包括:

(1)不动产登记申请书,申请人身份证明,不动产权属证书;

(2)承包方代表姓名或者身份证号码、家庭成员情况发生变化的,提交能够证实发生变化的材

料;承包方代表姓名或者身份证号码发生变化的,还应当提交变更后的土地承包经营权合同(土地承包合同);

(3)承包土地的地块名称、坐落、界址、面积等发生变化的,提交变更后的土地承包经营权合同(土地承包合同);涉及界址范围、面积变化的,还应当提交变更后的地籍调查表、宗地图、宗地界址点坐标等地籍调查成果;

(4)承包期限届满后延包的,提交延包后的土地承包经营权合同(土地承包合同);

(5)同一权利人分割或者合并承包土地的,提交变更后的土地承包经营权合同(土地承包合同),以及变更后的地籍调查表、宗地图、宗地界址点坐标等地籍调查成果。

4. 审查要点

不动产登记机构在审核过程中应注意以下要点:

(1)申请变更登记的土地承包经营权是否已经登记;

(2)申请土地承包经营权的变更材料是否齐全、有效;

(3)申请变更事项是否与变更材料记载的变更事实一致;

(4)申请登记事项与不动产登记簿的记载是否冲突;

(5)《不动产登记操作规范(试行)》等要求的其他审查事项。

不存在《不动产登记操作规范(试行)》等规定不予登记情形的,将登记事项记载于不动产登记簿后,向承包方核发封皮标注"土地承包经营权"字样的不动产权证书。对于延包中因土地承包合同期限变化直接顺延的,由发包方统一组织承包方申请变更登记,登记机构依据延包合同在登记簿上做相应变更,在原农村土地承包经营权证书上标注记载,加盖不动产登记专用章。家庭成员情况发生变化的,登记机构在不动产登记簿和不动产权属证书"承包方家庭成员情况"的"备注"栏中说明。

(三)转移登记

1. 适用

已经登记的土地承包经营权,因下列情形之一导致权利发生转移的,当事人可申请土地承包经营权转移登记:

(1)集体经济组织内部互换、转让;

(2)因人民法院、仲裁机构的生效法律文书导致权利发生转移的;

(3)因家庭关系、婚姻关系等变化导致土地承包经营权发生转移的;

(4)法律、行政法规规定的其他情形。

2. 申请主体

土地承包经营权转移登记应由双方当事人共同申请。符合《不动产登记暂行条例》《不动产登记操作规范(试行)》等规定情形的,可单方申请。

3. 申请材料

土地承包经营权转移登记的材料包括:

(1)不动产登记申请书,申请人身份证明,不动产权属证书;

(2)互换的,提交互换协议,以及变更后的土地承包经营权合同(土地承包合同);

(3)转让的,提交转让协议,以及受让方同发包方新签订的土地承包经营权合同(土地承包合同);

(4)因人民法院、仲裁机构的生效法律文书导致权利发生转移的,提交人民法院、仲裁机构的生效法律文书;

(5)因家庭关系、婚姻关系等变化导致土地承包经营权发生转移的,提交能够证实家庭关系、婚姻关系等发生变化的材料以及变更后的土地承包经营权合同(土地承包合同);涉及分割或者合并的,还应当提交变更后的地籍调查表、宗地图、宗地界址点坐标等地籍调查成果。

4. 审查要点

不动产登记机构在审核过程中应注意以下要点:

(1)申请转移登记的土地承包经营权是否已经登记;

(2)申请转移登记的材料是否齐全、有效;

(3)申请转移的土地承包经营权与登记原因文件的记载是否一致;

(4)申请登记事项与登记簿的记载是否冲突;

(5)《不动产登记操作规范(试行)》等要求的其他审查事项。

不存在《不动产登记操作规范(试行)》等规定不予登记情形的,将登记事项记载于不动产登记簿后,向承包方核发封皮标注"土地承包经营权"字样的不动产权证书。

(四)注销登记

1. 适用

已经登记的土地承包经营权,有下列情形之一的,当事人可申请土地承包经营权注销登记:

(1)承包经营的土地灭失的;

(2)承包经营的土地被依法征收或者转为建设用地的;

(3)发包方依法收回或者承包方依法、自愿交回的;

(4)承包方放弃土地承包经营权的;

(5)农村承包经营户(承包方)消亡的;

(6)因人民法院、仲裁机构的生效法律文书导致权利消灭的;

(7)法律、行政法规规定的其他情形。

2. 申请主体

土地承包经营权注销登记应由不动产登记簿记载的权利人申请。承包经营的土地灭失、农村承包经营户(承包方)消亡的,可由发包方申请。承包经营的土地被依法征收、人民法院或者仲裁机构的生效法律文书导致权利消灭的,可依嘱托或由发包方申请。

3. 申请材料

申请土地承包经营权注销登记的材料包括:

(1)不动产登记申请书,申请人身份证明,不动产权属证书;

(2)承包经营的土地灭失的,提交证实灭失的材料;

(3)承包经营的土地被依法征收的,提交有批准权的人民政府征收决定书;承包经营的土地依法转为建设用地的,提交证实土地被依法转为建设用地的材料;

(4)发包方依法收回或者承包方依法、自愿交回的,提交相关材料;

(5)承包方放弃土地承包经营权的,提交承包方放弃土地承包经营权的书面材料。设有地役权、土地经营权、土地经营权上设有抵押权或者已经办理查封登记的,需提交地役权人、土地经营权人、抵押权人或者查封机关同意注销的书面材料;

(6)农村承包经营户(承包方)消亡的,提交农村承包经营户(承包方)消亡的材料;

(7)因人民法院或者仲裁机构生效法律文书等导致土地承包经营权消灭的,提交人民法院或者仲裁机构生效法律文书。

4. 审查要点

不动产登记机构在审核过程中应注意以下要点:

(1)申请注销登记的土地承包经营权是否已经登记;

(2)申请土地承包经营权的注销材料是否齐全、有效;

(3)承包方放弃土地承包经营权申请注销登记的,该土地是否存在查封或者设有地役权、土地经营权等权利,存在土地经营权的是否设有抵押权;存在查封或者设有地役权、土地经营权、抵押权等权利的,应经查封机关、地役权人、土地经营权人、抵押权人同意;

(4)申请登记事项与登记簿的记载是否冲突;

(5)《不动产登记操作规范(试行)》等要求的其他审查事项。

不存在《不动产登记操作规范(试行)》等规定不予登记情形的,将登记事项以及不动产权属证书收回、作废等内容记载于不动产登记簿。

二、土地经营权登记

(一)首次登记

1. 适用

有下列情形之一的,可申请土地经营权首次登记:

(1)已经办理土地承包经营权首次登记,承包方依法采取出租(转包)、入股或者其他方式向他人流转土地经营权且土地经营权流转期限为五年以上的;

(2)不宜采取家庭承包方式的荒山、荒沟、荒丘、荒滩等农村土地,通过招标、拍卖、公开协商等方式承包的。

2. 申请主体

土地经营权首次登记,依照下列规定提出申请:

(1)已经办理土地承包经营权首次登记的,承包方依法采取出租(转包)、入股或者其他方式向他人流转土地经营权且土地经营权流转期限为五年以上的,应由土地经营权流转双方共同申请;

(2)不宜采取家庭承包方式的荒山、荒沟、荒丘、荒滩等农村土地,通过招标、拍卖、公开协商等方式承包的,应由承包方申请。

3. 申请材料

申请土地经营权首次登记的材料包括:

（1）不动产登记申请书，申请人身份证明；
（2）权属来源材料，包括：①采取出租（转包）、入股或者其他方式向他人流转土地经营权，提交不动产权属证书和土地经营权流转合同；②不宜采取家庭承包方式的荒山、荒沟、荒丘、荒滩等农村土地，通过招标、拍卖、公开协商等方式承包的，提交土地承包合同；
（3）地籍调查表、宗地图、宗地界址点坐标等地籍调查成果。

4. 审查要点

不动产登记机构在审核过程中应注意以下要点：

（1）流转的土地经营权期限是否未超过土地承包经营权的剩余期限，流转期限是否在五年以上；
（2）流转取得土地经营权的，是否已依法取得土地承包经营权并办理登记；
（3）申请土地权属来源材料是否齐全、有效；
（4）申请人与土地承包合同或者土地经营权流转合同等权属来源材料记载的主体是否一致；
（5）地籍调查成果资料是否齐全、规范，地籍调查表记载的权利人、权利类型及其性质等是否准确；
（6）《不动产登记操作规范（试行）》等要求的其他审查事项。

不存在《不动产登记操作规范（试行）》等规定不予登记情形的，将登记事项记载于不动产登记簿后，向权利人核发不动产权证书。

（二）变更登记

1. 适用

已经登记的土地经营权有下列情形之一的，可申请土地经营权变更登记：

（1）权利人姓名或者名称、身份证明类型或者身份证明号码等事项发生变化的；
（2）土地坐落、界址、用途、面积等发生变化的；
（3）同一权利人分割或者合并土地的；
（4）土地经营权期限变更的；
（5）法律、行政法规规定的其他情形。

2. 申请主体

土地经营权变更登记应由不动产登记簿记载的权利人申请。

3. 申请材料

申请土地经营权变更登记的材料包括：

（1）不动产登记申请书，申请人身份证明，不动产权属证书；
（2）权利人姓名或者名称、身份证明类型或者身份证明号码发生变化的，提交能够证实其身份变更的材料以及变更后的土地经营权合同；
（3）土地坐落、面积、界址范围发生变化的，或者同一权利人分割或者合并土地的，提交变更后的土地经营权合同以及变更后的地籍调查表、宗地图、宗地界址点坐标等地籍调查成果；
（4）土地用途发生变化的，提交能够证实用途发生变化的材料以及变更后的土地经营权合同；
（5）土地经营权期限发生变化的，提交能够证实流转期限发生变化的协议以及变更后的土地经营权合同。

4. 审查要点

不动产登记机构在审核过程中应注意以下要点：

（1）申请变更登记的土地经营权是否已经登记；
（2）申请土地经营权的变更材料是否齐全、有效；
（3）申请变更事项是否与变更材料记载的变更事实一致；
（4）申请登记事项与不动产登记簿的记载是否冲突；
（5）《不动产登记操作规范（试行）》等要求的其他审查事项。

不存在《不动产登记操作规范（试行）》等规定不予登记情形的，将登记事项记载于不动产登记簿后，向权利人核发不动产权证书。

（三）转移登记

1. 适用

已经登记的土地经营权，因下列情形之一导致权利发生转移的，可申请土地经营权转移登记：

（1）依法采取出租（转包）、入股或者其他方式向他人流转土地经营权后，受让方再流转土地经营权的；
（2）不宜采取家庭承包方式的荒山、荒沟、荒丘、荒滩等农村土地，通过招标、拍卖、公开协商等方式承包农村土地取得土地经营权后，依法采取出租、入股或者其他方式流转土地经营权的；
（3）不宜采取家庭承包方式的荒山、荒沟、荒丘、荒滩等农村土地，通过招标、拍卖、公开协商等方式承包农村土地取得土地经营权，承包期内承包人死亡，其继承人继续承包的；

（4）因人民法院、仲裁机构的生效法律文书导致权利发生转移的；

（5）法律、行政法规规定的其他情形。

2. 申请主体

土地经营权转移登记应由双方当事人共同申请。符合《不动产登记暂行条例》《不动产登记操作规范（试行）》等规定情形的，可单方申请。

3. 申请材料

土地经营权转移登记的材料包括：

（1）不动产登记申请书，申请人身份证明，不动产权属证书；

（2）依法采取出租（转包）、入股或者其他方式向他人流转土地经营权后，受让方再流转土地经营权的，提交经承包方书面同意的材料、本集体经济组织备案的材料以及流转协议；

（3）不宜采取家庭承包方式的荒山、荒沟、荒丘、荒滩等农村土地，通过招标、拍卖、公开协商等方式承包农村土地取得土地经营权后，依法采取出租、入股或者其他方式流转土地经营权的，提交相关流转协议；

（4）因人民法院、仲裁机构的生效法律文书导致权利发生转移的，提交人民法院、仲裁机构的生效法律文书；

（5）因继承取得的，提交能够证实继承人继续依法承包的材料。

4. 审查要点

不动产登记机构在审核过程中应注意以下要点：

（1）申请转移登记的土地经营权是否已登记；

（2）申请转移登记的材料是否齐全、有效；

（3）申请转移的土地经营权与登记原因文件的记载是否一致；

（4）申请登记事项与登记簿的记载是否冲突；

（5）流转的土地经营权期限是否超过原土地经营权的剩余期限；

（6）设有抵押权的，是否记载存在禁止或者限制抵押不动产转让的约定；

（7）通过招标、拍卖、公开协商等方式承包农村土地取得土地经营权，承包期内承包人死亡，其继承人继续承包的，审查是否在承包期内以及依法取得土地经营权；

（8）《不动产登记操作规范（试行）》等要求的其他审查事项。

不存在《不动产登记操作规范（试行）》等规定不予登记情形的，将登记事项记载于不动产登记簿后，向权利人核发不动产权证书。

（四）注销登记

1. 适用

已经登记的土地经营权，有下列情形之一的，可申请土地经营权注销登记：

（1）土地经营权期限届满的；

（2）土地被依法征收或者转为建设用地的；

（3）土地灭失的；

（4）依法解除土地经营权流转合同或者发包方依法终止土地经营权流转合同的；

（5）土地经营权人放弃土地经营权的；

（6）因人民法院、仲裁机构的生效法律文书导致权利消灭的；

（7）法律、行政法规规定的其他情形。

因流转取得的土地经营权，土地被依法征收或者转为建设用地、土地灭失、土地承包经营权消灭的，当事人应当一并申请土地承包经营权注销登记和土地经营权注销登记。

2. 申请主体

土地经营权注销登记应由不动产登记簿记载的权利人申请。土地经营权期限届满、土地灭失的，可由发包方或者土地承包经营权人申请注销。土地被依法征收、人民法院或者仲裁机构的生效法律文书导致权利消灭的，可依嘱托或由承包方申请。

3. 申请材料

申请土地经营权注销登记的材料包括：

（1）不动产登记申请书，申请人身份证明，不动产权属证书；

（2）土地被依法征收的，提交有批准权的人民政府征收决定书；土地被依法转为建设用地的，提交土地被依法转为建设用地的材料；

（3）土地灭失的，提交能够证实灭失的材料；

（4）依法解除土地经营权流转合同或者发包方依法终止土地经营权流转合同的，提交能够证实合同依法解除或者依法终止的材料；

（5）土地经营权人放弃土地经营权的，提交土地经营人放弃土地经营权的书面材料。土地经营权上设有抵押权、地役权或者已经办理查封登记的,还需提供抵押权人、地役权人或者查封机关同意放弃的书面材料;

(6)因人民法院或者仲裁机构生效法律文书等导致土地承包经营权消灭的,提交人民法院或者仲裁机构生效法律文书。

4. 审查要点

不动产登记机构在审核过程中应注意以下要点:

(1)申请注销登记的土地经营权是否已经登记;

(2)申请土地经营权的注销材料是否齐全、有效;

(3)放弃土地经营权申请注销登记的,该土地是否存在查封或者设有地役权、抵押权等权利;存在查封或者设有地役权、抵押权等权利的,应经查封机关、地役权人、抵押权人同意;

(4)申请登记事项与登记簿的记载是否冲突;

(5)《不动产登记操作规范(试行)》等要求的其他审查事项。

不存在《不动产登记操作规范(试行)》等规定不予登记情形的,将登记事项以及不动产权属证书收回、作废等内容记载于不动产登记簿。

三、抵押权登记(土地经营权)

(一)首次登记

1. 适用

在借贷、买卖等民事活动中,自然人(含农村承包经营户)、法人或非法人组织在土地经营权上依法设立抵押权的,可以由抵押人和抵押权人共同申请办理不动产抵押权首次登记。

(1)为担保债务的履行,债务人或者第三人不转移不动产的占有,将该土地经营权抵押给债权人的,当事人可以申请一般抵押权首次登记;

(2)为担保债务的履行,债务人或者第三人对一定期间内将要连续发生的债权提供担保不动产的,当事人可以申请最高额抵押权首次登记。

2. 申请主体

抵押权首次登记应当由抵押人和抵押权人共同申请。

3. 申请材料

申请抵押权首次登记,提交的材料包括:

(1)不动产登记申请书;

(2)申请人身份证明;

(3)不动产权属证书;

(4)主债权合同。最高额抵押的,应当提交一定期间内将要连续发生债权的合同或者其他登记原因文件等必要材料;

(5)抵押合同。主债权合同中包含抵押条款的,可以不提交单独的抵押合同书。最高额抵押的,应当提交最高额抵押合同;

(6)同意将最高额抵押权设立前已经存在的债权转入最高额抵押担保的债权范围的,应当提交已存在债权的合同以及当事人同意将该债权纳入最高额抵押权担保范围的书面材料;

(7)通过流转取得的土地经营权办理抵押登记的,还需提供承包方同意的书面材料和发包方备案材料;

(8)法律、行政法规规定的其他情形。

4. 审查要点

不动产登记机构在审核过程中应注意以下要点:

(1)抵押财产是否已经办理不动产登记;

(2)抵押财产是否属于法律、行政法规禁止抵押的不动产;

(3)抵押合同上记载的抵押人、抵押权人、被担保主债权的数额或种类、担保范围、债务履行期限、抵押不动产是否明确;最高额抵押登记的,最高债权额、债权确定的期间是否明确;

(4)申请人与不动产权属证书、主债权合同、抵押合同、最高额抵押合同等记载的主体是否一致;

(5)有查封登记的,不予办理抵押登记;

(6)同一不动产上设有多个抵押权的,应当按照受理时间的先后顺序依次办理登记,当事人另有约定的除外;

(7)通过流转取得的土地经营权办理抵押登记的,是否经承包方书面同意并向发包方备案;

(8)登记申请是否违反法律、行政法规的规定;

(9)《不动产登记操作规范(试行)》等要求的其他审查事项。

不存在《不动产登记操作规范(试行)》等规定不予登记情形的,记载不动产登记簿后向抵押权人核发不动产登记证明。

(二)变更、转移、注销登记

按照《不动产登记操作规范(试行)》《自然资源部关于做好不动产抵押权登记工作的通知》(自然资发〔2021〕54号)等规定办理。

承包方用承包地的土地经营权进行抵押的，将土地经营权登记和抵押权登记一并办理。

原有相关土地承包经营权和土地经营权登记政策规定与本规范不一致的，以本规范为准。

劳动和社会保障部、国土资源部关于切实做好被征地农民社会保障工作有关问题的通知

- 2007年4月28日
- 劳社部发〔2007〕14号

各省、自治区、直辖市劳动和社会保障厅(局)，国土资源厅(国土环境资源厅、国土资源局、国土资源和房屋管理局、房屋土地资源管理局)：

党中央、国务院高度重视被征地农民就业培训和社会保障问题，近年来先后下发了一系列重要文件，将做好被征地农民社会保障工作作为改革征地制度、完善社会保障体系的重要内容，摆在了突出位置，提出了明确要求。最近颁布的《物权法》，对安排被征地农民的社会保障费用作出了规定。许多地区开展了被征地农民社会保障工作，对维护被征地农民合法权益、促进社会稳定发挥了积极作用，但部分地区工作进展缓慢，亟待加快进度、完善政策、规范管理。为进一步贯彻落实《国务院关于加强土地调控有关问题的通知》(国发〔2006〕31号，以下简称国发31号文件)关于"社会保障费用不落实的不得批准征地"的精神，切实做好被征地农民社会保障工作，现就有关问题通知如下：

一、进一步明确被征地农民社会保障工作责任

为贯彻国发31号文件和《国务院办公厅转发劳动保障部关于做好被征地农民就业培训和社会保障工作指导意见的通知》(国办发〔2006〕29号，以下简称国办发29号文件)关于"实行一把手负责制，建立责任追究制度"和"严格实行问责制"的精神，地方各级人民政府主要负责人要对被征地农民社会保障工作负责，劳动保障部门、国土资源部门要按照职能各负其责，制定切实可行的计划，加强工作调度和督促检查，切实做好本行政区域内被征地农民的社会保障工作。

各地要尽快建立被征地农民社会保障制度。按照国办发29号文件要求，已经出台实施办法的省份，要认真总结经验，完善政策和措施，提高管理水平，加强对市县工作的指导；其他省份要抓紧研究，争取在今年年底前出台实施办法。要严格按国办发29号文件关于保障项目和标准的要求，尽快将被征地农民纳入社会保障体系，确保被征地农民原有生活水平不降低、长远生计有保障，并建立相应的调整机制。

二、确保被征地农民社会保障所需资金

各地在制订被征地农民社会保障实施办法中，要明确和落实社会保障资金渠道。被征地农民社会保障所需资金，原则上由农民个人、农村集体、当地政府共同承担，具体比例、数额结合当地实际确定。根据国办发29号文件和《国务院办公厅关于规范国有土地使用权出让收支管理的通知》(国办发〔2006〕100号，以下简称国办发100号文件)规定，被征地农民社会保障所需资金从当地政府批准提高的安置补助费和用于被征地农户的土地补偿费中统一安排，两项费用尚不足以支付的，由当地政府从国有土地有偿使用收入中解决；地方人民政府可以从土地出让收入中安排一部分资金用于补助被征地农民社会保障支出，逐步建立被征地农民生活保障的长效机制。

各市县征地统一年产值标准和区片综合地价公布实施前，被征地农民社会保障所需资金的个人缴费部分，可以从其所得的土地补偿费、安置补助费中直接缴纳；各市县征地统一年产值标准和区片综合地价公布实施后，要及时确定征地补偿安置费用在农民个人、农村集体之间的分配办法，被征地农民社会保障个人缴费部分在农民个人所得中直接缴纳。

三、严格征地中对农民社会保障落实情况的审查

要严格执行国发31号文件关于"社会保障费用不落实的不得批准征地"的规定，加强对被征地农民社会保障措施落实情况的审查。被征地农民社会保障对象、项目、标准以及费用筹集办法等情况，要纳入征地报批前告知、听证等程序，维护被征地农民知情、参与等民主权利。市县人民政府

在呈报征地报批材料时,应就上述情况作出说明。

劳动保障部门、国土资源部门要加强沟通协作,共同把好被征地农民社会保障落实情况审查关。需报省级政府批准征地的,上述说明材料由市(地、州)级劳动保障部门提出审核意见;需报国务院批准征地的,由省级劳动保障部门提出审核意见。有关说明材料和审核意见作为必备要件随建设用地报批资料同时上报。对没有出台被征地农民社会保障实施办法、被征地农民社会保障费用不落实、没有按规定履行征地报批前有关程序的,一律不予批征地。

四、规范被征地农民社会保障资金管理

根据国办发100号文件规定,国有土地使用权出让收入全部缴入地方国库,支出一律通过地方基金预算从土地出让收入中予以安排。被征地农民社会保障所需费用,应在征地补偿安置方案批准之日起3个月内,按标准足额划入"被征地农民社会保障资金专户",按规定记入个人账户或统筹账户。劳动保障部门负责被征地农民社会保障待遇核定和资金发放管理,具体工作由各级劳动保障部门的社保经办机构办理。

各地要制订被征地农民社会保障资金管理办法,加强对资金收支情况的监管,定期向社会公布,接受社会和被征地农民的监督。各地要按照国办发29号文件规定,确保必要的人员和工作经费。要加强被征地农民统计工作,做好对征地面积、征地涉及农业人口以及被征地农民社会保障参保人数、享受待遇人员、资金收支等情况的统计;加强对被征地农民社会保障工作的考核。

五、加强被征地农民社会保障工作的监督检查

根据中共中央办公厅、国务院办公厅《关于加强农村基层党风廉政建设的意见》(中办发〔2006〕32号)的要求,地方各级劳动保障部门、国土资源部门要认真贯彻落实有关方针政策,在对农村土地征收征用情况的监督检查中,切实搞好对被征地农民社会保障工作情况的监督检查,纠正征地过程中损害农民权益问题。

被征地农民社会保障资金要专款专用,独立核算,任何部门、单位和个人都不得挤占、截留、挪用、转借或擅自将资金用于任何形式的直接投资。被征地农民社会保障资金未能足额到位、及时发放的,要追究有关人员的责任。国家工作人员在被征地农民社会保障资金管理工作中玩忽职守、滥用职权、徇私舞弊的,要依照有关规定追究行政责任;构成犯罪的,依法追究刑事责任。

国土资源部、财政部、农业部关于加快推进农村集体土地确权登记发证工作的通知

· 2011年5月6日
· 国土资发〔2011〕60号

各省、自治区、直辖市国土资源厅(国土环境资源厅、国土资源局、国土资源和房屋管理局、规划和国土资源管理局)、财政厅(局)、农业(农牧、农村经济)厅(局、委、办),新疆生产建设兵团国土资源局、财务局、农业局:

为贯彻落实十七届三中全会精神和《中共中央 国务院关于加大统筹城乡发展力度进一步夯实农业农村发展基础的若干意见》(中发〔2010〕1号,以下简称中央1号文件)有关要求,切实加快推进农村集体土地确权登记发证工作,现将有关事项通知如下:

一、充分认识加快农村集体土地确权登记发证的重要意义

《土地管理法》实施以来,各地按照国家法律法规和政策积极开展土地登记工作,取得了显著的成绩,对推进土地市场建设,维护土地权利人合法权益,促进经济社会发展发挥了重要作用。但是,受当时条件的限制,农村集体土地确权登记发证工作总体滞后,有的地区登记发证率还很低,已颁证的农村集体土地所有权大部分只确权登记到行政农民集体一级,没有确认到每一个具有所有权的农民集体,这与中央的要求和农村经济社会发展的现实需求不相适应。明晰集体土地财产权,加快推进农村集体土地确权登记发证工作任务十分紧迫繁重。

(一)加快推进农村集体土地确权登记发证工作是维护农民权益、促进农村社会和谐稳定的现实需要。通过农村集体土地确权登记发证,有效解决农村集体土地权属纠纷,化解农村社会矛盾,依法确认农民土地权利,强化农民特别是全社会的土地物权意识,有助于在城镇化、工业化和农业

现代化推进过程中,切实维护农民权益。

(二)加快推进农村集体土地确权登记发证工作是落实最严格的耕地保护制度和节约用地制度、提高土地管理和利用水平的客观需要。土地确权登记发证的过程,是进一步查清宗地的权属、面积、用途、空间位置,建立土地登记簿的过程,也是摸清土地利用情况的过程,从而改变农村土地管理基础薄弱的状况,夯实管理和改革的基础,确认农民集体、农民与土地长期稳定的产权关系,将农民与土地物权紧密联系起来,可以进一步激发农民保护耕地、节约集约用地的积极性。

(三)加快推进农村集体土地确权登记发证工作是夯实农业农村发展基础、促进城乡统筹发展的迫切需要。加快农村集体土地确权登记发证,依法确认和保障农民的土地物权,进而通过深化改革,还权赋能,最终形成产权明晰、权能明确、权益保障、流转顺畅、分配合理的农村集体土地产权制度,是建设城乡统一的土地市场的前提,是促进农村经济社会发展、实现城乡统筹的动力源泉。

二、切实加快农村集体土地确权登记发证工作,强化成果应用

各地要认真落实中央1号文件精神,加快农村集体土地所有权、宅基地使用权、集体建设用地使用权等确权登记发证工作,力争到2012年底把全国范围内的农村集体土地所有权证确认到每个具有所有权的集体经济组织,做到农村集体土地确权登记发证全覆盖。要按照土地总登记模式,集中人员、时间和地点开展工作,坚持依法依规、便民高效、因地制宜、急需优先和全面覆盖的原则,注重解决难点问题。

(一)完善相关政策。认真总结在农村集体土地确权登记发证工作方面的经验,围绕地籍调查、土地确权、争议调处、登记发证工作中存在的问题,深入研究,创新办法,细化和完善加快农村集体土地确权登记发证的政策。严禁通过土地登记将违法违规用地合法化。

(二)加快地籍调查。地籍调查是土地登记发证的前提,各地要加快地籍调查,严格按照地籍调查有关规程规范的要求,开展农村集体土地所有权、宅基地使用权、集体建设用地使用权调查工作,查清农村每一宗土地的权属、界址、面积和用途等基本情况。有条件的地方要制作农村集体土地所有权地籍图,以大比例尺地籍调查为基础,制作农村集体土地使用权,特别是建设用地使用权、宅基地使用权地籍图。县级以上城镇以及有条件的一般建制镇、村庄,要建立地籍信息系统,将地籍调查成果上图入库,纳入规范化管理,在此基础上,开展土地总登记及初始登记和变更登记。建立地籍成果动态更新机制,以土地登记为切入点,动态更新地籍调查成果资料,保持调查成果的现势性,确保土地登记结果的准确性。

(三)加强争议调处。要及时调处土地权属争议,建立土地权属争议调处信息库,及时掌握集体土地所有权、宅基地使用权和集体建设用地使用权权属争议动态,有效化解争议,为确权创造条件。

(四)规范已有成果。结合全国土地登记规范化和土地权属争议调处检查工作,凡是农村集体土地所有权证没有确认到具有所有权的农民集体经济组织的,应当确认到具有所有权的农民集体经济组织;已经登记发证的宗地缺失档案资料以及不规范的,尽快补正完善;已经登记的宗地测量精度不够的,及时进行修补测;对于发现登记错误的,及时予以更正。

(五)加强信息化建设。把农村集体土地确权登记发证同地籍信息化建设结合起来,在应用现代信息技术加快确权登记发证的同时,一并将地籍档案数字化,实现确权登记发证成果的信息化管理。建设全国土地登记信息动态监管查询系统,逐步实现土地登记资料网上实时更新,动态管理,建立共享机制,全面提高地籍管理水平,大幅度提高地籍工作的社会化服务程度。

(六)强化证书应用。实行凭证管地用地制度。土地权利证书要发放到权利人手中,严禁以统一保管等名义扣留、延缓发放土地权利证书。各地根据当地实际,可以要求凡被征收的农村集体所有土地,在办理征地手续之前,必须完成农村集体土地确权登记发证,在征地拆迁时,要依据农村集体土地所有证和农村集体土地使用证进行补偿;凡是依法进入市场流转的经营性集体建设用地使用权,必须经过确权登记,做到产权明晰、四至清楚、没有纠纷,没有经过确权登记的集体建设用地使用权一律禁止流转;农用地流转需与集体土地所有权确权登记工作做好衔接,确保承包地流转前后的集体所有性质不改变,土地用途不改变,农民土地承包权益不受损害;对新农村建设和农村建设用地整治涉及宅基地调整的，必须以确权登记发证为前提。

充分发挥农村土地确权登记发证工作成果在规划、耕保、利用、执法等国土资源管理各个环节的基础作用。农村集体土地登记发证与集体建设用地流转、城乡建设用地增减挂钩、农用地流转、土地征收等各项重点工作挂钩。凡是到2012年底未按时完成农村集体土地所有权登记发证工作的，农转用、土地征收审批暂停，农村土地整治项目不予立项。

三、加强组织领导，强化督促落实

（一）加强组织领导。国土资源部会同财政部、农业部成立全国加快推进农村集体土地确权登记发证工作领导小组，办公室设在国土资源部地籍管理司，由成员单位有关方面负责人、联络员及工作人员组成，具体负责推进农村集体土地确权登记发证的日常工作。省级人民政府国土资源部门要牵头成立相应的领导小组，负责本地区工作的组织和实施。市（县）政府是农村集体土地登记的法定主体，市（县）成立以政府领导为组长的工作领导小组，国土资源部门承担领导小组的日常工作，负责编制实施方案，分解任务，落实责任，明确进度，定期检查，抓好落实。农村集体土地所有权确权登记发证应当覆盖到本行政区内全部集体土地。

（二）周密部署安排。各省要抓紧摸清本地区集体土地确权登记发证现状，研究制定具体工作方案，明确年度工作目标和任务，加强人员培训，落实责任制，加快农村集体土地所有权、宅基地使用权、集体建设用地使用权等确权登记颁证工作，2012年底基本完成把农村集体土地所有权证确认到每个具有所有权的农民集体经济组织的任务。

建立全国农村集体土地确权登记发证工作进度汇总统计分析和通报制度。请省级领导小组办公室于2011年6月底将本地区农村集体土地确权登记发证工作进展情况报办公室，此后按季度定期上报工作进度情况，并逐步建立网上动态上报机制，办公室将采取多种方式加强督促检查。

（三）切实保障经费。相关地方政府要按照中央1号文件要求，统筹安排，将农村集体土地确权登记发证有关工作经费足额纳入财政预算，保障工作开展。

（四）加强土地登记代理机构队伍建设。借助土地登记代理机构等专业力量，提高确权登记发证的效率和规范化程度。

（五）宣传动员群众。各地要通过报纸、电视、广播、网络等媒体，大力宣传农村集体土地确权登记发证的重要意义、工作目标和法律政策，创造良好的舆论环境和工作氛围。争取广大农民群众和社会各界的理解支持，充分发挥农村基层组织在登记申报、土地确权、纠纷调处等工作中的重要作用，调动广大农民群众参与的积极性。国土资源部将适时召开加快推进农村集体土地确权登记发证工作现场会，总结、推广、宣传典型经验，为全国提供示范典型。

自然资源部办公厅关于印发《宅基地和集体建设用地使用权确权登记工作问答》的函

- 2020年7月22日
- 自然资办函〔2020〕1344号

各省、自治区、直辖市及计划单列市自然资源主管部门：

为进一步做好宅基地和集体建设用地使用权确权登记工作，部组织编制了《宅基地和集体建设用地使用权确权登记工作问答》，现予印发。

附件：宅基地和集体建设用地使用权确权登记工作问答

宅基地和集体建设用地使用权确权登记工作问答

第一部分　工作组织

1. 党中央、国务院对宅基地和集体建设用地使用权确权登记工作提出过哪些明确要求？

党中央、国务院高度重视宅基地和集体建设用地使用权确权登记工作。党的十七届三中全会明确提出，"搞好农村土地确权、登记、颁证工作"。2010年以来，中央1号文件多次对宅基地、集体建设用地使用权确权登记工作作出部署和要求。2010年提出，"加快农村集体土地所有权、宅基地使用权、集体建设用地使用权等确权登记颁证工作"；2012年要求，"2012年基本完成覆盖农村集体各类土地的所有权确权登记颁证,推进包括农户宅基地在内的农村集体建设用地使用权确权登记颁证工作";2013年要求,"加快包括农村宅基地在内的农村集体土地所有权和建设用地使用权地籍调查,尽快完成确权登记颁证工作。农村土地确权登记颁证工作经费纳入地方财政预算,中央财政予以补助";2014年提出,"加快包括农村宅基地在内的农村地籍调查和农村集体建设用地使用权确权登记颁证工作";2016年要求,"加快推进房地一体的农村集体建设用地和宅基地使用权确权登记颁证,所需工作经费纳入地方财政预算";2017年强调,"全面加快"房地一体"的农村宅基地和集体建设用地确权登记颁证工作";2018年提出,"扎实推进房地一体的农村集体建设用地和宅基地使用权确权登记颁证,加快推进宅基地'三权分置'改革";2019年要求,"加快推进宅基地使用权确权登记颁证工作,力争2020年基本完成";2020年强调,"扎实推进宅基地和集体建设用地使用权确权登记颁证"。

另外,2019年《中共中央 国务院关于建立健全城乡融合发展体制机制和政策体系的意见》(中发〔2019〕12号)要求,"加快完成房地一体的宅基地使用权确权登记颁证";2020年《中共中央 国务院关于构建更加完善的要素市场化配置体制机制的意见》(中发〔2020〕9号)要求,"在国土空间规划编制、农村房地一体不动产登记基本完成的前提下,建立健全城乡建设用地供应三年滚动计划"。

2. 当前宅基地和集体建设用地使用权确权登记工作重点是什么?

《自然资源部关于加快宅基地和集体建设用地使用权确权登记工作的通知》(自然资发〔2020〕84号)明确要求,以未确权登记的宅基地和集体建设用地为工作重点,按照不动产统一登记要求,加快地籍调查,对符合登记条件的办理房地一体不动产登记。对于未开展地籍调查的,要尽快开展房地一体地籍调查,完成房地一体不动产登记;已完成宅基地、集体建设用地地籍调查但没有完成农房调查的,要尽快补充调查农房信息,完成房地一体的不动产登记。

3. 在宅基地和集体建设用地使用权确权登记工作中为什么要坚持"不变不换"原则?

《不动产登记暂行条例》第三十三条规定,"本条例施行前依法颁发的各类不动产权属证书和制作的不动产登记簿继续有效"。《不动产登记暂行条例实施细则》第一百零五条规定,"本实施细则施行前,依法核发的各类不动产权属证书继续有效。不动产权利未发生变更、转移的,不动产登记机构不得强制要求不动产权利人更换不动产权属证书"。坚持"不变不换"是不动产登记法律制度的要求,是对原有登记成果的尊重和延续,也是保持工作稳定性和连续性的需要。因此,已分别颁发宅基地、集体建设用地使用权证书和房屋所有权证书的,遵循"不变不换"原则,原证书仍合法有效。

4. 在宅基地和集体建设用地使用权确权登记工作中如何落实"房地一体"登记要求?

《国土资源部 财政部 住房和城乡建设部 农业部 国家林业局关于进一步加快推进宅基地和集体建设用地使用权确权登记发证工作的通知》(国土资发〔2014〕101号)要求,各地要以登记发证为主线,因地制宜,采用符合实际的调查方法,将农房等集体建设用地上的建(构)筑物纳入工作范围,实现统一调查、统一确权登记。《不动产登记操作规范(试行)》(国土资规〔2016〕6号)规定,房屋等建(构)筑物所有权应当与其所附着的土地一并登记,保持权利主体一致。具体来说,围绕宅基地和集体建设用地确权登记工作重点,对于未开展地籍调查的,要尽快开展房地一体地籍调查,完成房地一体不动产登记;已完成宅基地、集体建设用地地籍调查但没有完成农房调查的,要尽快补充调查农房信息,完成房地一体的不动产登记。

对于宅基地已登记,农房没有登记,权利人有换发不动产权证意愿的,可向登记机构申请办理房地一体不动产登记。已登记宅基地、集体建设用地(房屋等建筑物、构筑物未登记)发生变更、转移的,要按照房地一体要求办理不动产变更、转移登记,核发统一的不动产权证。

5. 办理宅基地和集体建设用地登记需要缴纳哪些费用?

《财政部 国家发展改革委关于不动产登记收费有关政策问题的通知》(财税〔2016〕79号)规定,单独申请宅基地使用权登记、申请宅基地使用权及地上房屋所有权登记,只收取不动产权属证书工本费,每本10元。申请集体建设用地使用权及建(构)筑物所有权登记的,应当按照相关规定缴纳不动产登记费80元(包含第一本证书工本费)。

6. 如何充分发挥集体经济组织、村民委员会或者村民小组等集体土地所有权代表行使主体在宅基地和集体建设用地确权登记中的作用？

《民法典》第二百六十二条规定，对于集体所有的土地和森林、山岭、草原、荒地、滩涂等，依照下列规定行使所有权：（一）属于村农民集体所有的，由村集体经济组织或者村民委员会依法代表集体行使所有权；（二）分别属于村内两个以上农民集体所有的，由村内各该集体经济组织或者村民小组依法代表集体行使所有权；（三）属于乡镇农民集体所有的，由乡镇集体经济组织代表集体行使所有权。《村民委员会组织法》规定，村民委员会依照法律规定，管理本村属于村农民集体所有的土地和其他财产；宅基地的使用方案应当经村民会议讨论决定。因此，在遵守法律法规、政策的前提下，坚持农民的事情农民办，充分发挥集体经济组织或者村民委员会、村民小组等集体土地所有权代表行使主体和基层群众自治组织的作用，积极引导农民参与农村不动产确权登记工作，并通过村民自治、基层调解等方式，参与解决权属指界、登记申请资料收集、权属纠纷，以及农民集体经济组织成员资格、分户条件、宅基地取得时间认定和缺少权属来源材料等疑难问题。

7. 基本完成宅基地和集体建设用地确权登记任务的标准是什么？

2020年底前，完成全国农村地籍调查，农村宅基地和集体建设用地登记率达到80%以上，即宅基地、集体建设用地已登记宗地数（原来发土地证的宗地数和不动产统一登记后发不动产权证的宗地数之和，其中原土地证换发不动产权证的宗地不得重复计算）占应登记宗地数的80%以上。2021年底前，完成宅基地和集体建设用地及房屋登记资料清理整合，农村地籍调查和不动产登记数据成果逐级汇交至国家不动产登记信息管理基础平台。

第二部分 地籍调查

8. 地籍调查与不动产权籍调查是什么关系？

地籍调查是指通过权属调查和地籍测绘，查清不动产及自然资源的权属、位置、界址、面积、用途等权属状况和自然状况。地籍调查包括不动产地籍调查和自然资源地籍调查，不动产地籍调查即不动产权籍调查。

9. 是否需要对所有宅基地和集体建设用地开展地籍调查？

本次宅基地和集体建设用地确权登记工作应以未确权登记的宅基地和集体建设用地为地籍调查工作的重点，全面查清宅基地和集体建设用地底数，对已调查登记、已调查未登记、应登记未登记、不能登记等情况要清晰掌握。已完成宗地登记的，原则上不列入本次地籍调查范围，但应根据原地籍调查成果将宗地界线转绘至地籍图上。对于有房地一体不动产登记需求的，原宗地地籍调查成果经核实完善后应当继续沿用，开展房屋补充调查，形成房地一体的地籍调查成果。

10. 对原已完成宅基地或集体建设用地地籍调查但尚未登记的，应如何开展地籍调查？

已完成宅基地和集体建设用地地籍调查但尚未登记，其地上房屋等建（构）筑物尚未开展地籍调查的，已有宗地地籍调查成果应当经核实完善后继续沿用，补充调查地上房屋等建（构）筑物信息，形成房地一体的地籍调查成果。

已完成宅基地和集体建设用地地籍调查工作但尚未登记，其地上房屋等建（构）筑物已经登记的，应对宅基地和集体建设用地地籍调查成果进行核实完善后，将其地上已登记的房屋等建（构）筑物信息落宗，形成房地一体的不动产地籍调查成果。

11. 如何制作农村地籍调查工作底图？

可选用大比例尺（1∶500～1∶2000）的地形图、已有地籍图、第三次全国国土调查、农村土地承包经营权登记等工作中获取的分辨率优于0.2米的正射影像、倾斜摄影测量成果等作为基础图件，叠加地籍区、地籍子区界线和集体土地所有权宗地界线，并标注乡镇、村、村民小组及重要地物的名称，根据需要勾绘或标注相关内容即可形成工作底图。

12. 如何划分集体土地范围内的地籍区和地籍子区？

在县级行政辖区内，以乡（镇）、街道界线为基础，结合明显线性地物划分地籍区。在地籍区内，以行政村、居委会或街坊界线为基础，结合明显线性地物划分地籍子区。

地籍区和地籍子区一旦划定，原则上不随行政界线的调整而调整，其数量和界线宜保持稳定。确需调整的，应当按照一定程序和规范进行调整。

13. 如何有针对性地划分宅基地和集体建设用地不动产单元、编制不动产单元代码？

不动产单元是地籍调查的基本单位。在宅基地和集体建设用地地籍调查工作中，不动产单元是指宅基地或集体建设用地及地上房屋（建/构筑物）共同组成的权属界线固定封闭且具有独立使用价值的空间。

不动产单元代码是指按一定规则赋予不动产单元的唯一可识别的标识码，也可称为不动产单元号。不动产单元代码应按照《不动产单元设定与代码编制规则》(GB/T 37346-2019) 相关要求编制。

本次工作中，应在工作底图上，根据收集的已有调查、登记成果，结合地形或影像，在地籍区、地籍子区和集体土地所有权宗地界线内，初步识别并预划不动产单元，预编不动产单元代码，权属调查工作结束后，正式划定不动产单元，确定不动产单元代码。已登记的不动产，应建立新旧不动产单元代码和原地号、房屋编号的对应表。

例如，某宅基地使用权宗地位于某县级行政辖区（行政区划代码为340123）内第3地籍区、第6地籍子区，宗地顺序号为13；该宅基地上建设了一幢房屋，则该不动产单元编码示例如下：

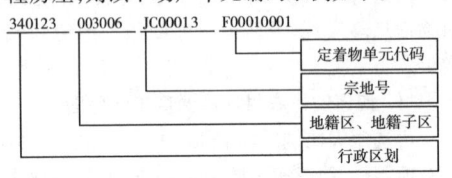

```
340123  003006  JC00013  F00010001
                                    ── 定着物单元代码
                          ────────── 宗地号
                ────────── 地籍区、地籍子区
────────── 行政区划
```

14. 宅基地和集体建设用地权属调查可采取哪些灵活的方式？

在权属调查工作中，可灵活采取集中收集材料、集中指界、利用"国土调查云"软件现场采集录入信息等方式。对权利人因外出等原因无法参与实地指界的，可采取委托代理指界、"先承诺，后补签"、网络视频确认等方式开展指界工作。

15. 是否必须开展实地指界？可采取哪些便利方式？

不一定。对界址清楚、已经登记过的宅基地和集体建设用地使用权的宗地，办理房地一体登记的，经核实界址未发生变化的，应沿用原宗地地籍调查成果，无需开展实地指界工作。对宅基地和集体建设用地审批时有精确界址点坐标的，无需开展实地指界工作。办理首次登记时，土地权属来源材料中界址不明确、实地界址有变化或者无法提供土地权属来源材料的，应当开展实地指界。

16. 是否一定要绘制宗地草图？

不一定。宗地草图是描述宗地位置、界址点、界址线和相邻宗地关系的现场记录。原则上应当在现场指界、丈量界址边长并绘制宗地草图。在本次工作中，为提高工作效率，采用全野外实测界址点的，在确保相邻关系准确、界址清晰无争议的前提下，可在现场指定界址点并签字后，不丈量界址边长、不绘制宗地草图，直接对指定的界址点和房角点开展地籍测绘，并据此编制宗地图。

17. 权属调查和地籍测绘是什么关系？

地籍调查包括权属调查和地籍测绘，其中权属调查是地籍调查工作的核心和基础，原则上应实地开展权属状况调查、指界等权属调查工作。权属调查的成果是开展地籍测绘的依据，地籍测绘应当根据权属调查确定的界址进行。

18. 地籍测绘主要有哪些技术方法？如何选取合适技术方法？

地籍测绘的技术方法主要包括：解析法、图解法和勘丈法等。各地应坚持需求导向，统筹考虑现实基础条件、工作需求和经济技术可行性，以满足农村宅基地和集体建设用地确权登记需求为目标，因地制宜选择符合当地实际的地籍测绘方法和技术路线，不能盲目追求高精度、不切实际一律要求界址点、房屋等全部采用解析法实测。同一地区可分别选用不同的方法。要充分利用规划、审批、核验等测量资料，避免重复测绘。

19. 开展地籍测绘是否一定要做控制测量？

不一定。地籍测绘中应根据实际需要开展控制测量。在本次工作中，采用解析法测量的，根据需要开展控制测量。采用图解法和勘丈法的地区，无需开展控制测量。

20. 怎样采用图解法开展地籍测绘？

利用时相较新、分辨率优于0.2米的正射影像图，或大比例尺（不小于1:2000）地籍图、地形图以及倾斜摄影测量成果等图件，根据权属调查结果，在图上采集界址点和房角点，形成宗地和房屋的空间图形，用于上图入库。因为目前图解法获取的界址点坐标和面积误差较大，无法满足宅基地和集体建设用地登记要求，因此，原则上应利用实地丈量的界址边长和房屋边长计算宗地和房屋面积。

21. 怎样采用勘丈法开展地籍测绘？

在实地指定界址点，利用测距仪、钢尺等实地丈量界址边长和房屋边长，根据需要丈量界址点与邻近地物的距离，采用几何要素法利用丈量结果计算宗地和房屋面积。

22. 应如何计算宗地和房屋面积？

采用解析法测绘的，应采用坐标法计算面积，即利用解析界址点和房角点坐标，按照相关面积计算公式计算宗地和房屋面积。采用勘丈法的，应采用几何要素法计算面积，即利用实地丈量的宗地界址边长和房屋边长，按照宗地范围和房屋占地范围的几何图形，通过长＊宽等几何方法计算宗地和房屋面积。采用图解法的，原则上应采用几何要素法利用丈量结果计算面积。

23. 房产分户图是否要分层绘制？

不一定。农村不动产以宗地和独立成幢的房屋作为不动产单元的，应以幢为单位绘制房产分户图，不需要分层绘制。建筑面积可按层分别计算后求和，也可采取简便易行的方式，如以一层建筑面积乘以层数计算。

24. "国土调查云"软件是什么？是免费使用吗？

"国土调查云"是服务国土调查和自然资源管理工作的应用软件。2018年10月，自然资源部办公厅印发了《关于推广应用"国土调查云"软件的通知》（自然资办发〔2018〕35号），在全国各级自然资源管理部门和乡镇国土所推广应用"国土调查云"。该软件免费使用，由中国国土勘测规划院提供技术支持。为配合宅基地和集体建设用地确权登记工作，"国土调查云"软件增加了农村宅基地和集体建设用地地籍调查功能，软件包括手机APP、WEB端和桌面端三个应用，主要面向非专业技术人员开展工作。

25. "国土调查云"用户注册，软件怎么下载安装？

根据《关于推广应用"国土调查云"软件的通知》（自然资办发〔2018〕35号），由中国国土勘测规划院负责"国土调查云"省级管理员用户注册工作，并提供相应技术支持。各省级自然资源主管部门组织录入APP和WEB端用户注册信息表，由管理员在WEB端批量注册授权，注册用户凭手机号码验证码即可登录使用。"国土调查云"手机APP可在华为应用市场搜索"智能管理"下载安装，输入用户手机号和验证码登录使用；"国土调查云"WEB浏览器地址：https://landcloud.org.cn/zjd，用户名和密码与手机APP一致。

26. "国土调查云"软件用于宅基地和集体建设用地地籍调查的优势是什么？

对部分农村地籍调查基础薄弱、登记资料管理不规范和信息化程度低、暂不具备解析法和图解法条件的区域，使用"国土调查云"辅助开展宅基地和集体建设用地调查工作，无需使用GPS/RTK或全站仪等专业测量设备，普通工作人员经简单培训即可操作。通过权属调查、使用钢尺丈量，结合"国土调查云软件"快速定位、绘制宗地草图，数据可实时上传至WEB端生成地籍图。同时，可使用"国土调查云"软件通过拍照、信息录入和定位功能，将已登记发证但没有矢量化地籍资料的宅基地和集体建设用地登记资料录入，生成地籍图，有助于快速摸清底数、清晰掌握情况，加快工作进度。

27. 如何利用"国土调查云"软件开展地籍调查？

市、县自然资源主管部门可会同村委会组织人员，利用安装了"国土调查云"软件的手机开展工作，操作流程是：①外业调查：使用手机APP开展外业调查，录入权利人信息等相关信息，采集院落中心点（示意范围），录入勘丈和登记信息，拍摄宗地实地照片。②内业处理：使用WEB端进行外业成果整理、信息补充录入、标准数据成果导出、快速汇总实时汇交等工作。③矢量化处理：使用桌面端软件，依据附图扫描件和影像底图，进行图形矢量化和相邻关系处理等工作。具体操作方法参见"国土调查云"软件说明和操作演示视频。

28. 农村地籍调查成果和登记成果应如何建库汇交？

按照《地籍数据库标准（试行）》，将地籍调查成果纳入不动产登记信息管理基础平台上的地籍数据库统一管理，并以县（市、区）为单位，于2021年底前逐级汇交至国家级不动产登记信息管理基础平台。不动产登记成果应按《不动产登记数据库标准》及时录入不动产登记数据库，日常登记结果应实时上传至国家级不动产登记信息管理基础平台。存量数据整合后，不动产登记成果应以县（市、区）为单位，完成一个汇交一个，于2021年底前,逐级汇交至国家级不动产登记信息管理基础平台。

29. 地籍数据库和不动产登记数据库是什么关系?

不动产登记数据库包含已登记不动产的自然信息、权属信息、登记过程和登记结果等信息。地籍数据库包括不动产(已登记和未登记的)调查信息和登记结果信息。两个数据库应通过不动产单元号紧密关联、实时更新,地籍数据库为登记数据库提供调查结果信息,登记结果信息应同步更新至地籍数据库。

第三部分　确权登记

30. 近年来国家层面出台过哪些关于宅基地和集体建设用地确权登记工作文件?

为落实中央有关宅基地、集体建设用地使用权确权登记工作要求,我部先后下发了若干文件,进一步作出部署,明确工作要求和确权登记政策等。主要包括:

(1)2011年5月,原国土资源部、财政部、原农业部印发《关于加快推进农村集体土地确权登记发证工作的通知》(国土资发〔2011〕60号);

(2)2011年11月,原国土资源部、中央农村工作领导小组办公室、财政部、原农业部印发《关于农村集体土地确权登记发证的若干意见》(国土资发〔2011〕178号);

(3)2013年9月,原国土资源部印发《关于进一步加快农村地籍调查推进集体土地确权登记发证工作的通知》(国土资发〔2013〕97号);

(4)2014年8月,原国土资源部、财政部、住房和城乡建设部、原农业部、原国家林业局印发《关于进一步加快推进宅基地和集体建设用地使用权确权登记发证工作的通知》(国土资发〔2014〕101号);

(5)2016年12月,原国土资源部印发《关于进一步加快宅基地和集体建设用地确权登记发证有关问题的通知》(国土资发〔2016〕191号);

(6)2018年7月,自然资源部印发《关于全面推进不动产登记便民利民工作的通知》(自然资发〔2018〕60号);

(7)2020年5月,自然资源部印发《关于加快宅基地和集体建设用地使用权确权登记工作的通知》(自然资发〔2020〕84号);

(8)2020年5月,自然资源部印发《关于做好易地扶贫搬迁安置住房不动产登记工作的通知》(自然资办发〔2020〕25号)。

31. 如何把握地方出台相关政策与国家层面政策的关系?

为有效推进宅基地、集体建设用地确权登记工作,大部分省(区、市)在国家有关法规政策基础上,结合本地实际制定了具体的宅基地、集体建设用地确权登记确权登记政策文件。这些政策文件是对国家法规政策的具体化和必要的补充完善,和国家层面政策一样,都是本地开展宅基地、集体建设用地使用权确权登记工作的重要依据。

32. 没有权属来源材料的宅基地如何确权登记?

根据《国土资源部关于进一步加快宅基地和集体建设用地确权登记发证有关问题的通知》(国土资发〔2016〕191号)和《农业农村部　自然资源部关于规范宅基地审批管理的通知》(农经发〔2019〕6号)有关规定,对于没有权属来源材料的宅基地,应当查明土地历史使用情况和现状,由所在农民集体经济组织或村民委员会对宅基地使用权人、面积、四至范围等进行确认后,公告30天无异议或异议不成立的,由所在农民集体经济组织或村委会出具证明,并经乡(镇)人民政府核准批准,属于合法使用的,予以确权登记。

33. "一户多宅"能不能登记?

《国土资源部关于进一步加快宅基地和集体建设用地确权登记发证有关问题的通知》(国土资发〔2016〕191号)规定,宅基地使用权应按照"一户一宅"要求,原则上确权登记到"户"。符合当地分户建房条件未分户,但未经批准另行建房分开居住的,其新建房屋占用的宅基地符合相关规划,经农民集体经济组织或村民委员会同意并公告无异议或异议不成立的,可按规定补办有关用地手续后,依法予以确权登记;未分开居住的,其实际使用的宅基地没有超过分户后建房用地合计面积标准的,依法按照实际使用面积予以确权登记。

对于因继承房屋占用宅基地,形成"一户多宅"的,可按规定确权登记,并在不动产登记簿和证书附记栏进行注记。

34. 宅基地确权登记中的"户"如何认定?

地方对"户"的认定有规定的,按地方规定办理。地方未作规定的,可按以下原则认定:"户"原则上应以公安部门户籍登记信息为基础,同时应当符合当地申请宅基地建房的条件。根据户籍登记信息无法认定的，可参考当地农村集体土地家庭承包中承包集体土地的农户情况，结合村民自治方式予以认定。

35. 宅基地超面积如何登记？

农民集体经济组织成员经批准建房占用宅基地的，按照批准面积予以确权登记。未履行批准手续建房占用宅基地的，地方有规定的，按地方规定办理。地方未作规定的，按照《国土资源部关于进一步加快宅基地和集体建设用地确权登记发证有关问题的通知》（国土资发〔2016〕191号）规定的分阶段处理原则办理：

1982年《村镇建房用地管理条例》实施前，农民集体经济组织成员建房占用的宅基地，范围在《村镇建房用地管理条例》实施后至今未扩大的，无论是否超过其后当地规定面积标准，均按实际使用面积予以确权登记。

1982年《村镇建房用地管理条例》实施起至1987年《土地管理法》实施时止，农民集体经济组织成员建房占用的宅基地，超过当地规定面积标准的，超过面积按国家和地方有关规定处理的结果予以确权登记。

1987年《土地管理法》实施后，农民集体经济组织成员建房占用的宅基地，超过批准面积建设的，不予确权登记。符合规划经依法处理予以保留的，在补办相关用地手续后，只登记批准部分，超出部分在登记簿和证书中注记。

历史上接受转让、赠与房屋占用的宅基地超过当地规定面积标准的，按照转让、赠与行为发生时对宅基地超面积标准的政策规定，予以确权登记。

36. 非本农民集体经济组织成员取得宅基地能不能登记？

根据《国土资源部 中央农村工作领导小组办公室 财政部 农业部关于农村集体土地确权登记发证的若干意见》（国土资发〔2011〕178号）、《国土资源部关于进一步加快宅基地和集体建设用地确权登记发证有关问题的通知》（国土资发〔2016〕191号）规定，非本农民集体经济组织成员取得宅基地，应区分不同情形予以处理：

（1）非本农民集体经济组织成员，因易地扶贫搬迁、地质灾害防治、新农村建设、移民安置等按照政府统一规划和批准使用宅基地的，在退出原宅基地并注销登记后，依法确定新建房屋占用的宅基地使用权，并办理不动产登记。

（2）非本农民集体经济组织成员（含城镇居民），因继承房屋占用宅基地的，可按规定确权登记，在不动产登记簿及证书附记栏注记"该权利人为本农民集体经济组织原成员住宅的合法继承人"。

（3）1999年《国务院办公厅关于加强土地转让管理严禁炒卖土地的通知》（国办发〔1999〕39号）印发前，回原籍村庄、集镇落户的职工、退伍军人、离（退）休干部以及回乡定居的华侨、港澳台同胞等，原在农村合法取得的宅基地，或因合法取得房屋而占用宅基地的，经公告无异议或异议不成立的，由该农民集体经济组织出具证明，可依法确权登记，在不动产登记簿及证书附记栏注记"该权利人为非本农民集体经济组织成员"。"国办发〔1999〕39号"文件印发后，城市居民违法占用宅基地建造房屋、购买农房的，不予登记。

37. 如何保护农村妇女的宅基地权益？

《国土资源部关于进一步加快宅基地和集体建设用地确权登记发证有关问题的通知》（国土资发〔2016〕191号）规定，农村妇女作为家庭成员，其宅基地权益应记载到不动产登记簿及权属证书上。农村妇女因婚嫁离开原农民集体经济组织，取得新家庭宅基地使用权的，应依法予以确权登记，同时注销其原宅基地使用权。

38. 农民进城落户后其宅基地能不能确权登记？

《中共中央 国务院关于实施乡村振兴战略的意见》（中发〔2018〕1号）明确要求，依法维护进城落户农民的宅基地使用权、土地承包经营权、集体收益分配权，引导进城落户农民依法自愿有偿退出上述权益，不得以退出承包地和宅基地作为农民进城落户条件。《国土资源部关于进一步加快宅基地和集体建设用地确权登记发证有关问题的通知》（国土资发〔2016〕191号）规定，农民进城落户后，其原合法取得的宅基地使用权应予以确权登记。

39. 农民集体经济组织成员之间互换房屋如何确权登记？

经宅基地所有权人同意，农民集体经济组织成员之间互换房屋，导致宅基地使用权及房屋所有权发生转移的，可以依法予以确权登记。《不动产登记暂行条例实施细则》第四十二条规定,农民集体经济组织内部互换房屋,申请宅基地使用权及房屋所有权转移登记的,应当提交不动产权属证书或者其他权属来源材料、集体经济组织内部互换房屋的协议等材料办理登记。

40. 农民集体经济组织成员之间转让、赠与宅基地上房屋如何确权登记?

经宅基地所有权人同意,在本集体内部向符合宅基地申请条件的农户转让、赠与宅基地上房屋,导致宅基地使用权及房屋所有权发生转移的,可以依法予以确权登记。转让、赠与宅基地,申请宅基地使用权及房屋所有权转移登记的,参照《不动产登记暂行条例实施细则》第四十二条规定,提交不动产权属证书或者其他权属来源材料、集体内部转让、赠与协议等材料办理登记。

《国土资源部关于进一步加快宅基地和集体建设用地确权登记发证有关问题的通知》(国土资发〔2016〕191号)规定,历史上接受转让、赠与房屋占用的宅基地超过当地规定面积标准的,按照转让、赠与行为发生时对宅基地超面积标准的政策规定,予以确权登记。

41. 合法宅基地上房屋没有符合规划或者建设相关材料能不能登记?

《自然资源部关于加快宅基地和集体建设用地使用权确权登记工作的通知》(自然资发〔2020〕84号)规定,对合法宅基地上房屋没有符合规划或建设相关材料的,地方已出台相关规定,按其规定办理。未出台相关规定,位于原城市、镇规划区内的,出具规划意见后办理登记。位于原城市、镇规划区外且在《城乡规划法》实施前建设的,在办理登记时可不提交符合规划或建设的相关材料;位于原城市、镇规划区外且在《城乡规划法》实施后建设的,由集体经济组织或者村民委员会公告15天无异议或者异议不成立,经乡(镇)人民政府审核后,按照审核结果办理登记。

42. 换发房地一体不动产权证书时,房屋测量面积与原房屋所有权证面积不一致的,如何处理?

换发房地一体不动产权证书时,房屋测量面积与原房屋所有权证记载面积不一致的,应当以精度高的测量方法测得的面积为准。运用同种测量方法测量,属于精度误差范围内的,以原房屋所有权证记载面积为准。对于房屋翻建后造成面积不一致的,当事人应当提供翻建房屋的规划许可等材料,申请变更登记。

43. 换发房地一体不动产权证书时,宅基地测量面积与原登记面积不一致的,如何处理?

换发房地一体不动产权证书时,宅基地测量面积与原登记面积不一致的,应当区分不同情形进行处理:(1)对于宅基地界址未发生变化,属于测量方法造成面积不一致的,以精度高的测量方法测得面积登记。(2)因非法超占宅基地导致测量面积大于原登记面积的,应以原登记面积为准,超占面积按照本问答第35条办理。

44. 农村简易房、临时性建(构)筑物能不能登记?

农村简易房、圈舍、农具房、厕所等临时性建(构)筑物,没有符合规划或者建设的相关材料,一般不予登记。

45. 宅基地批准使用后一直未办理登记,若原批准使用人死亡的,能不能申请登记?

宅基地是以"户"分配和使用的,只要"户"中还有其他成员,批准使用人的死亡就不影响该"户"的宅基地使用权,可由现在的户主申请登记。如果"户"中已没有其他成员,按照《继承法》规定,宅基地上房屋可由继承人继承,因继承房屋占用宅基地的,可按规定申请登记,并在不动产登记簿及证书附记栏中注però。

46. 同一宗宅基地上多个房屋属于不同权利人,申请办理房地一体不动产登记的,如何处理?

同一宗宅基地上多个房屋属于不同权利人,申请办理房地一体不动产登记的,应当区分不同情形进行处理:(1)属于新型农村社区或多(高)层多户农民公寓的,按照《不动产登记暂行条例实施细则》第四十三条,参照国有建设用地使用权及建筑物区分所有权的规定,办理宅基地等集体土地上的建筑物区分所有权登记。(2)属于因继承、分家析产等原因,造成房地权利主体不一致,若遗嘱或者分家析产协议对宅基地作了明确分割,分割的宅基地经县(市)自然资源主管部门认定符合不动产单元划定标准,可以分别办理登记;若遗嘱或者分家析产协议对宅基地未作明确分割,按照宅基地使用权共同共有办理登记。(3)属于存在民事纠纷的,待纠纷解决后予以确权登记。

47. 根据国家法规政策,哪些宅基地、集体建设用地不予登记?

《不动产登记暂行条例》第二十二条规定,登记申请有下列情形的,不动产登记机构应当不予登记:(一)违反法律、行政法规的;(二)存在尚未解决的权属争议的;(三)申请登记的不动产权利超过规定期限的;(四)法律、行政法规规定不予登记的其他情形。《自然资源部关于加快宅基地和集体建设用地使用权确权登记工作的通知》(自然资发〔2020〕84号)规定,对乱占耕地建房、违反生态保护红线管控要求建房、城镇居民非法购买宅基地、小产权房等,不得办理登记,不得通过登记将违法用地合法化。凡有上述情况的宅基地、集体建设用地,不予登记。

48. 纳入文物保护范围的古村落或农村建(构)筑物,如何确权登记?

对纳入文物保护范围的古村落或农村建(构)筑物,应本着管理不改变产权归属原则,依法予以确权登记。同时,应在不动产登记簿和证书附记栏注记,"该不动产属于受国家保护的不可移动文物"。

49. 利害关系人对宅基地和集体建设用地确权登记结果有异议的,如何处理?

利害关系人对宅基地和集体建设用地确权登记结果有异议的,可以按照《不动产登记暂行条例实施细则》第七十九条、八十条、八十二条的规定,申请更正登记、异议登记。对不动产登记结果有异议的,可以依法申请行政复议或提起诉讼。

50. 没有权属来源材料的集体建设用地如何确权登记?

《国土资源部关于进一步加快宅基地和集体建设用地确权登记发证有关问题的通知》(国土资发〔2016〕191号)规定,对于没有权属来源材料的集体建设用地,应当查明土地历史使用情况和现状,认定属于合法使用,经所在农民集体经济组织或村民委员会同意,并公告30天无异议或者异议不成立的,经乡(镇)人民政府审核,报县级人民政府批准,予以确权登记。

51. 原乡镇企业或村办企业破产、关停、改制等,其原使用的集体建设用地如何确权登记?

原乡镇企业或村办企业因破产、关停等不再使用集体土地的,应当按照《土地管理法》第六十六条规定,由农村集体经济组织报经原批准用地的人民政府批准后收回集体建设用地使用权。若原乡镇企业或村集体企业因破产、兼并、改制等导致集体建设用地使用权发生转移,现用地单位继续占用且未改变批准用途的,可以提交集体建设用地使用权转移的材料办理转移登记。若现用地单位继续占用该地块且经批准改变土地用途的,申请人还应当提交有批准权的人民政府或主管部门的批准文件等材料。

第四部分　成果入库和整合汇交

52. 农村地区宅基地和集体建设用地使用权确权登记数据与城镇地区土地、房屋等其他不动产登记数据是什么关系?

农村地区宅基地和集体建设用地使用权确权登记数据与城镇地区土地、房屋等其他不动产登记数据都是不动产登记数据的重要组成部分,应纳入不动产登记数据库统一管理,不能另建一个数据库。

与城镇地区相比,农村地区不动产登记数据基础比较薄弱,需加快推进数据完善,提升数据质量。

53. 应该如何完善宅基地和集体建设用地使用权确权登记数据?

宅基地和集体建设用地使用权确权登记数据与其他类型不动产数据一样,数据的完备、准确、规范是保障登记安全、提高业务办理效率、保护权利人合法权益的基础,也是开展信息共享服务的保障。

完善宅基地和集体建设用地使用权确权登记数据主要通过两个途径:一是完善存量数据。对存量登记资料进行清理和标准化整合,补充完善缺失的重要数据项。二是规范增量数据。在日常登记业务中,完整、规范、准确的填写登记簿,为今后开展登记业务和信息共享服务提供可靠的登记数据,避免形成新的历史遗留问题。

54. 有纸质登记资料但未数字化建库的,如何利用"国土调查云"软件辅助开展数据整合工作?

对原有纸质登记资料尚未数字化的,可利用"国土调查云"辅助开展工作,具体流程如下:(1)利用APP软件功能快速搜索导航定位到实地现场,结合全球卫星定位和软件影像底图确定宅基地位置。(2)在影像底图标记院落中心点,依据纸质登记资料结合影像底图,勾绘宗地位置、输入纸质登记资料的宗地和房屋的界址线边长与面积。(3)软件将自动生成宗地编号和带影像截图的调查草图,录入证书上的权利人等属性信息,拍摄权利人、宗地、房屋及证书的宗地图片。(4)调查采集的相关信息将实时汇总到系统 WEB 端，系统提供数据汇总统计和下载功能，用于各级开展后续调查登记相关工作。

55. 农村不动产日常登记业务办理采用什么信息系统？

应采用当地统一的不动产登记系统，不能再建一套专用于农村地区不动产的登记系统，避免"两张皮"。

56. 如何运用信息化手段规范登记簿填写工作？

将业务规则、数据字典和编码等规范内嵌在不动产登记系统中，尽可能减少需要手工填写的数据项，通过逻辑校验规则最大限度地消除人为操作失误造成的数据不规范，并对空项进行提示，以便对具体问题有针对性地加以解决。

57. 日常登记业务中，如何解决宅基地和集体建设用地确权登记基础资料薄弱的问题，确保登记簿数据完备、准确、规范？

在日常登记中，遇到宅基地和集体建设用地确权登记基础资料薄弱问题，应在登记业务中加以消化处理，不应搁置起来，给未来的登记业务和数据服务留下隐患。登记基础资料薄弱问题应分类进行处理：一是针对规范化程度低的问题，可以通过不动产登记系统进行逻辑校验并加以规范化处理。二是针对电子数据缺失的问题，可以通过对纸质资料进行电子化处理，纳入不动产登记数据库的方式予以解决。三是针对数据项缺失的问题，可以充分利用已有登记档案资料等信息，尽可能将信息补录完整，做到"应填尽填"，确实找不到资料的文本数据项，填写斜杠"/"。数据项不能为空，是为了对每个数据项进行严格校验。因此，对于缺失信息的数据项，不能"一空了之"。

58. 日常登记成果信息为什么需要实时上传至省级和国家级信息平台？应采取何种方式上传？

《不动产登记暂行条例》第二十三条规定，"各级不动产登记机构登记的信息应当纳入统一的不动产登记信息管理基础平台，确保国家、省、市、县四级登记信息的实时共享"。因此，各级不动产登记机构日常业务的登记结果应通过全国不动产登记信息平台统一接入系统，在登簿的同时实时在线上传至省级和国家级信息平台。

59. 宅基地和集体建设用地使用权日常登记成果信息何时接入国家级信息平台？

办理农村宅基地和集体建设用地使用权日常登记时，应在登簿的同时实时上传登记成果信息，不应批量上传。目前，全国不动产登记信息管理基础平台已实现国家、省、市、县四级联通，地方各级不动产登记机构可通过已经部署的不动产登记信息管理基础平台统一接入系统，实现登记数据的自动上传。

60. 宅基地和集体建设用地在进行房地一体首次登记时，应该如何上传报文？

办理房地一体首次登记前已经上传了"建设用地使用权、宅基地使用权首次登记（如：接入业务编码1000301）"业务报文的，在办理房地一体首次登记时只需要上传"房地产权（独幢、层、套、间、房屋）首次登记（如：接入业务编码1000402）"业务报文。办理房地一体登记前，尚未上传土地登记数据的，应在办理房地一体首次登记时同时上传"房地产权（独幢、层、套、间、房屋）首次登记（如：接入业务编码1000402）"业务报文和相关联的"建设用地使用权、宅基地使用权首次登记（如：接入业务编码1000301）"业务报文。

61. 宅基地和集体建设用地使用权日常登记成果信息接入国家信息平台时，遇到部分字段填不上的情况该如何处理？遇到接入报文上传失败该如何处理？

要保证登记簿中的每一个数据项的填写都经过严格把关，没有空项。确实无法填写的，对于文本型字段，可使用斜杠"/"代替，并在备注栏内注明原因；对于日期型和数值型字段，可以为空，但要在备注栏内进行说明。

各地不动产登记机构须对报文上传情况设置提醒，对上传失败的报文及时分析原因，将内容完善后重新上传，并详细记录上传登簿日志。

62. 为什么要对已有的宅基地和集体建设用地使用权存量登记资料开展集中清理整合和成果入库工作？

不动产登记"四统一"是一个有机的整体，也是开展不动产登记工作的基本要求。已有的宅基地和集体建设用地使用权存量登记资料，是分散登记时期形成的资料，与统一登记的技术标准还存在一定的距离，只有开展集中清理整合和成果入库，才能保证日常登记业务的规范高效和安全，并提供便捷的信息服务。如果不对这些存量登记资料开展集中清理整合，而是全部在日常登记业务中逐步消化处理，必将影响日常登记业务的工作效率,也会对信息共享服务带来障碍。

63. 是否会根据农村地区确权登记数据特点制定相关标准规范,进一步明确登记数据整合汇交要求?

《不动产登记数据库标准(试行)》《不动产登记数据整合建库技术规范(试行)》《不动产登记存量数据成果汇交规范(试行)》等已有标准规范,已经可以涵盖农村地区不动产登记数据的整合入库和汇交。因此,不再专门制定针对农村地区不动产登记数据的标准规范,后续会根据工作需要适时提出相关要求。

64. 宅基地和集体建设用地使用权存量登记资料基础薄弱,在开展资料清理整合和入库中会遇到各种各样的问题,如何把握总体原则?

宅基地和集体建设用地使用权存量登记资料基础薄弱,各地在推进资料清理整合和入库中遇到的问题,既有共性的,也存在本地特有的,需要针对具体问题分门别类加以处理。需要把握的总体原则是,不对已有登记数据进行修改。对数据的任何实质内容的修改,都应通过法定程序进行更正。具体承担资料清理整合和入库工作一般都是技术支撑单位的作业人员,只能负责技术性工作,遇到数据不一致、错误等问题时,应当汇总上报,不能擅自处理。

65. 已有宅基地、集体建设用地登记资料清理整合和入库工作量很大,应重点做好哪些工作?注意哪些事项?

对已有宅基地、集体建设用地登记资料进行全面梳理,厘清存在的问题,查找已有的档案资料,开展数据补录补测和纸质资料数字化等工作,形成规范化的数据集并入库。对于不动产单元号、权利人名称、权利类型等关键数据项,必须补齐,其他数据项,原则上应补齐。由于存在的问题一般是长期积累下来的,短期内全部解决确实存在一定的困难,加之统一登记前后工作要求不同,技术标准也存在一定的差异,为了"原汁原味"体现已有资料成果,在整合入库时,根据原始材料如实记录登簿人、登簿时间等信息,同时可将已有的证书、登记资料等扫描生成电子文件,挂接在不动产登记数据库上,便于今后开展登记工作时比对查看。

66. 数据整理完善工作中,如何补编不动产单元代码?对于缺少图形数据的应该如何分情况处理?

应遵循《不动产单元编码规范》,划分不动产单元,编制 28 位具有唯一性不动产单元代码。

对于缺少图形数据的情况,通过以下途径获取空间数据,并与属性信息关联衔接:(1)如果有纸质图件资料,对纸质资料进行数字化处理,生成带坐标的空间数据;(2)如果没有纸质图件资料,条件具备的,可开展野外实测;条件不具备的,可结合实地勘丈,在高分辨率正射影像图上进行勾绘;确实没有条件开展野外实测和影像图勾绘的,可采集"院落中心点"作为宗地位置。

67. 以"院落中心点"作为宗地位置时,如何处理数据入库?

以"院落中心点"作为宗地位置时,宗地标注上图为点,入库应按以下处理:

一是登记结果信息标注上图的点状图形存放在"点状定着物"图层(图层名:DZDZW),其图层"点状定着物类型"字段赋值为"农村宅基地标注上图"或"集体建设用地标注上图"等,并同时导出图形属性数据生成点状定着物属性表(表名:DZDZW)。

二是权利数据存放在"建设用地使用权、宅基地使用权表"(表名:JSYDSYQ)中。

三是权利人数据存放在"权利人表"(表名:QLR)中。

68. 土地登记档案中土地使用起止时间只有开始时间为建国前,但《不动产登记数据库标准(试行)》要求这个字段为必填,如何规范填写?

按照日常登记中登记簿填写的做法,确实由于客观原因无法填写的字段,可以为空,但要在备注栏里注明原因,在数据成果汇交时附上情况说明。

69. 存量登记资料整合过程中,发现原有档案资料存在明显错误的是否可以纠正?

存量登记资料数据整合是一项技术工作,数据录入严格按照法定登记资料,遵循"保持数据原貌"的原则,不应修改已有的登记资料。存在明显错误的,必须通过法定程序才能更正。

70. 宅基地使用权证、房屋所有权证记载的权利人不一致如何整合入库?批准文件与证书记载的权利人不一致如何整合入库?

两者不一致的,应按照本问答第46问,通过法定程序更正。暂时确实无法更正的,在数据整合入库中按照原记载的信息入库,并备注说明。

71. 登记档案中没有权利人身份信息,或身份证号码缺失的,如何处理?

先根据登记档案中的户信息,与公安部门的

户籍信息做相应的人员身份信息匹配，仍不能解决的可采用实地核实、入户调查的方法，对缺失数据进行补测、补录，并备注数据获取方式和时间。

72. 闲置的集体建设用地用途如何认定？登记档案中用途填写"耕地"或"非耕地"等无法归类的宅基地或集体建设用地如何进行整合？

闲置的集体建设用地，按照权属来源材料中的用途进行认定。数据整合工作不能改变或重新认定用途。

登记档案中用途填写"耕地"或"非耕地"等无法归类的宅基地或集体建设用地，也应通过法定程序进行更正，暂时无法更正的，按原资料填写入库。

73. 批准面积、证号等重点信息不完善的历史档案如何整合？

采用外业核实、入户调查的方法，对相关数据进行补录补测后入库，并备注数据获取方式和时间。

74. 集体建设用地土地使用期限届满且未续期，或有原始登记档案但现状为空地或房屋坍塌的，是否需要进行存量登记数据整合？

需要整合。

75. 现行存量数据质检软件版本是否适用于宅基地和集体建设用地确权登记数据？

现行存量数据质检软件版本适用于宅基地和集体建设用地确权登记数据。需要说明的是，数据质检软件是对数据质量的全面"体检"，对数据的不完善进行提示，以便于对本地数据质量状况进行全面、准确的了解，并辅助完善数据成果。

76. 数据汇交和数据实时上传有什么不同？

数据汇交通过离线方式进行。按照《不动产登记存量数据成果汇交规范（试用）》规定的数据内容和格式等要求，从本地不动产登记数据库中导出至相应存储介质，离线汇交到部和省。

数据实时上传通过在线方式进行。各地不动产登记机构在日常登记业务中，通过不动产登记统一接入系统，在每一笔登记业务登簿的同时实时上传省级和国家级信息平台。

77. 如何把握农村不动产登记成果汇交的时间要求？

总体要求是 2021 年底前完成全国所有县（市、区）整合汇交工作。由于各地基础条件不同，工作进度不一，省级应把数据汇交时间要求落实到各县（市、区），先完成的县（市、区）先汇交，统筹进度，确保 2021 年底前完成汇交任务，避免到最后"扎堆"汇交。

中央农村工作领导小组办公室、农业农村部关于进一步加强农村宅基地管理的通知

·2019 年 9 月 11 日

各省、自治区、直辖市和新疆生产建设兵团党委农办，农业农村（农牧）厅（局、委）：

宅基地是保障农民安居乐业和农村社会稳定的重要基础。加强宅基地管理，对于保护农民权益、推进美丽乡村建设和实施乡村振兴战略具有十分重要的意义。由于多方面原因，当前农村宅基地管理比较薄弱，一些地方存在超标准占用宅基地、违法违规买卖宅基地、侵占耕地建设住宅等问题，损害农民合法权益的现象时有发生。按照本轮机构改革和新修订的土地管理法规定，农业农村部门负责宅基地改革和管理有关工作，为切实加强农村宅基地管理，现就有关要求通知如下。

一、切实履行部门职责

农村宅基地管理和改革是党和国家赋予农业农村部门的重要职责，具体承担指导宅基地分配、使用、流转、纠纷仲裁管理和宅基地合理布局、用地标准、违法用地查处，指导闲置宅基地和闲置农房利用等工作。各级农业农村部门要充分认识加强宅基地管理工作的重要意义，在党委政府的统一领导下，主动担当，做好工作衔接，健全机构队伍，落实保障条件，系统谋划工作，创新方式方法，全面履职尽责，保持工作的连续性、稳定性，防止出现弱化宅基地管理的情况。要主动加强与自然资源、住房城乡建设等部门的沟通协调，落实宅基地用地指标，建立国土空间规划、村庄规划、宅基地确权登记颁证、农房建设等资源信息共享机制，做好宅基地审批管理与农房建设、不动产登记等工作的有序衔接。

二、依法落实基层政府属地责任

建立部省指导、市县主导、乡镇主责、村级主体的宅基地管理机制。宅基地管理工作的重心在基层，县乡政府承担属地责任，农业农村部门负责

行业管理,具体工作由农村经营管理部门承担。随着农村改革发展的不断深入,基层农村经营管理部门的任务越来越重,不仅承担农村土地承包管理、新型农业经营主体培育、集体经济发展和资产财务管理等常规工作,还肩负着农村土地制度、集体产权制度和经营制度的改革创新等重要职责,本轮机构改革后,又增加了宅基地管理、乡村治理等重要任务。但是,当前基层农村经营管理体系不健全、队伍不稳定、力量不匹配、保障不到位等问题十分突出。这支队伍有没有、强不强直接决定着农村改革能否落实落地和农民合法权益能否得到切实维护。县乡政府要强化组织领导,切实加强基层农村经营管理体系的建设,加大支持力度,充实力量,落实经费,改善条件,确保工作有人干、责任有人负。

按照新修订的土地管理法规定,农村村民住宅用地由乡镇政府审核批准。乡镇政府要因地制宜探索建立宅基地统一管理机制,依托基层农村经营管理部门,统筹协调相关部门宅基地用地审查、乡村建设规划许可、农房建设监管等职责,推行一个窗口对外受理、多部门内部联动运行,建立宅基地和农房乡镇联审联办制度,为农民群众提供便捷高效的服务。要加强对宅基地申请、审批、使用的全程监管,落实宅基地申请审查到场、批准后丈量批放到场、住宅建成后核查到场等"三到场"要求。要开展农村宅基地动态巡查,及时发现和处置涉及宅基地的各类违法行为,防止产生新的违法违规占地现象。要指导村级组织完善宅基地民主管理程序,探索设立村级宅基地协管员。

三、严格落实"一户一宅"规定

宅基地是农村村民用于建造住宅及其附属设施的集体建设用地,包括住房、附属用房和庭院等用地。农村村民一户只能拥有一处宅基地,面积不得超过本省、自治区、直辖市规定的标准。农村村民应严格按照批准面积和建房标准建设住宅,禁止未批先建、超面积占用宅基地。经批准易地建造住宅的,应严格按照"建新拆旧"要求,将原宅基地交还村集体。农村村民出卖、出租、赠与住宅后,再申请宅基地的,不予批准。对历史形成的宅基地面积超标和"一户多宅"等问题,要按照有关政策规定分类进行认定和处置。人均土地少、不能保障一户拥有一处宅基地的地区,县级人民政府在充分尊重农民意愿的基础上,可以采取措施,按照省、自治区、直辖市规定的标准保障农村村民实现户有所居。

四、鼓励节约集约利用宅基地

严格落实土地用途管制,农村村民建住宅应当符合乡(镇)土地利用总体规划、村庄规划。合理安排宅基地用地,严格控制新增宅基地占用农用地,不得占用永久基本农田;涉及占用农用地的,应当依法先行办理农用地转用手续。城镇建设用地规模范围外的村庄,要通过优先安排新增建设用地计划指标、村庄整治、废旧宅基地腾退等多种方式,增加宅基地空间,满足符合宅基地分配条件农户的建房需求。城镇建设用地规模范围内,可以通过建设农民公寓、农民住宅小区等方式,满足农民居住需要。

五、鼓励盘活利用闲置宅基地和闲置住宅

鼓励村集体和农民盘活利用闲置宅基地和闲置住宅,通过自主经营、合作经营、委托经营等方式,依法依规发展农家乐、民宿、乡村旅游等。城镇居民、工商资本等租赁农房居住或开展经营的,要严格遵守合同法的规定,租赁合同的期限不得超过二十年。合同到期后,双方可以另行约定。在尊重农民意愿并符合规划的前提下,鼓励村集体积极稳妥开展闲置宅基地整治,整治出的土地优先用于满足农民新增宅基地需求、村庄建设和乡村产业发展。闲置宅基地盘活利用产生的土地增值收益要全部用于农业农村。在征得宅基地所有权人同意的前提下,鼓励农村村民在本集体经济组织内部向符合宅基地申请条件的农户转让宅基地。各地可探索通过制定宅基地转让示范合同等方式,引导规范转让行为。转让合同生效后,应及时办理宅基地使用权变更手续。对进城落户的农村村民,各地可以多渠道筹集资金,探索通过多种方式鼓励其自愿有偿退出宅基地。

六、依法保护农民合法权益

要充分保障宅基地农户资格权和农民房屋财产权。不得以各种名义违背农民意愿强制流转宅基地和强迫农民"上楼",不得违法收回农户合法取得的宅基地,不得以退出宅基地作为农民进城落户的条件。严格控制整村撤并,规范实施程序,加强监督管理。宅基地是农村村民的基本居住保障,严禁城镇居民到农村购买宅基地,严禁下乡利用农村宅基地建设别墅大院和私人会馆。严禁借流转之名违法违规圈占、买卖宅基地。

七、做好宅基地基础工作

各级农业农村部门要结合国土调查、宅基地使用权确权登记颁证等工作，推动建立农村宅基地统计调查制度，组织开展宅基地和农房利用现状调查，全面摸清宅基地规模、布局和利用情况。逐步建立宅基地基础信息数据库和管理信息系统，推进宅基地申请、审批、流转、退出、违法用地查处等的信息化管理。要加强调查研究，及时研究解决宅基地管理和改革过程中出现的新情况新问题，注意总结基层和农民群众创造的好经验好做法，落实新修订的土地管理法规定，及时修订完善各地宅基地管理办法。要加强组织领导，强化自身建设，加大法律政策培训力度，以工作促体系建队伍，切实做好宅基地管理工作。

农业农村部、自然资源部关于规范农村宅基地审批管理的通知

- 2019年12月12日
- 农经发〔2019〕6号

各省、自治区、直辖市农业农村（农牧）厅（局、委）、自然资源主管部门，新疆生产建设兵团农业农村局、自然资源局：

为贯彻党和国家机构改革精神，落实新修订的土地管理法有关要求，深化"放管服"改革，进一步加强部门协作配合，落实属地管理责任，现就规范农村宅基地用地建房申请审批有关事项通知如下。

一、切实履行部门职责

农村宅基地用地建房审批管理事关亿万农民居住权益，涉及农业农村、自然资源等部门。各级农业农村、自然资源部门要增强责任意识和服务意识，按照部门职能和国务院"放管服"改革要求，在党委政府的统一领导下，切实履行各自职责。农业农村部门负责农村宅基地改革和管理工作，建立健全宅基地分配、使用、流转、违法用地查处等管理制度，完善宅基地用地标准，指导宅基地合理布局、闲置宅基地和闲置农房利用；组织开展农村宅基地现状和需求情况统计调查，及时将农民建房新增建设用地需求通报同级自然资源部门；参与编制国土空间规划和村庄规划。自然资源部门负责国土空间规划、土地利用计划和规划许可等工作，在国土空间规划中统筹安排宅基地用地规模和布局，满足合理的宅基地需求，依法办理农用地转用审批和规划许可等相关手续。各级农业农村、自然资源部门要建立部门协调机制，做好信息共享互通，推进管理重心下沉，共同做好农村宅基地审批和建房规划许可管理工作。

二、依法规范农村宅基地审批和建房规划许可管理

农村村民住宅用地，由乡镇政府审核批准；其中，涉及占用农用地的，依照《土地管理法》第四十四条的规定办理农用地转用审批手续。乡镇政府要切实履行属地责任，优化审批流程，提高审批效率，加强事中事后监管，组织做好农村宅基地审批和建房规划许可有关工作，为农民提供便捷高效的服务。

（一）明确申请审查程序

符合宅基地申请条件的农户，以户为单位向所在村民小组提出宅基地和建房（规划许可）书面申请。村民小组收到申请后，应提交村民小组会议讨论，并将申请理由、拟用地位置和面积、拟建房层高和面积等情况在本小组范围内公示。公示无异议或异议不成立的，村民小组将农户申请、村民小组会议记录等材料交村集体经济组织或村民委员会（以下简称村级组织）审查。村级组织重点审查提交的材料是否真实有效、拟用地建房是否符合村庄规划、是否征求了用地建房相邻权利人意见等。审查通过的，由村级组织签署意见，报送乡镇政府。没有分设村民小组或宅基地和建房申请等事项已统一由村级组织办理的，农户直接向村级组织提出申请，经村民代表会议讨论通过并在本集体经济组织范围内公示后，由村级组织签署意见，报送乡镇政府。

（二）完善审核批准机制

市、县人民政府有关部门要加强对宅基地审批和建房规划许可有关工作的指导，乡镇政府要探索建立一个窗口对外受理、多部门内部联动运行的农村宅基地用地建房联审联办制度，方便农民群众办事。公布办理流程和要件，明确农业农村、自然资源等有关部门在材料审核、现场勘查等各环节的工作职责和办理期限。审批工作中，农业农村部门负责审查申请人是否符合申请条件、拟用地是否符合宅基地合理布局要求和面积标准、宅基地和建房（规划许可）申请是否经过村组

审核公示等，并综合各有关部门意见提出审批建议。自然资源部门负责审查用地建房是否符合国土空间规划、用途管制要求，其中涉及占用农用地的，应在办理农用地转用审批手续后，核发乡村建设规划许可证；在乡、村庄规划区内使用原有宅基地进行农村村民住宅建设的，可按照本省（区、市）有关规定办理规划许可。涉及林业、水利、电力等部门的要及时征求意见。

根据各部门联审结果，由乡镇政府对农民宅基地申请进行审批，出具《农村宅基地批准书》，鼓励地方将乡村建设规划许可证由乡镇一并发放，并以适当方式公开。乡镇要建立宅基地用地建房审批管理台账，有关资料归档留存，并及时将审批情况报县级农业农村、自然资源等部门备案。

（三）严格用地建房全过程管理

全面落实"三到场"要求。收到宅基地和建房（规划许可）申请后，乡镇政府要及时组织农业农村、自然资源部门实地审查申请人是否符合条件、拟用地是否符合规划和地类等。经批准用地建房的农户，应当在开工前向乡镇政府或授权的牵头部门申请划定宅基地用地范围，乡镇政府及时组织农业农村、自然资源等部门到现场进行开工查验，实地丈量批放宅基地，确定建房位置。农户建房完工后，乡镇政府组织相关部门进行验收，实地检查农户是否按照批准面积、四至等要求使用宅基地，是否按照批准面积和规划要求建设住房，并出具《农村宅基地和建房（规划许可）验收意见表》。通过验收的农户，可以向不动产登记部门申请办理不动产登记。各地要依法组织开展农村用地建房动态巡查，及时发现和处置涉及宅基地使用和建房规划的各类违法违规行为。指导村级组织完善宅基地民主管理程序，探索设立村级宅基地协管员。

三、工作要求

各级农业农村、自然资源部门和县乡政府要切实履职尽责，有序开展工作，确保农民住宅建设用地供应、宅基地分配、农民建房规划管理等工作的连续性和稳定性。

（一）建立共同责任机制

按照部省指导、市县主导、乡镇主责、村级主体的要求，各地要建立健全农村宅基地管理机制。省级农业农村、自然资源等部门要主动入位，加强制度建设，完善相关政策，指导和督促基层开展工作。市县政府要加强组织领导，统筹组织协调相关部门、乡镇政府、村级组织依法履行职责。乡镇政府要充实力量，健全机构，切实承担起宅基地审批和管理职责。村级组织要健全宅基地申请审核有关制度，确保宅基地分配使用公开、公平、公正。

（二）优化细化工作流程

各地要对现行宅基地审批和建房规划许可办事指南、申请表单、申报材料清单等进行梳理，参照附件表单（附件1-6），结合本地实际进一步简化和规范申报材料，抓紧细化优化审批流程和办事指南。要加快信息化建设，逐步实现宅基地用地和建房规划许可数字化管理。

（三）严肃工作纪律

坚决杜绝推诿扯皮和不作为、乱作为的现象，防止出现工作"断层""断档"。对工作不力、玩忽职守、滥用职权、徇私舞弊的，要依法严肃追责。

附件： 1. 农村宅基地和建房（规划许可）申请表（略）

2. 农村宅基地使用承诺书（略）

3. 农村宅基地和建房（规划许可）审批表（略）

4. 乡村建设规划许可证（略）

5. 农村宅基地批准书（略）

6. 农村宅基地和建房（规划许可）验收意见表（略）

自然资源部、农业农村部关于农村乱占耕地建房"八不准"的通知

·2020年7月29日
·自然资发〔2020〕127号

各省、自治区、直辖市自然资源主管部门、农业农村（农牧）厅（局、委），新疆生产建设兵团自然资源局、农业农村局：

近年来，一些地方农村未经批准违法乱占耕地建房问题突出且呈蔓延势头，尤其是强占多占、非法出售等恶意占地建房（包括住宅类、管理类、工商业类等各种房屋）行为，触碰了耕地保护红线，威胁国家粮食安全。习近平总书记等中央领导同志高度重视，多次作出重要指示批示。为贯彻落实党中央、国务院决策部署，坚决遏制农村乱占耕地建房行为，根据法律法规和有关政策，现就

农村建房行为进一步明确"八不准"。通知如下：

一、不准占用永久基本农田建房。

二、不准强占多占耕地建房。

三、不准买卖、流转耕地违法建房。

四、不准在承包耕地上违法建房。

五、不准巧立名目违法占用耕地建房。

六、不准违反"一户一宅"规定占用耕地建房。

七、不准非法出售占用耕地建的房屋。

八、不准违法审批占用耕地建房。

各地要深刻认识耕地保护的极端重要性，向社会广泛公告、宣传"八不准"相关规定。地方各级自然资源、农业农村主管部门要在党委和政府的领导下，完善土地执法监管体制机制，加强与纪检监察、法院、检察院和公安机关的协作配合，采取多种措施合力强化日常监管，务必坚决遏制新增农村乱占耕地建房行为。对通知下发后出现的新增违法违规行为，各地要以"零容忍"的态度依法严肃处理。该拆除的要拆除，该没收的要没收，该复耕的要限期恢复耕种条件，该追究责任的要追究责任，做到"早发现、早制止、严查处"，严肃追究监管不力、失职渎职、不作为、乱作为问题，坚决守住耕地保护红线。

最高人民法院关于审理涉及农村集体土地行政案件若干问题的规定

· 2011 年 5 月 9 日最高人民法院审判委员会第 1522 次会议通过
· 2011 年 8 月 7 日最高人民法院公告公布
· 自 2011 年 9 月 5 日起施行

为正确审理涉及农村集体土地的行政案件，根据《中华人民共和国物权法》、《中华人民共和国土地管理法》和《中华人民共和国行政诉讼法》等有关法律规定，结合行政审判实际，制定本规定。

第一条　农村集体土地的权利人或者利害关系人（以下简称土地权利人）认为行政机关作出的涉及农村集体土地的行政行为侵犯其合法权益，提起诉讼的，属于人民法院行政诉讼的受案范围。

第二条　土地登记机构根据人民法院生效裁判文书、协助执行通知书或者仲裁机构的法律文书办理的土地权属登记行为，土地权利人不服提起诉讼的，人民法院不予受理，但土地权利人认为登记内容与有关文书内容不一致的除外。

第三条　村民委员会或者农村集体经济组织对涉及农村集体土地的行政行为不起诉的，过半数的村民可以以集体经济组织名义提起诉讼。

农村集体经济组织成员全部转为城镇居民后，对涉及农村集体土地的行政行为不服的，过半数的原集体经济组织成员可以提起诉讼。

第四条　土地使用权人或者实际使用人对行政机关作出涉及其使用或实际使用的集体土地的行政行为不服的，可以以自己的名义提起诉讼。

第五条　土地权利人认为土地储备机构作出的行为侵犯其依法享有的农村集体土地所有权或使用权，向人民法院提起诉讼的，应当以土地储备机构所隶属的土地管理部门为被告。

第六条　土地权利人认为乡级以上人民政府作出的土地确权决定侵犯其依法享有的农村集体土地所有权或者使用权，经复议后向人民法院提起诉讼的，人民法院应当依法受理。

法律、法规规定应当先申请行政复议的土地行政案件，复议机关作出不受理复议申请的决定或者以不符合受理条件为由驳回复议申请，复议申请人不服的，应当以复议机关为被告向人民法院提起诉讼。

第七条　土地权利人认为行政机关作出的行政处罚、行政强制措施等行政行为侵犯其依法享有的农村集体土地所有权或者使用权，直接向人民法院提起诉讼的，人民法院应当依法受理。

第八条　土地权属登记（包括土地权属证书）在生效裁判和仲裁裁决中作为定案证据，利害关系人对该登记行为提起诉讼的，人民法院应当依法受理。

第九条　涉及农村集体土地的行政决定以公告方式送达的，起诉期限自公告确定的期限届满之日起计算。

第十条　土地权利人对土地管理部门组织实施过程中确定的土地补偿有异议，直接向人民法院提起诉讼的，人民法院不予受理，但应当告知土地权利人先申请行政机关裁决。

第十一条　土地权利人以土地管理部门超过两年对非法占地行为进行处罚违法，向人民法院起诉的,人民法院应当按照行政处罚法第二十九条第二款的规定处理。

第十二条 征收农村集体土地时涉及被征收土地上的房屋及其他不动产,土地权利人可以请求依照物权法第四十二条第二款的规定给予补偿。

征收农村集体土地时未就被征收土地上的房屋及其他不动产进行安置补偿,补偿安置时房屋所在地已纳入城市规划区,土地权利人请求参照执行国有土地上房屋征收补偿标准的,人民法院一般应予支持,但应当扣除已经取得的土地补偿费。

第十三条 在审理土地行政案件中,人民法院经当事人同意进行协调的期间,不计算在审理期限内。当事人不同意继续协商的,人民法院应当及时审理,并恢复计算审理期限。

第十四条 县级以上人民政府土地管理部门根据土地管理法实施条例第四十五条的规定,申请人民法院执行其作出的责令交出土地决定的,应当符合下列条件:

(一)征收土地方案已经有权机关依法批准;

(二)市、县人民政府和土地管理部门已经依照土地管理法和土地管理法实施条例规定的程序实施征地行为;

(三)被征收土地所有权人、使用人已经依法得到安置补偿或者无正当理由拒绝接受安置补偿,且拒不交出土地,已经影响到征收工作的正常进行;

(四)符合最高人民法院《关于执行〈中华人民共和国行政诉讼法〉若干问题的解释》第八十六条规定的条件。

人民法院对符合条件的申请,应当予以受理,并通知申请人;对不符合条件的申请,应当裁定不予受理。

第十五条 最高人民法院以前所作的司法解释与本规定不一致的,以本规定为准。

最高人民法院关于审理涉及农村土地承包纠纷案件适用法律问题的解释

- 2005年3月29日最高人民法院审判委员会第1346次会议通过
- 根据2020年12月23日最高人民法院审判委员会第1823次会议通过的《最高人民法院关于修改〈最高人民法院关于在民事审判工作中适用《中华人民共和国工会法》若干问题的解释〉等二十七件民事类司法解释的决定》修正
- 2020年12月29日最高人民法院公告公布
- 自2021年1月1日起施行
- 法释〔2020〕17号

为正确审理农村土地承包纠纷案件,依法保护当事人的合法权益,根据《中华人民共和国民法典》《中华人民共和国农村土地承包法》《中华人民共和国土地管理法》《中华人民共和国民事诉讼法》等法律的规定,结合民事审判实践,制定本解释。

一、受理与诉讼主体

第一条 下列涉及农村土地承包民事纠纷,人民法院应当依法受理:

(一)承包合同纠纷;

(二)承包经营权侵权纠纷;

(三)土地经营权侵权纠纷;

(四)承包经营权互换、转让纠纷;

(五)土地经营权流转纠纷;

(六)承包地征收补偿费用分配纠纷;

(七)承包经营权继承纠纷;

(八)土地经营权继承纠纷。

农村集体经济组织成员因未实际取得土地承包经营权提起民事诉讼的,人民法院应当告知其向有关行政主管部门申请解决。

农村集体经济组织成员就用于分配的土地补偿费数额提起民事诉讼的,人民法院不予受理。

第二条 当事人自愿达成书面仲裁协议的,受诉人民法院应当参照《最高人民法院关于适用〈中华人民共和国民事诉讼法〉的解释》第二百一十五条、第二百一十六条的规定处理。

当事人未达成书面仲裁协议,一方当事人向农村土地承包仲裁机构申请仲裁,另一方当事人提起诉讼的,人民法院应予受理,并书面通知仲裁机构。但另一方当事人接受仲裁管辖后又起诉的,人民法院不予受理。

当事人对仲裁裁决不服并在收到裁决书之日起三十日内提起诉讼的,人民法院应予受理。

第三条 承包合同纠纷,以发包方和承包方为当事人。

前款所称承包方是指以家庭承包方式承包本集体经济组织农村土地的农户,以及以其他方式承包农村土地的组织或者个人。

第四条 农户成员为多人的,由其代表人进行诉讼。

农户代表人按照下列情形确定:

(一)土地承包经营权证等证书上记载的人;

(二)未依法登记取得土地承包经营权证等证书的,为在承包合同上签名的人;

(三)前两项规定的人死亡、丧失民事行为能力或者因其他原因无法进行诉讼的,为农户成员推选的人。

二、家庭承包纠纷案件的处理

第五条 承包合同中有关收回、调整承包地的约定违反农村土地承包法第二十七条、第二十八条、第三十一条规定的,应当认定该约定无效。

第六条 因发包方违法收回、调整承包地,或者因发包方收回承包方弃耕、撂荒的承包地产生的纠纷,按照下列情形,分别处理:

(一)发包方未将承包地另行发包,承包方请求返还承包地的,应予支持;

(二)发包方已将承包地另行发包给第三人,承包方以发包方和第三人为共同被告,请求确认其所签订的承包合同无效、返还承包地并赔偿损失的,应予支持。但属于承包方弃耕、撂荒情形的,对其赔偿损失的诉讼请求,不予支持。

前款第(二)项所称的第三人,请求受益方补偿其在承包地上的合理投入的,应予支持。

第七条 承包合同约定或者土地承包经营权证等证书记载的承包期限短于农村土地承包法规定的期限,承包方请求延长的,应予支持。

第八条 承包方违反农村土地承包法第十八条规定,未经依法批准将承包地用于非农建设或

者对承包地造成永久性损害,发包方请求承包方停止侵害、恢复原状或者赔偿损失的,应予支持。

第九条 发包方根据农村土地承包法第二十七条规定收回承包地前,承包方已经以出租、入股或者其他形式将其土地经营权流转给第三人,且流转期限尚未届满,因流转价款收取产生的纠纷,按照下列情形,分别处理:

(一)承包方已经一次性收取了流转价款,发包方请求承包方返还剩余流转期限的流转价款的,应予支持;

(二)流转价款为分期支付,发包方请求第三人按照流转合同的约定支付流转价款的,应予支持。

第十条 承包方交回承包地不符合农村土地承包法第三十条规定程序的,不得认定其为自愿交回。

第十一条 土地经营权流转中,本集体经济组织成员在流转价款、流转期限等主要内容相同的条件下主张优先权的,应予支持。但下列情形除外:

(一)在书面公示的合理期限内未提出优先权主张的;

(二)未经书面公示,在本集体经济组织以外的人开始使用承包地两个月内未提出优先权主张的。

第十二条 发包方胁迫承包方将土地经营权流转给第三人,承包方请求撤销其与第三人签订的流转合同的,应予支持。

发包方阻碍承包方依法流转土地经营权,承包方请求排除妨碍、赔偿损失的,应予支持。

第十三条 承包方未经发包方同意,转让其土地承包经营权的,转让合同无效。但发包方无法定理由不同意或者拖延表态的除外。

第十四条 承包方依法采取出租、入股或者其他方式流转土地经营权,发包方仅以该土地经营权流转合同未报其备案为由,请求确认合同无效的,不予支持。

第十五条 因承包方不收取流转价款或者向对方支付费用的约定产生纠纷,当事人协商变更无法达成一致,且继续履行又显失公平的,人民法院可以根据发生变更的客观情况,按照公平原则处理。

第十六条 当事人对出租地流转期限没有约

定或者约定不明的,参照民法典第七百三十条规定处理。除当事人另有约定或者属于林地承包经营外,承包地交回的时间应当在农作物收获期结束后或者下一耕种期开始前。

对提高土地生产能力的投入,对方当事人请求承包方给予相应补偿的,应予支持。

第十七条 发包方或者其他组织、个人擅自截留、扣缴承包收益或者土地经营权流转收益,承包方请求返还的,应予支持。

发包方或者其他组织、个人主张抵销的,不予支持。

三、其他方式承包纠纷的处理

第十八条 本集体经济组织成员在承包费、承包期限等主要内容相同的条件下主张优先承包的,应予支持。但在发包方将农村土地发包给本集体经济组织以外的组织或者个人,已经法律规定的民主议定程序通过,并由乡(镇)人民政府批准后主张优先承包的,不予支持。

第十九条 发包方就同一土地签订两个以上承包合同,承包方均主张取得土地经营权的,按照下列情形,分别处理:

(一)已经依法登记的承包方,取得土地经营权;

(二)均未依法登记的,生效在先合同的承包方取得土地经营权;

(三)依前两项规定无法确定的,已经根据承包合同合法占有使用承包地的人取得土地经营权,但争议发生后一方强行先占承包地的行为和事实,不得作为确定土地经营权的依据。

四、土地征收补偿费用分配及土地承包经营权继承纠纷的处理

第二十条 承包地被依法征收,承包方请求发包方给付已经收到的地上附着物和青苗的补偿费的,应予支持。

承包方已将土地经营权以出租、入股或者其他方式流转给第三人的,除当事人另有约定外,青苗补偿费归实际投入人所有,地上附着物补偿费归附着物所有人所有。

第二十一条 承包地被依法征收,放弃统一安置的家庭承包方,请求发包方给付已经收到的安置补助费的,应予支持。

第二十二条 农村集体经济组织或者村民委员会、村民小组,可以依照法律规定的民主议定程序,决定在本集体经济组织内部分配已经收到的土地补偿费。征地补偿安置方案确定时已经具有本集体经济组织成员资格的人,请求支付相应份额的,应予支持。但已报全国人大常委会、国务院备案的地方性法规、自治条例和单行条例、地方政府规章对土地补偿费在农村集体经济组织内部的分配办法另有规定的除外。

第二十三条 林地家庭承包中,承包方的继承人请求在承包期内继续承包的,应予支持。

其他方式承包中,承包方的继承人或者权利义务承受者请求在承包期内继续承包的,应予支持。

五、其他规定

第二十四条 人民法院在审理涉及本解释第五条、第六条第一款第(二)项及第二款、第十五条的纠纷案件时,应当着重进行调解。必要时可以委托人民调解组织进行调解。

第二十五条 本解释自2005年9月1日起施行。施行后受理的第一审案件,适用本解释的规定。

施行前已经生效的司法解释与本解释不一致的,以本解释为准。

最高人民法院研究室关于人民法院对农村集体经济所得收益分配纠纷是否受理问题的答复

· 2001年7月9日
· 法研〔2001〕51号

广东省高级人民法院:

你院粤高法〔2001〕25号《关于对农村集体经济所得收益分配的争议纠纷,人民法院是否受理的请示》收悉。经研究,答复如下:

农村集体经济组织与其成员之间因收益分配产生的纠纷,属平等民事主体之间的纠纷。当事人就该纠纷起诉到人民法院,只要符合《中华人民共和国民事诉讼法》第一百零八条的规定,人民法院应当受理。

四、大型工程建设项目征地安置补偿

长江三峡工程建设移民条例

- 2001年2月21日中华人民共和国国务院令第299号公布
- 根据2011年1月8日《国务院关于废止和修改部分的行政法规的决定》修订

第一章 总 则

第一条 为了做好三峡工程建设移民工作，维护移民合法权益，保障三峡工程建设，促进三峡库区经济和社会发展，制定本条例。

第二条 三峡工程建设移民，适用本条例。

第三条 三峡工程建设，实行开发性移民方针，统筹使用移民资金，合理开发资源，保护生态环境，妥善安置移民，使移民的生产、生活达到或者超过原有水平，为三峡库区经济和社会发展创造条件。

第四条 三峡工程建设移民工作应当与三峡库区建设、沿江地区对外开放、水土保持和环境保护相结合。

第五条 三峡工程建设移民，实行国家扶持、各方支援与自力更生相结合的原则，采取前期补偿、补助与后期生产扶持相结合的方针，兼顾国家、集体和个人的利益。

三峡工程淹没区、移民安置区所在地的人民政府和群众应当顾全大局，服从国家统筹安排，正确处理移民搬迁和经济发展的关系。

第六条 三峡工程建设移民，实行移民任务和移民资金包干的原则。

第七条 国家对三峡工程建设移民依法给予补偿。具体补偿标准由国务院三峡工程建设委员会移民管理机构会同国务院有关部门组织测算、拟订，报国务院批准后执行。

第八条 三峡工程建设移民工作实行统一领导、分省（直辖市）负责、以县为基础的管理体制。

国务院三峡工程建设委员会是三峡工程建设移民工作的领导决策机构。

国务院三峡工程建设委员会移民管理机构负责三峡工程建设移民工作。

湖北省、重庆市人民政府负责本行政区域内三峡工程建设移民工作，并设立三峡工程建设移民管理机构。

三峡工程淹没区和移民安置区所在地的市、县、区人民政府负责本行政区域内三峡工程建设移民工作，并可以根据需要设立三峡工程建设移民管理机构。

第二章 移民安置

第九条 三峡工程建设移民安置，应当编制移民安置规划。移民安置规划应当与土地利用总体规划相衔接。

水利部长江水利委员会会同湖北省、重庆市人民政府，负责编制《长江三峡工程水库淹没处理及移民安置规划大纲》（以下简称《规划大纲》），报国务院三峡工程建设委员会审批。

湖北省、重庆市人民政府应当按照《规划大纲》，负责组织本行政区域内有关市、县、区人民政府编制并批准有关市、县、区的移民安置规划，并分别汇总编制本省、直辖市的移民安置规划，报国务院三峡工程建设委员会备案。

国务院三峡工程建设委员会移民管理机构应当加强对移民安置规划实施情况的监督。

第十条 经批准的移民安置规划应当严格执行，不得随意调整或者修改；确需调整或者修改的，应当按照原审批程序报批。

第十一条 三峡工程建设用地按照批准的规划，一次审批，分期划拨，并依法办理土地权属变更登记手续。

三峡工程建设移民迁建用地应当严格控制规模，并依据土地利用总体规划和土地利用年度计划，分批次逐级上报省级以上人民政府依法办理农用地转用和土地征收手续。移民迁建用地不得转让，不得用于非移民项目。

第十二条 因三峡工程建设和移民迁建，土地被全部征收并安置在第二产业、第三产业或者自谋职业的农村移民,经本人同意,由有关县、区人民政府批准,可以转为非农业户口。

第十三条 移民安置地的有关地方人民政府应当合理调整土地,鼓励移民在安置地发展优质、高效、高产农业和生态农业;有条件的地方,可以通过发展第二产业、第三产业安置移民。

第十四条 三峡工程建设移民安置实行就地安置与异地安置、集中安置与分散安置、政府安置与移民自找门路安置相结合。移民首先在本县、区安置;本县、区安置不了的,由湖北省、重庆市人民政府在本行政区域内其他市、县、区安置;湖北省、重庆市安置不了的,在其他省、自治区、直辖市安置。

第十五条 农村移民需要安置到本县、区其他农村集体经济组织的,由该农村集体经济组织与县、区人民政府移民管理机构或者负责移民管理工作的部门签订协议,并按照协议安排移民的生产、生活。

第十六条 移民在本县、区安置不了,需要在湖北省、重庆市行政区域内其他市、县、区安置的,由迁出地和安置地的市、县、区人民政府签订协议,办理有关手续。

移民需要在湖北省、重庆市以外的地区安置的,分别由湖北省、重庆市人民政府与安置地的省、自治区、直辖市人民政府签订协议,办理有关手续。

第十七条 三峡工程受益地区和有条件的省、自治区、直辖市及其市、县、区应当接收政府组织外迁和投亲靠友自主外迁的三峡库区农村移民,并及时办理有关手续,统一安排移民的生产、生活。

投亲靠友自主外迁的三峡库区农村移民,应当持有迁出地的县、区人民政府出具的证明。

第十八条 农村居民点迁建应当按照移民安置规划,依法编制新居民点建设规划。编制新居民点建设规划,应当因地制宜,有利生产,方便生活。

新建居民点的道路、供水、供电等基础设施,由乡(镇)、村统一组织施工。

房屋拆迁补偿资金按照农村房屋补偿标准包干到户,由移民用于住房建设。

移民建造住房,可以分户建造,也可以按照自愿原则统一建造。有关地方人民政府以及村民委员会不得强行规定建房标准。

第十九条 城镇迁建,应当按照移民安置规划,依法编制迁建区详细规划,并确定需要迁建的公共建筑和各项基础设施的具体位置。

城镇公共建筑和各项基础设施迁建补偿资金实行包干管理,其数额按照实际淹没损失和适当发展的原则核定。

城镇迁建中单位和居民搬迁的补偿资金实行包干管理,其数额按照实际淹没损失核定。

第二十条 需要迁建的城镇应当提前建设基础设施。

对自筹资金或者使用非移民资金提前搬迁的单位和居民,有关地方人民政府不得减少其应得的移民资金数额。

第二十一条 有关地方人民政府应当根据国家产业政策,结合技术改造,对需要搬迁的工矿企业进行统筹规划和结构调整。产品质量好、有市场的企业,可以通过对口支援,与名优企业合作、合资,把企业的搬迁与企业的重组结合起来;技术落后、浪费资源、产品质量低劣、污染严重的企业,应当依法实行兼并、破产或者关闭。

有关地方人民政府应当妥善安排破产、关闭企业职工和离退休人员的基本生活,做好再就业和社会养老保险工作。

工矿企业搬迁补偿资金实行包干管理,其数额按照实际淹没损失的重置价格核定。

第二十二条 因三峡工程蓄水被淹没的公路、桥梁、港口、码头、水利工程、电力设施、电信线路、广播电视等基础设施和文物古迹需要复建的,应当根据复建规划,按照经济合理的原则,预先在淹没线以上复建。复建补偿资金实行包干管理,其数额按照原规模、原标准或者为恢复原功能所需投资核定。

第二十三条 城镇迁建单位、工矿企业和居民的搬迁以及基础设施的复建,因扩大规模和提高标准超过包干资金的部分,分别由有关地方人民政府、有关单位、居民自行解决。

第二十四条 移民工程建设应当做好项目前期论证工作。城镇、农村居民点、工矿企业、基础设施的选址和迁建,应当做好水文地质、工程地质勘察、地质灾害防治勘查和地质灾害危险性评估。

第二十五条 移民工程建设应当履行基本建

设程序，严格执行国务院 2000 年 1 月发布的《建设工程质量管理条例》规定的各项制度，确保建设工程质量。

移民工程建设施工，应当保护生态环境，防止植被破坏和水土流失。

第二十六条 安置移民生产，严禁开垦 25 度以上的坡地；已经开垦的，应当按照规划退耕还林还草。对已经开垦的 25 度以下的坡地，应当因地制宜，采取"坡改梯"措施，实行山水林田路综合规划治理。

第二十七条 三峡工程淹没区的林木，在淹没前已经达到采伐利用标准的，经依法批准后，林木所有者可以采伐、销售；不能采伐利用的，淹没后按照《规划大纲》的规定给予补偿。

第二十八条 三峡工程建设，应当按照"保护为主、抢救第一"和"重点保护、重点发掘"的原则，做好文物抢救、保护工作。

第三章 淹没区、安置区的管理

第二十九条 有关地方人民政府应当加强对三峡工程淹没区基本建设的管理。任何单位和个人不得在淹没线以下擅自新建、扩建和改建项目。违反《国务院办公厅关于严格控制三峡工程坝区和库区淹没线以下区域人口增长和基本建设的通知》的规定，在 1992 年 4 月 4 日后建设的项目，按照违章建筑处理。

第三十条 三峡库区有关公安机关应当加强对淹没区的户籍管理，严格控制非淹没区人口迁入淹没区。1992 年 4 月 4 日后，按照《国务院办公厅关于严格控制三峡工程坝区和库区淹没线以下区域人口增长和基本建设的通知》的规定允许迁入的人口，经县级以上人民政府公安机关批准入户的，由国家负责搬迁安置；因其他原因擅自迁入的人口，国家不负责搬迁安置。

三峡库区各级地方人民政府和有关单位应当加强计划生育管理，控制人口增长，保证库区的人口出生率不超过湖北省、重庆市的规定。

本条第一款所称允许迁入的人口，是指因出生、婚嫁、工作调动、军人转业退伍和高等院校、中等专业技术学校毕业分配以及刑满释放等迁入的人口。

第三十一条 按照移民安置规划必须搬迁的单位和移民，不得拒绝搬迁或者拖延搬迁；已经搬迁并得到补偿和安置的，应当及时办理补偿销号手续，并不得返迁或者要求再次补偿。

按照移民安置规划已经搬迁的单位和移民，其搬迁前使用的土地及其附着物由当地县级人民政府依法处理。

第三十二条 三峡水库消落区的土地属于国家所有，由三峡水利枢纽管理单位负责管理，可以通过当地县级人民政府优先安排给当地农村移民使用；但是，不得影响水库安全、防洪、发电和生态环境保护。因蓄水给使用该土地的移民造成损失的，国家不予补偿。

第三十三条 有关地方人民政府应当对三峡工程移民档案加强管理，确保档案完整、准确和安全。

第四章 移民资金使用的管理和监督

第三十四条 移民资金实行静态控制，动态管理。除价格指数变动、国家政策调整和发生不可抗力外，不再增加移民资金。

第三十五条 移民资金年度计划应当纳入国家年度投资计划。

国务院三峡工程建设委员会移民管理机构根据经批准的三峡工程移民安置规划，组织编制移民资金年度计划，报国务院审批。

县级以上地方人民政府移民管理机构或者负责移民管理工作的部门组织编制本行政区域的移民资金年度项目计划，经本级人民政府审核同意后报上一级人民政府移民管理机构审批。

经批准的移民资金年度项目计划，不得擅自调整；确需调整的，应当报原审批机关批准。

第三十六条 移民资金安排应当突出重点，保证移民安置进度与枢纽工程建设进度相适应。

移民资金由有关地方人民政府按照移民安置规划安排使用。

有移民安置任务的省、自治区、直辖市人民政府应当根据国家移民资金投资包干方案，将移民资金拨付到县级人民政府和有关单位，由县级人民政府和有关单位将移民资金具体落实到各类移民投资项目。

第三十七条 移民资金应当在国务院三峡工程建设委员会移民管理机构或者省、自治区、直辖市人民政府移民管理机构指定的银行专户存储、专账核算。国务院或者省、自治区、直辖市人民政府确定的移民资金管理部门应当按照包干方案、移民资金年度项目计划和进度及时拨付移民资金。

第三十八条 移民资金应当用于下列项目：
（一）农村移民安置补偿；
（二）城镇迁建补偿；
（三）工矿企业迁建补偿；
（四）基础设施项目复建；
（五）环境保护；
（六）国务院三峡工程建设委员会移民管理机构规定的与移民有关的其他项目。

任何部门、单位和个人不得挤占、截留和挪用移民资金。

第三十九条 移民资金存储期间的孳息，应当纳入移民资金，不得挪作他用。

第四十条 有关地方人民政府设立的城镇迁建工程建设指挥部（管委会）不是一级财务核算单位，移民项目资金不得经其转拨。

第四十一条 国家对移民资金的管理、拨付和安排使用实行稽察制度，对管理、拨付和安排使用移民资金的有关地方人民政府及其有关部门、机构的负责人实行任期经济责任审计制度。

第四十二条 县级以上人民政府应当加强对下级人民政府及其有关部门管理、拨付和安排使用移民资金情况的监督。

各级人民政府移民管理机构或者负责移民管理工作的部门应当加强内部审计和监察，定期向本级人民政府、上级主管部门报告移民资金年度项目计划执行情况、移民资金拨付和使用情况。

第四十三条 有移民任务的乡（镇）、村应当建立健全财务管理制度，乡（镇）、村移民资金的使用情况应当张榜公布，接受群众监督。

第四十四条 各级审计机关和监察、财政部门应当加强对移民资金管理、拨付和安排使用的审计和监察、监督，依法履行国家有关法律、法规赋予的职责。

审计机关和监察、财政部门进行审计和监察、监督时，有关单位和个人应当予以配合，及时提供有关资料。

第五章 扶持措施

第四十五条 国家从三峡电站的电价收入中提取一定资金设立三峡库区移民后期扶持基金，分配给湖北省、重庆市和接收外迁移民的省、自治区、直辖市人民政府，用于移民的后期扶持。具体办法由财政部会同国务院有关部门制定，报国务院批准后执行。

第四十六条 三峡电站投产后缴纳的税款依法留给地方的部分，分配给湖北省、重庆市人民政府，用于支持三峡库区建设和生态环境保护。具体办法由财政部会同国务院有关部门制定，报国务院批准后执行。

第四十七条 农村移民建房占用耕地，免征耕地占用税。三峡工程坝区和淹没区建设占用耕地，按照应纳税额的40%征收耕地占用税；城镇、企业事业单位搬迁和基础设施复建占用耕地，按照国家有关规定缴纳耕地占用税。缴纳的耕地占用税全部用于三峡库区农村移民安置。

第四十八条 三峡电站投产后，应当优先安排三峡库区用电。

第四十九条 国家将三峡库区有水电资源条件的受淹县、区列为农村水电初级电气化县，予以扶持。

第五十条 国家将三峡库区具备一定条件的受淹县、区优先列入生态农业试点示范县，予以扶持，并优先安排基本农田及水利专项资金，用于移民安置区农田水利建设。

第五十一条 国务院有关部门和湖北省、重庆市人民政府及其有关部门在安排建设项目、分配资金时，对三峡库区有关县、区应当优先照顾。

第五十二条 国务院有关部门和有关省、自治区、直辖市应当按照优势互补、互惠互利、长期合作、共同发展的原则，采取多种形式鼓励名优企业到三峡库区投资建厂，并从教育、文化、科技、人才、管理、信息、资金、物资等方面对口支援三峡库区移民。

第五十三条 国家在三峡库区和三峡工程受益地区安排的建设项目，应当优先吸收符合条件的移民就业。

第五十四条 国家对专门为安置农村移民开发的土地和新办的企业，依法减免农业税、农业特产农业税、企业所得税。

第六章 罚 则

第五十五条 违反本条例规定，未经批准，擅自调整、修改移民安置规划和移民资金年度项目计划的，由规划、计划的审批机关责令限期改正；逾期不改正的，对直接负责的主管人员和其他直接责任人员，依法给予行政处分。

第五十六条 违反本条例规定，擅自将移民迁建用地的使用权转让或者用于非移民项目的，由县级以上人民政府土地行政主管部门会同同级移民管理机构依据职责，责令限期改正，没收违法所得，并处违法所得1倍以上3倍以下的罚款。没收的违法所得和收缴的罚款，全部纳入移民资金，用于移民迁建。

第五十七条 违反本条例规定，在淹没线以下擅自新建、扩建和改建项目的，由县级以上人民政府移民管理机构依据职责，责令停止违法行为，限期恢复原状，可以处5万元以下的罚款；造成损失的，依法承担赔偿责任。

第五十八条 违反本条例规定，在移民搬迁和安置过程中，有下列行为之一的，由县级以上人民政府移民管理机构会同同级有关部门依据职责，责令限期改正，给予警告；构成违反治安管理行为的，由公安机关依法予以处罚：

（一）拒绝搬迁或者拖延搬迁的；

（二）按照规定标准已获得安置补偿，搬迁后又擅自返迁的；

（三）按照规定标准获得安置补偿后，无理要求再次补偿的。

第五十九条 违反本条例规定，有下列行为之一的，由有关审计机关、财政部门依照审计、财政法律、法规的规定予以处罚；对直接负责的主管人员和其他直接责任人员，依法给予行政处分；构成犯罪的，依法追究刑事责任：

（一）将移民资金用于非移民项目、偿还非移民债务和平衡地方财政预算的；

（二）利用移民资金进行融资、投资和提供担保的；

（三）购买股票、债券和其他有价证券的；

（四）利用其他方式挪用移民资金的。

第六十条 违反本条例规定，在国务院三峡工程建设委员会移民管理机构或者省、自治区、直辖市人民政府移民管理机构指定的银行之外的金融机构存储移民资金的，由县级以上人民政府移民管理机构按照职责分工，责令限期改正，给予警告；对直接负责的主管人员和其他直接责任人员，依法给予行政处分；有违法所得的，没收违法所得，并处违法所得1倍以上3倍以下的罚款。

第六十一条 违反本条例规定，挤占、截留移民资金的，由有关审计机关、财政部门依法予以追缴，可以处挤占、截留移民资金数额1倍以下的罚款；对直接负责的主管人员和其他直接责任人员，依法给予行政处分。

第六十二条 在移民工程建设中，破坏植被和生态环境，造成水土流失的，依照环境保护法和水土保持法的有关规定处罚。

第六十三条 国家机关工作人员在移民工作中玩忽职守、滥用职权、徇私舞弊，构成犯罪的，依法追究刑事责任；尚不构成犯罪的，依法给予行政处分。

第七章 附 则

第六十四条 本条例自2001年3月1日起施行。1993年8月19日国务院公布施行的《长江三峡工程建设移民条例》同时废止。

大中型水利水电工程建设征地补偿和移民安置条例

· 2006年7月7日中华人民共和国国务院令第471号公布

· 根据2013年7月18日《国务院关于废止和修改部分行政法规的决定》第一次修订

· 根据2013年12月7日《国务院关于修改部分行政法规的决定》第二次修订

· 根据2017年4月14日《国务院关于修改〈大中型水利水电工程建设征地补偿和移民安置条例〉的决定》第三次修订

第一章 总 则

第一条 为了做好大中型水利水电工程建设征地补偿和移民安置工作，维护移民合法权益，保障工程建设的顺利进行，根据《中华人民共和国土地管理法》和《中华人民共和国水法》，制定本条例。

第二条 大中型水利水电工程的征地补偿和移民安置，适用本条例。

第三条 国家实行开发性移民方针，采取前期补偿、补助与后期扶持相结合的办法，使移民生活达到或者超过原有水平。

第四条 大中型水利水电工程建设征地补偿和移民安置应当遵循下列原则：

（一）以人为本，保障移民的合法权益，满足移民生存与发展的需求；

（二）顾全大局，服从国家整体安排，兼顾国家、集体、个人利益；

（三）节约利用土地，合理规划工程占地，控制移民规模；

（四）可持续发展，与资源综合开发利用、生态环境保护相协调；

（五）因地制宜，统筹规划。

第五条 移民安置工作实行政府领导、分级负责、县为基础、项目法人参与的管理体制。

国务院水利水电工程移民行政管理机构（以下简称国务院移民管理机构）负责全国大中型水利水电工程移民安置工作的管理和监督。

县级以上地方人民政府负责本行政区域内大中型水利水电工程移民安置工作的组织和领导；省、自治区、直辖市人民政府规定的移民管理机构，负责本行政区域内大中型水利水电工程移民安置工作的管理和监督。

第二章 移民安置规划

第六条 已经成立项目法人的大中型水利水电工程，由项目法人编制移民安置规划大纲，按照审批权限报省、自治区、直辖市人民政府或者国务院移民管理机构审批；省、自治区、直辖市人民政府或者国务院移民管理机构在审批前应当征求移民区和移民安置区县级以上地方人民政府的意见。

没有成立项目法人的大中型水利水电工程，项目主管部门应当会同移民区和移民安置区县级以上地方人民政府编制移民安置规划大纲，按照审批权限报省、自治区、直辖市人民政府或者国务院移民管理机构审批。

第七条 移民安置规划大纲应当根据工程占地和淹没区实物调查结果以及移民区、移民安置区经济社会情况和资源环境承载能力编制。

工程占地和淹没区实物调查，由项目主管部门或者项目法人会同工程占地和淹没区所在地的地方人民政府实施；实物调查应当全面准确，调查结果经调查者和被调查者签字认可并公示后，由有关地方人民政府签署意见。实物调查工作开始前，工程占地和淹没区所在地的省级人民政府应当发布通告，禁止在工程占地和淹没区新增建设项目和迁入人口，并对实物调查工作作出安排。

第八条 移民安置规划大纲应当主要包括移民安置的任务、去向、标准和农村移民生产安置方式以及移民生活水平评价和搬迁后生活水平预测、水库移民后期扶持政策、淹没线以上受影响范围的划定原则、移民安置规划编制原则等内容。

第九条 编制移民安置规划大纲应当广泛听取移民和移民安置区居民的意见；必要时，应当采取听证的方式。

经批准的移民安置规划大纲是编制移民安置规划的基本依据，应当严格执行，不得随意调整或者修改；确需调整或者修改的，应当报原批准机关批准。

第十条 已经成立项目法人的，由项目法人根据经批准的移民安置规划大纲编制移民安置规划；没有成立项目法人的，项目主管部门应当会同移民区和移民安置区县级以上地方人民政府，根据经批准的移民安置规划大纲编制移民安置规划。

大中型水利水电工程的移民安置规划，按照审批权限经省、自治区、直辖市人民政府移民管理机构或者国务院移民管理机构审核后，由项目法人或者项目主管部门报项目审批或者核准部门，与可行性研究报告或者项目申请报告一并审批或者核准。

省、自治区、直辖市人民政府移民管理机构或者国务院移民管理机构审核移民安置规划，应当征求本级人民政府有关部门以及移民区和移民安置区县级以上地方人民政府的意见。

第十一条 编制移民安置规划应当以资源环境承载能力为基础，遵循本地安置与异地安置、集中安置与分散安置、政府安置与移民自找门路安置相结合的原则。

编制移民安置规划应当尊重少数民族的生产、生活方式和风俗习惯。

移民安置规划应当与国民经济和社会发展规划以及土地利用总体规划、城市总体规划、村庄和集镇规划相衔接。

第十二条 移民安置规划应当对农村移民安置、城(集)镇迁建、工矿企业迁建、专项设施迁建或者复建、防护工程建设、水库水域开发利用、水库移民后期扶持措施、征地补偿和移民安置资金概(估)算等作出安排。

对淹没线以上受影响范围内因水库蓄水造成的居民生产、生活困难问题,应当纳入移民安置规划,按照经济合理的原则,妥善处理。

第十三条 对农村移民安置进行规划,应当坚持以农业生产安置为主,遵循因地制宜、有利生产、方便生活、保护生态的原则,合理规划农村移民安置点;有条件的地方,可以结合小城镇建设进行。

农村移民安置后,应当使移民拥有与移民安置区居民基本相当的土地等农业生产资料。

第十四条 对城(集)镇移民安置进行规划,应当以城(集)镇现状为基础,节约用地,合理布局。

工矿企业的迁建,应当符合国家的产业政策,结合技术改造和结构调整进行;对技术落后、浪费资源、产品质量低劣、污染严重、不具备安全生产条件的企业,应当依法关闭。

第十五条 编制移民安置规划应当广泛听取移民和移民安置区居民的意见;必要时,应当采取听证的方式。

经批准的移民安置规划是组织实施移民安置工作的基本依据,应当严格执行,不得随意调整或者修改;确需调整或者修改的,应当依照本条例第十条的规定重新报批。

未编制移民安置规划或者移民安置规划未经审核的大中型水利水电工程建设项目,有关部门不得批准或者核准其建设,不得为其办理用地等有关手续。

第十六条 征地补偿和移民安置资金、依法应当缴纳的耕地占用税和耕地开垦费以及依照国务院有关规定缴纳的森林植被恢复费等应当列入大中型水利水电工程概算。

征地补偿和移民安置资金包括土地补偿费、安置补助费,农村居民点迁建、城(集)镇迁建、工矿企业迁建以及专项设施迁建或者复建补偿费(含有关地上附着物补偿费),移民个人财产补偿费(含地上附着物和青苗补偿费)和搬迁费,库底清理费,淹没区文物保护费和国家规定的其他费用。

第十七条 农村移民集中安置的农村居民点、城(集)镇、工矿企业以及专项设施等基础设施的迁建或者复建选址,应当依法做好环境影响评价、水文地质与工程地质勘察、地质灾害防治和地质灾害危险性评估。

第十八条 对淹没区内的居民点、耕地等,具备防护条件的,应当在经济合理的前提下,采取修建防护工程等防护措施,减少淹没损失。

防护工程的建设费用由项目法人承担,运行管理费用由大中型水利水电工程管理单位负责。

第十九条 对工程占地和淹没区内的文物,应当查清分布,确认保护价值,坚持保护为主、抢救第一的方针,实行重点保护、重点发掘。

第三章 征地补偿

第二十条 依法批准的流域规划中确定的大中型水利水电工程建设项目的用地,应当纳入项目所在地的土地利用总体规划。

大中型水利水电工程建设项目核准或者可行性研究报告批准后,项目用地应当列入土地利用年度计划。

属于国家重点扶持的水利、能源基础设施的大中型水利水电工程建设项目,其用地可以以划拨方式取得。

第二十一条 大中型水利水电工程建设项目用地,应当依法申请并办理审批手续,实行一次报批、分期征收,按期支付征地补偿费。

对于应急的防洪、治涝等工程,经有批准权的人民政府决定,可以先行使用土地,事后补办用地手续。

第二十二条 大中型水利水电工程建设征收土地的土地补偿费和安置补助费,实行与铁路等基础设施项目用地同等补偿标准,按照被征收土地所在省、自治区、直辖市规定的标准执行。

被征收土地上的零星树木、青苗等补偿标准,按照被征收土地所在省、自治区、直辖市规定的标准执行。

被征收土地上的附着建筑物按照其原规模、原标准或者恢复原功能的原则补偿;对补偿费用不足以修建基本用房的贫困移民,应当给予适当补助。

使用其他单位或者个人依法使用的国有耕地,参照征收耕地的补偿标准给予补偿;使用未确定给单位或者个人使用的国有未利用地,不予补偿。

移民远迁后,在水库周边淹没线以上属于移民个人所有的零星树木、房屋等应当分别依照本条第二款、第三款规定的标准给予补偿。

第二十三条 大中型水利水电工程建设临时用地,由县级以上人民政府土地主管部门批准。

第二十四条 工矿企业和交通、电力、电信、广播电视等专项设施以及中小学的迁建或者复建,应当按照其原规模、原标准或者恢复原功能的原则补偿。

第二十五条 大中型水利水电工程建设占用耕地的,应当执行占补平衡的规定。为安置移民开垦的耕地、因大中型水利水电工程建设而进行土地整理新增的耕地、工程施工新造的耕地可以抵扣或者折抵建设占用耕地的数量。

大中型水利水电工程建设占用25度以上坡耕地的,不计入需要补充耕地的范围。

第四章 移民安置

第二十六条 移民区和移民安置区县级以上地方人民政府负责移民安置规划的组织实施。

第二十七条 大中型水利水电工程开工前,项目法人应当根据经批准的移民安置规划,与移民区和移民安置区所在的省、自治区、直辖市人民政府或者市、县人民政府签订移民安置协议;签订协议的省、自治区、直辖市人民政府或者市人民政府,可以与下一级有移民或者移民安置任务的人民政府签订移民安置协议。

第二十八条 项目法人应当根据大中型水利水电工程建设的要求和移民安置规划,在每年汛期结束后60日内,向与其签订移民安置协议的地方人民政府提出下年度移民安置计划建议;签订移民安置协议的地方人民政府,应当根据移民安置规划和项目法人的年度移民安置计划建议,在与项目法人充分协商的基础上,组织编制并下达本行政区域的下年度移民安置年度计划。

第二十九条 项目法人应当根据移民安置年度计划,按照移民安置实施进度将征地补偿和移民安置资金支付给与其签订移民安置协议的地方人民政府。

第三十条 农村移民在本县通过新开发土地或者调剂土地集中安置的,县级人民政府应当将土地补偿费、安置补助费和集体财产补偿费直接全额兑付给该村集体经济组织或者村民委员会。

农村移民分散安置到本县内其他村集体经济组织或者村民委员会的,应当由移民安置村集体经济组织或者村民委员会与县级人民政府签订协议,按照协议安排移民的生产和生活。

第三十一条 农村移民在本省行政区域内其他县安置的,与项目法人签订移民安置协议的地方人民政府,应当及时将相应的征地补偿和移民安置资金交给移民安置区县级人民政府,用于安排移民的生产和生活。

农村移民跨省安置的,项目法人应当及时将相应的征地补偿和移民安置资金交给移民安置区省、自治区、直辖市人民政府,用于安排移民的生产和生活。

第三十二条 搬迁费以及移民个人房屋和附属建筑物、个人所有的零星树木、青苗、农副业设施等个人财产补偿费,由移民区县级人民政府直接全额兑付给移民。

第三十三条 移民自愿投亲靠友的,应当由本人向移民区县级人民政府提出申请,并提交接收地县级人民政府出具的接收证明;移民区县级人民政府确认其具有土地等农业生产资料后,应当与接收地县级人民政府和移民共同签订协议,将土地补偿费、安置补助费交给接收地县级人民政府,统筹安排移民的生产和生活,将个人财产补偿费和搬迁费发给移民个人。

第三十四条 城(集)镇迁建、工矿企业迁建、专项设施迁建或者复建补偿费,由移民区县级以上地方人民政府交给当地人民政府或者有关单位。因扩大规模、提高标准增加的费用,由有关地方人民政府或者有关单位自行解决。

第三十五条 农村移民集中安置的农村居民点应当按照经批准的移民安置规划确定的规模和标准迁建。

农村移民集中安置的农村居民点的道路、供水、供电等基础设施,由乡(镇)、村统一组织建设。

农村移民住房,应当由移民自主建造。有关地方人民政府或者村民委员会应当统一规划宅基地,但不得强行规定建房标准。

第三十六条 农村移民安置用地应当依照《中华人民共和国土地管理法》和《中华人民共和国农村土地承包法》办理有关手续。

第三十七条 移民安置达到阶段性目标和移

民安置工作完毕后,省、自治区、直辖市人民政府或者国务院移民管理机构应当组织有关单位进行验收;移民安置未经验收或者验收不合格的,不得对大中型水利水电工程进行阶段性验收和竣工验收。

第五章 后期扶持

第三十八条 移民安置区县级以上地方人民政府应当编制水库移民后期扶持规划,报上一级人民政府或者其移民管理机构批准后实施。

编制水库移民后期扶持规划应当广泛听取移民的意见;必要时,应当采取听证的方式。

经批准的水库移民后期扶持规划是水库移民后期扶持工作的基本依据,应当严格执行,不得随意调整或者修改;确需调整或者修改的,应当报原批准机关批准。

未编制水库移民后期扶持规划或者水库移民后期扶持规划未经批准,有关单位不得拨付水库移民后期扶持资金。

第三十九条 水库移民后期扶持规划应当包括后期扶持的范围、期限、具体措施和预期达到的目标等内容。水库移民安置区县级以上地方人民政府应当采取建立责任制等有效措施,做好后期扶持规划的落实工作。

第四十条 水库移民后期扶持资金应当按照水库移民后期扶持规划,主要作为生产生活补助发放给移民个人;必要时可以实行项目扶持,用于解决移民村生产生活中存在的突出问题,或者采取生产生活补助和项目扶持相结合的方式。具体扶持标准、期限和资金的筹集、使用管理依照国务院有关规定执行。

省、自治区、直辖市人民政府根据国家规定的原则,结合本行政区域实际情况,制定水库移民后期扶持具体实施办法,报国务院批准后执行。

第四十一条 各级人民政府应当加强移民安置区的交通、能源、水利、环保、通信、文化、教育、卫生、广播电视等基础设施建设,扶持移民安置区发展。

移民安置区地方人民政府应当将水库移民后期扶持纳入本级人民政府国民经济和社会发展规划。

第四十二条 国家在移民安置区和大中型水利水电工程受益地区兴办的生产建设项目,应当优先吸收符合条件的移民就业。

第四十三条 大中型水利水电工程建成后形成的水面和水库消落区土地属于国家所有,由该工程管理单位负责管理,并可以在服从水库统一调度和保证工程安全、符合水土保持和水质保护要求的前提下,通过当地县级人民政府优先安排给当地农村移民使用。

第四十四条 国家在安排基本农田和水利建设资金时,应当对移民安置区所在县优先予以扶持。

第四十五条 各级人民政府及其有关部门应当加强对移民的科学文化知识和实用技术的培训,加强法制宣传教育,提高移民素质,增强移民就业能力。

第四十六条 大中型水利水电工程受益地区的各级地方人民政府及其有关部门应当按照优势互补、互惠互利、长期合作、共同发展的原则,采取多种形式对移民安置区给予支持。

第六章 监督管理

第四十七条 国家对移民安置和水库移民后期扶持实行全过程监督。省、自治区、直辖市人民政府和国务院移民管理机构应当加强对移民安置和水库移民后期扶持的监督,发现问题应当及时采取措施。

第四十八条 国家对征地补偿和移民安置资金、水库移民后期扶持资金的拨付、使用和管理实行稽察制度,对拨付、使用和管理征地补偿和移民安置资金、水库移民后期扶持资金的有关地方人民政府及其有关部门的负责人依法实行任期经济责任审计。

第四十九条 县级以上人民政府应当加强对下级人民政府及其财政、发展改革、移民等有关部门或者机构拨付、使用和管理征地补偿和移民安置资金、水库移民后期扶持资金的监督。

县级以上地方人民政府或者其移民管理机构应当加强对征地补偿和移民安置资金、水库移民后期扶持资金的管理,定期向上一级人民政府或者其移民管理机构报告并向项目法人通报有关资金拨付、使用和管理情况。

第五十条 各级审计、监察机关应当依法加强对征地补偿和移民安置资金、水库移民后期扶持资金拨付、使用和管理情况的审计和监察。

县级以上人民政府财政部门应当加强对征地补偿和移民安置资金、水库移民后期扶持资金拨付、使用和管理情况的监督。

审计、监察机关和财政部门进行审计、监察和监督时，有关单位和个人应当予以配合，及时提供有关资料。

第五十一条 国家对移民安置实行全过程监督评估。签订移民安置协议的地方人民政府和项目法人应当采取招标的方式，共同委托移民安置监督评估单位对移民搬迁进度、移民安置质量、移民资金的拨付和使用情况以及移民生活水平的恢复情况进行监督评估；被委托方应当将监督评估的情况及时向委托方报告。

第五十二条 征地补偿和移民安置资金应当专户存储、专账核算，存储期间的孳息，应当纳入征地补偿和移民安置资金，不得挪作他用。

第五十三条 移民区和移民安置区县级人民政府，应当以村为单位将大中型水利水电工程征收的土地数量、土地种类和实物调查结果、补偿范围、补偿标准和金额以及安置方案等向群众公布。群众提出异议的，县级人民政府应当及时核查，并对统计调查结果不准确的事项进行改正；经核查无误的，应当及时向群众解释。

有移民安置任务的乡（镇）、村应当建立健全征地补偿和移民安置资金的财务管理制度，并将征地补偿和移民安置资金收支情况张榜公布，接受群众监督；土地补偿费和集体财产补偿费的使用方案应当经村民会议或者村民代表会议讨论通过。

移民安置区乡（镇）人民政府、村（居）民委员会应当采取有效措施帮助移民适应当地的生产、生活，及时调处矛盾纠纷。

第五十四条 县级以上地方人民政府或者其移民管理机构以及项目法人应当建立移民工作档案，并按照国家有关规定进行管理。

第五十五条 国家切实维护移民的合法权益。

在征地补偿和移民安置过程中，移民认为其合法权益受到侵害的，可以依法向县级以上人民政府或者其移民管理机构反映，县级以上人民政府或者其移民管理机构应当对移民反映的问题进行核实并妥善解决。移民也可以依法向人民法院提起诉讼。

移民安置后，移民与移民安置区当地居民享有同等的权利，承担同等的义务。

第五十六条 按照移民安置规划必须搬迁的移民，无正当理由不得拖延搬迁或者拒迁。已经安置的移民不得返迁。

第七章 法律责任

第五十七条 违反本条例规定，有关地方人民政府、移民管理机构、项目审批部门及其他有关部门有下列行为之一的，对直接负责的主管人员和其他直接责任人员依法给予行政处分；造成严重后果，有关责任人员构成犯罪的，依法追究刑事责任：

（一）违反规定批准移民安置规划大纲、移民安置规划或者水库移民后期扶持规划的；

（二）违反规定批准或者核准未编制移民安置规划或者移民安置规划未经审核的大中型水利水电工程建设项目的；

（三）移民安置未经验收或者验收不合格而对大中型水利水电工程进行阶段性验收或者竣工验收的；

（四）未编制水库移民后期扶持规划，有关单位拨付水库移民后期扶持资金的；

（五）移民安置管理、监督和组织实施过程中发现违法行为不予查处的；

（六）在移民安置过程中发现问题不及时处理，造成严重后果以及有其他滥用职权、玩忽职守等违法行为的。

第五十八条 违反本条例规定，项目主管部门或者有关地方人民政府及其有关部门调整或者修改移民安置规划大纲、移民安置规划或者水库移民后期扶持规划的，由批准该规划大纲、规划的有关人民政府或者其有关部门、机构责令改正，对直接负责的主管人员和其他直接责任人员依法给予行政处分；造成重大损失，有关责任人员构成犯罪的，依法追究刑事责任。

违反本条例规定，项目法人调整或者修改移民安置规划大纲、移民安置规划的，由批准该规划大纲、规划的有关人民政府或者其有关部门、机构责令改正，处10万元以上50万元以下的罚款；对直接负责的主管人员和其他直接责任人员处1万元以上5万元以下的罚款；造成重大损失，有关责任人员构成犯罪的，依法追究刑事责任。

第五十九条 违反本条例规定,在编制移民安置规划大纲、移民安置规划、水库移民后期扶持规划,或者进行实物调查、移民安置监督评估中弄虚作假的,由批准该规划大纲、规划的有关人民政府或者其有关部门、机构责令改正,对有关单位处10万元以上50万元以下的罚款;对直接负责的主管人员和其他直接责任人员处1万元以上5万元以下的罚款;给他人造成损失的,依法承担赔偿责任。

第六十条 违反本条例规定,侵占、截留、挪用征地补偿和移民安置资金、水库移民后期扶持资金的,责令退赔,并处侵占、截留、挪用资金额3倍以下的罚款,对直接负责的主管人员和其他责任人员依法给予行政处分;构成犯罪的,依法追究有关责任人员的刑事责任。

第六十一条 违反本条例规定,拖延搬迁或者拒迁的,当地人民政府或者其移民管理机构可以申请人民法院强制执行;违反治安管理法律、法规的,依法给予治安管理处罚;构成犯罪的,依法追究有关责任人员的刑事责任。

第八章 附 则

第六十二条 长江三峡工程的移民工作,依照《长江三峡工程建设移民条例》执行。

南水北调工程的征地补偿和移民安置工作,依照本条例执行。但是,南水北调工程中线、东线一期工程的移民安置规划的编制审批,依照国务院的规定执行。

第六十三条 本条例自2006年9月1日起施行。1991年2月15日国务院发布的《大中型水利水电工程建设征地补偿和移民安置条例》同时废止。

南水北调工程建设征地补偿和移民安置暂行办法

· 2005年1月27日
· 国调委发〔2005〕1号

第一章 总 则

第一条 为了规范南水北调主体工程(以下简称南水北调工程)建设征地补偿和移民安置工作,维护移民合法权益,保障工程建设顺利进行,依据《中华人民共和国土地管理法》等有关法律法规,制定本办法。

第二条 贯彻开发性移民方针,坚持以人为本,按照前期补偿、补助与后期扶持相结合的原则妥善安置移民,确保移民安置后生活水平不降低。

第三条 南水北调工程建设征地补偿和移民安置,应遵循公开、公平和公正的原则,接受社会监督。

第四条 南水北调工程建设征地补偿和移民安置工作,实行国务院南水北调工程建设委员会领导、省级人民政府负责、县为基础、项目法人参与的管理体制。有关地方各级人民政府应确定相应的主管部门(以下简称主管部门)承担本行政区域内南水北调工程建设征地补偿和移民安置工作。

第二章 移民安置规划

第五条 南水北调工程建设征地方案一旦确定,当地人民政府应发布通告,严格控制在工程征地范围内迁入人口、新增建设项目、新建住房、新栽树木等。项目法人应会同省级主管部门对工程占地、淹没影响和各种经济损失情况进行调查,经调查者和被调查者共同签字认可并公示后,由县级人民政府签署确认意见。项目法人还应商有关部门对工程征地范围内的占压矿产、地质灾害和文物等进行调查评估,提出专项报告。

第六条 在工程初步设计阶段,项目法人应会同省级主管部门编制征地补偿和移民安置规划,报国务院有关部门审批。

第七条 受工程占地和淹没影响的村集体经济组织,所余土地不能保证该组织恢复原有生产水平的,由地方人民政府负责协调和规划,就近调剂土地或开垦新的耕地;如就近难以调剂土地或者开垦新的耕地,应规划移民外迁安置。

第八条 受工程占地和淹没影响的城(集)镇、企事业单位和专项设施的迁建,应符合当地社会经济发展及城乡规划,并对新址进行水文地质和工程地质勘察、文物调查评估和保护。

第九条 对工程占地和淹没区的文物,要按照保护为主、抢救第一、合理利用、加强管理的方针,制定保护方案,并纳入移民安置规划。

第三章 征地补偿

第十条 项目法人应在工程可行性研究报告

报批之前申请用地预审，在工程开工或库区蓄水前3个月向有关市、县土地主管部门提出用地申请，经省级土地主管部门汇总后由省级人民政府报国务院批准。移民安置用地由主管部门按照移民安置进度，在移民搬迁前6个月向有关市、县土地主管部门提出用地申请，依法报有批准权的人民政府批准。

第十一条 工程建设临时用地，耕地占补平衡等按有关法律法规和政策规定执行。

第十二条 通过新开发土地或调剂土地安置被占地农户或农村移民，有关地方人民政府应将土地补偿费、安置补助费兑付给提供土地的村或者迁入村的集体经济组织，村集体经济组织应将上述费用的收支和分配情况向本组织成员公布，接受监督，确保其用于被占地农户或农村移民的生产和安置。其他经济组织提供安置用地的，根据有关法律法规和政策规定兑付。

第十三条 自愿以投亲靠友方式安置的农村移民，应向迁出地县级人民政府提出申请，并由迁入地县级人民政府出具接收和提供土地的证明，在三方共同签订协议后，迁出地县级人民政府将土地补偿费、安置补助费拨付给迁入地县级人民政府。

第十四条 移民个人财产补偿费和搬迁费，由迁出地县级人民政府兑付给移民。省级人民政府应统一印制分户补偿兑现卡，由县级人民政府填写并发给移民户，供移民户核对。

第十五条 城(集)镇、企事业单位和专项设施的迁建，应按照原规模、原标准或恢复原功能所需投资补偿。城(集)镇迁建补偿费支付给有关地方人民政府。企事业单位和专项设施迁建补偿费，根据签订的迁建协议支付给企业法人或主管单位。因扩大规模、提高标准增加的迁建费用，由有关地方人民政府或有关单位自行解决。

第四章　实施管理

第十六条 国务院南水北调工程建设委员会办公室(以下简称国务院南水北调办)与有关省级人民政府签订征地补偿和移民安置责任书。根据安置责任书和移民安置规划，项目法人与省级主管部门签订征地补偿、移民安置投资和任务包干协议。

第十七条 省级主管部门依据移民安置规划，会同县级人民政府和项目法人编制移民安置实施方案，经省级人民政府批准后实施，同时报国务院南水北调办备案。

第十八条 实施阶段的农村移民安置设计，由省级主管部门采取招标方式确定设计单位。城(集)镇、企事业单位、专项设施迁建、库区防护工程的设计，由组织实施单位负责；文物保护方案的设计，按照有关法律法规确定责任单位。上述设计应严格控制在批准的初步设计范围内。

第十九条 根据国家确定的投资规模和项目法人提出的工程建设和移民任务，省级主管部门商项目法人组织编制征地补偿和移民安置计划，项目法人编制中央和军队所属的工业企业、专项设施迁建的计划，报国务院南水北调办核定。

第二十条 项目法人按照下达的征地补偿和移民安置计划，根据工作进度及时将资金拨付给省级主管部门、中央和军队所属工业企业和专项设施迁建的实施单位。征地补偿和移民安置资金必须专账管理、专款专用。

第二十一条 农村征地补偿和移民安置计划，由县级人民政府负责组织实施。农村移民安置点的道路、供水、供电、文教、卫生等基础设施的建设和宅基地布置，应按照批准的村镇规划，由乡(镇)、村组织实施。农村移民住房可根据规划由移民自主建造，不得强行规定建房标准。要按照移民安置规划将被占地农户和农村移民的生产用地落实到位，并签订土地承包合同。

第二十二条 城(集)镇、企事业单位、专项设施的迁建和库区防护工程的建设应严格履行基本建设管理规定，并根据计划安排及相应行业规程、规范组织实施。城(集)镇迁建由县级人民政府组织实施。地方所属的企事业单位或专项设施的迁建，由省级或省级以下主管部门与企业法人或主管单位签订迁建协议；中央和军队所属的工业企业或专项设施的迁建，由项目法人与企业法人或主管单位签订迁建协议。库区防护工程由项目法人负责实施。

第二十三条 省级主管部门与省级文物主管部门签订工作协议，按照协议组织实施文物保护方案。省级文物主管部门组织编制文物保护计划并纳入征地补偿和移民安置计划。在工程建设过程中新发现的文物，按照有关法律规定处理。

第二十四条 省级以下各级主管部门应及时

统计计划执行情况,逐级定期报送给上一级主管部门。省级主管部门负责汇总统计资料并报国务院南水北调办,同时抄送项目法人。

第二十五条　项目法人和各级主管部门应按照国家有关规定建立健全征地补偿和移民安置档案,确保档案资料的完整、准确和安全。县级主管部门按照一户一卡建立移民户卡档案。企业法人或主管单位应将迁建的企事业单位或专项设施的设计、实施、验收等报告及时提交给与其签订迁建协议的项目法人或主管部门存档。省级文物主管部门应组织建立考古发掘和文物迁建档案,并将有关资料整理公布。

第二十六条　县级以上地方人民政府要采取切实措施,使被征地农民生活水平不因征地而降低。农村移民按照规划搬迁安置后,生产生活水平低于搬迁前水平的,应通过后期扶持,使其达到搬迁前水平。

第五章　监督管理

第二十七条　国务院南水北调办负责征地补偿和移民安置的监督和稽察。有关地方各级人民政府应当加强对本行政区域内征地移民工作的管理。各级主管部门应当加强内部管理,定期向本级人民政府和上级主管部门报告工作。审计、监察和财政部门应当依照国家有关规定对征地补偿和移民安置资金的使用情况进行审计、监察和监督。

第二十八条　对征地移民的调查、补偿、安置、资金兑现等情况,应以村或居委会为单位及时张榜公示,接受群众监督。

第二十九条　项目法人会同省级主管部门通过招标方式确定中介机构,对移民安置及生产生活情况实施监理、监测。

第三十条　对征地补偿和移民安置过程中群众反映的问题,有关地方人民政府和单位要按照"谁组织实施,谁负责受理"的原则认真解决。

第三十一条　移民安置达到阶段性目标和移民安置工作完毕后,省级人民政府应当组织验收,国务院南水北调办组织总体验收。移民安置验收未通过的,不得进行主体工程竣工验收。

第三十二条　对征地补偿和移民安置中出现的问题,以及稽察、审计、监察、验收中发现的问题,责任单位必须及时整改。对违反有关法律法规的单位,要依法给予行政处罚;对直接负责的主管人员和其他直接责任人员,依法给予行政处分;构成犯罪的,依法追究刑事责任。

第六章　附　则

第三十三条　《南水北调工程总体规划》范围内的汉江中下游有关工程建设的征地补偿和移民安置办法,由有关省级人民政府参照本办法制定。

第三十四条　本办法自发布之日起施行。

五、法律救济

中华人民共和国民事诉讼法

- 1991年4月9日第七届全国人民代表大会第四次会议通过
- 根据2007年10月28日第十届全国人民代表大会常务委员会第三十次会议《关于修改〈中华人民共和国民事诉讼法〉的决定》第一次修正
- 根据2012年8月31日第十一届全国人民代表大会常务委员会第二十八次会议《关于修改〈中华人民共和国民事诉讼法〉的决定》第二次修正
- 根据2017年6月27日第十二届全国人民代表大会常务委员会第二十八次会议《关于修改〈中华人民共和国民事诉讼法〉和〈中华人民共和国行政诉讼法〉的决定》第三次修正
- 根据2021年12月24日第十三届全国人民代表大会常务委员会第三十二次会议《关于修改〈中华人民共和国民事诉讼法〉的决定》第四次修正
- 根据2023年9月1日第十四届全国人民代表大会常务委员会第五次会议《关于修改〈中华人民共和国民事诉讼法〉的决定》第五次修正

目　录

第一编　总　则
　第一章　任务、适用范围和基本原则
　第二章　管　辖
　　第一节　级别管辖
　　第二节　地域管辖
　　第三节　移送管辖和指定管辖
　第三章　审判组织
　第四章　回　避
　第五章　诉讼参加人
　　第一节　当事人
　　第二节　诉讼代理人
　第六章　证　据
　第七章　期间、送达
　　第一节　期　间
　　第二节　送　达
　第八章　调　解
　第九章　保全和先予执行
　第十章　对妨害民事诉讼的强制措施
　第十一章　诉讼费用
第二编　审判程序
　第十二章　第一审普通程序
　　第一节　起诉和受理
　　第二节　审理前的准备
　　第三节　开庭审理
　　第四节　诉讼中止和终结
　　第五节　判决和裁定
　第十三章　简易程序
　第十四章　第二审程序
　第十五章　特别程序
　　第一节　一般规定
　　第二节　选民资格案件
　　第三节　宣告失踪、宣告死亡案件
　　第四节　指定遗产管理人案件
　　第五节　认定公民无民事行为能力、限制民事行为能力案件
　　第六节　认定财产无主案件
　　第七节　确认调解协议案件
　　第八节　实现担保物权案件
　第十六章　审判监督程序
　第十七章　督促程序
　第十八章　公示催告程序
第三编　执行程序
　第十九章　一般规定
　第二十章　执行的申请和移送
　第二十一章　执行措施
　第二十二章　执行中止和终结
第四编　涉外民事诉讼程序的特别规定
　第二十三章　一般原则
　第二十四章　管　辖
　第二十五章　送达、调查取证、期间
　第二十六章　仲　裁
　第二十七章　司法协助

第一编 总 则

第一章 任务、适用范围和基本原则

第一条 【立法依据】中华人民共和国民事诉讼法以宪法为根据,结合我国民事审判工作的经验和实际情况制定。

第二条 【立法目的】中华人民共和国民事诉讼法的任务,是保护当事人行使诉讼权利,保证人民法院查明事实,分清是非,正确适用法律,及时审理民事案件,确认民事权利义务关系,制裁民事违法行为,保护当事人的合法权益,教育公民自觉遵守法律,维护社会秩序、经济秩序,保障社会主义建设事业顺利进行。

第三条 【适用范围】人民法院受理公民之间、法人之间、其他组织之间以及他们相互之间因财产关系和人身关系提起的民事诉讼,适用本法的规定。

第四条 【空间效力】凡在中华人民共和国领域内进行民事诉讼,必须遵守本法。

第五条 【同等原则和对等原则】外国人、无国籍人、外国企业和组织在人民法院起诉、应诉,同中华人民共和国公民、法人和其他组织有同等的诉讼权利义务。

外国法院对中华人民共和国公民、法人和其他组织的民事诉讼权利加以限制的,中华人民共和国人民法院对该国公民、企业和组织的民事诉讼权利,实行对等原则。

第六条 【独立审判原则】民事案件的审判权由人民法院行使。

人民法院依照法律规定对民事案件独立进行审判,不受行政机关、社会团体和个人的干涉。

第七条 【以事实为根据,以法律为准绳原则】人民法院审理民事案件,必须以事实为根据,以法律为准绳。

第八条 【诉讼权利平等原则】民事诉讼当事人有平等的诉讼权利。人民法院审理民事案件,应当保障和便利当事人行使诉讼权利,对当事人在适用法律上一律平等。

第九条 【法院调解原则】人民法院审理民事案件,应当根据自愿和合法的原则进行调解;调解不成的,应当及时判决。

第十条 【合议、回避、公开审判、两审终审制度】人民法院审理民事案件,依照法律规定实行合议、回避、公开审判和两审终审制度。

第十一条 【使用本民族语言文字原则】各民族公民都有用本民族语言、文字进行民事诉讼的权利。

在少数民族聚居或者多民族共同居住的地区,人民法院应当用当地民族通用的语言、文字进行审理和发布法律文书。

人民法院应当对不通晓当地民族通用的语言、文字的诉讼参与人提供翻译。

第十二条 【辩论原则】人民法院审理民事案件时,当事人有权进行辩论。

第十三条 【诚信原则和处分原则】民事诉讼应当遵循诚信原则。

当事人有权在法律规定的范围内处分自己的民事权利和诉讼权利。

第十四条 【检察监督原则】人民检察院有权对民事诉讼实行法律监督。

第十五条 【支持起诉原则】机关、社会团体、企业事业单位对损害国家、集体或者个人民事权益的行为,可以支持受损害的单位或者个人向人民法院起诉。

第十六条 【在线诉讼法律效力】经当事人同意,民事诉讼活动可以通过信息网络平台在线进行。

民事诉讼活动通过信息网络平台在线进行的,与线下诉讼活动具有同等法律效力。

第十七条 【民族自治地方的变通或者补充规定】民族自治地方的人民代表大会根据宪法和本法的原则,结合当地民族的具体情况,可以制定变通或者补充的规定。自治区的规定,报全国人民代表大会常务委员会批准。自治州、自治县的规定,报省或者自治区的人民代表大会常务委员会批准,并报全国人民代表大会常务委员会备案。

第二章 管 辖

第一节 级别管辖

第十八条 【基层法院管辖】基层人民法院管辖第一审民事案件,但本法另有规定的除外。

第十九条 【中级法院管辖】中级人民法院管辖下列第一审民事案件:

(一)重大涉外案件;

(二)在本辖区有重大影响的案件；

(三)最高人民法院确定由中级人民法院管辖的案件。

第二十条 【高级法院管辖】高级人民法院管辖在本辖区有重大影响的第一审民事案件。

第二十一条 【最高法院管辖】最高人民法院管辖下列第一审民事案件：

(一)在全国有重大影响的案件；

(二)认为应当由本院审理的案件。

第二节 地域管辖

第二十二条 【被告住所地、经常居住地法院管辖】对公民提起的民事诉讼，由被告住所地人民法院管辖；被告住所地与经常居住地不一致的，由经常居住地人民法院管辖。

对法人或者其他组织提起的民事诉讼，由被告住所地人民法院管辖。

同一诉讼的几个被告住所地、经常居住地在两个以上人民法院辖区的，各该人民法院都有管辖权。

第二十三条 【原告住所地、经常居住地法院管辖】下列民事诉讼，由原告住所地人民法院管辖；原告住所地与经常居住地不一致的，由原告经常居住地人民法院管辖：

(一)对不在中华人民共和国领域内居住的人提起的有关身份关系的诉讼；

(二)对下落不明或者宣告失踪的人提起的有关身份关系的诉讼；

(三)对被采取强制性教育措施的人提起的诉讼；

(四)对被监禁的人提起的诉讼。

第二十四条 【合同纠纷的地域管辖】因合同纠纷提起的诉讼，由被告住所地或者合同履行地人民法院管辖。

第二十五条 【保险合同纠纷的地域管辖】因保险合同纠纷提起的诉讼，由被告住所地或者保险标的物所在地人民法院管辖。

第二十六条 【票据纠纷的地域管辖】因票据纠纷提起的诉讼，由票据支付地或者被告住所地人民法院管辖。

第二十七条 【公司纠纷的地域管辖】因公司设立、确认股东资格、分配利润、解散等纠纷提起的诉讼，由公司住所地人民法院管辖。

第二十八条 【运输合同纠纷的地域管辖】因铁路、公路、水上、航空运输和联合运输合同纠纷提起的诉讼，由运输始发地、目的地或者被告住所地人民法院管辖。

第二十九条 【侵权纠纷的地域管辖】因侵权行为提起的诉讼，由侵权行为地或者被告住所地人民法院管辖。

第三十条 【交通事故损害赔偿纠纷的地域管辖】因铁路、公路、水上和航空事故请求损害赔偿提起的诉讼，由事故发生地或者车辆、船舶最先到达地、航空器最先降落地或者被告住所地人民法院管辖。

第三十一条 【海事损害事故赔偿纠纷的地域管辖】因船舶碰撞或者其他海事损害事故请求损害赔偿提起的诉讼，由碰撞发生地、碰撞船舶最先到达地、加害船舶被扣留地或者被告住所地人民法院管辖。

第三十二条 【海难救助费用纠纷的地域管辖】因海难救助费用提起的诉讼，由救助地或者被救助船舶最先到达地人民法院管辖。

第三十三条 【共同海损纠纷的地域管辖】因共同海损提起的诉讼，由船舶最先到达地、共同海损理算地或者航程终止地的人民法院管辖。

第三十四条 【专属管辖】下列案件，由本条规定的人民法院专属管辖：

(一)因不动产纠纷提起的诉讼，由不动产所在地人民法院管辖；

(二)因港口作业中发生纠纷提起的诉讼，由港口所在地人民法院管辖；

(三)因继承遗产纠纷提起的诉讼，由被继承人死亡时住所地或者主要遗产所在地人民法院管辖。

第三十五条 【协议管辖】合同或者其他财产权益纠纷的当事人可以书面协议选择被告住所地、合同履行地、合同签订地、原告住所地、标的物所在地等与争议有实际联系的地点的人民法院管辖，但不得违反本法对级别管辖和专属管辖的规定。

第三十六条 【选择管辖】两个以上人民法院都有管辖权的诉讼，原告可以向其中一个人民法院起诉；原告向两个以上有管辖权的人民法院起诉的，由最先立案的人民法院管辖。

第三节 移送管辖和指定管辖

第三十七条 【移送管辖】人民法院发现受理的案件不属于本院管辖的,应当移送有管辖权的人民法院,受移送的人民法院应当受理。受移送的人民法院认为受移送的案件依照规定不属于本院管辖的,应当报请上级人民法院指定管辖,不得再自行移送。

第三十八条 【指定管辖】有管辖权的人民法院由于特殊原因,不能行使管辖权的,由上级人民法院指定管辖。

人民法院之间因管辖权发生争议,由争议双方协商解决;协商解决不了的,报请它们的共同上级人民法院指定管辖。

第三十九条 【管辖权的转移】上级人民法院有权审理下级人民法院管辖的第一审民事案件;确有必要将本院管辖的第一审民事案件交下级人民法院审理的,应当报请其上级人民法院批准。

下级人民法院对它所管辖的第一审民事案件,认为需要由上级人民法院审理的,可以报请上级人民法院审理。

第三章 审判组织

第四十条 【一审审判组织】人民法院审理第一审民事案件,由审判员、人民陪审员共同组成合议庭或者由审判员组成合议庭。合议庭的成员人数,必须是单数。

适用简易程序审理的民事案件,由审判员一人独任审理。基层人民法院审理的基本事实清楚、权利义务关系明确的第一审民事案件,可以由审判员一人适用普通程序独任审理。

人民陪审员在参加审判活动时,除法律另有规定外,与审判员有同等的权利义务。

第四十一条 【二审和再审审判组织】人民法院审理第二审民事案件,由审判员组成合议庭。合议庭的成员人数,必须是单数。

中级人民法院对第一审适用简易程序审理或者不服裁定提起上诉的第二审民事案件,事实清楚、权利义务关系明确的,经双方当事人同意,可以由审判员一人独任审理。

发回重审的案件,原审人民法院应当按照第一审程序另行组成合议庭。

审理再审案件,原来是第一审的,按照第一审程序另行组成合议庭;原来是第二审的或者是上级人民法院提审的,按照第二审程序另行组成合议庭。

第四十二条 【不适用独任制的情形】人民法院审理下列民事案件,不得由审判员一人独任审理:

(一)涉及国家利益、社会公共利益的案件;

(二)涉及群体性纠纷,可能影响社会稳定的案件;

(三)人民群众广泛关注或者其他社会影响较大的案件;

(四)属于新类型或者疑难复杂的案件;

(五)法律规定应当组成合议庭审理的案件;

(六)其他不宜由审判员一人独任审理的案件。

第四十三条 【独任制向合议制转换】人民法院在审理过程中,发现案件不宜由审判员一人独任审理的,应当裁定转由合议庭审理。

当事人认为案件由审判员一人独任审理违反法律规定的,可以向人民法院提出异议。人民法院对当事人提出的异议应当审查,异议成立的,裁定转由合议庭审理;异议不成立的,裁定驳回。

第四十四条 【合议庭审判长的产生】合议庭的审判长由院长或者庭长指定审判员一人担任;院长或者庭长参加审判的,由院长或者庭长担任。

第四十五条 【合议庭的评议规则】合议庭评议案件,实行少数服从多数的原则。评议应当制作笔录,由合议庭成员签名。评议中的不同意见,必须如实记入笔录。

第四十六条 【审判人员工作纪律】审判人员应当依法秉公办案。

审判人员不得接受当事人及其诉讼代理人请客送礼。

审判人员有贪污受贿,徇私舞弊,枉法裁判行为的,应当追究法律责任;构成犯罪的,依法追究刑事责任。

第四章 回 避

第四十七条 【回避的对象、条件和方式】审判人员有下列情形之一的,应当自行回避,当事人有权用口头或者书面方式申请他们回避:

(一)是本案当事人或者当事人、诉讼代理人近亲属的;

(二)与本案有利害关系的;

(三)与本案当事人、诉讼代理人有其他关系,可能影响对案件公正审理的。

审判人员接受当事人、诉讼代理人请客送礼,或者违反规定会见当事人、诉讼代理人的,当事人有权要求他们回避。

审判人员有前款规定的行为的,应当依法追究法律责任。

前三款规定,适用于法官助理、书记员、司法技术人员、翻译人员、鉴定人、勘验人。

第四十八条 【回避申请】当事人提出回避申请,应当说明理由,在案件开始审理时提出;回避事由在案件开始审理后知道的,也可以在法庭辩论终结前提出。

被申请回避的人员在人民法院作出是否回避的决定前,应当暂停参与本案的工作,但案件需要采取紧急措施的除外。

第四十九条 【回避决定的程序】院长担任审判长或者独任审判员时的回避,由审判委员会决定;审判人员的回避,由院长决定;其他人员的回避,由审判长或者独任审判员决定。

第五十条 【回避决定的时限及效力】人民法院对当事人提出的回避申请,应当在申请提出的三日内,以口头或者书面形式作出决定。申请人对决定不服的,可以在接到决定时申请复议一次。复议期间,被申请回避的人员,不停止参与本案的工作。人民法院对复议申请,应当在三日内作出复议决定,并通知复议申请人。

第五章 诉讼参加人

第一节 当事人

第五十一条 【当事人范围】公民、法人和其他组织可以作为民事诉讼的当事人。

法人由其法定代表人进行诉讼。其他组织由其主要负责人进行诉讼。

第五十二条 【诉讼权利义务】当事人有权委托代理人,提出回避申请,收集、提供证据,进行辩论,请求调解,提起上诉,申请执行。

当事人可以查阅本案有关材料,并可以复制本案有关材料和法律文书。查阅、复制本案有关材料的范围和办法由最高人民法院规定。

当事人必须依法行使诉讼权利,遵守诉讼秩序,履行发生法律效力的判决书、裁定书和调解书。

第五十三条 【自行和解】双方当事人可以自行和解。

第五十四条 【诉讼请求的放弃、变更、承认、反驳及反诉】原告可以放弃或者变更诉讼请求。被告可以承认或者反驳诉讼请求,有权提起反诉。

第五十五条 【共同诉讼】当事人一方或者双方为二人以上,其诉讼标的是共同的,或者诉讼标的是同一种类、人民法院认为可以合并审理并经当事人同意的,为共同诉讼。

共同诉讼的一方当事人对诉讼标的有共同权利义务的,其中一人的诉讼行为经其他共同诉讼人承认,对其他共同诉讼人发生效力;对诉讼标的没有共同权利义务的,其中一人的诉讼行为对其他共同诉讼人不发生效力。

第五十六条 【当事人人数确定的代表人诉讼】当事人一方人数众多的共同诉讼,可以由当事人推选代表人进行诉讼。代表人的诉讼行为对其所代表的当事人发生效力,但代表人变更、放弃诉讼请求或者承认对方当事人的诉讼请求,进行和解,必须经被代表的当事人同意。

第五十七条 【当事人人数不确定的代表人诉讼】诉讼标的是同一种类、当事人一方人数众多在起诉时人数尚未确定的,人民法院可以发出公告,说明案件情况和诉讼请求,通知权利人在一定期间向人民法院登记。

向人民法院登记的权利人可以推选代表人进行诉讼;推选不出代表人的,人民法院可以与参加登记的权利人商定代表人。

代表人的诉讼行为对其所代表的当事人发生效力,但代表人变更、放弃诉讼请求或者承认对方当事人的诉讼请求,进行和解,必须经被代表的当事人同意。

人民法院作出的判决、裁定,对参加登记的全体权利人发生效力。未参加登记的权利人在诉讼时效期间提起诉讼的,适用该判决、裁定。

第五十八条 【公益诉讼】对污染环境、侵害众多消费者合法权益等损害社会公共利益的行为,法律规定的机关和有关组织可以向人民法院提起诉讼。

人民检察院在履行职责中发现破坏生态环境和资源保护、食品药品安全领域侵害众多消费者合法权益等损害社会公共利益的行为,在没有前款规定的机关和组织或者前款规定的机关和组织不提起诉讼的情况下,可以向人民法院提起诉讼。前款规定的机关或者组织提起诉讼的,人民检察院可以支持起诉。

第五十九条 【第三人】对当事人双方的诉讼标的,第三人认为有独立请求权的,有权提起诉讼。

对当事人双方的诉讼标的,第三人虽然没有独立请求权,但案件处理结果同他有法律上的利害关系的,可以申请参加诉讼,或者由人民法院通知他参加诉讼。人民法院判决承担民事责任的第三人,有当事人的诉讼权利义务。

前两款规定的第三人,因不能归责于本人的事由未参加诉讼,但有证据证明发生法律效力的判决、裁定、调解书的部分或者全部内容错误,损害其民事权益的,可以自知道或者应当知道其民事权益受到损害之日起六个月内,向作出该判决、裁定、调解书的人民法院提起诉讼。人民法院经审理,诉讼请求成立的,应当改变或者撤销原判决、裁定、调解书;诉讼请求不成立的,驳回诉讼请求。

第二节 诉讼代理人

第六十条 【法定诉讼代理人】无诉讼行为能力人由他的监护人作为法定代理人代为诉讼。法定代理人之间互相推诿代理责任的,由人民法院指定其中一人代为诉讼。

第六十一条 【委托诉讼代理人】当事人、法定代理人可以委托一至二人作为诉讼代理人。

下列人员可以被委托为诉讼代理人:

(一)律师、基层法律服务工作者;

(二)当事人的近亲属或者工作人员;

(三)当事人所在社区、单位以及有关社会团体推荐的公民。

第六十二条 【委托诉讼代理权的取得和权限】委托他人代为诉讼,必须向人民法院提交由委托人签名或者盖章的授权委托书。

授权委托书必须记明委托事项和权限。诉讼代理人代为承认、放弃、变更诉讼请求,进行和解,提起反诉或者上诉,必须有委托人的特别授权。

侨居在国外的中华人民共和国公民从国外寄交或者托交的授权委托书,必须经中华人民共和国驻该国的使领馆证明;没有使领馆的,由与中华人民共和国有外交关系的第三国驻该国的使领馆证明,再转由中华人民共和国驻该第三国使领馆证明,或者由当地的爱国华侨团体证明。

第六十三条 【诉讼代理权的变更和解除】诉讼代理人的权限如果变更或者解除,当事人应当书面告知人民法院,并由人民法院通知对方当事人。

第六十四条 【诉讼代理人调查收集证据和查阅有关资料的权利】代理诉讼的律师和其他诉讼代理人有权调查收集证据,可以查阅本案有关材料。查阅本案有关材料的范围和办法由最高人民法院规定。

第六十五条 【离婚诉讼代理的特别规定】离婚案件有诉讼代理人的,本人除不能表达意思的以外,仍应出庭;确因特殊情况无法出庭的,必须向人民法院提交书面意见。

第六章 证 据

第六十六条 【证据的种类】证据包括:

(一)当事人的陈述;

(二)书证;

(三)物证;

(四)视听资料;

(五)电子数据;

(六)证人证言;

(七)鉴定意见;

(八)勘验笔录。

证据必须查证属实,才能作为认定事实的根据。

第六十七条 【举证责任与查证】当事人对自己提出的主张,有责任提供证据。

当事人及其诉讼代理人因客观原因不能自行收集的证据,或者人民法院认为审理案件需要的证据,人民法院应当调查收集。

人民法院应当按照法定程序,全面地、客观地审查核实证据。

第六十八条 【举证期限及逾期后果】当事人对自己提出的主张应当及时提供证据。

人民法院根据当事人的主张和案件审理情况,确定当事人应当提供的证据及其期限。当事人在该期限内提供证据确有困难的,可以向人民法院申请延长期限,人民法院根据当事人的申请适当延长。当事人逾期提供证据的,人民法院应当责令其说明理由;拒不说明理由或者理由不成立的,人民法院根据不同情形可以不予采纳该证据,或者采纳该证据但予以训诫、罚款。

第六十九条　【人民法院签收证据】 人民法院收到当事人提交的证据材料,应当出具收据,写明证据名称、页数、份数、原件或者复印件以及收到时间等,并由经办人员签名或者盖章。

第七十条　【人民法院调查取证】 人民法院有权向有关单位和个人调查取证,有关单位和个人不得拒绝。

人民法院对有关单位和个人提出的证明文书,应当辨别真伪,审查确定其效力。

第七十一条　【证据的公开与质证】 证据应当在法庭上出示,并由当事人互相质证。对涉及国家秘密、商业秘密和个人隐私的证据应当保密,需要在法庭出示的,不得在公开开庭时出示。

第七十二条　【公证证据】 经过法定程序公证证明的法律事实和文书,人民法院应当作为认定事实的根据,但有相反证据足以推翻公证证明的除外。

第七十三条　【书证和物证】 书证应当提交原件。物证应当提交原物。提交原件或者原物确有困难的,可以提交复制品、照片、副本、节录本。

提交外文书证,必须附有中文译本。

第七十四条　【视听资料】 人民法院对视听资料,应当辨别真伪,并结合本案的其他证据,审查确定能否作为认定事实的根据。

第七十五条　【证人的义务】 凡是知道案件情况的单位和个人,都有义务出庭作证。有关单位的负责人应当支持证人作证。

不能正确表达意思的人,不能作证。

第七十六条　【证人不出庭作证的情形】 经人民法院通知,证人应当出庭作证。有下列情形之一的,经人民法院许可,可以通过书面证言、视听传输技术或者视听资料等方式作证:

(一)因健康原因不能出庭的;

(二)因路途遥远,交通不便不能出庭的;

(三)因自然灾害等不可抗力不能出庭的;

(四)其他有正当理由不能出庭的。

第七十七条　【证人出庭作证费用的承担】 证人因履行出庭作证义务而支出的交通、住宿、就餐等必要费用以及误工损失,由败诉一方当事人负担。当事人申请证人作证的,由该当事人先行垫付;当事人没有申请,人民法院通知证人作证的,由人民法院先行垫付。

第七十八条　【当事人陈述】 人民法院对当事人的陈述,应当结合本案的其他证据,审查确定能否作为认定事实的根据。

当事人拒绝陈述的,不影响人民法院根据证据认定案件事实。

第七十九条　【申请鉴定】 当事人可以就查明事实的专门性问题向人民法院申请鉴定。当事人申请鉴定的,由双方当事人协商确定具备资格的鉴定人;协商不成的,由人民法院指定。

当事人未申请鉴定,人民法院对专门性问题认为需要鉴定的,应当委托具备资格的鉴定人进行鉴定。

第八十条　【鉴定人的职责】 鉴定人有权了解进行鉴定所需要的案件材料,必要时可以询问当事人、证人。

鉴定人应当提出书面鉴定意见,在鉴定书上签名或者盖章。

第八十一条　【鉴定人出庭作证的义务】 当事人对鉴定意见有异议或者人民法院认为鉴定人有必要出庭的,鉴定人应当出庭作证。经人民法院通知,鉴定人拒不出庭作证的,鉴定意见不得作为认定事实的根据;支付鉴定费用的当事人可以要求返还鉴定费用。

第八十二条　【对鉴定意见的查证】 当事人可以申请人民法院通知有专门知识的人出庭,就鉴定人作出的鉴定意见或者专业问题提出意见。

第八十三条　【勘验笔录】 勘验物证或者现场,勘验人必须出示人民法院的证件,并邀请当地基层组织或者当事人所在单位派人参加。当事人或者当事人的成年家属应当到场,拒不到场的,不影响勘验的进行。

有关单位和个人根据人民法院的通知,有义务保护现场,协助勘验工作。

勘验人应当将勘验情况和结果制作笔录,由勘验人、当事人和被邀参加人签名或者盖章。

第八十四条　【证据保全】 在证据可能灭失或者以后难以取得的情况下,当事人可以在诉讼过程中向人民法院申请保全证据,人民法院也可以主动采取保全措施。

因情况紧急,在证据可能灭失或者以后难以

取得的情况下,利害关系人可以在提起诉讼或者申请仲裁前向证据所在地、被申请人住所地或者对案件有管辖权的人民法院申请保全证据。

证据保全的其他程序,参照适用本法第九章保全的有关规定。

第七章 期间、送达

第一节 期 间

第八十五条 【期间的种类和计算】期间包括法定期间和人民法院指定的期间。

期间以时、日、月、年计算。期间开始的时和日,不计算在期间内。

期间届满的最后一日是法定休假日的,以法定休假日后的第一日为期间届满的日期。

期间不包括在途时间,诉讼文书在期满前交邮的,不算过期。

第八十六条 【期间的耽误和顺延】当事人因不可抗拒的事由或者其他正当理由耽误期限的,在障碍消除后的十日内,可以申请顺延期限,是否准许,由人民法院决定。

第二节 送 达

第八十七条 【送达回证】送达诉讼文书必须有送达回证,由受送达人在送达回证上记明收到日期,签名或者盖章。

受送达人在送达回证上的签收日期为送达日期。

第八十八条 【直接送达】送达诉讼文书,应当直接送交受送达人。受送达人是公民的,本人不在交他的同住成年家属签收;受送达人是法人或者其他组织的,应当由法人的法定代表人、其他组织的主要负责人或者该法人、组织负责收件的人签收;受送达人有诉讼代理人的,可以送交其代理人签收;受送达人已向人民法院指定代收人的,送交代收人签收。

受送达人的同住成年家属,法人或者其他组织的负责收件的人,诉讼代理人或者代收人在送达回证上签收的日期为送达日期。

第八十九条 【留置送达】受送达人或者他的同住成年家属拒绝接收诉讼文书的,送达人可以邀请有关基层组织或者所在单位的代表到场,说明情况,在送达回证上记明拒收事由和日期,由送达人、见证人签名或者盖章,把诉讼文书留在受送达人的住所;也可以把诉讼文书留在受送达人的住所,并采用拍照、录像等方式记录送达过程,即视为送达。

第九十条 【电子送达】经受送达人同意,人民法院可以采用能够确认其收悉的电子方式送达诉讼文书。通过电子方式送达的判决书、裁定书、调解书,受送达人提出需要纸质文书的,人民法院应当提供。

采用前款方式送达的,以送达信息到达受送达人特定系统的日期为送达日期。

第九十一条 【委托送达与邮寄送达】直接送达诉讼文书有困难的,可以委托其他人民法院代为送达,或者邮寄送达。邮寄送达的,以回执上注明的收件日期为送达日期。

第九十二条 【军人的转交送达】受送达人是军人的,通过其所在部队团以上单位的政治机关转交。

第九十三条 【被监禁人或被采取强制性教育措施人的转交送达】受送达人被监禁的,通过其所在监所转交。

受送达人被采取强制性教育措施的,通过其所在强制性教育机构转交。

第九十四条 【转交送达的送达日期】代为转交的机关、单位收到诉讼文书后,必须立即交受送达人签收,以在送达回证上的签收日期,为送达日期。

第九十五条 【公告送达】受送达人下落不明,或者用本节规定的其他方式无法送达的,公告送达。自发出公告之日起,经过三十日,即视为送达。

公告送达,应当在案卷中记明原因和经过。

第八章 调 解

第九十六条 【法院调解原则】人民法院审理民事案件,根据当事人自愿的原则,在事实清楚的基础上,分清是非,进行调解。

第九十七条 【法院调解的程序】人民法院进行调解,可以由审判员一人主持,也可以由合议庭主持,并尽可能就地进行。

人民法院进行调解,可以用简便方式通知当事人、证人到庭。

第九十八条 【对法院调解的协助】人民法院

进行调解,可以邀请有关单位和个人协助。被邀请的单位和个人,应当协助人民法院进行调解。

第九十九条 【调解协议的达成】调解达成协议,必须双方自愿,不得强迫。调解协议的内容不得违反法律规定。

第一百条 【调解书的制作、送达和效力】调解达成协议,人民法院应当制作调解书。调解书应当写明诉讼请求、案件的事实和调解结果。

调解书由审判人员、书记员署名,加盖人民法院印章,送达双方当事人。

调解书经双方当事人签收后,即具有法律效力。

第一百零一条 【不需要制作调解书的案件】下列案件调解达成协议,人民法院可以不制作调解书:

(一)调解和好的离婚案件;
(二)调解维持收养关系的案件;
(三)能够即时履行的案件;
(四)其他不需要制作调解书的案件。

对不需要制作调解书的协议,应当记入笔录,由双方当事人、审判人员、书记员签名或者盖章后,即具有法律效力。

第一百零二条 【调解不成或调解后反悔的处理】调解未达成协议或者调解书送达前一方反悔的,人民法院应当及时判决。

第九章 保全和先予执行

第一百零三条 【诉讼保全】人民法院对于可能因当事人一方的行为或者其他原因,使判决难以执行或者造成当事人其他损害的案件,根据对方当事人的申请,可以裁定对其财产进行保全、责令其作出一定行为或者禁止其作出一定行为;当事人没有提出申请的,人民法院在必要时也可以裁定采取保全措施。

人民法院采取保全措施,可以责令申请人提供担保,申请人不提供担保的,裁定驳回申请。

人民法院接受申请后,对情况紧急的,必须在四十八小时内作出裁定;裁定采取保全措施的,应当立即开始执行。

第一百零四条 【诉前保全】利害关系人因情况紧急,不立即申请保全将会使其合法权益受到难以弥补的损害的,可以在提起诉讼或者申请仲裁前向被保全财产所在地、被申请人住所地或者对案件

有管辖权的人民法院申请采取保全措施。申请人应当提供担保,不提供担保的,裁定驳回申请。

人民法院接受申请后,必须在四十八小时内作出裁定;裁定采取保全措施的,应当立即开始执行。

申请人在人民法院采取保全措施后三十日内不依法提起诉讼或者申请仲裁的,人民法院应当解除保全。

第一百零五条 【保全的范围】保全限于请求的范围,或者与本案有关的财物。

第一百零六条 【财产保全的措施】财产保全采取查封、扣押、冻结或者法律规定的其他方法。人民法院保全财产后,应当立即通知被保全财产的人。

财产已被查封、冻结的,不得重复查封、冻结。

第一百零七条 【保全的解除】财产纠纷案件,被申请人提供担保的,人民法院应当裁定解除保全。

第一百零八条 【保全申请错误的处理】申请有错误的,申请人应当赔偿被申请人因保全所遭受的损失。

第一百零九条 【先予执行的适用范围】人民法院对下列案件,根据当事人的申请,可以裁定先予执行:

(一)追索赡养费、扶养费、抚养费、抚恤金、医疗费用的;
(二)追索劳动报酬的;
(三)因情况紧急需要先予执行的。

第一百一十条 【先予执行的条件】人民法院裁定先予执行的,应当符合下列条件:

(一)当事人之间权利义务关系明确,不先予执行将严重影响申请人的生活或者生产经营的;
(二)被申请人有履行能力。

人民法院可以责令申请人提供担保,申请人不提供担保的,驳回申请。申请人败诉的,应当赔偿被申请人因先予执行遭受的财产损失。

第一百一十一条 【对保全或先予执行不服的救济程序】当事人对保全或者先予执行的裁定不服的,可以申请复议一次。复议期间不停止裁定的执行。

第十章 对妨害民事诉讼的强制措施

第一百一十二条 【拘传的适用】人民法院对

必须到庭的被告,经两次传票传唤,无正当理由拒不到庭的,可以拘传。

第一百一十三条 【对违反法庭规则、扰乱法庭秩序行为的强制措施】诉讼参与人和其他人应当遵守法庭规则。

人民法院对违反法庭规则的人,可以予以训诫,责令退出法庭或者予以罚款、拘留。

人民法院对哄闹、冲击法庭,侮辱、诽谤、威胁、殴打审判人员,严重扰乱法庭秩序的人,依法追究刑事责任;情节较轻的,予以罚款、拘留。

第一百一十四条 【对妨害诉讼证据的收集、调查和阻拦、干扰诉讼进行的强制措施】诉讼参与人或者其他人有下列行为之一的,人民法院可以根据情节轻重予以罚款、拘留;构成犯罪的,依法追究刑事责任:

(一)伪造、毁灭重要证据,妨碍人民法院审理案件的;

(二)以暴力、威胁、贿买方法阻止证人作证或者指使、贿买、胁迫他人作伪证的;

(三)隐藏、转移、变卖、毁损已被查封、扣押的财产,或者已被清点并责令其保管的财产,转移已被冻结的财产的;

(四)对司法工作人员、诉讼参加人、证人、翻译人员、鉴定人、勘验人、协助执行的人,进行侮辱、诽谤、诬陷、殴打或者打击报复的;

(五)以暴力、威胁或者其他方法阻碍司法工作人员执行职务的;

(六)拒不履行人民法院已经发生法律效力的判决、裁定的。

人民法院对有前款规定的行为之一的单位,可以对其主要负责人或者直接责任人员予以罚款、拘留;构成犯罪的,依法追究刑事责任。

第一百一十五条 【虚假诉讼的认定】当事人之间恶意串通,企图通过诉讼、调解等方式侵害国家利益、社会公共利益或者他人合法权益的,人民法院应当驳回其请求,并根据情节轻重予以罚款、拘留;构成犯罪的,依法追究刑事责任。

当事人单方捏造民事案件基本事实,向人民法院提起诉讼,企图侵害国家利益、社会公共利益或者他人合法权益的,适用前款规定。

第一百一十六条 【对恶意串通,通过诉讼、仲裁、调解等方式逃避履行法律文书确定的义务的强制措施】被执行人与他人恶意串通,通过诉讼、仲裁、调解等方式逃避履行法律文书确定的义务的,人民法院应当根据情节轻重予以罚款、拘留;构成犯罪的,依法追究刑事责任。

第一百一十七条 【对拒不履行协助义务的单位的强制措施】有义务协助调查、执行的单位有下列行为之一的,人民法院除责令其履行协助义务外,并可以予以罚款:

(一)有关单位拒绝或者妨碍人民法院调查取证的;

(二)有关单位接到人民法院协助执行通知书后,拒不协助查询、扣押、冻结、划拨、变价财产的;

(三)有关单位接到人民法院协助执行通知书后,拒不协助扣留被执行人的收入、办理有关财产权证照转移手续、转交有关票证、证照或者其他财产的;

(四)其他拒绝协助执行的。

人民法院对有前款规定的行为之一的单位,可以对其主要负责人或者直接责任人员予以罚款;对仍不履行协助义务的,可以予以拘留;并可以向监察机关或者有关机关提出予以纪律处分的司法建议。

第一百一十八条 【罚款金额和拘留期限】对个人的罚款金额,为人民币十万元以下。对单位的罚款金额,为人民币五万元以上一百万元以下。

拘留的期限,为十五日以下。

被拘留的人,由人民法院交公安机关看管。在拘留期间,被拘留人承认并改正错误的,人民法院可以决定提前解除拘留。

第一百一十九条 【拘传、罚款、拘留的批准】拘传、罚款、拘留必须经院长批准。

拘传应当发拘传票。

罚款、拘留应当用决定书。对决定不服的,可以向上一级人民法院申请复议一次。复议期间不停止执行。

第一百二十条 【强制措施由法院决定】采取对妨害民事诉讼的强制措施必须由人民法院决定。任何单位和个人采取非法拘禁他人或者非法私自扣押他人财产追索债务的,应当依法追究刑事责任,或者予以拘留、罚款。

第十一章 诉讼费用

第一百二十一条 【诉讼费用】当事人进行民事诉讼,应当按照规定交纳案件受理费。财产案件除交纳案件受理费外,并按照规定交纳其他诉讼费用。

当事人交纳诉讼费用确有困难的,可以按照规定向人民法院申请缓交、减交或者免交。

收取诉讼费用的办法另行制定。

第二编 审判程序

第十二章 第一审普通程序

第一节 起诉和受理

第一百二十二条 【起诉的实质要件】起诉必须符合下列条件:

(一)原告是与本案有直接利害关系的公民、法人和其他组织;

(二)有明确的被告;

(三)有具体的诉讼请求和事实、理由;

(四)属于人民法院受理民事诉讼的范围和受诉人民法院管辖。

第一百二十三条 【起诉的形式要件】起诉应当向人民法院递交起诉状,并按照被告人数提出副本。

书写起诉状确有困难的,可以口头起诉,由人民法院记入笔录,并告知对方当事人。

第一百二十四条 【起诉状的内容】起诉状应当记明下列事项:

(一)原告的姓名、性别、年龄、民族、职业、工作单位、住所、联系方式,法人或者其他组织的名称、住所和法定代表人或者主要负责人的姓名、职务、联系方式;

(二)被告的姓名、性别、工作单位、住所等信息,法人或者其他组织的名称、住所等信息;

(三)诉讼请求和所根据的事实与理由;

(四)证据和证据来源,证人姓名和住所。

第一百二十五条 【先行调解】当事人起诉到人民法院的民事纠纷,适宜调解的,先行调解,但当事人拒绝调解的除外。

第一百二十六条 【起诉权和受理程序】人民法院应当保障当事人依照法律规定享有的起诉权利。对符合本法第一百二十二条的起诉,必须受理。符合起诉条件的,应当在七日内立案,并通知当事人;不符合起诉条件的,应当在七日内作出裁定书,不予受理;原告对裁定不服的,可以提起上诉。

第一百二十七条 【对特殊情形的处理】人民法院对下列起诉,分别情形,予以处理:

(一)依照行政诉讼法的规定,属于行政诉讼受案范围的,告知原告提起行政诉讼;

(二)依照法律规定,双方当事人达成书面仲裁协议申请仲裁、不得向人民法院起诉的,告知原告向仲裁机构申请仲裁;

(三)依照法律规定,应当由其他机关处理的争议,告知原告向有关机关申请解决;

(四)对不属于本院管辖的案件,告知原告向有管辖权的人民法院起诉;

(五)对判决、裁定、调解书已经发生法律效力的案件,当事人又起诉的,告知原告申请再审,但人民法院准许撤诉的裁定除外;

(六)依照法律规定,在一定期限内不得起诉的案件,在不得起诉的期限内起诉的,不予受理;

(七)判决不准离婚和调解和好的离婚案件,判决、调解维持收养关系的案件,没有新情况、新理由,原告在六个月内又起诉的,不予受理。

第二节 审理前的准备

第一百二十八条 【送达起诉状和答辩状】人民法院应当在立案之日起五日内将起诉状副本发送被告,被告应当在收到之日起十五日内提出答辩状。答辩状应当记明被告的姓名、性别、年龄、民族、职业、工作单位、住所、联系方式;法人或者其他组织的名称、住所和法定代表人或者主要负责人的姓名、职务、联系方式。人民法院应当在收到答辩状之日起五日内将答辩状副本发送原告。

被告不提出答辩状的,不影响人民法院审理。

第一百二十九条 【诉讼权利义务的告知】人民法院对决定受理的案件,应当在受理案件通知书和应诉通知书中向当事人告知有关的诉讼权利义务,或者口头告知。

第一百三十条 【对管辖权异议的审查和处理】人民法院受理案件后,当事人对管辖权有异议的,应当在提交答辩状期间提出。人民法院对当事人提出的异议,应当审查。异议成立的,裁定将案件移送有管辖权的人民法院;异议不成立的,裁定驳回。

当事人未提出管辖异议,并应诉答辩或者提出反诉的,视为受诉人民法院有管辖权,但违反级别管辖和专属管辖规定的除外。

第一百三十一条 【审判人员的告知】审判人员确定后,应当在三日内告知当事人。

第一百三十二条 【审核取证】审判人员必须认真审核诉讼材料,调查收集必要的证据。

第一百三十三条 【调查取证的程序】人民法院派出人员进行调查时,应当向被调查人出示证件。

调查笔录经被调查人校阅后,由被调查人、调查人签名或者盖章。

第一百三十四条 【委托调查】人民法院在必要时可以委托外地人民法院调查。

委托调查,必须提出明确的项目和要求。受委托人民法院可以主动补充调查。

受委托人民法院收到委托书后,应当在三十日内完成调查。因故不能完成的,应当在上述期限内函告委托人民法院。

第一百三十五条 【当事人的追加】必须共同进行诉讼的当事人没有参加诉讼的,人民法院应当通知其参加诉讼。

第一百三十六条 【案件受理后的处理】人民法院对受理的案件,分别情形,予以处理:

(一)当事人没有争议,符合督促程序规定条件的,可以转入督促程序;

(二)开庭前可以调解的,采取调解方式及时解决纠纷;

(三)根据案件情况,确定适用简易程序或者普通程序;

(四)需要开庭审理的,通过要求当事人交换证据等方式,明确争议焦点。

第三节 开庭审理

第一百三十七条 【公开审理及例外】人民法院审理民事案件,除涉及国家秘密、个人隐私或者法律另有规定的以外,应当公开进行。

离婚案件,涉及商业秘密的案件,当事人申请不公开审理的,可以不公开审理。

第一百三十八条 【巡回审理】人民法院审理民事案件,根据需要进行巡回审理,就地办案。

第一百三十九条 【开庭通知与公告】人民法院审理民事案件,应当在开庭三日前通知当事人和其他诉讼参与人。公开审理的,应当公告当事人姓名、案由和开庭的时间、地点。

第一百四十条 【宣布开庭】开庭审理前,书记员应当查明当事人和其他诉讼参与人是否到庭,宣布法庭纪律。

开庭审理时,由审判长或者独任审判员核对当事人,宣布案由,宣布审判人员、法官助理、书记员等的名单,告知当事人有关的诉讼权利义务,询问当事人是否提出回避申请。

第一百四十一条 【法庭调查顺序】法庭调查按照下列顺序进行:

(一)当事人陈述;

(二)告知证人的权利义务,证人作证,宣读未到庭的证人证言;

(三)出示书证、物证、视听资料和电子数据;

(四)宣读鉴定意见;

(五)宣读勘验笔录。

第一百四十二条 【当事人庭审诉讼权利】当事人在法庭上可以提出新的证据。

当事人经法庭许可,可以向证人、鉴定人、勘验人发问。

当事人要求重新进行调查、鉴定或者勘验的,是否准许,由人民法院决定。

第一百四十三条 【合并审理】原告增加诉讼请求,被告提出反诉,第三人提出与本案有关的诉讼请求,可以合并审理。

第一百四十四条 【法庭辩论】法庭辩论按照下列顺序进行:

(一)原告及其诉讼代理人发言;

(二)被告及其诉讼代理人答辩;

(三)第三人及其诉讼代理人发言或者答辩;

(四)互相辩论。

法庭辩论终结,由审判长或者独任审判员按照原告、被告、第三人的先后顺序征询各方最后意见。

第一百四十五条 【法庭调解】法庭辩论终结,应当依法作出判决。判决前能够调解的,还可以进行调解,调解不成的,应当及时判决。

第一百四十六条 【原告不到庭和中途退庭的处理】原告经传票传唤,无正当理由拒不到庭的,或者未经法庭许可中途退庭的,可以按撤诉处理;被告反诉的,可以缺席判决。

第一百四十七条 【被告不到庭和中途退庭的处理】被告经传票传唤,无正当理由拒不到庭的,或者未经法庭许可中途退庭的,可以缺席判决。

第一百四十八条　【原告申请撤诉的处理】宣判前,原告申请撤诉的,是否准许,由人民法院裁定。

人民法院裁定不准许撤诉的,原告经传票传唤,无正当理由拒不到庭的,可以缺席判决。

第一百四十九条　【延期审理】有下列情形之一的,可以延期开庭审理:

(一)必须到庭的当事人和其他诉讼参与人有正当理由没有到庭的;

(二)当事人临时提出回避申请的;

(三)需要通知新的证人到庭,调取新的证据,重新鉴定、勘验,或者需要补充调查的;

(四)其他应当延期的情形。

第一百五十条　【法庭笔录】书记员应当将法庭审理的全部活动记入笔录,由审判人员和书记员签名。

法庭笔录应当当庭宣读,也可以告知当事人和其他诉讼参与人当庭或者在五日内阅读。当事人和其他诉讼参与人认为对自己的陈述记录有遗漏或者差错的,有权申请补正。如果不予补正,应当将申请记录在案。

法庭笔录由当事人和其他诉讼参与人签名或者盖章。拒绝签名盖章的,记明情况附卷。

第一百五十一条　【宣告判决】人民法院对公开审理或者不公开审理的案件,一律公开宣告判决。

当庭宣判的,应当在十日内发送判决书;定期宣判的,宣判后立即发给判决书。

宣告判决时,必须告知当事人上诉权利、上诉期限和上诉的法院。

宣告离婚判决,必须告知当事人在判决发生法律效力前不得另行结婚。

第一百五十二条　【一审审限】人民法院适用普通程序审理的案件,应当在立案之日起六个月内审结。有特殊情况需要延长的,经本院院长批准,可以延长六个月;还需要延长的,报请上级人民法院批准。

第四节　诉讼中止和终结

第一百五十三条　【诉讼中止】有下列情形之一的,中止诉讼:

(一)一方当事人死亡,需要等待继承人表明是否参加诉讼的;

(二)一方当事人丧失诉讼行为能力,尚未确定法定代理人的;

(三)作为一方当事人的法人或者其他组织终止,尚未确定权利义务承受人的;

(四)一方当事人因不可抗拒的事由,不能参加诉讼的;

(五)本案必须以另一案的审理结果为依据,而另一案尚未审结的;

(六)其他应当中止诉讼的情形。

中止诉讼的原因消除后,恢复诉讼。

第一百五十四条　【诉讼终结】有下列情形之一的,终结诉讼:

(一)原告死亡,没有继承人,或者继承人放弃诉讼权利的;

(二)被告死亡,没有遗产,也没有应当承担义务的人的;

(三)离婚案件一方当事人死亡的;

(四)追索赡养费、扶养费、抚养费以及解除收养关系案件的一方当事人死亡的。

第五节　判决和裁定

第一百五十五条　【判决书的内容】判决书应当写明判决结果和作出该判决的理由。判决书内容包括:

(一)案由、诉讼请求、争议的事实和理由;

(二)判决认定的事实和理由、适用的法律和理由;

(三)判决结果和诉讼费用的负担;

(四)上诉期间和上诉的法院。

判决书由审判人员、书记员署名,加盖人民法院印章。

第一百五十六条　【先行判决】人民法院审理案件,其中一部分事实已经清楚,可以就该部分先行判决。

第一百五十七条　【裁定】裁定适用于下列范围:

(一)不予受理;

(二)对管辖权有异议的;

(三)驳回起诉;

(四)保全和先予执行;

(五)准许或者不准许撤诉;

(六)中止或者终结诉讼;

(七)补正判决书中的笔误;

（八）中止或者终结执行；

（九）撤销或者不予执行仲裁裁决；

（十）不予执行公证机关赋予强制执行效力的债权文书；

（十一）其他需要裁定解决的事项。

对前款第一项至第三项裁定，可以上诉。

裁定书应当写明裁定结果和作出该裁定的理由。裁定书由审判人员、书记员署名，加盖人民法院印章。口头裁定的，记入笔录。

第一百五十八条　【一审裁判的生效】最高人民法院的判决、裁定，以及依法不准上诉或者超过上诉期没有上诉的判决、裁定，是发生法律效力的判决、裁定。

第一百五十九条　【判决、裁定的公开】公众可以查阅发生法律效力的判决书、裁定书，但涉及国家秘密、商业秘密和个人隐私的内容除外。

第十三章　简易程序

第一百六十条　【简易程序的适用范围】基层人民法院和它派出的法庭审理事实清楚、权利义务关系明确、争议不大的简单的民事案件，适用本章规定。

基层人民法院和它派出的法庭审理前款规定以外的民事案件，当事人双方也可以约定适用简易程序。

第一百六十一条　【简易程序的起诉方式和受理程序】对简单的民事案件，原告可以口头起诉。

当事人双方可以同时到基层人民法院或者它派出的法庭，请求解决纠纷。基层人民法院或者它派出的法庭可以当即审理，也可以另定日期审理。

第一百六十二条　【简易程序的传唤方式】基层人民法院和它派出的法庭审理简单的民事案件，可以用简便方式传唤当事人和证人、送达诉讼文书、审理案件，但应当保障当事人陈述意见的权利。

第一百六十三条　【简易程序的独任审理】简单的民事案件由审判员一人独任审理，并不受本法第一百三十九条、第一百四十一条、第一百四十四条规定的限制。

第一百六十四条　【简易程序的审限】人民法院适用简易程序审理案件，应当在立案之日起三个月内审结。有特殊情况需要延长的，经本院院长批准，可以延长一个月。

第一百六十五条　【小额诉讼程序】基层人民法院和它派出的法庭审理事实清楚、权利义务关系明确、争议不大的简单金钱给付民事案件，标的额为各省、自治区、直辖市上年度就业人员年平均工资百分之五十以下的，适用小额诉讼的程序审理，实行一审终审。

基层人民法院和它派出的法庭审理前款规定的民事案件，标的额超过各省、自治区、直辖市上年度就业人员年平均工资百分之五十但在二倍以下的，当事人双方也可以约定适用小额诉讼的程序。

第一百六十六条　【不适用小额诉讼程序的案件】人民法院审理下列民事案件，不适用小额诉讼的程序：

（一）人身关系、财产确权案件；

（二）涉外案件；

（三）需要评估、鉴定或者对诉前评估、鉴定结果有异议的案件；

（四）一方当事人下落不明的案件；

（五）当事人提出反诉的案件；

（六）其他不宜适用小额诉讼的程序审理的案件。

第一百六十七条　【小额诉讼的审理方式】人民法院适用小额诉讼的程序审理案件，可以一次开庭审结并且当庭宣判。

第一百六十八条　【小额诉讼的审限】人民法院适用小额诉讼的程序审理案件，应当在立案之日起两个月内审结。有特殊情况需要延长的，经本院院长批准，可以延长一个月。

第一百六十九条　【小额诉讼程序转化及当事人异议权】人民法院在审理过程中，发现案件不宜适用小额诉讼的程序的，应当适用简易程序的其他规定审理或者裁定转为普通程序。

当事人认为案件适用小额诉讼的程序审理违反法律规定的，可以向人民法院提出异议。人民法院对当事人提出的异议应当审查，异议成立的，应当适用简易程序的其他规定审理或者裁定转为普通程序；异议不成立的，裁定驳回。

第一百七十条　【简易程序转为普通程序】人民法院在审理过程中，发现案件不宜适用简易程序的，裁定转为普通程序。

第十四章 第二审程序

第一百七十一条 【上诉权】当事人不服地方人民法院第一审判决的,有权在判决书送达之日起十五日内向上一级人民法院提起上诉。

当事人不服地方人民法院第一审裁定的,有权在裁定书送达之日起十日内向上一级人民法院提起上诉。

第一百七十二条 【上诉状的内容】上诉应当递交上诉状。上诉状的内容,应当包括当事人的姓名,法人的名称及其法定代表人的姓名或者其他组织的名称及其主要负责人的姓名;原审人民法院名称、案件的编号和案由;上诉的请求和理由。

第一百七十三条 【上诉的提起】上诉状应当通过原审人民法院提出,并按照对方当事人或者代表人的人数提出副本。

当事人直接向第二人民法院上诉的,第二审人民法院应当在五日内将上诉状移交原审人民法院。

第一百七十四条 【上诉的受理】原审人民法院收到上诉状,应当在五日内将上诉状副本送达对方当事人,对方当事人在收到之日起十五日内提出答辩状。人民法院应当在收到答辩状之日起五日内将副本送达上诉人。对方当事人不提出答辩状的,不影响人民法院审理。

原审人民法院收到上诉状、答辩状,应当在五日内连同全部案卷和证据,报送第二审人民法院。

第一百七十五条 【二审的审理范围】第二审人民法院应当对上诉请求的有关事实和适用法律进行审查。

第一百七十六条 【二审的审理方式和地点】第二审人民法院对上诉案件应当开庭审理。经过阅卷、调查和询问当事人,对没有提出新的事实、证据或者理由,人民法院认为不需要开庭审理的,可以不开庭审理。

第二审人民法院审理上诉案件,可以在本院进行,也可以到案件发生地或者原审人民法院所在地进行。

第一百七十七条 【二审裁判】第二审人民法院对上诉案件,经过审理,按照下列情形,分别处理:

(一)原判决、裁定认定事实清楚,适用法律正确的,以判决、裁定方式驳回上诉,维持原判决、裁定;

(二)原判决、裁定认定事实错误或者适用法律错误的,以判决、裁定方式依法改判、撤销或者变更;

(三)原判决认定基本事实不清的,裁定撤销原判决,发回原审人民法院重审,或者查清事实后改判;

(四)原判决遗漏当事人或者违法缺席判决等严重违反法定程序的,裁定撤销原判决,发回原审人民法院重审。

原审人民法院对发回重审的案件作出判决后,当事人提起上诉的,第二审人民法院不得再次发回重审。

第一百七十八条 【对一审适用裁定的上诉案件的处理】第二人民法院对不服第一审人民法院裁定的上诉案件的处理,一律使用裁定。

第一百七十九条 【上诉案件的调解】第二人民法院审理上诉案件,可以进行调解。调解达成协议,应当制作调解书,由审判人员、书记员署名,加盖人民法院印章。调解书送达后,原审人民法院的判决即视为撤销。

第一百八十条 【上诉的撤回】第二审人民法院判决宣告前,上诉人申请撤回上诉的,是否准许,由第二审人民法院裁定。

第一百八十一条 【二审适用的程序】第二审人民法院审理上诉案件,除依照本章规定外,适用第一审普通程序。

第一百八十二条 【二审裁判的效力】第二审人民法院的判决、裁定,是终审的判决、裁定。

第一百八十三条 【二审审限】人民法院审理对判决的上诉案件,应当在第二审立案之日起三个月内审结。有特殊情况需要延长的,由本院院长批准。

人民法院审理对裁定的上诉案件,应当在第二审立案之日起三十日内作出终审裁定。

第十五章 特别程序

第一节 一般规定

第一百八十四条 【特别程序的适用范围】人民法院审理选民资格案件、宣告失踪或者宣告死亡案件、指定遗产管理人案件、认定公民无民事行为能力或者限制民事行为能力案件、认定财产无主案件、确认调解协议案件和实现担保物权案件，适用本章规定。本章没有规定的，适用本法和其他法律的有关规定。

第一百八十五条 【一审终审与独任审理】依照本章程序审理的案件，实行一审终审。选民资格案件或者重大、疑难的案件，由审判员组成合议庭审理；其他案件由审判员一人独任审理。

第一百八十六条 【特别程序的转换】人民法院在依照本章程序审理案件的过程中，发现本案属于民事权益争议的，应当裁定终结特别程序，并告知利害关系人可以另行起诉。

第一百八十七条 【特别程序的审限】人民法院适用特别程序审理的案件，应当在立案之日起三十日内或者公告期满后三十日内审结。有特殊情况需要延长的，由本院院长批准。但审理选民资格的案件除外。

第二节 选民资格案件

第一百八十八条 【起诉与管辖】公民不服选举委员会对选民资格的申诉所作的处理决定，可以在选举日的五日以前向选区所在地基层人民法院起诉。

第一百八十九条 【审理、审限及判决】人民法院受理选民资格案件后，必须在选举日前审结。

审理时，起诉人、选举委员会的代表和有关公民必须参加。

人民法院的判决书，应当在选举日前送达选举委员会和起诉人，并通知有关公民。

第三节 宣告失踪、宣告死亡案件

第一百九十条 【宣告失踪案件的提起】公民下落不明满二年，利害关系人申请宣告其失踪的，向下落不明人住所地基层人民法院提出。

申请书应当写明失踪的事实、时间和请求，并附有公安机关或者其他有关机关关于该公民下落不明的书面证明。

第一百九十一条 【宣告死亡案件的提起】公民下落不明满四年，或者因意外事件下落不明满二年，或者因意外事件下落不明，经有关机关证明该公民不可能生存，利害关系人申请宣告其死亡的，向下落不明人住所地基层人民法院提出。

申请书应当写明下落不明的事实、时间和请求，并附有公安机关或者其他有关机关关于该公民下落不明的书面证明。

第一百九十二条 【公告与判决】人民法院受理宣告失踪、宣告死亡案件后，应当发出寻找下落不明人的公告。宣告失踪的公告期间为三个月，宣告死亡的公告期间为一年。因意外事件下落不明，经有关机关证明该公民不可能生存的，宣告死亡的公告期间为三个月。

公告期间届满，人民法院应当根据被宣告失踪、宣告死亡的事实是否得到确认，作出宣告失踪、宣告死亡的判决或者驳回申请的判决。

第一百九十三条 【判决的撤销】被宣告失踪、宣告死亡的公民重新出现，经本人或者利害关系人申请，人民法院应当作出新判决，撤销原判决。

第四节 指定遗产管理人案件

第一百九十四条 【指定遗产管理人的管辖】对遗产管理人的确定有争议，利害关系人申请指定遗产管理人的，向被继承人死亡时住所地或者主要遗产所在地基层人民法院提出。

申请书应当写明被继承人死亡的时间、申请事由和具体请求，并附有被继承人死亡的相关证据。

第一百九十五条 【遗产管理人的指定原则】人民法院受理申请后，应当审查核实，并按照有利于遗产管理的原则，判决指定遗产管理人。

第一百九十六条 【遗产管理人的变更】被指定的遗产管理人死亡、终止、丧失民事行为能力或者存在其他无法继续履行遗产管理职责情形的，人民法院可以根据利害关系人或者本人的申请另行指定遗产管理人。

第一百九十七条 【遗产管理人的另行指定】遗产管理人违反遗产管理职责，严重侵害继承人、受遗赠人或者债权人合法权益的，人民法院可以根据利害关系人的申请，撤销其遗产管理人资格，并依法指定新的遗产管理人。

第五节 认定公民无民事行为能力、限制民事行为能力案件

第一百九十八条 【认定公民无民事行为能力、限制民事行为能力案件的提起】申请认定公民无民事行为能力或者限制民事行为能力，由利害

关系人或者有关组织向该公民住所地基层人民法院提出。

申请书应当写明该公民无民事行为能力或者限制民事行为能力的事实和根据。

第一百九十九条 【民事行为能力鉴定】人民法院受理申请后，必要时应当对被请求认定为无民事行为能力或者限制民事行为能力的公民进行鉴定。申请人已提供鉴定意见的，应当对鉴定意见进行审查。

第二百条 【审理及判决】人民法院审理认定公民无民事行为能力或者限制民事行为能力的案件，应当由该公民的近亲属为代理人，但申请人除外。近亲属互相推诿的，由人民法院指定其中一人为代理人。该公民健康情况许可的，还应当询问本人的意见。

人民法院经审理认定申请有事实根据的，判决该公民为无民事行为能力或者限制民事行为能力人；认定申请没有事实根据的，应当判决予以驳回。

第二百零一条 【判决的撤销】人民法院根据被认定为无民事行为能力人、限制民事行为能力人本人、利害关系人或者有关组织的申请，证实该公民无民事行为能力或者限制民事行为能力的原因已经消除的，应当作出新判决，撤销原判决。

第六节 认定财产无主案件

第二百零二条 【财产无主案件的提起】申请认定财产无主，由公民、法人或者其他组织向财产所在地基层人民法院提出。

申请书应当写明财产的种类、数量以及要求认定财产无主的根据。

第二百零三条 【公告及判决】人民法院受理申请后，经审查核实，应当发出财产认领公告。公告满一年无人认领的，判决认定财产无主，收归国家或者集体所有。

第二百零四条 【判决的撤销】判决认定财产无主后，原财产所有人或者继承人出现，在民法典规定的诉讼时效期间可以对财产提出请求，人民法院审查属实后，应当作出新判决，撤销原判决。

第七节 确认调解协议案件

第二百零五条 【调解协议的司法确认】经依法设立的调解组织调解达成调解协议，申请司法确认的，由双方当事人自调解协议生效之日起三十日内，共同向下列人民法院提出：

（一）人民法院邀请调解组织开展先行调解的，向作出邀请的人民法院提出；

（二）调解组织自行开展调解的，向当事人住所地、标的物所在地、调解组织所在地的基层人民法院提出；调解协议所涉纠纷应当由中级人民法院管辖的，向相应的中级人民法院提出。

第二百零六条 【审查及裁定】人民法院受理申请后，经审查，符合法律规定的，裁定调解协议有效，一方当事人拒绝履行或者未全部履行的，对方当事人可以向人民法院申请执行；不符合法律规定的，裁定驳回申请，当事人可以通过调解方式变更原调解协议或者达成新的调解协议，也可以向人民法院提起诉讼。

第八节 实现担保物权案件

第二百零七条 【实现担保物权案件的提起】申请实现担保物权，由担保物权人以及其他有权请求实现担保物权的人依照民法典等法律，向担保财产所在地或者担保物权登记地基层人民法院提出。

第二百零八条 【审查及裁定】人民法院受理申请后，经审查，符合法律规定的，裁定拍卖、变卖担保财产，当事人依据该裁定可以向人民法院申请执行；不符合法律规定的，裁定驳回申请，当事人可以向人民法院提起诉讼。

第十六章 审判监督程序

第二百零九条 【人民法院决定再审】各级人民法院院长对本院已经发生法律效力的判决、裁定、调解书，发现确有错误，认为需要再审的，应当提交审判委员会讨论决定。

最高人民法院对地方各级人民法院已经发生法律效力的判决、裁定、调解书，上级人民法院对下级人民法院已经发生法律效力的判决、裁定、调解书，发现确有错误的，有权提审或者指令下级人民法院再审。

第二百一十条 【当事人申请再审】当事人对已经发生法律效力的判决、裁定，认为有错误的，可以向上一级人民法院申请再审；当事人一方人数众多或者当事人双方为公民的案件，也可以向原审人民法院申请再审。当事人申请再审的，不停止判决、裁定的执行。

第二百一十一条 【再审事由】当事人的申请符合下列情形之一的，人民法院应当再审：

（一）有新的证据，足以推翻原判决、裁定的；

（二）原判决、裁定认定的基本事实缺乏证据证明的；

（三）原判决、裁定认定事实的主要证据是伪造的；

（四）原判决、裁定认定事实的主要证据未经质证的；

（五）对审理案件需要的主要证据，当事人因客观原因不能自行收集，书面申请人民法院调查收集，人民法院未调查收集的；

（六）原判决、裁定适用法律确有错误的；

（七）审判组织的组成不合法或者依法应当回避的审判人员没有回避的；

（八）无诉讼行为能力人未经法定代理人代为诉讼或者应当参加诉讼的当事人，因不能归责于本人或者其诉讼代理人的事由，未参加诉讼的；

（九）违反法律规定，剥夺当事人辩论权利的；

（十）未经传票传唤，缺席判决的；

（十一）原判决、裁定遗漏或者超出诉讼请求的；

（十二）据以作出原判决、裁定的法律文书被撤销或者变更的；

（十三）审判人员审理该案件时有贪污受贿，徇私舞弊，枉法裁判行为的。

第二百一十二条 【调解书的再审】当事人对已经发生法律效力的调解书，提出证据证明调解违反自愿原则或者调解协议的内容违反法律的，可以申请再审。经人民法院审查属实的，应当再审。

第二百一十三条 【不得申请再审的案件】当事人对已经发生法律效力的解除婚姻关系的判决、调解书，不得申请再审。

第二百一十四条 【再审申请以及审查】当事人申请再审的，应当提交再审申请书等材料。人民法院应当自收到再审申请书之日起五日内将再审申请书副本发送对方当事人。对方当事人应当自收到再审申请书副本之日起十五日内提交书面意见；不提交书面意见的，不影响人民法院审查。人民法院可以要求申请人和对方当事人补充有关材料，询问有关事项。

第二百一十五条 【再审申请的审查期限以及再审案件管辖法院】人民法院应当自收到再审申请书之日起三个月内审查，符合本法规定的，裁定再审；不符合本法规定的，裁定驳回申请。有特殊情况需要延长的，由本院院长批准。

因当事人申请裁定再审的案件由中级人民法院以上的人民法院审理，但当事人依照本法第二百一十条的规定选择向基层人民法院申请再审的除外。最高人民法院、高级人民法院裁定再审的案件，由本院再审或者交其他人民法院再审，也可以交原审人民法院再审。

第二百一十六条 【当事人申请再审的期限】当事人申请再审，应当在判决、裁定发生法律效力后六个月内提出；有本法第二百一十一条第一项、第三项、第十二项、第十三项规定情形的，自知道或者应当知道之日起六个月内提出。

第二百一十七条 【中止原判决的执行及例外】按照审判监督程序决定再审的案件，裁定中止原判决、裁定、调解书的执行，但追索赡养费、扶养费、抚育费、抚恤金、医疗费用、劳动报酬等案件，可以不中止执行。

第二百一十八条 【再审案件的审理程序】人民法院按照审判监督程序再审的案件，发生法律效力的判决、裁定是由第一审法院作出的，按照第一审程序审理，所作的判决、裁定，当事人可以上诉；发生法律效力的判决、裁定是由第二审法院作出的，按照第二审程序审理，所作的判决、裁定，是发生法律效力的判决、裁定；上级人民法院按照审判监督程序提审的，按照第二审程序审理，所作的判决、裁定是发生法律效力的判决、裁定。

人民法院审理再审案件，应当另行组成合议庭。

第二百一十九条 【人民检察院提起抗诉】最高人民检察院对各级人民法院已经发生法律效力的判决、裁定，上级人民检察院对下级人民法院已经发生法律效力的判决、裁定，发现有本法第二百一十一条规定情形之一的，或者发现调解书损害国家利益、社会公共利益的，应当提出抗诉。

地方各级人民检察院对同级人民法院已经发生法律效力的判决、裁定，发现有本法第二百一十一条规定情形之一的，或者发现调解书损害国家利益、社会公共利益的，可以向同级人民法院提出检察建议，并报上级人民检察院备案；也可以提请上级人民检察院向同级人民法院提出抗诉。

各级人民检察院对审判监督程序以外的其他审判程序中审判人员的违法行为,有权向同级人民法院提出检察建议。

第二百二十条 【当事人申请再审检察建议及抗诉的条件】有下列情形之一的,当事人可以向人民检察院申请检察建议或者抗诉:

(一)人民法院驳回再审申请的;

(二)人民法院逾期未对再审申请作出裁定的;

(三)再审判决、裁定有明显错误的。

人民检察院对当事人的申请应当在三个月内进行审查,作出提出或者不予提出检察建议或者抗诉的决定。当事人不得再次向人民检察院申请检察建议或者抗诉。

第二百二十一条 【抗诉案件的调查】人民检察院因履行法律监督职责提出检察建议或者抗诉的需要,可以向当事人或者案外人调查核实有关情况。

第二百二十二条 【抗诉案件裁定再审的期限及审理法院】人民检察院提出抗诉的案件,接受抗诉的人民法院应当自收到抗诉书之日起三十日内作出再审的裁定;有本法第二百一十一条第一项至第五项规定情形之一的,可以交下一级人民法院再审,但经该下一级人民法院再审的除外。

第二百二十三条 【抗诉书】人民检察院决定对人民法院的判决、裁定、调解书提出抗诉的,应当制作抗诉书。

第二百二十四条 【人民检察院派员出庭】人民检察院提出抗诉的案件,人民法院再审时,应当通知人民检察院派员出席法庭。

第十七章 督 促 程 序

第二百二十五条 【支付令的申请】债权人请求债务人给付金钱、有价证券,符合下列条件的,可以向有管辖权的基层人民法院申请支付令:

(一)债权人与债务人没有其他债务纠纷的;

(二)支付令能够送达债务人的。

申请书应当写明请求给付金钱或者有价证券的数量和所根据的事实、证据。

第二百二十六条 【支付令申请的受理】债权人提出申请后,人民法院应当在五日内通知债权人是否受理。

第二百二十七条 【审理】人民法院受理申请后,经审查债权人提供的事实、证据,对债权债务关系明确、合法的,应当在受理之日起十五日内向债务人发出支付令;申请不成立的,裁定予以驳回。

债务人应当自收到支付令之日起十五日内清偿债务,或者向人民法院提出书面异议。

债务人在前款规定的期间不提出异议又不履行支付令的,债权人可以向人民法院申请执行。

第二百二十八条 【支付令的异议及失效的处理】人民法院收到债务人提出的书面异议后,经审查,异议成立的,应当裁定终结督促程序,支付令自行失效。

支付令失效的,转入诉讼程序,但申请支付令的一方当事人不同意提起诉讼的除外。

第十八章 公示催告程序

第二百二十九条 【公示催告程序的提起】按照规定可以背书转让的票据持有人,因票据被盗、遗失或者灭失,可以向票据支付地的基层人民法院申请公示催告。依照法律规定可以申请公示催告的其他事项,适用本章规定。

申请人应当向人民法院递交申请书,写明票面金额、发票人、持票人、背书人等票据主要内容和申请的理由、事实。

第二百三十条 【受理、止付通知与公告】人民法院决定受理申请,应当同时通知支付人停止支付,并在三日内发出公告,催促利害关系人申报权利。公示催告的期间,由人民法院根据情况决定,但不得少于六十日。

第二百三十一条 【止付通知和公告的效力】支付人收到人民法院停止支付的通知,应当停止支付,至公示催告程序终结。

公示催告期间,转让票据权利的行为无效。

第二百三十二条 【利害关系人申报权利】利害关系人应当在公示催告期间向人民法院申报。

人民法院收到利害关系人的申报后,应当裁定终结公示催告程序,并通知申请人和支付人。

申请人或者申报人可以向人民法院起诉。

第二百三十三条 【除权判决】没有人申报的,人民法院应当根据申请人的申请,作出判决,宣告票据无效。判决应当公告,并通知支付人。自判决公告之日起,申请人有权向支付人请求支付。

第二百三十四条 【除权判决的撤销】利害关系人因正当理由不能在判决前向人民法院申报的，自知道或者应当知道判决公告之日起一年内，可以向作出判决的人民法院起诉。

第三编 执 行 程 序

第十九章 一 般 规 定

第二百三十五条 【执行依据及管辖】发生法律效力的民事判决、裁定，以及刑事判决、裁定中的财产部分，由第一审人民法院或者与第一审人民法院同级的被执行的财产所在地人民法院执行。

法律规定由人民法院执行的其他法律文书，由被执行人住所地或者被执行的财产所在地人民法院执行。

第二百三十六条 【对违法的执行行为的异议】当事人、利害关系人认为执行行为违反法律规定的，可以向负责执行的人民法院提出书面异议。当事人、利害关系人提出书面异议的，人民法院应当自收到书面异议之日起十五日内审查，理由成立的，裁定撤销或者改正；理由不成立的，裁定驳回。当事人、利害关系人对裁定不服的，可以自裁定送达之日起十日内向上一级人民法院申请复议。

第二百三十七条 【变更执行法院】人民法院自收到申请执行书之日起超过六个月未执行的，申请执行人可以向上一级人民法院申请执行。上一级人民法院经审查，可以责令原人民法院在一定期限内执行，也可以决定由本院执行或者指令其他人民法院执行。

第二百三十八条 【案外人异议】执行过程中，案外人对执行标的提出书面异议的，人民法院应当自收到书面异议之日起十五日内审查，理由成立的，裁定中止对该标的的执行；理由不成立的，裁定驳回。案外人、当事人对裁定不服，认为原判决、裁定错误的，依照审判监督程序办理；与原判决、裁定无关的，可以自裁定送达之日起十五日内向人民法院提起诉讼。

第二百三十九条 【执行员与执行机构】执行工作由执行员进行。

采取强制执行措施时，执行员应当出示证件。执行完毕后，应当将执行情况制作笔录，由在场的有关人员签名或者盖章。

人民法院根据需要可以设立执行机构。

第二百四十条 【委托执行】被执行人或者被执行的财产在外地的，可以委托当地人民法院代为执行。受委托人民法院收到委托函件后，必须在十五日内开始执行，不得拒绝。执行完毕后，应当将执行结果及时函复委托人民法院；在三十日内如果还未执行完毕，也应当将执行情况函告委托人民法院。

受委托人民法院自收到委托函件之日起十五日内不执行的，委托人民法院可以请求受委托人民法院的上级人民法院指令受委托人民法院执行。

第二百四十一条 【执行和解】在执行中，双方当事人自行和解达成协议的，执行员应当将协议内容记入笔录，由双方当事人签名或者盖章。

申请执行人因受欺诈、胁迫与被执行人达成和解协议，或者当事人不履行和解协议的，人民法院可以根据当事人的申请，恢复对原生效法律文书的执行。

第二百四十二条 【执行担保】在执行中，被执行人向人民法院提供担保，并经申请执行人同意的，人民法院可以决定暂缓执行及暂缓执行的期限。被执行人逾期仍不履行的，人民法院有权执行被执行人的担保财产或者担保人的财产。

第二百四十三条 【被执行主体的变更】作为被执行人的公民死亡的，以其遗产偿还债务。作为被执行人的法人或者其他组织终止的，由其权利义务承受人履行义务。

第二百四十四条 【执行回转】执行完毕后，据以执行的判决、裁定和其他法律文书确有错误，被人民法院撤销的，对已被执行的财产，人民法院应当作出裁定，责令取得财产的人返还；拒不返还的，强制执行。

第二百四十五条 【法院调解书的执行】人民法院制作的调解书的执行，适用本编的规定。

第二百四十六条 【对执行的法律监督】人民检察院有权对民事执行活动实行法律监督。

第二十章 执行的申请和移送

第二百四十七条 【申请执行与移送执行】发生法律效力的民事判决、裁定，当事人必须履行。

一方拒绝履行的，对方当事人可以向人民法院申请执行，也可以由审判员移送执行员执行。

调解书和其他应当由人民法院执行的法律文书，当事人必须履行。一方拒绝履行的，对方当事人可以向人民法院申请执行。

第二百四十八条 【仲裁裁决的申请执行】对依法设立的仲裁机构的裁决，一方当事人不履行的，对方当事人可以向有管辖权的人民法院申请执行。受申请的人民法院应当执行。

被申请人提出证据证明仲裁裁决有下列情形之一的，经人民法院组成合议庭审查核实，裁定不予执行：

（一）当事人在合同中没有订有仲裁条款或者事后没有达成书面仲裁协议的；

（二）裁决的事项不属于仲裁协议的范围或者仲裁机构无权仲裁的；

（三）仲裁庭的组成或者仲裁的程序违反法定程序的；

（四）裁决所根据的证据是伪造的；

（五）对方当事人向仲裁机构隐瞒了足以影响公正裁决的证据的；

（六）仲裁员在仲裁该案时有贪污受贿，徇私舞弊，枉法裁决行为的。

人民法院认定执行该裁决违背社会公共利益的，裁定不予执行。

裁定书应当送达双方当事人和仲裁机构。

仲裁裁决被人民法院裁定不予执行的，当事人可以根据双方达成的书面仲裁协议重新申请仲裁，也可以向人民法院起诉。

第二百四十九条 【公证债权文书的申请执行】对公证机关依法赋予强制执行效力的债权文书，一方当事人不履行的，对方当事人可以向有管辖权的人民法院申请执行，受申请的人民法院应当执行。

公证债权文书确有错误的，人民法院裁定不予执行，并将裁定书送达双方当事人和公证机关。

第二百五十条 【申请执行期间】申请执行的期间为二年。申请执行时效的中止、中断，适用法律有关诉讼时效中止、中断的规定。

前款规定的期间，从法律文书规定履行期间的最后一日起计算；法律文书规定分期履行的，从最后一期履行期限届满之日起计算；法律文书未规定履行期间的，从法律文书生效之日起计算。

第二百五十一条 【执行通知】执行员接到申请执行书或者移交执行书，应当向被执行人发出执行通知，并可以立即采取强制执行措施。

第二十一章 执 行 措 施

第二百五十二条 【被执行人报告财产情况】被执行人未按执行通知履行法律文书确定的义务，应当报告当前以及收到执行通知之日前一年的财产情况。被执行人拒绝报告或者虚假报告的，人民法院可以根据情节轻重对被执行人或者其法定代理人、有关单位的主要负责人或者直接责任人员予以罚款、拘留。

第二百五十三条 【被执行人存款等财产的执行】被执行人未按执行通知履行法律文书确定的义务，人民法院有权向有关单位查询被执行人的存款、债券、股票、基金份额等财产情况。人民法院有权根据不同情形扣押、冻结、划拨、变价被执行人的财产。人民法院查询、扣押、冻结、划拨、变价的财产不得超出被执行人应当履行义务的范围。

人民法院决定扣押、冻结、划拨、变价财产，应当作出裁定，并发出协助执行通知书，有关单位必须办理。

第二百五十四条 【被执行人收入的执行】被执行人未按执行通知履行法律文书确定的义务，人民法院有权扣留、提取被执行人应当履行义务部分的收入。但应当保留被执行人及其所扶养家属的生活必需费用。

人民法院扣留、提取收入时，应当作出裁定，并发出协助执行通知书，被执行人所在单位、银行、信用合作社和其他有储蓄业务的单位必须办理。

第二百五十五条 【被执行人其他财产的执行】被执行人未按执行通知履行法律文书确定的义务，人民法院有权查封、扣押、冻结、拍卖、变卖被执行人应当履行义务部分的财产。但应当保留被执行人及其所扶养家属的生活必需品。

采取前款措施，人民法院应当作出裁定。

第二百五十六条 【查封、扣押】人民法院查封、扣押财产时，被执行人是公民的，应当通知被执行人或者他的成年家属到场；被执行人是法人或者其他组织的，应当通知其法定代表人或者主要负责人到场。拒不到场的，不影响执行。被执行人是公民的,其工作单位或者财产所在地的基层组织应当派人参加。

对被查封、扣押的财产,执行员必须造具清单,由在场人签名或者盖章后,交被执行人一份。被执行人是公民的,也可以交他的成年家属一份。

第二百五十七条 【被查封财产的保管】被查封的财产,执行员可以指定被执行人负责保管。因被执行人的过错造成的损失,由被执行人承担。

第二百五十八条 【拍卖、变卖】财产被查封、扣押后,执行员应当责令被执行人在指定期间履行法律文书确定的义务。被执行人逾期不履行的,人民法院应当拍卖被查封、扣押的财产;不适于拍卖或者当事人双方同意不进行拍卖的,人民法院可以委托有关单位变卖或者自行变卖。国家禁止自由买卖的物品,交有关单位按照国家规定的价格收购。

第二百五十九条 【搜查】被执行人不履行法律文书确定的义务,并隐匿财产的,人民法院有权发出搜查令,对被执行人及其住所或者财产隐匿地进行搜查。

采取前款措施,由院长签发搜查令。

第二百六十条 【指定交付】法律文书指定交付的财物或者票证,由执行员传唤双方当事人当面交付,或者由执行员转交,并由被交付人签收。

有关单位持有该项财物或者票证的,应当根据人民法院的协助执行通知书转交,并由被交付人签收。

有关公民持有该项财物或者票证的,人民法院通知其交出。拒不交出的,强制执行。

第二百六十一条 【强制迁出】强制迁出房屋或者强制退出土地,由院长签发公告,责令被执行人在指定期间履行。被执行人逾期不履行的,由执行员强制执行。

强制执行时,被执行人是公民的,应当通知被执行人或者他的成年家属到场;被执行人是法人或者其他组织的,应当通知其法定代表人或者主要负责人到场。拒不到场的,不影响执行。被执行人是公民的,其工作单位或者房屋、土地所在地的基层组织应当派人参加。执行员应当将强制执行情况记入笔录,由在场人签名或者盖章。

强制迁出房屋被搬出的财物,由人民法院派人运至指定处所,交给被执行人。被执行人是公民的,也可以交给他的成年家属。因拒绝接收而造成的损失,由被执行人承担。

第二百六十二条 【财产权证照转移】在执行中,需要办理有关财产权证照转移手续的,人民法院可以向有关单位发出协助执行通知书,有关单位必须办理。

第二百六十三条 【行为的执行】对判决、裁定和其他法律文书指定的行为,被执行人未按执行通知履行的,人民法院可以强制执行或者委托有关单位或者其他人完成,费用由被执行人承担。

第二百六十四条 【迟延履行的责任】被执行人未按判决、裁定和其他法律文书指定的期间履行给付金钱义务的,应当加倍支付迟延履行期间的债务利息。被执行人未按判决、裁定和其他法律文书指定的期间履行其他义务的,应当支付迟延履行金。

第二百六十五条 【继续执行】人民法院采取本法第二百五十三条、第二百五十四条、第二百五十五条规定的执行措施后,被执行人仍不能偿还债务的,应当继续履行义务。债权人发现被执行人有其他财产的,可以随时请求人民法院执行。

第二百六十六条 【对被执行人的限制措施】被执行人不履行法律文书确定的义务的,人民法院可以对其采取或者通知有关单位协助采取限制出境,在征信系统记录、通过媒体公布不履行义务信息以及法律规定的其他措施。

第二十二章 执行中止和终结

第二百六十七条 【中止执行】有下列情形之一的,人民法院应当裁定中止执行:

(一)申请人表示可以延期执行的;

(二)案外人对执行标的提出确有理由的异议的;

(三)作为一方当事人的公民死亡,需要等待继承人继承权利或者承担义务的;

(四)作为一方当事人的法人或者其他组织终止,尚未确定权利义务承受人的;

(五)人民法院认为应当中止执行的其他情形。

中止的情形消失后,恢复执行。

第二百六十八条 【终结执行】有下列情形之一的,人民法院裁定终结执行:

(一)申请人撤销申请的;

（二）据以执行的法律文书被撤销的；

（三）作为被执行人的公民死亡，无遗产可供执行，又无义务承担人的；

（四）追索赡养费、扶养费、抚养费案件的权利人死亡的；

（五）作为被执行人的公民因生活困难无力偿还借款，无收入来源，又丧失劳动能力的；

（六）人民法院认为应当终结执行的其他情形。

第二百六十九条 【执行中止、终结裁定的生效】中止和终结执行的裁定，送达当事人后立即生效。

第四编 涉外民事诉讼程序的特别规定

第二十三章 一般原则

第二百七十条 【适用本法原则】在中华人民共和国领域内进行涉外民事诉讼，适用本编规定。本编没有规定的，适用本法其他有关规定。

第二百七十一条 【信守国际条约原则】中华人民共和国缔结或者参加的国际条约同本法有不同规定的，适用该国际条约的规定，但中华人民共和国声明保留的条款除外。

第二百七十二条 【司法豁免原则】对享有外交特权与豁免的外国人、外国组织或者国际组织提起的民事诉讼，应当依照中华人民共和国有关法律和中华人民共和国缔结或者参加的国际条约的规定办理。

第二百七十三条 【使用我国通用语言、文字原则】人民法院审理涉外民事案件，应当使用中华人民共和国通用的语言、文字。当事人要求提供翻译的，可以提供，费用由当事人承担。

第二百七十四条 【委托中国律师代理诉讼原则】外国人、无国籍人、外国企业和组织在人民法院起诉、应诉，需要委托律师代理诉讼的，必须委托中华人民共和国的律师。

第二百七十五条 【委托授权书的公证与认证】在中华人民共和国领域内没有住所的外国人、无国籍人、外国企业和组织委托中华人民共和国律师或者其他人代理诉讼，从中华人民共和国领域外寄交或者托交的授权委托书，应当经所在国公证机关证明，并经中华人民共和国驻该国使领馆认证，或者履行中华人民共和国与该所在国订立的有关条约中规定的证明手续后，才具有效力。

第二十四章 管 辖

第二百七十六条 【特殊地域管辖】因涉外民事纠纷，对在中华人民共和国领域内没有住所的被告提起除身份关系以外的诉讼，如果合同签订地、合同履行地、诉讼标的物所在地、可供扣押财产所在地、侵权行为地、代表机构住所地位于中华人民共和国领域内的，可以由合同签订地、合同履行地、诉讼标的物所在地、可供扣押财产所在地、侵权行为地、代表机构住所地人民法院管辖。

除前款规定外，涉外民事纠纷与中华人民共和国存在其他适当联系的，可以由人民法院管辖。

第二百七十七条 【涉外民事纠纷的协议管辖】涉外民事纠纷的当事人书面协议选择人民法院管辖的，可以由人民法院管辖。

第二百七十八条 【涉外民事纠纷的应诉管辖】当事人未提出管辖异议，并应诉答辩或者提出反诉的，视为人民法院有管辖权。

第二百七十九条 【专属管辖】下列民事案件，由人民法院专属管辖：

（一）因在中华人民共和国领域内设立的法人或者其他组织的设立、解散、清算，以及该法人或者其他组织作出的决议的效力等纠纷提起的诉讼；

（二）因与中华人民共和国领域内审查授予的知识产权的有效性有关的纠纷提起的诉讼；

（三）因在中华人民共和国领域内履行中外合资经营企业合同、中外合作经营企业合同、中外合作勘探开发自然资源合同发生纠纷提起的诉讼。

第二百八十条 【排他性管辖协议】当事人之间的同一纠纷，一方当事人向外国法院起诉，另一方当事人向人民法院起诉，或者一方当事人既向外国法院起诉，又向人民法院起诉，人民法院依照本法有管辖权的，可以受理。当事人订立排他性管辖协议选择外国法院管辖且不违反本法对专属管辖的规定，不涉及中华人民共和国主权、安全或者社会公共利益的，人民法院可以裁定不予受理；已经受理的，裁定驳回起诉。

第二百八十一条 【平行诉讼的处理】人民法院依据前条规定受理案件后，当事人以外国法院已经先于人民法院受理为由，书面申请人民法

中止诉讼的,人民法院可以裁定中止诉讼,但是存在下列情形之一的除外:

(一)当事人协议选择人民法院管辖,或者纠纷属于人民法院专属管辖;

(二)由人民法院审理明显更为方便。

外国法院未采取必要措施审理案件,或者未在合理期限内审结的,依当事人的书面申请,人民法院应当恢复诉讼。

外国法院作出的发生法律效力的判决、裁定,已经被人民法院全部或者部分承认,当事人对已经获得承认的部分又向人民法院起诉的,裁定不予受理;已经受理的,裁定驳回起诉。

第二百八十二条 【不方便法院原则】人民法院受理的涉外民事案件,被告提出管辖异议,且同时有下列情形的,可以裁定驳回起诉,告知原告向更为方便的外国法院提起诉讼:

(一)案件争议的基本事实不是发生在中华人民共和国领域内,人民法院审理案件和当事人参加诉讼均明显不方便;

(二)当事人之间不存在选择人民法院管辖的协议;

(三)案件不属于人民法院专属管辖;

(四)案件不涉及中华人民共和国主权、安全或者社会公共利益;

(五)外国法院审理案件更为方便。

裁定驳回起诉后,外国法院对纠纷拒绝行使管辖权,或者未采取必要措施审理案件,或者未在合理期限内审结,当事人又向人民法院起诉的,人民法院应当受理。

第二十五章 送达、调查取证、期间

第二百八十三条 【送达方式】人民法院对在中华人民共和国领域内没有住所的当事人送达诉讼文书,可以采用下列方式:

(一)依照受送达人所在国与中华人民共和国缔结或者共同参加的国际条约中规定的方式送达;

(二)通过外交途径送达;

(三)对具有中华人民共和国国籍的受送达人,可以委托中华人民共和国驻受送达人所在国的使领馆代为送达;

(四)向受送达人在本案中委托的诉讼代理人送达;

(五)向受送达人在中华人民共和国领域内设立的独资企业、代表机构、分支机构或者有权接受送达的业务代办人送达;

(六)受送达人为外国人、无国籍人,其在中华人民共和国领域内设立的法人或者其他组织担任法定代表人或者主要负责人,且与该法人或者其他组织为共同被告的,向该法人或者其他组织送达;

(七)受送达人为外国法人或者其他组织,其法定代表人或者主要负责人在中华人民共和国领域内的,向其法定代表人或者主要负责人送达;

(八)受送达人所在国的法律允许邮寄送达的,可以邮寄送达,自邮寄之日起满三个月,送达回证没有退回,但根据各种情况足以认定已经送达的,期间届满之日视为送达;

(九)采用能够确认受送达人收悉的电子方式送达,但是受送达人所在国法律禁止的除外;

(十)以受送达人同意的其他方式送达,但是受送达人所在国法律禁止的除外。

不能用上述方式送达的,公告送达,自发出公告之日起,经过六十日,即视为送达。

第二百八十四条 【域外调查取证】当事人申请人民法院调查收集的证据位于中华人民共和国领域外,人民法院可以依照证据所在国与中华人民共和国缔结或者共同参加的国际条约中规定的方式,或者通过外交途径调查收集。

在所在国法律不禁止的情况下,人民法院可以采用下列方式调查收集:

(一)对具有中华人民共和国国籍的当事人、证人,可以委托中华人民共和国驻当事人、证人所在国的使领馆代为取证;

(二)经双方当事人同意,通过即时通讯工具取证;

(三)以双方当事人同意的其他方式取证。

第二百八十五条 【答辩期间】被告在中华人民共和国领域内没有住所的,人民法院应当将起诉状副本送达被告,并通知被告在收到起诉状副本后三十日内提出答辩状。被告申请延期的,是否准许,由人民法院决定。

第二百八十六条 【上诉期间】在中华人民共和国领域内没有住所的当事人,不服第一审人民法院判决、裁定的,有权在判决书、裁定书送达之日起三十日内提起上诉。被上诉人在收到上诉状副本后,应当在三十日内提出答辩状。当事人不能在法定期间提起上诉或者提出答辩状,申请延期的,是否准许,由人民法院决定。

第二百八十七条 【审理期间】人民法院审理涉外民事案件的期间,不受本法第一百五十二条、第一百八十三条规定的限制。

第二十六章 仲 裁

第二百八十八条 【或裁或审原则】涉外经济贸易、运输和海事中发生的纠纷,当事人在合同中订有仲裁条款或者事后达成书面仲裁协议,提交中华人民共和国涉外仲裁机构或者其他仲裁机构仲裁的,当事人不得向人民法院起诉。

当事人在合同中没有订有仲裁条款或者事后没有达成书面仲裁协议的,可以向人民法院起诉。

第二百八十九条 【仲裁程序中的保全】当事人申请采取保全的,中华人民共和国的涉外仲裁机构应当将当事人的申请,提交被申请人住所地或者财产所在地的中级人民法院裁定。

第二百九十条 【仲裁裁决的执行】经中华人民共和国涉外仲裁机构裁决的,当事人不得向人民法院起诉。一方当事人不履行仲裁裁决的,对方当事人可以向被申请人住所地或者财产所在地的中级人民法院申请执行。

第二百九十一条 【仲裁裁决不予执行的情形】对中华人民共和国涉外仲裁机构作出的裁决,被申请人提出证据证明仲裁裁决有下列情形之一的,经人民法院组成合议庭审查核实,裁定不予执行:

(一)当事人在合同中没有订有仲裁条款或者事后没有达成书面仲裁协议的;

(二)被申请人没有得到指定仲裁员或者进行仲裁程序的通知,或者由于其他不属于被申请人负责的原因未能陈述意见的;

(三)仲裁庭的组成或者仲裁的程序与仲裁规则不符的;

(四)裁决的事项不属于仲裁协议的范围或者仲裁机构无权仲裁的。

人民法院认定执行该裁决违背社会公共利益的,裁定不予执行。

第二百九十二条 【仲裁裁决不予执行的法律后果】仲裁裁决被人民法院裁定不予执行的,当事人可以根据双方达成的书面仲裁协议重新申请仲裁,也可以向人民法院起诉。

第二十七章 司法协助

第二百九十三条 【司法协助的原则】根据中华人民共和国缔结或者参加的国际条约,或者按照互惠原则,人民法院和外国法院可以相互请求,代为送达文书、调查取证以及进行其他诉讼行为。

外国法院请求协助的事项有损于中华人民共和国的主权、安全或者社会公共利益的,人民法院不予执行。

第二百九十四条 【司法协助的途径】请求和提供司法协助,应当依照中华人民共和国缔结或者参加的国际条约所规定的途径进行;没有条约关系的,通过外交途径进行。

外国驻中华人民共和国的使领馆可以向该国公民送达文书和调查取证,但不得违反中华人民共和国的法律,并不得采取强制措施。

除前款规定的情况外,未经中华人民共和国主管机关准许,任何外国机关或者个人不得在中华人民共和国领域内送达文书、调查取证。

第二百九十五条 【司法协助请求使用的文字】外国法院请求人民法院提供司法协助的请求书及其所附文件,应当附有中文译本或者国际条约规定的其他文字文本。

人民法院请求外国法院提供司法协助的请求书及其所附文件,应当附有该国文字译本或者国际条约规定的其他文字文本。

第二百九十六条 【司法协助程序】人民法院提供司法协助,依照中华人民共和国法律规定的程序进行。外国法院请求采用特殊方式的,也可以按照其请求的特殊方式进行,但请求采用的特殊方式不得违反中华人民共和国法律。

第二百九十七条 【申请外国承认和执行】人民法院作出的发生法律效力的判决、裁定,如果被执行人或者其财产不在中华人民共和国领域内,当事人请求执行的,可以由当事人直接向有管辖权的外国法院申请承认和执行,也可以由人民法院依照中华人民共和国缔结或者参加的国际条约的规定,或者按照互惠原则,请求外国法院承认和执行。

在中华人民共和国领域内依法作出的发生法律效力的仲裁裁决,当事人请求执行的,如果被执行人或者其财产不在中华人民共和国领域内,当事人可以直接向有管辖权的外国法院申请承认和执行。

第二百九十八条 【外国申请承认和执行】外国法院作出的发生法律效力的判决、裁定,需要人民法院承认和执行的,可以由当事人直接向有管辖权的中级人民法院申请承认和执行,也可以由外国法院依照该国与中华人民共和国缔结或者参加的国际条约的规定,或者按照互惠原则,请求人民法院承认和执行。

第二百九十九条 【外国法院裁判的承认与执行】人民法院对申请或者请求承认和执行的外国法院作出的发生法律效力的判决、裁定,依照中华人民共和国缔结或者参加的国际条约,或者按照互惠原则进行审查后,认为不违反中华人民共和国法律的基本原则且不损害国家主权、安全、社会公共利益的,裁定承认其效力;需要执行的,发出执行令,依照本法的有关规定执行。

第三百条 【外国法院裁判的不予承认和执行】对申请或者请求承认和执行的外国法院作出的发生法律效力的判决、裁定,人民法院经审查,有下列情形之一的,裁定不予承认和执行:

(一)依据本法第三百零一条的规定,外国法院对案件无管辖权;

(二)被申请人未得到合法传唤或者虽经合法传唤但未获得合理的陈述、辩论机会,或者无诉讼行为能力的当事人未得到适当代理;

(三)判决、裁定是通过欺诈方式取得;

(四)人民法院已对同一纠纷作出判决、裁定,或者已经承认第三国法院对同一纠纷作出的判决、裁定;

(五)违反中华人民共和国法律的基本原则或者损害国家主权、安全、社会公共利益。

第三百零一条 【外国法院无管辖权的认定】有下列情形之一的,人民法院应当认定该外国法院对案件无管辖权:

(一)外国法院依照其法律对案件没有管辖权,或者虽然依照其法律有管辖权但与案件所涉纠纷无适当联系;

(二)违反本法对专属管辖的规定;

(三)违反当事人排他性选择法院管辖的协议。

第三百零二条 【同一争议的处理】当事人向人民法院申请承认和执行外国法院作出的发生法律效力的判决、裁定,该判决、裁定涉及的纠纷与人民法院正在审理的纠纷属于同一纠纷的,人民法院可以裁定中止诉讼。

外国法院作出的发生法律效力的判决、裁定不符合本法规定的承认条件的,人民法院裁定不予承认和执行,并恢复已经中止的诉讼;符合本法规定的承认条件的,人民法院裁定承认其效力;需要执行的,发出执行令,依照本法的有关规定执行;对已经中止的诉讼,裁定驳回起诉。

第三百零三条 【承认和执行的复议】当事人对承认和执行或者不予承认和执行的裁定不服的,可以自裁定送达之日起十日内向上一级人民法院申请复议。

第三百零四条 【外国仲裁裁决的承认和执行】在中华人民共和国领域外作出的发生法律效力的仲裁裁决,需要人民法院承认和执行的,当事人可以直接向被执行人住所地或者其财产所在地的中级人民法院申请。被执行人住所地或者其财产不在中华人民共和国领域内的,当事人可以向申请人住所地或者与裁决的纠纷有适当联系的地点的中级人民法院申请。人民法院应当依照中华人民共和国缔结或者参加的国际条约,或者按照互惠原则办理。

第三百零五条 【外国国家豁免】涉及外国国家的民事诉讼,适用中华人民共和国有关外国国家豁免的法律规定;有关法律没有规定的,适用本法。

第三百零六条 【施行时间】本法自公布之日起施行,《中华人民共和国民事诉讼法(试行)》同时废止。

中华人民共和国行政强制法

- 2011年6月30日第十一届全国人民代表大会常务委员会第二十一次会议通过
- 2011年6月30日中华人民共和国主席令第49号公布
- 自2012年1月1日起施行

目 录

第一章 总 则
第二章 行政强制的种类和设定
第三章 行政强制措施实施程序
　第一节 一般规定
　第二节 查封、扣押
　第三节 冻 结
第四章 行政机关强制执行程序
　第一节 一般规定
　第二节 金钱给付义务的执行
　第三节 代 履 行
第五章 申请人民法院强制执行
第六章 法律责任
第七章 附 则

第一章 总 则

第一条 【立法目的】为了规范行政强制的设定和实施,保障和监督行政机关依法履行职责,维护公共利益和社会秩序,保护公民、法人和其他组织的合法权益,根据宪法,制定本法。

第二条 【行政强制的定义】本法所称行政强制,包括行政强制措施和行政强制执行。

行政强制措施,是指行政机关在行政管理过程中,为制止违法行为、防止证据损毁、避免危害发生、控制危险扩大等情形,依法对公民的人身自由实施暂时性限制,或者对公民、法人或者其他组织的财物实施暂时性控制的行为。

行政强制执行,是指行政机关或者行政机关申请人民法院,对不履行行政决定的公民、法人或者其他组织,依法强制履行义务的行为。

第三条 【适用范围】行政强制的设定和实施,适用本法。

发生或者即将发生自然灾害、事故灾难、公共卫生事件或者社会安全事件等突发事件,行政机关采取应急措施或者临时措施,依照有关法律、行政法规的规定执行。

行政机关采取金融业审慎监管措施、进出境货物强制性技术监控措施,依照有关法律、行政法规的规定执行。

第四条 【合法性原则】行政强制的设定和实施,应当依照法定的权限、范围、条件和程序。

第五条 【适当原则】行政强制的设定和实施,应当适当。采用非强制手段可以达到行政管理目的的,不得设定和实施行政强制。

第六条 【教育与强制相结合原则】实施行政强制,应当坚持教育与强制相结合。

第七条 【不得利用行政强制谋利】行政机关及其工作人员不得利用行政强制权为单位或者个人谋取利益。

第八条 【相对人的权利与救济】公民、法人或者其他组织对行政机关实施行政强制,享有陈述权、申辩权;有权依法申请行政复议或者提起行政诉讼;因行政机关违法实施行政强制受到损害的,有权依法要求赔偿。

公民、法人或者其他组织因人民法院在强制执行中有违法行为或者扩大强制执行范围受到损害的,有权依法要求赔偿。

第二章 行政强制的种类和设定

第九条 【行政强制措施种类】行政强制措施的种类:

（一）限制公民人身自由;
（二）查封场所、设施或者财物;
（三）扣押财物;
（四）冻结存款、汇款;
（五）其他行政强制措施。

第十条 【行政强制措施设定权】行政强制措施由法律设定。

尚未制定法律,且属于国务院行政管理职权事项的,行政法规可以设定除本法第九条第一项、第四项和应当由法律规定的行政强制措施以外的其他行政强制措施。

尚未制定法律、行政法规,且属于地方性事务的,地方性法规可以设定本法第九条第二项、第三项的行政强制措施。

法律、法规以外的其他规范性文件不得设定

行政强制措施。

第十一条　【行政强制措施设定的统一性】法律对行政强制措施的对象、条件、种类作了规定的,行政法规、地方性法规不得作出扩大规定。

法律中未设定行政强制措施的,行政法规、地方性法规不得设定行政强制措施。但是,法律规定特定事项由行政法规规定具体管理措施的,行政法规可以设定除本法第九条第一项、第四项和应当由法律规定的行政强制措施以外的其他行政强制措施。

第十二条　【行政强制执行方式】行政强制执行的方式:

（一）加处罚款或者滞纳金；

（二）划拨存款、汇款；

（三）拍卖或者依法处理查封、扣押的场所、设施或者财物；

（四）排除妨碍、恢复原状；

（五）代履行；

（六）其他强制执行方式。

第十三条　【行政强制执行设定权】行政强制执行由法律设定。

法律没有规定行政机关强制执行的,作出行政决定的行政机关应当申请人民法院强制执行。

第十四条　【听取社会意见、说明必要性及影响】起草法律草案、法规草案,拟设定行政强制的,起草单位应当采取听证会、论证会等形式听取意见,并向制定机关说明设定该行政强制的必要性、可能产生的影响以及听取和采纳意见的情况。

第十五条　【已设定的行政强制的评价制度】行政强制的设定机关应当定期对其设定的行政强制进行评价,并对不适当的行政强制及时予以修改或者废止。

行政强制的实施机关可以对已设定的行政强制的实施情况及存在的必要性适时进行评价,并将意见报告该行政强制的设定机关。

公民、法人或者其他组织可以向行政强制的设定机关和实施机关就行政强制的设定和实施提出意见和建议。有关机关应当认真研究论证,并以适当方式予以反馈。

第三章　行政强制措施实施程序

第一节　一般规定

第十六条　【实施行政强制措施的条件】行政机关履行行政管理职责,依照法律、法规的规定,实施行政强制措施。

违法行为情节显著轻微或者没有明显社会危害的,可以不采取行政强制措施。

第十七条　【行政强制措施的实施主体】行政强制措施由法律、法规规定的行政机关在法定职权范围内实施。行政强制措施权不得委托。

依据《中华人民共和国行政处罚法》的规定行使相对集中行政处罚权的行政机关,可以实施法律、法规规定的与行政处罚权有关的行政强制措施。

行政强制措施应当由行政机关具备资格的行政执法人员实施,其他人员不得实施。

第十八条　【一般程序】行政机关实施行政强制措施应当遵守下列规定:

（一）实施前须向行政机关负责人报告并经批准；

（二）由两名以上行政执法人员实施；

（三）出示执法身份证件；

（四）通知当事人到场；

（五）当场告知当事人采取行政强制措施的理由、依据以及当事人依法享有的权利、救济途径；

（六）听取当事人的陈述和申辩；

（七）制作现场笔录；

（八）现场笔录由当事人和行政执法人员签名或者盖章,当事人拒绝的,在笔录中予以注明；

（九）当事人不到场的,邀请见证人到场,由见证人和行政执法人员在现场笔录上签名或者盖章；

（十）法律、法规规定的其他程序。

第十九条　【情况紧急时的程序】情况紧急,需要当场实施行政强制措施的,行政执法人员应当在二十四小时内向行政机关负责人报告,并补办批准手续。行政机关负责人认为不应当采取行政强制措施的,应当立即解除。

第二十条　【限制人身自由行政强制措施的程序】依照法律规定实施限制公民人身自由的行政强制措施,除应当履行本法第十八条规定的程序外,还应当遵守下列规定:

（一）当场告知或者实施行政强制措施后立即通知当事人家属实施行政强制措施的行政机关、地点和期限；

（二）在紧急情况下当场实施行政强制措施

的,在返回行政机关后,立即向行政机关负责人报告并补办批准手续;

(三)法律规定的其他程序。

实施限制人身自由的行政强制措施不得超过法定期限。实施行政强制措施的目的已经达到或者条件已经消失,应当立即解除。

第二十一条 【涉嫌犯罪案件的移送】违法行为涉嫌犯罪应当移送司法机关的,行政机关应当将查封、扣押、冻结的财物一并移送,并书面告知当事人。

第二节 查封、扣押

第二十二条 【查封、扣押实施主体】查封、扣押应当由法律、法规规定的行政机关实施,其他任何行政机关或者组织不得实施。

第二十三条 【查封、扣押对象】查封、扣押限于涉案的场所、设施或者财物,不得查封、扣押与违法行为无关的场所、设施或者财物;不得查封、扣押公民个人及其所扶养家属的生活必需品。

当事人的场所、设施或者财物已被其他国家机关依法查封的,不得重复查封。

第二十四条 【查封、扣押实施程序】行政机关决定实施查封、扣押的,应当履行本法第十八条规定的程序,制作并当场交付查封、扣押决定书和清单。

查封、扣押决定书应当载明下列事项:

(一)当事人的姓名或者名称、地址;

(二)查封、扣押的理由、依据和期限;

(三)查封、扣押场所、设施或者财物的名称、数量等;

(四)申请行政复议或者提起行政诉讼的途径和期限;

(五)行政机关的名称、印章和日期。

查封、扣押清单一式二份,由当事人和行政机关分别保存。

第二十五条 【查封、扣押期限】查封、扣押的期限不得超过三十日;情况复杂的,经行政机关负责人批准,可以延长,但是延长期限不得超过三十日。法律、行政法规另有规定的除外。

延长查封、扣押的决定应当及时书面告知当事人,并说明理由。

对物品需要进行检测、检验、检疫或者技术鉴定的,查封、扣押的期间不包括检测、检验、检疫或者技术鉴定的期间。检测、检验、检疫或者技术鉴定的期间应当明确,并书面告知当事人。检测、检验、检疫或者技术鉴定的费用由行政机关承担。

第二十六条 【对查封、扣押财产的保管】对查封、扣押的场所、设施或者财物,行政机关应当妥善保管,不得使用或者损毁;造成损失的,应当承担赔偿责任。

对查封的场所、设施或者财物,行政机关可以委托第三人保管,第三人不得损毁或者擅自转移、处置。因第三人的原因造成的损失,行政机关先行赔付后,有权向第三人追偿。

因查封、扣押发生的保管费用由行政机关承担。

第二十七条 【查封、扣押后的处理】行政机关采取查封、扣押措施后,应当及时查清事实,在本法第二十五条规定的期限内作出处理决定。对违法事实清楚,依法应当没收的非法财物予以没收;法律、行政法规规定应当销毁的,依法销毁;应当解除查封、扣押的,作出解除查封、扣押的决定。

第二十八条 【解除查封、扣押的情形】有下列情形之一的,行政机关应当及时作出解除查封、扣押决定:

(一)当事人没有违法行为;

(二)查封、扣押的场所、设施或者财物与违法行为无关;

(三)行政机关对违法行为已经作出处理决定,不再需要查封、扣押;

(四)查封、扣押期限已经届满;

(五)其他不再需要采取查封、扣押措施的情形。

解除查封、扣押应当立即退还财物;已将鲜活物品或者其他不易保管的财物拍卖或者变卖的,退还拍卖或者变卖所得款项。变卖价格明显低于市场价格,给当事人造成损失的,应当给予补偿。

第三节 冻 结

第二十九条 【冻结的实施主体、数额限制、不得重复冻结】冻结存款、汇款应当由法律规定的行政机关实施,不得委托给其他行政机关或者组织;其他任何行政机关或者组织不得冻结存款、汇款。

冻结存款、汇款的数额应当与违法行为涉及的金额相当;已被其他国家机关依法冻结的,不得重复冻结。

第三十条　【冻结的程序、金融机构的配合义务】行政机关依照法律规定决定实施冻结存款、汇款的，应当履行本法第十八条第一项、第二项、第三项、第七项规定的程序，并向金融机构交付冻结通知书。

金融机构接到行政机关依法作出的冻结通知书后，应当立即予以冻结，不得拖延，不得在冻结前向当事人泄露信息。

法律规定以外的行政机关或者组织要求冻结当事人存款、汇款的，金融机构应当拒绝。

第三十一条　【冻结决定书交付期限及内容】依照法律规定冻结存款、汇款的，作出决定的行政机关应当在三日内向当事人交付冻结决定书。冻结决定书应当载明下列事项：

（一）当事人的姓名或者名称、地址；

（二）冻结的理由、依据和期限；

（三）冻结的账号和数额；

（四）申请行政复议或者提起行政诉讼的途径和期限；

（五）行政机关的名称、印章和日期。

第三十二条　【冻结期限及其延长】自冻结存款、汇款之日起三十日内，行政机关应当作出处理决定或者作出解除冻结决定；情况复杂的，经行政机关负责人批准，可以延长，但是延长期限不得超过三十日。法律另有规定的除外。

延长冻结的决定应当及时书面告知当事人，并说明理由。

第三十三条　【解除冻结的情形】有下列情形之一的，行政机关应当及时作出解除冻结决定：

（一）当事人没有违法行为；

（二）冻结的存款、汇款与违法行为无关；

（三）行政机关对违法行为已经作出处理决定，不再需要冻结；

（四）冻结期限已经届满；

（五）其他不再需要采取冻结措施的情形。

行政机关作出解除冻结决定的，应当及时通知金融机构和当事人。金融机构接到通知后，应当立即解除冻结。

行政机关逾期未作出处理决定或者解除冻结决定的，金融机构应当自冻结期满之日起解除冻结。

第四章　行政机关强制执行程序

第一节　一般规定

第三十四条　【行政机关强制执行】行政机关依法作出行政决定后，当事人在行政机关决定的期限内不履行义务的，具有行政强制执行权的行政机关依照本章规定强制执行。

第三十五条　【催告】行政机关作出强制执行决定前，应当事先催告当事人履行义务。催告应当以书面形式作出，并载明下列事项：

（一）履行义务的期限；

（二）履行义务的方式；

（三）涉及金钱给付的，应当有明确的金额和给付方式；

（四）当事人依法享有的陈述权和申辩权。

第三十六条　【陈述、申辩权】当事人收到催告书后有权进行陈述和申辩。行政机关应当充分听取当事人的意见，对当事人提出的事实、理由和证据，应当进行记录、复核。当事人提出的事实、理由或者证据成立的，行政机关应当采纳。

第三十七条　【强制执行决定】经催告，当事人逾期仍不履行行政决定，且无正当理由的，行政机关可以作出强制执行决定。

强制执行决定应当以书面形式作出，并载明下列事项：

（一）当事人的姓名或者名称、地址；

（二）强制执行的理由和依据；

（三）强制执行的方式和时间；

（四）申请行政复议或者提起行政诉讼的途径和期限；

（五）行政机关的名称、印章和日期。

在催告期间，对有证据证明有转移或者隐匿财物迹象的，行政机关可以作出立即强制执行决定。

第三十八条　【催告书、行政强制决定书送达】催告书、行政强制执行决定书应当直接送达当事人。当事人拒绝接收或者无法直接送达当事人的，应当依照《中华人民共和国民事诉讼法》的有关规定送达。

第三十九条　【中止执行】有下列情形之一的，中止执行：

（一）当事人履行行政决定确有困难或者暂无

履行能力的；

（二）第三人对执行标的主张权利，确有理由的；

（三）执行可能造成难以弥补的损失，且中止执行不损害公共利益的；

（四）行政机关认为需要中止执行的其他情形。

中止执行的情形消失后，行政机关应当恢复执行。对没有明显社会危害，当事人确无能力履行，中止执行满三年未恢复执行的，行政机关不再执行。

第四十条 【终结执行】有下列情形之一的，终结执行：

（一）公民死亡，无遗产可供执行，又无义务承受人的；

（二）法人或者其他组织终止，无财产可供执行，又无义务承受人的；

（三）执行标的灭失的；

（四）据以执行的行政决定被撤销的；

（五）行政机关认为需要终结执行的其他情形。

第四十一条 【执行回转】在执行中或者执行完毕后，据以执行的行政决定被撤销、变更，或者执行错误的，应当恢复原状或者退还财物；不能恢复原状或者退还财物的，依法给予赔偿。

第四十二条 【执行和解】实施行政强制执行，行政机关可以在不损害公共利益和他人合法权益的情况下，与当事人达成执行协议。执行协议可以约定分阶段履行；当事人采取补救措施的，可以减免加处的罚款或者滞纳金。

执行协议应当履行。当事人不履行执行协议的，行政机关应当恢复强制执行。

第四十三条 【文明执法】行政机关不得在夜间或者法定节假日实施行政强制执行。但是，情况紧急的除外。

行政机关不得对居民生活采取停止供水、供电、供热、供燃气等方式迫使当事人履行相关行政决定。

第四十四条 【强制拆除】对违法的建筑物、构筑物、设施等需要强制拆除的，应当由行政机关予以公告，限期当事人自行拆除。当事人在法定期限内不申请行政复议或者提起行政诉讼，又不拆除的，行政机关可以依法强制拆除。

第二节 金钱给付义务的执行

第四十五条 【加处罚款或滞纳金】行政机关依法作出金钱给付义务的行政决定，当事人逾期不履行的，行政机关可以依法加处罚款或者滞纳金。加处罚款或者滞纳金的标准应当告知当事人。

加处罚款或者滞纳金的数额不得超出金钱给付义务的数额。

第四十六条 【金钱给付义务的直接强制执行】行政机关依照本法第四十五条规定实施加处罚款或者滞纳金超过三十日，经催告当事人仍不履行的，具有行政强制执行权的行政机关可以强制执行。

行政机关实施强制执行前，需要采取查封、扣押、冻结措施的，依照本法第三章规定办理。

没有行政强制执行权的行政机关应当申请人民法院强制执行。但是，当事人在法定期限内不申请行政复议或者提起行政诉讼，经催告仍不履行的，在实施行政管理过程中已经采取查封、扣押措施的行政机关，可以将查封、扣押的财物依法拍卖抵缴罚款。

第四十七条 【划拨存款、汇款】划拨存款、汇款应当由法律规定的行政机关决定，并书面通知金融机构。金融机构接到行政机关依法作出划拨存款、汇款的决定后，应当立即划拨。

法律规定以外的行政机关或者组织要求划拨当事人存款、汇款的，金融机构应当拒绝。

第四十八条 【委托拍卖】依法拍卖财物，由行政机关委托拍卖机构依照《中华人民共和国拍卖法》的规定办理。

第四十九条 【划拨的存款、汇款的管理】划拨的存款、汇款以及拍卖和依法处理所得的款项应当上缴国库或者划入财政专户。任何行政机关或者个人不得以任何形式截留、私分或者变相私分。

第三节 代履行

第五十条 【代履行】行政机关依法作出要求当事人履行排除妨碍、恢复原状等义务的行政决定，当事人逾期不履行，经催告仍不履行，其后果已经或者将危害交通安全、造成环境污染或者破坏自然资源的，行政机关可以代履行，或者委托没有利害关系的第三人代履行。

第五十一条　【实施程序、费用、手段】代履行应当遵守下列规定：

（一）代履行前送达决定书，代履行决定书应当载明当事人的姓名或者名称、地址、代履行的理由和依据、方式和时间、标的、费用预算以及代履行人；

（二）代履行三日前，催告当事人履行，当事人履行的，停止代履行；

（三）代履行时，作出决定的行政机关应当派员到场监督；

（四）代履行完毕，行政机关到场监督的工作人员、代履行人和当事人或者见证人应当在执行文书上签名或者盖章。

代履行的费用按照成本合理确定，由当事人承担。但是，法律另有规定的除外。

代履行不得采用暴力、胁迫以及其他非法方式。

第五十二条　【立即实施代履行】需要立即清除道路、河道、航道或者公共场所的遗洒物、障碍物或者污染物，当事人不能清除的，行政机关可以决定立即实施代履行；当事人不在场的，行政机关应当在事后立即通知当事人，并依法作出处理。

第五章　申请人民法院强制执行

第五十三条　【非诉行政执行】当事人在法定期限内不申请行政复议或者提起行政诉讼，又不履行行政决定的，没有行政强制执行权的行政机关可以自期限届满之日起三个月内，依照本章规定申请人民法院强制执行。

第五十四条　【催告与执行管辖】行政机关申请人民法院强制执行前，应当催告当事人履行义务。催告书送达十日后当事人仍未履行义务的，行政机关可以向所在地有管辖权的人民法院申请强制执行；执行对象是不动产的，向不动产所在地有管辖权的人民法院申请强制执行。

第五十五条　【申请执行的材料】行政机关向人民法院申请强制执行，应当提供下列材料：

（一）强制执行申请书；

（二）行政决定书及作出决定的事实、理由和依据；

（三）当事人的意见及行政机关催告情况；

（四）申请强制执行标的的情况；

（五）法律、行政法规规定的其他材料。

强制执行申请书应当由行政机关负责人签名，加盖行政机关的印章，并注明日期。

第五十六条　【申请受理与救济】人民法院接到行政机关强制执行的申请，应当在五日内受理。

行政机关对人民法院不予受理的裁定有异议的，可以在十五日内向上一级人民法院申请复议，上一级人民法院应当自收到复议申请之日起十五日内作出是否受理的裁定。

第五十七条　【书面审查】人民法院对行政机关强制执行的申请进行书面审查，对符合本法第五十五条规定，且行政决定具备法定执行效力的，除本法第五十八条规定的情形外，人民法院应当自受理之日起七日内作出执行裁定。

第五十八条　【实质审查】人民法院发现有下列情形之一的，在作出裁定前可以听取被执行人和行政机关的意见：

（一）明显缺乏事实根据的；

（二）明显缺乏法律、法规依据的；

（三）其他明显违法并损害被执行人合法权益的。

人民法院应当自受理之日起三十日内作出是否执行的裁定。裁定不予执行的，应当说明理由，并在五日内将不予执行的裁定送达行政机关。

行政机关对人民法院不予执行的裁定有异议的，可以自收到裁定之日起十五日内向上一级人民法院申请复议，上一级人民法院应当自收到复议申请之日起三十日内作出是否执行的裁定。

第五十九条　【申请立即执行】因情况紧急，为保障公共安全，行政机关可以申请人民法院立即执行。经人民法院院长批准，人民法院应当自作出执行裁定之日起五日内执行。

第六十条　【执行费用】行政机关申请人民法院强制执行，不缴纳申请费。强制执行的费用由被执行人承担。

人民法院以划拨、拍卖方式强制执行的，可以在划拨、拍卖后将强制执行的费用扣除。

依法拍卖财物，由人民法院委托拍卖机构依照《中华人民共和国拍卖法》的规定办理。

划拨的存款、汇款以及拍卖和依法处理所得的款项应当上缴国库或者划入财政专户，不得以任何形式截留、私分或者变相私分。

第六章　法律责任

第六十一条　【实施行政强制违法责任】行政机关实施行政强制,有下列情形之一的,由上级行政机关或者有关部门责令改正,对直接负责的主管人员和其他直接责任人员依法给予处分：

（一）没有法律、法规依据的；

（二）改变行政强制对象、条件、方式的；

（三）违反法定程序实施行政强制的；

（四）违反本法规定,在夜间或者法定节假日实施行政强制执行的；

（五）对居民生活采取停止供水、供电、供热、供燃气等方式迫使当事人履行相关行政决定的；

（六）有其他违法实施行政强制情形的。

第六十二条　【违法查封、扣押、冻结的责任】违反本法规定,行政机关有下列情形之一的,由上级行政机关或者有关部门责令改正,对直接负责的主管人员和其他直接责任人员依法给予处分：

（一）扩大查封、扣押、冻结范围的；

（二）使用或者损毁查封、扣押场所、设施或者财物的；

（三）在查封、扣押法定期间不作出处理决定或者未依法及时解除查封、扣押的；

（四）在冻结存款、汇款法定期间不作出处理决定或者未依法及时解除冻结的。

第六十三条　【截留、私分或变相私分查封、扣押的财物、划拨的存款、汇款和拍卖、依法处理所得款项的法律责任】行政机关将查封、扣押的财物或者划拨的存款、汇款以及拍卖和依法处理所得的款项,截留、私分或者变相私分的,由财政部门或者有关部门予以追缴；对直接负责的主管人员和其他直接责任人员依法给予记大过、降级、撤职或者开除的处分。

行政机关工作人员利用职务上的便利,将查封、扣押的场所、设施或者财物据为己有的,由上级行政机关或者有关部门责令改正,依法给予记大过、降级、撤职或者开除的处分。

第六十四条　【利用行政强制权谋利的法律责任】行政机关及其工作人员利用行政强制权为单位或者个人谋取利益的,由上级行政机关或者有关部门责令改正,对直接负责的主管人员和其他直接责任人员依法给予处分。

第六十五条　【金融机构违反冻结、划拨规定的法律责任】违反本法规定,金融机构有下列行为之一的,由金融业监督管理机构责令改正,对直接负责的主管人员和其他直接责任人员依法给予处分：

（一）在冻结前向当事人泄露信息的；

（二）对应当立即冻结、划拨的存款、汇款不冻结或者不划拨,致使存款、汇款转移的；

（三）将不应当冻结、划拨的存款、汇款予以冻结或者划拨的；

（四）未及时解除冻结存款、汇款的。

第六十六条　【执行款项未划入规定账户的法律责任】违反本法规定,金融机构将款项划入国库或者财政专户以外的其他账户的,由金融业监督管理机构责令改正,并处以违法划拨款项二倍的罚款；对直接负责的主管人员和其他直接责任人员依法给予处分。

违反本法规定,行政机关、人民法院指令金融机构将款项划入国库或者财政专户以外的其他账户的,对直接负责的主管人员和其他直接责任人员依法给予处分。

第六十七条　【人民法院及其工作人员强制执行违法的责任】人民法院及其工作人员在强制执行中有违法行为或者扩大强制执行范围的,对直接负责的主管人员和其他直接责任人员依法给予处分。

第六十八条　【赔偿和刑事责任】违反本法规定,给公民、法人或者其他组织造成损失的,依法给予赔偿。

违反本法规定,构成犯罪的,依法追究刑事责任。

第七章　附　则

第六十九条　【期限的界定】本法中十日以内期限的规定是指工作日,不含法定节假日。

第七十条　【法律、行政法规授权的组织实施行政强制受本法调整】法律、行政法规授权的具有管理公共事务职能的组织在法定授权范围内,以自己的名义实施行政强制,适用本法有关行政机关的规定。

第七十一条　【施行时间】本法自2012年1月1日起施行。

中华人民共和国行政许可法

- 2003年8月27日第十届全国人民代表大会常务委员会第四次会议通过
- 根据2019年4月23日第十三届全国人民代表大会常务委员会第十次会议《关于修改〈中华人民共和国建筑法〉等八部法律的决定》修正

目 录

第一章 总则
第二章 行政许可的设定
第三章 行政许可的实施机关
第四章 行政许可的实施程序
　第一节 申请与受理
　第二节 审查与决定
　第三节 期限
　第四节 听证
　第五节 变更与延续
　第六节 特别规定
第五章 行政许可的费用
第六章 监督检查
第七章 法律责任
第八章 附则

第一章 总 则

第一条 【立法目的】为了规范行政许可的设定和实施,保护公民、法人和其他组织的合法权益,维护公共利益和社会秩序,保障和监督行政机关有效实施行政管理,根据宪法,制定本法。

第二条 【行政许可的含义】本法所称行政许可,是指行政机关根据公民、法人或者其他组织的申请,经依法审查,准予其从事特定活动的行为。

第三条 【适用范围】行政许可的设定和实施,适用本法。

有关行政机关对其他机关或者对其直接管理的事业单位的人事、财务、外事等事项的审批,不适用本法。

第四条 【合法原则】设定和实施行政许可,应当依照法定的权限、范围、条件和程序。

第五条 【公开、公平、公正原则】设定和实施行政许可,应当遵循公开、公平、公正、非歧视的原则。

有关行政许可的规定应当公布;未经公布的,不得作为实施行政许可的依据。行政许可的实施和结果,除涉及国家秘密、商业秘密或者个人隐私的外,应当公开。未经申请人同意,行政机关及其工作人员、参与专家评审等的人员不得披露申请人提交的商业秘密、未披露信息或者保密商务信息,法律另有规定或者涉及国家安全、重大社会公共利益的除外;行政机关依法公开申请人前述信息的,允许申请人在合理期限内提出异议。

符合法定条件、标准的,申请人有依法取得行政许可的平等权利,行政机关不得歧视任何人。

第六条 【便民原则】实施行政许可,应当遵循便民的原则,提高办事效率,提供优质服务。

第七条 【陈述权、申辩权和救济权】公民、法人或者其他组织对行政机关实施行政许可,享有陈述权、申辩权;有权依法申请行政复议或者提起行政诉讼;其合法权益因行政机关违法实施行政许可受到损害的,有权依法要求赔偿。

第八条 【信赖保护原则】公民、法人或者其他组织依法取得的行政许可受法律保护,行政机关不得擅自改变已经生效的行政许可。

行政许可所依据的法律、法规、规章修改或者废止,或者准予行政许可所依据的客观情况发生重大变化的,为了公共利益的需要,行政机关可以依法变更或者撤回已经生效的行政许可。由此给公民、法人或者其他组织造成财产损失的,行政机关应当依法给予补偿。

第九条 【行政许可的转让】依法取得的行政许可,除法律、法规规定依照法定条件和程序可以转让的外,不得转让。

第十条 【行政许可监督】县级以上人民政府应当建立健全对行政机关实施行政许可的监督制度,加强对行政机关实施行政许可的监督检查。

行政机关应当对公民、法人或者其他组织从事行政许可事项的活动实施有效监督。

第二章 行政许可的设定

第十一条 【行政许可设定原则】设定行政许可,应当遵循经济和社会发展规律,有利于发挥公民、法人或者其他组织的积极性、主动性,维护公共利益和社会秩序,促进经济、社会和生态环境协调发展。

第十二条 【行政许可的设定事项】下列事项可以设定行政许可：

（一）直接涉及国家安全、公共安全、经济宏观调控、生态环境保护以及直接关系人身健康、生命财产安全等特定活动，需要按照法定条件予以批准的事项；

（二）有限自然资源开发利用、公共资源配置以及直接关系公共利益的特定行业的市场准入等，需要赋予特定权利的事项；

（三）提供公众服务并且直接关系公共利益的职业、行业，需要确定具备特殊信誉、特殊条件或者特殊技能等资格、资质的事项；

（四）直接关系公共安全、人身健康、生命财产安全的重要设备、设施、产品、物品，需要按照技术标准、技术规范，通过检验、检测、检疫等方式进行审定的事项；

（五）企业或者其他组织的设立等，需要确定主体资格的事项；

（六）法律、行政法规规定可以设定行政许可的其他事项。

第十三条 【不设定行政许可的事项】本法第十二条所列事项，通过下列方式能够予以规范的，可以不设行政许可：

（一）公民、法人或者其他组织能够自主决定的；

（二）市场竞争机制能够有效调节的；

（三）行业组织或者中介机构能够自律管理的；

（四）行政机关采用事后监督等其他行政管理方式能够解决的。

第十四条 【法律、行政法规、国务院决定的行政许可设定权】本法第十二条所列事项，法律可以设定行政许可。尚未制定法律的，行政法规可以设定行政许可。

必要时，国务院可以采用发布决定的方式设定行政许可。实施后，除临时性行政许可事项外，国务院应当及时提请全国人民代表大会及其常务委员会制定法律，或者自行制定行政法规。

第十五条 【地方性法规、省级政府规章的行政许可设定权】本法第十二条所列事项，尚未制定法律、行政法规的，地方性法规可以设定行政许可；尚未制定法律、行政法规和地方性法规的，因行政管理的需要，确需立即实施行政许可的，省、自治区、直辖市人民政府规章可以设定临时性的行政许可。临时性的行政许可实施满一年需要继续实施的，应当提请本级人民代表大会及其常务委员会制定地方性法规。

地方性法规和省、自治区、直辖市人民政府规章，不得设定应当由国家统一确定的公民、法人或者其他组织的资格、资质的行政许可；不得设定企业或者其他组织的设立登记及其前置性行政许可。其设定的行政许可，不得限制其他地区的个人或者企业到本地区从事生产经营和提供服务，不得限制其他地区的商品进入本地区市场。

第十六条 【行政许可规定权】行政法规可以在法律设定的行政许可事项范围内，对实施该行政许可作出具体规定。

地方性法规可以在法律、行政法规设定的行政许可事项范围内，对实施该行政许可作出具体规定。

规章可以在上位法设定的行政许可事项范围内，对实施该行政许可作出具体规定。

法规、规章对实施上位法设定的行政许可作出的具体规定，不得增设行政许可；对行政许可条件作出的具体规定，不得增设违反上位法的其他条件。

第十七条 【行政许可设立禁止】除本法第十四条、第十五条规定的外，其他规范性文件一律不得设定行政许可。

第十八条 【行政许可应当明确规定的事项】设定行政许可，应当规定行政许可的实施机关、条件、程序、期限。

第十九条 【设定行政许可应当听取意见、说明理由】起草法律草案、法规草案和省、自治区、直辖市人民政府规章草案，拟设定行政许可的，起草单位应当采取听证会、论证会等形式听取意见，并向制定机关说明设定该行政许可的必要性、对经济和社会可能产生的影响以及听取和采纳意见的情况。

第二十条 【行政许可评价制度】行政许可的设定机关应当定期对其设定的行政许可进行评价；对已设定的行政许可，认为通过本法第十三条所列方式能够解决的，应当对设定该行政许可的规定及时予以修改或者废止。

行政许可的实施机关可以对已设定的行政许可的实施情况及存在的必要性适时进行评价，并将意见报告该行政许可的设定机关。

公民、法人或者其他组织可以向行政许可的设定机关和实施机关就行政许可的设定和实施提出意见和建议。

第二十一条 【停止实施行政许可】省、自治区、直辖市人民政府对行政法规设定的有关经济事务的行政许可,根据本行政区域经济和社会发展情况,认为通过本法第十三条所列方式能够解决的,报国务院批准后,可以在本行政区域内停止实施该行政许可。

第三章 行政许可的实施机关

第二十二条 【行政许可实施主体的一般规定】行政许可由具有行政许可权的行政机关在其法定职权范围内实施。

第二十三条 【法律、法规授权组织实施行政许可】法律、法规授权的具有管理公共事务职能的组织,在法定授权范围内,以自己的名义实施行政许可。被授权的组织适用本法有关行政机关的规定。

第二十四条 【委托实施行政许可的主体】行政机关在其法定职权范围内,依照法律、法规、规章的规定,可以委托其他行政机关实施行政许可。委托机关应当将受委托行政机关和受委托实施行政许可的内容予以公告。

委托行政机关对受委托行政机关实施行政许可的行为应当负责监督,并对该行为的后果承担法律责任。

受委托行政机关在委托范围内,以委托行政机关名义实施行政许可;不得再委托其他组织或者个人实施行政许可。

第二十五条 【相对集中行政许可权】经国务院批准,省、自治区、直辖市人民政府根据精简、统一、效能的原则,可以决定一个行政机关行使有关行政机关的行政许可权。

第二十六条 【一个窗口对外、统一办理或者联合办理、集中办理】行政许可需要行政机关内设的多个机构办理的,该行政机关应当确定一个机构统一受理行政许可申请,统一送达行政许可决定。

行政许可依法由地方人民政府两个以上部门分别实施的,本级人民政府可以确定一个部门受理行政许可申请并转告有关部门分别提出意见后统一办理,或者组织有关部门联合办理、集中办理。

第二十七条 【行政机关及其工作人员的纪律约束】行政机关实施行政许可,不得向申请人提出购买指定商品、接受有偿服务等不正当要求。

行政机关工作人员办理行政许可,不得索取或者收受申请人的财物,不得谋取其他利益。

第二十八条 【授权专业组织实施的指导性规定】对直接关系公共安全、人身健康、生命财产安全的设备、设施、产品、物品的检验、检测、检疫,除法律、行政法规规定由行政机关实施的外,应当逐步由符合法定条件的专业技术组织实施。专业技术组织及其有关人员对所实施的检验、检测、检疫结论承担法律责任。

第四章 行政许可的实施程序

第一节 申请与受理

第二十九条 【行政许可申请】公民、法人或者其他组织从事特定活动,依法需要取得行政许可的,应当向行政机关提出申请。申请书需要采用格式文本的,行政机关应当向申请人提供行政许可申请书格式文本。申请书格式文本中不得包含与申请行政许可事项没有直接关系的内容。

申请人可以委托代理人提出行政许可申请。但是,依法应当由申请人到行政机关办公场所提出行政许可申请的除外。

行政许可申请可以通过信函、电报、电传、传真、电子数据交换和电子邮件等方式提出。

第三十条 【行政机关公示义务】行政机关应当将法律、法规、规章规定的有关行政许可的事项、依据、条件、数量、程序、期限以及需要提交的全部材料的目录和申请书示范文本等在办公场所公示。

申请人要求行政机关对公示内容予以说明、解释的,行政机关应当说明、解释,提供准确、可靠的信息。

第三十一条 【申请人提交真实材料、反映真实情况义务】申请人申请行政许可,应当如实向行政机关提交有关材料和反映真实情况,并对其申请材料实质内容的真实性负责。行政机关不得要求申请人提交与其申请的行政许可事项无关的技术资料和其他材料。

行政机关及其工作人员不得以转让技术作为取得行政许可的条件；不得在实施行政许可的过程中，直接或者间接地要求转让技术。

第三十二条 【行政许可申请的处理】行政机关对申请人提出的行政许可申请，应当根据下列情况分别作出处理：

（一）申请事项依法不需要取得行政许可的，应当即时告知申请人不受理；

（二）申请事项依法不属于本行政机关职权范围的，应当即时作出不予受理的决定，并告知申请人向有关行政机关申请；

（三）申请材料存在可以当场更正的错误的，应当允许申请人当场更正；

（四）申请材料不齐全或者不符合法定形式的，应当当场或者在5日内一次告知申请人需要补正的全部内容，逾期不告知的，自收到申请材料之日起即为受理；

（五）申请事项属于本行政机关职权范围，申请材料齐全、符合法定形式，或者申请人按照本行政机关的要求提交全部补正申请材料的，应当受理行政许可申请。

行政机关受理或者不予受理行政许可申请，应当出具加盖本行政机关专用印章和注明日期的书面凭证。

第三十三条 【鼓励行政机关发展电子政务实施行政许可】行政机关应当建立和完善有关制度，推行电子政务，在行政机关的网站上公布行政许可事项，方便申请人采取数据电文等方式提出行政许可申请；应当与其他行政机关共享有关行政许可信息，提高办事效率。

第二节 审查与决定

第三十四条 【审查行政许可材料】行政机关应当对申请人提交的申请材料进行审查。

申请人提交的申请材料齐全、符合法定形式，行政机关能够当场作出决定的，应当当场作出书面的行政许可决定。

根据法定条件和程序，需要对申请材料的实质内容进行核实的，行政机关应当指派两名以上工作人员进行核查。

第三十五条 【多层级行政机关实施行政许可的审查程序】依法应当先经下级行政机关审查后报上级行政机关决定的行政许可，下级行政机关应当在法定期限内将初步审查意见和全部申请材料直接报送上级行政机关。上级行政机关不得要求申请人重复提供申请材料。

第三十六条 【直接关系他人重大利益的行政许可审查程序】行政机关对行政许可申请进行审查时，发现行政许可事项直接关系他人重大利益的，应当告知该利害关系人。申请人、利害关系人有权进行陈述和申辩。行政机关应当听取申请人、利害关系人的意见。

第三十七条 【行政机关依法作出行政许可决定】行政机关对行政许可申请进行审查后，除当场作出行政许可决定的外，应当在法定期限内按照规定程序作出行政许可决定。

第三十八条 【行政机关许可和不予许可应当履行的义务】申请人的申请符合法定条件、标准的，行政机关应当依法作出准予行政许可的书面决定。

行政机关依法作出不予行政许可的书面决定的，应当说明理由，并告知申请人享有依法申请行政复议或者提起行政诉讼的权利。

第三十九条 【颁发行政许可证件】行政机关作出准予行政许可的决定，需要颁发行政许可证件的，应当向申请人颁发加盖本行政机关印章的下列行政许可证件：

（一）许可证、执照或者其他许可证书；

（二）资格证、资质证或者其他合格证书；

（三）行政机关的批准文件或者证明文件；

（四）法律、法规规定的其他行政许可证件。

行政机关实施检验、检测、检疫的，可以在检验、检测、检疫合格的设备、设施、产品、物品上加贴标签或者加盖检验、检测、检疫印章。

第四十条 【准予行政许可决定的公开义务】行政机关作出的准予行政许可决定，应当予以公开，公众有权查阅。

第四十一条 【行政许可的地域效力】法律、行政法规设定的行政许可，其适用范围没有地域限制的，申请人取得的行政许可在全国范围内有效。

第三节 期 限

第四十二条 【行政许可一般期限】除可以当场作出行政许可决定的外，行政机关应当自受理行政许可申请之日起20日内作出行政许可决定。

20日内不能作出决定的,经本行政机关负责人批准,可以延长10日,并应当将延长期限的理由告知申请人。但是,法律、法规另有规定的,依照其规定。

依照本法第二十六条的规定,行政许可采取统一办理或者联合办理、集中办理的,办理的时间不得超过45日;45日内不能办结的,经本级人民政府负责人批准,可以延长15日,并应当将延长期限的理由告知申请人。

第四十三条 【多层级许可的审查期限】依法应当先经下级行政机关审查后报上级行政机关决定的行政许可,下级行政机关应当自其受理行政许可申请之日起20日内审查完毕。但是,法律、法规另有规定的,依照其规定。

第四十四条 【许可证章颁发期限】行政机关作出准予行政许可的决定,应当自作出决定之日起10日内向申请人颁发、送达行政许可证件,或者加贴标签、加盖检验、检测、检疫印章。

第四十五条 【不纳入许可期限的事项】行政机关作出行政许可决定,依法需要听证、招标、拍卖、检验、检测、检疫、鉴定和专家评审的,所需时间不计算在本节规定的期限内。行政机关应当将所需时间书面告知申请人。

第四节 听 证

第四十六条 【行政机关主动举行听证的行政许可事项】法律、法规、规章规定实施行政许可应当听证的事项,或者行政机关认为需要听证的其他涉及公共利益的重大行政许可事项,行政机关应当向社会公告,并举行听证。

第四十七条 【行政机关应申请举行听证的行政许可事项】行政许可直接涉及申请人与他人之间重大利益关系的,行政机关在作出行政许可决定前,应当告知申请人、利害关系人享有要求听证的权利;申请人、利害关系人在被告知听证权利之日起5日内提出听证申请的,行政机关应当在20日内组织听证。

申请人、利害关系人不承担行政机关组织听证的费用。

第四十八条 【行政许可听证程序规则】听证按照下列程序进行:

(一)行政机关应当于举行听证的7日前将举行听证的时间、地点通知申请人、利害关系人,必要时予以公告;

(二)听证应当公开举行;

(三)行政机关应当指定审查该行政许可申请的工作人员以外的人员为听证主持人,申请人、利害关系人认为主持人与该行政许可事项有直接利害关系的,有权申请回避;

(四)举行听证时,审查该行政许可申请的工作人员应当提供审查意见的证据、理由,申请人、利害关系人可以提出证据,并进行申辩和质证;

(五)听证应当制作笔录,听证笔录应当交听证参加人确认无误后签字或者盖章。

行政机关应当根据听证笔录,作出行政许可决定。

第五节 变更与延续

第四十九条 【变更行政许可的程序】被许可人要求变更行政许可事项的,应当向作出行政许可决定的行政机关提出申请;符合法定条件、标准的,行政机关应当依法办理变更手续。

第五十条 【延续行政许可的程序】被许可人需要延续依法取得的行政许可的有效期的,应当在该行政许可有效期届满30日前向作出行政许可决定的行政机关提出申请。但是,法律、法规、规章另有规定的,依照其规定。

行政机关应当根据被许可人的申请,在该行政许可有效期届满前作出是否准予延续的决定;逾期未作决定的,视为准予延续。

第六节 特别规定

第五十一条 【其他规定适用规则】实施行政许可的程序,本节有规定的,适用本节规定;本节没有规定的,适用本章其他有关规定。

第五十二条 【国务院实施行政许可程序】国务院实施行政许可的程序,适用有关法律、行政法规的规定。

第五十三条 【通过招标拍卖作出行政许可决定】实施本法第十二条第二项所列事项的行政许可的,行政机关应当通过招标、拍卖等公平竞争的方式作出决定。但是,法律、行政法规另有规定的,依照其规定。

行政机关通过招标、拍卖等方式作出行政许可决定的具体程序,依照有关法律、行政法规的规定。

行政机关按照招标、拍卖程序确定中标人、买受人后,应当作出准予行政许可的决定,并依法向中标人、买受人颁发行政许可证件。

行政机关违反本条规定,不采用招标、拍卖方式,或者违反招标、拍卖程序,损害申请人合法权益的,申请人可以依法申请行政复议或者提起行政诉讼。

第五十四条 【通过考试考核方式作出行政许可决定】实施本法第十二条第三项所列事项的行政许可,赋予公民特定资格,依法应当举行国家考试的,行政机关根据考试成绩和其他法定条件作出行政许可决定;赋予法人或者其他组织特定的资格、资质的,行政机关根据申请人的专业人员构成、技术条件、经营业绩和管理水平等的考核结果作出行政许可决定。但是,法律、行政法规另有规定的,依照其规定。

公民特定资格的考试依法由行政机关或者行业组织实施,公开举行。行政机关或者行业组织应当事先公布资格考试的报名条件、报考办法、考试科目以及考试大纲。但是,不得组织强制性的资格考试的考前培训,不得指定教材或者其他助考材料。

第五十五条 【根据技术标准、技术规范作出行政许可决定】实施本法第十二条第四项所列事项的行政许可的,应当按照技术标准、技术规范依法进行检验、检测、检疫,行政机关根据检验、检测、检疫的结果作出行政许可决定。

行政机关实施检验、检测、检疫,应当自受理申请之日起5日内指派两名以上工作人员按照技术标准、技术规范进行检验、检测、检疫。不需要对检验、检测、检疫结果作进一步技术分析即可认定设备、设施、产品、物品是否符合技术标准、技术规范的,行政机关应当当场作出行政许可决定。

行政机关根据检验、检测、检疫结果,作出不予行政许可决定的,应当书面说明不予行政许可所依据的技术标准、技术规范。

第五十六条 【当场许可的特别规定】实施本法第十二条第五项所列事项的行政许可,申请人提交的申请材料齐全、符合法定形式的,行政机关应当当场予以登记。需要对申请材料的实质内容进行核实的,行政机关依照本法第三十四条第三款的规定办理。

第五十七条 【有数量限制的行政许可】有数量限制的行政许可,两个或者两个以上申请人的申请均符合法定条件、标准的,行政机关应当根据受理行政许可申请的先后顺序作出准予行政许可的决定。但是,法律、行政法规另有规定的,依照其规定。

第五章 行政许可的费用

第五十八条 【收费原则和经费保障】行政机关实施行政许可和对行政许可事项进行监督检查,不得收取任何费用。但是,法律、行政法规另有规定的,依照其规定。

行政机关提供行政许可申请书格式文本,不得收费。

行政机关实施行政许可所需经费应当列入本行政机关的预算,由本级财政予以保障,按照批准的预算予以核拨。

第五十九条 【收费规则以及对收费所得款项的处理】行政机关实施行政许可,依照法律、行政法规收取费用的,应当按照公布的法定项目和标准收费;所收取的费用必须全部上缴国库,任何机关或者个人不得以任何形式截留、挪用、私分或者变相私分。财政部门不得以任何形式向行政机关返还或者变相返还实施行政许可所收取的费用。

第六章 监督检查

第六十条 【行政许可层级监督】上级行政机关应当加强对下级行政机关实施行政许可的监督检查,及时纠正行政许可实施中的违法行为。

第六十一条 【书面检查原则】行政机关应当建立健全监督制度,通过核查反映被许可人从事行政许可事项活动情况的有关材料,履行监督责任。

行政机关依法对被许可人从事行政许可事项的活动进行监督检查时,应当将监督检查的情况和处理结果予以记录,由监督检查人员签字后归档。公众有权查阅行政机关监督检查记录。

行政机关应当创造条件,实现与被许可人、其他有关行政机关的计算机档案系统互联,核查被许可人从事行政许可事项活动情况。

第六十二条 【抽样检查、检验、检测和实地检查、定期检验权适用的情形及程序】行政机关可以对被许可人生产经营的产品依法进行抽样检查、检验、检测，对其生产经营场所依法进行实地检查。检查时，行政机关可以依法查阅或者要求被许可人报送有关材料；被许可人应当如实提供有关情况和材料。

行政机关根据法律、行政法规的规定，对直接关系公共安全、人身健康、生命财产安全的重要设备、设施进行定期检验。对检验合格的，行政机关应当发给相应的证明文件。

第六十三条 【行政机关实施监督检查时应当遵守的纪律】 行政机关实施监督检查，不得妨碍被许可人正常的生产经营活动，不得索取或者收受被许可人的财物，不得谋取其他利益。

第六十四条 【行政许可监督检查的属地管辖与协作】 被许可人在作出行政许可决定的行政机关管辖区域外违法从事行政许可事项活动的，违法行为发生地的行政机关应当依法将被许可人的违法事实、处理结果抄告作出行政许可决定的行政机关。

第六十五条 【个人、组织对违法从事行政许可活动的监督】 个人和组织发现违法从事行政许可事项的活动，有权向行政机关举报，行政机关应当及时核实、处理。

第六十六条 【依法开发利用资源】 被许可人未依法履行开发利用自然资源义务或者未依法履行利用公共资源义务的，行政机关应当责令限期改正；被许可人在规定期限内不改正的，行政机关应当依照有关法律、行政法规的规定予以处理。

第六十七条 【特定行业市场准入被许可人的义务和法律责任】 取得直接关系公共利益的特定行业的市场准入行政许可的被许可人，应当按照国家规定的服务标准、资费标准和行政机关依法规定的条件，向用户提供安全、方便、稳定和价格合理的服务，并履行普遍服务的义务；未经作出行政许可决定的行政机关批准，不得擅自停业、歇业。

被许可人不履行前款规定的义务的，行政机关应当责令限期改正，或者依法采取有效措施督促其履行义务。

第六十八条 【自检制度】 对直接关系公共安全、人身健康、生命财产安全的重要设备、设施，行政机关应当督促设计、建造和使用单位建立相应的自检制度。

行政机关在监督检查时，发现直接关系公共安全、人身健康、生命财产安全的重要设备、设施存在安全隐患的，应当责令停止建造、安装和使用，并责令设计、建造、安装和使用单位立即改正。

第六十九条 【撤销行政许可的情形】 有下列情形之一的，作出行政许可决定的行政机关或者其上级行政机关，根据利害关系人的请求或者依据职权，可以撤销行政许可：

（一）行政机关工作人员滥用职权、玩忽职守作出准予行政许可决定的；

（二）超越法定职权作出准予行政许可决定的；

（三）违反法定程序作出准予行政许可决定的；

（四）对不具备申请资格或者不符合法定条件的申请人准予行政许可的；

（五）依法可以撤销行政许可的其他情形。

被许可人以欺骗、贿赂等不正当手段取得行政许可的，应当予以撤销。

依照前两款的规定撤销行政许可，可能对公共利益造成重大损害的，不予撤销。

依照本条第一款的规定撤销行政许可，被许可人的合法权益受到损害的，行政机关应当依法给予赔偿。依照本条第二款的规定撤销行政许可的，被许可人基于行政许可取得的利益不受保护。

第七十条 【注销行政许可的情形】 有下列情形之一的，行政机关应当依法办理有关行政许可的注销手续：

（一）行政许可有效期届满未延续的；

（二）赋予公民特定资格的行政许可，该公民死亡或者丧失行为能力的；

（三）法人或者其他组织依法终止的；

（四）行政许可依法被撤销、撤回，或者行政许可证件依法被吊销的；

（五）因不可抗力导致行政许可事项无法实施的；

（六）法律、法规规定的应当注销行政许可的其他情形。

第七章　法律责任

第七十一条 【规范性文件违法设定行政许可的法律责任】 违反本法第十七条规定设定的行政许可，有关机关应当责令设定该行政许可的机关改正，或者依法予以撤销。

第七十二条 【行政机关及其工作人员违反行政许可程序应当承担的法律责任】行政机关及其工作人员违反本法的规定,有下列情形之一的,由其上级行政机关或者监察机关责令改正;情节严重的,对直接负责的主管人员和其他直接责任人员依法给予行政处分:

(一)对符合法定条件的行政许可申请不予受理的;

(二)不在办公场所公示依法应当公示的材料的;

(三)在受理、审查、决定行政许可过程中,未向申请人、利害关系人履行法定告知义务的;

(四)申请人提交的申请材料不齐全、不符合法定形式,不一次告知申请人必须补正的全部内容的;

(五)违法披露申请人提交的商业秘密、未披露信息或者保密商务信息的;

(六)以转让技术作为取得行政许可的条件,或者在实施行政许可的过程中直接或者间接地要求转让技术的;

(七)未依法说明不受理行政许可申请或者不予行政许可的理由的;

(八)依法应当举行听证而不举行听证的。

第七十三条 【行政机关工作人员索取或者收受他人财物及利益应当承担的法律责任】行政机关工作人员办理行政许可、实施监督检查,索取或者收受他人财物或者谋取其他利益,构成犯罪的,依法追究刑事责任;尚不构成犯罪的,依法给予行政处分。

第七十四条 【行政机关及其工作人员实体违法的法律责任】行政机关实施行政许可,有下列情形之一的,由其上级行政机关或者监察机关责令改正,对直接负责的主管人员和其他直接责任人员依法给予行政处分;构成犯罪的,依法追究刑事责任:

(一)对不符合法定条件的申请人准予行政许可或者超越法定职权作出准予行政许可决定的;

(二)对符合法定条件的申请人不予行政许可或者不在法定期限内作出准予行政许可决定的;

(三)依法应当根据招标、拍卖结果或者考试成绩择优作出准予行政许可决定,未经招标、拍卖或者考试,或者不根据招标、拍卖结果或者考试成绩择优作出准予行政许可决定的。

第七十五条 【行政机关及其工作人员违反收费规定的法律责任】行政机关实施行政许可,擅自收费或者不按照法定项目和标准收费的,由其上级行政机关或者监察机关责令退还非法收取的费用;对直接负责的主管人员和其他直接责任人员依法给予行政处分。

截留、挪用、私分或者变相私分实施行政许可依法收取的费用的,予以追缴;对直接负责的主管人员和其他直接责任人员依法给予行政处分;构成犯罪的,依法追究刑事责任。

第七十六条 【行政机关违法实施许可的赔偿责任】行政机关违法实施行政许可,给当事人的合法权益造成损害的,应当依照国家赔偿法的规定给予赔偿。

第七十七条 【行政机关不依法履行监督责任或者监督不力的法律责任】行政机关不依法履行监督职责或者监督不力,造成严重后果的,由其上级行政机关或者监察机关责令改正,对直接负责的主管人员和其他直接责任人员依法给予行政处分;构成犯罪的,依法追究刑事责任。

第七十八条 【申请人申请不实应承担的法律责任】行政许可申请人隐瞒有关情况或者提供虚假材料申请行政许可的,行政机关不予受理或者不予行政许可,并给予警告;行政许可申请属于直接关系公共安全、人身健康、生命财产安全事项的,申请人在一年内不得再次申请该行政许可。

第七十九条 【申请人以欺骗、贿赂等不正当手段取得行政许可应当承担的法律责任】被许可人以欺骗、贿赂等不正当手段取得行政许可的,行政机关应当依法给予行政处罚;取得的行政许可属于直接关系公共安全、人身健康、生命财产安全事项的,申请人在3年内不得再次申请该行政许可;构成犯罪的,依法追究刑事责任。

第八十条 【被许可人违法从事行政许可活动的法律责任】被许可人有下列行为之一的,行政机关应当依法给予行政处罚;构成犯罪的,依法追究刑事责任:

(一)涂改、倒卖、出租、出借行政许可证件,或者以其他形式非法转让行政许可的;

(二)超越行政许可范围进行活动的;

(三)向负责监督检查的行政机关隐瞒有关情况、提供虚假材料或者拒绝提供反映其活动情况的真实材料的;

五、法律救济

（四）法律、法规、规章规定的其他违法行为。

第八十一条　【公民、法人或者其他组织未经行政许可从事应当取得行政许可活动的法律责任】公民、法人或者其他组织未经行政许可，擅自从事依法应当取得行政许可的活动的，行政机关应当依法采取措施予以制止，并依法给予行政处罚；构成犯罪的，依法追究刑事责任。

第八章　附　则

第八十二条　【行政许可的期限计算】本法规定的行政机关实施行政许可的期限以工作日计算，不含法定节假日。

第八十三条　【施行日期及对现行行政许可进行清理的规定】本法自2004年7月1日起施行。

本法施行前有关行政许可的规定，制定机关应当依照本法规定予以清理；不符合本法规定的，自本法施行之日起停止执行。

中华人民共和国行政复议法

- 1999年4月29日第九届全国人民代表大会常务委员会第九次会议通过
- 根据2009年8月27日第十一届全国人民代表大会常务委员会第十次会议《关于修改部分法律的决定》第一次修正
- 根据2017年9月1日第十二届全国人民代表大会常务委员会第二十九次会议《关于修改〈中华人民共和国法官法〉等八部法律的决定》第二次修正
- 2023年9月1日第十四届全国人民代表大会常务委员会第五次会议修订
- 2023年9月1日中华人民共和国主席令第9号公布
- 自2024年1月1日起施行

目　录

第一章　总　则
第二章　行政复议申请
　第一节　行政复议范围
　第二节　行政复议参加人
　第三节　申请的提出
　第四节　行政复议管辖
第三章　行政复议受理
第四章　行政复议审理
　第一节　一般规定
　第二节　行政复议证据
　第三节　普通程序
　第四节　简易程序
　第五节　行政复议附带审查
第五章　行政复议决定
第六章　法律责任
第七章　附　则

第一章　总　则

第一条　为了防止和纠正违法的或者不当的行政行为，保护公民、法人和其他组织的合法权益，监督和保障行政机关依法行使职权，发挥行政复议化解行政争议的主渠道作用，推进法治政府建设，根据宪法，制定本法。

第二条　公民、法人或者其他组织认为行政机关的行政行为侵犯其合法权益，向行政复议机关提出行政复议申请，行政复议机关办理行政复议案件，适用本法。

前款所称行政行为，包括法律、法规、规章授权的组织的行政行为。

第三条　行政复议工作坚持中国共产党的领导。

行政复议机关履行行政复议职责，应当遵循合法、公正、公开、高效、便民、为民的原则，坚持有错必纠，保障法律、法规的正确实施。

第四条　县级以上各级人民政府以及其他依照本法履行行政复议职责的行政机关是行政复议机关。

行政复议机关办理行政复议事项的机构是行政复议机构。行政复议机构同时组织办理行政复议机关的行政应诉事项。

行政复议机关应当加强行政复议工作，支持和保障行政复议机构依法履行职责。上级行政复议机构对下级行政复议机构的行政复议工作进行指导、监督。

国务院行政复议机构可以发布行政复议指导性案例。

第五条　行政复议机关办理行政复议案件，可以进行调解。

调解应当遵循合法、自愿的原则，不得损害

国家利益、社会公共利益和他人合法权益，不得违反法律、法规的强制性规定。

第六条　国家建立专业化、职业化行政复议人员队伍。

行政复议机构中初次从事行政复议工作的人员，应当通过国家统一法律职业资格考试取得法律职业资格，并参加统一职前培训。

国务院行政复议机构应当会同有关部门制定行政复议人员工作规范，加强对行政复议人员的业务考核和管理。

第七条　行政复议机关应当确保行政复议机构的人员配备与所承担的工作任务相适应，提高行政复议人员专业素质，根据工作需要保障办案场所、装备等设施。县级以上各级人民政府应当将行政复议工作经费列入本级预算。

第八条　行政复议机关应当加强信息化建设，运用现代信息技术，方便公民、法人或者其他组织申请、参加行政复议，提高工作质量和效率。

第九条　对在行政复议工作中做出显著成绩的单位和个人，按照国家有关规定给予表彰和奖励。

第十条　公民、法人或者其他组织对行政复议决定不服的，可以依照《中华人民共和国行政诉讼法》的规定向人民法院提起行政诉讼，但是法律规定行政复议决定为最终裁决的除外。

第二章　行政复议申请

第一节　行政复议范围

第十一条　有下列情形之一的，公民、法人或者其他组织可以依照本法申请行政复议：

（一）对行政机关作出的行政处罚决定不服；

（二）对行政机关作出的行政强制措施、行政强制执行决定不服；

（三）申请行政许可，行政机关拒绝或者在法定期限内不予答复，或者对行政机关作出的有关行政许可的其他决定不服；

（四）对行政机关作出的确认自然资源的所有权或者使用权的决定不服；

（五）对行政机关作出的征收征用决定及其补偿决定不服；

（六）对行政机关作出的赔偿决定或者不予赔偿决定不服；

（七）对行政机关作出的不予受理工伤认定申请的决定或者工伤认定结论不服；

（八）认为行政机关侵犯其经营自主权或者农村土地承包经营权、农村土地经营权；

（九）认为行政机关滥用行政权力排除或者限制竞争；

（十）认为行政机关违法集资、摊派费用或者违法要求履行其他义务；

（十一）申请行政机关履行保护人身权利、财产权利、受教育权利等合法权益的法定职责，行政机关拒绝履行、未依法履行或者不予答复；

（十二）申请行政机关依法给付抚恤金、社会保险待遇或者最低生活保障等社会保障，行政机关没有依法给付；

（十三）认为行政机关不依法订立、不依法履行、未按照约定履行或者违法变更、解除政府特许经营协议、土地房屋征收补偿协议等行政协议；

（十四）认为行政机关在政府信息公开工作中侵犯其合法权益；

（十五）认为行政机关的其他行政行为侵犯其合法权益。

第十二条　下列事项不属于行政复议范围：

（一）国防、外交等国家行为；

（二）行政法规、规章或者行政机关制定、发布的具有普遍约束力的决定、命令等规范性文件；

（三）行政机关对行政机关工作人员的奖惩、任免等决定；

（四）行政机关对民事纠纷作出的调解。

第十三条　公民、法人或者其他组织认为行政机关的行政行为所依据的下列规范性文件不合法，在对行政行为申请行政复议时，可以一并向行政复议机关提出对该规范性文件的附带审查申请：

（一）国务院部门的规范性文件；

（二）县级以上地方各级人民政府及其工作部门的规范性文件；

（三）乡、镇人民政府的规范性文件；

（四）法律、法规、规章授权的组织的规范性文件。

前款所列规范性文件不含规章。规章的审查依照法律、行政法规办理。

第二节 行政复议参加人

第十四条 依照本法申请行政复议的公民、法人或者其他组织是申请人。

有权申请行政复议的公民死亡的，其近亲属可以申请行政复议。有权申请行政复议的法人或者其他组织终止的，其权利义务承受人可以申请行政复议。

有权申请行政复议的公民为无民事行为能力人或者限制民事行为能力人的，其法定代理人可以代为申请行政复议。

第十五条 同一行政复议案件申请人人数众多的，可以由申请人推选代表人参加行政复议。

代表人参加行政复议的行为对其所代表的申请人发生效力，但是代表人变更行政复议请求、撤回行政复议申请、承认第三人请求的，应当经被代表的申请人同意。

第十六条 申请人以外的同被申请行政复议的行政行为或者行政复议案件处理结果有利害关系的公民、法人或者其他组织，可以作为第三人申请参加行政复议，或者由行政复议机构通知其作为第三人参加行政复议。

第三人不参加行政复议，不影响行政复议案件的审理。

第十七条 申请人、第三人可以委托一至二名律师、基层法律服务工作者或者其他代理人代为参加行政复议。

申请人、第三人委托代理人的，应当向行政复议机构提交授权委托书、委托人及被委托人的身份证明文件。授权委托书应当载明委托事项、权限和期限。申请人、第三人变更或者解除代理人权限的，应当书面告知行政复议机构。

第十八条 符合法律援助条件的行政复议申请人申请法律援助的，法律援助机构应当依法为其提供法律援助。

第十九条 公民、法人或者其他组织对行政行为不服申请行政复议的，作出行政行为的行政机关或者法律、法规、规章授权的组织是被申请人。

两个以上行政机关以共同的名义作出同一行政行为的，共同作出行政行为的行政机关是被申请人。

行政机关委托的组织作出行政行为的，委托的行政机关是被申请人。

作出行政行为的行政机关被撤销或者职权变更的，继续行使其职权的行政机关是被申请人。

第三节 申请的提出

第二十条 公民、法人或者其他组织认为行政行为侵犯其合法权益的，可以自知道或者应当知道该行政行为之日起六十日内提出行政复议申请；但是法律规定的申请期限超过六十日的除外。

因不可抗力或者其他正当理由耽误法定申请期限的，申请期限自障碍消除之日起继续计算。

行政机关作出行政行为时，未告知公民、法人或者其他组织申请行政复议的权利、行政复议机关和申请期限的，申请期限自公民、法人或者其他组织知道或者应当知道申请行政复议的权利、行政复议机关和申请期限之日起计算，但是自知道或者应当知道行政行为内容之日起最长不得超过一年。

第二十一条 因不动产提出的行政复议申请自行政行为作出之日起超过二十年，其他行政复议申请自行政行为作出之日起超过五年的，行政复议机关不予受理。

第二十二条 申请人申请行政复议，可以书面申请；书面申请有困难的，也可以口头申请。

书面申请的，可以通过邮寄或者行政复议机关指定的互联网渠道等方式提交行政复议申请书，也可以当面提交行政复议申请书。行政机关通过互联网渠道送达行政行为决定书的，应当同时提供提交行政复议申请书的互联网渠道。

口头申请的，行政复议机关应当当场记录申请人的基本情况、行政复议请求、申请行政复议的主要事实、理由和时间。

申请人对两个以上行政行为不服的，应当分别申请行政复议。

第二十三条 有下列情形之一的，申请人应当先向行政复议机关申请行政复议，对行政复议决定不服的，可以再依法向人民法院提起行政诉讼：

（一）对当场作出的行政处罚决定不服；

（二）对行政机关作出的侵犯其已经依法取得的自然资源的所有权或者使用权的决定不服的；

（三）认为行政机关存在本法第十一条规定的未履行法定职责情形的；

（四）申请政府信息公开，行政机关不予公开的；

（五）法律、行政法规规定应当先向行政复议机关申请行政复议的其他情形。

对前款规定的情形，行政机关在作出行政行为时应当告知公民、法人或者其他组织先向行政复议机关申请行政复议。

第四节 行政复议管辖

第二十四条 县级以上地方各级人民政府管辖下列行政复议案件：

（一）对本级人民政府工作部门作出的行政行为不服的；

（二）对下一级人民政府作出的行政行为不服的；

（三）对本级人民政府依法设立的派出机关作出的行政行为不服的；

（四）对本级人民政府或者其工作部门管理的法律、法规、规章授权的组织作出的行政行为不服的。

除前款规定外，省、自治区、直辖市人民政府同时管辖对本机关作出的行政行为不服的行政复议案件。

省、自治区人民政府依法设立的派出机关参照设区的市级人民政府的职责权限，管辖相关行政复议案件。

对县级以上地方各级人民政府工作部门依法设立的派出机构依照法律、法规、规章规定，以派出机构的名义作出的行政行为不服的行政复议案件，由本级人民政府管辖；其中，对直辖市、设区的市人民政府工作部门按照行政区划设立的派出机构作出的行政行为不服的，也可以由其所在地的人民政府管辖。

第二十五条 国务院部门管辖下列行政复议案件：

（一）对本部门作出的行政行为不服的；

（二）对本部门依法设立的派出机构依照法律、行政法规、部门规章规定，以派出机构的名义作出的行政行为不服的；

（三）对本部门管理的法律、行政法规、部门规章授权的组织作出的行政行为不服的。

第二十六条 对省、自治区、直辖市人民政府依照本法第二十四条第二款的规定、国务院部门依照本法第二十五条第一项的规定作出的行政复议决定不服的，可以向人民法院提起行政诉讼；也可以向国务院申请裁决，国务院依照本法的规定作出最终裁决。

第二十七条 对海关、金融、外汇管理等实行垂直领导的行政机关、税务和国家安全机关的行政行为不服的，向上一级主管部门申请行政复议。

第二十八条 对履行行政复议机构职责的地方人民政府司法行政部门的行政行为不服的，可以向本级人民政府申请行政复议，也可以向上一级司法行政部门申请行政复议。

第二十九条 公民、法人或者其他组织申请行政复议，行政复议机关已经依法受理的，在行政复议期间不得向人民法院提起行政诉讼。

公民、法人或者其他组织向人民法院提起行政诉讼，人民法院已经依法受理的，不得申请行政复议。

第三章 行政复议受理

第三十条 行政复议机关收到行政复议申请后，应当在五日内进行审查。对符合下列规定的，行政复议机关应当予以受理：

（一）有明确的申请人和符合本法规定的被申请人；

（二）申请人与被申请行政复议的行政行为有利害关系；

（三）有具体的行政复议请求和理由；

（四）在法定申请期限内提出；

（五）属于本法规定的行政复议范围；

（六）属于本机关的管辖范围；

（七）行政复议机关未受理过该申请人就同一行政行为提出的行政复议申请，并且人民法院未受理过该申请人就同一行政行为提起的行政诉讼。

对不符合前款规定的行政复议申请，行政复议机关应当在审查期限内决定不予受理并说明理由；不属于本机关管辖的，还应当在不予受理决定中告知申请人有管辖权的行政复议机关。

行政复议申请的审查期限届满,行政复议机关未作出不予受理决定,审查期限届满之日起视为受理。

第三十一条 行政复议申请材料不齐全或者表述不清楚,无法判断行政复议申请是否符合本法第三十条第一款规定的,行政复议机关应当自收到申请之日起五日内书面通知申请人补正。补正通知应当一次性载明需要补正的事项。

申请人应当自收到补正通知之日起十日内提交补正材料。有正当理由不能按期补正的,行政复议机关可以延长合理的补正期限。无正当理由逾期不补正的,视为申请人放弃行政复议申请,并记录在案。

行政复议机关收到补正材料后,依照本法第三十条的规定处理。

第三十二条 对当场作出或者依据电子技术监控设备记录的违法事实作出的行政处罚决定不服申请行政复议的,可以通过作出行政处罚决定的行政机关提交行政复议申请。

行政机关收到行政复议申请后,应当及时处理;认为需要维持行政处罚决定的,应当自收到行政复议申请之日起五日内转送行政复议机关。

第三十三条 行政复议机关受理行政复议申请后,发现该行政复议申请不符合本法第三十条第一款规定的,应当决定驳回申请并说明理由。

第三十四条 法律、行政法规规定应当先向行政复议机关申请行政复议、对行政复议决定不服再向人民法院提起行政诉讼的,行政复议机关决定不予受理、驳回申请或者受理后超过行政复议期限不作答复的,公民、法人或者其他组织可以自收到决定书之日起或者行政复议期限届满之日起十五日内,依法向人民法院提起行政诉讼。

第三十五条 公民、法人或者其他组织依法提出行政复议申请,行政复议机关无正当理由不予受理、驳回申请或者受理后超过行政复议期限不作答复的,申请人有权向上级行政机关反映,上级行政机关应当责令其纠正;必要时,上级行政复议机关可以直接受理。

第四章 行政复议审理

第一节 一般规定

第三十六条 行政复议机关受理行政复议申请后,依照本法适用普通程序或者简易程序进行审理。行政复议机构应当指定行政复议人员负责办理行政复议案件。

行政复议人员对办理行政复议案件过程中知悉的国家秘密、商业秘密和个人隐私,应当予以保密。

第三十七条 行政复议机关依照法律、法规、规章审理行政复议案件。

行政复议机关审理民族自治地方的行政复议案件,同时依照该民族自治地方的自治条例和单行条例。

第三十八条 上级行政复议机关根据需要,可以审理下级行政复议机关管辖的行政复议案件。

下级行政复议机关对其管辖的行政复议案件,认为需要由上级行政复议机关审理的,可以报请上级行政复议机关决定。

第三十九条 行政复议期间有下列情形之一的,行政复议中止:

(一)作为申请人的公民死亡,其近亲属尚未确定是否参加行政复议;

(二)作为申请人的公民丧失参加行政复议的行为能力,尚未确定法定代理人参加行政复议;

(三)作为申请人的公民下落不明;

(四)作为申请人的法人或者其他组织终止,尚未确定权利义务承受人;

(五)申请人、被申请人因不可抗力或者其他正当理由,不能参加行政复议;

(六)依照本法规定进行调解、和解,申请人和被申请人同意中止;

(七)行政复议案件涉及的法律适用问题需要有权机关作出解释或者确认;

(八)行政复议案件审理需要以其他案件的审理结果为依据,而其他案件尚未审结;

(九)有本法第五十六条或者第五十七条规定的情形;

(十)需要中止行政复议的其他情形。

行政复议中止的原因消除后,应当及时恢复行政复议案件的审理。

行政复议机关中止、恢复行政复议案件的审理,应当书面告知当事人。

第四十条 行政复议期间,行政复议机关无正当理由中止行政复议的,上级行政机关应当责令其恢复审理。

第四十一条 行政复议期间有下列情形之一的,行政复议机关决定终止行政复议:

(一)申请人撤回行政复议申请,行政复议机构准予撤回;

(二)作为申请人的公民死亡,没有近亲属或者其近亲属放弃行政复议权利;

(三)作为申请人的法人或者其他组织终止,没有权利义务承受人或者其权利义务承受人放弃行政复议权利;

(四)申请人对行政拘留或者限制人身自由的行政强制措施不服申请行政复议后,因同一违法行为涉嫌犯罪,被采取刑事强制措施;

(五)依照本法第三十九条第一款第一项、第二项、第四项的规定中止行政复议满六十日,行政复议中止的原因仍未消除。

第四十二条 行政复议期间行政行为不停止执行;但是有下列情形之一的,应当停止执行:

(一)被申请人认为需要停止执行;

(二)行政复议机关认为需要停止执行;

(三)申请人、第三人申请停止执行,行政复议机关认为其要求合理,决定停止执行;

(四)法律、法规、规章规定停止执行的其他情形。

第二节 行政复议证据

第四十三条 行政复议证据包括:

(一)书证;

(二)物证;

(三)视听资料;

(四)电子数据;

(五)证人证言;

(六)当事人的陈述;

(七)鉴定意见;

(八)勘验笔录、现场笔录。

以上证据经行政复议机构审查属实,才能作为认定行政复议案件事实的根据。

第四十四条 被申请人对其作出的行政行为的合法性、适当性负有举证责任。

有下列情形之一的,申请人应当提供证据:

(一)认为被申请人不履行法定职责的,提供曾经要求被申请人履行法定职责的证据,但是被申请人应依职权主动履行法定职责或者申请人因正当理由不能提供的除外;

(二)提出行政赔偿请求的,提供受行政行为侵害而造成损害的证据,但是因被申请人原因导致申请人无法举证的,由被申请人承担举证责任;

(三)法律、法规规定需要申请人提供证据的其他情形。

第四十五条 行政复议机关有权向有关单位和个人调查取证,查阅、复制、调取有关文件和资料,向有关人员进行询问。

调查取证时,行政复议人员不得少于两人,并应当出示行政复议工作证件。

被调查取证的单位和个人应当积极配合行政复议人员的工作,不得拒绝或者阻挠。

第四十六条 行政复议期间,被申请人不得自行向申请人和其他有关单位或者个人收集证据;自行收集的证据不作为认定行政行为合法性、适当性的依据。

行政复议期间,申请人或者第三人提出被申请行政复议的行政行为作出时没有提出的理由或者证据的,经行政复议机构同意,被申请人可以补充证据。

第四十七条 行政复议期间,申请人、第三人及其委托代理人可以按照规定查阅、复制被申请人提出的书面答复、作出行政行为的证据、依据和其他有关材料,除涉及国家秘密、商业秘密、个人隐私或者可能危及国家安全、公共安全、社会稳定的情形外,行政复议机构应当同意。

第三节 普通程序

第四十八条 行政复议机构应当自行政复议申请受理之日起七日内,将行政复议申请书副本或者行政复议申请笔录复印件发送被申请人。被申请人应当自收到行政复议申请书副本或者行政复议申请笔录复印件之日起十日内,提出书面答复,并提交作出行政行为的证据、依据和其他有关材料。

第四十九条 适用普通程序审理的行政复议案件,行政复议机构应当当面或者通过互联网、电话等方式听取当事人的意见,并将听取的意见记录在案。因当事人原因不能听取意见的,可以书面审理。

第五十条 审理重大、疑难、复杂的行政复议案件,行政复议机构应当组织听证。

行政复议机构认为有必要听证，或者申请人请求听证的，行政复议机构可以组织听证。

听证由一名行政复议人员任主持人，两名以上行政复议人员任听证员，一名记录员制作听证笔录。

第五十一条 行政复议机构组织听证的，应当于举行听证的五日前将听证的时间、地点和拟听证事项书面通知当事人。

申请人无正当理由拒不参加听证的，视为放弃听证权利。

被申请人的负责人应当参加听证。不能参加的，应当说明理由并委托相应的工作人员参加听证。

第五十二条 县级以上各级人民政府应当建立相关政府部门、专家、学者等参与的行政复议委员会，为办理行政复议案件提供咨询意见，并就行政复议工作中的重大事项和共性问题研究提出意见。行政复议委员会的组成和开展工作的具体办法，由国务院行政复议机构制定。

审理行政复议案件涉及下列情形之一的，行政复议机构应当提请行政复议委员会提出咨询意见：

（一）案情重大、疑难、复杂；

（二）专业性、技术性较强；

（三）本法第二十四条第二款规定的行政复议案件；

（四）行政复议机构认为有必要。

行政复议机构应当记录行政复议委员会的咨询意见。

第四节 简易程序

第五十三条 行政复议机关审理下列行政复议案件，认为事实清楚、权利义务关系明确、争议不大的，可以适用简易程序：

（一）被申请行政复议的行政行为是当场作出；

（二）被申请行政复议的行政行为是警告或者通报批评；

（三）案件涉及款额三千元以下；

（四）属于政府信息公开案件。

除前款规定以外的行政复议案件，当事人各方同意适用简易程序的，可以适用简易程序。

第五十四条 适用简易程序审理的行政复议案件，行政复议机构应当自受理行政复议申请之日起三日内，将行政复议申请书副本或者行政复议申请笔录复印件发送被申请人。被申请人应当自收到行政复议申请书副本或者行政复议申请笔录复印件之日起五日内，提出书面答复，并提交作出行政行为的证据、依据和其他有关材料。

适用简易程序审理的行政复议案件，可以书面审理。

第五十五条 适用简易程序审理的行政复议案件，行政复议机构认为不宜适用简易程序的，经行政复议机构的负责人批准，可以转为普通程序审理。

第五节 行政复议附带审查

第五十六条 申请人依照本法第十三条的规定提出对有关规范性文件的附带审查申请，行政复议机关有权处理的，应当在三十日内依法处理；无权处理的，应当在七日内转送有权处理的行政机关依法处理。

第五十七条 行政复议机关在对被申请人作出的行政行为进行审查时，认为其依据不合法，本机关有权处理的，应当在三十日内依法处理；无权处理的，应当在七日内转送有权处理的国家机关依法处理。

第五十八条 行政复议机关依照本法第五十六条、第五十七条的规定有权处理有关规范性文件或者依据的，行政复议机构应当自行政复议中止之日起三日内，书面通知规范性文件或者依据的制定机关就相关条款的合法性提出书面答复。制定机关应当自收到书面通知之日起十日内提交书面答复及相关材料。

行政复议机构认为必要时，可以要求规范性文件或者依据的制定机关当面说明理由，制定机关应当配合。

第五十九条 行政复议机关依照本法第五十六条、第五十七条的规定有权处理有关规范性文件或者依据，认为相关条款合法的，在行政复议决定书中一并告知；认为相关条款超越权限或者违反上位法的，决定停止该条款的执行，并责令制定机关予以纠正。

第六十条 依照本法第五十六条、第五十七条的规定接受转送的行政机关、国家机关应当自收到转送之日起六十日内，将处理意见回复转送的行政复议机关。

第五章　行政复议决定

第六十一条　行政复议机关依照本法审理行政复议案件,由行政复议机构对行政行为进行审查,提出意见,经行政复议机关的负责人同意或者集体讨论通过后,以行政复议机关的名义作出行政复议决定。

经过听证的行政复议案件,行政复议机关应当根据听证笔录、审查认定的事实和证据,依照本法作出行政复议决定。

提请行政复议委员会提出咨询意见的行政复议案件,行政复议机关应当将咨询意见作为作出行政复议决定的重要参考依据。

第六十二条　适用普通程序审理的行政复议案件,行政复议机关应当自受理申请之日起六十日内作出行政复议决定;但是法律规定的行政复议期限少于六十日的除外。情况复杂,不能在规定期限内作出行政复议决定的,经行政复议机构的负责人批准,可以适当延长,并书面告知当事人;但是延长期限最多不得超过三十日。

适用简易程序审理的行政复议案件,行政复议机关应当自受理申请之日起三十日内作出行政复议决定。

第六十三条　行政行为有下列情形之一的,行政复议机关决定变更该行政行为:

（一）事实清楚,证据确凿,适用依据正确,程序合法,但是内容不适当;

（二）事实清楚,证据确凿,程序合法,但是未正确适用依据;

（三）事实不清、证据不足,经行政复议机关查清事实和证据。

行政复议机关不得作出对申请人更为不利的变更决定,但是第三人提出相反请求的除外。

第六十四条　行政行为有下列情形之一的,行政复议机关决定撤销或者部分撤销该行政行为,并可以责令被申请人在一定期限内重新作出行政行为:

（一）主要事实不清、证据不足;

（二）违反法定程序;

（三）适用的依据不合法;

（四）超越职权或者滥用职权。

行政复议机关责令被申请人重新作出行政行为的,被申请人不得以同一事实和理由作出与被申请行政复议的行政行为相同或者基本相同的行政行为,但是行政复议机关以违反法定程序为由决定撤销或者部分撤销的除外。

第六十五条　行政行为有下列情形之一的,行政复议机关不撤销该行政行为,但是确认该行政行为违法:

（一）依法应予撤销,但是撤销会给国家利益、社会公共利益造成重大损害;

（二）程序轻微违法,但是对申请人权利不产生实际影响。

行政行为有下列情形之一,不需要撤销或者责令履行的,行政复议机关确认该行政行为违法:

（一）行政行为违法,但是不具有可撤销内容;

（二）被申请人改变原违法行政行为,申请人仍要求撤销或者确认该行政行为违法;

（三）被申请人不履行或者拖延履行法定职责,责令履行没有意义。

第六十六条　被申请人不履行法定职责的,行政复议机关决定被申请人在一定期限内履行。

第六十七条　行政行为有实施主体不具有行政主体资格或者没有依据等重大且明显违法情形,申请人申请确认行政行为无效的,行政复议机关确认该行政行为无效。

第六十八条　行政行为认定事实清楚,证据确凿,适用依据正确,程序合法,内容适当的,行政复议机关决定维持该行政行为。

第六十九条　行政复议机关受理申请人认为被申请人不履行法定职责的行政复议申请后,发现被申请人没有相应法定职责或者在受理前已经履行法定职责的,决定驳回申请人的行政复议请求。

第七十条　被申请人不按照本法第四十八条、第五十四条的规定提出书面答复、提交作出行政行为的证据、依据和其他有关材料的,视为该行政行为没有证据、依据,行政复议机关决定撤销、部分撤销该行政行为,确认该行政行为违法、无效或者决定被申请人在一定期限内履行,但是行政行为涉及第三人合法权益,第三人提供证据的除外。

第七十一条　被申请人不依法订立、不依法履行、未按照约定履行或者违法变更、解除行政协议的,行政复议机关决定被申请人承担依法订立、继续履行、采取补救措施或者赔偿损失等责任。

被申请人变更、解除行政协议合法,但是未依法给予补偿或者补偿不合理的,行政复议机关决定被申请人依法给予合理补偿。

第七十二条 申请人在申请行政复议时一并提出行政赔偿请求,行政复议机关对依照《中华人民共和国国家赔偿法》的有关规定应当不予赔偿的,在作出行政复议决定时,应当同时决定驳回行政赔偿请求;对符合《中华人民共和国国家赔偿法》的有关规定应当给予赔偿的,在决定撤销或者部分撤销、变更行政行为或者确认行政行为违法、无效时,应当同时决定被申请人依法给予赔偿;确认行政行为违法的,还可以同时责令被申请人采取补救措施。

申请人在申请行政复议时没有提出行政赔偿请求的,行政复议机关在依法决定撤销或者部分撤销、变更罚款,撤销或者部分撤销违法集资、没收财物、征收征用、摊派费用以及对财产的查封、扣押、冻结等行政行为时,应当同时责令被申请人返还财产,解除对财产的查封、扣押、冻结措施,或者赔偿相应的价款。

第七十三条 当事人经调解达成协议的,行政复议机关应当制作行政复议调解书,经各方当事人签字或者签章,并加盖行政复议机关印章,即具有法律效力。

调解未达成协议或者调解书生效前一方反悔的,行政复议机关应当依法审查或者及时作出行政复议决定。

第七十四条 当事人在行政复议决定作出前可以自愿达成和解,和解内容不得损害国家利益、社会公共利益和他人合法权益,不得违反法律、法规的强制性规定。

当事人达成和解后,由申请人向行政复议机构撤回行政复议申请。行政复议机构准予撤回行政复议申请、行政复议机关决定终止行政复议的,申请人不得再以同一事实和理由提出行政复议申请。但是,申请人能够证明撤回行政复议申请违背其真实意愿的除外。

第七十五条 行政复议机关作出行政复议决定,应当制作行政复议决定书,并加盖行政复议机关印章。

行政复议决定书一经送达,即发生法律效力。

第七十六条 行政复议机关在办理行政复议案件过程中,发现被申请人或者其他下级行政机关的有关行政行为违法或者不当的,可以向其制发行政复议意见书。有关机关应当自收到行政复议意见书之日起六十日内,将纠正相关违法或者不当行政行为的情况报送行政复议机关。

第七十七条 被申请人应当履行行政复议决定书、调解书、意见书。

被申请人不履行或者无正当理由拖延履行行政复议决定书、调解书、意见书的,行政复议机关或者有关上级行政机关应当责令其限期履行,并可以约谈被申请人的有关负责人或者予以通报批评。

第七十八条 申请人、第三人逾期不起诉又不履行行政复议决定书、调解书的,或者不履行最终裁决的行政复议决定的,按照下列规定分别处理:

(一)维持行政行为的行政复议决定书,由作出行政行为的行政机关依法强制执行,或者申请人民法院强制执行;

(二)变更行政行为的行政复议决定书,由行政复议机关依法强制执行,或者申请人民法院强制执行;

(三)行政复议调解书,由行政复议机关依法强制执行,或者申请人民法院强制执行。

第七十九条 行政复议机关根据被申请行政复议的行政行为的公开情况,按照国家有关规定将行政复议决定书向社会公开。

县级以上地方各级人民政府办理以本级人民政府工作部门为被申请人的行政复议案件,应当将发生法律效力的行政复议决定书、意见书同时抄告被申请人的上一级主管部门。

第六章 法律责任

第八十条 行政复议机关不依照本法规定履行行政复议职责,对负有责任的领导人员和直接责任人员依法给予警告、记过、记大过的处分;经有权监督的机关督促仍不改正或者造成严重后果的,依法给予降级、撤职、开除的处分。

第八十一条 行政复议机关工作人员在行政复议活动中,徇私舞弊或者有其他渎职、失职行为的,依法给予警告、记过、记大过的处分;情节严重的,依法给予降级、撤职、开除的处分;构成犯罪的,依法追究刑事责任。

第八十二条　被申请人违反本法规定,不提出书面答复或者不提交作出行政行为的证据、依据和其他有关材料,或者阻挠、变相阻挠公民、法人或者其他组织依法申请行政复议的,对负有责任的领导人员和直接责任人员依法给予警告、记过、记大过的处分;进行报复陷害的,依法给予降级、撤职、开除的处分;构成犯罪的,依法追究刑事责任。

第八十三条　被申请人不履行或者无正当理由拖延履行行政复议决定书、调解书、意见书的,对负有责任的领导人员和直接责任人员依法给予警告、记过、记大过的处分;经责令履行仍拒不履行的,依法给予降级、撤职、开除的处分。

第八十四条　拒绝、阻挠行政复议人员调查取证,故意扰乱行政复议工作秩序的,依法给予处分、治安管理处罚;构成犯罪的,依法追究刑事责任。

第八十五条　行政机关及其工作人员违反本法规定的,行政复议机关可以向监察机关或者公职人员任免机关、单位移送有关人员违法的事实材料,接受移送的监察机关或者公职人员任免机关、单位应当依法处理。

第八十六条　行政复议机关在办理行政复议案件过程中,发现公职人员涉嫌贪污贿赂、失职渎职等职务违法或者职务犯罪的问题线索,应当依照有关规定移送监察机关,由监察机关依法调查处置。

第七章　附　　则

第八十七条　行政复议机关受理行政复议申请,不得向申请人收取任何费用。

第八十八条　行政复议期间的计算和行政复议文书的送达,本法没有规定的,依照《中华人民共和国民事诉讼法》关于期间、送达的规定执行。

本法关于行政复议期间有关"三日"、"五日"、"七日"、"十日"的规定是指工作日,不含法定休假日。

第八十九条　外国人、无国籍人、外国组织在中华人民共和国境内申请行政复议,适用本法。

第九十条　本法自2024年1月1日起施行。

中华人民共和国行政诉讼法

- 1989年4月4日第七届全国人民代表大会第二次会议通过
- 根据2014年11月1日第十二届全国人民代表大会常务委员会第十一次会议《关于修改〈中华人民共和国行政诉讼法〉的决定》第一次修正
- 根据2017年6月27日第十二届全国人民代表大会常务委员会第二十八次会议《关于修改〈中华人民共和国民事诉讼法〉和〈中华人民共和国行政诉讼法〉的决定》第二次修正

目　　录

第一章　总　则
第二章　受案范围
第三章　管辖
第四章　诉讼参加人
第五章　证据
第六章　起诉和受理
第七章　审理和判决
　第一节　一般规定
　第二节　第一审普通程序
　第三节　简易程序
　第四节　第二审程序
　第五节　审判监督程序
第八章　执行
第九章　涉外行政诉讼
第十章　附则

第一章　总　　则

第一条　【立法目的】为保证人民法院公正、及时审理行政案件,解决行政争议,保护公民、法人和其他组织的合法权益,监督行政机关依法行使职权,根据宪法,制定本法。

第二条　【诉权】公民、法人或者其他组织认为行政机关和行政机关工作人员的行政行为侵犯其合法权益,有权依照本法向人民法院提起诉讼。

前款所称行政行为,包括法律、法规、规章授权的组织作出的行政行为。

第三条　【行政机关负责人出庭应诉】人民法院应当保障公民、法人和其他组织的起诉权利,对应当受理的行政案件依法受理。

行政机关及其工作人员不得干预、阻碍人民法院受理行政案件。

被诉行政机关负责人应当出庭应诉。不能出庭的，应当委托行政机关相应的工作人员出庭。

第四条　【独立行使审判权】人民法院依法对行政案件独立行使审判权，不受行政机关、社会团体和个人的干涉。

人民法院设行政审判庭，审理行政案件。

第五条　【以事实为根据，以法律为准绳原则】人民法院审理行政案件，以事实为根据，以法律为准绳。

第六条　【合法性审查原则】人民法院审理行政案件，对行政行为是否合法进行审查。

第七条　【合议、回避、公开审判和两审终审原则】人民法院审理行政案件，依法实行合议、回避、公开审判和两审终审制度。

第八条　【法律地位平等原则】当事人在行政诉讼中的法律地位平等。

第九条　【本民族语言文字原则】各民族公民都有用本民族语言、文字进行行政诉讼的权利。

在少数民族聚居或者多民族共同居住的地区，人民法院应当用当地民族通用的语言、文字进行审理和发布法律文书。

人民法院应当对不通晓当地民族通用的语言、文字的诉讼参与人提供翻译。

第十条　【辩论原则】当事人在行政诉讼中有权进行辩论。

第十一条　【法律监督原则】人民检察院有权对行政诉讼实行法律监督。

第二章　受案范围

第十二条　【行政诉讼受案范围】人民法院受理公民、法人或者其他组织提起的下列诉讼：

（一）对行政拘留、暂扣或者吊销许可证和执照、责令停产停业、没收违法所得、没收非法财物、罚款、警告等行政处罚不服的；

（二）对限制人身自由或者对财产的查封、扣押、冻结等行政强制措施和行政强制执行不服的；

（三）申请行政许可，行政机关拒绝或者在法定期限内不予答复，或者对行政机关作出的有关行政许可的其他决定不服的；

（四）对行政机关作出的关于确认土地、矿藏、水流、森林、山岭、草原、荒地、滩涂、海域等自然资源的所有权或者使用权的决定不服的；

（五）对征收、征用决定及其补偿决定不服的；

（六）申请行政机关履行保护人身权、财产权等合法权益的法定职责，行政机关拒绝履行或者不予答复的；

（七）认为行政机关侵犯其经营自主权或者农村土地承包经营权、农村土地经营权的；

（八）认为行政机关滥用行政权力排除或者限制竞争的；

（九）认为行政机关违法集资、摊派费用或者违法要求履行其他义务的；

（十）认为行政机关没有依法支付抚恤金、最低生活保障待遇或者社会保险待遇的；

（十一）认为行政机关不依法履行、未按照约定履行或者违法变更、解除政府特许经营协议、土地房屋征收补偿协议等协议的；

（十二）认为行政机关侵犯其他人身权、财产权等合法权益的。

除前款规定外，人民法院受理法律、法规规定可以提起诉讼的其他行政案件。

第十三条　【受案范围的排除】人民法院不受理公民、法人或者其他组织对下列事项提起的诉讼：

（一）国防、外交等国家行为；

（二）行政法规、规章或者行政机关制定、发布的具有普遍约束力的决定、命令；

（三）行政机关对行政机关工作人员的奖惩、任免等决定；

（四）法律规定由行政机关最终裁决的行政行为。

第三章　管　辖

第十四条　【基层人民法院管辖第一审行政案件】基层人民法院管辖第一审行政案件。

第十五条　【中级人民法院管辖的第一审行政案件】中级人民法院管辖下列第一审行政案件：

（一）对国务院部门或者县级以上地方人民政府所作的行政行为提起诉讼的案件；

（二）海关处理的案件；

（三）本辖区内重大、复杂的案件；

（四）其他法律规定由中级人民法院管辖的案件。

第十六条 【高级人民法院管辖的第一审行政案件】高级人民法院管辖本辖区内重大、复杂的第一审行政案件。

第十七条 【最高人民法院管辖的第一审行政案件】最高人民法院管辖全国范围内重大、复杂的第一审行政案件。

第十八条 【一般地域管辖和法院跨行政区域管辖】行政案件由最初作出行政行为的行政机关所在地人民法院管辖。经复议的案件，也可以由复议机关所在地人民法院管辖。

经最高人民法院批准，高级人民法院可以根据审判工作的实际情况，确定若干人民法院跨行政区域管辖行政案件。

第十九条 【限制人身自由行政案件的管辖】对限制人身自由的行政强制措施不服提起的诉讼，由被告所在地或者原告所在地人民法院管辖。

第二十条 【不动产行政案件的管辖】因不动产提起的行政诉讼，由不动产所在地人民法院管辖。

第二十一条 【选择管辖】两个以上人民法院都有管辖权的案件，原告可以选择其中一个人民法院提起诉讼。原告向两个以上有管辖权的人民法院提起诉讼的，由最先立案的人民法院管辖。

第二十二条 【移送管辖】人民法院发现受理的案件不属于本院管辖的，应当移送有管辖权的人民法院，受移送的人民法院应当受理。受移送的人民法院认为受移送的案件按照规定不属于本院管辖的，应当报请上级人民法院指定管辖，不得再自行移送。

第二十三条 【指定管辖】有管辖权的人民法院由于特殊原因不能行使管辖权的，由上级人民法院指定管辖。

人民法院对管辖权发生争议，由争议双方协商解决。协商不成的，报它们的共同上级人民法院指定管辖。

第二十四条 【管辖权转移】上级人民法院有权审理下级人民法院管辖的第一审行政案件。

下级人民法院对其管辖的第一审行政案件，认为需要由上级人民法院审理或者指定管辖的，可以报请上级人民法院决定。

第四章 诉讼参加人

第二十五条 【原告资格】行政行为的相对人以及其他与行政行为有利害关系的公民、法人或者其他组织，有权提起诉讼。

有权提起诉讼的公民死亡，其近亲属可以提起诉讼。

有权提起诉讼的法人或者其他组织终止，承受其权利的法人或者其他组织可以提起诉讼。

人民检察院在履行职责中发现生态环境和资源保护、食品药品安全、国有财产保护、国有土地使用权出让等领域负有监督管理职责的行政机关违法行使职权或者不作为，致使国家利益或者社会公共利益受到侵害的，应当向行政机关提出检察建议，督促其依法履行职责。行政机关不依法履行职责的，人民检察院依法向人民法院提起诉讼。

第二十六条 【被告资格】公民、法人或者其他组织直接向人民法院提起诉讼的，作出行政行为的行政机关是被告。

经复议的案件，复议机关决定维持原行政行为的，作出原行政行为的行政机关和复议机关是共同被告；复议机关改变原行政行为的，复议机关是被告。

复议机关在法定期限内未作出复议决定，公民、法人或者其他组织起诉原行政行为的，作出原行政行为的行政机关是被告；起诉复议机关不作为的，复议机关是被告。

两个以上行政机关作出同一行政行为的，共同作出行政行为的行政机关是共同被告。

行政机关委托的组织所作的行政行为，委托的行政机关是被告。

行政机关被撤销或者职权变更的，继续行使其职权的行政机关是被告。

第二十七条 【共同诉讼】当事人一方或者双方为二人以上，因同一行政行为发生的行政案件，或者因同类行政行为发生的行政案件、人民法院认为可以合并审理并经当事人同意的，为共同诉讼。

第二十八条 【代表人诉讼】当事人一方人数众多的共同诉讼，可以由当事人推选代表人进行诉讼。代表人的诉讼行为对其所代表的当事人发生效力，但代表人变更、放弃诉讼请求或者承认对方当事人的诉讼请求，应当经被代表的当事人同意。

第二十九条 【诉讼第三人】公民、法人或者其他组织同被诉行政行为有利害关系但没有提起诉讼,或者同案件处理结果有利害关系的,可以作为第三人申请参加诉讼,或者由人民法院通知参加诉讼。

人民法院判决第三人承担义务或者减损第三人权益的,第三人有权依法提起上诉。

第三十条 【法定代理人】没有诉讼行为能力的公民,由其法定代理人代为诉讼。法定代理人互相推诿代理责任的,由人民法院指定其中一人代为诉讼。

第三十一条 【委托代理人】当事人、法定代理人,可以委托一至二人作为诉讼代理人。

下列人员可以被委托为诉讼代理人:

(一)律师、基层法律服务工作者;

(二)当事人的近亲属或者工作人员;

(三)当事人所在社区、单位以及有关社会团体推荐的公民。

第三十二条 【当事人及诉讼代理人权利】代理诉讼的律师,有权按照规定查阅、复制本案有关材料,有权向有关组织和公民调查,收集与本案有关的证据。对涉及国家秘密、商业秘密和个人隐私的材料,应当依照法律规定保密。

当事人和其他诉讼代理人有权按照规定查阅、复制本案庭审材料,但涉及国家秘密、商业秘密和个人隐私的内容除外。

第五章 证 据

第三十三条 【证据种类】证据包括:

(一)书证;

(二)物证;

(三)视听资料;

(四)电子数据;

(五)证人证言;

(六)当事人的陈述;

(七)鉴定意见;

(八)勘验笔录、现场笔录。

以上证据经法庭审查属实,才能作为认定案件事实的根据。

第三十四条 【被告举证责任】被告对作出的行政行为负有举证责任,应当提供作出该行政行为的证据和所依据的规范性文件。

被告不提供或者无正当理由逾期提供证据,视为没有相应证据。但是,被诉行政行为涉及第三人合法权益,第三人提供证据的除外。

第三十五条 【行政机关收集证据的限制】在诉讼过程中,被告及其诉讼代理人不得自行向原告、第三人和证人收集证据。

第三十六条 【被告延期提供证据和补充证据】被告在作出行政行为时已经收集了证据,但因不可抗力等正当事由不能提供的,经人民法院准许,可以延期提供。

原告或者第三人提出了其在行政处理程序中没有提出的理由或者证据的,经人民法院准许,被告可以补充证据。

第三十七条 【原告可以提供证据】原告可以提供证明行政行为违法的证据。原告提供的证据不成立的,不免除被告的举证责任。

第三十八条 【原告举证责任】在起诉被告不履行法定职责的案件中,原告应当提供其向被告提出申请的证据。但有下列情形之一的除外:

(一)被告应当依职权主动履行法定职责的;

(二)原告因正当理由不能提供证据的。

在行政赔偿、补偿的案件中,原告应当对行政行为造成的损害提供证据。因被告的原因导致原告无法举证的,由被告承担举证责任。

第三十九条 【法院要求当事人提供或者补充证据】人民法院有权要求当事人提供或者补充证据。

第四十条 【法院调取证据】人民法院有权向有关行政机关以及其他组织、公民调取证据。但是,不得为证明行政行为的合法性调取被告作出行政行为时未收集的证据。

第四十一条 【申请法院调取证据】与本案有关的下列证据,原告或者第三人不能自行收集的,可以申请人民法院调取:

(一)由国家机关保存而须由人民法院调取的证据;

(二)涉及国家秘密、商业秘密和个人隐私的证据;

(三)确因客观原因不能自行收集的其他证据。

第四十二条 【证据保全】在证据可能灭失或者以后难以取得的情况下,诉讼参加人可以向人民法院申请保全证据,人民法院也可以主动采取保全措施。

第四十三条 【证据适用规则】证据应当在法

庭上出示，并由当事人互相质证。对涉及国家秘密、商业秘密和个人隐私的证据，不得在公开开庭时出示。

人民法院应当按照法定程序，全面、客观地审查核实证据。对未采纳的证据应当在裁判文书中说明理由。

以非法手段取得的证据，不得作为认定案件事实的根据。

第六章　起诉和受理

第四十四条　【行政复议与行政诉讼的关系】对属于人民法院受案范围的行政案件，公民、法人或者其他组织可以先向行政机关申请复议，对复议决定不服，再向人民法院提起诉讼；也可以直接向人民法院提起诉讼。

法律、法规规定应当先向行政机关申请复议，对复议决定不服再向人民法院提起诉讼的，依照法律、法规的规定。

第四十五条　【经行政复议的起诉期限】公民、法人或者其他组织不服复议决定的，可以在收到复议决定书之日起十五日内向人民法院提起诉讼。复议机关逾期不作决定的，申请人可以在复议期满之日起十五日内向人民法院提起诉讼。法律另有规定的除外。

第四十六条　【起诉期限】公民、法人或者其他组织直接向人民法院提起诉讼的，应当自知道或者应当知道作出行政行为之日起六个月内提出。法律另有规定的除外。

因不动产提起诉讼的案件自行政行为作出之日起超过二十年，其他案件自行政行为作出之日起超过五年提起诉讼的，人民法院不予受理。

第四十七条　【行政机关不履行法定职责的起诉期限】公民、法人或者其他组织申请行政机关履行保护其人身权、财产权等合法权益的法定职责，行政机关在接到申请之日起两个月内不履行的，公民、法人或者其他组织可以向人民法院提起诉讼。法律、法规对行政机关履行职责的期限另有规定的，从其规定。

公民、法人或者其他组织在紧急情况下请求行政机关履行保护其人身权、财产权等合法权益的法定职责，行政机关不履行的，提起诉讼不受前款规定期限的限制。

第四十八条　【起诉期限的扣除和延长】公民、法人或者其他组织因不可抗力或者其他不属于其自身的原因耽误起诉期限的，被耽误的时间不计算在起诉期限内。

公民、法人或者其他组织因前款规定以外的其他特殊情况耽误起诉期限的，在障碍消除后十日内，可以申请延长期限，是否准许由人民法院决定。

第四十九条　【起诉条件】提起诉讼应当符合下列条件：

（一）原告是符合本法第二十五条规定的公民、法人或者其他组织；

（二）有明确的被告；

（三）有具体的诉讼请求和事实根据；

（四）属于人民法院受案范围和受诉人民法院管辖。

第五十条　【起诉方式】起诉应当向人民法院递交起诉状，并按照被告人数提出副本。

书写起诉状确有困难的，可以口头起诉，由人民法院记入笔录，出具注明日期的书面凭证，并告知对方当事人。

第五十一条　【登记立案】人民法院在接到起诉状时对符合本法规定的起诉条件的，应当登记立案。

对当场不能判定是否符合本法规定的起诉条件的，应当接收起诉状，出具注明收到日期的书面凭证，并在七日内决定是否立案。不符合起诉条件的，作出不予立案的裁定。裁定书应当载明不予立案的理由。原告对裁定不服的，可以提起上诉。

起诉状内容欠缺或者有其他错误的，应当给予指导和释明，并一次性告知当事人需要补正的内容。不得未经指导和释明即以起诉不符合条件为由不接收起诉状。

对于不接收起诉状、接收起诉状后不出具书面凭证，以及不一次性告知当事人需要补正的起诉状内容的，当事人可以向上级人民法院投诉，上级人民法院应当责令改正，并对直接负责的主管人员和其他直接责任人员依法给予处分。

第五十二条　【法院不立案的救济】人民法院既不立案，又不作出不予立案裁定的，当事人可以向上一级人民法院起诉。上一级人民法院认为符合起诉条件的，应当立案、审理，也可以指定其他下级人民法院立案、审理。

第五十三条 【规范性文件的附带审查】公民、法人或者其他组织认为行政行为所依据的国务院部门和地方人民政府及其部门制定的规范性文件不合法,在对行政行为提起诉讼时,可以一并请求对该规范性文件进行审查。

前款规定的规范性文件不含规章。

第七章 审理和判决

第一节 一般规定

第五十四条 【公开审理原则】人民法院公开审理行政案件,但涉及国家秘密、个人隐私和法律另有规定的除外。

涉及商业秘密的案件,当事人申请不公开审理的,可以不公开审理。

第五十五条 【回避】当事人认为审判人员与本案有利害关系或者有其他关系可能影响公正审判,有权申请审判人员回避。

审判人员认为自己与本案有利害关系或者有其他关系,应当申请回避。

前两款规定,适用于书记员、翻译人员、鉴定人、勘验人。

院长担任审判长时的回避,由审判委员会决定;审判人员的回避,由院长决定;其他人员的回避,由审判长决定。当事人对决定不服的,可以申请复议一次。

第五十六条 【诉讼不停止执行】诉讼期间,不停止行政行为的执行。但有下列情形之一的,裁定停止执行:

(一)被告认为需要停止执行的;

(二)原告或者利害关系人申请停止执行,人民法院认为该行政行为的执行会造成难以弥补的损失,并且停止执行不损害国家利益、社会公共利益的;

(三)人民法院认为该行政行为的执行会给国家利益、社会公共利益造成重大损害的;

(四)法律、法规规定停止执行的。

当事人对停止执行或者不停止执行的裁定不服,可以申请复议一次。

第五十七条 【先予执行】人民法院对起诉行政机关没有依法支付抚恤金、最低生活保障金和工伤、医疗社会保险金的案件,权利义务关系明确、不先予执行将严重影响原告生活的,可以根据原告的申请,裁定先予执行。

当事人对先予执行裁定不服的,可以申请复议一次。复议期间不停止裁定的执行。

第五十八条 【拒不到庭或中途退庭的法律后果】经人民法院传票传唤,原告无正当理由拒不到庭,或者未经法庭许可中途退庭的,可以按照撤诉处理;被告无正当理由拒不到庭,或者未经法庭许可中途退庭的,可以缺席判决。

第五十九条 【妨害行政诉讼强制措施】诉讼参与人或者其他人有下列行为之一的,人民法院可以根据情节轻重,予以训诫、责令具结悔过或者处一万元以下的罚款、十五日以下的拘留;构成犯罪的,依法追究刑事责任:

(一)有义务协助调查、执行的人,对人民法院的协助调查决定、协助执行通知书,无故推拖、拒绝或者妨碍调查、执行的;

(二)伪造、隐藏、毁灭证据或者提供虚假证明材料,妨碍人民法院审理案件的;

(三)指使、贿买、胁迫他人作伪证或者威胁、阻止证人作证的;

(四)隐藏、转移、变卖、毁损已被查封、扣押、冻结的财产的;

(五)以欺骗、胁迫等非法手段使原告撤诉的;

(六)以暴力、威胁或者其他方法阻碍人民法院工作人员执行职务,或者以哄闹、冲击法庭等方法扰乱人民法院工作秩序的;

(七)对人民法院审判人员或者其他工作人员、诉讼参与人、协助调查和执行的人员恐吓、侮辱、诽谤、诬陷、殴打、围攻或者打击报复的。

人民法院对有前款规定的行为之一的单位,可以对其主要负责人或者直接责任人员依照前款规定予以罚款、拘留;构成犯罪的,依法追究刑事责任。

罚款、拘留须经人民法院院长批准。当事人不服的,可以向上一级人民法院申请复议一次。复议期间不停止执行。

第六十条 【调解】人民法院审理行政案件,不适用调解。但是,行政赔偿、补偿以及行政机关行使法律、法规规定的自由裁量权的案件可以调解。

调解应当遵循自愿、合法原则,不得损害国家利益、社会公共利益和他人合法权益。

第六十一条 【民事争议和行政争议交叉】在

涉及行政许可、登记、征收、征用和行政机关对民事争议所作的裁决的行政诉讼中,当事人申请一并解决相关民事争议的,人民法院可以一并审理。

在行政诉讼中,人民法院认为行政案件的审理需以民事诉讼的裁判为依据的,可以裁定中止行政诉讼。

第六十二条 【撤诉】人民法院对行政案件宣告判决或者裁定前,原告申请撤诉的,或者被告改变其所作的行政行为,原告同意并申请撤诉的,是否准许,由人民法院裁定。

第六十三条 【撤诉】人民法院审理行政案件,以法律和行政法规、地方性法规为依据。地方性法规适用于本行政区域内发生的行政案件。

人民法院审理民族自治地方的行政案件,并以该民族自治地方的自治条例和单行条例为依据。

人民法院审理行政案件,参照规章。

第六十四条 【规范性文件审查和处理】人民法院在审理行政案件中,经审查认为本法第五十三条规定的规范性文件不合法的,不作为认定行政行为合法的依据,并向制定机关提出处理建议。

第六十五条 【裁判文书公开】人民法院应当公开发生法律效力的判决书、裁定书,供公众查阅,但涉及国家秘密、商业秘密和个人隐私的内容除外。

第六十六条 【有关行政机关工作人员和被告的处理】人民法院在审理行政案件中,认为行政机关的主管人员、直接责任人员违法违纪的,应当将有关材料移送监察机关、该行政机关或者其上一级行政机关;认为有犯罪行为的,应当将有关材料移送公安、检察机关。

人民法院对被告经传票传唤无正当理由拒不到庭,或者未经法庭许可中途退庭的,可以将被告拒不到庭或者中途退庭的情况予以公告,并可以向监察机关或者被告的上一级行政机关提出依法给予其主要负责人或者直接责任人员处分的司法建议。

第二节 第一审普通程序

第六十七条 【发送起诉状和提出答辩状】人民法院应当在立案之日起五日内,将起诉状副本发送被告。被告应当在收到起诉状副本之日起十五日内向人民法院提交作出行政行为的证据和所依据的规范性文件,并提出答辩状。人民法院应当在收到答辩状之日起五日内,将答辩状副本发送原告。

被告不提出答辩状的,不影响人民法院审理。

第六十八条 【审判组织形式】人民法院审理行政案件,由审判员组成合议庭,或者由审判员、陪审员组成合议庭。合议庭的成员,应当是三人以上的单数。

第六十九条 【驳回原告诉讼请求判决】行政行为证据确凿,适用法律、法规正确,符合法定程序的,或者原告申请被告履行法定职责或者给付义务理由不成立的,人民法院判决驳回原告的诉讼请求。

第七十条 【撤销判决和重作判决】行政行为有下列情形之一的,人民法院判决撤销或者部分撤销,并可以判决被告重新作出行政行为:

(一)主要证据不足的;
(二)适用法律、法规错误的;
(三)违反法定程序的;
(四)超越职权的;
(五)滥用职权的;
(六)明显不当的。

第七十一条 【重作判决对被告的限制】人民法院判决被告重新作出行政行为的,被告不得以同一的事实和理由作出与原行政行为基本相同的行政行为。

第七十二条 【履行判决】人民法院经过审理,查明被告不履行法定职责的,判决被告在一定期限内履行。

第七十三条 【给付判决】人民法院经过审理,查明被告依法负有给付义务的,判决被告履行给付义务。

第七十四条 【确认违法判决】行政行为有下列情形之一的,人民法院判决确认违法,但不撤销行政行为:

(一)行政行为依法应当撤销,但撤销会给国家利益、社会公共利益造成重大损害的;
(二)行政行为程序轻微违法,但对原告权利不产生实际影响的。

行政行为有下列情形之一,不需要撤销或者判决履行的,人民法院判决确认违法:

(一)行政行为违法,但不具有可撤销内容的;
(二)被告改变原违法行政行为,原告仍要求确认原行政行为违法的；

（三）被告不履行或者拖延履行法定职责，判决履行没有意义的。

第七十五条 【确认无效判决】行政行为有实施主体不具有行政主体资格或者没有依据等重大且明显违法情形，原告申请确认行政行为无效的，人民法院判决确认无效。

第七十六条 【确认违法和无效判决的补充规定】人民法院判决确认违法或者无效的，可以同时判决责令被告采取补救措施；给原告造成损失的，依法判决被告承担赔偿责任。

第七十七条 【变更判决】行政处罚明显不当，或者其他行政行为涉及对款额的确定、认定确有错误的，人民法院可以判决变更。

人民法院判决变更，不得加重原告的义务或者减损原告的权益。但利害关系人同为原告，且诉讼请求相反的除外。

第七十八条 【行政协议履行及补偿判决】被告不依法履行、未按照约定履行或者违法变更、解除本法第十二条第一款第十一项规定的协议的，人民法院判决被告承担继续履行、采取补救措施或者赔偿损失等责任。

被告变更、解除本法第十二条第一款第十一项规定的协议合法，但未依法给予补偿的，人民法院判决给予补偿。

第七十九条 【复议决定和原行政行为一并裁判】复议机关与作出原行政行为的行政机关为共同被告的案件，人民法院应当对复议决定和原行政行为一并作出裁判。

第八十条 【公开宣判】人民法院对公开审理和不公开审理的案件，一律公开宣告判决。

当庭宣判的，应当在十日内发送判决书；定期宣判的，宣判后立即发给判决书。

宣告判决时，必须告知当事人上诉权利、上诉期限和上诉的人民法院。

第八十一条 【第一审审限】人民法院应当在立案之日起六个月内作出第一审判决。有特殊情况需要延长的，由高级人民法院批准，高级人民法院审理第一审案件需要延长的，由最高人民法院批准。

第三节 简易程序

第八十二条 【简易程序适用情形】人民法院审理下列第一审行政案件，认为事实清楚、权利义务关系明确、争议不大的，可以适用简易程序：

（一）被诉行政行为是依法当场作出的；

（二）案件涉及款额二千元以下的；

（三）属于政府信息公开案件的。

除前款规定以外的第一审行政案件，当事人各方同意适用简易程序的，可以适用简易程序。

发回重审、按照审判监督程序再审的案件不适用简易程序。

第八十三条 【简易程序的审判组织形式和审限】适用简易程序审理的行政案件，由审判员一人独任审理，并应当在立案之日起四十五日内审结。

第八十四条 【简易程序与普通程序的转换】人民法院在审理过程中，发现案件不宜适用简易程序的，裁定转为普通程序。

第四节 第二审程序

第八十五条 【上诉】当事人不服人民法院第一审判决的，有权在判决书送达之日起十五日内向上一级人民法院提起上诉。当事人不服人民法院第一审裁定的，有权在裁定书送达之日起十日内向上一级人民法院提起上诉。逾期不提起上诉的，人民法院的第一审判决或者裁定发生法律效力。

第八十六条 【二审审理方式】人民法院对上诉案件，应当组成合议庭，开庭审理。经过阅卷、调查和询问当事人，对没有提出新的事实、证据或者理由，合议庭认为不需要开庭审理的，也可以不开庭审理。

第八十七条 【二审审查范围】人民法院审理上诉案件，应当对原审人民法院的判决、裁定和被诉行政行为进行全面审查。

第八十八条 【二审审限】人民法院审理上诉案件，应当在收到上诉状之日起三个月内作出终审判决。有特殊情况需要延长的，由高级人民法院批准，高级人民法院审理上诉案件需要延长的，由最高人民法院批准。

第八十九条 【二审裁判】人民法院审理上诉案件，按照下列情形，分别处理：

（一）原判决、裁定认定事实清楚，适用法律、法规正确的，判决或者裁定驳回上诉，维持原判决、裁定；

（二）原判决、裁定认定事实错误或者适用法律、法规错误的，依法改判、撤销或者变更；

（三）原判决认定基本事实不清、证据不足的，发回原审人民法院重审，或者查清事实后改判；

（四）原判决遗漏当事人或者违法缺席判决等严重违反法定程序的，裁定撤销原判决，发回原审人民法院重审。

原审人民法院对发回重审的案件作出判决后，当事人提起上诉的，第二审人民法院不得再次发回重审。

人民法院审理上诉案件，需要改变原审判决的，应当同时对被诉行政行为作出判决。

第五节 审判监督程序

第九十条 【当事人申请再审】当事人对已经发生法律效力的判决、裁定，认为确有错误的，可以向上一级人民法院申请再审，但判决、裁定不停止执行。

第九十一条 【再审事由】当事人的申请符合下列情形之一的，人民法院应当再审：

（一）不予立案或者驳回起诉确有错误的；

（二）有新的证据，足以推翻原判决、裁定的；

（三）原判决、裁定认定事实的主要证据不足、未经质证或者系伪造的；

（四）原判决、裁定适用法律、法规确有错误的；

（五）违反法律规定的诉讼程序，可能影响公正审判的；

（六）原判决、裁定遗漏诉讼请求的；

（七）据以作出原判决、裁定的法律文书被撤销或者变更的；

（八）审判人员在审理该案件时有贪污受贿、徇私舞弊、枉法裁判行为的。

第九十二条 【人民法院依职权再审】各级人民法院院长对本院已经发生法律效力的判决、裁定，发现有本法第九十一条规定情形之一，或者发现调解违反自愿原则或者调解书内容违法，认为需要再审的，应当提交审判委员会讨论决定。

最高人民法院对地方各级人民法院已经发生法律效力的判决、裁定，上级人民法院对下级人民法院已经发生法律效力的判决、裁定，发现有本法第九十一条规定情形之一，或者发现调解违反自愿原则或者调解书内容违法的，有权提审或者指令下级人民法院再审。

第九十三条 【抗诉和检察建议】最高人民检察院对各级人民法院已经发生法律效力的判决、裁定，上级人民检察院对下级人民法院已经发生法律效力的判决、裁定，发现有本法第九十一条规定情形之一，或者发现调解书损害国家利益、社会公共利益的，应当提出抗诉。

地方各级人民检察院对同级人民法院已经发生法律效力的判决、裁定，发现有本法第九十一条规定情形之一，或者发现调解书损害国家利益、社会公共利益的，可以向同级人民法院提出检察建议，并报上级人民检察院备案；也可以提请上级人民检察院向同级人民法院提出抗诉。

各级人民检察院对审判监督程序以外的其他审判程序中审判人员的违法行为，有权向同级人民法院提出检察建议。

第八章 执 行

第九十四条 【生效裁判和调解书的执行】当事人必须履行人民法院发生法律效力的判决、裁定、调解书。

第九十五条 【申请强制执行和执行管辖】公民、法人或者其他组织拒绝履行判决、裁定、调解书的，行政机关或者第三人可以向第一审人民法院申请强制执行，或者由行政机关依法强制执行。

第九十六条 【对行政机关拒绝履行的执行措施】行政机关拒绝履行判决、裁定、调解书的，第一审人民法院可以采取下列措施：

（一）对应当归还的罚款或者应当给付的款额，通知银行从该行政机关的账户内划拨；

（二）在规定期限内不履行的，从期满之日起，对该行政机关负责人按日处五十元至一百元的罚款；

（三）将行政机关拒绝履行的情况予以公告；

（四）向监察机关或者该行政机关的上一级行政机关提出司法建议。接受司法建议的机关，根据有关规定进行处理，并将处理情况告知人民法院；

（五）拒不履行判决、裁定、调解书，社会影响恶劣的，可以对该行政机关直接负责的主管人员和其他直接责任人员予以拘留；情节严重，构成犯罪的，依法追究刑事责任。

第九十七条 【非诉执行】公民、法人或者其他组织对行政行为在法定期限内不提起诉讼又不履行的,行政机关可以申请人民法院强制执行,或者依法强制执行。

第九章 涉外行政诉讼

第九十八条 【涉外行政诉讼的法律适用原则】外国人、无国籍人、外国组织在中华人民共和国进行行政诉讼,适用本法。法律另有规定的除外。

第九十九条 【同等与对等原则】外国人、无国籍人、外国组织在中华人民共和国进行行政诉讼,同中华人民共和国公民、组织有同等的诉讼权利和义务。

外国法院对中华人民共和国公民、组织的行政诉讼权利加以限制的,人民法院对该国公民、组织的行政诉讼权利,实行对等原则。

第一百条 【中国律师代理】外国人、无国籍人、外国组织在中华人民共和国进行行政诉讼,委托律师代理诉讼的,应当委托中华人民共和国律师机构的律师。

第十章 附 则

第一百零一条 【适用民事诉讼法规定】人民法院审理行政案件,关于期间、送达、财产保全、开庭审理、调解、中止诉讼、终结诉讼、简易程序、执行等,以及人民检察院对行政案件受理、审理、裁判、执行的监督,本法没有规定的,适用《中华人民共和国民事诉讼法》的相关规定。

第一百零二条 【诉讼费用】人民法院审理行政案件,应当收取诉讼费用。诉讼费用由败诉方承担,双方都有责任的由双方分担。收取诉讼费用的具体办法另行规定。

第一百零三条 【施行日期】本法自1990年10月1日起施行。

中华人民共和国国家赔偿法

- 1994年5月12日第八届全国人民代表大会常务委员会第七次会议通过
- 根据2010年4月29日第十一届全国人民代表大会常务委员会第十四次会议《关于修改〈中华人民共和国国家赔偿法〉的决定》第一次修正
- 根据2012年10月26日第十一届全国人民代表大会常务委员会第二十九次会议《关于修改〈中华人民共和国国家赔偿法〉的决定》第二次修正

目 录

第一章 总 则
第二章 行政赔偿
　第一节 赔偿范围
　第二节 赔偿请求人和赔偿义务机关
　第三节 赔偿程序
第三章 刑事赔偿
　第一节 赔偿范围
　第二节 赔偿请求人和赔偿义务机关
　第三节 赔偿程序
第四章 赔偿方式和计算标准
第五章 其他规定
第六章 附 则

第一章 总 则

第一条 【立法目的】为保障公民、法人和其他组织享有依法取得国家赔偿的权利,促进国家机关依法行使职权,根据宪法,制定本法。

第二条 【依法赔偿】国家机关和国家机关工作人员行使职权,有本法规定的侵犯公民、法人和其他组织合法权益的情形,造成损害的,受害人有依照本法取得国家赔偿的权利。

本法规定的赔偿义务机关,应当依照本法及时履行赔偿义务。

第二章 行政赔偿

第一节 赔偿范围

第三条 【侵犯人身权的行政赔偿范围】行政机关及其工作人员在行使行政职权时有下列侵犯人身权情形之一的,受害人有取得赔偿的权利:

（一）违法拘留或者违法采取限制公民人身自由的行政强制措施的；

（二）非法拘禁或者以其他方法非法剥夺公民人身自由的；

（三）以殴打、虐待等行为或者唆使、放纵他人以殴打、虐待等行为造成公民身体伤害或者死亡的；

（四）违法使用武器、警械造成公民身体伤害或者死亡的；

（五）造成公民身体伤害或者死亡的其他违法行为。

第四条　【侵犯财产权的行政赔偿范围】行政机关及其工作人员在行使行政职权时有下列侵犯财产权情形之一的，受害人有取得赔偿的权利：

（一）违法实施罚款、吊销许可证和执照、责令停产停业、没收财物等行政处罚的；

（二）违法对财产采取查封、扣押、冻结等行政强制措施的；

（三）违法征收、征用财产的；

（四）造成财产损害的其他违法行为。

第五条　【行政侵权中的免责情形】属于下列情形之一的，国家不承担赔偿责任：

（一）行政机关工作人员与行使职权无关的个人行为；

（二）因公民、法人和其他组织自己的行为致使损害发生的；

（三）法律规定的其他情形。

第二节　赔偿请求人和赔偿义务机关

第六条　【行政赔偿请求人】受害的公民、法人和其他组织有权要求赔偿。

受害的公民死亡，其继承人和其他有扶养关系的亲属有权要求赔偿。

受害的法人或者其他组织终止的，其权利承受人有权要求赔偿。

第七条　【行政赔偿义务机关】行政机关及其工作人员行使行政职权侵犯公民、法人和其他组织的合法权益造成损害的，该行政机关为赔偿义务机关。

两个以上行政机关共同行使行政职权时侵犯公民、法人和其他组织的合法权益造成损害的，共同行使行政职权的行政机关为共同赔偿义务机关。

法律、法规授权的组织在行使授予的行政权力时侵犯公民、法人和其他组织的合法权益造成损害的，被授权的组织为赔偿义务机关。

受行政机关委托的组织或者个人在行使受委托的行政权力时侵犯公民、法人和其他组织的合法权益造成损害的，委托的行政机关为赔偿义务机关。

赔偿义务机关被撤销的，继续行使其职权的行政机关为赔偿义务机关；没有继续行使其职权的行政机关的，撤销该赔偿义务机关的行政机关为赔偿义务机关。

第八条　【经过行政复议的赔偿义务机关】经复议机关复议的，最初造成侵权行为的行政机关为赔偿义务机关，但复议机关的复议决定加重损害的，复议机关对加重的部分履行赔偿义务。

第三节　赔偿程序

第九条　【赔偿请求人要求行政赔偿的途径】赔偿义务机关有本法第三条、第四条规定情形之一的，应当给予赔偿。

赔偿请求人要求赔偿，应当先向赔偿义务机关提出，也可以在申请行政复议或者提起行政诉讼时一并提出。

第十条　【行政赔偿的共同赔偿义务机关】赔偿请求人可以向共同赔偿义务机关中的任何一个赔偿义务机关要求赔偿，该赔偿义务机关应当先予赔偿。

第十一条　【根据损害提出数项赔偿要求】赔偿请求人根据受到的不同损害，可以同时提出数项赔偿要求。

第十二条　【赔偿请求人递交赔偿申请书】要求赔偿应当递交申请书，申请书应当载明下列事项：

（一）受害人的姓名、性别、年龄、工作单位和住所，法人或者其他组织的名称、住所和法定代表人或者主要负责人的姓名、职务；

（二）具体的要求、事实根据和理由；

（三）申请的年、月、日。

赔偿请求人书写申请书确有困难的，可以委托他人代书；也可以口头申请，由赔偿义务机关记入笔录。

赔偿请求人不是受害人本人的，应当说明与受害人的关系，并提供相应证明。

赔偿请求人当面递交申请书的,赔偿义务机关应当当场出具加盖本行政机关专用印章并注明收讫日期的书面凭证。申请材料不齐全的,赔偿义务机关应当当场或者在五日内一次性告知赔偿请求人需要补正的全部内容。

第十三条 【行政赔偿义务机关作出赔偿决定】赔偿义务机关应当自收到申请之日起两个月内,作出是否赔偿的决定。赔偿义务机关作出赔偿决定,应当充分听取赔偿请求人的意见,并可以与赔偿请求人就赔偿方式、赔偿项目和赔偿数额依照本法第四章的规定进行协商。

赔偿义务机关决定赔偿的,应当制作赔偿决定书,并自作出决定之日起十日内送达赔偿请求人。

赔偿义务机关决定不予赔偿的,应当自作出决定之日起十日内书面通知赔偿请求人,并说明不予赔偿的理由。

第十四条 【赔偿请求人向法院提起诉讼】赔偿义务机关在规定期限内未作出是否赔偿的决定,赔偿请求人可以自期限届满之日起三个月内,向人民法院提起诉讼。

赔偿请求人对赔偿的方式、项目、数额有异议的,或者赔偿义务机关作出不予赔偿决定的,赔偿请求人可以自赔偿义务机关作出赔偿或者不予赔偿决定之日起三个月内,向人民法院提起诉讼。

第十五条 【举证责任】人民法院审理行政赔偿案件,赔偿请求人和赔偿义务机关对自己提出的主张,应当提供证据。

赔偿义务机关采取行政拘留或者限制人身自由的强制措施期间,被限制人身自由的人死亡或者丧失行为能力的,赔偿义务机关的行为与被限制人身自由的人的死亡或者丧失行为能力是否存在因果关系,赔偿义务机关应当提供证据。

第十六条 【行政追偿】赔偿义务机关赔偿损失后,应当责令有故意或者重大过失的工作人员或者受委托的组织或者个人承担部分或者全部赔偿费用。

对有故意或者重大过失的责任人员,有关机关应当依法给予处分;构成犯罪的,应当依法追究刑事责任。

第三章 刑事赔偿

第一节 赔偿范围

第十七条 【侵犯人身权的刑事赔偿范围】行使侦查、检察、审判职权的机关以及看守所、监狱管理机关及其工作人员在行使职权时有下列侵犯人身权情形之一的,受害人有取得赔偿的权利:

(一)违反刑事诉讼法的规定对公民采取拘留措施的,或者依照刑事诉讼法规定的条件和程序对公民采取拘留措施,但是拘留时间超过刑事诉讼法规定的时限,其后决定撤销案件、不起诉或者判决宣告无罪终止追究刑事责任的;

(二)对公民采取逮捕措施后,决定撤销案件、不起诉或者判决宣告无罪终止追究刑事责任的;

(三)依照审判监督程序再审改判无罪,原判刑罚已经执行的;

(四)刑讯逼供或者以殴打、虐待等行为或者唆使、放纵他人以殴打、虐待等行为造成公民身体伤害或者死亡的;

(五)违法使用武器、警械造成公民身体伤害或者死亡的。

第十八条 【侵犯财产权的刑事赔偿范围】行使侦查、检察、审判职权的机关以及看守所、监狱管理机关及其工作人员在行使职权时有下列侵犯财产权情形之一的,受害人有取得赔偿的权利:

(一)违法对财产采取查封、扣押、冻结、追缴等措施的;

(二)依照审判监督程序再审改判无罪,原判罚金、没收财产已经执行的。

第十九条 【刑事赔偿免责情形】属于下列情形之一的,国家不承担赔偿责任:

(一)因公民自己故意作虚伪供述,或者伪造其他有罪证据被羁押或者被判处刑罚的;

(二)依照刑法第十七条、第十八条规定不负刑事责任的人被羁押的;

(三)依照刑事诉讼法第十五条、第一百七十三条第二款、第二百七十三条第二款、第二百七十九条规定不追究刑事责任的人被羁押的;

(四)行使侦查、检察、审判职权的机关以及看守所、监狱管理机关的工作人员与行使职权无关的个人行为;

(五)因公民自伤、自残等故意行为致使损害发生的；

（六）法律规定的其他情形。

第二节 赔偿请求人和赔偿义务机关

第二十条 【刑事赔偿请求人】赔偿请求人的确定依照本法第六条的规定。

第二十一条 【刑事赔偿义务机关】行使侦查、检察、审判职权的机关以及看守所、监狱管理机关及其工作人员在行使职权时侵犯公民、法人和其他组织的合法权益造成损害的，该机关为赔偿义务机关。

对公民采取拘留措施，依照本法的规定应当给予国家赔偿的，作出拘留决定的机关为赔偿义务机关。

对公民采取逮捕措施后决定撤销案件、不起诉或者判决宣告无罪的，作出逮捕决定的机关为赔偿义务机关。

再审改判无罪的，作出原生效判决的人民法院为赔偿义务机关。二审改判无罪，以及二审发回重审后作无罪处理的，作出一审有罪判决的人民法院为赔偿义务机关。

第三节 赔偿程序

第二十二条 【刑事赔偿的提出和赔偿义务机关先行处理】赔偿义务机关有本法第十七条、第十八条规定情形之一的，应当给予赔偿。

赔偿请求人要求赔偿，应当先向赔偿义务机关提出。

赔偿请求人提出赔偿请求，适用本法第十一条、第十二条的规定。

第二十三条 【刑事赔偿义务机关赔偿决定的作出】赔偿义务机关应当自收到申请之日起两个月内，作出是否赔偿的决定。赔偿义务机关作出赔偿决定，应当充分听取赔偿请求人的意见，并可以与赔偿请求人就赔偿方式、赔偿项目和赔偿数额依照本法第四章的规定进行协商。

赔偿义务机关决定赔偿的，应当制作赔偿决定书，并自作出决定之日起十日内送达赔偿请求人。

赔偿义务机关决定不予赔偿的，应当自作出决定之日起十日内书面通知赔偿请求人，并说明不予赔偿的理由。

第二十四条 【刑事赔偿复议申请的提出】赔偿义务机关在规定期限内未作出是否赔偿的决定，赔偿请求人可以自期限届满之日起三十日内向赔偿义务机关的上一级机关申请复议。

赔偿请求人对赔偿的方式、项目、数额有异议的，或者赔偿义务机关作出不予赔偿决定的，赔偿请求人可以自赔偿义务机关作出赔偿或者不予赔偿决定之日起三十日内，向赔偿义务机关的上一级机关申请复议。

赔偿义务机关是人民法院的，赔偿请求人可以依照本条规定向其上一级人民法院赔偿委员会申请作出赔偿决定。

第二十五条 【刑事赔偿复议的处理和对复议决定的救济】复议机关应当自收到申请之日起两个月内作出决定。

赔偿请求人不服复议决定的，可以在收到复议决定之日起三十日内向复议机关所在地的同级人民法院赔偿委员会申请作出赔偿决定；复议机关逾期不作决定的，赔偿请求人可以自期限届满之日起三十日内向复议机关所在地的同级人民法院赔偿委员会申请作出赔偿决定。

第二十六条 【举证责任分配】人民法院赔偿委员会处理赔偿请求，赔偿请求人和赔偿义务机关对自己提出的主张，应当提供证据。

被羁押人在羁押期间死亡或者丧失行为能力的，赔偿义务机关的行为与被羁押人的死亡或者丧失行为能力是否存在因果关系，赔偿义务机关应当提供证据。

第二十七条 【赔偿委员会办理案件程序】人民法院赔偿委员会处理赔偿请求，采取书面审查的办法。必要时，可以向有关单位和人员调查情况、收集证据。赔偿请求人与赔偿义务机关对损害事实及因果关系有争议的，赔偿委员会可以听取赔偿请求人和赔偿义务机关的陈述和申辩，并可以进行质证。

第二十八条 【赔偿委员会办理案件期限】人民法院赔偿委员会应当自收到赔偿申请之日起三个月内作出决定；属于疑难、复杂、重大案件的，经本院院长批准，可以延长三个月。

第二十九条 【赔偿委员会的组成】中级以上的人民法院设立赔偿委员会，由人民法院三名以上审判员组成，组成人员的人数应当为单数。

赔偿委员会作赔偿决定，实行少数服从多数的原则。

赔偿委员会作出的赔偿决定,是发生法律效力的决定,必须执行。

第三十条　【赔偿委员会重新审查程序】赔偿请求人或者赔偿义务机关对赔偿委员会作出的决定,认为确有错误的,可以向上一级人民法院赔偿委员会提出申诉。

赔偿委员会作出的赔偿决定生效后,如发现赔偿决定违反本法规定的,经本院院长决定或者上级人民法院指令,赔偿委员会应当在两个月内重新审查并依法作出决定,上一级人民法院赔偿委员会也可以直接审查并作出决定。

最高人民检察院对各级人民法院赔偿委员会作出的决定,上级人民检察院对下级人民法院赔偿委员会作出的决定,发现违反本法规定的,应当向同级人民法院赔偿委员会提出意见,同级人民法院赔偿委员会应当在两个月内重新审查并依法作出决定。

第三十一条　【刑事赔偿的追偿】赔偿义务机关赔偿后,应当向有下列情形之一的工作人员追偿部分或者全部赔偿费用:

(一)有本法第十七条第四项、第五项规定情形的;

(二)在处理案件中有贪污受贿,徇私舞弊,枉法裁判行为的。

对有前款规定情形的责任人员,有关机关应当依法给予处分;构成犯罪的,应当依法追究刑事责任。

第四章　赔偿方式和计算标准

第三十二条　【赔偿方式】国家赔偿以支付赔偿金为主要方式。

能够返还财产或者恢复原状的,予以返还财产或者恢复原状。

第三十三条　【人身自由的国家赔偿标准】侵犯公民人身自由的,每日赔偿金按照国家上年度职工日平均工资计算。

第三十四条　【生命健康权的国家赔偿标准】侵犯公民生命健康权的,赔偿金按照下列规定计算:

(一)造成身体伤害的,应当支付医疗费、护理费,以及赔偿因误工减少的收入。减少的收入每日的赔偿金按照国家上年度职工日平均工资计算,最高额为国家上年度职工年平均工资的五倍;

(二)造成部分或者全部丧失劳动能力的,应当支付医疗费、护理费、残疾生活辅助具费、康复费等因残疾而增加的必要支出和继续治疗所必需的费用,以及残疾赔偿金。残疾赔偿金根据丧失劳动能力的程度,按照国家规定的伤残等级确定,最高不超过国家上年度职工年平均工资的二十倍。造成全部丧失劳动能力的,对其扶养的无劳动能力的人,还应当支付生活费;

(三)造成死亡的,应当支付死亡赔偿金、丧葬费,总额为国家上年度职工年平均工资的二十倍。对死者生前扶养的无劳动能力的人,还应当支付生活费。

前款第二项、第三项规定的生活费的发放标准,参照当地最低生活保障标准执行。被扶养的人是未成年人的,生活费给付至十八周岁止;其他无劳动能力的人,生活费给付至死亡时止。

第三十五条　【精神损害的国家赔偿标准】有本法第三条或者第十七条规定情形之一,致人精神损害的,应当在侵权行为影响的范围内,为受害人消除影响,恢复名誉,赔礼道歉;造成严重后果的,应当支付相应的精神损害抚慰金。

第三十六条　【财产权的国家赔偿标准】侵犯公民、法人和其他组织的财产权造成损害的,按照下列规定处理:

(一)处罚款、罚金、追缴、没收财产或者违法征收、征用财产的,返还财产;

(二)查封、扣押、冻结财产的,解除对财产的查封、扣押、冻结,造成财产损坏或者灭失的,依照本条第三项、第四项的规定赔偿;

(三)应当返还的财产损坏的,能够恢复原状的恢复原状,不能恢复原状的,按照损害程度给付相应的赔偿金;

(四)应当返还的财产灭失的,给付相应的赔偿金;

(五)财产已经拍卖或者变卖的,给付拍卖或者变卖所得的价款;变卖的价款明显低于财产价值的,应当支付相应的赔偿金;

(六)吊销许可证和执照、责令停产停业的,赔偿停产停业期间必要的经常性费用开支;

(七)返还执行的罚款或者罚金、追缴或者没收的金钱,解除冻结的存款或者汇款的,应当支付银行同期存款利息;

(八)对财产权造成其他损害的,按照直接损失给予赔偿。

第三十七条 【国家赔偿费用】赔偿费用列入各级财政预算。

赔偿请求人凭生效的判决书、复议决定书、赔偿决定书或者调解书,向赔偿义务机关申请支付赔偿金。

赔偿义务机关应当自收到支付赔偿金申请之日起七日内,依照预算管理权限向有关的财政部门提出支付申请。财政部门应当自收到支付申请之日起十五日内支付赔偿金。

赔偿费用预算与支付管理的具体办法由国务院规定。

第五章 其他规定

第三十八条 【民事、行政诉讼中的司法赔偿】人民法院在民事诉讼、行政诉讼过程中,违法采取对妨害诉讼的强制措施、保全措施或者对判决、裁定及其他生效法律文书执行错误,造成损害的,赔偿请求人要求赔偿的程序,适用本法刑事赔偿程序的规定。

第三十九条 【国家赔偿请求时效】赔偿请求人请求国家赔偿的时效为两年,自其知道或者应当知道国家机关及其工作人员行使职权时的行为侵犯其人身权、财产权之日起计算,但被羁押等限制人身自由期间不计算在内。在申请行政复议或者提起行政诉讼时一并提出赔偿请求的,适用行政复议法、行政诉讼法有关时效的规定。

赔偿请求人在赔偿请求时效的最后六个月内,因不可抗力或者其他障碍不能行使请求权的,时效中止。从中止时效的原因消除之日起,赔偿请求时效期间继续计算。

第四十条 【对等原则】外国人、外国企业和组织在中华人民共和国领域内要求中华人民共和国国家赔偿的,适用本法。

外国人、外国企业和组织的所属国对中华人民共和国公民、法人和其他组织要求该国国家赔偿的权利不予保护或者限制的,中华人民共和国与该外国人、外国企业和组织的所属国实行对等原则。

第六章 附 则

第四十一条 【不得收费和征税】赔偿请求人要求国家赔偿的,赔偿义务机关、复议机关和人民法院不得向赔偿请求人收取任何费用。

对赔偿请求人取得的赔偿金不予征税。

第四十二条 【施行时间】本法自1995年1月1日起施行。

中华人民共和国刑法(节录)

- 1979年7月1日第五届全国人民代表大会第二次会议通过
- 1997年3月14日第八届全国人民代表大会第五次会议修订
- 根据1998年12月29日第九届全国人民代表大会常务委员会第六次会议通过的《全国人民代表大会常务委员会关于惩治骗购外汇、逃汇和非法买卖外汇犯罪的决定》、1999年12月25日第九届全国人民代表大会常务委员会第十三次会议通过的《中华人民共和国刑法修正案》、2001年8月31日第九届全国人民代表大会常务委员会第二十三次会议通过的《中华人民共和国刑法修正案(二)》、2001年12月29日第九届全国人民代表大会常务委员会第二十五次会议通过的《中华人民共和国刑法修正案(三)》、2002年12月28日第九届全国人民代表大会常务委员会第三十一次会议通过的《中华人民共和国刑法修正案(四)》、2005年2月28日第十届全国人民代表大会常务委员会第十四次会议通过的《中华人民共和国刑法修正案(五)》、2006年6月29日第十届全国人民代表大会常务委员会第二十二次会议通过的《中华人民共和国刑法修正案(六)》、2009年2月28日第十一届全国人民代表大会常务委员会第七次会议通过的《中华人民共和国刑法修正案(七)》、2009年8月27日第十一届全国人民代表大会常务委员会第十次会议通过的《全国人民代表大会常务委员会关于修改部分法律的决定》、2011年2月25日第十一届全国人民代表大会常务委员会第十九次会议通过的《中华人民共和国刑法修正案(八)》、2015年8月29日第十二届全国人民代表大会常务委员会第十六次会议通过的《中华人民共和国刑法修正案(九)》、2017年11月4日第十二届全国人民代表大会常务委员会第三十次会议通过的《中华人民共和国刑法修正案(十)》和 2020 年 12 月 26 日第十三届全国人民代表大会常务委员会第二十四次会议通过的《中华人民共和国刑法修正案(十一)》修正①

第二百二十八条 【非法转让、倒卖土地使用权罪】以牟利为目的,违反土地管理法规,非法转让、倒卖土地使用权,情节严重的,处三年以下有期徒刑或者拘役,并处或者单处非法转让、倒卖土地使用权价额百分之五以上百分之二十以下罚金;情节特别严重的,处三年以上七年以下有期徒刑,并处非法转让、倒卖土地使用权价额百分之五以上百分之二十以下罚金。

……

第三百四十二条 【非法占用农用地罪】违反土地管理法规,非法占用耕地、林地等农用地,改变被占用土地用途,数量较大,造成耕地、林地等农用地大量毁坏的,处五年以下有期徒刑或者拘役,并处或者单处罚金。

第三百四十二条之一 【严重破坏自然保护区生态环境资源罪】违反自然保护地管理法规,在国家公园、国家级自然保护区进行开垦、开发活动或者修建建筑物,造成严重后果或者有其他恶劣情节的,处五年以下有期徒刑或者拘役,并处或者单处罚金。

有前款行为,同时构成其他犯罪的,依照处罚较重的规定定罪处罚。

……

第四百一十条 【非法批准征收、征用、占用土地罪】【非法低价出让国有土地使用权罪】国家机关工作人员徇私舞弊,违反土地管理法规,滥用职权,非法批准征收、征用、占用土地,或者非法低价出让国有土地使用权,情节严重的,处三年以下有期徒刑或者拘役;致使国家或者集体利益遭受特别重大损失的,处三年以上七年以下有期徒刑。

……

中华人民共和国法律援助法

· 2021 年 8 月 20 日第十三届全国人民代表大会常务委员会第三十次会议通过
· 2021 年 8 月 20 日中华人民共和国主席令第 93 号公布
· 自 2022 年 1 月 1 日起施行

第一章　总　　则

第一条　为了规范和促进法律援助工作,保障公民和有关当事人的合法权益,保障法律正确实施,维护社会公平正义,制定本法。

第二条　本法所称法律援助,是国家建立的为经济困难公民和符合法定条件的其他当事人无偿提供法律咨询、代理、刑事辩护等法律服务的制度,是公共法律服务体系的组成部分。

第三条　法律援助工作坚持中国共产党领导,坚持以人民为中心,尊重和保障人权,遵循公开、公平、公正的原则,实行国家保障与社会参与相结合。

第四条　县级以上人民政府应当将法律援助工作纳入国民经济和社会发展规划、基本公共服务体系,保障法律援助事业与经济社会协调发展。

县级以上人民政府应当健全法律援助保障体系,将法律援助相关经费列入本级政府预算,建立动态调整机制,保障法律援助工作需要,促进法律援助均衡发展。

第五条　国务院司法行政部门指导、监督全国的法律援助工作。县级以上地方人民政府司法行政部门指导、监督本行政区域的法律援助工作。

县级以上人民政府其他有关部门依照各自职责,为法律援助工作提供支持和保障。

第六条　人民法院、人民检察院、公安机关应当在各自职责范围内保障当事人依法获得法律援助,为法律援助人员开展工作提供便利。

第七条　律师协会应当指导和支持律师事务所、律师参与法律援助工作。

第八条　国家鼓励和支持群团组织、事业单位、社会组织在司法行政部门指导下,依法提供法律援助。

第九条　国家鼓励和支持企业事业单位、社

---

① 刑法、历次刑法修正案、涉及修改刑法的决定的施行日期,分别依据各法律所规定的施行日期确定。

会组织和个人等社会力量，依法通过捐赠等方式为法律援助事业提供支持；对符合条件的，给予税收优惠。

第十条　司法行政部门应当开展经常性的法律援助宣传教育，普及法律援助知识。

新闻媒体应当积极开展法律援助公益宣传，并加强舆论监督。

第十一条　国家对在法律援助工作中做出突出贡献的组织和个人，按照有关规定给予表彰、奖励。

第二章　机构和人员

第十二条　县级以上人民政府司法行政部门应当设立法律援助机构。法律援助机构负责组织实施法律援助工作，受理、审查法律援助申请，指派律师、基层法律服务工作者、法律援助志愿者等法律援助人员提供法律援助，支付法律援助补贴。

第十三条　法律援助机构根据工作需要，可以安排本机构具有律师资格或者法律职业资格的工作人员提供法律援助；可以设置法律援助工作站或者联络点，就近受理法律援助申请。

第十四条　法律援助机构可以在人民法院、人民检察院和看守所等场所派驻值班律师，依法为没有辩护人的犯罪嫌疑人、被告人提供法律援助。

第十五条　司法行政部门可以通过政府采购等方式，择优选择律师事务所等法律服务机构为受援人提供法律援助。

第十六条　律师事务所、基层法律服务所、律师、基层法律服务工作者负有依法提供法律援助的义务。

律师事务所、基层法律服务所应当支持和保障本所律师、基层法律服务工作者履行法律援助义务。

第十七条　国家鼓励和规范法律援助志愿服务；支持符合条件的个人作为法律援助志愿者，依法提供法律援助。

高等院校、科研机构可以组织从事法学教育、研究工作的人员和法学专业学生作为法律援助志愿者，在司法行政部门指导下，为当事人提供法律咨询、代拟法律文书等法律援助。

法律援助志愿者具体管理办法由国务院有关部门规定。

第十八条　国家建立健全法律服务资源依法跨区域流动机制，鼓励和支持律师事务所、律师、法律援助志愿者等在法律服务资源相对短缺地区提供法律援助。

第十九条　法律援助人员应当依法履行职责，及时为受援人提供符合标准的法律援助服务，维护受援人的合法权益。

第二十条　法律援助人员应当恪守职业道德和执业纪律，不得向受援人收取任何财物。

第二十一条　法律援助机构、法律援助人员对提供法律援助过程中知悉的国家秘密、商业秘密和个人隐私应当予以保密。

第三章　形式和范围

第二十二条　法律援助机构可以组织法律援助人员依法提供下列形式的法律援助服务：

（一）法律咨询；

（二）代拟法律文书；

（三）刑事辩护与代理；

（四）民事案件、行政案件、国家赔偿案件的诉讼代理及非诉讼代理；

（五）值班律师法律帮助；

（六）劳动争议调解与仲裁代理；

（七）法律、法规、规章规定的其他形式。

第二十三条　法律援助机构应当通过服务窗口、电话、网络等多种方式提供法律咨询服务；提示当事人享有依法申请法律援助的权利，并告知申请法律援助的条件和程序。

第二十四条　刑事案件的犯罪嫌疑人、被告人因经济困难或者其他原因没有委托辩护人的，本人及其近亲属可以向法律援助机构申请法律援助。

第二十五条　刑事案件的犯罪嫌疑人、被告人属于下列人员之一，没有委托辩护人的，人民法院、人民检察院、公安机关应当通知法律援助机构指派律师担任辩护人：

（一）未成年人；

（二）视力、听力、言语残疾人；

（三）不能完全辨认自己行为的成年人；

（四）可能被判处无期徒刑、死刑的人；

（五）申请法律援助的死刑复核案件被告人；

（六）缺席审判案件的被告人；

（七）法律法规规定的其他人员。

其他适用普通程序审理的刑事案件，被告人没有委托辩护人的，人民法院可以通知法律援助机构指派律师担任辩护人。

第二十六条　对可能被判处无期徒刑、死刑的人，以及死刑复核案件的被告人，法律援助机构收到人民法院、人民检察院、公安机关通知后，应当指派具有三年以上相关执业经历的律师担任辩护人。

第二十七条　人民法院、人民检察院、公安机关通知法律援助机构指派律师担任辩护人时，不得限制或者损害犯罪嫌疑人、被告人委托辩护人的权利。

第二十八条　强制医疗案件的被申请人或者被告人没有委托诉讼代理人的，人民法院应当通知法律援助机构指派律师为其提供法律援助。

第二十九条　刑事公诉案件的被害人及其法定代理人或者近亲属，刑事自诉案件的自诉人及其法定代理人，刑事附带民事诉讼案件的原告人及其法定代理人，因经济困难没有委托诉讼代理人的，可以向法律援助机构申请法律援助。

第三十条　值班律师应当依法为没有辩护人的犯罪嫌疑人、被告人提供法律咨询、程序选择建议、申请变更强制措施、对案件处理提出意见等法律帮助。

第三十一条　下列事项的当事人，因经济困难没有委托代理人的，可以向法律援助机构申请法律援助：

（一）依法请求国家赔偿；

（二）请求给予社会保险待遇或者社会救助；

（三）请求发给抚恤金；

（四）请求给付赡养费、抚养费、扶养费；

（五）请求确认劳动关系或者支付劳动报酬；

（六）请求认定公民无民事行为能力或者限制民事行为能力；

（七）请求工伤事故、交通事故、食品药品安全事故、医疗事故人身损害赔偿；

（八）请求环境污染、生态破坏损害赔偿；

（九）法律、法规、规章规定的其他情形。

第三十二条　有下列情形之一，当事人申请法律援助的，不受经济困难条件的限制：

（一）英雄烈士近亲属为维护英雄烈士的人格权益；

（二）因见义勇为行为主张相关民事权益；

（三）再审改判无罪请求国家赔偿；

（四）遭受虐待、遗弃或者家庭暴力的受害人主张相关权益；

（五）法律、法规、规章规定的其他情形。

第三十三条　当事人不服司法机关生效裁判或者决定提出申诉或者申请再审，人民法院决定、裁定再审或者人民检察院提出抗诉，因经济困难没有委托辩护人或者诉讼代理人的，本人及其近亲属可以向法律援助机构申请法律援助。

第三十四条　经济困难的标准，由省、自治区、直辖市人民政府根据本行政区域经济发展状况和法律援助工作需要确定，并实行动态调整。

第四章　程序和实施

第三十五条　人民法院、人民检察院、公安机关和有关部门在办理案件或者相关事务中，应当及时告知有关当事人有权依法申请法律援助。

第三十六条　人民法院、人民检察院、公安机关办理刑事案件，发现有本法第二十五条第一款、第二十八条规定情形的，应当在三日内通知法律援助机构指派律师。法律援助机构收到通知后，应当在三日内指派律师并通知人民法院、人民检察院、公安机关。

第三十七条　人民法院、人民检察院、公安机关应当保障值班律师依法提供法律帮助，告知没有辩护人的犯罪嫌疑人、被告人有权约见值班律师，并依法为值班律师了解案件有关情况、阅卷、会见等提供便利。

第三十八条　对诉讼事项的法律援助，由申请人向办案机关所在地的法律援助机构提出申请；对非诉讼事项的法律援助，由申请人向争议处理机关所在地或者事由发生地的法律援助机构提出申请。

第三十九条　被羁押的犯罪嫌疑人、被告人、服刑人员，以及强制隔离戒毒人员等提出法律援助申请的，办案机关、监管场所应当在二十四小时内将申请转交法律援助机构。

犯罪嫌疑人、被告人通过值班律师提出代理、刑事辩护等法律援助申请的，值班律师应当在二十四小时内将申请转交法律援助机构。

第四十条　无民事行为能力人或者限制民事行为能力人需要法律援助的，可以由其法定代理人代为提出申请。法定代理人侵犯无民事行为能力人、限制民事行为能力人合法权益的,其他法定代理人或者近亲属可以代为提出法律援助申请。

被羁押的犯罪嫌疑人、被告人、服刑人员,以及强制隔离戒毒人员,可以由其法定代理人或者近亲属代为提出法律援助申请。

第四十一条　因经济困难申请法律援助的,申请人应当如实说明经济困难状况。

法律援助机构核查申请人的经济困难状况,可以通过信息共享查询,或者由申请人进行个人诚信承诺。

法律援助机构开展核查工作,有关部门、单位、村民委员会、居民委员会和个人应当予以配合。

第四十二条　法律援助申请人有材料证明属于下列人员之一的,免予核查经济困难状况:

(一)无固定生活来源的未成年人、老年人、残疾人等特定群体;

(二)社会救助、司法救助或者优抚对象;

(三)申请支付劳动报酬或者请求工伤事故人身损害赔偿的进城务工人员;

(四)法律、法规、规章规定的其他人员。

第四十三条　法律援助机构应当自收到法律援助申请之日起七日内进行审查,作出是否给予法律援助的决定。决定给予法律援助的,应当自作出决定之日起三日内指派法律援助人员为受援人提供法律援助;决定不给予法律援助的,应当书面告知申请人,并说明理由。

申请人提交的申请材料不齐全的,法律援助机构应当一次性告知申请人需要补充的材料或者要求申请人作出说明。申请人未按要求补充材料或者作出说明的,视为撤回申请。

第四十四条　法律援助机构收到法律援助申请后,发现有下列情形之一的,可以决定先行提供法律援助:

(一)距法定时效或者期限届满不足七日,需要及时提起诉讼或者申请仲裁、行政复议;

(二)需要立即申请财产保全、证据保全或者先予执行;

(三)法律、法规、规章规定的其他情形。

法律援助机构先行提供法律援助的,受援人应当及时补办有关手续,补充有关材料。

第四十五条　法律援助机构为老年人、残疾人提供法律援助服务的,应当根据实际情况提供无障碍设施设备和服务。

法律法规对向特定群体提供法律援助有其他特别规定的,依照其规定。

第四十六条　法律援助人员接受指派后,无正当理由不得拒绝、拖延或者终止提供法律援助服务。

法律援助人员应当按照规定向受援人通报法律援助事项办理情况,不得损害受援人合法权益。

第四十七条　受援人应当向法律援助人员如实陈述与法律援助事项有关的情况,及时提供证据材料,协助、配合办理法律援助事项。

第四十八条　有下列情形之一的,法律援助机构应当作出终止法律援助的决定:

(一)受援人以欺骗或者其他不正当手段获得法律援助;

(二)受援人故意隐瞒与案件有关的重要事实或者提供虚假证据;

(三)受援人利用法律援助从事违法活动;

(四)受援人的经济状况发生变化,不再符合法律援助条件;

(五)案件终止审理或者已经被撤销;

(六)受援人自行委托律师或者其他代理人;

(七)受援人有正当理由要求终止法律援助;

(八)法律法规规定的其他情形。

法律援助人员发现有前款规定情形的,应当及时向法律援助机构报告。

第四十九条　申请人、受援人对法律援助机构不予法律援助、终止法律援助的决定有异议的,可以向设立该法律援助机构的司法行政部门提出。

司法行政部门应当自收到异议之日起五日内进行审查,作出维持法律援助机构决定或者责令法律援助机构改正的决定。

申请人、受援人对司法行政部门维持法律援助机构决定不服的,可以依法申请行政复议或者提起行政诉讼。

第五十条　法律援助事项办理结束后,法律援助人员应当及时向法律援助机构报告,提交有关法律文书的副本或者复印件、办理情况报告等材料。

第五章　保障和监督

第五十一条　国家加强法律援助信息化建

设，促进司法行政部门与司法机关及其他有关部门实现信息共享和工作协同。

第五十二条　法律援助机构应当依照有关规定及时向法律援助人员支付法律援助补贴。

法律援助补贴的标准，由省、自治区、直辖市人民政府司法行政部门会同级财政部门，根据当地经济发展水平和法律援助的服务类型、承办成本、基本劳务费用等确定，并实行动态调整。

法律援助补贴免征增值税和个人所得税。

第五十三条　人民法院应当根据情况对受援人缓收、减收或者免收诉讼费用；对法律援助人员复制相关材料等费用予以免收或者减收。

公证机构、司法鉴定机构应当对受援人减收或者免收公证费、鉴定费。

第五十四条　县级以上人民政府司法行政部门应当有计划地对法律援助人员进行培训，提高法律援助人员的专业素质和服务能力。

第五十五条　受援人有权向法律援助机构、法律援助人员了解法律援助事项办理情况；法律援助机构、法律援助人员未依法履行职责的，受援人可以向司法行政部门投诉，并可以请求法律援助机构更换法律援助人员。

第五十六条　司法行政部门应当建立法律援助工作投诉查处制度；接到投诉后，应当依照有关规定受理和调查处理，并及时向投诉人告知处理结果。

第五十七条　司法行政部门应当加强对法律援助服务的监督，制定法律援助服务质量标准，通过第三方评估等方式定期进行质量考核。

第五十八条　司法行政部门、法律援助机构应当建立法律援助信息公开制度，定期向社会公布法律援助资金使用、案件办理、质量考核结果等情况，接受社会监督。

第五十九条　法律援助机构应当综合运用庭审旁听、案卷检查、征询司法机关意见和回访受援人等措施，督促法律援助人员提升服务质量。

第六十条　律师协会应当将律师事务所、律师履行法律援助义务的情况纳入年度考核内容，对拒不履行或者怠于履行法律援助义务的律师事务所、律师，依照有关规定进行惩戒。

第六章　法律责任

第六十一条　法律援助机构及其工作人员有下列情形之一的，由设立该法律援助机构的司法行政部门责令限期改正；有违法所得的，责令退还或者没收违法所得；对直接负责的主管人员和其他直接责任人员，依法给予处分：

（一）拒绝为符合法律援助条件的人员提供法律援助，或者故意为不符合法律援助条件的人员提供法律援助；

（二）指派不符合本法规定的人员提供法律援助；

（三）收取受援人财物；

（四）从事有偿法律服务；

（五）侵占、私分、挪用法律援助经费；

（六）泄露法律援助过程中知悉的国家秘密、商业秘密和个人隐私；

（七）法律法规规定的其他情形。

第六十二条　律师事务所、基层法律服务所有下列情形之一的，由司法行政部门依法给予处罚：

（一）无正当理由拒绝接受法律援助机构指派；

（二）接受指派后，不及时安排本所律师、基层法律服务工作者办理法律援助事项或者拒绝为本所律师、基层法律服务工作者办理法律援助事项提供支持和保障；

（三）纵容或者放任本所律师、基层法律服务工作者怠于履行法律援助义务或者擅自终止提供法律援助；

（四）法律法规规定的其他情形。

第六十三条　律师、基层法律服务工作者有下列情形之一的，由司法行政部门依法给予处罚：

（一）无正当理由拒绝履行法律援助义务或者怠于履行法律援助义务；

（二）擅自终止提供法律援助；

（三）收取受援人财物；

（四）泄露法律援助过程中知悉的国家秘密、商业秘密和个人隐私；

（五）法律法规规定的其他情形。

第六十四条　受援人以欺骗或者其他不正当手段获得法律援助的，由司法行政部门责令其支付已实施法律援助的费用，并处三千元以下罚款。

第六十五条　违反本法规定，冒用法律援助名义提供法律服务并谋取利益的，由司法行政部门责令改正，没收违法所得，并处违法所得一倍以上三倍以下罚款。

第六十六条 国家机关及其工作人员在法律援助工作中滥用职权、玩忽职守、徇私舞弊的，对直接负责的主管人员和其他直接责任人员，依法给予处分。

第六十七条 违反本法规定，构成犯罪的，依法追究刑事责任。

第七章 附 则

第六十八条 工会、共产主义青年团、妇女联合会、残疾人联合会等群团组织开展法律援助工作，参照适用本法的相关规定。

第六十九条 对外国人和无国籍人提供法律援助，我国法律有规定的，适用法律规定；我国法律没有规定的，可以根据我国缔结或者参加的国际条约，或者按照互惠原则，参照适用本法的相关规定。

第七十条 对军人军属提供法律援助的具体办法，由国务院和中央军事委员会有关部门制定。

第七十一条 本法自 2022 年 1 月 1 日起施行。

中华人民共和国行政复议法实施条例

- 2007 年 5 月 23 日国务院第 177 次常务会议通过
- 2007 年 5 月 29 日中华人民共和国国务院令第 499 号公布
- 自 2007 年 8 月 1 日起施行

第一章 总 则

第一条 为了进一步发挥行政复议制度在解决行政争议、建设法治政府、构建社会主义和谐社会中的作用，根据《中华人民共和国行政复议法》（以下简称行政复议法），制定本条例。

第二条 各级行政复议机关应当认真履行行政复议职责，领导并支持本机关负责法制工作的机构（以下简称行政复议机构）依法办理行政复议事项，并按照有关规定配备、充实、调剂专职行政复议人员，保证行政复议机构的办案能力与工作任务相适应。

第三条 行政复议机构除应当依照行政复议法第三条的规定履行职责外，还应当履行下列职责：

（一）依照行政复议法第十八条的规定转送有关行政复议申请；

（二）办理行政复议法第二十九条规定的行政赔偿等事项；

（三）按照职责权限，督促行政复议申请的受理和行政复议决定的履行；

（四）办理行政复议、行政应诉案件统计和重大行政复议决定备案事项；

（五）办理或者组织办理未经行政复议直接提起行政诉讼的行政应诉事项；

（六）研究行政复议工作中发现的问题，及时向有关机关提出改进建议，重大问题及时向行政复议机关报告。

第四条 专职行政复议人员应当具备与履行行政复议职责相适应的品行、专业知识和业务能力，并取得相应资格。具体办法由国务院法制机构会同国务院有关部门规定。

第二章 行政复议申请

第一节 申请人

第五条 依照行政复议法和本条例的规定申请行政复议的公民、法人或者其他组织为申请人。

第六条 合伙企业申请行政复议的，应当以核准登记的企业为申请人，由执行合伙事务的合伙人代表该企业参加行政复议；其他合伙组织申请行政复议的，由合伙人共同申请行政复议。

前款规定以外的不具备法人资格的其他组织申请行政复议的，由该组织的主要负责人代表该组织参加行政复议；没有主要负责人的，由共同推选的其他成员代表该组织参加行政复议。

第七条 股份制企业的股东大会、股东代表大会、董事会认为行政机关作出的具体行政行为侵犯企业合法权益的，可以以企业的名义申请行政复议。

第八条 同一行政复议案件申请人超过 5 人的，推选 1 至 5 名代表参加行政复议。

第九条 行政复议期间，行政复议机关认为申请人以外的公民、法人或者其他组织与被审查的具体行政行为有利害关系的，可以通知其作为第三人参加行政复议。

行政复议期间,申请人以外的公民、法人或者其他组织与被审查的具体行政行为有利害关系的,可以向行政复议机构申请作为第三人参加行政复议。

第三人不参加行政复议,不影响行政复议案件的审理。

第十条 申请人、第三人可以委托1至2名代理人参加行政复议。申请人、第三人委托代理人的,应当向行政复议机构提交授权委托书。授权委托书应当载明委托事项、权限和期限。公民在特殊情况下无法书面委托的,可以口头委托。口头委托的,行政复议机构应当核实并记录在卷。申请人、第三人解除或者变更委托的,应当书面报告行政复议机构。

第二节 被申请人

第十一条 公民、法人或者其他组织对行政机关的具体行政行为不服,依照行政复议法和本条例的规定申请行政复议的,作出该具体行政行为的行政机关为被申请人。

第十二条 行政机关与法律、法规授权的组织以共同的名义作出具体行政行为的,行政机关和法律、法规授权的组织为共同被申请人。

行政机关与其他组织以共同名义作出具体行政行为的,行政机关为被申请人。

第十三条 下级行政机关依照法律、法规、规章规定,经上级行政机关批准作出具体行政行为的,批准机关为被申请人。

第十四条 行政机关设立的派出机构、内设机构或者其他组织,未经法律、法规授权,对外以自己名义作出具体行政行为的,该行政机关为被申请人。

第三节 行政复议申请期限

第十五条 行政复议法第九条第一款规定的行政复议申请期限的计算,依照下列规定办理:

(一)当场作出具体行政行为的,自具体行政行为作出之日起计算;

(二)载明具体行政行为的法律文书直接送达的,自受送达人签收之日起计算;

(三)载明具体行政行为的法律文书邮寄送达的,自受送达人在邮件签收单上签收之日起计算;没有邮件签收单的,自受送达人在送达回执上签名之日起计算;

(四)具体行政行为依法通过公告形式告知受送达人的,自公告规定的期限届满之日起计算;

(五)行政机关作出具体行政行为时未告知公民、法人或者其他组织,事后补充告知的,自该公民、法人或者其他组织收到行政机关补充告知的通知之日起计算;

(六)被申请人能够证明公民、法人或者其他组织知道具体行政行为的,自证据材料证明其知道具体行政行为之日起计算。

行政机关作出具体行政行为,依法应当向有关公民、法人或者其他组织送达法律文书而未送达的,视为该公民、法人或者其他组织不知道该具体行政行为。

第十六条 公民、法人或者其他组织依照行政复议法第六条第(八)项、第(九)项、第(十)项的规定申请行政机关履行法定职责,行政机关未履行的,行政复议申请期限依照下列规定计算:

(一)有履行期限规定的,自履行期限届满之日起计算;

(二)没有履行期限规定的,自行政机关收到申请满60日起计算。

公民、法人或者其他组织在紧急情况下请求行政机关履行保护人身权、财产权的法定职责,行政机关不履行的,行政复议申请期限不受前款规定的限制。

第十七条 行政机关作出的具体行政行为对公民、法人或者其他组织的权利、义务可能产生不利影响的,应当告知其申请行政复议的权利、行政复议机关和行政复议申请期限。

第四节 行政复议申请的提出

第十八条 申请人书面申请行政复议的,可以采取当面递交、邮寄或者传真等方式提出行政复议申请。

有条件的行政复议机构可以接受以电子邮件形式提出的行政复议申请。

第十九条 申请人书面申请行政复议的,应当在行政复议申请书中载明下列事项:

(一)申请人的基本情况,包括:公民的姓名、性别、年龄、身份证号码、工作单位、住所、邮政编码;法人或者其他组织的名称、住所、邮政编码和法定代表人或者主要负责人的姓名、职务;

（二）被申请人的名称；

（三）行政复议请求、申请行政复议的主要事实和理由；

（四）申请人的签名或者盖章；

（五）申请行政复议的日期。

第二十条　申请人口头申请行政复议的，行政复议机构应当依照本条例第十九条规定的事项，当场制作行政复议申请笔录交申请人核对或者向申请人宣读，并由申请人签字确认。

第二十一条　有下列情形之一的，申请人应当提供证明材料：

（一）认为被申请人不履行法定职责的，提供曾经要求被申请人履行法定职责而被申请人未履行的证明材料；

（二）申请行政复议时一并提出行政赔偿请求的，提供受具体行政行为侵害而造成损害的证明材料；

（三）法律、法规规定需要申请人提供证据材料的其他情形。

第二十二条　申请人提出行政复议申请时错列被申请人的，行政复议机构应当告知申请人变更被申请人。

第二十三条　申请人对两个以上国务院部门共同作出的具体行政行为不服的，依照行政复议法第十四条的规定，可以向其中任何一个国务院部门提出行政复议申请，由作出具体行政行为的国务院部门共同作出行政复议决定。

第二十四条　申请人对经国务院批准实行省以下垂直领导的部门作出的具体行政行为不服的，可以选择向该部门的本级人民政府或者上一级主管部门申请行政复议；省、自治区、直辖市另有规定的，依照省、自治区、直辖市的规定办理。

第二十五条　申请人依照行政复议法第三十条第二款的规定申请行政复议的，应当向省、自治区、直辖市人民政府提出行政复议申请。

第二十六条　依照行政复议法第七条的规定，申请人认为具体行政行为所依据的规定不合法的，可以在对具体行政行为申请行政复议的同时一并提出对该规定的审查申请；申请人在对具体行政行为提出行政复议申请时尚不知道该具体行政行为所依据的规定的，可以在行政复议机关作出行政复议决定前向行政复议机关提出对该规定的审查申请。

第三章　行政复议受理

第二十七条　公民、法人或者其他组织认为行政机关的具体行政行为侵犯其合法权益提出行政复议申请，除不符合行政复议法和本条例规定的申请条件的，行政复议机关必须受理。

第二十八条　行政复议申请符合下列规定的，应当予以受理：

（一）有明确的申请人和符合规定的被申请人；

（二）申请人与具体行政行为有利害关系；

（三）有具体的行政复议请求和理由；

（四）在法定申请期限内提出；

（五）属于行政复议法规定的行政复议范围；

（六）属于收到行政复议申请的行政复议机构的职责范围；

（七）其他行政复议机关尚未受理同一行政复议申请，人民法院尚未受理同一主体就同一事实提起的行政诉讼。

第二十九条　行政复议申请材料不齐全或者表述不清楚的，行政复议机构可以自收到该行政复议申请之日起5日内书面通知申请人补正。补正通知应当载明需要补正的事项和合理的补正期限。无正当理由逾期不补正的，视为申请人放弃行政复议申请。补正申请材料所用时间不计入行政复议审理期限。

第三十条　申请人就同一事项向两个或者两个以上有权受理的行政机关申请行政复议的，由最先收到行政复议申请的行政机关受理；同时收到行政复议申请的，由收到行政复议申请的行政机关在10日内协商确定；协商不成的，由其共同上一级行政机关在10日内指定受理机关。协商确定或者指定受理机关所用时间不计入行政复议审理期限。

第三十一条　依照行政复议法第二十条的规定，上级行政机关认为行政复议机关不予受理行政复议申请的理由不成立的，可以先行督促其受理；经督促仍不受理的，应当责令其限期受理，必要时也可以直接受理；认为行政复议申请不符合法定受理条件的，应当告知申请人。

第四章　行政复议决定

第三十二条　行政复议机构审理行政复议案

件,应当由2名以上行政复议人员参加。

第三十三条 行政复议机构认为必要时,可以实地调查核实证据;对重大、复杂的案件,申请人提出要求或者行政复议机构认为必要时,可以采取听证的方式审理。

第三十四条 行政复议人员向有关组织和人员调查取证时,可以查阅、复制、调取有关文件和资料,向有关人员进行询问。

调查取证时,行政复议人员不得少于2人,并应当向当事人或者有关人员出示证件。被调查单位和人员应当配合行政复议人员的工作,不得拒绝或者阻挠。

需要现场勘验的,现场勘验所用时间不计入行政复议审理期限。

第三十五条 行政复议机关应当为申请人、第三人查阅有关材料提供必要条件。

第三十六条 依照行政复议法第十四条的规定申请原级行政复议的案件,由原承办具体行政行为有关事项的部门或者机构提出书面答复,并提交作出具体行政行为的证据、依据和其他有关材料。

第三十七条 行政复议期间涉及专门事项需要鉴定的,当事人可以自行委托鉴定机构进行鉴定,也可以申请行政复议机构委托鉴定机构进行鉴定。鉴定费用由当事人承担。鉴定所用时间不计入行政复议审理期限。

第三十八条 申请人在行政复议决定作出前自愿撤回行政复议申请的,经行政复议机构同意,可以撤回。

申请人撤回行政复议申请的,不得再以同一事实和理由提出行政复议申请。但是,申请人能够证明撤回行政复议申请违背其真实意思表示的除外。

第三十九条 行政复议期间被申请人改变原具体行政行为的,不影响行政复议案件的审理。但是,申请人依法撤回行政复议申请的除外。

第四十条 公民、法人或者其他组织对行政机关行使法律、法规规定的自由裁量权作出的具体行政行为不服申请行政复议,申请人与被申请人在行政复议决定作出前自愿达成和解的,应当向行政复议机构提交书面和解协议;和解内容不损害社会公共利益和他人合法权益的,行政复议机构应当准许。

第四十一条 行政复议期间有下列情形之一,影响行政复议案件审理的,行政复议中止:

(一)作为申请人的自然人死亡,其近亲属尚未确定是否参加行政复议的;

(二)作为申请人的自然人丧失参加行政复议的能力,尚未确定法定代理人参加行政复议的;

(三)作为申请人的法人或者其他组织终止,尚未确定权利义务承受人的;

(四)作为申请人的自然人下落不明或者被宣告失踪的;

(五)申请人、被申请人因不可抗力,不能参加行政复议的;

(六)案件涉及法律适用问题,需要有权机关作出解释或者确认的;

(七)案件审理需要以其他案件的审理结果为依据,而其他案件尚未审结的;

(八)其他需要中止行政复议的情形。

行政复议中止的原因消除后,应当及时恢复行政复议案件的审理。

行政复议机构中止、恢复行政复议案件的审理,应当告知有关当事人。

第四十二条 行政复议期间有下列情形之一的,行政复议终止:

(一)申请人要求撤回行政复议申请,行政复议机构准予撤回的;

(二)作为申请人的自然人死亡,没有近亲属或者其近亲属放弃行政复议权利的;

(三)作为申请人的法人或者其他组织终止,其权利义务的承受人放弃行政复议权利的;

(四)申请人与被申请人依照本条例第四十条的规定,经行政复议机构准许达成和解的;

(五)申请人对行政拘留或者限制人身自由的行政强制措施不服申请行政复议后,因申请人同一违法行为涉嫌犯罪,该行政拘留或者限制人身自由的行政强制措施变更为刑事拘留的。

依照本条例第四十一条第一款第(一)项、第(二)项、第(三)项规定中止行政复议,满60日行政复议中止的原因仍未消除的,行政复议终止。

第四十三条 依照行政复议法第二十八条第一款第(一)项规定,具体行政行为认定事实清楚,证据确凿,适用依据正确,程序合法,内容适当的,行政复议机关应当决定维持。

第四十四条 依照行政复议法第二十八条第

一款第(二)项规定,被申请人不履行法定职责的,行政复议机关应当决定其在一定期限内履行法定职责。

第四十五条 具体行政行为有行政复议法第二十八条第一款第(三)项规定情形之一的,行政复议机关应当决定撤销、变更该具体行政行为或者确认该具体行政行为违法;决定撤销该具体行政行为或者确认该具体行政行为违法的,可以责令被申请人在一定期限内重新作出具体行政行为。

第四十六条 被申请人未依照行政复议法第二十三条的规定提出书面答复、提交当初作出具体行政行为的证据、依据和其他有关材料的,视为该具体行政行为没有证据、依据,行政复议机关应当决定撤销该具体行政行为。

第四十七条 具体行政行为有下列情形之一,行政复议机关可以决定变更:

(一)认定事实清楚,证据确凿,程序合法,但是明显不当或者适用依据错误的;

(二)认定事实不清,证据不足,但是经行政复议机关审理查明事实清楚,证据确凿的。

第四十八条 有下列情形之一的,行政复议机关应当决定驳回行政复议申请:

(一)申请人认为行政机关不履行法定职责申请行政复议,行政复议机关受理后发现该行政机关没有相应法定职责或者在受理前已经履行法定职责的;

(二)受理行政复议申请后,发现该行政复议申请不符合行政复议法和本条例规定的受理条件的。

上级行政机关认为行政复议机关驳回行政复议申请的理由不成立的,应当责令其恢复审理。

第四十九条 行政复议机关依照行政复议法第二十八条的规定责令被申请人重新作出具体行政行为的,被申请人应当在法律、法规、规章规定的期限内重新作出具体行政行为;法律、法规、规章未规定期限的,重新作出具体行政行为的期限为60日。

公民、法人或者其他组织对被申请人重新作出的具体行政行为不服,可以依法申请行政复议或者提起行政诉讼。

第五十条 有下列情形之一的,行政复议机关可以按照自愿、合法的原则进行调解:

(一)公民、法人或者其他组织对行政机关行使法律、法规规定的自由裁量权作出的具体行政行为不服申请行政复议的;

(二)当事人之间的行政赔偿或者行政补偿纠纷。

当事人经调解达成协议的,行政复议机关应当制作行政复议调解书。调解书应当载明行政复议请求、事实、理由和调解结果,并加盖行政复议机关印章。行政复议调解书经双方当事人签字,即具有法律效力。

调解未达成协议或者调解书生效前一方反悔的,行政复议机关应当及时作出行政复议决定。

第五十一条 行政复议机关在申请人的行政复议请求范围内,不得作出对申请人更为不利的行政复议决定。

第五十二条 第三人逾期不起诉又不履行行政复议决定的,依照行政复议法第三十三条的规定处理。

第五章 行政复议指导和监督

第五十三条 行政复议机关应当加强对行政复议工作的领导。

行政复议机构在本级行政复议机关的领导下,按照职责权限对行政复议工作进行督促、指导。

第五十四条 县级以上各级人民政府应当加强对所属工作部门和下级人民政府履行行政复议职责的监督。

行政复议机关应当加强对其行政复议机构履行行政复议职责的监督。

第五十五条 县级以上地方各级人民政府应当建立健全行政复议工作责任制,将行政复议工作纳入本级政府目标责任制。

第五十六条 县级以上地方各级人民政府应当按照职责权限,通过定期组织检查、抽查等方式,对所属工作部门和下级人民政府行政复议工作进行检查,并及时向有关方面反馈检查结果。

第五十七条 行政复议期间行政复议机关发现被申请人或者其他下级行政机关的相关行政行为违法或者需要做好善后工作的,可以制作行政复议意见书。有关机关应当自收到行政复议意见书之日起60日内将纠正相关行政违法行为或者做好善后工作的情况通报行政复议机构。

行政复议期间行政复议机构发现法律、法规、规章实施中带有普遍性的问题，可以制作行政复议建议书，向有关机关提出完善制度和改进行政执法的建议。

第五十八条 县级以上各级人民政府行政复议机构应当定期向本级人民政府提交行政复议工作状况分析报告。

第五十九条 下级行政复议机关应当及时将重大行政复议决定报上级行政复议机关备案。

第六十条 各级行政复议机构应当定期组织对行政复议人员进行业务培训，提高行政复议人员的专业素质。

第六十一条 各级行政复议机关应当定期总结行政复议工作，对在行政复议工作中做出显著成绩的单位和个人，依照有关规定给予表彰和奖励。

第六章 法律责任

第六十二条 被申请人在规定期限内未按照行政复议决定的要求重新作出具体行政行为，或者违反规定重新作出具体行政行为的，依照行政复议法第三十七条的规定追究法律责任。

第六十三条 拒绝或者阻挠行政复议人员调查取证、查阅、复制、调取有关文件和资料的，对有关责任人员依法给予处分或者治安处罚；构成犯罪的，依法追究刑事责任。

第六十四条 行政复议机关或者行政复议机构不履行行政复议法和本条例规定的行政复议职责，经有权监督的行政机关督促仍不改正的，对直接负责的主管人员和其他直接责任人员依法给予警告、记过、记大过的处分；造成严重后果的，依法给予降级、撤职、开除的处分。

第六十五条 行政机关及其工作人员违反行政复议法和本条例规定的，行政复议机构可以向人事、监察部门提出对有关责任人员的处分建议，也可以将有关人员违法的事实材料直接转送人事、监察部门处理；接受转送的人事、监察部门应当依法处理，并将处理结果通报转送的行政复议机构。

第七章 附 则

第六十六条 本条例自2007年8月1日起施行。

中华人民共和国政府信息公开条例

- 2007年4月5日中华人民共和国国务院令第492号公布
- 2019年4月3日中华人民共和国国务院令第711号修订
- 自2019年5月15日起施行

第一章 总 则

第一条 为了保障公民、法人和其他组织依法获取政府信息，提高政府工作的透明度，建设法治政府，充分发挥政府信息对人民群众生产、生活和经济社会活动的服务作用，制定本条例。

第二条 本条例所称政府信息，是指行政机关在履行行政管理职能过程中制作或者获取的，以一定形式记录、保存的信息。

第三条 各级人民政府应当加强对政府信息公开工作的组织领导。

国务院办公厅是全国政府信息公开工作的主管部门，负责推进、指导、协调、监督全国的政府信息公开工作。

县级以上地方人民政府办公厅（室）是本行政区域的政府信息公开工作主管部门，负责推进、指导、协调、监督本行政区域的政府信息公开工作。

实行垂直领导的部门的办公厅（室）主管本系统的政府信息公开工作。

第四条 各级人民政府及县级以上人民政府部门应当建立健全本行政机关的政府信息公开工作制度，并指定机构（以下统称政府信息公开工作机构）负责本行政机关政府信息公开的日常工作。

政府信息公开工作机构的具体职能是：

（一）办理本行政机关的政府信息公开事宜；

（二）维护和更新本行政机关公开的政府信息；

（三）组织编制本行政机关的政府信息公开指南、政府信息公开目录和政府信息公开工作年度报告；

（四）组织开展对拟公开政府信息的审查；

（五）本行政机关规定的与政府信息公开有关的其他职能。

第五条 行政机关公开政府信息，应当坚持以公开为常态、不公开为例外,遵循公正、公平、合法、便民的原则。

第六条 行政机关应当及时、准确地公开政府信息。

行政机关发现影响或者可能影响社会稳定、扰乱社会和经济管理秩序的虚假或者不完整信息的,应当发布准确的政府信息予以澄清。

第七条 各级人民政府应当积极推进政府信息公开工作,逐步增加政府信息公开的内容。

第八条 各级人民政府应当加强政府信息资源的规范化、标准化、信息化管理,加强互联网政府信息公开平台建设,推进政府信息公开平台与政务服务平台融合,提高政府信息公开在线办理水平。

第九条 公民、法人和其他组织有权对行政机关的政府信息公开工作进行监督,并提出批评和建议。

第二章 公开的主体和范围

第十条 行政机关制作的政府信息,由制作该政府信息的行政机关负责公开。行政机关从公民、法人和其他组织获取的政府信息,由保存该政府信息的行政机关负责公开;行政机关获取的其他行政机关的政府信息,由制作或者最初获取该政府信息的行政机关负责公开。法律、法规对政府信息公开的权限另有规定的,从其规定。

行政机关设立的派出机构、内设机构依照法律、法规对外以自己名义履行行政管理职能的,可以由该派出机构、内设机构负责与所履行行政管理职能有关的政府信息公开工作。

两个以上行政机关共同制作的政府信息,由牵头制作的行政机关负责公开。

第十一条 行政机关应当建立健全政府信息公开协调机制。行政机关公开政府信息涉及其他机关的,应当与有关机关协商、确认,保证行政机关公开的政府信息准确一致。

行政机关公开政府信息依照法律、行政法规和国家有关规定需要批准的,经批准予以公开。

第十二条 行政机关编制、公布的政府信息公开指南和政府信息公开目录应当及时更新。

政府信息公开指南包括政府信息的分类、编排体系、获取方式和政府信息公开工作机构的名称、办公地址、办公时间、联系电话、传真号码、互联网联系方式等内容。

政府信息公开目录包括政府信息的索引、名称、内容概述、生成日期等内容。

第十三条 除本条例第十四条、第十五条、第十六条规定的政府信息外,政府信息应当公开。

行政机关公开政府信息,采取主动公开和依申请公开的方式。

第十四条 依法确定为国家秘密的政府信息,法律、行政法规禁止公开的政府信息,以及公开后可能危及国家安全、公共安全、经济安全、社会稳定的政府信息,不予公开。

第十五条 涉及商业秘密、个人隐私等公开会对第三方合法权益造成损害的政府信息,行政机关不得公开。但是,第三方同意公开或者行政机关认为不公开会对公共利益造成重大影响的,予以公开。

第十六条 行政机关的内部事务信息,包括人事管理、后勤管理、内部工作流程等方面的信息,可以不予公开。

行政机关在履行行政管理职能过程中形成的讨论记录、过程稿、磋商信函、请示报告等过程性信息以及行政执法案卷信息,可以不予公开。法律、法规、规章规定上述信息应当公开的,从其规定。

第十七条 行政机关应当建立健全政府信息公开审查机制,明确审查的程序和责任。

行政机关应当依照《中华人民共和国保守国家秘密法》以及其他法律、法规和国家有关规定对拟公开的政府信息进行审查。

行政机关不能确定政府信息是否可以公开的,应当依照法律、法规和国家有关规定报有关主管部门或者保密行政管理部门确定。

第十八条 行政机关应当建立健全政府信息管理动态调整机制,对本行政机关不予公开的政府信息进行定期评估审查,对因情势变化可以公开的政府信息应当公开。

第三章 主动公开

第十九条 对涉及公众利益调整、需要公众广泛知晓或者需要公众参与决策的政府信息,行政机关应当主动公开。

第二十条 行政机关应当依照本条例第十九条的规定,主动公开本行政机关的下列政府信息:

（一）行政法规、规章和规范性文件；

（二）机关职能、机构设置、办公地址、办公时间、联系方式、负责人姓名；

（三）国民经济和社会发展规划、专项规划、区域规划及相关政策；

（四）国民经济和社会发展统计信息；

（五）办理行政许可和其他对外管理服务事项的依据、条件、程序以及办理结果；

（六）实施行政处罚、行政强制的依据、条件、程序以及本行政机关认为具有一定社会影响的行政处罚决定；

（七）财政预算、决算信息；

（八）行政事业性收费项目及其依据、标准；

（九）政府集中采购项目的目录、标准及实施情况；

（十）重大建设项目的批准和实施情况；

（十一）扶贫、教育、医疗、社会保障、促进就业等方面的政策、措施及其实施情况；

（十二）突发公共事件的应急预案、预警信息及应对情况；

（十三）环境保护、公共卫生、安全生产、食品药品、产品质量的监督检查情况；

（十四）公务员招考的职位、名额、报考条件等事项以及录用结果；

（十五）法律、法规、规章和国家有关规定规定应当主动公开的其他政府信息。

第二十一条　除本条例第二十条规定的政府信息外，设区的市级、县级人民政府及其部门还应当根据本地方的具体情况，主动公开涉及市政建设、公共服务、公益事业、土地征收、房屋征收、治安管理、社会救助等方面的政府信息；乡（镇）人民政府还应当根据本地方的具体情况，主动公开贯彻落实农业农村政策、农田水利工程建设运营、农村土地承包经营权流转、宅基地使用情况审核、土地征收、房屋征收、筹资筹劳、社会救助等方面的政府信息。

第二十二条　行政机关应当依照本条例第二十条、第二十一条的规定，确定主动公开政府信息的具体内容，并按照上级行政机关的部署，不断增加主动公开的内容。

第二十三条　行政机关应当建立健全政府信息发布机制，将主动公开的政府信息通过政府公报、政府网站或者其他互联网政务媒体、新闻发布会以及报刊、广播、电视等途径予以公开。

第二十四条　各级人民政府应当加强依托政府门户网站公开政府信息的工作，利用统一的政府信息公开平台集中发布主动公开的政府信息。政府信息公开平台应当具备信息检索、查阅、下载等功能。

第二十五条　各级人民政府应当在国家档案馆、公共图书馆、政务服务场所设置政府信息查阅场所，并配备相应的设施、设备，为公民、法人和其他组织获取政府信息提供便利。

行政机关可以根据需要设立公共查阅室、资料索取点、信息公告栏、电子信息屏等场所、设施，公开政府信息。

行政机关应当及时向国家档案馆、公共图书馆提供主动公开的政府信息。

第二十六条　属于主动公开范围的政府信息，应当自该政府信息形成或者变更之日起20个工作日内及时公开。法律、法规对政府信息公开的期限另有规定的，从其规定。

第四章　依申请公开

第二十七条　除行政机关主动公开的政府信息外，公民、法人或者其他组织可以向地方各级人民政府、对外以自己名义履行行政管理职能的县级以上人民政府部门（含本条例第十条第二款规定的派出机构、内设机构）申请获取相关政府信息。

第二十八条　本条例第二十七条规定的行政机关应当建立完善政府信息公开申请渠道，为申请人依法申请获取政府信息提供便利。

第二十九条　公民、法人或者其他组织申请获取政府信息的，应当向行政机关的政府信息公开工作机构提出，并采用包括信件、数据电文在内的书面形式；采用书面形式确有困难的，申请人可以口头提出，由受理该申请的政府信息公开工作机构代为填写政府信息公开申请。

政府信息公开申请应当包括下列内容：

（一）申请人的姓名或者名称、身份证明、联系方式；

（二）申请公开的政府信息的名称、文号或者便于行政机关查询的其他特征性描述；

（三）申请公开的政府信息的形式要求，包括获取信息的方式、途径。

第三十条　政府信息公开申请内容不明确的,行政机关应当给予指导和释明,并自收到申请之日起7个工作日内一次性告知申请人作出补正,说明需要补正的事项和合理的补正期限。答复期限自行政机关收到补正的申请之日起计算。申请人无正当理由逾期不补正的,视为放弃申请,行政机关不再处理该政府信息公开申请。

第三十一条　行政机关收到政府信息公开申请的时间,按照下列规定确定:

(一)申请人当面提交政府信息公开申请的,以提交之日为收到申请之日;

(二)申请人以邮寄方式提交政府信息公开申请的,以行政机关签收之日为收到申请之日;以平常信函等无需签收的邮寄方式提交政府信息公开申请的,政府信息公开工作机构应当于收到申请的当日与申请人确认,确认之日为收到申请之日;

(三)申请人通过互联网渠道或者政府信息公开工作机构的传真提交政府信息公开申请的,以双方确认之日为收到申请之日。

第三十二条　依申请公开的政府信息公开会损害第三方合法权益的,行政机关应当书面征求第三方的意见。第三方应当自收到征求意见书之日起15个工作日内提出意见。第三方逾期未提出意见的,由行政机关依照本条例的规定决定是否公开。第三方不同意公开且有合理理由的,行政机关不予公开。行政机关认为不公开可能对公共利益造成重大影响的,可以决定予以公开,并将决定公开的政府信息内容和理由书面告知第三方。

第三十三条　行政机关收到政府信息公开申请,能够当场答复的,应当当场予以答复。

行政机关不能当场答复的,应当自收到申请之日起20个工作日内予以答复;需要延长答复期限的,应当经政府信息公开工作机构负责人同意并告知申请人,延长的期限最长不得超过20个工作日。

行政机关征求第三方和其他机关意见所需时间不计算在前款规定的期限内。

第三十四条　申请公开的政府信息由两个以上行政机关共同制作的,牵头制作的行政机关收到政府信息公开申请后可以征求相关行政机关的意见,被征求意见机关应当自收到征求意见书之日起15个工作日内提出意见,逾期未提出意见的,视为同意公开。

第三十五条　申请人申请公开政府信息的数量、频次明显超过合理范围,行政机关可以要求申请人说明理由。行政机关认为申请理由不合理的,告知申请人不予处理;行政机关认为申请理由合理,但是无法在本条例第三十三条规定的期限内答复申请人的,可以确定延迟答复的合理期限并告知申请人。

第三十六条　对政府信息公开申请,行政机关根据下列情况分别作出答复:

(一)所申请公开信息已经主动公开的,告知申请人获取该政府信息的方式、途径;

(二)所申请公开信息可以公开的,向申请人提供该政府信息,或者告知申请人获取该政府信息的方式、途径和时间;

(三)行政机关依据本条例的规定决定不予公开的,告知申请人不予公开并说明理由;

(四)经检索没有所申请公开信息的,告知申请人该政府信息不存在;

(五)所申请公开信息不属于本行政机关负责公开的,告知申请人并说明理由;能够确定负责公开该政府信息的行政机关的,告知申请人该行政机关的名称、联系方式;

(六)行政机关已就申请人提出的政府信息公开申请作出答复、申请人重复申请公开相同政府信息的,告知申请人不予重复处理;

(七)所申请公开信息属于工商、不动产登记资料等信息,有关法律、行政法规对信息的获取有特别规定的,告知申请人依照有关法律、行政法规的规定办理。

第三十七条　申请公开的信息中含有不应当公开或者不属于政府信息的内容,但是能够作区分处理的,行政机关应当向申请人提供可以公开的政府信息内容,并对不予公开的内容说明理由。

第三十八条　行政机关向申请人提供的信息,应当是已制作或者获取的政府信息。除依照本条例第三十七条的规定能够作区分处理的外,需要行政机关对现有政府信息进行加工、分析的,行政机关可以不予提供。

第三十九条　申请人以政府信息公开申请的形式进行信访、投诉、举报等活动,行政机关应当告知申请人不作为政府信息公开申请处理并可以告知通过相应渠道提出。

申请人提出的申请内容为要求行政机关提供政府公报、报刊、书籍等公开出版物的，行政机关可以告知获取的途径。

第四十条 行政机关依申请公开政府信息，应当根据申请人的要求及行政机关保存政府信息的实际情况，确定提供政府信息的具体形式；按照申请人要求的形式提供政府信息，可能危及政府信息载体安全或者公开成本过高的，可以通过电子数据以及其他适当形式提供，或者安排申请人查阅、抄录相关政府信息。

第四十一条 公民、法人或者其他组织有证据证明行政机关提供的与其自身相关的政府信息记录不准确的，可以要求行政机关更正。有权更正的行政机关审核属实的，应当予以更正并告知申请人；不属于本行政机关职能范围的，行政机关可以转送有权更正的行政机关处理并告知申请人，或者告知申请人向有权更正的行政机关提出。

第四十二条 行政机关依申请提供政府信息，不收取费用。但是，申请人申请公开政府信息的数量、频次明显超过合理范围的，行政机关可以收取信息处理费。

行政机关收取信息处理费的具体办法由国务院价格主管部门会同国务院财政部门、全国政府信息公开工作主管部门制定。

第四十三条 申请公开政府信息的公民存在阅读困难或者视听障碍的，行政机关应当为其提供必要的帮助。

第四十四条 多个申请人就相同政府信息向同一行政机关提出公开申请，且该政府信息属于可以公开的，行政机关可以纳入主动公开的范围。

对行政机关依申请公开的政府信息，申请人认为涉及公众利益调整、需要公众广泛知晓或者需要公众参与决策的，可以建议行政机关将该信息纳入主动公开的范围。行政机关经审核认为属于主动公开范围的，应当及时主动公开。

第四十五条 行政机关应当建立健全政府信息公开申请登记、审核、办理、答复、归档的工作制度，加强工作规范。

第五章 监督和保障

第四十六条 各级人民政府应当建立健全政府信息公开工作考核制度、社会评议制度和责任追究制度，定期对政府信息公开工作进行考核、评议。

第四十七条 政府信息公开工作主管部门应当加强对行政机关政府信息公开工作的日常指导和监督检查，对行政机关未按照要求开展政府信息公开工作的，予以督促整改或者通报批评；需要对负有责任的领导人员和直接责任人员追究责任的，依法向有权机关提出处理建议。

公民、法人或者其他组织认为行政机关未按照要求主动公开政府信息或者对政府信息公开申请不依法答复处理的，可以向政府信息公开工作主管部门提出。政府信息公开工作主管部门查证属实的，应当予以督促整改或者通报批评。

第四十八条 政府信息公开工作主管部门应当对行政机关的政府信息公开工作人员定期进行培训。

第四十九条 县级以上人民政府部门应当在每年1月31日前向本级政府信息公开工作主管部门提交本行政机关上一年度政府信息公开工作年度报告并向社会公布。

县级以上地方人民政府的政府信息公开工作主管部门应当在每年3月31日前向社会公布本级政府上一年度政府信息公开工作年度报告。

第五十条 政府信息公开工作年度报告应当包括下列内容：

（一）行政机关主动公开政府信息的情况；

（二）行政机关收到和处理政府信息公开申请的情况；

（三）因政府信息公开工作被申请行政复议、提起行政诉讼的情况；

（四）政府信息公开工作存在的主要问题及改进情况，各级人民政府的政府信息公开工作年度报告还应当包括工作考核、社会评议和责任追究结果情况；

（五）其他需要报告的事项。

全国政府信息公开工作主管部门应当公布政府信息公开工作年度报告统一格式，并适时更新。

第五十一条 公民、法人或者其他组织认为行政机关在政府信息公开工作中侵犯其合法权益的，可以向上一级行政机关或者政府信息公开工作主管部门投诉、举报，也可以依法申请行政复议或者提起行政诉讼。

第五十二条 行政机关违反本条例的规定，未建立健全政府信息公开有关制度、机制的，由上一级行政机关责令改正;情节严重的,对负有责任的领导人员和直接责任人员依法给予处分。

第五十三条 行政机关违反本条例的规定,有下列情形之一的,由上一级行政机关责令改正;情节严重的,对负有责任的领导人员和直接责任人员依法给予处分;构成犯罪的,依法追究刑事责任:

(一)不依法履行政府信息公开职能;
(二)不及时更新公开的政府信息内容、政府信息公开指南和政府信息公开目录;
(三)违反本条例规定的其他情形。

第六章 附 则

第五十四条 法律、法规授权的具有管理公共事务职能的组织公开政府信息的活动,适用本条例。

第五十五条 教育、卫生健康、供水、供电、供气、供热、环境保护、公共交通等与人民群众利益密切相关的公共企事业单位,公开在提供社会公共服务过程中制作、获取的信息,依照相关法律、法规和国务院有关主管部门或者机构的规定执行。全国政府信息公开工作主管部门根据实际需要可以制定专门的规定。

前款规定的公共企事业单位未依照相关法律、法规和国务院有关主管部门或者机构的规定公开在提供社会公共服务过程中制作、获取的信息,公民、法人或者其他组织可以向有关主管部门或者机构申诉,接受申诉的部门或者机构应当及时调查处理并将处理结果告知申诉人。

第五十六条 本条例自 2019 年 5 月 15 日起施行。

办理法律援助案件程序规定

· 2012 年 4 月 9 日司法部令第 124 号公布
· 2023 年 7 月 11 日司法部令第 148 号修订

第一章 总 则

第一条 为了规范办理法律援助案件程序,保证法律援助质量,根据《中华人民共和国法律援助法》《法律援助条例》等有关法律、行政法规的规定,制定本规定。

第二条 法律援助机构组织办理法律援助案件,律师事务所、基层法律服务所和法律援助人员承办法律援助案件,适用本规定。

本规定所称法律援助人员,是指接受法律援助机构的指派或者安排,依法为经济困难公民和符合法定条件的其他当事人提供法律援助服务的律师、基层法律服务工作者、法律援助志愿者以及法律援助机构中具有律师资格或者法律职业资格的工作人员等。

第三条 办理法律援助案件应当坚持中国共产党领导,坚持以人民为中心,尊重和保障人权,遵循公开、公平、公正的原则。

第四条 法律援助机构应当建立健全工作机制,加强信息化建设,为公民获得法律援助提供便利。

法律援助机构为老年人、残疾人提供法律援助服务的,应当根据实际情况提供无障碍设施设备和服务。

第五条 法律援助人员应当依照法律、法规及本规定,遵守有关法律服务业务规程,及时为受援人提供符合标准的法律援助服务,维护受援人的合法权益。

第六条 法律援助人员应当恪守职业道德和执业纪律,自觉接受监督,不得向受援人收取任何财物。

第七条 法律援助机构、法律援助人员对提供法律援助过程中知悉的国家秘密、商业秘密和个人隐私应当予以保密。

第二章 申请与受理

第八条 法律援助机构应当向社会公布办公地址、联系方式等信息,在接待场所和司法行政机关政府网站公示并及时更新法律援助条件、程序、申请材料目录和申请示范文本等。

第九条 法律援助机构组织法律援助人员,依照有关规定和服务规范要求提供法律咨询、代拟法律文书、值班律师法律帮助。法律援助人员在提供法律咨询、代拟法律文书、值班律师法律帮助过程中,对可能符合代理或者刑事辩护法律援助条件的,应当告知其可以依法提出申请。

第十条 对诉讼事项的法律援助,由申请人向办案机关所在地的法律援助机构提出申请;对非诉讼事项的法律援助,由申请人向争议处理机关所在地或者事由发生地的法律援助机构提出申请。

申请人就同一事项向两个以上有管辖权的法律援助机构提出申请的,由最先收到申请的法律援助机构受理。

第十一条 因经济困难申请代理、刑事辩护法律援助的,申请人应当如实提交下列材料:

(一)法律援助申请表;

(二)居民身份证或者其他有效身份证明,代为申请的还应当提交有代理权的证明;

(三)经济困难状况说明表,如有能够说明经济状况的证件或者证明材料,可以一并提供;

(四)与所申请法律援助事项有关的其他材料。

填写法律援助申请表、经济困难状况说明表确有困难的,由法律援助机构工作人员或者转交申请的机关、单位工作人员代为填写,申请人确认无误后签名或者按指印。

符合《中华人民共和国法律援助法》第三十二条规定情形的当事人申请代理、刑事辩护法律援助的,应当提交第一款第一项、第二项、第四项规定的材料。

第十二条 被羁押的犯罪嫌疑人、被告人、服刑人员以及强制隔离戒毒人员等提出法律援助申请的,可以通过办案机关或者监管场所转交申请。办案机关、监管场所应当在二十四小时内将申请材料转交法律援助机构。

犯罪嫌疑人、被告人通过值班律师提出代理、刑事辩护等法律援助申请的,值班律师应当在二十四小时内将申请材料转交法律援助机构。

第十三条 法律援助机构对申请人提出的法律援助申请,应当根据下列情况分别作出处理:

(一)申请人提交的申请材料符合规定的,应当予以受理,并向申请人出具收到申请材料的书面凭证,载明收到申请材料的名称、数量、日期等;

(二)申请人提交的申请材料不齐全,应当一次性告知申请人需要补充的全部内容,或者要求申请人作出必要的说明。申请人未按要求补充材料或者作出说明的,视为撤回申请;

(三)申请事项不属于本法律援助机构受理范围的,应当告知申请人向有管辖权的法律援助机构申请或者向有关部门申请处理。

第三章 审 查

第十四条 法律援助机构应当对法律援助申请进行审查,确定是否具备下列条件:

(一)申请人系公民或者符合法定条件的其他当事人;

(二)申请事项属于法律援助范围;

(三)符合经济困难标准或者其他法定条件。

第十五条 法律援助机构核查申请人的经济困难状况,可以通过信息共享查询,或者由申请人进行个人诚信承诺。

法律援助机构开展核查工作,可以依法向有关部门、单位、村民委员会、居民委员会或者个人核实有关情况。

第十六条 受理申请的法律援助机构需要异地核查有关情况的,可以向核查事项所在地的法律援助机构请求协作。

法律援助机构请求协作的,应当向被请求的法律援助机构发出协作函件,说明基本情况、需要核查的事项、办理时限等。被请求的法律援助机构应当予以协作。因客观原因无法协作的,应当及时向请求协作的法律援助机构书面说明理由。

第十七条 法律援助机构应当自收到法律援助申请之日起七日内进行审查,作出是否给予法律援助的决定。

申请人补充材料、作出说明所需的时间,法律援助机构请求异地法律援助机构协作核查的时间,不计入审查期限。

第十八条 法律援助机构经审查,对于有下列情形之一的,应当认定申请人经济困难:

(一)申请人及与其共同生活的家庭成员符合受理的法律援助机构所在省、自治区、直辖市人民政府规定的经济困难标准的;

(二)申请事项的对方当事人是与申请人共同生活的家庭成员,申请人符合受理的法律援助机构所在省、自治区、直辖市人民政府规定的经济困难标准的;

(三)符合《中华人民共和国法律援助法》第四十二条规定,申请人所提交材料真实有效的。

第十九条 法律援助机构经审查,对符合法律援助条件的,应当决定给予法律援助,并制作给予法律援助决定书;对不符合法律援助条件的,应当决定不予法律援助,并制作不予法律援助决定书。

不予法律援助决定书应当载明不予法律援助的理由及申请人提出异议的途径和方式。

第二十条 给予法律援助决定书或者不予法律援助决定书应当发送申请人；属于《中华人民共和国法律援助法》第三十九条规定情形的，法律援助机构还应当同时函告有关办案机关、监管场所。

第二十一条 法律援助机构依据《中华人民共和国法律援助法》第四十四条规定先行提供法律援助的，受援人应当在法律援助机构要求的时限内，补办有关手续，补充有关材料。

第二十二条 申请人对法律援助机构不予法律援助的决定有异议的，应当自收到决定之日起十五日内向设立该法律援助机构的司法行政机关提出。

第二十三条 司法行政机关应当自收到异议之日起五日内进行审查，认为申请人符合法律援助条件的，应当以书面形式责令法律援助机构对该申请人提供法律援助，同时书面告知申请人；认为申请人不符合法律援助条件的，应当作出维持法律援助机构不予法律援助的决定，书面告知申请人并说明理由。

申请人对司法行政机关维持法律援助机构决定不服的，可以依法申请行政复议或者提起行政诉讼。

第四章 指 派

第二十四条 法律援助机构应当自作出给予法律援助决定之日起三日内依法指派律师事务所、基层法律服务所安排本所律师或者基层法律服务工作者，或者安排本机构具有律师资格或者法律职业资格的工作人员承办法律援助案件。

对于通知辩护或者通知代理的刑事法律援助案件，法律援助机构收到人民法院、人民检察院、公安机关要求指派律师的通知后，应当在三日内指派律师承办法律援助案件，并通知人民法院、人民检察院、公安机关。

第二十五条 法律援助机构应当根据本机构、律师事务所、基层法律服务所的人员数量、专业特长、执业经验等因素，合理指派承办机构或者安排法律援助机构工作人员承办案件。

律师事务所、基层法律服务所收到指派后，应当及时安排本所律师、基层法律服务工作者承办法律援助案件。

第二十六条 对可能被判处无期徒刑、死刑的人，以及死刑复核案件的被告人，法律援助机构收到人民法院、人民检察院、公安机关通知后，应当指派具有三年以上刑事辩护经历的律师担任辩护人。

对于未成年人刑事案件，法律援助机构收到人民法院、人民检察院、公安机关通知后，应当指派熟悉未成年人身心特点的律师担任辩护人。

第二十七条 法律援助人员所属单位应当自安排或者收到指派之日起五日内与受援人或者其法定代理人、近亲属签订委托协议和授权委托书，但因受援人原因或者其他客观原因无法按时签订的除外。

第二十八条 法律援助机构已指派律师为犯罪嫌疑人、被告人提供辩护，犯罪嫌疑人、被告人的监护人或者近亲属又代为委托辩护人，犯罪嫌疑人、被告人决定接受委托辩护的，律师应当及时向法律援助机构报告。法律援助机构按照有关规定进行处理。

第五章 承 办

第二十九条 律师承办刑事辩护法律援助案件，应当依法及时会见犯罪嫌疑人、被告人，了解案件情况并制作笔录。笔录应当经犯罪嫌疑人、被告人确认无误后签名或者按指印。犯罪嫌疑人、被告人无阅读能力的，律师应当向犯罪嫌疑人、被告人宣读笔录，并在笔录上载明。

对于通知辩护的案件，律师应当在首次会见犯罪嫌疑人、被告人时，询问是否同意为其辩护，并记录在案。犯罪嫌疑人、被告人不同意的，律师应当书面告知人民法院、人民检察院、公安机关和法律援助机构。

第三十条 法律援助人员承办刑事代理、民事、行政等法律援助案件，应当约见受援人或者其法定代理人、近亲属，了解案件情况并制作笔录，但因受援人原因无法按时约见的除外。

法律援助人员首次约见受援人或者其法定代理人、近亲属时，应当告知下列事项：

（一）法律援助人员的代理职责；

（二）发现受援人可能符合司法救助条件的，告知其申请方式和途径；

（三）本案主要诉讼风险及法律后果；

（四）受援人在诉讼中的权利和义务。

第三十一条 法律援助人员承办案件，可以根据需要依法向有关单位或者个人调查与承办案件有关的情况，收集与承办案件有关的材料，并可以根据需要请求法律援助机构出具必要的证明文件或者与有关机关、单位进行协调。

法律援助人员认为需要异地调查情况、收集材料的，可以向作出指派或者安排的法律援助机构报告。法律援助机构可以按照本规定第十六条向调查事项所在地的法律援助机构请求协作。

第三十二条 法律援助人员可以帮助受援人通过和解、调解及其他非诉讼方式解决纠纷，依法最大限度维护受援人合法权益。

法律援助人员代理受援人以和解或者调解方式解决纠纷的，应当征得受援人同意。

第三十三条 对处于侦查、审查起诉阶段的刑事辩护法律援助案件，承办律师应当积极履行辩护职责，在办案期限内依法完成会见、阅卷，并根据案情提出辩护意见。

第三十四条 对于开庭审理的案件，法律援助人员应当做好开庭前准备；庭审中充分发表意见、举证、质证；庭审结束后，应当向人民法院或者劳动人事争议仲裁机构提交书面法律意见。

对于不开庭审理的案件，法律援助人员应当在会见或者约见受援人、查阅案卷材料、了解案件主要事实后，及时向人民法院提交书面法律意见。

第三十五条 法律援助人员应当向受援人通报案件办理情况，答复受援人询问，并制作通报情况记录。

第三十六条 法律援助人员应当按照法律援助机构要求报告案件承办情况。

法律援助案件有下列情形之一的，法律援助人员应当向法律援助机构报告：

（一）主要证据认定、适用法律等方面存在重大疑义的；

（二）涉及群体性事件的；

（三）有重大社会影响的；

（四）其他复杂、疑难情形。

第三十七条 受援人有证据证明法律援助人员未依法履行职责的，可以请求法律援助机构更换法律援助人员。

法律援助机构应当自受援人申请更换之日起五日内决定是否更换。决定更换的，应当另行指派或者安排人员承办。对犯罪嫌疑人、被告人具有应当通知辩护情形，人民法院、人民检察院、公安机关决定为其另行通知辩护的，法律援助机构应当另行指派或者安排人员承办。法律援助机构应当及时将变更情况通知办案机关。

更换法律援助人员的，原法律援助人员所属单位应当与受援人解除或者变更委托协议和授权委托书，原法律援助人员应当与更换后的法律援助人员办理案件材料移交手续。

第三十八条 法律援助人员在承办案件过程中，发现与本案存在利害关系或者因客观原因无法继续承办案件的，应当向法律援助机构报告。法律援助机构认为需要更换法律援助人员的，按照本规定第三十七条办理。

第三十九条 存在《中华人民共和国法律援助法》第四十八条规定情形，法律援助机构决定终止法律援助的，应当制作终止法律援助决定书，并于三日内，发送受援人、通知法律援助人员所属单位并函告办案机关。

受援人对法律援助机构终止法律援助的决定有异议的，按照本规定第二十二条、第二十三条办理。

第四十条 法律援助案件办理结束后，法律援助人员应当及时向法律援助机构报告，并自结案之日起三十日内向法律援助机构提交结案归档材料。

刑事诉讼案件侦查阶段应以承办律师收到起诉意见书或撤销案件的相关法律文书之日为结案日；审查起诉阶段应以承办律师收到起诉书或不起诉决定书之日为结案日；审判阶段以承办律师收到判决书、裁定书、调解书之日为结案日。其他诉讼案件以法律援助人员收到判决书、裁定书、调解书之日为结案日。劳动争议仲裁案件或者行政复议案件以法律援助人员收到仲裁裁决书、行政复议决定书之日为结案日。其他非诉讼法律事务以受援人与对方当事人达成和解、调解协议之日为结案日。无相关文书的，以义务人开始履行义务之日为结案日。法律援助机构终止法律援助的，以法律援助人员所属单位收到终止法律援助决定书之日为结案日。

第四十一条 法律援助机构应当自收到法律援助人员提交的结案归档材料之日起三十日内进行审查。对于结案归档材料齐全规范的，应当及时向法律援助人员支付法律援助补贴。

第四十二条 法律援助机构应当对法律援助案件申请、审查、指派等材料以及法律援助人员提交的结案归档材料进行整理，一案一卷，统一归档管理。

第六章 附 则

第四十三条 法律援助机构、律师事务所、基层法律服务所和法律援助人员从事法律援助活动违反本规定的，依照《中华人民共和国法律援助法》《中华人民共和国律师法》《法律援助条例》《律师和律师事务所违法行为处罚办法》等法律、法规和规章的规定追究法律责任。

第四十四条 本规定中期间开始的日，不算在期间以内。期间的最后一日是节假日的，以节假日后的第一日为期满日期。

第四十五条 法律援助文书格式由司法部统一规定。

第四十六条 本规定自2023年9月1日起施行。司法部2012年4月9日公布的《办理法律援助案件程序规定》（司法部令第124号）同时废止。

自然资源听证规定

· 2003年12月30日国土资源部令第22号公布
· 根据2020年3月20日《自然资源部关于第二批废止和修改的部门规章的决定》修订

第一章 总 则

第一条 为了规范自然资源管理活动，促进依法行政，提高自然资源管理的科学性和民主性，保护公民、法人和其他组织的合法权益，根据有关法律、法规，制定本规定。

第二条 县级以上人民政府自然资源行政主管部门（以下简称主管部门）依职权或者依当事人的申请组织听证的，适用本规定。

第三条 听证由拟作出行政处罚、行政许可决定，制定规章和规范性文件、实施需报政府批准的事项的主管部门组织。

依照本规定具体办理听证事务的法制工作机构为听证机构；但实施需报政府批准的事项可以由其经办机构作为听证机构。

本规定所称需报政府批准的事项，是指依法由本级人民政府批准后生效但主要由主管部门具体负责实施的事项，包括拟定或者修改基准地价、组织编制或者修改国土空间规划和矿产资源规划、拟定或者修改区片综合地价、拟定拟征地项目的补偿标准和安置方案、拟定非农业建设占用永久基本农田方案等。

第四条 主管部门组织听证，应当遵循公开、公平、公正和便民的原则，充分听取公民、法人和其他组织的意见，保证其陈述意见、质证和申辩的权利。

依职权组织的听证，除涉及国家秘密外，以听证会形式公开举行，并接受社会监督；依当事人的申请组织的听证，除涉及国家秘密、商业秘密或者个人隐私外，听证公开举行。

第五条 法律、法规和规章规定应当听证的事项，当事人放弃听证权利或者因情况紧急须即时决定的，主管部门不组织听证。

第二章 听证的一般规定

第六条 听证参加人包括拟听证事项经办机构的指派人员、听证会代表、当事人及其代理人、证人、鉴定人、翻译等。

第七条 听证一般由一名听证员组织；必要时，可以由三或五名听证员组织。听证员由主管部门指定。

听证设听证主持人，在听证员中产生；但须是听证机构或者经办机构的有关负责人。

记录员由听证主持人指定，具体承担听证准备和听证记录工作。

拟听证事项的具体经办人员，不得作为听证员和记录员；但可以由经办机构办理听证事务的除外。

第八条 在听证开始前，记录员应当查明听证参加人的身份和到场情况，宣布听证纪律和听证会场有关注意事项。

第九条 听证会按下列程序进行：

（一）听证主持人宣布听证开始，介绍听证员、记录员，宣布听证事项和事由，告知听证参加人的权利和义务；

（二）拟听证事项的经办机构提出理由、依据和有关材料及意见；

（三）当事人进行质证、申辩，提出维护其合法

权益的事实、理由和依据(听证会代表对拟听证事项的必要性、可行性以及具体内容发表意见和质询);

(四)最后陈述;

(五)听证主持人宣布听证结束。

第十条 记录员应当将听证的全部活动记入笔录。听证笔录应当载明下列事项,并由听证员和记录员签名:

(一)听证事项名称;

(二)听证员和记录员的姓名、职务;

(三)听证参加人的基本情况;

(四)听证的时间、地点;

(五)听证公开情况;

(六)拟听证事项的理由、依据和有关材料;

(七)当事人或者听证会代表的观点、理由和依据;

(八)延期、中止或者终止的说明;

(九)听证主持人对听证活动中有关事项的处理情况;

(十)听证主持人认为的其他事项。

听证笔录经听证参加人确认无误或者补正后当场签字或者盖章;无正当理由又拒绝签字或者盖章的,记明情况附卷。

第十一条 公开举行的听证会,公民、法人或者其他组织可以申请参加旁听。

第三章 依职权听证的范围和程序

第十二条 有下列情形之一的,主管部门应当组织听证:

(一)拟定或者修改基准地价;

(二)编制或者修改国土空间规划和矿产资源规划;

(三)拟定或者修改区片综合地价。

有下列情形之一的,直接涉及公民、法人或者其他组织的重大利益的,主管部门根据需要组织听证:

(一)制定规章和规范性文件;

(二)主管部门规定的其他情形。

第十三条 主管部门对本规定第十二条规定的事项举行听证的,应当在举行听证会 30 日前,向社会公告听证会的时间、地点、内容和申请参加听证会须知。

第十四条 符合主管部门规定条件的公民、法人和其他组织,均可申请参加听证会,也可推选代表参加听证会。

主管部门根据拟听证事项与公民、法人和其他组织的申请情况,指定听证会代表;指定的听证会代表应当具有广泛性、代表性。

公民、法人和其他组织推选的代表,符合主管部门条件的,应当优先被指定为听证会代表。

第十五条 听证机构应当在举行听证会的 10 个工作日前将听证会材料送达听证会代表。

第十六条 听证会代表应当亲自参加听证,并有权对拟听证事项的必要性、可行性以及具体内容发表意见和质询,查阅听证纪要。

听证会代表应当忠于事实,实事求是地反映所代表的公民、法人和其他组织的意见,遵守听证纪律,保守国家秘密。

第十七条 听证机构应当在举行听证会后 7 个工作日内,根据听证笔录制作包括下列内容的听证纪要:

(一)听证会的基本情况;

(二)听证事项的说明;

(三)听证会代表的意见陈述;

(四)听证事项的意见分歧;

(五)对听证会意见的处理建议。

第十八条 主管部门应当参照听证纪要依法制定规章和规范性文件;在报批拟定或者修改的基准地价、编制或者修改的国土空间规划和矿产资源规划、拟定或者修改的区片综合地价时,应当附具听证纪要。

第四章 依申请听证的范围和程序

第十九条 有下列情形之一的,主管部门在报批之前,应当书面告知当事人有要求举行听证的权利:

(一)拟定拟征地项目的补偿标准和安置方案的;

(二)拟定非农业建设占用永久基本农田方案的。

有下列情形之一的,主管部门在作出决定之前,应当书面告知当事人有要求举行听证的权利:

(一)较大数额罚款、责令停止违法勘查或者违法开采行为、吊销勘查许可证或者采矿许可证等行政处罚的;

(二)国有土地使用权、探矿权、采矿权的许可直接涉及申请人与他人之间重大利益关系的；

（三）法律、法规或者规章规定的其他情形。

第二十条 当事人对本规定第十九条规定的事项要求听证的，主管部门应当组织听证。

第二十一条 当事人应当在告知后5个工作日内向听证机构提出书面申请，逾期未提出的，视为放弃听证；但行政处罚听证的时限为3个工作日。放弃听证的，应当书面记载。

第二十二条 当事人可以委托一至二名代理人参加听证，收集、提供相关材料和证据，进行质证和申辩。

第二十三条 听证的书面申请包括以下内容：

（一）当事人的姓名、地址（法人或者其他组织的名称、地址、法定代表人）；

（二）申请听证的具体事项；

（三）申请听证的依据、理由。

申请听证的，应当同时提供相关材料。

第二十四条 听证机构收到听证的书面申请后，应当对申请材料进行审查；申请材料不齐备的，应当一次告知当事人补正。

有下列情形之一的，不予受理：

（一）提出申请的不是听证事项的当事人或者其代理人的；

（二）在告知后超过5个工作日提出听证的；

（三）其他不符合申请听证条件的。

不予受理的，主管部门应当书面告知当事人不予听证。

第二十五条 听证机构审核后，对符合听证条件的，应当制作《听证通知书》，并在听证的7个工作日前通知当事人和拟听证事项的经办机构。

《听证通知书》应当载明下列事项：

（一）听证的事由与依据；

（二）听证的时间、地点；

（三）听证员和记录员的姓名、职务；

（四）当事人、拟听证事项的经办机构的权利和义务；

（五）注意事项。

第二十六条 当事人在接到《听证通知书》后，应当准时到场；无正当理由不到场的，或者未经听证主持人允许中途退场的，视为放弃听证。放弃听证的，记入听证笔录。

第二十七条 拟听证事项的经办机构在接到《听证通知书》后，应当指派人员参加听证，不得放弃听证。

第二十八条 当事人认为听证员、记录员与拟听证事项有利害关系可能影响公正的，有权申请回避，并说明理由。

听证主持人的回避由主管部门决定。听证员、记录员的回避，由听证主持人决定。

第二十九条 有下列情形之一的，可以延期举行听证：

（一）因不可抗力的事由致使听证无法按期举行的；

（二）当事人申请延期，有正当理由的；

（三）可以延期的其他情形。

延期听证的，主管部门应当书面通知听证参加人。

第三十条 有下列情形之一的，中止听证：

（一）听证主持人认为听证过程中提出新的事实、理由和依据或者提出的事实有待调查核实的；

（二）申请听证的公民死亡、法人或者其他组织终止，尚未确定权利、义务承受人的；

（三）应当中止听证的其他情形。

中止听证的，主管部门应当书面通知听证参加人。

第三十一条 延期、中止听证的情形消失后，由主管部门决定恢复听证，并书面通知听证参加人。

第三十二条 有下列情形之一的，终止听证：

（一）有权申请听证的公民死亡，没有继承人，或者继承人放弃听证权利的；

（二）有权申请听证的法人或者其他组织终止，承受其权利的法人或者组织放弃听证权利的；

（三）当事人在听证过程中声明退出的；

（四）当事人在告知后明确放弃听证权利或者被视为放弃听证权利的；

（五）需要终止听证的其他情形。

第三十三条 主管部门应当根据听证笔录，作出行政许可决定，依法作出行政处罚决定；在报批拟定的拟征地项目的补偿标准和安置方案、非农业建设占用永久基本农田方案时，应当附具听证笔录。

第五章 法律责任

第三十四条 法律、法规和规章规定应当听

证的事项，当事人要求听证而未组织的，对直接负责的主管人员和其他直接责任人员依法给予处分。

第三十五条　主管部门的拟听证事项经办机构指派人员、听证员、记录员在听证时玩忽职守、滥用职权、徇私舞弊的，依法给予处分；构成犯罪的，依法追究刑事责任。

第六章　附　则

第三十六条　组织听证不得向当事人收取或者变相收取任何费用。

组织听证所需经费列入主管部门预算。听证机构组织听证必需的场地、设备、工作条件，主管部门应当给予保障。

第三十七条　主管部门办理行政复议，受委托起草法律、法规或者政府规章草案时，组织听证的具体程序参照本规定执行。

第三十八条　本规定自 2004 年 5 月 1 日起施行。

自然资源行政复议规定

- 2019 年 7 月 19 日自然资源部令第 3 号公布
- 自 2019 年 9 月 1 日起施行

第一条　为规范自然资源行政复议工作，及时高效化解自然资源行政争议，保护公民、法人和其他组织的合法权益，推进自然资源法治建设，根据《中华人民共和国行政复议法》和《中华人民共和国行政复议法实施条例》，制定本规定。

第二条　县级以上自然资源主管部门依法办理行政复议案件，履行行政复议决定，指导和监督行政复议工作，适用本规定。

第三条　自然资源部对全国自然资源行政复议工作进行指导和监督。

上级自然资源主管部门对下级自然资源主管部门的行政复议工作进行指导和监督。

第四条　本规定所称行政复议机关，是指依据法律法规规定履行行政复议职责的自然资源主管部门。

本规定所称行政复议机构，是指自然资源主管部门的法治工作机构。

行政复议机关可以委托所属事业单位承担有关行政复议的事务性工作。

第五条　行政复议机关可以根据工作需要设立行政复议委员会，审议重大、复杂、疑难的行政复议案件，研究行政复议工作中的重大问题。

第六条　行政复议工作人员应当具备与履行职责相适应的政治素质、法治素养和业务能力，忠于宪法和法律，清正廉洁，恪尽职守。

初次从事行政复议的人员，应当通过国家统一法律职业资格考试取得法律职业资格。

第七条　行政复议机关应当依照有关规定配备专职行政复议人员，并定期组织培训，保障其每年参加专业培训的时间不少于三十六个学时。

行政复议机关应当保障行政复议工作经费、装备和其他必要的工作条件。

第八条　行政复议机关应当定期对行政复议工作情况、行政复议决定履行情况以及典型案例等进行统计、分析、通报，并将有关情况向上一级自然资源主管部门报告。

行政复议机关应当建立行政复议信息管理系统，提高案件办理、卷宗管理、统计分析、便民服务的信息化水平。

第九条　县级以上自然资源主管部门应当将行政复议工作情况纳入本部门考核内容，考核结果作为评价领导班子、评先表彰、干部使用的重要依据。

第十条　行政复议机构统一受理行政复议申请。

行政复议机关的其他机构收到行政复议申请的，应当自收到之日起 1 个工作日内将申请材料转送行政复议机构。

行政复议机构应当对收到的行政复议申请进行登记。

第十一条　行政复议机构收到申请人提出的批评、意见、建议、控告、检举、投诉等信访请求的，应当将相关材料转交信访纪检等工作机构处理，告知申请人并做好记录。

第十二条　行政复议机构认为行政复议申请材料不齐全、表述不清楚或者不符合法定形式的，应当自收到该行政复议申请书之日起 5 个工作日内，一次性书面通知申请人补正。

补正通知书应当载明下列事项：

（一）需要更改、补充的具体内容；

（二）需要补正的材料、证据；

（三）合理的补正期限；

（四）无正当理由逾期未补正的法律后果。

无正当理由逾期未提交补正材料的，视为申请人放弃行政复议申请。补正申请材料所用时间不计入复议审理期限。

第十三条 有下列情形之一的，行政复议机关不予受理：

（一）未按照本规定第十二条规定的补正通知要求提供补正材料的；

（二）对下级自然资源主管部门作出的行政复议决定或者行政复议告知不服，申请行政复议的；

（三）其他不符合法定受理条件的。

对同一申请人以基本相同的事实和理由重复提出同一行政复议申请的，行政复议机关不再重复受理。

第十四条 对政府信息公开答复不服申请行政复议，有下列情形之一，被申请人已经履行法定告知义务或者说明理由的，行政复议机关可以驳回行政复议申请：

（一）要求提供已经主动公开的政府信息，或者要求公开申请人已经知晓的政府信息，自然资源主管部门依法作出处理、答复的；

（二）要求自然资源主管部门制作、搜集政府信息和对已有政府信息进行汇总、分析、加工等，自然资源主管部门依法作出处理、答复的；

（三）申请人以政府信息公开申请的形式进行信访、投诉、举报等活动，自然资源主管部门告知申请人不作为政府信息公开申请处理的；

（四）申请人的政府信息公开申请符合《中华人民共和国政府信息公开条例》第三十六条第三、五、六、七项规定，自然资源主管部门依法作出处理、答复的；

（五）法律法规规定的其他情形。

符合前款规定情形的，行政复议机关可以不要求被申请人提供书面答复及证据、依据。

第十五条 对投诉、举报、检举和反映问题等事项的处理不服申请行政复议的，属于下列情形之一，自然资源主管部门已经将处理情况予以告知，且告知行为未对申请人的实体权利义务产生不利影响的，行政复议机关可以不予受理或者受理审查后驳回行政复议申请：

（一）信访处理意见、复查意见、复核意见，或者未履行信访法定职责的行为；

（二）履行内部层级监督职责作出的处理、答复，或者未履行该职责的行为；

（三）对明显不具有事务、地域或者级别管辖权的投诉举报事项作出的处理、答复，或者未作处理、答复的行为；

（四）未设定申请人权利义务的重复处理行为、说明性告知行为及过程性行为。

第十六条 行政复议机构应当自受理行政复议申请之日起7个工作日内，向被申请人发出答复通知书，并将行政复议申请书副本或者申请笔录复印件一并发送被申请人。

第十七条 行政复议机构认为申请人以外的公民、法人或者其他组织与被复议的行政行为有利害关系的，可以通知其作为第三人参加行政复议。

申请人以外的公民、法人或者其他组织也可以向行政复议机构提出申请，并提交有利害关系的证明材料，经审查同意后作为第三人参加行政复议。

第十八条 自然资源部为被申请人的，由行政行为的承办机构提出书面答复，报分管部领导审定。

地方自然资源主管部门为被申请人的，由行政行为的承办机构提出书面答复，报本部门负责人签发，并加盖本部门印章。

难以确定行政复议答复承办机构的，由本部门行政复议机构确定。承办机构有异议的，由行政复议机构报本部门负责人确定。

行政行为的承办机构应当指定1至2名代理人参加行政复议。

第十九条 被申请人应当提交行政复议答复书及作出原行政行为的证据、依据和其他有关材料，并对其提交的证据材料分类编号，对证据材料的来源、证明对象和内容作简要说明。涉及国家秘密的，应当作出明确标识。

被申请人未按期提交行政复议答复书及证据材料的，视为原行政行为没有证据、依据，行政复议机关应当作出撤销该行政行为的行政复议决定。

第二十条 被申请人应当自收到答复通知书之日起10日内，提交行政复议答复书。

行政复议答复书应当载明下列事项：

（一）被申请人的名称、地址、法定代表人的姓名、职务；

（二）委托代理人的姓名、单位、职务、联系方式；

（三）作出行政行为的事实和有关证据；

（四）作出行政行为所依据的法律、法规、规章和规范性文件的具体条款和内容；

（五）对申请人复议请求的意见和理由；

（六）作出答复的日期。

第二十一条 行政复议机关应当为申请人、第三人及其代理人查阅行政复议案卷材料提供必要的便利条件。

申请人、第三人申请查阅行政复议案卷材料的，应当出示身份证件；代理人申请查阅行政复议案卷材料的，应当出示身份证件及授权委托书。申请人、第三人及其代理人查阅行政复议案卷材料时，行政复议机构工作人员应当在场。

第二十二条 对受理的行政复议案件，行政复议机构可以根据案件审理的需要，征求本行政复议机关相关机构的意见。

相关机构应当按照本机构职责范围，按期对行政复议案件提出明确意见，并说明理由。

第二十三条 行政复议案件以书面审理为主。必要时，行政复议机构可以采取实地调查、审查会、听证会、专家论证等方式审理行政复议案件。

重大、复杂、疑难的行政复议案件，行政复议机构应当提请行政复议委员会审议。

第二十四条 申请人对自然资源主管部门作出的同一行政行为或者内容基本相同的行政行为，提出多个行政复议申请的，行政复议机构可以合并审理。

已经作出行政复议决定，其他申请人以基本相同的事实和理由，对同一行政行为再次提出行政复议申请的，行政复议机构可以简化审理程序。

第二十五条 行政复议期间有下列情形之一的，行政复议中止：

（一）双方当事人书面提出协商解决申请，行政复议机构认为有利于实质性解决纠纷，维护申请人合法权益的；

（二）申请人不以保护自身合法权益为目的，反复提起行政复议申请，扰乱复议机关行政管理秩序的；

（三）法律法规规定需要中止审理的其他情形。

属于前款第一项规定情形的，双方当事人应当明确协商解决的期限。期限届满未能协商解决的，案件恢复审理。

属于前款第二项规定情形，情节严重的，行政复议机关应当及时向有关国家机关通报。

行政复议机构中止行政复议案件审理的，应当书面通知当事人，并告知中止原因；行政复议中止的原因消除后，应当及时恢复行政复议案件的审理。

第二十六条 行政复议机关作出行政复议决定，应当制作行政复议决定书。

行政复议决定书应当符合法律法规的规定，并加盖行政复议机关的印章或者行政复议专用章。

行政复议决定书应当载明申请人不服行政复议决定的法律救济途径和期限。

第二十七条 被复议行政行为的处理结果正确，且不损害申请人的实体权利，但在事实认定、引用依据、证据提交方面有轻微错误的，行政复议机关可以作出驳回复议申请或者维持原行政行为的决定，但应当在行政复议决定书中对被申请人予以指正。

被申请人应当在收到行政复议决定书之日起60日内，向行政复议机关作出书面说明，并报告改正情况。

第二十八条 行政行为被行政复议机关撤销、变更、确认违法的，或者行政复议机关责令履行法定职责的，行政行为的承办机构应当适时制作行政复议决定分析报告，向本机关负责人报告，并抄送法治工作机构。

第二十九条 行政复议机关在行政复议过程中，发现被申请人相关行政行为的合法性存在问题，或者需要做好善后工作的，应当制发行政复议意见书，向被申请人指出存在的问题，提出整改要求。

被申请人应当责成行政行为的承办机构在收到行政复议意见书之日起60日内完成整改工作，并将整改情况书面报告行政复议机关。

被申请人拒不整改或者整改不符合要求，情节严重的，行政复议机关应当报请有关国家机关依法处理。

行政复议期间，行政复议机构发现法律、法规、规章实施中带有普遍性的问题，可以制作行政复议建议书，向有关机关提出完善制度和改进行政执法的建议。相关机关应当及时向行政复议机构反馈落实情况。

第三十条 有下列情形之一，在整改期限内拒不整改或整改不符合要求的，上级自然资源主管部门可以约谈下级自然资源主管部门负责人，通报有关地方人民政府：

（一）不依法履行行政复议职责，故意将行政复议案件上交的；

（二）反复发生群体性行政复议案件的；

（三）同类行政复议案件反复发生，未采取措施解决的；

（四）逾期不履行行政复议决定、不反馈行政复议意见书和建议书的；

（五）提交虚假证据材料的；

（六）其他事项需要约谈的。

第三十一条 行政复议机关应当将行政复议申请受理情况等信息在本机关门户网站、官方微信等媒体上向社会公开。

推行行政复议决定书网上公开，加强社会对行政复议决定履行情况的监督。

第三十二条 被申请人应当在法定期限内履行生效的行政复议决定，并在履行行政复议决定后30日内将履行情况及相关法律文书送达情况书面报告行政复议机关。

第三十三条 行政复议决定履行期满，被申请人不履行行政复议决定的，申请人可以向行政复议机关提出责令履行申请。

第三十四条 行政复议机关收到责令履行申请书，应当向被申请人进行调查或者核实，依照下列规定办理：

（一）被申请人已经履行行政复议决定，并将履行情况相关法律文书送达申请人的，应当联系申请人予以确认，并做好记录；

（二）被申请人已经履行行政复议决定，但尚未将履行情况相关法律文书送达申请人的，应当督促被申请人将相关法律文书送达申请人；

（三）被申请人逾期未履行行政复议决定的，应当责令被申请人在规定的期限内履行。被申请人拒不履行的，行政复议机关可以将有关材料移送纪检监察机关。

属于本条第一款第二项规定情形的，被申请人应当将相关法律文书送达情况及时报告行政复议机关。

属于本条第一款第三项规定情形的，被申请人应当在收到书面通知之日起30日内履行完毕，并书面报告行政复议机关。被申请人认为没有条件履行的，应当说明理由并提供相关证据、依据。

第三十五条 有下列情形之一，行政复议机关可以决定被申请人中止履行行政复议决定：

（一）有新的事实和证据，足以影响行政复议决定履行的；

（二）行政复议决定履行需要以其他案件的审理结果为依据，而其他案件尚未审结的；

（三）被申请人与申请人达成中止履行协议，双方提出中止履行申请的；

（四）因不可抗力等其他原因需要中止履行的。

本条前款第三项规定的中止履行协议不得损害国家利益、社会公共利益和他人的合法权益。

第三十六条 决定中止履行行政复议决定的，行政复议机关应当向当事人发出行政复议决定中止履行通知书。

行政复议决定中止履行通知书应当载明中止履行的理由和法律依据。中止履行期间，不计算在履行期限内。

中止履行的情形消除后，行政复议机关应当向当事人发出行政复议决定恢复履行通知书。

第三十七条 经审查，被申请人不履行行政复议决定的理由不成立的，行政复议机关应当作出责令履行行政复议决定通知书，并送达被申请人。

第三十八条 被责令重新作出行政行为的，被申请人不得以同一事实和理由作出与原行政行为相同或者基本相同的行为，因违反法定程序被责令重新作出行政行为的除外。

第三十九条 行政复议机关工作人员违反本规定，有下列情形之一，情节严重的，对直接负责的责任人员依法给予处分：

（一）未登记行政复议申请，导致记录不全或者遗漏的；

（二）未按时将行政复议申请转交行政复议机构的；

（三）未保障行政复议当事人、代理人阅卷权的；

（四）未妥善保管案卷材料，或者未按要求将行政复议案卷归档，导致案卷不全或者遗失的；

（五）未对收到的责令履行申请书进行调查核实的；

（六）未履行行政复议职责，导致矛盾上交或者激化的。

第四十条 被申请人及其工作人员违反本规定，有下列情形之一，情节严重的，对直接负责的责任人员依法给予处分：

（一）不提出行政复议答复或者无正当理由逾期答复的；

（二）不提交作出原行政行为的证据、依据和其他有关材料的；

（三）不配合行政复议机关开展行政复议案件审理工作的；

（四）不配合行政复议机关调查核实行政复议决定履行情况的；

（五）不履行或者无正当理由拖延履行行政复议决定的；

（六）不与行政复议机关在共同应诉工作中沟通、配合，导致不良后果的；

（七）对收到的行政复议意见书无正当理由，不予书面答复或者逾期作出答复的。

第四十一条 行政复议案件审结后，案件承办机构应当及时将案件材料立卷归档。

第四十二条 申请人对国家林业和草原局行政行为不服的，应当向国家林业和草原局提起行政复议。

申请人对地方林业和草原主管部门的行政行为不服，选择向其上一级主管部门申请行政复议的，应当向上一级林业和草原主管部门提起行政复议。

自然资源主管部门对不属于本机关受理的行政复议申请，能够明确属于同级林业和草原主管部门职责范围的，应当将该申请转送同级林业和草原主管部门，并告知申请人。

第四十三条 本规定自2019年9月1日起施行。原国土资源部2017年11月21日发布的《国土资源行政复议规定》（国土资源部令第76号）同时废止。

自然资源行政处罚办法

· 2014年4月10日国土资源部令第60号公布
· 根据2020年3月20日《自然资源部关于第二批废止和修改的部门规章的决定》修订

第一章 总 则

第一条 为规范自然资源行政处罚的实施，保障和监督自然资源主管部门依法履行职责，保护自然人、法人或者其他组织的合法权益，根据《中华人民共和国行政处罚法》以及《中华人民共和国土地管理法》、《中华人民共和国矿产资源法》等自然资源管理法律法规，制定本办法。

第二条 县级以上自然资源主管部门依照法定职权和程序，对自然人、法人或者其他组织违反自然资源管理法律法规的行为实施行政处罚，适用本办法。

第三条 自然资源主管部门实施行政处罚，遵循公正、公开的原则，做到事实清楚，证据确凿，定性准确，依据正确，程序合法，处罚适当。

第四条 自然资源行政处罚包括：

（一）警告；

（二）罚款；

（三）没收违法所得、没收非法财物；

（四）限期拆除；

（五）吊销勘查许可证和采矿许可证；

（六）法律法规规定的其他行政处罚。

第二章 管 辖

第五条 自然资源违法案件由土地、矿产资源所在地的县级自然资源主管部门管辖，但法律法规以及本办法另有规定的除外。

第六条 省级、市级自然资源主管部门管辖本行政区域内重大、复杂和法律法规规定应当由其管辖的自然资源违法案件。

第七条 自然资源部管辖全国范围内重大、复杂和法律法规规定应当由其管辖的自然资源违法案件。

全国范围内重大、复杂的自然资源违法案件是指：

（一）国务院要求自然资源部管辖的自然资源

违法案件；

（二）跨省级行政区域的自然资源违法案件；

（三）自然资源部认为应当由其管辖的其他自然资源违法案件。

第八条 有下列情形之一的，上级自然资源主管部门有权管辖下级自然资源主管部门管辖的案件：

（一）下级自然资源主管部门应当立案调查而不予立案调查的；

（二）案情复杂，情节恶劣，有重大影响的。

上级自然资源主管部门可以将本级管辖的案件交由下级自然资源主管部门管辖，但是法律法规规定应当由其管辖的除外。

第九条 有管辖权的自然资源主管部门由于特殊原因不能行使管辖权的，可以报请上一级自然资源主管部门指定管辖。

自然资源主管部门之间因管辖权发生争议的，报请共同的上一级自然资源主管部门指定管辖。

上一级自然资源主管部门应当在接到指定管辖申请之日起7个工作日内，作出管辖决定。

第十条 自然资源主管部门发现违法案件不属于本部门管辖的，应当移送有管辖权的自然资源主管部门或者其他部门。受移送的自然资源主管部门对管辖权有异议的，应当报请上一级自然资源主管部门指定管辖，不得再自行移送。

第三章 立案、调查和审理

第十一条 自然资源主管部门发现自然人、法人或者其他组织行为涉嫌违法的，应当及时核查。对正在实施的违法行为，应当依法及时下达《责令停止违法行为通知书》予以制止。

《责令停止违法行为通知书》应当记载下列内容：

（一）违法行为人的姓名或者名称；

（二）违法事实和依据；

（三）其他应当记载的事项。

第十二条 符合下列条件的，自然资源主管部门应当在10个工作日内予以立案：

（一）有明确的行为人；

（二）有违反自然资源管理法律法规的事实；

（三）依照自然资源管理法律法规应当追究法律责任；

（四）属于本部门管辖；

（五）违法行为没有超过追诉时效。

违法行为轻微并及时纠正，没有造成危害后果的，可以不予立案。

第十三条 立案后，自然资源主管部门应当指定案件承办人员，及时组织调查取证。调查取证时，案件调查人员应当不少于2人，并应当向被调查人出示执法证件。

第十四条 调查人员与案件有直接利害关系的，应当回避。

第十五条 自然资源主管部门进行调查取证，有权采取下列措施：

（一）要求被调查的单位或者个人提供有关文件和资料，并就与案件有关的问题作出说明；

（二）询问当事人以及相关人员，进入违法现场进行检查、勘测、拍照、录音、摄像，查阅和复印相关材料；

（三）依法可以采取的其他措施。

第十六条 当事人拒绝调查取证或者采取暴力、威胁的方式阻碍自然资源主管部门调查取证的，自然资源主管部门可以提请公安机关、检察机关、监察机关或者相关部门协助，并向本级人民政府或者上一级自然资源主管部门报告。

第十七条 依法取得并能够证明案件事实情况的书证、物证、视听资料、计算机数据、证人证言、当事人陈述、询问笔录、现场勘测笔录、鉴定结论、认定结论等，作为自然资源行政处罚的证据。

第十八条 调查人员应当收集、调取与案件有关的书证、物证、视听资料、计算机数据的原件、原物、原始载体；收集、调取原件、原物、原始载体确有困难的，可以收集、调取复印件、复制件、节录本、照片、录像等。声音资料应当附有该声音内容的文字记录。

第十九条 证人证言应当符合下列要求：

（一）注明证人的姓名、年龄、性别、职业、住址、联系方式等基本情况；

（二）有证人的签名，不能签名的，应当按手印或者盖章；

（三）注明出具日期；

（四）附有居民身份证复印件等证明证人身份的文件。

第二十条 当事人请求自行提供陈述材料的，应当准许。必要时，调查人员也可以要求当事人自行书写。当事人应当在其提供的陈述材料上签名、按手印或者盖章。

第二十一条　询问应当个别进行，并制作询问笔录。询问笔录应当记载询问的时间、地点和询问情况等。

第二十二条　现场勘测一般由案件调查人实施，也可以委托有资质的单位实施。现场勘测应当制作现场勘测笔录。

第二十三条　为查明事实，需要对案件中的有关问题进行检验鉴定的，自然资源主管部门可以委托具有相应资质的机构进行。

第二十四条　案件调查终结，案件承办人员应当提交调查报告。调查报告应当包括当事人的基本情况、违法事实以及法律依据、相关证据、违法性质、违法情节、违法后果，并提出依法是否应当给予行政处罚以及给予何种行政处罚的处理意见。

涉及需要追究党纪、政纪或者刑事责任的，应当提出移送有权机关的建议。

第二十五条　自然资源主管部门在审理案件调查报告时，应当就下列事项进行审理：

（一）事实是否清楚、证据是否确凿；

（二）定性是否准确；

（三）适用法律是否正确；

（四）程序是否合法；

（五）拟定的处理意见是否适当。

经审理发现调查报告存在问题的，可以要求调查人员重新调查或者补充调查。

第四章　决　定

第二十六条　审理结束后，自然资源主管部门根据不同情况，分别作出下列决定：

（一）违法事实清楚、证据确凿、依据正确、调查审理符合法定程序的，作出行政处罚决定；

（二）违法情节轻微、依法可以不给予行政处罚的，不予行政处罚；

（三）违法事实不成立的，不得给予行政处罚；

（四）违法行为涉及需要追究党纪、政纪或者刑事责任的，移送有权机关。

第二十七条　违法行为依法需要给予行政处罚的，自然资源主管部门应当制作《行政处罚告知书》，按照法律规定的方式，送达当事人。当事人有权进行陈述和申辩。陈述和申辩应当在收到《行政处罚告知书》后3个工作日内提出。口头形式提出的，案件承办人员应当制作笔录。

第二十八条　对拟给予较大数额罚款或者吊销勘查许可证、采矿许可证等行政处罚的，自然资源主管部门应当制作《行政处罚听证告知书》，按照法律规定的方式，送达当事人。当事人要求听证的，应当在收到《行政处罚听证告知书》后3个工作日内提出。

自然资源行政处罚听证适用《自然资源听证规定》。

第二十九条　当事人未在规定时间内陈述、申辩或者要求听证的，以及陈述、申辩或者听证中提出的事实、理由或者证据不成立的，自然资源主管部门应当依法制作《行政处罚决定书》，并按照法律规定的方式，送达当事人。

《行政处罚决定书》中应当包括行政处罚告知、当事人陈述、申辩或者听证的情况。

《行政处罚决定书》一经送达，即发生法律效力。当事人对行政处罚决定不服申请行政复议或者提起行政诉讼的，在行政复议或者行政诉讼期间，行政处罚决定不停止执行；法律另有规定的除外。

《行政处罚决定书》应当加盖作出处罚决定的自然资源主管部门的印章。

第三十条　法律法规规定的责令改正或者责令限期改正，可以与行政处罚决定一并作出，也可以在作出行政处罚决定之前单独作出。

第三十一条　当事人有两个以上自然资源违法行为的，自然资源主管部门可以制作一份《行政处罚决定书》，合并执行。《行政处罚决定书》应当明确对每个违法行为的处罚内容和合并执行的内容。

违法行为有两个以上当事人的，可以分别作出行政处罚决定，制作一式多份《行政处罚决定书》，分别送达当事人。《行政处罚决定书》应当明确给予每个当事人的处罚内容。

第三十二条　自然资源主管部门应当自立案之日起60日内作出行政处罚决定。

案情复杂，不能在规定期限内作出行政处罚决定的，经本级自然资源主管部门负责人批准，可以适当延长，但延长期限不得超过30日，案情特别复杂的除外。

第五章 执 行

第三十三条 行政处罚决定生效后，当事人逾期不履行的，自然资源主管部门除采取法律法规规定的措施外，还可以采取以下措施：

（一）向本级人民政府和上一级自然资源主管部门报告；

（二）向当事人所在单位或者其上级主管部门通报；

（三）向社会公开通报；

（四）停止办理或者告知相关部门停止办理当事人与本案有关的许可、审批、登记等手续。

第三十四条 自然资源主管部门申请人民法院强制执行前，有充分理由认为被执行人可能逃避执行的，可以申请人民法院采取财产保全措施。

第三十五条 自然资源主管部门作出没收矿产品、建筑物或者其他设施的行政处罚决定后，应当在行政处罚决定生效后90日内移交同级财政部门处理，或者拟订处置方案报本级人民政府批准后实施。法律法规另有规定的，从其规定。

第三十六条 自然资源主管部门申请人民法院强制执行前，应当催告当事人履行义务。

当事人在法定期限内不申请行政复议或者提起行政诉讼，又不履行的，自然资源主管部门可以自期限届满之日起3个月内，向土地、矿产资源所在地有管辖权的人民法院申请强制执行。

第三十七条 自然资源主管部门向人民法院申请强制执行，应当提供下列材料：

（一）《强制执行申请书》；

（二）《行政处罚决定书》及作出决定的事实、理由和依据；

（三）当事人的意见以及催告情况；

（四）申请强制执行标的情况；

（五）法律法规规定的其他材料。

《强制执行申请书》应当加盖自然资源主管部门的印章。

第三十八条 符合下列条件之一的，经自然资源主管部门负责人批准，案件结案：

（一）执行完毕的；

（二）终结执行的；

（三）已经依法申请人民法院强制执行的；

（四）其他应当结案的情形。

涉及需要移送有关部门追究党纪、政纪或者刑事责任的，应当在结案前移送。

第六章 监督管理

第三十九条 自然资源主管部门应当通过定期或者不定期检查等方式，加强对下级自然资源主管部门实施行政处罚工作的监督，并将发现和制止违法行为、依法实施行政处罚等情况作为监督检查的重点内容。

第四十条 自然资源主管部门应当建立重大违法案件公开通报制度，将案情和处理结果向社会公开通报并接受社会监督。

第四十一条 自然资源主管部门应当建立重大违法案件挂牌督办制度，明确提出办理要求，公开督促下级自然资源主管部门限期办理并接受社会监督。

第四十二条 自然资源主管部门应当建立违法案件统计制度。下级自然资源主管部门应当定期将本行政区域内的违法形势分析、案件发生情况、查处情况等逐级上报。

第四十三条 自然资源主管部门应当建立自然资源违法案件错案追究制度。行政处罚决定错误并造成严重后果的，作出处罚决定的机关应当承担相应的责任。

第四十四条 自然资源主管部门应当配合有关部门加强对行政处罚实施过程中的社会稳定风险防控。

第七章 法律责任

第四十五条 县级以上自然资源主管部门直接负责的主管人员和其他直接责任人员，违反本办法规定，有下列情形之一，致使自然人、法人或者其他组织的合法权益、公共利益和社会秩序遭受损害的，应当依法给予处分：

（一）对违法行为未依法制止的；

（二）应当依法立案查处，无正当理由未依法立案查处的；

（三）在制止以及查处违法案件中受阻，依照有关规定应当向本级人民政府或者上级自然资源主管部门报告而未报告的；

（四）应当依法给予行政处罚而未依法处罚的；

（五）应当依法申请强制执行、移送有关机关追究责任，而未依法申请强制执行、移送有关机关的；

（六）其他徇私枉法、滥用职权、玩忽职守的情形。

第八章 附 则

第四十六条 自然资源行政处罚法律文书格式,由自然资源部统一制定。

第四十七条 本办法自2014年7月1日起施行。原地质矿产部1993年7月19日发布的《违反矿产资源法规行政处罚办法》和原国家土地管理局1995年12月18日发布的《土地违法案件查处办法》同时废止。

自然资源行政应诉规定

· 2019年7月19日自然资源部令第4号公布
· 自2019年9月1日起施行

第一条 为规范自然资源行政应诉工作,保护公民、法人和其他组织的合法权益,推进自然资源法治建设,根据《中华人民共和国行政诉讼法》和国务院有关规定,结合自然资源管理工作实际,制定本规定。

第二条 自然资源主管部门依法参加行政诉讼活动,适用本规定。

第三条 上级自然资源主管部门应当加强对下级自然资源主管部门行政应诉工作的指导和监督。

第四条 自然资源主管部门的法治工作机构负责组织、协调和指导本部门的行政应诉工作。

自然资源主管部门作出被诉行政行为的工作机构为应诉承办机构,负责承办相应的行政应诉工作。

第五条 自然资源主管部门应当积极支持人民法院依法受理和审理行政诉讼案件,依法履行出庭应诉职责,尊重并执行人民法院生效裁判,自觉接受司法监督。

第六条 自然资源主管部门应当根据行政应诉工作需要,配备、充实工作人员,保障工作经费、装备和其他必要的工作条件,保证行政应诉人员、机构和能力与工作任务相适应。

第七条 自然资源主管部门应当建立行政应诉学习培训制度,开展集中培训、旁听庭审和案例研讨等活动,提高工作人员的行政应诉能力。

第八条 自然资源主管部门应当定期统计和分析行政应诉情况,总结行政应诉中发现的普遍性问题和重点案件,并在本部门内部或者向下级自然资源主管部门通报,督促其改进管理、完善制度。

第九条 自然资源主管部门的法治工作机构负责统一登记人民法院行政案件应诉通知书、裁判文书等。其他工作机构应当于收到的当日转交法治工作机构进行登记。

第十条 自然资源主管部门可以根据应诉工作的需要,聘请律师或者安排公职律师办理自然资源行政诉讼案件。

第十一条 自然资源主管部门应当积极配合检察机关开展公益诉讼工作。

第十二条 自然资源主管部门可以委托所属事业单位承担有关行政应诉的事务性工作。

第十三条 共同应诉案件中,自然资源主管部门可以通过人民法院远程在线应诉平台出庭应诉,也可以委托下一级自然资源主管部门出庭应诉。

第十四条 自然资源主管部门应当依照下列规定确定应诉承办机构,并将应诉通知书及相关材料转交应诉承办机构办理：

（一）被诉的行政行为未经复议的,作出该行政行为的业务工作机构为应诉承办机构；

（二）被诉的行政行为经复议维持的,作出该行政行为的业务工作机构和法治工作机构为应诉承办机构。业务工作机构负责对原行政行为的合法性进行举证和答辩,法治工作机构负责对复议决定的合法性进行举证和答辩；

（三）被诉的行政行为经复议改变的,办理行政复议事项的法治工作机构为应诉承办机构,业务工作机构协助办理。

经自然资源主管部门负责人同意,应诉承办机构可以通知与被诉行政行为有关的其他工作机构参与应诉工作。

确定应诉承办机构有争议的,由法治工作机构提出处理意见,报请自然资源主管部门负责人确定。

第十五条 因行政复议机关维持原行政行为被共同提起诉讼的,自然资源主管部门的应诉承办机构应当与立案的人民法院联系，并及时与行政复议机关的应诉承办机构沟通。

第十六条 应诉承办机构应当按照人民法院应诉通知书的要求，及时收集整理作出被诉行政行为的证据、依据以及其他有关材料，拟订答辩状，确定应诉承办人员，并制作法定代表人身份证明和授权委托书。

应诉承办机构根据需要，可以提请法治工作机构组织有关机构、单位、法律顾问等对复杂案件进行会商。

第十七条 应诉承办机构应当将答辩状及证据、依据等相关材料提交自然资源主管部门负责人审查批准。

答辩状、法定代表人身份证明、授权委托书应当加盖自然资源主管部门的印章，授权委托书还应当加盖法定代表人签名章或者由法定代表人签字。

第十八条 应诉承办机构应当自自然资源主管部门收到人民法院应诉通知书之日起15日内，按照人民法院的要求将答辩状、证据、依据等相关材料提交立案的人民法院。因不可抗力等正当事由导致证据不能按时提供的，应当向人民法院提出申请，经准许后可以延期提供。

证据、依据等相关材料涉及国家秘密、商业秘密或者个人隐私的，应诉承办机构应当作出明确标注和说明，安排工作人员当面提交给人民法院，由人民法院指定的人员签收。

第十九条 应诉承办机构认为需要向人民法院申请阅卷的，可以向人民法院提出申请，并按照规定查阅、复制卷宗材料。

第二十条 应诉承办机构收到应诉通知书后，认为能够采取解释说明、补充完善相关行政程序、积极履行法定职责等措施化解行政争议的，应当及时提出具体措施的建议，必要时应当经本部门负责人同意，与人民法院、原告沟通协商，但不得采取欺骗、胁迫等手段迫使原告撤诉。

应诉承办机构为化解行政争议所采取的措施，不得损害国家利益、社会公共利益和他人合法权益，不得违反法律法规的规定。

第二十一条 人民法院建议调解的行政争议，应诉承办机构应当提出协调解决方案，经自然资源主管部门负责人批准后，配合人民法院与当事人进行沟通协调。

第二十二条 符合下列情形之一的，自然资源主管部门负责人应当出庭应诉：

（一）涉及重大公共利益、社会高度关注或者可能引发群体性事件，负责人出庭更有利于化解争议的案件；

（二）上级自然资源主管部门建议或者同级人民政府要求负责人出庭应诉的案件；

（三）人民法院书面建议负责人出庭应诉的案件；

（四）其他对自然资源管理可能产生重大影响的案件。

符合前款规定的，应诉承办机构应当及时提出负责人出庭应诉的具体建议。自然资源主管部门负责人确实无法出庭的，应当指定其他工作人员出庭应诉，并按照人民法院的要求，在开庭审理前向人民法院作出书面说明。

第二十三条 符合下列情形之一的，应诉承办机构负责人应当出庭应诉：

（一）自然资源主管部门负责人要求应诉承办机构负责人出庭的案件；

（二）自然资源主管部门提起上诉或者申请再审的案件；

（三）其他对本机构业务执法标准可能产生重大影响的案件。

第二十四条 出庭应诉人员应当按时到庭。未经法庭许可，不得中途退庭。确因特殊情况不能按时出庭的，应当提前告知人民法院并说明事由，经法院许可可申请延期。

第二十五条 出庭应诉人员应当根据人民法院的要求参加庭审活动，遵守司法程序和法庭纪律，尊重审判人员和其他诉讼参加人。

第二十六条 庭审结束后需要补充答辩意见和相关材料的，应诉承办机构应当在人民法院要求的期限内提供。

第二十七条 应诉承办机构应当对人民法院裁判文书进行认真研究，认为依法应当提起上诉、申请再审的，经自然资源主管部门负责人批准后，应当在法定期限内向有管辖权的人民法院提交上诉状或者再审申请书，并将上诉状或者再审申请书抄送法治工作机构。

行政复议决定维持原行政行为的，作出原行政行为的自然资源主管部门或者行政复议机关认为应当提起上诉、申请再审的，双方应当进行协商。

第二十八条 自然资源主管部门决定不提起上诉、申请再审的，应诉承办机构应当于人民法院裁判文书生效之日起10日内，将裁判结果及分析情况向本部门负责人报告，同时抄送法治工作机构。因同一原因导致多个案件收到相同裁判结果的，可以合并报告。

自然资源部作出原行政行为的业务工作机构和行政复议机构共同应诉的，由作出原行政行为的业务工作机构负责报告；因行政复议程序导致败诉的，由行政复议机构负责报告。

第二十九条 二审案件、再审案件由原承办一审案件、二审案件的应诉承办机构负责承办行政应诉工作。

第三十条 人民法院的裁判文书需要履行的，应诉承办机构应当按照法律规定的期限履行。重大、疑难、复杂案件应当自判决、裁定和调解书生效之日起10日内提出履行的意见，报经本部门负责人批准后组织实施，并在判决、裁定和调解书生效之日起30日内，向负责人报告履行情况，同时抄送法治工作机构。

依法提出再审申请的，应诉承办机构应当就履行的意见与相关人民法院进行沟通。

第三十一条 人民法院依法判决自然资源主管部门承担赔偿责任的，应诉承办机构应当会同相关机构依照法律法规和国家有关规定制定赔偿方案，经本部门负责人批准后，办理支付赔偿费用手续。

第三十二条 需要缴纳诉讼费用的，由应诉承办机构会同相关机构办理。

第三十三条 自然资源主管部门收到人民法院提出的司法建议后，应诉承办机构应当组织研究落实，提出具体措施、意见和建议，对存在的违法或者不当的行政行为进行整改，并将有关情况及时向人民法院反馈。涉及多个应诉承办机构的，由法治工作机构牵头，组织应诉承办机构研究落实。

第三十四条 自然资源主管部门收到人民法院对本部门制发的规范性文件的处理建议的，应当组织研究，并于60日内向人民法院反馈处理意见。发现该规范性文件与法律法规规章的规定相抵触的，应当及时废止该规范性文件，并向社会公开。

第三十五条 县级以上自然资源主管部门应当将行政应诉工作情况纳入本部门考核内容，考核结果作为评价领导班子、评先表彰、干部使用的重要依据。

应诉承办机构负责人和地方自然资源主管部门负责人进行年度述职时，应当报告履行出庭应诉职责情况。

第三十六条 自然资源主管部门工作人员违反本规定，有下列情形之一，情节严重的，对直接负责的责任人员依法予以处分：

（一）收到人民法院的法律文书后未及时处理或者转交的；

（二）不按照本规定提交证据、依据及其他相关材料，履行答辩、举证等法定义务的；

（三）无正当理由不出庭应诉，也不委托相应的工作人员出庭的；

（四）出庭应诉人员无正当理由未按时出庭或者未经法院许可中途退庭的；

（五）拒绝履行或者无正当理由拖延履行人民法院发生法律效力的判决、裁定和调解书，被人民法院强制执行的；

（六）无法定事由未全面履行人民法院发生法律效力的判决、裁定和调解书的；

（七）不依法及时处理司法机关司法建议，不整改本部门、本单位存在的违法行政问题的；

（八）应当提起上诉、申请再审的案件，拖延或者怠于履行提起上诉、申请再审职责，导致国家蒙受重大损失的；

（九）败诉后新作出的行政行为因相同原因导致再次败诉的，以及推诿责任导致败诉的；

（十）其他违反本规定的行为。

第三十七条 应诉承办机构应当在行政诉讼活动全部结束后，将案件材料进行收集整理装订，依照档案管理的有关规定归档、移交。

第三十八条 自然资源主管部门参加行政赔偿诉讼活动，自然资源部办理国务院裁决案件的答复事项，参照本规定执行。

第三十九条 本规定自2019年9月1日起施行。原国土资源部2017年5月8日发布的《国土资源行政应诉规定》（国土资源部令第71号）同时废止。

自然资源部政府信息公开工作规范

- 2021年12月3日
- 自然资办发〔2021〕66号

第一章 总则

第一条 为推进和规范自然资源部（以下简称部）政府信息公开工作，保障公民、法人和其他组织依法获取政府信息，提高政府工作透明度，建设法治政府，充分发挥政府信息对人民群众生产、生活和经济社会活动的服务作用，依据《中华人民共和国政府信息公开条例》（以下简称《条例》）和有关法规、规定，结合部工作实际，制定本规范。

第二条 本规范适用于部机关各司局、派出机构以及经部委托的直属单位（以下简称司局和单位）办理部政府信息公开工作。各派出机构开展本行政机关政府信息公开工作，参照本规范。

第三条 本规范所称政府信息，是指各司局和单位以部名义在履行行政管理职能过程中制作或者获取的，以一定形式记录、保存的信息。

第四条 部政务公开领导小组负责领导部政府信息公开工作，审定相关制度，研究处理政府信息公开重大问题。

部政务公开领导小组办公室（以下简称部公开办，设在办公厅）负责组织协调、指导推进、监督检查部政府信息公开工作，具体职责是：

（一）组织制定部政府信息公开工作制度；

（二）组织编制部政府信息公开指南、部政府信息公开目录和部政府信息公开工作年度报告；

（三）督促检查各司局和单位做好政府信息主动公开以及维护、更新等方面的工作；

（四）组织协调指导各司局和单位依法办理政府信息依申请公开工作；

（五）会同部保密办组织协调各司局和单位依法对拟公开的政府信息进行审查；

（六）与地方自然资源主管部门协调、会商有关政府信息公开工作；

（七）与部政府信息公开工作相关的其他职责。

办公厅政务公开处为部政府信息公开工作机构，承担部公开办日常具体工作。

第五条 按照"谁制作、谁公开，谁获取、谁公开，谁主办、谁负责"原则，各司局和单位为部政府信息公开主办单位，负责公开本司局和单位制作或者获取的政府信息，并对其具体行政行为负责。各司局和单位主要负责人为本司局和单位政府信息公开工作第一责任人。

第六条 部政府信息公开工作坚持以公开为常态、不公开为例外，遵循公正、公平、合法、便民的原则。各司局和单位应当积极推进政府信息公开工作，逐步增加政府信息公开的内容。

第七条 各司局和单位应当及时、准确地公开政府信息。

建立政府信息公开协调机制。各司局和单位拟公开政府信息涉及其他司局和单位或其他机关的，应当进行协商、确认，保证公开的政府信息准确一致。政府信息公开依照法律、行政法规和国家有关规定需要批准的，经批准予以公开。

发现影响或者可能影响社会稳定、扰乱社会经济和行业管理秩序的虚假或者不完整信息的，有关司局和单位应当根据职责及时发布准确的政府信息予以澄清。

第二章 公开的范围和主办单位

第八条 部公开政府信息，采取主动公开和依申请公开的方式。

部公开办组织编制、公布部政府信息公开指南和政府信息公开目录并及时更新。政府信息公开指南包括政府信息的分类、编排体系、获取方式和政府信息公开工作机构的名称、办公地址、办公时间、联系电话、互联网联系方式等内容。政府信息公开目录包括政府信息的索引、名称、内容概述、生成日期等内容。

第九条 根据《条例》规定和部职能，以下政府信息应当主动公开：

（一）自然资源管理有关行政法规、规章和规范性文件；

（二）机关职能、机构设置、办公地址、办公时间、联系方式、负责人姓名；

（三）全国国土空间规划以及部组织编制的其他规划；

（四）有关自然资源统计信息；

（五）部办理行政许可和其他对外管理服务事项的依据、条件、程序以及办理结果；

（六）部实施行政处罚、行政强制的依据、条件、程序以及认为具有一定社会影响的行政处罚决定；

（七）部年度财务预算、决算信息；

（八）部行政事业性收费的项目及其依据、标准；

（九）部政府集中采购项目的目录、标准及实施情况；

（十）地质灾害、海洋灾害应急预案以及其他与自然资源管理有关的突发公共事件应急预案、预报预警信息等；

（十一）部公务员招考的职位、名额、报考条件等事项以及录用结果；

（十二）《自然资源部政务公开基本目录》确定应当主动公开的其他政府信息；

（十三）法律、法规、规章和国家有关规定规定应当主动公开的其他政府信息。

法律、法规和国家有关规定对上述事项的公开权限另有规定的，从其规定。

第十条 不予公开政府信息范围：

（一）依法确定为国家秘密、工作秘密的政府信息，法律、行政法规禁止公开的政府信息，以及公开后可能危及国家安全、公共安全、经济安全和社会稳定的政府信息，不予公开。

（二）涉及商业秘密、个人隐私等公开会对第三方合法权益造成损害的政府信息，不得公开。但是，第三方同意公开或者不公开会对公共利益造成重大影响的，予以公开。

（三）内部事务信息，包括人事管理、后勤管理、内部工作流程等方面的信息，可以不予公开；在履行行政管理职能过程中形成的讨论记录、过程稿、磋商信函、请示报告等过程性信息和行政执法案卷信息，可以不予公开。法律、法规、规章规定上述信息应当公开的，从其规定。

第十一条 部政府信息公开按照以下方式确定主办单位：

（一）属于部制作或获取的政府信息，由具体制作或获取该政府信息的司局和单位主办；制作或获取政府信息涉及多个司局和单位的，由牵头司局和单位主办。

（二）不属于部制作或获取的政府信息，但属于自然资源行政管理职能范围的，按照监管职责确定主办单位。

（三）政府信息公开申请涉及多个司局和单位、难以确定主办单位的，由部公开办协调确定主办单位。

（四）政府信息公开申请内容不属于我部职责范围，或以政府信息公开申请的形式进行信访、投诉、举报等活动的，由部政府信息公开工作机构负责处理。

第十二条 建立政府信息公开审查机制。按照"先审查、后公开，谁公开、谁审查，一事一审"原则，在公开政府信息前，由主办单位依照《中华人民共和国保守国家秘密法》以及其他法律、法规和国家有关规定，对拟公开的政府信息进行审查。主办单位对拟公开的政府信息不能确定是否可以公开时，应当报部公开办、部保密办共同研究确定。

第十三条 建立政府信息管理动态调整机制。各司局和单位对不予公开的政府信息进行定期评估审查，对因情势变化可以公开的政府信息应当公开。

多个申请人就相同政府信息向部提出公开申请，且该政府信息属于可以公开的，由主办单位纳入主动公开范围。

申请人认为依申请公开的政府信息涉及公众利益调整、需要公众广泛知晓或者需要公众参与决策的，建议将该信息纳入主动公开范围的，主办单位经审核认为属于主动公开范围的，应当及时主动公开。

第三章 主动公开的程序和方式

第十四条 建立政府信息发布机制。部主动公开的政府信息通过部门户网站及政务新媒体、新闻发布会及中央和部属媒体、其他便于公众知晓的途径予以公开。部门户网站为政府信息公开第一平台，可根据需要同时采用多种途径予以公开。基础地理信息、自然资源领域可进行空间可视化表达的专题地理信息通过国家地理信息公共服务平台予以公开。

部规章、规范性文件要及时将正式印发件提供国务院公报。

第十五条 属于主动公开范围的政府信息，应当自该政府信息形成或者变更之日起20个工作日内及时公开。法律、法规对政府信息公开的期限另有规定的，从其规定。

政府信息标注具体时间的,以该时间为信息形成时间;政府信息未标注具体时间的,以审定时间为信息形成时间。

第十六条 政府信息是否公开及公开方式由制作或者获取该信息的司局和单位按以下规定确定:

(一)公文类政府信息,主办单位在起草文件时须标明主动公开、依申请公开或者不公开。确定为依申请公开或者不公开的,应当说明理由;确定为主动公开的,由主办单位在法定期限内予以公开。联合发文,由主办单位与联合发文单位共同确定是否公开及公开方式。

(二)公文以外的其他拟主动公开的政府信息,主办单位确定可以公开的,由主办单位负责人审定后予以公开;主办单位不能确定是否可以公开的,由主办单位提请部公开办组织研究确定是否予以公开,必要时报请部领导审定。

在部门户网站发布政府信息按照部门户网站有关管理规定办理。

第十七条 部门户网站按照全国政府信息公开工作主管部门的要求,建立统一的政府信息公开平台,集中发布主动公开的政府信息。政府信息公开平台应当具备信息检索、查阅、下载等功能。

第十八条 部政务大厅配备政府信息查阅设施、设备,为公民、法人和其他组织查阅、获取政府信息提供便利。

第四章 依申请公开的程序和方式

第十九条 公民、法人或者其他组织依法向我部申请获取政府信息的,由部政务大厅统一接收,有关司局和单位办理答复并提供相关政府信息。

(一)部政务大厅负责政府信息公开申请的接收、登记、形式审查、转办分送、告知书等相关文书的印发,申请材料、告知书等相关文书、凭证保存归档,对年度依申请公开情况进行统计分析;

(二)主办单位在规定期限内办理相关事项、拟定告知书等相关文书,提供相关政府信息。

第二十条 部政务大厅接收政府信息公开申请后,1个工作日内对《条例》规定政府信息公开申请应当包括的要素进行审查:申请人的姓名或者名称、身份证明、联系方式;申请公开的政府信息的描述;获取信息的方式、途径等形式要求。

申请人当面提出申请时,采用书面形式确有困难的,经申请人口头提出,部政务大厅代为填写申请表。

第二十一条 部政务大厅对政府信息公开申请进行形式审查后,按以下情形分别处理:

(一)政府信息公开申请要素齐全的,部政务大厅予以登记,通过OA系统发送"办理单",转有关司局和单位办理答复。部政务大厅难以确定主办单位的,报部公开办确定主办单位。因申请内容不明确不能确定主办单位的,由部公开办作出补正通知书,自收到申请之日起7个工作日内向申请人发出;

(二)部依申请公开实行一次性补正。政府信息公开申请要素不全的,部政务大厅同时通过OA系统向部公开办或者主办单位就是否需要对申请公开的内容描述进行补正征求意见,部公开办或者主办单位应在2个工作日内反馈补正意见。逾期未反馈的,视为不需要补正。部政务大厅根据反馈意见起草补正通知书,经部公开办审核同意后,自收到申请之日起7个工作日内向申请人发出;

(三)政府信息公开申请内容过于繁杂并且涉及多个主办单位,经部公开办审核确有必要的,由部政务大厅按照"一事一申请"原则起草补正通知书,经部公开办审核同意后,自收到申请之日起7个工作日内向申请人发出。

第二十二条 政府信息公开申请要素齐全,主办单位认为政府信息公开申请内容不明确的,应当自部收到申请之日起5个工作日作出补正通知书,说明需要补正的事项并对申请人给予指导和释明,告知申请人15个工作日补正期限。补正通知书通过OA系统发送部政务大厅,由部政务大厅印制并自收到申请之日起7个工作日内向申请人发出。

答复期限自部收到补正的申请之日起计算。申请人无正当理由逾期不补正的,视为放弃申请,可以不再处理该政府信息公开申请。申请人拒绝补正,或补正后政府信息公开申请内容仍不明确的,可以书面告知申请人:因申请内容不明确,本机关无法处理。

第二十三条 对政府信息公开申请,可以按下列方式处理:

（一）一份政府信息公开申请包含多个事项，但内容清楚的，可以不作"一事一申请"补正，由部政务大厅拆分有关司局和单位分别办理答复。各答复要说明所针对的申请事项；

（二）对于同一申请人同时提出多份申请的，可以合并答复；

（三）对于多个申请人同时就同一事项分别提出申请的，可以合并答复，并将告知书等相关文书分别发送申请人。

第二十四条　部收到政府信息公开申请的时间，按照下列规定确定：

（一）申请人当面提交政府信息公开申请的，以提交之日为收到申请之日；

（二）申请人以邮寄方式提交政府信息公开申请的，以部签收之日为收到申请之日；以平常信函等无需签收的邮寄方式提交政府信息公开申请的，部政务大厅应当于收到申请的当日与申请人确认，确认之日为收到申请之日；

（三）申请人通过互联网渠道提交政府信息公开申请的，部政务大厅与申请人双方确认之日为收到申请之日。

（四）部政务大厅之外的其他司局和单位收到向部提出政府信息公开申请的，应及时将申请及信封原件完整转交部政务大厅。部政务大厅收到转交的政府信息公开申请后，与申请人确认转交时间，启动政府信息公开处理程序，起算处理期限。

第二十五条　主办单位认为依申请公开的政府信息公开会损害第三方合法权益的，应当书面征求第三方的意见，并要求第三方自收到征求意见书之日起15个工作日提出意见。第三方逾期未提出意见的，由主办单位决定是否公开。第三方不同意公开且有合理理由的，不予公开。主办单位认为不公开可能对公共利益造成重大影响的，报部政务公开领导小组决定是否公开。部政务公开领导小组决定予以公开的，由主办单位将决定公开的政府信息内容和理由书面告知第三方。

第二十六条　申请公开的政府信息由我部牵头与其他单位共同制作，已经主动公开的，告知申请人获取该政府信息的方式、途径；未主动公开的，应当征求其他单位的意见，要求被征求意见单位自收到征求意见书之日起15个工作日内提出意见，逾期未提出意见的视为同意公开。

第二十七条　部收到政府信息公开申请，能够当场答复的，应当当场予以答复，并做好记录；不能当场答复的，应当自收到申请之日起20个工作日内予以答复（征求意见所需时间不计算在内）；需要延长答复期限的，应当经政府信息公开工作机构负责人同意并告知申请人，延长的期限最长不得超过20个工作日。

第二十八条　部政务大厅收到政府信息公开申请，经审查要素齐全的，1个工作日内转有关司局和单位办理。

主办单位依据《条例》规定拟定告知书等相关文书，由本单位负责人审签，在"办理单"要求时限前，将政府信息公开文书稿及拟公开的政府信息材料一并提交部政务大厅。部政务大厅发现政府信息公开文书稿存在明显问题，可以说明原因并退回主办单位修改。部政务大厅根据主办单位提供的文书稿印制政府信息公开文书、加盖"自然资源部政府信息公开专用章"，在法定答复期限前按照申请人要求的形式提供申请人。

司局和单位认为转办的政府信息公开申请不应由本司局和单位主办的，应在收到转办政府信息公开申请材料2个工作日内，向部公开办说明理由并提出应主办的司局和单位，经部公开办同意后，将政府信息公开申请材料退回部政务大厅。部政务大厅按照部公开办的意见重新转办该政府信息公开申请。

第二十九条　对政府信息公开申请，主办单位根据下列情况分别作出答复：

（一）所申请公开信息已经主动公开的，告知申请人获取该政府信息的方式、途径。申请人要求行政机关提供政府公报、报刊、书籍等公开出版物的，可以不予提供，告知获取的途径；

（二）所申请公开信息可以公开的，向申请人提供该政府信息，或者告知申请人获取该政府信息的方式、途径和时间；

（三）依据《条例》规定决定不予公开的，告知申请人不予公开并说明理由；

（四）经检索、查询没有所申请公开信息的，告知申请人该政府信息不存在；

（五）所申请公开信息不属于我部负责公开的，告知申请人并说明理由；能够确定负责公开该政府信息的行政机关的，告知申请人该行政机关的名称、联系方式；

（六）已就申请人提出的政府信息公开申请作出答复、申请人重复申请公开相同政府信息的，告知申请人不予重复处理；

（七）所申请公开信息属于工商、不动产登记资料等信息，有关法律、法规对信息的获取有特别规定的，告知申请人依照有关法律、法规的规定办理；

（八）申请公开的信息中含有不应当公开或者不属于政府信息的内容，但是能够作区分处理的，行政机关应当向申请人提供可以公开的政府信息内容，并对不予公开的内容说明理由；

第三十条　对以政府信息公开申请的形式进行其他诉求的，按以下方式处理：

（1）申请公开的信息不是现成信息，需要对现有的信息进行加工、分析（作区分处理除外）的，可以告知申请人不予提供，也可以视具体情况便民提供；

（二）申请人以政府信息公开申请的形式咨询问题、核实情况的，可以告知申请人申请内容不明确，要求进行补正。能答复的，可以直接答复；

（三）申请人以政府信息公开申请的形式进行信访、投诉、举报等活动，告知申请人不作为政府信息公开申请处理并可以告知通过相应渠道提出。

第三十一条　各类政府信息依申请公开文书应当统一格式、统一标题、统一依序编发文号、统一加盖"自然资源部政府信息公开专用章"。告知书应当具备以下要素：标题、文号、申请人姓名（名称）、申请内容、法律依据、处理决定、申请人复议诉讼的权利和期限、答复主体、答复日期及印章。

第三十二条　主办单位根据申请人的要求及保存政府信息的实际情况，确定提供政府信息的具体形式（包括纸质、电子文档等，不包括申请人提出的"盖骑缝章""每页加盖印章"等形式），当面提供、邮政寄送或电子发送给申请人。按照申请人要求的形式提供政府信息，可能危及政府信息载体安全或者公开成本过高的，可以通过电子数据或其他适当形式提供，或者安排申请人查阅、抄录相关政府信息。

安排申请人查阅相关材料，由主办单位按照有关规定办理档案借阅手续，在部政务大厅进行查阅。主办单位会同部保密办对查阅内容进行审查。主办单位对申请人查阅材料进行全程监督并提供服务，如申请人需对查阅材料进行复制、摘录、拍照，应执行国家和部有关规定。

第三十三条　部政务大厅审核、登记政府信息公开申请，或主办单位办理政府信息公开申请时，认为申请人申请公开政府信息的数量、频次明显超过合理范围，经部公开办同意，可以要求申请人说明理由。认为申请理由不合理的，经部公开办同意，告知申请人不予处理。认为申请理由合理的，转有关司局和单位办理。认为申请理由合理，但不能在规定期限内答复申请人的，可以确定延迟答复的合理期限并告知申请人。

第三十四条　公民、法人或者其他组织有证据证明我部提供的与其自身相关的政府信息记录不准确，要求我部更正的，由负责提供该政府信息的司局和单位进行审核。经审核属实，我部有权更正的，由负责提供该政府信息的司局和单位予以更正并告知申请人；不属于我部职能范围的，由负责提供该政府信息的司局和单位转送有权更正的行政机关处理并告知申请人，或者告知申请人向有权更正的行政机关提出更正申请。法律法规对申请更正政府信息另有规定的，由提供该政府信息的司局和单位告知申请人按照有关法律法规规定处理。

第三十五条　部依申请提供政府信息，不收取费用。但是，申请人申请公开政府信息的数量、频次明显超过合理范围的，可以收取信息处理费，具体标准执行国务院办公厅印发的《政府信息公开信息处理费管理办法》。

第五章　监督和保障

第三十六条　部建立健全政府信息公开工作考核制度、评议制度和责任追究制度，定期对政府信息公开工作进行考核、评议。

第三十七条　部公开办应当加强对政府信息公开工作的日常指导和监督检查，组织相关业务培训。

第三十八条　部公开办按照国务院办公厅政府信息与政务公开办公室制定内容和格式规范，组织编制政府信息公开工作年度报告，于每年1月31日前报送国务院办公厅政府信息与政务公开办公室，并在部门户网站向社会公布。各司局和单位按要求提供有关统计数据和材料。

第三十九条 公民、法人或者其他组织认为部在政府信息公开工作中侵犯其合法权益的,可以依法申请行政复议或者提起行政诉讼。部政府信息公开主办单位负责相关行政复议答复、行政诉讼应诉事宜。

第四十条 公民、法人和其他组织有权对部机关的政府信息公开工作进行监督,并提出批评和建议,部公开办应当及时妥善处理。

第六章 附 则

第四十一条 本规范由部公开办负责解释。

第四十二条 本规范自印发之日起施行。2014年8月22日原国土资源部办公厅印发的《国土资源部政府信息公开工作规范》同时废止。

自然资源部行政许可事项办理程序规范

- 2021年11月26日
- 自然资办函〔2021〕2193号

为提升自然资源部行政许可事项办理标准化、规范化、便利化水平,为公民、法人和其他组织提供高效便捷的政务服务,根据《中华人民共和国行政许可法》《国务院关于在线政府服务的若干规定》等法律法规,结合自然资源部行政许可工作实际,制定本规范。

一、适用范围和工作原则

(一)本规范适用于部行政许可事项,其他部政务服务事项应参照执行。

(二)部行政许可事项办理遵循依法、高效、便民、公开的原则,通过部一体化政务服务平台,实行网上申报、在线审查、一网通办、全程监督、限时办结和结果公开。

(三)行政许可事项申请材料中含有涉密信息的,采取线下方式办理。

二、职责分工

(一)部机关有关司局应严格遵照法律法规使行政许可职权,分工协作、密切配合,切实做好部行政许可事项办理工作。

(二)主办司局应按照标准化要求依法编制服务指南,将受理需要提交的全部材料目录和材料要求编入服务指南并及时在政务大厅、部门户网站和政务服务平台公示。因法律法规修订、政策调整或工作需要,服务指南发生变化的,主办司局应及时修订。

服务指南应包括事项名称、适用范围、审查类型、审批依据、受理机构、决定机构、数量限制、申请条件、申请材料及要求、办理基本流程、办结时限、收费依据及标准、结果送达、申请人权利和义务、咨询途径、监督投诉渠道、办公地址和时间、申请材料示范文本、常见错误示例、常见问题解答等内容,做到说明详尽、要求明晰、表述准确。

(三)做好行政许可事项办理工作的咨询应答,政务大厅工作人员负责接待现场咨询,接听咨询电话。政务大厅工作人员能够直接答复的,即时告知申请人;政务大厅工作人员不能直接答复的,业务司局应当予以答复。

三、受理

(一)部行政许可事项应通过政务大厅受理,主办司局不得通过其他渠道受理。

(二)明确由政务大厅对行政许可申请进行受理前审查的,由政务大厅负责对申请材料(包括补正材料)是否齐全、是否符合法定形式进行受理前审查。

明确转由主办司局对行政许可申请进行受理前审查的,由主办司局负责对申请材料(包括补正材料)是否齐全、是否符合法定形式进行受理前审查。

(三)对申请人提出的行政许可申请,应当根据下列情况分别作出处理:

1. 申请事项依法不需要取得行政许可的,应当即时告知申请人不受理;

2. 申请事项依法不属于自然资源部职权范围的,应当即时作出不予受理的决定,出具《不予受理决定书》,并告知申请人向有关行政机关申请;

3. 申请事项属于自然资源部职权范围,但国家政策明确规定暂停受理的,应当即时作出不予受理的决定,出具《不予受理决定书》;

4. 申请材料存在可以当场更正的错误的,应当允许申请人当场更正;

5. 申请材料不齐全或不符合法定形式的,应当当场或者在5个工作日内出具《补正告知书》,一次告知申请人需要补正的全部内容,逾期不告知的,自收到申请材料之日起即为受理;

6. 补正材料不齐全或不符合法定形式的,出具《不予受理决定书》;

7. 申请人未在规定期限内补正材料且无正当理由的,视为放弃行政许可申请;

8. 申请事项属于自然资源部职权范围,申请材料齐全、符合法定形式,或者申请人按照要求提交全部补正材料的,应当受理并出具《受理通知书》。

(四)明确由政务大厅对行政许可申请进行受理前审查的,政务大厅受理后应将网上申请材料(包括补正材料)即转主办司局。

明确由主办司局对行政许可申请进行受理前审查的,政务大厅收到网上申请材料(包括补正材料)后即转主办司局。

(五)《不予受理决定书》中应当说明理由,并告知申请人享有依法申请行政复议或者提起行政诉讼的权利。

四、审查与决定

(一)主办司局应组织对申请材料的实质内容进行审查。

(二)主办司局需要组织相关司局会审、专家评审,要做到专人负责,加强与会审司局、评审专家的沟通协调,督促尽快反馈审查意见。会审司局要密切配合,按照职责在规定时限内提出审查意见。

(三)主办司局要不断完善审查制度,优化审查程序,减少不必要的审查环节,确保在法定期限内按照规定程序作出行政许可决定。

除法律法规另有规定外,主办司局应当自受理行政许可申请之日起 20 个工作日内作出行政许可决定。20 个工作日内不能作出决定的,经部领导批准,可以延长 10 个工作日。主办司局应通过政务大厅将延期办理的理由告知申请人。

依法需要听证、招标、拍卖、检验、检测、检疫、鉴定和专家评审的,所需时间不计算在规定的期限内。主办司局应通过政务大厅将所需时间书面告知申请人。

(四)主办司局应当在法定期限内出具加盖自然资源部公章或自然资源部(行政许可事项)专用章的行政许可决定。

申请人的申请符合法定条件、标准,经审查准予行政许可的,由主办司局出具准予行政许可决定书或者制作批准文件。

申请人的申请不符合法定条件、标准,经审查不予行政许可的,由主办司局出具不予行政许可的书面决定。不予行政许可的书面决定中应当说明理由,并告知申请人享有依法申请行政复议或者提起行政诉讼的权利。

(五)需要申请人执行的文书中应详细、准确、完整写明相关内容。申请人需要就文书中内容进行咨询了解的,政务大厅和主办司局应做好说明、解释工作。

五、撤回申请

申请人书面提出撤回行政许可申请的,根据下列情况分别作出处理:

(一)申请材料尚在政务大厅的,由政务大厅办理撤回。

(二)申请材料已转主办司局的,经主办司局同意后由政务大厅办理撤回。

政务服务平台需保存撤回事项的所有办理信息。

六、结果送达与查询

(一)准予行政许可的书面决定或不予行政许可的书面决定转政务大厅送达申请人后,政务大厅在政务服务平台中将该行政许可事项办结。作出的准予行政许可决定由信息中心负责在部门户网站或政务服务平台及时公开。

(二)政务大厅应按照部有关规定对现场结果领取人的身份证明及委托书进行审核。

(三)事项办理状态应做到及时公开可查询。申请人可通过政务服务平台查询办理情况。办理情况分为补正、受理(不予受理)、审查、准予行政许可(不予行政许可)等。

七、归档

申请人申报的材料、行政许可事项办理过程中形成的电子和纸质文件,应当按照部机关档案管理规定归档。

主办司局或有关单位负责纸质材料归档,信息中心负责电子材料归档。

八、监督与评价

(一)因服务指南内容不详实、修订不及时造成申请人差评、投诉的,由主办司局承担责任并整改。

因政务大厅工作人员服务态度、服务质量造成申请人差评、投诉的,由政务大厅承担责任并整改。

因行政许可行为产生行政复议、行政诉讼的,由主办司局负责。

（二）参与行政许可事项办理的工作人员，在处理涉密申请材料时必须遵守相关保密规定，不得泄露办理的过程性信息和内部工作信息。

（三）政务大厅通过电子监察系统对行政许可事项办理过程实施全流程跟踪和督办提醒。

（四）公民、法人或者其他组织就行政许可工作向自然资源部提出的意见和建议，由政务大厅转相关部门处理。

（五）办公厅负责对本规范执行情况进行监督，指导处理行政许可服务的投诉举报。

九、实施保障

本规范自2022年3月1日起施行。此前发布的有关部行政许可事项办理程序的规定，凡与本规范不一致的，按照本规范执行。

本规范由自然资源部办公厅负责解释。

附件：自然资源部行政许可事项决定书（通知书、告知书）参考文本（略）

自然资源违法行为立案查处工作规程（试行）

·2022年9月23日
·自然资发〔2022〕165号

为规范自然资源违法行为立案查处工作，明确立案查处工作程序，提高执法查处水平，提升执法查处效能，根据《中华人民共和国土地管理法》《中华人民共和国矿产资源法》《中华人民共和国测绘法》《中华人民共和国城乡规划法》《中华人民共和国行政处罚法》《中华人民共和国行政强制法》等法律法规，制定本规程。

1 总则

1.1 适用范围

自然资源主管部门立案查处自然资源违法行为，适用本规程，法律法规另有规定的除外。

综合行政执法部门、乡镇人民政府、街道办事处等依法履行立案查处自然资源违法行为职责的，可以参照本规程。

1.2 自然资源违法行为立案查处的基本内容

自然资源违法行为立案查处，是指自然资源主管部门，依照法定职权和程序，对自然人、法人或者其他组织违反土地、矿产、测绘地理信息、国土空间规划法律法规的行为，进行调查处理，实施行政处罚或者行政处理的执法行为。

1.3 自然资源违法行为立案查处的原则与要求

自然资源违法行为立案查处，应当遵循严格、规范、公正、文明的原则，做到事实清楚、证据确凿、定性准确、依据正确、程序合法、处罚适当、文书规范。

1.4 自然资源违法行为立案查处的实施主体与分工

自然资源主管部门组织实施自然资源违法行为立案查处工作，具体工作依法由其执法工作机构和其他业务职能工作机构（以下统称承办机构）按照部门内部确定的职责分工承担。无明确职责分工的，执法工作机构主要承担未经审批的自然资源违法行为的立案查处，其他业务职能工作机构主要承担与其行政许可等密切相关违法行为的立案查处。

经依法书面委托的自然资源主管部门执法队伍（执法总队、支队、大队、中心等）可以在委托范围内，以委托部门的名义进行立案查处工作。

自然资源主管部门可以根据需要依法明确自然资源所、执法中队等承担相应的自然资源执法工作。

1.5 自然资源执法人员

自然资源执法人员应当熟悉土地、矿产、测绘地理信息、国土空间规划等法律法规，经过培训，考核合格，取得执法证件。

执法人员在自然资源违法行为立案查处过程中，应当主动出示执法证件，向当事人或者相关人员表明身份。

在自然资源违法行为立案查处过程中知悉的国家秘密、商业秘密或者个人隐私，执法人员应当依法予以保密。

1.6 自然资源违法行为立案查处的工作保障

自然资源主管部门应当加强与财政等相关部门的沟通协调，将执法工作经费纳入年度部门预算，提供车辆、记录仪等必要装备保障，并为执法人员提供人身意外伤害保险等职业风险保障。

自然资源主管部门可以根据执法工作需要，

统筹多方技术力量,或者采取购买第三方服务等方式,加强执法工作技术保障;可以聘请执法工作辅助人员,加强执法工作人力资源保障;充分利用信息化手段,加强执法工作的信息化建设,提升执法查处效能。

1.7 自然资源违法行为立案查处的基本流程

(1)立案

(2)调查取证

(3)案情分析与调查报告起草

(4)案件审理

(5)重大执法决定法制审核

(6)作出处理决定(行政处罚决定或者行政处理决定)

(7)执行

(8)结案

(9)立卷归档

涉及需要移送公安、纪检监察、任免机关追究刑事责任、党纪政务责任的,应当依照有关规定移送。

1.8 规范行使行政处罚裁量权

自然资源主管部门应当规范行使行政处罚裁量权。省级自然资源主管部门应当依据法律法规规定的违法行为和相应法律责任,结合当地社会经济发展的实际情况,依法制定行政处罚裁量基准,细化量化本地区自然资源行政处罚的裁量范围、种类、幅度等并向社会公布。市(地)级、县级自然资源主管部门可以根据省级行政处罚裁量基准制定实施细则。

省级自然资源主管部门可以根据实际情况,制定并公布轻微违法行为依法不予行政处罚清单。

1.9 全面落实行政执法"三项制度"

自然资源主管部门应当全面落实行政执法公示制度、执法全过程记录制度和重大执法决定法制审核制度(统称行政执法"三项制度")的相关规定。

1.10 补充说明

地方自然资源主管部门可以依据本规程制定实施细则或者补充规定,报上一级自然资源主管部门备案。

在国土空间规划实施前,继续执行经依法批准的土地利用总体规划和城乡规划。在国土空间规划实施后,按照国土空间规划执行。

行政处理案件的立案查处程序适用本规程。

2 立案

2.1 案件管辖

2.1.1 地域管辖

自然资源违法案件由自然资源违法行为发生地的自然资源主管部门管辖,法律、行政法规、部门规章另有规定的,从其规定。

土地、矿产、国土空间规划违法案件一般由不动产所在地的自然资源主管部门管辖;测绘地理信息违法案件一般由单位注册地、办公场所所在地、个人户籍所在地的自然资源主管部门管辖。

两个以上自然资源主管部门都有管辖权的,由最先立案的自然资源主管部门管辖。

2.1.2 级别管辖

县级自然资源主管部门管辖本行政区域内发生的自然资源违法案件。

市级、省级自然资源主管部门管辖本行政区域内重大、复杂和法律法规规定应当由其管辖的自然资源违法案件。

自然资源部管辖全国范围内重大、复杂和法律法规规定应当由其管辖的自然资源违法案件。

有下列情形之一的,上级自然资源主管部门有权管辖下级自然资源主管部门管辖的案件:

(1)下级自然资源主管部门应当立案调查而不予立案调查的;

(2)案情复杂,情节恶劣,有重大影响的。

必要时,上级自然资源主管部门可以将本级管辖的案件交由下级自然资源主管部门立案调查,但是法律法规规定应当由其管辖的除外。

2.1.3 指定管辖

有管辖权的自然资源主管部门由于特殊原因不能行使管辖权的,可以报请上一级自然资源主管部门指定管辖;自然资源主管部门之间因管辖权发生争议,报请共同的上一级自然资源主管部门指定管辖。上一级自然资源主管部门应当在接到指定管辖申请之日起七个工作日内,作出管辖决定。

自然资源主管部门与其他部门之间因管辖权发生争议,经协商无法达成一致意见的,应当报请本级人民政府指定管辖。

2.1.4 移送管辖

自然资源主管部门发现违法行为不属于本级

或者本部门管辖的,应当填报《案件管辖移送书》,移送有管辖权的自然资源主管部门或者其他部门。受移送的自然资源主管部门对管辖权有异议的,应当报请上一级自然资源主管部门指定管辖,不得再自行移送。

2.2 核查与制止

核查人员应当按照要求及时核查涉嫌自然资源违法行为,核查后根据是否符合立案条件,提出立案或者不予立案的建议。

2.2.1 核查的主要内容

(1)涉嫌违法当事人的基本情况;
(2)涉嫌违法的基本事实;
(3)违反自然资源法律法规的情况;
(4)是否属于本级本部门管辖。

核查过程中,可以采取现场勘验、摄像、拍照、询问、复印资料等方式收集相关材料。

2.2.2 违法行为制止

经核查存在自然资源违法行为,执法人员应当向违法当事人宣传自然资源法律法规和政策,告知其行为违法及可能承担的法律责任,采取措施予以制止。

2.2.2.1 责令停止违法行为

对正在实施的违法行为,自然资源主管部门应当依法及时下达《责令停止违法行为通知书》。

《责令停止违法行为通知书》应当记载下列内容:

(1)违法行为人的姓名或者名称;
(2)简要违法事实和法律依据;
(3)其他应当记载的事项。

2.2.2.2 其他制止措施

对自然资源违法行为书面制止无效、当事人拒不停止违法行为的,自然资源主管部门应当及时将违法事实书面报告本级人民政府和上一级自然资源主管部门;可以根据情况将涉嫌违法的事实及制止违法行为的情况抄告发展改革、城乡建设、农业农村、电力、金融、市场监管等部门,提请相关部门按照共同责任机制等要求履行部门职责,采取联合执法等措施,共同制止违法行为。

2.3 立案条件

符合下列条件的,自然资源主管部门应予以立案:

(1)有明确的行为人;
(2)有违反自然资源法律法规的事实;

(3)依照自然资源法律法规应当追究法律责任;
(4)属于本级本部门管辖;
(5)违法行为没有超过追诉时效。

2.4 立案呈批

核查后,应当根据立案或者不予立案的建议填写《立案(不予立案)呈批表》,报自然资源主管部门负责人审批。符合立案条件的,自然资源主管部门应当在十个工作日内予以立案。

《立案(不予立案)呈批表》应当载明案件来源、当事人基本情况、涉嫌违法事实、相关建议内容。必要时,一并提出暂停办理与案件相关的自然资源审批、登记等手续的建议。

2.5 案由

案由应当结合违法行为具体情况确定,一般表述为"违法主体+违法行为类型或者情形+行为结果"。其中,违法主体应当使用全称或者规范简称,违法行为类型或者情形可参照本规程附录,无行为结果可以不表述。

2.6 确定承办人员

批准立案后,承办机构应当确定具有行政执法资格的执法人员作为案件承办人员,承办人员不得少于二人。

承办人员具体组织实施案件调查取证,起草相关法律文书,提出处理建议,撰写案件调查报告等。

2.7 回避

承办人员与案件有直接利害关系或者有其他关系可能影响公正执法的,应当主动申请回避。当事人认为承办人员与案件有直接利害关系或者有其他关系可能影响公正执法的,可以申请承办人员回避。

承办人员主动申请回避的,由承办机构负责人决定;当事人提出回避申请或者涉及承办机构负责人的回避,由自然资源主管部门负责人决定。决定回避的,应当对之前的调查行为是否有效一并决定。决定回避前,被要求回避的承办人员不停止对案件的调查。

其他与案件有直接利害关系或者有其他关系可能影响公正执法的人员,不得参与案件的调查、讨论、审理、重大执法决定法制审核和决定。

3 调查取证

承办人员应当对违法事实进行调查,并收集

相关证据。调查取证时，不得少于二人，并应当主动向被调查人出示执法证件。

3.1 调查措施
3.1.1 一般调查措施
调查取证时，承办人员依法有权采取下列措施：

（1）下达《接受调查通知书》，要求被调查的单位或者个人提供有关文件和资料，并就与案件有关的问题作出说明；

（2）询问当事人以及相关人员，进入违法现场进行检查、勘验、拍照、录音、摄像，查阅和复印相关材料；

（3）责令当事人停止违法行为，限期改正；

（4）根据需要可以对有关证据先行登记保存；

（5）对涉嫌自然资源违法的单位或者个人，在调查期间暂停办理与该违法案件相关的审批、登记等手续；

（6）责令涉嫌土地违法的单位或者个人在调查期间不得变卖、转移与案件有关的财物，对可能被转移、销毁、隐匿或者篡改的文件、资料予以封存；

（7）查封、扣押与涉嫌测绘违法行为直接相关的设备、工具、原材料、测绘成果、地图产品等；

（8）责令停止城乡规划违法建设，当事人不停止的，申请县级以上地方人民政府责成有关部门查封施工现场；

（9）可以采取的其他措施。

3.1.2 调查遇阻措施
被调查人拒绝、逃避调查取证或者采取暴力、威胁等方式阻碍调查取证时，依法可以采取下列措施：

（1）商请当事人所在单位或者违法行为发生地所在基层组织协助调查；

（2）向本级人民政府或者上一级自然资源主管部门报告；

（3）提请公安、检察、监察等相关部门协助；

（4）其他措施。

3.2 调查实施与证据收集
3.2.1 调查前期准备
（1）研究确定调查的主要内容、方法、步骤及拟收集的证据清单等；

（2）收集内业资料；

（3）准备调查装备、设备；

（4）准备其他材料。

3.2.2 证据种类
（1）书证；

（2）物证；

（3）视听资料；

（4）电子数据；

（5）证人证言；

（6）当事人的陈述；

（7）询问笔录；

（8）现场勘验笔录；

（9）认定意见、鉴定意见；

（10）其他。

3.2.3 证据范围
3.2.3.1 土地违法案件证据范围
（1）当事人身份证明材料；

（2）询问笔录；

（3）地类及权属证明材料；

（4）土地利用现状图、土地利用总体规划图、国家永久基本农田数据库等；

（5）现场勘验材料，包括现场勘验笔录、勘测定界图、勘测报告等；

（6）违法地块现状材料，包括现场照片、视听资料等；

（7）土地来源材料，包括预审、先行用地、临时用地、土地征收、农用地转用、供地等相关审批材料、设施农用地备案材料、土地取得协议或者合同、骗取批准的证明材料等；

（8）项目立项、规划、环评、建设等审批材料；

（9）破坏耕地等农用地涉嫌犯罪的相关认定意见、鉴定意见材料；

（10）违法转让的证明材料，包括转让协议、实际交付价款凭证、土地已实际交付证明材料、违法所得认定材料；

（11）违法批地的证明材料，包括批准用地的文件、协议、会议纪要、记录等；

（12）需要收集的其他证据材料。

3.2.3.2 矿产违法案件证据范围
（1）当事人身份证明材料；

（2）询问笔录；

（3）勘查、开采等审批登记相关材料；

（4）证明矿产品种类、开采量、价格等的材料；

（5）违法所得证据及认定材料，包括生产记录、销售凭据等；

(6)违法勘查、开采等证明材料,包括现场勘验笔录、现场照片、视听资料等;

(7)违法转让(出租、承包)矿产资源、矿业权的证明材料,包括协议、转让价款凭证、往来账目等;

(8)违法采矿、破坏性采矿涉嫌犯罪的相关认定意见、鉴定意见;

(9)需要收集的其他证据材料。

地质灾害、矿山环境等违法案件参照上述证据范围要求收集相关证据材料。

3.2.3.3 测绘地理信息违法案件证据范围

(1)当事人身份证明材料;

(2)询问笔录;

(3)资质证书、资格证书、相关行政许可或者审批等材料;

(4)现场勘验材料,包括现场勘验笔录、照片、相关数据、视听资料等;

(5)相关项目、人员用工等合同或者协议性文件材料;

(6)相关交易凭据、账簿、登记台账及其他有关文件材料;

(7)测绘资料、成果、地图、附着地图图形物品、图件和电子数据等材料;

(8)测绘相关设施、设备、工具、原材料等;

(9)弄虚作假、伪造、欺骗、冒用以其他人名义执业等材料;

(10)相关审查意见、检验或者检测报告以及专家结论等材料;

(11)需要收集的其他证据材料。

3.2.3.4 国土空间规划违法案件证据范围

(1)当事人身份证明材料;

(2)询问笔录;

(3)土地权属证明材料;

(4)项目立项、土地、规划、环评、建设等审批材料;

(5)现场勘验材料,包括现场勘验笔录、勘测定界图、勘测报告等;

(6)违法项目现状材料,包括现场照片、视听资料、设计文本、施工图纸、竣工测量报告等;

(7)国土空间规划编制单位资质等级许可文件及项目承揽合同、编制成果等;

(8)规划审批部门关于项目规划情况的认定意见材料;

(9)项目施工合同、建设工程造价认定意见材料;

(10)违法收入证明材料;

(11)违法审批的证明材料,包括规划审批的文件、协议、会议纪要、记录等;

(12)需要收集的其他证据材料。

3.2.4 证据要求

3.2.4.1 书证、物证

书证和物证为原件原物的,制作证据交接单,注明证据名称(品名)、编号(型号)、数量等内容。经核对无误后,双方签字,一式二份,各持一份。

书证为复印件的,应当由保管书证原件的单位或者个人在复印件上注明出处和"本复印件与原件一致"等字样,签名、盖章,并签署时间。单项书证较多的,加盖骑缝章。

收集物证原物确有困难的,可以收集与原物核对无误的复制件或者证明该物证的照片、录像等其他证据。

3.2.4.2 视听资料、电子数据

录音、录像、计算机数据等视听资料、电子数据应当符合下列要求:

(1)收集视听资料、电子数据的原始载体。收集原始载体确有困难的,可以收集复制件;

(2)收集视听资料、电子数据,应当制作笔录,记录案由、对象、内容、收集的时间、地点、方法、过程,并附清单,注明类别、文件格式等,由承办人员和视听资料、电子数据持有人(提供人)签名或者盖章;持有人(提供人)无法签名或者拒绝签名的,应当在笔录中注明,由见证人签名或者盖章。有条件的,可以对相关活动进行录像;

(3)声音资料应当附有该声音内容的文字记录。

3.2.4.3 证人证言

证人证言应当符合下列要求:

(1)写明证人的姓名、年龄、性别、职业、住址、联系方式等基本情况;

(2)有与案件相关的事实;

(3)有证人签名,证人不能签名的,应当按手印或者盖章;

(4)注明出具日期;

(5)附有身份证复印件等证明证人身份的文件。

3.2.4.4 当事人的陈述

当事人请求自行提供陈述材料的,应当准许。必要时,承办人员也可以要求当事人自行书写。当事人应当在其提供的陈述材料上签名、按手印或者盖章。

3.2.4.5 询问笔录

对当事人、证人等询问时,应当个别进行,并制作《询问笔录》。《询问笔录》包括基本情况和询问记录等内容。

基本情况包括:询问时间、询问地点、询问人、记录人、被询问人基本信息等。

询问记录包括:询问告知情况、案件相关事实和被询问人补充内容。

(1)询问开始时,承办人员应当表明身份,出示执法证件,核实被询问人身份,并告知被询问人诚实作证和配合调查的法律义务,隐瞒事实、作伪证的法律责任以及申请承办人员回避的权利。

(2)案件相关事实包括:时间、地点、原貌与现状、地类、面积、权属、矿种、采出量、违法所得、实施主体、实施目的、实施过程、后果、相关手续办理情况、其他单位或者部门处理情况、相关资料保存情况以及其他需要询问的内容。

询问结束,应当将《询问笔录》交被询问人核对。被询问人阅读有困难的,应当向其宣读。笔录如有差错、遗漏,应当允许被询问人更正或者补充,涂改部分应当由被询问人按手印。经核对无误后,由被询问人在《询问笔录》上逐页签名、按手印,在尾页空白处写明"以上笔录经本人核对无异议"等被询问人认可性语言,签署姓名和时间,并按手印。《询问笔录》应当注明总页数和页码。

被询问人拒绝签名的,承办人员应当在《询问笔录》中注明。有其他见证人在场的,可以由见证人签名。

询问时,在文字记录的同时,根据需要可以告知被询问人后录音、录像。

3.2.4.6 现场勘验笔录

现场勘验应当告知当事人参加。当事人拒绝参加的,不影响现场勘验进行,但可以邀请案件发生地村(居)委会等基层组织相关人员作为见证人参加。必要时,可以采取拍照、录像等方式记录现场勘验情况。

现场勘验应当制作《现场勘验笔录》。《现场勘验笔录》应当记载当事人、案由、勘验内容、勘验时间、勘验地点、勘验人、勘验情况等内容,并附有勘测图。《现场勘验笔录》应当由勘验人员、承办人员、当事人或者见证人签名。当事人拒绝签名或者不能签名的,应当注明原因。

委托有关机构进行鉴定的,被委托的鉴定机构不得单独进行现场勘验。

3.2.4.7 认定意见、鉴定意见

涉及耕地破坏程度认定或者鉴定的,由市(地)级或省级自然资源主管部门组织实施,根据实际情况出具认定意见;也可委托具有法定资质的机构出具鉴定意见;没有具有法定资质的机构的,可以委托其他具备条件的机构出具鉴定意见。

涉及违法开采的矿产品价值认定的,根据销赃数额认定;无销赃数额,销赃数额难以查证或者根据销赃数额认定明显不合理的,根据矿产品价格和数量认定。矿产品价格和数量难以确定的,依据价格认证机构和省级以上自然资源主管部门出具的报告,并结合其他证据作出认定意见。

涉及测绘地理信息违法行为认定的,由市(地)级以上自然资源主管部门组织实施,根据需要出具认定意见,也可以委托有关机构出具鉴定意见。

3.2.5 证据先行登记保存

调查中发现证据可能灭失或者以后难以取得的情况下,经自然资源主管部门负责人批准,可以先行登记保存。证据先行登记保存期间,任何人不得销毁或者转移证据。

证据先行登记保存,应当制作《证据先行登记保存通知书》,附具《证据保存清单》,向当事人下达。制作《证据保存清单》,应当有当事人在场,当事人不在场可以邀请其他见证人参加,并由当事人或者见证人核对,确定无误后签字。

先行登记保存的证据,可以交由当事人自己保存,也可以由自然资源主管部门或者其指定单位保存。证据在原地保存可能妨害公共秩序、公共安全或者对证据保存不利的,也可以异地保存。

自然资源主管部门应当自发出《证据先行登记保存通知书》之日起七个工作日内,根据情况分别作出如下处理决定,向当事人下达《先行登记保存证据处理通知书》:

(1)采取记录、复制、复印、拍照、录像等方式收集证据;

(2)送交具有资质的专门机构进行鉴定、认定等;

(3)违法事实不成立的,解除证据先行登记保存;

(4)其他应当作出的决定。

3.3 行政强制措施

经自然资源主管部门负责人批准,自然资源主管部门可以依法查封、扣押与涉嫌违法测绘行为直接相关的设备、工具、原材料、测绘成果资料等;可以依法查封、扣押涉嫌违法的地图、附着地图图形的产品以及用于实施地图违法行为的设备、工具、原材料等。

3.3.1 一般规定

查封、扣押等直接涉及重大财产权益的行政强制措施应当全程音像记录。

承办人员应当主动出示执法证件,通知当事人到场,当场告知当事人采取行政强制措施的理由、依据以及当事人依法享有的权利、救济途径,听取当事人的陈述和申辩,制作现场笔录,并由当事人和承办人员签名或者盖章,当事人拒绝的,在笔录中予以注明。当事人不到场的,邀请见证人到场,由见证人和承办人员在现场笔录上签名或者盖章。

情况紧急,需要当场实施行政强制措施的,承办人员应当在24小时内向自然资源主管部门负责人报告,并补办批准手续。自然资源主管部门负责人认为不应当采取行政强制措施的,应当立即解除。

3.3.2 审查决定

实施查封、扣押,应当填写《行政强制措施事项审批表》,经自然资源主管部门负责人批准,制作《行政强制措施决定书》,附具《物品清单》,向当事人下达。制作《物品清单》应当有当事人在场,当事人不在场可以邀请其他见证人参加,并由当事人或者见证人核对,确认无误后签字。对查封的设施或者财物,可以委托第三人保管,第三人不得损毁或者擅自转移、处置。

3.3.3 强制措施处理

采取查封、扣押措施后,应当及时查清事实,自发出《行政强制措施决定书》之日起三十日内作出处理决定,情况复杂的,经自然资源主管部门负责人批准,可以延长,但是延长期限不得超过三十日。对违法事实清楚,依法应当没收的非法财物予以没收;应当解除查封、扣押的,作出解除查封、扣押的决定。

对物品需要进行检测、检验、检疫或者技术鉴定的,查封、扣押期限不包括检测、检验、检疫或者技术鉴定期限。

3.4 调查中止

因不可抗力、意外事件或者其他情形,致使案件暂时无法调查的,承办人员应当填写《中止调查决定呈批表》,报自然资源主管部门负责人批准后,中止调查。案件中止调查的情形消除后,应当及时恢复调查。

3.5 调查终止

有下列情形之一的,承办人员应当填写《终止调查决定呈批表》并提出处理建议,报自然资源主管部门负责人批准后,终止调查。

(1)调查过程中,发现违法事实不成立的;

(2)违法行为已过行政处罚追诉时效的;

(3)不属本部门管辖,需要向其他部门移送的;

(4)因不可抗力致使案件无法调查处理的;

(5)需要终止调查的其他情形。

4 案情分析与调查报告起草

在调查取证的基础上,承办人员应当对收集的证据、案件事实进行认定,确定违法的性质和法律适用,研究提出处理建议,并起草调查报告。

4.1 证据认定

4.1.1 证据审查

承办人员应当对证据的真实性、关联性和合法性进行审查。

(1)真实性审查主要审查证据是否为原件、原物,复制件、复制品是否符合要求等;

(2)关联性审查主要审查证据与案件的待证事实之间是否具有内在的联系,证据之间能否互相支撑形成证据链等;

(3)合法性审查主要审查证据取得程序及相关手续是否合法等。

4.1.2 证据的证明效力认定

认定各类证据的证明效力应当遵循以下原则:

(1)国家机关以及其他职能部门依职权制作的公文文书优于其他书证;

(2)认定意见、鉴定意见、现场勘验笔录、档案材料以及经过公证或者登记的书证优于其他书证、视听资料和证人证言;

(3)原件、原物优于复制件、复制品;

(4)法定鉴定部门的鉴定意见优于其他鉴定部门的鉴定意见；

(5)原始证据优于传来证据；

(6)其他证人证言优于与当事人有亲属关系或者其他密切关系的证人提供的对该当事人有利的证言；

(7)数个种类不同、内容一致的证据优于一个孤立的证据。

4.1.3 辅助证据

下列证据不能单独作为认定案件事实的依据，但可以作为辅助证据。

(1)未成年人的证言；

(2)与当事人有亲属关系或者其他密切关系的证人所作的对该当事人有利的证言，或者与当事人有不利关系的证人所作的对该当事人不利的证言；

(3)难以识别是否经过修改的视听资料；

(4)无法与原件、原物核对的复制件或者复制品；

(5)其他不能单独作为定案依据的证据材料。

4.2 事实认定

4.2.1 违法责任主体认定

违法责任主体应当是实施违法行为并且能够独立承担法律责任的自然人、法人或者其他组织。

(1)当事人是自然人的，该自然人为违法责任主体。

(2)当事人是法人的(企业法人、机关法人、事业单位法人、社会团体法人、农村经济组织法人、合作经济组织法人、基层群众性自治组织法人等)，该法人为违法责任主体；不具有独立法人资格的分公司、内设机构、派出机构、临时机构等实施违法行为的，设立该分公司、内设机构、派出机构、临时机构的法人为违法责任主体。

(3)当事人是其他组织的，能够独立承担法律责任的，该组织为违法责任主体；不能独立承担法律责任的，创办该组织的单位或者个人为违法责任主体。

(4)受委托或者雇佣的自然人、法人或者其他组织在受委托或者雇佣的工作范围内，实施自然资源违法行为，并且能够证明委托或者雇佣关系及委托或者雇佣工作范围的，应当认定委托人或者雇佣人为违法责任主体。

(5)同一违法行为有两个以上当事人的，应当认定为共同违法责任主体。

4.2.2 违法用地占用地类认定

判定违法用地占用地类，应当将违法用地的界址范围或者勘测定界坐标数据套合到违法用地行为发生时最新或者上一年度土地利用现状图或者土地利用现状数据库及国家永久基本农田数据库上，对照标示的现状地类进行判定。违法用地发生时，该用地已经批准转为建设用地的，应当按照建设用地判定。

承办机构可以提请自然资源调查监测管理工作机构进行认定。

4.2.3 是否符合土地利用总体规划的认定

判定违法用地是否符合土地利用总体规划，应当将违法用地的界址范围(或者界址坐标)与违法用地行为发生时乡(镇)土地利用总体规划纸质图件(或者数据库矢量图件)套合比对、对照，将项目名称与土地利用总体规划文本对照。

与乡(镇)土地利用总体规划纸质图件(或者数据库矢量图件)进行套合比对，违法用地位于规划城乡建设允许建设区或属于规划建设用地地类的，应当判定为符合土地利用总体规划；与乡(镇)土地利用总体规划纸质图件(或者数据库矢量图件)进行对照，违法用地位于土地利用总体规划确定的交通廊道内、独立工矿用地区域的，应当判定为符合土地利用总体规划；与土地利用总体规划文本进行对照，用地项目已列入土地利用总体规划重点建设项目清单的，应当判定为符合土地利用总体规划。

在作出处罚决定前，土地利用总体规划依法作出了重大调整，违法用地的规划土地用途发生重大变更的，可以按照从轻原则判定是否符合土地利用总体规划。

承办机构可以提请自然资源规划管理工作机构进行认定。

4.2.4 占用永久基本农田的认定

判定违法用地是否占用永久基本农田或者原基本农田，应当根据违法行为发生的时间，将违法用地的界址范围(或者界址坐标)与国家永久基本农田数据库或者乡(镇)土地利用总体规划纸质图件(或者数据库矢量图件)进行套合比对，对照所标示的永久基本农田保护地块范围进行判定。

违法行为发生在永久基本农田划定(2017年6月)之前的，违法用地位于土地利用总体规划图上标示的原基本农田保护地块范围的,应当判定为占用原基本农田。但已列入土地利用总体规划确定的交通廊道或者已列入土地利用总体规划重点建设项目清单的民生、环保等特殊项目,在未超出规划多划原基本农田面积额度的前提下,占用规划多划的原基本农田时,按照占用一般耕地进行判定,不视为占用原基本农田。

违法行为发生在永久基本农田划定(2017年6月)之后的,应将违法用地界址范围(或者界址坐标)与国家永久基本农田数据库进行套合比对,经套合显示所涉地块为永久基本农田的,应当认定为占用永久基本农田。

承办机构可以提请自然资源规划管理和耕地保护工作机构进行认定。

4.2.5 违法开采矿产品价值认定

违法开采矿产品的价值认定,根据违法所得(销赃数额)直接确定。无违法所得、违法所得难以查证或者违法所得认定明显不合理的,可以根据矿产品数量和价格确定。

违法开采矿产品的数量认定,可以采取计重或者测算体积等方式得出。对于找不到现场堆放的矿产品的,可以通过测量采空区计算或者通过查阅违法当事人销售矿产品的相关台账计算。案情复杂,难以认定的,可以依照省级以上自然资源主管部门出具的违法采出矿产品数量的认定报告确定。

违法开采矿产品的价格认定,按照价格认证机构出具的关于违法采出的矿产品价格的认定报告确定,也可以参照违法行为发生时当地合法矿山企业同类矿产品的销售价格予以认定。

4.2.6 城乡规划违法建设中尚可采取改正措施情形的认定

《中华人民共和国城乡规划法》规定的违法建设,下列情形构成尚可采取改正措施:

(1)取得建设工程规划许可证,但未按建设工程规划许可证的规定进行建设,在限期内采取局部拆除等整改措施,能够使建设工程符合建设工程规划许可证要求的;

(2)未取得建设工程规划许可证即开工建设,但已取得城乡规划主管部门的建设工程设计方案审核决定,且建设内容符合或采取局部拆除等整改措施后能够符合审核决定要求的;

(3)其他可以采取改正措施的情形。

4.2.7 城乡规划违法建设中涉及工程造价罚款基数的认定

对《中华人民共和国城乡规划法》规定的违法建设行为处以罚款,应当以新建、扩建、改建的存在违反城乡规划事实的建筑物、构筑物违法部分造价作为罚款基数。

已经完成竣工结算的违法建设,应当以竣工结算价作为罚款基数;尚未完成竣工结算的违法建设,可以根据工程已完工部分的施工合同价确定罚款基数;未依法签订施工合同或者当事人提供的施工合同明显低于市场价格的,应当委托有资质的造价咨询机构评估确定。

4.2.8 违法所得、违法收入的认定

4.2.8.1 违法转让土地使用权的违法所得的认定

依法取得的土地使用权违法转让的,当事人依法取得土地使用权的成本和对土地的合法投入,不作为违法所得认定;违法取得的土地使用权违法转让的,违法所得为当事人转让全部所得。

转让全部所得数额按转让合同及交易凭据所列价款确定。没有转让合同及交易凭据、当事人拒不提供或者提供的转让合同及交易凭据所列价款明显不符合实际的,可以按照评估价认定。

对土地的合法投入包括土地开发、新建建筑物和构筑物的建设投入等,但是违法新建建筑物和构筑物的建设投入除外。

4.2.8.2 矿产违法所得的认定

无证开采和越界开采的,违法所得数额应当按照销售凭据确定;没有销售凭据的,价值按照已经销售或者已经利用的违法采出矿产品的数量和价格认定。

买卖、出租或者以其他方式转让矿产资源的,违法所得数额应当为买卖、出租或者以其他方式转让的全部所得。

违法转让矿业权的,违法所得为转让矿业权全部所得。

4.2.8.3 测绘地理信息违法所得的认定

违法从事测绘地理信息活动、生产、销售商品或者提供服务的,其合法成本与投入不作为违法所得认定。

4.2.8.4 城乡规划违法收入的认定

按照新建、扩建、改建的存在违反城乡规划事实的建筑物、构筑物违法部分出售所得价款计算;

未出售或者出售所得价款明显低于同类房地产市场价格的,应当委托有资质的房地产评估机构评估确定。

4.3 法律适用和处理建议

承办人员应当依据调查掌握的证据和认定的违法事实,确定违法的性质和适用的法律法规,对照行政处罚裁量基准,研究提出处理建议。

自然资源违法行为主要类型、法律依据与法律责任见附录A、附录B、附录C、附录D。

4.3.1 不予处罚

违法行为轻微并及时改正,没有造成危害后果的,不予行政处罚。初次违法且危害后果轻微并及时改正的,可以不予行政处罚。

当事人有证据足以证明没有主观过错的,不予行政处罚。法律、行政法规另有规定的,从其规定。

对当事人的违法行为依法不予行政处罚的,自然资源主管部门应当对当事人进行教育。

4.3.2 从轻或者减轻处罚

有下列情形之一的,应当从轻或者减轻处罚:

(1)行政处罚决定下达前,主动消除或者减轻违法行为危害后果的;

(2)受他人胁迫或者诱骗实施违法行为的;

(3)主动供述自然资源主管部门尚未掌握的违法行为的;

(4)配合自然资源主管部门查处违法行为有立功表现的;

(5)法律、法规、规章规定其他应当从轻或者减轻的情形。

4.3.3 提出处理建议

承办人员应当在证据认定和事实认定的基础上,严格依照法律法规的规定,综合考虑历史遗留建筑物处置等有关文件要求,提出处理建议:

(1)事实清楚、证据确凿、属于本级本部门管辖的,应当提出明确的处理建议。其中,对于依法应当给予行政处罚的,根据情节轻重及具体情况,按照本地区行政处罚裁量基准,提出给予行政处罚的建议,并明确行政处罚的具体内容;对依法可以不予行政处罚的,提出不予行政处罚的建议,并写明不予行政处罚的理由;对于单位、个人违法批准征收、使用土地或者违法批准勘查、开采矿产资源等行为,应当提出确认相关批准文件、协议、纪要、批示等无效及撤销批准文件、废止违法内容、依法收回土地等建议;

(2)依法需要追究当事人及有关责任人员党纪政务责任的,应当提出将问题线索向纪检监察、任免机关移送建议;

(3)涉嫌犯罪,依法需要追究刑事责任的,应当提出将案件向公安、监察机关移送的建议;

(4)经批准终止调查的,应当提出撤案或者结案的建议。对于违法事实不成立、违法行为已过行政处罚追诉时效的,建议撤案;对不属本部门管辖、因不可抗力致使案件无法调查处理的,建议结案;

(5)其他处理建议。

4.4 调查报告起草

案件调查结束后,承办人员应当起草《违法案件调查报告》。

《违法案件调查报告》包括首部、正文、尾部和证据清单。

4.4.1 首部

首部应当包括案由、承办机构、承办人员、调查时间、当事人基本情况等内容。

4.4.2 正文

正文应当包括调查情况、基本事实、案件定性、责任认定、处理建议等。

4.4.2.1 调查情况

简要介绍案件来源,立案及调查工作开展情况。

4.4.2.2 基本事实

基本事实应当包括违法行为当事人、发生时间、地点、违法事实及造成的后果。叙述一般应当按照事件发生的时间顺序客观、全面、真实地反映案情,要注意重点,详细表述主要情节、证据和关联关系。对可能影响量罚的不予处罚、从轻或者减轻处罚的事实,应当作出具体说明。有中止调查的,应当记录中止调查的原因、中止时间、恢复时间。

(1)土地违法案件基本要素:违法主体、违法行为发生、发现、制止及立案查处的时间、用地及建设情况、占用地类、规划用途、相关审批情况、征地补偿安置标准、程序、支付情况等;

(2)矿产违法案件基本要素:违法主体、勘查开采地点、勘查开采时间、矿区范围、勘查开采方式、矿种、数量、矿产品价值、违法所得、认定意见、鉴定意见、已批准勘查、开采以及登记发证情况等;

(3)测绘地理信息违法案件基本要素:违法主

体、违法行为及认定、违法行为发生、发现、制止及立案查处的时间、认定意见、鉴定意见、资质资格证书、地图违法图件数量、违法所得认定、互联网地图、测绘成果资料及电子地图等;

(4)国土空间规划违法案件基本要素:违法主体、违法行为发生、发现、制止及立案查处的时间、规划审批及建设情况、项目规划用途、相关立项审批情况、施工合同及造价情况、违法收入情况等。

4.4.2.3 案件定性

认定调查发现存在的主要问题,对案件的法律适用进行分析,明确认定当事人违法的法律依据以及违反的具体法律法规,提出认定违法行为性质的结论。

4.4.2.4 处理建议

根据法律法规的有关规定,认定相关责任,结合违法事实、性质、情节、社会危害程度以及是否主动消除违法行为后果等因素,对照行政处罚裁量基准,提出处理建议。

4.4.3 尾部

承办人员签名,并注明时间。

4.4.4 证据清单

列明案件调查报告涉及的证据。清单所列证据作为调查报告的附件。

5 案件审理

5.1 审理基本要求

承办人员提交《违法案件调查报告》后,承办机构应当组织审理人员对案件调查报告和证据等相关材料进行审理。审理人员不能为同一案件的承办人员。

5.2 审理内容

审理内容包括:

(1)是否符合立案条件;

(2)违法主体是否认定准确;

(3)事实是否清楚,证据是否合法、确实、充分;

(4)定性是否准确,理由是否充分;

(5)适用法律法规是否正确;

(6)程序是否合法;

(7)拟定的处理建议是否适当,行政处罚是否符合裁量基准;

(8)其他需要审理的内容和事项。

5.3 审理方式

案件审理应当由承办机构负责人或者其指定的审理人员负责组织,采用书面或者会议方式进行审理,提出审理意见。

5.4 审理程序

(1)承办人员提交案件调查报告和证据等相关材料,并作出说明;

(2)审理人员进行审理,就有关问题提问;

(3)承办人员解答问题,进行补充说明;

(4)审理人员形成审理意见,制作《违法案件审理记录》。

5.5 审理意见

根据审理情况,分别提出以下审理意见:

(1)违法主体认定准确、事实清楚、证据合法确实充分、定性准确、适用法律正确、程序合法、处理建议适当的,同意处理建议;

(2)有下列情形之一的,应当提出明确的修改、纠正意见,要求承办人员重新调查或者补充调查:

①不符合立案条件的;

②违法主体认定不准确的;

③案件事实不清楚,证据不确实充分的;

④定性不准确,理由不充分的;

⑤适用法律法规不正确的;

⑥程序不合法的;

⑦处理建议不适当、行政处罚不符合裁量基准的。

承办人员应当按照审理意见进行修改、纠正,并重新提请审理。

承办人员对审理意见有异议的,可以提出理由,连同调查报告、审理意见及证据等相关材料报自然资源主管部门负责人决定。

6 重大执法决定法制审核

在作出重大执法决定前,自然资源主管部门法制机构应当对重大执法决定的法定权限、法律依据、法定程序等的合法性进行审核。审核通过的,出具《重大执法决定法制审核意见书》;审核不通过的,承办机构应当根据法制机构提出的意见办理。涉及需要补充完善的应当补充完善后,视情况经审理后,提交法制机构重新审核。

自然资源重大执法决定法制审核程序和要求,按照《自然资源部关于印发<关于全面推行行政执法公示制度执法全过程记录制度重大执法决定法制审核制度的实施方案>的通知》相关规定执行。

7 处理决定

7.1 作出处理决定

案件经审理、重大执法决定法制审核，通过后，承办人员应当填写《违法案件处理决定呈批表》，附具《违法案件调查报告》《违法案件审理记录》《重大执法决定法制审核意见书》，报自然资源主管部门负责人审查，根据不同情况，分别作出如下处理决定：

（1）确有应当予以行政处罚的违法行为的，根据情节轻重及具体情况，作出行政处罚决定；

（2）对于单位、个人违法批准征收、使用土地或者违法批准勘查、开采矿产资源，应当根据情节轻重及具体情况，作出行政处理决定；

（3）违法行为轻微，依法可以不予行政处罚的，作出不予行政处罚决定，予以结案；

（4）不属于本部门管辖的，移送有管辖权的机关，予以结案；

（5）因不可抗力终止调查的，予以结案；

（6）对于违法事实不成立、违法行为已过行政处罚追诉时效的，予以撤案；

（7）依法需要追究当事人及有关责任人党纪政务责任的，移送纪检监察、任免机关；

（8）涉嫌犯罪，依法需要追究刑事责任的，移送公安、监察机关。

对情节复杂或者重大违法行为给予行政处罚，自然资源主管部门负责人应当集体讨论决定。

7.2 实施处理决定

（1）决定给予行政处罚的，按照本规程8的规定办理；

（2）决定给予行政处理的，参照本规程8的有关规定办理。应当明确违法批准征收、使用土地，违法批准勘查、开采矿产资源等相关文件无效，提出撤销批准文件、废止违法内容、依法收回土地等具体要求和追究党纪政务责任的建议。有关当事人拒不归还土地的，以违法占用土地论处；

（3）决定撤销案件的，填写《撤销立案决定呈批表》，报自然资源主管部门负责人批准后，予以撤案；

（4）决定不予行政处罚的，填写《违法案件处理决定呈批表》，报自然资源主管部门负责人批准后，予以结案；

（5）决定移送案件的，按照本规程11的规定办理；

（6）决定结案的，按照本规程12的规定办理。

8 行政处罚

8.1 自然资源行政处罚的种类

自然资源行政处罚主要包括：

（1）警告、通报批评；

（2）罚款；

（3）没收违法所得、没收非法财物；

（4）吊销勘查许可证、采矿许可证；

（5）暂扣测绘资质证书、降低测绘资质等级、吊销测绘资质证书；

（6）降低城乡规划资质等级、吊销城乡规划资质证书；

（7）停业整顿；

（8）法律、行政法规规定的其他行政处罚。

8.2 告知

作出行政处罚之前，自然资源主管部门应当制作《行政处罚告知书》，按照本规程9规定的方式，送达当事人，当事人有权进行陈述和申辩。

《行政处罚告知书》应当载明作出行政处罚的事实、理由、依据和处罚、处理内容，并告知当事人依法享有的陈述和申辩权利。陈述和申辩应当由当事人在收到《行政处罚告知书》后五个工作日内提出。口头形式提出的，应当制作笔录。

自然资源主管部门对当事人提出的事实、理由和证据应当进行复核。当事人提出的事实、理由或者证据成立的，应当予以采纳。

自然资源主管部门不得因当事人的申辩而加重处罚。

8.3 听证

自然资源主管部门在作出以下行政处罚决定前，应当制作《行政处罚听证告知书》，按照本规程9规定的方式，送达当事人。听证告知和处罚告知可以一并下送或者合并下送。

（1）较大数额罚款；

（2）没收违法用地上的新建建筑物和其他设施；

（3）没收较大数额违法所得、没收较大价值非法财物；

（4）限期拆除违法用地上的新建建筑物和其他设施，恢复原状；

（5）暂扣资质证书、降低资质等级、吊销资质证书、许可证件；

（6）责令停业整顿；

（7）法律法规规定的其他情形。

《行政处罚听证告知书》应当载明作出行政处罚的事实、理由、依据和处罚内容，并告知当事人有要求举行听证的权利。

当事人要求听证的，应当在收到《行政处罚听证告知书》后五个工作日内，提出书面申请，口头形式提出的，应当制作笔录。

听证应当制作《听证笔录》，听证结束后，自然资源主管部门应当根据《听证笔录》，区分不同情况作出处理决定。

自然资源行政处罚听证适用相关法律法规的规定及《自然资源听证规定》。

8.4　行政处罚决定

当事人未在规定时间内陈述、申辩、要求听证的，或者陈述、申辩、听证中提出的事实、理由或者证据不成立的，自然资源主管部门应当进行书面记录并依法制作《行政处罚决定书》；陈述、申辩或者听证中提出的事实、理由或者证据成立，需要修改拟作出的处理决定的，自然资源主管部门应当按照本规程7.1的规定，调整或者重新作出处理决定，依法制作《行政处罚决定书》。《行政处罚决定书》应当按照本规程9规定的方式送达当事人。

法律法规规定的责令改正或者责令限期改正，可以与行政处罚决定一并作出，也可以在作出行政处罚决定之前单独作出。

8.4.1　《行政处罚决定书》的内容

（1）自然资源主管部门名称、文书标题及文号；

（2）当事人的姓名或者名称、地址等基本情况；

（3）违反法律、法规、规章的事实和证据；

（4）告知、听证的情况；

（5）行政处罚的具体依据和内容；

（6）履行方式和期限；

（7）不服行政处罚决定，申请行政复议或者提起行政诉讼的途径和期限；

（8）拒不执行行政处罚决定的法律后果；

（9）作出决定的日期及印章。

8.4.2　制作《行政处罚决定书》的注意事项

（1）《行政处罚决定书》应当由具有行政处罚权的自然资源主管部门制作并加盖其印章，派出机构、内设机构不能以自己的名义制作。

（2）认定的违法事实应当客观真实，明确违法行为的性质。列举的证据应当全面具体，充分支撑所认定的违法事实。有从轻或者减轻情节的，应当一并说明。

（3）行政处罚前的告知、听证情况应当包括告知、听证程序的履行情况和当事人意见采纳情况。

（4）行政处罚的依据应当结合具体违法事实，分别说明定性和处罚适用的具体法律条款；引用法律条款应当根据条、款、项、目的顺序写明。

（5）行政处罚的内容应当明确、具体，有明确的履行方式和期限。例如：

①责令退还、交还违法占用土地的，应当写明退还、交还土地的对象、范围、期限等。

②责令当事人限期履行的，应当写明履行的具体内容和期限。责令限期改正的，应当表述为"责令限××日内改正××行为"；责令限期拆除、恢复土地原状的，应当写明拆除地上建筑物和其他设施的范围、内容，恢复场地平整或者耕地种植条件，并明确履行的具体期限；责令停业整顿的，应当写明停业整顿的具体期限。

③责令缴纳复垦费、处以罚款、没收违法所得的，应当写明违法所得的金额和币种、交款的期限、指定银行或者电子支付系统账户等。

④没收地上建筑物和其他设施的，应当写明没收建筑物的范围、内容等。

⑤吊销勘查许可证、采矿许可证的，应当写明矿业权人、勘查许可证或者采矿许可证的证号等。

⑥暂扣测绘资质证书、降低测绘资质等级、吊销测绘资质证书的，应当写明资质证书的证号、等级，暂扣具体期限等；

⑦降低城乡规划资质等级、吊销城乡规划资质证书的，应当写明资质证书的证号、等级等；

⑧没收矿产品的，应当写明矿产品的种类、数量和堆放地点等。

（6）申请行政复议或者提起行政诉讼的途径和期限，应当具体明确。当事人申请行政复议的时限为自收到《行政处罚决定书》之日起六十日内，复议机关一般为作出行政处罚决定的本级人民政府或者上一级自然资源主管部门。当事人提起行政诉讼的时限为自收到《行政处罚决定书》之日起六个月内。对依据《中华人民共和国土地管理法》作出责令限期拆除处罚决定不服的，提起行政诉讼的时限为自收到《行政处罚决定书》之日起十五日内，诉讼机关为有管辖权的人民法院。

(7)当事人有两个以上自然资源违法行为的，自然资源主管部门可以制作一份《行政处罚决定书》，合并执行。《行政处罚决定书》中应当明确对每个违法行为的处罚内容和合并执行的内容。

(8)自然资源违法行为有两个以上当事人的，可以分别作出行政处罚决定，制作一式多份《行政处罚决定书》，分别送达当事人。

(9)有条件的地方，可以使用说理式《行政处罚决定书》。

8.5 作出行政处罚决定的期限

作出行政处罚决定的期限为立案之日起九十日内。案情复杂不能在规定期限内作出行政处罚决定的，报本级自然资源主管部门负责人批准，可以适当延长，但延长期限原则上不超过三十日，案情特别复杂的除外。

立案查处过程中不计入前款期限的情形，依照相关法律法规的规定执行。

8.6 行政处罚决定公示

具有一定社会影响的自然资源行政处罚决定应当依法公开。行政处罚决定生效后，自然资源主管部门应当在七个工作日内将相关信息在门户网站等平台公开，督促违法当事人自觉履行，接受社会监督。

涉及国家秘密，法律、行政法规禁止公开，以及公开后可能危及国家安全、公共安全、经济安全、社会稳定的，不予公开。

涉及商业秘密、个人隐私等公开会对第三方合法权益造成损害的政府信息，不得公开。但是，第三方同意公开或者自然资源主管部门认为不公开会对公共利益造成重大影响的，予以公开。

涉及国家秘密、商业秘密、个人隐私等不宜公开的信息，依法确需公开的，要作适当处理后公开。

已公开的行政处罚决定被依法撤销、确认违法或者要求重新作出的，应当及时从公示信息平台撤下原决定信息。发现公开的行政执法信息不准确的，要及时予以更正。

9 送达

自然资源法律文书作出后，应当及时送达当事人，并制作《法律文书送达回证》，送达人应当为两人以上。

自然资源法律文书一经送达，即发生法律效力。

自然资源法律文书应当采用直接送达方式。直接送达有困难的，可以采用留置送达、委托送达、传真或者电子信息送达、委托或者邮寄送达、转交送达和公告送达等方式。

9.1 直接送达

直接送达的应当直接送交受送达人。受送达人是自然人的，本人不在交其同住成年家属签收；受送达人是法人或者其他组织的，应当由法人的法定代表人、其他组织的主要负责人或者该法人、组织负责收件的人签收；受送达人有代理人的，可以送交其代理人签收；受送达人已向自然资源主管部门指定代收人的，送交代收人签收。

送达回证上签收的日期为送达日期。

9.2 留置送达

受送达人或者其同住成年家属拒绝接收法律文书的，送达人可以邀请有关基层组织或者所在单位的代表到场，说明情况，在送达回证上记明拒收事由和日期，由送达人、见证人签名或者盖章，把法律文书留在受送达人的住所或者张贴在违法用地现场，并采用拍照、录像等方式记录送达过程，即视为送达。

影像中应当体现送达文书内容、明确的送达日期、当事人住所等现场情况。

送达回证上记明的日期为送达日期。

9.3 传真或者电子信息送达

经受送达人同意并签订《送达地址确认书》的，可以采用传真、电子邮件、手机信息等方式，将《行政处罚决定书》等法律文书送达当事人。传真、电子邮件、手机信息等到达当事人特定系统的日期为送达日期。

9.4 委托或者邮寄送达

直接送达法律文书有困难的，可以委托其他自然资源主管部门或者其他机关代为送达，或者邮寄送达。

委托送达，以受送达人在送达回证上签收的日期为送达日期。邮寄送达，应当附有送达回证，回执上注明的收件日期与送达回证上注明的收件日期不一致的，或者送达回证没有寄回的，以回执上注明的收件日期为送达日期。

通过邮寄送达的，应当取得受送达人签订的《送达地址确认书》，受送达人拒绝签订《送达地址确认书》的除外。

9.5 转交送达

当事人是军人的，通过其所在部队团以上单

位的政治机关转交;当事人被监禁的,通过其所在监所转交;当事人被采取强制性教育措施的,通过其所在强制性教育机构转交,以在送达回证上的签收日期,为送达日期。

9.6 公告送达

当事人下落不明或者上述方式无法送达的,公告送达。公告送达,可以在当地主要媒体上予以公告或者在本部门公告栏、当事人所在基层组织公告栏、当事人住所地等地张贴公告并拍照,并在本部门或者本系统门户网站上公告。

自发出公告之日起,经过三十日,即视为送达。公告送达,应当在案卷中记明原因和经过,并应保存公告的有关材料。

10 执行

10.1 当事人履行

当事人收到行政处罚决定后,应当在行政处罚决定规定的期限内自行履行。

10.2 催告履行

自然资源主管部门申请人民法院强制执行前,应当制作《履行行政处罚决定催告书》送达当事人,催告其履行义务。

10.3 申请人民法院强制执行

《履行行政处罚决定催告书》送达十个工作日后,当事人仍未履行行政处罚决定的,自然资源主管部门可以向有管辖权的人民法院申请强制执行。

当事人在法定期限内不申请行政复议或者提起行政诉讼,又不履行行政处罚决定的,自然资源主管部门可以自期限届满之日起三个月内,申请人民法院强制执行。

自然资源主管部门对土地违法行为依法作出责令限期拆除的行政处罚决定后,当事人拒不履行,需要申请人民法院强制执行的,按照《自然资源部办公厅关于印发〈申请人民法院强制执行流程图〉的通知》执行。

10.3.1 申请人民法院强制执行程序

申请人民法院强制执行,应当填写《强制执行申请书》,由自然资源主管部门负责人签名,加盖自然资源主管部门印章,注明日期,并附下列材料:

(1)《行政处罚决定书》及作出决定的事实、理由和依据;

(2)当事人意见及催告情况;

(3)申请强制执行标的情况;

(4)法律法规规定的其他材料。

递交《强制执行申请书》时,应当取得人民法院接收人员签字或者盖章的回执;接收人员拒收或者拒绝签字、盖章的,应当记录申请书是否递交、拒收或者拒签情形。

人民法院裁定不予受理强制执行申请或者受理后裁定不予执行,自然资源主管部门对裁定有异议的,可以自收到裁定之日起十五日内向上一级人民法院申请复议;对裁定无异议或者有异议但经复议维持原裁定的,自然资源主管部门应当纠正存在的问题。

10.3.2 财产保全

自然资源主管部门申请人民法院强制执行前,有充分理由认为被执行人可能逃避执行的,可以依法申请人民法院采取财产保全措施。

10.3.3 协作配合

自然资源主管部门应当加强与人民法院的协作配合,申请人民法院强制执行时,严格按照"法院裁定准予执行、政府组织实施、法院到场监督"的拆除违法用地上建筑物强制执行机制执行。

自然资源主管部门应当积极配合同级检察机关探索自然资源执法领域行政非诉执行监督工作。在行政非诉执行受理、审查、执行等环节,发现人民法院应受理不受理、怠于执行、不规范执行、不送达文书等线索,及时移交同级检察机关开展行政非诉执行监督。

10.4 申请人民政府强制执行

依据《中华人民共和国城乡规划法》作出限期拆除的决定后,当事人逾期不拆除的,自然资源主管部门应当及时书面申请建设工程所在地县级以上地方人民政府责成有关部门强制拆除。

10.5 督促履行

行政处罚决定生效后,当事人逾期不履行的,自然资源主管部门除采取法律法规规定的措施外,还可以采取以下措施督促其履行:

(1)向本级人民政府和上一级自然资源主管部门报告;

(2)向当事人所在单位或者其上级主管部门抄送;

(3)停止办理或者告知相关部门停止办理当事人与本案有关的许可、审批、登记等手续。

10.6 执行要求

(1)给予没收违法所得、罚款处罚的,罚没款足额缴入指定的银行或者电子支付系统账户，并取得缴款凭证。

当事人确有经济困难，需要延期或者分期缴纳罚款的，当事人应当提出申请，报自然资源主管部门主管负责人批准后，可以暂缓或者分期缴纳，且不再计收加处罚款。

（2）给予拆除新建建筑物和其他设施、恢复土地原状处罚的，新建建筑物和其他设施已拆除、建筑垃圾已清理运出违法占地现场，恢复场地平整，涉及耕地的要恢复种植条件。

（3）给予没收新建建筑物和其他设施、矿产品等实物处罚的，作出行政处罚决定的自然资源主管部门填写《非法财物移交书》，连同《行政处罚决定书》移交县级以上人民政府或者其指定的部门处理。涉及没收新建建筑物和其他设施的，应当于九十日内交由本级人民政府或者其指定的部门依法管理和处置，可以根据情况决定拆除或保留。

（4）责令退还、交还土地的，将土地退还、交还至土地权利人或者管理人。

（5）责令限期履行义务，治理、改正，采取补救措施的，当事人在限定期限内履行义务、改正违法行为或者达到治理要求，采取相应的补救措施。

（6）给予吊销勘查许可证、采矿许可证处罚的，由颁发许可证的自然资源主管部门予以吊销，并公告。

（7）给予降低资质等级、吊销资质证书处罚的，由颁发资质的自然资源主管部门予以降级、吊销，并公告。

（8）给予行政处理的，撤销或者废止违法批准征收、使用土地，违法批准勘查、开采矿产资源的相关文件，依法收回土地，将责任人涉嫌违纪、违法、犯罪情况依法进行移送。

当事人对行政处罚决定不服申请行政复议或者提起行政诉讼的，在行政复议或者行政诉讼期间，行政处罚决定不停止执行，法律另有规定的除外。

10.7　终结执行

有下列情形之一的，终结执行：

（1）自然人死亡，无遗产可供执行，又无义务承受人的；

（2）法人或者其他组织终止，无财产可供执行，又无义务承受人的；

（3）执行标的灭失的；

（4）据以执行的行政处罚决定被撤销的；

（5）需要终结执行的其他情形。

10.8　执行记录

自然资源主管部门应当根据执行情况制作《行政处罚决定执行记录》。

《行政处罚决定执行记录》中应当载明案由、当事人、行政处罚事项、行政处罚内容的执行方式、执行结果等情况。其中，申请人民法院强制执行的，应当记录申请、受理、裁定执行情况等。

11　移送

自然资源主管部门在查处违法行为过程中，发现违法行为涉嫌犯罪依法应当追究刑事责任的，或者当事人及有关责任人员违法违纪应当追究党纪政务责任的，应当依照有关规定移送有关机关。

11.1　移送公安机关

11.1.1　移送情形

自然资源主管部门在依法立案查处违法行为过程中，发现单位或者个人违法转让倒卖土地使用权、违法占用农用地、违法采矿、破坏性采矿、损毁测量标志等行为，达到刑事追诉标准、涉嫌非职务犯罪的，在调查终结后，应当依法及时将案件移送公安机关。

11.1.2　移送程序

（1）依法需要移送公安机关追究刑事责任的，承办人员应当制作《违法案件处理决定呈批表》，提出移送公安机关的建议。

（2）自然资源主管部门负责人收到《违法案件处理决定呈批表》后，应当在三个工作日内作出是否批准移送的决定。决定不移送的，应当写明不予批准的理由。

（3）决定移送公安机关的，应当制作《涉嫌犯罪案件移送书》，附具案件调查报告、涉案物品清单、认定意见、鉴定意见及其他有关涉嫌犯罪的材料，在移送决定批准后二十四小时内办理移送手续。自然资源主管部门在移送案件时已经作出行政处罚决定的，应当同时移送《行政处罚决定书》和作出行政处罚决定的证据材料。

（4）公安机关对移送的案件决定不予立案，自然资源主管部门有异议的，可以在收到不予立案通知之日起三个工作日内，提请作出决定的公安机关复议，也可以建议检察机关依法进行立案监督。

（5）移送时，自然资源主管部门未作出行政处罚决定,违法状态仍未消除的,自然资源主管部门应当依法作出行政处罚,其中,人民法院判决已给予罚金处罚的,不再给予罚款的行政处罚。

11.2 移送纪检监察、任免机关

11.2.1 移送情形

自然资源主管部门在依法立案查处违法行为过程中,发现下列问题线索,本部门无权处理,应当及时移送纪检监察机关:

(1)党员涉嫌违犯党纪,依照《中国共产党纪律处分条例》《中国共产党纪律检查机关监督执纪工作规则》等有关规定,应当由纪检机关处置的;

(2)监察对象涉嫌职务违法,有违法批准、占用土地、违法低价出让国有土地使用权、违法批矿等行为,依照《中华人民共和国监察法》和政务处分有关规定,应当由监察机关调查处置的;

(3)监察对象涉嫌职务犯罪,有违法批准、占用土地、违法低价出让国有土地使用权以及其他贪污贿赂、渎职等行为,依照《中华人民共和国监察法》《中华人民共和国刑法》以及监察机关管辖的有关规定,应当由监察机关调查处置的。

自然资源主管部门认定党员和监察对象存在其他违法犯罪问题,依照《中国共产党纪律处分条例》《中华人民共和国监察法》和政务处分有关规定,应当由纪检监察机关给予党纪处分、政务处分的,参照对涉嫌违法犯罪党员作出纪律处分工作的有关规定及时向纪检监察机关通报,并提供相关材料。

11.2.2 移送程序

(1)需要移送纪检监察、任免机关追究责任的,承办人员应当制作《违法案件处理决定呈批表》,提出移送纪检监察、任免机关的建议。

(2)自然资源主管部门负责人收到《违法案件处理决定呈批表》后,应当作出是否批准移送的决定。决定不移送的,应当写明不予批准的理由。

(3)决定移送的,应当在作出行政处罚决定后十五个工作日内,制作《问题线索移送书》,附具案件来源及立案材料、案件调查报告、处罚或者处理决定、有关证据材料及其他需要移送的材料。确有特殊情况不能在规定时间内移送的,应当在特殊情况消除后十个工作日内移送。

11.3 移送送达回证

自然资源主管部门向有关机关移送案件,应当制作《法律文书送达回证》。受送达人接受移送的案件材料,并在送达回证上签字、盖章。受送达人拒收或者拒签的,送达人详细填写送达回证中的拒收、拒签的情况和理由。

12 结案

12.1 结案条件

符合下列条件之一的,可以结案:
(1)案件已经移送管辖的;
(2)终止调查的;
(3)决定不予行政处罚的;
(4)行政处罚决定执行完毕的;
(5)行政处罚决定终结执行的;
(6)已经依法申请人民法院或者人民政府强制执行的;

涉及需要移送有关部门追究刑事责任、党纪政务责任的,结案前应当已经依法移送。

12.2 结案呈批

符合结案条件的,承办人员应当填写《结案呈批表》,报自然资源主管部门负责人批准后结案。

《结案呈批表》应当载明案由、立案时间、立案编号、调查时间、当事人、主要违法事实、执行情况、相关建议等内容。

对终止调查或者终结执行但地上违法新建建筑物或者其它设施尚未处置的,结案呈批时,可以建议将有关情况报告或者函告地上违法新建建筑物或者其他设施所在地政府,由其依法妥善处置。

12.3 后续工作

结案后,有关部门开展与本案相关的强制执行、刑事责任、党纪政务责任追究等工作,需要自然资源主管部门配合的,自然资源主管部门应当予以配合。

13 立卷归档

承办人员应当将办案过程中形成的全部材料,及时整理装订成卷,并按照规定归档。

13.1 归档材料

卷宗内的归档材料应当包括:
(1)封面、目录;
(2)案件来源材料;
(3)责令停止违法行为通知书、责令改正违法行为通知书;
(4)立案(不予立案)呈批表;
(5)证据材料;
(6)调查报告;
(7)审理记录;

（8）重大执法决定法制审核意见；
（9）案件处理决定呈批表；
（10）行政处罚告知书；
（11）当事人陈述申辩材料、复核意见书；
（12）行政处罚听证告知书、听证通知书、听证笔录等；
（13）行政处罚决定书或者行政处理决定；
（14）党纪政务处分决定、问题线索移送书、刑事判决书、涉嫌犯罪案件移送书、案件管辖移送书；
（15）履行处罚决定催告书；
（16）强制执行申请书、申请送达情况记录；
（17）行政处罚决定执行记录、罚没收据、缴纳相关费用收据、暂缓或者分期缴纳罚款的审批材料、吊销许可证件公告、非法财物移交书、非法财物清单、撤销批准文件的决定及相关材料；
（18）经行政复议机关复议的应当附具行政复议决定书、经人民法院审理的应当附具人民法院裁判文书副本；
（19）案件结案呈批表；
（20）有关法律文书送达回证；
（21）其他需要归档的材料。

13.2　归档要求

（1）所有归档的材料，应当合法、完整、真实、准确，文字清楚，日期完备。应当保证归档材料之间的有机联系，同一案件形成的档案应当作为一个整体统一归档，不得分散归档，案卷较厚的可分卷归档。案卷应当标注总页码和分页码，加盖档号章。

（2）卷内各类材料的排列，应当按照结论、决定、裁决性文件在前，依据性材料在后的原则，即批复在前、请示在后，正文在前、附件在后，印件在前、草稿在后的顺序组卷。

（3）案卷资料归档应当按照档案管理要求统一归档保存或者交本部门档案室保存。

14　监督与责任追究

14.1　监督

自然资源主管部门应当通过定期或者不定期检查等方式，加强对本级和下级自然资源主管部门实施立案查处工作的监督，及时发现、纠正存在的问题。

自然资源主管部门发现作出的行政处罚有错误的，应当主动改正。

自然资源主管部门应当建立违法案件错案追究制度。行政处罚决定错误并造成严重后果的，作出处罚决定的机关应当承担相应的责任。

自然资源主管部门应当建立重大违法案件挂牌督办制度，明确提出办理要求，公开督促下级自然资源主管部门限期办理并接受社会监督。

自然资源主管部门应当建立重大违法案件公开通报制度，将案情和处理结果向社会公开通报并接受社会监督。

自然资源主管部门应当建立执法查处案卷评查制度，按照相关程序和标准组织开展案卷评查工作，定期内部通报评查工作情况。

自然资源主管部门应当建立违法案件统计制度。下级自然资源主管部门应当定期将本行政区域内的违法形势分析、案件发生情况、查处情况等逐级上报。

14.2　责任追究

自然资源执法人员应当在法定权限范围内依照法定程序行使职权，做到严格规范公正文明执法，不得玩忽职守、超越职权、滥用职权。依法履行法定职责受法律保护，非因法定事由、非经法定程序，不受处分。因故意或者重大过失，不履行或者违法履行行政执法职责，造成危害后果或者不良影响的，应当依法承担责任。

14.2.1　追责情形

有下列情形之一，且造成危害后果或者不良影响的，应当追究责任：

（1）应当依法立案查处，无正当理由未依法立案查处的；

（2）在制止以及查处违法案件中受阻，依照有关规定应当向本级人民政府或者上级自然资源主管部门报告而未报告的；

（3）应当予以制止、处罚的违法行为不予制止、处罚，致使公民、法人或者其他组织的合法权益或者公共利益、社会秩序遭受损害的；

（4）应当依法申请强制执行或者移送有权机关追究党纪政务或者刑事责任，而未依法申请强制执行、移送有权机关的；

（5）使用或损毁查封、扣押的财物对当事人造成损失的；

（6）违法实施行政强制措施，给公民人身或者财产造成损害、给法人或者其他组织造成损失的；

（7）法律法规规定的其他应当追究责任的

情形。

14.2.2 不予追究责任情形

具有下列情形之一的，可以不予追究责任：

（1）因行政执法依据不明确，致使行政执法行为出现偏差的，但故意违法的除外；

（2）执法人员已经依法下达责令停止违法行为通知书，制止无效后按规定报告本级人民政府和上级自然资源主管部门，仍未能制止违法行为的；

（3）执法人员已经依法作出、送达行政处罚决定，并按照规定催告执行、申请人民法院强制执行，但因相关部门、当事人的原因导致违法状态持续的；

（4）因行政相对人的隐瞒、造假等行为，致使自然资源主管部门及其执法人员无法作出正确行政执法行为的；

（5）依据认定意见、鉴定意见、勘验报告等作出错误行政执法决定，且已按规定履行审查职责的；

（6）对违法或者不当的行政处罚或者行政强制决定，在案件审理、集体讨论时明确提出了反对意见，或者出具了书面反对意见的；

（7）依法不予追究责任的其他情形。

15 附则

15.1 期间

期间以时、日、月、年计算。期间开始的时和日不计算在期间内。工作日不包括法定节假日。

期间届满的最后一日是节假日的，以节假日后的第一日为期间届满的日期。

期间不包括在途时间。法律文书在期满前交邮的，不算过期。

15.2 数量关系的规范

本规程中的"以上""以下""内""前"，均包括本数；"后"不包括本数。

15.3 行政处罚追诉时效

自然资源违法行为在两年内未被发现的，不再给予行政处罚。法律另有规定的除外。

前款规定的期限，从违法行为发生之日起计算；违法行为有连续或者继续状态的，从行为终了之日起计算。

违法占用土地的行为恢复原状前，违法建设行为违反城乡规划的事实存续期间，应视为具有继续状态；破坏耕地的违法行为是否具有连续或继续状态，应根据案件的具体情况区别对待。

15.4 法律竞合处理

同一个违法行为违反两个以上自然资源法律法规，自然资源主管部门均有权进行行政处罚的，可以制作一份《行政处罚决定书》，多个行政处罚合并执行。

15.5 责令类法律责任

法律法规规定的责令退还土地、责令交还土地、责令限期改正或者治理等责令类法律责任，可以与行政处罚决定一并作出，也可以在作出行政处罚决定之前单独作出。

15.6 文书编号

自然资源主管部门应当根据立案查处工作实际，建立并规范本辖区违法案件法律文书的编号规则。

15.7 解释机关

本规程由自然资源部负责解释。

附录A 主要土地违法行为、法律依据与法律责任（略）

附录B 主要矿产违法行为、法律依据与法律责任（略）

附录C 主要测绘地理信息违法行为、法律依据与法律责任（略）

附录D 主要国土空间规划违法行为、法律依据与法律责任（略）

附录E 自然资源违法行为立案查处法律文书参考格式（略）

附录F 自然资源违法行为立案查处工作流程图（略）

自然资源部挂牌督办和公开通报违法违规案件办法

· 2020年6月22日
· 自然资办发〔2020〕33号

为进一步加大自然资源重大、典型违法违规案件查处力度，加强对地方自然资源主管部门案件查处工作的监督指导，有效遏制违法违规行为，切实维护自然资源保护和合理开发利用秩序，依据自然资源、国土空间规划、测绘等法律、法规和规章，制定本办法。

一、适用

本办法所称挂牌督办，是指自然资源部对自然资源、国土空间规划、测绘等领域重大、典型违法违规案件的办理提出明确要求，公开督促省级自然资源主管部门限期办理，并向社会公开处理结果，接受社会监督的一种工作措施。

本办法所称公开通报，是指自然资源部向社会公开通报自然资源、国土空间规划、测绘等领域重大、典型违法违规案件处理情况，并接受社会监督的一种工作措施。

自然资源部挂牌督办和公开通报违法违规案件适用本办法，具体实施由自然资源部相关司局负责。

二、挂牌督办情形

符合下列情形之一的违法违规案件，可以挂牌督办：

（一）违反国土空间规划和用途管制，违法突破生态保护红线、永久基本农田、城镇开发边界三条控制线，造成严重后果的；

（二）违法违规占用耕地，特别是永久基本农田面积较大、造成种植条件严重毁坏的；

（三）违法违规批准征占土地、建设、勘查开采矿产资源，造成严重后果的；

（四）严重违反国家土地供应政策、土地市场政策，以及严重违规开发利用土地的；

（五）违法违规勘查开采矿产资源，情节严重或造成生态环境严重损害的；

（六）严重违反测绘地理信息管理法律法规的；

（七）隐瞒不报、压案不查、久查不决、屡查屡犯，造成恶劣社会影响的；

（八）需要挂牌督办的其他情形。

三、挂牌督办案件筛选、呈批和公开

（一）通过信访、举报、领导批办、媒体曝光、监督检查、地方上报、部门移送等多种渠道，自然资源部相关司局获取案件线索。

（二）依据查处职责分工，自然资源部相关司局对职责范围内认为应当挂牌督办的违法违规案件线索，需核清违法违规的主体和主要事实。符合挂牌督办情形的，提出挂牌督办建议报自然资源部领导审定，同时附挂牌督办违法违规案件通知（见附件）。

（三）经自然资源部领导同意挂牌督办的，自然资源部相关司局应当在2个工作日内以自然资源部办公厅函的形式，向省级自然资源主管部门下达挂牌督办违法违规案件通知，并抄送相关省级人民政府办公厅和国家自然资源总督察办公室、派驻地方的国家自然资源督察局。

挂牌督办违法违规案件通知应当通过自然资源部门户网站、《中国自然资源报》或新闻发布会，及时向社会公开。

（四）挂牌督办违法违规案件通知包括下列内容：

1. 案件名称；
2. 违法违规主体和主要违法违规事实；
3. 挂牌督办要求；
4. 联系人。

四、挂牌督办案件查处

（一）省级自然资源主管部门收到挂牌督办违法违规案件通知后，应当及时按照挂牌督办要求会同有关部门组织调查处理，并于挂牌督办之日起45日内形成调查处理意见。调查处理中遇到重大或复杂情况难以处理的，应当及时向省级人民政府汇报。调查处理意见应当征求自然资源部意见。

（二）自然资源部相关司局依据法律、法规、规章和规范性文件，对挂牌督办案件的调查处理意见进行研究，必要时征求其他司局意见。研究提出的意见经自然资源部领导同意后，及时反馈省级自然资源主管部门。

（三）省级自然资源主管部门正式作出调查处理意见后，应将调查处理意见报自然资源部，由自然资源部相关司局在门户网站、《中国自然资源报》向社会公开。

五、挂牌督办案件跟踪督导

（一）自然资源部相关司局应当对挂牌督办案件的调查核实、处罚或处理决定的执行、整改落实等情况进行跟踪督导，必要时可以派员现场督办。

国家自然资源督察机构结合督察工作任务，对挂牌督办案件办理情况进行督察。

（二）省级自然资源主管部门对自然资源部挂牌督办案件推诿、办理不力或者弄虚作假的，自然资源部依法依规将问题线索移送纪检监察机关。

六、挂牌督办案件移送

（一）需追究违法违规主体刑事责任的，由承办案件的自然资源主管部门依法依规移送司法机关处理。

（二）违法违规主体涉嫌违纪和职务犯罪的，由承办案件的自然资源主管部门依照有关规定将问题线索移送纪检监察机关处理。

（三）符合中共中央办公厅关于移送问题线索工作办法规定情形，需向中央纪委国家监委移送的，经自然资源部领导同意后，自然资源部相关司局按照规定移送。

七、公开通报

（一）自然资源部相关司局负责对自然资源、国土空间规划、测绘等违法违规案件进行筛选和审核，拟制公开通报案件材料。

（二）公开通报案件应当符合挂牌督办案件情形，在其依法依规处理到位后可以公开通报。必要时，正在查处的案件也可以公开通报。

（三）地方自然资源主管部门查处的违法违规案件拟公开通报的，省级自然资源主管部门负责对违法违规主体、主要事实、处理情况以及行政处罚决定书、执行记录、党纪政务处分决定书等相关文书进行审核，拟制公开通报案件材料报自然资源部。

（四）经自然资源部领导同意后，自然资源部相关司局通过新闻发布会、自然资源部门户网站、《中国自然资源报》等向社会通报案件情况。

（五）地方自然资源主管部门正在查处的公开通报案件，自然资源部相关司局应加强跟踪指导。案件查处到位后，省级自然资源主管部门将情况报自然资源部，由自然资源部相关司局负责在自然资源部门户网站、《中国自然资源报》向社会公开。

八、其他

地方各级自然资源主管部门挂牌督办和公开通报违法违规案件，可参照本办法执行。

附件：自然资源部办公厅关于挂牌督办××××案件的通知（略）

违反土地管理规定行为处分办法

· 2008年5月9日监察部、人力资源和社会保障部、国土资源部令第15号发布
· 自2008年6月1日起施行

第一条 为了加强土地管理，惩处违反土地管理规定的行为，根据《中华人民共和国土地管理法》《中华人民共和国行政监察法》《中华人民共和国公务员法》《行政机关公务员处分条例》及其他有关法律、行政法规，制定本办法。

第二条 有违反土地管理规定行为的单位，其负有责任的领导人员和直接责任人员，以及有违反土地管理规定行为的个人，应当承担纪律责任，属于下列人员的（以下统称有关责任人员），由任免机关或者监察机关按照管理权限依法给予处分：

（一）行政机关公务员；

（二）法律、法规授权的具有公共事务管理职能的事业单位中经批准参照《中华人民共和国公务员法》管理的工作人员；

（三）行政机关依法委托的组织中除工勤人员以外的工作人员；

（四）企业、事业单位中由行政机关任命的人员。

法律、行政法规、国务院决定和国务院监察机关、国务院人力资源和社会保障部门制定的处分规章对违反土地管理规定行为的处分另有规定的，从其规定。

第三条 有下列行为之一的，对县级以上地方人民政府主要领导人员和其他负有责任的领导人员，给予警告或者记过处分；情节较重的，给予记大过或者降级处分；情节严重的，给予撤职处分：

（一）土地管理秩序混乱，致使一年度内本行政区域违法占用耕地面积占新增建设用地占用耕地总面积的比例达到15%以上或者虽然未达到15%，但造成恶劣影响或者其他严重后果的；

（二）发生土地违法案件造成严重后果的；

（三）对违反土地管理规定行为不制止、不组织查处的；

（四）对违反土地管理规定行为隐瞒不报、压案不查的。

第四条 行政机关在土地审批和供应过程中不执行或者违反国家土地调控政策，有下列行为之一的，对有关责任人员，给予记大过处分；情节较重的，给予降级或者撤职处分；情节严重的，给予开除处分：

（一）对国务院明确要求暂停土地审批仍不停止审批的；

（二）对国务院明确禁止供地的项目提供建设

用地的。

第五条　行政机关及其公务员违反土地管理规定,滥用职权,非法批准征收、占用土地的,对有关责任人员,给予记过或者记大过处分;情节较重的,给予降级或者撤职处分;情节严重的,给予开除处分。

有前款规定行为,且有徇私舞弊情节的,从重处分。

第六条　行政机关及其公务员有下列行为之一的,对有关责任人员,给予记过或者记大过处分;情节较重的,给予降级或者撤职处分;情节严重的,给予开除处分:

(一)不按照土地利用总体规划确定的用途批准用地的;

(二)通过调整土地利用总体规划,擅自改变基本农田位置,规避建设占用基本农田由国务院审批规定的;

(三)没有土地利用计划指标擅自批准用地的;

(四)没有新增建设占用农用地计划指标擅自批准农用地转用的;

(五)批准以"以租代征"等方式擅自占用农用地进行非农业建设的。

第七条　行政机关及其公务员有下列行为之一的,对有关责任人员,给予警告或者记过处分;情节较重的,给予记大过或者降级处分;情节严重的,给予撤职处分:

(一)违反法定条件,进行土地登记、颁发或者更换土地证书的;

(二)明知建设项目用地涉嫌违反土地管理规定,尚未依法处理,仍为其办理用地审批、颁发土地证书的;

(三)在未按照国家规定的标准足额收缴新增建设用地土地有偿使用费前,下发用地批准文件的;

(四)对符合规定的建设用地申请或者土地登记申请,无正当理由不予受理或者超过规定期限未予办理的;

(五)违反法定程序批准征收、占用土地的。

第八条　行政机关及其公务员违反土地管理规定,滥用职权,非法低价或者无偿出让国有建设用地使用权的,对有关责任人员,给予记过或者记大过处分;情节较重的,给予降级或者撤职处分;

情节严重的,给予开除处分。

有前款规定行为,且有徇私舞弊情节的,从重处分。

第九条　行政机关及其公务员在国有建设用地使用权出让中,有下列行为之一的,对有关责任人员,给予警告或者记过处分;情节较重的,给予记大过或者降级处分;情节严重的,给予撤职处分:

(一)应当采取出让方式而采用划拨方式或者应当招标拍卖挂牌出让而协议出让国有建设用地使用权的;

(二)在国有建设用地使用权招标拍卖挂牌出让中,采取与投标人、竞买人恶意串通,故意设置不合理的条件限制或者排斥潜在的投标人、竞买人等方式,操纵中标人、竞得人的确定或者出让结果的;

(三)违反规定减免或者变相减免国有建设用地使用权出让金的;

(四)国有建设用地使用权出让合同签订后,擅自批准调整土地用途、容积率等土地使用条件的;

(五)其他违反规定出让国有建设用地使用权的行为。

第十条　未经批准或者采取欺骗手段骗取批准,非法占用土地的,对有关责任人员,给予警告、记过或者记大过处分;情节较重的,给予降级或者撤职处分;情节严重的,给予开除处分。

第十一条　买卖或者以其他形式非法转让土地的,对有关责任人员,给予警告、记过或者记大过处分;情节较重的,给予降级或者撤职处分;情节严重的,给予开除处分。

第十二条　行政机关侵占、截留、挪用被征收土地单位的征地补偿费用和其他有关费用的,对有关责任人员,给予记大过处分;情节较重的,给予降级或者撤职处分;情节严重的,给予开除处分。

第十三条　行政机关在征收土地过程中,有下列行为之一的,对有关责任人员,给予警告或者记过处分;情节较重的,给予记大过或者降级处分;情节严重的,给予撤职处分:

(一)批准低于法定标准的征地补偿方案的;

(二)未按规定落实社会保障费用而批准征地的;

（三）未按期足额支付征地补偿费用的。

第十四条　县级以上地方人民政府未按期缴纳新增建设用地土地有偿使用费的，责令限期缴纳；逾期仍不缴纳的，对有关责任人员，给予记大过处分；情节较重的，给予降级或者撤职处分；情节严重的，给予开除处分。

第十五条　行政机关及其公务员在办理农用地转用或者土地征收申报、报批等过程中，有谎报、瞒报用地位置、地类、面积等弄虚作假行为，造成不良后果的，对有关责任人员，给予记过或者记大过处分；情节较重的，给予降级或者撤职处分；情节严重的，给予开除处分。

第十六条　国土资源行政主管部门及其工作人员有下列行为之一的，对有关责任人员，给予记过或者记大过处分；情节较重的，给予降级或者撤职处分；情节严重的，给予开除处分：

（一）对违反土地管理规定行为按规定应报告而不报告的；

（二）对违反土地管理规定行为不制止、不依法查处的；

（三）在土地供应过程中，因严重不负责任，致使国家利益遭受损失的。

第十七条　有下列情形之一的，应当从重处分：

（一）致使土地遭受严重破坏的；

（二）造成财产严重损失的；

（三）影响群众生产、生活，造成恶劣影响或者其他严重后果的。

第十八条　有下列情形之一的，应当从轻处分：

（一）主动交代违反土地管理规定行为的；

（二）保持或者恢复土地原貌的；

（三）主动纠正违反土地管理规定行为，积极落实有关部门整改意见的；

（四）主动退还违法违纪所得或者侵占、挪用的征地补偿安置费等有关费用的；

（五）检举他人重大违反土地管理规定行为，经查证属实的。

主动交代违反土地管理规定行为，并主动采取措施有效避免或者挽回损失的，应当减轻处分。

第十九条　任免机关、监察机关和国土资源行政主管部门建立案件移送制度。

任免机关、监察机关查处的土地违法违纪案件，依法应当由国土资源行政主管部门给予行政处罚的，应当将有关案件材料移送国土资源行政主管部门。国土资源行政主管部门应当依法及时查处，并将处理结果书面告知任免机关、监察机关。

国土资源行政主管部门查处的土地违法案件，依法应当给予处分，且本部门无权处理的，应当在作出行政处罚决定或者其他处理决定后10日内将有关案件材料移送任免机关或者监察机关。任免机关或者监察机关应当依法及时查处，并将处理结果书面告知国土资源行政主管部门。

第二十条　任免机关、监察机关和国土资源行政主管部门移送案件时要做到事实清楚、证据齐全、程序合法、手续完备。

移送的案件材料应当包括以下内容：

（一）本单位有关领导或者主管单位同意移送的意见；

（二）案件的来源及立案材料；

（三）案件调查报告；

（四）有关证据材料；

（五）其他需要移送的材料。

第二十一条　任免机关、监察机关或者国土资源行政主管部门应当移送而不移送案件的，由其上一级机关责令其移送。

第二十二条　有违反土地管理规定行为，应当给予党纪处分的，移送党的纪律检查机关处理；涉嫌犯罪的，移送司法机关依法追究刑事责任。

第二十三条　本办法由监察部、人力资源和社会保障部、国土资源部负责解释。

第二十四条　本办法自2008年6月1日起施行。

查处土地违法行为立案标准

- 2005年8月31日
- 国土资发〔2005〕176号

违反《中华人民共和国土地管理法》、《中华人民共和国城市房地产管理法》等土地管理法律、法规和规章的规定，有下列各类违法行为之一，依法应当给予行政处罚或行政处分的，应及时予以立案。但是违法行为轻微并及时纠正，没有造成危害后果的，或者法律、法规和规章未规定法律责任的，不予立案。

一、非法转让土地类
（一）未经批准，非法转让、出租、抵押以划拨方式取得的国有土地使用权的；
（二）不符合法律规定的条件，非法转让以出让方式取得的国有土地使用权的；
（三）将农民集体所有的土地的使用权非出让、转让或者出租用于非农业建设的；
（四）不符合法律规定的条件，擅自转让房地产开发项目的；
（五）以转让房屋（包括其他建筑物、构筑物），或者以土地与他人联建房屋分配实物、利润，或者以土地出资入股、联营与他人共同进行经营活动，或者以置换土地等形式，非法转让土地使用权的；
（六）买卖或者以其他形式非法转让土地。

二、非法占地类
（一）未经批准或者采取欺骗手段骗取批准，非法占用土地的；
（二）农村村民未经批准或者采取欺骗手段骗取批准，非法占用土地建住宅的；
（三）超过批准的数量占用土地的；
（四）依法收回非法批准、使用的土地，有关当事人拒不归还的；
（五）依法收回国有土地使用权，当事人拒不交出土地的；
（六）临时使用土地期满，拒不归还的；
（七）不按照批准的用途使用土地的；
（八）不按照批准的用地位置和范围占用土地的；
（九）在土地利用总体规划确定的禁止开垦区内进行开垦，经责令限期改正，逾期不改正的；
（十）在临时使用的土地上修建永久性建筑物、构筑物的；
（十一）在土地利用总体规划制定前已建的不符合土地利用总体规划确定的用途的建筑物、构筑物，重建、扩建的。

三、破坏耕地类
（一）占用耕地建窑、建坟，破坏种植条件的；
（二）未经批准，擅自在耕地上建房、挖砂、采石、采矿、取土等，破坏种植条件的；
（三）非法占用基本农田建窑、建房、建坟、挖砂、采石、采矿、取土、堆放固体废弃物或者从事其他活动破坏基本农田，毁坏种植条件的；
（四）拒不履行土地复垦义务，经责令限期改正，逾期不改正的；
（五）建设项目施工和地质勘查临时占用耕地的土地使用者，自临时用地期满之日起1年以上未恢复种植条件的；
（六）因开发土地造成土地荒漠化、盐渍化的。

四、非法批地类
（一）无权批准征收、使用土地的单位或者个人非法批准占用土地的；
（二）超越批准权限非法批准占用土地的；
（三）没有农用地转用计划指标或者超过农用地转用计划指标，擅自批准农用地转用的；
（四）规避法定审批权限，将单个建设项目用地拆分审批的；
（五）不按照土地利用总体规划确定的用途批准用地的；
（六）违反法律规定的程序批准占用、征收土地的；
（七）核准或者批准建设项目前，未经预审或者预审未通过，擅自批准农用地转用、土地征收或者办理供地手续的；
（八）非法批准不符合条件的临时用地的；
（九）应当以出让方式供地，而采用划拨方式供地的；
（十）应当以招标、拍卖、挂牌方式出让国有土地使用权，而采用协议方式出让的；
（十一）在以招标、拍卖、挂牌方式出让国有土地使用权过程中，弄虚作假的；
（十二）不按照法定的程序，出让国有土地使用权的；
（十三）擅自批准出让或者擅自出让土地使用权用于房地产开发的；
（十四）低于按国家规定所确定的最低价，协议出让国有土地使用权的；
（十五）依法应当给予土地违法行为行政处罚或者行政处分，而未依法给予行政处罚或者行政处分，补办建设用地手续的；
（十六）对涉嫌违法使用的土地或者存在争议的土地，已经接到举报，或者正在调查，或者上级机关已经要求调查处理，仍予办理审批、登记或颁发土地证书等手续的；
（十七）未按国家规定的标准足额缴纳新增建设用地土地有偿使用费，擅自下发农用地转用或土地征收批准文件的。

五、其他类型的土地违法行为

（一）依法应当将耕地划入基本农田保护区而不划入，经责令限期改正而拒不改正的；

（二）破坏或者擅自改变基本农田保护区标志的；

（三）依法应当对土地违法行为给予行政处罚或者行政处分，而不予行政处罚或者行政处分、提出行政处分建议的；

（四）土地行政主管部门的工作人员，没有法律、法规的依据，擅自同意减少、免除、缓交土地使用权出让金等滥用职权的；

（五）土地行政主管部门的工作人员，不依照土地管理的规定，办理土地登记、颁发土地证书，或者在土地调查、建设用地报批中，虚报、瞒报、伪造数据以及擅自更改土地权属、地类和面积等滥用职权的。

六、依法应当予以立案的其他土地违法行为。

住房和城乡建设行政处罚程序规定

- 2022年3月10日住房和城乡建设部令第55号公布
- 自2022年5月1日起施行

第一章　总　则

第一条　为保障和监督住房和城乡建设行政执法机关有效实施行政处罚，保护公民、法人或者其他组织的合法权益，促进住房和城乡建设行政执法工作规范化，根据《中华人民共和国行政处罚法》等法律法规，结合住房和城乡建设工作实际，制定本规定。

第二条　住房和城乡建设行政执法机关（以下简称执法机关）对违反相关法律、法规、规章的公民、法人或者其他组织依法实施行政处罚，适用本规定。

第三条　本规定适用的行政处罚种类包括：

（一）警告、通报批评；

（二）罚款、没收违法所得、没收非法财物；

（三）暂扣许可证件、降低资质等级、吊销许可证件；

（四）限制开展生产经营活动、责令停业整顿、责令停止执业、限制从业；

（五）法律、行政法规规定的其他行政处罚。

第四条　执法机关实施行政处罚，应当遵循公正、公开的原则，坚持处罚与教育相结合，做到认定事实清楚、证据合法充分、适用依据准确、程序合法、处罚适当。

第二章　行政处罚的管辖

第五条　行政处罚由违法行为发生地的执法机关管辖。法律、行政法规、部门规章另有规定的，从其规定。

行政处罚由县级以上地方人民政府执法机关管辖。法律、行政法规另有规定的，从其规定。

第六条　执法机关发现案件不属于本机关管辖的，应当将案件移送有管辖权的行政机关。

行政处罚过程中发生的管辖权争议，应当自发生争议之日起七日内协商解决，并制作保存协商记录；协商不成的，报请共同的上一级行政机关指定管辖。上一级执法机关应当自收到报请材料之日起七日内指定案件的管辖机关。

第七条　执法机关发现违法行为涉嫌犯罪的，应当依法将案件移送司法机关。

第三章　行政处罚的决定

第一节　基本规定

第八条　执法机关应当将本机关负责实施的行政处罚事项、立案依据、实施程序和救济渠道等信息予以公示。

第九条　执法机关应当依法以文字、音像等形式，对行政处罚的启动、调查取证、审核、决定、送达、执行等进行全过程记录，归档保存。

住房和城乡建设行政处罚文书示范文本，由国务院住房和城乡建设主管部门制定。省、自治区、直辖市人民政府执法机关可以参照制定适用于本行政区域的行政处罚文书示范文本。

第十条　执法机关作出具有一定社会影响的行政处罚决定，应当自作出决定之日起七日内依法公开。公开的行政处罚决定信息不得泄露国家秘密。涉及商业秘密和个人隐私的，应当依照有关法律法规规定处理。

公开的行政处罚决定被依法变更、撤销、确认违法或者确认无效的，执法机关应当在三日内撤回行政处罚决定信息并公开说明理由；相关行政处罚决定信息已推送至其他行政机关或者有关信用信息平台的，应当依照有关规定及时处理。

第十一条 行政处罚应当由两名以上具有行政执法资格的执法人员实施，法律另有规定的除外。执法人员应当依照有关规定参加执法培训和考核，取得执法证件。

执法人员在案件调查取证、听取陈述申辩、参加听证、送达执法文书等直接面对当事人或者有关人员的活动中，应当主动出示执法证件。配备统一执法制式服装或者执法标志标识的，应当按照规定着装或者佩戴执法标志标识。

第二节 简易程序

第十二条 违法事实确凿并有法定依据，对公民处以二百元以下、对法人或者其他组织处以三千元以下罚款或者警告的行政处罚的，可以当场作出行政处罚决定。法律另有规定的，从其规定。

第十三条 当场作出行政处罚决定的，执法人员应当向当事人出示执法证件，填写预定格式、编有号码的行政处罚决定书，并当场交付当事人。当事人拒绝签收的，应当在行政处罚决定书上注明。

当事人提出陈述、申辩的，执法人员应当听取当事人的意见，并复核事实、理由和证据。

第十四条 当场作出的行政处罚决定书应当载明当事人的违法行为，行政处罚的种类和依据、罚款数额、时间、地点，申请行政复议、提起行政诉讼的途径和期限以及执法机关名称，并由执法人员签名或者盖章。

执法人员当场作出的行政处罚决定，应当在三日内报所属执法机关备案。

第三节 普通程序

第十五条 执法机关对依据监督检查职权或者通过投诉、举报等途径发现的违法行为线索，应当在十五日内予以核查，情况复杂确实无法按期完成的，经本机关负责人批准，可以延长十日。

经核查，符合下列条件的，应当予以立案：

（一）有初步证据证明存在违法行为；

（二）违法行为属于本机关管辖；

（三）违法行为未超过行政处罚时效。

立案应当填写立案审批表，附上相关材料，报本机关负责人批准。

立案前核查或者监督检查过程中依法取得的证据材料，可以作为案件的证据使用。

第十六条 执法人员询问当事人及有关人员，应当个别进行并制作笔录，笔录经被询问人核对、修改差错、补充遗漏后，由被询问人逐页签名或者盖章。

第十七条 执法人员收集、调取的书证、物证应当是原件、原物。调取原件、原物有困难的，可以提取复制件、影印件或者抄录件，也可以拍摄或者制作足以反映原件、原物外形或者内容的照片、录像。复制件、影印件、抄录件和照片、录像应当标明经核对与原件或者原物一致，并由证据提供人、执法人员签名或者盖章。

提取物证应当有当事人在场，对所提取的物证应当开具物品清单，由执法人员和当事人签名或者盖章，各执一份。无法找到当事人，或者当事人在场确有困难、拒绝到场、拒绝签字的，执法人员可以邀请有关基层组织的代表或者无利害关系的其他人到场见证，也可以用录像等方式进行记录，依照有关规定提取物证。

对违法嫌疑物品或者场所进行检查时，应当通知当事人在场，并制作现场笔录，载明时间、地点、事件等内容，由执法人员、当事人签名或者盖章。无法找到当事人，或者当事人在场确有困难、拒绝到场、拒绝签字的，应当用录像等方式记录检查过程并在现场笔录中注明。

第十八条 为了查明案情，需要进行检测、检验、鉴定的，执法机关应当依法委托具备相应条件的机构进行。检测、检验、鉴定结果应当告知当事人。

执法机关因实施行政处罚的需要，可以向有关机关出具协助函，请求有关机关协助进行调查取证等。

第十九条 执法机关查处违法行为过程中，在证据可能灭失或者以后难以取得的情况下，经本机关负责人批准，可以对证据先行登记保存。

先行登记保存证据，应当当场清点，开具清单，标注物品的名称、数量、规格、型号、保存地点等信息，清单由执法人员和当事人签名或者盖章，各执一份。当事人拒绝签字的，执法人员在执法文书中注明，并通过录像等方式保留相应证据。

先行登记保存期间，当事人或者有关人员不得销毁或者转移证据。

对于先行登记保存的证据,应当在七日内作出以下处理决定:

(一)根据情况及时采取记录、复制、拍照、录像等证据保全措施;

(二)需要检测、检验、鉴定的,送交检测、检验、鉴定;

(三)依据有关法律、法规规定应当采取查封、扣押等行政强制措施的,决定采取行政强制措施;

(四)违法事实成立,依法应当予以没收的,依照法定程序处理;

(五)违法事实不成立,或者违法事实成立但依法不应当予以查封、扣押或者没收的,决定解除先行登记保存措施。

逾期未作出处理决定的,先行登记保存措施自动解除。

第二十条 案件调查终结,执法人员应当制作书面案件调查终结报告。

案件调查终结报告的内容包括:当事人的基本情况、案件来源及调查经过、调查认定的事实及主要证据、行政处罚意见及依据、裁量基准的运用及理由等。

对涉及生产安全事故的案件,执法人员应当依据经批复的事故调查报告认定有关情况。

第二十一条 行政处罚决定作出前,执法机关应当制作行政处罚意见告知文书,告知当事人拟作出的行政处罚内容及事实、理由、依据以及当事人依法享有的陈述权、申辩权。拟作出的行政处罚属于听证范围的,还应当告知当事人有要求听证的权利。

第二十二条 执法机关必须充分听取当事人的意见,对当事人提出的事实、理由和证据进行复核,并制作书面复核意见。当事人提出的事实、理由或者证据成立的,执法机关应当予以采纳,不得因当事人陈述、申辩而给予更重的处罚。

当事人自行政处罚意见告知文书送达之日起五日内,未行使陈述权、申辩权,视为放弃此权利。

第二十三条 在作出《中华人民共和国行政处罚法》第五十八条规定情形的行政处罚决定前,执法人员应当将案件调查终结报告连同案件材料,提交执法机关负责法制审核工作的机构,由法制审核人员进行重大执法决定法制审核。未经法制审核或者审核未通过的,不得作出决定。

第二十四条 执法机关负责法制审核工作的机构接到审核材料后,应当登记并审核以下内容:

(一)行政处罚主体是否合法,行政执法人员是否具备执法资格;

(二)行政处罚程序是否合法;

(三)当事人基本情况、案件事实是否清楚,证据是否合法充分;

(四)适用法律、法规、规章是否准确,裁量基准运用是否适当;

(五)是否超越执法机关法定权限;

(六)行政处罚文书是否完备、规范;

(七)违法行为是否涉嫌犯罪,需要移送司法机关;

(八)法律、法规规定应当审核的其他内容。

第二十五条 执法机关负责法制审核工作的机构应当自收到审核材料之日起十日内完成审核,并提出以下书面意见:

(一)对事实清楚、证据合法充分、适用依据准确、处罚适当、程序合法的案件,同意处罚意见;

(二)对事实不清、证据不足的案件,建议补充调查;

(三)对适用依据不准确、处罚不当、程序不合法的案件,建议改正;

(四)对超出法定权限的案件,建议按有关规定移送。

对执法机关负责法制审核工作的机构提出的意见,执法人员应当进行研究,作出相应处理后再次报送法制审核。

第二十六条 执法机关负责人应当对案件调查结果进行审查,根据不同情况,分别作出如下决定:

(一)确有应受行政处罚的违法行为的,根据情节轻重及具体情况,作出行政处罚决定;

(二)违法行为轻微,依法可以不予行政处罚的,不予行政处罚;

(三)违法事实不能成立的,不予行政处罚;

(四)违法行为涉嫌犯罪的,移送司法机关。

对情节复杂或者重大违法行为给予行政处罚,执法机关负责人应当集体讨论决定。

第二十七条 执法机关对当事人作出行政处罚,应当制作行政处罚决定书。行政处罚决定书应当载明下列事项:

(一)当事人的姓名或者名称、地址;

（二）违反法律、法规、规章的事实和证据；

（三）行政处罚的种类和依据；

（四）行政处罚的履行方式和期限；

（五）申请行政复议、提起行政诉讼的途径和期限；

（六）作出行政处罚决定的执法机关名称和作出决定的日期。

行政处罚决定书必须盖有作出行政处罚决定的执法机关的印章。

第二十八条　行政处罚决定生效后，任何人不得擅自变更或者撤销。作出行政处罚决定的执法机关发现确需变更或者撤销的，应当依法办理。

行政处罚决定存在未载明决定作出日期等遗漏，对公民、法人或者其他组织的合法权益没有实际影响等情形的，应当予以补正。

行政处罚决定存在文字表述错误或者计算错误等情形，应当予以更正。

执法机关作出补正或者更正的，应当制作补正或者更正文书。

第二十九条　执法机关应当自立案之日起九十日内作出行政处罚决定。因案情复杂或者其他原因，不能在规定期限内作出行政处罚决定的，经本机关负责人批准，可以延长三十日。案情特别复杂或者有其他特殊情况，经延期仍不能作出行政处罚决定的，应当由本机关负责人集体讨论决定是否再次延期，决定再次延期的，再次延长的期限不得超过六十日。

案件处理过程中，听证、检测、检验、鉴定等时间不计入前款规定的期限。

第三十条　案件处理过程中，有下列情形之一，经执法机关负责人批准，中止案件调查：

（一）行政处罚决定须以相关案件的裁判结果或者其他行政决定为依据，而相关案件尚未审结或者其他行政决定尚未作出的；

（二）涉及法律适用等问题，需要报请有权机关作出解释或者确认的；

（三）因不可抗力致使案件暂时无法调查的；

（四）因当事人下落不明致使案件暂时无法调查的；

（五）其他应当中止调查的情形。

中止调查情形消失，执法机关应当及时恢复调查程序。中止调查的时间不计入案件办理期限。

第三十一条　行政处罚案件有下列情形之一，执法人员应当在十五日内填写结案审批表，经本机关负责人批准后，予以结案：

（一）行政处罚决定执行完毕的；

（二）依法终结执行的；

（三）因不能认定违法事实或者违法行为已过行政处罚时效等情形，案件终止调查的；

（四）依法作出不予行政处罚决定的；

（五）其他应予结案的情形。

第四节　听证程序

第三十二条　执法机关在作出较大数额罚款、没收较大数额违法所得、没收较大价值非法财物、降低资质等级、吊销许可证件、责令停产停业、责令停止执业、限制从业等较重行政处罚决定之前，应当告知当事人有要求听证的权利。

第三十三条　当事人要求听证的，应当自行政处罚意见告知文书送达之日起五日内以书面或者口头方式向执法机关提出。

第三十四条　执法机关应当在举行听证的七日前，通知当事人及有关人员听证的时间、地点。

听证由执法机关指定的非本案调查人员主持，并按以下程序进行：

（一）听证主持人宣布听证纪律和流程，并告知当事人申请回避的权利；

（二）调查人员提出当事人违法的事实、证据和行政处罚建议，并向当事人出示证据；

（三）当事人进行申辩，并对证据的真实性、合法性和关联性进行质证；

（四）调查人员和当事人分别进行总结陈述。

听证应当制作笔录，全面、准确记录调查人员和当事人陈述内容、出示证据和质证等情况。笔录应当由当事人或者其代理人核对无误后签字或者盖章。当事人或者其代理人拒绝签字或者盖章的，由听证主持人在笔录中注明。执法机关应当根据听证笔录，依法作出决定。

第四章　送达与执行

第三十五条　执法机关应当依照《中华人民共和国行政处罚法》《中华人民共和国民事诉讼法》的有关规定送达行政处罚意见告知文书和行政处罚决定书。

执法机关送达行政处罚意见告知文书或者行

政处罚决定书,应当直接送交受送达人,由受送达人在送达回证上签名或者盖章,并注明签收日期。签收日期为送达日期。

受送达人拒绝接收行政处罚意见告知文书或者行政处罚决定书的,送达人可以邀请有关基层组织或者所在单位的代表到场见证,在送达回证上注明拒收事由和日期,由送达人、见证人签名或者盖章,把行政处罚意见告知文书或者行政处罚决定书留在受送达人的住所;也可以将行政处罚意见告知文书或者行政处罚决定书留在受送达人的住所,并采取拍照、录像等方式记录送达过程,即视为送达。

第三十六条 行政处罚意见告知文书或者行政处罚决定书直接送达有困难的,按照下列方式送达:

(一)委托当地执法机关代为送达的,依照本规定第三十五条执行;

(二)邮寄送达的,交由邮政企业邮寄。挂号回执上注明的收件日期或者通过中国邮政网站等查询到的收件日期为送达日期。

受送达人下落不明,或者采用本章其他方式无法送达的,执法机关可以通过本机关或者本级人民政府网站公告送达,也可以根据需要在当地主要新闻媒体公告或者在受送达人住所地、经营场所公告送达。

第三十七条 当事人同意以电子方式送达的,应当签订确认书,准确提供用于接收行政处罚意见告知文书、行政处罚决定书和有关文书的传真号码、电子邮箱地址或者即时通讯账号,并提供特定系统发生故障时的备用联系方式。联系方式发生变更的,当事人应当在五日内书面告知执法机关。

当事人同意并签订确认书的,执法机关可以采取相应电子方式送达,并通过拍照、截屏、录音、录像等方式予以记录,传真、电子邮件、即时通讯信息等到达受送达人特定系统的日期为送达日期。

第三十八条 当事人不履行行政处罚决定,执法机关可以依法强制执行或者申请人民法院强制执行。

第三十九条 当事人不服执法机关作出的行政处罚决定,可以依法申请行政复议,也可以依法直接向人民法院提起行政诉讼。

行政复议和行政诉讼期间,行政处罚不停止执行,法律另有规定的除外。

第五章 监督管理

第四十条 结案后,执法人员应当将案件材料依照档案管理的有关规定立卷归档。案卷归档应当一案一卷、材料齐全、规范有序。

案卷材料按照下列类别归档,每一类别按照归档材料形成的时间先后顺序排列:

(一)案源材料、立案审批表;

(二)案件调查终结报告、行政处罚意见告知文书、行政处罚决定书等行政处罚文书及送达回证;

(三)证据材料;

(四)当事人陈述、申辩材料;

(五)听证笔录;

(六)书面复核意见、法制审核意见、集体讨论记录;

(七)执行情况记录、财物处理单据;

(八)其他有关材料。

执法机关应当依照有关规定对本机关和下级执法机关的行政处罚案卷进行评查。

第四十一条 执法机关及其执法人员应当在法定职权范围内依照法定程序从事行政处罚活动。行政处罚没有依据或者实施主体不具有行政主体资格的,行政处罚无效。违反法定程序构成重大且明显违法的,行政处罚无效。

第四十二条 执法机关从事行政处罚活动,应当自觉接受上级执法机关或者有关机关的监督管理。上级执法机关或者有关机关发现下级执法机关违法违规实施行政处罚的,应当依法责令改正,对直接负责的主管人员和有关执法人员给予处分。

第四十三条 对于阻碍执法人员依法行使职权,打击报复执法人员的单位或者个人,由执法机关或者有关机关视情节轻重,依法追究其责任。

第四十四条 执法机关应当对本行政区域内行政处罚案件进行统计。省、自治区、直辖市人民政府执法机关应当在每年3月底前,向国务院住房和城乡建设主管部门报送上一年度行政处罚案件统计数据。

第六章 附 则

第四十五条 本规定中有关期间以日计算

的,期间开始的日不计算在内。期间不包括行政处罚文书送达在途时间。期间届满的最后一日为法定节假日的,以法定节假日后的第一日为期间届满的日期。

本规定中"三日""五日""七日""十日""十五日"的规定,是指工作日,不含法定节假日。

第四十六条 本规定自 2022 年 5 月 1 日起施行。1999 年 2 月 3 日原建设部公布的《建设行政处罚程序暂行规定》同时废止。

最高人民法院关于审理政府信息公开行政案件若干问题的规定

- 2010 年 12 月 13 日最高人民法院审判委员会第 1505 次会议通过
- 2011 年 7 月 29 日最高人民法院公告公布
- 自 2011 年 8 月 13 日起施行
- 法释〔2011〕17 号

为正确审理政府信息公开行政案件,根据《中华人民共和国行政诉讼法》《中华人民共和国政府信息公开条例》等法律、行政法规的规定,结合行政审判实际,制定本规定。

第一条 公民、法人或者其他组织认为下列政府信息公开工作中的具体行政行为侵犯其合法权益,依法提起行政诉讼的,人民法院应当受理:

(一)向行政机关申请获取政府信息,行政机关拒绝提供或者逾期不予答复的;

(二)认为行政机关提供的政府信息不符合其在申请中要求的内容或者法律、法规规定的适当形式的;

(三)认为行政机关主动公开或者依他人申请公开政府信息侵犯其商业秘密、个人隐私的;

(四)认为行政机关提供的与其自身相关的政府信息记录不准确,要求该行政机关予以更正,该行政机关拒绝更正、逾期不予答复或者不予转送有权机关处理的;

(五)认为行政机关在政府信息公开工作中的其他具体行政行为侵犯其合法权益的。

公民、法人或者其他组织认为政府信息公开行政行为侵犯其合法权益造成损害的,可以一并或单独提起行政赔偿诉讼。

第二条 公民、法人或者其他组织对下列行为不服提起行政诉讼的,人民法院不予受理:

(一)因申请内容不明确,行政机关要求申请人作出更改、补充且对申请人权利义务不产生实际影响的告知行为;

(二)要求行政机关提供政府公报、报纸、杂志、书籍等公开出版物,行政机关予以拒绝的;

(三)要求行政机关为其制作、搜集政府信息,或者对若干政府信息进行汇总、分析、加工,行政机关予以拒绝的;

(四)行政程序中的当事人、利害关系人以政府信息公开名义申请查阅案卷材料,行政机关告知其应当按照相关法律、法规的规定办理的。

第三条 公民、法人或者其他组织认为行政机关不依法履行主动公开政府信息义务,直接向人民法院提起诉讼的,应当告知其先向行政机关申请获取相关政府信息。对行政机关的答复或者逾期不予答复不服的,可以向人民法院提起诉讼。

第四条 公民、法人或者其他组织对国务院部门、地方各级人民政府及县级以上地方人民政府部门依申请公开政府信息行政行为不服提起诉讼的,以作出答复的机关为被告;逾期未作出答复的,以受理申请的机关为被告。

公民、法人或者其他组织对主动公开政府信息行政行为不服提起诉讼的,以公开该政府信息的机关为被告。

公民、法人或者其他组织对法律、法规授权的具有管理公共事务职能的组织公开政府信息的行为不服提起诉讼的,以该组织为被告。

有下列情形之一的,应当以在对外发生法律效力的文书上署名的机关为被告:

(一)政府信息公开与否的答复依法报经有权机关批准的;

(二)政府信息是否可以公开系由国家保密行政管理部门或者省、自治区、直辖市保密行政管理部门确定的;

(三)行政机关在公开政府信息前与有关行政机关进行沟通、确认的。

第五条 被告拒绝向原告提供政府信息的,应当对拒绝的根据以及履行法定告知和说明理由义务的情况举证。

因公共利益决定公开涉及商业秘密、个人隐私政府信息的,被告应当对认定公共利益以及不公开可能对公共利益造成重大影响的理由进行举证和说明。

被告拒绝更正与原告相关的政府信息记录的,应当对拒绝的理由进行举证和说明。

被告能够证明政府信息涉及国家秘密,请求在诉讼中不予提交的,人民法院应当准许。

被告主张政府信息不存在,原告能够提供该政府信息系由被告制作或者保存的相关线索的,可以申请人民法院调取证据。

被告以政府信息与申请人自身生产、生活、科研等特殊需要无关为由不予提供的,人民法院可以要求原告对特殊需要事由作出说明。

原告起诉被告拒绝更正政府信息记录的,应当提供其向被告提出过更正申请以及政府信息与其自身相关且记录不准确的事实根据。

第六条 人民法院审理政府信息公开行政案件,应当视情采取适当的审理方式,以避免泄露涉及国家秘密、商业秘密、个人隐私或者法律规定的其他应当保密的政府信息。

第七条 政府信息由被告的档案机构或者档案工作人员保管的,适用《中华人民共和国政府信息公开条例》的规定。

政府信息已经移交各级国家档案馆的,依照有关档案管理的法律、行政法规和国家有关规定执行。

第八条 政府信息涉及国家秘密、商业秘密、个人隐私的,人民法院应当认定属于不予公开范围。

政府信息涉及商业秘密、个人隐私,但权利人同意公开,或者不公开可能对公共利益造成重大影响的,不受前款规定的限制。

第九条 被告对依法应当公开的政府信息拒绝或者部分拒绝公开的,人民法院应当撤销或者部分撤销被诉不予公开决定,并判决被告在一定期限内公开。尚需被告调查、裁量的,判决其在一定期限内重新答复。

被告提供的政府信息不符合申请人要求的内容或者法律、法规规定的适当形式的,人民法院应当判决被告按照申请人要求的内容或者法律、法规规定的适当形式提供。

人民法院经审理认为被告不予公开的政府信息内容可以作区分处理的,应当判决被告限期公开可以公开的内容。

被告依法应当更正而不更正与原告相关的政府信息记录的,人民法院应当判决被告在一定期限内更正。尚需被告调查、裁量的,判决其在一定期限内重新答复。被告无权更正的,判决其转送有权更正的行政机关处理。

第十条 被告对原告要求公开或者更正政府信息的申请无正当理由逾期不予答复的,人民法院应当判决被告在一定期限内答复。原告一并请求判决被告公开或者更正政府信息且理由成立的,参照第九条的规定处理。

第十一条 被告公开政府信息涉及原告商业秘密、个人隐私且不存在公共利益等法定事由的,人民法院应当判决确认公开政府信息的行为违法,并可以责令被告采取相应的补救措施;造成损害的,根据原告请求依法判决被告承担赔偿责任。政府信息尚未公开的,应当判决行政机关不得公开。

诉讼期间,原告申请停止公开涉及其商业秘密、个人隐私的政府信息,人民法院经审查认为公开该政府信息会造成难以弥补的损失,并且停止公开不损害公共利益的,可以依照《中华人民共和国行政诉讼法》第四十四条的规定,裁定暂时停止公开。

第十二条 有下列情形之一,被告已经履行法定告知或者说明理由义务的,人民法院应当判决驳回原告的诉讼请求:

(一)不属于政府信息、政府信息不存在、依法属于不予公开范围或者依法不属于被告公开的;

(二)申请公开的政府信息已经向公众公开,被告已经告知申请人获取该政府信息的方式和途径的;

(三)起诉被告逾期不予答复,理由不成立的;

(四)以政府信息侵犯其商业秘密、个人隐私为由反对公开,理由不成立的;

(五)要求被告更正与其自身相关的政府信息记录,理由不成立的;

(六)不能合理说明申请获取政府信息系根据自身生产、生活、科研等特殊需要,且被告据此不予提供的;

(七)无法按照申请人要求的形式提供政府信息,且被告已通过安排申请人查阅相关资料、提供复制件或者其他适当形式提供的;

(八)其他应当判决驳回诉讼请求的情形。

第十三条 最高人民法院以前所作的司法解释及规范性文件，凡与本规定不一致的，按本规定执行。

最高人民法院关于正确确定县级以上地方人民政府行政诉讼被告资格若干问题的规定

- 2021年2月22日最高人民法院审判委员会第1832次会议通过
- 2021年3月25日最高人民法院公告公布
- 自2021年4月1日起施行
- 法释〔2021〕5号

为准确适用《中华人民共和国行政诉讼法》，依法正确确定县级以上地方人民政府的行政诉讼被告资格，结合人民法院行政审判工作实际，制定本解释。

第一条 法律、法规、规章规定属于县级以上地方人民政府职能部门的行政职权，县级以上地方人民政府通过听取报告、召开会议、组织研究、下发文件等方式进行指导，公民、法人或者其他组织不服县级以上地方人民政府的指导行为提起诉讼的，人民法院应当释明，告知其以具体实施行政行为的职能部门为被告。

第二条 县级以上地方人民政府根据城乡规划法的规定，责成有关职能部门对违法建筑实施强制拆除，公民、法人或者其他组织不服强制拆除行为提起诉讼，人民法院应当根据行政诉讼法第二十六条第一款的规定，以作出强制拆除决定的行政机关为被告；没有强制拆除决定书的，以具体实施强制拆除行为的职能部门为被告。

第三条 公民、法人或者其他组织对集体土地征收中强制拆除房屋等行为不服提起诉讼的，除有证据证明系县级以上地方人民政府具体实施外，人民法院应当根据行政诉讼法第二十六条第一款的规定，以作出强制拆除决定的行政机关为被告；没有强制拆除决定书的，以具体实施强制拆除等行为的行政机关为被告。

县级以上地方人民政府已经作出国有土地上房屋征收与补偿决定，公民、法人或者其他组织不服具体实施房屋征收与补偿工作中的强制拆房屋等行为提起诉讼的，人民法院应当根据行政诉讼法第二十六条第一款的规定，以作出强制拆除决定的行政机关为被告；没有强制拆除决定书的，以县级以上地方人民政府确定的房屋征收部门为被告。

第四条 公民、法人或者其他组织向县级以上地方人民政府申请履行法定职责或者给付义务，法律、法规、规章规定该职责或者义务属于下级人民政府或者相应职能部门的行政职权，县级以上地方人民政府已经转送下级人民政府或者相应职能部门处理并告知申请人，申请人起诉要求履行法定职责或者给付义务的，以下级人民政府或者相应职能部门为被告。

第五条 县级以上地方人民政府确定的不动产登记机构或者其他实际履行该职责的职能部门按照《不动产登记暂行条例》的规定办理不动产登记，公民、法人或者其他组织不服提起诉讼的，以不动产登记机构或者实际履行该职责的职能部门为被告。

公民、法人或者其他组织对《不动产登记暂行条例》实施之前由县级以上地方人民政府作出的不动产登记行为不服提起诉讼的，以继续行使其职权的不动产登记机构或者实际履行该职责的职能部门为被告。

第六条 县级以上地方人民政府根据《中华人民共和国政府信息公开条例》的规定，指定具体机构负责政府信息公开日常工作，公民、法人或者其他组织对该指定机构以自己名义所作的政府信息公开行为不服提起诉讼的，以该指定机构为被告。

第七条 被诉行政行为不是县级以上地方人民政府作出，公民、法人或者其他组织以县级以上地方人民政府作为被告的，人民法院应当予以指导和释明，告知其向有管辖权的人民法院起诉；公民、法人或者其他组织经人民法院释明仍不变更的，人民法院可以裁定不予立案，也可以将案件移送有管辖权的人民法院。

第八条 本解释自2021年4月1日起施行。本解释施行后，最高人民法院此前作出的相关司法解释与本解释相抵触的，以本解释为准。

最高人民法院关于适用《中华人民共和国行政诉讼法》的解释

- 2017年11月13日最高人民法院审判委员会第1726次会议通过
- 2018年2月6日最高人民法院公告公布
- 自2018年2月8日起施行
- 法释〔2018〕1号

为正确适用《中华人民共和国行政诉讼法》（以下简称行政诉讼法），结合人民法院行政审判工作实际，制定本解释。

一、受案范围

第一条 公民、法人或者其他组织对行政机关及其工作人员的行政行为不服，依法提起诉讼的，属于人民法院行政诉讼的受案范围。

下列行为不属于人民法院行政诉讼的受案范围：

（一）公安、国家安全等机关依照刑事诉讼法的明确授权实施的行为；

（二）调解行为以及法律规定的仲裁行为；

（三）行政指导行为；

（四）驳回当事人对行政行为提起申诉的重复处理行为；

（五）行政机关作出的不产生外部法律效力的行为；

（六）行政机关为作出行政行为而实施的准备、论证、研究、层报、咨询等过程性行为；

（七）行政机关根据人民法院的生效裁判、协助执行通知书作出的执行行为，但行政机关扩大执行范围或者采取违法方式实施的除外；

（八）上级行政机关基于内部层级监督关系对下级行政机关作出的听取报告、执法检查、督促履责等行为；

（九）行政机关针对信访事项作出的登记、受理、交办、转送、复查、复核意见等行为；

（十）对公民、法人或者其他组织权利义务不产生实际影响的行为。

第二条 行政诉讼法第十三条第一项规定的"国家行为"，是指国务院、中央军事委员会、国防部、外交部等根据宪法和法律的授权，以国家的名义实施的有关国防和外交事务的行为，以及经宪法和法律授权的国家机关宣布紧急状态等行为。

行政诉讼法第十三条第二项规定的"具有普遍约束力的决定、命令"，是指行政机关针对不特定对象发布的能反复适用的规范性文件。

行政诉讼法第十三条第三项规定的"对行政机关工作人员的奖惩、任免等决定"，是指行政机关作出的涉及行政机关工作人员公务员权利义务的决定。

行政诉讼法第十三条第四项规定的"法律规定由行政机关最终裁决的行政行为"中的"法律"，是指全国人民代表大会及其常务委员会制定、通过的规范性文件。

二、管　辖

第三条 各级人民法院行政审判庭审理行政案件和审查行政机关申请执行其行政行为的案件。

专门人民法院、人民法庭不审理行政案件，也不审查和执行行政机关申请执行其行政行为的案件。铁路运输法院等专门人民法院审理行政案件，应当执行行政诉讼法第十八条第二款的规定。

第四条 立案后，受诉人民法院的管辖权不受当事人住所地改变、追加被告等事实和法律状态变更的影响。

第五条 有下列情形之一的，属于行政诉讼法第十五条第三项规定的"本辖区内重大、复杂的案件"：

（一）社会影响重大的共同诉讼案件；

（二）涉外或者涉及香港特别行政区、澳门特别行政区、台湾地区的案件；

（三）其他重大、复杂案件。

第六条 当事人以案件重大复杂为由，认为有管辖权的基层人民法院不宜行使管辖权或者根据行政诉讼法第五十二条的规定，向中级人民法院起诉，中级人民法院应当根据不同情况在七日内分别作出以下处理：

（一）决定自行审理；

（二）指定本辖区其他基层人民法院管辖；

（三）书面告知当事人向有管辖权的基层人民法院起诉。

第七条　基层人民法院对其管辖的第一审行政案件，认为需要由中级人民法院审理或者指定管辖的，可以报请中级人民法院决定。中级人民法院应当根据不同情况在七日内分别作出以下处理：

（一）决定自行审理；

（二）指定本辖区其他基层人民法院管辖；

（三）决定由报请的人民法院审理。

第八条　行政诉讼法第十九条规定的"原告所在地"，包括原告的户籍所在地、经常居住地和被限制人身自由地。

对行政机关基于同一事实，既采取限制公民人身自由的行政强制措施，又采取其他行政强制措施或者行政处罚不服的，由被告所在地或者原告所在地的人民法院管辖。

第九条　行政诉讼法第二十条规定的"因不动产提起的行政诉讼"是指因行政行为导致不动产物权变动而提起的诉讼。

不动产已登记的，以不动产登记簿记载的所在地为不动产所在地；不动产未登记的，以不动产实际所在地为不动产所在地。

第十条　人民法院受理案件后，被告提出管辖异议的，应当在收到起诉状副本之日起十五日内提出。

对当事人提出的管辖异议，人民法院应当进行审查。异议成立的，裁定将案件移送有管辖权的人民法院；异议不成立的，裁定驳回。

人民法院对管辖异议审查后确定有管辖权的，不因当事人增加或者变更诉讼请求等改变管辖，但违反级别管辖、专属管辖规定的除外。

第十一条　有下列情形之一的，人民法院不予审查：

（一）人民法院发回重审或者按第一审程序再审的案件，当事人提出管辖异议的；

（二）当事人在第一审程序中未按照法律规定的期限和形式提出管辖异议，在第二审程序中提出的。

三、诉讼参加人

第十二条　有下列情形之一的，属于行政诉讼法第二十五条第一款规定的"与行政行为有利害关系"：

（一）被诉的行政行为涉及其相邻权或者公平竞争权的；

（二）在行政复议等行政程序中被追加为第三人的；

（三）要求行政机关依法追究加害人法律责任的；

（四）撤销或者变更行政行为涉及其合法权益的；

（五）为维护自身合法权益向行政机关投诉，具有处理投诉职责的行政机关作出或者未作出处理的；

（六）其他与行政行为有利害关系的情形。

第十三条　债权人以行政机关对债务人所作的行政行为损害债权实现为由提起行政诉讼的，人民法院应当告知其就民事争议提起民事诉讼，但行政机关作出行政行为时依法应予保护或者应予考虑的除外。

第十四条　行政诉讼法第二十五条第二款规定的"近亲属"，包括配偶、父母、子女、兄弟姐妹、祖父母、外祖父母、孙子女、外孙子女和其他具有扶养、赡养关系的亲属。

公民因被限制人身自由而不能提起诉讼的，其近亲属可以依其口头或者书面委托以该公民的名义提起诉讼。近亲属起诉时无法与被限制人身自由的公民取得联系，近亲属可以先行起诉，并在诉讼中补充提交委托证明。

第十五条　合伙企业向人民法院提起诉讼的，应当以核准登记的字号为原告。未依法登记领取营业执照的个人合伙的全体合伙人为共同原告；全体合伙人可以推选代表人，被推选的代表人，应当由全体合伙人出具推选书。

个体工商户向人民法院提起诉讼的，以营业执照上登记的经营者为原告。有字号的，以营业执照上登记的字号为原告，并应当注明该字号经营者的基本信息。

第十六条　股份制企业的股东大会、股东会、董事会等认为行政机关作出的行政行为侵犯企业经营自主权的，可以企业名义提起诉讼。

联营企业、中外合资或者合作企业的联营、合资、合作各方，认为联营、合资、合作企业权益或者自己一方合法权益受行政行为侵害的，可以自己的名义提起诉讼。

非国有企业被行政机关注销、撤销、合并、强令兼并、出售、分立或者改变企业隶属关系的，该企业或者其法定代表人可以提起诉讼。

第十七条 事业单位、社会团体、基金会、社会服务机构等非营利法人的出资人、设立人认为行政行为损害法人合法权益的,可以自己的名义提起诉讼。

第十八条 业主委员会对于行政机关作出的涉及业主共有利益的行政行为,可以自己的名义提起诉讼。

业主委员会不起诉的,专有部分占建筑物总面积过半数或者占总户数过半数的业主可以提起诉讼。

第十九条 当事人不服经上级行政机关批准的行政行为,向人民法院提起诉讼的,以在对外发生法律效力的文书上署名的机关为被告。

第二十条 行政机关组建并赋予行政管理职能但不具有独立承担法律责任能力的机构,以自己的名义作出行政行为,当事人不服提起诉讼的,应当以组建该机构的行政机关为被告。

法律、法规或者规章授权行使行政职权的行政机关内设机构、派出机构或者其他组织,超出法定授权范围实施行政行为,当事人不服提起诉讼的,应当以实施该行为的机构或者组织为被告。

没有法律、法规或者规章规定,行政机关授权其内设机构、派出机构或者其他组织行使行政职权的,属于行政诉讼法第二十六条规定的委托。当事人不服提起诉讼的,应当以该行政机关为被告。

第二十一条 当事人对由国务院、省级人民政府批准设立的开发区管理机构作出的行政行为不服提起诉讼的,以该开发区管理机构为被告;对由国务院、省级人民政府批准设立的开发区管理机构所属职能部门作出的行政行为不服提起诉讼的,以其职能部门为被告;对其他开发区管理机构所属职能部门作出的行政行为不服提起诉讼的,以开发区管理机构为被告;开发区管理机构没有行政主体资格的,以设立该机构的地方人民政府为被告。

第二十二条 行政诉讼法第二十六条第二款规定的"复议机关改变原行政行为",是指复议机关改变原行政行为的处理结果。复议机关改变原行政行为所认定的主要事实和证据、改变原行政行为所适用的规范依据,但未改变原行政行为处理结果的,视为复议机关维持原行政行为。

复议机关确认原行政行为无效,属于改变原行政行为。

复议机关确认原行政行为违法,属于改变原行政行为,但复议机关以违反法定程序为由确认原行政行为违法的除外。

第二十三条 行政机关被撤销或者职权变更,没有继续行使其职权的行政机关的,以其所属的人民政府为被告;实行垂直领导的,以垂直领导的上一级行政机关为被告。

第二十四条 当事人对村民委员会或者居民委员会依据法律、法规、规章的授权履行行政管理职责的行为不服提起诉讼的,以村民委员会或者居民委员会为被告。

当事人对村民委员会、居民委员会受行政机关委托作出的行为不服提起诉讼的,以委托的行政机关为被告。

当事人对高等学校等事业单位以及律师协会、注册会计师协会等行业协会依据法律、法规、规章的授权实施的行政行为不服提起诉讼的,以该事业单位、行业协会为被告。

当事人对高等学校等事业单位以及律师协会、注册会计师协会等行业协会受行政机关委托作出的行为不服提起诉讼的,以委托的行政机关为被告。

第二十五条 市、县级人民政府确定的房屋征收部门组织实施房屋征收与补偿工作过程中作出行政行为,被征收人不服提起诉讼的,以房屋征收部门为被告。

征收实施单位受房屋征收部门委托,在委托范围内从事的行为,被征收人不服提起诉讼的,应当以房屋征收部门为被告。

第二十六条 原告所起诉的被告不适格,人民法院应当告知原告变更被告;原告不同意变更的,裁定驳回起诉。

应当追加被告而原告不同意追加的,人民法院应当通知其以第三人的身份参加诉讼,但行政复议机关作共同被告的除外。

第二十七条 必须共同进行诉讼的当事人没有参加诉讼的,人民法院应当依法通知其参加;当事人也可以向人民法院申请参加。

人民法院应当对当事人提出的申请进行审查,申请理由不成立的,裁定驳回;申请理由成立的,书面通知其参加诉讼。

前款所称的必须共同进行诉讼,是指按照行政诉讼法第二十七条的规定,当事人一方或者双方为两人以上,因同一行政行为发生行政争议,人民法院必须合并审理的诉讼。

第二十八条 人民法院追加共同诉讼的当事人时,应当通知其他当事人。应当追加的原告,已明确表示放弃实体权利的,可不予追加;既不愿意参加诉讼,又不放弃实体权利的,应追加为第三人,其不参加诉讼,不能阻碍人民法院对案件的审理和裁判。

第二十九条 行政诉讼法第二十八条规定的"人数众多",一般指十人以上。

根据行政诉讼法第二十八条的规定,当事人一方人数众多的,由当事人推选代表人。当事人推选不出的,可以由人民法院在起诉的当事人中指定代表人。

行政诉讼法第二十八条规定的代表人为二至五人。代表人可以委托一至二人作为诉讼代理人。

第三十条 行政机关的同一行政行为涉及两个以上利害关系人,其中一部分利害关系人对行政行为不服提起诉讼,人民法院应当通知没有起诉的其他利害关系人作为第三人参加诉讼。

与行政案件处理结果有利害关系的第三人,可以申请参加诉讼,或者由人民法院通知其参加诉讼。人民法院判决其承担义务或者减损其权益的第三人,有权提出上诉或者申请再审。

行政诉讼法第二十九条规定的第三人,因不能归责于本人的事由未参加诉讼,但有证据证明发生法律效力的判决、裁定、调解书损害其合法权益的,可以依照行政诉讼法第九十条的规定,自知道或者应当知道其合法权益受到损害之日起六个月内,向上一级人民法院申请再审。

第三十一条 当事人委托诉讼代理人,应当向人民法院提交由委托人签名或者盖章的授权委托书。委托书应当载明委托事项和具体权限。公民在特殊情况下无法书面委托的,也可以由他人代书,并由自己捺印等方式确认,人民法院应当核实并记录在卷;被诉行政机关或者其他有义务协助的机关拒绝人民法院向被限制人身自由的公民核实的,视为委托成立。当事人解除或者变更委托的,应当书面报告人民法院。

第三十二条 依照行政诉讼法第三十一条第二款第二项规定,与当事人有合法劳动人事关系的职工,可以当事人工作人员的名义作为诉讼代理人。以当事人的工作人员身份参加诉讼活动,应当提交以下证据之一加以证明:

(一)缴纳社会保险记录凭证;

(二)领取工资凭证;

(三)其他能够证明其为当事人工作人员身份的证据。

第三十三条 根据行政诉讼法第三十一条第二款第三项规定,有关社会团体推荐公民担任诉讼代理人的,应当符合下列条件:

(一)社会团体属于依法登记设立或者依法免予登记设立的非营利性法人组织;

(二)被代理人属于该社会团体的成员,或者当事人一方住所地位于该社会团体的活动地域;

(三)代理事务属于该社会团体章程载明的业务范围;

(四)被推荐的公民是该社会团体的负责人或者与该社会团体有合法劳动人事关系的工作人员。

专利代理人经中华全国专利代理人协会推荐,可以在专利行政案件中担任诉讼代理人。

四、证 据

第三十四条 根据行政诉讼法第三十六条第一款的规定,被告申请延期提供证据的,应当在收到起诉状副本之日起十五日内以书面方式向人民法院提出。人民法院准许延期提供的,被告应当在正当事由消除后十五日内提供证据。逾期提供的,视为被诉行政行为没有相应的证据。

第三十五条 原告或者第三人应当在开庭审理前或者人民法院指定的交换证据清单之日提供证据。因正当事由申请延期提供证据的,经人民法院准许,可以在法庭调查中提供。逾期提供证据的,人民法院应当责令其说明理由;拒不说明理由或者理由不成立的,视为放弃举证权利。

原告或者第三人在第一审程序中无正当事由未提供而在第二审程序中提供的证据,人民法院不予接纳。

第三十六条 当事人申请延长举证期限,应当在举证期限届满前向人民法院提出书面申请。

申请理由成立的,人民法院应当准许,适当延长举证期限,并通知其他当事人。申请理由不成立的,人民法院不予准许,并通知申请人。

第三十七条　根据行政诉讼法第三十九条的规定,对当事人无争议,但涉及国家利益、公共利益或者他人合法权益的事实,人民法院可以责令当事人提供或者补充有关证据。

第三十八条　对于案情比较复杂或者证据数量较多的案件,人民法院可以组织当事人在开庭前向对方出示或者交换证据,并将交换证据清单的情况记录在卷。

当事人在庭前证据交换过程中没有争议并记录在卷的证据,经审判人员在庭审中说明后,可以作为认定案件事实的依据。

第三十九条　当事人申请调查收集证据,但该证据与待证事实无关联、对证明待证事实无意义或者其他无调查收集必要的,人民法院不予准许。

第四十条　人民法院在证人出庭作证前应当告知其如实作证的义务以及作伪证的法律后果。

证人因履行出庭作证义务而支出的交通、住宿、就餐等必要费用以及误工损失,由败诉一方当事人承担。

第四十一条　有下列情形之一,原告或者第三人要求相关行政执法人员出庭说明的,人民法院可以准许:

(一)对现场笔录的合法性或者真实性有异议的;

(二)对扣押财产的品种或者数量有异议的;

(三)对检验的物品取样或者保管有异议的;

(四)对行政执法人员身份的合法性有异议的;

(五)需要出庭说明的其他情形。

第四十二条　能够反映案件真实情况、与待证事实相关联、来源和形式符合法律规定的证据,应当作为认定案件事实的根据。

第四十三条　有下列情形之一的,属于行政诉讼法第四十三条第三款规定的"以非法手段取得的证据":

(一)严重违反法定程序收集的证据材料;

(二)以违反法律强制性规定的手段获取且侵害他人合法权益的证据材料;

(三)以利诱、欺诈、胁迫、暴力等手段获取的证据材料。

第四十四条　人民法院认为有必要的,可以要求当事人本人或者行政机关执法人员到庭,就案件有关事实接受询问。在询问之前,可以要求其签署保证书。

保证书应当载明据实陈述、如有虚假陈述愿意接受处罚等内容。当事人或者行政机关执法人员应当在保证书上签名或者捺印。

负有举证责任的当事人拒绝到庭、拒绝接受询问或者拒绝签署保证书,待证事实又欠缺其他证据加以佐证的,人民法院对其主张的事实不予认定。

第四十五条　被告有证据证明其在行政程序中依照法定程序要求原告或者第三人提供证据,原告或者第三人依法应当提供而没有提供,在诉讼程序中提供的证据,人民法院一般不予采纳。

第四十六条　原告或者第三人确有证据证明被告持有的证据对原告或者第三人有利的,可以在开庭审理前书面申请人民法院责令行政机关提交。

申请理由成立的,人民法院应当责令行政机关提交,因提交证据所产生的费用,由申请人预付。行政机关无正当理由拒不提交的,人民法院可以推定原告或者第三人基于该证据主张的事实成立。

持有证据的当事人以妨碍对方当事人使用为目的,毁灭有关证据或者实施其他致使证据不能使用行为的,人民法院可以推定对方当事人基于该证据主张的事实成立,并可依照行政诉讼法第五十九条规定处理。

第四十七条　根据行政诉讼法第三十八条第二款的规定,在行政赔偿、补偿案件中,因被告的原因导致原告无法就损害情况举证的,应当由被告就该损害情况承担举证责任。

对于各方主张损失的价值无法认定的,应当由负有举证责任的一方当事人申请鉴定,但法律、法规、规章规定行政机关在作出行政行为时依法应当评估或者鉴定的除外;负有举证责任的当事人拒绝申请鉴定的,由其承担不利的法律后果。

当事人的损失因客观原因无法鉴定的,人民法院应当结合当事人的主张和在案证据,遵循法官职业道德,运用逻辑推理和生活经验、生活常识等,酌情确定赔偿数额。

五、期间、送达

第四十八条　期间包括法定期间和人民法院

指定的期间。

期间以时、日、月、年计算。期间开始的时和日，不计算在期间内。

期间届满的最后一日是节假日的，以节假日后的第一日为期间届满的日期。

期间不包括在途时间，诉讼文书在期满前交邮的，视为在期限内发送。

第四十九条 行政诉讼法第五十一条第二款规定的立案期限，因起诉状内容欠缺或者有其他错误通知原告限期补正的，从补正后递交人民法院的次日起算。由上级人民法院转交下级人民法院立案的案件，从受诉人民法院收到起诉状的次日起算。

第五十条 行政诉讼法第八十一条、第八十三条、第八十八条规定的审理期限，是指从立案之日起至裁判宣告、调解书送达之日止的期间，但公告期间、鉴定期间、调解期间、中止诉讼期间、审理当事人提出的管辖异议以及处理人民法院之间的管辖争议期间不应计算在内。

再审案件按照第一审程序或者第二审程序审理的，适用行政诉讼法第八十一条、第八十八条规定的审理期限。审理期限自再审立案的次日起算。

基层人民法院申请延长审理期限，应当直接报请高级人民法院批准，同时报中级人民法院备案。

第五十一条 人民法院可以要求当事人签署送达地址确认书，当事人确认的送达地址为人民法院法律文书的送达地址。

当事人同意电子送达的，应当提供并确认传真号、电子信箱等电子送达地址。

当事人送达地址发生变更的，应当及时书面告知受理案件的人民法院；未及时告知的，人民法院按原地址送达，视为依法送达。

人民法院可以通过国家邮政机构以法院专递方式进行送达。

第五十二条 人民法院可以在当事人住所地以外向当事人直接送达诉讼文书。当事人拒绝签署送达回证的，采用拍照、录像等方式记录送达过程即视为送达。审判人员、书记员应当在送达回证上注明送达情况并签名。

六、起诉与受理

第五十三条 人民法院对符合起诉条件的案件应当立案，依法保障当事人行使诉讼权利。

对当事人依法提起的诉讼，人民法院应当根据行政诉讼法第五十一条的规定接收起诉状。能够判断符合起诉条件的，应当当场登记立案；当场不能判断是否符合起诉条件的，应当在接收起诉状后七日内决定是否立案；七日内仍不能作出判断的，应当先予立案。

第五十四条 依照行政诉讼法第四十九条的规定，公民、法人或者其他组织提起诉讼时应当提交以下起诉材料：

（一）原告的身份证明材料以及有效联系方式；

（二）被诉行政行为或者不作为存在的材料；

（三）原告与被诉行政行为具有利害关系的材料；

（四）人民法院认为需要提交的其他材料。

由法定代理人或者委托代理人代为起诉的，还应当在起诉状中写明或者在口头起诉时向人民法院说明法定代理人或者委托代理人的基本情况，并提交法定代理人或者委托代理人的身份证明和代理权限证明等材料。

第五十五条 依照行政诉讼法第五十一条的规定，人民法院应当就起诉状内容和材料是否完备以及是否符合行政诉讼法规定的起诉条件进行审查。

起诉状内容或者材料欠缺的，人民法院应当给予指导和释明，并一次性全面告知当事人需要补正的内容、补充的材料及期限。在指定期限内补正并符合起诉条件的，应当登记立案。当事人拒绝补正或者经补正仍不符合起诉条件的，退回诉状并记录在册；坚持起诉的，裁定不予立案，并载明不予立案的理由。

第五十六条 法律、法规规定应当先申请复议，公民、法人或者其他组织未申请复议直接提起诉讼的，人民法院裁定不予立案。

依照行政诉讼法第四十五条的规定，复议机关不受理复议申请或者在法定期限内不作出复议决定，公民、法人或者其他组织不服，依法向人民法院提起诉讼的，人民法院应当依法立案。

第五十七条 法律、法规未规定行政复议为提起行政诉讼必经程序，公民、法人或者其他组织既提起诉讼又申请行政复议的，由先立案的机关管辖；同时立案的，由公民、法人或者其他组织选择。公民、法人或者其他组织已经申请行政复议，在法定复议期间内又向人民法院提起诉讼的，人民法院裁定不予立案。

第五十八条 法律、法规未规定行政复议为提起行政诉讼必经程序，公民、法人或者其他组织向复议机关申请行政复议后，又经复议机关同意撤回复议申请，在法定起诉期限内对原行政行为提起诉讼的，人民法院应当依法立案。

第五十九条 公民、法人或者其他组织向复议机关申请行政复议后，复议机关作出维持决定的，应当以复议机关和原行为机关为共同被告，并以复议决定送达时间确定起诉期限。

第六十条 人民法院裁定准许原告撤诉后，原告以同一事实和理由重新起诉的，人民法院不予立案。

准予撤诉的裁定确有错误，原告申请再审的，人民法院应当通过审判监督程序撤销原准予撤诉的裁定，重新对案件进行审理。

第六十一条 原告或者上诉人未按规定的期限预交案件受理费，又不提出缓交、减交、免交申请，或者提出申请未获批准的，按自动撤诉处理。在按撤诉处理后，原告或者上诉人在法定期限内再次起诉或者上诉，并依法解决诉讼费预交问题的，人民法院应予立案。

第六十二条 人民法院判决撤销行政机关的行政行为后，公民、法人或者其他组织对行政机关重新作出的行政行为不服向人民法院起诉的，人民法院应当依法立案。

第六十三条 行政机关作出行政行为时，没有制作或者没有送达法律文书，公民、法人或者其他组织只要能证明行政行为存在，并在法定期限内起诉的，人民法院应当依法立案。

第六十四条 行政机关作出行政行为时，未告知公民、法人或者其他组织起诉期限的，起诉期限从公民、法人或者其他组织知道或者应当知道起诉期限之日起计算，但从知道或者应当知道行政行为内容之日起最长不得超过一年。

复议决定未告知公民、法人或者其他组织起诉期限的，适用前款规定。

第六十五条 公民、法人或者其他组织不知道行政机关作出的行政行为内容的，其起诉期限从知道或者应当知道该行政行为内容之日起计算，但最长不得超过行政诉讼法第四十六条第二款规定的起诉期限。

第六十六条 公民、法人或者其他组织依照行政诉讼法第四十七条第一款的规定，对行政机关不履行法定职责提起诉讼的，应当在行政机关履行法定职责期限届满之日起六个月内提出。

第六十七条 原告提供被告的名称等信息足以使被告与其他行政机关相区别的，可以认定为行政诉讼法第四十九条第二项规定的"有明确的被告"。

起诉状列写被告信息不足以认定明确的被告的，人民法院可以告知原告补正；原告补正后仍不能确定明确的被告的，人民法院裁定不予立案。

第六十八条 行政诉讼法第四十九条第三项规定的"有具体的诉讼请求"是指：

（一）请求判决撤销或者变更行政行为；

（二）请求判决行政机关履行特定法定职责或者给付义务；

（三）请求判决确认行政行为违法；

（四）请求判决确认行政行为无效；

（五）请求判决行政机关予以赔偿或者补偿；

（六）请求解决行政协议争议；

（七）请求一并审查规章以下规范性文件；

（八）请求一并解决相关民事争议；

（九）其他诉讼请求。

当事人单独或者一并提起行政赔偿、补偿诉讼的，应当有具体的赔偿、补偿事项以及数额；请求一并审查规章以下规范性文件的，应当提供明确的文件名称或者审查对象；请求一并解决相关民事争议的，应当有具体的民事诉讼请求。

当事人未能正确表达诉讼请求的，人民法院应当要求其明确诉讼请求。

第六十九条 有下列情形之一，已经立案的，应当裁定驳回起诉：

（一）不符合行政诉讼法第四十九条规定的；

（二）超过法定起诉期限且无行政诉讼法第四十八条规定情形的；

（三）错列被告且拒绝变更的；

（四）未按照法律规定由法定代理人、指定代理人、代表人为诉讼行为的；

（五）未按照法律、法规规定先向行政机关申请复议的；

（六）重复起诉的；

（七）撤回起诉后无正当理由再行起诉的；

（八）行政行为对其合法权益明显不产生实际影响的；

（九）诉讼标的已为生效裁判或者调解书所羁束的；

（十）其他不符合法定起诉条件的情形。

前款所列情形可以补正或者更正的，人民法院应当指定期间责令补正或者更正；在指定期间已经补正或者更正的，应当依法审理。

人民法院经过阅卷、调查或者询问当事人，认为不需要开庭审理的，可以迳行裁定驳回起诉。

第七十条　起诉状副本送达被告后，原告提出新的诉讼请求的，人民法院不予准许，但有正当理由的除外。

七、审理与判决

第七十一条　人民法院适用普通程序审理案件，应当在开庭三日前用传票传唤当事人。对证人、鉴定人、勘验人、翻译人员，应当用通知书通知其到庭。当事人或者其他诉讼参与人在外地的，应当留有必要的在途时间。

第七十二条　有下列情形之一的，可以延期开庭审理：

（一）应当到庭的当事人和其他诉讼参与人有正当理由没有到庭的；

（二）当事人临时提出回避申请且无法及时作出决定的；

（三）需要通知新的证人到庭，调取新的证据，重新鉴定、勘验，或者需要补充调查的；

（四）其他应当延期的情形。

第七十三条　根据行政诉讼法第二十七条的规定，有下列情形之一的，人民法院可以决定合并审理：

（一）两个以上行政机关分别对同一事实作出行政行为，公民、法人或者其他组织不服向同一人民法院起诉的；

（二）行政机关就同一事实对若干公民、法人或者其他组织分别作出行政行为，公民、法人或者其他组织不服分别向同一人民法院起诉的；

（三）在诉讼过程中，被告对原告作出新的行政行为，原告不服向同一人民法院起诉的；

（四）人民法院认为可以合并审理的其他情形。

第七十四条　当事人申请回避，应当说明理由，在案件开始审理时提出；回避事由在案件开始审理后知道的，应当在法庭辩论终结前提出。

被申请回避的人员，在人民法院作出是否回避的决定前，应当暂停参与本案的工作，但案件需要采取紧急措施的除外。

对当事人提出的回避申请，人民法院应当在三日内以口头或者书面形式作出决定。对当事人提出的明显不属于法定回避事由的申请，法庭可以依法当庭驳回。

申请人对驳回回避申请决定不服的，可以向作出决定的人民法院申请复议一次。复议期间，被申请回避的人员不停止参与本案的工作。对申请人的复议申请，人民法院应当在三日内作出复议决定，并通知复议申请人。

第七十五条　在一个审判程序中参与过本案审判工作的审判人员，不得再参与该案其他程序的审判。

发回重审的案件，在一审法院作出裁判后又进入第二审程序的，原第二审程序中合议庭组成人员不受前款规定的限制。

第七十六条　人民法院对于因一方当事人的行为或者其他原因，可能使行政行为或者人民法院生效裁判不能或者难以执行的案件，根据对方当事人的申请，可以裁定对其财产进行保全、责令其作出一定行为或者禁止其作出一定行为；当事人没有提出申请的，人民法院在必要时也可以裁定采取上述保全措施。

人民法院采取保全措施，可以责令申请人提供担保；申请人不提供担保的，裁定驳回申请。

人民法院接受申请后，对情况紧急的，必须在四十八小时内作出裁定；裁定采取保全措施的，应当立即开始执行。

当事人对保全的裁定不服的，可以申请复议；复议期间不停止裁定的执行。

第七十七条　利害关系人因情况紧急，不立即申请保全将会使其合法权益受到难以弥补的损害的，可以在提起诉讼前向被保全财产所在地、被申请人住所地或者对案件有管辖权的人民法院申请采取保全措施。申请人应当提供担保，不提供担保的，裁定驳回申请。

人民法院接受申请后，必须在四十八小时内作出裁定；裁定采取保全措施的，应当立即开始执行。

申请人在人民法院采取保全措施后三十日内不依法提起诉讼的,人民法院应当解除保全。

当事人对保全的裁定不服的,可以申请复议;复议期间不停止裁定的执行。

第七十八条 保全限于请求的范围,或者与本案有关的财物。

财产保全采取查封、扣押、冻结或者法律规定的其他方法。人民法院保全财产后,应当立即通知被保全人。

财产已被查封、冻结的,不得重复查封、冻结。

涉及财产的案件,被申请人提供担保的,人民法院应当裁定解除保全。

申请有错误的,申请人应当赔偿被申请人因保全所遭受的损失。

第七十九条 原告或者上诉人申请撤诉,人民法院裁定不予准许的,原告或者上诉人经传票传唤无正当理由拒不到庭,或者未经法庭许可中途退庭的,人民法院可以缺席判决。

第三人经传票传唤无正当理由拒不到庭,或者未经法庭许可中途退庭的,不发生阻止案件审理的效果。

根据行政诉讼法第五十八条的规定,被告经传票传唤无正当理由拒不到庭,或者未经法庭许可中途退庭的,人民法院可以按期开庭或者继续开庭审理,对到庭的当事人诉讼请求、双方的诉辩理由以及已经提交的证据及其他诉讼材料进行审理后,依法缺席判决。

第八十条 原告或者上诉人在庭审中明确拒绝陈述或者以其他方式拒绝陈述,导致庭审无法进行,经法庭释明法律后果后仍不陈述意见的,视为放弃陈述权利,由其承担不利的法律后果。

当事人申请撤诉或者依法可以按撤诉处理的案件,当事人有违反法律的行为需要依法处理的,人民法院可以不准许撤诉或者不按撤诉处理。

法庭辩论终结后原告申请撤诉,人民法院可以准许,但涉及到国家利益和社会公共利益的除外。

第八十一条 被告在一审期间改变被诉行政行为的,应当书面告知人民法院。

原告或者第三人对改变后的行政行为不服提起诉讼的,人民法院应当就改变后的行政行为进行审理。

被告改变原违法行政行为,原告仍要求确认原行政行为违法的,人民法院应当依法作出确认判决。

原告起诉被告不作为,在诉讼中被告作出行政行为,原告不撤诉的,人民法院应当就不作为依法作出确认判决。

第八十二条 当事人之间恶意串通,企图通过诉讼等方式侵害国家利益、社会公共利益或者他人合法权益的,人民法院应当裁定驳回起诉或者判决驳回其请求,并根据情节轻重予以罚款、拘留;构成犯罪的,依法追究刑事责任。

第八十三条 行政诉讼法第五十九条规定的罚款、拘留可以单独适用,也可以合并适用。

对同一妨害行政诉讼行为的罚款、拘留不得连续适用。发生新的妨害行政诉讼行为的,人民法院可以重新予以罚款、拘留。

第八十四条 人民法院审理行政诉讼法第六十条第一款规定的行政案件,认为法律关系明确、事实清楚,在征得当事人双方同意后,可以进行调解。

第八十五条 调解达成协议,人民法院应当制作调解书。调解书应当写明诉讼请求、案件的事实和调解结果。

调解书由审判人员、书记员署名,加盖人民法院印章,送达双方当事人。

调解书经双方当事人签收后,即具有法律效力。调解书生效日期根据最后收到调解书的当事人签收的日期确定。

第八十六条 人民法院审理行政案件,调解过程不公开,但当事人同意公开的除外。

经人民法院准许,第三人可以参加调解。人民法院认为有必要的,可以通知第三人参加调解。

调解协议内容不公开,但为保护国家利益、社会公共利益、他人合法权益,人民法院认为确有必要公开的除外。

当事人一方或者双方不愿调解、调解未达成协议的,人民法院应当及时判决。

当事人自行和解或者调解达成协议后,请求人民法院按照和解协议或者调解协议的内容制作判决书的,人民法院不予准许。

第八十七条 在诉讼过程中,有下列情形之一的,中止诉讼:

(一)原告死亡,须等待其近亲属表明是否参加诉讼的;

(二)原告丧失诉讼行为能力,尚未确定法定代理人的;

（三）作为一方当事人的行政机关、法人或者其他组织终止，尚未确定权利义务承受人的；

（四）一方当事人因不可抗力的事由不能参加诉讼的；

（五）案件涉及法律适用问题，需要送请有权机关作出解释或者确认的；

（六）案件的审判须以相关民事、刑事或者其他行政案件的审理结果为依据，而相关案件尚未审结的；

（七）其他应当中止诉讼的情形。

中止诉讼的原因消除后，恢复诉讼。

第八十八条 在诉讼过程中，有下列情形之一的，终结诉讼：

（一）原告死亡，没有近亲属或者近亲属放弃诉讼权利的；

（二）作为原告的法人或者其他组织终止后，其权利义务的承受人放弃诉讼权利的。

因本解释第八十七条第一款第一、二、三项原因中止诉讼满九十日仍无人继续诉讼的，裁定终结诉讼，但有特殊情况的除外。

第八十九条 复议决定改变原行政行为错误，人民法院判决撤销复议决定时，可以一并责令复议机关重新作出复议决定或者判决恢复原行政行为的法律效力。

第九十条 人民法院判决被告重新作出行政行为，被告重新作出的行政行为与原行政行为的结果相同，但主要事实或者主要理由有改变的，不属于行政诉讼法第七十一条规定的情形。

人民法院以违反法定程序为由，判决撤销被诉行政行为的，行政机关重新作出行政行为不受行政诉讼法第七十一条规定的限制。

行政机关以同一事实和理由重新作出与原行政行为基本相同的行政行为，人民法院应当根据行政诉讼法第七十条、第七十一条的规定判决撤销或者部分撤销，并根据行政诉讼法第九十六条的规定处理。

第九十一条 原告请求被告履行法定职责的理由成立，被告违法拒绝履行或者无正当理由逾期不予答复的，人民法院可以根据行政诉讼法第七十二条的规定，判决被告在一定期限内依法履行原告请求的法定职责；尚需被告调查或者裁量的，应当判决被告针对原告的请求重新作出处理。

第九十二条 原告申请被告依法履行支付抚恤金、最低生活保障待遇或者社会保险待遇等给付义务的理由成立，被告依法负有给付义务而拒绝或者拖延履行义务的，人民法院可以根据行政诉讼法第七十三条的规定，判决被告在一定期限内履行相应的给付义务。

第九十三条 原告请求被告履行法定职责或者依法履行支付抚恤金、最低生活保障待遇或者社会保险待遇等给付义务，原告未先向行政机关提出申请的，人民法院裁定驳回起诉。

人民法院经审理认为原告所请求履行的法定职责或者给付义务明显不属于行政机关权限范围的，可以裁定驳回起诉。

第九十四条 公民、法人或者其他组织起诉请求撤销行政行为，人民法院经审查认为行政行为无效的，应当作出确认无效的判决。

公民、法人或者其他组织起诉请求确认行政行为无效，人民法院审查认为行政行为不属于无效情形，经释明，原告请求撤销行政行为的，应当继续审理并依法作出相应判决；原告请求撤销行政行为但超过法定起诉期限的，裁定驳回起诉；原告拒绝变更诉讼请求的，判决驳回其诉讼请求。

第九十五条 人民法院经审理认为被诉行政行为违法或者无效，可能给原告造成损失，经释明，原告请求一并解决行政赔偿争议的，人民法院可以就赔偿事项进行调解；调解不成的，应当一并判决。人民法院也可以告知其就赔偿事项另行提起诉讼。

第九十六条 有下列情形之一，且对原告依法享有的听证、陈述、申辩等重要程序性权利不产生实质损害的，属于行政诉讼法第七十四条第一款第二项规定的"程序轻微违法"：

（一）处理期限轻微违法；

（二）通知、送达等程序轻微违法；

（三）其他程序轻微违法的情形。

第九十七条 原告或者第三人的损失系由其自身过错和行政机关的违法行政行为共同造成的，人民法院应当依据各方行为与损害结果之间有无因果关系以及在损害发生和结果中作用力的大小，确定行政机关相应的赔偿责任。

第九十八条 因行政机关不履行、拖延履行法定职责，致使公民、法人或者其他组织的合法权益遭受损害的，人民法院应当判决行政机关承担行政赔偿责任。在确定赔偿数额时，应当考虑该不履行、拖延履行法定职责的行为在损害发生过程和结果中所起的作用等因素。

第九十九条 有下列情形之一的，属于行政诉讼法第七十五条规定的"重大且明显违法"：

（一）行政行为实施主体不具有行政主体资格；

（二）减损权利或者增加义务的行政行为没有法律规范依据；

（三）行政行为的内容客观上不可能实施；

（四）其他重大且明显违法的情形。

第一百条 人民法院审理行政案件，适用最高人民法院司法解释的，应当在裁判文书中援引。

人民法院审理行政案件，可以在裁判文书中引用合法有效的规章及其他规范性文件。

第一百零一条 裁定适用于下列范围：

（一）不予立案；

（二）驳回起诉；

（三）管辖异议；

（四）终结诉讼；

（五）中止诉讼；

（六）移送或者指定管辖；

（七）诉讼期间停止行政行为的执行或者驳回停止执行的申请；

（八）财产保全；

（九）先予执行；

（十）准许或者不准许撤诉；

（十一）补正裁判文书中的笔误；

（十二）中止或者终结执行；

（十三）提审、指令再审或者发回重审；

（十四）准许或者不准许执行行政机关的行政行为；

（十五）其他需要裁定的事项。

对第一、二、三项裁定，当事人可以上诉。

裁定书应当写明裁定结果和作出该裁定的理由。裁定书由审判人员、书记员署名，加盖人民法院印章。口头裁定的，记入笔录。

第一百零二条 行政诉讼法第八十二条规定的行政案件中的"事实清楚"，是指当事人对争议的事实陈述基本一致，并能提供相应的证据，无须人民法院调查收集证据即可查明事实；"权利义务关系明确"，是指行政法律关系中权利和义务能够明确区分；"争议不大"，是指当事人对行政行为的合法性、责任承担等没有实质分歧。

第一百零三条 适用简易程序审理的行政案件，人民法院可以用口头通知、电话、短信、传真、电子邮件等简便方式传唤当事人、通知证人、送达裁判文书以外的诉讼文书。

以简便方式送达的开庭通知，未经当事人确认或者没有其他证据证明当事人已经收到的，人民法院不得缺席判决。

第一百零四条 适用简易程序案件的举证期限由人民法院确定，也可以由当事人协商一致并经人民法院准许，但不得超过十五日。被告要求书面答辩的，人民法院可以确定合理的答辩期间。

人民法院应当将举证期限和开庭日期告知双方当事人，并向当事人说明逾期举证以及拒不到庭的法律后果，由双方当事人在笔录和开庭传票的送达回证上签名或者捺印。

当事人双方均表示同意立即开庭或者缩短举证期限、答辩期间的，人民法院可以立即开庭审理或者确定近期开庭。

第一百零五条 人民法院发现案情复杂，需要转为普通程序审理的，应当在审理期限届满前作出裁定并将合议庭组成人员及相关事项书面通知双方当事人。

案件转为普通程序审理的，审理期限自人民法院立案之日起计算。

第一百零六条 当事人就已经提起诉讼的事项在诉讼过程中或者裁判生效后再次起诉，同时具有下列情形的，构成重复起诉：

（一）后诉与前诉的当事人相同；

（二）后诉与前诉的诉讼标的相同；

（三）后诉与前诉的诉讼请求相同，或者后诉的诉讼请求被前诉裁判所包含。

第一百零七条 第一审人民法院作出判决和裁定后，当事人均提起上诉的，上诉各方均为上诉人。

诉讼当事人中的一部分人提出上诉，没有提出上诉的对方当事人为被上诉人，其他当事人依原审诉讼地位列明。

第一百零八条 当事人提出上诉，应当按照其他当事人或者诉讼代表人的人数提出上诉状副本。

原审人民法院收到上诉状，应当在五日内将上诉状副本发送其他当事人，对方当事人应当在收到上诉状副本之日起十五日内提出答辩状。

原审人民法院应当在收到答辩状之日起五日

内将副本发送上诉人。对方当事人不提出答辩状的,不影响人民法院审理。

原审人民法院收到上诉状、答辩状,应当在五日内连同全部案卷和证据,报送第二审人民法院;已经预收的诉讼费用,一并报送。

第一百零九条 第二审人民法院经审理认为原审人民法院不予立案或者驳回起诉的裁定确有错误且当事人的起诉符合起诉条件的,应当裁定撤销原审人民法院的裁定,指令原审人民法院依法立案或者继续审理。

第二审人民法院裁定发回原审人民法院重新审理的行政案件,原审人民法院应当另行组成合议庭进行审理。

原审判决遗漏了必须参加诉讼的当事人或者诉讼请求的,第二审人民法院应当裁定撤销原审判决,发回重审。

原审判决遗漏行政赔偿请求,第二审人民法院经审查认为依法不应当予以赔偿的,应当判决驳回行政赔偿请求。

原审判决遗漏行政赔偿请求,第二审人民法院经审理认为依法应当予以赔偿的,在确认被诉行政行为违法的同时,可以就行政赔偿问题进行调解;调解不成的,应当就行政赔偿部分发回重审。

当事人在第二审期间提出行政赔偿请求的,第二审人民法院可以进行调解;调解不成的,应当告知当事人另行起诉。

第一百一十条 当事人向上一级人民法院申请再审,应当在判决、裁定或者调解书发生法律效力后六个月内提出。有下列情形之一的,自知道或者应当知道之日起六个月内提出:

(一)有新的证据,足以推翻原判决、裁定的;

(二)原判决、裁定认定事实的主要证据是伪造的;

(三)据以作出原判决、裁定的法律文书被撤销或者变更的;

(四)审判人员审理该案件时有贪污受贿、徇私舞弊、枉法裁判行为的。

第一百一十一条 当事人申请再审的,应当提交再审申请书等材料。人民法院认为有必要的,可以自收到再审申请书之日起五日内将再审申请书副本发送对方当事人。对方当事人应当自收到再审申请书副本之日起十五日内提交书面意见。人民法院可以要求申请人和对方当事人补充有关材料,询问有关事项。

第一百一十二条 人民法院应当自再审申请案件立案之日起六个月内审查,有特殊情况需要延长的,由本院院长批准。

第一百一十三条 人民法院根据审查再审申请案件的需要决定是否询问当事人;新的证据可能推翻原判决、裁定的,人民法院应当询问当事人。

第一百一十四条 审查再审申请期间,被申请人及原审其他当事人依法提出再审申请的,人民法院应当将其列为再审申请人,对其再审事由一并审查,审查期限重新计算。经审查,其中一方再审申请人主张的再审事由成立的,应当裁定再审。各方再审申请人主张的再审事由均不成立的,一并裁定驳回再审申请。

第一百一十五条 审查再审申请期间,再审申请人申请人民法院委托鉴定、勘验的,人民法院不予准许。

审查再审申请期间,再审申请人撤回再审申请的,是否准许,由人民法院裁定。

再审申请人经传票传唤,无正当理由拒不接受询问的,按撤回再审申请处理。

人民法院准许撤回再审申请或者按撤回再审申请处理后,再审申请人再次申请再审的,不予立案,但有行政诉讼法第九十一条第二项、第三项、第七项、第八项规定情形,自知道或者应当知道之日起六个月内提出的除外。

第一百一十六条 当事人主张的再审事由成立,且符合行政诉讼法和本解释规定的申请再审条件的,人民法院应当裁定再审。

当事人主张的再审事由不成立,或者当事人申请再审超过法定申请再审期限、超出法定再审事由范围等不符合行政诉讼法和本解释规定的申请再审条件的,人民法院应当裁定驳回再审申请。

第一百一十七条 有下列情形之一的,当事人可以向人民检察院申请抗诉或者检察建议:

(一)人民法院驳回再审申请的;

(二)人民法院逾期未对再审申请作出裁定的;

(三)再审判决、裁定有明显错误的。

人民法院基于抗诉或者检察建议作出再审判决、裁定后,当事人申请再审的,人民法院不予立案。

第一百一十八条 按照审判监督程序决定再审的案件，裁定中止原判决、裁定、调解书的执行，但支付抚恤金、最低生活保障费或者社会保险待遇的案件，可以不中止执行。

上级人民法院决定提审或者指令下级人民法院再审的，应当作出裁定，裁定应当写明中止原判决的执行；情况紧急的，可以将中止执行的裁定口头通知负责执行的人民法院或者作出生效判决、裁定的人民法院，但应当在口头通知后十日内发出裁定书。

第一百一十九条 人民法院按照审判监督程序再审的案件，发生法律效力的判决、裁定是由第一审法院作出的，按照第一审程序审理，所作的判决、裁定，当事人可以上诉；发生法律效力的判决、裁定是由第二审法院作出的，按照第二审程序审理，所作的判决、裁定，是发生法律效力的判决、裁定；上级人民法院按照审判监督程序提审的，按照第二审程序审理，所作的判决、裁定是发生法律效力的判决、裁定。

人民法院审理再审案件，应当另行组成合议庭。

第一百二十条 人民法院审理再审案件应当围绕再审请求和被诉行政行为合法性进行。当事人的再审请求超出原审诉讼请求，符合另案诉讼条件的，告知当事人可以另行起诉。

被申请人及原审其他当事人在庭审辩论结束前提出的再审请求，符合本解释规定的申请期限的，人民法院应当一并审理。

人民法院经再审，发现已经发生法律效力的判决、裁定损害国家利益、社会公共利益、他人合法权益的，应当一并审理。

第一百二十一条 再审审理期间，有下列情形之一的，裁定终结再审程序：

（一）再审申请人在再审期间撤回再审请求，人民法院准许的；

（二）再审申请人经传票传唤，无正当理由拒不到庭的，或者未经法庭许可中途退庭的，按撤回再审请求处理的；

（三）人民检察院撤回抗诉的；

（四）其他应当终结再审程序的情形。

因人民检察院提出抗诉裁定再审的案件，申请抗诉的当事人有前款规定的情形，且不损害国家利益、社会公共利益或者他人合法权益的，人民法院裁定终结再审程序。

再审程序终结后，人民法院裁定中止执行的原生效判决自动恢复执行。

第一百二十二条 人民法院审理再审案件，认为原生效判决、裁定确有错误，在撤销原生效判决或者裁定的同时，可以对生效判决、裁定的内容作出相应裁判，也可以裁定撤销生效判决或者裁定，发回作出生效判决、裁定的人民法院重新审理。

第一百二十三条 人民法院审理二审案件和再审案件，对原审法院立案、不予立案或者驳回起诉错误的，应当分别情况作如下处理：

（一）第一审人民法院作出实体判决后，第二审人民法院认为不应当立案的，在撤销第一审人民法院判决的同时，可以迳行驳回起诉；

（二）第二审人民法院维持第一审人民法院不予立案裁定错误的，再审法院应当撤销第一审、第二审人民法院裁定，指令第一审人民法院受理；

（三）第二审人民法院维持第一审人民法院驳回起诉裁定错误的，再审法院应当撤销第一审、第二审人民法院裁定，指令第一审人民法院审理。

第一百二十四条 人民检察院提出抗诉的案件，接受抗诉的人民法院应当自收到抗诉书之日起三十日内作出再审的裁定；有行政诉讼法第九十一条第二、三项规定情形之一的，可以指令下一级人民法院再审，但经该下一级人民法院再审过的除外。

人民法院在审查抗诉材料期间，当事人之间已经达成和解协议的，人民法院可以建议人民检察院撤回抗诉。

第一百二十五条 人民检察院提出抗诉的案件，人民法院再审开庭时，应当在开庭三日前通知人民检察院派员出庭。

第一百二十六条 人民法院收到再审检察建议后，应当组成合议庭，在三个月内进行审查，发现原判决、裁定、调解书确有错误，需要再审的，依照行政诉讼法第九十二条规定裁定再审，并通知当事人；经审查，决定不予再审的，应当书面回复人民检察院。

第一百二十七条 人民法院审理因人民检察院抗诉或者检察建议裁定再审的案件，不受此前已经作出的驳回当事人再审申请裁定的限制。

八、行政机关负责人出庭应诉

第一百二十八条 行政诉讼法第三条第三款规定的行政机关负责人，包括行政机关的正职、副职负责人以及其他参与分管的负责人。

行政机关负责人出庭应诉的，可以另行委托一至二名诉讼代理人。行政机关负责人不能出庭的，应当委托行政机关相应的工作人员出庭，不得仅委托律师出庭。

第一百二十九条 涉及重大公共利益、社会高度关注或者可能引发群体性事件等案件以及人民法院书面建议行政机关负责人出庭的案件，被诉行政机关负责人应当出庭。

被诉行政机关负责人出庭应诉的，应当在当事人及其诉讼代理人基本情况、案件由来部分予以列明。

行政机关负责人有正当理由不能出庭应诉的，应当向人民法院提交情况说明，并加盖行政机关印章或者由该机关主要负责人签字认可。

行政机关拒绝说明理由的，不发生阻止案件审理的效果，人民法院可以向监察机关、上一级行政机关提出司法建议。

第一百三十条 行政诉讼法第三条第三款规定的"行政机关相应的工作人员"，包括该行政机关具有国家行政编制身份的工作人员以及其他依法履行公职的人员。

被诉行政行为是地方人民政府作出的，地方人民政府法制工作机构的工作人员，以及被诉行政行为具体承办机关工作人员，可以视为被诉人民政府相应的工作人员。

第一百三十一条 行政机关负责人出庭应诉的，应当向人民法院提交能够证明该行政机关负责人职务的材料。

行政机关委托相应的工作人员出庭应诉的，应当向人民法院提交加盖行政机关印章的授权委托书，并载明工作人员的姓名、职务和代理权限。

第一百三十二条 行政机关负责人和行政机关相应的工作人员均不出庭，仅委托律师出庭的，或者人民法院书面建议行政机关负责人出庭应诉，行政机关负责人不出庭应诉的，人民法院应当记录在案和在裁判文书中载明，可以建议有关机关依法作出处理。

九、复议机关作共同被告

第一百三十三条 行政诉讼法第二十六条第二款规定的"复议机关决定维持原行政行为"，包括复议机关驳回复议申请或者复议请求的情形，但以复议申请不符合受理条件为由驳回的除外。

第一百三十四条 复议机关决定维持原行政行为的，作出原行政行为的行政机关和复议机关是共同被告。原告只起诉作出原行政行为的行政机关或者复议机关的，人民法院应当告知原告追加被告。原告不同意追加的，人民法院应当将另一机关列为共同被告。

行政复议决定既有维持原行政行为内容，又有改变原行政行为内容或者不予受理申请内容的，作出原行政行为的行政机关和复议机关为共同被告。

复议机关作共同被告的案件，以作出原行政行为的行政机关确定案件的级别管辖。

第一百三十五条 复议机关决定维持原行政行为的，人民法院应当在审查原行政行为合法性的同时，一并审查复议决定的合法性。

作出原行政行为的行政机关和复议机关对原行政行为合法性共同承担举证责任，可以由其中一个机关实施举证行为。复议机关对复议决定的合法性承担举证责任。

复议机关作共同被告的案件，复议机关在复议程序中依法收集和补充的证据，可以作为人民法院认定复议决定和原行政行为合法的依据。

第一百三十六条 人民法院对原行政行为作出判决的同时，应当对复议决定一并作出相应判决。

人民法院依职权追加作出原行政行为的行政机关或者复议机关为共同被告的，对原行政行为或者复议决定可以作出相应判决。

人民法院判决撤销原行政行为和复议决定的，可以判决作出原行政行为的行政机关重新作出行政行为。

人民法院判决作出原行政行为的行政机关履行法定职责或者给付义务的，应当同时判决撤销复议决定。

原行政行为合法、复议决定违法的，人民法院可以判决撤销复议决定或者确认复议决定违法，同时判决驳回原告针对原行政行为的诉讼请求。

原行政行为被撤销、确认违法或者无效，给原告造成损失的，应当由作出原行政行为的行政机关承担赔偿责任；因复议决定加重损害的，由复议机关对加重部分承担赔偿责任。

原行政行为不符合复议或者诉讼受案范围等受理条件，复议机关作出维持决定的，人民法院应当裁定一并驳回对原行政行为和复议决定的起诉。

十、相关民事争议的一并审理

第一百三十七条 公民、法人或者其他组织请求一并审理行政诉讼法第六十一条规定的相关民事争议，应当在第一审开庭审理前提出；有正当理由的，也可以在法庭调查中提出。

第一百三十八条 人民法院决定在行政诉讼中一并审理相关民事争议，或者案件当事人一致同意相关民事争议在行政诉讼中一并解决，人民法院准许的，由受理行政案件的人民法院管辖。

公民、法人或者其他组织请求一并审理相关民事争议，人民法院经审查发现行政案件已经超过起诉期限，民事案件尚未立案的，告知当事人另行提起民事诉讼；民事案件已经立案的，由原审判组织继续审理。

人民法院在审理行政案件中发现民事争议为解决行政争议的基础，当事人没有请求人民法院一并审理相关民事争议的，人民法院应当告知当事人依法申请一并解决民事争议。当事人就民事争议另行提起民事诉讼并已立案的，人民法院应当中止行政诉讼的审理。民事争议处理期间不计算在行政诉讼审理期限内。

第一百三十九条 有下列情形之一的，人民法院应当作出不予准许一并审理民事争议的决定，并告知当事人可以依法通过其他渠道主张权利：

（一）法律规定应当由行政机关先行处理的；

（二）违反民事诉讼法专属管辖规定或者协议管辖约定的；

（三）约定仲裁或者已经提起民事诉讼的；

（四）其他不宜一并审理民事争议的情形。

对不予准许的决定可以申请复议一次。

第一百四十条 人民法院在行政诉讼中一并审理相关民事争议的，民事争议应当单独立案，由同一审判组织审理。

人民法院审理行政机关对民事争议所作裁决的案件，一并审理民事争议的，不另行立案。

第一百四十一条 人民法院一并审理相关民事争议，适用民事法律规范的相关规定，法律另有规定的除外。

当事人在调解中对民事权益的处分，不能作为审查被诉行政行为合法性的根据。

第一百四十二条 对行政争议和民事争议应当分别裁判。

当事人仅对行政裁判或者民事裁判提出上诉的，未上诉的裁判在上诉期满后即发生法律效力。第一审人民法院应当将全部案卷一并移送第二审人民法院，由行政审判庭审理。第二审人民法院发现未上诉的生效裁判确有错误的，应当按照审判监督程序再审。

第一百四十三条 行政诉讼原告在宣判前申请撤诉的，是否准许由人民法院裁定。人民法院裁定准许行政诉讼原告撤诉，但其对已经提起的一并审理相关民事争议不撤诉的，人民法院应当继续审理。

第一百四十四条 人民法院一并审理相关民事争议，应当按行政案件、民事案件的标准分别收取诉讼费用。

十一、规范性文件的一并审查

第一百四十五条 公民、法人或者其他组织在对行政行为提起诉讼时一并请求对所依据的规范性文件审查的，由行政行为案件管辖法院一并审查。

第一百四十六条 公民、法人或者其他组织请求人民法院一并审查行政诉讼法第五十三条规定的规范性文件，应当在第一审开庭审理前提出；有正当理由的，也可以在法庭调查中提出。

第一百四十七条 人民法院在对规范性文件审查过程中，发现规范性文件可能不合法的，应当听取规范性文件制定机关的意见。

制定机关申请出庭陈述意见的，人民法院应当准许。

行政机关未陈述意见或者未提供相关证明材料的，不能阻止人民法院对规范性文件进行审查。

第一百四十八条 人民法院对规范性文件进行一并审查时，可以从规范性文件制定机关是否超越权限或者违反法定程序、作出行政行为所依据的条款以及相关条款等方面进行。

有下列情形之一的，属于行政诉讼法第六十四条规定的"规范性文件不合法"：

（一）超越制定机关的法定职权或者超越法律、法规、规章的授权范围的；

（二）与法律、法规、规章等上位法的规定相抵触的；

（三）没有法律、法规、规章依据，违法增加公民、法人和其他组织义务或者减损公民、法人和其他组织合法权益的；

（四）未履行法定批准程序、公开发布程序，严重违反制定程序的；

（五）其他违反法律、法规以及规章规定的情形。

第一百四十九条　人民法院经审查认为行政行为所依据的规范性文件合法的，应当作为认定行政行为合法的依据；经审查认为规范性文件不合法的，不作为人民法院认定行政行为合法的依据，并在裁判理由中予以阐明。作出生效裁判的人民法院应当向规范性文件的制定机关提出处理建议，并可以抄送制定机关的同级人民政府、上一级行政机关、监察机关以及规范性文件的备案机关。

规范性文件不合法的，人民法院可以在裁判生效之日起三个月内，向规范性文件制定机关提出修改或者废止该规范性文件的司法建议。

规范性文件由多个部门联合制定的，人民法院可以向该规范性文件的主办机关或者共同上一级行政机关发送司法建议。

接收司法建议的行政机关应当在收到司法建议之日起六十日内予以书面答复。情况紧急的，人民法院可以建议制定机关或者其上一级行政机关立即停止执行该规范性文件。

第一百五十条　人民法院认为规范性文件不合法的，应当在裁判生效后报送上一级人民法院进行备案。涉及国务院部门、省级行政机关制定的规范性文件，司法建议还应当分别层报最高人民法院、高级人民法院备案。

第一百五十一条　各级人民法院院长对本院已经发生法律效力的判决、裁定，发现规范性文件合法性认定错误，认为需要再审的，应当提交审判委员会讨论。

最高人民法院对地方各级人民法院已经发生法律效力的判决、裁定，上级人民法院对下级人民法院已经发生法律效力的判决、裁定，发现规范性文件合法性认定错误的，有权提审或者指令下级人民法院再审。

十二、执　行

第一百五十二条　对发生法律效力的行政判决书、行政裁定书、行政赔偿判决书和行政调解书，负有义务的一方当事人拒绝履行的，对方当事人可以依法申请人民法院强制执行。

人民法院判决行政机关履行行政赔偿、行政补偿或者其他行政给付义务，行政机关拒不履行的，对方当事人可以依法向法院申请强制执行。

第一百五十三条　申请执行的期限为二年。申请执行时效的中止、中断，适用法律有关规定。

申请执行的期限从法律文书规定的履行期间最后一日起计算；法律文书规定分期履行的，从规定的每次履行期间的最后一日起计算；法律文书中没有规定履行期限的，从该法律文书送达当事人之日起计算。

逾期申请的，除有正当理由外，人民法院不予受理。

第一百五十四条　发生法律效力的行政判决书、行政裁定书、行政赔偿判决书和行政调解书，由第一审人民法院执行。

第一审人民法院认为情况特殊，需要由第二审人民法院执行的，可以报请第二审人民法院执行；第二审人民法院可以决定由其执行，也可以决定由第一审人民法院执行。

第一百五十五条　行政机关根据行政诉讼法第九十七条的规定申请执行其行政行为，应当具备以下条件：

（一）行政行为依法可以由人民法院执行；

（二）行政行为已经生效并具有可执行内容；

（三）申请人是作出该行政行为的行政机关或者法律、法规、规章授权的组织；

（四）被申请人是该行政行为所确定的义务人；

（五）被申请人在行政行为确定的期限内或者行政机关催告期限内未履行义务；

（六）申请人在法定期限内提出申请；

（七）被申请执行的行政案件属于受理执行申请的人民法院管辖。

行政机关申请人民法院执行，应当提交行政强制法第五十五条规定的相关材料。

人民法院对符合条件的申请，应当在五日内立案受理，并通知申请人；对不符合条件的申请，应当裁定不予受理。行政机关对不予受理裁定有异议，在十五日内向上一级人民法院申请复议的，上一级人民法院应当在收到复议申请之日起十五日内作出裁定。

第一百五十六条 没有强制执行权的行政机关申请人民法院强制执行其行政行为，应当自被执行人的法定起诉期限届满之日起三个月内提出。逾期申请的，除有正当理由外，人民法院不予受理。

第一百五十七条 行政机关申请人民法院强制执行其行政行为的，由申请人所在地的基层人民法院受理；执行对象为不动产的，由不动产所在地的基层人民法院受理。

基层人民法院认为执行确有困难的，可以报请上级人民法院执行；上级人民法院可以决定由其执行，也可以决定由下级人民法院执行。

第一百五十八条 行政机关根据法律的授权对平等主体之间民事争议作出裁决后，当事人在法定期限内不起诉又不履行，作出裁决的行政机关在申请执行的期限内未申请人民法院强制执行的，生效行政裁决确定的权利人或者其继承人、权利承受人在六个月内可以申请人民法院强制执行。

享有权利的公民、法人或者其他组织申请人民法院强制执行生效行政裁决，参照行政机关申请人民法院强制执行行政行为的规定。

第一百五十九条 行政机关或者行政行为确定的权利人申请人民法院强制执行前，有充分理由认为被执行人可能逃避执行的，可以申请人民法院采取财产保全措施。后者申请强制执行的，应当提供相应的财产担保。

第一百六十条 人民法院受理行政机关申请执行其行政行为的案件后，应当在七日内由行政审判庭对行政行为的合法性进行审查，并作出是否准予执行的裁定。

人民法院在作出裁定前发现行政行为明显违法并损害被执行人合法权益的，应当听取被执行人和行政机关的意见，并自受理之日起三十日内作出是否准予执行的裁定。

需要采取强制执行措施的，由本院负责强制执行非诉行政行为的机构执行。

第一百六十一条 被申请执行的行政行为有下列情形之一的，人民法院应当裁定不准予执行：

（一）实施主体不具有行政主体资格的；

（二）明显缺乏事实根据的；

（三）明显缺乏法律、法规依据的；

（四）其他明显违法并损害被执行人合法权益的情形。

行政机关对不准予执行的裁定有异议，在十五日内向上一级人民法院申请复议的，上一级人民法院应当在收到复议申请之日起三十日内作出裁定。

十三、附　则

第一百六十二条 公民、法人或者其他组织对2015年5月1日之前作出的行政行为提起诉讼，请求确认行政行为无效的，人民法院不予立案。

第一百六十三条 本解释自2018年2月8日起施行。

本解释施行后，《最高人民法院关于执行〈中华人民共和国行政诉讼法〉若干问题的解释》（法释〔2000〕8号）、《最高人民法院关于适用〈中华人民共和国行政诉讼法〉若干问题的解释》（法释〔2015〕9号）同时废止。最高人民法院以前发布的司法解释与本解释不一致的，不再适用。

最高人民法院关于适用《中华人民共和国国家赔偿法》若干问题的解释（一）

- 2011年2月14日最高人民法院审判委员会第1511次会议通过
- 2011年2月28日最高人民法院公告公布
- 自2011年3月18日起施行
- 法释〔2011〕4号

为正确适用2010年4月29日第十一届全国人民代表大会常务委员会第十四次会议修正的《中华人民共和国国家赔偿法》，对人民法院处理国家赔偿案件中适用国家赔偿法的有关问题解释如下：

第一条　国家机关及其工作人员行使职权侵犯公民、法人和其他组织合法权益的行为发生在2010年12月1日以后,或者发生在2010年12月1日以前、持续至2010年12月1日以后的,适用修正的国家赔偿法。

第二条　国家机关及其工作人员行使职权侵犯公民、法人和其他组织合法权益的行为发生在2010年12月1日以前的,适用修正前的国家赔偿法,但有下列情形之一的,适用修正的国家赔偿法：

（一）2010年12月1日以前已经受理赔偿请求人的赔偿请求但尚未作出生效赔偿决定的；

（二）赔偿请求人在2010年12月1日以后提出赔偿请求的。

第三条　人民法院对2010年12月1日以前已经受理但尚未审结的国家赔偿确认案件,应当继续审理。

第四条　公民、法人和其他组织对行使侦查、检察、审判职权的机关以及看守所、监狱管理机关在2010年12月1日以前作出并已发生法律效力的不予确认职务行为违法的法律文书不服,未依据修正前的国家赔偿法规定提出申诉并经有权机关作出侵权确认结论,直接向人民法院赔偿委员会申请赔偿的,不予受理。

第五条　公民、法人和其他组织对在2010年12月1日以前发生法律效力的赔偿决定不服提出申诉的,人民法院审查处理时适用修正前的国家赔偿法；但是仅就修正的国家赔偿法增加的赔偿项目及标准提出申诉的,人民法院不予受理。

第六条　人民法院审查发现2010年12月1日以前发生法律效力的确认裁定、赔偿决定确有错误应当重新审查处理的,适用修正前的国家赔偿法。

第七条　赔偿请求人认为行使侦查、检察、审判职权的机关以及看守所、监狱管理机关及其工作人员在行使职权时有修正的国家赔偿法第十七条第（一）、（二）、（三）项、第十八条规定情形的,应当在刑事诉讼程序终结后提出赔偿请求,但下列情形除外：

（一）赔偿请求人有证据证明其与尚未终结的刑事案件无关的；

（二）刑事案件被害人依据刑事诉讼法第一百九十八条的规定,以财产未返还或者认为返还的财产受到损害而要求赔偿的。

第八条　赔偿请求人认为人民法院有修正的国家赔偿法第三十八条规定情形的,应当在民事、行政诉讼程序或者执行程序终结后提出赔偿请求,但人民法院已依法撤销对妨害诉讼采取的强制措施的情形除外。

第九条　赔偿请求人或者赔偿义务机关认为人民法院赔偿委员会作出的赔偿决定存在错误,依法向上一级人民法院赔偿委员会提出申诉的,不停止赔偿决定的执行；但人民法院赔偿委员会依据修正的国家赔偿法第三十条的规定决定重新审查的,可以决定中止原赔偿决定的执行。

第十条　人民检察院依据修正的国家赔偿法第三十条第三款的规定,对人民法院赔偿委员会在2010年12月1日以后作出的赔偿决定提出意见的,同级人民法院赔偿委员会应当决定重新审查,并可以决定中止原赔偿决定的执行。

第十一条　本解释自公布之日起施行。

最高人民法院关于国家赔偿监督程序若干问题的规定

- 2017年2月27日最高人民法院审判委员会第1711次会议审议通过
- 2017年4月20日最高人民法院公告公布
- 自2017年5月1日起施行
- 法释〔2017〕9号

为了保障赔偿请求人和赔偿义务机关的申诉权,规范国家赔偿监督程序,根据《中华人民共和国国家赔偿法》及有关法律规定,结合国家赔偿工作实际,制定本规定。

第一条　依照国家赔偿法第三十条的规定,有下列情形之一的,适用本规定予以处理：

（一）赔偿请求人或者赔偿义务机关认为赔偿委员会生效决定确有错误,向上一级人民法院赔偿委员会提出申诉的；

（二）赔偿委员会生效决定违反国家赔偿法规定,经本院院长决定或者上级人民法院指令重新审理,以及上级人民法院决定直接审理的；

（三）最高人民检察院对各级人民法院赔偿委员会生效决定,上级人民检察院对下级人民法院赔偿委员会生效决定,发现违反国家赔偿法规定,向同级人民法院赔偿委员会提出重新审查意见的。

行政赔偿案件的审判监督依照行政诉讼法的相关规定执行。

第二条 赔偿请求人或者赔偿义务机关对赔偿委员会生效决定，认为确有错误的，可以向上一级人民法院赔偿委员会提出申诉。申诉审查期间，不停止生效决定的执行。

第三条 赔偿委员会决定生效后，赔偿请求人死亡或者其主体资格终止的，其权利义务承继者可以依法提出申诉。

赔偿请求人死亡，依法享有继承权的同一顺序继承人有数人时，其中一人或者部分人申诉的，申诉效力及于全体；但是申请撤回申诉或者放弃赔偿请求的，效力不及于未明确表示撤回申诉或者放弃赔偿请求的其他继承人。

赔偿义务机关被撤销或者职权变更的，继续行使其职权的机关可以依法提出申诉。

第四条 赔偿请求人、法定代理人可以委托一至二人作为代理人代为申诉。申诉代理人的范围包括：

（一）律师、基层法律服务工作者；

（二）赔偿请求人的近亲属或者工作人员；

（三）赔偿请求人所在社区、单位以及有关社会团体推荐的公民。

赔偿义务机关可以委托本机关工作人员、法律顾问、律师一至二人代为申诉。

第五条 赔偿请求人或者赔偿义务机关申诉，应当提交以下材料：

（一）申诉状。申诉状应当写明申诉人和被申诉人的基本信息，申诉的法定事由，以及具体的请求、事实和理由；书写申诉状确有困难的，可以口头申诉，由人民法院记入笔录。

（二）身份证明及授权文书。赔偿请求人申诉的，自然人应当提交身份证明，法人或者其他组织应当提交营业执照、组织机构代码证书、法定代表人或者主要负责人身份证明；赔偿义务机关申诉的，应当提交法定代表人或者主要负责人身份证明；委托他人申诉的，应当提交授权委托书和代理人身份证明。

（三）法律文书。即赔偿义务机关、复议机关及赔偿委员会作出的决定书等法律文书。

（四）其他相关材料。以有新的证据证明原决定认定的事实确有错误为由提出申诉的，应同时提交相关证据材料。

申诉材料不符合前款规定的，人民法院应当一次性告知申诉人需要补正的全部内容及补正期限。补正期限一般为十五日，最长不超过一个月。申诉人对必要材料拒绝补正或者未能在规定期限内补正的，不予审查。收到申诉材料的时间自人民法院收到补正后的材料之日起计算。

第六条 申诉符合下列条件的，人民法院应当在收到申诉材料之日起七日内予以立案：

（一）申诉人具备本规定的主体资格；

（二）受理申诉的人民法院是作出生效决定的人民法院的上一级人民法院；

（三）提交的材料符合本规定第五条的要求。

申诉不符合上述规定的，人民法院不予受理并应当及时告知申诉人。

第七条 赔偿请求人或者赔偿义务机关申诉，有下列情形之一的，人民法院不予受理：

（一）赔偿委员会驳回申诉后，申诉人再次提出申诉的；

（二）赔偿请求人对作为赔偿义务机关的人民法院作出的决定不服，未在法定期限内向其上一级人民法院赔偿委员会申请作出赔偿决定，在赔偿义务机关的决定发生法律效力后直接向人民法院赔偿委员会提出申诉的；

（三）赔偿请求人、赔偿义务机关对最高人民法院赔偿委员会作出的决定不服提出申诉的；

（四）赔偿请求人对行使侦查、检察职权的机关以及看守所主管机关、监狱管理机关作出的决定，未在法定期限内向其上一级机关申请复议，或者申请复议后复议机关逾期未作出决定或者复议机关已作出复议决定，但赔偿请求人未在法定期限内向复议机关所在地的同级人民法院赔偿委员会申请作出赔偿决定，在赔偿义务机关、复议机关的相关决定生效后直接向人民法院赔偿委员会申诉的。

第八条 赔偿委员会对于立案受理的申诉案件，应当着重围绕申诉人的申诉事由进行审查。必要时，应当对原决定认定的事实、证据和适用法律进行全面审查。

第九条 赔偿委员会审查申诉案件采取书面审查的方式，根据需要可以听取申诉人和被申诉人的陈述和申辩。

第十条 赔偿委员会审查申诉案件，一般应当在三个月内作出处理，至迟不得超过六个月。

有特殊情况需要延长的,由本院院长批准。

第十一条 有下列情形之一的,应当决定重新审理:

(一)有新的证据,足以推翻原决定的;

(二)原决定认定的基本事实缺乏证据证明的;

(三)原决定认定事实的主要证据是伪造的;

(四)原决定适用法律确有错误的;

(五)原决定遗漏赔偿请求,且确实违反国家赔偿法规定的;

(六)据以作出原决定的法律文书被撤销或者变更的;

(七)审判人员在审理该案时有贪污受贿、徇私舞弊、枉法裁判行为的;

(八)原审理程序违反法律规定,可能影响公正审理的。

第十二条 申诉人在申诉阶段提供新的证据,应当说明逾期提供的理由。

申诉人提供的新的证据,能够证明原决定认定的基本事实或者处理结果错误的,应当认定为本规定第十一条第一项规定的情形。

第十三条 赔偿委员会经审查,对申诉人的申诉按照下列情形分别处理:

(一)申诉人主张的重新审理事由成立,且符合国家赔偿法和本规定的申诉条件的,决定重新审理。重新审理包括上级人民法院赔偿委员会直接审理或者指令原审人民法院赔偿委员会重新审理。

(二)申诉人主张的重新审理事由不成立,或者不符合国家赔偿法和本规定的申诉条件的,书面驳回申诉。

(三)原决定不予受理或者驳回赔偿申请错误的,撤销原决定,指令原审人民法院赔偿委员会依法审理。

第十四条 人民法院院长发现本院赔偿委员会生效决定违反国家赔偿法规定,认为需要重新审理的,应当提交审判委员会讨论决定。

最高人民法院对各级人民法院赔偿委员会生效决定,上级人民法院对下级人民法院赔偿委员会生效决定,发现违反国家赔偿法规定的,有权决定直接审理或者指令下级人民法院赔偿委员会重新审理。

第十五条 最高人民检察院对各级人民法院赔偿委员会生效决定,上级人民检察院对下级人民法院赔偿委员会生效决定,向同级人民法院赔偿委员会提出重新审查意见的,同级人民法院赔偿委员会应当决定直接审理,并将决定书送达提出意见的人民检察院。

第十六条 赔偿委员会重新审理案件,适用国家赔偿法和相关司法解释关于赔偿委员会审理程序的规定;本规定依据国家赔偿法和相关法律对重新审理程序有特别规定的,适用本规定。

原审人民法院赔偿委员会重新审理案件,应当另行指定审判人员。

第十七条 决定重新审理的案件,可以根据案件情形中止原决定的执行。

第十八条 赔偿委员会重新审理案件,采取书面审理的方式,必要时可以向有关单位和人员调查情况、收集证据,听取申诉人、被申诉人或者赔偿请求人、赔偿义务机关的陈述和申辩。有本规定第十一条第一项、第三项情形,或者赔偿委员会认为确有必要的,可以组织申诉人、被申诉人或者赔偿请求人、赔偿义务机关公开质证。

对于人民检察院提出意见的案件,赔偿委员会组织质证时应当通知提出意见的人民检察院派员出席。

第十九条 赔偿委员会重新审理案件,应当对原决定认定的事实、证据和适用法律进行全面审理。

第二十条 赔偿委员会重新审理的案件,应当在两个月内依法作出决定。

第二十一条 案件经重新审理后,应当根据下列情形分别处理:

(一)原决定认定事实清楚、适用法律正确的,应当维持原决定;

(二)原决定认定事实、适用法律虽有瑕疵,但决定结果正确的,应当在决定中纠正瑕疵后予以维持;

(三)原决定认定事实、适用法律错误,导致决定结果错误的,应当撤销、变更、重新作出决定;

(四)原决定违反国家赔偿法规定,对不符合案件受理条件的赔偿申请进行实体处理的,应当撤销原决定,驳回赔偿申请;

(五)申诉人、被申诉人或者赔偿请求人、赔偿义务机关经协商达成协议的,赔偿委员会依法审查并确认后,应当撤销原决定,根据协议作出新决定。

第二十二条 赔偿委员会重新审理后作出的决定,应当及时送达申诉人、被申诉人或者赔偿请求人、赔偿义务机关和提出意见的人民检察院。

第二十三条 在申诉审查或者重新审理期间，有下列情形之一的，赔偿委员会应当决定中止审查或者审理：

（一）申诉人、被申诉人或者原赔偿请求人、原赔偿义务机关死亡或者终止，尚未确定权利义务承继者的；

（二）申诉人、被申诉人或者赔偿请求人丧失行为能力，尚未确定法定代理人的；

（三）宣告无罪的案件，人民法院决定再审或者人民检察院按照审判监督程序提出抗诉的；

（四）申诉人、被申诉人或者赔偿请求人、赔偿义务机关因不可抗拒的事由，在法定审限内不能参加案件处理的；

（五）其他应当中止的情形。

中止的原因消除后，赔偿委员会应当及时恢复审查或者审理，并通知申诉人、被申诉人或者赔偿请求人、赔偿义务机关和提出意见的人民检察院。

第二十四条 在申诉审查期间，有下列情形之一的，赔偿委员会应当决定终结审查：

（一）申诉人死亡或者终止，无权利义务承继者或者权利义务承继者声明放弃申诉的；

（二）据以申请赔偿的撤销案件决定、不起诉决定或者无罪判决被撤销的；

（三）其他应当终结的情形。

在重新审理期间，有上述情形或者人民检察院撤回意见的，赔偿委员会应当决定终结审理。

第二十五条 申诉人在申诉审查或者重新审理期间申请撤回申诉的，赔偿委员会应当依法审查并作出是否准许的决定。

赔偿委员会准许撤回申诉后，申诉人又重复申诉的，不予受理，但有本规定第十一条第一项、第三项、第六项、第七项规定情形，自知道或者应当知道该情形之日起六个月内提出的除外。

第二十六条 赔偿请求人在重新审理期间申请撤回赔偿申请的，赔偿委员会应当依法审查并作出是否准许的决定。准许撤回赔偿申请的，应当一并撤销原决定。

赔偿委员会准许撤回赔偿申请的决定送达后，赔偿请求人又重复申请国家赔偿的，不予受理。

第二十七条 本规定自2017年5月1日起施行。最高人民法院以前发布的司法解释和规范性文件，与本规定不一致的，以本规定为准。

最高人民法院关于办理申请人民法院强制执行国有土地上房屋征收补偿决定案件若干问题的规定

· 2012年2月27日最高人民法院审判委员会第1543次会议通过
· 2012年3月26日最高人民法院公告公布
· 自2012年4月10日起施行
· 法释〔2012〕4号

为依法正确办理市、县级人民政府申请人民法院强制执行国有土地上房屋征收补偿决定（以下简称征收补偿决定）案件，维护公共利益，保障被征收房屋所有权人的合法权益，根据《中华人民共和国行政诉讼法》、《中华人民共和国行政强制法》、《国有土地上房屋征收与补偿条例》（以下简称《条例》）等有关法律、行政法规规定，结合审判实际，制定本规定。

第一条 申请人民法院强制执行征收补偿决定案件，由房屋所在地基层人民法院管辖，高级人民法院可以根据本地实际情况决定管辖法院。

第二条 申请机关向人民法院申请强制执行，除提供《条例》第二十八条规定的强制执行申请书及附具材料外，还应当提供下列材料：

（一）征收补偿决定及相关证据和所依据的规范性文件；

（二）征收补偿决定送达凭证、催告情况及房屋被征收人、直接利害关系人的意见；

（三）社会稳定风险评估材料；

（四）申请强制执行的房屋状况；

（五）被执行人的姓名或者名称、住址及与强制执行相关的财产状况等具体情况；

（六）法律、行政法规规定应当提交的其他材料。

强制执行申请书应当由申请机关负责人签名，加盖申请机关印章，并注明日期。

强制执行的申请应当自被执行人的法定起诉期限届满之日起三个月内提出；逾期申请的，除有正当理由外，人民法院不予受理。

第三条 人民法院认为强制执行的申请符合形式要件且材料齐全的，应当在接到申请后五日内立案受理，并通知申请机关；不符合形式要件或者材料不全的应当限期补正,并在最终补正的材料提供后五日内立案受理;不符合形式要件或者逾期无正当理由不补正材料的,裁定不予受理。

申请机关对不予受理的裁定有异议的,可以自收到裁定之日起十五日内向上一级人民法院申请复议,上一级人民法院应当自收到复议申请之日起十五日内作出裁定。

第四条 人民法院应当自立案之日起三十日内作出是否准予执行的裁定;有特殊情况需要延长审查期限的,由高级人民法院批准。

第五条 人民法院在审查期间,可以根据需要调取相关证据、询问当事人、组织听证或者进行现场调查。

第六条 征收补偿决定存在下列情形之一的,人民法院应当裁定不准予执行:

(一)明显缺乏事实根据;
(二)明显缺乏法律、法规依据;
(三)明显不符合公平补偿原则,严重损害被执行人合法权益,或者使被执行人基本生活、生产经营条件没有保障;
(四)明显违反行政目的,严重损害公共利益;
(五)严重违反法定程序或者正当程序;
(六)超越职权;
(七)法律、法规、规章等规定的其他不宜强制执行的情形。

人民法院裁定不准予执行的,应当说明理由,并在五日内将裁定送达申请机关。

第七条 申请机关对不准予执行的裁定有异议的,可以自收到裁定之日起十五日内向上一级人民法院申请复议,上一级人民法院应当自收到复议申请之日起三十日内作出裁定。

第八条 人民法院裁定准予执行的,应当在五日内将裁定送达申请机关和被执行人,并可以根据实际情况建议申请机关依法采取必要措施,保障征收与补偿活动顺利实施。

第九条 人民法院裁定准予执行的,一般由作出征收补偿决定的市、县级人民政府组织实施,也可以由人民法院执行。

第十条 《条例》施行前已依法取得房屋拆迁许可证的项目,人民法院裁定准予执行房屋拆迁裁决的,参照本规定第九条精神办理。

第十一条 最高人民法院以前所作的司法解释与本规定不一致的,按本规定执行。

最高人民法院关于违法的建筑物、构筑物、设施等强制拆除问题的批复

- 2013年3月25日最高人民法院审判委员会第1572次会议通过
- 2013年3月27日最高人民法院公告公布
- 自2013年4月3日起施行
- 法释〔2013〕5号

北京市高级人民法院:

根据行政强制法和城乡规划法有关规定精神,对涉及违反城乡规划法的违法建筑物、构筑物、设施等的强制拆除,法律已经授予行政机关强制执行权,人民法院不受理行政机关提出的非诉行政执行申请。

图书在版编目（CIP）数据

中华人民共和国征收拆迁补偿注释法典／中国法制出版社编．—北京：中国法制出版社，2023.9
（注释法典）
ISBN 978-7-5216-3451-8

Ⅰ．①中… Ⅱ．①中… Ⅲ．①房屋拆迁-土地征用-补偿-法规-法律解释-中国 Ⅳ．①D922.181.5

中国国家版本馆 CIP 数据核字（2023）第 065780 号

责任编辑：李槟红　　　　　　　　　　　　　　封面设计：周黎明

中华人民共和国征收拆迁补偿注释法典
ZHONGHUA RENMIN GONGHEGUO ZHENGSHOU CHAIQIAN BUCHANG ZHUSHI FADIAN

经销/新华书店
印刷/三河市紫恒印装有限公司
开本/710 毫米×1000 毫米　16 开　　　　　印张/ 32　字数/ 835 千
版次/2023 年 9 月第 1 版　　　　　　　　　2023 年 9 月第 1 次印刷

中国法制出版社出版
书号 ISBN 978-7-5216-3451-8　　　　　　　　定价：82.00 元

北京市西城区西便门西里甲 16 号西便门办公区
邮政编码：100053　　　　　　　　　　　　　传真：010-63141600
网址：http://www.zgfzs.com　　　　　　　　编辑部电话：010-63141671
市场营销部电话：010-63141612　　　　　　　印务部电话：010-63141606

（如有印装质量问题，请与本社印务部联系。）